주요저서 [출간예정도서포함]

- 회계사 · 세무사 회계학 : 강경석 - 회경사
- 회계사 · 세무사 세법개론 : 강경석 - 회경사
- SAMIL 전산회계1급 : 강경석·김혜숙 - 삼일회계법인/삼일인포마인
- SAMIL 전산세무2급 : 강경석·김혜숙 - 삼일회계법인/삼일인포마인
- THE BEST 세무관리3급 : 강경석·김혜숙 - 경영과회계
- POINT 전산세무1급 : 강경석·김윤주 - 경영과회계
- POINT 전산세무2급 : 강경석·김윤주 - 경영과회계
- FINAL 기업회계2 · 3급 - 단기합격특강 : 강경석 - 경영과회계
- FINAL 세무회계2 · 3급 - 단기합격특강 : 강경석 - 경영과회계
- FINAL 전산세무1 · 2급 - 백점이론특강 : 강경석 - 세무라이선스
- FINAL 회계관리1급 - 백점이론특강 : 강경석 - 세무라이선스
- FINAL IFRS관리사 이론과기출 - 한권으로끝장 : 강경석 - 세무라이선스
- FINAL 회계관리1급 한권으로끝장 - 기출문제특강 : 강경석 - 세무라이선스
- FINAL 재경관리사 한권으로끝장 : 강경석 - 세무라이선스
- FINAL 재경관리사 기출문제특강 : 강경석 - 세무라이선스
- FINAL 기업회계1급 ·2급 · 3급 이론과기출 - 한권으로끝장 : 강경석 - 세무라이선스
- FINAL 7 · 9급공무원 회계학 - 한권으로끝장 : 강경석 - 세무라이선스
- FINAL 관세사 · 감정평가사 회계학 - 한권으로끝장 : 강경석 - 세무라이선스
- FINAL 회계사·세무사 재무회계 - 기출적중특강 : 강경석 - 세무라이선스
- FINAL 세무사 회계학 - 한권으로끝장 : 강경석 - 세무라이선스
- 그 외 다수

도서출판 세무라이선스는
고객의 needs를 현실적 수준을 넘어 미래의 도전과제로 삼는
최고의 교육이념과 서비스로 고객 여러분을 위한 평생교육시대를 열어가겠습니다.
더불어, 시간적으로 경제적으로 고민하고 노력하는 전국의 모든 수험생들에게
자격증 취득의 단순한 지름길이 아닌 가장 효율적인 가치의 제공을 위해
최선을 다하고 있습니다.

[본서의 저자직강 동영상강의 수강안내]

- ▶ 세무라이선스 홈페이지 www.semoolicence.com 에서 확인 및 링크하실 수 있습니다.
- ▶ 협력사별 동영상강의 서비스는 협력사의 서비스 환경에 따라 다소 차이가 있을수 있습니다.

교재 및 수험상담문의

T.031.973.5660

▶ 별도로 개정판을 출간하지 않을 시 개정사항을 세무라이선스 홈페이지에 추록으로 제공됩니다
▶ 도서출간 이후에 발견되는 오류 및 정오표, 기타 시험정보[개정세법해설/기출문제] 확인방법

[추록 및 정오표 다운로드]

www.semoolicence.com

우리가 꿈꿀 수 있는 가장 먼 세상으로 나아가자!
그 출발점을 FINAL로 시작하자. 반드시 이룰 것이다.
지름길을 찾지말자.
간절함과 열정으로 최선을 다해 묵묵히 달려가자.
그 종착점엔 지금의 내가 아닌 또 다른 내가 기다리고 있을 것이다.

• PASSION

• PROFESSION

3P는 여러분의 무한한 잠재적 능력과 반드시 성취하겠다는 열정을 토대로 전문가의 길로 나아가는 세무라이선스 파이널시리즈의 학습정신입니다. 세무라이선스는 여러분의 무한한 잠재력과 열정을 믿습니다. 수험생 여러분의 합격을 응원합니다.

Online-Lecture Edu-Partner

수강신청방법

세무라이선스 홈페이지 접속 ▶ 하단 협력사 사이트를 선택 ▶ 회원가입 ▶
강경석세무사 저자직강 동영상강의를 수강하실 수 있습니다.

강경석 세무사 [저자직강]

동영상강의 소개

[관세사·감정평가사 회계학 한권으로끝장]

종강시 이어지는 기립박수의 이유를 확인하라~!!

강의특징

- 빠짐없는 내용과 해설로 재무·원가의 방대한 내용을 수험용으로 단권화한 교재 저자의 직강
- 개념부터 실전능력까지 단 한 강좌로 끝내는 단기합격의 최적강의
- 회계학의 이론적 내용을 한 페이지에 한 논제로 진행하는 혁신적인 수업방식
- 수업중 이루어지는 강사의 완벽한 판서정리가 100%서브노트화가 되어지는 강의
- 시험에 빈출되는 이론과 반드시 알아야할 핵심이론을 "MVP"로 짚어주어 학습의 중심이론이 흔들리지 않도록 이끌어 주는 강의
- 관세사 · 감정평가사 시험에서 회계학이 당락을 좌우하는 만큼 "고속철풀이법"을 통해 계산형 문제를 빨리 풀 수 있는 방법을 제시한 강의
- 관세사 · 감정평가사 회계학 [재무/원가] 강의 표준을 제시

수강후기

▶ 전체 수강후기중 대표적인 수강후기를 발췌하였습니다.

on****님

작년12월 중순부터 강경석세무사님 강의을 수강하였습니다. 회계의 "ㅎ"자도 모르는 비전공자였고, 학업 내내 어려움이 잦았습니다. 중간 한달간은 슬럼프가 찾아와 거의 포기 상태였습니다. 하지만 강경석 세무사님을 믿고 끝까지 완강하였습니다.
그 결과 많은 시험범위를 콤펙트 있게 정리할 수 있었고, 시험 당일 미소가 떠나질 않았습니다.
시험지를 받고 한번 훑어 보았는데 그때 부터 알았습니다. 이건 무조건 합격한다.

Kan***님

회계에 대해 사전지식이 전무한 상태에서 인강을 듣게 되었습니다. 친구의 추천으로 우연히 듣게 되었는데 정말 잘한 선택이라는 생각이 듭니다.
우선 첫번째 장점은 강의가 콤펙트합니다.
강경석 세무사님이 첫시간부터 강조하시는 것처럼 강의와 교재 모두 시험에 불필요한 부분은 걷어내고 정말 필요한 부분만 담았습니다. 단기간에 합격을 원하시는 분들께 정말 추천드리고 싶습니다.
두번째 장점은 세무사님의 강의력이 매우 뛰어나십니다.
회계적 지식이 전무한 저도 이해할 수 있도록 쉽고 정확하게 설명해주십니다.
시험을 독학하시려는 분들께 정말 추천드립니다.
저또한 회계적 지식은 전무하지만 학원을 다닐 돈과 시간이 부족했기에 인강을 선택하게 되었는데 정말 잘한 선택이라는 생각이 듭니다.

꼬리달린파도님

전산세무나 전산회계같은 실기 위주의 자격증도 많지만 그래도 이론이 튼튼해야 실기가 싶지않을까 싶어서 세무회계3급 세무회계2급도 합격했지만 세무보다는 회계가 튼튼해야 좀 더 넓은 방향으로 갈 수 있다는 판단이 들어서 독학으로 기업회계3급을 두개 틀리고 모두 맞았는데 기업회계2급을 공부하자니 조금만 더하면 1급이 될 것 같아서 준비하던 중 원가회계는 너무나도 낯선 과목이고 또 책으로 봐도 모르겠고 강의를 들어도 모르겠고 또 강의하시는 분도 강의 중에 헤매시는 것도 보이고 기업회계2급 강좌는 있으나 1급 강좌는 없고 그래서 재경관리사 도전할 마음도 있어서 우연치 않게 강경석 세무사님 강의를 들었는데 너무 통쾌하고 시원해서 어렵게 느껴지던 원가회계가 그래도 한번은 다시 도전할 수 있는 과목이 되었습니다. 감사합니다. 강경석 세무사님
아직은 조금더 노력을 해야되겠지만 그래도 어떻게 어떤 식으로 어떤 방법으로 접근을 해야되는지 알게되서 너무나도 기쁩니다. 강의 중에 말씀해주셨던 마부작침 잘 새겨듣겠습니다. 저도 나중에 세무사님처럼 공부하는 학우들을 돕고싶습니다.
항상 건강조심하시고 늘 좋은일 가득하길 빕니다.
정말 감사합니다. 세무사님

▶ 그 외 수강후기는 세무라이선스 홈페이지나 협력사 사이트에서 보실수 있습니다.

FINAL

FINAL' 관세사·감정평가사 한권으로끝장은 재무회계와 원가관리회계의 통합서로써 국내최초 이론과 기출문제 및 적중예상문제의 단권화를 통한 초단기 합격비법을 제시하였으며, 일타 강사 강경석세무사의 저자직강 동영상강의 서비스로 학습효과의 극대화를 꾀한 필수기본서이자 합격필독서이다.

국가전문자격시험 관세사 · 감정평가사 완벽대비

관세사·감정평가사 회계학

고득점 단기합격 기본서 [한권으로끝장]

- 이론뽀개기
- 기출뽀개기
- 객관식뽀개기 [적중예상문제]
- IFRS심화논제특강

SEMOOLICENCE

3P

3D

3P

FINAL

POTENTIALITY
PASSION
PROFESSION

3P는 여러분의 무한한 잠재적 능력과 반드시 성취하겠다는 열정을 토대로 전문가의 길로 나아가는 세무라이선스 파이널시리즈의 학습 정신입니다.

수험생 여러분의 합격을 응원합니다.

머리말

본서는 다음의 개정 K-IFRS 내용을 완벽 반영하고 있습니다.

- ❒ K-IFRS 제1115호 고객과의 계약에서 생기는 수익
- ❒ K-IFRS 제1109호 금융상품 : 금융자산/금융부채/파생상품
- ❒ K-IFRS 제1040호 투자부동산
- ❒ K-IFRS 제1116호 리스
- ❒ K-IFRS 제1103호 사업결합
- ❒ K-IFRS 재무보고를 위한 개념체계

본서의 특징 「1% 지존은 아니어도 100% 합격을 만드는 교재」

1. 국내최초 이론/기출/객관식의 단권화를 통한 '한권으로 합격하기' 초단기 비법을 제시하였다.

본서는 'FINAL 한권으로끝장' 시리즈로 집필된 교재로, 방대한 내용을 단권화하여 100% 단기합격이 가능하도록 집필한 국내최초 기본이론/기출문제/적중예상문제 단권화 수험서로, 일체의 관련 서적의 탐독으로 인한 시간낭비 전혀 없이 한권으로 100% 합격이 가능하도록 집필된 관세사와 감정평가사 시험만을 위한 고득점 단기합격 스피드패스 최적서이다.

2. 회계학 기본서 전혀 없이도 100% 합격이 가능하도록 기본서 이상의 완벽이론을 담아냈다.

항상 현장과 동영상강의를 통해 많은 수험생을 접하면서 느끼는 점은 학습해야 될 분량이 방대하다 보니 이를 수험용으로 100% 합격가능하도록 정리를 못해 허둥대는 수험생이 대부분이라는 점이었다. 따라서, 수험과 무관한 내용을 배제시키고 오로지 100% 합격을 위해 필요한 내용을 담은 이론을 장황하지 않으면서 깔끔하게, 콤팩트하면서 빠짐없게 심혈을 기울여 집필하였다. 즉, 기존 서적들이 단순히 K-IFRS의 규정내용을 그대로 교재에 옮겨 놓음으로써 수험생 입장에서 도무지 정리할 수 없었던 문제점을 말끔히 해결하였다.

3. 국내최초 모든 이론 논제를 한 페이지에 담기도록 집필하여 수험서의 혁명을 이루었다.

한 논제에 대하여 여러 페이지에 걸쳐 이어지다보면 공부하는 순간에는 별 문제가 없으나 뒤돌아서면 도통 정리가 되지 않는 문제점을 해결코자 모든 논제는 한 페이지에 도표형식으로 담아냈으며 내용 자체가 하나의 사진처럼 영상이 되어 정리될 수 있도록 하였다. 이러한 편집체계는 저자의 모든 책에 일관되게 적용되고 있으며, 국내에서 출간되고 있는 책 중에 유일한 독특하고, 창의적인 편집체계로서 이러한 방법은 기존 책들의 서술형 내용처리 체계와는 다른 파워풀한 시험 적응력을 가져오는 것을 계속 경험하고 있다.

4. 모든 기출문제를 편제하여 별도 기출문제집이 필요없도록 이론/기출 합본형식으로 집필하였다.

기출문제를 철저히 분석하여 중복되는 기출문제를 제외한 모든 관세사 · 감정평가사 기출문제를 본문 '세부고찰'과 '실전적중문제' 및 '출제유형별보충문제'를 통해 퍼펙트하게 완벽히 모두 제시

하였다. 이를 통해 시중에서 별도의 객관식교재나 기출문제집을 구입할 필요가 전혀없이 본서 한권으로 100% 커버가 되도록 하였다.

5. 이론 학습후 그 즉시 관련 기출·예상문제를 확인할 수 있도록 '실전적중문제'를 제시하였다.

회계학은 실천학문이라는 특성을 지니므로 이론학습 후에 관련 문제를 그 즉시 확인하는 것이 가장 효과적인 학습법이다. 따라서, '실전적중문제'에 해당 이론과 관련된 기출문제는 물론 관세사·감정평가사 시험 난이도에 부합하는 세무사 기출문제 및 적중예상문제를 모두 편제하여 이론의 실전 적용 모습을 바로 확인할 수 있도록 하였다.

6. 서술형 문제에 대한 오답노트를 '서술형Correction연습'을 통해 제시하였다.

서술형 문제에서 답으로 등장하였거나 출제가 예상되는 오답 문구를 빠짐없이 정리하여 제시함으로써 수험생들의 오답노트 작성의 수고로움을 덜도록 하였다.

7. 실전에서 계산형 문제를 빨리풀수 있는 비법인 일명 '고속철풀이법'을 제시하였다.

기본이론 접근시 체화된 강학상의 회계처리 방식에 의할 경우 한정된 시간 내에 효율적으로 계산형 문제를 풀기란 불가능하므로 저자의 노하우로 개발한 빨리풀수 있는 방법을 '고속철'로 표기하여 모두 제시하였다. 실전에서 놀라운 효과를 발휘되는 방법이므로 반드시 숙지하기 바란다.

8. 관세사 · 감정평가사·세무사 기타 기출문제를 총정리하여 '출제유형별보충문제'로 제시하였다.

본문 실전적중문제들과 별도로 다양한 문제를 접할수 있는 기회를 갖음으로써 관세사·감정평가사 시험에서 어떠한 문제가 출제되어도 100% 해결 가능하도록 하였다.

9. 효율적인 단기합격의 달성을 위해 지엽적인 내용은 합본부록에 별도로 제시하였다.

투입 대비 산출의 극대화와 현행 시험의 시간제약 요인을 감안할 때, 혹여 출제가 되더라도 점수화가 불가능한 내용들은 본문과는 별도로 합본부록에 제시하였다. 합본부록으로 제시한 'IFRS심화논제'는 실제 시험에서 아예 출제되지 않거나 1문제 내지 2문제 정도 간헐적으로 출제되고 있는 부분으로서, 반드시 회계학 백점만점을 획득해야 하는 불가피한 상황에 있는 수험생이 아닌 이상, 합격 전략상 과감히 스킵(skip)할 것을 권한다.

체계적으로 집필된 본서를 찬찬히 학습하다보면 어느 순간 자신도 모르게 합격에 한걸음 다가섰음을 느낄 수 있을 것으로 확신하며, 바라건데 본 교재가 최고의 전문가로 성장하는데 밑거름이 되고 수험생의 합격을 이끄는 반려자가 되길 기원한다. 또한 최선은 다했으나 혹시 미처 파악하지 못한 오류는 없는지에 대한 두려움과 아쉬움이 남는 것이 사실이나, 독자제위의 질책과 서평을 겸허히 수용하여 부족한 부분은 계속해서 보완해 나갈 것을 약속한다.

끝으로 본 교재의 출간을 위해 물심양면 지원을 아끼지 않은 세무라이선스 임원진과 고통스런 편집작업에 고생하신 세무라이선스 편집부에 감사를 드리며, '고통은 순간이고 그 순간은 추억이 된다'라며 더 격렬하게 하얗게 불태울 수 있도록 항상 옆에서 격려해준 사랑하는 아내 경화에게 감사를 전한다.

세무사 강경석 씀

차례

제1편 재무회계

제1장 Mainplot (주요논제)

재무보고 개념체계

재무제표 표시

수 익

건설계약

현금과 매출채권

재고자산

유형자산

차입원가

투자부동산

무형자산

금융자산

제1편 재무회계

제2장 Subplot (특수논제)

보고기간후사건

복합금융상품

종업원급여

주식기준보상

리스회계

법인세회계

회계변경 · 오류수정

제2편 원가관리회계

제1장 원가회계

원가개념과 원가흐름

원가의 추정

개별원가계산

정상원가계산

활동기준원가계산

종합원가계산

결합원가계산

표준원가계산

합본부록 IFRS 심화논제

사업결합

관계기업

환율변동효과

기타논제

3P

3P

FINAL

POTENTIALITY

PASSION

PROFESSION

3P는 여러분의 무한한 잠재적 능력과 반드시 성취하겠다는 열정을 토대로 전문가의 길로 나아가는 세무라이선스 파이널시리즈의 학습 정신입니다.

수험생 여러분의 합격을 응원합니다.

CERTIFIED
CUSTOMS BROKER &
APPRAISER

고득점

단기합격

기본서

관세사·감정평가사 회계학

[이론과객관식 단권화]

한권으로끝장

제1편	재무회계	제1장	Mainplot [주요논제]
		제2장	Subplot [특수논제]
		[재무회계] 출제유형별보충문제	
제2편	원가관리회계	제1장	원가회계
		제2장	관리회계
		[원가관리회계] 출제유형별보충문제	
합본부록	IFRS심화논제		

SEMOOLICENCE

제1편. 재무회계

2021-2022

FINAL

관세사·감정평가사 회계학

Certified Customs Broker & Appraiser

제1장

Mainplot[주요논제]

▶ Mainplot[주요논제]은 자산·부채·자본 계정과목을 다룬 일반회계 내용을 담고 있습니다.

시험중요도 ★★☆

기본이론 제1강 재무보고 개념체계 개념체계 목적과 위상

구분	항목	내용
개요	의의	• 재무보고를 위한 개념체계는 일반목적재무보고의 목적과 개념을 서술함.
	개념체계 주요내용	• 일반목적재무보고의 목적, 유용한 재무정보의 질적특성, 재무제표와 보고기업, 재무제표의 요소, 인식과 제거, 측정, 표시와 공시, 자본및자본유지
개념체계 목적	회계기준위원회	• 한국회계기준위원회(=회계기준위원회)가 일관된 개념에 기반하여 한국채택국제회계기준(=회계기준)을 제·개정하는 데 도움을 줌.
	재무제표작성자	• 특정 거래나 다른 사건에 적용할 회계기준이 없거나 회계기준에서 회계정책을 선택하는 것을 허용하는 경우에 재무제표 작성자가 일관된 회계정책을 개발하는 데 도움을 줌.
	모든 이해관계자	• 모든 이해관계자가 회계기준을 이해하고 해석하는 데 도움을 줌.
개념체계 위상	회계기준과의 관련성	• 개념체계는 회계기준이 아님. 주의 따라서, 개념체계의 어떠한 내용도 회계기준이나 그 요구사항에 우선치 않음. 말장난 경우에 따라서는 개념체계의 내용이 회계기준에 우선할 수도 있다(X)
	개념체계에서의 일탈	• 일반목적재무보고의 목적을 달성하기 위해 회계기준위원회는 개념체계의 관점에서 벗어난 요구사항을 기준서에 정하는 경우가 있을 수 있음. ➡만약, 회계기준위원회가 그러한 사항을 정한다면, 해당 기준서의 결론도출 근거에 그러한 일탈에 대해 설명할 것임.
	개념체계의 개정	• 개념체계는 회계기준위원회가 관련 업무를 통해 축적한 경험을 토대로 수시로 개정될 수 있음. • 개념체계가 개정되었다고 자동으로 회계기준이 개정되는 것은 아님. ➡회계기준을 개정하기로 결정한 경우 회계기준위원회는 정규절차에 따라 의제에 프로젝트를 추가하고 해당 회계기준에 대한 개정안을 개발할 것임. 말장난 개념체계가 개정되면 자동으로 회계기준이 개정된다(X)
개념체계와 회계기준 위원회	회계기준위원회 공식임무	• 전 세계 금융시장에 투명성, 책임성, 효율성을 제공하는 회계기준을 개발하는 것임. ➡개념체계는 회계기준위원회의 공식 임무에 기여함. 말장난 투명성, 책임성, 신뢰성을 제공하는 회계기준을 개발하는 것이다(X)
	회계기준위원회 업무	• 회계기준위원회의 업무는 세계 경제에서의 신뢰, 성장, 장기적 금융안정을 조성함으로써 공공이익에 기여하는 것임. 말장난 보고기업의 이익에 기여하는 것이다(X)

보론 개념체계는 다음과 같은 회계기준을 위한 기반을 제공함.(개념체계가 제공하는 기반)

구분	내용
투명성에 기여	• 투자자와 그 밖의 시장참여자가 정보에 입각한 경제적 의사결정을 내릴 수 있도록 재무정보의 국제적 비교가능성과 정보의 질을 향상시킴으로써 투명성에 기여함.
책임성을 강화	• 자본제공자·자본수탁자 간의 정보격차를 줄임으로써 책임성을 강화함. → 개념체계에 기반한 회계기준은 경영진의 책임을 묻기 위해 필요한 정보를 제공함. → 국제적으로 비교가능한 정보의 원천으로서 이 회계기준은 전 세계 규제기관에게도 매우 중요함.
경제적 효율성에 기여	• 투자자에게 전 세계의 기회와 위험을 파악하도록 도움을 주어 자본 배분을 향상시킴으로써 경제적 효율성에 기여함. → 기업이 개념체계에 기반한 신뢰성 있는 단일의 회계 언어를 사용하는 것은 자본비용을 감소시키고 국제보고 비용을 절감시킴.

FINAL 객관식뽀개기 — 실전적중문제

1. 재무보고를 위한 개념체계의 목적과 위상에 관한 설명으로 옳지 않은 것은? [관세사기출]

① 한국회계기준위원회가 일관된 개념에 기반하여 한국채택국제회계기준을 제·개정하는 데 도움을 준다.
② 특정 거래나 다른 사건에 적용할 회계기준이 없거나 회계기준에서 회계정책을 선택하는 것을 허용하는 경우에 재무제표 작성자가 일관된 회계정책을 개발하는 데 도움을 준다.
③ 모든 이해관계자가 회계기준을 이해하고 해석하는 데 도움을 준다.
④ 개념체계는 회계기준위원회가 관련 업무를 통해 축적한 경험을 토대로 수시로 개정될 수 있으며, 개념체계가 개정되었다고 자동으로 회계기준이 개정되는 것은 아니다.
⑤ 개념체계는 회계기준이 아니다. 그러나 경우에 따라서는 개념체계의 내용이 회계기준이나 회계기준의 요구사항에 우선할 수도 있다.

내비게이션
• 개념체계는 회계기준이 아니다. 따라서 개념체계의 어떠한 내용도 회계기준이나 그 요구사항에 우선하지 아니한다.

2. 재무보고를 위한 개념체계에 관한 설명으로 옳지 않은 것은? [세무사기출]

① 중요성은 개별 기업 재무보고서 관점에서 해당 정보와 관련된 항목의 성격이나 규모 또는 이 둘 모두에 근거하여 해당 기업에 특유한 측면의 목적적합성을 의미한다.
② 재무보고를 위한 개념체계는 외부 이용자를 위한 재무보고의 기초가 되는 개념이므로 한국채택국제회계기준이다.
③ 일반목적재무보고서는 보고기업의 가치를 보여주기 위해 고안된 것이 아니다. 그러나 일반목적재무보고서는 현재 및 잠재적 투자자, 대여자와 그 밖의 채권자가 보고기업의 가치를 추정하는데 도움이 되는 정보를 제공한다.
④ 목적적합한 재무정보는 이용자들의 의사결정에 차이가 나도록 할 수 있다.
⑤ 표현충실성은 모든 면에서 정확한 것을 의미하지는 않는다.

내비게이션
• 개념체계는 회계기준이 아니므로 개념체계의 어떠한 내용도 회계기준이나 그 요구사항에 우선하지 아니한다.
• ①,③,④,⑤에 대하여는 후술함!

3. 재무보고를 위한 개념체계의 목적과 위상에 대한 설명이다. 가장 옳은 것은?

① 개념체계는 회계기준위원회가 관련 업무를 통해 축적한 경험을 토대로 수시로 개정될 수 있다. 개념체계가 개정되면 자동으로 회계기준이 개정된다.
② 회계기준위원회의 업무는 세계 경제에서의 신뢰, 성장, 장기적 금융안정을 조성함으로써 보고기업의 이익에 기여하는 것이다.
③ 일반목적 재무보고의 목적을 달성하기 위해 회계기준위원회는 개념체계의 관점에서 벗어난 요구사항을 정하는 경우가 있을 수 있으며, 만약, 회계기준위원회가 그러한 사항을 정한다면, 해당 기준서의 결론도출근거에 그러한 일탈에 대해 설명할 것이다.
④ 개념체계는 회계기준이 아니다. 그러나 경우에 따라서는 개념체계의 내용이 회계기준이나 회계기준의 요구사항에 우선할 수도 있다.
⑤ 개념체계는 회계기준위원회의 공식 임무에 기여한다. 이 임무는 전 세계 금융시장에 투명성, 책임성, 신뢰성을 제공하는 회계기준을 개발하는 것이다.

내비게이션
• ① 개념체계는 회계기준위원회가 관련 업무를 통해 축적한 경험을 토대로 수시로 개정될 수 있다. 개념체계가 개정되었다고 자동으로 회계기준이 개정되는 것은 아니다. 회계기준을 개정하기로 결정한 경우, 회계기준위원회는 정규절차에 따라 의제에 프로젝트를 추가하고 해당 회계기준에 대한 개정안을 개발할 것이다.
② 회계기준위원회의 업무는 세계 경제에서의 신뢰, 성장, 장기적 금융안정을 조성함으로써 공공이익에 기여하는 것이다.
④ 개념체계는 회계기준이 아니다. 따라서 개념체계의 어떠한 내용도 회계기준이나 그 요구사항에 우선하지 아니한다.
⑤ 개념체계는 회계기준위원회의 공식 임무에 기여한다. 이 임무는 전 세계 금융시장에 투명성, 책임성, 효율성을 제공하는 회계기준을 개발하는 것이다.

서술형Correction연습

❒ 개념체계는 회계기준이 아니므로 개념체계의 어떠한 내용도 회계기준이나 그 요구사항에 우선하지 아니하지만 개념체계가 개정되면 자동으로 회계기준이 개정된다.

➲ (X) : 개념체계가 개정되었다고 자동으로 회계기준이 개정되는 것은 아니다.

Answer 1. ⑤ 2. ② 3. ③

시험중요도 ★★☆

기본이론 제2강 일반목적재무보고

<table>
<tr><td rowspan="3">의의</td><td>주요이용자</td><td>• 일반목적재무보고서가 대상으로 하는 주요이용자는 다음과 같다.

현재 및 잠재적 투자자, 대여자와 그 밖의 채권자

➡일반목적재무보고서는 기타집단(감독당국, 일반대중)을 주요대상으로 하지 않음.
➡경영진은 그들이 필요로 하는 재무정보를 내부에서 구할 수 있기 때문에 일반목적재무보고서에 의존할 필요가 없음.
주의 ∴규정상 경영진, 감독당국, 일반대중은 주요이용자가 아님!</td></tr>
<tr><td>목적</td><td>• 일반목적재무보고의 목적은 현재 및 잠재적 투자자, 대여자와 그 밖의 채권자가 기업에 자원을 제공하는 것과 관련한 의사결정을 할 때 유용한 보고기업 재무정보를 제공하는 것임.
➡그러나, 일반목적재무보고서는 현재 및 잠재적 투자자, 대여자와 그 밖의 채권자가 필요로 하는 모든 정보를 제공하지는 않으며 제공할 수도 없음.
➡일반목적재무보고서는 보고기업의 가치를 보여주기 위해 고안된 것이 아님.
그러나, 현재 및 잠재적 투자자, 대여자와 그 밖의 채권자가 보고기업의 가치를 추정하는데 도움이 되는 정보를 제공함.
말장난 일반목적재무보고서는 보고기업의 가치를 보여주기 위해 고안된 것이다(X)</td></tr>
<tr><td>한계</td><td>• 재무보고서는 정확한 서술보다는 상당 부분 추정, 판단, 모형에 근거함.
➡∴개념체계는 그 추정, 판단, 모형의 기초가 되는 개념을 정함.</td></tr>
<tr><td></td><td colspan="2">참고 개념체계의 재무보고서·재무보고는 각각 일반목적재무보고서·일반목적재무보고를 말함.</td></tr>
<tr><td rowspan="5">제공정보</td><td>경제적 자원과 청구권</td><td>• 보고기업의 경제적 자원과 청구권의 성격·금액에 대한 정보는 이용자들이 보고기업의 재무적 강점과 약점을 식별하는 데 도움을 줄 수 있음.
➡그 정보는 이용자들이 보고기업의 유동성과 지급능력, 추가적인 자금 조달의 필요성 및 그 자금 조달이 얼마나 성공적일지를 평가하는 데 도움을 줄 수 있음.
➡현재 청구권의 우선순위와 지급 요구사항에 대한 정보는 이용자들이 기업에 청구권이 있는 자들에게 미래 현금흐름이 어떻게 분배될 것인지를 예측하는 데 도움이 됨.</td></tr>
<tr><td>경제적 자원 및 청구권의 변동</td><td>• 보고기업의 경제적 자원과 청구권의 변동은 그 기업의 재무성과(영업활동), 채무상품·지분상품의 발행(자본조달과정)과 같은 그밖의 사건·거래에서 발생함.</td></tr>
<tr><td>발생기준 회계가 반영된 재무성과</td><td>• 발생기준 회계가 중요한 이유는 보고기업의 경제적 자원과 청구권 그리고 기간 중 그 변동에 관한 정보는 그 기간 동안의 현금수취와 지급만의 정보보다 기업의 과거 및 미래 성과를 평가하는 데 더 나은 근거를 제공하기 때문임.</td></tr>
<tr><td>과거 현금흐름이 반영된 재무성과</td><td>• 기업의 미래 순현금유입 창출능력을 평가하는데 도움이 됨.
➡현금흐름에 대한 정보는 보고기업의 영업을 이해하고, 재무활동과 투자활동을 평가하며, 유동성이나 지급능력을 평가하고, 재무성과에 대한 그 밖의 정보를 해석하는데 도움이 됨.</td></tr>
<tr><td>재무성과에 기인하지 않은 경제적 자원 및 청구권의 변동</td><td>• 보고기업의 경제적 자원과 청구권은 소유지분(지분상품) 발행과 같이 재무성과 외의 사유로도 변동될 수 있음.</td></tr>
<tr><td></td><td colspan="2">참고 일반목적재무보고서는 경제적자원 사용에 관한 정보도 제공하며, 이는 기업의 경제적 자원에 대한 경영자의 수탁책임을 평가(해당 자원에 대한 경영자의 관리를 평가)할 수 있도록 도움을 줌.</td></tr>
</table>

FINAL 객관식뽀개기 실전적중문제

1. 일반목적재무보고의 목적에 관한 설명으로 옳지 않은 것은? [관세사기출]

① 현재 및 잠재적 투자자, 대여자와 그 밖의 채권자가 필요로 하는 모든 정보를 제공하여야 한다.
② 보고기업의 재무상태에 관한 정보, 즉 기업의 경제적자원 및 보고기업에 대한 청구권에 관한 정보를 제공한다.
③ 재무보고서는 정확한 서술보다는 상당 부분 추정, 판단 및 모형에 근거한다. 개념체계는 그 추정, 판단 및 모형의 기초가 되는 개념을 정한다.
④ 경영진은 필요로 하는 재무정보를 내부에서 구할 수 있기 때문에 일반목적재무보고서에 의존할 필요가 없다.
⑤ 현재 및 잠재적 투자자, 대여자와 그 밖의 채권자가 기업에 자원을 제공하는 것과 관련된 의사결정을 할 때 유용한 보고기업 재무정보를 제공한다.

내비게이션

• 모든 정보를 제공하지는 않으며 제공할 수도 없다.

2. 일반목적재무보고의 목적에 관한 설명으로 옳지 않은 것은? [감평사기출]

① 현재 및 잠재적 투자자, 대여자와 그 밖의 채권자가 기업에 자원을 제공하는 것과 관련된 의사결정을 할 때 유용한 보고기업 재무정보를 제공하는 것이다.
② 지분상품 및 채무상품을 매수, 매도 또는 보유하는 것에 대한 의사결정은 현재 및 잠재적 투자자, 대여자와 그 밖의 채권자가 기대하는 수익, 예를 들어, 배당, 원금 및 이자의 지급 또는 시장가격의 상승에 의존한다.
③ 일반목적재무보고서는 감독당국 그리고 (투자자, 대여자와 그 밖의 채권자가 아닌) 일반대중을 주요 대상으로 한 것이 아니다.
④ 일반목적재무보고서는 보고기업의 가치를 보여주기 위해 고안된 것이다. 따라서 그것은 현재 및 잠재적 투자자, 대여자와 그 밖의 채권자가 보고기업의 가치를 추정하는 데 도움이 되는 정보를 제공한다.
⑤ 보고기업의 경영진도 해당 기업에 대한 재무정보에 관심이 있다. 그러나 경영진은 필요로 하는 재무정보를 내부에서 구할 수 있기 때문에 일반목적재무보고서에 의존할 필요가 없다.

내비게이션

• 일반목적재무보고서는 보고기업의 가치를 보여주기 위해 고안된 것이 아니다. 그러나 그것은 현재 및 잠재적 투자자, 대여자와 그 밖의 채권자가 보고기업의 가치를 추정하는 데 도움이 되는 정보를 제공한다.

3. 일반목적재무보고에 관한 설명으로 옳지 않은 것은? [세무사기출]

① 현재 및 잠재적 투자자, 대여자와 그 밖의 채권자에 해당하지 않는 기타 당사자들(예를 들어, 감독당국)이 일반목적재무보고서가 유용하다고 여긴다면 이들도 일반목적재무보고의 주요 대상에 포함한다.
② 일반목적재무보고서는 현재 및 잠재적 투자자, 대여자와 그 밖의 채권자가 필요로 하는 모든 정보를 제공하지는 않으며 제공할 수도 없다. 그 이용자들은, 예를 들어, 일반 경제적 상황 및 기대, 정치적 사건과 정치 풍토, 산업 및 기업 전망과 같은 다른 원천에서 입수한 관련 정보를 고려할 필요가 있다.
③ 재무보고서는 정확한 서술보다는 상당 부분 추정, 판단 및 모형에 근거한다.
④ 일반목적재무보고서는 보고기업의 가치를 보여주기 위해 고안된 것이 아니다. 그러나 그것은 현재 및 잠재적 투자자, 대여자와 그 밖의 채권자가 보고기업의 가치를 추정하는 데 도움이 되는 정보를 제공한다.
⑤ 일반목적재무보고의 목적은 현재 및 잠재적 투자자, 대여자와 그 밖의 채권자가 기업에 자원을 제공하는 것에 대한 의사결정을 할 때 유용한 보고기업 재무정보를 제공하는 것이다. 그 의사결정은 지분상품 및 채무상품의 매수, 매도 또는 보유, 대여 및 기타 형태의 신용 제공 또는 결제, 기업의 경제적자원 사용에 영향을 미치는 경영진의 행위에 대한 의결권 또는 영향을 미치는 권리를 행사하는 것을 포함한다.

내비게이션

• 감독당국, 일반대중 등도 일반목적재무보고서가 유용하다고 여길 수 있다. 그렇더라도 일반목적재무보고서는 이러한 기타 집단을 주요 대상으로 한 것이 아니다. 즉, 현재 및 잠재적 투자자, 대여자와 그 밖의 채권자만 일반목적재무보고의 주요대상에 포함한다.

서술형Correction연습

❐ 일반목적재무보고서가 대상으로 하는 주요이용자에는 현재 투자자는 포함하나 잠재적 투자자는 포함하지 않는다.

➲ (X) : 현재의 투자자, 대여자와 그 밖의 채권자 뿐만 아니라 잠재적 투자자, 대여자와 그 밖의 채권자도 포함한다.

❐ 보고기업의 경영진도 해당 기업에 대한 재무정보에 관심이 있기 때문에 일반목적재무보고서에 의존할 필요가 있다.

➲ (X) : 경영진은 필요로 하는 재무정보를 내부에서 구할 수 있기 때문에 일반목적재무보고서에 의존할 필요가 없다.

Answer 1. ① 2. ④ 3. ①

시험중요도 ★★★

기본이론 제3강 재무정보의 질적특성 : 근본적 질적특성

개요

❖재무정보가 유용하기 위해서는 목적적합해야 하고 나타내고자 하는 바를 충실하게 표현해야 함.
❖재무정보가 비교가능하고, 검증가능하며, 적시성 있고, 이해가능시는 그 재무정보의 유용성은 보강됨.

재무정보의 질적특성	구성요소	포괄적 제약요인
근본적 질적특성	목적적합성 / 표현충실성	원가
보강적 질적특성	비교가능성 / 검증가능성 / 적시성 / 이해가능성	

보론 유용한 재무정보의 질적특성(근본적 질적특성과 보강적 질적특성)은 재무제표에서 제공되는 재무정보뿐만 아니라 그 밖의 방법으로 제공되는 재무정보에도 적용됨.

목적적합성

❖목적적합한 재무정보는 이용자들의 의사결정에 차이가 나도록 할 수 있음.
❖정보는 일부 이용자들이 이를 이용하지 않기로 선택하거나 다른 원천을 통하여 이미 이를 알고 있다고 할지라도 의사결정에 차이가 나도록 할 수 있음.

예측가치와 확인가치

① 재무정보에 예측가치, 확인가치 또는 이 둘 모두가 있다면 그 재무정보는 의사결정에 차이가 나도록 할 수 있음.
➡이용자들이 미래 결과를 예측하기 위해 사용하는 절차의 투입요소로 재무정보가 사용될 수 있다면, 그 재무정보는 예측가치를 갖음.
➡재무정보가 과거 평가에 대해 피드백을 제공한다면(과거 평가를 확인하거나 변경시킨다면) 확인가치를 갖음.

② 재무정보가 예측가치를 갖기 위해서 그 자체가 예측치 또는 예상치일 필요는 없음.
말장난 예측가치를 갖기 위해서 그 자체가 예측치이어야 한다(X).

③ 재무정보의 예측가치와 확인가치는 상호 연관되어 있음.
➡예측가치를 갖는 정보는 확인가치도 갖는 경우가 많음.

중요성

① 정보가 누락되거나 잘못 기재된 경우 일반목적재무보고서에 근거하여 이루어지는 주요 이용자들의 의사결정에 영향을 줄 수 있다면 그 정보는 중요한 것임

② 중요성은 개별기업 재무보고서 관점에서 해당 정보와 관련된 항목의 성격이나 규모 또는 이 둘 모두에 근거하여 해당 기업에 특유한 측면의 목적적합성을 의미함.
·주의 따라서, 회계기준위원회는 중요성에 대한 획일적인 계량 임계치를 정하거나 특정한 상황에서 무엇이 중요한 것인지를 미리 결정할 수 없음.(즉, 중요성은 기업마다 다르므로 회계기준위원회가 사전에 규정할 수 없음.)

표현충실성

❖목적적합한 현상을 표현하는 것뿐만 아니라 나타내고자 하는 현상의 실질을 충실하게 표현해야 함.
❖완벽한 표현충실성을 위해서는 서술은 완전하고, 중립적이며, 오류가 없어야 할 것임.

완전한 서술

• 완전한 서술은 필요한 기술과 설명을 포함하여 이용자가 서술되는 현상을 이해하는 데 필요한 모든 정보를 포함하는 것임.

중립적 서술

• 중립적 서술은 재무정보의 선택이나 표시에 편의가 없는 것임.
• 중립적 정보는 목적이 없거나 행동에 대한 영향력이 없는 정보를 의미하지 않음.
• 중립성은 신중을 기함으로써 뒷받침됨.
·주의 신중을 기하는 것이 비대칭의 필요성(예 자산이나 수익을 인식하기 위해서는 부채나 비용을 인식할 때보다 더욱 설득력 있는 증거가 뒷받침되어야 한다는 구조적인 필요성)을 내포하는 것은 아님.

오류없는 서술

• 표현충실성은 모든 면에서 정확한 것을 의미하지는 않음.
• 오류가 없다는 것은 현상의 기술에 오류나 누락이 없고, 보고 정보를 생산하는 데 사용되는 절차의 선택과 적용시 절차상 오류가 없음을 의미함
➡즉, 오류가 없다는 것은 모든 면에서 완벽, 정확하다는 것을 의미하지는 않음.
• 합리적 추정치의 사용은 재무정보 작성에 필수적인 부분이며, 측정불확실성이 높은 수준이더라도 그러한 추정이 무조건 유용한 재무정보를 제공치 못하는 것은 아님.

FINAL 객관식뽀개기

실전적중문제

1. 재무보고를 위한 개념체계에서 유용한 재무정보의 질적 특성에 관한 설명으로 옳은 것은? [감평사기출]

① 재무정보가 예측가치를 갖기 위해서 그 자체가 예측치 또는 예상치일 필요는 없다.
② 계량화된 정보가 검증가능하기 위해서 단일 점추정치이어야 한다.
③ 완벽하게 표현충실성을 위해서는 서술은 완전하고, 검증가능하며, 오류가 없어야 한다.
④ 재무정보에 예측가치가 있다면 그 재무정보는 나타내고자 하는 현상을 충실하게 표현한다.
⑤ 재고자산평가손실의 인식은 보수주의 원칙이 적용된 것이며, 보수주의는 표현 충실성의 한 측면으로 포함할 수 있다.

내비게이션

• ② 단일 점추정치이어야 할 필요는 없다.(후술함!)
③ 검증가능하며(X) → 중립적이며(O)
④ 예측가치는 목적적합성의 속성으로 표현충실성과 관련이 없다.
⑤ 표현충실성 중 중립성은 신중을 기함으로써 뒷받침되며 신중을 기하는 것이 비대칭(예 : 보수주의)의 필요성을 내포하는 것은 아니다. 그럼에도 불구하고, 나타내고자 하는 바를 충실하게 표현하는 가장 목적적합한 정보를 선택하려는 결정의 결과가 비대칭성이라면, 특정 기준서에서 비대칭적인 요구사항을 포함할 수도 있다.

2. 유용한 재무정보의 질적 특성에 관한 설명으로 옳지 않은 것은? [감평사기출]

① 재무정보가 유용하기 위해서는 목적적합해야 하고 나타내고자 하는 바를 충실하게 표현해야 한다.
② 보강적 질적 특성을 적용하는 것은 어떤 규정된 순서를 따르지 않는 반복적인 과정이므로 때로는 하나의 보강적 질적 특성이 다른 질적 특성의 극대화를 위해 감소되어야 할 수도 있다.
③ 회계기준위원회는 중요성에 대한 획일적인 계량 임계치를 정하거나 특정한 상황에서 무엇이 중요한 것인지를 미리 결정할 수 있다.
④ 중요성은 개별 기업 재무보고서 관점에서 해당 정보와 관련된 항목의 성격이나 규모 또는 이 둘 모두에 근거하여 해당 기업에 특유한 측면의 목적적합성을 의미한다.
⑤ 근본적 질적 특성을 충족하면 어느 정도의 비교가능성은 달성될 수 있을 것이다.

내비게이션

• 미리 결정할 수 있다.(X) → 미리 결정할 수 없다.(O)
• ②,⑤에 대하여는 후술함!

3. 유용한 재무정보의 질적 특성에 관한 설명으로 옳지 않은 것은? [관세사기출]

① 재무정보가 예측가치를 갖기 위해서 그 자체가 예측치 또는 예상치일 필요는 없다.
② 오류가 없는 서술이란 현상의 기술에 오류나 누락이 없고, 서술의 모든 면에서 완벽하게 정확하다는 것을 의미한다.
③ 중립적 서술은 재무정보의 선택이나 표시에 편의가 없는 것을 말한다.
④ 비교가능성, 검증가능성, 적시성 및 이해가능성은 목적적합성과 나타내고자 하는 바를 충실하게 표현하는 것 모두를 충족하는 정보의 유용성을 보강시키는 질적 특성이다.
⑤ 보강적 질적특성을 적용하는 것은 어떤 규정된 순서를 따르지 않는 반복적인 과정이다.

내비게이션

• 오류가 없다는 것은 모든 면에서 완벽하게 정확하다는 것을 의미하지는 않는다.
• ④, ⑤에 대하여는 후술함!

보론 근본적 질적특성의 적용

1 적용절차

근본적 질적 특성을 적용하기 위한 가장 효율적이고 효과적인 절차는 일반적으로 다음과 같음.

첫째	• 이용자들에게 유용할 수 있는 정보의 대상이 되는 경제적 현상을 식별
둘째	• 그 현상에 대한 가장 목적적합한 정보의 유형을 식별
셋째	• 그 정보가 이용가능한지, 그리고 경제적 현상을 충실하게 표현할 수 있는지 결정

2 절차의 적용

정보가 근본적 질적 특성을 충족O	• 근본적 질적 특성의 충족 절차는 그 시점에 끝남.
정보가 근본적 질적 특성을 충족X	• 차선의 목적적합한 유형의 정보에 대해 절차를 반복함.

3 절충(trade-off)

경우에 따라 경제적 현상에 대한 유용한 정보를 제공한다는 재무보고의 목적을 달성하기 위해 근본적 질적 특성 간 절충이 필요할 수도 있음.

Answer 1. ① 2. ③ 3. ②

제1편 재무회계 / 제2편 원가관리회계 / 합본부록 IFRS심화논제

시험중요도 ★★★

기본이론 제4강 재무정보의 질적특성 : 보강적 질적특성

<table>
<tr><td rowspan="3">비교가능성</td><td>의의</td><td colspan="2">• 비교가능성은 이용자들이 항목간의 유사점과 차이점을 식별하고 이해할 수 있게 하는 질적특성임.
➡단 하나의 항목에 관련된 것이 아니므로, 비교하려면 최소한 두 항목이 필요함.
➡하나의 경제적 현상은 여러 가지 방법으로 충실하게 표현될 수 있으나, 동일한 경제적 현상에 대해 대체적인 회계처리방법을 허용하면 비교가능성이 감소함.
➡근본적 질적특성을 충족하면 어느 정도의 비교가능성은 달성될 수 있을 것임.</td></tr>
<tr><td>일관성</td><td colspan="2">• 일관성은 한 보고기업내에서 기간간 또는 같은기간 동안에 기업간, 동일한 항목에 대해 동일한 방법을 적용하는 것을 말함.
➡일관성은 비교가능성과 관련은 되어 있지만 동일하지는 않음.
➡비교가능성은 목표이고 일관성은 그 목표를 달성하는 데 도움을 줌.</td></tr>
<tr><td colspan="3">참고 비교가능성은 통일성이 아니며, 정보가 비교가능하기 위해서는 비슷한 것은 비슷하게 보여야 하고 다른 것은 다르게 보여야함.</td></tr>
<tr><td rowspan="3">검증가능성</td><td>의의</td><td colspan="2">• 검증가능성은 정보가 나타내고자 하는 경제적 현상을 충실히 표현하는지를 이용자들이 확인하는데 도움을 줌.
➡검증가능성은 합리적인 판단력이 있고 독립적인 서로 다른 관찰자가 어떤 서술이 표현충실성이라는데, 비록 반드시 완전히 일치하지는 않더라도, 합의에 이를 수 있다는 것을 의미함.
주의 계량화된 정보가 검증가능하기 위해서 단일 점 추정치이어야 할 필요는 없음. 가능한 금액의 범위 및 관련된 확률도 검증될 수 있음.</td></tr>
<tr><td rowspan="2">검증방법</td><td>직접검증</td><td>• 현금을 세는 것과 같이 직접적인 관찰을 통하여 금액·표현을 검증하는 것</td></tr>
<tr><td>간접검증</td><td>• 모형, 공식, 그 밖의 기법에의 투입요소를 확인하고 같은 방법을 사용하여 그 결과를 재계산하는 것</td></tr>
<tr><td rowspan="2">적시성</td><td>의의</td><td colspan="2">• 적시성은 의사결정에 영향을 미칠 수 있도록 의사결정자가 정보를 제때에 이용가능하게 하는 것을 의미함.</td></tr>
<tr><td>유용성 감소</td><td colspan="2">• 일반적으로 정보는 오래될수록 유용성이 낮아짐.
➡그러나 일부 정보는 보고기간말 후에도 오랫동안 적시성이 있을 수 있음.(∵일부 정보이용자는 보고기간말 후에도 추세를 식별하고 평가할 필요가 있을 수 있기 때문임.)
말장난 보고기간말 후에는 적시성이 사라진다.(X)</td></tr>
<tr><td rowspan="2">이해가능성</td><td>의의</td><td colspan="2">• 정보를 명확하고 간결하게 분류하고, 특징지으며, 표시하는 것은 정보를 이해가능하게 함.
➡일부 현상은 본질적으로 복잡하여 이해하기 쉽지 않음. 그 현상에 대한 정보를 재무보고서에서 제외하면 그 재무보고서의 정보를 더 이해하기 쉽게 할 수 있음. 그러나 그 보고서는 불완전하여 잠재적으로 오도할 수 있음.</td></tr>
<tr><td>대상</td><td colspan="2">• 재무보고서는 사업활동과 경제활동에 대해 합리적인 지식이 있고, 부지런히 정보를 검토하고 분석하는 이용자들을 위해 작성됨.</td></tr>
<tr><td>적용</td><td colspan="3">• 보강적 질적특성은 가능한 한 극대화되어야 함.
➡그러나 보강적 질적특성은 정보가 목적적합하지 않거나 나타내고자 하는 바를 충실하게 표현하지 않으면, 개별적으로든 집단적으로든 그 정보를 유용하게 할 수 없음.
• 보강적 질적특성을 적용하는 것은 어떤 규정된 순서를 따르지 않는 반복적인 과정이며, 때로는 하나의 보강적 질적특성이 다른 질적 특성의 극대화를 위해 감소되어야 할 수도 있음.</td></tr>
<tr><td>원가제약</td><td colspan="3">• 원가는 재무보고로 제공될 수 있는 정보에 대한 포괄적 제약요인임.
➡재무정보의 보고에는 원가가 소요되고, 정보 보고의 효익이 그 원가를 정당화한다는 것이 중요함.
➡모든 이용자가 목적적합하다고 보는 모든 정보를 일반목적재무보고서에서 제공은 가능치 않음.</td></tr>
</table>

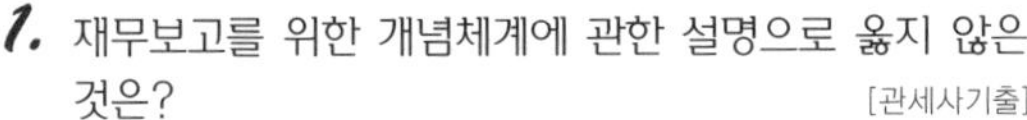

실전적중문제

1. 재무보고를 위한 개념체계에 관한 설명으로 옳지 않은 것은? [관세사기출]

① 이해가능성은 합리적인 판단력이 있고 독립적인 서로 다른 관찰자가 어떤 서술이 표현충실성이라는데, 비록 반드시 완전히 일치하지는 않더라도, 합의에 이를 수 있다는 것을 의미한다.
② 근본적 질적 특성은 목적적합성과 표현충실성이다.
③ 비교가능성, 검증가능성, 적시성 및 이해가능성은 목적적합성과 나타내고자 하는 바를 충실하게 표현하는 것 모두를 충족하는 정보의 유용성을 보강시키는 질적 특성이다.
④ 목적적합한 재무정보는 이용자들의 의사결정에 차이가 나도록 할 수 있다.
⑤ 적시성은 의사결정에 영향을 미칠 수 있도록 의사결정자가 정보를 제때에 이용가능하게 하는 것을 의미한다.

내비게이션
• 검증가능성에 대한 설명이다.

2. 유용한 재무정보의 질적 특성에 관한 설명으로 옳지 않은 것은? [관세사기출]

① 목적적합성과 표현충실성이 없는 재무정보가 더 비교가능하거나, 검증가능하거나, 적시성 이 있거나, 이해가능하다면 유용한 정보이다.
② 보고기업에 대한 정보는 다른 기업에 대한 유사한 정보 및 해당 기업에 대한 다른 기간이나 다른 일자의 유사한 정보와 비교될 수 있다면 더욱 유용하다.
③ 재무정보가 예측가치를 갖기 위해서 그 자체가 예측치 또는 예상치일 필요는 없다. 예측가치를 갖는 재무정보는 이용자들 자신이 예측하는 데 사용된다.
④ 정보가 누락되거나 잘못 기재된 경우 특정 보고기업의 재무정보를 제공하는 일반목적재무보고서에 근거하여 이루어지는 주요이용자들의 의사결정에 영향을 줄 수 있다면 그 정보는 중요한 것이다.
⑤ 목적적합하고 충실하게 표현된 재무정보는 보강적 질적 특성이 없더라도 유용할 수 있다.

내비게이션
• 보강적 질적 특성은, 정보가 목적적합하지 않거나 나타내고자 하는 바를 충실하게 표현하지 않으면, 개별적으로든 집단적으로든 그 정보를 유용하게 할 수 없다.

3. 재무보고를 위한 개념체계에 제시된 유용한 재무정보의 질적 특성 중 보강적 질적 특성에 관한 설명으로 옳지 않은 것은? [관세사기출]

① 정보가 누락되거나 잘못 기재된 경우 특정 보고기업의 재무정보를 제공하는 일반목적재무보고서에 근거하여 이루어지는 주요이용자들의 의사결정에 영향을 줄 수 있다면 그 정보는 중요한 것이다.
② 이용자들이 항목 간의 유사점과 차이점을 식별하고 이해할 수 있게 하는 질적 특성이다.
③ 합리적인 판단력이 있고 독립적인 서로 다른 관찰자가 어떤 서술이 표현충실성이라는 데, 비록 반드시 완전히 일치하지는 못하더라도, 의견이 일치할 수 있다는 것을 의미한다.
④ 의사결정에 영향을 미칠 수 있도록 의사결정자가 정보를 제때에 이용가능하게 하는 것을 의미한다.
⑤ 재무보고서는 사업활동과 경제활동에 대해 합리적인 지식이 있고, 부지런히 정보를 검토하고 분석하는 이용자들을 위해 작성된다.

내비게이션
• 맞는 설명이긴 하나, 문제에서 묻고 있는 보강적 질적특성이 아니라 근본적 질적특성에 대한 기술이다.

4. 재무보고를 위한 개념체계상 유용한 정보의 질적 특성에 관한 설명으로 옳지 않은 것은? [감평사기출]

① 표현충실성은 모든 면에서 정확한 것을 의미하지는 않는다.
② 중요성은 개별 기업 재무보고서 관점에서 해당 정보와 관련된 항목의 성격이나 규모 또는 이 둘 모두에 근거하여 해당 기업에 특유한 측면의 목적적합성을 의미한다.
③ 완전한 서술은 필요한 기술과 설명을 포함하여 이용자가 서술되는 현상을 이해하는 데 필요한 모든 정보를 포함하는 것이다.
④ 중립적 정보는 목적이 없거나 행동에 대한 영향력이 없는 정보를 의미하지 않는다.
⑤ 재무정보의 비교가능성은 이용자들이 항목 간의 차이점을 식별하고 이해할 수 있게 하는 질적 특성으로 비슷한 것을 달리 보이게 함으로써 보강된다.

내비게이션
• 정보가 비교가능하기 위해서는 비슷한 것은 비슷하게 보여야 하고 다른 것은 다르게 보여야 한다.

서술형Correction연습

❐ 일반적으로 정보는 오래될수록 유용성이 낮아지며 보고기간말 후에는 적시성이 사라진다.

➲ (X) : 보고기간말 후에도 오랫동안 적시성이 있을 수 있다.

Answer 1. ① 2. ① 3. ① 4. ⑤

시험중요도 ★☆☆

기본이론 제5강 재무제표와 보고기업

<table>
<tr><td rowspan="6">재무제표</td><td>재무제표 목적</td><td>• 재무제표의 목적은 보고기업에 유입될 미래순현금흐름에 대한 전망과 보고기업의 경제적 자원에 대한 경영진의 수탁책임을 평가하는데 유용한 재무정보(=보고기업의 자산, 부채, 자본, 수익 및 비용에 대한 정보)를 이용자들에게 제공하는 것임</td></tr>
<tr><td>재무제표 범위</td><td>• 재무정보는 다음을 통해 제공됨.
❐ 자산, 부채 및 자본이 인식된 재무상태표
❐ 수익과 비용이 인식된 재무성과표➡예 포괄손익계산서
❐ 다음에 관한 정보가 표시되고 공시된 다른 재무제표와 주석
① 인식된 또는 인식되지 않은 자산, 부채, 자본, 수익 및 비용(그 각각의 성격과 자산 및 부채에서 발생하는 위험에 대한 정보를 포함함)
② 현금흐름
③ 자본청구권 보유자의 출자와 그에 대한 분배, 표시되거나 공시된 금액을 추정하는데 사용된 방법·가정·판단 및 변경</td></tr>
<tr><td>재무제표에 채택된 관점</td><td>• 재무제표는 현재 및 잠재적 투자자, 대여자와 그 밖의 채권자 중 특정집단의 관점이 아닌 보고기업 전체의 관점에서 거래 및 그 밖의 사건에 대한 정보를 제공함.</td></tr>
<tr><td>계속기업가정</td><td>❐ 개념체계상 재무제표는 '계속기업'을 가정하여 작성
➡재무제표는 일반적으로 보고기업이 계속기업이며 예측가능한 미래에 영업을 계속할 것이라는 가정하에 작성됨. 따라서, 기업이 청산을 하거나 거래를 중단하려는 의도가 없으며 그럴 필요도 없다고 가정함.
➡만약, 그러한 의도나 필요가 있다면 재무제표는 계속기업과는 다른 기준에 따라 작성되어야 하며, 그러한 경우라면 사용된 기준을 재무제표에 기술함.
참고 계속기업관련 파생개념 : 기간개념, 유동성배열, 감가상각, 역사적원가주의</td></tr>
</table>

보론 재무제표범위 관련 기타사항

보고기간	• 재무제표는 특정기간(보고기간)에 대해 작성됨.
비교정보	• 재무제표이용자들이 변화와 추세를 식별하고 평가하는 것을 돕기 위해 재무제표는 최소한 직전연도에 대한 비교정보를 제공함.
미래정보	• 그 정보가 자산·부채·자본·수익·비용과 관련되고 재무제표이용자들에게 유용한 경우에는, 미래에 발생할 수 있는 거래·사건에 대한 정보(미래전망정보)를 재무제표에 포함함. →그러나, F/S는 경영진의 기대와 같은 미래전망정보는 제공치 않음.
보고기간후 정보	• 재무제표의 목적을 달성하기 위해 보고기간후 발생한 거래 및 그 밖의 사건에 대한 정보를 제공할 필요가 있다면 재무제표에 그러한 정보를 포함함.

<table>
<tr><td rowspan="4">보고기업</td><td>정의</td><td colspan="2">• 보고기업은 재무제표를 작성해야 하거나 작성하기로 선택한 기업을 말함
➡보고기업은 단일의 실체이거나 어떤 실체의 일부일 수 있으며, 둘 이상의 실체로 구성될 수도 있음. 또한 보고기업이 반드시 법적 실체일 필요는 없음.</td></tr>
<tr><td rowspan="3">보고기업별 재무제표</td><td>연결재무제표</td><td>• 한기업(지배기업)이 다른기업(종속기업)을 지배하는 경우 지배기업과 종속기업으로 구성되는 그 보고기업의 재무제표</td></tr>
<tr><td>비연결재무제표</td><td>• 보고기업이 지배기업 단독인 경우 그 보고기업의 재무제표
➡K-IFRS 기준서에서는 '별도재무제표'라고 불리움.</td></tr>
<tr><td>결합재무제표</td><td>• 보고기업이 지배-종속관계로 모두 연결되어 있지는 않은 둘 이상 실체들로 구성되는 그 보고기업의 재무제표</td></tr>
</table>

참고 ① 연결재무제표가 요구되는 경우에는 비연결재무제표가 연결재무제표를 대신할 수 없음.
② 지배기업은 연결재무제표에 추가하여 비연결재무제표를 작성하기로 선택할 수 있음.

FINAL 객관식뽀개기 실전적중문제

1. 다음 중 재무보고를 위한 개념체계의 내용으로 옳지 않은 것은? [관세사기출]

① 개념체계는 회계기준이 아니므로 개념체계의 어떠한 내용도 회계기준이나 그 요구사항에 우선하지 아니한다.
② 근본적 질적 특성은 목적적합성과 표현충실성이다.
③ 기업이 청산을 하거나 거래를 중단하려는 필요가 있더라도 계속기업을 가정하여 재무제표를 작성한다.
④ 비용은 자산의 감소 또는 부채의 증가로서 자본의 감소를 가져오며, 자본청구권 보유자에 대한 분배와 관련된 것을 제외한다.
⑤ 실물자본유지개념에서 자산과 부채에 영향을 미치는 모든 가격변동은 자본유지조정으로 처리한다.

내비게이션
- 기업이 청산을 하거나 거래를 중단하려는 의도나 필요가 있다면 재무제표는 계속기업과는 다른 기준에 따라 작성되어야 하며, 그러한 경우라면 사용된 기준을 재무제표에 기술한다.
- ④,⑤에 대하여는 후술함!

2. 재무보고를 위한 개념체계 중 재무제표와 보고기업에 대한 설명으로 가장 틀린 것은?

① 재무제표의 목적은 보고기업에 유입될 미래순현금흐름에 대한 전망과 보고기업의 경제적 자원에 대한 경영진의 수탁책임을 평가하는 데 유용한 보고기업의 자산, 부채, 자본, 수익 및 비용에 대한 재무정보를 재무제표이용자들에게 제공하는 것이다.
② 만약 기업이 청산을 하거나 거래를 중단하려는 의도나 필요가 있다면, 재무제표는 계속기업과는 다른 기준에 따라 작성되어야 한다. 그러한 경우라면, 사용된 기준을 재무제표에 기술한다.
③ 재무제표의 목적을 달성하기 위해 보고기간 후 발생한 거래 및 그 밖의 사건에 대한 정보를 제공할 필요가 있다면 재무제표에 그러한 정보를 포함한다.
④ 비연결재무제표에 제공되는 정보는 일반적으로 지배기업의 현재 및 잠재적 투자자, 대여자 와 그 밖의 채권자의 정보 수요를 충족하기에 충분하지 않다. 따라서 연결재무제표가 요구되는 경우에는 비연결재무제표가 연결재무제표를 대신할 수 없다.
⑤ 재무제표는 기업의 현재 및 잠재적 투자자, 대여자와 그 밖의 채권자 중 특정 집단의 관점에서 거래 및 그 밖의 사건에 대한 정보를 제공한다.

내비게이션
- 재무제표는 기업의 현재 및 잠재적 투자자, 대여자와 그 밖의 채권자 중 특정 집단의 관점이 아닌 보고기업 전체의 관에서 거래 및 그 밖의 사건에 대한 정보를 제공한다.

3. 재무보고를 위한 개념체계에서 기술하고 있는 재무제표와 보고기업에 대한 설명이다. 옳지 않은 것은?

① 재무제표는 일반적으로 보고기업이 계속기업이며 예측가능한 미래에 영업을 계속할 것이라는 가정 하에 작성된다. 따라서 기업이 청산을 하거나 거래를 중단하려는 의도가 없으며, 그럴 필요도 없다고 가정한다. 만약 그러한 의도나 필요가 있다면, 재무제표는 계속기업과는 다른 기준에 따라 작성되어야 한다. 그러한 경우라면, 사용된 기준을 재무제표에 기술한다.
② 한 기업(지배기업)이 다른 기업(종속기업)을 지배하는 경우가 있다. 보고기업이 지배기업과 종속기업으로 구성된다면 그 보고기업의 재무제표를 '연결재무제표' 라고 부르며, 보고기업이 지배-종속관계로 모두 연결되어 있지는 않은 둘 이상 실체들로 구성된다면 그 보고기업의 재무제표를 '비연결재무제표' 라고 부른다.
③ 재무제표는 기업의 현재 및 잠재적 투자자, 대여자와 그 밖의 채권자 중 특정 집단의 관점이 아닌 보고기업 전체의 관점에서 거래 및 그 밖의 사건에 대한 정보를 제공한다.
④ 재무제표이용자들이 변화와 추세를 식별하고 평가하는 것을 돕기 위해, 재무제표는 최소한 직전 연도에 대한 비교정보를 제공한다.
⑤ 보고기업은 재무제표를 작성해야 하거나 작성하기로 선택한 기업이다. 보고기업은 단일의 실체이거나 어떤 실체의 일부일 수 있으며, 둘 이상의 실체로 구성될 수도 있다. 보고기업이 반드시 법적 실체일 필요는 없다.

내비게이션
- 보고기업이 지배-종속관계로 모두 연결되어 있지는 않은 둘 이상 실체들로 구성된다면 그 보고기업의 재무제표를 '결합재무제표' 라고 부른다.
- 보고기업이 지배기업 단독인 경우 그 보고기업의 재무제표를 '비연결재무제표' 라고 부른다.

서술형Correction연습

❑ 계속기업의 가정은 국제회계기준에서 강조되고 있는 현행원가 측정에 대한 정당성을 제공한다.

➲ (X) : 계속기업의 가정은 역사적원가주의 대해 근거 · 정당성을 제공한다.

Answer 1. ③ 2. ⑤ 3. ②

시험중요도 ★★☆

기본이론 제6강 재무제표요소 : 자산(1)

<table>
<tr><td rowspan="10">재무제표
관련요소
개괄</td><td colspan="2" rowspan="2">재무상태 요소</td><td>경제적자원</td><td>❐ 자산</td></tr>
<tr><td>청구권</td><td>❐ 부채, 자본</td></tr>
<tr><td colspan="2">재무성과 요소</td><td>재무성과를 반영하는 경제적자원·청구권의 변동</td><td>❐ 수익, 비용</td></tr>
<tr><td rowspan="5">요소별 정의</td><td>자산</td><td colspan="2">• 과거사건의 결과로 기업이 통제하는 현재의 경제적자원
➡경제적자원 : 경제적효익을 창출할 잠재력을 지닌 권리</td></tr>
<tr><td>부채</td><td colspan="2">• 과거사건의 결과로 기업이 경제적자원을 이전해야 하는 현재의무</td></tr>
<tr><td>자본</td><td colspan="2">• 기업의 자산에서 모든 부채를 차감한 후의 잔여지분
➡개념체계의 자본의 정의는 모든 보고기업에 적용됨.
➡자본은 개별적으로 측정되는 것이 아님.(자산·부채의 측정에 따라 결정됨)
➡자본=순자산=소유주청구권=잔여지분=자기자본≠주식의 시가총액</td></tr>
<tr><td>수익</td><td colspan="2">• 자본증가를 가져오는 자산증가나 부채감소(자본청구권보유자 출자 제외)</td></tr>
<tr><td>비용</td><td colspan="2">• 자본감소를 가져오는 자산감소나 부채증가(자본청구권보유자 분배 제외)</td></tr>
</table>

<table>
<tr><td rowspan="6">자산</td><td rowspan="6">권리</td><td>형태</td><td>• 경제적효익을 창출할 잠재력을 지닌 권리는 다음을 포함하여 다양한 형태를 갖음.
<table><tr><td>다른 당사자의 의무에 해당하는 권리</td><td>① 현금을 수취할 권리
② 재화나 용역을 제공받을 권리
③ 유리한 조건으로 경제적자원을 교환할 권리
④ 불확실한 특정 미래사건이 발생하면 다른 당사자가 경제적효익을 이전키로 한 의무로 인해 효익을 얻을 권리</td></tr><tr><td>다른 당사자의 의무에 해당하지 않는 권리</td><td>⑤ 유형자산 또는 재고자산과 같은 물리적 대상에 대한 권리(물리적 대상 사용권)
⑥ 지적재산 사용권</td></tr></table></td></tr>
<tr><td>성립</td><td>• 많은 권리들은 계약, 법률 또는 이와 유사한 수단에 의해 성립됨.
➡그러나, 그 밖의 방법으로도 권리를 획득할 수 있음.</td></tr>
<tr><td>일시존재</td><td>• 일부 재화·용역(예 종업원이 제공한 용역)은 제공받는 즉시 소비됨.
➡이 경우 권리는 일시적으로 존재함.</td></tr>
<tr><td>자산여부</td><td>• 기업의 모든 권리가 그 기업의 자산이 되는 것은 아님.
➡권리가 기업의 자산이 되기 위해서는 해당 권리가 그 기업을 위해서 다른 모든 당사자들이 이용가능한 경제적효익을 초과하는 경제적효익을 창출할 잠재력이 있고 그 기업에 의해 통제되어야함. 예를 들어, 유의적인 원가를 들이지 않고 모든 당사자들이 이용가능한 권리를 보유하더라도 일반적으로 그것은 기업의 자산이 아님.(예 토지 위의 도로에 대한 공공권리나 공공재에 접근할 수 있는 권리)
• 기업은 스스로로부터 경제적효익을 획득하는 권리를 가질 수는 없음.
➡따라서, 자기주식은 기업의 경제적자원이 아님.</td></tr>
<tr><td>단일자산
회계처리</td><td>• 원칙적으로 기업의 권리 각각은 별도의 자산이나, 회계목적상 관련되어 있는 여러 권리(예 물리적 대상에 대한 사용권, 판매권, 담보권)가 단일자산인 단일회계단위(예 물리적 대상에 대한 법적소유권)로 취급되는 경우가 많음.
➡즉, 법적소유권에서 발생하는 권리집합은 단일자산으로 회계처리함.</td></tr>
<tr><td>불확실성</td><td>• 경우에 따라 권리의 존재 여부가 불확실할 수 있음.
➡예를들어, 다른 당사자와 분쟁이 있는 경우 존재불확실성이 해결(법원의 판결)될 때까지는 권리(자산)가 존재하는지 불확실함.</td></tr>
</table>

FINAL 객관식뽀개기 실전적중문제

1. 다음은 재무제표와 관련된 요소에 관한 설명이다. 재무보고를 위한 개념체계상 가장 타당하지 않은 것은?

① 기업의 자산에서 모든 부채를 차감한 후의 잔여지분인 자본은 그 기업이 발행한 주식의 시가총액과 일치한다.
② 비용은 자산의 감소 또는 부채의 증가로서 자본의 감소를 가져오며, 자본청구권 보유자에 대한 분배와 관련된 것을 제외한다.
③ 부채는 과거사건의 결과로 기업이 경제적자원을 이전해야 하는 현재의무이다.
④ 많은 경우에 물리적 대상에 대한 법적소유권에서 발생하는 권리의 집합은 단일자산으로 회계처리한다.
⑤ 기업의 모든 권리가 그 기업의 자산이 되는 것은 아니다.

• 자본총액은 주식의 시가총액과 일치하지 않는 것이 일반적이다.

2. 재무보고를 위한 개념체계상 다른 당사자의 의무에 해당하는 권리의 예로 올바르지 않은 것은?

① 재화나 용역을 제공받을 권리
② 유형자산 또는 재고자산과 같은 물리적 대상에 대한 권리
③ 불확실한 특정 미래사건이 발생하면 다른 당사자가 경제적효익을 이전하기로 한 의무로 인해 효익을 얻을 권리
④ 현금을 수취할 권리
⑤ 유리한 조건으로 다른 당사자와 경제적자원을 교환할 권리

내비게이션

• 유형자산 또는 재고자산과 같은 물리적 대상에 대한 권리와 지적재산 사용권은 다른 당사자의 의무에 해당하지 않는 권리의 예에 해당한다.

3. 재무보고를 위한 개념체계의 재무제표 요소와 관련하여 자산에 대한 설명이다. 옳지 않은 것은?

① 자산은 과거사건의 결과로 기업이 통제하는 현재의 경제적자원이다.
② 지적재산 사용권은 다른 당사자의 의무에 해당하지 않는 권리이다.
③ 일부 재화나 용역(예: 종업원이 제공한 용역)은 제공받는 즉시 소비된다. 이러한 재화나 용역으로 창출된 경제적효익을 얻을 권리는 기업이 재화나 용역을 소비하기 전까지 일시적으로 존재한다.
④ 많은 권리들은 계약, 법률 또는 이와 유사한 수단에 의해 성립된다.
⑤ 권리가 기업의 자산이 되기 위해서는 해당 권리가 그 기업을 위해서 다른 모든 당사자들이 이용가능한 경제적효익과 동일한 경제적효익을 창출할 잠재력이 있고 그 기업에 의해 통제되어야 한다.

내비게이션

• 경제적효익과 동일한(X) → 경제적효익을 초과하는(O)

4. 재무보고를 위한 개념체계의 재무제표 요소와 관련하여 가장 타당하지 않은 것은?

① 자본은 기업의 자산에서 모든 부채를 차감한 후의 잔여지분으로 정의되며, 자본의 정의는 모든 보고기업에 적용된다.
② 경우에 따라 권리의 존재 여부가 불확실할 수도 있다.
③ 재무보고를 위한 개념체계에서는 자산의 정의와 관련하여 권리, 경제적효익을 창출할 잠재력, 통제의 세가지 측면을 설명한다.
④ 기업은 기업 스스로부터 경제적효익을 획득하는 권리를 가질 수도 있다.
⑤ 경제적자원은 경제적효익을 창출할 잠재력을 지닌 권리이다.

내비게이션

• 기업은 기업 스스로부터 경제적효익을 획득하는 권리를 가질 수는 없다. 따라서, 기업이 발행한 후 재매입하여 보유하고 있는 채무상품이나 지분상품(예: 자기주식)은 기업의 경제적자원이 아니다.

서술형Correction연습

❐ 수익은 자산의 증가 또는 부채의 감소로서 자본의 증가를 가져오며, 자본청구권 보유자의 출자와 관련된 것을 포함한다.

➲ (X) : 포함한다.(X) → 제외한다.(O)

❐ 많은 권리들은 계약, 법률 또는 이와 유사한 수단에 의해 성립되며, 기업은 그 밖의 방법으로는 권리를 획득할 수 없다.

➲ (X) : 예를 들면, 공공의 영역(public domain)에 속하지 않는 노하우의 획득 등과 같이 그 밖의 방법으로도 권리를 획득할 수 있다.

Answer 1. ① 2. ② 3. ⑤ 4. ④

시험중요도 ★★☆

기본이론 제7강 재무제표요소 : 자산(2)

자산	경제적효익을 창출할 잠재력	확신여부	• 잠재력이 있기 위해 권리가 경제적효익을 창출할 것이라고 확신할 필요는 없음.
		가능성여부	• 경제적효익을 창출할 가능성이 낮더라도 권리가 경제적자원의 정의를 충족할 수 있고, 따라서 자산이 될 수 있음.
		경제적자원	• 경제적자원의 가치가 미래경제적효익을 창출할 현재의 잠재력에서 도출되지만, 경제적자원은 그 잠재력을 포함한 현재의 권리이며, 그 권리가 창출할 수 있는 미래경제적효익이 아님. ➡예 매입한 옵션(=콜옵션)은 미래의 어떤 시점에 옵션을 행사하여 경제적효익을 창출할 잠재력에서 그 가치가 도출됨. 그러나 경제적자원은 현재의 권리이며, 그 권리는 미래의 어떤 시점에 옵션을 행사할 수 있다는 것임. 경제적자원은 옵션 행사시 보유자가 받게 될 미래경제적효익이 아님.
		지출여부	• 지출의 발생과 자산의 취득은 밀접하게 관련되어 있으나 양자가 반드시 일치하는 것은 아님.(자산취득의 확정적 증거가 될수 없음) ➡관련된 지출이 없더라도 특정 항목이 자산의 정의를 충족하는 것을 배제하지는 않음.(예 증여받은 권리)
	통제	통제여부	• 경제적자원의 사용을 지시하고 그로부터 유입될 수 있는 경제적효익을 얻을 수 있는 현재의 능력이 있다면, 그 경제적자원을 통제함. ➡따라서, 일방의 당사자가 경제적자원을 통제하면 다른 당사자는 그 자원을 통제하지 못함.
		지시능력	• 경제적자원을 자신의 활동에 투입할 수 있는 권리가 있거나, 다른 당사자가 경제적자원을 그들의 활동에 투입하도록 허용할 권리가 있다면, 그 경제적자원의 사용을 지시할 수 있는 현재의 능력이 있음.
		법적권리	• 경제적자원의 통제는 일반적으로 법적 권리를 행사할 수 있는 능력에서 비롯됨. • 그러나, 통제는 경제적자원의 사용을 지시하고 이로부터 유입될 수 있는 효익을 얻을 수 있는 현재의 능력이 기업에게만 있도록 할 수 있는 경우에도 발생할 수 있음. ➡노하우(예 코카콜라 원액 제조기술)를 지킬 수 있는 현재능력이 있다면 그 노하우가, 등록된 특허에 의해 보호받지 못하더라도 노하우를 사용할 권리를 통제할 수 있음.
		효익유입	• 경제적자원을 통제하기 위해서는 해당 자원의 미래경제적효익이 다른 당사자가 아닌 그 기업에게 직접 또는 간접으로 유입되어야 함. ➡통제의 이러한 측면은 모든 상황에서 해당 자원이 경제적효익을 창출할 것이라고 보장할 수 있음을 의미하지는 않음. 그 대신, 자원이 경제적효익을 창출한다면 기업은 직접 또는 간접으로 그 경제적효익을 얻을 수 있음을 의미함.
		유의적변동	• 기업이 경제적자원에 의해 창출되는 경제적효익의 유의적인 변동에 노출된다는 것은 해당 자원을 통제한다는 것을 나타낼 수도 있음.
		대리인	• 본인이 통제하는 경제적자원을 대리인이 관리하고 있는 경우, 그 경제적자원은 대리인의 자산이 아님. ➡또한, 본인이 통제하는 경제적자원을 제3자에게 이전할 의무가 대리인에게 있는 경우 이전될 경제적자원은 대리인의 것이 아니라 본인의 경제적자원이기 때문에 그 의무는 대리인의 부채가 아님.

FINAL 객관식뽀개기 실전적중문제

1. 재무보고를 위한 개념체계 상 재무제표 요소의 정의 및 인식에 관한 설명으로 옳지 않은 것은? [감평사기출]

① 이익의 측정과 직접 관련된 요소는 수익과 비용이다.
② 인식은 자산 · 부채 · 자본 · 수익 · 비용과 같은 요소 중 하나의 정의를 충족하는 항목을 재무상태표나 재무성과표에 포함하기 위하여 포착하는 과정을 말한다.
③ 경제적자원의 가치가 미래경제적효익을 창출할 현재의 잠재력에서 도출되지만, 경제적자원은 그 잠재력을 포함한 현재의 권리이며, 그 권리가 창출할 수 있는 미래경제적효익이 아니다.
④ 경제적자원의 통제는 일반적으로 법적 권리를 행사할 수 있는 능력에서 비롯된다. 그러나 통제는 경제적자원의 사용을 지시하고 이로부터 유입될 수 있는 효익을 얻을 수 있는 현재의 능력이 기업에게만 있도록 할 수 있는 경우에도 발생할 수 있다.
⑤ 증여받은 재화는 관련된 지출이 없으므로 자산으로 인식할 수 없다.

내비게이션

• 지출의 발생과 자산의 취득은 밀접하게 관련되어 있으나 양자가 반드시 일치하는 것은 아니다. 관련된 지출이 없더라도 특정 항목이 자산의 정의를 충족하는 것을 배제하지는 않는다.

2. 재무보고를 위한 개념체계의 재무제표 요소와 관련하여 자산에 대한 설명이다. 옳지 않은 것은?

① 잠재력이 있기 위해 권리가 경제적효익을 창출할 것이라고 확신할 필요가 있다.
② 경제적효익을 창출할 가능성이 낮더라도 권리가 경제적자원의 정의를 충족할 수 있고, 따라서 자산이 될 수 있다.
③ 경제적자원은 그 잠재력을 포함한 현재의 권리이며, 그 권리가 창출할 수 있는 미래경제적효익이 아니다.
④ 본인이 통제하는 경제적자원을 대리인이 관리하고 있는 경우, 그 경제적자원은 대리인의 자산이 아니다.
⑤ 경제적자원의 통제는 일반적으로 법적 권리를 행사할 수 있는 능력에서 비롯된다.

내비게이션

• 잠재력이 있기 위해 권리가 경제적효익을 창출할 것이라고 확신할 필요는 없다.

3. 재무보고를 위한 개념체계에 관한 내용으로 옳지 않은 것은? [세무사기출]

① 개념체계는 회계기준이 아니므로 개념체계의 어떠한 내용도 회계기준이나 회계기준의 요구사항에 우선하지 아니한다.
② 재무제표를 통해 제공되는 정보가 이용자에게 유용하기 위해 갖추어야 할 속성을 질적 특성이라 하는데, 개념체계에서 제시하는 근본적 질적 특성은 목적적합성과 표현충실성이다.
③ 수익은 자산의 증가 또는 부채의 감소로서 자본의 증가를 가져오며, 자본청구권 보유자의 출자와 관련된 것은 제외한다.
④ 지출의 발생과 자산의 취득은 밀접하게 관련되어 있으므로 정부가 기업에게 무상으로 부여한 권리 또는 기업이 다른 당사자로부터 증여받은 권리는 지출이 없으므로 자산에 포함되지 않는다.
⑤ 재무제표에 인식된 요소들은 화폐단위로 수량화되어 있으므로 측정기준을 선택해야 한다. 측정기준은 측정 대상 항목에 대해 식별된 속성이다.

내비게이션

• 지출의 발생과 자산의 취득은 밀접하게 관련되어 있으나 양자가 반드시 일치하는 것은 아니다. 관련된 지출이 없더라도 특정 항목이 자산의 정의를 충족하는 것을 배제하지는 않는다. 예를 들어, 자산은 정부가 기업에게 무상으로 부여한 권리 또는 기업이 다른 당사자로부터 증여받은 권리를 포함할 수 있다.

서술형Correction연습

❐ 기업이 경제적자원을 통제하기 위해서는 해당 자원의 미래경제적효익이 다른 당사자가 아닌 그 기업에게 직접 유입되어야 한다.

➲ (X) : 직접(X) → 직접 또는 간접으로(O)

❐ 본인이 통제하는 경제적자원을 제3자에게 이전할 의무가 대리인에게 있는 경우 그 의무는 대리인의 부채이다.

➲ (X) : 이전될 경제적자원은 대리인의 것이 아니라 본인의 경제적자원이기 때문에 그 의무는 대리인의 부채가 아니다.

Answer 1. ⑤ 2. ① 3. ④

시험중요도 ★★☆

기본이론 제8강  재무제표요소 : 부채

구분	항목	세부	내용
부채	충족조건		• 부채가 존재하기 위해서는 다음의 세 가지 조건을 모두 충족하여야 함. ① 기업에게 의무가 있다. ② 의무는 경제적자원을 이전하는 것이다. ③ 의무는 과거사건의 결과로 존재하는 현재의무이다.
	의무	정의	• 의무란 기업이 회피할 수 있는 실제 능력이 없는 책무·책임을 말함.
		이행대상	• 의무는 항상 다른 당사자(예 사람, 다른 기업 등)에게 이행해야 함. •주의 이행대상인 당사자의 신원을 알 필요는 없음.(예 충당부채)
		당사자 회계처리	• 한 당사자가 경제적자원을 이전해야 하는 의무가 있는 경우 다른 당사자는 그 경제적자원을 수취할 권리가 있음. ➡그러나, 한 당사자가 부채를 인식하고 이를 특정 금액으로 측정해야 한다는 요구사항이 다른 당사자가 자산을 인식하거나 동일한 금액으로 측정해야 한다는 것을 의미하지는 않음.
		성립	• 많은 의무가 계약, 법률 또는 이와 유사한 수단에 의해 성립됨. ➡그러나, 실무관행, 공개한 경영방침, 성명(서)에서 의무가 발생할 수도 있으며, 그러한 상황에서 발생하는 의무는 '의제의무'라고 불림.
		회피능력	• 재무제표가 계속기업기준으로 작성되는 것이 적절하다는 결론은 이전을 회피할 수 있는 실제 능력이 없다는 결론도 내포하고 있음. ➡경제적자원의 이전을 회피할 수 있는 실제 능력이 있는지를 평가시 사용되는 요소는 책무·책임의 성격에 따라 달라질 수 있음.
		불확실성	• 의무가 존재하는지 불확실한 경우가 있음. ➡예를 들어, 법원의 판결로 그 존재의 불확실성이 해소될 때까지는 보상을 요구하는 당사자에게 의무가 있는지 여부가 불확실함.
	경제적자원 이전	확실여부	• 의무에는 경제적자원을 다른 당사자에게 이전하도록 요구받게 될 잠재력이 있어야 하며, 경제적자원의 이전을 요구받을 것이 확실하거나 그 가능성이 높아야 하는 것은 아님.
		가능성여부	• 경제적자원의 이전가능성이 낮더라도 의무가 부채의 정의를 충족할 수 있음.
	과거사건으로 생긴 현재의무	존재조건	• 현재의무는 다음 모두에 해당시에만 과거사건의 결과로 존재함. ① 기업이 이미 경제적효익을 얻었거나 조치를 취했을 경우 ② 기업이 이전하지 않아도 되었을 경제적자원을 결과적으로 이전해야 하거나 이전하게 될 수 있는 경우 ➡기업이 얻은 경제적효익에는 재화나 용역이 포함될 수 있음. ➡기업이 취한 조치에는 특정사업을 운영하거나 특정시장에서 영업하는 것이 포함될 수 있음. ➡기업이 이전하지 않아도 되었을 경제적자원을 이전하도록 요구받거나 요구받을 수 있게 하는 경제적 효익의 수취나 조치가 아직 없는 경우, 기업은 경제적자원을 이전해야 하는 현재의무가 없음.
		법률제정	• 새로운 법률이 제정되는 경우에는 법률제정 그 자체만으로는 기업에 현재의무를 부여하기에 충분하지 않음.
		의제의무	• 실무관행, 공개된 경영방침, 성명(서)은, 그에 따라 경제적효익을 얻거나 조치를 위한 결과로, 이전하지 않아도 되었을 경제적자원을 이전해야 하거나 이전하게 될 수도 있는 경우에만 현재의무를 발생시킴.
		미집행의무	• 미래의 특정 시점까지 경제적자원의 이전이 집행될 수 없더라도 현재의무는 존재할 수 있음.

FINAL 객관식뽀개기 실전적중문제

1. 재무보고를 위한 개념체계상 부채에 관한 설명으로 옳지 않은 것은?

① 의무에는 기업이 경제적자원을 다른 당사자(또는 당사자들)에게 이전하도록 요구받게 될 잠재력이 있어야 하며, 그러한 잠재력이 존재하기 위해서는, 기업이 경제적자원의 이전을 요구받을 것이 확실하거나 그 가능성이 높아야 하는 것은 아니다.
② 미래의 특정 시점까지 경제적자원의 이전이 집행될 수 없더라도 현재의무는 존재할 수 있다.
③ 많은 의무가 계약, 법률 또는 이와 유사한 수단에 의해 성립되며, 당사자(또는 당사자들)가 채무자에게 법적으로 집행할 수 있도록 한다. 그러나 기업이 실무관행, 공개한 경영방침, 특정 성명(서)과 상충되는 방식으로 행동할 실제 능력이 없는 경우, 기업의 그러한 실무 관행, 경영방침이나 성명(서)에서 의무가 발생할 수도 있다.
④ 의무란 기업이 회피할 수 있는 실제 능력이 없는 책무나 책임을 말하며, 의무는 항상 다른 당사자(또는 당사자들)에게 이행해야 하므로 의무를 이행할 대상인 당사자(또는 당사자들)의 신원을 알아야만 한다.
⑤ 현재의무는 기업이 이미 경제적효익을 얻었거나 조치를 취했고, 그 결과로 기업이 이전하지 않아도 되었을 경제적자원을 이전해야 하거나 이전하게 될 수 있는 경우만 과거사건의 결과로 존재한다.

내비게이션

• 의무란 기업이 회피할 수 있는 실제 능력이 없는 책무나 책임을 말한다. 의무는 항상 다른 당사자(또는 당사자들)에게 이행해야 한다. 다른 당사자(또는 당사자들)는 사람이나 또 다른 기업, 사람들 또는 기업들의 집단, 사회 전반이 될 수 있다. 의무를 이행할 대상인 당사자(또는 당사자들)의 신원을 알 필요는 없다.

2. 재무보고를 위한 개념체계상 부채는 과거사건의 결과로 기업이 경제적자원을 이전해야 하는 현재의무로 정의된다. 부채와 관련하여 다음 중 가장 타당하지 않은 것은?

① 한 당사자가 경제적자원을 이전해야 하는 의무가 있는 경우, 다른 당사자(또는 당사자들)는 그 경제적자원을 수취할 권리가 있다. 그러나 한 당사자가 부채를 인식하고 이를 특정 금액으로 측정해야 한다는 요구사항이 다른 당사자(또는 당사자들)가 자산을 인식하거나 동일한 금액으로 측정해야 한다는 것을 의미하지는 않는다.
② 기업이 이전하지 않아도 되었을 경제적자원을 이전하도록 요구받거나 요구받을 수 있게 하는 경제적 효익의 수취나 조치가 아직 없는 경우, 기업은 경제적자원을 이전해야 하는 현재의무가 없다.
③ 미래의 특정 시점까지 경제적자원의 이전이 집행될 수 없다면 현재의무는 존재하지 않는다.
④ 기업이 그 기업을 청산하거나 거래를 중단하는 것으로만 이전을 회피할 수 있고 그 외는 이전을 회피할 수 없다면, 기업의 재무제표가 계속기업 기준으로 작성되는 것이 적절하다는 결론은 그러한 이전을 회피할 수 있는 실제 능력이 없다는 결론도 내포하고 있다.
⑤ 새로운 법률이 제정되는 경우에는, 그 법률의 적용으로 경제적효익을 얻게 되거나 조치를 취한 결과로, 기업이 이전하지 않아도 되었을 경제적자원을 이전해야 하거나 이전하게 될 수도 있는 경우에만 현재의무가 발생한다. 법률제정 그 자체만으로는 기업에 현재의무를 부여하기에 충분하지 않다.

내비게이션

• 미래의 특정 시점까지 경제적자원의 이전이 집행될 수 없더라도 현재의무는 존재할 수 있다.

Answer 1. ④ 2. ③

시험중요도 ★★☆

기본이론 제9강 재무제표요소의 회계단위 등

회계단위	회계단위	• 회계단위는 인식기준과 측정개념이 적용되는 권리나 권리의 집합, 의무나 의무의 집합 또는 권리와 의무의 집합임. 참고 일반적으로 인식은 계정과목결정(분개), 측정은 화폐금액결정을 의미함.
	회계단위선택	• 어떤 경우에는 인식을 위한 회계단위와 측정을 위한 회계단위를 서로 다르게 선택하는 것이 적절할 수 있음.
	별도회계단위	• 자산의 일부 또는 부채의 일부를 이전하는 경우, 그 때 회계단위가 변경되어 이전된 구성요소와 잔여 구성요소가 별도의 회계단위가 될 수도 있음.
	원가제약	• 원가가 다른 재무보고 결정을 제약하는 것처럼, 회계단위 선택도 제약함. ➡따라서, 회계단위를 선택할 때에는 그 회계단위의 선택으로 인해 재무제표이용자들에게 제공되는 정보의 효익이 그 정보를 제공하고 사용하는데 발생한 원가를 정당화할 수 있는지를 고려하는 것이 중요함. • 일반적으로 자산, 부채, 수익과 비용의 인식 및 측정에 관련된 원가는 회계단위의 크기가 작아짐에 따라 증가함. 말장난 회계단위의 크기가 작아짐에 따라 감소한다(X) ➡따라서, 일반적으로 동일한 원천에서 발생하는 권리 또는 의무는 정보가 더 유용하고 그 효익이 원가보다 중요한 경우에만 분리함.
	단일회계단위	• 권리와 의무 모두 동일한 원천에서 발생하는 경우가 있음. 그러한 권리와 의무가 상호의존적이고 분리될 수 없다면, 이는 단일하고 불가분의 자산이나 부채를 구성하며, 단일의 회계단위를 형성함. • 단일회계단위로 권리와 의무의 집합을 처리하는 것은 자산과 부채를 상계하는 것과 다름. 말장난 자산과 부채를 상계하는 것과 동일하다(X)
미이행계약	미이행계약	• 미이행계약은 계약당사자 모두가 자신의 의무를 전혀 수행하지 않았거나 계약당사자 모두가 동일한 정도로 자신의 의무를 부분적으로 수행한 계약이나 그 계약의 일부를 말함.
	성격	• 미이행계약은 경제적자원을 교환할 권리와 의무가 결합되어 성립됨. ➡그러한 권리와 의무는 상호의존적이어서 분리될 수 없음. • 따라서 결합된 권리와 의무는 단일자산 또는 단일부채를 구성함. ➡교환조건이 현재 유리할 경우 기업은 자산을 보유하며, 교환조건이 현재 불리한 경우에는 부채를 보유함.
	계약의무이행	• 당사자 일방이 계약상 의무를 이행하면 그 계약은 더 이상 미이행계약이 아님. **보고기업이 계약에 따라 먼저 수행한 경우**: ❒ 그렇게 수행하는 것은 보고기업의 경제적자원을 교환할 권리와 의무를 경제적자원을 수취할 권리로 변경하는 사건이 됨. ➲ 그 권리는 자산임. **다른 당사자가 먼저 수행한 경우**: ❒ 그렇게 수행하는 것은 보고기업의 경제적자원을 교환할 권리와 의무를 경제적자원을 이전할 의무로 변경하는 사건이 됨. ➲ 그 의무는 부채임.
계약상 권리•의무의 실질	실질보고	• 계약조건은 계약당사자인 기업의 권리와 의무를 창출하며, 그러한 권리와 의무를 충실하게 표현하기 위해서는 재무제표에 그 실질을 보고함.
	조건의 고려	• 계약의 모든 조건(명시적 또는 암묵적)은 실질이 없지 않은 한 고려되어야 하며, 실질이 없는 조건은 무시됨. ➡조건이 계약의 경제적 측면에서 구별될 수 있는 영향을 미치지 않는다면, 그 조건은 실질이 없음. 말장난 계약의 모든 조건(명시적 또는 암묵적)은 고려되어야 한다(X).

FINAL 객관식뽀개기 실전적중문제

1. 재무보고를 위한 개념체계상 자산과 부채에 관한 설명으로 옳지 않은 것은?

① 미이행계약은 경제적자원을 교환할 권리와 의무가 결합되어 성립된다. 그러한 권리와 의무는 상호의존적이어서 분리될 수 없다. 따라서 결합된 권리와 의무는 단일 자산 또는 단일 부채를 구성한다. 교환조건이 현재 유리할 경우, 기업은 자산을 보유한다. 교환 조건이 현재 불리한 경우에는 부채를 보유한다.
② 계약의 모든 조건(명시적 또는 암묵적)은 고려되어야 한다.
③ 인식기준과 측정개념이 자산이나 부채 그리고 관련 수익과 비용에 어떻게 적용될 것인지를 고려하여, 그 자산이나 부채에 대해 회계단위를 선택한다.
④ 회계단위는 인식기준과 측정개념이 적용되는 권리나 권리의 집합, 의무나 의무의 집합 또는 권리와 의무의 집합이다.
⑤ 당사자 일방이 계약상 의무를 이행하면 그 계약은 더 이상 미이행계약이 아니다. 보고기업이 계약에 따라 먼저 수행한다면, 그렇게 수행하는 것은 보고기업의 경제적자원을 교환할 권리와 의무를 경제적자원을 수취할 권리로 변경하는 사건이 된다. 그 권리는 자산이다.

내비게이션
- 계약의 모든 조건(명시적 또는 암묵적)은 실질이 없지 않은 한 고려되어야 한다. 실질이 없는 조건은 무시된다.

2. 다음은 재무보고를 위한 개념체계 자산과 부채에 대한 내용이다. 가장 타당하지 않은 것은?

① 기업이 자산의 일부 또는 부채의 일부를 이전하는 경우, 그 때 회계단위가 변경되어 이전된 구성요소와 잔여 구성요소가 별도의 회계단위가 될 수도 있다.
② 계약 조건은 계약당사자인 기업의 권리와 의무를 창출한다.
③ 일반적으로 자산, 부채, 수익과 비용의 인식 및 측정에 관련된 원가는 회계단위의 크기가 작아짐에 따라 감소한다.
④ 계약의 암묵적 조건의 예에는 법령에 의해 부과된 의무가 포함될 수 있다.
⑤ 계약조건이 계약의 경제적 측면에서 구별될 수 있는 영향을 미치지 않는다면, 그 조건은 실질이 없다.

내비게이션
- 감소(X) → 증가(O)

3. 재무보고를 위한 개념체계 자산과 부채에 대한 설명이다. 틀린 것은?

① 권리와 의무 모두 동일한 원천에서 발생하는 경우가 있다. 예를 들어, 일부 계약은 각 당사자의 권리와 의무 모두를 성립시킨다. 그러한 권리와 의무가 상호의존적이고 분리될 수 없다면, 이는 단일하고 불가분의 자산이나 부채를 구성하며, 단일의 회계단위를 형성한다.
② 계약 조건은 계약당사자인 기업의 권리와 의무를 창출한다. 그러한 권리와 의무를 충실하게 표현하기 위해서는 재무제표에 그 실질을 보고한다.
③ 미이행계약은 계약당사자 모두가 자신의 의무를 전혀 수행하지 않았거나 계약당사자 모두가 동일한 정도로 자신의 의무를 부분적으로 수행한 계약이나 그 계약의 일부를 말한다.
④ 단일 회계단위로 권리와 의무의 집합을 처리하는 것은 자산과 부채를 상계하는 것과 동일하다.
⑤ 원가가 다른 재무보고 결정을 제약하는 것처럼, 회계단위 선택도 제약한다. 따라서 회계단위를 선택할 때에는, 그 회계단위의 선택으로 인해 재무제표이용자들에게 제공되는 정보의 효익이 그 정보를 제공하고 사용하는데 발생한 원가를 정당화할 수 있는지를 고려하는 것이 중요하다.

내비게이션
- 단일 회계단위로 권리와 의무의 집합을 처리하는 것은 자산과 부채를 상계하는 것과 다르다.

서술형Correction연습

❒ 인식을 위한 회계단위와 측정을 위한 회계단위는 서로 동일하게 선택하여야 한다.

➲ (X) : 어떤 경우에는 인식을 위한 회계단위와 측정을 위한 회계단위를 서로 다르게 선택하는 것이 적절할 수 있다.

Answer 1. ② 2. ③ 3. ④

시험중요도 ★☆☆

기본이론 제10강 재무제표요소의 인식과 제거

구분			내용
인식	인식절차	인식	• 인식은 자산·부채·자본·수익·비용과 같은 요소 중 하나의 정의를 충족하는 항목을 재무상태표나 재무성과표에 포함하기 위하여 포착하는 과정을 말함 ➡인식은 재무제표 중 하나에 어떤 항목을 명칭과 화폐금액으로 나타내고, 그 항목을 해당 재무제표의 하나 이상의 합계에 포함시키는 것과 관련됨.
		장부금액	• 장부금액은 자산, 부채, 자본이 재무상태표에 인식되는 금액을 말함.
		대응인식	• 자산이나 부채의 최초인식에 따라 수익과 관련비용을 동시에 인식할수 있음. ➡예 현금(최초인식) xxx/매출(수익) xxx & 매출원가(비용) xxx/상품 xxx • 그러나, 원가와 수익의 대응은 개념체계의 목적이 아님. ➡개념체계는 자산·부채·자본의 정의 불충족 항목의 인식을 허용치 않음. [즉, 수익이 인식되지 않았음을 이유로, 비용(예 광고선전비)으로 인식해야 할 금액을 자산(정의를 충족하지 않는 자산)으로 인식해서는 안됨을 의미]
	인식기준	인식요건	• 다음 모두를 충족할 때 인식함. ① 재무제표 요소의 정의를 충족할 것 ② 목적적합하고 표현충실성 정보를 제공할 것(근본적 질적특성을 충족) ·주의 ∴정의를 충족하는 항목이라고 할지라도 항상 인식하는 것은 아님.
		원가제약	• 원가는 다른 재무보고 결정을 제약하는 것처럼, 인식에 대한 결정도 제약함.
제거	의의		• 제거는 재무상태표에서 인식된 자산이나 부채의 전부 또는 일부를 삭제하는 것임 ➡제거는 일반적으로 더 이상 자산 또는 부채의 정의를 충족하지 못할 때 발생함.
	제거요건	자산	• 일반적으로 통제를 상실하였을 때 제거함.
		부채	• 일반적으로 현재의무를 더 이상 부담하지 않을 때 제거함.

보론 재무제표요소의 표시와 공시

구분	내용
자산·부채의 분류	• 자산 또는 부채에 대해 선택된 회계단위별로 적용하여 분류함. →그러나, 자산이나 부채 중 특성이 다른 구성요소를 구분하여 별도로 분류하는 것이 적절할 수도 있음.
상계	• 자산과 부채를 별도의 회계단위로 인식하고 측정하지만 재무상태표에서 단일의 순액으로 합산하는 경우에 발생함. →상계는 서로 다른 항목을 함께 분류하는 것이므로 일반적으로는 적절하지 않음.
자본의 분류	• 유용한 정보를 제공하기 위해 자본청구권이 다른 특성을 가지고 있는 경우에는 그 자본청구권을 별도로 분류해야 할 수도 있음. →예 보통주, 우선주
당기손익과 기타포괄손익	• 손익계산서는 해당 기간의 재무성과에 관한 정보의 주요 원천이기 때문에 모든 수익과 비용은 원칙적으로 이 재무제표(손익계산서)에 포함됨. →그러나, 회계기준위원회는 자산이나 부채의 현행가치의 변동으로 인한 수익과 비용을 기타포괄손익에 포함하는 것이 그 기간의 기업 재무성과에 대한 보다 목적적합한 정보를 제공하거나 보다 충실한 표현을 제공하는 예외적인 상황에서는 그러한 수익이나 비용을 기타포괄손익에 포함하도록 결정할 수도 있음. • 원칙적으로 기타포괄손익에 포함된 수익과 비용은 미래 기간에 기타포괄손익에서 당기손익으로 재분류함. →그러나, 명확한 근거가 없다면 회계기준위원회는 후속적으로 재분류되지 않도록 결정할 수도 있음.

1. 다음은 재무보고를 위한 개념체계 재무제표 요소의 인식과 제거에 관한 설명이다. 가장 타당하지 않은 것은?

① 자산, 부채 또는 자본의 정의를 충족하는 항목만이 재무상태표에 인식된다. 마찬가지로 수익이나 비용의 정의를 충족하는 항목만이 재무성과표에 인식된다. 그러나 그러한 요소 중 하나의 정의를 충족하는 항목이라고 할지라도 항상 인식되는 것은 아니다.
② 제거는 기업의 재무상태표에서 인식된 자산이나 부채의 전부 또는 일부를 삭제하는 것이다. 제거는 일반적으로 해당 항목이 더 이상 자산 또는 부채의 정의를 충족하지 못할 때 발생한다.
③ 거래나 그 밖의 사건에서 발생된 자산이나 부채의 최초 인식에 따라 수익과 관련 비용을 동시에 인식할 수 있다. 수익과 관련 비용의 동시 인식은 때때로 수익과 관련 원가의 대응을 나타낸다. '재무보고를 위한 개념체계'의 개념을 적용하면 자산과 부채의 변동을 인식할 때, 이러한 대응이 나타난다. 이러한 원가와 수익의 대응은 개념체계의 목적이다.
④ 인식은 자산, 부채, 자본, 수익 또는 비용과 같은 재무제표 요소 중 하나의 정의를 충족하는 항목을 재무상태표나 재무성과표에 포함하기 위하여 포착하는 과정이다. 인식은 그러한 재무제표 중 하나에 어떤 항목(단독으로 또는 다른 항목과 통합하여)을 명칭과 화폐금액으로 나타내고, 그 항목을 해당 재무제표의 하나 이상의 합계에 포함시키는 것과 관련된다.
⑤ 원가는 다른 재무보고 결정을 제약하는 것처럼, 인식에 대한 결정도 제약한다. 재무제표이용자들에게 제공되는 정보의 효익이 그 정보를 제공하고 사용하는 원가를 정당화할 수 있을 경우에 자산이나 부채를 인식한다. 어떤 경우에는 인식하기 위한 원가가 인식으로 인한 효익보다 클 수 있다.

내비게이션

• 원가와 수익의 대응은 개념체계의 목적이 아니다. 개념체계는 재무상태표에서 자산, 부채, 자본의 정의를 충족하지 않는 항목의 인식을 허용하지 않는다.

2. 재무보고를 위한 개념체계 재무제표 요소의 인식 및 제거에 대한 설명이다. 옳지 않은 것은?

① 어떤 경우에는 기업이 자산이나 부채를 이전하는 것처럼 보일 수 있지만, 그럼에도 불구하고 그 자산이나 부채가 기업의 자산이나 부채로 남아있을 수 있다.
② 자산과 부채의 정의를 충족하는 항목은 재무제표에 항상 인식한다.
③ 자산, 부채 또는 자본이 재무상태표에 인식되는 금액을 장부금액이라고 한다.
④ 자산은 일반적으로 기업이 인식한 자산의 전부나 일부에 대한 통제를 상실하였을 때 제거한다.
⑤ 자산이나 부채의 정의를 충족하는 항목이 인식되지 않더라도, 기업은 해당 항목에 대한 정보를 주석에 제공해야 할 수도 있다.

내비게이션

• ① 위탁판매가 대표적인 사례에 해당한다.
② 정의를 충족하는 항목이라고 할지라도 항상 인식되는 것은 아니다. 재무제표이용자들에게 다음과 같이 유용한 정보를 모두 제공하는 경우에만 자산이나 부채를 인식한다.

> ㉠ 자산이나 부채에 대한 그리고 이에 따른 결과로 발생하는 수익, 비용 또는 자본변동에 대한 목적적합한 정보
> ㉡ 자산이나 부채 그리고 이에 따른 결과로 발생하는 수익, 비용 또는 자본변동의 충실한 표현

서술형Correction연습

❒ 원칙적으로 한 기간에 기타포괄손익에 포함된 수익과 비용은 미래 기간에 기타포괄손익에서 당기손익으로 재분류하지 아니한다.

➲ (X) : 원칙적으로, 한 기간에 기타포괄손익에 포함된 수익과 비용은 미래 기간에 기타포괄손익에서 당기손익으로 재분류한다. 이런 경우는 그러한 재분류가 보다 목적적합한 정보를 제공하는 손익계산서가 되거나 미래 기간의 기업 재무성과를 보다 충실하게 표현하는 결과를 가져오는 경우이다. 그러나 예를 들어, 재분류되어야 할 기간이나 금액을 식별할 명확한 근거가 없다면, 회계기준위원회는 개별 기준서를 개발할 때, 기타포괄손익에 포함된 수익과 비용이 후속적으로 재분류되지 않도록 결정할 수도 있다.

Answer 1. ③ 2. ②

시험중요도 ★★★

기본이론 제11강 재무제표요소의 측정

구분	항목	내용
측정기준	역사적원가 [최초인식시 측정치]	• 현행가치와 달리 역사적원가는, 자산의 손상이나 손실부담에 따른 부채와 관련되는 경우를 제외하고는 가치의 변동을 반영하지 않음. 자산의 역사적원가: • 지급한대가 + 거래원가(예 건물취득시 취득세) 부채의 역사적원가: • 수취한대가 - 거래원가(예 사채발행시 사채발행비) • 원가를 식별할 수 없거나 그 원가가 목적적합한 정보를 제공하지 못하는 경우에는 현행가치가 최초 인식시점의 간주원가로 사용됨. ➡그 간주원가는 역사적원가로 후속측정할 때의 시작점으로 사용됨. • 역사적원가는 필요하다면 시간의 경과에 따라 갱신되어야 함. ➡예 감가상각, 손상, 이자발생(상각액) 등 • 역사적원가 측정기준을 금융자산과 금융부채에 적용하는 한 가지 방법은 상각후원가(유효이자율법을 적용하는 것을 말함)로 측정하는 것임.
	현행가치 [측정일조건반영 측정치]	• 역사적원가와는 달리 자산이나 부채의 현행가치는, 자산이나 부채를 발생시킨 거래나 그 밖의 사건의 가격으로부터 부분적으로라도 도출되지 않음. ➡즉, 현행가치는 역사적원가와 무관하며 영향도 받지 않음을 의미함. ➡주의 ∴당초 자산취득과 부채인수시 발생한 거래원가를 포함하지 않음.
현행가치 종류	공정가치	① 자산 : 측정일에 시장참여자 사이의 정상거래에서 자산매도시 받게 될 가격 ② 부채 : 측정일에 시장참여자 사이의 정상거래에서 부채이전시 지급하게 될 가격 주의 공정가치는 자산처분이나 부채이전에서 발생할 거래원가를 반영치 않음. 비교 순공정가치는 거래원가를 반영한 금액임.
	사용가치 (자산)	• 자산사용과 처분으로 기대하는 현금흐름 또는 그 밖의 경제적효익의 현재가치 주의 사용가치에는 자산처분시 기대되는 거래원가의 현재가치가 포함됨.
	이행가치 (부채)	• 부채이행시 이전해야 하는 현금이나 그 밖의 경제적자원의 현재가치 주의 이행가치에는 부채이행시 기대되는 거래원가의 현재가치가 포함됨.
	현행원가	① 자산 : 측정일에 동등한 자산의 원가로서 측정일에 지급할 대가(자산구입시 지급대가) ② 부채 : 측정일에 동등한 부채에 대해 수취할 수 있는 대가(부채발생시 수취대가) 주의 현행원가는 측정일에 발생할 거래원가를 반영함.
	보론	① 사용가치와 이행가치는 시장참여자의 가정보다는 기업 특유의 가정을 반영함. →공정가치는 기업이 접근할 수 있는 시장의 참여자 관점을 반영함. ② 사용가치와 이행가치는 직접 관측될 수 없으며 현금흐름기준 측정기법으로 결정됨. ③ 역사적원가, 현행원가 : 유입가치(자산구입/부채인수) 공정가치, 사용가치와 이행가치 : 유출가치(자산처분/부채이행)
자본의 측정	개요	• 자본의 총장부금액(총자본)은 직접 측정하지 않음 ➡모든 자산의 장부금액에서 모든 부채의 장부금액을 차감한 금액과 동일함. • 총자본은 직접 측정하지 않지만 자본의 일부 종류(구성요소)에 대한 장부금액은 직접 측정하는 것이 적절할 수 있음. ➡그럼에도 불구하고, 총자본은 잔여지분으로 측정되기 때문에 적어도 자본의 한 종류(구성요소)는 직접 측정할 수 없음.
	속성	• 일반목적재무제표는 기업의 가치를 보여주도록 설계되지 않았기 때문에 자본의 총장부금액은 일반적으로 다음과 동일하지 않을 것임. ① 기업의 자본청구권에 대한 시가총액 ② 계속기업을 전제로 하여 기업 전체를 매각하여 조달할 수 있는 금액 ③ 기업의 모든 자산을 매각하고 모든 부채를 상환하여 조달할 수 있는 금액
	장부금액	• 자본의 개별항목(구성요소)의 장부금액은 일부 상황에서는 음(-)의 값을 가질 수 있음.

FINAL 객관식뽀개기 실전적중문제

1. 재무제표 요소의 측정과 자본유지의 개념에 대한 다음의 설명 중 옳지 않은 것은?

① 부채의 현행원가는 측정일에 동등한 부채에 대해 수취할 수 있는 대가이며, 그 날에 발생할 거래원가는 반영하지 않는다.

② 부채의 이행가치는 기업이 부채를 이행할 때 이전해야 하는 현금이나 그 밖의 경제적자원의 현재가치이다.

③ 실물자본유지개념을 사용하기 위해서는 자산과 부채를 현행원가기준에 따라 측정해야 한다.

④ 재무자본유지개념과 실물자본유지개념의 주된 차이는 기업의 자산과 부채에 대한 가격변동 영향의 처리방법에 있다.

⑤ 재무자본유지개념이 불변구매력단위로 정의된다면 일반물가수준에 따른 가격상승을 초과하는 자산가격의 증가 부분만이 이익으로 간주되며, 그 이외의 가격증가 부분은 자본의 일부인 자본유지조정으로 처리된다.

내비게이션

- 부채의 현행원가는 측정일에 동등한 부채에 대해 수취할 수 있는 대가에서 그 날에 발생할 거래원가를 반영한다.(즉, 차감한다)
- ③,④,⑤에 대하여는 후술함!

2. 다음은 재무보고를 위한 개념체계 재무제표 요소의 측정에 관한 설명이다. 가장 타당하지 않은 것은?

① 자산의 현행원가는 측정일에 동등한 자산의 원가로서 측정일에 지급할 대가와 그 날에 발생할 거래원가를 포함한다.

② 사용가치는 기업이 자산의 사용과 궁극적인 처분으로 얻을 것으로 기대하는 현금흐름 또는 그 밖의 경제적 효익의 현재가치로, 자산을 취득할 때 발생하는 거래원가를 포함한다.

③ 자사의 역사적 원가는 자산의 취득 또는 창출에 발생한 원가의 가치로서, 자산의 취득 또는 창출을 위하여 지급한 대가와 거래원가를 포함한다.

④ 부채의 이행가치는 기업이 부채를 이행할 때 이전해야 하는 현금이나 그 밖의 경제적자원의 현재가치이다.

⑤ 부채의 현행원가는 측정일에 동등한 부채에 대해 수취할 수 있는 대가에서 그 날에 발생할 거래원가를 차감한다.

내비게이션

- 자산을 취득할 때 발생하는 거래원가는 포함하지 않는다. 그러나 자산을 궁극적으로 처분할 때 발생할 것으로 기대되는 거래원가의 현재가치가 포함된다.

3. 재무보고를 위한 개념체계에 대한 설명이다. 재무제표 요소의 측정에 대해 틀린 것은?

① 공정가치는 기업이 접근할 수 있는 시장의 참여자 관점을 반영한다.

② 사용가치와 이행가치는 직접 관측될 수 있으나 직접 관측될 수 없는 경우에는 현금흐름기준 측정기법으로 결정된다.

③ 현행가치 측정치는 측정일의 조건을 반영하기 위해 갱신된 정보를 사용하여 자산, 부채 및 관련 수익과 비용의 화폐적 정보를 제공한다.

④ 현행가치와 달리 역사적 원가는 자산의 손상이나 손실부담에 따른 부채와 관련되는 경우를 제외하고는 가치의 변동을 반영하지 않는다.

⑤ 공정가치는 자산이나 부채를 발생시킨 거래나 그 밖의 사건의 가격으로부터 부분적이라도 도출되지 않기 때문에, 공정가치는 자산을 취득할 때 발생한 거래원가로 인해 증가하지 않으며 부채를 발생시키거나 인수할 때 발생한 거래원가로 인해 감소하지 않는다.

내비게이션

- 사용가치와 이행가치는 직접 관측될 수 없으며 현금흐름기준 측정기법으로 결정된다.

서술형Correction연습

❒ 자산이나 부채의 현행가치는 자산이나 부채를 발생시킨 거래나 그 밖의 사건의 가격으로부터 부분적으로 도출되지 않는다.

➲ (X) : 부분적으로(X) → 부분적으로라도(O)

❒ 자본의 총장부금액은 일반적으로 계속기업을 전제로 하여 기업 전체를 매각하여 조달할 수 있는 금액과 동일하다.

➲ (X) : 일반목적재무제표는 기업의 가치를 보여주도록 설계되지 않았기 때문에 일반적으로 동일하지 않을 것이다.

Answer 1. ① 2. ② 3. ②

시험중요도 ★★☆

기본이론 제12강 자본과 자본유지개념 개괄

<table>
<tr><td rowspan="3">자본의 개념</td><td>재무적개념의 자본</td><td>• 자본을 투자된 화폐액 또는 투자된 구매력으로 봄.
➡자본은 기업의 순자산이나 지분과 동의어로 사용됨
• 재무제표의 이용자가 주로 명목상의 투하자본이나 투하자본의 구매력 유지에 관심이 있을 때 채택해야함.</td></tr>
<tr><td>실물적개념의 자본</td><td>• 자본을 조업능력으로 보며 1일 생산수량과 같은 기업의 생산능력으로 간주함.
• 이용자의 주된 관심이 기업의 조업능력 유지에 있을 때 채택해야함.</td></tr>
<tr><td colspan="2">보론 대부분의 기업은 자본의 재무적 개념에 기초하여 재무제표를 작성함.</td></tr>
<tr><td rowspan="3">자본유지개념</td><td>의의</td><td>• 기초자본(=유지해야할 자본)을 초과한 금액을 이익으로 봄.
• 자본유지개념은 기업이 유지하려고 하는 자본을 어떻게 정의하는지와 관련됨.
• 자본유지개념은 이익이 측정되는 준거기준을 제공함으로써 자본개념과 이익개념 사이의 연결고리를 제공함</td></tr>
<tr><td>이익결정</td><td>이익 | ❐ 기말자본 - (기초자본 + 증자 - 감자 + 기타포괄손익증가 - 배당)
주의 주식배당·무상증자·이익준비금적립 등은 자본변동이 없으므로 고려치 않음.</td></tr>
<tr><td colspan="2">사례 자본유지개념에 의한 이익계산

| 기초자산 | ₩3,200,000 | 기말자산 | ₩4,000,000 | 기초부채 | ₩2,200,000 | 기말부채 | ₩1,800,000 |
| 유상증자 | ₩1,400,000 | 현금배당 | ₩600,000 | 주식배당 | ₩300,000 | 무상증자 | ₩500,000 |

풀이
• 이익 : (4,000,000-1,800,0000)-[(3,200,000-2,200,000)+1,400,000-600,000]=400,000</td></tr>
<tr><td rowspan="2">자본유지개념 종류</td><td>재무자본유지</td><td>• 이익은 해당기간 동안 소유주에게 배분·소유주가 출연한 부분을 제외하고 기말순자산의 재무적 측정금액(화폐금액)이 기초순자산의 재무적 측정금액(화폐금액)을 초과하는 경우에만 발생함. 명목화폐단위나 불변구매력단위를 이용하여 측정할수 있음.
참고 기초재고자산 5,000, 물가상승률(인플레이션률) 10%
➡ 기말명목화폐액=5,000 / 기말불변화폐액=5,000x1.1=5,500
주의 역사적원가나 현행원가등 특정 측정기준의 적용을 요구하지 않음.</td></tr>
<tr><td>실물자본유지</td><td>• 이익은 해당기간 동안 소유주에게 배분·소유주가 출연한 부분을 제외하고 기말 실물생산능력이나 조업능력이 기초 실물생산능력을 초과하는 경우에만 발생함.
주의 현행원가에 의한 측정기준의 적용을 요구하고 있음.</td></tr>
<tr><td rowspan="4">재무자본유지
실물자본유지
차이점</td><td rowspan="2">재무자본유지</td><td>명목화폐단위: • 이익은 해당 기간 중 명목화폐자본의 증가액이므로 해당 기간 중 보유한 자산가격의 증가 부분 즉, 보유이익도 개념적으로 이익에 포함됨. 그러나 보유이익은 미실현이익에 해당되며 당해 자산이 교환거래에 따라 처분되기 전에는 이익으로 인식되지 않음.</td></tr>
<tr><td>불변구매력단위: • 이익은 해당 기간 중 투자된 구매력의 증가를 의미하므로 일반물가수준에 따른 가격상승을 초과하는 자산가격의 증가 부분만 이익으로 간주되고, 그 이외의 가격증가 부분은 자본의 일부인 자본유지조정으로 처리</td></tr>
<tr><td>실물자본유지</td><td>• 이익은 해당 기간 중 실물생산능력의 증가를 의미하므로 자산·부채에 영향을 미치는 모든 가격변동은 해당 기업의 실물생산능력에 대한 측정치의 변동으로 간주되어 이익이 아니라 자본의 일부인 자본유지조정으로 처리</td></tr>
<tr><td colspan="2">➡측정기준과 자본유지개념의 선택에 따라 재무제표의 작성에 있어 사용되는 회계모형이 결정됨.</td></tr>
</table>

FINAL 객관식뽀개기 실전적중문제

1. ㈜일산의 20x1년말 현재 재무상태표의 납입자본과 이익잉여금은 각각 ₩200,000과 ₩100,000이며, 자본의 합계는 ₩300,000이다. ㈜일산의 20x2년도 당기순이익은 ₩50,000이며, 20x2년 중에 배당금 ₩20,000을 지급하기로 선언하고 이를 현금으로 지급하였다. 한편, ㈜일산은 20x2년 중에 주식을 추가로 발행하여 ₩100,000의 현금을 조달하였다. ㈜일산의 20x2년 말 재무상태표의 자본합계는 얼마인가?(주어진 자료 이외의 자본변화는 일어나지 않았다.) [관세사기출]

① ₩130,000 ② ₩150,000 ③ ₩330,000
④ ₩430,000 ⑤ ₩450,000

내비게이션
• 50,000=기말자본-(300,000+100,000-20,000) →∴기말자본=430,000

2. ㈜사랑의 자본은 20x1년초와 말에 각각 ₩100억과 ₩150억이었다. ㈜사랑은 20x1년 중 ₩10억을 유상증자를 통해 조달하였으며 ₩3억의 현금배당을 실시하였다. ㈜사랑의 20x1년도 총포괄손익은 얼마인가?(단, 위 거래를 제외한 소유주와의 자본거래는 없다.) [관세사기출]

① ₩37억 ② ₩40억 ③ ₩43억
④ ₩50억 ⑤ ₩53억

내비게이션
• 총포괄손익(=순이익+기타포괄손익) : 150억-(100억+10억-3억)=43억

3. ㈜감평은 20x1년 1월 1일에 설립되었다. 다음 20x1년 자료를 이용하여 계산한 기말자산은? [감평사기출]

기초자산	₩1,000	당기 중 유상증자	₩500
기초부채	₩620	영업수익	₩2,500
기말부채	₩740	영업비용	₩2,320

① ₩1,060 ② ₩1,200 ③ ₩1,300
④ ₩1,700 ⑤ ₩1,800

내비게이션
• 이익(2,500-2,320=180)=기말자본-[(1,000-620)+500]
→기말자본=1,060
∴기말자산 : 740(기말부채)+1,060(기말자본)=1,800

4. 다음은 ㈜서울의 기초 및 기말 재무상태표의 일부이다. 당기 중에 유상증자 ₩2,000과 무상증자 ₩1,000이 있었고 현금배당 ₩1,000을 지급하였다면, ㈜서울의 당기순이익은 얼마인가?(단, 당기 중 기타포괄손익은 없다.) [관세사기출]

	기초 재무상태표	기말 재무상태표
자산총계	₩35,000	₩41,000
부채총계	₩26,000	₩28,000

① ₩1,000 ② ₩2,000 ③ ₩3,000
④ ₩4,000 ⑤ ₩6,000

내비게이션
• 무상증자는 자본변동이 없으므로 고려치 않는다.
→∴이익 : (41,000-28,000)-[(35,000-26,000)+2,000-1,000]=3,000

5. ㈜관세는 기초에는 자산이 ₩150,000이고 부채는 ₩80,000이며, 기말에는 자산이 ₩175,000이고 부채는 ₩70,000이었다. 당기순이익은 ₩15,000이고 기중에 ₩5,000의 주식배당이 있었으며, 유상증자로 ₩25,000의 현금을 조달하였다. 소유주와의 다른 자본거래가 없었다면, 당기의 기타포괄손익은 얼마인가? [관세사기출]

① 기타포괄이익 ₩0 ② 기타포괄손실 ₩5,000
③ 기타포괄이익 ₩5,000 ④ 기타포괄이익 ₩15,000
⑤ 기타포괄손실 ₩15,000

내비게이션
• 주식배당은 자본변동이 없으므로 고려치 않는다.
• 15,000=(175,000-70,000)-[(150,000-80,000)+25,000+기타포괄손익증감]
→∴기타포괄손익증감=-5,000

6. 자본유지개념과 이익의 결정에 관한 설명으로 옳지 않은 것은? [관세사기출]

① 재무자본유지개념을 사용하기 위해서는 현행원가기준에 따라 측정해야 한다.
② 자본유지개념은 기업의 자본에 대한 투자수익과 투자회수를 구분하기 위한 필수 요건이다.
③ 자본유지개념 중 재무자본유지는 명목화폐단위 또는 불변구매력단위를 이용하여 측정할 수 있다.
④ 재무자본유지개념과 실물자본유지개념의 주된 차이는 기업의 자산과 부채에 대한 가격변동 영향의 처리방법에 있다.
⑤ 자본유지개념은 이익이 측정되는 준거기준을 제공함으로써 자본개념과 이익개념 사이의 연결고리를 제공한다.

내비게이션
• 재무자본유지개념은 역사적원가나 현행원가등 특정 측정기준의 적용을 요구하지 않는다.

Answer 1. ④ 2. ③ 3. ⑤ 4. ③ 5. ② 6. ①

시험중요도 ★★☆

기본이론 제13강 자본과 자본유지개념 사례

공통사례

- (주)A는 20x1년초 ₩2,000을 투자하여 상품매매업을 개시하였으며, 동시에 상품 2개를 개당 ₩1,000에 구입하였다.
- (주)A는 20x1년 중에 위 구입한 상품 모두를 개당 ₩1,600에 판매하였다.
- 20x1년말 상품의 개당 구입가격은 ₩1,400이며, 물가상승률은 10%로 가정한다.

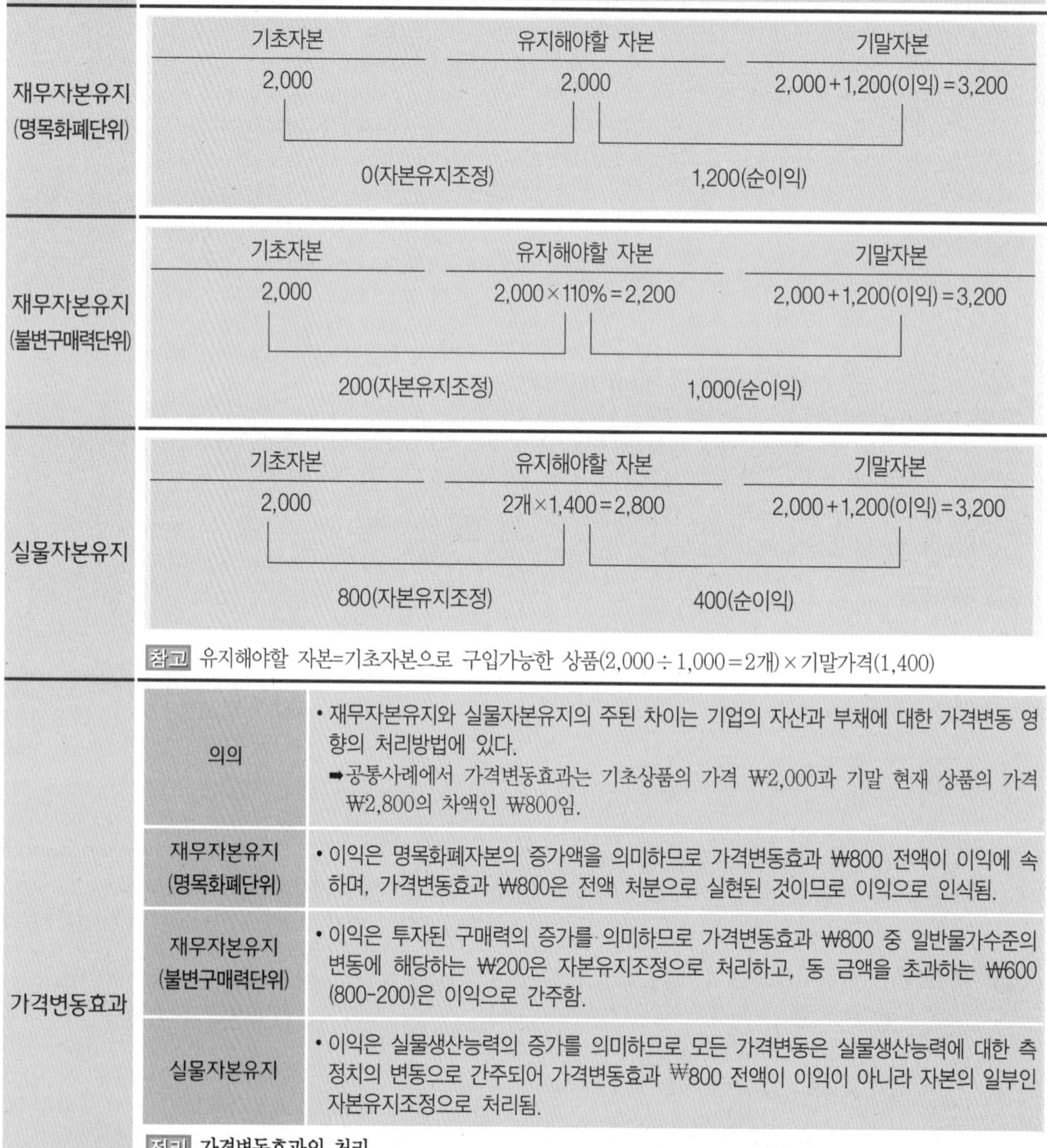

재무자본유지(명목화폐단위)

기초자본	유지해야할 자본	기말자본
2,000	2,000	2,000+1,200(이익)=3,200

0(자본유지조정) / 1,200(순이익)

재무자본유지(불변구매력단위)

기초자본	유지해야할 자본	기말자본
2,000	2,000×110%=2,200	2,000+1,200(이익)=3,200

200(자본유지조정) / 1,000(순이익)

실물자본유지

기초자본	유지해야할 자본	기말자본
2,000	2개×1,400=2,800	2,000+1,200(이익)=3,200

800(자본유지조정) / 400(순이익)

참고 유지해야할 자본=기초자본으로 구입가능한 상품(2,000÷1,000=2개)×기말가격(1,400)

가격변동효과

구분	내용
의의	• 재무자본유지와 실물자본유지의 주된 차이는 기업의 자산과 부채에 대한 가격변동 영향의 처리방법에 있다. ➡공통사례에서 가격변동효과는 기초상품의 가격 ₩2,000과 기말 현재 상품의 가격 ₩2,800의 차액인 ₩800임.
재무자본유지(명목화폐단위)	• 이익은 명목화폐자본의 증가액을 의미하므로 가격변동효과 ₩800 전액이 이익에 속하며, 가격변동효과 ₩800은 전액 처분으로 실현된 것이므로 이익으로 인식됨.
재무자본유지(불변구매력단위)	• 이익은 투자된 구매력의 증가를 의미하므로 가격변동효과 ₩800 중 일반물가수준의 변동에 해당하는 ₩200은 자본유지조정으로 처리하고, 동 금액을 초과하는 ₩600(800-200)은 이익으로 간주함.
실물자본유지	• 이익은 실물생산능력의 증가를 의미하므로 모든 가격변동은 실물생산능력에 대한 측정치의 변동으로 간주되어 가격변동효과 ₩800 전액이 이익이 아니라 자본의 일부인 자본유지조정으로 처리됨.

정리 가격변동효과의 처리

구분	재무자본유지(명목화폐단위)	재무자본유지(불변구매력단위)	실물자본유지
일반물가수준 변동분	이익	자본유지조정	자본유지조정
일반물가수준 변동 초과분	이익	이익	자본유지조정

FINAL 객관식뽀개기 실전적중문제

1. ㈜관세의 20x1년 자료가 다음과 같을 때, 재무자본유지개념 하에서 불변구매력단위를 이용하여 측정한 당기순이익은? [관세사기출]

- 20x1년 초 현금 ₩100,000으로 영업을 개시하였다.
- 20x1년 초 재고자산 15개를 단위당 ₩5,000에 현금 구입하였다.
- 20x1년 기중에 재고자산 15개를 단위당 ₩8,000에 현금 판매하였다.
- 20x1년 초 물가지수가 100이라고 할 때, 20x1년 말 물가지수는 125이다.
- 20x1년 말 재고자산의 단위당 구입가격은 ₩6,500으로 인상되었다.
- 20x1년 말 현금 보유액은 ₩145,000이다.

① ₩0 ② ₩15,000 ③ ₩20,000
④ ₩30,000 ⑤ ₩45,000

내비게이션

- 기초자본 : 100,000
- 유지해야할 자본 : 100,000×125%=125,000
- 기말자본 : 100,000+15개×(8,000-5,000)=145,000
- 순이익 : 145,000-125,000=20,000

2. 다음 자료를 이용하여 실물자본유지개념을 적용하였을 때, ㈜관세의 20x1년도 당기순이익은? [관세사기출]

- ㈜관세는 20x1년 1월 1일에 현금 ₩100,000으로 영업을 개시하였다.
- 20x1년도 기초에 단위당 ₩4,000의 재고자산 25개를 현금 구입하였다.
- 20x1년도 기중에 재고자산 25개를 단위당 ₩5,000에 현금 판매하였다.
- 20x1년도 기초의 물가지수가 100%라 한다면, 20x1년도 기말의 물가지수는 120%이다.
- 20x1년도 기말시점 재고자산의 구입가격은 단위당 ₩4,600으로 인상되었다.
- 20x1년도 기말 현금 보유액은 ₩125,000이다.

① ₩0 ② ₩5,000 ③ ₩10,000
④ ₩15,000 ⑤ ₩25,000

내비게이션

- 기초자본 : 100,000
- 유지해야할 자본 : ㉠×㉡=115,000
  ㉠ 기초자본으로 구입가능한 재고자산 : 100,000÷4,000=25개
  ㉡ 기말가격 : 4,600
- 기말자본 : 100,000+25개×(5,000-4,000)=125,000
- 순이익 : 125,000-115,000=10,000

3. 자본 및 자본유지개념에 관한 설명으로 옳지 않은 것은? [세무사기출]

① 자본유지개념은 이익이 측정되는 준거기준을 제공하며, 기업의 자본에 대한 투자수익과 투자회수를 구분하기 위한 필수요건이다.
② 자본을 투자된 화폐액 또는 투자된 구매력으로 보는 재무적 개념 하에서 자본은 기업의 순자산이나 지분과 동의어로 사용된다.
③ 자본을 불변구매력 단위로 정의한 재무자본유지개념 하에서는 일반물가수준에 따른 가격상승을 초과하는 자산가격의 증가 부분만이 이익으로 간주된다.
④ 재무자본유지개념을 사용하기 위해서는 현행원가기준에 따라 측정해야 하며, 실물자본유지개념은 특정한 측정기준의 적용을 요구하지 아니한다.
⑤ 자본을 실물생산능력으로 정의한 실물자본유지개념 하에서 기업의 자산과 부채에 영향을 미치는 모든 가격변동은 해당 기업의 실물생산능력에 대한 측정치의 변동으로 간주되어 이익이 아니라 자본의 일부로 처리된다.

- 반대의 설명이다.

서술형Correction연습

❐ 대부분의 기업은 자본의 실물적 개념에 기초하여 재무제표를 작성한다.

➲ (X) : 실물적 개념(X) → 재무적 개념(O)

❐ 실물자본유지개념 하에서 이익은 소유주에게 배분하거나 소유주가 출연한 부분을 포함하여 기말 실물생산능력이나 조업능력이 기초 실물생산능력을 초과하는 경우에만 발생한다.

➲ (X) : 포함(X) → 제외(O)

❐ 재무자본유지는 명목화폐단위를 이용하여 측정한다.

➲ (X) : 명목화폐단위(X) → 명목화폐단위 또는 불변구매력단위(O)

❐ 재무자본유지개념이 불변구매력단위로 정의된다면 일반물가수준에 따른 가격상승을 초과하는 자산가격의 증가부분 뿐만 아니라 그 이외의 가격증가 부분도 이익으로 간주된다.

➲ (X) : 그 이외의 가격증가 부분은 자본유지조정으로 처리된다.

Answer 1. ③ 2. ③ 3. ④

제1편 재무회계
제2편 원가관리회계
합본부록 IFRS심화논제

시험중요도 ★★★

기본이론 제14강 재무제표 표시 재무제표 표시 일반사항

구분	세부	내용
전체 재무제표		• 기말 재무상태표, 기간 포괄손익계산서, 기간 자본변동표, 기간 현금흐름표, 주석 • 회계정책(재무제표항목)을 소급하여 적용(재작성)시 가장 이른 비교기간의(전기의) 기초재무상태표 ➡각각 재무제표는 동등한 비중으로 표시하며, '재무제표 표시'에서 사용하는 재무제표의 명칭이 아닌 다른 명칭을 사용할 수 있고, 각종 보고서는 K-IFRS의 적용범위에 해당하지 않음. ·주의 이익잉여금처분계산서(결손금처리계산서)는 재무제표에 포함되지 않음.(단, 상법요구시 주석공시)
K-IFRS 준수	준수	• K-IFRS에 따라 작성된 재무제표는 공정하게 표시된 재무제표로 봄. • K-IFRS를 준수하여 작성하는 기업은 그 준수사실을 주석에 명시적이고 제한없이 기재함. • K-IFRS의 요구사항을 모두 충족한 경우가 아니라면 준수작성되었다고 기재해서는 안됨. • K-IFRS를 준수작성된 F/S는 국제회계기준을 준수하여 작성된 F/S임을 주석공시 가능함. • 부적절한 회계정책은 공시·주석·보충자료를 통해 설명하더라도 정당화될수 없음. ➡극히 드문 상황으로서 K-IFRS 요구사항 준수가 재무제표의 목적과 상충되어 오해를 유발가능하다고 경영진이 결론을 내리는 경우에는 감독체계가 일탈을 의무화하거나 금지하지 않는다면 소정 항목을 공시하고 K-IFRS의 요구사항을 달리 적용함. (금지하는 경우는 소정항목을 공시하여 오해유발가능성을 최대한 줄여야함.)
계속기업	평가	• 경영진은 재무제표작성시 계속기업으로서의 존속가능성을 평가해야함. ➡적어도 보고기간말로부터 향후 12개월 기간에 대해 이용가능 모든 정보를 고려함.
	작성	• 경영진이 청산·경영활동중단의도를 가지고있지 않거나, 청산·경영활동중단외에 다른 현실적 대안이 없는 경우가 아니면 계속기업을 전제로 재무제표를 작성함.
	공시	• 계속기업으로서의 존속능력에 유의적의문이 제기될수있는 사건·상황과 관련된 중요한 불확실성을 알게된 경우, 경영진은 그러한 불확실성을 공시해야함. • 재무제표가 계속기업의 기준하에 작성되지 않는 경우에는 그 사실과 함께 작성된 기준 및 그 기업을 계속기업으로 보지 않는 이유를 공시해야함.
발생기준		• 기업은 현금흐름정보를 제외하고는 발생기준 회계를 사용하여 재무제표를 작성함.
중요성과 통합표시	적용	• 유사한 항목은 중요성 분류에 따라 F/S에 구분표시하며, 상이한 성격·기능을 가진 항목은 구분표시함. ➡다만, 중요치 않은 항목은 성격·기능이 유사한 항목과 통합표시 가능함. ·주의 F/S에는 중요치 않아 구분표시하지 않은 항목이라도 주석에서는 구분표시해야 할 만큼 충분히 중요할수 있음. & 공시정보가 중요치 않다면 공시를 제공할 필요는 없음.
상계	원칙	• K-IFRS에서 요구하거나 허용하지 않는 한 자산·부채, 수익·비용은 상계하지 아니함. ➡단, 재고자산평가충당금과 대손충당금(손실충당금)과 같은 평가충당금을 차감하여 관련자산을 순액으로 측정하는 것은 상계표시에 해당하지 아니함.
	예외	• 상계가 거래의 실질을 반영한다면 상계하여 표시함. ➡예 ① 비유동자산처분손익(처분비용차감액), 충당부채관련 지출을 제3자 보전액과 상계 ② 외환손익, 단기매매금융상품차익·차손을 순액으로 표시(단, 중요시는 구분표시)
보고빈도		• 전체 재무제표(비교정보를 포함)는 적어도 1년마다 작성함.➡1년을 초과·미달시는 주석공시함.
비교정보 (서술정보포함)		• 비교정보 공시기업은 최소한 두개의 재무상태표와 두개씩의 그외 재무제표·관련주석을 표시해야함. • 회계정책(F/S항목)을 소급하여 적용(재작성)하는 경우에는 최소한 세개의 재무상태표와, 두 개씩의 그 외 F/S·관련주석을 표시해야함.➡① 전기초 F/P(주석표시불요) ② 전기말 F/P ③ 당기말 F/P
표시의 계속성		❖표시·분류는 다음 경우를 제외하고는 매기 동일해야함. ① 사업내용의 유의적 변화나 F/S를 검토한 결과 다른 표시나 분류방법이 더 적절한 것이 명백 ② 한국채택국제회계기준에서 표시방법의 변경을 요구

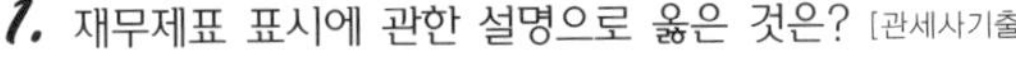

FINAL 객관식뽀개기 실전적중문제

1. 재무제표 표시에 관한 설명으로 옳은 것은? [관세사기출]

① 기업은 재무제표, 연차보고서, 감독기구 제출서류 등 외부에 공시되는 모든 재무적 및 비재무적 정보에 한국채택국제회계기준을 적용하여야 한다.

② 투자자산 및 영업용자산을 포함한 비유동자산의 처분손익은 처분대가에서 그 자산의 장부금액과 관련처분비용을 차감하여 상계표시한다.

③ 경영진이 기업을 청산하거나 경영활동을 중단할 의도를 가지고 있거나 청산 또는 경영활동의 중단의도가 있을 경우에도 계속기업을 전제로 재무제표를 작성한다.

④ 한국채택국제회계기준의 요구사항을 모두 충족하지 않더라도 일부만 준수하여 재무제표를 작성한 기업은 그러한 준수 사실을 주석에 명시적이고 제한없이 기재한다.

⑤ 변경된 표시방법의 지속가능성이 낮아 비교가능성을 저해하더라도 재무제표이용자에게 신뢰성 있고 더욱 목적적합한 정보를 제공한다고 판단할 때에는 재무제표의 표시방법을 변경한다.

내비게이션

• ① K-IFRS는 오직 재무제표에만 적용한다.[기준서 문단50]
③ 계속기업과는 다른 기준에 따라 작성되어야 한다.
④ 모두 충족한 경우가 아니라면 준수작성되었다고 기재해서는 안된다.

보론	재무제표 표시(표시의 계속성) 문단 46
❐ 변경된 표시방법이 재무제표이용자에게 신뢰성 있고 더욱 목적적합한 정보를 제공하며, 변경된 구조가 지속적으로 유지될 가능성이 높아 비교가능성을 저해하지 않을 것으로 판단할 때에만 재무제표의 표시방법을 변경한다.	

2. 재무제표의 표시에 관한 설명으로 옳지 않은 것은? [관세사기출]

① 매출채권에 대한 대손충당금을 차감하여 관련 자산을 순액으로 측정하는 것은 상계표시에 해당한다.

② 총포괄손익은 당기순손익과 기타포괄손익의 모든 구성요소를 포함한다.

③ 계속기업의 가정이 적절한지의 여부를 평가할 때 경영진은 적어도 보고기간말로부터 향후 12개월 기간에 대하여 이용가능한 모든 정보를 고려한다.

④ 재분류조정은 당기나 과거 기간에 기타포괄손익으로 인식되었으나 당기손익으로 재분류된 금액을 말한다.

⑤ 주석은 재무상태표, 포괄손익계산서, 자본변동표 및 현금흐름표에 추가하여 제공된 정보를 말한다.

내비게이션

• 상계표시에 해당한다(X) → 상계표시에 해당하지 아니한다(O)

3. 재무제표 표시에 관한 설명으로 옳지 않은 것은? [관세사기출]

① 계속기업의 가정이 적절한지의 여부를 평가할 때 경영진은 적어도 보고기간말로 부터 향후 12개월 기간에 대하여 이용가능한 모든 정보를 고려한다.

② 재무제표에는 중요하지 않아 구분하여 표시하지 않은 항목이라도 주석에서는 구분 표시해야 할 만큼 충분히 중요할 수 있다.

③ 기업은 현금흐름 정보를 제외하고는 발생기준회계를 사용하여 재무제표를 작성한다.

④ 매출채권에 대한 대손충당금을 차감하여 관련자산을 순액으로 표시하는 것은 상계 표시에 해당하지 않는다.

⑤ 외환손익 또는 단기매매금융상품에서 발생하는 손익과 같이 유사한 거래의 집합에서 발생하는 차익과 차손이 중요한 경우에는 순액으로 표시한다.

내비게이션

• 순액으로 표시하나, 중요한 경우에는 구분하여 표시한다.

서술형Correction연습

❐ 상법 등에서 이익잉여금처분계산서의 작성을 요구하는 경우에는 별도의 보충명세서로 제공한다.

➲ (X) : 주석으로 공시한다.[재무제표 표시 기준서 문단 한138.1]

❐ 부적절한 회계정책도 이에 대하여 공시나 주석 또는 보충자료를 통해 설명한다면 정당화될 수 있다.

➲ (X) : 정당화될 수 없다.

❐ 기업은 모든 정보를 발생기준 회계를 사용하여 재무제표를 작성한다.

➲ (X) : 현금흐름정보를 제외하고는 발생기준 회계로 작성한다.

❐ 재무제표는 일관성 있게 1년 단위로 작성한다. 따라서 실무적인 이유로 기업이 52주의 보고기간을 선호하더라도 기준서는 이러한 보고관행을 금지한다.

➲ (X) : 【심화학습 : 재무제표 표시 문단37】
금지하지 않는다.

❐ 당기 재무제표에 보고되는 모든 금액에 대해 전기 비교정보를 공시하되, 서술형 정보의 경우에는 비교정보를 생략할 수 있다.

➲ (X) : 당기 재무제표를 이해하는 데 목적적합하다면 서술형 정보의 경우에도 비교정보를 포함한다.

Answer 1. ② 2. ① 3. ⑤

시험중요도 ★★☆

기본이론 제15강 재무상태표 표시 : 표시정보와 표시방법

표시정보

❖재무상태표에는 적어도 다음에 해당하는 금액을 나타내는 항목을 표시해야 하나, 표시되어야할 항목의 순서나 형식을 규정하고 있지 않음.

➡∴기업마다 재무상태표의 양식 및 재무상태표에 포함할 항목을 재량적으로 결정가능

자산	부채·자본
① 현금 및 현금성자산, 매출채권과 기타채권 ② 재고자산, 유형자산, 무형자산, 기타금융자산 ③ 투자부동산, 지분법투자자산, 생물자산 ④ 당기법인세 관련 자산(예 선급법인세등) ⑤ 이연법인세자산 ⑥ 매각예정 비유동자산 ⑦ 매각예정처분자산집단에 포함된 자산총계	① 매입채무와 기타채무 ② 충당부채, 기타금융부채 ③ 당기법인세 관련 부채(예 미지급법인세등) ④ 이연법인세부채 ⑤ 매각예정처분자산집단에 포함된 부채 ⑥ 자본에 표시된 비지배지분 ⑦ 지배기업 소유주귀속 납입자본과 적립금

구분	내용
추가표시	• 재무상태를 이해하는데 목적적합한 경우 항목, 제목 및 중간합계를 추가하여 표시함.
구분표시	• 구분표시가 필요한 경우 그러한 항목을 추가로 재무상태표에 포함함.
기타사항	• 기업과 거래의 성격에 따라 사용된 용어, 항목순서, 유사항목의 통합방법을 변경가능함. • 상이하게 분류된 자산에 대해 상이한 측정기준을 사용하는 것은 그 자산의 성격이나 기능이 상이하여 별도항목으로 구분하여 표시해야 함을 의미함. ➡예 상이하게 분류된 유형자산에 대해 원가 또는 재평가금액을 장부금액으로 가능함.

표시방법

개요

• 유동성 순서에 따른 표시방법(='유동성배열법')이 신뢰성 있고 더욱 목적적합한 정보를 제공하는 경우를 제외하고는 유동자산과 비유동자산, 유동부채와 비유동부채로 재무상태표에 구분하여 표시(='유동성·비유동성 구분법')함.

•주의 이연법인세자산(부채)은 비유동자산(부채)으로만 분류함.

표시방법

방법	내용	
유동성·비유동성 구분법	• 기업이 명확히 식별가능한 영업주기내에서 재화·용역을 제공하는 경우, 재무상태표에 유동자산과 비유동자산 및 유동부채와 비유동부채를 구분하여 표시	선택
유동성배열법	• 모든 자산과 부채를 유동성순서로 표시 말장난 유동자산·유동부채만 유동성의 순서에 따라 표시한다(X)	
혼합법	• 양 방법을 혼용표시	

보론 금융회사와 같은 일부 기업의 경우에는 오름차순이나 내림차순의 유동성 순서에 따른 표시방법으로 자산과 부채를 표시하는 것이 유동/비유동 구분법보다 신뢰성 있고 더욱 목적적합한 정보를 제공함.

기타사항

• 어느 표시방법을 채택하더라도 자산과 부채의 각 개별항목이 보고기간후 12개월 이내와 보고기간후 12개월 후에 회수되거나 결제될 것으로 기대되는 금액이 합산하여 표시되는 경우, 12개월후에 회수되거나 결제될것으로 기대되는 금액을 공시함.

• 자산과 부채가 유동 또는 비유동으로 구분되는지의 여부와 관계없이, 재고자산과 같은 비화폐성자산의 회수예정일과 충당부채와 같은 부채의 결제예정일에 대한 정보도 역시 유용함.

➡예 기업은 보고기간 후 12개월 후에 회수될 것으로 기대되는 재고자산 금액을 공시함.

FINAL 객관식뽀개기 실전적중문제

1. 재무제표 표시'에 관한 설명으로 옳지 않은 것은? [관세사기출]

① 부적절한 회계정책은 이에 대하여 공시나 주석 또는 보충 자료를 통해 설명하더라도 정당화될 수 없다.
② 기업은 현금흐름 정보를 제외하고는 발생기준 회계를 사용하여 재무제표를 작성한다.
③ 한국채택국제회계기준에서 요구하거나 허용하지 않는 한 자산과 부채 그리고 수익과 비용은 상계하지 아니한다.
④ 외환손익 또는 단기매매 금융상품에서 발생하는 손익과 같이 유사한 거래의 집합에서 발생하는 차익과 차손은 중요하지 않을 경우 순액으로 표시한다.
⑤ 기업이 재무상태표에 유동자산과 비유동자산, 그리고 유동부채와 비유동부채로 구분하여 표시하는 경우, 이연법인세자산(부채)은 유동자산(부채)으로 분류한다.

• 유동(X) → 비유동(X)

2. 한국채택국제회계기준에 따른 재무제표 작성과 표시에 관한 설명으로 옳은 것은? [관세사기출]

① 유동성 순서에 따른 표시방법을 적용할 경우 모든 자산과 부채는 유동성의 순서에 따라 표시한다.
② 별개의 손익계산서를 표시하는 경우, 포괄손익을 표시하는 보고서에는 당기손익 부분을 표시한다.
③ 기업이 재무상태표에 유동자산과 비유동자산, 그리고 유동부채와 비유동부채로 구분하여 표시하는 경우, 이연법인세자산(부채)은 유동자산(부채)으로 분류한다.
④ 재무상태표에서 비유동자산보다 유동자산을, 비유동부채보다는 유동부채를 먼저 표시해야 한다.
⑤ 포괄손익계산서에서 수익과 비용 항목을 특별손익으로 구분하여 표시할 수 없으며 주석으로 구분하여 표시한다.

내비게이션

• ② 당기손익이 아니라 당기순손익 부분을 표시한다. →후술함!
③ 유동자산(부채)(X) → 비유동자산(부채)(O)
④ 유동성 · 비유동성구분법의 경우 유동과 비유동을 구분만 해주면 되며, 어느 것을 먼저 표시해도 무방하다.
⑤ 수익과 비용의 어느 항목도 당기손익과 기타포괄손익을 표시하는 보고서 또는 주석에 특별손익 항목으로 표시할 수 없다. →후술함!

3. 재무제표 표시에 관한 설명으로 옳지 않은 것은? [세무사기출]

① 비용을 기능별로 분류하는 기업은 감가상각비, 기타 상각비와 종업원급여비용을 포함하여 비용의 성격에 대한 추가 정보를 공시한다.
② 부적절한 회계정책은 이에 대하여 공시나 주석 또는 보충 자료를 통해 설명하더라도 정당화될 수 없다.
③ 계속기업의 가정이 적절한지의 여부를 평가할 때 경영진은 적어도 보고기간말로부터 향후 12개월 기간에 대하여 이용가능한 모든 정보를 고려한다.
④ 보고기간 종료일을 변경하여 재무제표의 보고기간이 1년을 초과하거나 미달하는 경우에는 재무제표 해당 기간뿐만 아니라 보고기간이 1년을 초과하거나 미달하게 된 이유와 재무제표에 표시된 금액이 완전하게 비교가능하지 않다는 사실을 추가로 공시한다.
⑤ 기업이 재무상태표에 유동자산과 비유동자산, 그리고 유동부채와 비유동부채로 구분하여 표시하는 경우, 이연법인세자산(부채)은 유동자산(부채)으로 분류한다.

내비게이션

• 이연법인세자산(부채)은 유동자산(부채)으로 분류하지 아니한다. (비유동자산으로 분류함.)

보론	재무제표 표시(보고빈도) 문단 36~37
❒ 전체 재무제표(비교정보를 포함)는 적어도 1년마다 작성한다. 보고기간종료일을 변경하여 재무제표의 보고기간이 1년을 초과하거나 미달하는 경우 재무제표 해당 기간뿐만 아니라 다음 사항을 추가로 공시한다. (1) 보고기간이 1년을 초과하거나 미달하게 된 이유 (2) F/S에 표시된 금액이 완전하게 비교가능하지는 않다는 사실	

서술형Correction연습

❒ 재무제표에 표시되는 자산과 부채는 반드시 유동자산과 비유동자산, 유동부채와 비유동부채로 구분하여 표시해야 한다.

➲ (X) : 유동성 순서에 따라 표시해도 된다.

❒ 유동성 순서에 따른 표시방법을 적용할 경우 유동자산과 유동부채만 유동성의 순서에 따라 표시한다.

➲ (X) : 모든 자산과 부채를 유동성 순서로 표시한다.

❒ 재무상태표는 유동성·비유동성 구분법이나 유동성순서에 따른 표시방법 중 한 가지 방법을 사용하여 표시한다.

➲ (X) : 두 가지 방법을 혼합한 표시방법도 허용한다.

Answer 1. ⑤ 2. ① 3. ⑤

시험중요도 ★★☆

기본이론 제16강 재무상태표 표시 : 분류기준

<table>
<tr><td rowspan="4">유동자산</td><td>분류기준</td><td>① 기업의 정상영업주기내에 실현될 것으로 예상하거나, 정상영업주기내에 판매하거나 소비할 의도가 있음.
② 주로 단기매매 목적으로 보유.
③ 보고기간후 12개월 이내에 실현될 것으로 예상.
④ 현금·현금성자산으로서, 교환이나 부채상환 목적으로의 사용제한기간이 보고기간후 12개월 이상이 아님.</td></tr>
<tr><td>영업주기</td><td>• 영업활동을 위한 자산의 취득시점부터 그 자산이 현금이나 현금성자산으로 실현되는 시점까지 소요되는 기간
➡정상영업주기를 명확히 식별할 수 없는 경우에는 그 기간이 12개월인 것으로 가정함.</td></tr>
<tr><td>기타사항</td><td>• 유동자산은 단기매매목적 보유자산과 비유동금융자산의 유동성대체 부분을 포함함.</td></tr>
<tr><td colspan="2">•주의 재고자산·매출채권 등에 대하여는 1년을 초과하더라도 유동자산으로 분류함.</td></tr>
<tr><td rowspan="3">유동부채</td><td>분류기준</td><td>① 정상영업주기내에 결제될 것으로 예상.
② 주로 단기매매 목적으로 보유.
③ 보고기간후 12개월 이내에 결제하기로 되어 있음.
④ 보고기간후 12개월 이상 부채결제를 연기할 수 있는 무조건의 권리를 가지고 있지 않음</td></tr>
<tr><td>주석공시</td><td>• 유동부채로 분류된 차입금의 경우 장기로 차환/장기차입약정 위반사항의 해소등의 사건이 보고기간말과 재무제표 발행승인일 사이에 발생하면 '보고기간후사건'에 따라 수정을 요하지 않는 사건으로 주석에 공시함.</td></tr>
<tr><td>기타사항</td><td>• 매입채무, 종업원 및 그 밖의 영업원가에 대한 미지급비용은 보고기간후 12개월후에 결제일이 도래한다 하더라도 유동부채로 분류함.
• 정상영업주기이내에 결제되지는 않지만 보고기간후 12개월이내에 결제일이 도래하거나 주로 단기매매목적으로 보유시 유동부채로 분류함.
➡예 단기매매항목으로 분류된 금융부채, 당좌차월, 비유동금융부채의 유동성대체 부분, 미지급배당금, 법인세 및 기타 지급채무
말장난 금융부채를 단기매매목적으로 보유하고 있어도 만기에 따라 유동·비유동으로 표시한다(X).</td></tr>
<tr><td rowspan="2">부채분류 세부고찰</td><td>유동부채</td><td>• 다음 모두에 해당하는 경우라 하더라도 금융부채가 보고기간후 12개월 이내에 결제일이 도래하면 이를 유동부채로 분류함.
❐ 원래의 결제기간이 12개월을 초과하는 경우
❐ 보고기간후 재무제표 발행승인일전에 장기로 차환하는 약정 또는 지급기일을 장기로 재조정하는 약정이 체결된 경우
• 보고기간말 이전에 장기차입약정을 위반했을때 대여자가 즉시 상환을 요구할수있는 채무는 보고기간후 재무제표 발행승인일전에 채권자가 약정위반을 이유로 상환을 요구하지 않기로 합의하더라도 유동부채로 분류함.</td></tr>
<tr><td>비유동부채</td><td>• 기업이 기존의 대출계약조건에 따라 보고기간후 적어도 12개월이상 부채를 차환하거나 연장할것으로 기대하고 있고, 그런 재량권이 있다면, 보고기간후 12개월 이내에 만기가 도래한다 하더라도 비유동부채로 분류함.
➡재량권이 없다면 차환가능성을 고려하지 않고 유동부채로 분류함.
• 보고기간말 이전에 장기차입약정을 위반했을때 대여자가 즉시 상환을 요구할수있는 채무는 대여자가 보고기간말 이전에 보고기간후 적어도 12개월이상의 유예기간을 주는데 합의하여 그 유예기간내에 기업이 위반사항을 해소할수 있고, 또 그 유예기간 동안에는 대여자가 즉시 상환을 요구할수 없다면 그 부채는 비유동부채로 분류함.</td></tr>
</table>

FINAL 객관식뽀개기 실전적중문제

1. 재무상태표의 자산과 부채의 유동과 비유동 구분에 관한 설명으로 옳지 않은 것은? [관세사기출]

① 유동자산은 보고기간 후 12개월 이내에 실현될 것으로 예상되지 않는 경우에도 재고자산 및 매출채권과 같이 정상영업주기의 일부로서 판매, 소비 또는 실현되는 자산을 포함한다.
② 기업이 재무상태표에 유동자산과 비유동자산, 그리고 유동부채와 비유동부채로 구분하여 표시하는 경우, 이연법인세자산(부채)은 유동자산(부채)으로 분류하지 않는다.
③ 유동성 순서에 따른 표시방법이 신뢰성 있고 더욱 목적적합한 정보를 제공하는 경우를 제외하고는 유동과 비유동으로 자산과 부채를 재무상태표에 구분하여 표시한다.
④ 기업이 기존의 대출계약조건에 따라 보고기간 후 적어도 12개월 이상 부채를 차환하거나 연장할 것으로 기대하고 있고, 그런 재량권이 있다면, 보고기간 후 12개월 이내에 만기가 도래한다 하더라도 비유동부채로 분류한다.
⑤ 신뢰성 있고 목적적합한 정보를 제공한다고 하더라도, 자산과 부채의 일부는 유동/비유동 구분법으로 표시하고 나머지는 유동성순서에 따라 표시하는 혼합 표시방법은 허용되지 않는다.

내비게이션

• 신뢰성 있고 더욱 목적적합한 정보를 제공한다면 자산과 부채의 일부는 유동/비유동 구분법으로, 나머지는 유동성 순서에 따른 표시방법으로 표시하는 것이 허용된다. 이러한 혼합표시방법은 기업이 다양한 사업을 영위하는 경우에 필요할 수 있다.

2. 재무제표 표시에 관한 설명으로 옳지 않은 것은? [감평사기출]

① 계속기업의 가정이 적절한지의 여부를 평가할 때 경영진은 적어도 보고기간말로 부터 향후 12개월 기간에 대하여 이용가능한 모든 정보를 고려한다.
② 기업이 재무상태표에 유동자산과 비유동자산, 그리고 유동부채와 비유동부채로 구분하여 표시하는 경우, 이연법인세자산(부채)은 유동자산(부채)으로 분류하지 아니한다.
③ 매입채무 그리고 종업원 및 그 밖의 영업원가에 대한 미지급비용과 같은 유동부채는 기업의 정상영업주기 내에 사용되는 운전자본의 일부이다. 이러한 항목은 보고기간 후 12개월 후에 결제일이 도래한다 하더라도 유동부채로 분류한다.
④ 보고기간 후 12개월 이내에 만기가 도래하는 경우에는, 기업이 기존의 대출계약 조건에 따라 보고기간 후 적어도 12개월 이상 부채를 차환하거나 연장할 것으로 기대하고 있고, 그런 재량권이 있다고 하더라도, 유동부채로 분류한다.
⑤ 비용을 기능별로 분류하는 기업은 감가상각비, 기타 상각비와 종업원급여비용을 포함하여 비용의 성격에 대한 추가 정보를 공시한다.

내비게이션

• 기업이 기존의 대출계약조건에 따라 보고기간 후 적어도 12개월 이상 부채를 차환하거나 연장할 것으로 기대하고 있고, 그런 재량권이 있다면, 보고기간 후 12개월 이내에 만기가 도래한다 하더라도 비유동부채로 분류한다. 그러나 기업에게 부채의 차환이나 연장에 대한 재량권이 없다면(예를 들어, 차환약정이 없는 경우), 차환가능성을 고려하지 않고 유동부채로 분류한다.
• ⑤에 대하여는 후술함!

서술형Correction연습

❒ 기업의 정상영업주기가 명확하게 식별되지 않는 경우 그 주기는 12개월을 초과하는 것으로 가정한다.

➲ (X) : 정상영업주기를 명확히 식별할 수 없는 경우에는 그 기간이 12개월인 것으로 가정한다.

❒ 금융부채를 주로 단기매매목적으로 보유하고 있다 하더라도 그 만기에 따라 유동·비유동으로 표시해야 한다.

➲ (X) : 단기매매목적으로 보유하고 있다면 그 만기에 상관없이 유동으로 표시해야 한다.

❒ 원래의 결제기간이 12개월을 초과하고 보고기간 후 재무제표 발행승인일 전에 장기로 차환하는 약정 또는 지급기일을 장기로 재조정하는 약정이 체결된 경우에는 보고기간 후 12개월 이내에 결제일이 도래하더라도 비유동부채로 분류한다.

➲ (X) : 보고기간 후 12개월 이내에 결제일이 도래하면 유동부채로 분류한다.

❒ 보고기간말 이전에 장기차입약정을 위반했을 때 대여자가 즉시 상환을 요구할 수 있는 채무는 보고기간 후 재무제표 발행승인일 전에 채권자가 약정위반을 이유로 상환을 요구하지 않기로 합의한다면 비유동부채로 분류한다.

➲ (X) : 합의하더라도 유동부채로 분류한다.

Answer 1. ⑤ 2. ④

시험중요도 ★★★

기본이론 제17강 포괄손익계산서 표시

표시정보

❖포괄손익계산서에는 당해기간의 다음 금액을 표시하는 항목을 포함함.

① 수익, 금융원가, 영업이익
② 지분법 적용대상인 관계기업과 공동기업의 당기순손익에 대한 지분, 법인세비용
③ 중단영업의 합계를 표시하는 단일금액

주의 ① 영업손익(매출액-매출원가-판관비)은 반드시 포괄손익계산서에 구분하여 표시해야함.
② 특별손익은 포괄손익계산서, 별개의 손익계산서 또는 주석에 특별손익 항목으로 표시불가

표시방법

❖다음 중 한가지 방법으로 표시함. ➡주의 총포괄손익에는 소유주와의 거래로 인한 자본변동은 제외함.

단일포괄손익계산서

단일포괄손익계산서	
매출액	xxx
당기순손익 구성요소	xxx
당기순손익	xxx
기타포괄손익 구성요소	xxx
총포괄손익	xxx

두 개의 보고서

별개의 손익계산서	
매출액	xxx
당기순손익 구성요소	xxx
당기순손익	xxx

포괄손익계산서	
당기순손익	xxx
기타포괄손익 구성요소	xxx
총포괄손익	xxx

보론 별개의 손익계산서는 포괄손익계산서 바로 앞에 표시함.

비용 분류방법

❖기업은 비용의 성격별 또는 기능별 분류방법 중에서 신뢰성 있고 더욱 목적적합한 정보를 제공할 수 있는 방법을 적용하여 당기손익으로 인식한 비용의 분석내용을 표시함.(선택)

구분	내용
성격별 분류법	• 비용은 그 성격별로 통합함.(즉, 각 항목의 유형별로 구분표시) ➡예 감가상각비, 원재료구입, 운송비, 종업원급여, 광고비등 • 매출원가를 다른 비용과 분리하여 공시하지 않음. • 기능별로 재배분하지 않으므로 적용이 간단함.(미래현금흐름 예측에는 유용함)
기능별 분류법 (=매출원가법)	• 비용은 그 기능별로 분류함. ➡예 매출원가, 물류원가, 관리활동원가등 • 적어도 매출원가를 다른 비용과 분리하여 공시함. • 목적적합하나, 자의적인 기능별 배분과 판단이 개입될수 있음. • 기능별로 분류시에는 성격별 분류에 따른 추가공시가 필요함.

기타 포괄손익

의의

• 기타포괄손익(재분류조정 포함)은 손익거래 결과임에도 당기손익에 포함되지 않는 항목임.
➡기타포괄손익과 관련한 법인세비용은 포괄손익계산서나 주석에 공시함.

표시

• 기타포괄손익 구성요소는 다음 중 한 가지 방법으로 표시할수 있음.

① 관련 법인세효과를 차감한 순액으로 표시
② 법인세효과 반영전 금액으로 표시하고, 법인세효과는 단일금액으로 합산표시

재분류조정

• 기타포괄손익으로 인식되었으나 당기손익으로 재분류된 금액을 말함.

재분류조정이 발생하는 기타포괄손익	재분류조정이 발생하지 않는 기타포괄손익
❒ FVOCI금융자산평가손익(채무상품)	❒ 재평가잉여금의 변동
❒ 해외사업장외화환산차이	❒ 보험수리적손익(확정급여제도 재측정요소)
❒ 현금흐름위험회피평가손익(효과적부분)	❒ FVOCI금융자산평가손익(지분상품)

FINAL 객관식뽀개기 | 실전적중문제

1. 포괄손익계산서와 재무상태표에 관한 설명으로 옳지 않은 것은? [관세사기출]

① 수익과 비용의 어느 항목도 당기손익과 기타포괄손익을 표시하는 보고서 또는 주석에 특별손익 항목으로 표시할 수 없다.
② 비용의 성격별 분류방법은 기능별 분류방법보다 자의적인 배분과 상당한 정도의 판단이 더 개입될 수 있다.
③ 해당 기간에 인식한 모든 수익과 비용의 항목은 단일 포괄손익계산서 또는 두 개의 보고서(당기손익 부분을 표시하는 별개의 손익계산서와 포괄손익을 표시하는 보고서) 중 한 가지 방법으로 표시한다.
④ 영업주기는 영업활동을 위한 자산의 취득시점부터 그 자산이 현금이나 현금성자산으로 실현되는 시점까지 소요되는 기간이다.
⑤ 기업의 정상영업주기가 명확하게 식별되지 않는 경우 그 주기는 12개월인 것으로 가정한다.

내비게이션
• 기능별 분류방법에 대한 내용이다.

2. 재무상태표 및 포괄손익계산서'에 관한 설명으로 옳지 않은 것은? [관세사기출]

① 재무상태표에서 자산과 부채는 유동과 비유동으로 구분표시하거나 유동성 순서에 따라 표시할 수 있다.
② 수익과 비용의 어느 항목도 당기손익과 기타포괄손익을 표시하는 보고서에 특별손익 항목으로 표시할 수 없으나, 주석에는 특별손익 항목으로 표시하여야 한다.
③ 비용을 기능별로 분류하는 기업은 감가상각비, 기타상각비와 종업원급여비용을 포함하여 비용의 성격에 대한 추가 정보를 공시한다.
④ 재무상태표에 표시되어야 할 항목의 순서나 형식을 규정하지 아니한다.
⑤ 비용 항목에 대해 성격별 또는 기능별 분류방법 중 더 신뢰성 있고 목적적합한 정보를 제공하는 방법을 선택할 수 있다.

내비게이션
• 수익과 비용의 어느 항목도 당기손익과 기타포괄손익을 표시하는 보고서 또는 주석에 특별손익 항목으로 표시할 수 없다.

3. 포괄손익계산서에 관한 설명으로 옳은 것은? [관세사기출]

① 수익에서 매출원가 및 판매비와관리비를 차감한 영업이익은 포괄손익계산서 본문이 아닌 주석으로 공시한다.
② 기업의 현금및현금성자산 창출능력과 기업의 현금흐름 사용 필요성에 대한 평가의 기초를 재무제표이용자에게 제공한다.
③ 비용의 기능에 대한 정보가 미래현금흐름을 예측하는데 유용하기 때문에, 비용을 성격별로 분류하는 경우에는 추가 공시가 필요하다.
④ 기업이 정보이용자에게 필요하다고 판단할 경우에는 특별손익을 따로 표시할 수 있다.
⑤ 기타포괄손익의 구성요소(재분류조정 포함)와 관련한 법인세비용 금액은 포괄손익계산서나 주석에 공시한다.

내비게이션
• ① 영업이익은 포괄손익계산서 본문에 표시한다.
② 현금흐름표에 대한 설명이다.
③ 비용의 성격에 대한 정보가 미래현금흐름을 예측하는 데 유용하기 때문에, 비용을 기능별로 분류하는 경우에는 추가 공시가 필요하다.
④ 보고서 또는 주석에 특별손익 항목으로 표시할 수 없다.

4. 다음 기타포괄손익 항목 중 후속적으로 재분류조정이 가능한 것을 모두 고른 것은? [관세사기출]

ㄱ. 확정급여제도의 재측정요소 ㄴ. 자산재평가잉여금 ㄷ. 해외사업장환산외환차이 ㄹ. 기타포괄손익-공정가치 측정 금융자산(채무상품) 평가손익

① ㄱ, ㄴ ② ㄱ, ㄷ ③ ㄴ, ㄷ
④ ㄴ, ㄹ ⑤ ㄷ, ㄹ

내비게이션
• ㄷ, ㄹ과 현금흐름위험회피 평가손익으로 위험회피에 효과적인 부분
참고 위험회피에 효과적이지 못한 부분 : 당기손익 처리

서술형Correction연습

❐ 비용을 기능별로 분류하는 것이 성격별 분리보다 더욱 목적적합한 정보를 제공하므로, 비용은 기능별로 분류한다.

➲ (X) : 성격별분류와 기능별분류는 선택사항이다.

❐ 당기손익과 기타포괄손익은 두 부분으로 나누어 별도의 표로 표시할 수 없으며 반드시 단일의 포괄손익계산서로 표시해야 한다.

➲ (X) : 당기손익 부분을 표시하는 별개의 손익계산서와 포괄손익을 표시하는 보고서로 각각 별도의 두 개의 보고서로 표시할 수 있다.

Answer 1. ② 2. ② 3. ⑤ 4. ⑤

시험중요도 ★☆☆

기본이론 제18강 자본변동표·현금흐름표 표시

자본변동표

개요

- 자본의 크기와 그 변동(기초,변동사항,기말)에 관한 정보를 제공하는 재무재표
  ➡소유주에 대한 배분으로 인식된 배당금액과 주당배당금을 표시함.

표시정보

- ❒ 지배기업의 소유주와 비지배지분에게 각각 귀속되는 금액으로 구분하여 표시한 해당기간의 총포괄손익
- ❒ 자본의 각 구성요소별로, 인식된 소급적용이나 소급재작성의 영향
- ❒ 자본의 각 구성요소별로 다음의 각 항목에 따른 변동액을 구분표시한, 기초시점, 기말시점의 장부금액 조정내역
  - i) 당기순손익
  - ii) 기타포괄손익의 각 항목
  - iii) 소유주로서의 자격을 행사하는 소유주와의 거래(소유주에 의한 출자와 소유주에 대한 배분, 그리고 지배력을 상실하지 않는 종속기업에 대한 소유지분의 변동을 구분하여 표시)

기타사항

- 자본 구성요소는 각 분류별 납입자본·기타포괄손익 및 이익잉여금 누계액등을 포함함.
- 자본변동표나 주석에 소유주배분으로 인식된 배당금액과 주당배당금을 표시함.
- 회계정책변경의 자본항목수정사항총액과 오류수정사항총액을 각각 구분하여 공시함.

현금흐름표

❖영업활동, 투자활동, 재무활동현금흐름으로 나누어 다음과 구분하며, 영업활동현금흐름은 직접법과 간접법에 의해 분석함.➡주의 한국채택국제회계기준은 이 중 직접법을 권장함.

구분	영업활동	투자활동	재무활동	참고사항
◉매출채권·선수금,매입채무·선급금	O	-	-	-
◉선급비용,미지급비용,선수수익	O	-	-	-
◉미수수익(이자수익의 경우), 배당수입	O	O	-	• 선택가능
◉미지급비용(이자비용의 경우), 배당지급	O	-	O	• 선택가능
◉재고자산	O	-	-	-
◉단기매매금융자산	O	-	-	• 단기매매목적
◉대여금,미수금,비유동자산	-	O	-	-
◉장기차입금·금융부채	-	-	O	-
◉확정급여채무	O	-	-	-
◉유상증자등 자본거래(배당지급제외)	-	-	O	-
◉법인세지급	O(원칙)	O	O	-
◉당좌차월	-	-	O	• 즉시상환해야 하는 경우는 현금구성요소

보론 재무제표의 상호관계

❒ 다음과 같이 F/S는 상호 연계적 관계에 있으므로 의사결정시 상호 보완적으로 검토해야함.

① F/P상 기타포괄손익 잔액에 대한 변동 내역은 CIS의 포괄손익금액을 통해 알 수 있다.
② F/P와 현금흐름표는 '현금'이라는 연결고리가 있다.
③ CIS와 현금흐름표는 '당기순이익'이라는 연결고리가 있다.
④ CIS와 F/P는 '총포괄이익'이라는 연결고리가 있다.

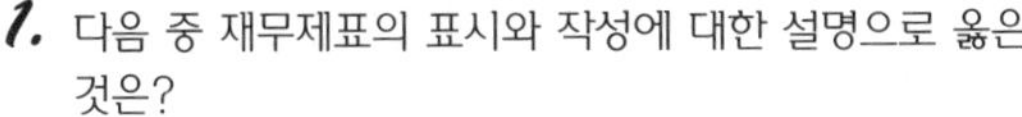

실전적중문제

1. 다음 중 재무제표의 표시와 작성에 대한 설명으로 옳은 것은?

① 재무상태표에 표시되는 자산과 부채는 반드시 유동자산과 비유동자산, 유동부채와 비유동부채로 구분하여 표시해야 한다.
② 자본의 구성요소인 기타포괄손익과 자본잉여금은 포괄손익계산서와 재무상태표를 연결시키는 역할을 한다.
③ 손익계산서는 당기손익을 구성하는 요소와 기타포괄손익을 구성하는 요소로 구분 표시하여 반드시 하나의 보고서로 작성해야 한다.
④ 기타포괄손익은 관련 자산과 부채의 미실현평가손익을 당기손익에 반영하지 않고 자본에 별도의 항목으로 잠정적으로 분류했다가 나중에 전부 이익잉여금에 직접 반영될 예정인 항목이다.
⑤ 재분류조정은 당기나 과거 기간에 인식한 기타포괄손익을 당기의 손익으로 재분류하는 회계처리이다.

내비게이션

- ① 자산과 부채를 유동성·비유동성으로 구분하여 표시할 수도 있으며 구분하지 않고 유동성의 순서에 따라 나열할 수도 있다.
  ② CIS와 F/P는 '총포괄손익(당기순손익/기타포괄손익)' 이라는 연결고리가 있다. 즉, CIS와 F/P를 연결시키는 역할을 하는 것은 총포괄손익이다.
  ③ 두 개의 보고서(별개손익계산서와 포괄손익계산서)도 가능하다.
  ④ 기타포괄손익은 항목에 따라 당기손익으로 재분류되기도 하고 이익잉여금으로 직접 대체되기도 한다.

서술형Correction연습

❒ 영업활동 현금흐름은 직접법과 간접법을 선택적으로 적용할 수 있으나, 한국채택국제회계기준에서는 간접법을 사용할 것을 권장하고 있다.

➲ (X) : 직접법을 사용할 것을 권장하고 있다.

❒ 배당금의 지급은 재무활동의 결과이므로 재무활동으로 분류한다.

➲ (X) : 영업활동으로 분류될 수도 있다.

❒ 단기매매목적으로 보유하는 유가증권의 취득과 판매에 따른 현금흐름은 투자활동으로 분류한다.

➲ (X) : 투자활동(X) → 영업활동(O)

❒ 장기대여금의 대여 및 회수는 재무활동 현금흐름이다.

➲ (X) : 대여금의 대여 및 회수는 투자활동 현금흐름이다.

❒ 당좌차월은 차입금에 해당하므로 언제나 현금유입과 현금유출을 재무활동으로 분류한다.

➲ (X) : 은행 차입은 일반적으로 재무활동으로 간주된다. 그러나 일부 국가의 경우 금융회사의 요구에 따라 즉시 상환하여야 하는 당좌차월은 기업의 현금관리의 일부를 구성한다. 이 때 당좌차월은 재무활동으로 분류하는 것이 아니라 현금및현금성자산의 구성요소에 포함된다.

Answer 1. ⑤

시험중요도 ★★☆

기본이론 제19강 Cashflow와 현재가치평가

일반사채 현금흐름

❒ 현금흐름유형 : 이자 ➔ 이자 ➔ 이자+원금

사례 일반사채현금흐름 회계처리

✪ 20x1.1.1 장부가 ₩500,000인 토지를 ₩900,000에 처분, 3년후 수령키로 하고 매년말 6% 이자수수키로 함. 유효이자율은 9%로 가정함.

• 현가 : 900,000×(9%, 3기간현가)+54,000×(9%, 3기간연금현가)=831,670

일자	유효이자(9%)	액면이자(6%)	상각액	장부금액
20x1년초	-	-	-	831,670
20x1년말	74,850	54,000	20,850	852,520
20x2년말	76,727	54,000	22,727	875,247
20x3년말	78,753	54,000	24,753	900,000

일자	차변	금액	대변	금액
20x1년초	(차) 장기미수금	900,000	(대) 토지	500,000
			현재가치할인차금	68,330
			처분이익	331,670
20x1년말	(차) 현금	54,000	(대) 이자수익	74,850
	현재가치할인차금	20,850		
20x2년말	(차) 현금	54,000	(대) 이자수익	78,753
	현재가치할인차금	22,727		
20x3년말	(차) 현금	54,000	(대) 이자수익	78,753
	현재가치할인차금	24,753		
	(차) 현금	900,000	(대) 장기미수금	900,000

부동산거래 현금흐름

❒ 현금흐름유형 : 계약금 ➔ 중도금 ➔ 잔금

사례 부동산거래현금흐름 회계처리

✪20x1년초 장부가 ₩250,000 토지매각하고 계약금 20x1년초 ₩100,000, 중도금 20x1년말 ₩100,000, 잔금 20x2년말 ₩100,000, 유효이자율은 10%로 가정함.

• 현가 : 100,000+100,000(10%,1기간현가)+100,000×(10%, 2기간현가)=273,554

일자	회수액	유효이자(10%)	순채권회수액	장부금액
20x1년초	100,000	-	100,000	173,554
20x1년말	100,000	17,355	82,645	90,909
20x2년말	100,000	9,091	90,909	0

일자	차변	금액	대변	금액
20x1년초	(차) 장기미수금	300,000	(대) 토지	250,000
			현재가치할인차금	26,446
			처분이익	23,554
	(차) 현금	100,000	(대) 장기미수금	100,000
20x1년말	(차) 현재가치할인차금	17,355	(대) 이자수익	17,355
	(차) 현금	100,000	(대) 장기미수금	100,000
20x2년말	(차) 현재가치할인차금	9,091	(대) 이자수익	9,091
	(차) 현금	100,000	(대) 장기미수금	100,000

FINAL 객관식뽀개기 실전적중문제

1. 12월말 결산법인인 ㈜합격은 20x1년 1월 1일 보유중인 토지를 다음과 같이 매각하였다. ㈜합격이 동 거래로 인식할 유형자산처분이익과 총이자수익은 각각 얼마인가?

> (1) 장부금액과 매각금액 자료
> - 매각시점의 토지 장부금액 : ₩175,000
> - 토지의 매각금액 : ₩250,000
>
> (2) 대금수령 조건관련 자료
> - 매각금액 ₩250,000은 3년후에 수령하기로 함.
> - 매년말 6%의 표시이자를 수령하기로 함.
>
> (3) 내재이자율 자료
> - 동 토지 매매거래의 내재이자율은 10%임.
>
> (4) 현가계수 자료
> - 10%, 3기간 현재가치계수 : 0.7513
> - 10%, 3기간 연금현재가치계수 : 2.4868

	유형자산처분이익	총이자수익
①	₩75,000	₩24,873
②	₩75,000	₩69,873
③	₩50,127	₩24,873
④	₩50,127	₩69,873
⑤	₩50,127	₩22,513

내비게이션

- 현가 : 250,000×0.7513+250,000×6%×2.4868=225,127
- 현할차 : 250,000-225,127=24,873
- 매년 표시이자 : 250,000×6%=15,000
- 유형자산처분이익 : 250,000-175,000-24,873=50,127
- 총이자수익 : 15,000×3+24,873(현할차)=69,873
- 현할차상각표

일자	유효이자(10%)	표시이자(6%)	상각액	장부금액
20x1년초				225,127
20x1년말	22,513	15,000	7,513	232,640
20x2년말	23,264	15,000	8,264	240,904
20x3년말	24,090	15,000	9,096	250,000

- 20x1년 회계처리

(차) 장기미수금	250,000	(대) 토지	175,000
		현할차	24,873
		처분이익	50,127
(차) 현금	15,000	(대) 이자수익	22,513
현할차	7,513		

2. ㈜합격은 장부금액이 ₩1,000,000인 토지를 20x1년 1월초에 처분하였는데, 처분대가로 만기가 2년인 무이자부 약속어음 ₩1,500,000을 수령하였다. 이에 대하여 ㈜합격은 20x1년초에 ₩500,000의 유형자산처분이익을 인식하였다. 유효이자율은 연 10%이고, 이에 대한 2년간의 현가계수는 0.82645이다. 이와 관련하여 20x1년 ㈜합격의 손익에 미치는 영향으로 올바른 것은?

① ₩14,547 과대계상
② ₩128,954 과대계상
③ ₩136,357 과대계상
④ ₩149,357 과대계상
⑤ ₩500,000 과대계상

내비게이션

- 회사의 회계처리

(차) 장기미수금	1,500,000	(대) 토지	1,000,000
		처분이익	500,000

- 올바른 회계처리

(차) 장기미수금	1,500,000	(대) 토지	1,000,000
		현할차	260,325[1]
		처분이익	239,675
(차) 현할차	123,968[2]	(대) 이자수익	123,968

[1] 1,500,000-1,500,000×0.82645=260,325

[2] (1,500,000×0.82645)×10%=123,968

- 회사의 이익 500,000, 올바른 이익 363,643
  →∴136,357 과대계상

Answer 1. ④ 2. ③

시험중요도 ★★☆

기본이론 제20강  수익 【1단계】 계약의 식별(1)

구분	항목	내용
의의	고객의 정의	• 기업의 통상적인 활동의 산출물인 재화나 용역을 대가와 교환하여 획득하기로 그 기업과 계약한 당사자를 말함.
	기준서 적용범위	• 계약 상대방이 고객인 경우에만 그 계약에 적용함. ➡예 계약상대방이 통상적 활동 산출물을 취득키 위해서가 아니라 어떤 활동·과정(ex. 협업약정에 따른 자산 개발)에 참여키 위해 계약하였고, 당사자들이 그 활동·과정에서 생기는 위험·효익을 공유한다면, 그 계약 상대방은 고객이 아님. **적용제외** ① 리스계약, 보험계약, 금융상품 ② 고객이나 잠재적 고객에게 판매를 쉽게 하기 위해 행하는 같은 사업 영역에 있는 기업 사이의 비화폐성 교환(예 두 정유사가 서로 다른 특정지역에 있는 고객의 수요를 적시에 충족하기 위해, 두 정유사끼리 유류를 교환하기로 합의한 계약에는 적용하지 않음.)
	5단계 수익인식모형	❖모든 유형의 계약에 적용되는 수익인식의 단계는 다음과 같음. **【1단계】 계약의 식별** • 고객과의 계약인지 여부를 확인하는 단계 **【2단계】 수행의무 식별** • 고객에게 수행할 의무가 무엇인지를 확인하는 단계 **【3단계】 거래가격 산정** • 고객에게 받을 대가를 측정하는 단계 **【4단계】 거래가격 배분** • 거래가격을 수행의무별로 배분하는 단계 **【5단계】 수익인식** • 수행의무의 이행시 수익을 인식하는 단계
	계약요건 (계약여부 판단기준)	❖다음 기준을 모두 충족하는 때에만 고객과의 계약으로 회계처리함. **승인과 확약**: • 당사자들이 계약을(서면, 구두, 그 밖의 사업관행에 따라) 승인하고 의무를 수행하기로 확약함. •주의 ∴계약은 반드시 서면으로 할 필요는 없음. **권리 식별가능**: • 이전할 재화·용역과 관련된 당사자의 권리를 식별할 수 있음. **지급조건 식별가능**: • 이전할 재화·용역의 지급조건을 식별할 수 있음. **상업적실질 존재**: • 계약에 상업적 실질이 있음 ➡계약의 결과로 기업의 미래현금흐름의 위험, 시기, 금액이 변동될 것으로 예상되는 경우를 말함. **높은 회수가능성**: • 받을 권리를 갖게 될 대가의 회수가능성이 높음. ➡회수가능성이 높은지를 평가할 때에는 지급기일에 고객이 대가를 지급할 수 있는 능력과 지급할 의도만을 고려함.
계약여부 판단	계약의 정의	• 둘 이상의 당사자 사이에 집행가능한 권리와 의무가 생기게 하는 합의 ➡계약은 서면으로, 구두로, 기업의 사업 관행에 따라 암묵적으로 체결할 수 있음. ➡이 기준서는 집행 가능한 권리와 의무가 있는 계약의 존속기간(계약기간)에 적용함.
	계약의 존재	• 각 당사자가 전혀 수행되지 않은 계약에 대해 상대방(들)에게 보상하지 않고 종료할 수 있는 일방적이고 집행가능한 권리를 갖는다면, 그 계약은 존재하지 않는다고 봄.
	계약의 판단	① 계약개시시점에 계약여부 판단기준을 충족하는 경우 ➲ 사실과 상황에 유의적인 변동 징후가 없는 한 이러한 기준들을 재검토하지 않음. ② 계약개시시점에 계약여부 판단기준을 충족하지 못하는 경우 ➲ 기준이 나중에 충족되는지를 판단하기 위해 그 계약을 지속적으로 검토함. ③ 계약여부 판단기준은 충족하지 못하지만 고객에게서 대가를 받은 경우 ➲ 다음 사건 중 어느 하나가 일어난 경우에만 수익으로 인식함. ㉠ 이전의무가 남아있지 않고, 대가를 모두(대부분) 받았으며 환불되지 않음. ㉡ 계약이 종료되었고 대가는 환불되지 않음. •주의 ㉠,㉡이 일어나거나, 기준이 나중에 충족될 때까지 대가는 부채로 인식함.

FINAL 객관식뽀개기 실전적중문제

1. '고객과의 계약에서 생기는 수익'에서 언급하고 있는 수익인식의 5단계 순서로 옳은 것은? [관세사기출]

ㄱ. 고객과의 계약식별
ㄴ. 수행의무의 식별
ㄷ. 거래가격 산정
ㄹ. 거래가격을 계약 내 수행의무에 배분
ㅁ. 수행의무 충족시 수익인식

① ㄱ → ㄴ → ㄷ → ㄹ → ㅁ
② ㄱ → ㄷ → ㄴ → ㄹ → ㅁ
③ ㄴ → ㄱ → ㄷ → ㄹ → ㅁ
④ ㄴ → ㄷ → ㄱ → ㄹ → ㅁ
⑤ ㄷ → ㄱ → ㄴ → ㄹ → ㅁ

내비게이션

• 고객과의 계약식별→수행의무의 식별→거래가격 산정→거래가격을 계약 내 수행의무에 배분→수행의무 충족시 수익인식

2. 다음은 한국채택국제회계기준 '고객과의 계약에서 생기는 수익'에 관한 설명이다. 가장 옳지 않은 것은 어느 것인가?

① 계약상대방이 기업의 통상적인 활동의 산출물을 취득하기 위해서가 아니라 어떤 활동이나 과정(예: 협업약정에 따른 자산 개발)에 참여하기 위해 기업과 계약하였고, 그 계약 당사자들이 그 활동이나 과정에서 생기는 위험과 효익을 공유한다면, 그 계약상대방은 고객이 아니다.
② 고객이나 잠재적 고객에게 판매를 쉽게 하기 위해 행하는 같은 사업 영역에 있는 기업 사이의 비화폐성 교환에 대하여도 '고객과의 계약에서 생기는 수익'을 적용한다.
③ 계약상 권리와 의무의 집행 가능성은 법률적인 문제이다. 계약은 서면으로, 구두로, 기업의 사업 관행에 따라 암묵적으로 체결할 수 있다.
④ 계약의 각 당사자가 전혀 수행되지 않은 계약에 대해 상대방(들)에게 보상하지 않고 종료할 수 있는 일방적이고 집행 가능한 권리를 갖는다면, 적용 목적상 그 계약은 존재하지 않는다고 본다.
⑤ 고객과의 계약이 계약여부 판단기준은 충족하지 못하지만 고객에게서 대가를 받은 경우에는 계약여부 판단기준이 나중에 충족될 때까지, 고객에게서 받은 대가는 부채로 인식한다.

내비게이션

• 적용제외한다.

3. 다음은 한국채택국제회계기준 '고객과의 계약에서 생기는 수익'의 내용 중 고객과의 계약으로 회계처리하는 계약요건(계약여부 판단기준)에 대한 설명이다. 가장 옳지 않은 것은 어느 것인가?

① 고객에게 이전할 재화나 용역에 대하여 받을 권리를 갖게 될 대가의 회수 가능성이 높다. 대가의 회수 가능성이 높은지를 평가할 때에는 지급기일에 고객이 대가(금액)를 지급할 수 있는 능력과 지급할 의도만을 고려한다.
② 계약에 상업적 실질이 있다(계약의 결과로 기업의 미래 현금흐름의 위험, 시기, 금액이 변동될 것으로 예상된다).
③ 이전할 재화나 용역의 지급조건을 식별할 수 있다.
④ 이전할 재화나 용역과 관련된 각 당사자의 권리를 식별할 수 있다.
⑤ 계약 당사자들이 계약을 서면으로 승인하고 각자의 의무를 수행하기로 확약한다.

내비게이션

• 계약은 둘 이상의 당사자 사이에 집행 가능한 권리와 의무가 생기게 하는 합의이다. 계약상 권리와 의무의 집행 가능성은 법률적인 문제이다. 계약은 서면으로, 구두로, 기업의 사업 관행에 따라 암묵적으로 체결할 수 있다. 즉, 계약은 반드시 서면으로 할 필요는 없다.

4. 고객과의 계약에서 생기는 수익과 관련하여 용어의 정의에 대한 설명이다. 옳지 않은 것은?

① 개별판매가격은 기업이 약속한 재화나 용역을 고객에게 별도로 판매할 경우의 가격을 말한다.
② 계약자산이란 기업이 고객에게 이전한 재화나 용역에 대하여 그 대가를 받을 기업의 권리로, 그 권리에 시간의 경과 외의 조건이 있는 자산을 말한다.
③ 고객이란 기업의 통상적인 활동의 산출물인 재화나 용역을 대가와 교환하여 획득하기로 기업과 계약한 당사자를 말한다.
④ 계약이란 둘 이상의 당사자들 사이에 집행가능한 권리와 의무가 생기게 하는 합의를 말한다.
⑤ 광의의 수익이란 자산의 유입 또는 가치 증가나 부채의 감소 형태로 자본의 증가를 가져오는 특정 회계기간에 생긴 경제적 효익의 증가로서, 자본청구권보유자의 출자와 관련된 것을 포함한다.

내비게이션

• 자본청구권보유자의 출자와 관련된 것은 제외한다.

Answer 1. ① 2. ② 3. ⑤ 4. ⑤

시험중요도 ★★☆

기본이론 제21강 계약의 식별(2)

<table>
<tr><td rowspan="6">계약변경</td><td rowspan="3">별도계약O</td><td colspan="2">❖다음 조건 모두 충족시에 계약변경은 기존계약과 관계없이 별도 계약으로 회계처리함.</td></tr>
<tr><td>① 계약범위확장</td><td>• 구별되는 약속한 재화·용역이 추가되어 계약의 범위가 확장됨.
➡추가로 약속한 재화·용역이 계약변경 시점에 그 재화·용역의 개별판매가격을 반영하여 가격이 책정되어 원래의 재화·용역과 구분됨으로써 기존계약의 회계처리에 영향을 미치지 않는 경우임.</td></tr>
<tr><td>② 계약가격상승</td><td>• 계약가격이 추가로 약속한 재화·용역의 개별판매가격에 특정 계약상황을 반영하여 적절히 조정한 대가(금액)만큼 상승함.</td></tr>
<tr><td rowspan="3">별도계약X</td><td colspan="2">❖계약변경이 별도계약이 아니라면, 계약변경일에 아직 이전되지 않은 약속한 재화·용역(나머지 약속한 재화·용역)을 다음 중 해당하는 방법으로 회계처리함.</td></tr>
<tr><td>① 나머지 재화·용역이 이전한 재화·용역과 구별되는 경우</td><td>• 계약변경은 기존계약을 종료하고 새로운 계약을 체결한 것처럼 회계처리함.(기존계약과 별도의 수익인식기준 적용)</td></tr>
<tr><td>② 나머지 재화·용역이 이전한 재화·용역과 구별되지 않는 경우</td><td>• 계약변경은 기존계약의 일부인 것처럼 회계처리함.(기존계약과 동일한 수익인식기준 적용)</td></tr>
</table>

세부고찰

사례 계약변경과 수익인식

✪㈜대한이 20x1년 1월 1일 ㈜민국과 체결한 청소용역 계약의 내용이다. 다음 설명 중 옳은 것은?

(1) ㈜대한은 20x1년 1월 1일부터 20x2년 12월 31일까지 2년간 ㈜민국의 본사 건물을 일주일 단위로 청소하고, ㈜민국은 ㈜대한에게 연간 ₩600,000을 매연도말에 지급한다.
(2) 계약 개시시점에 그 용역의 개별 판매가격은 연간 ₩600,000이다. ㈜대한은 용역을 제공한 첫 연도인 20x1년에 ₩600,000을 수령하고 이를 수익으로 인식하였다.
(3) 20x1년 12월 31일에 ㈜대한과 ㈜민국은 계약을 변경하여 2차 연도의 용역대금을 ₩600,000에서 ₩540,000으로 감액하고 2년을 더 추가하여 계약을 연장하기로 합의하였다.
(4) 연장기간에 대한 총 대가 ₩1,020,000은 20x3년말과 20x4년말에 각각 ₩510,000씩 지급하기로 하였다.
(5) 2차 연도 개시일에 용역의 개별 판매가격은 연간 ₩540,000이며, 20x2년부터 20x4년까지 3년간 계약의 개별 판매가격의 적절한 추정치는 ₩1,620,000(연간 ₩540,000×3년)이다.

① 매주의 청소용역이 구별되므로, ㈜대한은 청소용역을 복수의 수행의무로 회계처리할 수 있다.
② 계약변경일에 ㈜대한이 제공할 나머지 용역은 구별되지 않는다.
③ 계약변경일에 ㈜대한이 나머지 대가로 지급받을 금액은 제공 할 용역의 개별 판매가격을 반영하고 있다.
④ ㈜대한은 동 계약변경을 기존 계약의 일부인 것처럼 회계처리 하여야 한다.
❺ ㈜대한이 20x2년에 인식해야 할 수익은 ₩520,000이다.

풀이

• ① 매주의 청소용역이 실질적으로 서로 같고 고객에게 이전하는 방식도 같은 일련의 구별되는 용역이므로 청소용역을 단일 수행의무로 회계처리한다.〈 '후술' 〉
② 계약변경일에, ㈜대한이 제공할 나머지 용역은 구별된다.
③ 나머지 대가로 지급받을 금액(₩1,560,000)은 제공할 용역의 개별 판매가격(₩1,620,000)을 반영하고 있지 않다.
④ 기존계약을 종료하고 새로운 계약을 체결한 것처럼 회계처리한다. 따라서 ㈜대한은 계약의 변경을 원래 계약이 종료되고 3년의 청소용역 대가가 ₩1,560,000인 새로운 계약이 체결된 것처럼 회계처리한다.
⑤ ㈜대한은 나머지 3년 동안 용역을 제공하는 대로 매년 ₩520,000(₩1,560,000÷3년)을 수익으로 인식한다.

FINAL 객관식뽀개기 실전적중문제

1. 20x1년 1월 1일 ㈜세무는 제품 200개를 고객에게 1년에 걸쳐 개당 ₩1,000에 판매하기로 약속하였다. 각 제품에 대한 통제는 한 시점에 이전된다. ㈜세무는 20x1년 4월 1일 동일한 제품 100개를 개당 ₩800에 고객에게 추가 납품하기로 계약을 변경하였으며, 동 시점까지 기존 계약 수량 200개 가운데 30개에 대한 통제를 고객에게 이전하였다. 추가된 제품은 구별되는 재화에 해당하며, 추가 제품의 계약금액은 개별 판매가격을 반영하지 않는다. 20x1년 4월 1일부터 6월 30일까지 기존 계약 수량 중 58개와 추가 계약 수량 중 50개의 통제를 고객에게 이전하였다. 동 거래와 관련하여 ㈜세무가 20x1년 1월 1일부터 6월 30일 사이에 인식할 총수익은? [세무사기출]

① ₩100,000 ② ₩100,800 ③ ₩118,000
④ ₩128,000 ⑤ ₩130,000

내비게이션

- 추가 제품의 계약금액은 개별판매가격을 반영하지 않으므로 별도계약에 해당하지 않으며, 추가된 제품은 구별되는 재화에 해당하므로 기존계약을 종료하고 새로운 계약을 체결한 것처럼 회계처리한다.
- 기존공급분 수익 : 30×@1,000=30,000

  추가공급분 수익 : $(58+50)\times@\dfrac{170\times1,000+100\times800}{170+100}$=100,000

  →∴20x1.1.1~6.30 사이의 총수익 : 30,000+100,000=130,000

2. ㈜휘트니스의 헬스시설 이용비용은 월 ₩100,000이며, 수영시설 이용비용은 월 ₩150,000이다. ㈜휘트니스는 1월부터 수험생활을 시작하는 학생들을 위해 2개월을 등록하면 ₩180,000에 등록할 수 있는 할인혜택을 제공하고 있다. 20x1년 1월 1일 학생 A가 헬스시설 2개월 이용권을 ₩180,000에 구매하였다. 따라서, 이 경우 1월의 헬스시설 사용에 대한 수익인식액은 ₩90,000(=₩180,000x1월/2월)이다. 학생 A는 등록 후 한달 간 헬스시설을 이용한 결과 시설 만족도가 높아 수영시설도 이용하기로 결정하였다. 따라서 학생 A는 20x1년 2월 1일 수영시설 1개월 이용권을 ₩150,000에 추가 구매하였다고 할 경우, 학생 A와 관련하여 ㈜휘트니스가 20x1년 2월에 수익으로 인식할 금액을 계산하면 얼마인가? 단, 수영시설에 대한 계약은 별도 계약으로 판단한다.

① ₩90,000 ② ₩150,000 ③ ₩165,000
④ ₩240,000 ⑤ ₩330,000

내비게이션

- 계약변경은 기존계약과 관계없이 별도 계약으로 회계처리한다.
  ㉠ 헬스시설 사용에 대한 2월분 수익인식액 : 180,000×1월/2월=90,000
  ㉡ 수영장 시설 사용에 대한 2월분 수익인식액 : 150,000
  →∴2월분 수익인식액 : 90,000+150,000=240,000

보론	문제2번 관련 <추가사례1>

❐ 학생 A는 등록 후 한달 간 헬스시설을 이용한 결과 시설 만족도가 높아 PT도 추가적으로 받기로 하였다. 따라서 학생 A는 20x1년 3월달까지 연장등록하고 PT서비스를 이용하는 대가로 ₩100,000을 지불하였다고 할 경우, 학생 A와 관련하여 ㈜휘트니스가 20x1년 2월에 수익으로 인식할 금액을 계산하면 얼마인가? 단, PT서비스에 대한 계약은 별도 계약은 아니나 기존의 용역과 구별된다고 판단한다.

[해설]

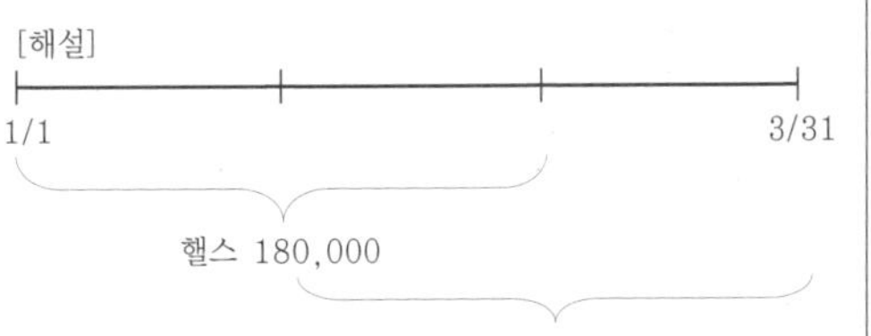

- 계약변경은 기존계약을 종료하고 새로운 계약을 체결한 것처럼 회계처리한다.
  →∴2월분 수익인식액 : (90,000+100,000)×1월/2월=95,000

보론	문제2번 관련 <추가사례2>

❐ 학생 A는 등록 후 한달 간 헬스시설을 이용한 결과 시설 만족도가 높아 3월 말까지 한달간 연장등록하기로 하였다. 따라서 학생 A는 할인된 가격인 ₩60,000에 20x1년 3월 한달간 추가등록하였다고 할 경우, 학생 A와 관련하여 ㈜휘트니스가 20x1년 2월에 수익으로 인식할 금액을 계산하면 얼마인가? 단, 20x1년 3월 헬스장 이용서비스에 대한 계약은 별도 계약은 아니며, 기존의 용역과 구별되지 않는다고 판단한다.

[해설]

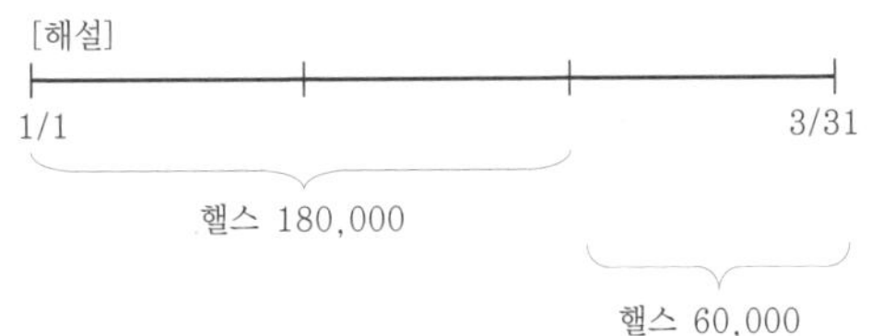

- 계약변경은 기존계약의 일부인 것처럼 회계처리하며 수익을 누적효과 일괄조정기준으로 조정한다.
  ㉠ 계약에 대한 총 수익금액 : 180,000+60,000=240,000
  ㉡ 2월분 누적 수익인식액 : 240,000×2월/3월=160,000
  →∴2월분 수익인식액 : 160,000-90,000=70,000

Answer 1. ⑤ 2. ④

시험중요도 ★★☆

기본이론 제22강 【2단계】 수행의무 식별

구분	항목	내용
수행의무	수행의무 정의	• 고객과의 계약에서 다음의 어느 하나를 고객에게 이전하기로 한 각 약속 ① 구별되는 재화나 용역 (또는 재화나 용역의 묶음) ② 실질적으로 서로 같고 이전하는 방식도 같은 일련의 구별되는 재화나 용역
	식별시점	• 계약개시시점에 위 약속을 하나의 수행의무로 식별함.
	수행의무 포함여부	• 식별되는 수행의무는 계약에 분명히 기재한 재화·용역에만 한정되지 않을 수 있음. ➡∵약속도 고객과의 계약에 포함될 수 있기 때문임. • 계약을 이행하기 위해 해야 하지만 고객에게 재화나 용역을 이전하는 활동이 아니라면 그 활동은 수행의무에 포함되지 않음. ➡예 계약 준비활동과 관리업무
	구별기준	• 다음 기준을 모두 충족한다면 고객에게 약속한 재화나 용역은 구별되는 것임. ① 고객이 재화나 용역 그 자체에서 효익을 얻거나 고객이 쉽게 구할 수 있는 다른 자원과 함께하여 그 재화나 용역에서 효익을 얻을 수 있다. ② 고객에게 재화나 용역을 이전하기로 하는 약속을 계약 내의 다른 약속과 별도로 식별해 낼 수 있다.
	구별 불가의 경우	• 약속한 재화나 용역이 구별되지 않는다면, 구별되는 재화나 용역의 묶음을 식별할 수 있을 때까지 그 재화나 용역을 약속한 다른 재화나 용역과 결합함. ➡경우에 따라서는 그렇게 함으로써 기업이 계약에서 약속한 재화나 용역 모두를 단일 수행의무로 회계처리하는 결과를 가져올 것임.
보증의무	보증의 유형	(아래 표 및 참고 참조)
	처리방법	(아래 표 참조)

보증의 유형

구분	내용
확신유형의 보증 (수행의무X→∵부수용역)	• 합의 규격에 부합하므로 의도대로 작동할 것이라는 확신제공 ➡예 이전될 때 이미 존재했던 결함에서 고객을 보호
용역유형의 보증 (수행의무O→∵별도용역)	• 합의 규격에 부합한다는 확신에 더하여 추가용역을 제공 ➡예 이전된 다음에 사용시 생기는 고장에서 고객을 보호

참고 확신유형의 보증에 더하여 용역유형의 보증을 제공하는지 여부 평가시 고려요소

① 법률에서 보증을 요구하는지 여부 : 법률에 따라 보증을 제공해야 한다면 그 법률의 존재는 약속한 보증이 수행의무가 아님을 나타냄. 그러한 규정은 보통 결함있는 제품을 구매할 위험에서 고객을 보호하기 위해 존재하기 때문임.

② 보증기간 : 보증기간이 길수록, 약속한 보증이 수행의무일 가능성이 높음. 합의된 규격에 부합한다는 확신에 더하여 용역제공할 가능성이 더 높기 때문임.

③ 기업이 수행하기로 약속한 업무의 특성 : 제품이 합의된 규격에 부합한다는 확신을 주기 위해 정해진 업무를 수행할 필요가 있다면(예 결함이 있는 제품의 반품 운송용역), 그 업무는 수행의무를 생기게 할 것 같지는 않음.

처리방법

구분		처리
고객이 보증을 별도로 구매할 수 있는 선택권이 있는 경우		• 수행의무로 회계처리 ➡수행의무에 거래가격을 배분함.
고객이 보증을 별도로 구매할 수 있는 선택권이 없는 경우*)	확신유형	• 예상원가를 충당부채로 인식함.
	용역유형	• 수행의무로 회계처리 ➡수행의무에 거래가격을 배분함.

*)기업이 확신유형의 보증과 용역유형의 보증을 모두 약속했으나 이를 합리적으로 구별하여 회계처리할 수 없다면, 두 가지 보증을 함께 단일 수행의무로 회계처리함.

보론 수행의무 발생여부

① 제품이 손해나 피해를 끼치는 경우에 기업이 보상하도록 요구하는 법률 때문에 수행의무가 생기지는 않음.➡이런 의무는 충당부채로 처리함.

② 제품이 특허권 등의 권리를 침해한 데 따른 청구로 생기는 책임과 피해에 대해 고객에게 배상하기로 한 기업의 약속 때문에 수행의무가 생기지는 않음.➡이런 의무는 충당부채로 처리함.

FINAL 객관식뽀개기 실전적중문제

1. ㈜합격은 노트북을 판매하는 영업을 영위하며, 고객이 노트북 구매시 1년간 A/S용역을 제공한다. 노트북 및 A/S용역에 대한 총 판매가격은 ₩1,200이며, 노트북과 A/S용역의 원가는 각각 ₩400, ₩300이다. ㈜합격은 20x1년 10월 1일 고객 1명에게 노트북과 1년의 A/S용역을 ₩1,200에 판매하였다. 노트북은 판매시점에 고객에게 인도되었으며, 1년 A/S용역은 1년에 걸쳐 균등하게 제공된다. 고객이 A/S용역을 ₩500에 별도로 구매할 수 있는 선택권이 존재한다고 할 경우, ㈜합격이 20x1년에 인식할 매출액은 얼마인가?

① ₩300 ② ₩500 ③ ₩700
④ ₩1,200 ⑤ ₩1,700

내비게이션

- 거래가격(1,200)을 A/S용역(500)과 노트북(나머지 700)에 배분한다.
- 매출액(노트북) : 700×100%=700
  →매출원가 : 400
- 보증용역수익(A/S용역) : $500\times\frac{3개월}{12개월}=125$
  →보증용역원가 : $300\times\frac{3개월}{12개월}=75$
- 20x1년 회계처리

(차)	현금	1,200	(대)	매출	700
				계약부채(이연수익)	500
	매출원가	400		상품	400
(차)	계약부채	125	(대)	보증용역수익	125
(차)	보증용역원가	75	(대)	현금	75

보론 선택권이 없는 경우 회계처리

❒ 고객이 A/S용역을 별도로 구매할 수 있는 선택권이 존재하지 않으며, A/S용역은 확신유형의 보증이라고 할 경우, ㈜합격의 20x1년도 회계처리?

- 20x1년 회계처리

(차)	현금	1,200	(대)	매출	1,200
	매출원가	400		상품	400
	보증비	300		충당부채	300
(차)	충당부채	75	(대)	현금	75

2. 다음은 ㈜합격이 체결한 상품의 공급계약 자료이다. ㈜합격이 20x1년 포괄손익계산서에 인식할 수익은 얼마인가?

(1) ㈜합격은 20x1년 5월 1일에 ㈜적중에 상품 100개를 인도하는 계약을 체결하고 ₩1,470,000을 수령하였다.(상품의 인도는 20x1년 6월 1일에 계약상품 100개를 고객에게 인도하였다)
(2) 상품에 대한 통상적인 무상 제품보증은 없지만 고객과의 계약에 따라 2년간 장기제품보증을 제공하도록 되어 있다.
(3) 개별판매가격은 다음과 같다.

구분	개별판매가격
계약상품	개당 ₩14,400
장기제품보증	개당 ₩600

(4) 계약에 따르면 ㈜합격이 ㈜적중에 상품을 인도하면 소유권이 이전되며, 장기제품보증은 20x1년 6월 1일부터 유효하다.

① ₩0 ② ₩1,411,200 ③ ₩1,428,350
④ ₩1,430,800 ⑤ ₩1,500,000

내비게이션

- 거래가격 배분
  ㉠ 계약상품 : $1,470,000\times\frac{14,400\times100개}{14,400\times100개+600\times100개}=1,411,200$
  ㉡ 보증용역 : 1,470,000-1,411,200=58,800
  ∴수익 : $1,411,200+58,800\times\frac{7}{24}=1,428,350$

서술형Correction연습

❒ 일반적으로 고객과의 계약에는 기업이 고객에게 이전하기로 약속하는 재화나 용역을 분명히 기재한다. 따라서 고객과의 계약에서 식별되는 수행의무는 계약에 분명히 기재한 재화나 용역에만 한정된다.

➲ (X) : 고객과의 계약에서 식별되는 수행의무는 계약에 분명히 기재한 재화나 용역에만 한정되지 않을 수 있다. 이는 계약 체결일에 기업의 사업 관행, 공개한 경영방침, 특정 성명(서)에서 암시되는 약속이 기업이 재화나 용역을 고객에게 이전할 것이라는 정당한 기대를 하도록 한다면, 이러한 약속도 고객과의 계약에 포함될 수 있기 때문이다.

❒ 기업이 제품을 판매하면서 고객에게 보증을 별도로 구매할 수 있는 선택권을 부여하지 아니한 경우 당해 보증의무는 수행의무이므로 거래가격을 제품과 용역에 배분한다.

➲ (X) : 당해 보증이 확신유형의 보증인 경우에는 수행의무가 아니므로 충당부채를 인식한다.

Answer 1. ③ 2. ③

시험중요도 ★★☆

기본이론 제23강 【3단계】 거래가격 산정(1)

<table>
<tr><td rowspan="3">의의</td><td>거래가격 정의</td><td>• 고객에게 약속한 재화나 용역을 이전하고 그 대가로 기업이 받을 권리를 갖게 될 것으로 예상하는 금액
➡제3자를 대신하여 회수한 금액(예 일부 판매세)은 제외함.
➡약속한 대가는 고정금액, 변동금액 또는 둘 다를 포함할 수 있음.</td></tr>
<tr><td>고려사항</td><td>❖고객이 약속한 대가의 특성, 시기, 금액은 거래가격의 추정치에 영향을 미침. 거래가격을 산정할 때에는 다음 사항이 미치는 영향을 모두 고려함.
• 변동대가(변동대가 추정치의 제약)
• 비현금대가
• 계약에 있는 유의적인 금융요소
• 고객에게 지급할 대가</td></tr>
<tr><td>산정시 가정</td><td>• 거래가격을 산정하기 위하여 기업은 재화나 용역을 현행 계약에 따라 약속대로 고객에게 이전할 것이고 이 계약은 취소·갱신·변경되지 않을 것이라고 가정함.</td></tr>
<tr><td rowspan="5">변동대가</td><td>금액의 추정</td><td>• 계약에서 약속한 대가에 변동금액이 포함된 경우에 고객에게 약속한 재화나 용역을 이전하고 그 대가로 받을 권리를 갖게 될 금액을 추정함.</td></tr>
<tr><td>대가의 변동요인</td><td>① 할인, 리베이트, 환불, 공제, 가격할인, 장려금, 성과보너스, 위약금 등의 항목
② 기업이 대가를 받을 권리가 미래 사건의 발생 여부에 달려있는 경우</td></tr>
<tr><td>대가의 추정방법</td><td>❖다음 중에서 기업이 받을 권리를 갖게 될 대가(금액)를 더 잘 예측할 것으로 예상하는 방법을 사용하여 추정함.
<table><tr><td>기댓값</td><td>• 가능 대가의 범위에 있는 모든 금액에 각 확률을 곱한 금액의 합
➡기업에 특성이 비슷한 계약이 많은 경우에 변동대가(금액)의 적절한 추정치일 수 있음.</td></tr><tr><td>가능성이 가장 높은 금액</td><td>• 가능 대가의 범위에서 가능성이 가장 높은 단일금액
➡계약에서 가능한 결과치가 두 가지뿐일 경우에 변동대가의 적절한 추정치가 될 수 있음.</td></tr></table></td></tr>
<tr><td>추정치의 제약</td><td>① 변동대가 추정치 중 제약받는 금액은 거래가격에서 제외
② 변동대가와 관련된 불확실성이 나중에 해소될 때, 이미 인식한 누적 수익금액 중 유의적인 부분을 되돌리지(환원하지) 않을 가능성이 매우 높은 정도까지만 추정된 변동대가(금액)의 일부나 전부를 거래가격에 포함함.
보론 수익 환원 가능성을 높이거나 그 크기를 크게 할 수 있는 요인의 예시
❒ 대가가 기업의 영향력이 미치지 못하는 요인(예 시장의 변동성, 제3자의 판단이나 행동, 날씨 상황, 높은 진부화 위험)에 매우 민감함.
❒ 대가에 대한 불확실성이 장기간 해소되지 않을 것으로 예상됨.
❒ 비슷한 유형의 계약에 대한 기업의 경험이 제한적임.
❒ 폭넓게 가격할인을 제공하거나, 지급조건을 변경하는 관행이 있음.
❒ 계약에서 생길 수 있는 대가가 다수이고 그 범위도 넓음.</td></tr>
<tr><td>변동대가 재검토</td><td>• 각 보고기간 말의 상황과 보고기간의 상황 변동을 충실하게 표현하기 위하여 보고기간말마다 추정 거래가격을 새로 수정함.(변동대가 추정치가 제약되는지를 다시 평가하는 것을 포함).</td></tr>
<tr><td rowspan="3">환불부채</td><td>의의</td><td>• 고객에게서 받은 대가의 일부나 전부를 고객에게 환불할 것으로 예상하는 경우에는 환불부채를 인식함.➡예 반품권이 있는 판매</td></tr>
<tr><td>측정</td><td>• 환불부채는 기업이 받았거나 받을 대가 중에서 권리를 갖게 될 것으로 예상하지 않는 금액(거래가격에 포함되지 않는 금액)으로 측정함.</td></tr>
<tr><td>재검토</td><td>• 환불부채(상응하는 거래가격 변동)는 보고기간 말마다 변동을 반영하여 새로 수정함.</td></tr>
</table>

FINAL 객관식뽀개기 실전적중문제

1. ㈜합격의 다음 자료에 의할 때 기댓값 방법을 사용하는 경우 20x1년에 수익으로 인식할 금액은 얼마인가?

> (1) ㈜합격은 20x1년초 ㈜적중을 위하여 제품 보관창고를 2개월 내에 완공하는 공사계약을 ₩5,000,000에 체결하였다.
> (2) 공사기간의 단축과 관련한 제반 자료는 다음과 같다.

구분	공사기간 1주 단축	공사기간 2주 단축
	단축확률 : 30%	단축확률 : 20%
보너스 수령액	공사계약금의 10%	공사계약금의 30%

① ₩0 ② ₩5,000,000 ③ ₩5,450,000
④ ₩5,550,000 ⑤ ₩7,000,000

내비게이션

- 보너스 기댓값 : (5,000,000×10%)×30%+(5,000,000×30%)×20%=450,000
- 수익인식액 : 5,000,000+450,000=5,450,000

2. '고객과의 계약에서 생기는 수익'에 대한 다음 설명 중 옳지 않은 것은?

① 계약이란 둘 이상의 당사자 사이에 집행 가능한 권리와 의무가 생기게 하는 합의이다.
② 하나의 계약은 고객에게 재화나 용역을 이전하는 여러 약속을 포함하며, 그 재화나 용역들이 구별된다면 약속은 수행의무이고 별도로 회계처리한다.
③ 거래가격은 고객이 지급하는 고정된 금액을 의미하며, 변동 대가는 포함하지 않는다.
④ 거래가격은 일반적으로 계약에서 약속한 각 구별되는 재화나 용역의 상대적 개별 판매가격을 기준으로 배분한다.
⑤ 기업이 약속한 재화나 용역을 고객에게 이전하여 수행의무를 이행할 때(또는 기간에 걸쳐 이행하는 대로) 수익을 인식한다.

내비게이션

- 고정금액, 변동금액 또는 둘 다를 포함할 수 있다.

3. 다음 자료에 의해 20x1년 3월 31일로 종료되는 1분기와 20x1년 6월 30일로 종료되는 2분기에 ㈜합격이 수익으로 인식할 거래가격은 각각 얼마이겠는가?

> (1) ㈜합격은 제품 A를 개당 ₩100에 판매하기로 20x1년 1월 1일에 고객과 계약을 체결하였다. 고객이 제품 A를 1년 동안 1,000개 넘게 구매하면 개당 가격을 ₩90으로 소급하여 낮추기로 계약에서 정하였다. 따라서 계약상 대가는 변동될 수 있다.
> (2) 20x1년 3월 31일로 종료되는 1분기에 ㈜합격은 고객에게 제품 A 75개를 판매하였다. ㈜합격은 고객이 20x1년에 대량 할인을 받을 수 있는 1,000개의 임계치를 초과하여 구매하지는 않을 것이라고 추정하였다.
> (3) 20x1년 6월 30일로 종료되는 2분기에 ㈜합격은 추가로 제품 A 500개를 고객에게 판매하였다. 새로운 사실에 기초하여 ㈜합격은 고객이 20x1년에 1,000개의 임계치를 초과하여 구매할 것이라고 추정하였다.

	1분기 거래가격	2분기 거래가격
①	₩7,500	₩50,000
②	₩7,500	₩45,000
③	₩7,500	₩44,250
④	₩6,750	₩45,000
⑤	₩6,750	₩44,250

내비게이션

- 1분기
  20x1년에 1,000개를 초과하여 구매하지는 않을 것으로 예상되므로 불확실성이 해소될 때(총 구매량이 알려질 때), 이미 인식한 누적 수익금액(개당 100원) 중 유의적인 부분을 되돌리지 않을 가능성이 매우 높다.
  →∴1분기 거래가격 : 75개×100=7,500
- 2분기
  20x1년에 1,000개를 초과하여 구매할 것으로 예상되므로 불확실성이 해소될 때(총 구매량이 알려질 때), 이미 인식한 누적 수익금액(개당 100원) 중 유의적인 부분을 되돌릴 가능성이 매우 높다.
  →∴2분기 거래가격
  2분기 판매분 : 500개×90=45,000
  1분기 판매분 중 소급분 : 75개×(100-90)=(750)
  44,250

서술형Correction연습

❒ 계약에서 가능한 결과치가 두 가지뿐일 경우에는 기댓값은 변동대가의 적절한 추정치이다.

➲ (X) : 가능성이 가장 높은 금액이 적절한 추정치가 될 수 있다.

❒ 환불부채는 계약 개시시점에 측정하며 보고기간 말마다 수정하지 아니한다.

➲ (X) : 보고기간 말마다 상황의 변동을 반영하여 새로 수정한다.

Answer 1. ③ 2. ③ 3. ③

시험중요도 ★★☆

기본이론 제24강 거래가격 산정 (2)

구분	항목	내용
비현금대가 (교환거래)	일반적인 경우	• 비현금대가를 공정가치로 측정함.
	공정가치 추정불가시	• 약속한 재화나 용역의 개별 판매가격을 참조하여 간접적으로 측정함.
유의적인 금융요소	금융요소의 조정	• 거래가격을 산정시, 합의한 지급시기때문에 유의적 금융효익이 제공되는 경우에는 화폐의 시간가치가 미치는 영향을 반영하여 약속된 대가를 조정함.
	조정목적	• 약속한 재화나 용역을 고객에게 이전할 때 그 고객이 그 재화나 용역대금을 현금으로 결제했다면 지급하였을 가격을 반영하는 금액(=현금판매가격)으로 수익을 인식하기 위해서임.
	유의적인 금융요소 포함여부의 판단	• 금융요소가 계약에 유의적인지를 평가할 때에는 다음 두 가지를 포함한 모든 관련 사실과 상황을 고려함. ① 약속한 대가와 현금판매가격에 차이가 있다면, 그 차이 ② 다음 두 가지의 결합 효과 ㉠ 기업이 재화·용역을 이전하는 시점과 고객이 재화·용역에 대한 대가를 지급하는 시점 사이의 예상 기간 ㉡ 관련 시장에서의 일반적인 이자율 참고 **유의적인 금융요소가 없는 경우의 예시** ❒ 대가를 선급하였고 이전시점은 고객의 재량에 따른다. ❒ 대가 중 상당한 금액이 변동될 수 있으며 그 대가의 금액과 시기는 고객이나 기업이 실질적으로 통제할 수 없는 미래 사건의 발생 여부에 따라 달라진다.(예 대가가 판매기준 로열티인 경우) ❒ 약속한 대가와 현금판매가격 간의 차이가 고객이나 기업에 대한 금융제공 외의 이유로 생기며, 그 금액 차이는 그 차이가 나는 이유에 따라 달라진다.
	조정제외가능	• 이전하는 시점과 대가를 지급하는 시점 간의 기간이 1년 이내일 것이라고 예상한다면 대가를 조정하지 않는 실무적 간편법을 쓸 수 있음.
	사용할 할인율	**원칙**(시장이자율): • 계약 개시시점에 기업과 고객이 별도 금융거래를 한다면 반영하게 될 할인율을 사용함. **예외**(내재이자율): • 현금으로 결제한다면 지급할 가격으로 대가의 명목금액을 할인하는 이자율을 식별하여 그 할인율을 산정할 수 있음. ·주의 계약 개시 후에는 이자율이나 상황이 달라져도 할인율을 수정치 않음.
	포괄손익계산서 표시	• 금융효과(이자수익·이자비용)를 계약에서 생기는 수익과 구분하여 표시함.
고객에게 지급할대가	고객이 기업에 이전하는 구별되는 재화·용역의 대가가 아닌 경우	• 거래가격(수익)에서 차감함. ➡예 유통거래처에 ₩5,000의 제품을 판매하고 ₩1,000을 납품후 유통거래처에 지급하기로 한 경우 ₩4,000을 수익으로 인식함.
	고객이 기업에 이전하는 구별되는 재화·용역의 대가인 경우	① **원칙**: • 다른 공급자에게서 구매한 경우와 같은 방법으로 처리함. ② **재화·용역 공정가치를 초과시**: • 초과액을 거래가격에서 차감함. ③ **재화·용역 공정가치를 추정불가시**: • 대가 전액을 거래가격에서 차감함.

참고 고객에게 지급할 대가를 거래가격에서 차감하여 회계처리하는 경우(위 ②와 ③)에는 다음 중 나중의 사건이 일어날 때 수익의 차감을 인식함.

㉠ 기업이 고객에게 관련 재화나 용역을 이전하여 그 수익을 인식한다.

㉡ 기업이 대가를 지급하거나 지급하기로 약속한다.

FINAL 객관식뽀개기 실전적중문제

1. 다음은 한국채택국제회계기준 '고객과의 계약에서 생기는 수익'에 대한 설명이다. 가장 옳지 않은 것은 어느 것인가?

① 유의적인 금융요소를 반영하여 약속한 대가(금액)를 조정할 때에는 계약 개시시점에 기업과 고객이 별도 금융거래를 한다면 반영하게 될 할인율을 사용한다. 계약 개시 후에는 고객의 신용위험 평가의 변동으로 인하여 이자율이나 그 밖의 상황이 달라지는 경우에는 그 할인율을 새로 수정하여 거래가격을 재측정해야 한다.
② 고객에게 지급할 대가는 고객이 기업에 이전하는 구별되는 재화나 용역의 대가로 지급하는 것이 아니라면, 그 대가는 거래가격, 즉 수익에서 차감하여 회계처리한다.
③ 계약을 개시할 때 기업이 고객에게 약속한 재화나 용역을 이전하는 시점과 고객이 그에 대한 대가를 지급하는 시점 간의 기간이 1년 이내일 것이라고 예상한다면 유의적인 금융요소의 영향을 반영하여 약속한 대가(금액)를 조정하지 않는 실무적 간편법을 쓸 수 있다.
④ 거래가격을 산정할 때, 계약 당사자들 간에(명시적으로나 암묵적으로) 합의한 지급시기 때문에 고객에게 재화나 용역을 이전하면서 유의적인 금융 효익이 고객이나 기업에 제공되는 경우에는 화폐의 시간가치가 미치는 영향을 반영하여 약속된 대가(금액)를 조정한다.
⑤ 고객이 현금 외의 형태로 대가를 약속한 계약의 경우에 거래가격을 산정하기 위하여 비현금 대가(또는 비현금 대가의 약속)를 공정가치로 측정한다. 비현금 대가의 공정가치를 합리적으로 추정할 수 없는 경우에는, 그 대가와 교환하여 고객(또는 고객층)에게 약속한 재화나 용역의 개별 판매가격을 참조하여 간접적으로 그 대가를 측정한다.

내비게이션

- 계약 개시 후에는 이자율이나 그 밖의 상황이 달라져도(예 고객의 신용위험 평가의 변동) 그 할인율을 새로 수정하지 않는다.

2. ㈜만점주유소는 ㈜백점고속버스에 경유를 공급하는 계약을 체결하고 있다. 20x1년 초에 ㈜만점주유소는 ㈜백점고속버스에 경유를 ₩100,000에 판매하였다. 다음의 각 상황별로 ㈜만점주유소가 각각의 거래와 관련하여 20x1년에 수익으로 인식할 금액을 계산하면 얼마인가?

〈상황1〉 20x1년초 ㈜만점주유소는 ㈜백점고속버스가 급유시설을 새로 설치하는 것에 대한 대가로 ₩10,000을 제공하였다. 이는 고객에게서 받은 구별되는 재화나 용역에 대한 지급이 아니다.
〈상황2〉 20x1년초 ㈜만점주유소는 직원들의 야유회를 목적으로 ㈜백점고속버스로부터 버스를 ₩10,000에 대절하였다. 이는 고객에게서 받은 구별되는 재화나 용역에 대한 지급이며, 버스대절 서비스의 공정가치는 ₩8,000이다.
〈상황3〉 20x1년초 ㈜만점주유소는 직원들의 야유회를 목적으로 ㈜백점고속버스로부터 버스를 ₩10,000에 대절하였다. 이는 고객에게서 받은 구별되는 재화나 용역에 대한 지급이며, 버스대절 서비스의 공정가치는 합리적으로 측정할 수 없다.

	〈상황1〉	〈상황2〉	〈상황3〉
①	₩100,000	₩98,000	₩100,000
②	₩100,000	₩92,000	₩90,000
③	₩100,000	₩98,000	₩90,000
④	₩90,000	₩98,000	₩90,000
⑤	₩90,000	₩92,000	₩100,000

내비게이션

- 〈상황1〉
  수익인식액 : 100,000 →버스대절은 별도의 용역의 구매로 처리
- 〈상황2〉
  수익인식액 : 100,000-(10,000-8,000)=98,000
- 〈상황3〉
  수익인식액 : 100,000-10,000=90,000

Answer 1. ① 2. ③

시험중요도 ★★★

기본이론 제25강 【4단계】 거래가격 배분

<table>
<tr><td rowspan="5">배분방법</td><td>배분목적</td><td colspan="2">• 약속한 재화·용역을 이전하고 그 대가로 받을 권리를 갖게 될 금액을 나타내는 금액으로 각 수행의무(또는 구별되는 재화나 용역)에 거래가격을 배분하는 것임.</td></tr>
<tr><td>비례배분</td><td colspan="2">• 계약 개시시점에 개별판매가격을 산정하고 이에 비례하여 거래가격을 배분함.</td></tr>
<tr><td rowspan="3">개별판매가격</td><td>정의</td><td>• 기업이 약속한 재화나 용역을 고객에게 별도로 판매할 경우의 가격
➡개별 판매가격의 최선의 증거는 비슷한 상황에서 비슷한 고객에게 별도로 판매할 때 그 재화나 용역의 관측 가능한 가격임.
•주의 재화나 용역의 계약상 표시가격이나 정가는 개별판매가격일 수 있지만, 개별판매가격으로 간주되어서는 안됨.</td></tr>
<tr><td>관측불가시</td><td>• 개별 판매가격을 직접 관측할 수 없다면 개별판매가격을 추정함.
➡모든 정보(시장조건 등)를 고려하며 관측 가능한 투입변수들을 최대한 사용하고 비슷한 상황에서는 추정방법을 일관되게 적용함.</td></tr>
<tr><td>추정방법 예시</td><td>① 시장평가 조정 접근법
➲ 시장에서 고객이 지급하려는 가격을 추정
② 예상원가 이윤 가산 접근법
➲ 예상원가를 예측하고 여기에 적절한 이윤을 더하여 추정
③ 잔여접근법
➲ 총거래가격에서 그 밖의 개별판매가격의 합계를 차감하여 추정</td></tr>
</table>

<table>
<tr><td rowspan="3">할인액 배분</td><td>의의</td><td colspan="2">• 계약에서 약속한 재화·용역의 개별판매가격 합계가 계약에서 약속한 대가를 초과하면, 고객은 재화나 용역의 묶음을 구매하면서 할인을 받은 것임.</td></tr>
<tr><td rowspan="2">배분기준</td><td>할인액이 일부 수행의무에만 관련된다는 관측가능한 증거가 없는 경우</td><td>• 할인액을 모든 수행의무에 비례하여 배분</td></tr>
<tr><td>할인액이 일부 수행의무에만 관련된다는 관측가능한 증거가 있는 경우</td><td>• 할인액을 일부 수행의무에만 배분</td></tr>
</table>

보론 다음 모두 충족시 일부 수행의무에만 관련된다는 관측가능한 증거가 있는 경우임.(='증거요건')
① 계약상 각각 구별되는 재화·용역을 보통 따로 판매함.
② '①'의 재화·용역 중 일부를 묶고 그 묶음 내의 재화·용역의 개별 판매가격보다 할인하여 그 묶음을 보통 따로 판매함.
③ '②'에서 기술한 재화·용역의 각 묶음의 할인액이 계약의 할인액과 실질적으로 같음.

<table>
<tr><td rowspan="2">변동대가 배분</td><td>의의</td><td colspan="2">• 약속한 변동대가는 계약 전체에 기인할 수 있고 계약의 특정 부분에 기인할 수도 있음.</td></tr>
<tr><td>배분기준</td><td colspan="2">• 다음 기준을 모두 충족하면, 변동금액(또는 후속 변동액)을 전부 하나의 수행의무에 배분하거나 단일 수행의무의 일부를 구성하는 구별되는 재화나 용역에 배분함.
충족요건: ① 수행의무를 이행하거나 구별되는 재화·용역을 이전하는 기업의 노력(또는 그에 따른 특정 성과)과 변동 지급조건이 명백하게 관련되어 있다. ② 계약상 모든 수행의무와 지급조건을 고려할 때, 변동대가(금액)를 전부 그 수행의무나 구별되는 재화·용역에 배분하는 것이 배분목적에 맞는다.
➡요건을 충족하지 않는 거래가격의 나머지는 위 '배분방법', '할인액 배분'을 적용하여 배분</td></tr>
</table>

<table>
<tr><td rowspan="3">거래가격 후속변동</td><td rowspan="2">배분기준</td><td>일반적인 경우</td><td>• 계약 개시시점과 같은 기준으로 계약상 수행의무에 배분함.
•주의 ∴개별판매가격 변동을 반영하기 위해 거래가격을 다시 배분하지는 않음.</td></tr>
<tr><td>위 충족요건을 충족시</td><td>• 일부 수행의무에 배분</td></tr>
<tr><td>처리방법</td><td colspan="2">• 배분되는 금액은 거래가격이 변동되는 기간에 수익으로 인식하거나 수익에서 차감함.</td></tr>
</table>

FINAL 객관식뽀개기 실전적중문제

1. ㈜합격이 체결한 판매계약과 관련한 자료는 다음과 같다. ㈜합격이 20x1년 포괄손익계산서에 수익으로 인식할 금액은 얼마인가?

> (1) 20x1년초 상품 P와 Q를 패키지로 구성하여 고객과 판매계약을 체결하였다.
> (2) 상품 P는 20x1년 7월 1일에 인도하였고 상품 Q는 20x2년 3월 1일에 인도하였다.
> (3) 상품 P와 Q의 독립적인 판매가격은 각각 ₩800과 ₩200이다.
> (4) ㈜합격은 패키지로 판매되었으므로 ₩100의 할인금을 지급하였다.

① ₩0 ② ₩180 ③ ₩700
④ ₩720 ⑤ ₩800

내비게이션

- 할인액 배분후 상품별 수익 및 귀속연도

㉠ 상품P : $800-100\times\frac{800}{800+200}=720$ →20x1년 수익

㉡ 상품Q : $200-100\times\frac{200}{800+200}=180$ →20x2년 수익

2. 12월말 결산법인인 ㈜합격은 ₩100과 교환하여 제품 A, B, C를 판매하기로 하였다. ㈜합격은 서로 다른 시점에 각 제품에 대한 수행의무를 이행한다. 각 제품의 개별판매가격은 다음과 같으며, 제품 B와 제품 C를 함께 ₩60에 판매한다고 할 경우 할인액의 배분 후 제품 B의 거래가격은 얼마인가?

제품 A	제품 B	제품 C	합계
₩40	₩55	₩45	₩140

① ₩55 ② ₩40 ③ ₩39
④ ₩33 ⑤ ₩27

내비게이션

- 전체 할인액 : 140-100=40
  →개별판매가격 합계액(140)이 약속한 대가(100)를 초과함.
- '증거요건' 에 해당
  →B와 C를 이전하는 약속에 전체 할인액을 배분하여야 한다는 증거가 있음.
- 배분후 제품 A의 거래가격 : 40
- 배분후 제품 B의 거래가격 : 55-40×55/100=33
- 배분후 제품 C의 거래가격 : 45-40×45/100=27

3. 다음은 한국채택국제회계기준 '고객과의 계약에서 생기는 수익' 에 대한 설명이다. 가장 옳은 것은?

① 거래가격은 고객에게 약속한 재화나 용역을 이전하고 그 대가로 기업이 받을 권리를 갖게 될 것으로 예상하는 금액이며, 제3자를 대신해서 회수한 금액을 포함한다.
② 고객에게 지급할 대가는 수익에서 차감하여 회계처리한다.
③ 거래가격은 각 수행의무에 개별 판매가격에 비례하여 배분하며, 계약을 개시한 후의 개별 판매가격 변동이 있는 경우에는 이를 반영하기 위하여 다시 배분한다.
④ 거래가격을 상대적 개별 판매가격에 기초하여 각 수행의무에 배분하기 위하여 계약 개시시점에 계약상 각 수행의무의 대상인 구별되는 재화나 용역의 개별 판매가격을 산정하고 이 개별 판매가격에 비례하여 거래가격을 배분한다. 재화나 용역의 계약상 표시가격이나 정가는 그 재화나 용역의 개별 판매가격으로 간주한다.
⑤ 개별 판매가격을 적절하게 추정하는 방법에는 시장평가 조정 접근법, 예상원가 이윤 가산 접근법, 잔여접근법이 있으며, 이에 한정되지는 않는다.

내비게이션

- ① 제3자를 대신해서 회수한 금액(예: 일부 판매세)은 제외한다.
  ② 고객이 기업에 이전하는 구별되는 재화나 용역의 대가로 지급하는 것이 아니라면, 수익(거래가격)에서 차감하여 회계처리한다.
  ③ 거래가격은 계약을 개시한 후의 개별 판매가격 변동이 있는 경우에도 다시 배분하지는 않는다.
  ④ 계약상 표시가격이나 정가는 그 재화나 용역의 개별 판매가격일 수 있지만, 개별 판매가격으로 간주되어서는 안 된다.

서술형Correction연습

❒ 거래가격의 후속 변동은 계약 변동시점을 기준으로 계약상 수행의무에 배분한다. 따라서 계약을 개시한 후의 개별 판매가격 변동을 반영하여 거래가격을 다시 배분해야 한다.

➲ (X) : 거래가격의 후속 변동은 계약 개시시점과 같은 기준으로 계약상 수행의무에 배분한다. 따라서 계약을 개시한 후의 개별 판매가격 변동을 반영하기 위해 거래가격을 다시 배분하지는 않는다. 이행된 수행의무에 배분되는 금액은 거래가격이 변동되는 기간에 수익으로 인식하거나 수익에서 차감한다.

Answer 1. ④ 2. ④ 3. ⑤

시험중요도 ★★☆

기본이론 제26강 【5단계】 수익인식

구분	항목	내용
수행의무 이행	수익인식시점	• 고객에게 약속한 재화나 용역, 즉 자산을 이전하여 수행의무를 이행할 때(또는 기간에 걸쳐 이행하는 대로) 수익을 인식함.
	자산이전시점	• 자산은 고객이 그 자산을 통제할 때(또는 기간에 걸쳐 통제하게 되는 대로) 이전됨. ➡재화와 용역은 받아서 사용할 때 비록 일시적일지라도 자산임.
	자산통제	• 자산에 대한 통제란 자산을 사용하도록 지시하고 자산의 나머지 효익의 대부분을 획득할 수 있는 능력을 말함.
	자산의 효익	• 자산의 효익은 다음과 같은 다양한 방법으로 직접적으로나 간접적으로 획득할 수 있는 잠재적인 현금흐름(유입이 있거나 유출이 감소)임. ① 자산의 사용(재화를 생산하거나 용역을 제공하기 위한, 다른 자산의 가치를 높이기 위한, 부채를 결제하거나 비용을 줄이기 위한 자산의 사용) ② 자산의 매각·교환, 차입금을 보증하기 위한 자산의 담보 제공, 자산의 보유

❖[기간에 걸쳐 이행하는 수행의무]

구분	항목	내용
수행의무 이행형태	수익인식	• 다음 어느 하나를 충족하면, 재화·용역에 대한 통제를 기간에 걸쳐 이전하므로, 진행률을 합리적으로 측정할수 있는 경우 기간에 걸쳐 수익을 인식함.(예 건설계약) ① 고객은 기업이 수행하는 대로 효익을 동시에 얻고 소비(예 청소용역) ② 기업이 만들거나 가치가 높아지는 대로 고객이 통제(예 고객의 소유지에서 제작하는 자산) ③ 기업이 수행하여 만든 자산이 기업 자체에는 대체 용도가 없고, 지금까지 수행을 완료한 부분에 대해서는 집행 가능한 지급청구권이 있음.(예 주문제작자산)

진행률

항목	세부	내용
측정목적		• 통제를 이전하는 과정에서 기업의 수행 정도를 나타내기 위함.
적용		• 각 수행의무에는 하나의 진행률 측정방법을 적용함. • 비슷한 상황에서의 비슷한 수행의무에는 그 방법을 일관되게 적용함.
재측정		• 진행률은 보고기간 말마다 다시 측정함.
측정방법	산출법	• 약속한 재화등의 나머지 부분의 가치와 비교하여 지금까지 이전한 재화등이 고객에 주는 가치의 직접 측정에 기초함.
	투입법	• 수행의무의 이행에 예상되는 총 투입물 대비 수행의무를 이행하기 위한 기업의 노력이나 투입물에 기초함. ➡수행정도를 나타내지 못하는 투입물의 영향은 제외함. ➡노력·투입물을 균등소비한다면, 정액법이 적절할 수 있음.
측정범위		• 고객에게 통제를 이전하지 않은 재화·용역은 진행률 측정에서 제외함. ➡반대로, 통제를 이전하는 재화·용역은 모두 진행률 측정에 포함함.
진행률수정		• 시간이 흐르면서 상황이 바뀜에 따라 수행의무의 산출물 변동을 반영하기 위해 진행률을 새로 수정함. ➡이러한 진행률의 변동은 회계추정의 변경으로 회계처리함.
측정불가시		• 수행의무의 산출물을 합리적으로 측정할 수 있을 때까지 발생원가의 범위에서만 수익을 인식함.

❖[한 시점에 이행하는 수행의무]

항목	내용
수익인식	• 수행의무가 기간에 걸쳐 이행되지 않는다면, 한 시점에 이행되는 것이며, 고객이 약속된 자산을 통제하고 기업이 수행의무를 이행하는 시점에 수익을 인식함.
통제이전지표	• 통제하여 이행하는 시점을 판단하기 위해 다음의 지표를 참고함. ① 기업이 자산에 대해 지급청구권이 있다. ② 고객에게 법적 소유권이 있다. ③ 기업이 물리적 점유를 이전하였다. ④ 고객이 자산을 인수하였다. ⑤ 소유에 따른 유의적인 위험과 보상이 고객에게 있다.

FINAL 객관식뽀개기 실전적중문제

1. 한국채택국제회계기준 '고객과의 계약에서 생기는 수익'에서 진행률의 산정과 관련한 내용으로 틀린 설명은 어느 것인가?

① 투입법은 해당 수행의무의 이행에 예상되는 총 투입물 대비 수행의무를 이행하기 위한 기업의 노력이나 투입물(예 : 소비한 자원, 사용한 노동시간, 발생원가, 경과한 시간, 사용한 기계시간)에 기초하여 진행률을 측정하는 방법이다.

② 원가기준 투입법을 사용하는 경우 발생원가가 기업이 수행의무를 이행할 때 그 진척도에 이바지하지 않는 경우 (예 : 낭비된 재료원가, 노무원가, 그 밖의 자원의 원가)는 진행률 측정시 반영하지 않는다.

③ 기업이 지금까지 수행을 완료한 정도가 고객에게 주는 가치에 직접 상응하는 금액을 고객에게서 받을 권리가 있다면(예 : 기업이 제공한 용역 시간당 고정금액을 청구할 수 있는 용역계약), 기업은 실제 회수한 금액을 기준으로 수익을 인식하는 실무적 간편법을 쓸 수 있다.

④ 산출법에 의한 진행률은 계약에서 약속한 재화나 용역의 나머지 부분의 가치와 비교하여 지금까지 이전한 재화나 용역이 고객에 주는 가치의 직접 측정에 기초하여 진행률을 측정하는 방법이다.

⑤ 기업의 노력이나 투입물을 수행기간에 걸쳐 균등하게 소비한다면, 정액법으로 수익을 인식하는 것이 적절할 수 있다.

내비게이션

- 실제 회수한 금액을 기준으로(X) → 청구권이 있는 금액으로(O)
- 기준서 제1115호

보론	문단 B16
❒ 기업이 지금까지 수행을 완료한 정도가 고객에게 주는 가치에 직접 상응하는 금액을 고객에게서 받을 권리가 있다면(예 : 기업이 제공한 용역 시간당 고정금액을 청구할 수 있는 용역계약), 기업은 청구권이 있는 금액으로 수익을 인식하는 실무적 간편법을 쓸 수 있다.	

2. 다음은 한국채택국제회계기준 '고객과의 계약에서 생기는 수익'에 대한 설명이다. 가장 옳지 않은 것은?

① 거래가격의 후속 변동은 계약 개시시점과 같은 기준으로 계약상 수행의무에 배분한다.

② 계약변경 후에 생기는 거래가격 변동은 계약변경을 별도 계약으로 회계처리하지 않는 다른 모든 경우에 거래가격 변동액은 변경된 계약상 수행의무에 배분한다.

③ 기간에 걸쳐 이행하는 수행의무는 수행의무 각각에 대하여 진행률을 측정하여 기간에 걸쳐 수익을 인식하며, 진행률은 보고기간 말마다 다시 측정한다.

④ 수행의무의 진행률을 합리적으로 측정할 수 없는 경우에는 수행의무의 산출물을 합리적으로 측정할 수 있을 때까지 수익을 인식하지 아니한다.

⑤ 거래가격의 후속 변동이 이행된 수행의무에 배분되는 금액은 거래가격이 변동되는 기간에 수익으로 인식하거나 수익에서 차감한다.

내비게이션

- 수행의무의 산출물을 합리적으로 측정할 수 있을 때까지 발생원가의 범위에서만 수익을 인식한다.

3. 다음의 거래에 대한 수익인식과 관련하여 옳은 설명은?

> (1) ㈜합격은 20x1년 1월 1일 기계장치와 향후 24개월 동안의 유지보수서비스를 함께 제공하기로 고객과 계약하고 총 ₩5,000,000을 수취하였다.
> (2) 기계장치는 판매 즉시 고객에게 인도하였다.
> (3) 기계장치와 유지보수서비스의 개별판매가격은 각각 ₩2,500,000과 ₩3,750,000이다.

① 20x1년 1월 1일에 ₩2,000,000의 수익을 인식한다.

② ₩3,750,000의 수익을 이연하여 20x1년 1월 1일부터 향후 24개월의 기간에 걸쳐 수익으로 인식한다.

③ 이 계약에는 1개의 수행의무가 있다.

④ 이 계약의 거래가격은 ₩6,250,000이다.

⑤ 기계장치에 ₩2,500,000의 이연수익을 배분한다.

내비게이션

- 거래가격은 5,000,000이고, 기계장치 제공(한 시점에 이행하는 수행의무)과 유지보수서비스(기간에 걸쳐 이행하는 수행의무)의 2개의 수행의무가 있다.
- 거래가격 배분
  - ㉠ 기계장치 : 5,000,000×2,500,000/6,250,000=2,000,000
  - ㉡ 유지보수서비스 : 5,000,000×3,750,000/6,250,000=3,000,000
- 기계장치에 배분된 2,000,000을 20x1년 1월 1일에 수익으로 인식하며, 유지보수서비스에 배분된 3,000,000은 수익을 이연하여 24개월의 기간에 걸쳐 수익을 인식한다.

서술형Correction연습

❒ 수행의무의 진행률을 합리적으로 측정할 수 없는 경우에는 진행률을 합리적으로 측정할 수 있을 때까지 거래가격 중 회수가능한 금액 전부를 수익으로 인식한다.

➲ (X) : 적절한 진행률 측정방법을 적용하는 데 필요한 신뢰할 수 있는 정보가 부족하다면 수행의무의 진행률을 합리적으로 측정할 수 없을 것이다. 어떤 상황(예: 계약 초기 단계)에서는 수행의무의 산출물을 합리적으로 측정할 수 없으나, 수행의무를 이행할 때 드는 원가는 회수될 것으로 예상한다. 그 상황에서는 수행의무의 산출물을 합리적으로 측정할 수 있을 때까지 발생원가의 범위에서만 수익을 인식한다.

Answer 1. ③ 2. ④ 3. ①

시험중요도 ★★☆

기본이론 제27강 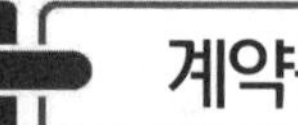 계약원가

계약체결증분원가

성격
- 계약체결증분원가는 고객과 계약을 체결하기 위해 들인 원가로서, 계약을 체결하지 않았다면 들지 않았을 원가임.

자산인식
- 계약체결증분원가가 회수될 것으로 예상된다면 이를 자산으로 인식함.
  - ➡계약체결증분원가를 자산으로 인식하더라도 상각기간이 1년 이하라면 발생시점에 비용으로 인식하는 실무적 간편법을 쓸 수 있음.

보론 계약체결 여부와 무관하게 드는(계약체결이 되지 않은 경우도 발생) 계약체결원가

고객에게 그 원가를 명백히 청구할 수 있는 경우	• 자산으로 인식
그 외의 경우	• 발생시점에 비용으로 인식

계약이행원가

성격
- 고객과의 계약을 이행할 때 드는 원가임.

자산인식
- 다른 기업회계기준서의 적용범위(예 재고자산, 유형자산, 무형자산)에 포함되지 않는다면, 그 원가는 다음 기준을 모두 충족해야만 자산으로 인식함.

기준	내용
직접관련	• 원가가 계약이나 구체적으로 식별할 수 있는 예상 계약에 직접 관련됨. **직접관련원가에 포함되는 사항** ① 직접노무원가(예 종업원의 급여와 임금) ② 직접재료원가(예 저장품) ③ 직접 관련되는 원가 배분액(예 계약의 관리·감독원가, 보험료, 계약의 이행에 사용된 기기·장비의 감가상각비) ④ 계약에 따라 고객에게 명백히 청구할 수 있는 원가 ⑤ 계약을 체결하였기 때문에 드는 원가(예 하도급자에게 지급하는 금액)
자원창출	• 원가가 미래 수행의무 이행시 사용할 기업 자원을 창출하거나 가치를 높임.
회수예상	• 원가는 회수될 것으로 예상됨.

비용인식
- 다음 원가는 발생시점에 비용으로 인식함.

비용으로 인식하는 사항
① 일반관리원가
② 계약 이행과정에서 낭비된 재료·노무원가 등으로서 계약가격에 반영되지 않은 원가
③ 이미 이행한 계약상 수행의무와 관련된 원가(과거의 수행 정도와 관련된 원가)
④ 이행하지 않은 수행의무와 관련된 원가인지 이미 이행한 수행의무와 관련된 원가인지 구별할 수 없는 원가

자산인식액 후속측정

상각
- 계약체결증분원가와 계약이행원가 중 자산으로 인식한 부분은 그 자산과 관련된 재화나 용역을 고객에게 이전하는 방식과 일치하는 체계적 기준으로 상각함.

주의 고객에게 이전할 것으로 예상하는 시기에 유의적 변동이 있는 경우에는 이를 반영하여 상각 방식을 수정하며, 회계추정의 변경으로 회계처리함.

손상차손
- 장부금액이 ①에서 ②를 뺀 금액을 초과하는 정도까지는 손상차손(당기손익)을 인식함.
  - ➡손상차손을 인식하기 전에 다른 기준서(예 재고자산, 유형자산, 무형자산)에 따라 계약과 관련하여 인식한 자산의 모든 손상차손을 먼저 인식함.

① 그 자산과 관련된 재화나 용역의 대가로 기업이 받을 것으로 예상하는 나머지 금액
② 그 재화나 용역의 제공에 직접관련 원가로서 아직 비용으로 인식하지 않은 원가

손상차손 환입

구분	내용
환입사유	• 손상상황이 사라졌거나 개선된 경우에는 과거에 인식한 손상차손의 일부나 전부를 환입하여 당기손익으로 인식함.
환입한도	• 증액된 자산의 장부금액은 과거에 손상차손을 인식하지 않았다면 산정되었을 금액(상각후 순액)을 초과해서는 안됨.

FINAL 객관식뽀개기 실전적중문제

1. 다음은 한국채택국제회계기준 '고객과의 계약에서 생기는 수익'의 규정 중 계약원가에 대한 설명이다. 가장 옳지 않은 것은?

① 계약체결 증분원가를 자산으로 인식하더라도 상각기간이 1년 이하라면 그 계약체결 증분원가는 발생시점에 비용으로 인식하는 실무적 간편법을 쓸 수 있다.
② 계약체결 증분원가와 계약이행원가 중 자산으로 인식한 경우에는 그 자산과 관련된 재화나 용역을 고객에게 이전하는 방식과 일치하는 체계적 기준으로 상각하며, 그 자산과 관련된 재화나 용역을 고객에게 이전할 것으로 예상하는 시기에 유의적 변동이 있는 경우에도 상각 방식을 수정하지 아니한다.
③ 계약 체결 여부와 무관하게 드는 계약체결원가는 계약체결 여부와 관계없이 고객에게 그 원가를 명백히 청구할 수 있는 경우가 아니라면 발생시점에 비용으로 인식한다.
④ 고객과의 계약체결 증분원가가 회수될 것으로 예상된다면 이를 자산으로 인식한다.
⑤ 고객과의 계약을 이행할 때 드는 원가가 다른 기업회계기준서의 적용범위에 포함되지 않는다면, 그 원가는 원가가 계약이나 구체적으로 식별할 수 있는 예상계약에 직접 관련되고, 미래의 수행의무를 이행할 때 사용할 기업의 자원을 창출하거나 가치를 높이며, 회수될 것으로 예상되는 경우에만 자산으로 인식한다.

내비게이션

- 그 자산과 관련된 재화나 용역을 고객에게 이전할 것으로 예상하는 시기에 유의적 변동이 있는 경우에 이를 반영하여 상각 방식을 수정한다. 이러한 변경은 회계추정의 변경으로 회계처리한다.

2. ㈜합격(컨설팅 용역 제공자)은 새로운 고객에게 컨설팅 용역을 제공하는 경쟁입찰에서 이겼다. 다음 자료에 의할 때 ㈜합격이 자산과 비용으로 인식할 금액은 각각 얼마이겠는가?

(1) 계약을 체결하기 위하여 다음과 같은 원가가 들었다.

실사를 위한 외부 법률 수수료	₩15,000
제안서 제출을 위한 교통비	₩25,000
영업사원 수수료	₩10,000
총 발생원가	₩50,000

(2) 실사를 위한 외부 법률 수수료와 교통비는 계약체결 여부와 관계없이 발생하는 지출로서 고객에게 그 원가를 명백히 청구할 수 없으며, 영업사원 수수료는 컨설팅 용역에 대한 미래 수수료로 그 원가를 회수할 것으로 예상된다.
(3) ㈜합격은 재량에 따라 연간 매출 목표, 기업 전체의 수익성, 개인별 성과평가에 기초하여 영업책임자에게 연간 상여를 지급하는 정책을 채택하고 있으며 영업책임자에게 ₩8,000의 금액을 지급할 것으로 추정된다.

	자산	비용
①	₩0	₩58,000
②	₩0	₩58,000
③	₩0	₩50,000
④	₩10,000	₩48,000
⑤	₩10,000	₩40,000

내비게이션

- 외부법률수수료와 교통비 : 비용
- 영업사원 수수료 : 자산으로 인식하는 계약체결증분원가
- 영업책임자 상여 : 재량적이고 기업의 수익성과 개인별 성과를 포함한 다른 요소에 기초하는 등 식별 가능한 계약이 그 상여의 직접 원인이 되지 않으므로 그 상여는 계약 체결에 따른 증분액이 아니기 때문에 자산으로 인식하지 않으며, 비용(급여)으로 인식한다.

Answer 1. ② 2. ④

시험중요도 ★★☆

기본이론 제28강 계약의 재무제표 표시

구분	항목	세부	내용
표시의 개요	구분표시		• 계약 당사자 중 어느 한 편이 계약을 수행했을 때, 기업의 수행정도와 고객의 지급과의 관계에 따라 그 계약을 다음과 같이 재무상태표에 표시함. ❒ 계약자산 ➡'기업의 수행정도〉고객의 지급' ❒ 계약부채 ➡'기업의 수행정도〈고객의 지급' • 대가를 받을 무조건적인 권리는 수취채권으로 구분하여 표시함.
	저자주		계약자산, 계약부채 외에 다른 계정과목(예 계약부채=선수금)을 사용해도 무방합니다!
정의와 인식	계약자산	정의	• 기업이 고객에게 이전한 재화·용역에 대하여 그 대가를 받을 기업의 권리
		인식시점	• 고객이 대가를 지급하기 전에 재화·용역을 이전하는 경우 예시: 대가를 받을 무조건적 권리 없음 & 재화·용역을 이전함 →(차) 계약자산 xxx (대) 수 익 xxx
	수취채권	정의	• 기업이 대가를 받을 무조건적인 권리 ➡시간만 지나면 대가를 지급받기로 한 때가 되는 경우에 그 대가를 받을 권리는 무조건적임. 예를 들면 기업에 현재 지급청구권이 있다면 그 금액이 미래에 환불될 수 있더라도 수취채권을 인식함.
		인식시점	• 대가를 받을 무조건적인 권리를 갖는 경우 예시: 대가를 받을 무조건적 권리 있음 & 재화·용역을 이전함 →(차) 수취채권 xxx (대) 수 익 xxx
	계약부채	정의	• 기업이 고객에게서 이미 받은 대가(또는 지급기일이 된 대가)에 상응하여 고객에게 재화·용역을 이전하여야 하는 기업의 의무
		인식시점	• 재화·용역을 이전 전에 대가를 받거나 받을 무조건적인 권리를 갖는 경우 예시: 대가를 수취함 & 재화·용역을 이전하지 않음 →(차) 현 금 xxx (대) 계약부채 xxx 예시: 대가를 받을 무조건적 권리 있음 & 재화·용역을 이전하지 않음 →(차) 수취채권 xxx (대) 계약부채 xxx
	주의		∴대가를 받을 무조건적 권리가 있으면 수취채권, 재화·용역을 이전하기 전에는 계약부채 인식

사례 계약부채와 수취채권

✪ ㈜합격은 20x1년 3월 31일에 고객에게 제품을 이전하는 계약을 20x1년 1월 1일에 체결하였다. 계약상 고객은 20x1년 1월 31일에 대가 ₩1,000을 미리 지급하여야 하나, 실제로 고객은 20x1년 3월 1일에 대가를 지급하였다. ㈜합격은 20x1년 3월 31일에 제품을 이전하는 수행의무를 이행하였다. 체결한 계약이 취소가능계약인 경우와 취소불능계약인 경우의 각각에 대한 일자별 회계처리는?

•취소가능시 : 취소가능하므로 1월 31일에 대가를 받을 무조건적 권리를 갖지 못함.(분개없음)

일자	차변	금액	대변	금액
20x1년 1월 31일	분개없음			
20x1년 3월 1일	(차) 현 금	1,000	(대) 계약부채	1,000
20x1년 3월 31일	(차) 계약부채	1,000	(대) 수 익	1,000

•취소불능시 : 취소불능이므로 1월 31일에 대가를 받을 무조건적 권리를 갖음.(수취채권 인식함)

일자	차변	금액	대변	금액
20x1년 1월 31일	(차) 수취채권	1,000	(대) 계약부채	1,000
20x1년 3월 1일	(차) 현 금	1,000	(대) 수취채권	1,000
20x1년 3월 31일	(차) 계약부채	1,000	(대) 수 익	1,000

FINAL 객관식뽀개기 실전적중문제

1. 다음은 한국채택국제회계기준 '고객과의 계약에서 생기는 수익'의 표시에 대한 설명이다. 가장 옳지 않은 것은?

① 계약 당사자 중 어느 한 편이 계약을 수행했을 때, 기업의 수행 정도와 고객의 지급과의 관계에 따라 그 계약을 계약자산이나 계약부채로 재무상태표에 표시한다. 대가를 받을 무조건적인 권리는 수취채권으로 구분하여 표시한다.
② 수취채권은 기업이 고객에게 이전한 재화나 용역에 대하여 그 대가를 받을 기업의 권리에 해당하는 자산을 말한다.
③ 기업이 고객에게 재화나 용역을 이전하기 전에 고객이 대가를 지급하거나 기업이 대가(금액)를 받을 무조건적인 권리(수취채권)를 갖고 있는 경우에 기업은 지급받은 때나 지급받기로 한 때에(둘 중 이른 시기)에 그 계약을 계약부채로 표시한다.
④ 기업에 현재 지급청구권이 있다면 그 금액이 미래에 환불될 수 있더라도 수취채권을 인식한다.
⑤ '계약자산'과 '계약부채'라는 용어를 사용하지만 재무상태표에서 그 항목에 대해 다른 표현을 사용하는 것을 금지하지는 않는다. 계약자산에 대해 다른 표현을 사용할 경우에 수취채권과 계약자산을 구별할 수 있도록 재무제표이용자에게 충분한 정보를 제공한다.

내비게이션

• ②는 계약자산에 대한 설명이다. 수취채권은 기업이 고객에게 받을 무조건적 권리를 갖는 경우를 말한다.

2. ㈜합격의 다음 자료에 의할 때 가장 옳은 것은?

(1) ㈜합격은 고객에게 제품 A와 B를 이전하고 그 대가로 ₩1,000을 받기로 20x1년 1월 1일에 계약을 체결하였다.
(2) 계약에서는 제품 A를 먼저 인도하도록 요구하고, 제품 A의 인도 대가는 제품 B의 인도를 조건으로 한다고 기재되어 있다. 다시 말하면, 대가 ₩1,000은 ㈜합격이 고객에게 제품 A와 B 모두를 이전한 다음에만 받을 권리가 생긴다.
(3) ㈜합격은 제품 A와 B를 이전하기로 한 약속을 수행의무로 식별하고, 제품의 상대적 개별 판매가격에 기초하여 제품 A에 대한 수행의무에 ₩400, 제품 B에 대한 수행의무에 ₩600을 배분하였다.

① 제품 A를 이전시 계약자산 ₩1,000을 인식한다.
② 제품 A를 이전시 수취채권 ₩400을 인식한다.
③ 제품 A를 이전시 수취채권 ₩1,000을 인식한다.
④ 제품 B를 이전시 수취채권 ₩400을 인식한다.
⑤ 제품 B를 이전시 수취채권 ₩1,000을 인식한다.

내비게이션

• B를 이전하는 경우에만 대가를 받을 무조건적 권리를 갖게 되므로 A를 이전하는 경우에는 수취채권을 인식할 수 없다.

• 20x1년 회계처리

〈제품 A의 이전시〉

(차)	계약자산	400	(대)	수익	400

〈제품 B의 이전시〉

(차)	수취채권	1,000	(대)	계약자산	400
				수익	600

Answer 1. ② 2. ⑤

시험중요도 ★★★

기본이론 제29강 할부판매의 수익인식

<table>
<tr><td rowspan="4">의의</td><td>거래형태</td><td colspan="2">• 재화를 고객에게 이전하고 거래가격은 미래의 일정기간에 걸쳐 회수하는 판매</td></tr>
<tr><td>수익인식시점</td><td colspan="2">• 장·단기 불문하고 재화를 고객에게 판매한 시점에 인식함.</td></tr>
<tr><td rowspan="2">거래가격 측정</td><td>단기할부</td><td>• 거래가격 : 명목금액
➡∵유의적인 금융요소가 포함되어 있지 않음.</td></tr>
<tr><td>장기할부</td><td>• 거래가격 : 수취할 금액을 내재이자율로 할인한 현재가치
➡장기할부판매만 현재가치로 평가한 금액을 수익으로 인식함.</td></tr>
<tr><td rowspan="2">장기할부</td><td>유의적 금융요소</td><td colspan="2">• 유의적인 금융요소는 이자수익으로 구분하여 인식함.</td></tr>
<tr><td>현재가치할인차금</td><td colspan="2">• 명목금액과 현재가치의 차액은 현재가치할인차금의 과목으로 하여 장기매출채권의 차감계정으로 표시함.
➡현재가치할인차금은 유효이자율법을 사용하여 이자수익으로 인식됨.</td></tr>
</table>

사례 장기할부판매 회계처리

✪다음은 ㈜합격이 체결한 할부판매와 관련한 자료이다. 20x1년도 이익에 미치는 영향은 얼마인가?

(1) 20x1년 1월 1일 고객에게 상품을 ₩750,000에 판매하는 계약을 체결하였다.
(2) 동 거래의 상품 원가는 ₩500,000이다.
(3) 판매대금은 3년간 매년 말에 ₩250,000씩 회수하기로 약정하였다.
(4) ㈜합격은 할부매출채권의 잔액에 대하여 매년 말 8%의 표시이자를 수령하기로 하였다.
(5) 동 거래의 내재이자율은 10%이며, 현재가치계수는 다음과 같다.

기간	10% 현재가치계수	10% 연금현재가치계수
1년	0.9091	0.9091
2년	0.8264	1.7355
3년	0.7513	2.4868

•현가 : 250,000x2.4868+(750,000x8%)x0.9091+(500,000x8%)x0.8264+(250,000x8%)x0.7513=724,328

일자	유효이자(10%)	표시이자(8%)	상각액	장부금액
20x1.01.01	-	-	-	724,328
20x1.12.31	72,433	60,000	12,433	724,328-250,000+12,433=486,761
20x2.12.31	48,676	40,000	8,676	486,761-250,000+8,676=245,437
20x3.12.31	24,563*)	20,000	4,563	245,437-250,000+4,563=0

*) 단수차이조정

•회계처리

<table>
<tr><td rowspan="3">20x1년 01월 01일</td><td>(차) 매출채권</td><td>750,000</td><td>(대) 매출</td><td>724,328</td></tr>
<tr><td></td><td></td><td>현재가치할인차금</td><td>25,672</td></tr>
<tr><td>(차) 매출원가</td><td>500,000</td><td>(대) 상품</td><td>500,000</td></tr>
<tr><td rowspan="3">20x1년 12월 31일</td><td>(차) 현금</td><td>250,000</td><td>(대) 매출채권</td><td>250,000</td></tr>
<tr><td>(차) 현금</td><td>60,000</td><td>(대) 이자수익</td><td>72,433</td></tr>
<tr><td>현재가치할인차금</td><td>12,433</td><td></td><td></td></tr>
<tr><td rowspan="3">20x2년 12월 31일</td><td>(차) 현금</td><td>250,000</td><td>(대) 매출채권</td><td>250,000</td></tr>
<tr><td>(차) 현금</td><td>40,000</td><td>(대) 이자수익</td><td>48,676</td></tr>
<tr><td>현재가치할인차금</td><td>8,676</td><td></td><td></td></tr>
</table>

∴20x1년도 이익에 미치는 영향 : 매출총이익(724,328-500,000)+이자수익(72,433)=296,761

FINAL 객관식뽀개기 실전적중문제

1. 20x1년 1월 1일에 ㈜한국은 20x1년 12월 31일부터 매년 말 ₩100,000씩 3년간 수취하는 조건으로 상품을 할부판매하였다. 이 상품의 현금판매가격은 ₩257,710으로 취득 당시의 유효이자율 8%를 반영하여 결정된 것이다. 유효이자율법을 적용하여 회계처리하는 경우, 20x1년 12월 31일 판매대금 ₩100,000을 회수할 때 인식하여야 하는 이자수익은?(단, 계산금액은 소수점 첫째자리에서 반올림한다.) [감평사기출]

① ₩8,000 ② ₩16,000 ③ ₩20,617
④ ₩22,266 ⑤ ₩24,000

내비게이션

- 20x1년말 이자수익 : 257,710×8%=20,617
- <20x1년초 회계처리>

(차) 매출채권 300,000 (대) 매출 257,710
(대) 현할차 42,290
(차) 매출원가 ? (대) 상품 ?

<20x1년말 회계처리>

(차) 현금 100,000 (대) 매출채권 100,000
(차) 현할차 20,617 (대) 이자수익 20,617

2. ㈜합격은 기계장치를 판매하고 있으며, 20x1년 1월 1일 거래처에 판매하면서 매년말 ₩1,500,000씩 4년간 회수하는 장기할부판매를 하였다. 관련 자료가 다음과 같을 때, 20x1년 12월 31일 매출채권의 장부금액은 얼마인가?

(1) 매출채권에 대한 유효이자율은 연 10%이다.
(2) 유효이자율 10%에 대한 4년 현가계수는 0.680이고 연금현가계수는 3.170이다.

① ₩2,728,300 ② ₩3,311,700 ③ ₩3,730,500
④ ₩4,100,800 ⑤ ₩4,414,000

내비게이션

- 현가(매출액) : 1,500,000×3.17=4,755,000
- 〈20x1년초 회계처리〉

(차) 매출채권 6,000,000 (대) 매출 4,755,000
(대) 현할차 1,245,000
(차) 매출원가 ? (대) 상품 ?

〈20x1년말 회계처리〉

(차) 현금 1,500,000 (대) 매출채권 1,500,000
(차) 현할차 475,500 (대) 이자수익 475,500*)

*) 4,755,000×10%=475,500

∴장부금액=(6,000,000-1,500,000)-(1,245,000-475,500)=3,730,500

3. ㈜대한은 20x1년 1월 1일에 원가가 ₩4,500,000인 상품을 판매하면서 그 대금은 매년 말 ₩2,000,000씩 3회에 걸쳐 현금을 수취하기로 하였다. 동 거래로 20x1년과 20x2년의 포괄손익계산서상 당기순이익은 각각 얼마나 증가되는가? 단, 유효이자율은 10%이며, 현가계수는 아래 표를 이용한다. 계산금액은 소수점 첫째자리에서 반올림하며, 이 경우 단수차이로 인해 약간의 오차가 있으면 가장 근사치를 선택한다. [세무사기출]

할인율 / 기간	기간 말 단일금액 ₩1의 현재가치	정상연금 ₩1의 현재가치
	10%	10%
1년	0.90909	0.90909
2년	0.82645	1.73554
3년	0.75131	2.48685

	20x1년	20x2년
①	₩497,370	₩347,107
②	₩497,370	₩500,000
③	₩971,070	₩347,107
④	₩971,070	₩500,000
⑤	₩1,500,000	₩0

내비게이션

- 현가(매출액) : 2,000,000×2.48685=4,973,700

	회수액	유효이자(10%)	순채권회수액	장부금액
20x1년초	-	-	-	4,973,700
20x1년말	2,000,000	497,370	1,502,630	3,471,070
20x2년말	2,000,000	347,107	1,652,893	1,818,177

- 20x1년 이익 : 4,973,700(매출액)-4,500,000(매출원가)+497,370(이자수익) =971,070
- 20x2년 이익 : 347,107(이자수익)
- 〈20x1년초 회계처리〉

(차) 매출채권 6,000,000 (대) 매출 4,973,700
(대) 현할차 1,026,300
(차) 매출원가 4,500,000 (대) 상품 4,500,000

〈20x1년말 회계처리〉

(차) 현금 2,000,000 (대) 매출채권 2,000,000
(차) 현할차 497,370 (대) 이자수익 497,370

〈20x2년말 회계처리〉

(차) 현금 2,000,000 (대) 매출채권 2,000,000
(차) 현할차 347,107 (대) 이자수익 347,107

Answer 1. ③ 2. ③ 3. ③

시험중요도 ★★★

기본이론 제30강 장기할부판매

세부고찰 I

사례 계약금(인도금)이 지급되는 경우

✪20x1년초 원가 ₩192,146의 상품을 인도금으로 ₩100,000을 받고, 20x1년말부터 ₩100,000씩 2회 회수하는 할부판매를 함. 유효이자율은 연 12%로 가정함. 20x1년 이익에 미치는 영향은?

• 현가 : 100,000×(12%, 2기간연금현가)=169,005

일자	회수액	유효이자(12%)	순채권회수액	장부금액
20x1년초	-	-	-	169,005
20x1년말	100,000	20,281	79,719	89,286
20x2년말	100,000	10,714	89,286	0

→(169,005-79,719)

일자	차변	금액	대변	금액
20x1년초	(차) 현금	100,000	(대) 매출	100,000
	(차) 매출채권	200,000	(대) 매출	169,005
			현재가치할인차금	30,995
	(차) 매출원가	192,146	(대) 상품	192,146
20x1년말	(차) 현금	100,000	(대) 매출채권	100,000
	(차) 현재가치할인차금	20,281	(대) 이자수익	20,281

• 20x1년 이익에 미치는 영향 : 매출총이익(269,005－192,146)＋이자수익(20,281)＝97,140

·주의 20x1년말 대손추산액이 ₩10,000일 때, 매출채권 장부금액? 100,000－10,714－10,000=79,286

세부고찰 II

사례 연 2회 판매대금이 수취되는 경우

✪다음은 20x1년초 ㈜차도남의 장기할부판매와 관련된 자료이다. 20x1년의 매출총이익은 얼마인가?

(1) 총판매대금 : ₩2,550,000(원가 ₩1,500,000), 20x1년 1월 1일 인도금 수령액 : ₩750,000
(2) 잔금수령 방법 : 매 6월 30일과 12월 31일에 ₩300,000씩 6회에 걸쳐 수령하기로 약정하였다.
(3) 유효이자율은 연 10%이며 관련 연금현재가치계수 자료는 다음과 같다.

이자율	3기간	6기간
5%	2.7232	5.0757
10%	2.4868	4.3553

• 현가 : 300,000×(5%, 6기간연금현가)=1,522,710

일자	회수액	유효이자(5%)	순채권회수액	장부금액
20x1.01.01	-	-	-	1,522,710
20x1.06.30	300,000	76,136	223,864	1,298,846
20x1.12.31	300,000	64,942	235,058	1,063,788

일자	차변	금액	대변	금액
20x1.01.01	(차) 현금	750,000	(대) 매출	750,000
	(차) 매출채권	1,800,000	(대) 매출	1,522,710
			현재가치할인차금	277,290
	(차) 매출원가	1,500,000	(대) 상품	1,500,000
20x1.06.30	(차) 현금	300,000	(대) 매출채권	300,000
	(차) 현재가치할인차금	76,136	(대) 이자수익	76,136

• 매출총이익 : 매출(750,000+1,522,710)－매출원가(1,500,000)=772,710

FINAL 객관식뽀개기 실전적중문제

1. 주권상장법인인 ㈜개벽은 20x1년 1월 1일 대금회수가 확실한 ₩3,500,000의 할부매출을 하면서 인도금으로 ₩500,000을 수령하고, 잔금 ₩3,000,000은 매년 말에 ₩1,000,000씩 3년에 걸쳐 받기로 하였다. 상기 매출거래와 관련하여 유효이자율은 10%이다. 당해 매출거래가 20x1년도 매출액과 20x2년도 이익에 미치는 영향은 얼마인가? 단, 모든 계산금액은 소수점 첫째 자리에서 반올림하며 이 경우 약간의 반올림 오차가 나타날 수 있다.

(이자율 10%기준)	1년	2년	3년
단일금액 ₩1의 현가계수	0.9091	0.8264	0.7513
정상연금 ₩1의 현가계수	0.9091	1.7355	2.4868

	20x1년도 매출액	20x2년도 이익 영향
①	₩1,500,000	₩1,000,000 증가
②	₩1,500,000	₩1,171,067 증가
③	₩2,486,800	₩1,173,548 증가
④	₩2,986,800	₩248,680 증가
⑤	₩2,986,800	₩173,548 증가

내비게이션

- 현가 : 1,000,000x2.4868=2,486,800

	회수액	유효이자(10%)	순채권회수액	장부금액
20x1년초	-	-	-	2,486,800
20x1년말	1,000,000	248,680	751,320	1,735,480
20x2년말	1,000,000	173,548	826,452	909,028

- 20x1년 매출액 : 500,000+2,486,800=2,986,800
- 20x2년 당기순이익에 미치는 영향 : 173,548(이자수익)

- 〈20x1년초 회계처리〉

(차) 현금	500,000	(대) 매출	500,000
(차) 매출채권	3,000,000	(대) 매출	2,486,800
		현할차	513,200
(차) 매출원가	?	(대) 상품	?

〈20x1년말 회계처리〉

(차) 현금	1,000,000	(대) 매출채권	1,000,000
(차) 현할차	248,680	(대) 이자수익	248,680

〈20x2년말 회계처리〉

(차) 현금	1,000,000	(대) 매출채권	1,000,000
(차) 현할차	173,548	(대) 이자수익	173,548

2. ㈜합격은 20x1년초 당사에서 생산하는 제품을 다음과 같이 판매하였다. 동 거래의 매출총이익률을 계산하면 얼마인가?

(1) 총매출대금 : ₩80,000
(2) 할부판매 제품의 원가 : ₩58,604
(3) 대금수령 : 매 분기마다 ₩10,000씩 향후 2년에 걸쳐 수령
(4) 동 거래에 적용되는 연간 유효이자율 : 8%
(4) 연금현가계수 자료

기간	정상연금 ₩1의 현재가치	
	8%	2%
2	1.7833	1.9416
8	5.7466	7.3255

① 15% ② 17% ③ 18.5%
④ 20% ⑤ 22.5%

내비게이션

- 매출액 : 10,000x7.3255(2%,8기간연금현가)=73,255
- 매출총이익률 : (73,255-58,604)÷73,255=20%

3. ㈜합격은 20x1년초 다음과 같이 상품을 할부판매를 하였다. ㈜합격이 20x1년에 인식할 매출총이익을 구하면 얼마인가? 단, 계약시점에 ㈜합격과 고객이 별도거래를 한다면 반영하게 될 이자율은 연 10%이며, 장기할부판매대금의 명목금액과 현재가치의 차이는 유의적이다.

(1) 총할부매출대금 : ₩200,000,000
(2) 할부판매 상품의 원가 : ₩110,000,000
(3) 대금수령 : 20x1년초 인도금으로 ₩80,000,000 수령, 매년 6월 30일과 12월 31일에 ₩20,000,000씩 6회에 걸쳐 수령
(4) 연금현가계수 자료

기간	정상연금 ₩1의 현재가치	
	5%	10%
3	2.7232	2.4868
6	5.0756	4.3552

① ₩57,104,000 ② ₩71,512,000 ③ ₩87,104,000
④ ₩90,000,000 ⑤ ₩101,512,000

내비게이션

- 매출액 : 80,000,000+20,000,000×5.0756(5%,6기간연금현가)=181,512,000
- 매출총이익 : 181,512,000-110,000,000=71,512,000

Answer 1. ⑤ 2. ④ 3. ②

시험중요도 ★★★

기본이론 제31강 선수금에 포함된 유의적인 금융요소

의의

구분	내용
거래형태	• 할부판매와 달리 대가를 먼저 수취하고 재화를 나중에 이전하는 경우임.
금융요소 포함여부	• 위의 경우에도 대가의 수취시점과 재화의 이전시점 사이의 기간이 1년 이상인 장기라면 선수금(계약부채)에 유의적인 금융요소가 포함된 것임. ➡유의적인 금융요소는 거래가격에서 조정함.
금융요소 처리방법	• 계약부채에 유의적인 금융요소가 포함되어 있다면 재화나 용역을 이전하는 시점까지 유효이자율법을 적용하여 이자비용을 인식함.

회계처리

공통사례 20x1년초 현금 ₩4,000 수령, 2년후 제품 이전, 내재이자율은 10%로 가정함.

구분	내용
수취시점(20x1년초)	• 대가 수취시점에 계약부채로 인식함. (차) 현금 4,000 (대) 계약부채 4,000
이자비용(20x1년말)	• 유효이자율법으로 이자비용을 인식하고 계약부채 장부금액에 가산함. (차) 이자비용 4,000x10%=400 (대) 계약부채 400
이전시점(20x2년말)	• 계약부채는 이전시점에 수익으로 인식함. (차) 이자비용 4,400x10%=440 (대) 계약부채 440 (차) 계약부채 4,840 (대) 수익(매출) 4,840 ➡∴수익=수취금액+총이자비용

사례 선수금이 포함된 할부판매

㈜합격은 20x1년 1월 1일 원가 ₩1,000,000의 상품을 ₩1,500,000에 판매하기로 고객과 계약하였다. 관련 자료가 다음과 같을 때 동 거래의 회계처리는?

(1) 계약체결일인 20x1년 1월 1일 ₩500,000을 현금으로 수령하였다.
(2) 잔금은 20x2년 1월 1일과 20x3년 1월 1일에 각각 ₩500,000씩 수령하기로 하였다.
(3) 상품은 20x2년 1월 1일에 고객에게 인도되었다.
(4) 거래의 유효이자율은 10%이며, 현재가치계수는 다음과 같다.

기간	10% 현재가치계수	10% 정상연금의 현재가치계수
1년	0.90909	0.90909
2년	0.82645	1.73554

풀이

일자	차변	금액	대변	금액
20x1년 01월 01일	(차) 현금	500,000	(대) 계약부채	500,000
20x1년 12월 31일	(차) 이자비용	50,000[1)]	(대) 계약부채	50,000
20x2년 01월 01일	(차) 계약부채	550,000	(대) 매출	1,050,000
	현금	500,000		
	(차) 매출채권	500,000	(대) 매출	454,545[2)]
			현재가치할인차금	45,455
	(차) 매출원가	1,000,000	(대) 상품	1,000,000
20x2년 12월 31일	(차) 현재가치할인차금	45,455[3)]	(대) 이자수익	45,455
20x3년 01월 01일	(차) 현금	500,000	(대) 매출채권	500,000

1)500,000x10%=50,000 2)500,000x0.90909=454,545 3)454,545x10%=45,455

FINAL 객관식뽀개기 실전적중문제

1. ㈜합격은 20x1년 1월 1일 상품 1개를 판매하는 계약을 체결하였다. 관련된 다음의 자료에 의할 때 동 거래가 ㈜합격의 20x2년도 당기순이익에 미친 영향은 얼마인가?

> (1) 계약체결 시점에 현금 ₩250,000을 수령하였다.
> (2) 상품은 2년 후인 20x2년 말에 이전하기로 하였다.
> (3) 동 거래의 내재이자율은 10%이다.

① ₩222,500 ② ₩225,000 ③ ₩250,000
④ ₩275,000 ⑤ ₩302,500

• 20x1년 1월 1일 회계처리

(차)현금	250,000	(대)계약부채	250,000

• 20x1년 12월 31일 회계처리

(차)이자비용	25,000[1]	(대)계약부채	25,000

• 20x2년 12월 31일 회계처리

(차)이자비용	27,500[2]	(대)계약부채	27,500
(차)계약부채	302,500	(대)매출	302,500

[1] 250,000×10%=25,000
[2] (250,000+25,000)×10%=27,500
∴302,500(매출)−27,500(이자비용)=275,000

Answer 1. ④

제1편 재무회계 / 제2편 원가관리회계 / 합본부록 IFRS심화논제

시험중요도 ★★★

기본이론 제32강 위탁판매·상품권·시용판매

위탁판매

구분	내용
수익인식시점	• 수탁자가 제3자에게 판매한 시점에 수익인식함.➡주의 적송시점이 아님.
적송운임(발송운임)	• 적송품 원가로 처리함.
수탁수수료(지급수수료) 판매운임(매출운임)	• 매출에 대응하는 비용처리함. ➡수탁자의 수익인식액 : 수탁수수료(판매수수료)만을 수익인식함.
위탁매매이익 계산	❒ 위탁매매이익=매출액-매출원가-지급수수료-매출운임

보론 본인과 대리인

구분	내용	인식
본인	• 재화등이 이전되기 전에 기업이 재화등을 통제한다면 이 기업은 본인임. ➡재고위험을 부담하며, 가격결정 재량을 갖음	• 대가의 총액을 수익으로 인식
대리인	• 다른 당사자(본인)가 재화등을 제공하도록 주선하는 기업은 대리인임.	• 예상보수나 수수료를 수익으로 인식

사례 위탁판매 회계처리

✪ 상품 10개(원가 @100,000)를 적송했으며 발송운임은 ₩30,000이었다. 판매액 ₩780,000(6개×@130,000) 중 판매수수료 ₩30,000과 판매운송비 ₩5,000을 공제한 ₩745,000을 송금해옴.

풀이

적송시	(차) 적송품	1,030,000	(대) 재고자산	1,000,000
			현금	30,000
판매시	(차) 현금	745,000	(대) 매출	780,000
	지급수수료	30,000		
	매출운임	5,000		
	(차) 매출원가	618,000	(대) 적송품	618,000

[위탁매매이익]=매출(780,000)−매출원가(618,000)−지급수수료(30,000)−매출운임(5,000)=127,000

상품권

구분	내용
수익인식시점	• 상품권을 회수하는때(상품권과 교환하여 상품인도시) 수익인식함. 주의 상품권 판매시가 아님.

사례 상품권 회계처리

✪ 100원권 상품권 20매를 ₩90에 발행. 유효기간은 6개월. 유효기간내 사용된 상품권은 18매이며 환불한 현금은 ₩40. 나머지 2매는 유효기간 경과(60% 환급 약정)

구분	내용	회계처리
상품권 발행시	• 액면전액을 선수금(=계약부채)으로 계상 주의 액면에서 할인액차감액이 선수금이 아님. • 할인액은 '상품권할인액'으로 하여 선수금에서 차감기재	(차) 현금 1,800 (대) 선수금 2,000 할인액 200
상품권 회수시	• 선수금을 매출 및 환불금액과 상계 • 상품권할인액은 매출수익 인식시 매출에누리로 대체	(차) 선수금 1,800 (대) 매출 1,760 현금 40 (차) 에누리 180 (대) 할인액 180
미회수 상품권	• 유효기간경과 : 명시된 비율에 따라 영업외수익 인식 주의 매출로 인식하는게 아님.	(차) 선수금 200x40%=80 (대) 할인액 20 잡이익 60 [회수시 추가분개] (차) 선수금 120 (대) 현금 120
	• 소멸시효완성 : 잔액 전부를 영업외수익 인식	(차) 선수금 200x60%=120 (대) 잡이익 120

시용판매

구분	내용
수익인식시점	• 고객이 매입의사를 표시한 시점에 수익인식함.

FINAL 객관식뽀개기 실전적중문제

1. 건강식품을 생산하는 ㈜감평은 ㈜대한에 판매를 위탁하고 있다. ㈜감평은 20x1년초 단위당판매가격이 ₩2,000(단위당원가 ₩1,400)인 건강식품 100단위를 ㈜대한에 발송하였으며, 운반비 ₩8,000을 운송업체에 현금으로 지급하였다. 한편, ㈜대한은 ㈜감평으로부터 수탁한 건강식품 중 60%를 20x1년도에 판매하였다. ㈜감평은 판매금액의 5%를 ㈜대한에 수수료로 지급한다. 이 거래로 20x1년도에 ㈜대한이 인식할 수익(A)과 ㈜감평이 인식할 매출원가(B)는? [감평사기출]

① A : ₩6,000, B : ₩84,000
② A : ₩6,000, B : ₩88,800
③ A : ₩6,240, B : ₩84,000
④ A : ₩6,240, B : ₩88,800
⑤ A : ₩8,000, B : ₩84,000

내비게이션

- A : (100단위×60%×2,000)×5%=6,000
- B : (100단위×1,400+8,000)×60%=88,800

2. 12월 결산법인인 ㈜국세는 20x1년 12월초에 단위당 원가 ₩1,000인 상품 400개를 ㈜세무에 위탁판매를 위해 적송하고 적송운임 ₩20,000은 현금으로 지급하였다. 수탁자인 ㈜세무는 12월 중 위탁상품 200개의 매출을 완료하고, 20x1년 12월 28일에 다음과 같은 매출계산서와 함께 현금 ₩244,000을 ㈜국세에 보내왔다. ㈜국세가 매출수익으로 인식할 금액과 20x1년말에 보고할 적송품계정의 잔액은 얼마인가? [세무사기출]

수탁품 매출계산서		
매출액	200개×@1,400	₩280,000
판매수수료		(21,000)
운임 및 보관료		(15,000)
송금액		₩244,000

	매출수익	적송품잔액
①	₩280,000	₩200,000
②	₩244,000	₩210,000
③	₩259,000	₩200,000
④	₩70,000	₩210,000
⑤	₩280,000	₩210,000

내비게이션

- 매출수익 : 280,000(매출계산서상의 매출액)
- 적송품잔액 : (400개×1,000+20,000)× $\frac{200개}{400개}$ =210,000

3. ㈜서울은 20x1년 7월 1일에 액면금액이 ₩100,000인 상품권 1,000매를 한 매당 ₩95,000에 발행하였다. 고객은 상품권 금액의 80%이상을 사용하면 잔액을 현금으로 돌려받을 수 있다. 상품권의 만기는 발행일로부터 5년이다. 20x1년 12월 31일까지 상품권 사용에 의한 매출로 200매가 회수되었으며, 그 매출과정에서 ₩2,500,000이 거스름돈으로 지급되었다. 20x1년에 ㈜서울이 상품권과 관련하여 수익(순매출액)으로 인식할 금액은? [감평사기출]

① ₩16,500,000 ② ₩17,500,000 ③ ₩19,000,000
④ ₩20,000,000 ⑤ ₩95,000,000

내비게이션

- 상품권할인액 : 1,000매x(100,000-95,000)=5,000,000
- 포괄손익계산서에 인식하게 될 수익

매출액	: (200매×100,000)-2,500,000=	17,500,000
매출에누리 :	5,000,000×200매/1,000매=	(1,000,000)
		16,500,000

- 회계처리

(차)현금	95,000,000	(대)선수금	100,000,000
상품권할인액	5,000,000		
(차)선수금	20,000,000	(대)매출	17,500,000
		현금	2,500,000
(차)매출에누리	1,000,000	(대)상품권할인액	1,000,000

서술형Correction연습

❒ 위탁판매에서 위탁자는 수탁자로부터 해당재화에 대한 판매대금을 수령한 시점에 수익을 인식한다.

➲ (X) : 수탁자가 제3자에게 판매한 시점에 수익을 인식한다.

❒ 위탁판매에서 수탁자는 수탁상품의 매출액을 수탁자 자신의 매출액으로 계상할수 있다.

➲ (X) : 위탁자의 수익이며, 수탁자는 판매수수료만을 수익으로 인식한다.

Answer 1. ② 2. ⑤ 3. ①

시험중요도 ★★☆

기본이론 제33강  반품권이 있는 판매

의의

거래형태

• 일부 계약에서는 고객에게 통제를 이전하고, 다양한 이유(예 제품 불만족)로 제품을 반품할 권리와 함께 다음 사항을 조합하여 받을 권리를 고객에게 부여함.

금액환불	• 지급된 대가의 전부나 일부 환불
채무공제	• 기업에 갚아야 할 의무가 있거나 의무가 있게 될 금액에 대한 공제
제품교환	• 다른 제품으로 교환

보론 고객이 한 제품을 유형·품질·조건·가격이 같은 다른 제품과 교환하는 경우에는 적용목적상 반품으로 보지 않음.

무제한 반품권

• 반품기간에 언제라도 반품을 받기로 하는 기업의 약속은 환불할 의무에 더하여 수행의무로 회계처리하지 않음.(수익인식하지 않음)➡이하 '반품가능성 예측불가' 참조

반품가능성 예측가능

공통사례 20x1년 반품가능판매액 ₩8,000(원가율 70%), 예상반품률 10%, 20x2년 실제반품 10%

수익인식(20x1년)

(차) 현금	8,000	(대) 매출(판매예상분)	7,200
		환불부채(반품예상분)	800

➡매출(수익인식액) : 총매출액x(1-반품예상률)

보론 보고기간 말마다 환불부채의 측정치를 새로 수정함.(조정액은 수익에 가감함.)

원가인식(20x1년)

(차) 매출원가(판매예상분)	5,040	(대) 재고자산	5,600
반품제품회수권(반품예상분)	560		

➡반품제품회수권 : 제품을 회수할 기업의 권리에 대해 인식하는 자산으로, 환불부채와는 구분하여 표시함.

보론 보고기간 말마다 반품제품회수권(자산)의 측정치를 새로 수정함.

추가사례 **반품비용이 있는 경우**(반품비용이 ₩50 예상되는 경우)

❒ 반품비용 : 반품회수 예상원가+반품제품 가치의 잠재적 감소(손상차손)
❒ 반품제품회수권 : 반품비용이 예상되는 경우 반품비용을 차감한 금액임.

(차) 매출원가	5,040	(대) 재고자산	5,600
반품제품회수권	510		
반품비용(or 매출원가)	50		

실제반품시(20x2년)

(차) 환불부채(반품예상분)	800	(대) 현금	800
(차) 재고자산	560	(대) 반품제품회수권(반품예상분)	560

반품가능성 예측불가

공통사례 20x1년 반품가능판매액 ₩8,000(원가율 70%), 반품률 추정불가, 20x2년 실제반품 10%

수익인식 원가인식(20x1년)

• 수익(원가) 인식없이 다음과 같이 처리함.
➡수익(원가)은 반품권이 소멸되는 시점(=실제반품시)에 인식함.

(차) 현금	8,000	(대) 환불부채(총매가)	8,000
(차) 반품제품회수권(총원가)	5,600	(대) 재고자산	5,600

실제반품시(20x2년)

(차) 환불부채(총매가)	8,000	(대) 매출	7,200
		현금(실제반품분)	800

(차) 매출원가	5,040	(대) 반품제품회수권(총원가)	5,600
재고자산(실제반품분)	560		

FINAL 객관식뽀개기 실전적중문제

1. ㈜세무는 20x1년 12월 31일 개당 원가 ₩150인 제품 100개를 개당 ₩200에 현금 판매하였다. ㈜세무는 판매 후 30일 이내에 고객이 반품하면 전액 환불해주고 있다. 반품률은 5%로 추정되며, 반품제품 회수비용, 반품제품 가치하락 및 판매당일 반품은 없다. 동 거래에 관한 설명으로 옳지 않은 것은? [세무사기출]

① 20x1년 인식할 매출액은 ₩19,000이다.
② 20x1년 인식할 이익은 ₩4,750이다.
③ '환불이 발생할 경우 고객으로부터 제품을 회수할 권리'를 20x1년 말 자산으로 인식하며, 그 금액은 ₩750이다.
④ 동 거래의 거래가격은 변동대가에 해당하기 때문에 받을 권리를 갖게 될 금액을 추정하여 수익으로 인식한다.
⑤ 20x1년 말 인식할 부채는 ₩250이다.

내비게이션

- ② 19,000(매출)-14,250(매출원가)=4,750
  ⑤ 20x1년말 인식할 부채는 1,000(환불부채)이다.
- 회계처리

(차) 현금	20,000[1)]	(대) 매출	19,000[2)]
		환불부채	1,000
(차) 매출원가	14,250[4)]	(대) 재고자산	15,000[3)]
반품제품회수권	750		

1) 100개×200=20,000
2) (100개×200)×(1-5%)=19,000
3) 100개×150=15,000
4) (100개×150)×(1-5%)=14,250

2. 다음은 ㈜합격의 반품권이 있는 판매와 관련한 자료이다. 동 거래로 ㈜합격의 20x1년 보고기간말의 재무상태표에 인식할 반품관련부채의 금액과 당기손익에 미친 영향을 구하면 각각 얼마인가?

> (1) 20x1년말 1개월 내에 반품을 허용하는 조건으로 제품 100개(개당 원가 ₩50,000)를 개당 ₩75,000에 판매하였다.
> (2) 제품 중 20%가 반품될 것으로 예상된다.
> (3) 반품이 되는 경우 개당 ₩2,500의 비용이 발생할 것으로 예상된다.

	반품관련부채	당기손익에의 영향
①	₩1,500,000	₩950,000
②	₩1,500,000	₩1,950,000
③	₩1,500,000	₩2,000,000
④	₩1,450,000	₩2,500,000
⑤	₩1,450,000	₩2,850,000

내비게이션

- 환불부채 : 20개×75,000=1,500,000
- 매출(80개×75,000)-매출원가(80개×50,000)-반품비용(20개×2,500)=1,950,000
- 20x1년 회계처리

(차)현금	7,500,000[1)]	(대)매출	6,000,000[2)]
		환불부채	1,500,000[3)]
(차)매출원가	4,000,000[4)]	(대)재고자산	5,000,000[7)]
반품제품회수권	950,000[5)]		
반품비용	50,000[6)]		

1) 100개×75,000=7,500,000
2) 80개×75,000=6,000,000
3) 20개×75,000=1,500,000
4) 80개×50,000=4,000,000
5) 20개×50,000-20개×2,500=950,000
6) 20개×2,500=50,000
7) 100개×50,000=5,000,000

3. ㈜대한은 20x1년 말 고객이 구매 후 30일 내에 반품할 수 있는 조건으로 원가 ₩1,050,000의 정수기를 ₩1,500,000에 현금판매 하였다. ㈜대한은 20x1년 말 과거 경험과 정수기 소매업계 상황에 기초하여 판매한 상품의 5%가 반품될 것으로 추정하였다. 또한 반품과 관련된 직접비용으로 반환금액의 3%가 발생한다. 이러한 반품조건의 판매가 ㈜대한의 20x1년도 당기순이익에 미치는 영향은? [세무사기출]

① ₩415,250 증가 ② ₩417,500 증가
③ ₩425,250 증가 ④ ₩427,500 증가
⑤ ₩450,000 증가

내비게이션

- 매출(1,500,000×95%)-매출원가(1,050,000×95%)-반품비용(75,000×3%)=425,250
- 20x1년 회계처리

(차)현금	1,500,000	(대)매출	1,425,000[1)]
		환불부채	75,000[2)]
(차)매출원가	997,500[3)]	(대)재고자산	1,050,000
반품제품회수권	50,250[4)]		
반품비용(매출원가)	2,250[5)]		

1) 1,500,000×95%=1,425,000
2) 1,500,000×5%=75,000
3) 1,050,000×95%=997,500
4) 1,050,000×5%-75,000×3%=50,250
5) 75,000×3%=2,250

- 참고 20x2년 중 예상대로 반품이 된 경우

(차)환불부채	75,000	(대)현금	75,000
(차)재고자산	52,500	(대)반품제품회수권	50,250
		현금	2,250

참고 20x2년 중 반품이 되지 않은 경우(반품비용 발생X)

(차)환불부채	75,000	(대)매출	75,000
(차)매출원가	50,250	(대)반품제품회수권	50,250

Answer 1. ⑤ 2. ② 3. ③

시험중요도 ★★☆

기본이론 제34강  재매입약정

재매입약정

정의	• 자산을 판매하고 다시 사기로 약속 또는 다시 살 수 있는 선택권을 갖는 계약		
형태			
선도	• 다시 사야 하는 기업의 의무	기업이 보유시	고객은 자산을 통제하지 못함.
콜옵션	• 다시 살 수 있는 기업의 권리		
풋옵션	• 고객이 요청하면 다시 사야하는 기업의 의무 ➡팔 수 있는 고객의 권리	고객이 보유시	고객이 옵션을 행사할 경제적 유인이 유의적인지 계약개시시점에 판단해야함.

참고 재매입가격을 판매가격과 비교할 때는 화폐의 시간가치를 고려함.

처리방법

❖ [판매가격>재매입가격]

구분	처리방법	
선도 · 콜옵션		리스계약
풋옵션	고객이 옵션을 행사할 경제적 유인이 유의적O	리스계약
	고객이 옵션을 행사할 경제적 유인이 유의적X	반품권이 있는 판매

참고 재매입가격이 자산의 예상시장가치보다 유의적으로 높을 것으로 예상된다면 이는 고객이 풋옵션을 행사할 경제적 유인이 유의적임을 나타냄.

❖ [판매가격≤재매입가격]

구분	처리방법	
선도 · 콜옵션		금융약정
풋옵션	재매입가격>예상시장가치	금융약정
	재매입가격≤예상시장가치 & 고객이 옵션을 행사할 경제적 유인이 유의적X	반품권이 있는 판매

말장난 선도나 콜옵션이 부여된 재매입약정은 판매가격이 재매입가격 이하인 경우 리스계약으로 회계처리한다(X).

금융약정 회계처리

공통사례 [CASE 1] 20x1년 11월 1일 제품을 ₩75,000에 현금인도(원가 ₩50,000), 기업은 20x2년 2월 28일 ₩85,000에 재매입할 수 있는 콜옵션 보유, 2월 28일 콜옵션을 행사않함.

[CASE 2] 20x1년 11월 1일 제품을 ₩75,000에 현금인도(원가 ₩50,000), 고객은 20x2년 2월 28일 ₩85,000에 재판매할 수 있는 풋옵션 보유, 예상시장가치는 ₩80,000, 2월 28일 풋옵션을 행사함.

판매시점 (20x1.11.1)

• [CASE 1,2 공통] 기업은 자산을 계속 인식하고, 받은 대가는 금융부채로 인식

(차) 현금	75,000	(대) 차입금(금융부채)	75,000

기말시점 (20x1.12.31)

• [CASE 1,2 공통] 받은 대가와 지급해야 하는 대가의 차이를 이자(이자비용)로 인식

(차) 이자비용	10,000x2/4=5,000	(대) 미지급이자	5,000

옵션 약정행사일 (20x2.2.28)

• [CASE 1] 옵션미행사(소멸) : 부채를 제거하고 수익을 인식(미지급이자도 수익처리)

(차) 이자비용	10,000x2/4=5,000	(대) 미지급이자	5,000
(차) 차입금	75,000	(대) 매출	85,000
미지급이자	10,000		
(차) 매출원가	50,000	(대) 재고자산	50,000

• [CASE 2] 옵션행사(재매입) : 부채를 상환

(차) 이자비용	10,000x2/4=5,000	(대) 미지급이자	5,000
(차) 차입금	75,000	(대) 현금	85,000
미지급이자	10,000		

FINAL 객관식뽀개기 실전적중문제

1. ㈜세무는 20x1년 1월 1일 ㈜한국에게 원가 ₩100,000의 제품을 ₩200,000에 현금 판매하였다. 판매계약에는 20x1년 6월 30일 이전에 ㈜한국이 요구할 경우 ㈜세무가 판매한 제품을 ₩210,000에 재매입해야 하는 풋옵션이 포함된다. 풋옵션이 행사될 유인은 판매시점에서 유의적인 것으로 판단하였으나 실제로 20x1년 6월 30일까지 풋옵션이 행사되지 않은 채 권리가 소멸하였다. 동 거래에 관한 설명으로 옳지 않은 것은? (단, 20x1년 1월 1일 기준으로 재매입일 예상 시장가치는 ₩210,000 미만이다.) [세무사기출]

① 20x1년 1월 1일 ㈜한국은 제품의 취득을 인식하지 못한다.
② 20x1년 1월 1일 ㈜한국은 금융자산을 인식한다.
③ 20x1년 1월 1일 ㈜세무는 금융부채 ₩200,000을 인식한다.
④ 20x1년 6월 30일 ㈜세무는 이자비용 ₩10,000을 인식한다.
⑤ 20x1년 6월 30일 ㈜세무는 매출액 ₩200,000을 인식한다.

내비게이션

• ㈜세무의 회계처리

[20x1년 1월 1일]

(차) 현금	200,000	(대) 금융부채	200,000

[20x1년 6월 30일]

(차) 이자비용	10,000	(대) 미지급이자	10,000
(차) 금융부채	200,000	(대) 매출	210,000
미지급이자	10,000		
(차) 매출원가	100,000	(대) 제품	100,000

• ㈜한국의 회계처리

[20x1년 1월 1일]

(차) 금융자산	200,000	(대) 현금	200,000

[20x1년 6월 30일]

(차) 미수이자	10,000	(대) 이자수익	10,000
(차) 상품	210,000	(대) 금융자산	200,000
		미수이자	10,000

2. 한국채택국제회계기준 '고객과의 계약에서 생기는 수익'의 재매입약정과 관련하여 가장 옳지 않은 것은?

① 재매입약정이 금융약정이라면, 기업은 자산을 계속 인식하고 고객에게서 받은 대가는 금융부채로 인식한다.
② 옵션이 행사되지 않은 채 소멸된다면 부채를 제거하고 수익을 인식한다.
③ 재매입 가격이 자산의 시장가치보다 유의적으로 높을 것으로 예상된다면, 이는 고객이 풋옵션을 행사할 경제적 유인이 유의적임을 나타낸다.
④ 기업이 자산을 다시 사야 하는 의무나 다시 살 수 있는 권리(선도나 콜옵션)가 있다면 고객이 자산을 통제하는 것이다.
⑤ 재매입 가격을 판매가격과 비교할 때 화폐의 시간가치를 고려한다.

내비게이션

• 기업이 자산을 다시 사야 하는 의무나 다시 살 수 있는 권리(선도나 콜옵션)가 있다면, 고객은 자산을 통제하지 못한다. 고객이 자산을 물리적으로 점유할 수 있더라도, 자산의 사용을 지시하고 자산의 나머지 효익의 대부분을 획득할 수 있는 고객의 능력이 제한되기 때문이다.

3. ㈜적중은 20x1년 11월 1일 제품을 ₩500,000(원가 ₩300,000)에 현금판매하였다. 관련된 다음 자료에 의할 때 ㈜적중의 20x1년 당기손익에 미치는 영향을 구하면 얼마인가? 단, 반품권이 있는 판매에 해당하는 경우 반품가능성이 없다고 가정한다.

(1) ㈜적중은 제품을 판매하는 고객과의 계약에서 재매입약정을 포함하였으며, 재매입약정은 고객이 보유한 풋옵션이다.
(2) 판매일에 추정한 재매입일의 제품 예상시장가치는 ₩550,000이며, 고객이 권리를 행사할 유인이 유의적이지 않다.
(3) 재매입약정은 20x2년 2월 28일에 행사할 수 있으며 재매입금액은 ₩540,000이다.

① ₩5,000 ② ₩200,000 ③ ₩15,000
④ ₩20,000 ⑤ ₩100,000

내비게이션

• 판매가격(500,000)≦재매입가격(540,000)이고, 재매입가격(540,000)≦예상시장가치(550,000) 이므로 반품권이 있는 판매로 회계처리한다.
• '반품가능성이 없다'는 것은 반품가능성을 예측가능한 경우로서 반품률 0%를 의미하므로 반품예상분에 대해 계상하는 환불부채와 반품제품회수권이 계상되지 않는다. 따라서, 20x1년 당기손익에 미치는 영향은 매출총이익(500,000-300,000=200,000)이다.

• 20x1년 회계처리

(차) 현금	500,000	(대) 매출	500,000
(차) 매출원가	300,000	(대) 재고자산	300,000

Answer 1. ⑤ 2. ④ 3. ②

시험중요도 ★★★

기본이론 제35강  고객충성제도 : 기업이 직접 보상제공

의의

구분	내용
거래형태	• 고객이 구매시 보상점수를 부여하며, 고객은 보상점수를 사용하여 무상·할인구매하는 방법으로 보상을 받게 됨. ➡예 마일리지, 적립포인트, 구매할인
보상점수 배분	• 보상점수를 제공하는 약속은 별개의 수행의무에 해당하며, 받은 대가(거래가격) 중 일부를 개별판매가격에 기초하여 배분함.

보상점수에 배분될 대가	❒ $거래가격 \times \dfrac{보상점수의\ 개별판매가격}{재화등의\ 개별판매가격 + 보상점수의\ 개별판매가격}$

실무사례 인터넷서점에서 도서구입시 적립포인트로 당해 인터넷서점의 서적을 구입하는 경우

구분	내용
매출시	• 보상점수에 배분된 거래가격은 계약부채(선수금)의 과목으로 하여 부채로 인식
수익인식	• 보상점수가 회수되고 보상을 제공할 의무를 이행한 때 수익인식함. ➡수익인식액 : 계약부채x실제회수보상점수/회수예상보상점수

매출시:

(차)		(대)	
현금	xxx	매출(수익)	xxx
		계약부채(선수금)	xxx

수익인식:

(차)		(대)	
계약부채	xxx	포인트매출	xxx

기업이 보상제공시

사례 기업이 직접 보상을 제공하는 경우

✪ ㈜합격은 구매 ₩10당 고객충성포인트 1점을 고객에게 보상하는 고객충성제도를 운영하고 있다. 각 포인트는 기업의 제품을 미래에 구매할 때 ₩1의 할인과 교환할 수 있다. 다음 자료에 의할 때 20x2년 인식할 포인트 관련 수익을 계산하면 얼마인가?

(1) 20x1년 중 고객은 제품을 ₩100,000에 구매하고 미래 구매에 교환할 수 있는 10,000포인트를 얻었다.
(2) 대가는 고정금액이고 구매한 제품의 개별 판매가격은 ₩100,000이다.
(3) ㈜합격은 9,500포인트가 교환될 것으로 예상하며, 교환될 가능성에 기초하여 포인트당 개별 판매가격을 ₩0.95(합계 ₩9,500)으로 추정하였다.
(4) 연도별 교환 및 교환예상(새로 수정한 추정치 포함) 포인트 관련 자료는 다음과 같다.

구분	20x1년	20x2년	20x3년
교환된 누적포인트	4,750포인트	7,760포인트	9,800포인트
교환예상 총포인트	9,500포인트	9,700포인트	9,800포인트

풀이

• 20x1년 거래가격의 배분
① 제품에 배분될 대가(매출) : 100,000×100,000/(100,000+9,500)=91,324
② 보상점수에 배분될 대가(계약부채) : 100,000×9,500/(100,000+9,500)=8,676
• 20x1년 인식할 포인트매출 : 8,676×4,750포인트/9,500포인트=4,338
∴20x2년 인식할 포인트매출(포인트 관련 수익) : 8,676×7,760포인트/9,700포인트−4,338=2,603

구분	(차)		(대)	
20x1년 매출시	현금	100,000	매출	91,324
			계약부채	8,676
20x1년 사용시	계약부채	4,338	포인트매출	4,338
20x2년 사용시	계약부채	2,603	포인트매출	2,603
20x3년 사용시	계약부채	1,735	포인트매출	1,735*)

*) 8,676×9,800포인트/9,800포인트−4,338−2,603=1,735

FINAL 객관식뽀개기 실전적중문제

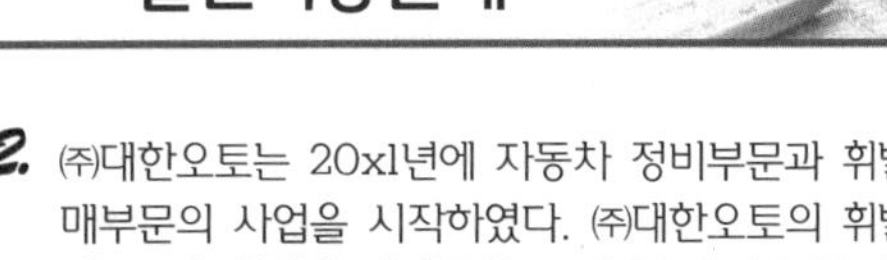

1. ㈜대한은 제품판매시 판매가격 ₩100당 1포인트의 고객보상점수를 고객에게 부여하여 이후 고객이 자사제품을 구입할 때 사용할 수 있는 고객충성제도를 시행하고 있다. ㈜대한은 20x1년도에 ₩1,500,000의 제품을 판매하였으며, 제품의 판매대금을 제품과 포인트의 개별판매가격 비율로 배분한 결과 1포인트당 ₩0.5을 배분하였다. 부여한 고객보상점수 중 90%가 장래에 회수될 것으로 기대하고 있다. 20x1년도에 고객에게 부여한 고객보상점수의 60%가 당기 말까지 회수되어 자사제품으로 교환되었다면, ㈜대한이 20x1년도 포괄손익계산서에 당기 분 고객보상점수 회수와 관련하여 인식할 수익은 얼마인가?(단, 고객보상점수 사용에 대한 유효기간의 제한은 없다.) [관세사기출]

① ₩4,500 ② ₩5,000 ③ ₩6,750
④ ₩7,500 ⑤ ₩10,000

내비게이션

- 부여한 포인트 : 1,500,000÷100=15,000포인트
- 매출시 계약부채(선수금) : 15,000포인트×0.5=7,500

∴20x1년 포인트매출 : $7,500\times\dfrac{15,000\text{포인트}\times 60\%}{15,000\text{포인트}\times 90\%}$=5,000

- 20x1년 회계처리

(차) 현금	1,500,000	(대) 매출	1,492,500
		계약부채	7,500
(차) 계약부채	5,000	(대) 포인트매출	5,000

2. ㈜대한오토는 20x1년에 자동차 정비부문과 휘발유 판매부문의 사업을 시작하였다. ㈜대한오토의 휘발유 판매부문은 휘발유 판매금액 ₩1,000당 10포인트를 부여하는 고객충성제도를 운영한다. 고객은 부여받은 포인트를 ㈜대한오토의 정비부문에서만 사용할 수 있으며, 포인트의 유효기간은 2년이다. 20x1년 중 ㈜대한오토는 휘발유 ₩10,000,000을 판매하고 100,000포인트를 부여하였다. ㈜대한오토는 휘발유의 판매금액을 휘발유와 포인트의 개별판매가격 비율로 배분한 결과 10포인트당 ₩100을 배분하였으며, 고객들은 이 중 40,000포인트를 20x1년 중에 정비부문에서 사용하였다. 기말시점에서 60,000포인트는 20x2년에 전부 사용될 것으로 예상되며, 포인트의 공정가치도 변하지 않을 것으로 추정된다. 이러한 고객충성제도의 회계처리로 옳지 않은 것은? [세무사기출]

① 20x1년 휘발유 매출액 ₩10,000,000을 매출시점에서는 휘발유에 대한 매출액과 포인트 매출액으로 분리하고 포인트 매출액에 대해서는 선수금으로 처리한다.
② 20x1년 중 고객이 사용한 40,000포인트에 상당하는 금액을 당기수익으로 인식한다.
③ 20x2년에 사용할 것으로 예상되는 60,000포인트에 대한 매출원가 상당액을 충당부채로 계상한다.
④ 20x1년 중 포인트 사용분이 포함되지 않은 정비부문의 매출액이 ₩8,000,000일 경우 ㈜대한오토의 20x1년 포괄손익계산서상 수익은 ₩17,400,000이다.
⑤ 항공사가 직접 제공하는 상용고객우대제도에 따른 마일리지에 대한 회계처리도 역시 고객충성제도의 회계처리를 적용한다.

내비게이션

- 포인트당 배분액 : 100÷10포인트=@10
- 매출시 계약부채(선수금) : 100,000포인트×@10=1,000,000
- 20x1년 포인트매출 : $1,000,000\times\dfrac{40,000}{100,000}$=400,000
- 20x1년 회계처리

(차) 현금	10,000,000	(대) 매출	9,000,000
		계약부채(선수금)	1,000,000
(차) 계약부채	400,000	(대) 포인트매출	400,000

→20x2년에 사용할 것으로 예상되는 60,000포인트에 대한 매출원가 상당액 해당연도에 매출원가로 계상한다. 즉, 고객충성제도는 충당부채를 인식하지 않는다.
→정비부문의 매출액이 8,000,000일 경우 수익 : 9,000,000+400,000+8,000,000=17,400,000

Answer 1. ② 2. ③

시험중요도 ★★★

기본이론 제36강 고객충성제도 : 제3자가 보상제공

자기계산 대가회수

실무사례 당사 제품 구입시 다른 항공사의 마일리지(포인트)를 제공하는 경우
→자기계산으로 대가회수 : 마일리지를 항공사로부터 구매하여 고객에게 판매(보상제공)

매출시

• 보상점수에 배분된 거래가격은 계약부채(선수금)의 과목으로 하여 부채로 인식

(차) 현금	xxx	(대) 매출(수익)	xxx
		계약부채(선수금)	xxx

수익인식

• 보상과 관련하여 의무를 이행한 때 수익인식함.
➡수익인식액 : 보상점수에 배분되는 총대가(즉, 전액 포인트매출로 인식)

(차) 계약부채	xxx	(대) 포인트매출	xxx
포인트매출원가	xxx	현금	xxx

제3자 대신 대가회수

실무사례 당사 제품 구입시 다른 항공사의 마일리지(포인트)를 제공하는 경우
→제3자를 대신하여 대가회수 : 마일리지를 항공사로부터 위탁받아 고객에게 위탁판매

매출시

• 보상점수에 배분된 거래가격은 계약부채(선수금)의 과목으로 하여 부채로 인식

(차) 현금	xxx	(대) 매출(수익)	xxx
		계약부채(선수금)	xxx

수익인식

• 제3자가 보상을 제공할 의무를 지고 그것에 대한 대가를 받을 권리를 가지게 될 때 수익인식함.
➡수익인식액 : 보상점수에 배분되는 대가와 제3자가 제공한 보상에 대해 기업이 지급할 금액간의 차액(즉, 대행 수수료수익만 인식)

(차) 계약부채	xxx	(대) 수수료수익	xxx
		현금	xxx

사례 제3자가 보상을 제공하는 경우

㈜합격은 전기제품 판매회사로 항공사가 운영하는 고객충성제도에 참여함. 전기제품 구입 ₩1에 0.1항공여행포인트를 부여함. 20x1년 중 전기제품을 ₩100,000에 판매하고 10,000포인트를 부여함. ㈜합격은 전기제품 판매금액을 전기제품과 포인트의 개별판매가격 비율로 배분한 결과 포인트당 ₩1을 배분하였다. ㈜합격은 전기제품 판매 즉시 항공사에게 각 포인트마다 ₩0.9을 지급함. ㈜합격은 항공권판매와 관련하여 추가적인 의무는 부담하지 않음. 회계처리는?

풀이

•자기계산으로 대가를 회수하는 경우

20x1년 매출시	(차) 현금	100,000	(대) 매출	90,000
			계약부채	10,000
	(차) 계약부채	10,000	(대) 포인트매출	10,000
	포인트매출원가	9,000	현금	9,000

•항공사를 대신하여 대가를 회수하는 경우

20x1년 매출시	(차) 현금	100,000	(대) 매출	90,000
			계약부채	10,000
	(차) 계약부채	10,000	(대) 수수료수익	1,000
			현금	9,000

FINAL 객관식뽀개기 실전적중문제

1. ㈜국세는 Wings Air에서 운영하는 고객충성제도에 참여하고 있다. ㈜국세는 자사제품을 구매하는 회원에게 판매가격 ₩1당 1마일리지를 제공한다. 고객충성제도회원은 마일리지를 사용하여 항공권을 구입할 수 있다. ㈜국세는 Wings Air에 1마일리지당 ₩0.012을 지급한다. 20x1년 ㈜국세는 원가가 ₩800,000인 제품을 ₩1,200,000에 판매하고, 마일리지를 부여하였다. ㈜국세는 제품의 판매금액을 제품과 포인트의 개별판매가격 비율로 배분한 결과 1마일리지당 ₩0.02을 배분하였다. ㈜국세가 마일리지에 배분될 대가를 자기의 계산으로 회수하는 경우, 20x1년 제품 판매와 관련하여 인식할 마일리지와 관련된 수익(고객충성제도수익)과 비용(고객충성제도비용)은 각각 얼마인가?

	고객충성제도수익	고객충성제도비용
①	₩7,200	₩12,000
②	₩14,400	₩24,000
③	₩24,000	₩12,000
④	₩24,000	₩14,400
⑤	₩28,000	₩48,000

내비게이션

- 부여한 마일리지 : 1,200,000×1=1,200,000마일리지
- 고객충성제도수익(포인트매출) : 1,200,000마일리지×0.02=24,000
- 고객충성제도비용(포인트매출원가) : 1,200,000마일리지×0.012=14,400
- 20x1년 회계처리

(차) 현금	1,200,000	(대) 매출	1,176,000
		계약부채	24,000
(차) 계약부채	24,000	(대) 포인트매출	24,000
포인트매출원가	14,400	현금	14,400

2. 20x1년 1월 1일에 설립된 ㈜한국은 3개월 무이자 할부판매와 현금판매를 하고 있다. 현금으로 상품을 구입한 고객에게는 ₩100당 1포인트를 제공하기로 하였는데, 고객은 이 포인트를 이용하여 지정 항공사로부터 무료 항공권을 구매할 수 있는 혜택을 갖는다. ㈜한국은 상품의 판매금액을 상품과 포인트의 개별판매가격 비율로 배분한 결과 포인트당 ₩1을 배분하였으며, ㈜한국은 포인트 제공시점에 지정 항공사에게 포인트 단위당 ₩0.9을 즉시 지급한다. ㈜한국의 20x1년도 할부매출액은 ₩30,000,000이고, 현금매출액은 ₩10,000,000이며, 20x1년말 매출채권잔액은 ₩2,000,000이다. ㈜한국은 항공사를 대신하여 대리인으로서 대가를 회수하며, 모든 매출채권잔액은 회수가 확실하다고 가정할 때, ㈜한국이 20x1년도 수익으로 인식할 금액은 얼마인가?

① ₩37,910,000 ② ₩38,000,000 ③ ₩39,900,000
④ ₩39,910,000 ⑤ ₩40,000,000

내비게이션

- 부여한 포인트 : 10,000,000÷100=100,000포인트
- 계약부채 : 100,000포인트×@1=100,000
- 수수료수익 : 100,000-100,000포인트×@0.9=10,000

∴30,000,000+(10,000,000-100,000)+10,000=39,910,000

- 20x1년 회계처리(매출원가 생략)

(차) 매출채권	30,000,000	(대) 매출	30,000,000
(차) 현금	10,000,000	(대) 매출	9,900,000
		계약부채	100,000
(차) 계약부채	100,000	(대) 수수료수익	10,000
		현금	90,000

3. ㈜합격전자는 ㈜대한항공이 운영하는 포인트제도에 참여하고 있으며, 관련 자료는 다음과 같다. 포인트에 배분될 대가를 자기의 계산으로 회수하는 경우와 항공사를 대신하여 회수하는 경우, 20x1년도 포인트와 관련된 수익차이는 얼마이겠는가?

(1) 제품 구입 ₩1,000당 10포인트를 부여하며, 포인트로 ㈜대한항공의 항공권을 받을수 있다.
(2) (주)합격전자는 포인트 제공시점에 ㈜대한항공에게 포인트 당 ₩0.5을 즉시 지급한다.
(3) 20x1년 제품을 ₩30,000,000 판매하였으며, 제품의 판매금액을 제품과 포인트의 개별판매가격 비율로 배분한 결과 포인트 당 ₩2을 배분하였다.

① ₩0 ② ₩100,000 ③ ₩150,000
④ ₩450,000 ⑤ ₩600,000

내비게이션

- 부여한 포인트 : (30,000,000÷1,000)×10포인트=300,000포인트
- 자기의 계산으로 대가를 회수하는 경우 포인트와 관련된 수익
  →포인트매출 : 300,000포인트×@2=600,000
- 항공사를 대신하여 대가를 회수하는 경우 포인트와 관련된 수익
  →수수료수익 : 300,000포인트×@2-300,000포인트×@0.5=450,000

∴600,000-450,000=150,000

Answer 1. ④ 2. ④ 3. ③

시험중요도 ★★☆

기본이론 제37강 라이선싱

의의	라이선스	• 라이선스는 기업의 지적재산에 대한 고객의 권리를 정함.
	지적재산	• 소프트웨어, 기술, 영화·음악·미디어·오락물, 프랜차이즈, 특허권, 상표권, 저작권

수행의무 식별

라이선스를 부여하는 약속이 그 밖에 약속한 재화나 용역과 계약에서 구별되지 않는 경우

• 라이선스를 부여하는 약속과 그 밖에 약속한 재화나 용역을 함께 단일 수행의무로 회계처리함.

예시 ① 유형 재화의 구성요소이면서 그 재화의 기능성에 반드시 필요한 라이선스
→예 자동차 중앙처리장치에 포함되어 있는 소프트웨어

② 관련 용역과 결합되는 경우에만 고객이 효익을 얻을 수 있는 라이선스
→예 라이선스를 부여하여 고객이 콘텐츠에 접근할 수 있도록 제공하는 온라인 서비스

라이선스를 부여하는 약속이 그 밖에 약속한 재화나 용역과 계약에서 구별되는 경우

• 라이선스를 부여하는 약속이 별도의 수행의무라면 라이선스에 대한 수익인식을 별도로 수행하며, 인식시기 결정을 위해 약속의 성격이 고객에게 접근권을 제공하는지 사용권을 제공하는지를 고려함.

접근권	정 의	❒ 라이선스 기간 전체에 걸쳐 존재하는, 기업의 지적재산에 접근할 권리
	수익인식	❒ 기간에 걸쳐 이행하는 수행의무로 회계처리(진행률에 따라 수익인식)
사용권	정 의	❒ 라이선스를 부여하는 시점에 존재하는, 기업의 지적재산을 사용할 권리
	수익인식	❒ 한 시점에 이행하는 수행의무로 회계처리(사용권 이전시점에 수익인식)

접근권 적용요건

적용요건

• 다음 기준을 모두 충족한다면 기업의 지적재산에 접근권을 제공하는 것임.

① 고객이 권리를 갖는 지적재산에 유의적으로 영향을 미치는 활동을 기업이 할 것을 계약에서 요구하거나 고객이 합리적으로 예상함.
→예 상표에서 생기는 효익은 흔히 지적재산의 가치를 뒷받침하거나 유지하는 기업의 계속적인 활동에서 생기거나 그 활동에 따라 달라짐.

② 라이선스로 부여한 권리 때문에 고객은 위 ①에서 식별되는 기업 활동의 긍정적 또는 부정적 영향에 직접 노출됨.

③ 그 활동이 행해짐에 따라 재화나 용역을 고객에게 이전하는 결과를 가져오지 않음.

사용권 적용요건

적용요건 • 위 접근권의 적용요건을 충족하지 못하는 경우

보론 판매기준로열티와 사용기준로열티(라이선싱 수익인식방식의 예외)

수익인식	• 지적재산의 라이선스를 제공하는 대가로 약속된 판매기준로열티나 사용기준로열티의 수익은 다음 중 나중의 사건이 일어날 때 인식함. ① 후속 판매나 사용 ② 판매기준·사용기준로열티의 일부·전부가 배분된 수행의무를 이행함.
적용요건(참고)	• 위 요구사항은 그 로열티가 다음 중 어느 하나에 해당하는 경우에 적용함. ① 지적재산의 라이선스에만 관련됨. ② 지적재산의 라이선스는 로열티가 관련되는 지배적인 항목임. →예 로열티가 관련되는 다른 재화나 용역보다 그 라이선스에 고객이 더 유의적인 가치를 부여할 것이라고 기업이 합리적으로 예상할 때, 지적재산의 라이선스는 로열티가 관련되는 지배적인 항목일 수 있음.
사례	• 영화배급사(기업)가 영화를 영화관(고객)에 라이선스하고 영화관의 관람권 판매액 중 일부를 판매기준로열티로 받는 경우 →약속성격이 접근권·사용권인지 불문하고 관람권이 판매되는 대로 수익을 인식

FINAL 객관식뽀개기 — 실전적중문제

1. 다음은 한국채택국제회계기준 '고객과의 계약에서 생기는 수익'에서 규정하고 있는 라이선싱에 대한 설명이다. 가장 옳지 않은 것은?

① 지적재산의 라이선스를 제공하는 대가로 약속된 판매기준 로열티나 사용기준 로열티에 대한 수익은 후속 판매나 사용시점과 판매기준 또는 사용기준 로열티의 일부나 전부가 배분된 수행의무를 이행한 시점 중 빠른 날에 인식한다.
② 라이선스 기간 전체에 걸쳐 존재하는 기업의 지적재산에 접근할 권리는 기업의 수행의무가 라이선스 기간 동안 이행되므로 해당 시점에 수익을 인식한다.
③ 라이선스 사용권의 경우 라이선스를 부여하는 약속을 한 시점에 이행하는 수행의무로 회계처리한다.
④ 라이선스 접근권은 라이선스 기간 전체에 걸쳐 존재하는 기업의 지적재산에 접근할 권리를 말하며, 라이선스 사용권은 라이선스를 부여하는 시점에 존재하는 기업의 지적재산을 사용할 권리를 말한다.
⑤ 라이선스를 부여하는 약속이 그 밖에 약속한 재화나 용역과 계약에서 구별되지 않는다면, 라이선스를 부여하는 약속과 그 밖에 약속한 재화나 용역을 함께 단일 수행의무로 회계처리한다.

내비게이션

• 빠른 날에(X) → 나중의 사건이 일어날 때(O)

2. ㈜대한은 게임기 제조기업이며 ㈜민국은 게임기 판매전문회사이다. 20x1년 1월 1일 ㈜대한은 ㈜민국과 다음과 같이 새 게임기의 판매계약을 맺었다.

(1) ㈜대한은 20x1년 1월 1일부터 ㈜민국에게 ㈜대한이 생산한 게임기를 독점적으로 판매할 수 있는 권리를 3년동안 부여하며 이에 대한 대가로 ₩120,000을 받는다.
(2) ㈜대한은 게임기 1대당 판매가격을 ₩110으로 결정하며, ㈜민국은 게임기 1대당 ₩110의 판매가격에서 ₩10의 판매수수료를 차감한 후 ₩100을 ㈜대한에게 지급한다.
(3) ㈜민국은 ㈜대한에게 매년 최소 5,000대의 게임기 판매를 보장한다. 다만, ㈜민국이 게임기 5,000대를 초과하여 판매한 경우에는 판매되지 않은 게임기를 ㈜대한에게 반납할 수 있다.

㈜대한은 20x1년 1월 2일 1대당 원가 ₩80의 게임기 7,000대를 ㈜민국에게 인도하였다. ㈜민국은 20x1년에 동 게임기 4,500대를 판매하였다. ㈜대한이 위 거래로 20x1년도에 인식해야 할 순이익은? [세무사기출]

① ₩90,000 ② ₩100,000 ③ ₩130,000
④ ₩140,000 ⑤ ₩220,000

내비게이션

• 판매독점권(라이선싱 접근권)은 3년간 보장되어 있으므로 기간에 걸쳐 수행하는 의무에 해당하므로 3년에 걸쳐 수익으로 인식한다.
→이익 : 120,000÷3년=40,000
• (주)대한은 재고위험을 부담하며(∵반품권이 있으므로), 가격결정 재량이 있으므로 본인에 해당하며 ㈜민국은 대리인에 해당한다. 그러나 ㈜민국은 5,000대의 판매를 보장하였으므로 5,000대는 반품이 불가능하다. 따라서 5,000대는 통제가 이전된 것이므로 수익을 인식해야 한다.(㉠ 5,000대 : 반품가능성 0%→전액매출인식O ㉡ 5,000대초과분 : 반품가능성예측불가→매출인식X)
→이익 : 5,000개x110-5,000대x80-5,000대x10=100,000
∴40,000+100,000=140,000

시험중요도 ★★☆

기본이론 제38강 수수료 형태별 수익인식

광고수수료

광고매체수수료	• 광고·상업방송이 대중에게 전달될때 수익을 인식
광고제작수수료	• 광고 제작의 진행률에 따라 수익을 인식

사례 광고수수료 수익계산

✪다음에 따라 ㈜SBS와 ㈜제일기획이 20x2년 회계연도에 인식할 수익을 각각 구하면 얼마인가?

(1) ㈜SBS는 20x2년에 10부작 미니시리즈 ' '백마탄환자' 에 삽입될 광고물 계약을 다음과 같이 체결하였다.
- 광고수수료 ₩5,000,000(미니시리즈 종료시점에 받기로함)
- 광고물은 20x2년 6월에 4회, 7월에 6회 방송됨, 회계연도는 20x1.7.1~20x2.6.30

(2) ㈜제일기획은 20x2년에 TV광고물 제작계약을 다음과 같이 체결하였다.
- 제작대가 ₩200,000,000(20x3년 제작완료시 수령)
- 총예상제작원가 ₩140,000,000, 당기발생제작원가 ₩70,000,000, 회계연도는 20x2.1.1~12.31

• ㈜SBS : 5,000,000×4회/10회=2,000,000
• ㈜제일기획 : 200,000,000×70,000,000/140,000,000=100,000,000

보험대리수수료

추가적인 관리용역제공X	• 보험개시일에 모든 대가를 수익으로 인식	
추가적인 관리용역제공O	계약체결용역	• 보험개시일에 수익으로 인식
	관리용역	• 제공하는 기간에 걸쳐 수익으로 인식

사례 보험대리수수료 수익계산

✪ 보험계약을 체결하는 경우 보험료총액의 2%를 보험대리용역수수료로 수령하나, 관리용역을 제공하는 경우에는 5%를 수령한다. 20x1년에 체결한 보험계약이 다음과 같을 때 20x1년 인식할 수익은?

(1) A보험 : 보험료총액 ₩100,000(보험개시일 10.1, 보험기간 1년), 추가용역제공 없음.
(2) B보험 : 보험료총액 ₩400,000(보험개시일 7.1, 보험기간 2년), 보험기간동안 관리용역제공

• A보험 : 100,000×2%=2,000 / B보험 : 400,000×2%+400,000×3%×6/24=11,000 →∴13,000

설치수수료

설치용역이 재화와 구별O	• 별도수행의무로 보아 개별판매가격비율로 배분하여 각각 수익인식 ➡설치용역은 기간에 걸쳐 수행되는 수행의무이므로 진행기준 적용함.
설치용역이 재화와 구별X	• 단일수행의무로 보아 재화의 통제가 이전되는 시점에 수익인식

사례 설치수수료 수익계산

✪ ㈜합격은 20x1년에 기계장치를 ㈜적중에 ₩1,000,000에 판매하고 사용가능하도록 기계장치를 설치해 주기로 하였다. 이러한 설치용역은 기계장치 판매에 부수적으로 제공되지 않으며, 판매금액 중에 개별판매가격비율로 배분한 설치용역수수료는 ₩100,000이다. 설치용역의 20x1년말 진행률은 20%이다.

• 20x1년 수익인식액 : (1,000,000-100,000)+100,000×20%=920,000

환불불가 선수수수료

거래형태	• 어떤 계약에서는 환불되지 않는 선수수수료를 계약 개시시점 등에 고객에게 부과함. ➡예 연회비, 헬스클럽 회원가입수수료, 통신계약의 가입수수료, 용역계약 준비수수료 등
수익인식	• 수행의무 식별위해 수수료가 약속한 재화·용역 이전에 관련되는지 판단하여 수익인식

FINAL 객관식뽀개기 실전적중문제

1. ㈜대한방송은 20x1년도에 ㈜갑과 광고제작(계약금액 ₩6,000) 및 이에 대한 광고방송(계약금액 ₩1,000) 계약을 체결하였다. 이와 관련된 자료는 다음과 같다.

〈광고제작〉

구분	20x1년	20x2년	20x3년	계
해당연도에 발생한 관련원가	₩500	₩1,500	₩1,500	₩3,500
추가발생이 예상되는 원가	₩2,500	₩1,000	-	

〈광고방송〉

구분	20x1년	20x2년	20x3년	계
해당연도에 발생한 관련원가	₩200	₩200	₩400	₩800
추가발생이 예상되는 원가	₩600	₩400	-	

㈜대한방송은 ㈜갑이 의뢰한 광고제작을 20x3년에 완성하여 20x3년 말에 광고방송을 실행하였다. ㈜대한방송이 각 연도에 인식할 수익은 얼마인가? 단, 수익을 진행기준에 따라 인식하는 경우, 진행률은 추정 총소요원가 대비 발생한 누적원가의 비율로 측정하며, 광고방송 계약은 1회 단발성 광고방송 계약으로 가정한다.

	20x1년	20x2년	20x3년
①	₩1,000	₩3,000	₩3,000
②	₩250	₩250	₩6,500
③	₩0	₩0	₩7,000
④	₩1,250	₩3,250	₩2,500
⑤	₩1,000	₩2,000	₩4,000

내비게이션

- 광고제작수수료는 진행기준으로 수익을 인식한다. 광고매체수수료는 대중에게 전달되는 시점(=광고방송 실행시점)인 20x3년에 전액(₩1,000) 인식한다.
- 광고제작수수료의 연도별 수익인식액
  - 20x1년 : $6,000\times\frac{500}{3,000}=1,000$
  - 20x2년 : $6,000\times\frac{2,000}{3,000}-1,000=3,000$
  - 20x3년 : $6,000\times\frac{3,500}{3,500}-(1,000+3,000)=2,000$

∴20x1년 1,000, 20x2년 3,000, 20x3년 1,000+2,000=3,000

2. 20x1년도 수익인식과 관련한 다음의 사례 중 옳지 않은 것은?

① 보험대리업을 영위하고 있는 ㈜우리는 20x1년 10월 1일 ㈜나라보험의 보험상품 중 하나에 대하여 ㈜평창과 계약을 체결하였다. 보험기간은 20x1년 10월 1일부터 1년이며, ㈜우리가 보험계약기간에 추가로 용역을 제공하여야 한다. ㈜우리는 20x1년 12월 1일 ㈜나라보험으로부터 동 보험계약대리수수료 ₩1,000,000을 수령하고 전액 20x1년도 수익으로 인식하였다.

② ㈜한국은 20x1년 12월 1일에 설치에 대한 용역이 재화의 판매에 부수되지 않는 섬유기계장치를 판매하고, 별도의 설치수수료 ₩500,000을 수령하였다. ㈜한국은 일정상 20x1년말까지 동 기계장치에 대한 설치를 시작하지 못하여, 수령한 설치수수료를 20x1년도 수익으로 인식하지 않았다.

③ 20x1년 11월 1일 ㈜대한휘트니스에 연회원으로 50명이 가입하였다. 연회원가입비(환급되지 않음)는 1인당 ₩45,000이며, 연회원은 가입후 1년 동안만 휘트니스 이용료를 할인받을 수 있다.. ㈜대한휘트니스는 20x1년 11월 1일에 가입한 회원으로부터 수령한 연회원가입비 중 ₩375,000(=50명×₩45,000×2/12)을 20x1년도 수익으로 인식하였다.

④ 광고제작사인 ㈜소백기획은 20x1년 9월 1일에 ㈜섬진으로부터 총금액 ₩6,000,000의 광고제작을 의뢰받고, 이를 6개월 안에 완성하기로 하였다. 20x1년말 현재 광고제작이 50% 완성되어 ㈜소백기획은 ₩3,000,000을 20x1년도 수익으로 인식하였다.

⑤ ㈜팔공은 20x1년 12월 1일에 ₩5,000,000의 상품을 판매하였다. 판매계약에 명시된 이유를 들어 구매자는 구매취소를 할 수 있다. 20x1년말 현재 반품가능성을 예측하기 힘들어 ㈜팔공은 20x1년도에 수익을 인식하지 않았다.

내비게이션

- 추가적인 관리용역을 제공하는 경우이므로 관리용역 수수료는 보험계약기간에 걸쳐 수익으로 인식한다.

서술형Correction연습

❒ 재화의 판매에 부수되는 설치수수료는 설치의 진행률에 따라 수익으로 인식한다.

➲ (X) : 단일수행의무로 보아 재화의 통제가 이전되는 시점에 인식

Answer 1. ① 2. ①

시험중요도 ★★☆

기본이론 제39강 거래유형별 수익인식(1)

<table>
<tr><td rowspan="3">미인도청구 약정</td><td>거래형태</td><td>• 미래 한 시점에 고객에게 이전할 때까지 기업이 제품을 물리적으로 점유하는 계약
➡예 고객이 제품보관 공간이 부족하여 기업에 이러한 계약체결을 요청할 수 있음.
• 이러한 계약에서는 기업이 물리적으로 점유하고 있더라도 고객이 제품을 통제할 수 있음.</td></tr>
<tr><td>통제요건</td><td>• 고객이 제품을 통제하기 위해서는 다음 기준을 모두 충족해야 함.
① 미인도청구약정의 이유가 실질적이어야 함.(예 고객이 그 약정을 요구하였다).
② 제품은 고객의 소유물로 구분하여 식별되어야 함.
③ 고객에게 제품을 물리적으로 이전할 준비가 현재 되어 있어야 함.
④ 기업이 제품 사용능력을 가질 수 없거나 다른 고객에게 넘길 능력을 가질 수 없음.</td></tr>
<tr><td>수익인식</td><td>• 고객이 제품을 통제하는 경우 수행의무를 이행한 것이므로 기업은 수익을 인식함.
주의 보관용역 수행의무로 거래가격의 일부를 배분해야 하는지를 고려해야 함.</td></tr>
<tr><td rowspan="3">주문개발 소프트웨어</td><td>거래형태</td><td>• 주문개발하는 소프트웨어의 대가로 수취하는 수수료</td></tr>
<tr><td>수익인식</td><td>• 진행기준에 따라 수익을 인식</td></tr>
<tr><td colspan="2">보론 판매가(거래가격)에 인도후 지원용역이 포함된 경우
❒ 별도로 식별되는 수행의무이므로 거래가격을 개발용역과 지원용역의 개별판매가격 비율로 배분하여 각각 별도로 수익을 인식함.</td></tr>
<tr><td rowspan="2">구매선택권</td><td>거래형태</td><td>• 무료나 할인된 가격으로 추가 재화나 용역을 취득할 수 있는 선택권을 고객에게 부여</td></tr>
<tr><td>수익인식</td><td>• 계약에서 추가 재화나 용역을 취득할 수 있는 선택권을 고객에게 부여하고 그 선택권이 그 계약을 체결하지 않으면 받을 수 없는 중요한 권리를 고객에게 제공하는 경우에만 그 선택권은 계약에서 수행의무가 생기게 함.
• 선택권이 고객에게 중요한 권리를 제공한다면, 고객은 사실상 미래 재화나 용역의 대가를 기업에 미리 지급한 것이므로 기업은 그 미래 재화나 용역이 이전되거나 선택권이 만료될 때 수익을 인식함.
➡판매시 제품과 할인권의 개별판매가격을 추정하여 거래가격을 배분함.
<table><tr><td>판매시</td><td>(차) 현금 1,000</td><td>(대) 수익(매출) 900
계약부채(할인권) 100</td></tr><tr><td>할인권 사용시</td><td>(차) 계약부채(할인권) 100
현금 600</td><td>(대) 수익(매출) 700</td></tr></table>보론 별도 독립적으로 수익을 인식하는 경우
❒ 재화·용역의 개별판매가격을 반영하는 가격으로 추가 취득할 수 있는 선택권이 있다면, 그 선택권은 고객에게 중요한 권리를 제공하지 않음. 이 경우는 고객이 추가 재화·용역을 매입하는 선택권을 행사하는 경우에만 수익을 인식함.</td></tr>
<tr><td rowspan="3">교환거래</td><td colspan="2">공통사례 상품A(원가 ₩2,500, 공정가치 ₩3,750)를 상품B(공정가치 ₩3,000)와 교환. 현금 ₩500 수령</td></tr>
<tr><td>성격·가치가 유사한 경우</td><td>• 수익인식 불가
➡∵상업적실질이 없어 고객과의 계약이 아님.
(차) 재고자산(상품B) 2,500 (대) 재고자산(상품A) 2,500</td></tr>
<tr><td>성격·가치가 상이한 경우</td><td>• 수익은 받은 재화·용역의 공정가치로 측정하되 현금수수를 반영함.
(차) 재고자산(상품B) 3,000 (대) 매출 3,500
현금 500
(차) 매출원가 2,500 (대) 재고자산(상품A) 2,500
참고 위 공정가치 측정불가시는 이전한 재화·용역의 공정가치로 측정함.</td></tr>
</table>

FINAL 객관식뽀개기 실전적중문제

1. 20x1년 1월 1일에 ㈜대한은 특수프린터와 예비부품을 제작하여 판매하기로 ㈜민국과 다음과 같이 계약을 체

> □ 특수프린터와 예비부품의 제작 소요기간은 2년이며, 특수프린터와 예비부품을 이전하는 약속은 서로 구별된다. 제작기간 중 제작을 완료한 부분에 대해 집행가능한 지급청구권이 ㈜대한에는 없다.
> □ 20x2년 12월 31일에 ㈜민국은 계약조건에 따라 특수프린터와 예비 부품을 검사한 후, 특수프린터는 ㈜민국의 사업장으로 인수하고 예비부품은 ㈜대한의 창고에 보관하도록 요청하였다.
> □ ㈜민국은 예비부품에 대한 법적 권리가 있고 그 부품은 ㈜민국의 소유물로 식별될 수 있다.
> □ ㈜대한은 자기 창고의 별도 구역에 예비부품을 보관하고 그 부품은 ㈜민국의 요청에 따라 즉시 운송할 준비가 되어 있다.
> □ ㈜대한은 예비부품을 2년에서 4년까지 보유할 것으로 예상하고 있으며, ㈜대한은 예비부품을 직접 사용하거나 다른 고객에게 넘길 능력은 없다.
> □ ㈜민국은 특수프린터를 인수한 20x2년 12월 31일에 계약상 대금을 전부 지급하였다.

상기 미인도청구약정에 관한 다음 설명 중 옳지 않은 것은?

① ㈜대한이 계약상 식별해야 하는 수행의무는 두 가지이다.
② 특수프린터에 대한 통제는 ㈜민국이 물리적으로 점유하는 때인 20x2년 12월 31일에 ㈜민국에게 이전된다.
③ ㈜대한은 예비부품에 대한 통제를 ㈜민국에게 이전한 20x2년 12월 31일에 예비부품 판매수익을 인식한다.
④ ㈜대한이 예비부품을 물리적으로 점유하고 있더라도 ㈜민국은 예비부품을 통제할 수 있다.
⑤ ㈜대한은 계약상 지급조건에 유의적인 금융요소가 포함되어 있는지를 고려해야 한다.

내비게이션

• 특수프린터와 예비부품을 이전하는 약속이 서로 구별되고 그 결과로 한 시점에 이행될 수행의무는 두 가지임. 또한 보관용역이 고객에게 제공되는 용역이고 특수프린터 및 예비부품과 구별되기 때문에 보관용역을 제공하는 약속을 하나의 수행의무로 식별함. 즉, 계약상 세 가지 수행의무(특수프린터, 예비부품, 보관용역을 제공하는 약속)를 회계처리함.

2. ㈜합격은 ㈜적중과 성격과 가치가 상이하고 공정가치를 신뢰성있게 측정할 수 있는 재고자산을 교환하였다. 다음 자료에 의해 ㈜합격이 교환시 인식할 매출액을 구하면 얼마인가?

> (1) ㈜합격의 교환시 재고자산 자료
> - 장부금액 : ₩10,000
> - 공정가치 : ₩13,000
>
> (2) ㈜적중의 교환시 재고자산 자료
> - 장부금액 : ₩9,000
> - 공정가치 : ₩12,000
>
> (3) 교환과정에서 ㈜합격은 ㈜적중으로부터 현금 ₩1,000을 수령하였다.

① 없음 ② ₩10,000 ③ ₩11,000
④ ₩13,000 ⑤ ₩14,000

내비게이션

• 12,000+1,000=13,000

• 회계처리

(차) 재고자산(신)	12,000	(대) 매출	13,000
현금	1,000		
(차) 매출원가	10,000	(대) 재고자산(구)	10,000

3. ㈜합격은 보유중인 재고자산을 ㈜적중이 보유중인 재고자산과 교환하였다. 동 교환거래는 성격과 가치가 상이한 재화의 교환거래이며, 관련 정보가 다음과 같을 때 ㈜합격이 동 거래에서 인식할 매출총이익을 계산하면 얼마인가?

구분	원가	공정가치
㈜합격이 보유중인 재고자산	₩5,400,000	₩6,000,000
㈜적중이 보유중인 재고자산	₩4,500,000	₩7,200,000

① ₩900,000 ② ₩1,200,000 ③ ₩1,800,000
④ ₩2,400,000 ⑤ ₩0

• 7,200,000-5,400,000=1,800,000

Answer 1. ① 2. ④ 3. ③

제1편 재무회계
제2편 원가관리회계
합본부록 IFRS심화논제

시험중요도 ★★☆

기본이론 제40강  거래유형별 수익인식(2)

구분	세부	내용
중간상판매	거래형태	• 유통업자, 판매자, 또는 재판매를 목적으로 하는 기타상인 등과 같은 중간상에 대한 판매
	수익인식	① 중간상이 고객인 경우 : 재화에 대한 통제가 구매자(=중간상)에게 이전되는 시점에 인식 ② 중간상이 대리인인 경우 : 구매자(=중간상)가 대리인 역할만을 한다면 위탁판매로 처리
정기간행물 구독료	품목가액이 매기 비슷한 경우	• 발송기간에 걸쳐 정액기준(정액법)으로 수익을 인식 예시 당기 5.1에 1년분 정기구독료 ₩12,000 수령시 당기수익? →당기수익 : 12,000×8/12
	품목가액이 기간별로 다른 경우	• 발송된 품목의 판매가액이 구독신청을 받은 모든 품목의 추정총판매가액(=할인전 판매가)에서 차지하는 비율에 따라 수익을 인식 예시 권당 판매가 ₩10,000의 1개월 구독료는 ₩10,000, 2개월구독료는 ₩19,000, 3개월 구독료는 ₩27,000이며, 당기 12월에 기간별로 각각 1명씩 구독신청을 받아 ₩56,000을 수령 →당기수익 : $56,000 \times \frac{10,000 \times 3권}{10,000 \times 6권} = 28,000$
검사조건부 판매 (고객의인수)	합의한 규격에 따른 것인지를 객관적으로 판단할 수 있는 경우	• 인수수락여부에 관계없이 인수 전이라도 이전시점에 수익인식함.
	합의한 규격에 따른 것인지를 객관적으로 판단할 수 없는 경우	• 인수시점에 수익인식 ➡예 시험·평가 목적으로 인도하고 시험기간이 경과할 때까지 어떤 대가도 지급치 않기로 확약시, 인수하는 때나 시험기간이 경과할 때까지는 통제는 고객에게 이전되지 않은 것임.
인도결제 판매	거래형태	• cash on delivery sales
	수익인식	• 인도가 완료되고 판매자나 판매자의 대리인이 현금을 수취할 때 수익을 인식
완납인도 예약판매	거래형태	• 구매자가 최종 할부금을 지급한 경우에만 재화가 인도되는 판매
	수익인식	• 재화를 인도하는 시점에만 수익을 인식
입장료	일반적인 경우	• 예술공연 등 행사가 개최되는 시점에 수익을 인식
	하나의 입장권으로 여러행사에 참여가능한 경우	• 입장료수익은 각각의 행사를 위한 용역의 수행된 정도가 반영된 기준에 따라 각 행사에 배분하여 인식
수강료	수익인식	• 강의기간에 걸쳐 수익으로 인식
재고없는 재화주문	거래형태	• 현재 재고가 없는 재화를 인도하기 전에 미리 판매대금의 전부·일부를 수취하는 주문 ➡예 생산중인 재화나 제3자가 고객에게 직접 인도하는 재화의 경우
	수익인식	• 고객에게 재화를 인도한 시점에 수익을 인식
고객미행사 권리	거래형태	• 고객으로부터 받은 환불불가 선급금을 기업이 선수금(계약부채) 계상시 고객이 행사하지 않는 권리가 발생할 수 있음.➡'미행사부분(breakage)'이라 부름.
	수익인식	① 기업이 계약부채 중 미행사 금액을 받을 권리를 갖게 될 것으로 예상된다면, 그 예상되는 미행사 금액을 수익인식함.➡(차) 선수금 xxx (대) 수익 xxx ② 기업이 미행사 금액을 받을 권리를 갖게 될 것으로 예상되지 않는다면, 고객이 그 남은 권리를 행사할 가능성이 희박해질 때 예상되는 미행사 금액을 수익인식함.
	부채인식	• 미행사부분 대가를 다른 당사자(예 정부기관)에게 납부하도록 요구받는 경우에는 받은 대가를 수익이 아닌 부채로 인식함.➡(차) 선수금 xxx (대) 미지급금 xxx
판매가포함 용역대가	거래형태	• 제품판매가격에 판매후 제공할 용역에 대한 식별가능한 금액이 포함되어 있는 경우
	수익인식	• 거래가격을 개별판매가격 비율로 배분하여 각각 별도로 수익인식함.

FINAL 객관식뽀개기 실전적중문제

1. 다음은 한국채택국제회계기준 제1115호 '고객과의 계약에서 생기는 수익'에서 규정하고 있는 내용이다. 설명 및 적용에 있어 가장 올바르지 않은 것은?

① 고객이 자산을 인수하는 것을 조건부로 하는 거래에서는 항상 고객의 인수를 확인 받은 후에 수익을 인식한다. 왜냐하면 고객의 인수 조항에서는 재화나 용역이 합의한 규격에 부합하지 않는 경우에 고객의 계약 취소를 허용하거나 기업의 개선 조치(remedial action)를 요구할 수 있기 때문이다.

② ㈜합격은 월간지를 제작 판매하는 기업으로 20x1년 10월 1일 고객 1명이 월간지를 1년간 정기구독하고 ₩125,000을 계좌 이체하였다. 월간지의 판매금액은 ₩12,500이므로 ㈜합격은 20x1년도에 ₩31,250을 수익으로 인식하여야 한다.

③ ㈜적중은 20x1년 12월 15일 중간상인 ㈜만점에 상품을 판매하고 ₩75,000을 현금으로 수취하였다. ㈜만점은 ㈜적중의 대리인이 아니며, 상품에 대한 통제는 상품의 인도와 동시에 ㈜만점에 이전되었다. ㈜적중은 20x1년도에 ₩75,000을 수익으로 인식하여야 한다.

④ 시험·평가 목적으로 제품을 고객에게 인도하고 고객이 시험기간이 경과할 때까지 어떠한 대가도 지급하지 않기로 확약한 경우에 고객이 제품을 인수하는 때나 시험기간이 경과할 때까지 제품에 대한 통제는 고객에게 이전되지 않은 것이다.

⑤ 제품의 미인도청구 판매를 수익으로 인식하는 경우에 보관용역이 별도의 수행의무로 식별되는 경우에는 거래가격의 일부를 배분하여 별도로 수익을 인식해야 한다.

내비게이션

- ① 계약에서 합의한 규격에 따라 재화나 용역에 대한 통제가 고객에게 이전되었음을 객관적으로 판단할 수 있다면, 고객의 인수는 고객이 재화나 용역을 언제 통제하게 되는지 판단하는 데에 영향을 미치지 않는 형식적인 것이다. 이 경우에는 고객이 인수하기 전에 수익을 인식할 수 있다. 따라서, 항상 고객의 인수를 확인 받은 후에 수익을 인식한다는 문구는 틀린 설명이다.
  ② $125,000\times3/12=31,250$

2. ㈜합격은 20x1년 9월에 월간지 '회계와 사람들'의 창간호를 발간하였다. 매월호의 판매가격은 ₩12,000이며 연간 구독료는 ₩120,000이다. 관련 자료가 다음과 같을 때 ㈜합격이 20x1년 인식할 수익금액을 계산하면 얼마인가?

> (1) 20x1년 9월에 300명으로부터 연간 구독료 ₩36,000,000(=₩120,000x300명)을 수령하였다.
> (2) 20x1년 11월에 450명으로부터 연간 구독료 ₩54,000,000(=₩120,000x450명)을 수령하였다.
> (3) 12월과 7월에는 특대호가 출간되므로 매월호의 판매가격이 ₩12,000이 아닌 ₩15,000에 판매한다.

① ₩9,720,000 ② ₩21,000,000 ③ ₩21,960,000
④ ₩21,960,000 ⑤ ₩90,000,000

내비게이션

- 9월분 매출액

$$36,000,000\times\frac{300\text{명}\times(12,000\times3+15,000\times1)}{300\text{명}\times(12,000\times10+15,000\times2)}=12,240,000$$

- 11월분 매출액

$$54,000,000\times\frac{450\text{명}\times(12,000\times1+15,000\times1)}{450\text{명}\times(12,000\times10+15,000\times2)}=9,720,000$$

$\therefore 12,240,000+9,720,000=21,960,000$

서술형Correction연습

❒ 인도결제판매의 경우 인도시점에 대금 결제여부에 관계없이 수익을 인식한다.

➲ (X) : 인도완료되고 판매자나 판매자의 대리인이 현금을 수취할 때 수익을 인식한다.

❒ 완납인도 예약판매(Lay away sales)는 수취하는 할부금에 따라 수익을 인식한다.

➲ (X) : 재화를 인도하는 시점에만 수익을 인식한다.

❒ 유통업자, 판매자, 또는 재판매를 목적으로 하는 기타상인 등과 같은 중간상에 대한 판매에 따른 수익은 인도시점에 수익을 인식한다.

➲ (X) : 통제가 이전되는 시점에 인식한다.

❒ 출판물 및 이와 유사한 품목의 구독은 해당 품목의 가액이 매기 비슷한 경우에는 발송된 품목의 판매가액이 구독신청을 받은 모든 품목의 추정 총판매가액에서 차지하는 비율에 따라 수익을 인식한다.

➲ (X) : 발송기간에 걸쳐 정액기준(정액법)으로 수익을 인식한다.

시험중요도 ★★☆

기본이론 제41강  건설계약 | 건설계약 일반사항

구분	항목	내용
건설계약	의의	• 건설계약은 단일자산이나 복수자산 건설을 위해 구체적으로 협의된 계약을 의미함. ➡공사관리의 설계용역계약과 같이 자산건설에 직접 관련 용역제공계약을 포함함.
	분류	• 정액건설계약과 원가보상계약(원가의 일정비율로 보상)으로 분류됨.
계약수익	측정	• 건설업자가 발주자로부터 지급받을 건설계약금액에 근거하여 계상하며, 수령하였거나 수령할 대가의 공정가치로 측정함. ➡계약수익은 미래 불확실성에 따라 증감가능함. 주의 계약수익과 계약원가에 대한 추정치의 변경은 회계추정의 변경으로 처리함.
	구성항목	① 최초에 합의한 계약금액 ② 공사변경, 보상금 및 장려금에 따라 추가되는 금액 보론 ❒ 공사변경 : 수익의 측정가능성은 물론 발주자의 승인가능성이 높아야함. ❒ 보상금 : 수익의 측정가능성은 물론 발주자의 수락가능성이 높아야함.
계약원가	구성항목	**계약직접원가** ① 현장감독포함 현장인력 노무원가, 건설에 사용된 재료원가 ② 계약에 사용된 생산설비·건설장비의 감가상각비 ③ 생산설비·건설장비·재료를 현장으로 운반 또는 현장에서 운반하는 데 소요되는 원가, 생산설비·건설장비의 임차원가 ④ 계약과 직접관련 설계·기술지원원가, 제3자의 보상금 청구 ⑤ 예상하자보수원가를 포함한 복구 및 보증공사의 추정원가 주의 계약직접원가는 잉여자재판매등 부수이익만큼 차감함. **계약공통원가** ① 보험료, 특정계약에 직접 관련되지 않은 설계·기술지원원가 ② 건설간접원가(사무처리원가 포함), 차입원가 주의 계약공통원가의 원가배분은 건설의 정상조업도에 기초함. →실제조업도에 기초하는 것이 아님.
	제외항목	① 계약에 보상이 명시되어 있지 않은 일반관리원가와 연구개발원가 ② 판매원가, 특정계약에 사용하지 않는 유휴 생산설비·건설장비의 감가상각비
	특수한 계약원가	① 다음의 원가는 진행률 산정을 위한 누적발생계약원가에서 제외함. • 사용을 위해 준비된 재료의 원가와 같은 계약상 미래 활동과 관련된 계약원가 • 하도급자에게 선급한 금액 ② 계약체결전 발생원가는 다음 요건 충족시 계약원가에 포함함.(단, 진행률에는 제외) • 계약에 직접관련되며, 개별적으로 식별이 가능하다. • 금액을 신뢰성 있게 측정할 수 있고, 계약의 체결가능성이 높다. 주의 계약체결 과정에서 발생원가를 발생기간의 비용으로 인식한 경우에는 공사계약이 후속기간에 체결되더라도 계약원가에 포함하지 않음.
수익인식	수익인식방법	• 장·단기 모두 진행기준에 의함.(∵기간에 걸쳐 이행하는 수행의무) 보론 이론적 근거 : 수익·비용대응의 원칙(즉, 계약원가 발생에 계약수익을 대응)
	진행률측정	• 원가비율, 측량비율, 물리적 완성비율등 다양한 방법으로 측정함. 주의 오직 원가비율(누적계약원가÷추정총계약원가)만 적용되는 것이 아님. 보론 발주자에게서 수령한 기성금과 선수금은 진행률로 사용할 수 없음.
분할 · 병합	분할	• 단일건설계약이 복수자산을 포함하는 경우 소정 요건충족시 각 자산의 건설을 별개의 건설계약으로 봄.
	병합	• 소정요건을 충족시 복수건설계약은 단일 건설계약으로 봄.

FINAL 객관식뽀개기

실전적중문제

1. ㈜일산은 20x1년도에 ㈜분당으로부터 컨설팅용역을 수주하고 진행기준을 적용하여 회계처리를 하고 있다. 컨설팅용역은 20x3년도 말까지 계속 제공될 예정이며, 계약금액은 총 ₩50,000이다. 진행기준을 적용함에 있어서 진행률은 발생 누적원가를 총 추정원가로 나눈 비율을 사용하며, 3개년 동안 발생한 컨설팅용역과 관련된 자료는 다음과 같다. 20x2년도에 ㈜일산의 용역손익은 얼마인가? [관세사기출]

구분	20x1년	20x2년	20x3년
당기발생용역원가	₩10,000	₩15,000	₩20,000
용역완료시까지 추가소요원가	₩30,000	₩25,000	

① ₩5,000 손실 ② ₩2,500 손실 ③ ₩2,500 이익
④ ₩5,000 이익 ⑤ ₩10,000 이익

내비게이션

• 계약손익 계산

	20x1년	20x2년
진행률	1,000÷40,000=25%	25,000÷50,000=50%
계약수익	50,000×25%=12,500	50,000×50%-12,500=12,500
계약원가	10,000	15,000
계약손익	2,500	(2,500)

2. ㈜감평은 20x1년 중 ㈜한국이 주문한 맞춤형 특수기계를 ₩10,000에 제작하는 계약을 체결하였다. 20x1년에 발생한 제작원가는 ₩2,000이고, 추정 총원가는 ₩8,000이다. 20x2년에 설계변경이 있었고, 이로 인한 원가상승을 반영하여 계약금액을 ₩12,000으로 변경하였다. 20x2년에 발생한 제작원가는 ₩4,000이고, 추정 총원가는 ₩10,000이다. 이 기계는 20x3년 3월 31일에 완성되었다. 원가기준 투입법으로 진행률을 측정할 때, ㈜감평이 동 계약과 관련하여 20x2년도에 인식할 이익은? [감평사기출]

① ₩300 ② ₩400 ③ ₩500
④ ₩600 ⑤ ₩700

내비게이션

• 계약손익 계산

	20x1년	20x2년
진행률	2,000÷8,000=25%	6,000÷10,000=60%
계약수익	10,000×25%=2,500	12,000×60%-2,500=4,700
계약원가	2,000	4,000
계약손익	500	700

3. 건설계약과 관련한 다음의 설명 중 가장 옳은 것은?

① 건설계약에는 공사관리와 설계용역의 계약과 같이 자산의 건설에 직접 관련된 용역제공 계약과 자산의 철거나 원상회복, 그리고 자산의 철거에 따르는 환경 복구에 관한 계약은 포함하지 않는다.
② 잉여자재를 판매하거나 계약종료시점에 생산설비와 건설장비를 처분하여 발생하는 이익은 특정계약에 직접 관련된 원가에서 차감하지 아니한다.
③ 배분할 수 있는 공통원가의 원가배분은 건설활동의 실제조업도 수준에 기초한다.
④ 생산설비, 건설장비 및 재료를 현장으로 운반하거나 현장에서 운반하는 데 소요되는 원가는 계약원가에 포함된다.
⑤ 발주자에게서 수령한 기성금과 선수금은 흔히 수행한 공사의 정도를 반영할수 있다.

내비게이션

• ① 포함하지 않는다(X) → 포함한다(O)

보론	건설계약의 유형
❒ 공사관리와 설계용역의 계약과 같이 자산의 건설에 직접 관련된 용역제공 계약 ❒ 자산의 철거나 원상회복, 그리고 자산의 철거에 따르는 환경복구에 관한 계약	

② 차감하지 않는다(X) → 차감한다(O)
③ 실제조업도(X) → 정상조업도(O)
⑤ 수행한 공사의 정도를 반영하지 못하므로 진행률로 사용할 수 없다.

서술형Correction연습

❒ 건설계약의 진행률은 수행한 공사에 대하여 발생한 누적발생계약원가를 추정총계약원가로 나눈 비율인원가기준으로만 산정한다.

➲ (X) : 원가, 수행한 공사의 측량, 계약 공사의 물리적 완성비율과 같이 계약의 성격에 따라 다양한 방식으로 결정될수 있다.

❒ 하도급계약에 따라 수행될 공사에 대해 하도급자에게 선급한 금액은 진행률 산정시 누적발생원가에 포함한다.

➲ (X) : 제외한다.

❒ 특정 계약에 사용하지 않는 유휴 생산설비나 건설장비의 감가상각비도 특정계약에 직접 관련된 원가에 해당한다.

➲ (X) : 건설계약의 원가에서 제외한다.

Answer 1. ② 2. ⑤ 3. ④

시험중요도 ★★★

기본이론 제42강 건설계약 기본회계처리

구분	항목	내용
계약원가발생	처리방법	• 계약직접원가와 배분된 계약공통원가를 미성공사로 인식
	회계처리	• (차) 미성공사 xxx (대) 현금 등 xxx
계약대금청구	처리방법	• 공사미수금 : 자산처리 • 진행청구액 : 임시계정으로 부채처리
	회계처리	• (차) 공사미수금 xxx (대) 진행청구액 xxx
	비교 일반기업회계기준	❐ 계약대금청구에 대한 회계처리 없음.
계약대금수령	처리방법	• 수령액을 공사미수금과 상계
	회계처리	• (차) 현금 xxx (대) 공사미수금 xxx 공사선수금 xxx
계약수익인식·계약원가인식	처리방법	• 당기계약수익금액 ❐ 건설계약금액 × 진행률 − 전기누적계약수익 • 당기계약원가금액 ❐ 추정총계약원가 × 진행률 − 전기누적계약원가 • 당기 계약이익을 미성공사로 추가 계상 • 기말 미성공사잔액 : 누적계약수익과 동일 • 당기계약이익금액 ❐ 당기총계약이익 × 당기진행률 − 전기총계약이익 × 전기진행률
	회계처리	• (차) 계약원가 xxx (대) 계약수익 xxx 미성공사
	비교 일반기업회계기준	❐ K-IFRS는 계약원가도 진행률을 기준으로 인식하도록 하고 있으나, 일반기업회계기준에서는 당기 공사원가(계약원가)는 진행률이 아니라 당기 실제발생한 공사원가로 함.
공시방법		• 미성공사금액 〉 진행청구액 : 차액을 '미청구공사' 과목으로 자산 처리 • 미성공사금액 〈 진행청구액 : 차액을 '초과청구공사' 과목으로 부채 처리 〈유동자산〉 미청구공사: 미성공사 xxx, 진행청구액 (xxx) xxx 〈유동부채〉 초과청구공사: 진행청구액 xxx, 미성공사 (xxx) xxx
	비교 일반기업회계기준	❐ 미청구공사, 초과청구공사에 대한 규정 없음.
공사완성	처리방법	• 완성시 미성공사·진행청구액금액 : 건설계약금액과 동일 • 미성공사와 진행청구액을 상계하여 재무상태표에서 제거
	회계처리	• (차) 진행청구액 xxx (대) 미성공사 xxx

FINAL 객관식뽀개기 실전적중문제

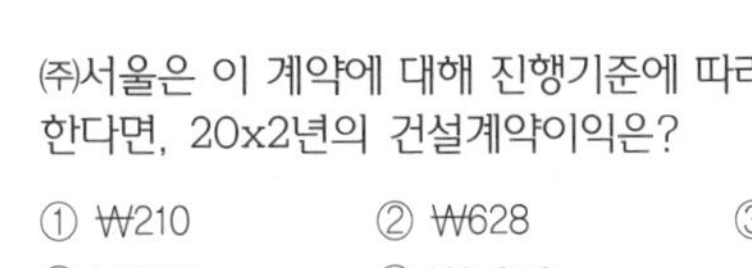

1. ㈜가을건설은 20x1년 7월 초에 총계약금액 ₩2,000,000의 도로건설 계약을 수주하고 공사진행기준을 적용하여 회계처리를 하고 있다. 20x1년도 계약원가 발생액은 ₩400,000이었으며 이후 완성시까지 추가로 발생할 것으로 예상되는 원가는 ₩1,200,000이다. 20x1년도에 공사 관련 계약금액 청구액은 ₩450,000이며 이 중에서 회수한 금액은 ₩350,000이었다. 이 계약과 관련하여 20x1년도에 인식할 계약손익은?(단, 진행률은 발생누적계약원가를 추정총계약원가로 나눈 비율을 사용한다.) [관세사기출]

① ₩0 ② ₩50,000 손실
③ ₩50,000 이익 ④ ₩100,000 손실
⑤ ₩100,000 이익

내비게이션

• 계약수익 : $2,000,000\times\frac{400,000}{400,000+1,200,000}=500,000$
∴500,000-400,000=100,000(계약이익)

2. A사는 20x1년 1월 1일에 ₩1,000,000의 건설공사를 수주받아 즉시 공사를 시작하였으며, 20x2년 말에 완공하였다. 위 공사와 관련된 연도별 누적발생계약원가와 추정총계약원가는 다음과 같다. 주어진 자료를 이용하여 진행률을 적용할 경우, A사가 20x2년도에 인식할 계약이익은 얼마인가? [관세사기출]

구분	20x1년	20x2년
누적발생계약원가	₩400,000	₩800,000
추정총계약원가	₩800,000	₩800,000

① ₩0 ② ₩50,000 ③ ₩100,000
④ ₩150,000 ⑤ ₩200,000

내비게이션

• 계약수익 : $1,000,000\times\frac{800,000}{800,000}-1,000,000\times\frac{400,000}{800,000}=500,000$
• 계약원가 : 800,000-400,000=400,000
∴500,000-400,000=100,000(계약이익)

3. ㈜서울은 20x1년 2월 1일에 총계약금액 ₩6,000의 공장건설계약을 수주하였다. 이 공장은 20x3년 말에 완공될 예정이며, 건설에 소요될 원가는 ₩4,000으로 추정되었으며, 관련 자료는 다음과 같다.

구분	20x1년	20x2년	20x3년
누적건설원가	₩1,500	₩2,640	₩4,600
남은 건설원가	₩2,500	₩1,760	₩0
누적계약대금 회수액	₩2,000	₩4,000	₩6,000

㈜서울은 이 계약에 대해 진행기준에 따라 수익을 인식한다면, 20x2년의 건설계약이익은? [감평사기출]

① ₩210 ② ₩628 ③ ₩750
④ ₩960 ⑤ ₩1,350

내비게이션

• 계약수익 : $6,000\times\frac{2,640}{2,640+1,760}-6,000\times\frac{1,500}{1,500+2,500}=1,350$
• 계약원가 : 2,640-1,500=1,140
∴1,350-1,140=210(계약이익)

4. ㈜감평은 20x1년초에 도급금액 ₩1,000,000인 건설공사를 수주하고, 20x3년말에 공사를 완공하였다. 이와 관련된 원가자료는 다음과 같다. ㈜감평이 20x1년도 포괄손익계산서에 인식할 공사손익과 20x1년말 재무상태표에 표시할 미청구공사(또는 초과청구공사) 금액은?(단, 진행률은 발생누적계약원가를 추정총계약원가로 나눈 비율로 계산한다.) [감평사기출]

구분	20x1년	20x2년	20x3년
실제발생 공사원가	₩320,000	₩200,000	₩250,000
연도말 예상 추가원가	₩480,000	₩280,000	-
계약대금 청구액	₩350,000	₩350,000	₩300,000

	공사이익(손실)	미청구공사(초과청구공사)
①	₩80,000	₩50,000
②	₩60,000	₩30,000
③	₩60,000	₩(30,000)
④	₩80,000	₩(50,000)
⑤	₩80,000	₩30,000

내비게이션

• 계약수익(=미성공사) : $1,000,000\times\frac{320,000}{320,000+480,000}=400,000$
• 진행청구액 : 350,000
∴공사이익 : 400,000-320,000=80,000
미청구공사 : 400,000(미성공사)-350,000(진행청구액)=50,000

Answer 1. ⑤ 2. ③ 3. ① 4. ①

제1편 재무회계 제2편 원가관리회계 합본부록 IFRS심화논제

기본이론 제43강 건설계약의 적용

공통사례

❂ 건설계약금액은 ₩1,000,000이고, 관련자료는 다음과 같다. 20x2년 자재가격상승으로 건설계약금액을 ₩1,100,000으로 조정하였다.

구분	20x1년	20x2년	20x3년
누적발생계약원가	₩320,000	₩510,000	₩900,000
완성시까지 추가계약원가	₩480,000	₩340,000	–
추정총계약원가	₩800,000	₩850,000	₩900,000
계약대금청구액	₩250,000	₩400,000	₩450,000
계약대금수령액	₩200,000	₩350,000	₩550,000

계약이익계산

	20x1년	20x2년	20x3년
진행률	320,000÷800,000=40%	510,000÷850,000=60%	900,000÷900,000=100%
계약수익	1,000,000×40%=400,000	1,100,000×60%-400,000=260,000	1,100,000-660,000=440,000
계약원가	320,000	190,000	390,000
계약이익	80,000	70,000	50,000

회계처리

연도	차변	금액	대변	금액
20x1년	• (차) 미성공사	320,000	(대) 현금	320,000
	• (차) 공사미수금	250,000	(대) 진행청구액	250,000
	• (차) 현금	200,000	(대) 공사미수금	200,000
	• (차) 계약원가	320,000	(대) 계약수익	400,000
	미성공사	80,000		
20x2년	• (차) 미성공사	190,000	(대) 현금	190,000
	• (차) 공사미수금	400,000	(대) 진행청구액	400,000
	• (차) 현금	350,000	(대) 공사미수금	350,000
	• (차) 계약원가	190,000	(대) 계약수익	260,000
	미성공사	70,000		
20x3년	• (차) 미성공사	390,000	(대) 현금	390,000
	• (차) 공사미수금	450,000	(대) 진행청구액	450,000
	• (차) 현금	550,000	(대) 공사미수금	550,000
	• (차) 계약원가	390,000	(대) 계약수익	440,000
	미성공사	50,000		
	(차) 진행청구액	1,100,000	(대) 미성공사	1,100,000

공시방법

부분재무상태표(20x1년)

〈유동자산〉		
공사미수금		**50,000**
미청구공사		
미성공사	400,000	
진행청구액	(250,000)	150,000

부분재무상태표(20x2년)

〈유동자산〉		
공사미수금		**100,000**
미청구공사		
미성공사	660,000	
진행청구액	(650,000)	10,000

FINAL 객관식뽀개기 실전적중문제

1. ㈜관세는 20x1년 1월 1일에 계약금액 ₩60,000의 공장 건설계약을 체결하였고, 장기공사계약에 대해 진행기준을 적용해 수익을 인식하고 있다. 공사진행률은 누적발생공사원가에 기초하여 측정한다. 20x1년말 현재 공사진행률은 20%, 인식한 이익의 누계액은 ₩3,000이고, 추정 총계약원가는 ₩45,000이다. 또한, 20x2년말 현재 공사진행률은 60%, 인식한 이익의 누계액은 ₩7,200이고, 추정 총계약원가는 ₩48,000이다. 20x2년도에 발생한 계약원가는? [관세사기출]

① ₩19,200 ② ₩19,800 ③ ₩21,000
④ ₩28,800 ⑤ ₩30,200

내비게이션

• 20x1년 발생계약원가 : $\frac{A}{45,000}$=20% →A=9,000

• 20x2년 누적계약원가 : $\frac{B}{48,000}$=60% →B=28,800

∴20x1년 발생계약원가 : 28,800-9,000=19,800

2. 건설업체 ㈜감평은 20x1년 5월 1일 ㈜대한과 도급계약을 체결하였다. ㈜감평은 진행기준에 의해 수익과 비용을 인식하며 진행률은 발생한 누적계약원가를 추정총계약원가로 나눈 비율로 측정한다. 공사기간은 20x4년 12월 31일까지이다. 최초 계약금액은 ₩100,000이었으며, 계약금액의 변동내역, 원가 등에 관한 자료가 다음과 같을 때 20x3년 말 미청구공사 잔액은? [감평사기출]

(단위 : ₩)

	20x1	20x2	20x3	20x4
당기 계약금액의 증가분 (공사변경, 보상금, 장려금)	0	0	20,000	10,000
누적발생계약원가	20,000	45,000	68,000	86,000
각 연도말에 추정한 예상추가원가	60,000	45,000	17,000	-
대금청구액	30,000	40,000	20,000	40,000
대금회수액	20,000	30,000	20,000	60,000

① ₩3,000 ② ₩4,000 ③ ₩5,000
④ ₩6,000 ⑤ ₩7,000

내비게이션

• 미성공사(=누적계약수익) :

$$(100,000+20,000)\times\frac{68,000}{68,000+17,000}=96,000$$

• 진행청구액 : 30,000+40,000+20,000=90,000

∴96,000(미성공사)-90,000(진행청구액)=6,000(미청구공사)

3. ㈜대한은 20x1년 1월 1일에 댐건설을 위하여 정부와 건설계약(공사기간 3년, 도급금액 ₩12,000,000)을 체결하고, 계약금 ₩600,000을 수취하였다. ㈜대한은 동 건설계약의 수익을 진행기준으로 인식하며, 발생한 누적계약원가를 기준으로 진행률을 계산한다. 동 건설계약과 관련된 연도별 자료가 다음과 같을 때 옳지 않은 것은? [세무사기출]

구분	20x1년	20x2년	20x3년
당기실제발생 계약원가	₩4,000,000	₩2,600,000	₩4,400,000
예상 추가계약원가	₩6,000,000	₩4,400,000	-
공사대금청구액 (계약금포함)	₩2,800,000	₩3,200,000	₩6,000,000
공사대금회수액 (계약금포함)	₩2,600,000	₩3,000,000	₩6,400,000

① 20x2년도 공사손실은 ₩200,000이다.
② 20x3년도 계약수익은 ₩4,800,000이다.
③ 20x1년 말 미청구공사 금액은 ₩2,000,000이다.
④ 20x2년 말 미성공사 금액은 ₩7,200,000이다.
⑤ 20x1년 말 공사미수금 금액은 ₩800,000이다.

• 연도별 계약손익

	20x1년	20x2년	20x3년
진행률	4,000÷10,000=40%	6,600÷11,000=60%	100%
계약수익	4,800,000	2,400,000	4,800,000
계약원가	4,000,000	2,600,000	4,400,000
계약손익	800,000	(200,000)	400,000

• 20x1년말 미청구공사
4,800,000(미성공사=누적계약수익)-2,800,000(진행청구액)=2,000,000
• 20x2년말 미성공사(=누적계약수익) : 4,800,000+2,400,000=7,200,000
• 20x1년말 공사미수금 : 2,800,000(청구액)-2,600,000(회수액)=200,000

Answer 1. ② 2. ④ 3. ⑤

시험중요도 ★★★

기본이론 제44강 건설계약 총예상손실

예상손실 인식

구분	내용
의의	• 총계약원가가 총계약수익을 초과할 가능성이 높은 경우 예상손실을 즉시 비용인식함.
당기계약손실	❐ 총계약손실예상액 + 전기이전까지 누적계약이익
예상손실	❐ 추가소요원가 - 건설계약금액 × (1 - 현재진행률)
손실예상시 미성공사금액	❐ 일반적인 경우 : 미성공사금액 = 누적계약수익 ❐ 손실예상시 : 미성공사금액 = 누적계약수익 - 예상손실

보론 예상손실은 공사가 시작되었는지의 여부, 계약활동의 진행정도와 관계없이 결정됨.

세부고찰

사례 전체손실예상시 회계처리

◎ 총건설계약금액은 ₩2,000,000이다.

구분	20x1년	20x2년	20x3년
당기발생계약원가	₩60,000	₩1,080,000	₩470,000
완성시까지 추가소요원가	₩1,000,000	₩420,000	-
추정총계약원가	₩1,600,000	₩2,100,000	₩2,150,000
계약대금청구액	₩700,000	₩1,100,000	₩200,000
계약대금수령액	₩600,000	₩900,000	₩500,000

풀이

구분	20x1년	20x2년	20x3년
진행률	37.5%	80%	100%
계약수익	750,000	850,000	400,000
계약원가	600,000	1,100,000[1]	450,000[2]
계약손익	150,000	(250,000)	(50,000)

• 20x2년 전체손실예상액 : 100,000
• 20x2년 계약손실 : 100,000+150,000=250,000
• 예상손실 : 420,000−2,000,000×(1−80%)=20,000

[1] 1,080,000+20,000=1,100,000
[2] 470,000−20,000=450,000

• 20x1년 이익 150,000, 20x2년 손실 230,000(850,000−1,080,000) 합치면 손실 80,000
→∴손실 20,000 더 인식하여 전체손실예상액 100,000이 되게 하기위해 계약원가에 20,000 가산함
• 20x3년 손실 70,000(400,000−470,000) 중 손실 20,000은 이미 전기에 인식했으므로 당기에는 손실 50,000이 되도록 20,000을 계약원가에서 차감함.

연도	구분	차변	금액	대변	금액
20x1년	계약원가발생시	(차) 미성공사	600,000	(대) 현금	600,000
	계약대금청구시	(차) 공사미수금	700,000	(대) 진행청구액	700,000
	계약대금수령시	(차) 현금	600,000	(대) 공사미수금	600,000
	결산시	(차) 계약원가	600,000	(대) 계약수익	750,000
		미성공사	150,000		
20x2년	계약원가발생시	(차) 미성공사	1,080,000	(대) 현금	1,080,000
	계약대금청구시	(차) 공사미수금	1,100,000	(대) 진행청구액	1,100,000
	계약대금수령시	(차) 현금	900,000	(대) 공사미수금	900,000
	결산시	(차) 계약원가	1,100,000	(대) 계약수익	850,000
				미성공사	250,000
20x3년	계약원가발생시	(차) 미성공사	470,000	(대) 현금	470,000
	계약대금청구시	(차) 공사미수금	200,000	(대) 진행청구액	200,000
	계약대금수령시	(차) 현금	500,000	(대) 공사미수금	500,000
	결산시	(차) 계약원가	450,000	(대) 계약수익	400,000
				미성공사	50,000
		(차) 진행청구액	2,000,000	(대) 미성공사	2,000,000

FINAL 객관식뽀개기 실전적중문제

1. ㈜감평은 20x1년 1월 1일에 공사계약(계약금액 ₩6,000)을 체결하였으며 20x3년 말에 완공될 예정이다. ㈜감평은 진행기준에 따라 수익과 비용을 인식하며, 진행률은 추정총계약원가 대비 발생한 누적계약원가의 비율을 사용한다. 공사 관련 자료가 다음과 같을 때 20x2년의 공사계약손실은? [감평사기출]

구분	20x1년	20x2년
발생한 누적계약원가	₩1,200	₩5,100
완성까지 추가계약원가 예상액	₩3,600	₩2,400
계약대금 회수액	₩1,300	₩2,500

① ₩1,300 ② ₩1,320 ③ ₩1,500
④ ₩1,620 ⑤ ₩1,800

- 20x1년 진행률 : 1,200÷(1,200+3,600)=25%
  20x2년 당기발생계약원가 : 5,100-1,200=3,900

	20x2년
진행률	5,100÷7,500=68%
계약수익	6,000×68%-6,000×25%=2,580
계약원가	3,900+예상손실[2,400-6,000×(1-68%)]=4,380
계약손익	(1,800)

2. ㈜관세는 20x1년초에 ㈜세관과 공장건설계약을 체결하였다. 총공사계약금액은 ₩100,000이며, 공사가 완성된 20x3년 말까지 건설공사와 관련된 자료는 다음과 같다. ㈜관세는 진행기준을 적용하여 수익을 인식하며, 공사진행률은 누적발생공사원가에 기초하여 측정한다. 20x2년에 인식해야 할 공사손익은 얼마인가? [관세사기출]

구분	20x1년	20x2년	20x3년
당기발생공사원가	₩20,000	₩35,000	₩55,000
추정총공사원가	₩100,000	₩110,000	₩110,000
공사대금청구액	₩35,000	₩35,000	₩30,000
공사대금회수액	₩30,000	₩30,000	₩40,000

① 이익 ₩10,000 ② 손실 ₩10,000 ③ 이익 ₩5,000
④ 손실 ₩5,000 ⑤ 이익 ₩20,000

내비게이션

- 20x2년 추가소요원가 : 110,000-(20,000+35,000)=55,000

계약수익	100,000×50%-100,000×20%=30,000
계약원가	35,000+예상손실[55,000-100,000×(1-50%)]=40,000
계약손익	(10,000)

3. ㈜관세는 20x1년 1월 1일 지방자치단체와 복합스포츠센터를 건립하는 공사계약을 체결하였다. 이 공사의 계약금액은 ₩4,000이며, 20x3년 중에 완공될 예정이다. 20x1년과 20x2년의 공사관련 자료는 다음과 같다.

항목	20x1년	20x2년
누적계약원가	₩350	₩2,520
예상추가계약원가	₩3,150	₩1,680
추정총계약원가	₩3,500	₩4,200
공사대금청구액	₩400	₩2,000
공사대금회수액	₩400	₩2,000

20x2년도의 공사로 인한 계약손익(A)과 미청구공사(또는 초과청구공사)(B)는 각각 얼마인가?(단, 진행률은 발생원가에 기초하여 산정한다.) [관세사기출]

	(A)	(B)
①	계약손실 ₩250	초과청구공사 ₩80
②	계약이익 ₩250	미청구공사 ₩80
③	계약손실 ₩250	초과청구공사 ₩160
④	계약이익 ₩170	미청구공사 ₩160
⑤	계약손실 ₩170	초과청구공사 ₩160

내비게이션

- 20x1년 진행률 : 350÷(350+3,150)=10%
  20x2년 당기발생계약원가 : 2,520-350=2,170

	20x2년
진행률	2,520÷4,200=60%
계약수익	4,000×60%-4,000×10%=2,000
계약원가	2,170+예상손실[1,680-4,000×(1-60%)]=2,250
계약손익	(250)

- 미성공사(=누적계약수익-예상손실) : 4,000×60%-80=2,320
  진행청구액 : 400+2,000=2,400
  →2,400(진행청구액)-2,320(미성공사)=80(초과청구공사)

서술형Correction연습

❒ 건설계약 회계처리시 미성공사 장부금액은 항상 누적계약수익금액과 같다.

➲ (X) : 총손실예상시에는 누적계약수익에서 예상손실을 차감한 금액이 된다.

❒ 건설계약의 계약손실 예상시 예상손실은 계약손실충당부채로 인식하고, 동 전입액은 계약원가에 가산하여 보고한다.

➲ (X) : 별도의 충당부채는 인식하지 않는다.

Answer 1. ⑤ 2. ② 3. ①

시험중요도 ★★☆

기본이론 제45강 추정불가 건설계약

수익인식

❖[건설계약의 결과를 신뢰성있게 추정할수 없는 경우(=진행률 추정불가)]

계약수익	• Min[① 누적계약원가 ② 회수 및 회수가능액] - 전기까지 누적계약수익
계약원가	• 당기발생계약원가

사례 결과 추정불가시 회계처리

✪ 건설계약금액은 ₩2,000,000(공사기간 : 20x1년 ~ 20x3년), 20x2년 중 공사결과를 신뢰성있게 추정불가

	20x1년	20x2년
누적발생계약원가	₩300,000	₩800,000
계약수익인식액	₩400,000	?
추정회수가능금액	-	₩600,000

풀이

20x2년	계약수익	•Min[①800,000 ②600,000]-400,000=200,000
	계약원가	•800,000-300,000=500,000
	회계처리	(차) 계약원가 500,000 (대) 계약수익 200,000 미성공사 300,000

❖[계약수익으로 이미 인식한 금액의 회수가능성에 불확실성이 발생한 경우]

계약수익	• 인식하지 않음➡즉, 계약수익을 조정하지 않고 당기 대손상각비로 인식
계약원가	• 당기발생계약원가

사례 회수불확실성시 회계처리

✪ 건설계약금액은 ₩1,600,000(공사기간 : 20x1년 ~ 20x3년), 20x2년 중 공사결과를 신뢰성있게 추정불가

	20x1년	20x2년
누적발생계약원가	₩210,000	₩930,000
추가소요원가	₩1,190,000	₩570,000

풀이

[CASE 1] 회수가능액이 ₩440,000인 경우

20x2년	계약수익	• Min[①930,000 ②440,000]-1,600,000×15%=200,000
	계약원가	• 930,000-210,000=720,000
	회계처리	(차) 계약원가 720,000 (대) 계약수익 200,000 미성공사 520,000

[CASE 2] 회수가능액이 ₩200,000인 경우

20x2년	계약수익	• Min[①930,000 ②200,000]-1,600,000×15%=△40,000 ∴0
	계약원가	• 930,000-210,000=720,000
	회계처리	(차) 대손상각비(손상차손) 40,000 (대) 대손충당금(손실충당금) 40,000 계약원가 720,000 미성공사 720,000 ➡대손충당금은 미성공사계정에서 차감하는 방식으로 표시함.

불확실성 해소

• 계약의 결과를 신뢰성있게 추정할수 없게 한 불확실성이 해소되는 경우, 당해 건설계약과 관련된 수익과 비용은 보고기간말 현재 진행률을 기준으로 각각 수익과 비용으로 인식한다.

FINAL 객관식뽀개기 — 실전적중문제

1. ㈜감평은 20x3년 초 건설공사를 수주하였다. 공사기간은 20x5년 말까지이며, 총공사계약금액은 ₩1,000,000이다. 20x3년 공사진행 과정에서 발생한 비용은 ₩500,000이다. 전체 공사에서 손실이 발생하지 않을 것으로 예상되었으나, 총공사예정원가와 진행률을 신뢰성 있게 추정할 수 없다. 이 때 ㈜감평이 20x3년에 공사계약에서 인식할 손익은?(단, 발생원가의 회수가능성은 높다고 판단된다.) [감평사기출]

① ₩1,000,000 이익 ② ₩500,000 이익 ③ ₩0
④ ₩500,000 손실 ⑤ ₩1,000,000 손실

내비게이션

- 계약수익 : Min[㉠ 500,000 ㉡ 500,000]-0=500,000
  계약원가 : 500,000
∴계약손익 : 500,000-500,000=0

2. ㈜세무는 20x1년초 ㈜한국과 건설계약(공사기간 4년, 계약금액 ₩2,000,000)을 체결하였으며, 관련 자료는 다음과 같다.

구분	20x1년	20x2년	20x3년	20x4년
누적발생 계약원가	₩280,000	₩960,000	₩1,280,000	₩1,600,000
추정 총계약원가	₩1,400,000	₩1,600,000	₩1,600,000	₩1,600,000

㈜세무는 20x1년에 건설계약의 결과를 신뢰성 있게 추정하였으나, 20x2년 초부터 시작된 ㈜한국의 재무상태 악화로 20x2년에 건설계약의 결과를 신뢰성 있게 추정할 수 없게 되었고 계약금액 중 보험에 가입된 ₩800,000만 회수할 수 있다고 판단하였다. 하지만 20x3년 초 ㈜한국의 재무상태가 다시 정상화됨에 따라 계약금액 전액을 회수할 수 있다면, ㈜세무가 20x1년, 20x2년 및 20x3년에 인식할 공사손익은?(단, ㈜세무는 진행기준으로 수익을 인식하고 진행률은 누적발생계약원가를 추정총계약원가로 나눈 비율로 측정한다.) [세무사기출]

	20x1년	20x2년	20x3년
①	₩120,000이익	₩280,000손실	₩480,000이익
②	₩120,000이익	₩120,000손실	₩320,000이익
③	₩120,000이익	₩0	₩200,000이익
④	₩120,000이익	₩120,000이익	₩80,000이익
⑤	₩0	₩0	₩320,000이익

- 20x1년 계약손익
  계약수익 : 2,000,000×(280,000÷1,400,000)= 400,000
  계약원가 : =(280,000)
  120,000
- 20x2년 계약손익
  계약수익 : Min[①960,000 ②800,000]-400,000= 400,000
  계약원가 : 960,000-280,000=(680,000)
  (280,000)
- 20x3년 계약손익
  계약수익 : 2,000,000×(1,280,000÷1,600,000)-800,000= 800,000
  계약원가 : 1,280,000-960,000=(320,000)
  480,000

Answer 1. ③ 2. ①

시험중요도 ★★☆

기본이론 제46강

현금예금의 공시

현금 및 현금성자산

현금

구분	내용
통화	• 지폐, 주화(외국통화 포함)
통화대용증권	• 타인발행 당좌수표, 가계수표, 자기앞수표, 송금수표, 여행자수표, 우편환, 송금환, 만기도래공사채이자지급표, 대체저금지급증서, 지점전도금, 배당금지급통지표, 일람출급어음, 국세환급통지서
요구불예금	• 당좌예금, 보통예금

현금성자산

- 유동성이 매우 높은 단기투자자산으로서 확정된 금액의 현금으로 전환이 용이하고 가치변동의 위험이 경미한 자산을 말함.
- 투자자산은 취득당시(〈(객)결산일로부터(x)〉)만기(상환일)가 3개월 이내인 경우에만 현금성자산으로 분류되며, 지분상품은 원칙적으로 현금성자산에서 제외함.

사례 다음은 현금성자산으로 분류함.

① 취득당시 만기가 3개월 이내인 금융기관이 취급하는 단기금융상품
② 취득당시 만기가 3개월 이내에 도래하는 채무증권
③ 취득당시 상환일까지의 기간이 3개월 이내인 상환우선주
④ 3개월 이내의 환매조건인 환매채
⑤ 투자신탁의 계약기간이 3개월 이하인 초단기수익증권

단기금융상품

❖단기적 자금운용 목적이거나 보고기간말로부터 1년 이내에 도래하는 현금성자산이 아닌 다음의 것

① 정기예금, 정기적금, 사용이 제한된 예금(예 양건예금)
② 기타 정형화된 상품(예 양도성예금증서(CD)등의 금융상품)

장기금융상품

① 금융기관의 상품으로서 보고기간말로부터 1년 이후에 만기가 도래하는 금융상품
② 당좌개설보증금

가불금등

구분	내용
가불금, 차용증서	• 보고기간말로부터 회수시점까지 1년을 기준으로 단기(장기)대여금으로 분류. ·주의 종업원 선급급여는 선급비용이 아니라 단기대여금 처리함.
수입인지, 우표	• 다음중 어느 하나로 회계처리함. ① 소모품(자산) 처리후 사용분을 소모품비(비용)로 처리 ② 소모품비(비용) 처리후 미사용분을 소모품(자산)으로 처리 ③ 미래용역을 제공받기 위한 경우는 선지급한 선급비용 처리
선일자수표	• 약속어음이나 선일자수표 모두 어음상의 매출채권(또는 미수금)으로 처리함.
당좌차월	• 당좌예금잔액이 (-)인 경우임(은행측에서는 당좌대월). →단기차입금 처리함. ·주의 총액주의의 예외로서 당좌예금과 상계하여 보고하는 것이 아님. 예 당좌예금 500, 당좌차월 -200일때 →현금및현금성자산 300(X)/현금및현금성자산 500, 단기차입금 200(O)

소액현금(전도금)

❖당좌예금을 인출하여 소액경비 지급후, 지출에 대한 부족분을 정액 또는 부정액으로 보충하는 제도

사례 소액현금 회계처리

거래	차변	금액	대변	금액
❂당좌예금인출하여 지점송금 ₩1,000	(차) 소액현금	1,000	(대) 당좌예금	1,000
❂지출증빙보고 ₩900 & 현금잔액 ₩60	(차) 여비교통비	900	(대) 소액현금	940
	현금과부족	40		
❂소액현금보충 ₩940(정액자금전도제)	(차) 소액현금	940	(대) 당좌예금	940
❂결산시까지 원인불명액 ₩40	(차) 잡손실	40	(대) 현금과부족	40

FINAL 객관식뽀개기 — 실전적중문제

1. 다음 자료를 이용하여 계산한 현금및현금성자산은? [감평사기출]

보관중인 현금	₩100	받을어음	₩400
요구불예금	₩200	선급금	₩500
자기앞수표	₩600	우편환증서	₩300

① ₩100 ② ₩300 ③ ₩700
④ ₩900 ⑤ ₩1,200

내비게이션

• 현금및현금성자산 집계

보관중인 현금	100
요구불예금	200
자기앞수표	600
우편환증서	300
	1,200

2. ㈜관세가 20x1년 말 다음과 같은 항목들을 보유하고 있을 때 재무상태표에 현금및현금성자산 계정으로 보고할 금액은?(단, 20x1년말 환율은 €1=₩1,300, $1=₩1,200이다.) [관세사기출]

· 국내통화	₩1,200	· 외국환 통화	€1
· 외국환 통화	$1	· 보통예금	₩1,800
· 수입인지	₩100	· 우편환	₩200
· 선일자수표	₩200	· 급여가불증	₩250

· 20x1년 10월초 가입한 1년 만기 정기예금 ₩150
· 20x1년 12월초 취득한 2개월 만기 환매채 ₩400
· 20x1년 12월초 취득한 2개월 만기 양도성예금증서 ₩300(단, 사용이 제한됨)

① ₩3,600 ② ₩3,850 ③ ₩4,000
④ ₩6,100 ⑤ ₩6,300

내비게이션

• 국내통화(1,200)+외국환통화(€1×1,300)+외국환통화($1×1,200)+보통예금(1,800)+우편환(200)+환매채(400)=6,100

3. ㈜대전의 20x1년말 재무상태표 상의 현금및현금성자산 금액은 ₩7,000이다. 다음 자료를 이용할 때 20x1년 말 ㈜대전의 당좌예금 잔액은 얼마인가?(단, 자료에 제시되지 않은 현금및현금성자산 항목은 없으며, 20x1년 말 기준환율은 €1=₩1,500, $1=₩1,000이다.) [관세사기출]

> 국내통화 ₩100, 외국환 통화 €2, 외국환 통화 $1
> 외국환 통화 $1, 보통예금 ₩200, 수입인지 ₩300
> 우편환 ₩400, 당좌예금 (?)
> 양도성예금증서(취득:20x1.12.1,만기:20x2.1.31) ₩500

① ₩1,800 ② ₩2,200 ③ ₩2,300
④ ₩2,700 ⑤ ₩4,800

내비게이션

• 7,000=100+€2×1,500+$1×1,000+200+400+500+당좌예금
→∴당좌예금=1,800

4. 20x1년 말 ㈜세무와 관련된 자료는 다음과 같다. 20x1년 말 ㈜세무의 재무상태표에 표시해야 하는 현금및현금성자산은?(단, 사용이 제한된 것은 없다.)

> (1) ㈜세무의 실사 및 조회자료
> · 소액현금 : ₩100,000
> · 지급기일이 도래한 공채이자표 : ₩200,000
> · 수입인지 : ₩100,000
> · 양도성예금증서(만기 20x2년 5월 31일) : ₩200,000
> · 타인발행당좌수표 : ₩100,000
> · 우표 : ₩100,000
> · 차용증서 : ₩300,000
> · 은행이 발급한 당좌예금잔액증명서 금액 : ₩700,000
>
> (2) ㈜세무와 은행 간 당좌예금잔액 차이 원인
> · 은행이 ㈜세무에 통보하지 않은 매출채권 추심액 : ₩50,000
> · 은행이 ㈜세무에 통보하지 않은 은행수수료 : ₩100,000
> · ㈜세무가 당해연도 발행했지만 은행에서 미인출된 수표 : ₩200,000
> · 마감시간 후 입금으로 인한 은행미기입예금 : ₩300,000

① ₩1,050,000 ② ₩1,200,000 ③ ₩1,300,000
④ ₩1,350,000 ⑤ ₩1,400,000

내비게이션

• 현금
소액현금(100,000)+공채이자표(200,000)+타인발행당좌수표(100,000)=400,000

• 올바른 당좌예금
조정전 은행측 잔액(700,000)−기발행미인출수표(200,000)+은행미기입예금(300,000)=800,000

∴400,000+800,000=1,200,000

저자주 후술하는 은행계정조정표를 학습후 접근하기 바랍니다.

Answer 1. ⑤ 2. ④ 3. ① 4. ②

시험중요도 ★★☆

기본이론 제47강 은행계정조정표

개요

은행계정조정표

- 회사측 당좌예금잔액과 은행측 잔액이 일치하지 않는 경우 그 불일치원인을 파악하여 조정하는 서식을 말함.

조정방법

양방조정법

은행계정조정표

조정전회사측잔액 (당좌예금출납장)	xxx	≠	조정전은행측잔액 (당좌거래원장)	xxx
받을어음추심	가산		**은행미기입예금**	가산
입금액 중 부도수표	차감		**기발행미인출수표**	차감
은행수수료	차감		**은행측 기장오류**	(±)
회사미통지예금	가산			
기발행미인도수표	가산			
회사측 기장오류	(±)			
조정후회사측잔액	xxx	=	조정후은행측잔액	xxx

일방조정법

- 한쪽에서 다른 한쪽으로의 조정
  ➡ 은행차감항목은 회사(+)로, 은행가산항목은 회사(-)로 반대처리

조정전회사잔액(+) or (-) = 조정전은행잔액(+) or (-)
수정사항 ← 수정사항
이항시 부호반대!

주의 회사측 조정사항에 대해서만 기말수정분개함.
예 회사미통지예금(매출채권이 입금되었으나 회사는 아직 이를 통보받지 못함)
→〈수정분개〉 (차) 당좌예금 xxx (대) 매출채권 xxx

세부고찰

사례 은행계정조정

㈜피부암통키의 기말 회사당좌예금은 ₩54,600, 은행잔액은 ₩86,000, 불일치원인은 다음과 같다.

(1) 부도수표	판매대금회수하여 입금한 당좌수표 ₩7,200의 부도사실을 회사는 모르고 있음.
(2) 기발행미인출수표	거래처에 발행한 수표 ₩26,000이 기말현재 은행에 지급제시되지 않음
(3) 회사측 기장오류	당좌예금에서 차감한 지급어음 ₩12,200을 회사가 ₩21,200으로 차감함
(4) 은행측 기장오류	타회사예입액 ₩3,600을 은행이 ㈜피부암통키의 계좌에 입금기록함

•양방조정

	회사측	은행측
조정전 금액	54,600	86,000
(1) 부도수표	(7,200)	-
(2) 기발행미인출수표	-	(26,000)
(3) 회사측 기장오류	9,000	-
(4) 은행측 기장오류	-	(3,600)
조정후 금액	56,400	56,400

FINAL 객관식뽀개기 — 실전적중문제

1. ㈜감평은 20x1년 12월 31일 주거래은행으로부터 당좌예금잔액증명서상 잔액이 ₩7,810,000이라는 통지를 받았으나, 회사의 12월 31일 현재 총계정원장상 당좌예금 잔액과 불일치하였다. ㈜감평이 이러한 불일치의 원인을 조사한 결과 다음과 같은 사항을 발견하였다. 이들 자료를 활용하여 ㈜감평의 수정 전 당좌예금계정 잔액(A)과 수정 후 재무상태표에 당좌예금으로 계상할 금액(B)은? [감평사기출]

- ㈜감평이 발행하고 인출 기록한 수표 ₩2,100,000이 은행에서 아직 지급되지 않았다.
- 매출거래처로부터 받아 예금한 수표 ₩1,500,000이 부도 처리되었으나, ㈜감평의 장부에 기록되지 않았다.
- 주거래은행에 추심의뢰한 받을어음 ₩500,000이 ㈜감평의 당좌예금 계좌로 입금 처리되었으나, 통보받지 못하였다.
- 지난 달 주거래은행에 현금 ₩190,000을 당좌예입하면서 회계직원의 실수로 장부상 ₩910,000으로 잘못 기장된 것이 확인되었다.

① A : ₩5,990,000, B : ₩5,210,000
② A : ₩5,990,000, B : ₩5,710,000
③ A : ₩7,430,000, B : ₩5,710,000
④ A : ₩7,430,000, B : ₩6,430,000
⑤ A : ₩9,530,000, B : ₩7,310,000

내비게이션

	회사측		은행측
조정전 금액	X	조정전 금액	7,810,000
입금액 중 부도수표	(1,500,000)	기발행미인출수표	(2,100,000)
회사미통지입금	500,000		
기장오류	(720,000)		
조정후 금액	5,710,000	조정후 금액	5,710,000

→X=7,430,000

2. ㈜현대의 20x1년 말 현재 은행계정조정표와 관련된 다음 자료를 이용하여 기발행미인출수표 금액을 계산하면 얼마인가? [관세사기출]

- 은행의 예금잔액증명서상 금액 : ₩10,000
- ㈜현대의 장부상 금액 : ₩15,000
- 은행의 예금잔액증명서에는 반영되어 있으나 ㈜현대의 장부에 반영되지않은 금액
  - 예금이자 : ₩700 – 부도수표 : ₩8,600
- 은행은 ㈜미래의 발행수표 ₩3,000을 ㈜현대의 발행수표로 착각하여 ㈜현대의 당좌예금계좌에서 인출하여 지급하였다.

① ₩1,300 ② ₩2,900 ③ ₩5,900
④ ₩6,300 ⑤ ₩9,900

내비게이션

• 15,000+700−8,600=10,000+3,000−X →∴X=5,900

3. ㈜광화문은 20x3년 12월 24일 자금담당 직원이 은행에서 회사자금을 인출하여 횡령하고 잠적한 사건이 발생하였다. 12월 24일 현재 회사 장부상 당좌예금계정 잔액을 검토한 결과 ₩76,000으로 확인되었다. 그리고 동 일자의 은행 예금잔액증명서상 금액은 ₩40,000으로 확인되었다. 회사측 잔액과 은행측 잔액이 차이가 나는 이유를 조사한 결과는 다음과 같았다. 아래의 자료 이외에는 차이가 날 이유가 없다면 자금담당 직원이 횡령한 것으로 의심되는 금액은 얼마인가? [관세사기출]

- ㈜광화문이 ₩50,000을 입금하였으나 예금잔액증명서에는 반영되지 않았다.
- 은행에서 수수료 ₩10,000을 인출하였으나 ㈜광화문에서는 이를 반영하지 못하고 있었다.
- ㈜광화문에서 당좌수표 ₩40,000을 발행하였으나 아직 은행에 제시되지 않았다.
- 매출거래처는 통보하지 않고 ㈜광화문의 당좌예금 계좌에 외상대금 ₩16,000을 송금하였다.
- 은행은 ㈜을지로의 발행수표 ₩12,000을 실수로 ㈜광화문의 당좌예금 계좌에서 인출하여 지급하였다.

① ₩4,000 ② ₩8,000 ③ ₩20,000
④ ₩36,000 ⑤ ₩42,000

내비게이션

	회사측		은행측
조정전 금액	76,000	조정전 금액	40,000
은행수수료	(10,000)	은행미기입예금	50,000
회사미통지예금	16,000	기발행미인출수표	(40,000)
횡령액	(X)	기장오류	12,000
조정후 금액	82,000−X	조정후 금액	62,000

→ '82,000−X=62,000' 에서, X(횡령액)=20,000

Answer 1. ③ 2. ③ 3. ③

시험중요도 ★★★

기본이론 제48강 매출채권의 평가(손상)

<table>
<tr><td rowspan="2">개요</td><td>의의</td><td>• 채권(매출채권, 미수금등)은 회수불능위험(대손가능성)이 존재함.
• 따라서, 회수불가능한 금융자산은 대손예상액을 추산하여 당기비용과 채권의 평가계정인 대손충당금을 설정해야함.
참고 대손상각비=(금융자산)손상차손, 대손충당금=(금융자산)손실충당금</td></tr>
<tr><td>장·단점</td><td>장점: • 수익·비용대응원칙에 부합하며, 매출채권을 순실현가치로 계상
단점: • 대손비용을 추정치에 근거하여 계상</td></tr>
<tr><td rowspan="8">회계처리</td><td>최초설정 기말</td><td>• 대손추산액을 대손상각비를 계상하고 대손충당금을 설정
(차) 대손상각비 xxx (대) 대손충당금 xxx
재무상태표
매출채권 xxx
대손충당금 (xxx)</td></tr>
<tr><td>기중대손시</td><td>• 대손충당금과 상계후 부족시 대손상각비를 인식
(차) 대손충당금 xxx (대) 매출채권 xxx
대손상각비 xxx</td></tr>
<tr><td>대손처리한 채권을 회수시</td><td>• (차) 현금 xxx (대) 대손충당금 xxx</td></tr>
<tr><td>기말대손추정액
(기대신용손실)</td><td>• 연령분석법(충당금설정률표 방법) 등으로 추산</td></tr>
<tr><td>기말대손충당금설정액</td><td>• 설정액=기말대손추정액-기설정대손충당금잔액
(차) 대손상각비 xxx (대) 대손충당금 xxx</td></tr>
<tr><td>기말대손충당금환입액</td><td>• 환입액=기설정대손충당금잔액-기말대손추정액
(차) 대손충당금 xxx (대) 대손충당금환입 xxx</td></tr>
<tr><td>특징</td><td>• 기말대손충당금이 먼저 결정되고 대손상각비는 사후결정됨.</td></tr>
<tr><td>분석Trick</td><td>대손충당금
대손발생(대손확정)[1] xxx | 기초대손충당금 xxx
대손충당금환입 xxx | 대손채권회수 xxx
기말대손충당금 xxx | 대손상각비[2] xxx
[1]기중발생한 대손총액
[2]기중발생대손 중 대손상각비처리액과 기말설정 대손상각비의 합계</td></tr>
</table>

예시 20x1 기초대손충당금 ₩1,000, 기말 매출채권 ₩20,000(추정대손율 2%) 〈즉, 대손추정액=400〉

2/1	대손발생 400	(차) 대손충당금 400 (대) 매출채권 400
8/1	대손발생 1,100	(차) 대손충당금 600 (대) 매출채권 1,100 대손상각비 500
9/1	대손처리채권 중 회수 300	(차) 현금 300 (대) 대손충당금 300
12/31	기말 설정분개	(차) 대손상각비 100 (대) 대손충당금 100

→if, 기말대손추정액이 100인 경우 : (차) 대손충당금 200 (대) 대손충당금환입 200

·주의 대손충당금환입,퇴지급여충당부채환입,판매보증충당부채환입 : 판관비의 부(-)로 표시함.

FINAL 객관식뽀개기 — 실전적중문제

1. 다음은 ㈜관세의 재무상태표 중 매출채권과 대손충당금(손실충당금)에 관한 부분이다.

구분	20x1년 12월 31일	20x2년 12월 31일
매출채권	₩40,000	₩52,000
대손충당금	(₩4,000)	(₩2,800)

㈜관세는 20x2년도 포괄손익계산서에 대손상각비(손상차손)로 ₩2,000을 보고하였다. 만약 20x2년 중에 ㈜관세가 현금으로 회수한 매출채권액이 ₩200,000이라면, 동년 중에 외상으로 매출한 금액은? [관세사기출]

① ₩52,000 ② ₩206,000 ③ ₩212,000
④ ₩215,200 ⑤ ₩255,200

내비게이션

• 대손발생액 추정

대손충당금

대손발생액	X	기초대손충당금	4,000
기말대손충당금	2,800	대손상각비	2,000

→X(대손발생액)=3,200

• 외상매출액 추정

매출채권

기초	40,000	회수	200,000
		대손발생	3,200
외상매출액	Y	기말	52,000

→Y=215,200

2. 다음은 ㈜한국의 20x1년말 재무상태표에 보고된 매출채권에 대한 대손충당금(손실충당금)과 20x2년 중 거래내용이다. 아래 자료를 이용하여 회계처리 할 경우 20x2년도의 당기순이익은 얼마나 감소하는가? [감평사기출]

· 20x1년말 매출채권은 ₩15,500,000이고, 매출채권에 대한 대손충당금(손실충당금)은 ₩372,000이다.
· 20x2년 1월 중 매출채권 ₩325,000이 회수불능으로 판명되어 해당 매출채권을 제거하였다.
· 20x1년 중 회수불능채권으로 처리한 매출채권 중 ₩85,000을 20x2년 3월에 현금으로 회수하였다.
· 20x2년말 매출채권 잔액은 ₩12,790,000이고, 이 잔액에 대한 기대신용손실로 추정한 금액은 ₩255,800이다.

① ₩123,800 ② ₩208,800 ③ ₩210,000
④ ₩255,800 ⑤ ₩325,000

내비게이션

• 20x2년 대손상각비(손상차손)
[대손발생액(325,000)+기말대충(255,800)]-[기초대충(372,000)+회수(85,000)]=123,800

3. 다음은 ㈜합격의 매출채권과 관련된 자료이다. 20x2년도 포괄손익계산서에 표시할 매출채권 손상차손(대손상각비)을 구하면 얼마인가?

(1) 20x1년말 재무상태표상 매출채권 총장부금액은 ₩1,000,000이고, 손실충당금(대손충당금)은 ₩50,000이다.
(2) 20x2년 4월에 전기의 매출채권 중 ₩62,500의 대손을 확정하였다.
(3) 20x2년 7월에 전기에 회수불능으로 판명되어 제각했던 매출채권 중 ₩25,000이 현금으로 회수되었다.
(4) 20x2년말 기대신용손실을 결정하기 위해 다음과 같은 충당금설정률표를 작성하였다.

구분	매출채권 총장부금액	채무불이행률
미연체	₩500,000	0.1%
1 ~ 60일 연체	₩375,000	2%
61 ~ 180일 연체	₩250,000	5%
181일 초과 연체	₩125,000	10%

① ₩12,500 ② ₩15,750 ③ ₩18,000
④ ₩20,500 ⑤ ₩21,200

대손충당금

대손발생	62,500	기초대손충당금	50,000
		대손채권회수	25,000
기말대손충당금	33,000[1]	대손상각비	X

[1] 500,000×0.1%+375,000×2%+250,000×5%+125,000×10%=33,000
→X(대손상각비)=20,500

4. 20x2년의 매출채권 현금회수액은 ₩100,000이며, 대손상각비(손상차손) 계상액은 ₩5,000이었다. 다음 자료에 의할 때, 20x2년 매출액을 계산하면 얼마인가? 단, 매출은 모두 외상매출이다.

구분	20x2년 12월 31일	20x1년 12월 31일
매출채권	₩40,000	₩50,000
대손충당금	₩1,000	₩2,000
선수금	₩10,000	₩20,000

① ₩82,500 ② ₩925,000 ③ ₩101,000
④ ₩106,000 ⑤ ₩125,000

내비게이션

• 대손발생액 : 2,000+5,000-1,000=6,000
• X(발생주의매출)+10,000(매출채권감소)-10,000(선수금감소)-6,000(대손발생)=100,000(현금주의매출) →X(외상매출액)=106,000

저자주 위의 풀이는 '현금흐름표'를 참조하기 바랍니다!

Answer 1. ④ 2. ① 3. ④ 4. ④

시험중요도 ★★★

기본이론 제49강 매출채권의 양도

팩토링

거래형태	• 신용상의 채권인 외상매출금을 금융회사(팩토링회사)에 양도하고 자금을 조달

사례 매출채권 팩토링 회계처리

⊙ 20x1년 7월1일 20x1년말이 회수예정일인 매출채권(외상매출금) ₩100,000을 금융기관에 양도하였다. 매출할인·환입·에누리에 충당하기 위해 매출채권의 5%를 유보시켰으며 할인료로 연 20%를 제외한 금액을 수령하였다. 20x1년말 매입처는 유보금액 중 매출할인 ₩1,000, 환입 ₩2,000, 에누리 ₩1,000을 차감한 잔액을 금융기관에 결제하였다.

•제거조건을 충족시키는 경우

20x1년 07월 01일	(차) 현금	85,000	(대) 매출채권	100,000
	미수금	5,000		
	매출채권처분손실	10,000[1]		
20x1년 12월 31일	(차) 매출할인등	4,000	(대) 미수금	5,000
	현금	1,000		

[1] 100,000×20%×6/12=10,000

•제거조건을 충족시키지 못하는 경우

① 20x1년 07월 01일 : 매출채권은 단기차입금, 매출채권처분손실은 이자비용으로 처리

② 20x1년 12월 31일 : '(차) 단기차입금 100,000 (대) 매출채권 100,000' 추가

저자주 제거조건이 무엇인지에 대한 구체적 내용은 후술하는 '금융자산'을 참조바랍니다!

어음할인

거래형태	• 증권상의 채권인 받을어음을 금융회사(은행)에 배서양도하고 자금을 조달

계산절차		
	기발생이자수익	• 액면×액면이자율×보유기간÷365
	현금수령액	• 만기가치(액면+총액면이자) - 할인료(만기가치×할인율×할인기간÷365)
	처분손실	• (액면금액+기발생이자수익) - 현금수령액

사례 받을어음 할인 회계처리

⊙액면금액 ₩100,000, 액면이자율 10%, 만기 6개월짜리 어음을 2개월 보유후 12%로 할인받았다.

• 기발생이자수익 : 100,00 0×10%×2÷12=1,666

현금수령액 : (100,000+100,000×10%×6÷12=105,000)−(105,000×12%×4÷12=4,200)=100,800

매출채권처분손실 : (100,000+1,666)−100,800=866

•제거조건을 충족시키는 경우

할인시	(차) 현금	100,800	(대) 매출채권	100,000
	매출채권처분손실	866	이자수익	1,666

→if, 무이자부어음인 경우

(차) 현금 100,000−100,000×12%×4÷12=96,000 (대) 매출채권 100,000

매출채권처분손실 4,000

•제거조건을 충족시키지 못하는 경우

① 할인시 : 매출채권은 단기차입금, 매출채권처분손실은 이자비용으로 처리

② 만기시 회계처리 : (차) 단기차입금 100,000 (대) 매출채권 100,000

FINAL 객관식뽀개기 — 실전적중문제

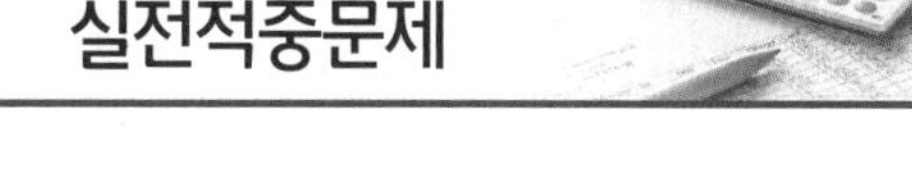

1. ㈜감평은 고객에게 상품을 판매하고 약속어음(액면금액 ₩5,000,000, 만기 6개월, 표시이자율 연 6%)을 받았다. ㈜감평은 동 어음을 3개월간 보유한 후 은행에 할인하면서 은행으로부터 ₩4,995,500을 받았다. 동 어음에 대한 은행의 연간 할인율은?(단, 이자는 월할계산한다.) [감평사기출]

① 8% ② 10% ③ 12%
④ 14% ⑤ 16%

내비게이션
- 만기가치 : 5,000,000+5,000,000×6%×6/12=5,150,000
- 할인료 : 5,150,000×할인율×3/12
- 현금수령액(4,995,500)=5,150,000-(5,150,000×할인율×3/12)
  →∴할인료=12%

2. ㈜감평은 20x1년 4월 1일에 거래처에 상품을 판매하고 그 대가로 이자부약속어음(3개월 만기, 표시이자율 연 5%, 액면금액 ₩300,000)을 수취하였다. 동 어음을 1개월 보유하다가 주거래은행에서 연 8% 이자율로 할인할 경우, 어음할인액과 금융자산처분손실은?(단, 어음할인은 금융자산 제거요건을 충족함) [감평사기출]

	할인액	처분손실
①	₩4,000	₩1,550
②	₩4,000	₩2,500
③	₩4,000	₩4,000
④	₩4,050	₩1,550
⑤	₩4,050	₩2,500

내비게이션
- 기발생이자수익 : 300,000×5%×1/12=1,250
- 만기가치 : 300,000+300,000×5%×3/12=303,750
- 할인료(할인액) : 303,750×8%×2/12=4,050
- 현금수령액 : 303,750-4,050=299,700
- 처분손실 : (300,000+1,250)-299,700=1,550

3. ㈜분당은 상품을 판매하고 액면금액 ₩3,000,000, 만기 120일, 이자율 연 8%인 이자부 어음을 수취하였다. ㈜분당은 이 어음을 30일간 보유하다가 현금을 확보하기 위해서 은행에서 연 12% 이자율로 할인하였다. 해당 어음할인이 금융자산 제거조건을 충족한다면, ㈜분당이 인식해야할 매출채권처분손실은 얼마인가?(단, 1년은 360일로 가정하며, 이자는 일할계산한다.) [관세사기출]

① ₩20,000 ② ₩32,400 ③ ₩72,400
④ ₩80,000 ⑤ ₩92,400

내비게이션
- 기발생이자수익 : 3,000,000×8%×30/360=20,000
- 만기가치 : 3,000,000)+3,000,000×8%×120/360=3,080,000
- 할인료 : 3,080,000×12%×90/360=92,400
- 현금수령액 : 3,080,000-92,400=2,987,600
- 처분손실 : (3,000,000+20,000)-2,987,600=32,400

4. ㈜부산은 20x1년 2월 1일 상품을 판매하고 판매대금으로 만기가 20x2년 1월 31일인 어음(무이자부어음 ₩100,000과 연 8%의 이자부어음 ₩300,000)을 수취하였다. ㈜부산은 3개월 후인 20x1년 5월 1일에 이 어음들을 은행에서 연 12%의 할인율로 할인하였다. ㈜부산이 이 어음들의 할인과 관련하여 인식해야 할 매출채권처분손실은 총 얼마인가?(단, 이 어음할인은 제거요건을 충족시킨다고 가정하며, 이자는 월할계산한다.) [관세사기출]

① ₩11,160 ② ₩20,160 ③ ₩26,160
④ ₩29,160 ⑤ ₩85,120

내비게이션
- 기발생이자수익 : 300,000×8%×3/12=6,000
- 만기가치 : (100,000+300,000)+300,000×8%×12/12=424,000
- 할인료 : 424,000×12%×9/12=38,160
- 현금수령액 : 424,000-38,160=385,840
- 처분손실 : (400,000+6,000)-385,840=20,160

5. ㈜관세는 20x1년 5월 1일 상품을 판매하고 약속어음(액면금액 ₩200,000, 연 이자율 8%, 6개월 만기)을 수취하였다. ㈜관세가 어음을 3개월간 보유한 후 거래은행에 연 12%의 이자율로 할인하였을 경우 당기순이익에 미치는 영향은?(단, 어음의 할인은 월할 계산하며 위험과 보상의 대부분을 이전하였다고 가정한다.) [관세사기출]

① ₩1,760 감소 ② ₩2,240 감소 ③ ₩1,760 증가
④ ₩2,240 증가 ⑤ ₩4,000 증가

내비게이션
- 기발생이자수익 : 200,000×8%×3/12=4,000
- 만기가치 : 200,000)+200,000×8%×6/12=208,000
- 할인료 : 208,000×12%×3/12=6,240
- 현금수령액 : 208,000-6,240=201,760
- 처분손실 : (200,000+4,000)-201,760=2,240

∴순이익에 미치는 영향 : 4,000(이자수익)-2,240(처분손실)=1,760(증가)

Answer 1. ③ 2. ④ 3. ② 4. ② 5. ③

시험중요도 ★★☆

기본이론 제50강 재고자산 재고자산 기본사항

재고자산 정의	판매목적자산	❖재고자산은 판매를 위해 보유하는 다음의 자산을 말함. ① 정상영업과정에서 판매를 위해 보유중인 자산(또는 판매위해 생산중인 자산) ② 생산이나 용역제공에 사용될 원재료나 소모품 ➡∴증권회사보유 유가증권과 부동산매매업자의 토지등도 재고자산에 해당함.
	기타자산	❖다음에 해당하는 것도 재고자산에 포함함. ① 외부로부터 매입하여 재판매를 위해 보유하는 상품, 토지 및 기타 자산 ② 완제품, 생산중인 재공품과, 생산에 투입될 원재료와 소모품 ③ 용역제공기업의 관련된 수익이 아직 인식되지 않은 용역원가('수익' 참조!)
용어정의	순실현가능가치	• 정상적인 영업과정의 예상 판매가격에서 예상되는 추가 완성원가와 판매비용을 차감한 금액 ➡즉, 정상적인 영업과정에서 재고자산의 판매를 통해 실현할 것으로 기대하는 순매각금액을 말함.
	공정가치	• 측정일에 시장참여자 사이의 정상거래에서 자산을 매도하면서 수취하거나 부채를 이전하면서 지급하게 될 가격 ➡공정가치는 측정일에 재고자산의 주된 시장에서 시장참여자 사이에 일어날 수 있는 그 재고자산을 판매하는 정상거래의 가격을 반영함.
	참고	① 순실현가능가치는 기업특유가치이지만, 공정가치는 기업특유가치가 아님. ② 재고자산의 순실현가능가치는 순공정가치와 일치하지 않을 수도 있음.
기준서 적용범위	적용제외	❖다음은 재고자산기준서의 적용범위에서 제외함. ① 건설계약 및 건설공사와 직접관련된 용역제공계약에서 발생하는 미성공사 ② 금융상품 ③ 농림어업활동과 관련된 생물자산과 수확시점의 농림어업 수확물 주의 수확시점의 농림어업 수확물은 재고자산기준서 적용범위에서 제외하나('농림어업기준서 적용), 수확시점후의 농림어업 제품은 재고자산기준서를 적용함. 말장난 수확시점후의 농림어업 제품은 K-IFRS 1002의 적용범위에서 제외된다(X) 보론 농림어업기준서 : 수확시점까지 순공정가치로 측정 재고자산기준서 : 수확시점이후 저가법으로 측정
	측정제외	❖다음에 해당하는 경우에는 측정부분(저가법)만 재고자산기준서의 적용을 제외함. ① 생산자가 해당 산업의 합리적인 관행에 따라 순실현가능가치로 측정하는 농림어업과 삼림 제품, 수확한 농림어업제품 및 광물자원과 광업제품 ➡이 경우 순실현가능가치의 변동분은 변동이 발생한 기간의 손익으로 인식함. ② 순공정가치(공정가치-매각부대원가)로 측정한 일반상품 중개기업의 재고자산 ➡이 경우 순공정가치의 변동분은 변동이 발생한 기간의 손익으로 인식한다. 말장난 커피원두 중개기업이 커피원두를 순공정가치로 측정할 때 순공정가치가 하락한 경우 저가법을 적용한다(X) →∵측정부분은 적용제외되므로 저가법이 적용되지 않음
매출원가 산정	매출원가	• 기초재고+순매입액-기말재고
	CIS 매입액	• 총매입-매입할인·에누리·환출➡즉, 포괄손익계산서 매입액은 순매입액을 의미함.
	CIS 매출액	• 총매출-매출할인·에누리·환입➡즉, 포괄손익계산서 매출액은 순매출액을 의미함.

FINAL 객관식뽀개기 실전적중문제

1. ㈜한국은 현재 사용 중인 재고자산 평가방법의 변경을 검토하고 있다. 다음 자료는 ㈜한국이 각각의 재고자산 평가방법을 적용하였을 경우의 당기 재고자산과 관련된 자료이다. 보고되는 당기 매출총이익이 큰 순서로 재고자산 평가방법을 배열한 것은?(단, 재고자산 평가방법의 변경은 정당한 회계정책의 변경으로 소급적용할 수 있다.) [관세사기출]

구분	기초재고	기말재고
총평균법	₩100,000	₩120,000
이동평균법	₩109,000	₩133,000
선입선출법	₩115,000	₩140,000
개별법	₩98,000	₩117,000

① 총평균법 〉 이동평균법 〉 선입선출법 〉 개별법
② 이동평균법 〉 총평균법〉 선입선출법 〉 개별법
③ 선입선출법 〉 이동평균법 〉 총평균법 〉 개별법
④ 개별법 〉 총평균법 〉 이동평균법 〉 선입선출법
⑤ 총평균법 〉 이동평균법 〉 개별법 〉 선입선출법

내비게이션

• 당기매입액을 A 라 하면 각 방법별 매출원가는 다음과 같으며, 매출원가가 작은 방법이 매출총이익이 크다.

구분	매출원가	이익순위
총평균법	$100,000+A-120,000=A-20,000$	3
이동평균법	$109,000+A-133,000=A-24,000$	2
선입선출법	$115,000+A-140,000=A-25,000$	1
개별법	$98,000+A-117,000=A-19,000$	4

2. 다음 자료를 이용하여 계산한 기말매입채무 잔액은?(단, 매입은 모두 외상으로 한다.) [감평사기출]

기초매입채무	₩8,000	매입채무상환	₩35,000
기초상품재고	₩12,000	기말상품재고	₩11,000
당기매출	₩50,000	매출총이익	₩10,000

① ₩11,000 ② ₩12,000 ③ ₩13,000
④ ₩14,000 ⑤ ₩15,000

내비게이션

• 매출원가 : 50,000(당기매출)-10,000(매출총이익)=40,000
• 매입액 : 40,000(매출원가)-12,000(기초재고)+11,000(기말재고)=39,000
• 기말매입채무 추정

매입채무

상환	35,000	기초	8,000
기말	X	매입(외상매입)	39,000

→X=12,000

3. 다음 자료에 의해 포괄손익계산서에 보고될 매출액을 구하면 얼마인가?

기초상품재고액	₩240,000
당기상품매입액	₩400,000
기말상품재고액	₩220,000
당기현금매출액	₩100,000
매출총이익	₩180,000
기초매출채권	₩160,000
매출채권회수액	₩520,000
기말매출채권	₩140,000

① ₩250,000 ② ₩350,000 ③ ₩450,000
④ ₩550,000 ⑤ ₩600,000

내비게이션

• 매출원가 : (240,000+400,000)-220,000=420,000
• 매출액-420,000(매출원가)=180,000(매출총이익)
∴매출액=600,000

4. 재고자산에 관한 설명으로 옳지 않은 것은? [감평사기출]

① 재료원가, 노무원가 및 기타 제조원가 중 비정상적으로 낭비된 부분은 재고자산의 취득원가에 포함시키지 않고 발생기간의 비용으로 인식한다.
② 제작기간이 단기간인 재고자산은 차입원가를 자본화 할 수 있는 적격자산에 해당되지 아니한다.
③ 매입거래처로부터 매입수량이나 매입금액의 일정률만큼 리베이트를 수령할 경우 이를 수익으로 인식하지 않고 재고자산 매입원가에서 차감한다.
④ 기말 재고자산은 취득원가와 순실현가능가치 중 낮은 금액으로 측정한다.
⑤ 가격변동이익이나 중개이익을 목적으로 옥수수, 구리, 석유 등의 상품을 취득하여 단기간 내에 매도하는 기업은 순공정가치의 변동을 기타포괄손익으로 인식한다.

내비게이션

• 순공정가치로 측정한 중개기업의 재고자산은 재고자산기준서의 적용을 제외하며, 이 경우 순공정가치의 변동분은 변동이 발생한 기간의 손익으로 인식한다.

Answer 1. ③ 2. ② 3. ⑤ 4. ⑤

시험중요도 ★★★

기본이론 제51강 재고자산 포함항목 결정

구분	항목	내용	비고
매입운임	선적지인도기준	• 매입자부담	❒ 매입자의 재고자산 취득원가에 가산
	도착지인도기준	• 판매자부담	❒ 판매자의 판매비(매출운임)로 계상
미착상품	선적지인도기준	매입자	❒ 당기매입 O, 기말재고 O
		판매자	❒ 당기매출 O, 기말재고 X
	도착지인도기준	매입자	❒ 당기매입 X, 기말재고 X
		판매자	❒ 당기매출 X, 기말재고 O
위탁품(적송품)	수익인식	• 수탁자가 위탁품을 판매한 날 수익인식	
	포함여부	• 수탁자가 판매하기 전까지는 창고에 없어도 위탁자의 기말재고에 포함.	
시송품	수익인식	• 매입자가 매입의사표시를 한 날 수익인식	
	포함여부	• 매입의사표시 없는 시송품은 창고에 없을지라도 기말재고에 포함.	
저당상품	거래형태	• 금융기관으로부터 자금을 차입하고 그 담보로 제공된 저당상품을 말함.	
	포함여부	• 저당권이 실현되어 소유권이전되기 전까지는 담보제공자의 재고자산에 포함.	
반품권있는 판매	반품가능성 예측가능	• 기말재고에 포함되지 않음. (차) 매출원가(판매예상분) xxx (대) 재고자산 xxx 반품제품회수권(반품예상분) xxx	
	반품가능성 예측불가	• 기말재고에 포함되지 않음. (차) 반품제품회수권(총원가) xxx (대) 재고자산 xxx	
	주의	∴반품가능성 예측가능 여부에 관계없이 재고자산에 포함할 금액은 없음.	
할부판매상품	수익인식	• 장·단기 불문하고 판매시점(인도시점)에서 수익인식	
	포함여부	• 대금회수여부에 관계없이 판매시 재고자산에서 제외	
재매입약정	반품권있는 판매로 분류되는 경우	• 기말재고에 포함되지 않음.	
	금융약정 등으로 분류되는 경우	• 기말재고에 포함	

보론 단가결정방법과 수량결정방법

구분	내용
단가결정방법(원가흐름가정)	• K-IFRS는 개별법, 가중평균법, 선입선출법(FIFO)만을 규정함. 주의 후입선출법은 인정되지 않음. • 표준원가법이나 소매재고법 등의 원가측정방법은 그러한 방법으로 평가한 결과가 실제 원가와 유사한 경우에 편의상 사용할 수 있음. • 소매재고법은 이익률이 유사하고 품종변화가 심한 다품종 상품을 취급하는 유통업에서 실무적으로 다른 원가측정법을 사용할 수 없는 경우에 흔히 사용함. 재고자산원가는 판매가격을 적절한 총이익률을 반영하여 환원하는 방법으로 결정함. 이때 적용 이익률은 최초판매가격 이하로 가격이 인하된 재고자산을 고려하여 계산하는데, 일반적으로 판매부문별 평균이익률을 사용함.

수량결정방법:

방법	산식	비고
계속기록법	• 기초+당기−판매=기말수량	∴감모손실만큼 기말수량과대
실지재고법	• 기초+당기−기말(실사)=판매수량	∴감모손실만큼 판매수량과대
혼 합 법	• 기초+당기=판매+기말(실사)+감모수량	−

FINAL 객관식뽀개기 실전적중문제

1. 재고자산에 관한 설명으로 옳지 않은 것은? [관세사기출]

① 재고자산은 취득원가와 순실현가능가치 중 낮은 금액으로 측정한다.
② 재고자산의 취득원가는 매입원가, 전환원가 및 재고자산을 현재의 장소에 현재의 상태로 이르게 하는 데 발생한 기타 원가 모두를 포함한다.
③ 재료원가, 노무원가 및 기타 제조원가 중 비정상적으로 낭비된 부분은 재고자산의 취득원가에 포함할 수 없으며 발생기간의 비용으로 인식하여야 한다.
④ 표준원가법에 의한 원가측정방법은 그러한 방법으로 평가한 결과가 실제 원가와 유사한 경우에도 사용할 수 없다.
⑤ 매입할인, 리베이트 및 기타 유사한 항목은 재고자산의 매입원가를 결정할 때 차감한다.

- 표준원가법에 의한 원가측정방법은 그러한 방법으로 평가한 결과가 실제 원가와 유사한 경우에만 사용할 수 있다.
- ①,②,③,⑤에 대하여는 후술함!

2. 재고자산의 측정에 관한 설명으로 옳지 않은 것은? [감평사기출]

① 표준원가법으로 평가한 결과가 실제원가와 유사하지 않은 경우에는 편의상 표준원가법을 사용할 수 있다.
② 개별법은 통상적으로 상호 교환될 수 없는 항목이나 특정 프로젝트별로 생산되고 분리되는 재화 또는 용역에 적용하는 방법이다.
③ 생물자산에서 수확한 농림어업 수확물로 구성된 재고자산은 순공정가치로 측정하여 수확시점에 최초로 인식한다.
④ 소매재고법은 이익률이 유사하고 품종변화가 심한 다품종 상품을 취급하는 유통업에서 실무적으로 다른 원가측정법을 사용할 수 없는 경우에 흔히 사용한다.
⑤ 후입선출법은 대부분의 경우 실제물량흐름과 반대라는 점, 재고층의 청산 시 수익·비용 대응구조의 왜곡 등 여러 가지 비판으로 한국채택국제회계기준에서는 인정되지 않고 있다.

- 유사한 경우에만 사용할 수 있다.

3. ㈜관세는 재고자산과 관련하여 실지재고조사법을 사용하고 있으며, ㈜관세의 창고에 실물로 보관되어 있는 재고자산에 대한 20x1년 12월 31일 현재 실사금액은 ₩1,000,000(2,000개, 단위당 ₩500)이다. ㈜관세가 20x1년말 재무상태표에 보고할 재고자산은? [관세사기출]

> (1) ㈜관세가 FOB 선적지 인도조건으로 20x1년 12월 25일에 ㈜한국으로 출하한 상품(원가 ₩100,000)이 20x1년 12월 31일 현재 운송 중에 있다.
> (2) ㈜관세가 위탁판매하기 위해 ㈜민국에 20x1년 12월 10일에 적송한 상품(원가 ₩300,000) 중 30%가 20x1년 12월 31일 현재 외부고객에게 판매되었다.
> (3) ㈜관세가 FOB 도착지 인도조건으로 20x1년 12월 26일에 ㈜우주로부터 외상으로 주문한 상품(원가 ₩150,000)이 20x1년 12월 31일 현재 운송 중에 있다.
> (4) ㈜관세가 20x1년 12월 15일에 외부고객에게 발송한 시송품(원가 ₩200,000) 중 40%가 20x1년 12월 31일 현재 외부고객으로부터 매입의사를 통보받지 못한 상태이다.

① ₩1,080,000 ② ₩1,210,000 ③ ₩1,290,000
④ ₩1,350,000 ⑤ ₩1,440,000

- 1,000,000+300,000×70%+200,000×40%=1,290,000

4. 다음은 20x1 회계연도 중 ㈜한국의 재고자산과 관련된 자료를 요약한 것이다. 아래의 자료를 이용하여 ㈜한국의 20x1년 기말재고자산 금액을 계산하면 얼마인가? [관세사기출]

> · 기말 재고자산실사수량 : 1,000개(@₩1,000)
> · 재화의 인도가 구매자의 요청에 따라 지연되고 있는 미인도청구 판매(Bill and hold sales)된 상품(기말 현재 ㈜한국의 창고에 보관 중)의 원가 : ₩100,000 (단, 수익인식기준은 충족한다)
> · ㈜한국이 20x1년 12월 25일 FOB 선적지 인도조건으로 출하하여 20x1년말 현재 운송 중인 상품의 원가 : ₩200,000
> · ㈜한국이 M사에 위탁판매하기 위해 적송한 상품의 원가 ₩400,000 중에서 M사는 기말 현재 50%를 고객에게 판매하였다.

① ₩1,100,000 ② ₩1,200,000 ③ ₩1,400,000
④ ₩1,500,000 ⑤ ₩1,600,000

- (1,000개×1,000)-100,000+400,000×50%=1,100,000

Answer 1. ④ 2. ① 3. ③ 4. ①

시험중요도 ★★☆

기본이론 제52강 재고자산 취득원가

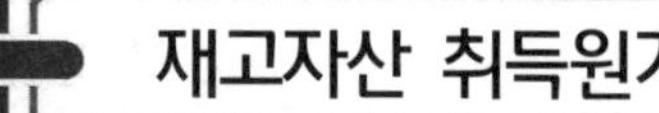

원칙

❖재고자산의 취득원가는 매입원가, 전환원가(=DL+VOH+FOH) 및 재고자산을 현재의 장소에 현재의 상태로 이르게 하는데 발생한 기타원가 모두를 포함함.

매입원가

항목구성

• 매입가격에 수입관세와 제세금(과세당국으로부터 추후 환급받을수 있는 금액은 제외), 매입운임, 하역료, 완제품·원재료·용역의 취득과정에 직접관련 기타원가를 가산한 금액

차감항목

• 매입할인·에누리·환출, 리베이트항목은 매입원가를 결정할때 차감함.

예시 외상매출 ₩1,000(2/10, n/30), 할인기간내 지급(수령)함.

매출자

(차) 매출채권	1,000	(대) 매출	1,000
(차) 현금	980	(대) 매출채권	1,000
매출할인	20		

매입자

(차) 상품	1,000	(대) 매입채무	1,000
(차) 매입채무	1,000	(대) 현금	980
		매입할인	20

참고 리베이트는 대금자체를 감액하는 매입할인등과 달리 대금지급후 별도로 지급받는 금액을 말하며, 수익으로 인식하지 않고 매입원가에서 차감함.

전환원가(제조기업)

구분	항목	내용
항목구성	직접노무원가(DL)	• 생산량과 직접 관련된 원가
	변동제조간접원가(VOH) 고정제조간접원가(FOH)	• 원재료를 완제품으로 전환하는데 발생하는 고정 및 변동제조간접원가의 체계적인 배부액
OH배부	변동제조간접원가(VOH)	• 생산설비의 실제사용에 기초하여 각 생산단위에 배부함.
	고정제조간접원가(FOH)	• 생산설비의 정상조업도에 기초하여 배부하는데, 실제조업도가 정상조업도와 유사한 경우에는 실제조업도를 사용할수 있음. 말장난 고정제조간접원가는 실제조업도에 기초하여 배부한다(X)

보론 생산단위당 고정제조간접원가 배부액은 낮은 조업도나 유휴설비로 인해 증가되지 않으며, 배부되지 않은 고정제조간접원가는 발생한 기간의 비용으로 인식함. 그러나 비정상적으로 많은 생산이 이루어진 기간에는, 재고자산이 원가 이상으로 측정되지 않도록 생산단위당 고정제조간접원가 배부액을 감소시켜야함.

기타원가

포함항목

• 기타원가는 현재장소에 현재상태로 이르게 하는데 발생한 범위내에서만 원가에 포함됨.
➡예 특정고객을 위한 비제조간접원가나 제품디자인원가

비용처리

❖발생기간 비용으로 인식해야 하는 원가의 예는 다음과 같음.

① 재료원가, 노무원가, 기타 제조원가 중 비정상적으로 낭비된 부분
② 후속 생산단계에 투입하기 전에 보관이 필요한 경우 이외의 보관원가
③ 재고자산을 현재장소에 현재상태로 이르게 하는데 기여하지않은 관리간접원가
④ 판매원가

말장난 후속 생산단계에 투입하기 전에 보관이 필요한 경우 보관원가는 비용으로 처리한다(X)

후불조건

• 재고자산을 후불조건으로 취득한 경우, 계약이 실질적으로 금융요소를 포함하고 있다면, 해당 금융요소(예 정상신용조건의 매입가격과 실제 지급액 간의 차이)는 금융이 이루어 지는 기간 동안 이자비용으로 인식함.

보론 **용역제공기업**

❐용역제공기업이 재고자산을 가지고 있다면, 이를 제조원가로 측정함. 이러한 원가는 주로 감독자를 포함한 용역제공에 직접 관여된 노무원가 및 기타원가와 관련된 간접원가로 구성됨.

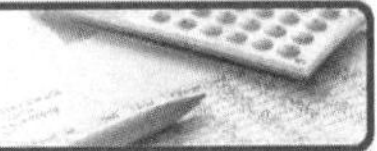

FINAL 객관식뽀개기 실전적중문제

1. 재고자산의 취득원가에 관한 설명으로 옳지 않은 것은? [관세사기출]

① 매입할인, 리베이트 및 기타 유사한 항목은 재고자산의 매입원가를 결정할 때 차감한다.
② 재고자산의 전환원가 중 고정제조간접원가는 실제조업도에 기초하여 전환원가에 배부하되, 비정상적으로 많은 생산이 이루어진 기간에는 정상조업도에 기초한 생산단위당 고정제조간접원가를 사용하여 전환원가에 배부한다.
③ 재료원가, 노무원가 및 기타제조원가 중 비정상적으로 낭비된 원가는 재고자산의 취득원가에 포함하지 않는다.
④ 생물자산에서 수확한 농림어업수확물로 구성된 재고자산은 순공정가치로 측정하여 수확시점에 최초로 인식한 금액을 취득원가로 한다.
⑤ 재고자산을 후불조건으로 취득하는 계약이 실질적으로 금융요소를 포함하고 있다면, 해당 금융요소는 금융이 이루어지는 기간 동안 이자비용으로 인식한다.

내비게이션

- 고정제조간접원가는 생산설비의 정상조업도에 기초하여 배부하는데, 실제조업도가 정상조업도와 유사한 경우에는 실제조업도를 사용할수 있다. 그러나 비정상적으로 많은 생산이 이루어진 기간에는, 재고자산이 원가 이상으로 측정되지 않도록 생산단위당 고정제조간접원가 배부액을 감소시켜야 한다.
- ④에 대하여는 후술함!

2. 재고자산의 측정에 관한 설명으로 옳지 않은 것은? [관세사기출]

① 재고자산은 취득원가와 순실현가능가치 중 낮은 금액으로 측정한다.
② 재고자산의 취득원가는 매입원가, 전환원가 및 재고자산을 현재의 장소에 현재의 상태로 이르게 하는 데 발생한 기타 원가 모두를 포함한다.
③ 재료원가, 노무원가 및 기타제조원가 중 비정상적으로 낭비된 부분은 재고자산의 취득원가에 포함할 수 없다.
④ 소매재고법은 이익률이 유사하고 품종변화가 심한 다품종 상품을 취급하는 유통업에서 실무적으로 다른 원가측정법을 사용할 수 없는 경우에 흔히 사용된다.
⑤ 동일한 재고자산이라도 지역별 위치나 과세방식이 다른 경우에는 다른 단위원가 결정방법을 적용한다.

내비게이션

- 재고자산의 지역별 위치나 과세방식이 다르다는 이유만으로 동일한 재고자산에 다른 단위원가 결정방법을 적용하는 것이 정당화될 수는 없다.
  →후술하는 '재고자산 원가흐름가정' 참조!

3. ㈜국세의 20x1년 기초재고자산은 ₩2,000,000이며, 당기매입액은 ₩12,000,000이다. ㈜국세는 20x1년도 결산을 하는 과정에서 재고자산 실사를 한 결과 ₩1,000,000인 것으로 파악되었다. 20x1년 중에 발생한 아래와 같은 사항을 고려하여 20x1년도 매출원가를 계산하면 얼마인가?(단, 당기 매입에 대한 회계처리는 적절하게 이루어졌으며, 재고자산감모손실과 재고자산평가손실은 없다고 가정한다.) [세무사기출]

(1) 20x1년 12월 25일에 ㈜대한으로부터 FOB 선적지인도조건으로 매입한 상품(송장가격 : ₩1,500,000)이 20x1년 12월 31일 현재 선박으로 운송 중에 있다. 이 상품은 20x2년 1월 9일에 도착할 예정이다.
(2) 20x1년 12월 30일에 ㈜민국으로부터 FOB 도착지인도조건으로 매입한 상품(송장가격 : ₩2,100,000)이 20x1년 12월 31일 현재 항공편으로 운송 중에 있다. 이 상품은 20x2년 1월 2일에 도착할 예정이다.
(3) ㈜국세가 판매를 목적으로 고객에게 발송한 상품(원가 : ₩1,500,000) 중 20x1년 12월 31일 현재 원가 ₩1,000,000에 해당하는 상품에 대해서만 고객이 매입의사를 표시하였다.
(4) ㈜국세가 은행에서 자금을 차입하면서 담보로 제공한 재고자산(₩700,000)이 창고에 보관중인데, 재고자산 실사시 이를 포함하였다.

① ₩9,300,000 ② ₩10,300,000 ③ ₩11,000,000
④ ₩11,500,000 ⑤ ₩11,700,000

내비게이션

- 기말재고 : 1,000,000+1,500,000+(1,500,000-1,000,000)=3,000,000
- 매출원가 : 2,000,000+12,000,000-3,000,000=11,000,000

서술형Correction연습

❒ 고정제조간접원가는 생산설비의 정상조업도에 기초하여 전환원가에 배부하는데 실제조업도에 기초한 배부방법은 사용할 수 없다.

➜ (X) : 실제조업도가 정상조업도와 유사한 경우는 사용할 수 있다.

❒ 재고자산을 후불조건으로 취득하여 실질적으로 금융요소를 포함하고 있다면 해당 금융요소는 재고자산의 취득원가에 포함한다.

➜ (X) : 이자비용으로 인식한다

❒ 특정한 고객을 위한 비제조 간접원가 또는 제품 디자인원가는 발생한 기간의 비용으로 인식한다.

➜ (X) : 원가에 포함하는 것이 적절할 수도 있다.

Answer 1. ② 2. ⑤ 3. ③

시험중요도 ★★★

기본이론 제53강 재고자산 원가흐름가정(단위원가결정방법)

적용개요

성격 · 용도가 유사	• 동일한 단위원가 결정방법을 적용하여야 함.
성격 · 용도가 상이	• 서로 다른 단위원가 결정방법을 적용할 수 있음.

•주의 그러나, 재고자산의 지역별 위치나 과세방식이 다르다는 이유만으로 동일한 재고자산에 다른 단위원가 결정방법을 적용하는 것이 정당화될 수는 없음.

개별법

적용사례	❖통상적으로 다음의 경우는 개별법을 사용함. ① 상호 교환될 수 없는 재고자산항목의 원가 ② 특정 프로젝트별로 생산되고 분리되는 재화 또는 용역의 원가
기타사항	• 통상적으로 상호교환 가능한 대량의 재고자산항목은 개별법 적용이 적절하지 아니함. ➡∵기말재고로 남아있는 항목을 선택하는 방식을 이용하여 손익을 자의적으로 조정할 수도 있기 때문 • 개별법으로 결정할 수 없는 원가는 선입선출법이나 가중평균법을 사용하여 결정함.

선입선출법(FIFO)

공통사례	매입수량	매출수량	단가	매입액
기초재고(1/1)	200개		@5	₩1,000
매 입(3/4)	300개		@6	₩1,800
매 출(4/5)		300개	@?	
매 입(7/7)	500개		@8	₩4,000
매 출(9/8)		400개	@?	
기말재고(12/31)	300개			합계 : ₩6,800

개요	• 먼저 매입된 재고자산이 먼저 판매된다고 가정하는 방법
장점	• 물량흐름과 일치하며, 재고자산을 현행원가의 근사치로 평가가능
단점	• 수익·비용대응이 부적절하며, 물가상승시 이익이 크게 표시됨.

❖공통사례에의 적용(실사법=계속기록법)

실사법	• 매출원가 : 200개×@5+300개×@6+200개×@8=4,400
	• 기말재고 : 6,800-4,400=2,400
계속기록법	• 매출원가 : 200개×x@5+100개×@6+200개×@6+200개×@8=4,400
	• 기말재고 : 6,800-4,400=2,400

가중평균법(WAM)

개요	• 기초재고와 당기중 매입재고자산의 원가를 가중평균하여 단위원가를 결정

❖공통사례에의 적용(실사법≠계속기록법)

실사법(총평균법)	• 매출원가 : 700개×@6.8[1]=4,760	1) 6,800÷1,000개=@6.8
	• 기말재고 : 6,800-4,760=2,040	
계속기록법(이동평균법)	• 매출원가 : 300개×@5.6[2]+400개×@7.3[3]=4,600	2) 2,800÷500개=@5.6
	• 기말재고 : 6,800-4,600=2,200	3) (200개×@5.6+500개×@8)÷700개=@7.3

상대적크기

기말재고 · 당기순이익	• 선입선출법 〉 이동평균법 ≥ 총평균법	
매출원가	• 선입선출법 〈 이동평균법 ≤ 총평균법	
현금흐름(보유현금)	법인세가 없을때	• 각방법 동일 ➡∵세금유출이 모두 없음.
	법인세가 있을때	• 선입선출법 〈 가중평균법 ➡∵FIFO의 세금유출이 큼.

•주의 재고자산의 매입단가의 변동이 없다면, 원가흐름에 대한 가정이 매출원가와 기말재고원가 모두에 영향을 미치지 아니함.

FINAL 객관식뽀개기 실전적중문제

1. ㈜대한의 20x1년도 재고자산의 매입과 매출에 관한 자료는 아래의 표와 같다.

일자	적요	수량	단가*)	금액
1/1	기초재고	20개	₩10	₩200
2/3	매입	40개	₩20	₩800
5/8	매출	(50개)	₩50	₩2,500
7/3	매입	40개	₩30	₩1,200
9/9	매출	(30개)	₩60	₩1,800

*) 매입시 매입단가, 매출시 판매단가를 의미함.

㈜대한은 재고자산의 단위원가를 실지재고조사법에 따라 20x1년말에 가중평균법을 사용하여 결정한다. ㈜대한의 20x1년도 매출총이익은 얼마인가?(20x1년말 기말재고 실사결과 장부상 재고와 일치한다.) [관세사기출]

① ₩1,760 ② ₩2,220 ③ ₩2,540
④ ₩2,740 ⑤ ₩2,960

- 평균단가 : $\frac{200+800+1,200}{20개+40개+40개}$=22

∴매출총이익 : (50개×50+30개×60)−(50개+30개)×22=2,540

2. ㈜관세는 스마트폰을 매입하여 판매하는 기업으로 한 가지 모델만을 취급하고 있다. ㈜관세는 계속기록법으로 재고자산을 회계처리하고 있으며 단가는 가중평균법으로 계산하고 있다. 3월 초 보유중인 스마트폰은 10개이고 단가는 ₩50이며, 3월 한 달간 스마트폰의 매입과 매출에 관한 기록은 다음과 같다. 3월 말 재고자산은 얼마인가? [관세사기출]

> · 3월 05일 스마트폰 20개를 개당 ₩80에 매입하다.
> · 3월 12일 스마트폰 10개를 개당 ₩120에 판매하다.
> · 3월 18일 스마트폰 10개를 개당 ₩100에 매입하다.
> · 3월 25일 스마트폰 15개를 개당 ₩140에 판매하다.

① ₩1,050 ② ₩1,163 ③ ₩1,200
④ ₩1,252 ⑤ ₩1,5000

내비게이션

- 매출원가 : 10개×$\frac{10\times50+20\times80}{30개}$+15개×$\frac{20\times70+10\times100}{30개}$

=1,900

∴기말재고 : (10개×50+20개×80+10개×100)−1,900=1,200

3. 다음은 ㈜감평의 20x1년도 재고자산 거래와 관련된 자료이다. 다음 설명 중 옳지 않은 것은? [감평사기출]

일자	적요	수량	단가
1월 1일	기초재고	100개	₩90
3월 9일	매입	200개	₩150
5월 16일	매출	150개	
8월 20일	매입	50개	₩200
10월 25일	매입	50개	₩220
11월 28일	매출	200개	

① 실지재고조사법을 적용하여 선입선출법을 사용할 경우 기말재고자산 금액은 ₩11,000이다.
② 실지재고조사법을 적용하여 가중평균법을 사용할 경우 매출원가는 ₩52,500이다.
③ 선입선출법을 사용할 경우보다 가중평균법을 사용할 때 당기순이익이 더 작다.
④ 가중평균법을 사용할 경우, 실지재고조사법을 적용하였을 때보다 계속기록법을 적용하였을 때 당기순이익이 일반적으로 더 크다.
⑤ 선입선출법을 사용시, 계속기록법을 적용하였을 때보다 실지재고조사법을 적용하였을 때 매출원가가 더 크다.

내비게이션

- ① : 50개×220=11,000

② : 350개×$\frac{100\times90+200\times150+50\times200+50\times220}{100개+200개+50개+50개}$=52,500

③,④ : 선입선출법〉이동평균법 ≧ 총평균법

⑤ : 동일하다.

4. ㈜서울은 상품을 매매하는 도매업자이다. ㈜서울은 기초재고자산에 비하여 기말재고자산을 일정 규모로 증가시켜 유지하는 재고자산 관리정책을 갖고 있다. 다음 중 ㈜서울이 채택하고자 하는 재고자산 단위원가 결정방법에 따라 기대되는 효과를 옳게 기술하고 있는 것은?(단, 재고자산의 매입단가는 지속적으로 상승하고 있으며, ㈜서울이 채택하고자 하는 모든 재고자산의 원가흐름에 대하여 세법이 유효하게 적용된다.) [관세사기출]

① 판매가능재고 : 선입선출법 〈 가중평균법
② 순현금흐름 : 가중평균법 〉 선입선출법
③ 당기순이익 : 선입선출법 〈 가중평균법
④ 매출원가 : 선입선출법 〉 가중평균법
⑤ 기말재고자산 : 선입선출법 〈 가중평균법

- 기초재고(전기기말재고)는 선입선출법이 더 크므로 판매가능재고(기초+당기매입)는 선입선출법이 더 크다. →②,③,④,⑤는 본문 참조!

Answer 1. ③ 2. ③ 3. ⑤ 4. ②

시험중요도 ★★☆

기본이론 제54강 재고자산평가

<table>
<tr><td rowspan="3">저가법</td><td>저가법의 의의</td><td colspan="2">• 자산의 장부금액은 판매나 사용으로부터 실현될 것으로 기대되는 금액을 초과하여서는 않됨. 따라서, 재고자산의 순실현가능가치가 취득원가 이하로 하락하여 재고자산의 원가를 회수하기 어려운 경우(이하 '적용사유')에는 순실현가능가치로 감액함.</td></tr>
<tr><td>적용단위</td><td colspan="2">• 저가법은 항목별로 적용함.
➡그러나 경우에 따라서는 서로 유사하거나 관련있는 항목들을 통합하여 적용하는 것이 적절할 수 있음.
•주의 완제품 또는 특정 영업부문에 속하는 모든 재고자산과 같은 분류에 기초하여 저가법을 적용하는 것은 적절하지 아니함.
말장난 재고자산의 감액은 일반적으로 완제품 또는 특정 영업부문이 속하는 모든 재고자산과 같이 재고자산 전체분류에 대하여 이루어진다(X)</td></tr>
<tr><td>재평가(환입)</td><td colspan="2">• 재고자산의 감액을 초래했던 상황이 해소되거나 경제상황의 변동으로 순실현가능가치가 상승한 명백한 증거가 있는 경우에는 최초의 장부금액을 초과하지 않는 범위내에서 평가손실을 환입함.
➡새로운 장부금액은 취득원가와 수정된 순실현가능가치 중 작은 금액이 됨.</td></tr>
<tr><td rowspan="7">순실현
가능가치</td><td rowspan="4">비교사항</td><td>순실현가능가치</td><td>• 예상판매가 - (예상추가원성원가 + 예상판매비용)</td></tr>
<tr><td>현행대체원가</td><td>• 현재시점에서 구입하는데 소요되는 금액</td></tr>
<tr><td>공정가치</td><td>• 측정일에 시장참여자 사이의 정상거래에서 자산을 매도하면서 수취하거나 부채를 이전하면서 지급하게 될 가격</td></tr>
<tr><td>순공정가치</td><td>• 공정가치 - 매각부대원가</td></tr>
<tr><td>추정방법</td><td colspan="2">• 순실현가능가치를 추정할 때에는 재고자산으로부터 실현가능한 금액에 대하여 추정일 현재 사용가능한 가장 신뢰성 있는 증거에 기초하여야함.
➡보고기간후 사건이 보고기간말 존재하는 상황에 대하여 확인하여주는 경우에는 그 사건과 직접 관련된 가격이나 원가의 변동을 고려하여 추정하여야함.</td></tr>
<tr><td rowspan="2">원재료 · 소모품</td><td>순실현가능가치</td><td>• 원재료의 순실현가능가치 = 현행대체원가</td></tr>
<tr><td>저가법적용배제</td><td>• 완성될 제품이 원가이상으로 판매될 것으로 예상하는 경우에는 그 생산에 투입하기 위해 보유하는 원재료 등을 감액치 않함.</td></tr>
<tr><td rowspan="2">확정판매계약</td><td>계약수량</td><td colspan="2">• 순실현가능가치는 계약가격(판매비용차감액)에 기초함.
말장난 순실현가능가치는 일반판매가격에 기초한다(X)</td></tr>
<tr><td>계약초과수량</td><td colspan="2">• 순실현가능가치는 일반판매가격(판매비용차감액)에 기초함.</td></tr>
</table>

사례 확정판매계약의 저가법 적용

✪기말제품의 수량은 1,400개, 총평균법을 적용한 제품의 단위당원가는 @300
✪제품 1,000개는 단위당 @250에 판매하기로 계약이 확정되어 있음.
✪제품의 기말현재 일반판매가격은 @350이다.

구분	수량	단위당원가	순실현가능가치	평가손실
계약수량	1,000개	@300	@250(계약가격)	50,000
계약초과수량	400개	@300	@350(일반판매가격)	-
計				50,000

FINAL 객관식뽀개기 실전적중문제

1. 다음 중 재고자산의 내용으로 옳은 것은? [관세사기출]

① 재고자산은 취득원가와 순공정가치 중 낮은 금액으로 측정한다.
② 저가법에 따른 재고자산평가손실은 발생한 기간에 기타포괄손익으로 인식한다.
③ 표준원가법은 이 방법으로 측정한 결과가 실제 원가와 유사한 경우에 편의상 사용할 수 있다.
④ 생물자산에서 수확한 농림어업 수확물로 구성된 재고자산의 취득원가는 수확시점까지 투입된 원가로 측정한다.
⑤ 재고자산의 단위원가는 개별법이 적용되지 않는 경우에는 선입선출법이나 후입선출법 또는 가중평균법을 사용하여 결정한다.

내비게이션

- ① 순공정가치(X) → 순실현가능가치(O)
  ② 기타포괄손익으로 인식(X) → 당기비용 또는 매출원가로 인식(O)
  ④ 순공정가치로 측정한다. →후술함!
  ⑤ 후입선출법은 인정되지 않는다.

2. 재고자산에 관한 설명으로 옳은 것은? [감평사기출]

① 후속 생산단계에 투입하기 전에 보관이 필요한 경우 이외의 보관원가는 재고자산의 취득원가에 포함할 수 있다.
② 확정판매계약을 이행하기 위하여 보유하는 재고자산의 순실현가능가치는 계약가격에 기초하며, 확정판매계약의 이행에 필요한 수량을 초과하는 경우에는 일반 판매가격에 기초한다.
③ 재고자산의 지역별 위치나 과세방식이 다른 경우 동일한 재고자산에 다른 단위원가 결정방법을 적용할 수 있다.
④ 가중평균법의 경우 재고자산 원가의 평균은 기업의 상황에 따라 주기적으로 계산하거나 매입 또는 생산할 때마다 계산하여서는 아니된다.
⑤ 완성될 제품이 원가 이상으로 판매될 것으로 예상하는 경우에는 해당 원재료를 순실현가능가치로 감액한다.

내비게이션

- ① 취득원가에 포함할 수 있다.(X) → 비용처리한다.(O)
  ③ 지역별 위치나 과세방식이 다르다는 이유만으로 동일한 재고자산에 다른 단위원가 결정방법을 적용하는 것이 정당화될 수는 없다.
  ④ 이동평균법이 인정된다.
  ⑤ 순실현가능가치로 감액한다.(X) → 감액하지 않는다.(O)

3. ㈜관세의 기말 재고자산 현황은 다음과 같다. 품목별 저가법을 적용할 경우 기말 재고자산 금액은 얼마인가? (단, 원재료A를 투입하여 제품A가 생산되고, 원재료B를 투입하여 제품B가 생산된다.) [관세사기출]

품목	취득원가	순실현가능가치
원재료A	₩100,000	₩80,000
제 품 A	₩130,000	₩120,000
원재료B	₩80,000	₩70,000
제 품 B	₩110,000	₩120,000

① ₩370,000 ② ₩375,000 ③ ₩380,000
④ ₩385,000 ⑤ ₩390,000

내비게이션

- 원재료A : 저가법적용후 금액=80,000
- 제　품A : 저가법적용후 금액=120,000
- 원재료B : 취득원가=80,000
  →완성될 제품이 원가이상으로 판매될 것으로 예상되므로 저가법을 적용하여 감액하지 않는다.
- 제　품B : 취득원가=110,000

∴80,000+120,000+80,000+110,000=390,000

4. 단일 상품만을 매입·판매하는 A사의 최초 사업연도 결산일(20x1년 12월 31일) 현재 재고자산(추가 완성원가 발생하지 않음)에 대한 자료는 다음과 같다. A사가 20x1년말에 보유하고 있는 상품 중 200개는 20x2년 1월초에 B사에게 단위당 ₩130에 판매(단위당 예상 판매비용 ₩30)하기로 확정계약되어 있다. A사가 20x1년도에 인식할 재고자산평가손실은 얼마인가? [관세사기출]

실지재고수량	장부상 단가	단위당 예상판매 가격	단위당 공정가치	단위당 예상판매 비용
1,000개	₩100	₩110	₩120	₩30

① ₩0 ② ₩8,000 ③ ₩10,000
④ ₩16,000 ⑤ ₩20,000

내비게이션

- 평가손실 계산

구분	수량	단위당원가	NRV	평가손실
확정	200개	100	130-30=100	0
기타	800개	100	110-30=80	800개×20=1,600
계				1,600

서술형Correction연습

❒ 재고자산의 감액을 초래했던 상황이 해소되거나 경제상황의 변동으로 순실현가능가치가 상승한 명백한 증거가 있는 경우에는 순실현가능가치가 상승한 금액만큼 재고자산의 장부금액을 증가시킨다.

➲ (X) : 최초장부금액을 초과치 않는 범위 내에서 평가손실을 환입

Answer 1. ③ 2. ② 3. ⑤ 4. ④

시험출제빈도 ★★★

기본이론 제55강 재고자산감모손실·평가손실

개요

기말재고장부원가 (장부수량x단위당원가)	기말재고실제원가 (실제수량x단위당원가)	기말재고시가 (실제수량x단위당시가)

'감모손실' (장부원가 – 실제원가), '평가손실' (실제원가 – 시가)

감모손실

구분	내용
감모손실	• 장부상수량에 대한 취득원가 - 실제수량에 대한 취득원가
회계처리	• 재고자산감모손실의 과목으로하여 당기비용으로 처리하거나 매출원가로 처리 (차) 재고자산감모손실(매출원가) xxx (대) 재고자산 xxx

저자주 문제에서 '원가성이 있다(정상감모)' 는 단서가 주어지면 매출원가로 처리합니다!

평가손실

구분	내용
저가법	• 시가하락시 평가손실은 인식하나, 평가이익은 인식치 않는 방법('보수주의') • 항목별 또는 유사항목을 통합(조별)하여 저가법 적용함. ➡주의 총액기준은 적용불가!
저가법 적용사유	❖다음의 경우 순실현가능가치로 감액하는 저가법을 적용함. ① 물리적으로 손상된 경우 ② 완전히 또는 부분적으로 진부화 된 경우 ③ 판매가격이 하락한 경우 ④ 완성하거나 판매하는데 필요한 원가가 상승한 경우

적용시가

구분	시가	내용
일반적인 경우	순실현가능가치	• 판매로 실현을 기대하는 순매각금액 ➡즉, '예상판매금액 – 추가예상원가와 판매비용'
원재료	현행대체원가	• 현재 매입하거나 재생산하는데 소요되는 금액
확정판매계약	① 계약분 : 계약금액 ② 계약초과분 : 일반판매가격	

주의 완성될 제품이 원가이상으로 판매예상하는 경우에는 그 생산에 투입하기 위해 보유하는 원재료를 감액하지 않음.(즉, 평가손실을 인식하지 않음.) 그러나 원재료 가격이 하락하여('하락하고'를 잘못 번역함) 제품의 원가가 순실현가능가치를 초과할 것으로 예상된다면 해당 원재료를 순실현가능가치로 감액함.

회계처리

• 재고자산평가손실의 과목으로하여 당기비용으로 처리하거나 매출원가로 처리

(차) 재고자산평가손실(매출원가) xxx (대) 재고자산평가충당금(재고자산차감) xxx

기초재고+당기매입=매출원가(구)+평가손실+정상감모손실+비정상감모손실+기말재고*)

'매출원가(신)' (매출원가(구)+평가손실+정상감모손실)

→*) 기말재고 : 감모/평가손/조정액 반영후 금액

사례 감모손실과 평가손실 회계처리

✪ 기초상품은 ₩600,000, 당기매입은 ₩2,800,000, 장부상 기말상품은 2,000개(단가 @400), 실제 기말상품 1,800개(단가 순실현가능가치 @360)이다.(감모손실, 평가손실은 매출원가처리함)

풀이

구분	차변	금액	대변	금액
매출원가 산정분개	(차) 매출원가	600,000	(대) 상품(기초)	600,000
	매출원가	2,800,000	매입	2,800,000
	상품(기말)	800,000[1]	매출원가	800,000
감모손실	(차) 재고자산감모손실(매출원가)	80,000[2]	(대) 상품	80,000
평가손실	(차) 재고자산평가손실(매출원가)	72,000[3]	(대) 재고자산평가충당금	72,000

[1] 2,000개×@400=800,000 [2] (2,000개-1,800개)×@400=80,000 [3] 1,800개×(@400-@360)=72,000

FINAL 객관식뽀개기 실전적중문제

1. 20x1년초에 영업을 개시한 ㈜대전의 재고자산과 관련된 자료가 다음과 같을 때, 20x1년말에 인식해야하는 재고자산평가손실은 얼마인가? [관세사기출]

- (주)대전의 장부상 기말상품A의 수량은 20개이고, 단위당 취득원가는 ₩100이다.
- 기말실사 결과 도난으로 인하여 기말상품A의 수량이 15개만 남아있다.
- 상품A의 기말 예상 판매가격은 단위당 ₩90, 예상판매비용은 단위당 ₩10으로 추정된다.

① ₩100 ② ₩200 ③ ₩300
④ ₩400 ⑤ ₩500

내비게이션

- 15개×100-15개×(90-10)=300

2. ㈜감평은 상품에 관한 단위원가 결정방법으로 선입선출법을 이용하고 있으며 20x1년도 상품 관련 자료는 다음과 같다. 20x1년말 재고실사결과 3개였으며 감모는 모두 정상적이다. 기말 현재 상품의 단위당 순실현가능가치가 ₩100일 때 ㈜감평의 20x1년도 매출총이익은? (단, 정상적인 재고자산감모손실과 재고자산평가손실은 모두 매출원가에 포함한다.) [감평사기출]

항목	수량	단위당 취득원가	단위당 판매가격	금액
기초재고(1/1)	20개	₩120	-	₩2,400
매 입(4/8)	30개	₩180	-	₩5,400
매 출(5/3)	46개	-	₩300	₩13,800

① ₩6,300 ② ₩6,780 ③ ₩7,020
④ ₩7,260 ⑤ ₩7,500

내비게이션

- 기말재고(장부) : 4개×180=720
- 매출원가(구) : 2,400+5,400-720=7,080
- 정상감모손실 : 720-(3개×180)=180
- 평가손실 : (3개×180)-(3개×100)=240
- 매출원가(신) : 7,080+180+240=7,500

∴매출총이익 : 13,800-7,500=6,300

3. ㈜국세는 상품재고자산의 단위원가 결정방법으로 매입시마다 평균을 계산하는 가중평균법을 채택하고 있다. ㈜국세의 20x1년 상품재고자산과 관련된 자료는 다음과 같다.

구분	수량	단위당원가
기초재고(1월 1일)	200개	₩100
매입(2월 10일)	200개	₩200
매출(5월 1일)	300개	
매입(12월 1일)	100개	₩300
장부상 기말재고	200개	
실사결과 기말재고	150개	

20x1년 말 현재 상품재고자산의 단위당 순실현가능가치가 ₩200이라면 ㈜국세가 20x1년에 인식하여야 할 재고자산감모손실과 재고자산평가손실은 각각 얼마인가? (단, 20x1년 기초재고의 단위당 원가와 순실현가능가치는 동일하였다고 가정한다.) [세무사기출]

	재고자산감모손실	재고자산평가손실
①	₩9,000	₩3,750
②	₩9,000	₩6,000
③	₩10,000	₩5,000
④	₩11,250	₩3,750
⑤	₩11,250	₩5,000

내비게이션

- 장부상 기말재고 단가계산
  - 2/10 이동평균 : $\frac{200\times100+200\times200}{200+200}$=150
  - 12/1 이동평균 : $\frac{100\times150+100\times300}{100+100}$=225

장부	실제	시가
200개×225	150개×225	150개×200

감모손실 11,250　평가손실 3,750

서술형Correction연습

❒ 재고자산의 순실현가능가치가 취득원가보다 하락한 경우에 적용하는 저가법은 항목별, 조별 및 총계기준 중 선택하여 적용할 수 있다.

➡ (X) : 총계기준은 적용할 수 없다.

Answer 1. ③ 2. ① 3. ④

시험중요도 ★★★

기본이론 제56강 재고자산 비용의 구성

분석방법

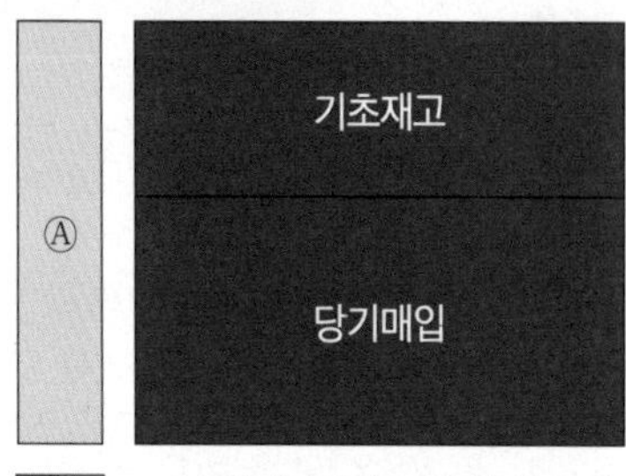

=
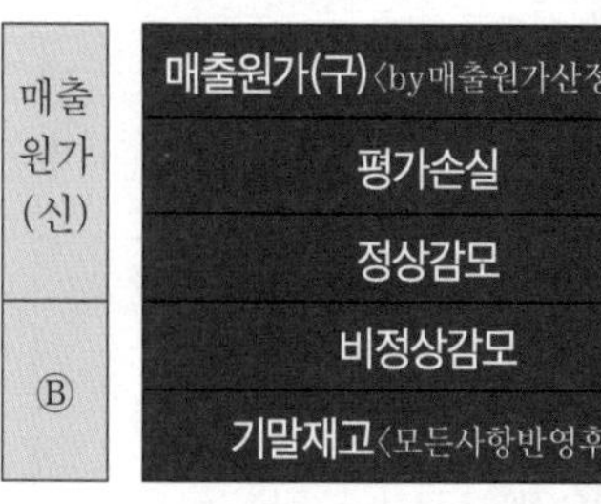

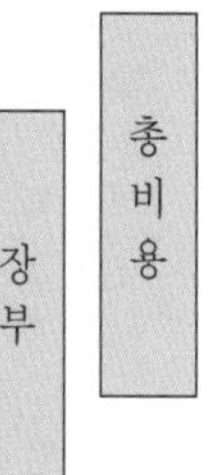

보론 포괄손익계산서상 매출원가 표시 : '매출원가(신)' ⇒Ⓐ에서 Ⓑ를 차감하여 표시함.

세부고찰 I

사례 재고자산평가시 총비용 계산①

✪기초상품재고액 ₩1,240,000, 당기순매입액은 ₩24,380,000이다. 당기비용으로 보고할 금액은?

상품	장부상재고	실제재고	단위당원가	판매단가	단위당추정판매비
A	1,000단위	900단위	₩900	₩950	₩100
B	800단위	750단위	₩700	₩800	₩50

풀이

•매출원가(구) : 1,240,000+24,380,000-(1,000단위×@900+800단위×@700)=24,160,000
•재고자산감모손실 : [1,000단위×@900-900단위×@900]+[800단위×@700-750단위×@700]=125,000
•재고자산평가손실 : 900단위×@900-900단위×(@950-@100)=45,000 ∴합계=24,330,000

세부고찰 II

사례 재고자산평가시 총비용 계산②

✪ 다음 재고자산과 관련된 자료에 의해 20x1년 포괄손익계산서에 인식할 비용총액을 구하면? 단, 기초재고는 ₩210,000, 당기매입액은 ₩1,740,000이다.

(1) 10월에 20x2년 ₩60,000에 재매입하기로 약정(콜옵션보유)하고 원가 ₩45,000(판매가 ₩50,000)의 상품을 인도하였다.
(2) 11월에 위탁판매를 위해 원가 ₩300,000의 상품을 발송하였으며 수탁자는 당기말까지 이 중 75%를 판매하였다.
(3) 20x1년말 정상감모손실(매출원가)은 ₩15,000, 비정상감모손실은 ₩24,000이다.
(4) 기말재고 창고 실사금액은 ₩450,000이며, 20x1년말 재고자산평가손실은 ₩105,000이다.

풀이

•기말재고(감모/평가손/조정액 반영후) : (450,000-105,000)+45,000+300,000×25%=465,000
∴총비용 : (210,000+1,740,000)-465,000=1,485,000

세부고찰 III

사례 기말재고와 매출원가 추정

✪다음 자료에 의한 기말재고와 매출원가는? 단, 정상감모와 평가손실은 매출원가로 처리한다.

(1) 기초재고 ₩78,000 (2) 당기매입액 ₩150,000
(3) 취득원가로 파악한 기말재고액 ₩43,500 (4) 수량감소를 조정한 후 순실현가능가치 ₩39,000
(5) 정상감모손실 ₩2,000, 비정상감모손실 ₩1,000, 재고자산평가손실 ₩1,500

•'취득원가로 파악한 기말재고=정상감모손실+비정상감모손실+평가손실+기말재고' 에서,
•기말재고 : 43,500-2,000-1,000-1,500=39,000, 매출원가 : (78,000+150,000)-(1,000+39,000)=188,000

FINAL 객관식뽀개기 실전적중문제

1. ㈜관세는 재고자산을 실지재고조사법에 의하여 수량을 결정하고 있으나, 감모손실 파악을 위해 입 · 출고 수량을 별도로 확인하고 있다. 기말재고자산 실사결과 수량은 90개였고, 장부수량과 실사수량의 차이 중 30%는 정상적 감모이며, 70%는 비정상적인 감모이다. ㈜관세는 기말재고자산의 단가결정방법으로 총평균법을 채택하고 있다. 기말재고자산의 단위당 순실현가능가치는 ₩12,000이다. 아래의 자료를 활용할 경우 ㈜관세의 포괄손익계산서에 표시될 매출원가는?(단, ㈜관세는 재고자산평가손실과 정상적 재고자산감모손실을 전액 매출원가로 인식한다.) [관세사기출]

구분	장부수량	취득원가
기초재고	50개	₩580,000
당기매입	450개	₩5,670,000
기말재고	120개	

① ₩4,750,000 ② ₩4,795,000 ③ ₩4,907,500
④ ₩5,057,500 ⑤ ₩5,170,000

내비게이션

• 평균단가 : $\frac{580,000+5,670,000}{50개+450개}$=12,500
• 매출원가(구) : 580,000+5,670,000−120개×12,500=4,750,000
• 정상감모손실 : [(120개×12,500)−(90개×12,500)]×30%=112,500
• 평가손실 : (90개×12,500)−(90개×12,000)=45,000
∴매출원가(신) : 4,750,000+112,500+45,000=4,907,500

2. ㈜관세는 상품의 단위원가를 결정하는 방법으로 총평균법을 적용하고 있다. 20x1년 상품 관련 자료는 다음과 같다.

구분	수량	단위당 취득원가	금액
기초재고	20개	₩500	₩10,000
매 입	80개	₩600	₩48,000

20x1년도 판매수량은 90개이고 기말 재고실사 수량은 8개이며 단위당 순실현가능가치는 ₩480이다. 재고자산과 관련하여 ㈜관세가 20x1년도에 인식할 비용총액은?(단, 기초재고상품의 재고자산평가충당금은 없다.) [관세사기출]

① ₩43,200 ② ₩52,200 ③ ₩53,360
④ ₩54,010 ⑤ ₩54,160

내비게이션

• (10,000+48,000)−(8개×480)=54,160

3. ㈜세무의 20x1년도 및 20x2년도 상품 관련 자료는 다음과 같다.

(1) 20x1년도 기말재고자산 : ₩4,000,000(단위당 원가 ₩1,000)
(2) 20x2년도 매입액 : ₩11,500,000(단위당 원가 ₩1,250)
(3) 20x2년도 매출액 : ₩15,000,000

20x2년 말 장부상 상품수량은 4,000개였으나, 실지재고조사 결과 기말수량은 3,500개로 확인되었다. 20x2년 말 현재 보유하고 있는 상품의 예상 판매가격은 단위당 ₩1,500이며, 단위당 ₩300의 판매비용이 예상된다. ㈜세무가 선입선출법을 적용할 때, 20x2년도에 인식할 당기손익은? [세무사기출]

① ₩3,000,000 이익 ② ₩3,700,000 이익
③ ₩3,875,000 이익 ④ ₩4,300,000 이익
⑤ ₩4,500,000 이익

내비게이션

• 기초재고[4,000,000]+당기매입[11,500,000]=총비용[매출원가(구)+평가손실+정상감모+비정상감모]+기말재고[감모/평가손/조정액 반영후금액]
• 기말재고[감모/평가손/조정액 반영후금액]
 3,500개×(1,500−300)=4,200,000
• 4,000,000+11,500,000=총비용+4,200,000 →총비용=11,300,000
∴15,000,000−11,300,000=3,700,000

Answer 1. ③ 2. ⑤ 3. ②

시험중요도 ★☆☆

기본이론 제57강 재고자산의 후속평가

재고자산 평가충당금 전입 · 환입	전입	• 기말 평가손실을 별도계산하여 기초·기말평가충당금의 차액을 보충법으로 추가설정함. 예시 기초평가충당금 10, 기말시점에 계산한 평가충당금이 30인 경우 →(차) 재고자산평가손실(매출원가) 20 (대) 재고자산평가충당금 20
	환입	• 기말 평가손실을 별도계산하여 기초·기말평가충당금의 차액을 보충법으로 환입함. • 재고자산평가충당금환입액은 환입이 발생한 기간의 비용으로 인식된 재고자산 금액의 차감액으로 인식함. ➡즉, 일반적으로 매출원가에서 차감함. 예시 기초평가충당금 50, 기말시점에 계산한 평가충당금이 30인 경우 →(차) 재고자산평가충당금 20 (대) 재고자산평가충당금환입(매출원가) 20

세부고찰

사례 재고자산평가충당금의 후속 회계처리

✪ 20x1년 : 기초상품은 ₩600,000, 당기매입은 ₩2,800,000, 장부상 기말상품은 2,000개(단가 @400), 실제 기말상품 1,800개(단가 순실현가능가치 @360)이다.(감모손실, 평가손실은 매출원가처리함)

✪ 20x2년 : 당기매입은 ₩3,800,000, 장부상 기말상품은 1,200개(단가 @400), 실제 기말상품 1,100개(단가 순실현가능가치 @360)이다.(감모·평가손실·환입은 매출원가처리)

풀이

•20x1년 회계처리

장부	실제	시가
2,000개×400=800,000	1,800개×400=720,000	1,800개×360=648,000

감모손실 80,000 평가손실 72,000

매출원가 산정분개	(차) 매출원가	600,000	(대) 상품(기초)	600,000
	매출원가	2,800,000	매입	2,800,000
	상품(기말)	800,000	매출원가	800,000
감모손실	(차) 매출원가(감모손실)	80,000	(대) 상품	80,000
평가손실	(차) 매출원가(평가손실)	72,000	(대) 재고자산평가충당금	72,000

•20x2년 회계처리

장부	실제	시가
1,200개×400=480,000	1,100개×400=440,000	1,100개×360=396,000

감모손실 40,000 평가손실 44,000

매출원가 산정분개	(차) 매출원가	720,000	(대) 상품(기초)	720,000
	매출원가	3,800,000	매입	3,800,000
	상품(기말)	480,000	매출원가	480,000
감모손실	(차) 매출원가(감모손실)	40,000	(대) 상품	40,000
평가손실	(차) 재고자산평가충당금	28,000	(대) 매출원가(환입)	28,000*)

*) 72,000(기초평가충당금)-44,000(기말평가충당금)=28,000

참고 재고자산 비용의 구성

❒ 후속평가에 대하여는 전술한 '재고자산 비용의 구성'에서의 표에 의해 총비용과 기말재고를 계산해서는 안되며, 위의 회계처리를 통해 직접 계산해야함.

㉠ 20x2년 총비용 : (720,000+3,800,000-480,000)+40,000-28,000=4,052,000

㉡ 20x2년 기말재고 : 480,000-40,000-(72,000-28,000)=396,000

FINAL 객관식뽀개기 실전적중문제

1. '재고자산' 회계처리에 관한 설명으로 옳지 않은 것은? [관세사기출]

① 합리적인 단위원가 결정방법으로 후입선출법을 인정하고 있지 않다.
② 생물자산에서 수확한 농림어업 수확물은 수확시점에서 순공정가치로 인식한다.
③ 원재료 가격이 하락하여 제품의 원가가 순실현가능가치를 초과할 것으로 예상된다면 해당 원재료를 순실현가능가치로 감액한다.
④ 순실현가능가치의 상승으로 인한 재고자산 평가손실의 환입은 환입이 발생한 기간의 수익으로 인식한다.
⑤ 표준원가법이나 소매재고법 등의 원가측정방법은 그러한 방법으로 평가한 결과가 실제 원가와 유사한 경우에 편의상 사용할 수 있다.

내비게이션

- 재고자산평가충당금환입액은 환입이 발생한 기간의 비용으로 인식된 재고자산 금액의 차감액으로 인식함.

2. ㈜한국의 20x1년 말 재고자산의 취득원가는 ₩200,000, 순실현가능가치는 ₩160,000이다. 20x2년 중 재고자산을 ₩1,600,000에 매입하였다. 20x2년 말 장부상 재고자산수량은 200단위지만 재고실사 결과 재고자산 수량은 190단위(단위당 취득원가 ₩2,200, 단위당 순실현가능가치 ₩1,900)였다. 회사는 재고자산으로 인한 당기비용 중 재고자산감모손실을 제외한 금액을 매출원가로 인식할 때, 20x2년 매출원가는?(단, 20x1년 말 재고자산은 20x2년에 모두 판매되었다.) [세무사기출]

① ₩1,377,000 ② ₩1,394,000 ③ ₩1,399,000
④ ₩1,417,000 ⑤ ₩1,421,000

내비게이션

- 20x1년말 평가충당금 : 200,000-160,000=40,000
- 20x2년 회계처리

장부	실제	시가
200단위×2,200 =440,000	190단위×2,200 =418,000	190단위×1,900 =361,000

감모손실 22,000 (장부–실제) 평가손실 57,000 (실제–시가)

구분	차변	금액	대변	금액
매출원가 산정분개	(차) 매출원가	200,000	(대) 상품(기초)	200,000
	매출원가	1,600,000	매입	1,600,000
	상품(기말)	440,000	매출원가	440,000
감모손실	(차) 감모손실(영업외비용)	22,000	(대) 상품	22,000
평가손실	(차) 매출원가	17,000	(대) 평가충당금	17,000*)

*) 추가설정 : 57,000(기말평가충당금)-40,000(기초평가충당금)=17,000
→매출원가 : 200,000+1,600,000-440,000+17,000=1,377,000

Answer 1. ④ 2. ①

시험중요도 ★★★

기본이론 제58강 재고자산원가의 추정 : 매출총이익률법

<table>
<tr><td rowspan="6">매출
총이익률법</td><td>개요</td><td colspan="2">• 회계기준상으로 인정된 방법은 아니지만, 실무적으로 매출총이익률을 사용하여 재고자산금액을 추정하는 방법으로 천재, 지변, 도난, 화재등으로 인한 재고손실액을 계산하기 위해 주로 사용됨.</td></tr>
<tr><td rowspan="2">산식적용</td><td>매출총이익률이 주어질때</td><td>• $매출총이익률 = \frac{매출총이익}{매출액} = \frac{매출액 - 매출원가}{매출액} = 1 - \frac{매출원가}{매출액}$
➡ ∴ 매출원가 = 매출액 × (1 − 매출총이익률)</td></tr>
<tr><td>원가가산이익률(=원가대비매출총이익률)이 주어질때</td><td>• 매출원가 + 매출원가 × 원가가산이익률 = 매출액
➡ $원가가산이익률 = \frac{매출총이익}{매출원가}$
➡ ∴ $매출원가 = \frac{매출액}{1 + 원가가산이익률}$</td></tr>
<tr><td rowspan="2">계산절차</td><td>매출원가계산</td><td>• 매출원가 = 매출액 × (1 − 매출총이익률)
• $매출원가 = \frac{매출액}{1 + 원가가산이익률}$
➡ ∴ 기말재고 = (기초 + 당기매입) − 매출원가</td></tr>
<tr><td>화재손실액계산</td><td>• 화재손실액 = 기말재고 − 화재후 파손품평가액</td></tr>
</table>

세부고찰

사례 천재 · 지변 재고자산손실액 계산

✪ ㈜피박은 전자제품유통을 주업으로 하고 있는 회사로 20x1년 9월 22일 태풍으로 인하여 상품을 보관중인 창고가 피해를 입게 되었다. 재해로 인하여 보유중인 모든 전자제품이 피해를 입었으며, 동 전자제품을 모두 처분하는 경우 처분가치는 ₩220,000이다.
피해일 현재, 일본으로부터 목적지(도착지)인도조건으로 매입 중인 운송상품 ₩270,000이 있다.
㈜피박의 재고자산과 관련된 자료들은 다음과 같으며, 회사의 매출총이익률이 35%라고 할 경우 ㈜피박이 태풍으로 인하여 피해를 입은 금액을 추정하면 얼마인지 계산하시오.

(1) 계정과목 잔액

	20x1년 1월 1일	20x1년 9월 22일
상품	₩150,000	₩?

(2) 20x1년 1월 1일부터 20x1년 9월 22일까지 발생한 거래
매출액 : ₩8,630,000
매입액 : ₩6,980,000

• 매출원가 : 8,630,000×(1−35%)=5,609,500
• 기말재고 : 150,000+6,980,000−5,609,500=1,520,500
• 태풍피해금액(재고자산손실액) : 1,520,500−220,000=1,300,500

FINAL 객관식뽀개기 실전적중문제

1. 재고자산에 관한 설명으로 옳지 않은 것은? [관세사기출]

① 후속 생산단계에 투입하기 전 보관이 필요한 경우의 보관원가는 재고자산의 취득원가에 포함한다.
② 통상적으로 상호교환 가능한 대량의 재고자산 항목에 개별법을 적용하는 것은 적절하지 아니하다.
③ 재고자산의 지역별 위치차이로 인해 동일한 재고자산에 다른 단위원가 결정방법을 적용하는 것이 정당화 될 수는 없다.
④ 완성될 제품이 원가 이상으로 판매될 것이 예상되는 경우에는 해당 공정에 투입될 원재료를 감액하지 아니한다.
⑤ 표준원가법, 매출총이익법 등의 원가측정방법은 자산통제나 재무보고 목적으로 사용할 수 있다.

내비게이션

- 표준원가법은 평가결과가 실제원가와 유사한 경우에만 사용이 인정되며, 매출총이익법은 실무상 이용되는 방법일 뿐 허용되는 방법이 아니다.

2. ㈜관세는 20x1년 8월 21일 발생한 홍수로 인하여 보유하고 있던 재고자산이 손상되었다. ㈜관세의 20x1년 회계자료 중 일부는 다음과 같다. 홍수로 인한 재고자산의 손실추정액은 얼마인가? [관세사기출]

· 재고자산 : 1/1 ₩500,000, 8/21 ?
· 매출채권 : 1/1 ₩2,000,000, 8/21 ₩2,400,000
· 1월 1일부터 8월 21일까지 발생한 거래
 – 매출채권 현금회수액 ₩7,000,000
 – 매출할인 ₩10,000
 – 매입액 ₩6,300,000
· 8월 21일 현재 F.O.B. 선적지인도조건으로 매입하여 운송중인 상품 ₩10,000이 있다.
· 홍수로 손상된 재고자산의 처분가치 ₩200,000
· 모든 판매와 구매는 외상으로 하고 있다.
· 추정매출총이익률은 20%이다.

① ₩662,000 ② ₩670,000 ③ ₩672,000
④ ₩680,000 ⑤ ₩682,000

내비게이션

- 발생주의 순매출액-매출채권증가(400,000)=현금주의 매출액(7,000,000)
 →발생주의 순매출액=7,400,000
- 매출원가=7,400,000×(1-20%) →매출원가=5,920,000
- 500,000+6,300,000-기말재고=5,920,000 →기말재고=880,000
 (미착상품은 선적시 매입처리했을 것이므로 매입액에 포함되어 있음)

∴손실추정액 : 880,000-10,000-200,000=670,000

저자주 현금흐름표 학습후 다시 접근하기 바랍니다!

3. 20x1년초부터 20x1년말까지 1년 동안 근무하였던 ㈜대한의 자금담당자가 매출채권을 횡령하고 잠적하였다. 아래에 제시된 자금담당자의 근무기간 중 자료를 토대로, 매출총이익률법을 이용하여 자금담당자가 횡령한 금액을 추정하면 얼마인가?(단, 현금매출은 없으며, ㈜대한의 과거 매출총이익을 매출액으로 나누어 계산된 매출총이익률 20%를 이용하시오.) [관세사기출]

· 기초재고자산	₩40,000
· 기말재고자산	₩50,000
· 당기재고자산매입액	₩120,000
· 기초매출채권잔액	₩38,000
· 기말매출채권잔액	₩20,000
· 당기매출채권회수액	₩95,000

① ₩57,000 ② ₩60,500 ③ ₩75,000
④ ₩100,000 ⑤ ₩150,000

내비게이션

- 매출원가 : 40,000+120,000-50,000=110,000
- 추정매출액(외상매출액) : 110,000=A ×(1-20%) →A=137,500
- 추정매출채권회수액

매출채권

기초	38,000	추정회수액	X
추정외상매출액	137,500	기말	20,000

→X(추정회수액)=155,500

∴횡령액 : 155,500-95,000=60,500

4. 20x1년말 화재로 인하여 ㈜관세의 재고자산이 모두 소실되었다. 다음 자료를 이용하여 기말 재고자산의 장부금액을 추정하면 얼마인가?(단, 화재 이외의 원인으로 인한 재고자산평가손실과 감모손실은 없고, 총자산회전율은 기초총자산을 기준으로 계산된 것이다.) [관세사기출]

기초재고자산	₩400,000	당기매입액	₩3,700,000
기초총자산	₩2,000,000	총자산회전율	2회
매출총이익률	20%		

① ₩500,000 ② ₩600,000 ③ ₩700,000
④ ₩800,000 ⑤ ₩900,000

내비게이션

- 총자산회전율(2)=매출액÷기초총자산(2,000,000) →매출액=4,000,000
- 매출원가=4,000,000×(1-20%) →매출원가=3,200,000

∴400,000+3,700,000-기말재고=3,200,000 →기말재고=900,000

Answer 1. ⑤ 2. ② 3. ② 4. ⑤

시험중요도 ★★★

기본이론 제59강 재고자산원가의 추정 : 소매재고법

개요	의의	• 판매가격기준으로 평가한 기말재고금액에 구입원가, 판매가격 및 판매가격변동액에 근거하여 산정한 원가율을 적용하여 기말재고자산의 원가를 결정하는 방법(= '매출가격환원법')
	기본절차	【1단계】 기말매가계산: • 기초매가+당기매입매가-매출액 (주의 이하 어떤 원가흐름을 가정하더라도 동일함.) 【2단계】 원가율계산: • 이하 참조! 【3단계】 기말원가계산: • 기말원가=기말매가×원가율 【4단계】 매출원가계산: • 매출원가=기초원가+당기매입원가-기말원가

원가율

구분	원가율	비고
평균원가소매재고법	$\frac{\text{원가 : 기초+당기매입}}{\text{매가 : 기초+당기매입+순인상-순인하}}$	• 당기매입과 기초 모두 기말재고를 구성한다고 봄.
선입선출소매재고법	$\frac{\text{원가 : 당기매입}}{\text{매가 : 당기매입+순인상-순인하}}$	• 기말재고는 당기매입분부터 남는다고 가정
저가주의소매재고법 (=전통적소매재고법)	원가율산정시 순인하액을 제외시켜 계산	• 저가주의선입선출소매재고법에서는 기초와 순인하액을 제외함.

특수항목 적용

항목정의

항목	내용
항목①	• 매가 : 기초+총매입-매입환출-비정상파손+순인상-순인하
항목②	• 매가 : 총매출-(매출환입·에누리·할인-종업원할인)+정상파손
항목③	• 원가 : 기초+총매입-매입환출·에누리·할인-비정상파손+매입운임
항목④	• 기말원가 : 기말매가×원가율

계산절차

단계	계산
【1단계】 기말매가계산	❒ 항목①-항목②
【2단계】 원가율계산	❒ 항목③÷항목①
【3단계】 기말원가계산	❒ 항목④
【4단계】 매출원가계산	❒ 항목③-항목④

주의 ① 평균원가소매재고법 : 위 그대로 적용
② 선입선출소매재고법 : 기초는 기말매가계산시 그대로, 원가율계산시는 제외
③ 저가기준소매재고법 : 순인하는 기말매가계산시 그대로, 원가율계산시는 제외

사례 원가율계산

❂ 다음자료를 바탕으로 소매재고법하의 원가율을 계산하시오.

구분	원가	판매가
기초재고	₩211,200	₩300,000
총매입액	₩1,500,000	₩2,000,000
매입환출	₩20,000	₩30,000
매입할인	₩30,000	-
매입운임	₩60,000	-
순인상액	-	₩56,200

구분	원가	판매가
순인하액	-	₩6,200
총매출액	-	₩1,600,000
매출환입	-	₩100,000
종업원할인	-	₩80,000
정상적파손	₩20,000	₩30,000
비정상적파손	₩10,000	₩20,000

• 선입선출소매재고법 : $\frac{1,500,000-20,000-30,000-10,000+60,000=1,500,000}{2,000,000-30,000-20,000+56,200-6,200=2,000,000}$ =75%

• 저가기준소매재고법 : $\frac{211,200+1,500,000-20,000-30,000-10,000+60,000=1,711,200}{300,000+2,000,000-30,000-20,000+56,200=2,306,200}$ =74.2%

FINAL 객관식뽀개기 실전적중문제

1. ㈜관세는 재고자산 평가방법으로 원가기준 선입선출소매재고법을 사용하고 있다. 20x1년도 재고자산과 관련된 자료가 다음과 같다면, 당기매입원가율은?(단, 원가율(%) 계산시 소수점 셋째자리에서 반올림한다.)

[관세사기출]

구분	원가	매가
기초재고	₩36,000	₩60,000
당기총매입액	₩600,000	₩924,000
매입할인	₩9,000	-
순인상	-	₩12,000
순인하	-	₩4,800
매출액	-	₩885,000

① 62.95% ② 63.26% ③ 63.47% ④ 64.43% ⑤ 64.94%

내비게이션

• (600,000-9,000)÷(924,000+12,000-4,800)=63.47%

2. ㈜감평은 재고자산 평가방법으로 소매재고법을 적용하고 있다. 20x1년도 재고자산 관련 자료가 다음과 같은 경우, 평균원가법에 의한 20x1년말 재고자산은?

[감평사기출]

항목	원가	판매가
기초재고액	₩143,000	₩169,000
당기매입액	₩1,138,800	₩1,586,000
매가인상액		₩390,000
인상취소액		₩150,000
매가인하액		₩110,000
당기매출액		₩1,430,000

① ₩211,000 ② ₩237,000 ③ ₩309,400 ④ ₩455,000 ⑤ ₩485,400

내비게이션

• [1단계] 기말매가계산
169,000+1,586,000+(390,000-150,000)-110,000]-1,430,000=455,000
• [2단계] 원가율계산

$$\frac{143,000+1,138,800}{[169,000+1,586,000+(390,000-150,000)-110,000]}=68\%$$

∴기말원가 : 455,000×68%=309,400

3. ㈜한국의 20x1년 상품과 관련된 내용은 다음과 같다. 20x1년도 매출(판매가)은 ₩74,000이고, 20x1년 말 상품의 순실현가능가치는 ₩16,000이다. ㈜한국은 상품의 원가측정방법으로 소매재고법을 선택하였다. 원가흐름에 대한 가정으로 평균법을 적용하는 경우와 선입선출법을 적용하는 경우 각각의 평가방법에 따른 상품평가손실액의 차이는?(단, 평가손실충당금의 기초잔액은 없는 것으로 한다.)

[감평사기출]

구분	기초재고	당기매입
원가	₩14,000	₩51,000
판매가	₩15,000	₩85,000

① ₩400 ② ₩600 ③ ₩900 ④ ₩1,000 ⑤ ₩1,300

내비게이션

• 기말매가(평균법과 선입선출법 동일) : (15,000+85,000)-74,000=26,000
• 기말원가
㉠ 평균법 : $26,000\times\frac{14,000+51,000}{15,000+85,000}=16,900$
㉡ 선입선출법 : $26,000\times\frac{51,000}{85,000}=15,600$
• 평가손실
㉠ 평균법 : 16,900-16,000=900
㉡ 선입선출법 : 없음

4. ㈜관세의 재고자산 관련자료는 다음과 같다.

구분	원가	판매가
기초재고액	₩1,400,000	₩2,100,000
당기매입액	₩6,000,000	₩9,800,000
매입운임	₩200,000	
매입할인	₩400,000	
당기매출액		₩10,000,000
종업원할인		₩500,000
순인상액		₩200,000
순인하액		₩100,000

㈜관세가 선입선출법에 의한 저가기준 소매재고법을 이용하여 재고자산을 평가하고 있을 때 매출원가는?

[관세사기출]

① ₩6,300,000 ② ₩6,307,500 ③ ₩6,321,150 ④ ₩6,330,000 ⑤ ₩6,337,500

내비게이션

• [1단계] 기말매가계산
(2,100,000+9,800,000+200,000-100,000)-(10,000,000+500,000)
=1,500,000
• [2단계] 원가율계산(기초 & 순인하 제외)

$$\frac{6,000,000-400,000+200,000}{9,800,000+200,000}=58\%$$

• [3단계] 기말원가계산
1,500,000×58%=870,000
∴매출원가 :
(1,400,000+6,000,000-400,000+200,000)-870,000=6,330,000

Answer 1. ③ 2. ③ 3. ③ 4. ④

시험중요도 ★★☆

기본이론 제60강 유형자산 유형자산의 인식

의의

유형자산 정의

• 재화·용역의 생산이나 제공, 타인에 대한 임대 또는 관리활동에 사용할 목적으로 보유하는 물리적 형태가 있는 자산으로서 한 회계기간을 초과하여 사용할 것이 예상되는 자산

말장난 타인에 대한 임대를 위해 보유하고 있는 자산은 유형자산으로 분류될수 없다(X)
→∵부동산임대를 영업목적으로 하는 회사가 보유하는 임대용부동산은 정상영업활동에 사용되는 것이므로 유형자산으로 분류되어야함.

비교 ① 임대수익·시세차익목적으로 보유하는 부동산 : 별도로 투자부동산으로 분류함.
② 부동산매매회사가 보유하는 부동산 : 판매목적이므로 재고자산으로 분류함.

적용제외

❖다음의 경우에는 유형자산기준서를 적용하지 아니함.

① '매각예정비유동자산과 중단영업'에 따라 매각예정으로 분류되는 유형자산
② 농림어업활동과 관련되는 생물자산
③ 탐사평가자산의 인식과 측정
④ 석유, 천연가스, 이와 유사한 비재생 자원과 같은 매장광물과 광업권

·주의 단, ②~④의 자산을 개발하거나 유지하기 위하여 사용하는 유형자산에는 적용함.
➡예 농림어업활동과 관련되는 생물자산을 개발하기 위하여 사용하는 유형자산

인식기준

인식요건

① 효익유입가능성조건 : 자산에서 발생하는 미래경제적효익이 유입될 가능성이 높다.
② 측정신뢰성조건 : 자산의 원가를 신뢰성 있게 측정할 수 있다.

➡금형·공구·틀등과 같이 개별적으로 경미한 항목은 통합하여 그 전체가치에 대해 인식기준을 적용하는 것이 적절함.

인식관련 특수사례

구분		
예비부품 대기성장비 수선용구	유형자산 정의 충족시	❒ 유형자산으로 인식
	유형자산 정의 불충족시	❒ 재고자산으로 인식
규제취득	• 안전·환경상의 이유로 취득하는 유형자산은 효익은 없으나 다른 자산에서 효익을 얻기 위해 필요하므로 자산으로 인식가능함. ➡예 화학제품 제조업체가 위험한 화학물질의 생산과 저장에 관한 환경규제 요건을 충족하기 위하여 새로운 화학처리공정설비를 설치하는 경우, 이러한 설비 없이는 화학제품을 제조 및 판매할 수 없기 때문에 관련증설원가를 자산으로 인식함.	

원가범위

원칙

• 유형자산과 관련된 모든 원가는 그 발생시점에 인식원칙을 적용하여 평가함.

기타

• 원가에는 유형자산을 매입·건설할 때 최초로 발생하는 원가뿐만 아니라 후속적으로 증설, 부품대체, 수선·유지와 관련하여 발생하는 원가를 포함함.

후속원가

수선유지

• 일상적인 수선·유지원가(예 노무비, 소모품비, 사소한 부품원가)는 당기손익으로 인식함.

정기교체

예시 용광로의 내화벽돌 교체, 항공기의 좌석등 내부설비 교체

• 인식기준을 충족하는 경우에는 해당 유형자산의 장부금액에 포함하여 인식하고, 대체되는 부분의 장부금액은 제거함.

신부품대체	(차) 유형자산	xxx	(대) 현금	xxx
구부품제거	(차) 감가상각누계액	xxx	(대) 유형자산	xxx
	처분손실(폐기손실)	xxx		

종합검사

예시 항공기의 결함에 대한 정기적인 종합검사

• 인식기준을 충족하는 경우에는 해당 유형자산의 장부금액에 포함하여 인식하고, 직전 종합검사에서의 원가와 관련되어 남아 있는 장부금액을 제거함.

·주의 해당 유형자산을 매입·건설할 때 종합검사와 관련된 원가를 분리하여 인식하였는지 여부와 관계없이 위와 같이 회계처리함.(즉, 분리치 않았더라도 제거함)

FINAL 객관식뽀개기 — 실전적중문제

1. 유형자산의 원가와 관련된 회계처리 중 옳은 것은?

① 안전 또는 환경상의 이유로 취득하는 유형자산은 당해 유형자산을 취득하지 않았을 경우보다 관련 자산으로부터 미래경제적효익을 더 많이 얻을 수 있게 해주기 때문에 자산으로 인식할 수 있다.
② 특정기간 동안 재고자산을 생산하기 위해 유형자산을 사용한 결과로 동 기간에 발생한 그 유형자산을 해체, 제거하거나 부지를 복구할 의무의 원가는 유형자산의 원가에 포함한다.
③ 유형자산을 사용하거나 이전하는 과정에서 발생하는 원가는 당해 유형자산의 장부금액에 포함하여 인식한다.
④ 자가건설에 따른 내부이익과 자가건설 과정에서 원재료, 인력 및 기타 자원의 낭비로 인한 비정상적인 원가는 자산의 원가에 포함한다.
⑤ 대금지급이 일반적인 신용기간을 초과하여 이연되는 경우, 현금가격상당액과 실제 총지급액과의 차액은 자본화하지 않아도 유형자산의 원가에 포함한다.

내비게이션

- ② 재고자산기준서를 적용한다. 즉, 재고자산기준서를 적용한다는 것은 복구원가를 제조원가 등으로 처리함을 의미한다.
  ③ 유형자산을 사용하거나 이전하는 과정에서 발생하는 원가는 당해 유형자산의 장부금액에 포함하여 인식하지 아니한다. 즉, 경영진이 의도하는 방식으로 가동될 수 있는 장소와 상태에 이른 후에는 원가를 더 이상 인식하지 않는다.
  ④ 자산의 원가에 포함하지 않는다.
  ⑤ 자본화하지 않는 한 신용기간에 걸쳐 이자로 인식한다.

2. 한국채택국제회계기준 '유형자산'에 대한 다음 설명 중 가장 옳은 것은?

① 유형자산의 일부를 대체할 때 발생하는 원가가 인식기준을 충족하는 경우에는 이를 해당 유형자산의 장부금액에 포함하여 인식하며, 대체되는 부분에 해당하는 원가를 분리하여 인식한 경우에 해당 부분의 장부금액을 제거한다.
② 예비부품, 대기성장비 및 수선용구와 같은 항목은 유형자산의 정의를 충족하면 유형자산 기준서에 따라 인식하며, 그렇지 않다면 그러한 항목은 재고자산으로 분류한다.
③ 일상적인 수선 · 유지과정에서 발생하는 원가는 해당 유형자산의 장부금액에 포함하여 인식한다.
④ 유형자산으로 인식되기 위해서는 자산으로부터 발생하는 미래경제적효익이 기업에 유입될 가능성이 매우 높고, 자산의 원가를 신뢰성 있게 측정할 수 있어야 한다.
⑤ 정기적인 종합검사과정에서 발생하는 원가가 인식기준을 충족하는 경우에는 유형자산의 일부가 대체되는 것으로 보아 해당 유형자산의 장부금액에 포함하여 인식하며, 종합검사와 관련된 원가를 분리하여 인식한 경우 직전에 이루어진 종합검사에서의 원가와 관련되어 남아있는 장부금액을 제거한다.

내비게이션

- ① 분리하여 인식하였는지 여부에 관계없이 제거한다.
  ③ 당기손익(비용)으로 인식한다.
  ④ 매우 높고(X) → 높고(O)
  ⑤ 종합검사와 관련된 원가를 분리하여 인식하였는지 여부와 관계가 없이 직전에 이루어진 종합검사에서의 원가와 관련되어 남아 있는 장부금액(물리적 부분의 장부금액과는 구별됨)을 제거한다.

서술형Correction연습

❐ 타인에 대한 임대를 위해 보유하고 있는 자산은 유형자산으로 분류될 수 없다.

➲ (X) : 부동산임대를 영업목적으로 하는 회사가 보유하는 임대용부동산은 유형자산으로 분류되어야 한다.

❐ 탐사평가자산을 개발하는데 사용하는 유형자산은 유형자산기준서를 적용하지 않는다.

➲ (X) : 탐사평가자산의 인식과 측정에는 유형자산기준서를 적용하지 아니하나, 그 자산을 개발하거나 유지하기 위하여 사용하는 유형자산에는 적용한다.

Answer 1. ① 2. ②

시험중요도 ★★☆

기본이론 제61강 유형자산의 원가구성

구분		내용
원가의 측정	일반적인 경우	• 인식하는 유형자산은 원가(=현금가격상당액)로 측정함.
	할부구입의 경우	• 대금지급이 일반적인 신용기간을 초과하여 이연되는 경우 ➡ 현금가격상당액과 실제총지급액과의 차액은 신용기간에 걸쳐 이자로 인식함.
원가 포함요소	구입가격	• 관세 및 환급불가능한 취득 관련 세금을 가산하고 매입할인과 리베이트 등을 차감
	직접관련원가	❖경영진이 의도하는 방식으로 자산을 가동하는데 필요한 장소·상태에 이르게 하는데 직접관련되는 다음과 같은 원가 ① 매입·건설과 직접적으로 관련되어 발생한 종업원급여, 전문가 지급수수료 ② 설치장소 준비원가, 최초의 운송 및 취급관련 원가, 설치원가 및 조립원가 ③ 정상 작동되는지 여부를 시험하는 과정에서 발생하는 원가(예 시운전비) ·주의 단, 시험과정에서 생산된 재화(예 장비의 시험과정에서 생산된 시제품)의 순매각금액은 잡이익 처리하지 않고, 당해원가에서 차감함.
	복구원가 【후술】	• 자산을 해체·제거, 부지를 복구하는데 소요될 것으로 최초에 추정되는 원가 ·주의 특정기간 동안 재고자산을 생산하기 위해 유형자산을 사용한 결과로 동 기간에 발생한 그 유형자산을 해체·제거, 부지를 복구할 의무의 원가에 대해서는 재고자산을 적용함.

사례 복구원가 회계처리

✪ 20x1년초 5년 사용후 해체하여 원상복구를 해야 할 의무가 있는 구조물을 ₩7,500,000(정액법, 5년) 취득함. 5년후 복구비용은 ₩750,000, 복구비용의 현재가치 계산에 적용할 할인율은 10%, 이자율 10%, 기간 5년의 현가계수는 0.6209임. 20x1년 복구충당부채와 관련하여 인식해야 할 이자비용은?

20x1년초	(차) 구조물	7,965,675	(대) 현금	7,500,000
			복구충당부채 750,000x0.6209=465,675	
20x1년말	(차) Dep	7965,675÷5년=1,593,135	(대) Dep누계액	1,593,135
	전입액(비용)	465,675x10%=46,568	복구충당부채	46,568

참고 5년후 복구비용 발생시 : (차) 복구충당부채 750,000 (대) 현금 750,000

구분		내용
원가 제외요소	대표사례	❖다음은 유형자산의 원가나 장부금액에 포함하지 않음. ① 새로운 시설 개설원가, 새로운 상품을 소개하는 원가(예 광고·판촉활동원가) ② 새로운 지역에서 또는 새로운 고객층을 대상으로 영업하는데 소요되는 원가 ③ 관리 및 기타 일반간접원가, 재배치·재편성하는 과정에서 발생하는 원가 ④ 경영진 의도방식으로 가동될수 있으나 아직 실제로 사용되지는 않고 있는 경우 또는 가동수준이 완전조업도 수준에 미치지 못하는 경우 발생하는 원가 ⑤ 수요가 형성되는 과정에서 발생하는 가동손실과 같은 초기 가동손실 ⑥ 부수 영업활동 손익 ·주의 예를들어, 건설이 시작되기 전에 건설용지를 주차장 용도로 사용함에 따라 수익이 획득될수 있으며, 관련 수익과 비용은 당기손익으로 인식함.

보론 자가건설원가 중 비정상원가

❐ 자가건설에 따른 내부이익과 자가건설 과정에서 원재료, 인력, 기타 자원의 낭비로 인한 비정상적인 원가는 자산의 원가에 포함하지 않음.

보론 신건물 신축목적으로 기존건물이 있는 토지를 구입한 경우

❐ 건물철거비용은 토지원가에 가산, 철거시 폐자재처분수입은 토지원가에서 차감함.

FINAL 객관식뽀개기 실전적중문제

1. 유형자산의 취득원가에 포함되는 것을 모두 고른 것은? [감평사기출]

ㄱ. 영업활동의 전부 또는 일부를 재배치하는 과정에서 발생하는 원가
ㄴ. 유형자산의 매입 또는 건설과 직접 관련되어 발생한 종업원 급여
ㄷ. 관세 및 환급불가능한 취득 관련 세금
ㄹ. 새로운 상품이나 용역을 소개하는데 소요되는 원가
ㅁ. 설치장소를 준비하는 원가

① ㄱ, ㄴ, ㄷ ② ㄱ, ㄴ, ㄹ ③ ㄴ, ㄷ, ㄹ
④ ㄴ, ㄷ, ㅁ ⑤ ㄷ, ㄹ, ㅁ

내비게이션
- ㄱ, ㄹ : 유형자산 원가나 장부금액에 포함하지 않는 사례에 해당한다.

2. 유형자산의 취득원가에 관한 설명으로 옳은 것은? [관세사기출]

① 새로운 상품과 서비스를 소개하는 데 소요되는 원가는 취득원가에 포함한다.
② 기업의 영업 전부 또는 일부를 재배치하거나 재편성하는 과정에서 발생하는 원가는 유형자산의 장부금액에 포함하지 않는다.
③ 유형자산 취득 과정에서 전문가에게 지급한 수수료는 취득원가에 포함하지 않는다.
④ 유형자산이 정상적으로 작동되는지 여부를 시험하는 과정에서 발생하는 원가는 전액 비용처리한다.
⑤ 유형자산의 매입 또는 건설과 직접 관련되어 발생한 종업원급여는 취득원가에 포함하지 않는다.

내비게이션
- ①은 포함하지 않으며, ③,④,⑤는 직접관련원가로서 원가에 포함된다.

3. 유형자산의 장부금액에 가산하지 않는 항목을 모두 고른 것은? [감평사기출]

ㄱ. 시험과정에서 생산된 재화의 순매각금액
ㄴ. 유형자산의 매입 또는 건설과 직접적으로 관련되어 발생한 종업원급여
ㄷ. 기업의 영업 전부 또는 일부를 재배치하거나 재편성하는 과정에서 발생하는 원가
ㄹ. 설치장소 준비 원가
ㅁ. 정기적인 종합검사과정에서 발생하는 원가가 인식기준을 충족하는 경우

① ㄱ ② ㄱ, ㄷ ③ ㄴ, ㄹ
④ ㄴ, ㄷ, ㅁ ⑤ ㄷ, ㄹ, ㅁ

내비게이션
- ㄱ은 차감항목이며, ㄷ은 불포함항목이다.

4. ㈜감평은 재화의 생산을 위하여 기계장치를 취득하였으며, 관련 자료는 다음과 같다. 동 기계장치의 취득원가는? [감평사기출]

(1) 구입가격(매입할인 미반영) ₩1,000,000
(2) 매입할인 ₩15,000
(3) 설치장소 준비원가 ₩25,000
(4) 정상작동여부 시험과정에서 발생한 원가 ₩10,000
(5) 정상작동여부 시험과정에서 생산된 시제품 순매각금액 ₩5,000
(6) 신제품을 소개하는데 소요되는 원가 ₩3,000
(7) 신제품 영업을 위한 직원 교육훈련비 ₩2,000
(8) 기계 구입과 직접적으로 관련되어 발생한 종업원 급여 ₩2,000

① ₩1,015,000 ② ₩1,017,000 ③ ₩1,020,000
④ ₩1,022,000 ⑤ ₩1,027,000

내비게이션
- (1,000,000−15,000)+25,000+(10,000−5,000)+2,000
→(6),(7)은 불포함

5. ㈜감평은 본사 사옥을 신축하기 위하여 토지를 취득하였는데 이 토지에는 철거예정인 창고가 있었다. 다음 자료를 고려할 때, 토지의 취득원가는? [감평사기출]

(1) 토지 구입대금	₩1,000,000
(2) 사옥 신축 개시 이전까지 토지 임대를 통한 수익	₩25,000
(3) 토지 취득세 및 등기수수료	₩70,000
(4) 창고 철거비	₩10,000
(5) 창고 철거 시 발생한 폐자재 처분 수입	₩5,000
(6) 본사 사옥 설계비	₩30,000
(7) 본사 사옥 공사대금	₩800,000

① ₩1,050,000 ② ₩1,075,000 ③ ₩1,080,000
④ ₩1,100,000 ⑤ ₩1,105,000

내비게이션
- 토지 : (1)+(3)+(4)−(5)=1,075,000

Answer 1. ④ 2. ② 3. ② 4. ② 5. ②

시험중요도 ★★★

기본이론 제62강 토지·건물의 취득원가 결정

<table>
<tr><td rowspan="2">토지</td><td>원가구성</td><td>• 구입가격+취득세·중개수수료·법률비용+구획정리비용+하수종말처리장분담금+개발부담금
주의 보유세인 재산세는 당기비용 처리하나, 재산세가 체납된 토지를 구입하면서 대납한 체납재산세는 토지의 원가에 포함함.
주의 건물 신축을 위한 토지측량비·토지굴착비용은 건물의 취득원가임.</td></tr>
<tr><td>기타사항</td><td>

배수공사비용	내용연수가 영구적	• 토지원가에 포함.
조경공사비용	내용연수가 비영구적	• 구축물등으로 인식하고 감가상각
진입도로공사비	국가등이 유지관리(영구사용가능)	• 토지원가에 포함.
상하수도공사비	회사가 유지관리	• 구축물등으로 인식하고 감가상각

</td></tr>
<tr><td rowspan="3">건물</td><td>외부위탁
원가구성</td><td>• 건설계약금액, 취득세, 건축허가비, 설계비용, 감리비용
• 건설기간중 발생한 건물 신축관련 직원급여·보험료·차입원가
• 조기준공에 따라 지급하는 장려금
주의 지연준공에 따라 수령하는 지체상금은 건물원가에서 제외함.</td></tr>
<tr><td>자가건설
원가구성</td><td>• 재료원가, 노무원가, 제조간접원가(고정제조간접원가 포함)
• 건물신축을 위한 토지굴착비용
주의 전술한 바와 같이 자가건설에 따른 내부이익과 자원낭비로 인한 비정상원가는 제외</td></tr>
<tr><td colspan="1"></td><td>보론 사용중인 건물 철거
❒ 건물을 사용하고 감가상각도 하던 중 사용중인 건물을 철거하고 신건물을 신축하는 경우
→ 기존 건물의 장부금액과 철거비용(관련수입 차감)은 당기비용처리

(차)	처분손실	xxx	(대)	건물(장부금액)	xxx
(차)	철거비용	xxx	(대)	현금	xxx

</td></tr>
<tr><td rowspan="2">토지 · 건물
일괄구입</td><td>모두
사용목적
(일괄구입O)</td><td>• 개별자산의 공정가치비율로 안분하여 원가를 산정함.
➡공통부대원가가 아닌 취·등록세와 같은 개별비용은 각각 개별적으로 배분함.
예시 토지(공정가치 400)와 건물(공정가치 100)을 일괄하여 200에 구입함.
→토지 : 200×400/500=160, 건물 : 200×100/500=40</td></tr>
<tr><td>토지만
사용목적
(일괄구입X)</td><td>• 신건물 신축목적으로 구건물이 있는 토지를 구입하여 구건물을 철거하고 신건물 신축시
➲ 건물철거비용(폐자재처분수입은 차감, 폐자재처리비용은 가산)은 토지원가로 처리
주의 '기존건물 취득원가=0' 이며, 토지취득원가=총일괄구입가+건물철거비용 등</td></tr>
<tr><td rowspan="3">기타거래</td><td>강제매입
국공채</td><td>• 토지등기 등을 위해 지방정부로부터 국공채를 불가피하게 공정가치 이상으로 취득하는 경우 취득금액과 공정가치(현재가치)와의 차액을 토지의 취득원가에 가산함.

(차)	토지(구입가)	500	(대)	현금	500
(차)	유가증권(공정가치)	90	(대)	현금(취득금액)	100
	토지(차액)	10			

➡∴토지원가=510</td></tr>
<tr><td>할부구입</td><td>• 현금가격상당액(=현재가치)을 원가로 하며, 현재가치할인차금은 유효이자율법으로 상각
예시 20x1년초 건물구입. 3년간 매년말 ₩300,000씩 지급. 내재이자율 12%
→취득원가 : 300,000×(12%, 3년연금현가)=720,540

20x1년초	(차)	건물	720,540	(대)	장기미지급금	900,000
		현재가치할인차금	179,460			
20x1년말	(차)	장기미지급금	300,000	(대)	현금	300,000
	(차)	이자비용	86,465*)	(대)	현재가치할인차금	86,465

*)720,540×12%=86,465</td></tr>
<tr><td>무상취득</td><td>• 공정가치를 원가로 하며 자산수증이익(당기손익)을 인식함.</td></tr>
</table>

FINAL 객관식뽀개기 실전적중문제

1. 유형자산과 관련된 다음 자료를 이용하여 계산된 유형자산 금액은?(단, 각 항목들은 상호 독립적이다.) [관세사기출]

· 구입한 토지위에 있는 구건물 철거비용	₩1,500,000
· 토지의 취득세	₩600,000
· 토지의 재산세	₩600,000
· 공장설비 설치시 발생한 시운전비	₩2,000,000
· 구축물의 내용연수 종료 후 발생할 복구원가의 현재가치	₩300,000
· 신축건물 특정차입금의 자본화차입원가	₩200,000
· 지금까지 본사건물로 사용해 오던 건물의 철거비용	₩1,000,000
· 철거당시 본사건물의 미상각장부금액	₩5,000,000
· 중고자동차 취득시 정상적 운행을 위해 지출한 수리비용	₩300,000

① ₩2,900,000 ② ₩3,400,000 ③ ₩4,600,000
④ ₩4,900,000 ⑤ ₩5,500,000

내비게이션

• 토지의 재산세, 사용해 오던 건물의 철거비용, 철거당시 건물의 미상각장부금액은 당기비용으로 처리한다.

2. ㈜감평은 20x1년 4월 1일 건물신축을 위해 토지, 건물과 함께 기계장치를 일괄하여 ₩20,000,000(토지, 건물, 기계장치의 공정가치 비율은 5 : 3 : 2)에 취득하여 사용하고 있다. 기계장치의 잔여내용연수는 4년이고, 잔존가치는 없는 것으로 추정하였으며 연수합계법을 적용하여 감가상각한다. 기계장치와 관련하여 ㈜감평이 20x1년에 인식할 감가상각비는?(단, 감가상각은 월할계산한다.) [감평사기출]

① ₩1,200,000 ② ₩1,500,000 ③ ₩1,600,000
④ ₩1,800,000 ⑤ ₩2,000,000

내비게이션

• 기계장치 취득원가 : $20,000,000\times\frac{2}{5+3+2}=4,000,000$

• 20x1년 감가상각비 : $4,000,000\times\frac{4}{1+2+3+4}\times\frac{9}{12}=1,200,000$

3. ㈜감평은 20x1년 1월 1일 토지와 토지 위에 있는 건물A를 일괄하여 ₩40,000에 취득(토지와 건물A의 공정가치 비율은 4:1)하였다. 취득당시 건물A의 잔여내용연수는 5년이고 잔존가치는 없으며 정액법으로 감가상각한다. 20x2년 1월 1일 더 이상 건물A를 사용할 수 없어 철거하고 새로운 건물B의 신축을 시작하였다. 건물A의 철거비용은 ₩1,500이며, 철거시 수거한 고철 등을 매각하여 ₩500을 수령하였다. 건물신축과 관련하여 20x2년에 ₩20,000의 건설비가 발생하였으며, 건물B(내용연수 10년, 잔존가치 ₩0, 정액법 감가상각)는 20x2년 10월 1일 완공 후 즉시 사용하였다. 20x1년 12월 31일 건물A의 장부금액과 20x2년 12월 31일 건물B의 장부금액은?(단, 감가상각은 월할계산한다.) [감평사기출]

	건물A	건물B		건물A	건물B
①	₩6,400	₩19,500	②	₩6,400	₩18,000
③	₩6,400	₩25,900	④	₩8,000	₩19,500
⑤	₩8,000	₩26,900			

내비게이션

• 건물A 취득원가 : $40,000\times\frac{1}{4+1}=8,000$

• 20x1년말 건물A 장부금액 : 8,000-(8,000÷5년)=6,400
→장부금액 6,400은 처분손실, 철거비순액 1,000은 비용처리한다.

• 20x2년말 건물B 장부금액 : 20,000-(20,000÷10년)×3/12=19,500

4. ㈜국제는 당해연도 초에 설립한후 유형자산과 관련하여 다음과 같은 지출을 하였다. 토지와 건물 각각의 취득원가는?(단, 건물은 당기 중 완성되었다) [감평사기출]

(1) 건물이 있는 토지 구입대금	₩2,000,000
(2) 토지취득 중개수수료	₩80,000
(3) 토지 취득세	₩160,000
(4) 공장건축허가비	₩10,000
(5) 신축공장건물 설계비	₩50,000
(6) 기존건물 철거비	₩150,000
(7) 기존건물 철거 중 수거한 폐건축자재 판매대금	₩100,000
(8) 토지 정지비	₩30,000
(9) 건물신축을 위한 토지굴착비용	₩50,000
(10) 건물 신축원가	₩3,000,000
(11) 건물 신축용 차입금의 차입원가(전액 자본화기간에 발생)	₩10,000

① ₩2,220,000, ₩3,020,000
② ₩2,320,000, ₩3,110,000
③ ₩2,320,000, ₩3,120,000
④ ₩2,420,000, ₩3,120,000
⑤ ₩2,420,000, ₩3,220,000

내비게이션

• 토지 : (1)+(2)+(3)+(6)-(7)+(8)=2,320,000
• 건물 : (4)+(5)+(9)+(10)+(11)=3,120,000

Answer 1. ④ 2. ① 3. ① 4. ③

시험중요도 ★★★

기본이론 제63강 유형자산 교환취득

취득원가

상업적 실질	존재	❖원칙	• 취득원가 = 제공자산공정가치±현금수수액
		❖취득자산 공정가치가 더 명백한 경우	• 취득원가 = 취득자산공정가치
		❖취득자산과 제공자산의 공정가치를 신뢰성있게 측정할수 없는 경우	• 취득원가 = 제공자산장부금액±현금수수액
	결여	• 취득원가 = 제공자산장부금액±현금수수액	

보론 취득한 자산과 관련된 현금흐름의 구성이 제공한 자산과 관련된 현금흐름의 구성과 다른 경우 상업적 실질이 존재하는 것으로 봄.

회계처리

사례 유형자산 교환시 취득원가 계산

◎ A사(자산X)는 B사(자산Y)와 자산을 교환하였다. A사는 추가로 현금 ₩100을 지급하였다.
- 자산 X : 취득원가 ₩800, 감가상각누계액 ₩400, 공정가치 ₩300
- 자산 Y : 취득원가 ₩1,000, 감가상각누계액 ₩800, 공정가치는 ₩400

1. A사의 회계처리

구분	A사	
상업적실질O	(차) 자산(Y) 300 (대) 자산(X) 800 Dep누계액(X) 400 처분손실 100 (차) 자산(Y) 100 (대) 현금 100	∴취득원가 ‖ 400
상업적실질X	(차) 자산(Y) 400 (대) 자산(X) 800 Dep누계액(X) 400 (차) 자산(Y) 100 (대) 현금 100	∴취득원가 ‖ 500

2. B사의 회계처리

구분	B사	
상업적실질O	(차) 자산(X) 400 (대) 자산(Y) 1,000 Dep누계액(Y) 800 처분이익 200 (차) 현금 100 (대) 자산(X) 100	∴취득원가 ‖ 300
상업적실질X	(차) 자산(X) 200 (대) 자산(Y) 1,000 Dep누계액(Y) 800 (차) 현금 100 (대) 자산(X) 100	∴취득원가 ‖ 100

3. 상업적실질이 있으며 취득한 자산의 공정가치가 더 명백한 경우 A사의 회계처리
   - 취득한 자산의 공정가치를 취득원가로 하며, 자산의 본질상 취득한 자산의 공정가치를 그대로 취득원가로 계상한다. 따라서, 현금수수액은 취득원가에 가감치 않는다.

구분	A사	
특수사례	(차) 자산(Y) 400 (대) 자산(X) 800 Dep누계액(X) 400 현금 100 처분손실 100	∴취득원가 ‖ 400

FINAL 객관식뽀개기 실전적중문제

1. ㈜건우는 사용 중인 기계를 ㈜직녀의 기계와 교환하였다. 이 교환거래는 상업적 실질이 있으며, 교환된 기계의 장부금액과 공정가치는 다음 자료와 같다. ㈜건우가 이 교환거래에서 인식할 유형자산처분손익은 얼마인가? 단, ㈜건우가 취득한 기계의 공정가치는 제공한 기계의 공정가치보다 더 명백하지는 않다. [관세사기출]

구분	취득원가	감가상각누계액	공정가치
㈜건우의 기계	₩200,000	₩120,000	₩115,000
㈜직녀의 기계	₩180,000	₩45,000	₩130,000

① 처분이익 ₩20,000
② 처분이익 ₩35,000
③ 처분이익 ₩50,000
④ 처분손실 ₩20,000
⑤ 자산처분손익을 인식하지 않는 거래에 해당된다.

내비게이션

• (차) 기계장치(신) 115,000 (대) 기계장치(구) 200,000
Dep누계액 120,000 처분이익 35,000

2. ㈜감평과 ㈜한국은 사용 중인 유형자산을 상호 교환하여 취득하였다. 두 회사가 보유하고 있는 유형자산에 대한 자료는 다음과 같으며, 교환시 ㈜감평이 ㈜한국에 추가로 현금 ₩200,000을 지급하였다. 이들 자산간 교환취득을 상업적 실질이 있다고 가정할 경우, ㈜감평이 인식할 유형자산 취득원가(A)와 ㈜한국이 인식할 유형자산처분이익(B)은?(단, 두 자산의 공정가치는 신뢰성 있게 측정할 수 있으며, 각 회사의 입장에서 취득한 자산의 공정가치가 더 명백하다는 증거는 없다.)[감평사기출]

구분	㈜감평	㈜한국
취득원가	₩2,250,000	₩1,500,000
감가상각누계액	₩1,250,000	₩600,000
공정가치	₩950,000	₩1,150,000

	A	B
①	₩950,000	₩250,000
②	₩950,000	₩450,000
③	₩1,050,000	₩450,000
④	₩1,150,000	₩250,000
⑤	₩1,150,000	₩450,000

내비게이션

• (주)감평의 회계처리

(차) 자산(신)	950,000	(대) 자산(구)	2,250,000
Dep누계액	1,250,000		
처분손실	50,000		
(차) 자산(신)	200,000	(대) 현금	200,000

• (주)한국의 회계처리

(차) 자산(신)	1,150,000	(대) 자산(구)	1,500,000
Dep누계액	600,000	처분이익	250,000
(차) 현금	200,000	(대) 자산(신)	200,000

3. ㈜서울은 20x1년초에 기계장치(취득원가 ₩100,000, 감가상각누계액 ₩20,000)를 다음과 같은 조건(ㄱ, ㄴ, ㄷ) 가운데 하나로 ㈜한국의 유형자산과 교환하였다. ㈜서울의 입장에서 유형자산처분이익이 높은 순서로 배열된 것은?(단, 각 거래는 독립적인 상황으로 가정함) [감평사기출]

ㄱ. ㈜서울의 기계장치 공정가치는 ₩85,000이며, ㈜한국의 건물과 교환하였다. ㈜서울은 교환시 현금 ₩15,000을 지급하였다. 단, 이 거래는 상업적실질이 존재하는 거래이다.
ㄴ. ㈜서울의 기계장치 공정가치는 ₩90,000이며, ㈜한국의 토지와 교환하였다. ㈜서울은 교환시 현금 ₩20,000을 수령하였다. 단, 이 거래는 상업적실질이 존재하는 거래이다.
ㄷ. ㈜서울의 기계장치 공정가치는 ₩90,000이며, ㈜한국의 동종 기계장치와 교환하였다. ㈜서울은 교환시 현금 ₩25,000을 수령하였다. 단, 이 거래는 상업적실질이 존재하지 않는 거래이다.

① ㄱ 〉 ㄴ 〉 ㄷ ② ㄱ 〉 ㄷ 〉 ㄴ ③ ㄴ 〉 ㄱ 〉 ㄷ
④ ㄴ 〉 ㄷ 〉 ㄱ ⑤ ㄷ 〉 ㄴ 〉 ㄱ

내비게이션

• ㄱ : 85,000-(100,000-20,000)=5,000
• ㄴ : 90,000-(100,000-20,000)=10,000
• ㄷ : 처분손익 없음.(처분이익=0)

Answer 1. ② 2. ④ 3. ③

시험중요도 ★★★

기본이론 제64강 교환취득시 취득원가 계산등

세부고찰 I

사례 교환취득시 취득원가 계산

◎ ㈜만리장성은 사용하던 유형자산을 ㈜자금성의 유형자산과 교환하였다. 양사가 보유하던 유형자산의 장부금액과 공정가치는 다음과 같다.

구분	㈜만리장성 유형자산	㈜자금성 유형자산
장부금액	₩54,000	₩42,000
공정가치	₩60,000	₩50,000

㈜만리장성은 유형자산을 교환하면서 제공한 자산과 수취한 자산 간의 공정가치 차액에 대하여는 현금 ₩10,000을 수령하였다. 위 교환거래가 한국채택국제회계기준상 상업적 실질이 존재한다고 가정할 때 ㈜만리장성이 수취한 유형자산의 취득원가는 얼마인가?

풀이

•상업적 실질이 존재하므로 제공한 자산의 공정가치를 취득원가로 하며, 현금수령을 반영하여 취득원가를 조정한다.

(차)	자산(신)	60,000	(대)	자산(구)	54,000
	Dep누계액			처분이익	6,000
(차)	현금	10,000	(대)	자산(신)	10,000

∴취득원가 : 60,000-10,000=50,000

세부고찰 II

사례 교환취득시 교환손익과 감가상각비 계산

◎ ㈜오빠달려는 20x1년 9월 1일에 가동중인 기계장치를 ㈜언니나빠의 기계장치와 교환하였다. 관련 자료가 다음과 같을 때, 당해 교환거래와 관련하여 인식할 교환손익과 새로 취득한 기계장치에 대한 20x1년의 감가상각비를 계산하면 얼마인가?

구분	㈜오빠달려 기계장치	㈜언니나빠 기계장치
취득원가	₩13,500,000	?
감가상각누계액	₩3,000,000	?
공정가치	?	₩7,200,000

(1) ㈜오빠달려는 ㈜언니나빠에게 현금 ₩2,400,000을 지급하였다.
(2) 새로 취득한 기계장치의 감가상각 관련 자료는 다음과 같다.

내용연수	잔존가치	감가상각방법
5년	₩600,000	정액법

(3) 당해 교환거래는 한국채택국제회계기준상 상업적 실질이 존재한다고 가정한다.

풀이

•상업적실질이 있으며 취득한 자산의 공정가치가 더 명백한 경우이므로, 취득한 자산의 공정가치를 취득원가로 하며, 자산의 본질상 취득한 자산의 공정가치를 그대로 취득원가로 계상한다. 따라서, 현금수수액은 취득원가에 가감치 않는다.

(차)	기계장치(신)	7,200,000	(대)	기계장치(구)	13,500,000
	Dep누계액	3,000,000		현금	2,400,000
	처분손실	5,700,000			
(차)	Dep	(7,200,000-600,000)÷5년×4/12=440,000	(대)	Dep누계액	440,000

FINAL 객관식뽀개기 실전적중문제

1. ㈜관세는 20x1년 4월 1일에 사용 중인 기계장치와 ㈜한국이 보유하고 있는 자동차를 교환하였다. 교환일 현재 두 회사가 소유 중인 자산의 장부금액과 공정가치가 다음과 같고 자동차의 공정가치가 기계장치의 공정가치보다 더 명백하다.

구분	㈜관세의 기계장치	㈜한국의 자동차
취득원가	₩100,000	₩80,000
감가상각누계액	₩55,000	₩25,000
공정가치	₩50,000	₩60,000

㈜관세가 교환일에 추가적으로 현금 ₩10,000을 지급하였을 경우 20x1년도에 인식할 유형자산처분손익은? (단, 교환거래는 상업적 실질이 있다.) [관세사기출]

① 처분이익 ₩5,000 ② 처분이익 ₩10,000 ③ ₩0
④ 처분손실 ₩5,000 ⑤ 처분손실 ₩10,000

내비게이션

• 취득한 자산의 공정가치가 더 명백한 경우이다.
• (주)관세의 회계처리

(차)	차량운반구	60,000	(대) 기계장치	100,000
	Dep누계액	55,000	현금	10,000
			처분이익	5,000

2. ㈜관세는 20x1년에 표시가격 ₩50,000, 현금가격 ₩45,000인 기계장치 A를 취득하였다. 기계장치 A의 취득대가로 현금 ₩8,400과 사용중인 기계장치 B(취득원가 ₩75,000, 감가상각누계액 ₩38,000)를 제공하였다. 두 기계장치가 서로 다른 제품을 생산하는 기계장치로서 이 교환거래가 상업적 실질이 있다면 ㈜관세가 교환거래와 관련하여 인식해야 할 손익은 얼마인가? [관세사기출]

① 손실 ₩300 ② 이익 ₩300 ③ 손실 ₩400
④ 이익 ₩400 ⑤ 이익 ₩500

내비게이션

• 취득한 자산의 공정가치는 현금가격인 45,000이며, 제공한 자산의 공정가치는 알수 없으므로, 취득한 자산의 공정가치가 더 명백한 경우이다.
• (주)관세의 회계처리

(차)	기계장치(A)	45,000	(대) 기계장치(B)	75,000
	Dep누계액	38,000	현금	8,400
	처분손실	400		

3. ㈜대한은 자사가 소유하고 있는 기계장치를 ㈜세종이 소유하고 있는 차량운반구와 교환하였다. 두 기업의 유형자산에 관한 정보와 세부 거래내용은 다음과 같다. 이 거래와 관련한 설명 중 옳은 것은? [감평사기출]

· 이 교환은 상업적 실질이 있는 거래이다.
· ㈜대한의 기계장치 공정가치가 더 명백하다.
· ㈜세종은 ㈜대한에게 공정가치의 차이인 ₩5,000을 지급하였다.

	㈜대한 기계장치	㈜세종 차량운반구
취득원가	₩50,000	₩50,000
감가상각누계액	₩30,000	₩20,000
공정가치	₩30,000	₩25,000
현금지급액	₩0	₩5,000
현금수취액	₩5,000	₩0

① ㈜대한은 이 교환거래와 관련하여 유형자산처분이익 ₩5,000을 인식해야 한다.
② ㈜대한이 새로 취득한 차량운반구의 취득원가는 ₩30,000이다.
③ ㈜세종은 이 교환거래와 관련하여 유형자산처분이익 ₩5,000을 인식해야 한다.
④ ㈜세종이 새로 취득한 기계장치의 취득원가는 ₩30,000이다.
⑤ ㈜대한과 ㈜세종 모두 유형자산처분손익을 인식하지 않는다.

내비게이션

• (주)대한의 회계처리

(차)	차량운반구	30,000	(대) 기계장치	50,000
	Dep누계액	30,000	처분이익	10,000
(차)	현금	5,000	(대) 차량운반구	5,000

• (주)세종의 회계처리 – 취득자산의 공정가치가 더 명백

(차)	기계장치	30,000	(대) 차량운반구	50,000
	Dep누계액	20,000	현금	5,000
	처분손실	5,000		

• ① ㈜대한은 이 교환거래와 관련하여 유형자산처분이익 ₩10,000을 인식해야 한다.
② ㈜대한이 새로 취득한 차량운반구의 취득원가는 ₩25,000(=30,000-5,000)이다.
③ ㈜세종은 이 교환거래와 관련하여 유형자산처분손실 ₩5,000을 인식해야 한다.
⑤ ㈜대한은 처분이익, ㈜세종은 처분손실을 인식한다.

Answer 1. ① 2. ③ 3. ④

시험중요도 ★★☆

기본이론 제65강 감가상각 일반사항

구분	항목	세부	내용
의의	본질		• 자산의 감가상각대상금액을 그 자산의 내용연수 동안 체계적으로 배분하는 것 주의 감가상각은 자산의 평가과정(=가치감소분을 비용인식)이 아니라, 자산 사용으로 창출된 수익에 비용을 대응시키는 원가의 배분과정임.
	구분상각		❖일부원가가 전체원가에 비교하여 유의적인지에 따라 다음과 같이 처리함. 유의적인 경우: ❐ 그 부분은 별도로 구분하여 감가상각함. 유의적이지 않은 경우: ❐ 그 부분을 별도로 구분하여 감가상각할 수 있음. ➡예 항공기를 소유하고 있는지 금융리스하고 있는지에 관계없이, 항공기 동체와 엔진을 별도로 구분하여 감가상각하는 것이 적절할 수 있음. • 유형자산의 일부를 별도로 구분하여 감가상각하는 경우에는 동일한 유형자산을 구성하고 있는 나머지 부분도 별도로 구분하여 감가상각함.
	통합		• 유형자산을 구성하고 있는 유의적인 부분에 해당 유형자산의 다른 유의적인 부분과 동일한 내용연수 및 감가상각방법을 적용하는 수가 있으며, 이 경우에는 감가상각액을 결정할 때 하나의 집단으로 통합할 수 있음.
	토지	원칙	• 채석장·매립지등을 제외하고는 내용연수가 무한하므로 감가상각하지 않음.
		예외	• 토지의 원가에 해체, 제거 및 복구원가가 포함된 경우에는 그러한 원가를 관련 경제적 효익이 유입되는 기간에 감가상각함. 예시 토지 총원가 ₩1,000(복구원가 ₩50포함)인 경우 ₩50을 감가상각함.
	동시취득		• 토지·건물을 동시취득시에도 분리가능한 자산이므로 별개의 자산으로 회계처리함. 주의 건물이 위치한 토지의 가치가 증가하더라도 건물의 감가상각대상금액에는 영향을 미치지 않음.
	감가상각 개시시점		• 자산이 사용가능한 때부터 시작함. ➡즉, 경영진이 의도하는 방식으로 자산을 가동하는 데 필요한 장소와 상태에 이른 때 말장난 취득이 완료되었다면 설치되기 전이라도 감가상각을 수행한다(X)
감가상각비	원칙		• 다른 자산의 장부금액에 포함되는 경우가 아니라면 당기손익으로 인식함.
	예외		• 내재된 미래경제적효익이 다른자산 생산에 사용되는 경우, 해당자산 원가의 일부가 됨. ➡예 제조설비의 감가상각액은 재고자산의 제조원가를 구성하고, 개발활동에 사용되는 유형자산의 감가상각액은 해당 무형자산의 원가에 포함될 수 있음.
감가상각 대상금액	의의		감가상각대상금액: ❐ 유형자산의 원가 - 잔존가치
	잔존가치	정의	• 자산이 이미 오래되어 내용연수 종료시점에 도달하였다는 가정하에 자산의 처분으로부터 현재 획득할 금액에서 추정 처분부대원가를 차감한 금액의 추정치
		증감	• 잔존가치는 장부금액과 같거나 큰 금액으로 증가할 수도 있음. 이 경우에는 잔존가치가 장부금액보다 작은 금액으로 감소될 때까지는 감가상각액은 영(0)이 됨. 보론 유형자산의 공정가치가 장부금액을 초과하더라도 잔존가치가 장부금액을 초과하지 않는 한 감가상각액을 계속 인식하며, 유형자산을 수선하고 유지하는 활동을 하더라도 감가상각의 필요성이 부인되는 것은 아님.
	잔존가치 재검토		• 잔존가치와 내용연수는 적어도 매 회계연도말에 재검토함. 주의 재검토결과 추정치가 종전 추정치와 다르다면 회계추정의 변경으로 회계처리함.
감가상각 중지	중지시점		• 자산이 매각예정자산으로 분류되는 날과 자산이 제거되는 날 중 이른 날에 중지함. ➡∴유형자산이 운휴 중이거나 적극적인 사용상태가 아니어도, 감가상각이 완전히 이루어지기 전까지는 감가상각을 중단하지 않음.
	예외		• 유형자산의 사용정도에 따라 감가상각을 하는 경우에는 생산활동이 이루어지지 않을 때 감가상각액을 인식하지 않을 수 있음.

FINAL 객관식뽀개기

실전적중문제

1. 유형자산의 감가상각에 관한 설명으로 옳지 않은 것은? [관세사기출]

① 잔존가치와 내용연수는 적어도 매 회계기간말에 재검토한다.
② 채석장이나 매립지 등을 제외하고 토지의 내용연수는 무한하므로 감가상각을 하지 아니한다.
③ 유형자산이 운휴 중이거나 적극적인 사용상태가 아닐 경우 감가상각을 중단해야 한다.
④ 감가상각방법은 적어도 매 회계연도말에 재검토한다.
⑤ 감가상각방법은 자산의 미래경제적효익이 소비될 것으로 예상되는 형태를 반영한다.

내비게이션

- 유형자산이 운휴 중이거나 적극적인 사용상태가 아니어도, 감가상각이 완전히 이루어지기 전까지는 감가상각을 중단하지 않는다.
- ④,⑤에 대하여는 후술함!

2. 유형자산의 감가상각에 관한 설명으로 옳지 않은 것은? [감평사기출]

① 건물이 위치한 토지의 가치가 증가할 경우 건물의 감가상각대상금액이 증가한다.
② 유형자산을 수선하고 유지하는 활동을 하더라도 감가상각의 필요성이 부인되는 것은 아니다.
③ 유형자산의 사용정도에 따라 감가상각을 하는 경우에는 생산활동이 이루어지지 않을 때 감가상각액을 인식하지 않을 수 있다.
④ 유형자산의 잔존가치는 해당 자산의 장부금액과 같거나 큰 금액으로 증가할 수도 있다.
⑤ 유형자산의 공정가치가 장부금액을 초과하더라도 잔존가치가 장부금액을 초과하지 않는 한 감가상각액을 계속 인식한다.

내비게이션

- 건물과 토지는 별개의 자산으로 인식하므로 건물이 위치한 토지의 가치가 증가하더라도 건물의 감가상각대상금액에는 영향을 미치지 않는다.

3. 유형자산의 감가상각에 관한 설명으로 옳지 않은 것은? [세무사기출]

① 유형자산의 감가상각방법은 자산의 미래경제적효익이 소비되는 형태를 반영한다.
② 유형자산의 감가상각은 자산이 사용가능한 때부터 시작한다.
③ 유형자산에 내재된 미래경제적효익이 다른 자산을 생산하는 데 사용되는 경우 유형자산의 감가상각액은 해당자산 원가의 일부가 된다.
④ 정액법으로 감가상각하는 경우, 감가상각이 완전히 이루어지기 전이라도 유형자산이 가동되지 않거나 유휴상태가 되면 감가상각을 중단해야 한다.
⑤ 매 회계연도말 재검토 결과 자산에 내재된 미래경제적효익의 예상되는 소비형태에 유의적인 변동이 있다면, 변동된 소비형태를 반영하기 위하여 감가상각방법을 변경한다.

내비게이션

- 감가상각은 자산이 매각예정자산으로 분류되는 날과 자산이 제거되는 날 중 이른 날에 중지한다. 따라서 유형자산이 운휴 중이거나 적극적인 사용상태가 아니어도, 감가상각이 완전히 이루어지기 전까지는 감가상각을 중단하지 않는다.

4. ㈜한국은 20x1년 1월 1일 기계장치를 ₩2,500,000에 매입(내용연수 10년, 잔존가치 ₩0, 정액법 상각)하고, 생산가동에 필요한 설치 및 조립과 관련하여 ₩100,000을 같은 날 추가로 지출하였다. 한편 20x2년 1월 1일 ㈜한국의 영업 일부를 재편성하는 과정에서 동 기계장치를 재배치하였으며, 재배치하는 과정에서 ₩90,000을 지출하였다. 이 기계장치와 관련하여 ㈜한국이 20x1년도와 20x2년도에 각각 인식할 감가상각비는 얼마인가? (단, 기계장치에 대하여 원가모형을 적용하고 있으며, 손상은 발생하지 않았다.) [관세사기출]

① 20x1년: ₩250,000, 20x2년: ₩250,000
② 20x1년: ₩250,000, 20x2년: ₩260,000
③ 20x1년: ₩260,000, 20x2년: ₩260,000
④ 20x1년: ₩260,000, 20x2년: ₩270,000
⑤ 20x1년: ₩269,000, 20x2년: ₩269,000

내비게이션

- 생산가동에 필요한 설치 및 조립과 관련한 지출은 취득원가에 포함하나, 재배치·재편성 과정의 지출은 원가에 포함하지 않는다. 따라서, 20x1년과 20x2년의 감가상각비는 260,000(=2,600,000÷10년)으로 동일하다.

서술형Correction연습

❒ 유형자산을 구성하는 일부의 원가가 당해 유형자산의 전체원가에 비교하여 유의적이지 않은 경우에는 분리하여 감가상각할 수 없다.

➲ (X) : 별도로 분리하여 감가상각할 수 있다.

❒ 토지는 대부분의 경우 내용연수가 무한한 유형자산이므로 감가상각하지 않는다.

➲ (X) : 채석장이나 매립지와 같이 내용연수가 한정되는 경우는 감가상각한다.

Answer 1. ③ 2. ① 3. ④ 4. ③

시험중요도 ★★☆

기본이론 제66강  내용연수와 감가상각방법

내용연수

구분	내용
정의	• 자산이 사용가능할 것으로 기대되는 기간(또는 얻을 것으로 기대되는 생산량등)
고려요소	❖자산의 내용연수를 결정할 때에는 다음의 요소를 모두 고려함. ① 자산의 예상사용수준 ② 자산의 예상 물리적 마모·손상 ③ 기술적·상업적 진부화 ④ 자산사용에 대한 법적제한
기타사항	• 내용연수는 경제적내용연수보다 짧을수 있음. ➡ ∵내용연수는 자산으로부터 기대되는 효용에 따라 결정되며, 자산관리정책에 따라 특정기간이 경과되거나 내재하는 미래경제적효익의 특정부분이 소비되면 처분할수 있음. 말장난 내용연수는 경제적내용연수와 일치한다(X)

감가상각방법

구분	내용
적용	• 내재되어 있는 미래경제적효익의 예상소비형태를 가장 잘 반영하는 방법에 따라 선택함. ➡ 예상 소비형태가 변하지 않는 한 매 회계기간에 일관성있게 적용함.
재검토	• 감가상각방법은 적어도 매 회계연도말에 재검토함. 주의 재검토결과 자산에 내재된 미래경제적효익의 예상되는 소비형태에 유의적인 변동이 있다면 변동된 소비형태를 반영하기 위하여 감가상각방법을 변경하며, 변경은 회계추정의 변경으로 회계처리한다. 말장난 감가상각방법 변경은 회계정책의 변경으로 회계처리한다(X)

감가상각비 계산

방법	산식	방법	산식
정액법	• 감가상각대상액 × $\frac{1}{\text{내용연수}}$	정률법	• 기초장부금액 × 상각률
이중체감법	• 기초장부금액 × $\frac{2}{\text{내용연수}}$	연수합계법	• 감가상각대상액 × $\frac{\text{연수의 역순}}{\text{내용연수의 합계}}$

보론 생산량(작업시간)비례법 : 감가상각대상액을 총예정생산량 대비 당기생산량에 비례하여 상각

사례 감가상각방법별 감가상각비 계산

◎ ㈜마약팔이소녀는 20x1년 1월 1일에 내용연수 5년, 잔존가치 ₩100,000의 기계장치를 ₩1,000,000에 취득하였다. 20x1년과 20x2년의 감가상각비를 계산하라. 단, 정률법 상각률은 0.369이다.

방법	회계처리
정액법	• 20x1년 : (차) 감가상각비 180,000[1] (대) 감가상각누계액 180,000 • 20x2년 : (차) 감가상각비 180,000[1] (대) 감가상각누계액 180,000 1)(1,000,000−100,000) ×1/5 =180,000
정률법	• 20x1년 : (차) 감가상각비 369,000[1] (대) 감가상각누계액 369,000 • 20x2년 : (차) 감가상각비 232,839[2] (대) 감가상각누계액 232,839 1)1,000,000 × 0.369=369,000 2)(1,000,000−369,000) × 0.369=232,839
연수합계법	• 20x1년 : (차) 감가상각비 300,000[1] (대) 감가상각누계액 300,000 • 20x2년 : (차) 감가상각비 240,000[2] (대) 감가상각누계액 240,000 1) (1,000,000−100,000)×5/(1+2+3+4+5)=300,000 2) (1,000,000−100,000)×4/(1+2+3+4+5) =240,000
이중체감법	• 20x1년 : (차) 감가상각비 400,000[1] (대) 감가상각누계액 400,000 • 20x2년 : (차) 감가상각비 240,000[2] (대) 감가상각누계액 240,000 1)1,000,000 ×2/5=400,000 2)(1,000,000−400,000) × 2/5=240,000

FINAL 객관식뽀개기 실전적중문제

1. 유형자산에 관한 설명으로 옳지 않은 것은? [관세사기출]

① 건설시작 전에 건설용지를 주차장으로 사용함에 따라 획득한 수익은 건설원가에 포함하지 아니한다.
② 재평가는 보고기간말 장부금액이 공정가치와 중요하게 차이가 나지 않도록 주기적으로 수행한다.
③ 유형자산에 내재된 미래경제적효익이 다른 자산의 생산에 사용된다면 감가상각액은 해당 자산 원가의 일부가 된다.
④ 항공기를 감가상각할 경우 동체와 엔진을 별도로 구분하여 감가상각하는 것이 적절할 수 있다.
⑤ 자산에 내재된 미래경제적효익의 예상 소비형태가 유의적으로 달라졌다면 감가상각방법을 변경하고 회계정책 변경으로 처리한다.

내비게이션
- 회계정책 변경(X) → 회계추정 변경(O)
- ②에 대하여는 후술함!

2. ㈜부산은 20x1년초에 기계장치를 현금 ₩20,000에 구입하여 이를 즉시 생산에 이용하기 시작하였다. 취득당시 이 기계장치의 잔존가치는 ₩2,000으로 추정하였다. ㈜부산은 기계장치에 대해 원가모형을 적용하고 있으며 정률법으로 감가상각을 하고 있다. 이 기계장치를 구입하기 이전에는 다른 기계장치를 보유하고 있지 않았으며, 이 기계장치를 취득한 이후에 추가로 취득한 기계장치도 없다. 20x2년말 수정전시산표의 일부가 다음과 같은 경우, 20x2년말 재무상태표상 기계장치의 장부금액은 얼마인가?(단, 기계장치에 대한 취득시점 이후 자산손상은 없었다.) [관세사기출]

수정전시산표

현금	15,000	매입채무	3,000
⋮		⋮	
기계장치	20,000	기계장치감가상각누계액	8,000
⋮		⋮	
		자본금	400,000
		⋮	

① ₩1,800 ② ₩4,800 ③ ₩7,200
④ ₩9,800 ⑤ ₩10,200

내비게이션
- 수정전시산표의 감가상각누계액 8,000은 20x2년말 감가상각 회계처리 전의 금액이므로, 20x1년말 감가상각비를 의미한다.
- 20,000×상각률=8,000 에서, 상각률=40%
- 20x2년 감가상각비 : (20,000-8,000)×40%=4,800

∴20x2년말 장부금액 : 20,000-(8,000+4,800)=7,200

3. 유형자산의 감가상각방법에 관한 설명으로 옳지 않은 것은? [관세사기출]

① 감가상각방법은 자산의 미래경제적효익이 소비되는 형태를 반영한다.
② 감가상각방법은 변경될 수 있으며, 이러한 변경은 회계추정의 변경으로 회계처리한다.
③ 감가상각방법에는 정액법, 체감잔액법(정률법, 이중체감법, 연수합계법) 및 생산량비례법이 있다.
④ 경제적 효익이 소비되는 형태를 신뢰성 있게 결정할 수 없는 경우에는 정액법을 사용해야 한다.
⑤ 감가상각방법은 적어도 매 회계연도말에 재검토한다.

- 무형자산의 상각과 관련된 내용으로 무형자산에만 있는 규정이며 유형자산에 대하여는 이에 대해 규정이 없다.

4. ㈜합격과 ㈜적중은 추정내용연수가 5년인 동종의 유형자산을 구입하였다.(잔존가치는 없다고 한다.) 감가상각방법으로 ㈜합격은 정액법, ㈜적중은 연수합계법을 사용하였다. 다른 조건이 동일하다고 가정할 때 알맞은 설명은?

① 1차년도의 ㈜합격의 감가상각비가 ㈜적중보다 크다.
② 3차년도의 ㈜합격의 순이익은 ㈜적중보다 적다.
③ 4차년도의 ㈜합격의 순이익은 ㈜적중보다 적다.
④ 3년 후 자산을 매각할 경우, ㈜합격은 ㈜적중보다 높은 이익을 보고할 가능성이 크다.
⑤ 두 회사 자산을 5년간 사용한다면, ㈜적중의 5년간 총 감가상각액은 ㈜합격보다 크다.

내비게이션
- 기간별 감가상각비율

구 분	1차년도	2차년도	3차년도	4차년도	5차년도
정액법	1/5	1/5	1/5	1/5	1/5
연수합계법	5/15	4/15	3/15	2/15	1/15
크기비교	정액법 < 연수합계법		동일	정액법 > 연수합계법	

→∴4차년도 감가상각비가 더 많은 (주)합격의 순이익이 (주)적중보다 적다.

서술형Correction연습

❐ 유형자산의 잔존가치와 내용연수의 재검토결과 추정치가 종전 추정치와 다르다면 그 차이는 회계정책의 변경으로 회계처리한다.

➲ (X) : 회계정책의 변경(X) → 회계추정의 변경(O)

Answer 1. ⑤ 2. ③ 3. ④ 4. ③

시험중요도 ★★★

기본이론 제67강 기중취득시 연수합계법 적용등

세부고찰 I

사례 기중취득시 연수합계법 적용

㈜칼있으마는 20x1년 4월 1일 기계장치를 취득하였는데 취득원가는 ₩6,000,000이다. 기계의 내용연수는 8년, 잔존가치는 ₩400,000, 연수합계법으로 상각한다. 20x2년도의 감가상각비로 인식할 금액은 얼마인가?(단, ㈜칼있으마의 결산일은 12월 31일이다.)

•20x1년 감가상각비

$$(6,000,000-400,000)\times\frac{8}{1+......+8}\times\frac{9}{12}=933,333$$

•20x2년 감가상각비

$$(6,000,000-400,000)\times\frac{8}{1+......+8}\times\frac{3}{12}+(6,000,000-400,000)\times\frac{7}{1+......+8}\times\frac{9}{12}=1,127,778$$

보론 기중취득시 안분계산여부

① 정액법/연수합계법 : 모든연도에 안분계산함
② 정률법/이중체감법 : 취득연도만 안분계산함.

세부고찰 II

사례 연수합계법에서 정액법으로 회계변경

12월말 결산법인인 ㈜거성은 20x1년 1월 1일에 기계장치를 ₩200,000,000에 취득하였다. 취득 당시에 기계의 설치 및 시운전에 ₩7,000,000이 지출되었다. 이 기계에 대해 ㈜거성은 내용연수 10년, 잔존가치 ₩20,000,000으로 추정하여 연수합계법을 적용하여 감가상각을 해왔다. 그런데 20x4년초에 감가상각방법을 정액법으로 변경하였고, 잔존내용연수는 5년, 잔존가치는 없는 것으로 새롭게 추정하였다. 이와 같은 감가상각방법, 내용연수 그리고 잔존가치의 변경은 한국채택국제회계기준에 따를때 인정된다. 이 경우에 20x4년도의 기계장치에 대한 감가상각비와 20x4년말의 감가상각누계액은 얼마인가?

•20x1년 ~ 20x3년 감가상각비

$$(207,000,000-20,000,000)\times\frac{10+9+8}{1+......+10}=91,800,000$$

•20x4년 감가상각비

$$(207,000,000-91,800,000-0)\times\frac{1}{5}=23,040,000$$

•20x4년말 감가상각누계액

91,800,000+23,040,000=114,840,000

세부고찰 III

사례 잔존가치와 감가상각비 계상여부 결정

㈜국세는 20x2년 1월 1일 기계장치를 ₩4,500,000에 구입하였으며, 설치 및 시험가동 등으로 ₩500,000을 지출하였다. 이로 인해 기계장치는 20x2년 4월 1일부터 사용 가능하게 되었다. 동 기계장치의 내용연수는 5년, 잔존가치는 ₩500,000으로 추정되며, 이중체감법(상각률은 정액법의 2배)으로 감가상각을 한다. ㈜국세는 매년 말 잔존가치를 재검토하고 있는데, 20x4년 말 현재 동 기계장치를 거래하는 시장이 활성화됨으로써 잔존가치가 ₩2,500,000으로 증가할 것으로 추정하였다. ㈜국세가 20x4년도에 인식하여야 할 감가상각비는 얼마인가? (단, ㈜국세는 동 기계장치에 대하여 원가모형을 적용하고, 감가상각은 월할계산하며, 손상차손 및 손상차손환입은 고려하지 않는다.)

•20x2년말 장부금액 : 5,000,000−5,000,000×2/5×9/12=3,500,000
•20x3년말 장부금액 : 3,500,000−3,500,000×2/5=2,100,000
•잔존가치가 장부금액보다 작은 금액으로 감소될 때까지는 유형자산의 감가상각액은 영(0)이 됨.

FINAL 객관식뽀개기 실전적중문제

1. ㈜관세는 20x1년 4월 1일 제품제조에 필요한 기계장치를 ₩750,000에 취득(잔존가치 ₩30,000, 내용연수 5년)하여 연수합계법으로 감가상각한다. 동 기계장치와 관련하여 20x2년 12월 31일 재무상태표에 보고할 감가상각누계액은?(단, 감가상각은 월할 계산한다.) [관세사기출]

① ₩192,000 ② ₩204,000 ③ ₩212,500
④ ₩384,000 ⑤ ₩400,000

내비게이션

• 20x1년 감가상각비

$(750,000-30,000)\times\frac{5}{15}\times\frac{9}{12}=180,000$

• 20x2년 감가상각비

$(750,000-30,000)\times\frac{5}{15}\times\frac{3}{12}+(750,000-30,000)\times\frac{4}{15}\times\frac{9}{12}$
$=204,000$

∴20x2년말 감가상각누계액 : 180,000+204,000=384,000

2. 20x1년 7월 1일 ㈜운송은 항공기A를 해외로부터 취득 후 즉시 영업활동에 사용하였다. ㈜운송이 항공기A에 대해 원가모형을 적용하면, 항공기A의 20x2년말 장부금액은 얼마인가?(단, 손상은 발생하지 않았으며, 감가상각은 월할계산한다.) [관세사기출]

· 내용연수 : 3년
· 매입대금 : ₩150,000
· 잔존가치 : ₩0
· 관세 : ₩10,000
· 당기 재산세 : ₩10,000
· 취득 직후 해당 항공기의 성능개선을 위한 지출 : ₩50,000
· 감가상각방법 : 연수합계법

① ₩70,000 ② ₩87,500 ③ ₩122,500
④ ₩140,000 ⑤ ₩157,500

내비게이션

• 관세와 성능개선지출은 원가에 가산하나, 재산세는 당기비용 처리한다.
→취득원가 : 150,000+10,000+50,000=210,000

• 20x1년 감가상각비

$210,000\times\frac{3}{1+2+3}\times\frac{6}{12}=52,500$

• 20x2년 감가상각비

$210,000\times\frac{3}{1+2+3}\times\frac{6}{12}+210,000\times\frac{2}{1+2+3}\times\frac{6}{12}$
$=87,500$

∴20x2년말 장부금액 : 210,000-(52,500+87,500)=70,000

3. ㈜감평은 20x1년초 업무용 건물을 ₩2,000,000에 취득하였다. 구입당시에 동 건물의 내용연수는 5년이고 잔존가치는 ₩200,000으로 추정되었다. ㈜감평은 감가상각방법으로서 연수합계법을 사용하여 왔으나 20x3년초에 정액법으로 변경하고, 동일 시점에 잔존가치를 ₩20,000으로 변경하였다. 20x3년도 포괄손익계산서상 감가상각비는? [감평사기출]

① ₩144,000 ② ₩300,000 ③ ₩360,000
④ ₩396,000 ⑤ ₩400,000

내비게이션

• 20x1년 ~ 20x2년 감가상각비

$(2,000,000-200,000)\text{x}\frac{5+4}{1+2+3+4+5}=1,080,000$

• 20x3년초 장부금액 : 2,000,000-1,080,000=920,000
• 20x3년도 감가상각비 : (920,000-20,000)÷3년=300,000

4. ㈜한강은 20x1년 7월 1일 ₩500,000(내용연수 5년, 잔존가치 ₩100,000)에 건물을 취득하고, 20x1년말 정액법으로 감가상각하였다. 그런데 ㈜한강은 건물에 내재된 미래경제적효익의 예상되는 소비형태의 유의적인 변동을 반영하기 위하여, 20x2년초부터 감가상각방법을 연수합계법으로 변경하고 잔존내용연수는 3년, 잔존가치는 없는 것으로 재추정하였다. 20x2년말 건물의 장부금액은 얼마인가?(감가상각은 월할 상각하며, 건물에 대한 손상차손누계액은 없다.) [관세사기출]

① ₩40,000 ② ₩125,000 ③ ₩180,000
④ ₩195,000 ⑤ ₩230,000

내비게이션

• 20x1년말 감가상각비 : [(500,000-100,000)÷5년]×6/12=40,000
• 20x2년초 장부금액 : 500,000-40,000=460,000
• 20x2년말 감가상각비 : $460,000\times\frac{3}{1+2+3}=230,000$
• 20x2년말 장부금액 : 460,000-230,000=230,000

Answer 1. ④ 2. ① 3. ② 4. ⑤

시험중요도 ★★★

기본이론 제68강  유형자산의 손상

회수가능액

구분	내용
손상	• 회수가능액을 추정하여 회수가능액이 장부금액에 미달하는 경우 손상차손을 당기손익으로 인식함.
회수가능액	• Max[순공정가치, 사용가치] ➡ {순공정가치 : 매각금액 – 처분부대원가 사용가치 : 기대미래현금흐름 현재가치

·주의 금융원가, 법인세비용, 이미 부채로 인식분은 처분부대원가에 포함치 않음.

손상차손·환입

구분	내용
손상차손	• 손상차손액 = 장부금액 - 회수가능액
손상차손환입	• 환입액 = *Min*[손상되지 않았을 경우의 장부금액, 회수가능액] - 손상후 장부금액
회계처리	**손상차손**: (차) 유형자산손상차손 ×××　(대) 손상차손누계액 ××× ➡ 손상차손누계액은 유형자산에 차감형식으로 표시함. **손상차손환입**: (차) 손상차손누계액 ×××　(대) 유형자산손상차손환입 ×××

참고 **재평가모형의 경우**('후술')

구분	내용
손상차손	• 계상되어있는 재평가잉여금을 감소시키고 그 차액을 손상차손으로 인식함. → (차) 재평가잉여금 xxx　(대) 손상차손누계액 xxx 　　　손상차손 xxx
손상차손 환입	• 손상차손인식액을 한도로 환입을 계상하고 나머지는 재평가잉여금을 증가시킴. → (차) 손상차손누계액(회수가능액–장부금액) xxx　(대) 손상차손환입 xxx 　　　　　　　　　　　　　　　　　　　　　　재평가잉여금 xxx

사례 유형자산손상 회계처리

◎ 20x1년초 내용연수10년, 잔존가치없는 기계장치를 ₩10,000,000에 구입하였으며, 원가모형을 적용하여 정액법으로 상각하였다. 회수가능액에 대한 자료는 다음과 같다.

- 20x2년말 순공정가치는 ₩2,000,000, 사용가치는 ₩1,600,000
- 20x4년말 순공정가치는 ₩7,000,000, 사용가치는 ₩8,000,000

20x1년초	(차) 기계장치	10,000,000	(대) 현금	10,000,000
20x1년말	(차) 감가상각비	1,000,000[1]	(대) 감가상각누계액	1,000,000
20x2년말	(차) 감가상각비	1,000,000	(대) 감가상각누계액	1,000,000
	(차) 유형자산손상차손	6,000,000[2]	(대) 손상차손누계액	6,000,000
20x3년말	(차) 감가상각비	250,000[3]	(대) 감가상각누계액	250,000
20x4년말	(차) 감가상각비	250,000	(대) 감가상각누계액	250,000
	(차) 손상차손누계액	4,500,000	(대) 유형자산손상차손환입	4,500,000[4]

1) 10,000,000÷10년=1,000,000

2) (10,000,000-1,000,000×2)-Max[2,000,000, 1,600,000]=6,000,000

3) 2,000,000÷8년=250,000

4) Min[①10,000,000-1,000,000×4 ②Max(7,000,000, 8,000,000)]-(2,000,000-250,000×2)=4,500,000

참고 20x4년말의 부분재무상태표는 다음과 같다.

기계장치	10,000,000
감가상각누계액	(2,500,000)
손상차손누계액	(1,500,000)
	6,000,000

FINAL 객관식뽀개기 실전적중문제

1. ㈜감평은 20x1년초 기계장치(취득원가 ₩50,000, 내용연수 4년, 잔존가치 ₩0)를 취득하여 연수합계법으로 감가상각하고 있다. ㈜감평은 20x1년말 동 자산에 손상징후가 존재하여 회수가능액을 추정하였다. 그 결과 기계장치의 처분공정가치는 ₩25,000, 처분부대원가는 ₩3,000, 그리고 사용가치는 ₩23,000으로 확인되었다. ㈜감평이 원가모형을 채택할 때, 동 기계장치와 관련하여 20x1년도에 인식할 손상차손은? [감평사기출]

① ₩4,000 ② ₩5,000 ③ ₩6,000
④ ₩7,000 ⑤ ₩8,000

내비게이션

- 20x1년말 장부금액 : $50,000-50,000\times\frac{4}{1+2+3+4}=30,000$
- 회수가능액 : Max[㉠ 25,000-3,000=22,000 ㉡ 23,000]=23,000

∴손상차손 : 30,000-23,000=7,000

2. ㈜관세는 보유 중인 유형자산에 대해 원가모형을 적용하고 있다. 20x1년초 ₩100,000에 취득한 건물에 대해서 정액법(내용연수 10년, 잔존가치 ₩0)으로 감가상각하고 있다. 이 건물의 사용가치, 공정가치, 처분부대원가에 관한 자료가 다음과 같을 때, 건물에 대한 20x2년 감가상각비와 20x2년 말 장부금액은 각각 얼마인가? [관세사기출]

구분	사용가치	공정가치	처분부대원가
20x1년말	₩81,000	₩85,000	₩10,000
20x2년말	₩64,000	₩75,000	₩3,000

	감가상각비	장부금액
①	₩10,000	₩72,000
②	₩10,000	₩80,000
③	₩9,000	₩64,000
④	₩9,000	₩72,000
⑤	₩9,000	₩81,000

내비게이션

- 20x1년말 회수가능액 : Max[85,000-10,000=75,000, 81,000]=81,000
  20x2년말 회수가능액 : Max[75,000-3,000=72,000, 64,000]=72,000
- 20x1년말
  - Dep : 100,000÷10년=10,000 →장부금액=90,000
  - 손상차손 : 90,000-81,000=9,000
- 20x2년말
  - Dep : 81,000÷9년=9,000 →장부금액=72,000
  - 손상차손 : 72,000-72,000=0

3. ㈜감평은 20x1년초 기계장치(취득원가 ₩6,000,000, 내용연수 5년, 잔존가치 ₩0)를 취득하여 정액법으로 감가상각하고 있다. 20x1년말 이 기계장치에 손상징후가 존재하여 회수가능액을 추정한 결과 회수가능액이 ₩2,232,000으로 추정되었다. ㈜감평은 동 금액과 장부금액 간의 차이가 중요한 것으로 판단하여 손상차손을 인식하였다. 한편, 20x2년말 기계장치의 회수가능액이 ₩4,000,000으로 회복된 것으로 추정될 경우, ㈜감평이 20x2년말 인식할 손상차손환입액은?(단, 기계장치에 대하여 원가모형을 적용한다.) [감평사기출]

① ₩1,574,000 ② ₩1,926,000 ③ ₩2,138,000
④ ₩2,326,000 ⑤ ₩2,568,000

내비게이션

- 손상되지 않았을 경우 장부금액 : 6,000,000-(6,000,000÷5년×2)=3,600,000
- 손상후 장부금액 : 2,232,000-(2,232,000÷4년)=1,674,000

∴손상차손환입액 : Min[3,600,000, 4,000,000]-1,674,000=1,926,000

4. 다음은 ㈜세관의 기계장치에 관한 자료이다. 20x3년도 감가상각비(A), 손상차손환입액(B)은 각각 얼마인가?(단, ㈜세관은 기계장치에 대하여 원가모형을 채택하고 있다고 가정한다.) [관세사기출]

> · 20x1년 1월 1일에 취득원가 ₩10,000,000(내용연수 5년, 잔존가치 ₩0, 정액법 상각)인 기계장치를 취득하였다.
> · 20x2년 말에 기계장치를 이용하여 생산한 제품의 수요가 급감하고 시장가격이 급락하였다. 20x2년 말 기계장치의 매각가격은 ₩3,000,000, 매각수수료는 ₩200,000으로 추정되고, 기계장치의 계속 사용가치는 ₩3,720,000으로 추정되었다.
> · 20x3년 말에 기계장치를 이용하여 생산한 제품의 수요와 시장가격이 유의적으로 회복될 것으로 기대되어 기계장치의 회수가능액이 ₩3,000,000으로 추정되었다.

	(A)	(B)
①	₩1,040,000	₩420,000
②	₩1,240,000	₩520,000
③	₩1,360,000	₩580,000
④	₩1,520,000	₩1,240,000
⑤	₩1,860,000	₩1,520,000

내비게이션

- 20x2년말 회수가능액 : Max[2,800,000, 3,720,000]=3,720,000
- 20x3년말
  - Dep : 3,720,000÷3년=1,240,000
  - 환입액 : Min[4,000,000, 3,000,000]-(3,720,000-1,240,000)=520,000

Answer 1. ④ 2. ④ 3. ② 4. ②

시험중요도 ★★★

기본이론 제69강 손상차손과 환입액 계산등

세부고찰 I

사례 기중취득시 감가상각비와 손상차손 계산

㈜오바마는 20x1.7.1에 건물을 ₩25,000,000에 취득하였다(내용연수 10년, 잔존가치 ₩0, 정액법). 20x3년말 시장가치는 ₩9,000,000으로 현저히 하락하였다. 건물의 사용으로 기대되는 미래현금흐름의 합계액은 ₩20,000,000이고, 이 미래현금흐름의 현재가치는 ₩16,000,000이다. 20x3년도 당기순이익에 미치는 영향은 얼마인가?

- 20x3년말 장부금액 : 25,000,000-(25,000,000×1/10×2.5년)=18,750,000
- 회수가능액 : Max[9,000,000, 16,000,000]=16,000,000
- 감가상각비(25,000,000×1/10=2,500,000)+손상차손(18,750,000-16,000,000=2,750,000)=5,250,000 (감소)

세부고찰 II

사례 손상후 감가상각비와 손상차손환입액 계산

20x1년초 기계장치를 취득하였다(내용연수 10년, 잔존가치 ₩0, 정액법상각). 이와 관련된 자료가 다음과 같을 때 20x4년 당기순이익에 미치는 영향은?

(1) 20x3년초 장부금액 : ₩15,000,000(감가상각누계액 ₩4,000,000, 손상차손누계액 ₩1,000,000)
(2) 손상은 20x2년말에 처음으로 발생한 것이다.
(3) 기계장치의 20x3년말과 20x4년말의 회수가능액 관련자료는 다음과 같다.

연도	순공정가치	사용가치
20x3년말	₩13,720,000	₩13,600,000
20x4년말	₩12,600,000	₩12,800,000

풀이

- 취득원가 : 15,000,000+4,000,000+1,000,000=20,000,000
- 20x3년말 장부금액 : 15,000,000-(15,000,000÷8년)=13,125,000
- 20x3년말 환입액 : Min[①20,000,000-6,000,000=14,000,000 ②13,720,000]-13,125,000=595,000
- 20x4년 감가상각비 : 13,720,000÷7년=1,960,000
- 20x4년말 장부금액 : 13,720,000-1,960,000=11,760,000
- 20x4년말 환입액 : Min[①20,000,000-8,000,000=12,000,000 ②12,800,000]-11,760,000=240,000

∴당기순이익에 미치는 영향 : 240,000(환입액)-1,960,000(감가상각비)=△1,720,000

세부고찰 III

사례 손상차손환입액 추정

20x1년초 기계장치를 ₩1,100,000에 취득하였다(내용연수 10년, 잔존가치 ₩100,000, 정액법상각). 20x3년말 회수가능액이 ₩590,000으로 하락하여 손상을 인식하였다. 이후 20x6년말 회수가능액이 상승하여 손상차손환입이 발생하였다. 20x7년 감가상각비와 20x3년의 감가상각비가 동일하다면 20x6년말 손상차손환입액은 얼마이겠는가?

- 20x1년/20x2년/20x3년 감가상각비
  (1,100,000-100,000)÷10년=100,000
- 20x3년말 손상차손
  (1,100,000-300,000)-590,000=210,000
- 20x4년/20x5년/20x6년 감가상각비
  (590,000-100,000)÷7년=70,000
- 손상차손환입액을 x라 하면, (380,000+x-100,000)÷4년=100,000 →∴x=120,000

FINAL 객관식뽀개기 실전적중문제

1. ㈜감평은 20x1년 1월 1일에 건물을 ₩5,000,000에 취득(내용연수 10년, 잔존가치 ₩0, 정액법 감가상각)하였다. 20x1년말 및 20x2년말 기준 원가모형을 적용하는 건물의 순공정가치는 각각 ₩3,600,000과 ₩3,900,000이고, 사용가치는 각각 ₩3,000,000과 ₩4,300,000이다. ㈜감평은 건물의 회수가능액과 장부금액의 차이가 중요하고 손상징후가 있는 것으로 판단하여 손상차손(손상차손환입)을 인식하였다. 관련 설명으로 옳지 않은 것은? [감평사기출]

① 20x2년도에 감가상각비로 ₩400,000을 인식한다.
② 20x1년말 재무상태표에 표시되는 건물 장부금액은 ₩3,600,000이다.
③ 20x2년말 재무상태표에 표시되는 건물 장부금액은 ₩4,000,000이다.
④ 20x1년도에 손상차손으로 ₩900,000을 인식한다.
⑤ 20x2년도에 손상차손환입으로 ₩1,100,000을 인식한다.

내비게이션

- 20x1년도 손상차손 : 4,500,000-3,600,000=900,000
  →장부가=3,600,000
- 20x2년 감가상각비 : 3,600,000÷9년=400,000
  →손상후장부가=3,200,000
- 20x2년도 환입액 : Min[4,000,000 ,4,300,000]-3,200,000=800,000
- 20x2년말 장부금액 : 3,200,000+800,000=4,000,000

2. ㈜한국은 20x1년 1월 1일 ₩8,000,000을 지급하고 기계장치(내용연수 5년, 잔존가치 ₩2,000,000, 정액법 상각)를 취득하였다. ㈜한국은 20x1년 12월 31일 이 기계장치의 회수가능액이 현저하게 하락하여 손상을 인식하였다. 한편, 20x2년 12월 31일 기계장치의 순공정가치와 사용가치가 각각 ₩4,000,000과 ₩5,000,000이고, 회수가능액과 장부금액의 차이인 ₩750,000의 손상차손을 환입하였다. ㈜한국이 이 기계장치와 관련하여 20x1년도에 인식한 손상차손은 얼마인가?(단, 기계장치에 대하여 원가모형을 채택하고 있다.) [관세사기출]

① ₩750,000 ② ₩1,100,000 ③ ₩1,350,000
④ ₩1,500,000 ⑤ ₩1,800,000

내비게이션

- 20x1년말 감가상각비 : (8,000,000-2,000,000)÷5년=1,200,000
  20x1년말 장부금액 : 8,000,000-1,200,000=6,800,000
  20x1년말 손상차손 : 6,800,000-20x1년말회수가능액(A)
- 20x2년말 감가상각비 : (A-2,000,000)÷4
  20x2년말 환입액 : Min[5,600,000, 5,000,000]-손상후장부가=750,000
  →손상후장부가=4,250,000
- 4,250,000(손상후장부가)=A-[(A-2,000,000)÷4]
  →A=5,000,000

∴20x1년말 손상차손 : 6,800,000-5,000,000=1,800,000

보론	자산손상의 징후

❒ 자산손상을 시사하는 징후가 있는지를 검토할 때는 최소한 다음을 고려한다.

외부정보원천

1. 회계기간 중에 자산의 시장가치가 시간의 경과 나 정상적인 사용에 따라 하락할 것으로 예상되는 수준보다 유의적으로 더 하락하였다는 관측가능한 징후가 있다.
2. 기업이 영업하는 기술·시장·경제·법률 환경이나 해당 자산을 사용하여 재화나 용역을 공급하는 시장에서 기업에 불리한 영향을 미치는 유의적 변화가 회계기간 중에 일어났거나 가까운 미래에 일어날 것으로 예상된다.
3. 시장이자율이 회계기간 중에 상승하여 자산의 사용가치를 계산할 때 사용하는 할인율에 영향을 미쳐 자산의 회수가능액이 중요하게 감소할 가능성이 높다.
4. 기업의 순자산 장부금액이 기업의 시가총액보다 많다.

내부정보원천

1. 자산이 진부화하거나 물리적으로 손상된 증거를 얻을 수 있다.
2. 자산의 사용 범위나 사용 방법에서 기업에 불리한 영향을 미치는 유의적 변화가 회계기간 중에 일어났거나 가까운 미래에 일어날 것으로 예상된다. 이 변화에는 자산의 유휴화, 자산을 사용하는 영업부문을 중단하거나 구조 조정할 계획, 예상 시점보다 앞서 자산을 처분할 계획, 비한정 내용연수를 유한 내용연수로 재평가하기 등을 포함한다.
3. 자산의 경제적 성과가 예상수준에 미치지 못하거나 못할 것으로 예상되는 증거를 내부보고에서 얻을 수 있다.

서술형Correction연습

❒ 순자산 장부금액이 시가총액보다 작은 경우 손상징후에 해당한다.

➲ (X) : 작은 경우(X) → 많은 경우(O)

Answer 1. ⑤ 2. ⑤

시험중요도 ★★☆

기본이론 제70강 유형자산의 제거

자발적 처분

구분	내용
처분손익(제거손익)	제거손익: ❒ 순매각금액 - (취득원가 - Dep누계액 - 손상차손누계액 - 정부보조금*)) *)정부보조금을 자산의 차감계정으로 처리한 경우임.
기중처분	• 기초부터 처분일까지의 감가상각비를 우선 계상후, 처분손익을 계산함.

회계처리

	자산차감법의 경우
〈1순위〉 감가상각비인식	(차) 감가상각비 xxx (대) 감가상각누계액 xxx 보조금 xxx 감가상각비 xxx
〈2순위〉 처분손익인식	(차) 현금 xxx (대) 자산 xxx 감가상각누계액 xxx 처분이익 xxx 손상차손누계액 xxx 보조금 xxx

사례 유형자산처분손익

◎ 20x1년 1월 1일 건물을 ₩1,000,000에 취득하였다. 동 건물의 내용연수는 5년, 잔존가치는 ₩100,000이다. 동 건물의 감가상각방법은 정액법을 적용한다. 회사는 동 건물이 사용목적에 맞지 않아 20x2년 6월 30일에 ₩500,000에 처분하였다.

풀이

일자	차변	금액	대변	금액
20x1.12.31	(차) 감가상각비	180,000[1]	(대) 감가상각누계액	180,000
20x2.06.30	(차) 감가상각비	90,000[2]	(대) 감가상각누계액	90,000
	(차) 현금	500,000	(대) 건물	1,000,000
	감가상각누계액	270,000		
	유형자산처분손실	230,000		

1) $(1,000,000-100,000)\times\frac{1}{5}=180,000$

2) $(1,000,000-100,000)\times\frac{1}{5}\times\frac{6}{12}=90,000$

비자발적 처분

구분		내용
손상에 대한 보상		• 손상, 소실 또는 포기된 유형자산에 대해 제3자로부터 받는 보상금은 수취할 권리가 발생하는 시점에 당기손익으로 인식함. ➡즉, 재해손실(손상차손)과 보험금수익을 상계하여 순액인 보험차익으로 표시하는 것이 아니라, 재해손실(손상차손)과 보험금수익을 각각 총액으로 표시함.
회계처리	화재발생시	• (차) 감가상각비 1,000 (대) 감가상각누계액 1,000 ➡ 화재발생시까지의 감가상각비를 먼저 계상 • (차) 감가상각누계액 2,000 (대) 건물 5,000 재해손실(손상차손) 3,000 ➡소실자산 장부금액을 재해손실(손상차손)로 인식함.
	보험금확정시	• (차) 미수금 4,000 (대) 보험금수익 4,000 ➡수취권리발생시점에 보험금수익을 인식함.
	보험금수령시	• (차) 현금 4,000 (대) 미수금 4,000

FINAL 객관식뽀개기 실전적중문제

1. ㈜관세는 20x1년초 건물을 ₩480,000에 취득(정액법 상각, 내용연수 4년, 잔존가치 없음)하여 사용하던 중 20x4년 9월 말 ₩130,000에 처분하였다. ㈜관세는 20x3년초에 동 건물의 내용연수에 대한 추정을 변경하여 내용연수를 당초보다 1년 연장하였으나, 감가상각방법과 잔존가치에 대한 변경은 없었다. ㈜관세가 20x4년 9월 말 상기 건물의 처분시점에 인식할 유형자산처분이익은?(단, 감가상각비는 월할 계산한다.) [관세사기출]

① ₩0 ② ₩18,000 ③ ₩24,000
④ ₩30,000 ⑤ ₩50,000

내비게이션

- 20x1년~20x2년 감가상각비 : (480,000÷4년)×2=240,000
- 20x3년초 장부금액 : 480,000-240,000=240,000
- 20x3년~20x4년 9월말 감가상각비 : 240,000×21/36=140,000
- 20x4년 9월말 장부금액 : 240,000-140,000=100,000

∴유형자산처분손익 : 130,000-100,000=30,000(이익)

2. ㈜세무는 20x1년 1월 1일에 기계장치(취득원가 ₩1,000,000, 잔존가치 ₩0, 내용연수 4년, 정액법으로 감가상각)를 취득하여 원가모형을 적용하고 있다. 20x3년 1월 1일에 ㈜세무는 동 기계장치에 대하여 자산인식기준을 충족하는 후속원가 ₩500,000을 지출하였다. 이로 인해 내용연수가 2년 연장(20x3년 1월 1일 현재 잔존내용연수 4년)되고 잔존가치는 ₩100,000 증가할 것으로 추정하였으며, 감가상각방법은 연수합계법으로 변경하였다. ㈜세무는 동 기계장치를 20x4년 1월 1일에 현금을 수령하고 처분하였으며, 처분손실은 ₩60,000이다. 기계장치 처분시 수령한 현금은 얼마인가? [세무사기출]

① ₩190,000 ② ₩480,000 ③ ₩540,000
④ ₩580,000 ⑤ ₩700,000

내비게이션

- 20x1년~20x2년 감가상각비 : (1,000,000÷4년)×2=500,000
- 20x3년초 장부금액 : (1,000,000-500,000)+500,000=1,000,000
- 20x3년 감가상각비 : (1,000,000-100,000)×4/10=360,000
- 20x4년초 장부금액 : 1,000,000-360,000=640,000

∴640,000-X=60,000 →∴X(수령한 현금)=580,000

3. ㈜세무와 ㈜한국은 20x1년초에 모든 조건이 동일한 영업용 차량(내용연수 4년, 잔존가치 ₩500,000)을 ₩9,000,000에 각각 취득하였다. 두 회사가 동 차량에 대하여 각 보고기간별로 다음과 같이 감가상각방법을 적용하던 중, 두 회사 모두 20x4년초 현금 ₩3,000,000에 동 차량을 매각하였다.

	20x1년	20x2년	20x3년
㈜세무	정률법	정률법	정액법
㈜한국	정액법	연수합계법	연수합계법

두 회사의 총수익 및 동 차량에서 발생한 감가상각비를 제외한 총비용이 동일하다고 가정할 경우 옳은 설명은? (단, ㈜세무와 ㈜한국은 동 차량에 대해 원가모형을 적용하고 있으며, 정률법 상각률은 55%이다.) [세무사기출]

① 20x1년도 당기순이익은 ㈜한국이 더 작다.
② 20x4년초에 인식하는 유형자산처분이익은 ㈜세무가 더 크다.
③ ㈜세무의 20x2년도 감가상각비는 ₩4,675,000이다.
④ ㈜한국의 20x3년 말 차량 장부금액은 ₩1,145,833이다.
⑤ ㈜세무의 20x3년도 감가상각비는 ₩330,625이다.

내비게이션

- (주)세무의 연도별 감가상각비와 처분손익
  - 20x1년 : 9,000,000×55%=4,950,000
  - 20x2년 : (9,000,000-4,950,000)×55%=2,227,500
    →장부가=1,822,500
  - 20x3년 : (1,822,500-500,000)÷2년=661,250
    →장부가=1,161,250

  →처분이익 : 3,000,000-1,161,250=1,838,750
- (주)한국의 연도별 감가상각비
  - 20x1년 : (9,000,000-500,000)÷4년=2,125,000
    →장부가=6,875,000
  - 20x2년 : (6,875,000-500,000)×3/6=3,187,500
  - 20x3년 : (6,875,000-500,000)×2/6=2,125,000
    →장부가=1,562,500

  →처분이익 : 3,000,000-1,562,500=1,437,500
- ① ㈜한국의 감가상각비가 더 작으므로 당기순이익이 더 크다.
  ③ ㈜세무의 20x2년도 감가상각비는 2,227,500이다.
  ④ ㈜한국의 20x3년 말 차량 장부금액은 1,562,500이다.
  ⑤ ㈜세무의 20x3년도 감가상각비는 661,250이다.

Answer 1. ④ 2. ④ 3. ②

시험중요도 ★★★

기본이론 제71강 유형자산 재평가모형 : 재평가손익

구분	항목	내용
적용	선택적용	• 원가모형·재평가모형 중 선택하여, 유형자산 유형별(분류별)로 동일하게 적용함. 주의 유형자산전체에 동일하게 적용하는것이 아니며, 자산별로 적용하는 것도 아님.
	분류별재평가	• 특정유형자산을 재평가할때, 해당자산이 포함되는 유형자산분류 전체를 재평가함. 주의 유형자산별로 선택적 재평가를 하는 것이 아님.
	재평가빈도	• 장부금액이 공정가치와 중요하게 차이가 나지 않도록 주기적으로 수행

재평가손익

최초재평가

구분	내용
재평가증가액	• '장부금액 〈 공정가치' ➔ 재평가잉여금(기타포괄손익) 처리
재평가감소액	• '장부금액 〉 공정가치' ➔ 재평가손실(당기손익) 처리

회계처리(선택)

방법	내용
감가상각누계액 제거방법	• 총장부금액에서 기존의 감가상각누계액을 제거하여 자산의 순장부금액이 재평가금액이 되도록 수정하는 방법
비례적수정방법	• 재평가후 자산의 장부금액이 재평가금액과 일치하도록 감가상각누계액과 총장부금액을 비례적으로 수정하는 방법

주의 감가상각비와 재평가잉여금은 양자 모두 동일한 금액이 계상됨.

재평가이후 재평가

상황	금액	처리
재평가잉여금인식후 재평가손실이 발생	◉전기재평가잉여금	• 재평가잉여금과 상계
	◉나머지 금액	• 재평가손실(당기손익)
재평가손실인식후 재평가잉여금이 발생	◉전기재평가손실	• 재평가이익(당기손익) 처리
	◉나머지 금액	• 재평가잉여금

사례 재평가모형 회계처리

◎ 20x1년초에 건물을 ₩4,000,000에 취득함.(내용연수 5년, 잔존가치 ₩0, 정액법), 재평가모형을 적용함. 20x1년말과 20x2년말 공정가치가 각각 ₩4,800,000, ₩1,800,000임.

1. 감가상각누계액제거방법

시점	회계처리	비고
x1말	(차) Dep 800,000 (대) Dep누계액 800,000	
	(차) Dep누계액 800,000 (대) 재평가잉여금 1,600,000[1] 건물 800,000	1) 4,800,000-(4,000,000-800,000) =1,600,000
x2말	(차) Dep 1,200,000[2] (대) Dep누계액 1,200,000	
	(차) Dep누계액 1,200,000 (대) 건물 3,000,000 재평가잉여금 1,600,000 재평가손실 200,000	2) 4,800,000÷4년=1,200,000

2. 비례적수정방법

시점	회계처리	비고
x1말	(차) Dep 800,000 (대) Dep누계액 800,000	-
	(차) 건물 2,000,000 (대) Dep누계액 400,000 재평가잉여금 1,600,000	1)
x2말	(차) Dep 1,200,000 (대) Dep누계액 1,200,000	-
	(차) Dep누계액 1,200,000 (대) 건물 3,000,000 재평가잉여금 1,600,000 재평가손실 200,000	2)

1) 장부금액($\frac{4,800,000}{3,200,000}$=150%)이 50%증가했으므로 원가(4,000,000)와 감가상각누계액(800,000)을 50%증가시킴

2) 장부금액($\frac{1,800,000}{3,600,000}$=50%)이 50%감소했으므로 원가(6,000,000)와 감가상각누계액(2,400,000)을 50%감소시킴

FINAL 객관식뽀개기 실전적중문제

1. ㈜관세는 20x1년초에 토지를 ₩150,000에 취득하였으며, 매년 말 재평가모형에 따라 회계처리하고 있다. 토지의 공정가치는 20x1년 말 ₩180,000, 20x2년말 ₩160,000, 20x3년말 ₩120,000이다. 토지의 재평가가 20x2년과 20x3년의 당기순이익에 미치는 영향은? [관세사기출]

	20x2년	20x3년
①	₩20,000 증가	불변
②	₩20,000 감소	₩40,000 감소
③	불변	₩30,000 감소
④	₩10,000 증가	₩40,000 감소
⑤	₩10,000 증가	₩30,000 감소

내비게이션

- 20x1년 재평가 : 180,000-150,000=30,000
  →재평가잉여금증가 30,000
- 20x2년 재평가 : 160,000-180,000=△20,000
  →재평가잉여금감소 20,000
- 20x3년 재평가 : 120,000-160,000=△40,000
  →재평가잉여금감소 10,000, 재평가손실(당기손익) 30,000

2. ㈜감평은 20x1년초 ₩100,000인 건물(내용연수 10년, 잔존가치 ₩0, 정액법 상각)을 취득하였다. ㈜감평은 동 건물에 대하여 재평가모형을 적용하며, 20x1년말과 20x2년말 현재 건물의 공정가치는 각각 ₩99,000과 ₩75,000이다. 동 건물 관련 회계처리가 ㈜감평의 20x2년도 당기순이익에 미치는 영향은?(단, 건물을 사용함에 따라 재평가잉여금의 일부를 이익잉여금으로 대체하지 않는다.) [감평사기출]

① ₩11,000 감소 ② ₩15,000 감소 ③ ₩20,000 감소
④ ₩24,000 감소 ⑤ ₩29,000 감소

내비게이션

- 20x1년말
  - 감가상각비 : 100,000÷10년=10,000 →장부금액=90,000
  - 재평가 : 99,000-90,000=9,000
    →재평가이잉여금증가 9,000
- 20x2년말
  - 감가상각비 : 99,000÷9년=11,000 →장부금액=88,000
  - 재평가 : 75,000-88,000=△13,000
    →재평가잉여금감소 9,000, 재평가손실 4,000

∴11,000(Dep)+4,000(재평가손실)=15,000(감소)

3. 20x1년초에 설립된 ㈜감평은 사옥 건설을 위하여 현금 ₩95,000을 지급하고 건물(공정가치 ₩10,000)이 있는 토지(공정가치 ₩90,000)를 구입하였다. 건물을 철거하면서 철거비용 ₩16,000을 지불하였다. 20x1년말과 20x2년말 토지의 공정가치는 각각 ₩120,000과 ₩85,000이고, 재평가모형을 적용하고 있다. 20x2년 포괄손익계산서에 당기비용으로 인식할 토지재평가손실은? [감평사기출]

① ₩2,500 ② ₩18,000 ③ ₩21,000
④ ₩26,000 ⑤ ₩35,000

내비게이션

- 토지 취득원가 : 95,000+16,000=111,000
- 20x1년 재평가 : 120,000-111,000=9,000
  →재평가잉여금증가 9,000
- 20x2년 재평가 : 85,000-120,000=△35,000
  →재평가잉여금감소 9,000, 재평가손실(당기손익) 26,000

4. 20x1년 1월 1일 설립된 ㈜대한은 유형자산에 대해 재평가모형을 사용하여 공정가치로 후속측정을 하고 있다. 20x1년 1월 1일 취득한 토지와 기계장치(내용연수 5년, 잔존가치 ₩0, 정액법 상각)의 공정가치 변동내역은 아래와 같다. ㈜대한의 토지 및 기계장치의 감가상각과 재평가와 관련된 회계처리가 20x2년도의 당기순이익에 미치는 영향은 얼마인가?(단, 유형자산에 대한 손상은 발생하지 않았으며, 재평가잉여금을 사용함에 따라 이익잉여금에 대체하지 않는다.) [관세사기출]

구분	20x1.1.1	20x1.12.31	20x2.12.31
토 지	₩5,000,000	₩5,500,000	₩4,800,000
기계장치	₩3,000,000	₩2,000,000	₩2,100,000

① ₩600,000 감소 ② ₩300,000 감소
③ ₩100,000 감소 ④ ₩100,000 증가
⑤ ₩200,000 증가

내비게이션

- 20x1년
  ㉠ 토지 재평가 : 5,500,000-5,000,000=500,000
  →재평가이잉여금증가 500,000
  ㉡ 기계 감가상각비 : 3,000,000÷5년=600,000 →장부금액=2,400,000
  기계 재평가 : 2,000,000-2,400,000=△400,000
  →재평가손실(당기손익)=400,000
- 20x2년
  ㉠ 토지 재평가 : 4,800,000-5,500,000=△700,000
  →재평가이잉여금감소 500,000, 재평가손실 200,000
  ㉡ 기계 감가상각비 : 2,000,000÷4년=500,000 →장부금액=1,500,000
  기계 재평가 : 2,100,000-1,500,000=600,000
  →재평가이익 400,000, 재평가이잉여금증가 200,000

∴200,000(재평가손실)+500,000(Dep)-400,000(재평가이익)=300,000(감소)

Answer 1. ③ 2. ② 3. ④ 4. ②

시험중요도 ★★☆

기본이론 제72강 유형자산 재평가모형 : 재평가잉여금 이익잉여금대체

개요

이익잉여금 대체

• 당해 자산을 사용함에 따라 일부금액을 이익잉여금으로 직접 대체가능함.('임의규정')
➡이익잉여금으로 대체하는 경우 그 금액은 당기손익으로 인식하지 않음.
주의 임의규정이므로 반드시 대체할 필요는 없음.

대체할금액

대체할금액	❒ 재평가후 금액근거 감가상각액 - 재평가전 최초원가근거 감가상각액

예시 20x1년말 원가모형 장부금액 4,000, 20x1년말 재평가금액 6,400, 잔존내용연수 4년, 잔존가치 ₩0, 정액법상각, 20x2년도 회계처리?

(차) 감가상각비	1,600	(대) 감가상각누계액	1,600
(차) 재평가잉여금	600*)	(대) 이익잉여금	600

*) 재평가후 금액근거 감가상각액 : 6,400÷4년=1,600
재평가전 최초원가근거 감가상각액 : 4,000÷4년=(1,000)
이익이여금으로 대체할 금액 600

세부고찰

사례 이익잉여금 대체액 계산

◎ 다음은 ㈜뚱꾸빵꾸의 20x1년초에 취득한 기계장치에 관한 자료이다. 20x4년에 이익잉여금으로 대체되는 재평가잉여금을 계산하면?

(1) 취득원가 : ₩2,400,000(내용연수 6년, 잔존가치 ₩0, 정액법으로 감가상각)
(2) 20x4년초에 처음으로 ₩2,100,000으로 재평가되었다.
(3) 회사는 재평가시 감가상각누계액 제거방법과 재평가잉여금을 이익잉여금으로 대체하는 회계처리를 선택했다고 가정한다.

• 재평가후 금액근거 감가상각액 : 2,100,000÷3년=700,000
• 재평가전 최초원가근거 감가상각액 : [2,400,000-(2,400,000÷6년)×3]÷3년=400,000
∴이익잉여금으로 대체할 금액 : 700,000-400,000=300,000

사례 이익잉여금 대체 회계처리

◎ 20x1년초에 건물을 ₩4,000,000에 취득함.(내용연수 5년, 잔존가치 ₩0, 정액법), 재평가모형을 적용함. 감가상각누계액제거방법과 재평가잉여금을 이익잉여금으로 대체하는 회계처리를 선택했다고 가정함. 20x1년말과 20x2년말 공정가치는 각각 ₩4,800,000, ₩1,800,000임.

	회계처리				비고
x1초	(차) 건물	4,000,000	(대) 현금	4,000,000	-
x1말	(차) Dep	800,000	(대) Dep누계액	800,000	1)4,800,000-(4,000,000-800,000)=1,600,000
	(차) Dep누계액 건물	800,000 800,000	(대) 재평가잉여금	1,600,000[1]	
x2말	(차) Dep	1,200,000[2]	(대) Dep누계액	1,200,000	2)4,800,000÷4년=1,200,000 3)(4,800,000÷4)-(3,200,000÷4)=400,000
	(차) 재평가잉여금	400,000	(대) 이익잉여금	400,000[3]	
	(차) Dep누계액 재평가잉여금 재평가손실	1,200,000 1,200,000 600,000	(대) 건물	3,000,000	

FINAL 객관식뽀개기 실전적중문제

1. ㈜감평은 20x1년초 기계장치를 ₩5,000(내용연수 5년, 잔존가치 ₩0, 정액법 상각)에 취득하였다. 20x1년말과 20x2년말 기계장치에 대한 공정가치는 각각 ₩7,000과 ₩5,000이다. ㈜감평은 동 기계장치에 대해 공정가치로 재평가하고 있으며, 기계장치를 사용함에 따라 재평가잉여금 중 실현된 부분을 이익잉여금으로 직접 대체하는 정책을 채택하고 있다. 20x2년에 재평가잉여금 중 이익잉여금으로 대체되는 금액은? [감평사기출]

① ₩500 ② ₩750 ③ ₩1,500
④ ₩1,750 ⑤ ₩2,500

- 20x1년말
  - 감가상각비 : 5,000÷5년=1,000 →장부금액=4,000
  - 재평가 : 7,000-4,000=3,000
    →재평가이잉여금증가 3,000
- 20x2년말 재평가잉여금의 이익잉여금대체액
  재평가후 금액근거 감가상각액 : 7,000÷4= 1,750
  재평가전 최초원가근거 감가상각액 : 4,000÷4= (1,000)
  750

2. ㈜광화문은 20x1년 1월 1일에 사무용비품(내용연수 5년, 잔존가치 ₩0, 정액법 상각)을 ₩300,000에 취득하여 사용하고 있다. ㈜광화문은 매년 말 주기적으로 유형자산에 대해서 재평가를 수행하고 있으며, 장부금액을 재평가금액으로 수정할 때 감가상각누계액을 우선 제거하는 방법을 사용한다. 또한 사무용비품을 사용함에 따라 재평가잉여금의 일부를 이익잉여금으로 대체하는 회계정책을 채택하고 있다. 20x1년 말과 20x2년 말 사무용비품의 공정가치는 각각 ₩280,000과 ₩160,000이다. 위 사무용비품과 관련하여 ㈜광화문이 20x2년도 포괄손익계산서상 당기비용으로 인식해야할 금액은 얼마인가?(단, 자산손상은 없다.) [관세사기출]

① ₩20,000 ② ₩60,000 ③ ₩70,000
④ ₩90,000 ⑤ ₩120,000

- 20x1년말
  - 감가상각비 : 300,000÷5년=60,000 →장부금액=240,000
  - 재평가 : 280,000-240,000=40,000
    →재평가이잉여금증가 40,000
- 20x2년말 감가상각비 : 280,000÷4=70,000 →장부금액=210,000
- 20x2년말 재평가잉여금의 이익잉여금대체액
  재평가후 금액근거 감가상각액 : 280,000÷4= 70,000
  재평가전 최초원가근거 감가상각액 : 240,000÷4= (60,000)
  10,000
- 20x2년말 재평가 : 160,000-210,000=△50,000
  →재평가이잉여금감소 30,000, 재평가손실 20,000

∴20x2년도 당기비용 : 70,000(감가상각비)+20,000(재평가손실)=90,000

3. ㈜세무는 20x1년 1월 1일에 기계장치를 ₩100,000(내용연수 5년, 잔존가치 ₩0, 정액법 감가상각)에 취득하고 재평가모형(매년 말 재평가)을 적용하기로 하였다. 재평가잉여금은 자산을 사용함에 따라 이익잉여금으로 대체한다. 공정가치가 다음과 같을 때 관련 설명으로 옳지 않은 것은?(단, 공정가치의 하락은 자산손상과 무관하다.) [세무사기출]

연도	20x1년말	20x2년말	20x3년말
공정가치	₩100,000	₩63,000	₩39,000

① 20x2년도 감가상각비는 ₩25,000이다.
② 동 거래로 인한 20x2년도 이익잉여금의 당기 변동분은 ₩(-)20,000이다.
③ 20x2년 말 당기손익으로 인식할 재평가손실은 ₩0이다.
④ 20x3년 말 당기손익으로 인식할 재평가손실은 ₩3,000이다.
⑤ 동 거래로 인한 20x3년도 이익잉여금의 당기 변동분은 ₩(-)21,000이다.

내비게이션

- 20x1년말

(차) 감가상각비	20,000	(대) 감가상각누계액	20,000
(차) 감가상각누계액	20,000	(대) 재평가잉여금	20,000[1]

- 20x2년말

(차) 감가상각비	25,000[2]	(대) 감가상각누계액	25,000
(차) 재평가잉여금	5,000	(대) 이익잉여금	5,000[3]
(차) 감가상각누계액	25,000	(대) 기계장치	37,000
재평가잉여금	12,000[4]		

- 20x3년말

(차) 감가상각비	21,000[5]	(대) 감가상각누계액	21,000
(차) 재평가잉여금	1,000[6]	(대) 이익잉여금	1,000
(차) 감가상각누계액	21,000	(대) 기계장치	24,000
재평가잉여금	2,000[7]		
재평가손실	1,000[7]		

[1] 100,000-80,000=20,000 [2] 100,000÷4년=25,000
[3] (100,000÷4년)-(80,000÷4년)=5,000
[4] 75,000-63,000=12,000
[5] 63,000÷3년=21,000 [6] (63,000÷3년)-(60,000÷3년)=1,000
[7] 42,000-39,000=3,000

→이익잉여금의 당기변동분은 감가상각비, 이익잉여금, 재평가손실 계정으로 계산하며, 20x3년말 재평가손실은 3,000이 아니라 1,000이다.

Answer 1. ② 2. ④ 3. ④

시험중요도 ★★☆

기본이론 제73강 유형자산 재평가모형 : 손상과 제거

손상

손상차손

❖[1순위] 재평가(by 공정가치)

공정가치에 의해 재평가모형을 먼저 적용함.(감가상각누계액 제거방법 적용가정)

(차) 감가상각누계액	xxx	(대) 기계장치	xxx
		재평가잉여금	xxx

❖[2순위] 손상차손인식(by 회수가능액)

회수가능액에 의해 손상여부를 검토하여 계상되어있는 재평가잉여금을 감소시키고 그 차액을 손상차손으로 인식함.

(차) 재평가잉여금	xxx	(대) 손상차손누계액	xxx
손상차손	xxx		

손상차손 환입

❖손상차손인식액을 한도로 손상차손환입을 계상하고 나머지는 재평가잉여금을 증가시킴.

저자주 구체적 회계처리는 규정미비로 생략하나 다음의 내용 정도만 참고하기 바랍니다.
(1순위) 손상차손환입인식(by 회수가능액)
(2순위) 재평가(by 공정가치) →회복액이 손상차손인식액을 초과시에만 수행함.

사례 재평가모형 손상 회계처리

✪ 결산일이 12월 31일인 ㈜한판붙자세상아는 20x1년 1월 1일에 기계장치를 ₩40,000,000에 취득하여 사용하였다. 동 기계장치의 내용연수는 5년이며, 잔존가치는 없고, 정액법으로 감가상각한다. ㈜한판붙자세상아는 동 기계장치에 대하여 회계연도말에 공정가치모형을 적용하여 재평가하는 회계처리를 적용하며, 재평가잉여금의 이익이여금 대체는 생략한다고 가정한다. 또한 총장부금액에서 기존의 감가상각누계액을 제거하여 자산의 순장부금액이 재평가금액이 되도록 수정하는 방법을 적용한다. 20x1년말의 공정가치는 ₩35,200,000이고, 20x2년말 동 기계장치는 손상징후를 보였으며 공정가치는 ₩23,760,000, 회수가능액은 ₩19,200,000이다. 20x2년말의 손상차손금액은 얼마이겠는가?

풀이

시점	차변	금액	대변	금액
20x1년초	(차) 기계장치	40,000,000	(대) 현금	40,000,000
20x1년말	(차) Dep	8,000,000	(대) Dep누계액	8,000,000
	(차) Dep누계액	8,000,000	(대) 기계장치	4,800,000
			재평가잉여금	3,200,000
20x2년말	(차) Dep	8,800,000[1]	(대) Dep누계액	8,800,000
	(차) Dep누계액	8,800,000	(대) 기계장치	11,440,000
	재평가잉여금	2,640,000		
	(차) 재평가잉여금	560,000	(대) 손상차손누계액	4,560,000[2]
	손상차손	4,000,000		

[1] 35,200,000÷4년=8,800,000
[2] 23,760,000−19,200,000=4,560,000

제거

【1순위】

❖감가상각비를 먼저 인식하며, 재평가잉여금은 이익잉여금으로 대체가능함.('임의규정')

(차) 감가상각비	xxx	(대) 감가상각누계액	xxx
(차) 재평가잉여금	xxx	(대) 이익잉여금	xxx

【2순위】

❖원가모형과 동일하게 처분손익을 인식함.

(차) 현금	xxx	(대) 유형자산	xxx
감가상각누계액	xxx	유형자산처분이익	xxx

FINAL 객관식뽀개기 실전적중문제

1. ㈜감평은 20x1년초 기계장치를 ₩100,000에 취득하고 재평가모형을 적용하기로 하였다. 기계장치의 내용연수는 5년, 잔존가치는 ₩0이며 정액법으로 감가상각한다. 다음은 연도별 기계장치의 공정가치와 회수가능액이다.

	20x1년말	20x2년말
공정가치	₩88,000	₩60,000
회수가능액	₩90,000	₩48,000

㈜감평은 20x2년말에 기계장치에 대해서 손상이 발생하였다고 판단하였다. 기계장치와 관련하여 20x2년도 포괄손익계산서 상 당기순이익과 기타포괄이익에 미치는 영향은 각각 얼마인가?(단, 기계장치를 사용함에 따라 재평가잉여금의 일부를 이익잉여금으로 대체하지 않는다.) [감평사기출]

	당기순이익에 미치는 영향	기타포괄이익에 미치는 영향
①	₩10,000 감소	₩2,000 증가
②	₩10,000 감소	₩8,000 감소
③	₩32,000 감소	₩2,000 감소
④	₩32,000 감소	₩2,000 증가
⑤	₩32,000 감소	₩8,000 감소

• 20x1년말
- 감가상각비 : 100,000÷5년=20,000 →장부금액 80,000
- 재평가 : 88,000-80,000=8,000
  →재평가이잉여금증가 8,000

• 20x2년말
- 감가상각비 : 88,000÷4년=22,000 →장부금액 66,000
- 재평가 : 60,000-66,000=△6,000
  →재평가잉여금감소 6,000
- 손상 : 48,000-60,000=△12,000
  →재평가잉여금감소 2,000, 손상차손 10,000

∴당기순이익감소 : 22,000(감가상각비)+10,000(손상차손)=32,000
기타포괄이익(재평가잉여금)감소 : 6,000+2,000=8,000

2. ㈜감평은 20x1년초 토지를 ₩1,500,000에 취득하고 매년 말 공정가치로 평가하는 재평가모형을 적용한다. 또한 재평가잉여금을 자산의 처분시점에 이익잉여금으로 직접 대체하기로 하였다. 동 토지의 매년 말 공정가치는 다음과 같다.

20x1년말	20x2년말
₩1,200,000	₩1,600,000

㈜감평이 20x3년말에 동 토지를 ₩1,100,000에 처분했을 때, 토지의 보유 및 처분과 관련하여 다음의 설명 중 옳지 않은 것은? [감평사기출]

① 20x1년초부터 20x3년말까지 이익잉여금이 총₩400,000 감소한다.
② 20x1년 당기순이익이 ₩300,000 감소한다.
③ 20x2년 당기순이익이 ₩200,000 증가한다.
④ 20x2년 기타포괄이익이 ₩100,000 증가한다.
⑤ 20x3년 유형자산처분손실이 ₩500,000 인식된다.

• 회계처리

[20x1년초]

(차) 토지	1,500,000	(대) 현금	1,500,000

[20x1년말]

(차) 재평가손실	300,000[1)]	(대) 토지	300,000

[20x2년말]

(차) 토지	400,000[2)]	(대) 재평가이익	300,000
		재평가잉여금	100,000

[처분시점]

(차) 재평가잉여금	100,000	(대) 이익잉여금	100,000
(차) 현금	1,100,000	(대) 토지	1,600,000
처분손실	500,000		

[1)] 1,200,000-1,500,000=△300,000
[2)] 1,600,000-1,200,000=400,000

• ① -300,000(재평가손실)+300,000(재평가이익)+100,000(이익잉여금)-500,000(처분손실)=-400,000
② -300,000(재평가손실)
③ 300,000(재평가이익) 증가한다.
④ 100,000(재평가잉여금)
⑤ 500,000(처분손실)

Answer 1. ⑤ 2. ③

시험중요도 ★★☆

기본이론 제74강 유형자산 재평가모형의 종합적용

세부고찰 I

사례 비례적수정법하의 이익잉여금 대체액 계산

㈜불만제로는 20x1년초에 기계장치를 ₩2,000,000에 취득하였다(내용연수 10년, 잔존가치 ₩0, 정액법 상각). ㈜불만제로는 재평가모형을 적용하며, 장부금액이 재평가금액과 일치하도록 감가상각누계액과 총장부금액을 비례적으로 수정하는 방법을 적용한다. 20x1년말 공정가치가 ₩2,160,000이라고 할 때, 20x2년도에 이익잉여금에 미치는 영향은? 단, 재평가잉여금을 이익잉여금으로 대체함.

	차변	금액	대변	금액
20x1년말*)	(차) 감가상각비	200,000	(대) 감가상각누계액	200,000
	(차) 기계장치	400,000	(대) 감가상각누계액	40,000
			재평가잉여금	360,000
20x2년말	(차) 감가상각비	240,000[1]	(대) 감가상각누계액	240,000
	(차) 재평가잉여금	40,000	(대) 이익잉여금	40,000[2]

*) 장부금액($\frac{2,160,000}{1,800,000}$=120%)이 20% 증가했으므로, 원가와 Dep누계액을 20% 증가시킴.

1) 2,160,000÷9년=240,000 2) (2,160,000÷9년) - (2,000,000-200,000)÷9년=40,000

∴감소 240,000(Dep) / 증가 40,000(이익잉여금) → 이익잉여금 200,000 감소

세부고찰 II

사례 재평가모형의 순효과 계산

㈜전원합격은 20x1년초에 기계장치를 ₩4,000,000에 취득하였다(내용연수 10년, 잔존가치 ₩0, 정액법상각). ㈜전원합격은 재평가모형을 적용하며, 재평가잉여금의 이익이여금 대체는 생략한다. 또한 장부금액이 재평가금액과 일치하도록 감가상각누계액과 총장부금액을 비례적으로 수정하는 방법을 적용한다. 20x1년말, 20x2년말, 20x3년말의 공정가치는 각각 ₩4,320,000,₩2,880,000, ₩2,772,000이라고 할때 20x3년말 포괄손익계산서에 미치는 순효과(감가상각비 포함)는 얼마인가?

	차변	금액	대변	금액
20x1년말[1]	(차) 감가상각비	400,000	(대) 감가상각누계액	400,000
	(차) 기계장치	800,000	(대) 감가상각누계액	80,000
			재평가잉여금	720,000
20x2년말[2]	(차) 감가상각비	480,000[4]	(대) 감가상각누계액	240,000
	(차) 감가상각누계액	240,000		
	재평가잉여금	720,000		
	재평가손실	240,000		
20x3년말[3]	(차) 감가상각비	360,000[5]	(대) 감가상각누계액	360,000
	(차) 기계장치	360,000	(대) 감가상각누계액	108,000
			재평가이익	240,000
			재평가잉여금	12,000

1) 장부금액($\frac{4,320,000}{3,600,000}$=120%)이 20% 증가했으므로, 원가(4,000,000)와 Dep누계액(400,000)을 20% 증가시킴.

2) 장부금액($\frac{2,880,000}{3,840,000}$=75%)이 25% 감소했으므로, 원가(4,800,000)와 Dep누계액(960,000)을 25% 감소시킴.

3) 장부금액($\frac{2,772,000}{2,520,000}$=110%)이 10% 증가했으므로, 원가(3,600,000)와 Dep누계액(1,080,000)을 10% 증가시킴.

4) 4,320,000÷9년=480,000 5) 2,880,000÷8년=360,000

∴순효과(손실) : 360,000(Dep)-240,000(재평가이익)=120,000

FINAL 객관식뽀개기 실전적중문제

1. ㈜강원은 20x1년초 ₩5,000,000(내용연수 5년, 잔존가치 ₩0)에 건물을 취득하고, 감가상각방법은 정액법을 적용한다. ㈜강원은 건물에 대하여 재평가모형을 적용하며, 재평가의 회계처리는 재평가 후 자산의 장부금액이 재평가금액과 일치하도록 감가상각누계액과 총장부금액을 비례적으로 수정하는 방법을 사용한다. ㈜강원은 20x1년 말 건물의 공정가치를 ₩4,800,000으로 재평가하였다. ㈜강원이 20x1년 말 재무상태표에 보고할 건물에 대한 감가상각누계액은 얼마인가? 단, ㈜강원은 20x1년도 건물의 감가상각비를 이미 인식하였다. [관세사기출]

① ₩0 ② ₩600,000 ③ ₩800,000
④ ₩1,000,000 ⑤ ₩1,200,000

내비게이션

• 비례적 수정방법 회계처리

[20x1년초]

(차) 건물	5,000,000	(대) 현금	5,000,000

[20x1년말]

(차) 감가상각비	1,000,000[1]	(대) 감가상각누계액	1,000,000
(차) 건물	1,000,000[2]	(대) 감가상각누계액	200,000
		재평가잉여금	800,000

[1] 5,000,000 ÷ 5년=1,000,000

[2] 장부금액($\frac{4,800,000}{4,000,000}$ =120%)이 20% 증가했으므로, 원가(5,000,000)와 감가상각누계액(1,000,000)을 20% 증가시킴.

∴20x1년말 감가상각누계액 : 1,000,000+200,000=1,200,000

2. 대한은 20x1년 1월 1일에 건물을 ₩20,000,000에 취득하여 사용하고 있다(내용연수 5년, 잔존가치 ₩0, 정액법 상각). ㈜대한은 20x2년말에 재평가모형을 최초 적용하였으며, 장부금액과 감가상각누계액을 비례하여 수정하는 방법으로 회계처리하고 있다. 20x2년말 건물의 재평가 전 장부금액은 ₩12,000,000이고, 공정가치는 ₩18,000,000이다. 다음 중 옳지 않은 것은? (단, 재평가잉여금은 이익잉여금으로 대체하지 않는다.) [감평사기출]

① ㈜대한은 20x2년에 감가상각비로 ₩4,000,000을 보고한다.
② 재평가 이후 ㈜대한의 20x2년 말 재무상태표에 표시되는 건물의 장부금액은 ₩18,000,000이다.
③ ㈜대한은 20x2년말에 재무상태표에 ₩6,000,000을 기타포괄손익누계액으로 인식한다.
④ 자산재평가로 인한 장부금액 수정을 기존의 감가상각누계액을 제거하는 방법을 사용하면 건물의 장부금액 ₩18,000,000이 보고된다.
⑤ ㈜대한이 20x1년에도 이 건물에 대한 재평가를 실시하여 재평가손실 ₩1,000,000을 인식하였다면, 20x2년에는 ₩5,000,000을 당기이익으로 인식한다.

내비게이션

• 비례적 수정방법 회계처리

[20x1년초]

(차)건물	20,000,000	(대)현금	20,000,000

[20x1년말]

(차)감가상각비	4,000,000[1]	(대)감가상각누계액	4,000,000

[20x2년말]

(차)감가상각비	4,000,000	(대)감가상각누계액	4,000,000
(차)건물	10,000,000[2]	(대)감가상각누계액	4,000,000
		재평가잉여금	6,000,000

[1] 20,000,000 ÷ 5년=4,000,000

[2] 장부금액($\frac{18,000,000}{12,000,000}$ =150%)이 50% 증가했으므로, 원가(20,000,000)와 감가상각누계액(8,000,000)을 50% 증가시킴.

• 20x1년에도 이 건물에 대한 재평가를 실시하여 재평가손실 1,000,000을 인식하였다면, 20x2년에는 재평가이익(당기이익) 1,000,000을 우선 인식하고 나머지는 재평가잉여금으로 인식한다.

서술형Correction연습

❐ 재평가모형을 적용하는 경우 최초 인식 후에 공정가치를 신뢰성있게 측정할 수 있는 유형자산은 취득원가에서 감가상각누계액과 손상차손누계액을 차감한 금액을 장부금액으로 한다.

➲ (X) : 재평가모형을 적용하는 유형자산은 재평가일의 공정가치에서 이후의 감가상각누계액과 손상차손누계액을 차감한 재평가금액을 장부금액으로 한다.

❐ 유형자산 항목과 관련하여 자본에 계상된 재평가잉여금은 그 자산이 제거될 때 이익잉여금으로 대체할 수 있으며 대체되는 금액은 당기손익으로 인식한다.

➲ (X) : 이익잉여금으로 대체되는 재평가잉여금은 당기손익으로 인식하지 않는다.

❐ 유형자산의 재평가모형에서 발생한 재평가손익은 포괄손익계산서에 기타포괄손익으로 보고한다.

➲ (X) : 재평가손실은 당기손익이다.

Answer 1. ⑤ 2. ⑤

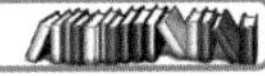

시험중요도 ★☆☆

기본이론 제75강 정부보조금 일반사항

<table>
<tr><td rowspan="5">용어정의</td><td colspan="2">정부지원</td><td>• 일정기준을 충족하는 기업에게 경제적효익을 제공하기 위한 정부의 행위를 말함.
참고 개발지역에 기반시설을 제공하거나 경쟁자에게 거래상 제약을 부과하는등 일반적인 거래조건에 영향을 주는 행위를 통해 간접적으로만 제공하는 효익은 정부지원이 아님.</td></tr>
<tr><td colspan="2">정부보조금</td><td>• 기업의 영업활동과 관련하여 과거나 미래에 일정한 조건을 충족하였거나 충족할 경우 자원을 이전하는 형식의 정부지원을 말함.
• 다음의 경우는 정부보조금에서 제외함.
① 합리적으로 가치를 산정할수 없는 일정한 형식의 정부지원
➡예 기술이나 마케팅에 관한 무료 자문과 보증제공
② 기업의 정상적인 거래와 구분할수 없는 정부와의 거래
➡예 기업 매출의 일정 부분을 책임지는 정부구매정책
③ 사회기반시설을 제공하는 것
➡예 대중교통·통신망의 개선, 관개수로·수도관등 개선된 시설의 공급</td></tr>
<tr><td colspan="2">자산관련 보조금</td><td>• 정부지원 요건충족 기업이 장기성자산을 매입·건설하거나 다른 방법으로 취득하여야 하는 일차적 조건이 있는 정부보조금을 말함.
➡부수조건으로 해당자산의 유형·위치 또는 취득기간·보유기간을 제한할수 있음.</td></tr>
<tr><td colspan="2">수익관련 보조금</td><td>• 자산관련보조금 이외의 정부보조금을 말함.
➡예 비용을 지출하고 이 중 일부에 대해 보조금 수령</td></tr>
<tr><td colspan="2">상환면제 가능대출</td><td>• 대여자가 규정된 일정한 조건에 따라 상환받는 것을 포기하는 경우의 대출을 말함.
➡시장이자율보다 낮은 이자율의 정부대여금의 효익은 정부보조금으로 처리함.</td></tr>
<tr><td rowspan="2">인식</td><td colspan="2">인식요건</td><td>❖정부보조금(공정가치로 측정되는 비화폐성보조금 포함)은 다음 모두에 대한 합리적인 확신이 있을 때까지 인식하지 아니함.
① 정부보조금에 부수되는 조건의 준수 ② 보조금의 수취
말장난 미래경제적효익의 유입가능성이 높고 원가를 신뢰성있게 측정가능시 인식한다(X)
·주의 보조금의 수취 자체가 보조금에 부수되는 조건이 이행되었거나 이행될 것이라는 결정적인 증거를 제공하지는 않음.</td></tr>
<tr><td colspan="2">수취방법 영향</td><td>• 보조금을 수취하는 방법은 보조금에 적용되는 회계처리방법에 영향을 미치지 않음.
➡∴보조금을 현금으로 수취하는지 또는 정부에 대한 부채를 감소시키는지에 관계없이 동일한 방법으로 회계처리함.</td></tr>
<tr><td rowspan="4">처리방법</td><td rowspan="2">자산관련 보조금</td><td>손익인식</td><td>• 정부보조금으로 보전하려 하는 관련원가를 비용으로 인식하는 기간에 걸쳐 체계적인 기준에 따라 당기손익으로 인식함.
➡예 감가상각자산과 관련된 정부보조금은 자산의 감가상각비가 인식되는 비율에 따라 인식기간에 걸쳐 당기손익으로 인식함.</td></tr>
<tr><td>기타사항</td><td>• 비상각자산과 관련된 정부보조금이 일정한 의무의 이행도 요구한다면 그 의무를 충족시키기 위한 원가를 부담하는 기간에 당기손익으로 인식함.
➡예 건물을 건설하는 조건으로 토지를 보조금으로 받은 경우 건물의 내용연수 동안 보조금을 당기손익으로 인식하는 것이 적절할수 있음.</td></tr>
<tr><td>수익관련 보조금</td><td>손익인식</td><td>• 이미 발생한 비용·손실에 대한 보전 또는 향후의 관련원가없이 즉각적인 금융지원으로 수취하는 정부보조금은 정부보조금을 수취할 권리가 발생하는 기간에 당기손익으로 인식함.</td></tr>
<tr><td colspan="3">보론 토지나 그 밖의 자원과 같은 비화폐성자산을 이전시는 비화폐성자산의 공정가치를 평가하여 보조금과 자산 모두를 그 공정가치로 회계처리함.</td></tr>
</table>

FINAL 객관식뽀개기 실전적중문제

1. 정부보조금의 회계처리에 관한 설명으로 옳지 않은 것은? [세무사기출]

① 정부보조금에 부수되는 조건의 준수와 보조금 수취에 대한 합리적인 확신이 있을 경우에만 정부보조금을 인식한다.

② 자산의 취득과 이와 관련된 보조금의 수취는 재무상태표에 보조금이 관련 자산에서 차감하여 표시되는지와 관계없이 현금흐름표에 별도 항목으로 표시한다.

③ 정부보조금을 인식하는 경우, 비상각자산과 관련된 정부보조금이 일정한 의무의 이행도 요구한다면 그 의무를 충족시키기 위한 원가를 부담하는 기간에 그 정부보조금을 당기손익으로 인식한다.

④ 정부보조금을 인식하는 경우, 수익관련보조금은 당기손익의 일부로 별도의 계정이나 기타수익과 같은 일반계정으로 표시한다. 대체적인 방법으로 관련비용에서 보조금을 차감할 수도 있다.

⑤ 정부보조금을 인식한 후에 상환의무가 발생하면 회계정책의 변경으로 회계처리한다.

내비게이션

• 회계정책의 변경은 재고자산 원가흐름의 가정 변경이나 측정기준 변경 등에 한정되며, 그 외의 회계변경은 모두 회계추정의 변경에 해당한다.

서술형Correction연습

❒ 정부보조금은 자산으로부터 발생하는 미래경제적효익이 기업에 유입될 가능성이 높고 자산의 원가를 신뢰성있게 측정할수 있어야 인식한다.

➲ (X) : 정부보조금에 부수되는 조건의 준수와 보조금 수취에 대한 합리적인 확신이 있을 경우에만 정부보조금을 인식한다.

❒ 유형자산의 취득과 관련된 정부보조금은 당해 자산에서 차감하는 형식으로 재무상태표에 표시하고 당해 자산의 감가상각비를 감소시키는 방법으로만 수익을 인식한다.

➲ (X) : 자산차감법과 이연수익법 중 선택하여 적용한다.('후술' 함!)

Answer 1. ⑤

시험중요도 ★★★

기본이론 제76강 자산관련 정부보조금 회계처리

회계처리

자산차감법(원가차감법)				이연수익법			
자산취득시				**자산취득시**			
(차) 자산	xxx	(대) 현금	xxx	(차) 자산	xxx	(대) 현금	xxx
현금	xxx	보조금(자산차감)	xxx	현금	xxx	이연수익(부채)	xxx
감가상각시				**감가상각시**			
(차) Dep	xxx	(대) Dep누계	xxx	(차) Dep	xxx	(대) Dep누계	xxx
보조금	xxx	Dep*	xxx	이연수익	xxx	보조금수익*	xxx
제거하는 경우				**제거하는 경우**			
(차) 현금	xxx	(대) 자산	xxx	(차) 현금	xxx	(대) 자산	xxx
Dep누계	xxx	처분이익	xxx	Dep누계	xxx	처분이익	xxx
보조금	xxx			(차) 이연수익	xxx	(대) 보조금수익	xxx

$$*\text{상계할 Dep(보조금수익)}=\text{정부보조금총액}\times\frac{\text{감가상각비}}{\text{취득가}-\text{잔존가}}$$

고속철 자산차감법 문제풀이시 이용(정액법,연수합계법의 경우)

- ❒ 새로운취득원가='취득원가-정부보조금', 이 금액을 기준으로 감가상각한다고 생각할 것!
- ❒ 장부금액=새로운취득원가-새로운취득원가기준 Dep누계
- ❒ 처분손익=현금수취액-새로운취득원가기준 장부금액
- ❒ 당기감가상각비=새로운취득원가기준 감가상각비

주의 처분연도손익에의 영향 → Dep와 처분손익 둘 다 고려할 것!

상환시

회계처리	• 상환금액만큼 자산의 장부금액을 증가시키거나 이연수익에서 차감하여 기록함.
손익인식	• 보조금이 없었더라면 현재까지 당기손익으로 인식했어야 하는 추가 감가상각누계액은 즉시 당기손익으로 인식함.

사례 자산관련 정부보조금 회계처리

◎ 20x1년초 ₩100,000의 정부보조금을 수령하여 기계장치를 ₩150,000에 취득함(내용연수 5년,잔존가치 ₩0, 정액법). 20x2년초 정부요구기준 불충족으로 정부보조금 ₩100,000을 상환함.

•20x1년말 회계처리

자산차감법(원가차감법)				이연수익법			
(차) Dep	30,000	(대) Dep누계	30,000	(차) Dep	30,000	(대) Dep누계	30,000
보조금	20,000	Dep	20,000	이연수익	20,000	보조금수익	20,000

•20x2년초 회계처리

자산차감법(원가차감법)				이연수익법			
(차) 보조금	80,000	(대) 현금	100,000	(차) 이연수익	80,000	(대) 현금	100,000
Dep	20,000			상환손실	20,000		

*보조금이 없었더라면 비용은 30,000이나, 보조금으로 인해 비용이 10,000이므로 상환시 추가로 20,000을 비용으로 인식!

표시

❖보조금이 자산에서 차감하여 표시되는지와 관계없이 변동을 현금흐름표에 별도항목으로 표시함.

FINAL 객관식뽀개기 실전적중문제

1. ㈜관세는 20x1년 1월 1일에 생산에 필요한 기계장치를 ₩1,000,000에 취득하면서 정부로부터 ₩100,000의 보조금을 받았다. 정부보조금은 기계장치를 1년 이상 사용한다면 정부에 상환할 의무가 없다. 취득한 기계장치의 추정내용연수는 5년이며, 잔존가치는 없고, 정액법으로 감가상각한다. ㈜관세의 20x3년 12월 31일 재무상태표에 표시될 기계장치의 장부금액은?(단, ㈜관세는 기계장치의 장부금액을 계산할 때, 정부보조금을 차감하여 표시한다.) [관세사기출]

① ₩360,000 ② ₩400,000 ③ ₩540,000
④ ₩720,000 ⑤ ₩1,000,000

내비게이션

- 20x1년~20x3년 Dep : (1,000,000÷5년)×3=600,000
  →20x3년말 Dep누계액 : 600,000
- 20x1년~20x3년 보조금상계액 : 100,000×600,000/1,000,000=60,000
  →20x3년말 보조금잔액 : 100,000-60,000=40,000

∴20x3년말 기계장치 장부금액 : 1,000,000-600,000-40,000=360,000

*고속철 장부금액 빨리구하기
- 새로운 취득원가 : 1,000,000-100,000=900,000
- 장부금액 : 900,000-[(900,000÷5년)×3]=360,000

2. 다음은 ㈜관세의 유형자산 취득 관련 자료이다. 20x2년 12월 31일의 정부보조금 잔액(A)과 20x1년과 20x2년의 2년간 감가상각비 합계액(B)은 각각 얼마인가?(단, 정부보조금에 부수되는 조건의 준수에 대한 합리적인 확신이 있다고 가정한다.) [관세사기출]

- ㈜관세는 20x1년 1월 1일에 전기자동차 생산용 최신설비를 ₩250,000,000(내용연수 5년, 잔존가치 ₩0, 정액법 상각)에 취득하고 정부로부터 ₩50,000,000을 지원받았다.
- 정부보조금은 자산에서 차감하는 형식으로 회계처리한다.

	(A)	(B)
①	₩30,000,000	₩50,000,000
②	₩30,000,000	₩100,000,000
③	₩30,000,000	₩80,000,000
④	₩50,000,000	₩80,000,000
⑤	₩50,000,000	₩100,000,000

내비게이션

- 매년 Dep : 250,000,000÷5년=50,000,000
- 매년 상계할 Dep(보조금상계액) : $50,000,000\times\frac{50,000,000}{250,000,000}$=10,000,000

∴A : 50,000,000-10,000,000×2=30,000,000
B : (50,000,000-10,000,000)×2=80,000,000

3. 광명(주)는 방위산업체로서 20x1년 7월 1일에 방위산업설비를 취득하는 과정에서 설비자금의 일부를 정부에서 보조받았다. 관련 정보가 다음과 같은 경우, 20x5년 1월 1일에 방위산업설비 처분시 유형자산처분이익은 얼마인가?(단, 유형자산은 원가모형을 적용하며, 감가상각은 월할계산한다.) [관세사기출]

- 방위산업설비 : 취득원가 ₩4,000,000
  (정액법 상각, 내용연수 5년, 잔존가치 ₩400,000)
- 정부보조금 ₩1,500,000을 20x1년 7월 1일에 전액 수령
- 방위산업설비를 20x5년 1월 1일에 ₩1,300,000에 처분

① ₩170,000 ② ₩270,000 ③ ₩370,000
④ ₩470,000 ⑤ ₩570,000

내비게이션

- 20x1년~20x4년 Dep : [(4,000,000-400,000)÷5년]×3.5=2,520,000
  →20x4년말 Dep누계액 : 2,520,000
- 20x1년~20x4년 보조금상계액 : 1,500,000×2,520,000/3,600,000=1,050,000
  →20x4년말 보조금잔액 : 1,500,000-1,050,000=450,000
- 20x4년말 장부금액 : 4,000,000-2,520,000-450,000=1,030,000

∴처분손익 : 1,300,000-1,030,000=270,000(이익)

*고속철 처분손익 빨리구하기
- 새로운 취득원가 : 4,000,000-1,500,000=2,500,000
- 장부금액 : 2,500,000-[(2,500,000-400,000)÷5년]×3.5=1,030,000
- 처분손익 : 1,300,000-1,030,000=270,000(이익)

4. ㈜남부는 20x1년 1월 1일 설비자산을 ₩2,000,000에 취득하면서 구입자금의 일부인 ₩600,000을 정부로부터 보조받았다. 설비자산의 내용연수는 5년, 잔존가치는 없으며, 감가상각방법은 정액법으로 한다. 정부보조금에 부수되는 조건은 이미 충족되었고 상환의무는 없다. ㈜남부가 정부보조금을 이연수익으로 처리하는 경우 20x3년 12월 31일 재무상태표에 보고할 정부보조금과 관련된 이연수익은? [감평사기출]

① ₩120,000 ② ₩220,000 ③ ₩240,000
④ ₩360,000 ⑤ ₩440,000

내비게이션

- 20x1년~20x3년 Dep : (2,000,000÷5년)×3=1,200,000
- 20x1년~20x3년 이연수익상계액 : 600,000×1,200,000/2,000,000=360,000

∴20x3년말 이연수익잔액 : 600,000-360,000=240,000

Answer 1. ① 2. ③ 3. ② 4. ③

시험중요도 ★★★

기본이론 제77강 자산관련 정부보조금 감가상각비 계산등

세부고찰 I

사례 감가상각비 계산

- 12월말 결산법인인 ㈜백마탄환자는 20x1년초에 반도체검사장비를 ₩100,000,000(공정가치)에 취득하였다. 반도체검사장비 구입자금 가운데 ₩60,000,000은 정부보조금으로 충당하였다. 이 기계는 내용연수 5년, 잔존가치 ₩10,000,000이며 연수합계법에 의해 상각한다. ㈜백마탄환자가 20x2년도 포괄손익계산서에 계상할 감가상각비는 얼마인가? 단, 위의 정부보조금은 상환의무가 없는 것이며, 회사는 정부보조금을 자산의 차감계정으로 처리한다.

- $(100,000,000-60,000,000-10,000,000)\times\frac{4}{15}=8,000,000$

세부고찰 II

사례 장부금액 계산

- ㈜곤드레산업은 20x1.10.1에 기계설비(취득원가 ₩7,000,000, 내용연수 5년, 잔존가치 ₩1,000,000)를 구입하면서 상환의무가 없는 정부보조금 ₩2,400,000을 보조받았다. 20x3년말 현재 당해 기계설비의 장부금액은 얼마인가? 단, 정액법을 사용하며 정부보조금을 자산의 차감계정으로 처리한다.

- 새로운취득원가
  7,000,000-2,400,000=4,600,000
- 장부금액
  4,600,000-(4,600,000-1,000,000)×27/60=2,980,000

세부고찰 III

사례 처분손익 계산

- ㈜또라이몽은 20x1.10.1에 설비자금의 일부를 국고에서 지원받았다. 설비의 취득원가는 ₩300,000이고 정부보조금은 ₩100,000으로 설비취득일에 전액 수령하였다. 이 설비의 내용연수는 5년, 잔존가치는 ₩20,000으로 정액법으로 감가상각한다. 20x4.10.1에 ₩120,000에 처분하였을때 유형자산처분이익은 얼마인가? 단, 위의 정부보조금은 상환의무가 없으며, 정부보조금을 자산의 차감계정으로 처리한다.

- 새로운취득원가
  300,000-100,000=200,000
- 처분이익
  120,000-[200,000-(200,000-20,000)×3/5]=28,000

세부고찰 IV

사례 취득원가 추정

- ㈜짱구는목말러는 20x1.1.1에 기계를 구입하면서 구입가격의 60%를 정부보조금으로 지급하였다. 이 정부보조금은 상환의무가 없는 것이다. 취득한 기계의 내용연수 및 잔존가치는 각각 4년과 ₩0이며, 감가상각 및 관련 정부보조금의 상각은 연수합계법에 따른다. 20x2.7.1에 ㈜짱구는목말러는 해당 기계를 ₩380,000에 매각하면서 ₩290,000의 처분이익을 인식하였다면, 이 기계의 취득원가는 얼마인가? 단, 회사는 정부보조금을 자산의 차감계정으로 처리한다.

- 취득원가를 A라 하면,
  →새로운 취득원가는 0.4A
- $290,000=380,000-(0.4A-0.4A\times\frac{4}{10}-0.4A\times\frac{3}{10}\times\frac{6}{12})$
  ∴A=500,000

FINAL 객관식뽀개기 실전적중문제

1. ㈜대한은 20x1년초 정부보조금 ₩3,000,000을 지원받아 기계장치(내용연수 3년, 잔존가치 ₩1,000,000)를 ₩10,000,000에 취득하였다. ㈜대한은 기계장치에 대해 원가모형을 적용하며, 연수합계법으로 감가상각한다. ㈜대한이 정부보조금을 기계장치의 차감항목으로 회계처리하였다면, 20x2년말 기계장치의 장부금액은? [감평사기출]

① ₩1,000,000 ② ₩1,500,000 ③ ₩2,000,000
④ ₩2,500,000 ⑤ ₩3,000,000

내비게이션

- 20x1년~20x2년 Dep : $(10,000,000-1,000,000)\times\frac{3+2}{1+2+3}$ =7,500,000
  →20x2년말 Dep누계액 : 7,500,000
- 20x1년~20x2년 보조금상계액 :
  $3,000,000\times\frac{7,500,000}{10,000,000-1,000,000}$ =2,500,000
  →20x2년말 보조금잔액 : 3,000,000-2,500,000=500,000

∴20x2년말 기계장치 장부금액 : 10,000,000-7,500,000-500,000 =2,000,000

*고속철 장부금액 빨리구하기
- 새로운 취득원가 : 10,000,000-3,000,000=7,000,000
- 장부금액 : $7,000,000-(7,000,000-1,000,000)\times\frac{3+2}{1+2+3}$ =2,000,000

2. ㈜세무는 20x1년초 친환경 영업용 차량(내용연수 5년, 잔존가치 ₩0)을 공정가치 ₩10,000,000에 취득하면서, 자산취득에 따른 정부보조금으로 ₩5,000,000을 수취하였다. 동 차량을 중도처분할 경우 내용연수 미사용기간에 비례하여 정부보조금 잔액을 즉시 상환한다. 감가상각방법은 정액법(월할상각)을 적용하였으며, 20x3년도 7월 1일에 동 자산을 ₩4,000,000에 처분하였다. 자산관련 정부보조금의 표시방법으로 장부금액에서 차감 표시하는 방법을 사용할 때, 동 차량의 회계처리에 관한 설명으로 옳지 않은 것은? [세무사기출]

① 20x1년 말 차량의 장부금액은 ₩4,000,000이다.
② 20x2년 말 정부보조금 잔액은 ₩3,000,000이다.
③ 20x2년도의 동 차량과 관련하여 인식할 당기손익은 (-) ₩2,000,000이다.
④ 20x3년 처분에 따른 유형자산처분손실은 ₩1,000,000이다.
⑤ 20x3년 정부보조금 상환금액은 ₩2,500,000이다.

내비게이션

- ① 10,000,000-2,000,000(Dep누계액)-4,000,000(보조금잔액) =4,000,000
  ② 10,000,000-4,000,000(Dep누계액)-3,000,000(보조금잔액) =3,000,000
  ③ 2,000,000(Dep)-1,000,000(Dep상계액)=1,000,000(손실)
- 20x3년 7월 1일 회계처리(④,⑤ 관련)
  ㉠ 감가상각

(차)감가상각비	1,000,000	(대)감가상각누계액	1,000,000
정부보조금	500,000	감가상각비	500,000

  ㉡ 정부보조금 상환

(차)정부보조금	2,500,000	(대)현금	2,500,000

  →정부보조금 장부금액이 상환금액과 일치하므로 추가로 비용을 인식하지 않는다.

  ㉢ 유형자산 처분

(차)현금	4,000,000	(대)차량운반구	10,000,000
감가상각누계액	5,000,000		
처분손실	1,000,000		

Answer 1. ③ 2. ③

시험중요도 ★☆☆

기본이론 제78강 수익관련 정부보조금 회계처리

회계처리

비용차감법				수익인식법			
보조금수령시				**보조금수령시**			
(차) 현금	xxx	(대) 이연수익(부채)	xxx	(차) 현금	xxx	(대) 이연수익(부채)	xxx
비용지출시				**비용지출시**			
(차) 비용	xxx	(대) 현금	xxx	(차) 비용	xxx	(대) 현금	xxx
이연수익	xxx	비용	xxx	이연수익	xxx	보조금수익	xxx

사례 수익관련 정부보조금의 손익에의 영향

㈜브이라인은 20x1년 중에 고용지원센터로부터 급여의 일부를 보조받는 조건으로 청년실업자를 고용하였다. 이에 대한 보조금으로 ₩1,000,000을 보조 받았으며, 급여 지급액이 ₩2,000,000이라고 할때 ㈜브이라인의 20x1년 포괄손익계산서에 미치는 영향은 얼마인가?

•비용차감법이든 수익인식법이든 모두 △1,000,000이다.

비용차감법	(차) 급여	2,000,000	(대) 현금	2,000,000
	이연수익	1,000,000	급여	1,000,000
수익인식법	(차) 급여	2,000,000	(대) 현금	2,000,000
	이연수익	1,000,000	보조금수익	1,000,000

상환시

구분	내용
회계처리	• 보조금과 관련하여 인식된 미상각 이연계정에 먼저 적용함.
손익인식	• 이연계정을 초과하거나 이연계정이 없는 경우에는 초과금액 또는 상환금액을 즉시 당기손익으로 인식함.

사례 수익관련 정부보조금 회계처리

20x1년 12월 1일 실업상태의 종업원을 고용하였고 급여는 매달말 ₩60,000이다. 12월 15일 고용노동부로부터 ₩24,000의 정부보조금을 수령하였다. 20x2년초 정부요구기준 불충족으로 정부보조금 ₩10,000을 상환함.

•보조금수령시(20x1.12.5) 회계처리

비용차감법				수익인식법			
(차) 현금	24,000	(대) 이연수익	24,000	(차) 현금	24,000	(대) 이연수익	24,000

•급여지급시(20x1년말) 회계처리

비용차감법				수익인식법			
(차) 급여	60,000	(대) 현금	60,000	(차) 급여	60,000	(대) 현금	60,000
이연수익	24,000	급여	24,000	이연수익	24,000	보조금수익	24,000

•상환시(20x2년초) 회계처리

비용차감법				수익인식법			
(차) 상환손실	10,000	(대) 현금	10,000	(차) 상환손실	10,000	(대) 현금	10,000

*이연계정(이연수익) 잔액이 없으므로 상환금액 전액을 비용처리한다.

FINAL 객관식뽀개기 — 실전적중문제

1. ㈜합격은 20x1년 중에 고용지원센터로부터 급여의 일부를 보조받는 조건으로 청년실업자를 고용하였다. 이에 대한 보조금으로 ₩1,000,000을 보조 받았으며, 급여 지급액이 ₩2,000,000이라고 할때 ㈜합격의 20x1년 포괄손익계산서에 미치는 영향은 얼마인가?

① −₩1,000,000 ② −₩2,000,000 ③ −₩2,500,000
④ +₩1,000,000 ⑤ +₩2,000,000

내비게이션

• 비용차감법

(차) 현금	1,000,000	(대)	이연수익(부채)	1,000,000
(차) 급여	2,000,000	(대)	현금	2,000,000
이연수익	1,000,000		급여	1,000,000

• 수익인식법

(차) 현금	1,000,000	(대)	이연수익(부채)	1,000,000
(차) 급여	2,000,000	(대)	현금	2,000,000
이연수익	1,000,000		보조금수익	1,000,000

∴1,000,000(급여감소 또는 보조금수익)−2,000,000(급여)
=△1,000,000

서술형Correction연습

❒ 정부보조금 중 자산관련보조금은 이연수익으로 표시하는 방법과 관련자산에서 차감하는 방법 중 한 가지 방법을 선택할 수 있으나, 수익관련보조금은 관련비용에서 차감하는 방법만 적용하여야 한다.

➲ (X) : 비용차감법과 수익인식법 중 선택하여 적용한다.

❒ 자산의 취득과 이와 관련된 보조금의 수취는 기업의 현금흐름에 중요한 변동을 일으킨다. 따라서 재무상태표에 보조금이 관련 자산에서 차감하여 표시되는 경우에만 자산의 총투자를 보여주기 위해 이러한 변동을 현금흐름표에 별도 항목으로 표시한다.

➲ (X) : 차감하여 표시되는 경우에만(X)
→ 차감하여 표시되는지와 관계없이(O)

Answer 1. ①

시험중요도 ★☆☆

기본이론 제79강 저리(低利)의 정부보조금

개요	의의	• 시장이자율보다 낮은 이자율로 정부로부터 자금을 차입하는 경우 정부대여금 효익은 정부보조금으로 처리함.
	정부보조금인식액 (정부대여금 효익)	• 정부보조금인식액＝수취대가－최초장부금액(현재가치) ➡이자절감액의 현재가치와 동일함. 예시 20x1년초 정부로부터 ₩100,000 차입(3년 만기, 매년말 2%이자조건)하여 기계취득. 시장이자율 8%, 3년 8% 연금현가계수 2.5771, 현가계수 0.7938 ❒ 정부보조금인식액 [방법①] →100,000－(2,000×2.5771+100,000×0.7938)=15,466 ❒ 정부보조금인식액 [방법②] →(100,000×8%－100,000×2%)×2.5771=15,463(약간의 단수차이 있음)

정부보조시점	(차) 현금(수취대가)	xxx	(대) 장기차입금	xxx
	현재가치할인차금	xxx	정부보조금	xxx
	(차) 기계장치	xxx	(대) 현금	xxx
기말시점	(차) 감가상각비	xxx	(대) 감가상각누계액	xxx
	정부보조금	xxx	감가상각비(상계액)	xxx
	(차) 이자비용	xxx	(대) 현금	xxx
			현재가치할인차금	xxx

회계처리

사례 시장이자율보다 낮은 이자율의 정부대여금 회계처리

✪ ㈜합격은 20x1년 1월 1일 정부로부터 ₩250,000을 차입하여 즉시 기계장치를 취득하였다. 관련 자료가 다음과 같을 때 20x1년말 감가상각비와 이자비용은 각각 얼마인가? 단, 정부보조금은 자산차감법(원가차감법)으로 회계처리하며, 10% 5년 연금현가계수와 현가계수는 각각 3.7902, 0.6209이다.

(1) 차입금은 만기 5년, 표시이자율 1%, 매년말 이자지급, 20x1년초 시장이자율은 10%
(2) 취득한 기계장치는 취득가 ₩250,000, 내용연수 5년, 잔존가치 ₩0, 정액법 상각

●정부대여금 공정가치(=최초장부금액=현재가치)
→2,500×3.7902+250,000×0.6209=164,700
●정부보조금인식액
→250,000(수취대가)－164,700(=최초장부금액=현재가치)=85,300

20x1년 01월 01일	(차) 현금	250,000	(대) 장기차입금	250,000
	현재가치할인차금	85,300	정부보조금	85,300
	(차) 기계장치	250,000	(대) 현금	250,000
20x1년 12월 31일	(차) 감가상각비	50,000[1)	(대) Dep누계액	50,000
	정부보조금	17,060	감가상각비	17,060[2)
	(차) 이자비용	16,470[3)	(대) 현금	2,500
			현재가치할인차금	13,970

[1)] 250,000÷5년=50,000
[2)] 85,300×50,000/250,000=17,060
[3)] 164,700×10%=16,470
∴감가상각비 : 50,000－17,060=32,940, 이자비용 : 16,470

FINAL 객관식뽀개기 | 실전적중문제

1. ㈜코리아는 20x1년 1월 1일 지방자치단체로부터 자금을 전액 차입하여 기계장치를 ₩200,000에 구입하였다. 지방자치단체로부터 수령한 차입금은 20x5년 12월 31일에 상환해야 하며, 매년말에 액면이자율 연 2%를 지급하는 조건이다. ㈜코리아가 구입한 기계장치의 추정 내용연수는 5년이고, 잔존가치는 ₩0이며 정액법으로 감가상각한다. 20x1년 1월 1일 구입당시의 시장이자율은 연 10%이며, 10%의 현가계수는 아래의 표와 같다.

기간	단일금액 ₩1의 현가	정상연금 ₩1의 현가
4	0.6830	3.1699
5	0.6209	3.7908

20x1년 1월 1일에 ㈜코리아가 지방자치단체로부터 수령한 차입금 중 정부보조금으로 인식할 금액과 20x1년 12월 31일 현재 기계장치의 장부금액은 각각 얼마인가? 정부보조금은 전액 기계장치 구입에만 사용하여야 하며, 자산의 취득원가에서 차감하는 원가(자산)차감법을 사용하여 표시한다. 단, 계산결과 단수차이로 인한 약간의 오차가 있으면 가장 근사치를 선택한다.

	정부보조금	기계장치의 장부금액
①	₩50,720	₩99,343
②	₩50,720	₩123,605
③	₩60,657	₩134,474
④	₩60,657	₩124,474
⑤	₩60,657	₩111,474

내비게이션

- 현재가치 : 4,000×3.7908+200,000×0.6209=139,343
  →정부보조금(현재가치할인차금) : 200,000−139,343=60,657
- 20x1년말 기계장치 장부금액 계산

20x1년초 장부금액	:	=200,000
20x1년초 정부보조금	:	=(60,657)
20x1년말 감가상각누계액	:	200,000÷5=(40,000)
20x1년말 정부보조금 상계액	:	60,657x(40,000÷200,000)= 12,131
20x1년말 기계장치 장부금액		111,474

- 20x1년 회계처리

(차)	현금	200,000	(대)	장기차입금	200,000
	현재가치할인차금	60,657		정부보조금	60,657
(차)	기계장치	200,000	(대)	현금	200,000
(차)	감가상각비	40,000	(대)	감가상각누계액	40,000
	정부보조금	12,131		감가상각비	12,131
(차)	이자비용	13,934	(대)	현금	4,000
				현재가치할인차금	9,934

Answer 1. ⑤

시험중요도 ★★★

기본이론 제80강 복구비용 회계처리

인식방법

개요
- 유형자산(예 원자력발전소, 쓰레기매립장)을 해체·제거하고 복구할 의무를 부담하는 경우 미래 복구비용의 현재가치를 충당부채로 인식하여 유형자산의 원가로 처리함.

인식

구분	처리
유형자산 취득의 결과	• 유형자산 원가
재고자산을 생산하기 위해 유형자산을 사용한 결과	• 재고자산 원가(제조원가)
재고자산 생산 이외의 목적으로 유형자산을 사용한 결과	• 유형자산 원가

복구비용 현재가치

복구시점 5년후 가정		
	• 유형자산취득시점 노무원가·간접원가배분액등 복구예상원가	₩500,000
	• 복구공사의 외부위탁시 정상이윤율	20%
	• 연평균 인플레이션율	6%
	• 인건비 등 변동에 따른 시장위험프리미엄(인플레이션 CF 포함)	5년간 총 12%
	• 무위험이자율에 신용위험을 고려한 할인율	8%

- ❒ 취득시점의 복구예상비용 = 500,000 × (1 + 20%) ➡ 'A'
- ❒ 복구시점의 복구비용 실제발생예상액 = A × $(1+6\%)^5$ × (1 + 12%) ➡ 'B'
- ❒ 복구비용현재가치(복구충당부채) = B ÷ 1.08^5 ⇒ $\dfrac{500,000 \times 1.2 \times 1.06^5 \times 1.12}{1.08^5}$

주의 정상이윤은 자체 복구공사시는 반영하지 않음.

세부고찰

사례 복구비용 회계처리

㈜합격은 20x1. 1. 1 특별기계(내용연수 10년, 잔존가치 없음, 정액법)를 현금 ₩10,000,000을 들여 구입하였다. 3년 후에는 해체하여 제품생산라인을 원상태로 복구시킬 계획이다. 복구와 관련하여 ㈜합격은 다음과 같이 예상하고 있다. 회계처리를 하시오.

(1) 복구관련노무비추정액은 ₩500,000, 복구관련간접비추정액은 노무비의 80%
(2) 3년간 물가상승률은 연 3%, 복구에 따른 도급공사시 용역회사 정상이윤은 원가의 20%
(3) 시장위험프리미엄은 3년간 인플레이션을 포함한 현금흐름의 총 4%, 무위험이자율은 연 8%
(4) 실제 복구비용 발생액은 ₩1,500,000

풀이

- 취득시점의 복구예상비용 : (500,000×1.8)×(1+20%)=1,080,000
- 복구시점 복구비용 발생예상액 : 1,080,000×$(1+3\%)^3$×(1+4%)=1,227,351
- 복구비용현재가치(복구충당부채) : 1,227,351÷1.08^3=974,310

일자	차변	금액	대변	금액
20x1년 01월 01일	(차) 기계장치	10,974,310	(대) 현금	10,000,000
			복구충당부채	974,310
20x1년 12월 31일	(차) Dep	3,658,103[1]	(대) Dep누계액	3,658,103
	이자비용(전입액)	77,945[2]	복구충당부채	77,945
20x2년 12월 31일	(차) Dep	3,658,103	(대) Dep누계액	3,658,103
	이자비용(전입액)	84,180[3]	복구충당부채	84,180
20x3년 12월 31일	(차) Dep	3,658,104	(대) Dep누계액	3,658,104
	이자비용(전입액)	90,916[4]	복구충당부채	90,916
	(차) 복구충당부채	1,227,351	(대) 현금	1,500,000
	복구공사손실	272,649		

1) 10,974,310÷3년 2) 974,310×8% 3) (974,310+77,945)×8% 4) 1,227,351−(974,310+77,945+84,180)

FINAL 객관식뽀개기 실전적중문제

1. ㈜감평은 20x1년초에 하수처리장치를 ₩20,000,000에 구입하여 즉시 가동하였으며, 하수처리장치의 내용연수는 3년이고 잔존가치는 없으며 정액법으로 감가상각 한다. 하수처리장치는 내용연수 종료 직후 주변 환경을 원상회복하는 조건으로 허가받아 취득한 것이며, 내용연수 종료시점의 원상회복비용은 ₩1,000,000으로 추정된다. ㈜감평의 내재이자율 및 복구충당부채의 할인율이 연 8%일 때, 20x1년도 감가상각비는?(단, 계산결과는 가장 근사치를 선택한다.) [감평사기출]

기간	단일금액 ₩1의 현재가치	정상연금 ₩1의 현재가치
	8%	8%
3	0.79383	2.57710

① ₩6,666,666 ② ₩6,931,277 ③ ₩7,000,000
④ ₩7,460,497 ⑤ ₩7,525,700

내비게이션
- 유형자산 취득가 : 20,000,000+793,830(=1,000,000×0.79383) =20,793,830

∴20x1년도 감가상각비 : 20,793,830÷3년=6,931,277

2. ㈜감평은 20x1년초에 해양구조물을 ₩4,000,000(내용연수 5년, 잔존가치 없음, 정액법 상각)에 취득하여 사용하고 있다. 동 해양구조물은 사용기간 종료시점에 원상복구해야 할 의무가 있으며, 종료시점의 원상복구 예상금액은 ₩500,000으로 추정되었다. 원가모형을 적용할 경우 ㈜감평이 동 해양구조물의 회계처리와 관련하여 20x1년도 포괄손익계산서에 비용으로 처리할 총금액은?(단, 유효이자율은 연 10%이며 단일금액 ₩1의 현가계수(5년, 10%)는 0.6209이다.) [감평사기출]

① ₩800,000 ② ₩831,046 ③ ₩862,092
④ ₩893,135 ⑤ ₩900,000

내비게이션
- 유형자산 취득가 : 4,000,000+310,450(=500,000×0.6209) =4,310,450
- 20x1년도 감가상각비 : 4,310,450÷5년=862,090
- 20x1년도 이자비용(전입액) : 310,450×10%=31,045

∴20x1년도 비용처리 총액 : 862,090+31,045=893,135

3. ㈜관세는 20x1년초 내용연수 종료시점에 복구조건이 있는 구축물을 취득(취득원가 ₩1,000,000, 잔존가치 ₩0, 내용연수 5년, 정액법 상각)하였다. 내용연수 종료시점의 복구비용은 ₩200,000으로 추정되었으나, 실제 복구비용은 ₩230,000이 지출되었다. 복구비용에 적용되는 할인율은 연 8%(5기간 단일금액 ₩1의 미래가치 1.4693, 현재가치 0.6806)이며, 이 할인율은 변동되지 않는다. 동 구축물의 복구비용은 충당부채 인식요건을 충족하고 원가모형을 적용하였을 경우, 다음 중 옳은 것은? [관세사기출]

① 20x1년초 복구충당부채는 ₩156,538이다.
② 20x1년초 취득원가는 ₩863,880이다.
③ 20x1년말 감가상각비는 ₩227,224이다.
④ 20x1년말 복구충당부채에 대한 차입원가(이자비용)는 ₩23,509이다.
⑤ 내용연수 종료시점에서 복구공사손익은 발생되지 않는다.

내비게이션
- 복구충당부채 : 200,000×0.6806=136,120
- 구축물 취득가 : 1,000,000+136,120=1,136,120
- 20x1년말 감가상각비 : 1,136,120÷5년=227,224
- 20x1년말 이자비용 : 136,120×8%=10,890
- 복구공사손익 : 200,000-230,000=△30,000(복구공사손실)

4. ㈜한국은 20x1년 1월 1일에 저유설비를 신축하기 위하여 기존건물이 있는 토지를 ₩10,000,000에 취득하였다. 기존건물을 철거하는데 ₩500,000이 발생하였으며, 20x1년 4월 1일 저유설비를 신축완료하고 공사대금으로 ₩2,400,000을 지급하였다. 이 저유설비의 내용연수는 5년, 잔존가치는 ₩100,000이며, 원가모형을 적용하여 정액법으로 감가상각한다. 이 저유설비의 경우 내용연수 종료시에 원상복구의무가 있으며, 저유설비 신축완료시점에서 예상되는 원상복구비용의 현재가치는 ₩200,000이다. ㈜한국은 저유설비와 관련된 비용을 자본화하지 않는다고 할 때, 동 저유설비와 관련하여 20x1년도 포괄손익계산서에 인식할 비용은 얼마인가?(단, 무위험이자율에 ㈜한국의 신용위험을 고려하여 산출된 할인율은 연 9%이며, 감가상각은 월할계산한다.) [세무사기출]

① ₩361,500 ② ₩375,000 ③ ₩388,500
④ ₩513,500 ⑤ ₩518,000

내비게이션
- 저유설비 취득가 : 2,400,000+200,000=2,600,000

감가상각비 : (2,600,000-100,000)÷5년×9/12= 375,000
이자비용 : 200,000x9%×9/12= 13,500
388,500

Answer 1. ② 2. ④ 3. ③ 4. ③

시험중요도 ★☆☆

기본이론 제81강 복구비용의 변동

원가모형

개요	• 복구예상액의 변동으로 인한 복구충당부채의 변경액은 유형자산의 원가에 가감함.
회계처리	복구충당부채 증가시: (차) 구축물 xxx (대) 복구충당부채 xxx
	복구충당부채 감소시: (차) 복구충당부채 xxx (대) 구축물 xxx

사례 원가모형하 복구충당부채 변동 회계처리

✪20x1년 1월 1일 내용연수 종료시점에 복구의무가 있는 저유설비(내용연수 4년, 잔존가치 없음, 정액법)를 ₩1,250,000에 취득하고 복구충당부채(할인율 10%)로 ₩100,000을 계상하였으나 20x1년말 복구충당부채를 ₩185,000으로 재추정(할인율 12%)함. 20x1년말, 20x2년말의 원가모형에 의한 회계처리?

풀이

일자	차변	금액	대변	금액
20x1년 12월 31일	(차) Dep	337,500[1]	(대) Dep누계액	337,500
	이자비용	10,000[2]	복구충당부채	10,000
	(차) 구축물	75,000	(대) 복구충당부채	75,000[3]
20x2년 12월 31일	(차) Dep	362,500[4]	(대) Dep누계액	362,500
	이자비용	22,200[5]	복구충당부채	22,200

[1] 1,350,000÷4 [2] 100,000×10% [3] 185,000-110,000 [4] (1,350,000-337,500+75,000)÷3 [5] 185,000×12%

재평가모형

개요	• 복구예상액의 변동으로 인한 복구충당부채의 변경액은 재평가손익으로 처리함. ➡ ∵공정가치로 측정하므로 장부금액을 변동시킬수 없음.
회계처리	복구충당부채 증가시: • 재평가잉여금과 우선 상계후 재평가손실(당기손익) 처리 (차) 재평가잉여금 xxx (대) 복구충당부채 xxx 재평가손실 xxx
	복구충당부채 감소시: • 전기 재평가손실을 재평가이익으로 인식후 재평가잉여금 처리 (차) 복구충당부채 xxx (대) 재평가이익 xxx 재평가잉여금 xxx

사례 재평가모형하 복구충당부채 변동 회계처리

✪재평가모형(감가상각누계액제거방법) 적용함. 재평가잉여금의 이익잉여금대체는 무시함. 20x1년말 공정가치는 ₩1,125,000이며, 20x2년말 공정가치는 장부금액과 동일함. 그 외는 위와 동일함.

풀이

일자	차변	금액	대변	금액
20x1년 12월 31일	(차) Dep	337,500	(대) Dep누계액	337,500
	이자비용	10,000	복구충당부채	10,000
	(차) Dep누계액	337,500	(대) 재평가잉여금	112,500[1]
			구축물	225,000
	(차) 재평가잉여금	75,000	(대) 복구충당부채	75,000[2]
20x2년 12월 31일	(차) Dep	375,000[3]	(대) Dep누계액	375,000
	이자비용	22,200[4]	복구충당부채	22,200

[1] 1,125,000-(1,350,000-337,500) [2] 185,000-110,000 [3] 1,125,000÷3 [4] 185,000×12%

FINAL 객관식뽀개기 실전적중문제

1. ㈜관세는 20x1년 1월 1일 화공약품 저장 시설물을 ₩1,000,000(내용연수 10년, 잔존가치 ₩0, 정액법 상각)에 취득하였다. 동 시설물과 관련하여 할인율 8%를 적용한 복구충당부채 ₩300,000을 인식하였다. 20x2년 1월 1일 동 시설물과 관련된 복구충당부채가 현금흐름에 대한 추정치의 변경으로 ₩40,000, 현행 할인율의 변경(8%에서 10%)으로 ₩10,000이 각각 증가되었다. 이와 관련하여 ㈜관세의 회계처리로 옳은 것은?(단, ㈜관세는 동 시설물에 대하여 원가모형을 적용한다고 가정한다.) [관세사기출]

① 20x1년도 인식할 감가상각비는 ₩100,000이다.
② 20x1년말 인식할 복구충당부채 전입액은 ₩24,000이며, 동 금액은 시설물의 장부금액에 가산되어 자본화한다.
③ 20x2년초 복구충당부채에 대한 추정의 변경 중 현금흐름에 대한 추정치의 변경효과 ₩40,000은 복구충당부채에 가산된다.
④ 20x2년초 복구충당부채에 대한 추정의 변경 중 현행 할인율의 변경효과 ₩10,000은 당기손익으로 인식한다.
⑤ 20x2년 말 결산시점에 인식할 복구충당부채 전입액은 ₩28,000이다.

내비게이션

• 회계처리

[20x1년초]

(차) 유형자산	1,300,000	(대) 현금	1,000,000
		복구충당부채	300,000

[20x1년말]

(차) 감가상각비	130,000[1]	(대) 감가상각누계액	130,000
이자비용	24,000[2]	복구충당부채	24,000

[20x2년초]

(차) 유형자산	50,000	(대) 복구충당부채	50,000

[20x2년말]

(차) 감가상각비	135,556[3]	(대) 감가상각누계액	135,556
이자비용	37,400[4]	복구충당부채	37,400

[1] 1,300,000÷10년=130,000
[2] 300,000×8%=24,000
[3] (1,300,000−130,000+50,000)÷9년=135,556
[4] (300,000+24,000+50,000)×10%=37,400

• ① 100,000(X) → 130,000(O)
② 전입액 24,000은 당기비용으로 처리하며, 복구충당부채를 계상한다.
④ 현금흐름에 대한 추정치의 변경효과 40,000과 현행 할인율의 변경효과 10,000 모두 복구충당부채에 가산된다.
⑤ 28,000(X) → 37,400(O)

Answer 1. ③ 

제1편 재무회계
제2편 원가관리회계
합본부록 IFRS심화논제

시험중요도 ★★☆

기본이론 제82강 차입원가 차입원가의 개요

개요	자본화강제	• 적격자산의 취득·건설·제조와 직접관련된 차입원가는 자산원가 일부로 자본화해야함. ➡(차) 건설중인자산 xxx (대) 이자비용 xxx 말장난 적격자산의 취득, 건설 또는 생산과 직접 관련된 차입원가는 당해 자산 원가의 일부로 자본화하거나 당기비용으로 처리한다(X) • 기타 차입원가는 발생기간에 비용으로 인식해야함.
	자본화요건	• 차입원가는 미래경제적효익의 발생가능성이 높고 신뢰성있게 측정가능할 경우에 자산원가의 일부로 자본화함.
	참고 자본화의 이론적근거 : 수익·비용대응의 원칙 →∵취득후 수익발생시에 비용을 대응시킴.	
적용범위	원가관련	• 다음은 적용범위에 해당되지 아니함. ➲ 자본(부채로 분류되지 않는 우선주자본금 포함)의 실제원가나 내재원가
	자산관련	• 다음 자산의 취득등과 직접관련되는 차입원가에는 반드시 적용해야 하는 것은 아님. ➲ 공정가치로 측정되는 적격자산➡예 생물자산 예시 생물자산 취득금액이 150(순공정가치 동일)이고, 차입원가가 50인 경우 →차입원가를 자본화하여 취득금액을 200으로 한다고 해도 생물자산은 최초인식시점의 순공정가치로 인식하므로 순공정가치와의 차액 50은 다시 비용처리될 것이므로 K-IFRS에서는 굳이 자본화를 요구하지 않음. • 다음 자산의 취득등과 직접관련되는 차입원가에는 적용범위에서 제외함. ➲ 반복대량으로 제조·생산되는 재고자산
적격자산	정의	• 의도된 용도로 사용 또는 판매가능상태에 이르게 하는데 상당기간을 필요로 하는 자산
	포함대상	• 다음 자산은 경우에 따라 적격자산이 될수 있음. ① 재고자산 ② 제조설비자산 ③ 전력생산설비 ④ 무형자산 ⑤ 투자부동산 ⑥ 생산용 식물
	제외대상	• 다음의 경우는 적격자산에 해당하지 아니함. ① 금융자산 ② 단기간내에 제조·생산되는 재고자산 ③ 취득시점에 의도된 용도로 사용할수 있거나 판매가능한 상태에 있는 자산 주의 ∴재고자산은 장기재고자산이 적격자산에 해당함.
	보론 차입원가를 자본화한 결과 적격자산의 장부금액이나 예상최종원가가 회수가능액이나 순실현가능가치를 초과한 경우에는 자산이 손상된 것이므로 손상차손을 인식함.	
차입원가	정의	• 차입원가란 자금의 차입과 관련하여 발생하는 이자 및 기타원가를 말함. ➡예 차입금이자, 사채이자, 당좌차월이자등
	포함대상	• 차입원가는 다음과 같은 항목을 포함할 수 있음. ① 유효이자율법을 사용하여 계산된 이자비용 ➡예 사발차상각액, 현할차상각액 ② 리스부채 관련 이자 주의 복구충당부채에서 인식한 이자비용 등은 자본화대상 차입원가에 해당되지 않음. ③ 외화차입금과 관련되는 외환차이 중 이자원가의 조정으로 볼 수 있는 부분 말장난 차입원가에는 외화차입금과 관련되는 외환차이가 포함된다(X) →∵외환차이 중 이자원가의 조정으로 볼 수 있는 부분만 포함함.

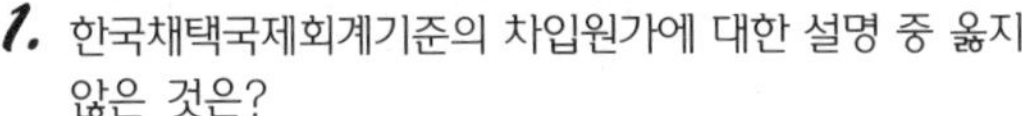

실전적중문제

1. 한국채택국제회계기준의 차입원가에 대한 설명 중 옳지 않은 것은?

① 차입원가는 자금의 차입과 관련하여 발생하는 이자 및 기타 원가로 유효이자율법을 사용하여 계산된 이자비용과 리스부채 관련 이자를 포함한다.

② 차입원가에는 외화차입금과 관련되는 외환차이가 포함된다.

③ 자본(부채로 분류되지 않는 우선주자본금 포함)의 실제원가 또는 내재원가는 차입원가기준서의 적용범위에 해당되지 아니한다.

④ 복구충당부채는 적격자산의 취득을 위한 차입금이 아니므로 그 이자비용은 자본화대상 차입원가에 포함되지 않는다.

⑤ 적격자산의 취득, 건설 또는 생산과 직접 관련된 차입원가는 당해 자산 원가의 일부로 자본화하여야 하며, 기타 차입원가는 발생기간에 비용으로 인식하여야 한다.

내비게이션

• 외화차입금과 관련되는 외환차이 중 이자원가의 조정으로 볼 수 있는 부분만 포함한다.

2. 차입원가의 자본화에 대한 설명이다. 가장 올바른 것은 어느 것인가?

① 적격자산에 대한 지출액은 현금의 지급, 다른 자산의 제공 또는 이자부 부채의 발생 등에 따른 지출액을 의미하며, 적격자산과 관련하여 수취하는 정부보조금과 건설 등의 진행에 따라 수취하는 금액은 적격자산에 대한 지출액에 가산한다.

② 적격자산의 장부금액 또는 예상최종원가가 회수가능액 또는 순실현가능가치를 초과하는 경우에는 자산손상을 기록한다.

③ 적격자산은 의도된 용도로 사용하거나 판매가능한 상태에 이르게 하는 데 상당한 기간을 필요로 하는 자산이므로 생물자산이나 금융자산도 취득완료시점까지 상당한 기간이 소요된다면 적격자산에 해당한다.

④ 단기간내에 제조되거나 다른 방법으로 생산되는 재고자산은 적격자산에 해당한다.

⑤ 적격자산의 취득, 건설 또는 생산과 직접 관련된 차입원가는 당해 자산 원가의 일부로 자본화할 수 있다.

내비게이션

• ① 지출액에 가산한다.(X) → 지출액에서 차감한다.(O)
③ 생물자산은 자본화가 요구되지 않으며, 금융자산은 적격자산에 해당하지 않는다.
④ 적격자산에 해당하지 않는다.
⑤ 자본화할 수 있다.(X) → 자본화하여야 한다.(O)

서술형Correction연습

❒ 차입원가를 자본화하는 이론적 근거는 미래의 가능한 경제적효익이라는 자산의 정의에 충실한 자산평가를 위한 것이다.

➲ (X) : 자본화하는 이론적 근거는 수익·비용대응의 원칙이다.

Answer 1. ② 2. ②

시험중요도 ★★☆

기본이론 제83강  차입원가 자본화의 개시·중단·종료

구분	항목	내용
자본화개시	의의	• 자본화기간동안 발생금액을 자본화하며, 자본화중단기간이 있는 경우 해당 차입원가는 당기 비용 처리함.
	자본화개시일	❖자본화개시일은 최초로 다음 조건을 모두 충족시키는 날임. **지출발생** : • 적격자산에 대하여 지출하고 있다. **차입원가발생** : • 차입원가를 발생시키고 있다. **활동수행** : • 적격자산을 의도된 용도로 사용하거나 판매가능한 상태에 이르게 하는데 필요한 활동을 수행하고 있다. 예시 2/1에 ₩1,000 차입(10%), 지출은 4/1부터 발생한 경우 →자본화개시시점 : 4/1, 특정차입금 차입원가 : 1,000x10%x9/12
	활동수행여부	• 적격자산을 의도된 용도로 사용하거나 판매가능한 상태에 이르게 하는데 필요한 활동은 당해 자산의 물리적인 제작뿐만 아니라 그 이전단계에서 이루어진 기술 및 관리상의 활동도 포함함. ➡예 물리적인 제작 전에 각종 인허가를 얻기 위한 활동 등 • 자산의 상태에 변화를 가져오는 생산 또는 개발이 이루어지지 아니하는 상황에서 단지 당해 자산의 보유는 필요한 활동으로 보지 아니함. ➡예 토지가 개발되고 있는 경우 개발과 관련된 활동이 진행되고 있는 기간 동안 발생한 차입원가는 자본화 대상에 해당함. 그러나, 건설목적으로 취득한 토지를 별다른 개발활동 없이 보유하는 동안 발생한 차입원가는 자본화조건을 충족하지 못함.
자본화중단	중단시점	• 적 격자산에 대한 적극적 개발활동을 중단한 기간에는 차입원가의 자본화를 중단함.
	중단배제	❖다음의 경우에는 차입원가의 자본화를 중단하지 아니함. ① 상당한 기술 및 관리활동을 진행하고 있는 기간 ② 일시적인 지연이 필수적인 경우 ➡예 건설기간동안 해당 지역의 하천수위가 높아지는 현상이 일반적이어서 교량건설이 지연되는 경우에는 차입원가 자본화를 중단하지 아니함.
자본화종료	종료시점	• 적격자산을 의도된 용도로 사용하거나 판매가능한 상태에 이르게 하는데 필요한 거의 모든 활동이 완료된 시점에 차입원가 자본화를 종료함.
	종료간주	물리적 완성 : • 적격자산이 물리적으로 완성된 경우라면 일상적인 건설관련 후속 관리업무등이 진행되고 있더라도 당해 자산을 의도된 용도로 사용할수 있거나 판매가능한 상태에 있는 것으로 봄. 경미작업만 존재 : • 구입자의 요청에 따른 내장공사와 같은 중요하지 않은 작업만이 남아 있는 경우라면 대부분의 건설활동이 종료된 것으로 봄.
	순차완성자산	❖여러부분으로 나뉘어 순차적으로 완성되는 경우에는 다음과 같이 처리함. **자산이 여러 부분으로 나뉘어 완성되는 경우** : • 이미 완성된 부분이 사용가능하다면, 당해 부분을 의도된 용도로 사용하거나 판매가능한 상태에 이르게 하는데 필요한 대부분의 활동을 완료한 시점에 자본화를 종료함. ➡예 각각의 건물별로 사용가능한 여러 동의 건물로 구성된 복합업무시설 **자산전체가 완성되어야만 사용이 가능한 경우** : • 자산전체가 사용가능한 상태에 이를때까지 자본화함. ➡예 제철소와 같이 동일한 장소에서 여러 생산부문별 공정이 순차적으로 이루어지는 여러 생산공정을 갖춘 산업설비

1. 차입원가의 회계처리와 관련하여 적격자산에 관한 설명으로 옳지 않은 것은? [관세사기출]

① 적격자산의 취득, 건설 또는 생산과 직접 관련된 차입원가는 당해 적격자산과 관련된 지출이 발생하지 아니하였다면 부담하지 않았을 차입원가이다.
② 금융자산과 단기간 내에 제조되거나 다른 방법으로 생산되는 재고자산은 적격자산에 해당하지 아니한다.
③ 적격자산을 의도된 용도로 사용(또는 판매) 가능하게 하는 데 필요한 활동은 당해 자산의 물리적인 제작뿐만 아니라 그 이전단계에서 이루어진 기술 및 관리상의 활동도 포함한다.
④ 적격자산에 대한 적극적인 개발활동을 중단한 기간에는 차입원가의 자본화를 중단한다.
⑤ 적격자산을 취득하기 위한 목적으로 특정하여 차입한 자금에 한하여, 회계기간동안 그 차입금으로부터 실제 발생한 차입원가에서 당해 차입금의 일시적 운용에서 생긴 투자수익을 가산한 금액을 자본화가능차입원가로 결정한다.

내비게이션

• 적격자산을 취득하기 위한 목적으로 특정하여 차입한 자금에 한하여, 회계기간동안 그 차입금으로부터 실제 발생한 차입원가에서 당해 차입금의 일시적 운용에서 생긴 투자수익을 차감한 금액을 자본화가능차입원가로 결정한다.[K-IFRS 차입원가 문단12]
→구체적 내용은 후술함!

2. 다음은 차입원가의 자본화에 대한 설명이다. 가장 옳은 것은 어느 것인가?

① 구입자 또는 사용자의 요청에 따른 내장공사와 같은 중요하지 않은 작업만이 남아 있는 경우에도 건설활동은 종료되지 않은 것으로 본다.
② 적격자산을 의도된 용도로 사용하거나 판매가능한 상태에 이르게 하는 데 필요한 대부분의 활동이 완료된 시점에 차입원가의 자본화를 종료한다.
③ 적격자산을 의도된 용도로 사용하거나 판매가능한 상태에 이르게 하는 데 필요한 활동은 당해 자산의 물리적인 제작을 포함하지만 그 이전단계에서 이루어진 기술 및 관리상의 활동은 제외한다.
④ 자본화할 차입원가는 일반차입금에 대한 차입원가를 먼저 자본화한 후에 특정차입금에 대한 차입원가를 자본화한다.
⑤ 자산을 의도된 용도로 사용하거나 판매가능한 상태에 이르기 위한 과정에 있어 일시적인 지연이 필수적인 경우에도 차입원가의 자본화를 중단한다.

내비게이션

• ① 건설활동이 종료된 것으로 본다.
③ 적격자산을 의도된 용도로 사용하거나 판매가능한 상태에 이르게 하는 데 필요한 활동은 당해 자산의 물리적인 제작뿐만 아니라 그 이전 단계에서 이루어진 기술 및 관리상의 활동도 포함한다.
④ 특정차입금에 대한 차입원가를 먼저 자본화한 후에 일반차입금에 대한 차입원가를 자본화한다.
→구체적 내용은 후술함!
⑤ 자본화를 중단하지 아니한다.(O)

3. 다음은 한국채택국제회계기준의 차입원가에 대한 설명이다. 가장 타당하지 않은 것은?

① 자본화 개시일은 적격자산에 대하여 지출이 있고, 차입원가가 발생되고 있으며, 적격자산을 의도된 용도로 사용하거나 판매가능한 상태에 이르게 하는 데 필요한 활동이 수행 중인 날이다.
② 적격자산을 의도된 용도로 사용하거나 판매가능한 상태에 이르게 하는 데 필요한 활동은 당해 자산의 물리적인 제작뿐만 아니라 그 이전단계에서 이루어진 기술 및 관리상의 활동도 포함한다.
③ 토지가 개발되고 있는 경우 개발과 관련된 활동이 진행되고 있는 기간 동안 발생한 차입원가는 자본화 대상에 해당한다.
④ 건설목적으로 취득한 토지를 별다른 개발활동 없이 보유하는 동안 발생한 차입원가도 자본화조건을 충족한다.
⑤ 건설기간동안 해당 지역의 하천수위가 높아지는 현상이 일반적이어서 교량건설이 지연되는 경우에는 차입원가의 자본화를 중단하지 아니한다.

내비게이션

• 건설목적으로 취득한 토지를 별다른 개발활동 없이 보유하는 동안 발생한 차입원가는 자본화조건을 충족하지 못한다.

서술형Correction연습

❐ 상당한 기술 및 관리활동의 진행기간과 일시적인 지연이 필수적인 경우에도 자본화는 중단한다.

➲ (X) : 중단하지 아니한다.

❐ 적격자산이 여러 부분으로 나누어 순차적으로 완성되는 경우에는 자산전체가 완성될 때까지 차입원가를 자본화한다.

➲ (X) : 이미 완성된 부분이 사용가능하다면, 당해 부분을 의도된 용도로 사용하거나 판매가능한 상태에 이르게 하는데 필요한 대부분의 활동을 완료한 시점에 자본화를 종료한다.

Answer 1. ⑤ 2. ② 3. ④

시험중요도 ★★★

기본이론 제84강 차입원가 자본화액 산정

차입금구분

특정차입금	• 적격자산을 취득할 목적으로 직접 차입한 자금
일반차입금	• 일반목적으로 차입한 자금 중 적격자산의 취득에 소요되었다고 볼수 있는 자금

자본화금액

특정차입금 자본화금액

특정차입금 차입원가 - 일시투자수익
'자본화기간동안'

일반차입금 자본화금액

(연평균지출액[1)] - 연평균특정차입금[2)])×자본화이자율$\left(=\dfrac{\text{일반차입금차입원가}}{\text{연평균일반차입금}}\right)$

(연평균지출액 - 연평균특정차입금): '자본화기간동안' / 자본화이자율: '회계기간동안'

1) 정부보조금(건설계약대금) 연평균액 차감액
2) 일시예치금 차감액

예시 2.1에 1,000차입, 지출은 4.1부터 발생 →∴자본화개시시점 : 4. 1

① 연평균지출액 : 지출액x$\dfrac{9}{12}$ →즉, $\dfrac{\text{개시시점후지출일} \sim \text{말일(자본화종료시점)}}{12}$

② 연평균일반차입금 : 1,000x$\dfrac{11}{12}$ →즉, $\dfrac{\text{회계기간중차입일} \sim \text{말일(상환일)}}{12}$

·주의 [일반차입금 자본화액 한도] 자본화이자율 분자금액(일반차입금 차입원가)

보론 자본화이자율 산정시 지배·종속기업의 모든 차입금을 포함하는 것이 적절할 수도 있고, 개별종속기업의 차입금에 적용되는 차입원가의 가중평균을 사용하는 것이 적절할 수도 있음.

보론 자본화기간 종료후에도 남아있는 특정차입금은 일반으로 보아 자본화이자율 계산에 포함함.

사례 자본화금액 계산

◎ 공장건물증설관련 20x2년 중 지출금액과 차입금현황은 다음과 같다. 기말 현재 미완성이다. A는 특정차입금이며, 이 중 ₩1,500,000을 20x2.4.1~9.30까지 연10% 이자율로 정기예금에 예치시켰다. B, C는 일반차입금에 해당한다.

지출금액		차입금현황					
		차입금	차입일	차입금액	상환일	연이자율	이자지급조건
20x2. 4. 1	₩3,000,000	A	20x2.4.1	₩2,000,000	20x5.3.31	단리 12%	매년 3월말
20x2. 9. 1	₩4,000,000	B	20x2.3.1	₩4,000,000	20x5.2.28	단리 10%	매년 2월말
계	₩7,000,000	C	20x1.7.1	₩3,000,000	20x5.6.30	단리 15%	매년 6월말

풀이

1. 연평균지출액 : 3,000,000×9/12+4,000,000×4/12=3,583,333
2. 자본화이자율 : $\dfrac{4,000,000\times10\%\times10/12+3,000,000\times15\%\times12/12=783,333}{4,000,000\times10/12+3,000,000\times12/12=6,333,333}$ =12.37%
3. 자본화차입원가 : ① + ② = 455,483
   ① 특정 : 2,000,000×12%×9/12−1,500,000×10%×6/12=105,000
   ② 일반 : [3,583,333−(2,000,000x9/12−1,500,000×6/12)]×12.37%=350,483 [한도] 783,333(='2' 의분자)

FINAL 객관식뽀개기 실전적중문제

1. ㈜감평은 20x1년초 공장건물을 신축하기 시작하여 20x1년말에 완공하였다. 다음은 공장건물의 신축을 위한 ㈜감평의 지출액과 특정차입금 및 일반차입금에 대한 자료이다.

구분	연평균금액	이자비용
공장건물에 대한 지출액	₩320,000	
특정차입금	₩160,000	₩18,400
일반차입금	₩100,000	₩12,000

20x1년 공장건물과 관련하여 자본화할 차입원가는?(단, 이자비용은 20x1년 중에 발생한 금액이며, 특정차입금은 20x1년말에 상환되었고, 공장건물은 차입원가를 자본화하는 적격자산에 해당된다.) [감평사기출]

① ₩12,000 ② ₩18,400 ③ ₩30,400
④ ₩31,200 ⑤ ₩37,600

내비게이션
- 연평균지출액 : 320,000
- 자본화이자율 : $\frac{12,000}{100,000}$=12%
- 자본화차입원가 : ㉠+㉡=30,400
  ㉠ 특정 : 18,400
  ㉡ 일반 : (320,000−160,000)×12%=19,200 [한도] 12,000

2. ㈜감평은 20x1년 1월 1일에 공장건물을 신축하여 20x2년 9월 30일에 완공하였다. 공장건물 신축 관련 자료가 다음과 같을 때, ㈜감평이 20x1년도에 자본화할 차입원가는? [감평사기출]

〈공사비 지출〉

20x1.1.1	20x1.7.1	20x2.3.1
₩600,000	₩500,000	₩500,000

〈차입금현황〉

종류	차입금액	차입기간	연이자율
특정차입금	₩300,000	20x1.4.1−20x1.12.31	3%
일반차입금A	₩500,000	20x1.7.1−20x2.12.31	4%
일반차입금B	₩1,000,000	20x1.10.1−20x3.12.31	5%

① ₩29,250 ② ₩31,500 ③ ₩34,875
④ ₩37,125 ⑤ ₩40,125

내비게이션
- 연평균지출액 : 600,000×12/12+500,000×6/12=850,000
- 자본화이자율 :
  $\frac{500,000\times4\%\times6/12+1,000,000\times5\%\times3/12=22,500}{500,000\times6/12+1,000,000\times3/12=500,000}$=4.5%
- 자본화차입원가 : ㉠+㉡=29,250
  ㉠ 특정 : 300,000×3%×9/12=6,750
  ㉡ 일반 : (850,000−300,000×9/12)×4.5%=28,125 [한도] 22,500

3. ㈜관세는 공장을 신축하기로 하고 ㈜한국과 도급계약을 체결하였다. 공사는 20x2년 1월 1일 착공하여 20x3년 9월 30일에 완공될 예정이다. ㈜관세는 공장건설을 위해 20x2년 1월 1일에 ₩50,000,000과 7월 1일에 ₩100,000,000을 각각 지출하였다. ㈜관세의 차입금 내역은 다음과 같다.

항목	특정차입금A	일반차입금B	일반차입금C
차입액	₩20,000,000	₩30,000,000	₩60,000,000
차입일	20x2.1.1	20x1.8.1	20x2.9.1
상환일	20x3.12.31	20x3.6.30	20x4.10.31
연이자율	9%	9%	10%

특정차입금A ₩20,000,000 중 ₩3,000,000을 20x2년에 4개월 동안 연2% 투자수익률로 투자하였다. ㈜관세가 건설 중인 신축공사에 대하여 20x4년도에 자본화할 차입원가는?(단, 계산시 월할로 하며 이자율은 모두 단리이다.) [관세사기출]

① ₩4,700,000 ② ₩6,480,000 ③ ₩6,500,000
④ ₩7,614,000 ⑤ ₩9,414,000

내비게이션
- 연평균지출액 : 50,000,000×12/12+100,000,000×6/12=100,000,000
- 자본화이자율 :
  $\frac{30,000,000\times9\%\times12/12+60,000,000\times10\%\times4/12=4,700,000}{30,000,000\times12/12+60,000,000\times4/12=50,000,000}$
  =9.4%
- 자본화차입원가 : ㉠+㉡=6,480,000
  ㉠ 특정 :
  20,000,000×9%×12/12−3,000,000×2%×4/12=1,780,000
  ㉡ 일반 :
  (100,000,000−20,000,000×12/12)×9.4%=7,520,000 [한도] 4,700,000

Answer 1. ③ 2. ① 3. ②

시험중요도 ★★★

기본이론 제85강 차입원가 자본화액계산 종합적용

세부고찰 I

사례 일반적인 경우 장부금액 계산

◎본사건물 공사(20x1.4.1착공/20x1.12.31완공)에 대한 자료이다. 동 본사건물의 20x1년말 장부금액은?

(1) 20x1년 지출관련 자료 : 4월 1일 ₩5,000,000, 20x1년 11월 1일 ₩2,000,000
(2) 차입내역 : 특정차입금은 없으며 다음과 같은 일반차입금만 있다.
- 당좌차월 : ₩6,000,000, 연 이자율 12%(차입기간은 20x1.1.1~20x2.6.30)
- 기　　타 : ₩7,000,000, 연 이자율 10%(차입기간은 20x1.10.1~20x2.9.30)

- 연평균지출액 : 5,000,000×9/12+2,000,000×2/12=4,083,333
- 자본화이자율 : $\frac{6,000,000\times12\%\times12/12+7,000,000\times10\%\times3/12=895,000}{6,000,000\times12/12+7,000,000\times3/12=7,775,000}$=11.5%
- 자본화차입원가 : 4,083,000×11.5%=469,583 [한도] 895,000
- 장부금액 : 5,000,000+2,000,000+469,583=7,469,583

세부고찰 II

사례 정부보조금이 있는 경우 감가상각비 계산

◎ ㈜유치원일진은 20x2년 중에 건물(내용연수 10년, 잔존가치 ₩0, 정액법 상각, 20x2.10.31에 완공됨)을 건설하기로 계약하였으며, 국토해양부로부터 소요자금의 일부를 지원받기로 하였다. 20x2년말 동 건물과 관련하여 계상될 감가상각비를 계산하면 얼마인가? 단, 회사는 원가모형을 적용한다.

(1) 지출관련 자료

2월 1일	계약금	₩8,000,000
5월 1일	중도금	₩8,000,000
10월 31일	잔　금	₩4,000,000

(2) 정부보조금 관련 자료
- 2월 1일 ₩4,000,000 수령, 5월 1일 ₩4,000,000 수령

(3) 차입내역

구분	차입일	차입액	연이자율	상환일
특정차입금	20x2년 5월 1일	₩4,000,000	단리 12%	20x2년 10월 31일
일반차입금	20x1년 5월 1일	₩2,400,000	단리 11%	20x2년 4월 30일
일반차입금	20x1년 1월 1일	₩4,000,000	단리 8%	미상환

풀이

- 연평균지출액 : ① - ② = 5,000,000
  ① 당기지출분 : 8,000,000×9/12+8,000,000×6/12+4,000,000×0/12=10,000,000
  ② 정부보조금 : 4,000,000×9/12+4,000,000×6/12=5,000,000
- 자본화이자율 : $\frac{2,400,000\times11\%\times4/12+4,000,000\times8\%\times12/12=408,000}{2,400,000\times4/12+4,000,000\times12/12=4,800,000}$=8.5%
- 자본화차입원가 : ① + ② = 495,000
  ① 특정 : 4,000,000×12%×6/12=240,000
  ② 일반 : (5,000,000-4,000,000×6/12)×8.5%=255,000 [한도] 408,000
- 취득원가 : (8,000,000+8,000,000+4,000,000)+495,000=20,495,000
- 감가상각비 : (20,495,000÷10년)×2/12=341,583

FINAL 객관식뽀개기 — 실전적중문제

1. ㈜관세는 20x1년 1월 1일에 사옥 건설(20x2년 6월 30일에 완공 예정)을 시작하면서, 20x1년 1월 1일에 ₩60,000과 20x1년 7월 1일에 ₩90,000을 지출하였다. 한편, ㈜관세의 차입금 내역은 다음과 같으며, 모든 차입금에 대한 이자는 단리로 계산되고 상환일에 지급된다. ㈜관세가 20x1년에 자본화할 차입원가는?(단, 평균지출액과 이자는 월할 계산한다.) [관세사기출]

차입일	차입금액	상환일	연이자율	비고
20x0.1.1	₩150,000	20x1.6.30	7%	일반차입금
20x1.1.1	₩75,000	20x1.12.31	8%	일반차입금
20x1.7.1	₩90,000	20x2.12.31	9%	사옥건설을 위한 특정차입금

① ₩6,750　② ₩8,550　③ ₩8,850
④ ₩9,225　⑤ ₩10,500

내비게이션

- 연평균지출액 : 60,000×12/12+90,000×6/12=105,000
- 자본화이자율 :

$$\frac{150,000\times7\%\times6/12+75,000\times8\%\times12/12=11,250}{150,000\times6/12+75,000\times12/12=150,000}$$

=7.5%

- 자본화차입원가 : ㉠+㉡=8,550
  ㉠ 특정 : 90,000×9%×6/12=4,050
  ㉡ 일반 : (105,000-90,000×6/12)×7.5%=4,500 [한도] 11,250

2. ㈜관세는 20x1년 1월 1일 공장 신축을 위하여 ㈜한국건설과 건설계약을 체결하였으며, 건설기간은 20x1년 1월 1일부터 20x3년 6월 30일까지이다. ㈜관세는 동 공장 신축과 관련하여 20x1년 1월 1일에 ₩6,000,000을 지출하였다. ㈜관세가 일반적인 목적으로 자금을 차입하여 동 공장 신축에 사용하는 일반차입금과 관련된 내역은 다음과 같다.

차입금액	차입일	상환일	연 이자율 및 이자지급조건
₩5,000,000	20x0.1.1	20x2.12.31	10%, 매년말 지급

한편, ㈜관세는 20x1년 1월 1일 금융기관으로부터 동 공장 신축을 위한 목적으로 특정하여 3년 만기 조건(연 이자율 10%, 매년 말 지급)의 자금을 차입(특정차입금)하고 동 일자에 동 공장 신축에 전액 지출하였다. ㈜관세가 20x1년도에 일반차입금과 관련하여 자본화한 차입원가가 ₩400,000이라면, ㈜관세가 20x1년 1월 1일에 금융기관으로부터 차입한 특정차입금은? [관세사기출]

① ₩1,200,000　② ₩1,400,000　③ ₩1,600,000
④ ₩1,800,000　⑤ ₩2,000,000

내비게이션

- 연평균지출액 : 6,000,000×12/12=6,000,000
- 자본화이자율 : $\frac{5,000,000\times10\%\times12/12=500,000}{5,000,000\times12/12=5,000,000}$ =10%
- 일반차입금 자본화차입원가 : (6,000,000−A ×12/12)×10%=400,000
  →∴A (특정차입금)=2,000,000

3. ㈜합격은 20x2년 3월 1일에 사옥건설을 시작하였으며, 20x2년 11월 30일에 준공하였다. 공사대금은 4월 1일, 8월 1일 및 11월 30일에 각각 ₩45,000, ₩30,000, ₩40,000을 지출하였다. 차입금 관련 자료가 다음과 같을 때 ㈜합격이 20x2년도에 자본화할 차입원가는 얼마인가?

(1) 특정차입금 : 20x1년 4월 1일 ₩30,000(연이자율 8%)을 3년 만기로 차입하여 계약금을 지출하였다.
(2) 일반차입금

차입금	차입일	상환일	차입액	연이자율
A	20x1.4.1	20x2.7.31	₩12,000	4%
B	20x2.7.1	미상환	₩15,000	10%

① ₩2,120　② ₩2,830　③ ₩2,940
④ ₩3,020　⑤ ₩3,260

내비게이션

- 자본화기간 종료후에도 남아있는 특정차입금은 일반차입금으로 보아 자본화이자율 계산에 포함한다.
- 연평균지출액 : 45,000×8/12+30,000×4/12+40,000×0/12=40,000
- 자본화이자율 :

$$\frac{12,000\times4\%\times7/12+15,000\times10\%\times6/12+30,000\times8\%\times1/12=1,230}{12,000\times7/12+15,000\times6/12+30,000\times1/12=17,000}$$

≒7.24%

- 자본화차입원가 : ㉠+㉡=2,830
  ㉠ 특정 : 30,000×8%×8/12=1,600
  ㉡ 일반 : (40,000-30,000×8/12)×7.24%=1,448 [한도] 1,230

Answer 1. ②　2. ⑤　3. ②

시험중요도 ★★★

기본이론 제86강 투자부동산 투자부동산의 개요

의의

정의

- 투자부동산이란 임대수익이나 시세차익 또는 둘 다를 얻기 위하여 소유자가 보유하거나 리스이용자가 사용권자산으로 보유하고 있는 부동산을 말함.
  - ➡부동산은 토지나 건물 또는 둘 다를 의미함.

참고 리스기준서에서는 투자부동산의 정의(임대수익·시세차익목적 보유)를 충족하는 사용권자산은 재무상태표에 투자부동산으로 표시하도록 규정하고 있음.

부동산 일반적 분류

보유목적	분류
임대수익·시세차익목적 보유	❐ 투자부동산
재화생산·용역제공·관리목적 보유	❐ 유형자산(자가사용부동산)
통상적 영업과정에서 판매목적 보유	❐ 재고자산

평가모형분류

구분	모형	감가상각	비고
유형자산(선택)	원가모형	• 감가상각 O	-
	재평가모형	• 감가상각 O	• 재평가잉여금(기타포괄손익) • 재평가손실(당기손익)
투자부동산(선택)	원가모형	• 감가상각 O	• 공정가치는 주석공시
	공정가치모형	• 감가상각 X	• 평가손익(당기손익)

평가모형 고려사항

구분	내용
원가모형 적용시	• 원가모형에서 투자부동산이 매각예정으로 분류하는 조건을 충족하는 경우에는 '매각예정비유동자산과 중단영업'에 따라 측정함.
공정가치모형 적용시	• 공정가치모형에서 리스이용자가 사용권자산으로 보유하는 투자부동산은 기초자산이 아닌 사용권자산을 공정가치로 측정함.

참고 투자부동산과 자가사용부동산의 현금흐름

투자부동산	자가사용부동산
❐ 기업이 보유하고 있는 다른 자산과 거의 독립적으로 현금흐름을 창출함.	❐ 창출된 현금흐름은 당해 부동산에만 귀속되는 것이 아니라 생산·공급과정에서 사용된 다른 자산에도 귀속됨.

보론 손상에 대한 보상

❐ 손상, 멸실, 포기로 제3자에게서 받는 보상은 받을수 있게 되는 시점에 당기손익으로 인식함.

투자부동산 해당여부

투자부동산O [예시]

① 장기시세차익을 얻기 위하여 보유하고 있는 토지
  ➡통상영업과정에서 단기간에 판매하기 위하여 보유하는 토지는 제외함.
② 장래 용도(사용목적)를 결정하지 못한 채로 보유하고 있는 토지
  ➡자가사용, 판매여부를 결정치 못한 경우는 시세차익목적 보유로 간주함.
③ 직접 소유하고 운용리스로 제공하는 건물(또는 보유하는 건물에 관련되고 운용리스로 제공하는 사용권자산)
④ 운용리스로 제공하기 위하여 보유하는 미사용 건물
⑤ 미래에 투자부동산으로 사용하기 위하여 건설·개발중인 부동산

투자부동산X [예시]

① 통상영업과정에서 판매 또는 이를 위하여 건설·개발 중인 부동산
  ➡'재고자산' 참조!
② 자가사용부동산으로 다음을 포함.
  - 미래에 자가사용(개발후 자가사용)하기 위한 부동산
  - 종업원이 사용하고 있는 부동산
    (임차료를 시장요율로 지급하고 있는지는 관계없음)
  - 처분예정인 자가사용부동산

③ 금융리스로 제공한 부동산

FINAL 객관식뽀개기 실전적중문제

1. ㈜관세는 20x1년초 건물을 취득(취득원가 ₩1,050,000, 잔존가치 ₩50,000, 내용연수 10년, 정액법 상각)하고, 이를 투자부동산으로 분류하였다. 동 건물의 공정가치를 신뢰성 있게 측정가능하여 공정가치모형을 적용하였으며, 20x1년말 공정가치는 ₩1,080,000이다. 20x1년에 인식할 감가상각비와 공정가치 변동에 따른 당기이익은?(단, 동 건물은 투자부동산 분류요건을 만족하고, 손상차손은 없다.) [관세사기출]

	감가상각비	당기이익
①	₩0	₩30,000
②	₩0	₩130,000
③	₩100,000	₩0
④	₩100,000	₩30,000
⑤	₩100,000	₩130,000

내비게이션
- 감가상각비 : 공정가치모형에서는 감가상각을 하지 않는다.
- 평가손익(당기손익) : 1,080,000-1,050,000=30,000(이익)

2. 자동차부품 제조업을 영위하고 하고 있는 ㈜감평은 20x1년초 임대수익 목적으로 건물(취득원가 ₩1,000,000, 잔여 내용연수 5년, 잔존가치 ₩0, 정액법 감가상각)을 취득하였다. 한편, 20x1년말 동 건물의 공정가치는 ₩1,200,000이다. 다음 설명 중 옳지 않은 것은?(단, 해당 건물은 매각예정으로 분류되어 있지 않다.) 감평사기출]

① 원가모형을 적용할 경우, 20x1년 감가상각비는 ₩200,000이다.
② 공정가치모형을 적용할 경우, 20x1년 감가상각비는 ₩200,000이다.
③ 공정가치모형을 적용할 경우, 20x1년 평가이익은 ₩200,000이다.
④ 공정가치모형을 적용할 경우, 20x1년 당기순이익은 ₩200,000만큼 증가한다.
⑤ 공정가치모형을 적용할 경우, 20x1년 기타포괄손익에 미치는 영향은 ₩0이다.

내비게이션
- 원가모형
  - 감가상각비 : 1,000,000÷5년=200,000
- 공정가치모형
  - 감가상각비 : 없음.
  - 평가손익 : 1,200,000-1,000,000=200,000(이익)
    →당기순이익 200,000증가, 기타포괄손익에 영향없음.

3. 다음 중 투자부동산에 해당하지 않는 것은? [관세사기출]

① 운용리스로 제공하기 위하여 보유하는 미사용 건물
② 장기 시세차익을 얻기 위하여 보유하고 있는 토지
③ 직접 소유하고 운용리스로 제공하는 건물
④ 처분 예정인 자가사용부동산
⑤ 미래에 투자부동산으로 사용하기 위하여 건설 또는 개발 중인 부동산

내비게이션
- ④는 투자부동산이 아닌 항목의 예로 규정되어 있다.

4. 투자부동산의 회계처리에 관한 설명으로 옳지 않은 것은? [관세사기출]

① 장래 용도를 결정하지 못한 채로 보유하고 있는 토지는 자가사용부동산으로 회계처리한다.
② 투자부동산을 통상적인 영업과정에서 판매할 목적으로 개발을 시작하면 재고자산으로 대체한다.
③ 리스이용자가 사용권자산으로 보유하는 투자부동산을 공정가치모형을 사용하여 측정할 때 기초자산이 아닌 사용권자산을 공정가치로 측정한다.
④ 공정가치로 평가하게 될 자가건설 투자부동산의 건설이나 개발이 완료되면 해당일의 공정가치와 기존 장부금액의 차액은 당기손익으로 인식한다.
⑤ 재고자산을 공정가치로 평가하는 투자부동산으로 대체하는 경우, 재고자산의 장부금액과 대체시점의 공정가치의 차액은 당기손익으로 인식한다.

내비게이션
- 토지를 자가사용할지, 통상적인 영업과정에서 단기간에 판매할지를 결정하지 못한 경우에 해당 토지는 시세차익을 얻기 위하여 보유한다고 본다. 즉, 투자부동산으로 본다.
- ②,③,④에 대하여는 후술함!

서술형Correction연습

❐ 투자부동산은 원가모형과 재평가모형 중 선택하여 적용한다.

➲ (X) : 재평가모형(X) → 공정가치모형(O)

❐ 종업원이 시장요율로 임차료를 지급하고 있고 종업원이 사용하고 있는 부동산은 투자부동산에 해당한다.

➲ (X) : 임차료를 시장요율로 지급하고 있는지와 무관하게 종업원이 사용하고 있는 부동산은 투자부동산이 아니다.

Answer 1. ① 2. ② 3. ④ 4. ①

시험중요도 ★★☆

기본이론 제87강 투자부동산의 인식과 측정

투자부동산 식별

이중목적 보유자산

❖부동산 중 일부분은 임대수익이나 시세차익을 얻기 위하여 보유하고, 일부분은 재화의 생산이나 용역의 제공 또는 관리목적에 사용하기 위하여 보유하는 경우에는 다음과 같이 처리함.

구분	처리
부분별로 분리하여 매각가능한 경우	• 각 부분을 분리하여 회계처리
부분별로 분리하여 매각불가능한 경우	• 재화나 용역의 생산이나 제공 또는 관리목적에 사용하기 위하여 보유하는 부분이 경미한 경우에만 당해 부동산을 투자부동산으로 분류

부동산사용자에게 부수용역제공의 경우

❖부동산 소유자가 부동산 사용자에게 부수적인 용역을 제공하는 경우에는 다음과 같이 처리함.

구분	처리
부수용역이 경미한 경우	• 투자부동산으로 분류 ➡예 사무실 건물의 소유자가 그 건물을 사용하는 리스이용자에게 보안과 관리용역을 제공하는 경우
부수용역이 유의적인 경우	• 자가사용부동산으로 분류 ➡예 호텔을 소유하고 직접 경영하는 경우에 투숙객에게 제공하는 용역

보론 지배기업 또는 다른 종속기업에게 부동산을 리스하는 경우

구분	내용
연결F/S	• 연결F/S에 투자부동산으로 분류불가. ➡∵경제적실체 관점에서 당해부동산은 자가사용부동산이기 때문
개별F/S	• 부동산을 소유하고 있는 개별기업 관점에서는 그 부동산이 투자부동산의 정의를 충족한다면 투자부동산임. ➡이 경우 리스제공자의 개별F/S에 당해자산을 투자부동산으로 분류하여 처리함.

인식

원가

• 투자부동산의 원가에는 취득하기 위하여 최초로 발생한 원가와 후속적으로 발생한 추가원가, 대체원가 또는 유지원가를 포함함.
➡수선유지가 목적인 일상적으로 발생하는 유지원가는 발생시 당기손익으로 인식함.

대체취득

• 대체취득시(예 원래 벽을 인테리어 벽으로 바꾸는 경우)는 다음과 같이 처리함.

구분	처리
대체하는데 소요되는 원가	• 인식기준을 충족한다면 원가발생 시점에 투자부동산의 장부금액에 인식함.
대체되는 부분의 장부금액	• 제거 규정에 따라 제거함.

측정

최초측정

• 최초인식시점에 원가로 측정하며, 거래원가는 최초측정에 포함함.

구입원가

• 구입금액과 구입에 직접 관련이 있는 지출(예 전문가수수료, 구입관련세금)로 구성됨.

원가 불포함항목

항목	내용
취득무관 초기원가	• 필요한 상태에 이르게 하는데 직접 관련이 없는 초기원가
운영손실	• 계획된 사용수준에 도달 전에 발생하는 부동산의 운영손실
낭비금액	• 건설·개발 과정에서 발생한 비정상인 원재료등 낭비금액

후불조건

• 후불조건으로 취득하는 경우의 원가는 취득시점의 현금가격상당액으로 함.
➡현금가격상당액과 실제총지급액의 차액은 신용기간 동안의 이자비용으로 인식함.

사용권자산

• 리스이용자가 사용권자산으로 보유하는 투자부동산은 '리스'에 따라 인식하고 측정함.

FINAL 객관식뽀개기 실전적중문제

1. 다음은 20x1년말 ㈜합격이 보유하고 있는 토지 및 건물의 가액과 그 보유목적 등에 대한 자료이다. 자료에서 재무상태표에 투자부동산으로 인식할 금액을 집계하면 얼마이겠는가?

(1) 토지
 –토지A : ₩350,000,000(취득시 그 용도를 정하지 아니하였다.)
(2) 건물
 –건물B : ₩95,000,000(현재 사용하지 않고 있으며 운용리스로 제공할 목적이다.)
 –건물C : ₩68,000,000(금융리스로 제공한 건물로서 소유권이전 약정이 없다.)
 –건물D : ₩224,000,000(투자부동산으로 사용하기 위하여 건설중이다.)
 –건물E : ₩48,000,000(종업원에게 임대중인 사택인 아파트로 임대료는 받고 있지 않다.)
 –건물F : ₩66,000,000(임대 및 자가사용 목적이며 분리매각이 불가능하고 자가사용부분이 경미하지는 않다.
 –건물G : ₩105,000,000(직접 경영하고 있는 호텔이다.)

① ₩445,000,000 ② ₩669,000,000
③ ₩737,000,000 ④ ₩869,000,000
⑤ ₩851,000,000

내비게이션

• 토지A : 장래 용도를 결정하지 못한 채로 보유하고 있는 토지는 투자부동산으로 분류
• 건물B : 운용리스로 제공하기 위하여 보유하는 미사용건물은 투자부동산으로 분류
• 건물C : 금융리스로 제공한 부동산은 투자부동산으로 분류하지 않으며 '리스' 를 적용
• 건물D : 미래에 투자부동산으로 사용하기 위하여 건설중인 부동산은 투자부동산으로 분류
• 건물E : 종업원이 사용하고 있는 부동산은 임차료를 지급하고 있는지 여부와 무관하게 유형자산을 적용
• 건물F : 일부분은 임대수익(시세차익)을 얻기 위하여 보유하고 일부분은 자가사용목적으로 보유하는 경우로서, 부분별로 분리하여 매각이 불가능한 경우, 자가사용부분이 경미한 경우에만 투자부동산으로 분류하므로 자가사용부분이 경미하지 않으면 유형자산으로 분류
• 건물G : 부수용역(투숙객에게 제공하는 용역)이 유의적이므로 자가사용부동산으로 분류

∴350,000,000+95,000,000+224,000,000=669,000,000

2. 투자부동산의 회계처리에 관한 설명으로 옳지 않은 것은? [세무사기출]

① 부동산 중 일부는 시세차익을 얻기 위하여 보유하고, 일부분은 재화의 생산에 사용하기 위하여 보유하고 있으나, 이를 부분별로 나누어 매각할 수 없다면, 재화의 생산에 사용하기 위하여 보유하는 부분이 중요하다고 하더라도 전체 부동산을 투자부동산으로 분류한다.
② 운용리스로 제공하는 사용권자산은 투자부동산으로 분류한다.
③ 사무실 건물의 소유자가 그 건물을 사용하는 리스이용자에게 경미한 보안과 관리용역을 제공하는 경우 당해 부동산은 투자부동산으로 분류한다.
④ 운용리스로 제공하기 위하여 직접 소유하고 있는 미사용 건물은 투자부동산에 해당된다.
⑤ 지배기업이 보유하고 있는 건물을 종속기업에게 리스하여 종속기업의 본사 건물로 사용하는 경우 그 건물은 지배기업의 연결재무제표상에서 투자부동산으로 분류할 수 없다.

• 부분별로 분리하여 매각할 수 없다면 재화의 생산에 사용하기 위하여 보유하는 부분이 경미한 경우에만 당해 부동산을 투자부동산으로 분류한다.

서술형Correction연습

❒ 부동산 소유자가 부동산 사용자에게 부수적인 용역을 제공하는 경우에도 투자부동산으로 분류한다.

➲ (X) : 부수용역이 유의적인 경우에는 자가사용부동산으로 분류한다.

❒ 투자부동산은 최초 인식시점에 원가로 측정하며 거래원가는 최초 측정에 포함하지 아니한다.

➲ (X) : 거래원가는 최초 측정에 포함한다.

❒ 계획된 사용수준에 도달하기 전에 발생하는 부동산의 운영손실은 투자부동산의 원가에 포함한다.

➲ (X) : 포함한다.(X) → 포함하지 않는다.(O)

Answer 1. ② 2. ①

시험중요도 ★★☆

기본이론 제88강 투자부동산 공정가치모형의 적용

세부고찰 I

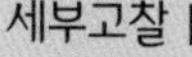

사례 원가모형과 공정가치모형 처분손익 비교

✪다음은 ㈜열공모드진입의 투자부동산과 관련된 자료이다. 동 투자부동산에 대하여 원가모형을 적용할 경우와 공정가치모형을 적용할 경우 20x4년 포괄손익계산서의 당기순손익에 미치는 영향은 각각 얼마인가?

(1) 투자부동산 취득일 : 20x1년 1월 1일
(2) 투자부동산의 취득원가 : ₩570,000
(3) 투자부동산의 잔존가치는 없으며, 내용연수는 50년이고, 정액법으로 상각한다.
(4) 20x3년 12월 31일의 투자부동산의 공정가치 : ₩690,000
(5) ㈜열공모드진입은 20x4년초에 동 투자부동산을 ₩675,000에 처분하였다.

풀이

- 원가모형
  - 감가상각누계액 : $570,000\times\frac{3}{50}=34,200$
  - 처분시 장부금액 : 570,000-34,200=535,800
  - 처분이익 : 675,000-535,800=139,200
- 공정가치모형
  - 처분시 장부금액 : 20x3년 12월 31일의 공정가치인 690,000과 일치함.
  - 처분손실 : 675,000-690,000=△15,000

세부고찰 II

사례 공정가치를 신뢰성있게 측정하기 어려운 경우

✪ ㈜병나발은 20x1년 1월 1일 임대수익 목적으로 다음의 건물을 취득하여 투자부동산으로 분류하였다. ㈜병나발은 동 투자부동산에 대하여 공정가치모형으로 평가하고, 유형자산에 대하여는 정액법으로 감가상각한다.

	취득원가	잔존가치	내용연수
건물 A	₩400,000	₩40,000	20년
건물 B	₩500,000	₩50,000	20년

건물 A의 20x1년말 공정가치는 ₩410,000이며, 건물 B는 공정가치를 신뢰성있게 결정하기 어려운 상황이다. 건물 A, 건물 B에 대한 20x1년말의 회계처리가 포괄손익계산서에 미치는 순효과는 얼마인가?

풀이

보론 원가모형 강제

❒ 취득한 투자부동산의 공정가치를 계속하여 신뢰성있게 결정하기가 어려울 것이라는 명백한 증거가 있는 경우에는 원가모형을 적용하고, 투자부동산의 잔존가치는 영(0)으로 하며, 당해 투자부동산은 처분할때까지 유형자산기준서를 적용하여 감가상각함.

- 건물A

(차) 투자부동산 10,000 (대) 투자부동산평가이익 10,000[1)]

- 건물B

(차) 감가상각비 25,000[2)] (대) 감가상각누계액 25,000

1) 410,000-400,000=10,000

2) $(500,000-0)\times\frac{1}{20}=25,000$

→∴순효과=△15,000

FINAL 객관식뽀개기 실전적중문제

1. ㈜감평은 20x1년초 투자 목적으로 건물을 ₩2,000,000에 취득하여 공정가치 모형을 적용하였다. 건물의 공정가치 변동이 다음과 같을 때, ㈜감평의 20x2년도 당기순이익에 미치는 영향은?(단, 필요할 경우 건물에 대해 내용연수 8년, 잔존가치 ₩0, 정액법으로 감가상각 한다.) [감평사기출]

	20x1년말	20x2년말
공정가치	₩1,900,000	₩1,800,000

① 영향 없음 ② ₩100,000 감소
③ ₩200,000 감소 ④ ₩350,000 감소
⑤ ₩450,000 감소

내비게이션

- 감가상각비 : 공정가치모형에서는 감가상각을 하지 않는다.
- 20x1년 평가손익 : 1,900,000-2,000,000=△100,000(손실)
- 20x2년 평가손익 : 1,800,000-1,900,000=△100,000(손실)
  →∴20x2년도 당기순이익 100,000 감소

2. ㈜관세는 20x1년초 임대용 건물을 취득하고 투자부동산으로 분류하였으며, 취득과 관련된 지출은 다음과 같다. ㈜관세는 투자부동산에 대하여 공정가치모형을 적용하며 20x1년말 건물의 공정가치는 ₩52,000이다. ㈜관세가 투자부동산과 관련하여 20x1년도에 인식할 손익은? [관세사기출]

○ 매입가액	₩50,000
○ 취득관련 세금(취득세 등)	₩2,000
○ 취득관련 전문가 자문료	₩1,000
○ 취득 담당부서 관리비	₩1,000

① 손실 ₩2,000 ② 이익 ₩2,000 ③ ₩0
④ 이익 ₩1,000 ⑤ 손실 ₩1,000

내비게이션

- 구입한 투자부동산의 원가는 구입금액과 구입에 직접 관련이 있는 지출로 구성된다. 직접 관련이 있는 지출의 예를 들면 법률용역의 대가로 전문가에게 지급하는 수수료, 부동산 구입과 관련된 세금 및 그 밖의 거래원가 등이 있다.[K-IFRS 투자부동산 문단21]
  →따라서, 취득 담당부서 관리비는 일반관리비로 비용처리한다.
- 취득원가 : 50,000+2,000+1,000=53,000
- 20x1년 평가손익 : 52,000-53,000=△1,000(손실)

∴1,000(일반관리비)+1,000(평가손실)=2,000(손실)

3. ㈜서울은 투자부동산에 대하여는 공정가치모형을, 유형자산에 대하여는 재평가모형을 사용하여 후속측정을 하고 있다. 다음의 자료에 의하여 20x2년에 후속측정과 관련하여 당기손익과 기타포괄손익으로 계상할 금액은? [감평사기출]

구분	20x1년 초 취득원가	20x1년 말 공정가치	20x2년 말 공정가치
건물 (투자부동산)	₩1,000,000	₩1,200,000	₩1,100,000
토지 (유형자산)	₩5,000,000	₩4,750,000	₩5,050,000

	당기손익	기타포괄손익
①	₩50,000 손실	₩0
②	₩150,000 이익	₩50,000 손실
③	₩150,000 이익	₩50,000 이익
④	₩200,000 이익	₩0
⑤	₩100,000 이익	₩50,000 손실

내비게이션

- 건물
  -20x2년 평가손실 : 1,100,000-1,200,000=△100,000
- 토지
  -20x1년 재평가 : 4,750,000-5,000,000=△250,000(재평가손실)
  -20x2년 재평가 : 5,050,000-4,750,000=300,000
  →재평가이익 250,000, 재평가잉여금 50,000

보론 | 건설중인 투자부동산

1 공정가치 측정의 가정

건설중인 투자부동산은 건설이 완료되면 공정가치는 신뢰성있게 측정할 수 있다고 가정한다. 건설중인 투자부동산의 공정가치가 신뢰성 있게 측정될 수 있다는 가정은 오직 최초 인식시점에만 반박될 수 있다. 건설중인 투자부동산을 공정가치로 측정한 기업은 완성된 투자부동산의 공정가치가 신뢰성 있게 측정될 수 없다고 결론지을 수 없다.

2 공정가치 측정의 적용

만일 기업이 건설중인 투자부동산의 공정가치를 신뢰성 있게 측정할 수 없지만, 건설이 완료된 시점에는 공정가치를 신뢰성 있게 측정할 수 있다고 예상하는 경우에는, 공정가치를 신뢰성 있게 측정할 수 있는 시점과 건설이 완료되는 시점 중 이른 시점까지는 건설중인 투자부동산을 원가로 측정한다. 공정가치로 평가하게 될 자가건설 투자부동산의 건설이나 개발이 완료되면 해당일의 공정가치와 기존 장부금액의 차액은 당기손익으로 인식한다.

Answer 1. ② 2. ① 3. ③

시험중요도 ★★★

기본이론 제89강 투자부동산 계정대체

구분		
의의	계정대체	• 부동산의 용도가 변경되는 경우에만 계정대체함.
	용도변경	• 부동산이 투자부동산의 정의를 충족하게 되거나 충족하지 못하게 되고, 용도변경의 증거가 있는 경우를 말함. ➡ 주의 경영진의 의도 변경만으로는 용도변경의 증거가 되지 않음.

대체사유 {용도변경 증거의 예}

사유	대체 전	대체 후
자가사용의 개시 자가사용을 목적으로 개발시작	❒ 투자부동산	➡ 자가사용부동산(유형자산)으로 대체[1]
통상영업과정에서 판매할 목적으로 개발시작	❒ 투자부동산	➡ 재고자산으로 대체[2]
자가사용의 종료	❒ 자가사용부동산	➡ 투자부동산으로 대체
제3자에 대한 운용리스 제공의 약정	❒ 재고자산	➡ 투자부동산으로 대체

[1] 재개발하여 미래에도 계속 투자부동산으로 사용하는 경우에는 계속 투자부동산으로 분류함.
[2] 개발하지 않고 처분하려는 경우에는 제거될 때까지 계속 투자부동산으로 분류함.

계정대체 회계처리

구분	대체	회계처리
투자부동산에 원가모형 적용시		• 대체전 자산의 장부금액으로 대체함.
투자부동산에 공정가치모형 적용시	투자부동산 ➡ 자가사용부동산	• 변경시점에 투자부동산 평가손익 인식후 공정가치로 대체
	투자부동산 ➡ 재고자산	(차) 투자부동산 2 (대) 평가이익 2 (차) 건물 12 (대) 투자부동산 12
	자가사용부동산 ➡ 투자부동산	• 변경시점의 장부금액과 공정가치의 차액은 유형자산 재평가모형과 동일한 방법으로 회계처리함.(후술!)
	재고자산 ➡ 투자부동산	• 재고자산 장부금액과 대체시점의 공정가치의 차액은 당기손익으로 인식함. (차) 재고자산 2 (대) 처분이익 2 (차) 투자부동산 12 (대) 재고자산 12

보론 공정가치로 평가하게될 자가건설 투자부동산
❒ 건설·개발이 완료되면 공정가치와 차액은 당기손익으로 인식함.

참고 자가사용부동산을 공정가치평가 투자부동산으로 대체시점까지 감가상각하고, 손상차손을 인식함.

사례 투자부동산(공정가치모형) → 자가사용부동산으로 대체

✪ 20x2년초에 투자부동산(공정가치모형)인 건물(잔존내용연수 4년, 잔존가치 ₩0, 정액법상각)을 자가사용부동산으로 변경함.(감가상각누계액제거법 적용)

20x1년말 장부금액	20x2년초 공정가치	20x2년말 공정가치
₩10,000	₩12,000	₩14,000

풀이

시점	회계처리	비고
20x2년초	(차) 투자부동산 2,000 (대) 투자부동산평가이익 2,000 (차) 건물 12,000 (대) 투자부동산 12,000	
20x2년말	(차) 감가상각비 3,000*) (대) 감가상각누계액 3,000	*) (12,000-0)÷4년=3,000

• if, 자가사용부동산에 재평가모형을 적용하는 경우는 20x2년말 다음을 추가함.

(차) 감가상각누계액 3,000 (대) 재평가잉여금 5,000
건물 2,000

FINAL 객관식뽀개기 | 실전적중문제

1. 투자부동산에 관한 설명으로 옳지 않은 것은? [감평사기출]

① 미래에 투자부동산으로 사용하기 위하여 건설 또는 개발 중인 부동산은 투자부동산에 해당한다.
② 소유 투자부동산은 최초 인식시점에 원가로 측정하며, 거래원가는 최초 측정치에 포함한다.
③ 통상적인 영업과정에서 판매하기 위한 부동산이나 이를 위하여 건설 또는 개발 중인 부동산은 투자부동산에 해당하지 않는다.
④ 투자부동산을 개발하지 않고 처분하기로 결정하는 경우에는 재고자산으로 재분류한다.
⑤ 투자부동산에 대하여 공정가치모형을 선택한 경우, 투자부동산의 공정가치 변동으로 발생하는 손익은 발생한 기간의 당기손익에 반영한다.

내비게이션

• 투자부동산을 개발하지 않고 처분하기로 결정하는 경우에는 그 부동산이 제거(재무상태표에서 삭제)될 때까지 재무상태표에 투자부동산으로 계속 분류하며 재고자산으로 재분류하지 않는다.

2. 투자부동산의 계정대체에 관한 설명으로 옳은 것은? [관세사기출]

① 공정가치로 평가하게 될 자가건설 투자부동산의 건설이나 개발이 완료되면 해당일의 공정가치와 기존 장부금액의 차액은 기타포괄손익으로 인식한다.
② 투자부동산을 원가모형으로 평가하는 경우에는 투자부동산, 자가사용부동산, 재고자산 사이에 대체가 발생할 때에 대체 전 자산의 공정가치를 승계한다.
③ 자가사용부동산을 공정가치로 평가하는 투자부동산으로 대체하는 시점까지 그 부동산을 감가상각하고, 발생한 손상차손은 인식하지 않는다.
④ 투자부동산을 재개발하여 미래에도 계속 투자부동산으로 사용하려는 경우에는 재개발기간에 자가사용부동산으로 재분류한다.
⑤ 재고자산을 공정가치모형 적용 투자부동산으로 계정대체시, 재고자산의 장부금액과 대체시점의 공정가치 차액을 당기손익으로 인식한다.

내비게이션

• ① 기타포괄손익(X) → 당기손익(O)
② 공정가치를 승계(X) → 장부금액을 승계(O)
③ 손상차손은 인식하지 않는다(X) → 손상차손을 인식한다(O)
④ 재개발기간에 계속 투자부동산으로 분류하며 자가사용부동산으로 재분류하지 않는다.

3. 투자부동산의 계정대체와 평가에 관한 설명으로 옳지 않은 것은? [감평사기출]

① 투자부동산을 원가모형으로 평가하는 경우에는 투자부동산, 자가사용부동산, 재고자산 사이에 대체가 발생할 때에 대체 전 자산의 장부금액을 승계한다.
② 자가사용부동산을 공정가치로 평가하는 투자부동산으로 대체하는 경우, 용도 변경시점까지 그 부동산을 감가상각하고 발생한 손상차손을 인식한다.
③ 재고자산을 공정가치로 평가하는 투자부동산으로 대체하는 경우, 재고자산의 장부금액과 대체시점의 공정가치의 차액은 기타포괄손익으로 인식한다.
④ 공정가치로 평가하게 될 자가건설 투자부동산의 건설이나 개발이 완료되면 해당일의 공정가치와 기존 장부금액의 차액은 당기손익으로 인식한다.
⑤ 공정가치로 평가한 투자부동산을 자가사용부동산이나 재고자산으로 대체하는 경우, 후속적인 회계처리를 하기 위한 간주원가는 용도 변경시점의 공정가치가 된다.

내비게이션

• 기타포괄손익으로 인식한다(X) → 당기손익으로 인식한다(X)

4. ㈜세무는 20x1년 1월 1일에 투자목적으로 건물(취득원가 ₩2,000,000, 잔존가치 ₩0, 내용연수 4년, 공정가치모형 적용)을 구입하였다. 20x2년 7월 1일부터 ㈜세무는 동 건물을 업무용으로 전환하여 사용하고 있다. ㈜세무는 동 건물을 잔여내용연수 동안 정액법으로 감가상각(잔존가치 ₩0)하며, 재평가모형을 적용한다. 공정가치의 변동내역이 다음과 같을 때, 동 거래가 20x2년도 ㈜세무의 당기순이익에 미치는 영향은? (단, 감가상각은 월할상각한다.) [세무사기출]

구분	20x1년말	20x2년 7월 1일	20x2년말
공정가치	₩2,200,000	₩2,400,000	₩2,500,000

① ₩480,000 감소　② ₩280,000 감소
③ ₩200,000 증가　④ ₩300,000 증가
⑤ ₩580,000 증가

내비게이션

• 20x1년말 평가이익 : 2,200,000-2,000,000=200,000
• 20x2.7.1(변경시점) 평가이익 : 2,400,000-2,200,000=200,000
→(차) 건물 2,400,000 (대) 투자부동산 2,400,000
• 20x2년말
- 감가상각비 : 2,400,000x6/30=480,000
- 재평가 : 2,500,000-(2,400,000-480,000)=580,000(재평가잉여금)
∴200,000(평가이익)-480,000(감가상각비)=△280,000(이익감소)

Answer 1. ④ 2. ⑤ 3. ③ 4. ②

시험중요도 ★★☆

기본이론 제90강 자가사용부동산의 투자부동산(공정가치모형) 대체

회계처리

선평가 후대체

구분	처리	계정
재평가잉여금인식후 '장부금액 〉 공정가치'	◉전기재평가잉여금	• 재평가잉여금과 상계
	◉나머지 금액	• 재평가손실(당기손익)
재평가손실인식후 '장부금액 〈 공정가치'	◉전기재평가손실(손상차손)	• 재평가이익(당기손익)
	◉나머지 금액	• 재평가잉여금

보론 자가사용부동산이 원가모형인 경우
① '장부금액 〉 공정가치' : 재평가손실(당기손익)
② '장부금액 〈 공정가치' : 재평가잉여금 ➡단, 이전 손상차손은 당기손익

이익잉여금대체

- 투자부동산 처분시에 재평가잉여금은 이익잉여금으로 대체될 수 있음.
  ➡재평가잉여금은 당기손익 인식과정을 거치지 않고 직접 이익잉여금으로 대체함.

세부고찰 I

사례 자가사용부동산이 원가모형인 경우

✪ 다음은 ㈜합격자명단의내이름의 취득자산 관련 자료이다. 20x2년도 당기손익에 미치는 영향을 계산하면 얼마인가?

(1) 20x1년초에 자가사용목적의 건물(내용연수 10년, 잔존가치 ₩0, 정액법상각, 원가모형 적용)을 ₩15,000,000에 취득하였다.
(2) 20x1년말 임대목적으로 사용목적을 변경하여 투자부동산(공정가치모형)으로 분류하였다.
(3) 20x1년말과 20x2년말의 공정가치는 각각 ₩14,400,000, ₩15,300,000이다.

시점	분개	비고
x1말	(차) Dep 1,500,000[1) (대) Dep누계액 1,500,000 (차) 건물 900,000 (대) 재평가잉여금 900,000[2) (차) Dep누계액 1,500,000 (대) 건물 15,900,000 투자부동산 14,400,000	[1) 15,000,000÷10년=1,500,000 [2) 14,400,000−13,500,000=900,000
x2말	(차) 투자부동산 900,000 (대) 평가이익 900,000[3)	[3) 15,300,000−14,400,000=900,000

→∴20x2년도 당기손익에 미치는 영향 : 900,000

세부고찰 II

사례 자가사용부동산이 재평가모형인 경우

✪ 20x3년초 투자부동산(공정가치 ₩18,750,000)으로 대체시 재평가잉여금에 미치는 영향은?

(1) 20x1년초에 자가사용목적의 건물(내용연수 5년, 잔존가치 ₩0, 정액법상각, 재평가모형 적용, 감가상각누계액제거법 사용)을 ₩30,000,000에 취득하였다.
(2) 20x1년말에는 재평가가 없었으며, 20x2년말에 손상차손 ₩2,250,000을 인식하였다.

시점	분개	비고
x1말	(차) Dep 6,000,000[1) (대) Dep누계액 6,000,000	[1) 30,000,000÷5년=6,000,000
x2말	(차) Dep 6,000,000 (대) Dep누계액 6,000,000 (차) 손상차손 2,250,000 (대) 손상차손누계액 2,250,000	-
x3초	(차) Dep누계액 12,000,000 (대) 재평가이익 2,250,000[2) 손상차손누계액 2,250,000 재평가잉여금 750,000[2) 건물 11,250,000 (차) 투자부동산 18,750,000 (대) 건물 18,750,000	[2) 18,750,000−15,750,000 =3,000,000

→∴20x3년도 대체시 재평가잉여금에 미치는 영향 : 750,000 증가

FINAL 객관식뽀개기 실전적중문제

1. 투자부동산에 대한 다음의 설명 중 옳은 것을 모두 열거한 것은?

> (가) 소유 투자부동산은 최초 인식시점에 원가로 측정한다. 거래원가는 최초 측정치에 포함한다.
> (나) 공정가치모형을 적용하는 경우, 투자부동산의 공정가치 변동으로 발생하는 손익은 발생한 기간의 당기손익에 반영한다.
> (다) 재고자산을 공정가치로 평가하는 투자부동산으로 대체하는 경우, 재고자산의 장부금액과 대체시점의 공정가치의 차액은 당기손익으로 인식한다.
> (라) 투자부동산의 손상, 멸실 또는 포기로 제3자에게서 받는 보상은 받을 수 있게 되는 시점에 당기손익으로 인식한다.

① (가), (나) ② (나), (다) ③ (가), (다), (라)
④ (나), (다), (라) ⑤ (가), (나), (다), (라)

• 모두 옳은 설명이다.

2. 다음 자료에 의한 자산을 공정가치모형으로 평가되는 투자부동산으로 대체시 법인세비용차감전순이익의 증가액은 얼마인가?

대체전	대체전 장부금액	대체시점 공정가치
자가사용부동산(A)	₩90,000	₩100,000
자가사용부동산(B)	₩60,000	₩40,000
재고자산	₩40,000	₩50,000
건설중인자산	₩30,000	₩60,000

① ₩20,000 ② ₩30,000 ③ ₩40,000
④ ₩50,000 ⑤ ₩60,000

• 자가사용부동산(A)의 공정가치상승분은 재평가잉여금이다.
• 순이익 증가액

자가사용부동산(B) :	40,000-60,000=	(20,000)
재고자산	50,000-40,000=	10,000
건설중인자산 :	60,000-30,000=	30,000
		20,000

3. ㈜합격은 20x1년 1월 1일 현재 원가모형을 적용하는 취득금액 ₩20,000(감가상각누계액 ₩10,000, 잔존내용연수 4년, 잔존가치 ₩0, 감가상각방법은 정액법)의 건물을 보유하고 있다. 관련된 다음의 자료에 의할 때 20x1년도 손익에 미치는 영향은 얼마인가?

> (1) ㈜합격은 20x1년 7월 1일 위 자가사용하던 건물을 투자부동산으로 용도를 변경하기로 하였으며, 투자부동산은 공정가치모형을 적용한다.
> (2) 20x1년 7월 1일과 20x1년 12월 31일 건물의 공정가치는 각각 ₩14,000과 ₩16,000이다.

① ₩0 ② ₩750 ③ ₩1,250
④ ₩2,500 ⑤ ₩11,250

• 20x1년 7월 1일

(차) 감가상각비	1,250[1]	(대) 감가상각누계액	1,250
(차) 건물	5,250	(대) 재평가잉여금	5,250[2]
(차) 감가상각누계액	11,250	(대) 건물	25,250
투자부동산	14,000		

• 20x1년 12월 31일

(차) 투자부동산	2,000	(대) 평가이익	2,000[3]

[1] 10,000÷4년×6/12=1,250
[2] 14,000-(10,000-1,250)=5,250
[3] 16,000-14,000=2,000
→∴2,000(평가이익)-1,250(감가상각비)=750

Answer 1. ⑤ 2. ① 3. ②

시험중요도 ★★☆

기본이론 제91강 무형자산 무형자산의 적용범위

<table>
<tr><td rowspan="5">적용범위</td><td>유형·무형 혼합시</td><td>❖일부 무형자산은 컴팩트디스크등과 같은 물리적 형체에 담겨 있을수 있으며, 유형·무형자산 중 어떤 요소가 더 유의적인지를 판단하여 다음처럼 처리함.
① 컴퓨터로 제어되는 기계장치가 특정 컴퓨터소프트웨어가 없으면 가동이 불가능한 경우에는 그 소프트웨어를 관련된 하드웨어의 일부로 보아 유형자산으로 회계처리함.
말장난 그 소프트웨어를 별도로 무형자산으로 회계처리한다(x)
② 컴퓨터의 운영시스템에도 동일하게 적용하며, 관련된 하드웨어의 일부가 아닌 소프트웨어는 무형자산으로 회계처리함.</td></tr>
<tr><td>연구개발비</td><td>• 연구와 개발활동의 목적은 지식의 개발에 있으므로 이러한 활동으로 인하여 물리적 형체(예 시제품)가 있는 자산이 만들어지더라도 그 자산의 물리적 요소는 무형자산 요소가 갖는 지식에 부수적인 것으로 봄.</td></tr>
<tr><td>금융리스</td><td>• 기초자산이 무형자산인 금융리스의 경우 최초 인식후에 리스이용자는 금융리스에 의하여 보유하는 무형자산을 무형자산기준서에 따라 회계처리함.</td></tr>
<tr><td>라이선스</td><td>• 영화필름, 비디오녹화물, 희곡, 원고, 특허권, 저작권과 같은 항목에 대한 라이선스 계약에 에 따라 리스이용자가 보유하는 권리는 '리스'의 적용범위에서 제외되며 무형자산기준서의 적용범위에 해당함.
말장난 리스의 적용범위에 해당한다(x)</td></tr>
<tr><td>추출산업과 보험계약</td><td>• 추출산업의 원유, 천연가스·광물자원의 탐사, 개발·추출로 발생하는 지출에 대한 회계처리와 보험계약의 경우에는 무형자산기준서 적용범위에서 제외함.
➡∵활동이나 거래가 특수하기 때문에 다르게 회계처리할 필요가 있음.
• 추출산업·보험자가 사용하는 기타 무형자산(예 컴퓨터소프트웨어)과 발생한 기타 지출(예 사업개시원가)에는 무형자산기준서를 적용함.</td></tr>
<tr><td rowspan="2">적용제외</td><td>제외대상</td><td>❖무형자산기준서는 다음 사항을 제외한 무형자산의 회계처리에 적용함.
① 다른 한국채택국제회계기준서의 적용범위에 포함되는 무형자산
② '금융상품 : 표시'에서 정의된 금융자산
③ 탐사평가자산의 인식과 측정('광물자원의 탐사와 평가' 적용)
④ 광물, 원유, 천연가스, 이와 유사한 비재생자원의 개발·추출에 대한 지출</td></tr>
<tr><td>다른 규정 적용대상</td><td>❖다른 한국채택국제회계기준서에서 규정하고 있는 경우는 해당 한국채택국제회계기준서를 적용하며, 무형자산기준서를 적용치 않는 예는 다음과 같음.
① 통상적인 영업과정에서 판매를 위하여 보유하고 있는 무형자산
② 이연법인세자산
③ '리스'에 따라 회계처리하는 무형자산 리스
④ 종업원급여와 관련하여 발생하는 자산
⑤ 금융자산
⑥ 사업결합으로 취득하는 영업권
⑦ '보험계약'의 적용범위에 해당하는 보험계약에서 보험자의 계약상 권리에서 발생하는 이연신계약비와 무형자산
⑧ '매각예정비유동자산과 중단영업'에 따라 매각예정으로 분류되는 비유동 무형자산</td></tr>
</table>

FINAL 객관식뽀개기 — 실전적중문제

1. 다음은 무형자산에 관한 기업회계기준서의 설명이다. 가장 틀린 설명은 어느 것인가?

① 자산에서 발생하는 미래 경제적 효익이 기업에 유입될 가능성이 높고, 자산의 원가를 신뢰성 있게 측정할 수 있는 경우에만 무형자산을 인식하며, 미래 경제적 효익의 유입가능성은 개별 취득하는 무형자산과 사업결합으로 취득하는 무형자산에 대하여 항상 충족되는 것으로 본다.
② 연구와 개발활동으로 인하여 물리적 형체가 있는 자산이 만들어지는 경우 당해 자산의 물리적 요소는 자산인식요건을 충족하는 경우 유형자산으로 인식한다.
③ 내부적으로 창출한 영업권은 자산으로 인식하지 아니한다.
④ 무형자산의 회계정책으로 재평가모형을 적용하는 경우에는 재평가 목적상 공정가치는 활성시장을 기초로 하여 결정하며, 재평가는 재무상태표일에 자산의 장부금액이 공정가치와 중요하게 차이가 나지 않도록 주기적으로 수행한다.
⑤ 관련된 모든 요소의 분석에 근거하여 그 자산이 순현금유입을 창출할 것으로 기대되는 기간에 대하여 예측가능한 제한이 없을 경우 무형자산의 내용연수가 비한정인 것으로 보며, 내용연수가 비한정인 무형자산은 상각하지 아니한다.

내비게이션

- 연구와 개발활동의 목적은 지식의 개발에 있다. 따라서 이러한 활동으로 인하여 물리적 형체(예시제품)가 있는 자산이 만들어지더라도 그 자산의 물리적 요소는 무형자산 요소 즉, 그 자산이 갖는 지식에 부수적인 것으로 본다.
- ①,③,④,⑤에 대하여는 후술함!

2. 다음 중 무형자산에 대한 한국채택국제회계기준의 내용과 일치하지 않는 것은?

① 영화필름, 비디오 녹화물, 희곡, 원고, 특허권과 저작권과 같은 항목에 대한 라이선스 계약에 의한 권리는 한국채택국제회계기준 '리스'의 적용범위에 해당한다.
② 무형자산기준서는 추출산업이나 보험자가 사용하는 기타 무형자산과 발생한 기타 지출에는 적용한다.
③ 컴퓨터로 제어되는 기계장치가 특정 컴퓨터소프트웨어가 없으면 가동이 불가능한 경우에는 그 소프트웨어를 관련된 하드웨어의 일부로 보아 회계처리한다.
④ 컴퓨터운영시스템에도 관련된 하드웨어의 일부가 아닌 소프트웨어는 무형자산으로 회계처리한다.
⑤ 연구와 개발활동으로 인하여 물리적 형체가 있는 자산이 만들어지더라도, 그 자산의 물리적 요소는 무형자산 요소 즉, 내재된 지식에 부수적인 것으로 본다.

내비게이션

- 영화필름, 비디오 녹화물, 희곡, 원고, 특허권과 저작권과 같은 항목에 대한 라이선스 계약에 의한 권리는 무형자산기준서의 적용범위에 해당한다.

서술형Correction연습

❒ 컴퓨터로 제어되는 기계장치가 특정 컴퓨터소프트웨어가 없으면 가동이 불가능한 경우에는 그 소프트웨어를 별도로 무형자산으로 회계처리한다.

➲ (X) : 그 소프트웨어를 관련된 하드웨어의 일부로 보아 유형자산으로 회계처리한다.

❒ 사업결합으로 취득하는 연구·개발 프로젝트는 '무형자산'의 적용범위에 해당하지 않는다.

➲ (X) : 사업결합으로 취득하는 영업권에 대해서 '무형자산'의 적용범위에 해당하지 않으므로 그 외 사업결합으로 취득하는 연구·개발 프로젝트는 '무형자산'의 적용범위에 해당한다.

Answer 1. ② 2. ①

시험중요도 ★★☆

기본이론 제92강  무형자산의 정의

구분	항목	내용
의의	무형자산 정의	• 물리적 실체는 없지만 식별가능하고, 통제하고 있으며 미래경제적효익이 있는 비화폐성 자산을 말함.
	정의불충족시	• 무형자산기준서의 적용범위에 해당하는 항목이 정의를 충족하지 않는다면 발생한 지출은 발생시점에 비용으로 인식함. 주의 그러나 이러한 항목을 사업결합으로 취득하는 경우에는 취득일에 인식하는 영업권의 일부를 구성함. 말장난 사업결합으로 취득하는 경우에도 발생시점에 비용으로 인식한다(X)
식별가능성	의미	• 영업권과 구별하기 위하여 무형자산이 식별가능할 것을 요구함.
	식별가능조건	• 자산은 다음 중 하나에 해당하는 경우에 식별가능함. ① 자산이 분리가능하다. ➡즉, 기업의 의도와는 무관하게 기업에서 분리하거나 분할할 수 있고, 개별적으로 매각, 이전, 라이선스, 임대, 교환할수 있음. 말장난 분리가능한 모든 무형자산은 식별가능하다(O) ② 자산이 계약상 권리 또는 기타 법적권리로부터 발생한다. ➡이 경우 그러한 권리가 이전가능한지 여부 또는 기업이나 기타 권리와 의무에서 분리가능한지 여부는 고려하지 아니함.

보론 **영업권**(=이전대가－피취득자의 순자산공정가치)

① 사업결합시 영업권은 개별적으로 식별하여 별도로 인식하는 것이 불가한 자산임.(후술!)
➡∴무형자산기준서상의 무형자산의 범위에서 제외함.

② 내용연수가 비한정이므로 상각대상자산이 아니며, 손상평가대상임.

③ 내부적으로 창출한 영업권은 자산으로 인식하지 않음.(∵원가측정불가, 식별불가능)

구분	항목	내용
통제	의미	• 미래경제적효익을 확보할수 있고 그 효익에 대한 제3자의 접근을 제한할수 있다면 기업이 자산을 통제하고 있는 것임. • 통제능력은 일반적으로 법원에서 강제할수 있는 법적 권리에서 나오며, 법적권리가 없는 경우에는 통제를 제시하기 어려움. 주의 그러나 다른 방법으로도 미래경제적효익을 통제할수 있기 때문에 권리의 법적 집행가능성이 통제의 필요조건은 아님.
	시장에 대한 지식·기술적 지식	• 미래경제적효익이 발생가능하며, 법적권리에 의해 보호된다면 미래경제적효익을 통제하고 있는 것임.
	숙련된 종업원·종업원의 기술	• 미래경제적효익이 발생가능하나, 일반적으로 무형자산의 정의를 충족하기에는 충분한 통제를 가지고 있지 않음.
	특정의 경영능력·기술적재능	• 미래경제적효익을 확보하는 것이 법적권리에 의하여 보호되지 않거나 무형자산 정의의 기타요건을 충족하지 않는다면 일반적으로 무형자산의 정의를 충족할수 없음.
	고객과의 관계·고객의 충성도	• 고객관계나 고객충성도를 지속할수있는 법적권리나 그것을 통제할 기타방법이 없다면 일반적으로 고객관계나 고객충성도에서 창출될 미래경제적효익에 대해서는 충분한 통제를 가지고 있지 않음. 주의 그러나 고객관계를 보호할 법적권리가 없는 경우에도, 동일하거나 유사한, 비계약적 고객관계를 교환하는 거래는 효익을 통제할수 있다는 증거를 제공하므로 무형자산정의를 충족함.
미래 경제적효익		• 제품의 매출, 용역수익, 원가절감, 자산의 사용에 따른 기타효익의 형태로 발생할수 있음. ➡예 제조과정에 지적재산사용시 미래수익 증가보다는 미래제조원가를 감소시킬수 있음.

FINAL 객관식뽀개기 실전적중문제

1. 다음은 ㈜한영의 당기 거래 내역이다. ㈜한영이 무형자산으로 보고할 수 있는 상황들로만 모두 고른 것은? [감평사기출]

> ㄱ. 경영진이 미래효익을 기대하고 있는 고객관계 개선 관련 프로젝트에 ₩3,000 지출
> ㄴ. ㈜부산의 장부에 자산으로 기록하지 않았던 품질향상 제조기법을 배타적 통제가능성과 함께 획득하고 ₩2,000 지급
> ㄷ. 기계를 ₩30,000에 구입하면서 기계제어 소프트웨어 프로그램 구입을 위해 ₩3,000 추가 지급
> ㄹ. 신제품에 대한 광고비 ₩20,000 지급
> ㅁ. ㈜대한의 식별가능한 순자산의 공정가치는 ₩4,000인데, ㈜한영은 ㈜대한의 주식 전부를 인수하기 위해 ₩7,000 지급
> ㅂ. ㈜한영은 다른 회사로부터 실용신안권을 ₩5,000에 인수하였으며, 이 권리를 활용하여 얻은 수익 ₩10,000의 10%인 ₩1,000을 로열티로 지급하기로 약정
> ㅅ. ㈜세종의 장부상 금액 ₩1,000인 디자인권을 ₩5,000에 구입

① ㄱ, ㄴ, ㄷ ② ㄴ, ㄷ, ㅅ ③ ㅁ, ㅂ, ㅅ
④ ㄴ, ㅁ, ㅂ, ㅅ ⑤ ㄱ, ㄴ, ㄷ, ㄹ, ㅁ, ㅂ, ㅅ

내비게이션

- 가 : 일반적으로 고객관계에서 창출될 미래경제적효익에 대해서는 충분한 통제를 가지고 있지 않으므로 무형자산으로 인식하지 않는다.
- 나 : 통제를 충족하므로 2,000을 무형자산 처리한다.
- 다 : 기계장치가 특정 컴퓨터소프트웨어가 없으면 가동이 불가능한 경우에는 그 소프트웨어를 관련된 하드웨어의 일부로 보아 유형자산으로 회계처리한다.
- 라 : 광고비는 판매관리비 처리한다.
- 마 : 순자산공정가치를 초과하여 지급한 3,000을 무형자산(영업권) 처리한다.
- 바 : 구입대금 5,000은 무형자산, 로열티(사용수수료)는 비용처리한다.
- 사 : 구입대금 5,000을 무형자산 처리한다.

2. 무형자산에 관한 설명으로 옳지 않은 것은? [관세사기출]

① 무형자산은 물리적 실체는 없지만 식별가능한 비화폐성자산이다.
② 자산이 분리가능하거나 계약상 권리 또는 기타 법적권리로부터 발생하면 자산은 식별가능하다.
③ 내용연수가 유한한 무형자산의 상각대상금액은 내용연수 동안 체계적인 방법으로 배분하여야 한다.
④ 사업결합 전에 그 자산을 피취득자가 인식하였는지 여부에 관계없이, 취득자는 취득일에 피취득자의 무형자산을 영업권과 분리하여 인식한다.
⑤ 영업권의 용역잠재력은 언젠가는 소멸될 것이므로 영업권을 내용연수에 걸쳐서 상각한다.

내비게이션

- 영업권은 내용연수가 비한정이므로 상각대상자산이 아니다.
- ③,④에 대하여는 후술함!

3. 다음 설명 중 옳은 것을 모두 고른 것은? [감평사기출]

> ㄱ. 특정 유형자산을 재평가할 때, 해당 자산이 포함되는 유형자산 분류 전체를 재평가한다.
> ㄴ. 자가사용부동산을 공정가치로 평가하는 투자부동산으로 대체하는 시점까지 그 부동산을 감가상각하고, 발생한 손상차손을 인식한다.
> ㄷ. 무형자산으로 인식되기 위해서는 식별가능성, 자원에 대한 통제 및 미래경제적효익의 존재 중 최소 하나 이상의 조건을 충족하여야 한다.
> ㄹ. 무형자산을 창출하기 위한 내부 프로젝트를 연구단계와 개발단계로 구분할 수 없는 경우에는 그 프로젝트에서 발생한 지출은 모두 개발단계에서 발생한 것으로 본다.

① ㄱ, ㄴ ② ㄱ, ㄷ ③ ㄴ, ㄹ
④ ㄷ, ㄹ ⑤ ㄱ, ㄴ, ㄷ

내비게이션

- ㄷ : 모두 충족하여야 한다.
- ㄹ : 연구단계에서 발생한 것으로 본다.(후술함!)

서술형Correction연습

❐ 계약상 권리 또는 기타 법적 권리는 그러한 권리가 이전 가능하거나 또는 기업에서 분리 가능한 경우 무형자산 정의의 식별가능성 조건을 충족한 것으로 본다.

➡ (X) : 이전 가능한지 여부 또는 기업이나 기타 권리와 의무에서 분리 가능한지 여부는 고려하지 아니한다.

❐ 무형자산의 미래경제적효익에 대한 통제능력은 일반적으로 법원에서 강제할 수 있는 법적 권리에서 나오며, 법적 권리가 없는 경우에는 통제를 제시하기 어렵다. 따라서 권리의 법적 집행가능성은 통제의 필요조건이다.

➡ (X) : 권리의 법적 집행가능성이 통제의 필요조건은 아니다.

Answer 1. ④ 2. ⑤ 3. ①

시험중요도 ★★☆

기본이론 제93강 무형자산 인식과 개별취득

구분	항목	내용
인식요건	의의	• 무형자산으로 인식하기 위해서는 다음을 모두 충족함을 기업이 제시해야함. ❐ 무형자산의 정의 ❐ 무형자산의 인식조건
	인식조건	• 다음의 조건을 모두 충족하는 경우에만 무형자산을 인식함. ① 효익유입가능성조건 : 자산에서 발생하는 미래경제적효익이 유입될 가능성이 높다. ② 측정신뢰성조건 : 자산의 원가를 신뢰성 있게 측정할 수 있다. •주의 개별취득 무형자산과 사업결합취득 무형자산은 미래경제적효익의 유입가능성 조건을 항상 충족하는 것으로 봄.
인식내용	후속지출 (취득후지출)	• 후속지출은 다음과 같은 이유로 장부금액으로 인식되는 경우는 매우 드뭄. ① 무형자산은 특성상 자산이 증가하지 않거나 부분 대체가 이루어지지 않는 경우가 많으므로 취득후의 지출은 무형자산 정의와 인식기준을 충족하기 보다는 기존 무형자산이 갖는 기대 미래경제적효익을 유지하는 것이 대부분임. ② 사업전체가 아닌 특정무형자산에 직접 귀속시키기 어려운 경우가 많음.
	브랜드 등	• 브랜드, 제호, 출판표제, 고객목록등에 대한 취득이나 완성 후의 지출은 발생시점에 항상 당기손익으로 인식함. •주의 외부에서서 취득하였는지, 내부적으로 창출하였는지에 관계없이 당기손익임. 말장난 무형자산의 장부금액에 포함한다(X)
	미래경제적효익	• 미래경제적효익의 유입가능성은 내용연수 동안의 경제적 상황에 대한 경영자의 최선의 추정치를 반영하는 합리적·객관적 가정에 근거하여 평가해야함. • 미래경제적효익의 유입에 대한 확실성 정도에 대한 평가는 무형자산을 최초로 인식하는 시점에서 이용가능한 증거에 근거하며, 외부 증거에 비중을 더 크게 둠.
	최초측정	• 무형자산을 최초로 인식할 때에는 원가로 측정함.
		•주의 최초에 비용으로 인식한 무형항목에 대한 지출은 그 이후에 무형자산의 원가로 인식할 수 없음.
개별취득	의의	• 지급가격은 미래경제적효익이 유입될 확률에 대한 기대를 반영할 것임. ➡∴기업은 유입 시기·금액이 불확실하더라도 효익의 유입이 있을 것으로 기대하므로 개별취득 무형자산은 효익유입가능성조건을 항상 충족하는 것으로 봄. • 개별취득하는 무형자산의 원가는 일반적으로 신뢰성 있게 측정할수 있음.
	인식중지	• 원가의 인식은 경영자가 의도하는 방식으로 운용될수있는 상태에 이르면 중지함.
	부수영업활동	• 무형자산 개발관련한 영업활동 중에는 해당자산을 경영자가 의도하는 방식으로 운영될수 있는 상태에 이르도록 하는데 반드시 필요하지는 않은 활동도 있음. ➲ 이러한 부수적 영업활동관련 수익·비용은 즉시 당기손익으로 인식함.
	원가에 포함 O	① 구입가격(매입할인·리베이트를 차감하고, 수입관세·환급불가제세금을 포함함) ② 종업원급여, 전문가수수료, 기능발휘검사원가
	원가에 포함 X	① 새로운 제품·용역의 홍보원가 ➡광고·판매촉진활동원가를 포함함. ② 새로운 지역, 새로운 계층의 고객을 대상으로 사업수행시 발생하는 원가 ➡교육훈련비를 포함함. ③ 관리원가와 기타 일반경비원가, 사업개시원가(설립비,개업비,신규영업준비비) ④ 무형자산을 사용하거나 재배치하는데 발생하는 원가, 이전 또는 조직개편비 ⑤ 경영자의도방식으로 운용될수 있으나 아직 미사용기간에 발생한 원가 ⑥ 자산산출물에 대한 수요확립전까지 발생하는 손실과 같은 초기영업손실

FINAL 객관식뽀개기 ⊂ 실전적중문제

1. 무형자산에 관한 설명으로 옳지 않은 것은? [관세사기출]

① 무형자산을 최초로 인식할 때에는 원가로 측정한다.
② 최초에 비용으로 인식한 무형항목에 대한 지출은 그 이후에 무형자산의 원가로 인식할 수 있다.
③ 무형자산에 대한 대금지급기간이 일반적 신용기간보다 긴 경우 무형자산 원가는 현금가격상당액이 된다.
④ 제조과정에서 무형자산을 사용하면 수익을 증가시킬 수도 있지만 제조원가를 감소시킬 수도 있다.
⑤ 특정 소프트웨어가 없으면 기계장치의 가동이 불가능한 경우 그 소프트웨어는 기계장치의 일부로 회계처리한다.

내비게이션

• 최초에 비용으로 인식한 무형항목에 대한 지출은 그 이후에 무형자산의 원가로 인식할 수 없다.

2. 무형자산에 관한 설명으로 옳지 않은 것은? [관세사기출]

① 새로운 계층의 고객을 대상으로 사업을 수행하는 데서 발생하는 원가는 무형자산으로 인식한다.
② 내용연수가 비한정인 무형자산은 상각하지 아니한다.
③ 내부적으로 창출한 영업권은 무형자산으로 인식하지 않는다.
④ 무형자산을 최초로 인식할 때에는 원가로 측정한다.
⑤ 무형자산 취득원가의 인식은 그 자산을 경영자가 의도하는 방식으로 운용될 수 있는 상태에 이르면 중지한다.

내비게이션

• 원가(무형자산)에 포함하지 않고, 당기비용 처리한다.
• ②에 대하여는 후술함!

3. 무형자산에 관한 설명으로 옳지 않은 것은?

① 내부적으로 창출한 영업권은 자산으로 인식하지 않는다.
② 사업결합으로 인식하는 영업권은 사업결합에서 획득하였지만 개별적으로 식별하여 별도로 인식하는 것이 불가능한 그 밖의 자산에서 발생하는 미래경제적효익을 나타내는 자산이다.
③ 무형자산을 창출하기 위한 내부 프로젝트를 연구단계와 개발단계로 구분할 수 없는 경우에는 그 프로젝트에서 발생한 지출은 모두 연구단계에서 발생한 것으로 본다.
④ 자산에서 발생하는 미래경제적효익이 기업에 유입될 가능성이 높고 자산의 원가를 신뢰성 있게 측정할 수 있는 경우에만 무형자산을 인식한다.
⑤ 경영자가 의도하는 방식으로 운용될 수 있으나 아직 사용하지 않고 있는 기간에 발생한 원가는 무형자산의 장부금액에 포함한다.

내비게이션

• 원가(장부금액)에 포함하지 않는다.
• ③에 대하여는 후술함!

4. 무형자산의 회계처리에 관한 설명으로 옳지 않은 것은? [관세사기출]

① 기업이 사업결합에서 피취득자가 진행하고 있는 연구·개발 프로젝트를 취득한 경우 사업결합 전에 그 자산을 피취득자가 인식하였는지 여부에 관계없이 무형자산의 정의를 충족한다면 이를 영업권과 분리하여 별도의 자산으로 인식한다.
② 연구(또는 내부 프로젝트의 연구단계)에 대한 지출은 발생시점에 비용으로 인식한다.
③ 재평가한 무형자산과 같은 분류 내의 무형자산을 그 자산에 대한 활성시장이 없어서 재평가할 수 없는 경우에는 원가에서 상각누계액과 손상차손누계액을 차감한 금액으로 표시한다.
④ 기업이 외부에서 현금을 지급하고 취득한 개별 고객목록에 대한 취득 후의 지출은 고객목록의 장부금액에 포함한다.
⑤ 내부적으로 창출한 브랜드는 무형자산으로 인식하지 아니한다.

내비게이션

• 브랜드, 제호, 출판표제, 고객목록, 그리고 이와 실질이 유사한 항목(외부에서 취득하였는지 또는 내부적으로 창출하였는지에 관계없이)에 대한 취득이나 완성 후의 지출은 발생시점에 항상 당기손익으로 인식한다. →즉, 장부금액에 포함하지 않는다.

서술형Correction연습

❒ 내부적으로 창출한 브랜드, 제호, 출판표제, 고객 목록은 개발하는 데 발생한 원가를 전체 사업과 구별할 수 없더라도 무형자산으로 인식한다.

➲ (X) : 사업을 전체적으로 개발하는데 발생한 원가와 구별할 수 없으므로 무형자산으로 인식하지 아니한다.

❒ 무형자산을 최초로 인식할 때에는 공정가치로 측정한다.

➲ (X) : 공정가치(X) → 원가(O)

Answer 1. ② 2. ① 3. ⑤ 4. ④

시험중요도 ★★☆

기본이론 제94강 무형자산의 취득형태

사업결합취득

구분	내용
취득원가	• 사업결합으로 취득하는 무형자산 취득원가는 '사업결합'에 따라 취득일의 공정가치로 함.
인식조건	• 공정가치는 미래경제적효익이 유입될 확률에 대한 시장참여자의 기대를 반영할 것임. ➡∴기업은 유입 시기·금액이 불확실하더라도 효익의 유입이 있을 것으로 기대하므로 사업결합취득 무형자산은 효익유입가능성조건을 항상 충족하는 것으로 봄. • 사업결합취득 자산이 분리가능하거나 계약상 또는 기타 법적 권리에서 발생한다면, 공정가치를 신뢰성있게 측정하기에 충분한 정보가 존재하므로 사업결합취득 무형자산은 측정신뢰성조건을 항상 충족하는 것으로 봄.
분리인식	• 공정가치를 신뢰성있게 측정할수 있다면 사업결합 전에 피취득자가 재무제표에 인식하였는지 여부에 관계없이 취득자는 피취득자의 무형자산을 영업권과 분리하여 인식함. ➡이는 피취득자가 진행하고 있는 연구·개발 프로젝트가 무형자산의 정의를 충족한다면 취득자가 영업권과 분리하여 별도의 자산으로 인식하는 것을 의미함. 말장난 피취득자가 재무제표에 인식한 경우에만 무형자산을 영업권과 분리하여 인식한다(X) 예시 자산(무형자산포함)의 공정가치 ₩100, 부채 공정가치 ₩80, 결합대가 ₩40인 경우 (차) 자산(무형자산포함) 100 (대) 부채 80 (차) 영업권(대차차액) 20 (대) 현금 40 →영업권은 상각대상이 아니며 식별가능 무형자산을 영업권에 포함시키지 않아야 상각이 가능해지므로 무형자산을 영업권과 분리하여 인식하는 것임.
연관항목 결합인식	• 사업결합취득 무형자산이 관련계약이나 식별가능한 자산·부채와 결합되어서만 분리가능한 경우는 영업권과는 분리하지만 연관된 항목과는 함께 인식함.
불확실성	• 공정가치를 측정하는데 사용하는 추정치에 대하여 각각 다른 확률을 가진 가능한 결과의 범위가 있는 경우에, 그러한 불확실성은 공정가치 측정에 반영됨.

보론 진행 중인 연구·개발 프로젝트의 취득후 지출

❒ 다음을 충족하는 연구·개발지출은 후술하는 '내부창출무형자산'에 따라 회계처리함.

- 개별·사업결합 취득하고 무형자산으로 인식한 진행중인 연구·개발프로젝트와 관련있다.
- 그 프로젝트의 취득후에 발생한다.

❒ '내부창출무형자산'의 요구사항을 적용하는 경우 개별취득하거나 사업결합으로 취득하고 무형자산 인식한 진행중인 연구·개발 프로젝트에 대한 후속지출을 다음과 같이 회계처리함.

- 연구관련 지출인 경우에는 발생시점에 비용으로 인식
  - 말장난 연구 관련 지출인 경우에는 프로젝트의 장부금액에 가산한다(X)
- '내부창출무형자산'에서 제시된 자산인식요건 불충족하는 개발관련 지출인 경우에는 발생시점에 비용으로 인식
- '내부창출무형자산'에서 제시된 자산인식요건을 충족하는 개발관련 지출인 경우에는 취득한 진행 중인 연구·개발 프로젝트의 장부금액에 가산

정부보조취득

구분	내용
의의	• 정부보조로 무형자산을 무상이나 낮은 대가로 취득할수 있음. ➡예 정부가 공항 착륙권, 라디오나 텔레비전 방송국 운영권, 수입면허·수입할당이나 기타 제한된 자원을 이용할수 있는 권리를 기업에게 이전·할당하는 경우
최초인식	• '정부보조금'에 따라 무형자산과 정부보조금 모두를 최초에 공정가치로 인식할수 있음. • 최초에 자산을 공정가치로 인식하지 않기로 선택하는 경우에는, 자산을 명목금액과 의도한 용도로 사용할수 있도록 준비하는데 직접 관련되는 지출을 합한 금액으로 인식함.

교환취득

저자주 기본적으로 유형자산 교환취득과 동일합니다!

FINAL 객관식뽀개기 실전적중문제

1. ㈜합격은 20x1년 1월 1일에 다음과 같은 특허권을 취득하였다.

(1) 취득가액	:	₩10,000,000
(2) 내용연수	:	5년
(3) 잔존가치	:	₩0
(4) 상각방법	:	정액법

㈜합격은 20x3년 1월 1일 동 특허권을 ㈜적중의 상표권(장부금액 : ₩5,500,000)과 교환하면서 현금 ₩1,000,000을 추가로 지급하였다. 교환당시 특허권의 공정가치는 ₩7,500,000이다. 상표권의 취득원가와 무형자산처분이익은 각각 얼마인가? 단, 상업적 실질이 존재한다.

	상표권 취득원가	무형자산처분이익
①	₩7,500,000	₩500,000
②	₩7,500,000	₩1,500,000
③	₩8,500,000	₩500,000
④	₩8,500,000	₩1,500,000
⑤	₩7,000,000	₩0

내비게이션

• 회계처리

(차) 상표권	7,500,000	(대)	특허권	6,000,000
			처분이익	1,500,000
(차) 상표권	1,000,000	(대)	현금	1,000,000

서술형Correction연습

❒ 사업결합으로 취득하는 무형자산은 신뢰성 있는 측정 기준을 항상 충족하지는 아니한다.

➲ (X) : 신뢰성 있는 측정 기준을 항상 충족한다.

❒ 자산의 공정가치를 신뢰성있게 측정할 수 있다면, 사업결합 전에 그 자산을 피취득자가 재무제표에 인식한 경우에만 취득자는 취득일에 피취득자의 무형자산을 영업권과 분리하여 인식한다.

➲ (X) : 재무제표에 인식하였는지 여부에 관계없이, 취득자는 피취득자의 무형자산을 영업권과 분리하여 인식한다.

❒ 개별 취득하거나 사업결합으로 취득하고 무형자산으로 인식한 진행 중인 연구·개발 프로젝트에 대한 후속지출은 연구 관련 지출인 경우에는 프로젝트의 장부금액에 가산한다.

➲ (X) : 연구 관련 지출인 경우에는 발생시점에 비용으로 인식한다.

❒ 정부보조로 무형자산을 무상이나 낮은 대가로 취득하는 경우 무형자산과 정부보조금 모두를 최초에 공정가치로 인식하여야 한다.

➲ (X) : 인식하여야 한다.(X) → 인식할 수 있다.(O)

Answer 1. ④

시험중요도 ★★☆

기본이론 제95강 무형자산 내용연수

구분	항목	내용
상각여부	내용연수가 유한	• 내용연수가 유한한 무형자산은 내용연수에 걸쳐 상각함.
	내용연수가 비한정	• 내용연수가 비한정인 무형자산은 상각하지않고 손상검사를 수행함.
비한정	용어상 의미	• '비한정'이라는 용어는 '무한'을 의미하지 않음.
	비한정 간주	• 관련된 모든 요소의 분석에 근거하여 그 자산이 순현금유입을 창출할 것으로 기대되는 기간에 대하여 예측가능한 제한이 없을 경우, 내용연수가 비한정인 것으로 봄.
	추정시 주의점	• 내용연수 추정시점에 평가된 표준적 성능수준을 유지하기 위해 필요한 지출을 초과하는 계획된 미래지출에 근거하여 내용연수가 비한정이라는 결론을 내려서는 안됨. 말장난 내용연수가 비한정이라는 결론을 내릴수 있다(X)
내용연수 결정	결정요인	• 내용연수를 결정하기 위해서 다음과 같은 요인을 포함하여 종합적으로 고려함. ① 예상하는 사용방식과 다른 경영진에 의하여 효율적으로 관리될수 있는지 여부 ② 일반적인 제품수명주기와 유사한 방식으로 사용되는 유사한 자산들의 내용연수 추정치에 관한 공개된 정보 ③ 기술적, 공학적, 상업적 또는 기타 유형의 진부화 ④ 자산이 운용되는 산업의 안정성과 자산으로부터 산출되는 제품이나 용역의 시장수요 변화 ⑤ 기존 또는 잠재적인 경쟁자의 예상 전략 ⑥ 예상되는 미래경제적효익의 획득에 필요한 자산 유지비용의 수준과 그 수준의 비용을 부담할수 있는 능력과 의도 ⑦ 자산의 통제가능 기간과 자산사용에 대한 법적 또는 이와 유사한 제한 ➡예 관련된 리스의 만기일 ⑧ 자산의 내용연수가 다른 자산의 내용연수에 의해 결정되는지의 여부
	진부화 반영	• 컴퓨터소프트웨어와 기타 많은 무형자산은 기술상 빠른 변화가 있기 때문에 기술적 진부화의 영향을 받기 쉬우므로 그러한 무형자산의 내용연수는 일반적으로 짧을 가능성이 높음.
	정당성 여부	• 무형자산의 내용연수는 매우 길수도 있고 경우에 따라서는 비한정일 수도 있음. • 내용연수의 불확실성으로 인하여 무형자산의 내용연수를 신중하게 추정하는 것은 정당하지만, 비현실적으로 짧은 내용연수를 선택하는 것은 정당화되지 않음.
	갱신기간 포함여부	• 계약상·법적권리로부터 발생하는 무형자산의 내용연수는 계약상·법적권리의 기간을 초과할수는 없지만 자산의 예상사용기간에 따라 더 짧을수는 있음. • 계약상·법적권리가 갱신가능한 한정된 기간동안 부여된다면 유의적인 원가없이 기업에 의해 갱신될 것이 명백한 경우에만 그 갱신기간을 내용연수에 포함함. ➡만약 갱신원가가 갱신으로 인하여 유입될 것으로 기대되는 미래경제적효익과 비교하여 중요하다면, 그 갱신원가는 실질적으로 갱신일에 새로운 무형자산을 취득하기 위하여 발생한 원가를 나타냄.
	경제적·법적 요인의 영향	• 무형자산의 내용연수는 경제적 요인과 법적 요인의 영향을 받음. • 이 경우 내용연수는 다음의 기간으로 함. Min{경제적내용연수 : 미래경제적효익이 획득되는 기간 법적인내용연수 : 그 효익에 대한 접근을 통제할수 있는 기간} 말장난 무형자산의 내용연수는 경제적 요인과 법적 요인에 의해 결정된 기간 중 긴 기간으로 한다(X)

FINAL 객관식뽀개기 — 실전적중문제

1. 다음 중 무형자산의 내용으로 옳지 않은 것은? [관세사기출]

① 내용연수가 비한정인 무형자산인 경우, 내용연수를 20년으로 추정하여 상각한다.
② 연구에 대한 지출은 발생시점에 비용으로 인식한다.
③ 무형자산의 회계정책으로 원가모형이나 재평가모형을 선택할 수 있다.
④ 내부적으로 창출한 영업권은 자산으로 인식하지 않는다.
⑤ 무형자산을 창출하기 위한 내부 프로젝트를 연구단계와 개발단계로 구분할 수 없는 경우에는 그 프로젝트에서 발생한 지출은 모두 연구단계에서 발생한 것으로 본다.

내비게이션
• 내용연수가 비한정인 무형자산은 상각하지 않는다.
• ②,③,⑤에 대하여는 후술함!

2. 다음 중 무형자산에 대한 한국채택국제회계기준의 내용과 일치하지 않는 것은?

① 무형자산의 내용연수가 유한한지, 비한정인지를 평가하고, 내용연수가 유한하다면 자산의 내용연수 기간이나 내용연수를 구성하는 생산량이나 이와 유사한 단위를 평가한다.
② 내용연수가 유한한 무형자산은 상각하고, 내용연수가 비한정인 무형자산은 상각하지 아니한다
③ 관련된 모든 요소의 분석에 근거하여, 그 자산이 순현금유입을 창출할 것으로 기대되는 기간에 대하여 예측가능한 제한이 없을 경우, 내용연수가 비한정인 것으로 본다.
④ 내용연수가 '비한정'이라는 용어는 '무한'을 의미하지 않는다.
⑤ 자산의 내용연수를 추정하는 시점에 평가된 표준적인 성능수준을 유지하기 위하여 필요한 지출을 초과하는 계획된 미래지출에 근거하여 무형자산의 내용연수가 비한정이라는 결론을 내릴수 있다.

내비게이션
• 자산의 내용연수를 추정하는 시점에 평가된 표준적인 성능수준을 유지하기 위하여 필요한 지출을 초과하는 계획된 미래지출에 근거하여 무형자산의 내용연수가 비한정이라는 결론을 내려서는 안 된다.

3. 무형자산에 대한 설명으로 가장 타당하지 않은 것은?

① 영업권을 제외한 모든 무형자산은 보유기간 동안 상각하여 비용 또는 기타자산의 원가로 인식한다.
② 내부적으로 창출한 영업권은 무형자산으로 인식하지 않는다.
③ 무형자산을 상각하는 경우 상각방법은 자산의 미래경제적 효익이 소비되는 형태를 반영하여 정액법, 체감잔액법, 생산량비례법 중 선택하여 적용할 수 있다.
④ 개발단계에서 발생한 지출은 무형자산의 인식 요건을 모두 충족하면 개발비라는 과목으로 무형자산으로 인식하고, 그 외의 경우에는 경상개발비의 과목으로 발생한 기간의 비용으로 인식한다.
⑤ 숙련된 종업원은 미래경제적 효익에 대한 충분한 통제능력을 갖고 있지 않으므로 무형자산의 정의를 충족시키지 못하여 재무상태표에 표시하지 않는다.

내비게이션
• 내용연수가 비한정인 무형자산은 상각하지 않는다.

서술형Correction연습

❒ 내용연수가 비한정인 무형자산은 내용연수를 합리적인 방법으로 추정하여 상각한다.
➲ (X) : 내용연수가 비한정인 무형자산은 상각하지않고 손상검사를 수행한다.

❒ 무형자산은 당해 자산이 사용가능한 때부터 상각하며, 상각기간은 20년을 초과할 수 없다.
➲ (X) : 내용연수에 대한 제한은 없다.

❒ 무형자산의 내용연수는 경제적 요인과 법적 요인에 의해 결정된 기간 중 긴 기간으로 한다.
➲ (X) : 긴 기간(X) → 짧은 기간(O)

Answer 1. ① 2. ⑤ 3. ①

시험중요도 ★★★

기본이론 제96강  무형자산 상각

구분	항목	세부	내용
개시와 중지	상각개시		• 상각대상금액은 내용연수동안 체계적인 방법으로 배분해야 하며 상각은 자산이 사용가능한 때부터 시작함. ➡즉, 의도하는 방식으로 운영할수 있는 위치·상태에 이르렀을 때부터 시작함. ·주의 법률적 취득시점이나 무형자산을 계상한 시점이 아님.
	상각중지		• 매각예정으로 분류되는 날과 재무상태표에서 제거되는 날 중 이른 날에 중지함. ➡즉, 더 이상 사용하지 않을 때도 상각을 중지하지 아니함. 다만, 완전히 상각하거나 매각예정으로 분류되는 경우에는 상각을 중지함. 말장난 상각은 자산이 재무상태표에서 제거되는 날에만 중지한다(X) 말장난 내용연수가 유한한 무형자산은 그 자산을 더 이상 사용하지 않을때 상각을 중지한다(X)
상각방법	적용	원칙	• 정액법, 체감잔액법, 생산량비례법 중 자산이 갖는 기대 미래경제적효익의 예상되는 소비형태를 반영하여 선택함. ➡예상되는 소비형태가 변동하지 않는다면 매 회계기간에 일관성있게 적용함.
		예외	• 소비되는 형태를 신뢰성있게 결정할수 없는 경우에는 정액법을 사용함. 말장난 소비되는 형태를 신뢰성있게 결정할수 없는 경우에는 정률법을 사용한다(X)
	상각액	원칙	• 무형자산의 상각액은 당기손익으로 인식함.
		예외	• 자산이 갖는 미래경제적효익이 다른 자산의 생산에 소모되는 경우 그 자산의 상각액은 다른 자산의 원가를 구성하여 장부금액에 포함함. ➡예 제조과정에서 사용된 무형자산의 상각액은 재고자산의 장부금액에 포함함.
	검토사항		• 내용연수(상각기간)와 상각방법은 적어도 매 회계연도말에 검토함. • 내용연수(상각기간)와 상각방법의 변경은 회계추정의 변경으로 회계처리함. 말장난 상각방법의 변경은 회계정책의 변경으로 회계처리한다(X)
잔존가치	적용		• 다음 중 하나에 해당하는 경우를 제외하고는 영(0)으로 봄. ① 내용연수 종료시점에 제3자가 자산을 구입하기로 한 약정이 있다. ② 무형자산의 활성시장이 있고 다음을 모두 충족한다. – 잔존가치를 그 활성시장에 기초하여 결정할수 있다. – 그러한 활성시장이 내용연수 종료시점에 존재할 가능성이 높다. ➡영(0)이 아닌 잔존가치는 경제적내용연수 종료시점 이전에 그 자산을 처분할 것이라는 기대를 나타냄.
	추정		• 잔존가치는 처분으로 회수가능한 금액을 근거로 하여 추정하는데 그 자산이 사용될 조건과 유사한 조건에서 운용되었고 내용연수가 종료된 유사한 자산에 대해 추정일 현재 일반적으로 형성된 매각가격을 사용함.
	증감		• 잔존가치는 해당자산의 장부금액과 같거나 큰 금액으로 증가할 수도 있으며, 잔존가치가 이후에 장부금액보다 작은 금액으로 감소될 때까지는 상각액은 영(0)이 됨.
	검토사항		• 잔존가치는 적어도 매 회계기간 말에는 검토함. • 잔존가치의 변동은 회계추정의 변경으로 처리함.
비한정 무형자산	상각		• 상각하지 않으며, 매년 또는 손상징후가 있을때 손상검사를 수행함.
	검토사항		• 사건과 상황이 내용연수가 비한정이라는 평가를 계속하여 정당화하는지를 매 회계기간에 검토함. • 사건과 상황이 그러한 평가를 정당화하지 않는 경우에 비한정내용연수를 유한내용연수로 변경하는 것은 회계추정의 변경으로 회계처리함. • 비한정내용연수를 유한내용연수로 재평가하는 것은 손상을 시사하는 하나의 징후가 됨. ➡∴회수가능액과 장부금액을 비교하여 손상검사를 하고 손상차손을 인식함.

FINAL 객관식뽀개기 실전적중문제

1. 무형자산의 회계처리에 관한 설명으로 옳지 않은 것은? [관세사기출]

① 기업이 터널이나 교량을 건설하여 정부에 기부하는 대가로 취득하는 용역운영권은 무형자산의 일종이다.
② 사업개시활동에 대한 지출, 교육훈련비에 대한 지출은 무형자산으로 인식할 수 없다.
③ 시장에 대한 지식에서 미래경제적효익이 발생하고 이것이 법적 권리에 의해서 보호된다면 그러한 지식은 무형자산으로 인식할 수 있다.
④ 계약상 또는 기타 법적 권리가 갱신가능한 한정된 기간 동안 부여된다면, 유의적인 원가 없이 기업에 의해 갱신될 것이 명백한 경우에만 그 갱신기간을 무형자산의 내용연수에 포함한다.
⑤ 내용연수가 유한한 무형자산의 잔존가치가 장부금액을 초과할 경우에는 과거 무형자산 상각액을 소급하여 수정한다.

내비게이션
• 무형자산의 잔존가치는 해당 자산의 장부금액과 같거나 큰 금액으로 증가할 수도 있다. 이 경우에는 자산의 잔존가치가 이후에 장부금액보다 작은 금액으로 감소될 때까지는 무형자산의 상각액은 영(0)이 된다. →즉, 과거 무형자산 상각액을 소급하여 수정하는 것이 아니다.

2. 무형자산의 상각 및 손상회계에 관한 설명으로 옳지 않은 것은? [관세사기출]

① 내용연수가 비한정인 무형자산의 내용연수를 유한으로 변경하는 것은 회계추정의 변경으로 회계처리한다.
② 내용연수가 비한정인 무형자산은 상각하지 아니하며, 자산손상을 시사하는 징후가 있을 때에 한하여 손상검사를 수행한다.
③ 내용연수가 유한한 무형자산의 상각은 자산이 사용가능한 때부터 시작하며, 상각기간과 상각방법은 적어도 매 회계연도 말에 검토한다.
④ 무형자산의 잔존가치는 해당 자산의 장부금액과 같거나 큰 금액으로 증가할 수도 있다.
⑤ 계약상 권리 또는 기타 법적 권리로부터 발생하는 무형자산의 내용연수는 그러한 계약상 권리 또는 기타 법적 권리의 기간을 초과할 수 없지만, 자산의 예상사용기간에 따라 더 짧을 수는 있다.

내비게이션
• 매년 또는 무형자산의 손상을 시사하는 징후가 있을 경우 손상검사를 수행해야 한다.

3. ㈜합격은 20x1년초에 특허권을 ₩16,000,000에 구입하였다. 다음 자료에 의할 때 20x1년 동 특허권과 관련한 비용 인식액은 얼마인가?

(1) 특허권과 관련하여 배타적인 권리를 행사할수 있는 기간은 10년이며, 미래경제적효익이 획득되는 기간은 5년이다
(2) 특허권으로부터 기대되는 미래경제적효익이 소비되는 형태를 신뢰성있게 결정할수 없다.
(3) 잔존가치는 없는 것으로 추정된다.

① ₩1,600,000 ② ₩3,200,000 ③ ₩4,800,000
④ ₩5,000,000 ⑤ ₩0

• 내용연수 : Min[10년, 5년]=5년
• 상각방법 : 미래경제적효익이 소비되는 형태를 신뢰성있게 결정할 수 없으므로 정액법 적용
• 무형자산상각비 : (16,000,000-0)÷5년=3,200,000

서술형Correction연습

❒ 무형자산 상각은 자산을 취득한 때 또는 무형자산을 계상한 때부터 시작한다.

➲ (X) : 상각은 자산이 사용가능한 때부터 시작한다.

❒ 내용연수가 유한한 무형자산은 그 자산을 더 이상 사용하지 않을 때 상각을 중지한다.

➲ (X) : 내용연수가 유한한 무형자산은 그 자산을 더 이상 사용하지 않을 때도 상각을 중지하지 아니한다.

❒ 무형자산은 정액법 또는 생산량비례법 중 자산이 갖는 기대 미래경제적효익의 예상되는 소비형태를 반영하여 선택한다.

➲ (X) : 정액법 또는 생산량비례법(X)
→ 정액법, 체감잔액법 또는 생산량비례법(O)

❒ 무형자산의 상각방법은 소비되는 형태를 신뢰성있게 결정할 수 없는 경우에는 정률법을 사용한다.

➲ (X) : 정률법(X) → 정액법(O)

❒ 무형자산 상각방법의 변경은 회계정책의 변경으로 회계처리한다.

➲ (X) : 회계정책의 변경(X) → 회계추정의 변경(O)

❒ 내용연수가 유한한 무형자산의 잔존가치는 해당 자산의 장부금액과 같을 수는 있으나, 장부금액보다 더 클 수는 없다.

➲ (X) : 장부금액과 같거나 큰 금액으로 증가할 수도 있다.

Answer 1. ⑤ 2. ② 3. ②

시험중요도 ★★★

기본이론 제97강 내부창출무형자산

구분	항목	내용
의의	구분적용	• 인식기준 충족여부평가를 위해 무형자산의 창출과정을 연구단계와 개발단계로 구분함.
	구분불가시	• 무형자산을 창출하기 위한 내부프로젝트를 연구단계와 개발단계로 구분할수 없는 경우 ➲ 발생한 지출은 모두 연구단계에서 발생한 것으로 봄. 말장난 모두 개발단계에서 발생한 것으로 본다(X)
		•주의 내부적으로 창출한 브랜드, 제호, 출판표제, 고객목록등은 무형자산으로 인식하지 않음.

구분	항목	세부	내용
연구단계·개발단계	회계처리	연구활동지출	• 발생시점에 연구비 과목으로 비용처리함.
		개발활동지출	• 자산인식요건을 충족O : 개발비의 과목으로 무형자산처리 • 자산인식요건을 충족X : 발생시점에 경상개발비 과목으로 비용처리
	연구활동		• 새로운 지식을 얻고자 하는 활동 • 연구결과나 기타 지식을 탐색, 평가, 최종 선택, 응용하는 활동 • 재료, 장치, 제품, 공정, 시스템이나 용역에 대한 여러 가지 대체안을 탐색하는 활동 • 새롭거나 개선된 재료, 장치, 제품, 공정, 시스템이나 용역에 대한 여러 가지 대체안을 제안, 설계, 평가, 최종 선택하는 활동
	개발활동		• 생산이나 사용 전의 시제품과 모형을 설계, 제작, 시험 • 새로운 기술과 관련된 공구, 지그, 주형, 금형 등을 설계 • 상업적 생산목적으로 실현가능한 경제적 규모가 아닌 시험공장을 설계, 건설, 가동 • 신규 또는 개선된 재료, 장치등에 대하여 최종적으로 선정된 안을 설계, 제작, 시험
	자산인식요건		❖다음을 모두 제시할수 있는 경우에만 개발활동에서 발생한 무형자산을 인식함.
		기술적 실현가능성	• 사용·판매하기 위해 그 자산을 완성할수있는 기술적 실현가능성
		기업의 의도	• 무형자산을 완성하여 사용하거나 판매하려는 기업의 의도
		기업의 능력	• 무형자산을 사용하거나 판매할수 있는 기업의 능력
		미래경제적효익	• 무형자산이 미래경제적효익을 창출하는 방법 ➡ 그 중에서도 특히 무형자산의 산출물이나 무형자산 자체를 거래하는 시장이 존재함을 제시할수 있거나 또는 무형자산을 내부적으로 사용할 것이라면 그 유용성을 제시할수 있음.
		자원의 입수가능성	• 무형자산의 개발을 완료하고 판매·사용하는데 필요한 기술적, 재정적 자원등의 입수가능성
		신뢰성있는 측정	• 개발과정에서 발생한 무형자산 관련지출을 신뢰성있게 측정할 수 있는 기업의 능력
			•주의 개발비를 상각하던 중 특허권 취득시 : 미상각개발비를 특허권으로 대체치 아니함.(각각 상각)

구분	항목	내용
취득원가	취득원가	• 인식기준을 최초로 충족시킨 이후에 발생한 지출액의 합으로 함. 예시 총지출액은 ₩150, 이중 인식기준충족시점(20x1.12.1) 이후 발생액이 ₩15인 경우 →무형자산=15, 비용=135(150-15) • 이미 비용으로 인식한 지출은 원가로 인식할수 없음.
	포함 O	① 무형자산 창출에 사용된 재료·용역원가, 종업원급여, 특허권·라이선스의 상각비 ② 법적권리 등록수수료, 차입원가
	포함 X	① 판매비, 관리비 및 기타 일반경비지출 ② 계획된 성과를 달성하기 전에 발생한 명백한 비효율로 인한 손실과 초기영업손실 ③ 자산을 운용하는 직원의 교육훈련과 관련된 지출

FINAL 객관식뽀개기 실전적중문제

1. 무형자산의 회계처리에 관한 설명으로 옳은 것을 모두 고른 것은? [감평사기출]

> ㄱ. 내용연수가 비한정인 무형자산은 상각하지 않고, 무형자산의 손상을 시사하는 징후가 있을 경우에 한하여 손상검사를 수행해야 한다.
> ㄴ. 무형자산을 창출하기 위한 내부 프로젝트를 연구단계와 개발단계로 구분할 수 없는 경우에는 그 프로젝트에서 발생한 지출은 모두 연구단계에서 발생한 것으로 본다.
> ㄷ. 브랜드, 제호, 출판표제, 고객목록 및 이와 실질이 유사한 항목은 그것을 외부에서 취득하였는지 또는 내부적으로 창출하였는지에 관계없이 취득이나 완성 후의 지출은 발생시점에 무형자산의 원가로 인식한다.
> ㄹ. 내용연수가 유한한 무형자산의 잔존가치는 적어도 매 회계연도 말에는 검토하고, 잔존가치의 변동은 회계추정의 변경으로 처리한다.
> ㅁ. 무형자산은 처분하는 때 또는 사용이나 처분으로부터 미래경제적효익이 기대되지 않을 때 재무상태표에서 제거한다.

① ㄱ, ㄴ, ㄷ ② ㄱ, ㄷ, ㄹ ③ ㄱ, ㄹ, ㅁ
④ ㄴ, ㄷ, ㅁ ⑤ ㄴ, ㄹ, ㅁ

내비게이션

- ㄱ : 매년 또는 무형자산의 손상을 시사하는 징후가 있을 경우 손상검사를 수행해야 한다.
- ㄷ : 브랜드, 제호, 출판표제, 고객목록, 그리고 이와 실질이 유사한 항목(외부에서 취득하였는지 또는 내부적으로 창출하였는지에 관계없이)에 대한 취득이나 완성 후의 지출은 발생시점에 항상 당기손익으로 인식한다. →즉, 무형자산으로 인식하지 않는다.

2. 다음 중 개발활동과 관련된 지출에 해당하는 것은? [관세사기출]

① 생산이나 사용 전의 시제품과 모형을 설계, 제작 및 시험하는 활동과 관련된 지출
② 새롭거나 개선된 재료, 장치, 제품, 공정, 시스템, 용역 등에 대한 여러 가지 대체안을 제안, 설계, 평가하는 활동과 관련된 지출
③ 새로운 지식을 얻고자 하는 활동과 관련된 지출
④ 재료, 장치, 제품, 공정, 시스템, 용역 등에 대한 여러 가지 대체안을 탐색하는 활동과 관련된 지출
⑤ 연구결과 또는 기타지식을 탐색, 평가하는 활동과 관련된 지출

내비게이션

- ②,③,④,⑤ : 연구활동과 관련된 지출

3. 다음은 ㈜감평의 20x1년 연구 및 개발활동 지출에 관한 자료이다. ㈜감평이 20x1년에 연구활동으로 분류해야 하는 금액은? [감평사기출]

> (1) 새로운 지식을 얻고자 하는 활동 : ₩100,000
> (2) 연구결과나 기타 지식을 최종 선택하는 활동 : ₩200,000
> (3) 생산이나 사용 전의 시제품과 모형을 제작하는 활동 : ₩350,000
> (4) 상업적 생산 목적으로 실현가능한 경제적 규모가 아닌 시험공장을 건설하는 활동 : ₩400,000

① ₩300,000 ② ₩450,000 ③ ₩500,000
④ ₩550,000 ⑤ ₩600,000

내비게이션

- (1)과 (2)는 연구활동, (3)과 (4)는 개발활동에 해당한다.
∴100,000+200,000=300,000

4. 무형자산에 관한 설명으로 옳지 않은 것은? [세무사기출]

① 사업결합으로 취득한 연구 · 개발프로젝트의 경우 사업결합 전에 그 자산을 피취득자가 인식하였는지 여부에 관계없이 취득일에 무형자산의 정의를 충족한다면 취득자는 영업권과 분리하여 별도의 무형자산으로 인식한다.
② 내부적으로 창출한 브랜드, 제호, 출판표제, 고객 목록은 무형자산으로 인식하지 않는다.
③ 자산을 운용하는 직원의 교육훈련과 관련된 지출은 내부적으로 창출한 무형자산의 원가에 포함한다.
④ 무형자산을 창출하기 위한 내부프로젝트를 연구단계와 개발단계로 구분할 수 없는 경우에는 그 프로젝트에서 발생한 지출은 모두 연구단계에서 발생한 것으로 본다.
⑤ 교환거래(사업결합과정에서 발생한 것이 아닌)로 취득한 동일하거나 유사한, 비계약적 고객관계는 고객관계를 보호할 법적 권리가 없는 경우에도 무형자산의 정의를 충족한다.

내비게이션

- 자산을 운용하는 직원의 교육훈련과 관련된 지출은 내부적으로 창출한 무형자산의 원가에 포함하지 않는다.

서술형Correction연습

❐ 내부적으로 창출된 무형자산이라고 하여 외부 취득한 무형자산에 대한 인식기준 외에 추가적인 인식기준이 충족되어야 하는 것은 아니다.

➲ (X) : 기술적 실현가능성등 추가적인 자산인식요건이 있다.

Answer 1. ⑤ 2. ① 3. ① 4. ③

시험중요도 ★★☆

기본이론 제98강 연구단계와 개발단계 구분등

세부고찰 I

사례 연구단계와 개발단계 구분

⊙ 다음은 제약회사인 ㈜뽀대작살의 20x1년도 독감 치료용 신약을 위한 연구, 개발 및 생산과 관련된 자료이다. ㈜뽀대작살이 20x1년에 당기손익으로 인식할 연구비와 자산으로 인식할 개발비는 각각 얼마인가? 단, 개발비로 분류되는 지출의 경우는 모두 개발비 자산인식요건을 충족한다고 가정한다.

(1) 독감의 원인이 되는 새로운 바이러스를 찾기 위한 지출	₩300,000
(2) 바이러스 규명에 필요한 동물실험을 위한 지출	₩10,000
(3) 상업용 신약 생산에 필요한 설비 취득을 위한 지출	₩400,000
(4) 신약을 개발하는 시험공장 건설을 위한 지출 (상업적 생산목적으로 실현가능한 경제적 규모가 아님)	₩500,000
(5) 신약의 상업화전 최종 임상실험을 위한 지출	₩60,000
(6) 신약 생산전 시제품을 시험하기 위한 지출	₩20,000
(7) 바이러스 동물실험결과의 평가를 위한 지출	₩30,000

풀이

- 연구비 : (1)+(2)+(7)=340,000
- 개발비 : (4)+(5)+(6)=580,000

*(3)의 상업용 신약 생산에 필요한 설비 취득을 위한 지출은 유형자산의 취득원가로 인식한다.

세부고찰 II

사례 개발비와 연구비 계산

⊙ 다음은 ㈜무쏘의뿔처럼혼자서가라의 신차 연구·개발 관련 자료이다. 20x3년도 개발비, 산업재산권, 연구비를 계산하면 얼마인가?

(1) 20x1년말 신차 연구활동이 종료되었고, 20x2년초부터 개발단계에 돌입하였다.
(2) 20x2년말 개발활동이 종료되었으며, 20x3년 4월초부터 신차 생산 · 판매가 개시되었다.
(3) 20x3년 7월초 신차 기술의 특허권을 취득하였으며, 취득을 위한 지출액은 ₩18,000이다.
(4) 정액법으로 5년간 상각하며, 잔존가치는 없는 것으로 간주한다.
(5) 연구 · 개발 관련 지출액 자료는 다음과 같다.

구분	20x1년	20x2년
연구 · 개발관련 직접 지출 재료비	₩120,000	₩172,500
연구 · 개발관련 직접 지출 인건비	₩135,000	₩142,500
연구 · 개발관련 사용된 기계의 감가상각비	₩150,000	₩150,000

풀이

- 인식기준충족시점(연구활동이 종료되었고 개발단계에 돌입한 시점)
  →20x2년초
- 사용가능시점(상각개시시점)
  →20x3년 4월초
- ① 개발비 : (172,500+142,500+150,000)-(465,000÷5년)×9/12=395,250
  ② 산업재산권(특허권) : 18,000-(18,0000÷5년)×6/12=16,200
  ③ 연구비 : 없음.

FINAL 객관식뽀개기 — 실전적중문제

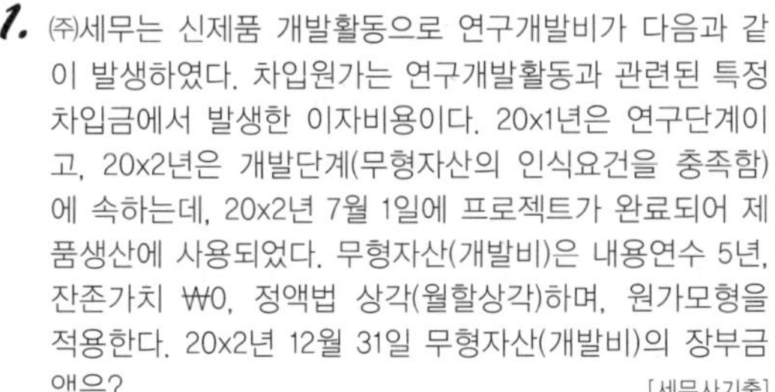

1. ㈜세무는 신제품 개발활동으로 연구개발비가 다음과 같이 발생하였다. 차입원가는 연구개발활동과 관련된 특정차입금에서 발생한 이자비용이다. 20x1년은 연구단계이고, 20x2년은 개발단계(무형자산의 인식요건을 충족함)에 속하는데, 20x2년 7월 1일에 프로젝트가 완료되어 제품생산에 사용되었다. 무형자산(개발비)은 내용연수 5년, 잔존가치 ₩0, 정액법 상각(월할상각)하며, 원가모형을 적용한다. 20x2년 12월 31일 무형자산(개발비)의 장부금액은? [세무사기출]

내역	20x1.1.1~20x1.12.31	20x2.1.1~20x2.6.30
연구원 급여	₩40,000	₩30,000
시험용 원재료 사용액	₩25,000	₩20,000
시험용 기계장치 감가상각비	₩10,000	₩5,000
차입원가	₩5,000	₩5,000

① ₩49,500 ② ₩50,000 ③ ₩54,000
④ ₩55,000 ⑤ ₩60,000

내비게이션
- 취득원가 : 30,000+20,000+5,000+5,000=60,000
- 상각누계액 : (60,000÷5년)×6/12=6,000
- 장부금액 : 60,000-6,000=54,000

2. 무형자산의 회계처리에 대한 옳은 설명은?

① 무형자산을 최초로 인식할 때에는 공정가치로 측정한다.
② 내부적으로 창출한 브랜드, 제호, 출판표제, 고객 목록과 이와 실질이 유사한 항목은 무형자산으로 인식한다.
③ 연구결과를 최종선택, 응용하는 활동과 관련된 지출은 내부적으로 창출된 무형자산의 취득원가에 포함한다.
④ 무형자산을 창출하기 위한 내부 프로젝트를 연구단계와 개발단계로 구분할 수 없는 경우에는 그 프로젝트에서 발생한 지출은 모두 개발단계에서 발생한 것으로 본다.
⑤ 내용연수가 유한한 무형자산의 상각방법은 자산의 경제적 효익이 소비될 것으로 예상되는 형태를 반영한 방법이어야 한다. 다만, 그 형태를 신뢰성 있게 결정할 수 없는 경우에는 정액법을 사용한다.

내비게이션
- ① 공정가치로 측정한다.(X) → 원가로 측정한다.(O)
  ② 무형자산으로 인식하지 않는다.
  ③ 연구활동 관련 지출로서, 전액 당기비용 처리한다.
  ④ 개발단계(X) → 연구단계(O)

3. 다음은 ㈜국세의 20x1년도 연구 및 개발활동 지출 내역이다. ㈜국세가 20x1년도 연구활동으로 분류해야 하는 금액은 얼마인가? [세무사기출]

(1) 새로운 지식을 얻고자 하는 활동 : ₩100,000
(2) 생산이나 사용 전의 시제품과 모형을 제작하는 활동 : ₩150,000
(3) 상업적 생산 목적으로 실현가능한 경제적 규모가 아닌 시험공장을 건설하는 활동 : ₩200,000
(4) 연구결과나 기타 지식을 응용하는 활동 : ₩300,000

① ₩100,000 ② ₩250,000 ③ ₩400,000
④ ₩450,000 ⑤ ₩750,000

내비게이션
- (1)+(4)=400,000

서술형Correction연습

❒ 무형자산을 창출하기 위한 내부 프로젝트를 연구단계와 개발단계로 구분할 수 없는 경우에는 그 프로젝트에서 발생한 지출은 모두 개발단계에서 발생한 것으로 본다.

➲ (X) : 개발단계(X) → 연구단계(O)

❒ 새롭거나 개선된 재료, 장치, 제품, 공정, 시스템이나 용역에 대한 여러 가지 대체안을 제안, 설계, 평가, 최종 선택하는 활동은 개발활동의 예로서 해당 지출은 무형자산으로 인식한다.

➲ (X) : 연구활동의 예로서 해당 지출은 비용으로 인식한다.

❒ 내부적으로 창출한 브랜드, 제호, 출판표제, 고객 목록과 이와 실질이 유사한 항목은 개발단계에서 발생한 지출이므로 자산인식요건을 충족시키는 경우 무형자산으로 인식한다.

➲ (X) : 내부적으로 창출한 브랜드, 제호, 출판표제, 고객 목록과 이와 실질이 유사한 항목은 사업을 전체적으로 개발하는 데 발생한 원가와 구별할 수 없으므로 무형자산으로 인식하지 아니한다.

❒ 무형자산이 계획된 성과를 달성하기 전에 발생한 초기 영업손실은 내부적으로 창출한 무형자산의 원가에 포함한다.

➲ (X) : 포함하지 않는다.

Answer 1. ③ 2. ⑤ 3. ③

시험중요도 ★☆☆

기본이론 제99강  무형자산 재평가모형

적용

저자주 무형자산 재평가모형의 회계처리는 기본적으로 유형자산 재평가모형과 동일합니다!

선택적용
- 무형자산의 회계정책으로 원가모형이나 재평가모형을 선택할수 있음.

유형별(분류별) 재평가
- 재평가모형을 적용하는 경우에는 같은 유형(분류)의 기타 모든 자산도 그에 대한 활성시장이 없는 경우를 제외하고는 동일한 방법을 적용하여 회계처리함.
  ➡선택적 재평가 방지위해 같은 유형(분류)내의 무형자산 항목들은 동시에 재평가함.

재평가빈도
- 장부금액이 공정가치와 중요하게 차이가 나지 않도록 주기적으로 재평가를 실시함.
  ➡즉, 재평가빈도는 공정가치의 변동성에 따라 달라지며, 중요하게 차이가 나는 경우에는 추가적인 재평가가 필요함.

주의 주기적으로 재평가함으로 족하며, 매 회계연도마다 재평가를 요구하지는 않음.

재평가모형 불허사항
- 재평가모형을 적용하는 경우에 다음 사항을 허용하지 않음.

  ① 이전에 자산으로 인식하지 않은 무형자산의 재평가
  ② 원가가 아닌 금액으로 무형자산을 최초로 인식

말장난 재평가모형을 적용시 취득원가가 아닌 공정가치로 무형자산을 최초로 인식한다(X)

공정가치
- 재평가 목적상 공정가치는 활성시장을 기초로 하여 측정함.

보론 적용 특수사례

❐ 재평가모형은 자산을 원가로 최초에 인식한 후에 적용하나, 다음의 특수사례가 있음.

구분	내용
일부인식시	• 일부 과정이 종료될 때까지 인식기준을 충족하지 않아서 원가의 일부만 자산인식시는 그 자산 전체에 대하여 재평가모형을 적용할수 있음. 말장난 그 자산 전체에 대하여 재평가모형을 적용할수 없다(X)
정부보조 취득시	• 명목상 금액으로 인식한 무형자산에도 재평가모형을 적용할수 있음.

재평가손익

회계처리

방법	내용
상각누계액제거방법	• 자산의 총장부금액에서 상각누계액을 제거함.
비례적수정방법	• 자산 장부금액의 재평가와 일치하는 방식으로 자산의 총장부금액을 조정함.

재평가이후 재평가

구분	금액	처리
재평가잉여금인식후 재평가손실이 발생	◉전기재평가잉여금	• 재평가잉여금과 상계
	◉나머지 금액	• 재평가손실(당기손익)
재평가손실인식후 재평가잉여금이 발생	◉전기재평가손실	• 재평가이익(당기손익) 처리
	◉나머지 금액	• 재평가잉여금

재평가잉여금

이익잉여금 대체
- 재평가잉여금이 실현되는 시점(폐기·처분·사용)에 이익잉여금으로 대체가능함.
  ➡이익잉여금으로 대체하는 경우 그 금액은 당기손익으로 인식하지 않음.

대체할금액
- 대체할 금액(=실현된 재평가잉여금)은 재평가된 장부금액을 기초로 한 상각액과 자산의 역사적 원가를 기초로 하여 인식하였을 상각액의 차이가 됨.

활성시장 특수사례

동일분류내 재평가불가시
- 재평가한 무형자산과 같은 분류내의 무형자산을 활성시장이 없어서 재평가할수 없는 경우에는 원가에서 상각누계액과 손상차손누계액을 차감한 금액으로 표시함.

공정가치 결정불가시
- 재평가한 무형자산의 공정가치를 더 이상 활성시장을 기초로 하여 측정할 수 없는 경우에는 자산의 장부금액은 활성시장을 기초로 한 최종 재평가일의 재평가금액에서 이후의 상각누계액과 손상차손누계액을 차감한 금액으로 함.

추후공정가치 결정가능시
- 자산의 공정가치를 이후의 측정일에 활성시장을 기초로 하여 결정할수 있는 경우에는 그 날부터 재평가모형을 적용함.

보론 재평가한 무형자산에 대하여 더 이상 활성시장이 존재하지 않는다는 것은 자산이 손상되어 '자산손상'에 따라 손상검사를 할 필요가 있다는 것을 나타내는 것일 수 있음.

FINAL 객관식뽀개기 실전적중문제

1. ㈜관세는 20x1년 1월 1일에 무형자산인 산업재산권(내용연수 5년, 잔존가치 ₩0, 정액법 상각)을 ₩100,000에 취득하고 사용을 시작하였다. ㈜관세는 산업재산권에 대하여 매 회계연도말 공정가치로 재평가한다. 20x1년도말과 20x2년도말 산업재산권의 공정가치는 각각 ₩88,000과 ₩52,800이다. 산업재산권과 관련하여 20x2년도 당기손익에 반영할 재평가손실은?[관세사기출]

① ₩2,600 ② ₩3,400 ③ ₩5,200
④ ₩7,200 ⑤ ₩13,200

내비게이션

- 20x1년말
  - 상각액 : 100,000÷5년=20,000 →장부가=80,000
  - 재평가 : 88,000-80,000=8,000(재평가잉여금)
- 20x2년말
  - 상각액 : 88,000÷4년=22,000 →장부가=66,000
  - 재평가 : 52,800-66,000=△13,200
    →재평가잉여금감소 8,000, 재평가손실 5,200

2. ㈜한국은 20x1년 1월 1일 활성시장에서 특허권을 ₩6,000,000에 취득하고, 매년 말 재평가모형을 적용한다. 동 특허권은 향후 10년간 사용할 수 있고 잔존가치는 없으며 정액법으로 상각한다. 20x1년, 20x2년, 20x3년 각 연도 말 동 특허권의 공정가치는 각각 ₩5,400,000, ₩5,182,000, ₩4,150,000이다. 20x3년 말 동 특허권과 관련하여 인식할 당기손익은?(단, 특허권을 사용하는 기간 동안에 재평가잉여금을 이익잉여금으로 대체하지 않는다.) [세무사기출]

① ₩647,750 손실 ② ₩650,000 손실
③ ₩847,750 손실 ④ ₩1,032,000 손실
⑤ ₩1,200,000 손실

내비게이션

- 20x1년말
  - 장부금액 : 6,000,000-6,000,000×1/10=5,400,000
  - 재평가손익 : 5,400,000-5,400,000=0
- 20x2년말
  - 장부금액 : 6,000,000-6,000,000×2/10=4,800,000
  - 재평가잉여금 : 5,182,000-4,800,000=382,000
- 20x3년말
  - 장부금액 : 5,182,000-5,182,000÷8년=4,534,250
  - 재평가손실 : 4,150,000-4,534,250=△384,250
  - 재평가잉여금 상계후 재평가손실 : 384,250-382,000=2,250

∴20x3년말 당기손실 : (5,182,000÷8년)+2,250=650,000

서술형Correction연습

❐ 재평가 목적상 공정가치는 활성시장을 기초로 하여 결정하며, 보고기간말에 자산의 장부금액이 공정가치와 중요하게 차이가 나지 않도록 매 회계연도마다 재평가를 실시한다.

➲ (X) : 주기적으로 재평가함으로 족하며, 매 회계연도마다 재평가를 실시할 것을 요구하지는 않는다.

❐ 재평가모형을 적용하는 경우에 취득원가가 아닌 공정가치로 무형자산을 최초로 인식한다.

➲ (X) : 취득원가가 아닌 금액으로 무형자산을 최초로 인식하는 것은 허용하지 아니한다.

❐ 일부 과정이 종료될 때까지 인식기준을 충족하지 않아서 무형자산의 원가의 일부만 자산으로 인식한 경우에는 그 자산 전체에 대하여 재평가모형을 적용할 수 없다.

➲ (X) : 적용할 수 없다.(X) → 적용할 수 있다.(O)

❐ 재평가한 무형자산의 공정가치를 더 이상 활성시장을 기초로 하여 측정할 수 없는 경우에는 재평가모형에서 원가모형으로 변경하는 것이 허용된다.

➲ (X) : 재평가한 무형자산의 공정가치를 더 이상 활성시장을 기초로 하여 측정할 수 없는 경우에는 자산의 장부금액은 활성시장을 기초로 한 최종 재평가일의 재평가금액에서 이후의 상각누계액과 손상차손누계액을 차감한 금액으로 한다.(즉, 재평가모형에서 원가모형으로 변경하는 것을 의미하는 것이 아님.)
재평가한 무형자산에 대하여 더 이상 활성시장이 존재하지 않는다는 것은 자산이 손상되어 기준서 '자산손상'에 따라 손상검사를 할 필요가 있다는 것을 나타내는 것일 수 있다. 자산의 공정가치를 이후의 측정일에 활성시장을 기초로 하여 측정할 수 있는 경우에는 그 날부터 재평가모형을 적용한다.

Answer 1. ③ 2. ②

시험중요도 ★★☆

기본이론 제100강 무형자산 손상과 폐기·처분

손상

저자주 무형자산 손상 회계처리는 기본적으로 유형자산 손상과 동일합니다!

원가모형	손상차손	• 장부가와 회수가능액의 차액을 손상차손으로 인식함
	환입	• 환입액=Min[손상되지 않았을 경우의 장부금액, 회수가능액] - 손상후 장부금액
재평가모형	손상차손	• 계상되어있는 재평가잉여금을 감소시키고 그 차액을 손상차손으로 인식함.
	환입	• 손상차손인식액을 한도로 환입을 계상하고 나머지는 재평가잉여금을 증가시킴.

사례 무형자산손상 회계처리(원가모형)

◎ 생산설비관련 개발단계에서 다음 지출 발생, 자산인식요건 충족, 상용화시기는 20x3년초, 내용연수 10년, 정액법, 원가모형 적용.

20x1년	20x2년
₩1,360,000	₩1,600,000

구분	20x3년말	20x4년말
회수가능액	₩1,440,000	₩2,000,000

20x1년	(차) 개발비	1,360,000	(대) 현금	1,360,000
20x2년	(차) 개발비	1,600,000	(대) 현금	1,600,000
20x3년말	(차) 무형자산상각비	296,000[1]	(대) 상각누계액	296,000
	개발비손상차손	1,224,000[2]	손상차손누계액	1,224,000
20x4년말	(차) 무형자산상각비	160,000[3]	(대) 상각누계액	160,000
	손상차손누계액	720,000	개발비손상차손환입	720,000[4]

[1] 2,960,000÷10년=296,000
[2] (2,960,000-296,000)-1,440,000=1,224,000
[3] 1,4440,000÷9년=160,000
[4] Min[① $2,960,000-2,960,000\times\frac{2}{10}$=2,368,000 ② 2,000,000]-(1,440,000-160,000)=720,000

폐기·처분

제거시점		• 무형자산은 다음의 각 경우에 재무상태표에서 제거함. ① 처분하는 때 ② 사용이나 처분으로부터 미래경제적효익이 기대되지 않을 때
제거손익		• 제거손익=순매각액-장부금액 ➡당기손익으로 인식하며, 수익으로 분류하지 아니함.
처분	처분형태	• 매각, 금융리스의 체결 또는 기부
	처분시점	• 일반적인 경우 '수익'의 재화의 판매에 관한 수익인식기준을 적용함 ➡판매후리스에 의한 처분에 대해서는 '리스' 적용함.
일부대체		• 일부에 대한 대체원가를 자산의 장부금액으로 인식시, 대체된 부분의 장부금액은 제거함. ➡대체된 부분의 장부금액을 실무적으로 결정할수 없는 경우에는 대체된 부분을 취득하거나 내부적으로 창출한 시점에 대체된 부분의 원가가 얼마였는지 나타내주는 자료로 대체원가를 사용할수도 있음.
처분대가		• 무형자산의 처분대가는 최초에는 공정가치로 인식함. ➡지급이 지연되면, 받은 대가는 최초에는 현금가격상당액으로 인식하며, 받은 대가의 명목금액과 현금가격상당액의 차이는 처분으로 인하여 받을 금액에 유효이자율을 반영하여 이자수익으로 인식함.

FINAL 객관식뽀개기 실전적중문제

1. ㈜대한식품은 20x1년초부터 20x3년말까지 새로운 식품 생산공정의 개발을 위해 20x1년 동안 ₩2,000,000을 지출하였으며, 그 생산공정은 20x1년 10월 10일에 무형자산의 인식기준을 충족한다. 한편, 20x1년 동안 지출된 ₩2,000,000 중 ₩1,500,000은 20x1년 10월 10일 전에 발생하였으며, ₩500,000은 20x1년 10월 10일과 20x1년 12월 31일 사이에 발생하였다. 20x1년말 그 생산공정의 노하우에 대한 회수가능액은 ₩1,000,000으로 추정된다. 또한, ㈜대한식품은 그 생산공정의 계속된 개발을 위해 20x2년 중 ₩3,000,000을 추가로 지출하였다. 20x2년말에 해당 생산공정의 노하우에 대한 회수가능액은 ₩2,200,000으로 추정된다. 20x2년도에 ㈜대한식품이 생산공정과 관련하여 재무제표에 손상차손으로 인식할 금액은 얼마인가?(동 무형자산은 상각하지 않으며, 원가모형을 적용한다. 또한, 법인세효과는 고려하지 않는다.) [관세사기출]

① ₩800,000 ② ₩1,300,000 ③ ₩1,800,000
④ ₩2,300,000 ⑤ ₩2,800,000

내비게이션

- 인식기준충족시점(개발단계 돌입시점) : 20x1.10.10
- 20x1년 개발비(20x1.10.10~12.31) : 500,000
  →회수가능액(1,000,000)이 더 크므로 손상차손은 없다.

- 회계처리

[20x1년]

(차)개발비	500,000	(대)현금	2,000,000
경상개발비	1,500,000		

[20x2년]

(차)개발비	3,000,000[1]	(대)현금	3,000,000
(차)손상차손	1,300,000[2]	(대)손상차손누계액	1,300,000

[1]20x2년 추가 지출액
[2](500,000+3,000,000)-2,200,000=1,300,000

2. 상품매매기업인 ㈜감평은 20x1년 1월 1일 특허권(내용연수 5년, 잔존가치 ₩0)과 상표권(비한정적 내용연수, 잔존가치 ₩0)을 각각 ₩100,000과 ₩200,000에 취득하였다. ㈜감평은 무형자산에 대해 원가모형을 적용하며, 정액법에 의한 월할상각을 한다. 특허권과 상표권 회수가능액 자료가 다음과 같을 때, 20x2년도 포괄손익계산서에 인식할 당기비용은?(단, 20x2년말 모든 무형자산의 회수가능액 감소는 손상징후에 해당된다.) [감평사기출]

	특허권	상표권
20x1년말 회수가능액	₩90,000	₩200,000
20x2년말 회수가능액	₩35,000	₩120,000

① ₩45,000 ② ₩105,000 ③ ₩120,000
④ ₩125,000 ⑤ ₩145,000

내비게이션

- 20x2년 특허권상각비 : 100,000÷5년=20,000 →장부가=80,000
- 20x2년 특허권상각비 : 100,000÷5년=20,000 →장부가=60,000
  20x2년 특허권손상차손 : 60,000-35,000=25,000
  20x2년 상표권손상차손 : 200,000-120,000=80,000

∴20x2년 당기비용 : 20,000+25,000+80,000=125,000

3. ㈜대한은 20x1년부터 연구·개발하기 시작한 신기술이 20x2년 7월 1일에 완료되어 즉시 동 신기술을 사용하기 시작하였다. 동 신기술 연구·개발과 관련하여 20x1년 연구단계에서 지출한 금액은 ₩25,000이고 개발단계에서 지출한 금액은 ₩10,000이며, 20x2년 1월 1일부터 6월 30일까지의 개발단계에서 지출한 금액은 ₩30,000이다. 개발단계의 지출은 모두 무형자산의 인식요건을 충족한다. ㈜대한은 개발된 무형자산의 내용연수를 8년으로 추정하였으며, 정액법(잔존가치 ₩0)으로 상각한다. ㈜대한은 특허권 획득과 직접 관련하여 ₩1,000을 지출하고, 20x2년 10월 1일에 동 신기술에 대해 특허권을 획득하였다. 특허권의 내용연수는 5년으로 추정하였으며, 정액법(잔존가치 ₩0)으로 상각한다. 무형자산으로 인식한 개발비는 20x3년 말에 손상사유가 발생하여 회수가능금액 ₩25,000으로 평가되었고, 내용연수는 3년이 축소된 것으로 평가되었다. ㈜대한이 위 무형자산과 관련한 비용을 자본화하지 않는다고 할 때, 20x3년도 포괄손익계산서에 인식할 비용총액은 얼마인가?(단, 원가모형을 적용하며, 무형자산상각은 월할상각 한다.) [세무사기출]

① ₩5,000 ② ₩5,200 ③ ₩7,500
④ ₩12,500 ⑤ ₩12,700

내비게이션

- 20x3년 개발비상각비 : (10,000+30,000)÷8년=5,000
- 20x3년 산업재산권(특허권)상각비 : 1,000÷5년=200
- 20x3년 개발비 장부금액 : 40,000-40,000×18/96=32,500
- 20x3년 개발비손상차손 : 32,500-25,000=7,500

∴비용총액 : 5,000+200+7,500=12,700

시험중요도 ★★☆

기본이론 제101강 금융부채 금융부채 범위

<table>
<tr><td rowspan="2">금융상품</td><td>정의</td><td>• 거래 당사자 어느 한쪽에게는 금융자산이 생기게 하고 동시에 거래상대방에게 금융부채나 지분상품(자본)이 생기게 하는 모든 계약을 말함.
참고 금융상품을 수취, 인도, 교환하는 계약상 권리·의무는 그 자체로 금융상품임.</td></tr>
<tr><td>분류</td><td>• 금융상품은 다시 금융자산, 금융부채, 지분상품(=자산에서 모든 부채를 차감한 후의 잔여지분을 나타내는 모든 계약)으로 분류함.</td></tr>
<tr><td rowspan="14">금융부채 범위</td><td colspan="2">1 거래상대방에게 현금 등 금융자산을 인도하기로 한 계약상 의무</td></tr>
<tr><td>금융부채 사례</td><td>• 매입채무, 지급어음, 차입금, 사채, 미지급금, 미지급비용, 금융리스부채
➡조건부 계약상 의무(예 금융보증)와 보유자에게 상환청구권 있는 상환우선주는 금융부채이며, 운용리스는 수수료(사용대가)로서 금융상품에 해당하지 않음.
➡발행자가 보유한 영구적 채무상품(확정이자를 영구 지급)은 금융부채에 해당함.</td></tr>
<tr><td>선수금 · 선수수익
품질보증의무</td><td>• 선수금·선수수익, 품질보증의무는 금융부채가 아님.
➡현금 등 금융자산이 아닌 재화나 용역을 제공해야 하기 때문</td></tr>
<tr><td>법인세관련부채
충당부채</td><td>• 당기법인세부채, 이연법인세부채, 충당부채, 의제의무는 금융부채가 아님.
➡거래상대방과의 계약이 아닌 법령규정에 따라 발생한 부채이기 때문</td></tr>
<tr><td colspan="2">2 잠재적으로 불리한 조건으로 거래상대방과 금융자산이나 금융부채를 교환하기로 한 계약상 의무</td></tr>
<tr><td>금융부채 사례</td><td>• 파생상품인 콜옵션이나 풋옵션
➡발행자에게 잠재적 손실의무나 권리포기를 부담하게 하기 때문('파생상품' 참조)</td></tr>
<tr><td colspan="2">3 과거 대가수취하고 그 대가로 인도할 자기지분상품(=주식)의 수량이 변동가능한 비파생상품</td></tr>
<tr><td>금융부채 사례</td><td>• 상품을 ₩25,000에 구입하고 3개월 후 ₩25,000에 상당하는 회사주식을 발행하는 계약(주당 액면금액은 ₩500이며, 발행일에 ₩25,000에 상당하는 회사주식은 30주임)
➡과거 수취대가 확정 & 수량미확정
<table><tr><td>구입일</td><td>(차) 상품</td><td>25,000</td><td>(대) 매입채무(부채)</td><td>25,000</td></tr><tr><td>발행일</td><td>(차) 매입채무</td><td>25,000</td><td>(대) 자본금
주식발행초과금</td><td>15,000
10,000</td></tr></table>보론 if, 3개월 후 20주의 회사주식을 발행하는 경우는 지분상품(자본)으로 분류함.
<table><tr><td>구입일</td><td>(차) 상품</td><td>25,000</td><td>(대) 미교부주식(자본)</td><td>25,000</td></tr><tr><td>발행일</td><td>(차) 미교부주식</td><td>25,000</td><td>(대) 자본금
주식발행초과금</td><td>10,000
15,000</td></tr></table></td></tr>
<tr><td>세부분류
(비파생상품인 경우)</td><td><table><tr><td></td><td>수량확정</td><td>수량미확정</td></tr><tr><td>과거 수취대가 확정</td><td>지분상품</td><td>금융부채</td></tr><tr><td>과거 수취대가 미확정</td><td>지분상품</td><td>금융부채</td></tr></table></td></tr>
<tr><td colspan="2">4 확정수량의 자기지분상품을 미래 확정금액의 현금 등 금융자산과 교환하여 결제하는 방법 외의 방법으로 결제하거나 결제할 수 있는 파생상품</td></tr>
<tr><td>금융부채 사례</td><td>• 3개월 후에 금 50온스를 수령하고, 이에 대한 대가로 금 50온스에 상당하는 회사주식을 발행하기로 한 계약 ➡미래 수취대가 미확정 & 수량미확정
참고 비파생 자기지분상품을 보유하고 있는 기존 소유주 모두에게 주식인수권 등을 지분비율에 비례하여 부여하는 경우, 어떤 통화로든 확정금액으로 확정수량의 자기지분상품을 취득하는 주식인수권, 옵션, 주식매입권은 지분상품임.</td></tr>
<tr><td>세부분류
(파생상품인 경우)</td><td><table><tr><td></td><td>수량확정</td><td>수량미확정</td></tr><tr><td>미래 수취대가 확정</td><td>지분상품</td><td>금융부채</td></tr><tr><td>미래 수취대가 미확정</td><td>금융부채</td><td>금융부채</td></tr></table></td></tr>
</table>

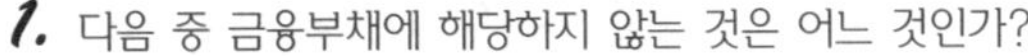

실전적중문제

1. 다음 중 금융부채에 해당하지 않는 것은 어느 것인가?

① 액면 100억의 사채에 대해 상환 대신 1만주의 주식으로 교환할 계약
② 100억원의 가치에 해당하는 지분상품을 인도할 계약
③ 100킬로그램의 금의 가치에 해당하는 현금을 대가로 지분상품을 인도할 계약
④ 100킬로그램의 금의 가치에 해당하는 현금을 대가로 주식 1만주를 인도할 계약
⑤ 자기지분상품 100주를 공정가치의 80%로 주기로 한 계약

내비게이션

• ① 과거 수취대가 확정 & 수량확정 → 지분상품
② 과거 수취대가 확정 & 수량미확정 → 금융부채
③ 미래 수취대가 미확정 & 수량미확정 → 금융부채
④ 미래 수취대가 미확정 & 수량확정 → 금융부채
⑤ 미래 수취대가 미확정 & 수량확정 → 금융부채

2. 금융부채에 대한 한국채택국제회기준의 설명이다. 틀린 설명은 어느 것인가?

① 정부가 부과하는 법적 요구사항에 따라 발생하는 법인세와 관련된 부채는 금융부채가 아니다.
② 기업회계기준서 제1037호 '충당부채, 우발부채 및 우발자산'에서 정의하고 있는 의제의무는 금융부채이다
③ 금융상품의 발행자는 계약의 실질과 금융부채, 금융자산 및 지분상품의 정의에 따라 최초인식시점에 금융상품이나 금융상품의 구성요소를 금융부채, 금융자산 또는 지분상품으로 분류하여야 한다.
④ 금융부채와 지분상품을 구분하는 중요한 특성은 금융상품의 거래당사자인 발행자가, 금융상품의 다른 거래당사자인 보유자에게 현금 등 금융자산을 인도하거나 발행자에게 잠재적으로 불리한 조건으로 보유자와 금융자산이나 금융부채를 교환하는 계약상 의무의 존재 여부이다.
⑤ 우선주의 보유자가 발행자에게 특정일이나 그 이후에 확정되었거나 결정가능한 금액의 상환을 청구할 수 있는 권리를 보유하고 있는 경우에 이러한 우선주는 금융부채이다.

내비게이션

• 기업회계기준서 제1037호 '충당부채, 우발부채 및 우발자산'에서 정의하고 있는 의제의무도 계약에서 발생한 것이 아니므로 금융부채가 아니다.

Answer 1. ① 2. ②

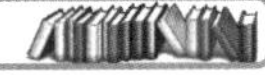

시험중요도 ★★☆

기본이론 제102강 금융부채 분류·인식·제거

<table>
<tr><td rowspan="3">금융부채 분류</td><td>상각후원가측정 금융부채
【AC금융부채】</td><td>• FVPL금융부채와 기타금융부채를 제외한 모든 금융부채
➡예 매입채무, 미지급금, 차입금, 사채 등
•주의 금융부채는 재분류하지 아니함.</td></tr>
<tr><td>당기손익-공정가치측정 금융부채
【FVPL금융부채】</td><td>• 공정가치 변동을 당기손익으로 후속측정하는 금융부채로서 다음 중 하나의 조건을 충족하는 금융부채를 말함.
① 단기매매금융부채 : 단기매매항목의 정의를 충족함.
- 주로 단기간에 재매입할 목적으로 부담한다.
- 최초 인식시점에 공동으로 관리하는 특정 금융상품 포트폴리오의 일부로 운용형태가 단기적 이익획득 목적이라는 증거가 있다.
- 파생상품이다.(즉, 가치변동이 있다.)
➡단, 금융보증계약인 파생상품이나 위험회피수단으로 지정되고 위험회피에 효과적인 파생상품은 제외함.
② 당기손익인식지정금융부채 : 최초 인식시점에 당기손익-공정가치측정 항목으로 지정함.
•주의 부채를 단기매매활동의 자금조달에 사용한다는 사실만으로는 해당부채를 단기매매금융부채로 분류할 수는 없음.</td></tr>
<tr><td>기타금융부채</td><td>① 금융자산 양도관련 부채 : 양도가 제거조건을 충족하지 못하거나 지속적관여접근법이 적용되는 경우에 생기는 금융부채
② 금융보증계약에 따른 금융부채
③ 시장이자율보다 낮은 이자율로 대출하기로 한 대출약정
④ 사업결합에서 취득자가 인식하는 조건부대가</td></tr>
<tr><td></td><td colspan="2">보론 당기손익-공정가치측정 항목으로 지정하면 서로 다른 기준에 따라 자산·부채를 측정하거나 그에 따른 손익을 인식하여 생길수 있는 인식·측정의 불일치(회계불일치)를 제거하거나 유의적으로 줄이는 경우 당기손익-공정가치측정 항목으로 지정할 수 있음.
•주의 위 '보론'의 경우 한번 지정하면 이를 취소할 수 없으며, 지정은 회계정책의 선택과 비슷하지만 비슷한 모든 거래에 같은 회계처리를 반드시 적용해야 하는 것은 아니라는 점에서 다름.</td></tr>
</table>

<table>
<tr><td rowspan="3">금융부채 인식</td><td>최초인식</td><td colspan="2">• 금융부채는 금융상품의 계약당사자가 되는 때에만 재무상태표에 인식함.
• 최초 인식시점에는 공정가치로 측정함.
•주의 공정가치와 거래가격이 다른 경우에도 거래가격이 아닌 공정가치로 측정하며, 공정가치가 거래가격과 다르다고 결정한다면 그 차이는 당기손익으로 인식함.</td></tr>
<tr><td rowspan="2">거래원가</td><td>FVPL금융부채</td><td>• 발생즉시 당기비용으로 인식
(차) 현금 100 (대) 금융부채 100
수수료비용 10 현금 10</td></tr>
<tr><td>그 외 금융부채</td><td>• 공정가치에서 차감
(차) 현금 100 (대) 금융부채 100
할인차금 10 현금 10</td></tr>
</table>

<table>
<tr><td rowspan="3">금융부채 제거</td><td>제거사유</td><td>• 계약상 의무가 이행·취소·만료된 경우에만 재무상태표에서 제거함.</td></tr>
<tr><td>제거손익</td><td>• 금융부채 장부금액과 지급한 대가의 차액은 당기손익(상환손익)으로 인식함.</td></tr>
<tr><td>재매입</td><td>• 일부를 재매입시 종전 장부금액은 계속 인식하는 부분과 제거하는 부분에 대해 재매입일 현재 각 부분의 상대적 공정가치를 기준으로 배분하여 제거부분에 대해서만 손익을 인식
➡당기손익=제거부분에 배분된 금융부채 장부금액－제거하는 부분에 대해 지급한 대가</td></tr>
</table>

FINAL 객관식뽀개기

실전적중문제

1. 금융자산과 금융부채에 관한 설명으로 옳지 않은 것은? [세무사기출]

① 금융부채는 계약의무가 소멸한 경우에만 제거한다.
② 기업 자신의 지분상품(자기지분상품)으로 결제하거나 결제할 수 있는 계약 중 수취할 자기지분상품의 수량이 변동 가능한 비파생상품은 금융자산이다.
③ 기존 차입자와 대여자가 실질적으로 다른 조건으로 채무상품을 교환하거나 기존 금융부채의 조건이 실질적으로 변경된 경우에는 최초의 금융부채를 제거하고 새로운 금융부채를 인식한다.
④ 금융자산의 최초인식시 거래가격과 공정가치가 다를 경우 거래가격으로 측정한다.
⑤ 잠재적으로 불리한 조건으로 거래상대방과 금융자산이나 금융부채를 교환하기로 한 계약상 의무는 금융부채이다.

내비게이션
- 거래가격과 다른 경우에도 공정가치로 측정한다.

2. 한국채택국제회기준상 단기매매목적의 금융부채가 될 수 없는 것은?

① 위험회피수단으로 회계처리하지 아니하는 파생상품부채
② 공매자(차입한 금융자산을 매도하고 아직 보유하고 있지 아니한 자)가 차입한 금융자산을 인도할 의무
③ 단기간 내에 재매입할 의도로 발행하는 금융부채
④ 단기매매활동의 자금조달에 사용하는 금융부채
⑤ 최근의 실제 운용형태가 단기적 이익획득 목적이라는 증거가 있으며, 그리고 공동으로 관리하는 특정 금융상품 포트폴리오의 일부인 금융부채

내비게이션
- 부채를 단기매매활동의 자금조달에 사용한다는 사실만으로는 해당부채를 단기매매금융부채로 분류할 수는 없다.
- K-IFRS 제1039호 금융상품 인식과 측정

보론	문단 AG15

❐ 단기매매금융부채의 예는 다음과 같다.
(1) 위험회피수단으로 회계처리하지 아니하는 파생상품부채
(2) 공매자(차입한 금융자산을 매도하고 아직 보유하고 있지 아니한 자)가 차입한 금융자산을 인도할 의무
(3) 단기간 내에 재매입할 의도로 발행하는 금융부채(예: 공정가치 변동에 따라 발행자가 단기간 내에 재매입할 수 있으며 공시가격이 있는 채무상품)
(4) 최근의 실제 운용형태가 단기적 이익획득 목적이라는 증거가 있으며, 그리고 공동으로 관리되는 특정 금융상품 포트폴리오의 일부인 금융부채

3. 다음은 한국채택국제회기준상 금융부채에 대한 설명이다. 가장 타당한 것은?

① 단기매매항목의 정의를 충족하는 금융부채는 당기손익-공정가치측정 금융부채로 분류하며, 단기매매활동의 자금조달에 사용한다면 해당 부채는 단기매매금융부채로 분류할 수 있다.
② 금융부채를 당기손익-공정가치측정 항목으로 지정하는 것이 인식이나 측정의 불일치를 제거하거나 유의적으로 줄이는 경우에는 금융부채를 최초 인식시점에 당기손익-공정가치측정 항목으로 지정할 수 있으며, 추후 지정을 취소할 수 있다.
③ 금융보증계약의 발행자는 충당부채의 인식기준을 충족시키는 경우를 제외하고는 부채로 인식하지 아니한다.
④ 금융부채는 금융상품의 계약당사자가 되는 때에만 재무상태표에 인식하며, 계약상 의무가 이행, 취소, 또는 만료된 경우에만 재무상태표에서 제거한다.
⑤ 금융부채는 최초 인식시점에 공정가치로 측정하며 금융부채의 발행과 직접 관련되는 거래원가는 공정가치에서 차감한다.

내비게이션
- ① 부채를 단기매매활동의 자금조달에 사용한다는 사실만으로는 해당 부채를 단기매매금융부채로 분류할 수는 없다.
② 한번 지정하면 이를 취소할 수 없다.
③ 금융보증계약은 금융부채에 해당한다.
⑤ 당기손익-공정가치측정 금융부채의 발행과 직접 관련되는 거래원가는 당기비용으로 인식한다.

서술형Correction연습

❐ 금융부채는 일정 요건을 충족하는 경우 재분류할 수 있다.

➲ (X) : 금융부채는 재분류하지 아니한다.

Answer 1. ④ 2. ④ 3. ④

시험중요도 ★★☆

기본이론 제103강 금융부채 후속측정

<table>
<tr><td rowspan="5">AC 금융부채</td><td>후속측정</td><td colspan="2">• 유효이자율법을 사용하여 상각후원가로 후속측정함.
➡FVPL금융부채와 기타금융부채는 상각후원가로 후속측정을 수행하지 않음.
→예 조건부대가는 FVPL금융부채로 후속측정함.</td></tr>
<tr><td>관련손익</td><td colspan="2">• 유효이자율법을 적용한 이자비용 인식</td></tr>
<tr><td rowspan="3">시장이자율</td><td>결정</td><td>• 기준금리(시장위험)와 가산금리(신용위험)의 합계로 결정
➡신용위험은 기업마다 다르므로 시장이자율은 기업에 따라 다르게 결정됨.</td></tr>
<tr><td>기준금리</td><td>• 한국은행이 결정하는 금리로서 시장위험을 반영하는 정책금리
➡예 LIBOR금리 등</td></tr>
<tr><td>가산금리</td><td>• 기업의 신용위험을 반영하는 개별금리
➡신용평가기관이 결정하는 신용등급에 따라 달라짐.
➡자기신용손실이 발생하는 경우 신용위험(자기신용위험)은 상승하게 됨.</td></tr>
<tr><td rowspan="3">FVPL 금융부채</td><td>후속측정</td><td colspan="2">• 공정가치로 후속측정함.
➡주의 할인차금 등의 상각이 없음.(표시이자만을 이자비용으로 인식)</td></tr>
<tr><td rowspan="2">관련손익</td><td>시장위험변동에 따른 공정가치변동</td><td>• 당기손익으로 표시</td></tr>
<tr><td>신용위험변동에 따른 공정가치변동</td><td>• 기타포괄손익으로 표시
주의 후속적으로 당기손익으로 재분류치 않음.
➡단, 기타포괄손익에 표시하는 것이 당기손익의 회계불일치를 일으키거나 확대하는 경우에는 당기손익으로 표시함.</td></tr>
</table>

참고 신용위험변동에 따른 공정가치변동을 기타포괄손익으로 표시하는 이유

❒ 신용등급하락(신용위험증가)시 시장이자율이 증가하므로 공정가치가 하락하여 이익(줄돈이 감소)을 인식한다면 신용도가 악화되었음에도 불구하고 이익이 인식되는 모순이 발생하기 때문

사례 공정가치 변동손익의 구분

✪ ㈜합격은 20x1년초 액면금액 ₩100,000(액면이자율 4%, 만기 3년)의 회사채를 ₩89,688(현재가치)에 발행하고 당기손익-공정가치측정 금융부채로 지정하였다. 관련 자료가 다음과 같을 때 20x1년도 당기손익과 기타포괄손익에 미친 영향은? 단, 회사채가 회계불일치를 일으키거나 확대하지는 않는다.

(1) 회사채 발행시 중개수수료로 거래원가 ₩3,000을 지출하였다.
(2) 발행시점의 시장이자율은 8%(기준금리 5%+가산금리 3%)이다.
(3) 회사채 발행시점의 신용위험이 동일하게 유지되는 경우 20x1년말의 시장이자율은 9%이며, 20x1년말 9%로 할인한 회사채의 현재가치는 ₩91,206이다.
(4) 20x1년말 시장이자율은 10%이며, 20x1년말 10%로 할인한 회사채의 현재가치는 ₩89,582이다.

풀이

• 총평가손익 : 89,688－89,582=106(이익)
• 시장위험만 반영한 평가손익 : 89,688－91,206=△1,518(손실)
• '시장위험만 반영한 평가손익(△1,518)+신용위험만 반영한 평가손익(X)=106' 에서 X=1,624(이익)

<table>
<tr><td rowspan="2">20x1년 01월 01일</td><td>(차) 현금</td><td>89,688</td><td>(대) FVPL금융부채</td><td>89,688</td></tr>
<tr><td>(차) 수수료비용</td><td>3,000</td><td>(대) 현금</td><td>3,000</td></tr>
<tr><td rowspan="3">20x1년 12월 31일</td><td>(차) 이자비용</td><td>4,000</td><td>(대) 현금</td><td>4,000</td></tr>
<tr><td>(차) FVPL금융부채</td><td>106</td><td>(대) 평가이익(기타포괄손익)</td><td>1,624</td></tr>
<tr><td>평가손실(당기손익)</td><td>1,518</td><td></td><td></td></tr>
</table>

∴당기손익 : 수수료비용+이자비용+평가손실=8,518(손실), 기타포괄손익 : 1,624(기타포괄손익 증가)

FINAL 객관식뽀개기 — 실전적중문제

1. ㈜합격은 20x1년초 액면금액 ₩150,000(액면이자율 8%, 만기 10년, 매년말 이자지급)의 회사채를 발행하고 당기손익-공정가치측정 금융부채로 지정하였다. 관련 자료가 다음과 같을 때 20x1년도 당기손익과 기타포괄손익에 미친 영향은 각각 얼마인가? 단, 회사채의 공정가치 변동에 대해 기타포괄손익으로 표시하는 것이 회계불일치를 일으키거나 확대하지는 않는다.

> (1) 시장이자율 관련 자료
> - 20x1년초 사채에 적용되는 시장이자율 : 8% (LIBOR금리 5%+신용가산금리 3%)
> - 20x1년말 사채에 적용되는 LIBOR금리는 4.75%로 변동하였다.
>
> (2) 기타자료
> - 회사채의 발행시 거래원가로 ₩2,000을 지출하였다.
> - 20x1년말 회사채의 시장가격(공정가치)은 ₩153,811이다.
> - 20x1년말 7.75%로 할인한 회사채의 현재가치는 ₩152,367이다.

	당기손익	기타포괄손익
①	손실 ₩14,367	감소 ₩2,367
②	손실 ₩14,367	감소 ₩1,444
③	손실 ₩16,367	증가 ₩1,444
④	손실 ₩16,367	감소 ₩2,367
⑤	손실 ₩16,367	감소 ₩1,444

내비게이션

- 20x1년초 공정가치 : 150,000(액면발행)
- 20x1년말 공정가치 : 153,811
- 20x1년말 시장위험만 반영한 공정가치(r=7.75%) : 152,367
- 총평가손익 : 150,000-153,811=△3,811(손실)
- 시장위험만 반영한 평가손익 : 150,000-152,367=△2,367(손실)
- △2,367+신용위험만 반영한 평가손익(x)=△3,811에서, x=△1,444(손실)

∴당기손익 : 수수료비용(2,000)+이자비용(12,000)+평가손실(2,367)=16,367
기타포괄손익 : △1,444(기타포괄손익 감소)

2. ㈜적중은 20x1년초 액면금액 ₩1,000,000(액면이자율 10%, 만기 3년, 매년말 이자지급)의 회사채를 발행하고 당기손익-공정가치측정 금융부채로 지정하였다. 관련 자료가 다음과 같을 때 20x1년말 인식할 기타포괄손익은 얼마인가? 단, 회사채가 회계불일치를 일으키거나 확대하지는 않는다.

> (1) 시장이자율 관련 자료
> - 20x1년초 사채에 적용되는 시장이자율 : 10% (기준금리 6%+신용가산금리 4%)
> - 20x1년말 사채에 적용되는 시장이자율 : 12% (기준금리 7%+신용가산금리 5%)
>
> (2) 현재가치계수 관련자료

구분	1기간	2기간	3기간
10%	0.90909	0.82645	0.75131
11%	0.90090	0.81162	0.73119
12%	0.89286	0.79719	0.71178

① 기타포괄이익 ₩17,128 ② 기타포괄손실 ₩17,128
③ 기타포괄이익 ₩16,667 ④ 기타포괄손실 ₩16,667
⑤ 기타포괄이익 ₩33,805

내비게이션

- 20x1년초 공정가치(r=10%) : 1,000,000(액면발행)
- 20x1년말 공정가치(r=12%) : 100,000×0.89286+1,100,000×0.79719 =966,195
- 20x1년말 시장위험만 반영한 공정가치(r=11%) : 100,000×0.90090+1,100,000×0.81162=982,872
- 총평가손익 : 1,000,000-966,195=33,805(이익)
- 시장위험만 반영한 평가손익 : 1,000,000-982,872=17,128(이익)
- 17,128+신용위험만 반영한 평가손익(x)=33,805에서, x=16,677(이익)

서술형Correction연습

❒ 당기손익-공정가치측정 금융부채는 후속적으로 공정가치로 측정하며 공정가치의 변동은 당기손익으로 표시한다.

➲ (X) : 신용위험변동에 따른 부분은 회계불일치를 일으키거나 확대하는 경우가 아닌 경우 기타포괄손익으로 표시한다.

Answer 1. ⑤ 2. ③

시험중요도 ★★★

기본이론 제104강 사채발행의 기본회계처리

액면발행

- '사채액면이자율=시장이자율(유효이자율)' 인 경우에는 액면발행됨.
- 이자지급일에 액면이자만 이자비용처리하면 됨.

할인발행

- '사채액면이자율 〈 시장이자율(유효이자율)' 인 경우에는 할인발행됨.
- 사채할인발행차금(=액면금액-발행금액)은 사채액면금액에 차감형식으로 기재하고, 상각액은 사채이자에 가산 ➡ 상각액=이자비용(유효이자)-액면이자

사례 할인발행 회계처리

✪ 20x1년 1월 1일 사채발행. 액면 ₩1,000,000, 액면이자율 10%, 유효이자율 12%, 만기는 3년, 이자는 매년말 지급, 발행금액(=현재가치)은 ₩951,963이다.

일자	유효이자(12%)	액면이자(10%)	상각액	장부금액
20x1년초	-	-	-	951,963
20x1년말	951,963x12%=114,236	100,000	114,236-100,000=14,236	951,963+14,236=966,199
20x2년말	115,944	100,000	15,944	982,143
20x3년말	117,857	100,000	17,857	1,000,000

구분	차변	금액	대변	금액
20x1년초	(차) 현금	951,963	(대) 사채	1,000,000
	사채할인발행차금	48,037		
20x1년말	(차) 이자비용	114,236	(대) 현금	100,000
			사채할인발행차금	14,236
상환시	(차) 이자비용	117,857	(대) 현금	100,000
			사채할인발행차금	17,857
	(차) 사채	1,000,000	(대) 현금	1,000,000

주의 사채할인발행차금은 마치 선급이자의 성격으로 볼수 있음.

할증발행

- '사채액면이자율 〉 시장이자율(유효이자율)' 인 경우에는 할증발행됨.
- 사채할증발행차금(=발행금액-액면금액)은 사채액면금액에 가산형식으로 기재하고, 상각액은 사채이자에서 차감. ➡ 상각액=액면이자-이자비용(유효이자)

사례 할증발행 회계처리

✪ 20x1년 1월 1일 사채발행. 액면 ₩1,000,000, 액면이자율 12%, 유효이자율 10%, 만기는 3년, 이자는 매년말 지급, 발행금액(=현재가치)은 ₩1,049,737이다.

일자	액면이자(12%)	유효이자(10%)	상각액	장부금액
20x1년초	-	-	-	1,049,737
20x1년말	120,000	1,049,737x10%=104,974	120,000-104,974=15,026	1,049,737-15,026=1,034,711
20x2년말	120,000	103,471	16,529	918,182
20x3년말	120,000	101,818	18,182	1,000,000

구분	차변	금액	대변	금액
20x1년초	(차) 현금	1,049,737	(대) 사채	1,000,000
			사채할증발행차금	49,737
20x1년말	(차) 이자비용	104,974	(대) 현금	120,000
	사채할증발행차금	15,026		
상환시	(차) 이자비용	101,818	(대) 현금	120,000
	사채할증발행차금	18,182		
	(차) 사채	1,000,000	(대) 현금	1,000,000

주의 ① 유효이자 : 할인발행시는 매년증가, 할증발행시는 매년감소 ② 상각액 : 모두 매년증가

상각방법

- 사채발행차금 상각방법으로 유효이자율법만 인정함. ➡ 비교 정액법 : 매기 동일액을 상각하는 방법

사채발행비

- 사채발행비는 사채발행금액에서 차감함.
- 액면·할인발행시는 사채할인발행차금을 증액, 할증발행시는 사채할증발행차금을 감액함.

FINAL 객관식뽀개기

실전적중문제

1. 사채의 할증발행에 관한 설명으로 옳은 것은?[관세사기출]

① 표시이자율보다 시장에서 요구하는 수익률이 높은 경제 상황에서 발생한다.
② 유효이자율법에 의해 상각할 경우 기간경과에 따라 할증발행차금 상각액은 매기 감소한다.
③ 기간경과에 따른 이자비용은 매기 증가한다.
④ 매기 현금이자 지급액보다 낮은 이자비용이 인식된다.
⑤ 사채의 장부금액은 매기 할증발행차금의 상각액만큼 증가한다.

내비게이션

• ① 높은(X) → 낮은(O)
② 감소한다(X) → 증가한다(O)
③ 증가한다(X) → 감소한다(O)
⑤ 증가한다(X) → 감소한다(O)

2. ㈜관세는 20x1년 1월 1일 다음과 같은 조건의 사채를 발행하여 만기에 상환할 예정이다. 다음 설명 중 옳지 않은 것은?(단, 동 사채는 상각후원가로 후속 측정하는 금융부채이다. 또한 다음의 현가계수를 이용하며, 계산시 화폐금액은 소수점 첫째자리에서 반올림한다.) [관세사기출]

• 액면금액 : ₩1,000,000
• 표시이자율 : 연 7%(이자는 매년 말 지급)
• 발행시점의 유효이자율 : 연 10%
• 만기 : 4년

기간	단일금액 ₩1의 현재가치		정상연금 ₩1의 현재가치	
	7%	10%	7%	10%
1	0.9346	0.9091	0.9346	0.9091
2	0.8734	0.8264	1.8080	1.7355
3	0.8163	0.7513	2.6243	2.4868
4	0.7629	0.6830	3.3872	3.1699

① 20x1년초 사채의 발행금액은 ₩904,893이다.
② 20x1년말 사채의 장부금액은 ₩925,382이다.
③ 20x1년도에 인식하는 이자비용은 ₩90,489이다.
④ 20x2년도에 인식하는 이자비용은 ₩92,538이다.
⑤ 20x3년도에 인식하는 이자비용은 ₩95,792이다.

내비게이션

• ① 70,000×3.1699+1,000,000×0.6830=904,893
② 904,893+(904,893×10%-70,000)=925,382
③ 904,893×10%=90,489
④ 925,382×10%=92,538
⑤ [925,382+(925,382×10%-70,000)]×10%=94,792

3. 상각후원가측정 금융부채로 분류되는 사채에 대한 다음 설명 중 옳은 설명은?

① 유효이자율법으로 상각하는 경우, 할인발행되면 이자비용은 매년 감소하고, 할증발행되면 매년 증가한다.
② 정액법으로 상각하는 경우, 장부가액에 대한 이자비용의 비율은 매년 동일하다.
③ 유효이자율법으로 상각하는 경우, 할인발행 또는 할증발행에 따른 사채발행차금의 상각액은 매년 증가한다.
④ 한국채택국제회계기준에서는 사채발행차금을 사채기간에 걸쳐 정액법으로 상각한다.
⑤ 한국채택국제회계기준에서는 사채발행비를 사채기간에 걸쳐 정액법으로 상각한다.

내비게이션

• ① 할인발행시는 증가, 할증발행시는 감소
② 유효이자율법의 설명이다.
④ 유효이자율법으로 상각한다.
⑤ 사채발행비는 발행가액에서 차감하므로 사채할인발행차금의 일부로 처리된다. 따라서, 유효이자율법으로 상각한다.

4. 사채가 할인발행되고 유효이자율법이 적용되는 경우 다음의 설명 중 옳지 않은 것은? 단, 사채는 상각후원가측정 금융부채로 분류된다.

① 사채발행시점에 발생한 사채발행비는 비용으로 처리하지 않고, 사채의 만기 동안의 기간에 걸쳐 상각하여 비용화한다.
② 사채의 장부금액은 초기에는 적고 기간이 지날수록 금액이 커진다.
③ 매기간 계상되는 총사채이자비용은 초기에는 적고 기간이 지날수록 금액이 커진다.
④ 사채할인발행차금은 선급이자의 성격으로 볼 수 있다.
⑤ 사채할인발행차금은 사채의 발행금액에서 차감하는 형식으로 표시한다.

내비게이션

• 발행금액(X) → 액면금액(O)

서술형Correction연습

❐ 사채를 유효이자율법으로 상각하는 경우, 할인발행 또는 할증발행에 따른 사채발행차금의 상각액은 매년 감소한다.

➲ (X) : 매년 감소한다.(X) → 매년 증가한다.(O)

Answer 1. ④ 2. ⑤ 3. ③ 4. ⑤

시험중요도 ★★★

기본이론 제105강 사채할인발행차금 상각등

세부고찰 I

사례 사채할인발행차금상각 기본회계처리

✪다음 자료에 의하여 사채의 20x1년도말 회계처리는?

(1) 사채발행일	20x1년 1월 1일	(2) 사채발행시 액면금액	₩11,500,000
(3) 기초장부금액(현재가치)	₩10,300,000	(4) 유효이자율	6%
(5) 액면이자율	5%	(6) 이자비용은 기말 현재 미지급	

• (차) 이자비용 10,300,000×6%=618,000 (대) 미지급이자 11,500,000×5%=575,000
사발차 618,000-575,000=43,000

세부고찰 II

사례 총이자비용 계산

✪다음은 ㈜잇싸합격의 20x1년초 사채발행 관련 자료이다. 만기까지 인식할 총이자비용은 얼마인가?

(1) 액면금액 ₩2,000,000, 만기 3년, 액면이자율 연 8%, 유효이자율 연 10%
(2) 사채발행으로 조달된 현금은 ₩1,900,504이다.

• 총액면이자(2,000,000×8%×3년)+총사발차(2,000,000-1,900,504)=579,496

세부고찰 III

사례 액면이자율 추정

✪ ㈜질러는 20x1년 1월 1일 시장이자율이 연 9%, 액면금액이 ₩10,000이고, 만기가 3년인 회사채를 ₩9,241에 할인발행하였다. 이 회사채는 매년말 이자를 지급한다. 이 회사채의 20x2년 1월 1일 장부금액이 ₩9,473이라면, 이 회사채의 액면이자율은 얼마인가? (문제풀이과정에서 계산되는 모든 화폐금액은 소수점 이하에서 반올림하시오)

• 사발차상각액 : 9,473-9,241=232
• 이자비용(9,241×9%)=액면이자(10,000×액면이자율)+사발차상각액(232)
→∴액면이자율=6%

세부고찰 IV

사례 2차연도 이후 사채할인발행차금상각액 계산

✪다음 자료에 의해 20x2년 12월 31일 이자지급일의 이자비용은 얼마인가?

(1) 20x1년 1월 1일 액면 ₩10,000,000인 사채를 발행(만기 5년, 매년말 이자지급)
(2) 표시이자율은 10%, 유효이자율 12%, 발행시 현재가치는 ₩9,279,100

• 20x1년 12월 31일 사발차상각액 : (9,279,100×12%)-(10,000,000×10%)=113,492
20x2년 12월 31일 사발차상각액 : [(9,279,100+113,492)×12%]-(10,000,000×10%)=127,111
→∴이자비용 : 1,000,000+127,111=1,127,111

❒ 다음연도 상각액=당기상각액x(1+유효이자율)
→∴20x2년 12월 31일 사채할인발행차금상각액 : 113,492x1.12=127,111

FINAL 객관식뽀개기 실전적중문제

1. ㈜감평은 20x1년 1월 1일에 액면금액 ₩1,000,000(표시이자율 연 8%, 매년 말 이자지급, 만기 3년)의 사채를 발행하였다. 발행당시 시장이자율은 연 13%이다. 20x1년 12월 31일 현재 동 사채의 장부금액은 ₩916,594이다. 동 사채와 관련하여 ㈜감평이 20x3년도 인식할 이자비용은?(단, 단수차이로 인한 오차가 있으면 가장 근사치를 선택한다.) [감평사기출]

① ₩103,116 ② ₩107,026 ③ ₩119,157
④ ₩124,248 ⑤ ₩132,245

내비게이션

• 20x2년말 장부금액 : 916,594+(916,594×13%-80,000)=955,751
∴20x3년도 이자비용(유효이자) : 955,751×13%=124,248

2. ㈜광주는 20x1년 초에 액면금액 ₩100,000(액면이자율 연 10%, 만기 3년, 매년 말 이자지급조건)인 사채를 발행하였다. 이 회사는 사채발행차금을 유효이자율법으로 회계처리하고 있다. 사채발행일의 시장이자율은 연 12%라고 할 때, ㈜광주가 동 사채와 관련하여 3년간 포괄손익계산서에 인식할 총이자비용은 얼마인가?(단, 사채발행일의 시장이자율과 유효이자율은 일치한다.) [관세사기출]

기간	기간 말 ₩1의 현재가치		정상연금 ₩1의 현재가치	
	10%	12%	10%	12%
1	0.9091	0.8929	0.9091	0.8929
2	0.8264	0.7972	1.7355	1.6901
3	0.7513	0.7118	2.4868	2.4018

① ₩24,018 ② ₩30,000 ③ ₩34,802
④ ₩36,000 ⑤ ₩36,802

내비게이션

• 발행금액(현재가치) : 10,000×2.4018+100,000×0.7118=95,198
• 총액면이자 : 10,000×3년=30,000
• 총사발차 : 100,000-95,198=4,802
*고속철 총이자비용=총액면이자(30,000)+총사발차(4,802)=34,802

3. ㈜관세는 20x1년 1월 1일에 액면금액이 ₩40,000, 3년 만기 사채를 ₩36,962에 할인발행하였다. 사채 발행시 유효이자율은 연 9%이고, 이자는 매년 말 후급한다. 20x2년 1월 1일 현재 사채의 장부금액이 ₩37,889이라고 하면 사채의 표시이자율은?(단, 계산시 화폐금액은 소수점 첫째자리에서 반올림한다.) [관세사기출]

① 5.8% ② 6.0% ③ 6.2%
④ 6.5% ⑤ 7.0%

내비게이션

• 사발차상각액 : 37,889-36,962=927
• 이자비용(36,962×9%=3,327)
=액면이자(40,000×액면이자율)+사발차상각액(927)
→∴액면이자율=6%

4. 사채의 발행시 발행가와 액면가의 차이인 사채할인발행차금에대한 설명으로 옳은 것은?

① 사채할인발행차금은 사채의 액면이자율이 시장이자율보다 낮을때 발생하는 것으로 선급이자 성격이다.
② 사채할인발행차금상각액은 사채의 차감으로 기록해야한다.
③ 사채할인발행차금은 이자율과 관련없는 것으로 자금시장의 불완전성 때문에 발생한다.
④ 사채할인발행차금은 정액법으로 상각하는 것이 이론상 우수하다.
⑤ 사채할인발행차금을 유효이자율법으로 상각할 경우 사채할인발행차금을 초기에 과다하게 상각하는 문제가 있다.

내비게이션

• ② 사채이자에 가산된다.
③ 시장이자율과 액면이자율의 차이로 발생한다.
④ 유효이자율법이 더 우수함. 정액법을 적용할 경우 기간별 사채의 실질이자부담률이 상이하게 나타나는 문제점이 있다. 따라서 정액법은 기본적으로 현재가치평가의 논리에 어긋나는 방법이다. 유효이자율법은 매기간의 이자비용을 사채장부가액 대비 동일한 비율이 되도록 인식한다(즉, 부채장부가와 이자비용이 비례) 이 비율은 사채발행시점에서 발행자가 부담하는 유효이자율이기 때문에 유효이자율법은 수익·비용대응의 관점에서 정액법보다 우월하다. 따라서 유효이자율법이 부채의 경제적 실질을 더 잘 반영한다.
⑤ 초기에 과소 상각된다.

Answer 1. ④ 2. ③ 3. ② 4. ①

시험중요도 ★★☆

기본이론 제106강 사채발행의 특수회계처리

이자지급과 결산불일치

사례 이자지급일과 결산일이 다른 경우 회계처리

⊙20x1. 4.1에 액면 ₩100,000, 액면이자율 8%, 만기 20x3. 3.31, 이자는 20x2. 3.31과 20x3. 3.31에 지급하는 사채발행. 유효이자율 10%, 회계기간은 1.1 ~ 12.31

• 발행금액=100,000×(2년, 10% 현가)+100,000×8%×(2년, 10% 연금현가)=96,529

일자	유효이자(10%)	액면이자(8%)	상각액	장부금액
20x1.4.1	-	-	-	96,529
20x2.3.31	9,653	8,000	1,653	98,182
20x3.3.31	9,818	8,000	1,818	100,000

일자	회계처리	비고
20x1.4.1	(차) 현금 96,529 (대) 사채 100,000 사발차 3,471	
20x1.12.31	(차) 이자비용 7,240 (대) 미지급이자 6,000[1)] 사발차 1,240[2)]	1)8,000x9/12 2)1,653x9/12
20x2.3.31	(차) 이자비용 2,413 (대) 현금 8,000 미지급이자 6,000 사발차 413[3)]	3)1,653-1,240
20x2.12.31	(차) 이자비용 7,364 (대) 미지급이자 6,000 사발차 1,364[4)]	4)1,818x9/12
20x3.3.31	(차) 이자비용 2,454 (대) 현금 8,000 미지급이자 6,000 사발차 454[5)] (차) 사채 100,000 (대) 현금 100,000	5)3,471-1,240-413-1,364

연2회이상 이자지급

• 3개월, 6개월마다 지급된다면 1년을 기준으로 하지 않고 3개월 또는 6개월을 기준으로 발행가액과 상각표를 작성하여 회계처리함.

Point 액면이자율, 유효이자율, 할인기간이 모두 조정됨

사례 연2회 이자지급하는 경우 회계처리

⊙ 20x1년 1월 1일에 액면금액 ₩100,000의 사채를 발행함. 액면이자율은 연 10%, 만기는 5년, 유효이자율은 연 12%, 사채이자는 연2회(6월 30일과 12월 31일)지급함.

• 발행금액=100,000×(10년, 6% 현가)+100,000×5%×(10년, 6% 연금현가)=92,639

일자	유효이자(6%)	액면이자(5%)	상각액	장부금액
20x1.1.1	-	-	-	92,639
20x1.6.30	5,558	5,000	558	93,197
20x1.12.31	5,592	5,000	592	93,789

일자	회계처리
20x1.4.1	(차) 현금 92,639 (대) 사채 100,000 사발차 7,361
20x1.12.31	(차) 이자비용 5,558 (대) 미지급이자 5,000 사발차 558
20x2.3.31	(차) 이자비용 5,592 (대) 현금 5,000 사발차 592

FINAL 객관식뽀개기 — 실전적중문제

1. ㈜감평은 20x1년 1월 1일에 액면이자율 연 9%, 5년 만기, 액면금액 ₩600,000의 사채를 ₩576,834에 발행하였다. 이 발행금액은 10%의 시장이자율을 반영하고 있다. 이 사채의 이자지급일은 1월 1일과 7월 1일로 연 2회이다. ㈜감평이 유효이자율법을 적용하여 사채할인발행차금을 상각한다면, 20x1년 7월 1일의 이자지급시 상각되는 사채할인발행차금은 얼마인가?(단, 사채이자는 월할로 계산하고, 소수점 이하 첫째자리에서 반올림하시오.) [감평사기출]

① ₩1,842 ② ₩2,085 ③ ₩2,317
④ ₩3,683 ⑤ ₩23,166

내비게이션

- 액면이자율은 4.5%, 유효이자율은 5%로 조정하여 적용한다.
- 유효이자 : 576,834×5%=28,842
- 액면이자 : 600,000×4.5%=27,000

∴상각액 : 28,842-27,000=1,842

2. ㈜합격은 20x1년 1월 1일에 5년 만기 사채를 발행하였다. 관련된 다음의 자료에 의해 발행금액을 계산하면 얼마인가? 단, 현가계수는 제시된 표를 이용하며, 계산금액은 소수점 첫째자리에서 반올림한다.

(1) 액면금액 : ₩5,000,000
(2) 표시이자율 : 연 10%(6.30, 12.31, 연 2회 이자지급)
(3) 유효이자율 : 연 12%

	단일금액 ₩1의 현재가치			정상연금 ₩1의 현재가치		
	4년	5년	10년	4년	5년	10년
6%	0.7921	0.7473	0.5584	3.4651	4.2124	7.3601
12%	0.6335	0.5674	0.3220	3.0373	3.6048	5.6502

① ₩4,639,540 ② ₩4,632,025 ③ ₩4,889,223
④ ₩5,000,000 ⑤ ₩5,235,666

내비게이션

- 5,000,000×5%×7.3601+5,000,000×0.5584=4,632,025

3. ㈜적중은 20x1년 1월 1일 자금조달을 위하여 액면금액 ₩2,500,000의 사채를 발행하였으며 관련 자료가 다음과 같을 때 ㈜적중이 20x1년도에 인식할 이자비용은 얼마인가? 단, 사채발행과 관련한 거래비용은 없으며, 현가계수는 제시된 표를 이용한다. 또한 계산금액은 소수점 첫째자리에서 반올림하며, 이 경우 단수차이로 인해 약간의 오차가 있으면 가장 근사치를 선택한다.

(1) 만기는 5년이며, 사채의 표시이자율은 10%이다.
(2) 표시이자는 매년 6월 30일과 12월 31에 2회에 걸쳐 분할 지급되는 조건이다.
(3) 발행일인 20x1년 1월 1일의 시장이자율은 12%이다.

기간	기간 말 ₩1의 현재가치(단일금액)		정상연금 ₩1의 현재가치	
	6%	12%	6%	12%
5	0.74726	0.56743	4.21236	3.60478
10	0.55839	0.32197	7.36009	5.65022

① ₩225,336 ② ₩278,756 ③ ₩290,793
④ ₩295,835 ⑤ ₩300,000

내비게이션

- 발행금액 : 2,500,000×5%×7.36009+2,500,000×0.55839=2,315,986
- 20x1년 6월 30일 유효이자(이자비용) : 2,315,986×6%=138,959
  →장부금액 : 2,315,986+(138,959-2,500,000×5%)=2,329,945
- 20x1년 12월 31일 유효이자(이자비용) : 2,329,945×6%=139,797

∴138,959+139,797=278,756

Answer 1. ① 2. ② 3. ②

시험중요도 ★★☆

기본이론 제107강 이자지급·결산불일치시 사채이자비용등

세부고찰 I

사례 이자지급과 결산불일치시 사채이자비용

㈜꿀어는 20x1년 4월1일 액면금액 ₩1,000,000의 사채를 발행하였는데, 관련자료는 다음과 같다. 이 때 ㈜꿀어가 20x2년 포괄손익계산서에 인식할 이자비용은 얼마인가?

(1) 만기 : 20x4년 3월 31일 (2) 발행금액 : ₩951,963
(3) 액면이자율 : 연 10% (4) 유효이자율 : 연 12%
(5) 이자지급일 : 매년 3월 31일

풀이

- 20x2.1.1~20x2.3.31까지 이자비용 : 951,963×12%×3/12=28,559
- 20x2.3.31 장부금액 : 951,963+(951,963×12%−1,000,000×10%)=966,199
- 20x2.4.1~20x2.12.31까지 이자비용 : 966,199×12%×9/12=86,958

→∴20x2년 포괄손익계산서상 이자비용 : 28,559+86,958=115,517

세부고찰 II

사례 2회이상 이자지급시 이자비용 계산

㈜개미퍼머거는 20x1년 1월 1일에 5년 만기 사채를 발행하였다. 20x4년의 사채이자는?

(1) 액면금액 ₩1,000,000
(2) 표시이자율 : 연 10%(6월 30일, 12월 31일, 연 2회 이자지급)
(3) 시장이자율 : 연 12%
(4) 현가계수자료는 다음과 같다.

	₩1의 현가			₩1의 연금현가		
	4년	5년	10년	4년	5년	10년
6%	0.7921	0.74726	0.55839	3.4651	4.21236	7.36009
12%	0.6335	0.56743	0.32197	3.0373	3.60478	5.65022

고속철 장부금액=미래현금흐름의 현재가치

- 20x4초 장부금액 : 1,000,000×현가계수(4년, 6%)+50,000×연금현가계수(4년, 6%)
  =1,000,000×0.7921+50,000×3.4651=965,355
- 20x4년 상반기 사채이자 : 965,355×6%=57,921
- 20x4년 하반기 사채이자 : [965,355+(57,921−50,000)]×6%=58,397

→∴57,921+58,397=116,318

세부고찰 III

사례 유효이자율 추정

㈜달근은 20x1년 4월 1일(3년 만기, 이자율 10%, 이자지급일 3월 31일) 사채를 발행하였다. 20x2년 이자지급후 장부금액은 ₩179,840, 회계처리는 다음과 같다. 유효이자율은?

(차) 이자비용	43,168	(대) 사채할인발행차금	7,168
		현금	36,000

- $(179,840-7,168)\times x=43,168$

→$\therefore x=25\%$

FINAL 객관식뽀개기 실전적중문제

1. ㈜감평은 20x1년 1월 1일에 사채를 발행하여 매년 말 액면이자를 지급하고 유효이자율법에 의하여 상각한다. 20x2년말 이자와 관련된 회계처리는 다음과 같다.

(차) 이자비용	6,000	(대) 사채할인발행차금	3,000
		현금	3,000

위 거래가 반영된 20x2년말 사채의 장부금액이 ₩43,000으로 표시되었다면, 사채의 유효이자율은? (단, 사채의 만기는 20x3년 12월 31일이다.)[감평사기출]

① 연 11% ② 연 12% ③ 연 13%
④ 연 14% ⑤ 연 15%

• (43,000−3,000)×x=6,000
→∴x=15%

2. ㈜합격은 20x1년 1월 1일 다음과 같은 사채를 ₩700,000에 발행하였다.

(1) 액면금액 : ₩500,000
(2) 만기 : 5년(만기일은 20x5년 12월 31일임)
(3) 표시이자율 : 20%
(4) 이자지급일: 매년 6월 30일과 12월 31일

위의 사채취득시 유효이자율은 연 10%였다. ㈜합격은 사채발행차금의 상각에 유효이자율법을 사용한다. 이 사채의 발행으로 인하여 앞으로 5년간의 포괄손익계산서에 기록하게 되는 이자비용의 합계액은 총 얼마인가?

① ₩300,000 ② ₩350,000 ③ ₩375,000
④ ₩380,000 ⑤ ₩410,000

내비게이션

• 사채할증발행차금 : 발행금액(700,000)−액면금액(500,000)=200,000

*고속철 **총이자비용 계산(할증발행)**
• 사채만기까지의 이자비용=액면이자합계−총사채할증발행차금
→(500,000×20%×5년)−200,000=300,000

nswer 1. ⑤ 2. ①

시험중요도 ★★★

기본이론 제108강 이자지급일사이의 사채발행

개요

상각표작성	• 직전이자지급일에 취득한 것으로 가정하여 상각표 작성후 이를 기준으로 상각
사채구입가격	• 사채구입가격(현금수령액) = 직전이자지급일현가 + 유효이자발생액
순수사채가격	• 순수사채가격(발행금액) = 사채구입가격 - 액면이자발생액

➡할증발행시도 동일적용할 것!

회계처리

사례 이자지급일 사이의 사채발행시 회계처리

⊙사채권면의 발행일이 20x1.1.1인 사채를 20x1.4.1에 발행함. 액면금액 ₩100,000, 만기 2년

【CASE 1】 액면발행(액면이자율10%=실제발행일의 유효이자율10%)인 경우

현금수령액	• 100,000×(2년, 10%현가)+100,000x10%×(2년, 10%연금현가)+100,000×10%×3/12=102,500
20x1.4.1	(차) 현금 102,500 (대) 사채 100,000 미지급이자 2,500
20x1년말	(차) 미지급이자 2,500 (대) 현금 10,000 이자비용 7,500

【CASE 2】 할인발행(액면이자율10%〈실제발행일의 유효이자율12%)인 경우

현금수령액	• 100,000×(2년, 12%현가)+100,000x10%×(2년, 12%연금현가)+96,619×12%×3/12=99,518 (100,000×(2년, 12%현가)+100,000x10%×(2년, 12%연금현가) = 96,619)
20x1.4.1	(차) 현금 99,518 (대) 사채 100,000 사채할인발행차금 2,982 미지급이자 2,500
20x1년말	(차) 미지급이자 2,500 (대) 현금 10,000 이자비용 11,595×9/12=8,696 사채할인발행차금 1,595×9/12=1,196

상각표

	유효이자(12%)	액면이자(10%)	상각액	장부금액
20x1년초	-	-	-	96,619
20x1년말	11,595	10,000	1,595	98,214
20x2년말	11,786	10,000	1,786	100,000

【CASE 3】 할증발행(액면이자율10%〉실제발행일의 유효이자율8%)인 경우

현금수령액	• 100,000×(2년, 8%현가)+100,000x10%×(2년, 8%연금현가)+103,567×8%×3/12=105,638 (100,000×(2년, 8%현가)+100,000x10%×(2년, 8%연금현가) = 103,567)
20x1.4.1	(차) 현금 105,638 (대) 사채 100,000 미지급이자 2,500 사채할증발행차금 3,138
20x1년말	(차) 미지급이자 2,500 (대) 현금 10,000 사채할증발행차금 1,715×9/12=1,286 이자비용 8,285×9/12=6,214

상각표

	액면이자(10%)	유효이자(8%)	상각액	장부금액
20x1년초	-	-	-	103,567
20x1년말	10,000	8,285	1,715	101,852
20x2년말	10,000	8,148	1,852	100,000

FINAL 객관식뽀개기 실전적중문제

1. ㈜관세는 다음과 같은 조건의 3년 만기 일반사채를 발행하고, 동 사채를 상각후원가로 후속 측정하는 금융부채로 분류하였다. 동 사채발행으로 인해 20x1년 7월 1일에 증가한 ㈜관세의 부채 금액은?(단, 이자 및 상각액은 월할계산하며, 화폐금액은 소수점 첫째자리에서 반올림한다.) [관세사기출]

- 액면금액 : ₩1,000,000(사채발행비는 발생하지 않음)
- 표시이자율 : 연 5%(표시이자는 매년 12월 31일 연간 1회 지급)
- 권면상 발행일 : 20x1년 1월 1일(권면상 발행일의 시장이자율 : 연 10%)
- 실제 발행일 : 20x1년 7월 1일(실제 발행일의 시장이자율 : 연 8%)
- 사채의 현재가치 계산은 아래의 표를 이용한다.

기간	단일금액 ₩1의 현재가치		정상연금 ₩1의 현재가치	
	8%	10%	8%	10%
3	0.7938	0.7513	2.5771	2.4868

① ₩875,640 ② ₩913,204 ③ ₩922,655
④ ₩934,561 ⑤ ₩959,561

내비게이션

- 실제발행일의 시장이자율인 8%를 적용한다.
- 20x1년초 현재가치 : 50,000×2.5771+1,000,000×0.7938=922,655
- 현금수령액 : 922,655+(922,655×8%)×6/12=959,561
- 액면이자 발생액(미지급이자 계상액) : 50,000×6/12=25,000
- 20x1년 7월 1일 회계처리

(차) 현금	959,561	(대) 사채	1,000,000
사발차	65,439	미지급이자	25,000

∴부채증가액 : (1,000,000-65,439)+25,000=959,561

*고속철 부채증가액=현금수령액(959,561)

2. ㈜한국은 사채권면상 발행일이 20x1년 1월 1일인 액면금액 ₩20,000,000의 사채를 20x1년 7월 1일에 발행하였다. 사채의 액면이자율은 연 10%(매년 말 후급)이고 사채의 만기는 20x3년 12월 31이다. 사채권면상 발행일과 실제발행일의 시장이자율이 각각 연 12%로 동일하다면, 이 사채와 관련하여 ㈜한국이 20x1년 포괄손익계산서에 인식할 이자비용은 얼마인가?(단, 사채의 발행과 관련한 거래비용은 없으며, 3기간, 12% 단일금액 ₩1과 정상연금 ₩1의 현가계수는 각각 0.7118과 2.4018이다.) [관세사기출]

① ₩1,000,000 ② ₩1,056,498 ③ ₩1,112,996
④ ₩1,142,376 ⑤ ₩1,284,752

내비게이션

- 20x1년초 현재가치 : 2,000,000×2.4018+20,000,000×0.7118=19,039,600
- 20x1년 이자비용 : 19,039,600×12%×6/12=1,142,376
- 회계처리

[20x1년 7월 1일]

(차) 현금	20,181,976[1]	(대) 사채	20,000,000
사발차	818,024	미지급이자	1,000,000[2]

[20x1년 12월 31일]

(차) 미지급이자	1,000,000	(대) 현금	2,000,000
이자비용	1,142,376[3]	사발차	142,376[4]

[1] 19,039,600+(19,039,600×12%)×6/12=20,181,976
[2] 2,000,000×6/12=1,000,000
[3] 19,039,600×12%×6/12=1,142,376
[4] (19,039,600×12%-2,000,000)×6/12=142,376

서술형Correction연습

❐ 이자지급일 사이에 사채를 발행하는 경우 사채발행일의 현금유입액은 명목상 발행일의 시장가격에 명목상 발행일부터 사채발행일까지의 경과이자를 가산한 금액이다.

➲ (X) : 경과이자(X) → 실질이자(유효이자)(O)

Answer 1. ⑤ 2. ④

시험중요도 ★★★

기본이론 제109강 이자지급일사이의 사채발행시 이자비용등

세부고찰 I

사례 이자지급일 사이의 사채발행시 이자비용

✪ ㈜갓뎀건설은 사채권면의 발행일이 20x1년 1월 1일인 보통사채를 20x1년 3월 1일자로 발행하였다. 발행일의 유효이자율은 7%이며 사채발행비용을 포함한 유효이자율은 8%이다. 이 사채는 액면이자율 6%, 액면금액 ₩100,000, 매년말 이자 지급, 만기 2년의 조건으로 발행되었다. 20x1년과 20x2년의 이자비용을 각각 구하면 얼마인가?(현가계수는 주어진 자료를 반드시 사용하고, 금액계산에서 단수차이가 발생가능하다.)

현가계수표

기간 \ 할인율	단일금액(기말 지급)		연금(매기말 지급)	
	7%	8%	7%	8%
1	0.9346	0.9259	0.9346	0.9259
2	0.8734	0.8573	1.8080	1.7833

- 20x1년초 현재가치 : 100,000×6%×1.7833+100,000×0.8573=96,430
- 사채권면의 발행일과 실제 발행일 사이의 유효이자 발생액 : 96,430×8%×2/12=1,286
  →사채권면의 발행일과 실제 발행일 사이의 액면이자 발생액 : 100,000×6%×2/12=1,000
- 사채구입가격(현금수령액) : 96,430+1,286=97,716
- 순수 사채발행금액 : 97,716-1,000=96,716
- 20x1년 회계처리

(차) 현금	97,716	(대)	사채	100,000
사발차(차액)	3,284		미지급이자	1,000
(차) 미지급이자	1,000	(대)	현금	6,000
이자비용	96,430×8%×10/12=6,429		사발차	(96,430×8%-6,000)×10/12=1,429

- 20x2년 이자비용 : [96,430+(96,430×8%-6,000)]×8%=7,852

세부고찰 II

사례 이자지급일 사이의 사채발행과 연2회 이자지급

✪ ㈜매몰찬은 액면 ₩1,000,000의 사채를 20x1년 4월 1일에 발행하였으며, 발행당시의 유효이자율은 12%이다. 동 사채권면에 표시된 발행일은 20x1년 1월 1일이며, 표시이자율은 10%, 이자지급일은 6월 30일, 12월 31일이며, 만기일은 20x3년 12월 31일이다. 20x1년 4월 1일 사채의 발행으로 ㈜매몰찬이 수취할 금액은 얼마인가?

현가계수표

기간 \ 할인율	₩1의 현재가치		정상연금 ₩1의 현재가치	
	6%	12%	6%	12%
3	0.83962	0.71178	2.67300	2.40183
6	0.70496	0.50663	4.91730	4.11140

풀이

- 20x1년초 현재가치 : 1,000,000×0.70496+1,000,000×5%×4.9173=950,825
- 사채권면의 발행일과 실제 발행일 사이의 유효이자 발생액 : 950,825×6%×3/6=28,525
- 사채구입가격(현금수령액) : 950,825+28,525=979,350

FINAL 객관식뽀개기 실전적중문제

1. ㈜대한은 20x1년 1월 1일에 액면금액 ₩1,000,000(표시이자율 연 8%, 이자지급일 매년 12월 31일, 만기일 20x3년 12월 31일)의 사채를 발행하려고 했으나 실패하고, 9개월이 경과된 20x1년 10월 1일에 동 사채를 ㈜세종에게 발행하였다. 20x1년 1월 1일과 사채발행일 현재 유효이자율은 연 10%로 동일하며, ㈜세종은 원리금을 수취할 목적으로 취득하였다. ㈜대한이 20x1년 10월 1일에 사채발행으로 수취할 금액은?(단, 현가계수는 다음의 표를 이용하고, 단수차이로 인한 오차가 있으면 가장 근사치를 선택한다.) [감평사기출]

3년	8%	10%
단일금액 ₩1의 현가계수	0.79383	0.75131
정상연금 ₩1의 현가계수	2.57710	2.48685

① ₩950,258 ② ₩961,527 ③ ₩1,000,000
④ ₩1,021,527 ⑤ ₩1,060,000

내비게이션

- 20x1년초 현재가치 : 80,000×2.48685+1,000,000×0.75131=950,258
∴현금수령액 : 950,258+(950,258×10%)×9/12=1,021,527
- 20x1년 10월 1일 회계처리

(차) 현금	1,021,527	(대) 사채	1,000,000
사발차	38,473	미지급이자	60,000[1]

[1]80,000×9/12=60,000

2. ㈜합격은 권면상 발행일이 20x1년 1월 1일이며 만기는 20x3년 12월 31일, 액면금액 ₩1,000,000, 표시이자율 연6%(매년말 지급)인 사채를 20x1년 4월 1일에 발행하고, 사채발행비용 ₩10,000을 지출하였다. 20x1년 1월 1일 사채에 적용되는 시장이자율은 연8%이지만, 실제 발행일인 20x1년 4월 1일의 시장이자율은 연10%이다. 20x1년 4월 1일에 동 사채를 당기손익-공정가치측정 금융부채로 분류했을 때의 장부금액(A)과 상각후원가측정 금융부채로 분류했을 때의 장부금액(B)을 구하면 각각 얼마인가? 단, 현가계수는 아래의 현가계수표를 이용하며, 단수차이로 인해 오차가 있는 경우 가장 근사치를 선택한다.

	단일금액 ₩1의 현재가치			정상연금 ₩1의 현재가치		
	1년	2년	3년	1년	2년	3년
8%	0.9259	0.8573	0.7938	0.9259	1.7832	2.5770
10%	0.9091	0.8264	0.7513	0.9091	1.7355	2.4868

	당기손익-공정가치측정 금융부채로 분류했을 때 장부금액(A)	상각후원가측정 금융부채로 분류했을 때 장부금액(B)
①	₩898,021	₩898,021
②	₩898,021	₩908,021
③	₩908,021	₩898,021
④	₩942,388	₩942,388
⑤	₩952,388	₩942,388

내비게이션

- 20x1년초 현재가치
1,000,000×6%×2.4868+1,000,000×0.7513=900,508
- 사채권면의 발행일과 실제발행일 사이의 유효이자 발생액
900,508×10%×3/12=22,513
- 사채권면의 발행일과 실제발행일 사이의 액면이자 발생액
1,000,000×6%×3/12=15,000
- FVPL금융부채로 분류했을 때 회계처리

(차) 현금	923,021	(대) FVPL금융부채	908,021
		미지급이자	15,000
(차) 수수료비용	10,000	(대) 현금	10,000

→사채구입가격(현금수령액) : 900,508+22,513=923,021
→장부금액 : 923,021-15,000=908,021

- AC금융부채로 분류했을 때 회계처리

(차) 현금	913,021	(대) AC금융부채(사채)	1,000,000
사채할인발행차금	101,979	미지급이자	15,000

→사채구입가격(현금수령액) : (900,508+22,513)-10,000=913,021
→장부금액 : 1,000,000-101,979=898,021

Answer 1. ④ 2. ③

시험중요도 ★★★

기본이론 제110강 사채발행비와 사채상환

사채발행비

구분	내용
회계처리	• 발행자의 경우 사채발행가액에서 차감함. • 액면·할인발행시는 사채할인발행차금을 증액, 할증발행시는 사채할증발행차금을 감액
유효이자율	• 발행가액이 변하므로 유효이자율을 재계산함. →항상 '유효이자율 〉 시장이자율'가 됨. ➡(발행가−사채발행비) = $\frac{이자}{(1+r)}$ + ... + $\frac{이자+원금}{(1+r)^n}$

사채상환

[Point] 이자비용을 먼저 계상한 후 조정된 장부가와 상환가의 차액을 사채상환손익으로 인식함.

고속철

(차)	사채(장부가)	xxx	(대) 현금(미지급이자제외)	xxx
	사채상환손실	xxx		

사례 사채상환 회계처리

◎ 20x1.1.1 3년 만기, 액면이자율 10%, 액면가 ₩10,000인 사채를 ₩9,520에 발행함. 사채발행비로 ₩228지출. 시장이자율 12%. 20x21.7.1에 ₩5,121(발생이자 포함)에 액면 ₩5,000(50%) 상환함.

• 유효이자율재계산 : $(9,520-228)=\frac{1,000}{(1+r)}+\frac{1,000}{(1+r)^2}+\frac{11,000}{(1+r)^3}$ $\therefore r=13\%$

일자	유효이자(13%)	액면이자(10%)	상각액	장부금액
20x1년초	−	−	−	9,292
20x1년말	1,208	1,000	208	9,500
20x2년말	1,235	1,000	235	9,735
20x3년말	1,265	1,000	265	10,000

일자	회계처리	비고
20x1년초	(차) 현금 9,292 (대) 사채 10,000 사발차 708	−
20x1년말	(차) 이자비용 1,208 (대) 사발차 208 현금 1,000	−
20x2.7.1	(차) 이자비용 309 (대) 미지급이자 250[1)] 사발차 59[2)]	1) 10,000×10%×6/12×50%=250 2) 235×6/12×50%=59
	(차) 사채 5,000 (대) 현금 5,121 미지급이자 250 사발차 191[3)] 사채상환손실 62	3) (708−208−235×6/12)×50%=191 ⇓ (708−208)×50%−59=191

보론 사채상환손익이 발생하는 이유

사채상환시점의 시장이자율이 변동되어 현재가치(사채의 실질가치)가 변동되기 때문임.
→즉, 시장이자율이 상승시 현재가치하락으로 싼가격에 상환하므로 상환이익이 발생함.

자기사채

구분	내용
취득시	• 사채상환과 동일 : 소각목적이든, 재발행목적이든 액면가·사발차를 직접차감함. 주의 사채의 차감계정으로 처리하는 것이 아님.
취득후	① 소 각 시 : 회계처리없음 ② 재발행시 : 사채발행 회계처리 그대로 행함.

보론 사채의 차환

❒ 신사채를 발행하여 그 자금으로 구사채를 매입상환하는 것을 말함.

FINAL 객관식뽀개기 실전적중문제

1. 상각후원가로 후속 측정하는 일반사채에 관한 설명으로 옳지 않은 것은? [관세사기출]

① 사채를 할인발행하고 중도상환 없이 만기까지 보유한 경우, 발행자가 사채발행시점부터 사채만기까지 포괄손익계산서에 인식한 이자비용의 총합은 발행시점의 사채할인발행차금과 연간 액면이자 합계를 모두 더한 값과 일치한다.
② 사채발행비가 존재하는 경우, 발행시점의 발행자의 유효이자율은 발행시점의 시장이자율보다 낮다.
③ 사채를 할증발행한 경우, 중도상환이 없다면 발행자가 포괄손익계산서에 인식하는 사채 관련 이자비용은 매년 감소한다.
④ 사채를 할인발행한 경우, 중도상환이 없다면 발행자가 재무상태표에 인식하는 사채의 장부금액은 매년 체증적으로 증가한다.
⑤ 사채를 중도상환 할 때 거래비용이 없고 시장가격이 사채의 내재가치를 반영하는 경우, 중도상환시점의 시장이자율이 사채발행시점의 유효이자율보다 크다면 사채발행자 입장에서 사채상환이익이 발생한다.

내비게이션

- 사채발행비가 존재하는 경우, 발행시점의 발행자의 유효이자율은 발행시점의 시장이자율보다 크다.
  →즉, 항상 '유효이자율 〉 시장이자율'

2. ㈜대한은 20x1년 1월 1일에 액면금액 ₩500,000의 사채를 만기 3년, 표시이자율 연 10%, 이자 연말 후불조건으로 발행하였다. 이 사채의 유효이자율은 발행시점에서 연 12%이며, ₩475,990으로 할인발행되었다. ㈜대한은 이 사채를 20x2년 7월 1일에 ₩490,000(미지급이자 포함)에 조기상환하였다. 유효이자율법을 적용하여 할인발행액을 상각할 경우 이 사채의 조기상환에 따른 사채상환손익은 얼마인가?(계산금액은 소수점 첫째자리에서 반올림하며, 단수차이로 인한 오차가 있으면 가장 근사치를 선택하시오.) [관세사기출]

① 사채상환손실 ₩2,904 ② 사채상환손실 ₩3,320
③ 사채상환손실 ₩22,096 ④ 사채상환이익 ₩2,904
⑤ 사채상환이익 ₩22,096

내비게이션

- 20x1년말 장부금액 : 475,990+(475,990×12%-50,000)=483,109
- 상환시점 장부금액 : 483,109+(483,109×12%-50,000)×6/12=487,096
- 미지급이자제외 현금 : 490,000-50,000×6/12=465,000

*고속철 장부가(487,095)-미지급이자제외 현금(465,000)=22,095(이익)

3. ㈜관세는 20x1년 1월 1일에 사채(액면금액 ₩1,000,000, 표시이자율 연 10%, 매년 말 이자지급, 만기 3년)를 ₩885,840에 발행하였다. ㈜관세는 동 사채를 20x3년 1월 1일에 전액 상환하였으며 발행시점부터 상환직전까지 인식한 총 이자비용은 ₩270,680이었다. 사채상환시 사채상환이익이 ₩1,520인 경우 ㈜관세가 지급한 현금은?(단, 계산 시 화폐금액은 소수점 첫째자리서 반올림한다.) [관세사기출]

① ₩953,480 ② ₩954,000 ③ ₩955,000
④ ₩956,000 ⑤ ₩958,040

내비게이션

- 20x1년초 사발차 : 1,000,000-885,840=114,160
- 20x2년말까지 사발차상각액 : 270,680-100,000×2=70,680
  →미상각사발차 : 114,160-70,680=43,480

(차) 사채	1,000,000	(대) 현금(?)	955,000
		사발차	43,480
		사채상환이익	1,520

*고속철 사채장부가(885,840+70,680)-상환이익(1,520)
=현금(955,000)

4. ㈜감평은 20x1년 1월 1일 액면금액 ₩1,000,000(만기 3년, 표시이자율 연 6%, 매년 말 이자지급)의 사채를 발행하였으며, 사채의 발행 당시 유효이자율은 연 8%이었다. ㈜감평은 20x2년 6월 30일 사채를 조기상환하였다. 조기상환시 발생한 사채상환손실은 ₩32,000이다. ㈜감평이 유효이자율법을 적용할 때, 상환일까지의 경과이자를 포함한 사채조기상환금액은?(단, 이자비용은 월할계산하고, 계산금액은 소수점 첫째자리에서 반올림하며, 단수차이로 인한 오차가 있으면 가장 근사치를 선택한다.) [감평사기출]

기간	단일금액 ₩1의 현재가치		정상연금 ₩1의 현재가치	
	6%	8%	6%	8%
1	0.9434	0.9259	0.9434	0.9259
2	0.8900	0.8574	1.8334	1.7833
3	0.8396	0.7938	2.6730	2.5771

① ₩970,872 ② ₩996,300 ③ ₩1,004,872
④ ₩1,034,872 ⑤ ₩1,073,44

내비게이션

- 20x1년초 현재가치 : 60,000×2.5771+1,000,000×0.7938=948,426
- 20x1년말 장부금액 : 948,426+(948,426×8%-60,000)=964,300
- 20x2.6.30 장부금액 : 964,300+(964,300×8%-60,000)×6/12=972,872

(차) 사채(장부금액)	972,872	(대) 현금(?)	1,034,872
미지급이자	60,000×6/12=30,000		
사채상환손실	32,000		

Answer 1. ② 2. ⑤ 3. ③ 4. ④

시험중요도 ★★★

기본이론 제111강 사채발행비가 있는 경우 유효이자율 추정등

세부고찰 I

사례 사채발행비가 있는 경우 유효이자율 추정

❂ 다음은 ㈜나만합격이 20x1년초 발행한 사채와 관련된 자료이다. 20x2년도 이자비용은 얼마이겠는가?

(1) 액면금액 ₩2,000,000, 만기 3년, 액면이자율 연 5%(매년 말 이자지급), 시장이자율 연 8%
(2) 동 사채를 발행하는 과정에서 사채발행비 ₩94,030이 발생하였다.
(3) 20x1년도 동 사채와 관련하여 포괄손익계산서상 이자비용으로 ₩175,128을 인식하였다.
(4) 8%, 3기간 단일금액 ₩1의 현가계수는 0.7938이며, 정상연금 ₩1의 현가계수는 2.5771이다.

• 발행금액 : 100,000×2.5771+2,000,000×0.7938=1,845,310

(차) 현금	1,845,310-94,030=1,751,280	(대)	사채	2,000,000
사발차	248,720			
(차) 이자비용	175,128	(대)	현금	100,000
			사발차	75,128

→ '1,751,280×재계산된 유효이자율=175,128' 에서 재계산된 유효이자율=10%

• 20x2년 이자비용 : (1,751,280+75,128)×10%=182,640

세부고찰 II

사례 이자지급일 사이에 사채발행시 상환손익 계산

❂ ㈜씌주가땡긴다는 액면금액 ₩300,000인 사채(표시이자율 : 10%, 이자지급일 : 매년말, 만기 : 3년, 사채권면의 발행일 : 20x1년 1월 1일, 유효이자율 : 12%)를 20x1년 5월 1일에 발행하였다. 20x2년 6월 30일 현금 ₩155,000을 지급하고 사채액면 ₩150,000을 매입상환하였다. 사채상환손익은 얼마인가?

구분	10%	12%
단일현금 ₩1의 현재가치계수(기간 3)	0.7513	0.7118
연금 ₩1의 현재가치계수(기간 3)	2.4869	2.4018

• '사채상환손익=장부가-미지급이자제외한 지급액' 을 머리에 숙지 후 계산기로 직접 구함.
• 장부가
  ① 20x1. 1. 1의 현재가치 : 30,000×2.4018+300,000×0.7118=285,594
  ② 20x1년말 장부가 : 285,594+(285,594×12%-30,000)=289,865
  ③ 20x2.6.30의 장부가 : 289,865+(289,865×12%×6/12-30,000×6/12)=292,257
  ∴상환분의 장부가=292,257×50%=146,129
• 미지급이자 제외한 지급액 : 155,000-150,000×10%×6/12=147,500
• 상환손익 : 146,129-147,500=△1,371(손실)

세부고찰 III

사례 연2회 이자지급시 상환손익 계산

❂ ㈜동방불패는 20x1년 1월 1일 연이자율 10%, 3년만기, 액면금액 ₩100,000, 유효이자율은 12%, 이자지급일은 7월 1일과 1월 1일의 사채를 발행하였다. 발행금액은 ₩95,083이었다. 20x1년 12월 31일에 액면금액 ₩20,000에 해당하는 사채를 미지급사채이자 포함하여 ₩19,800에 상환하였다. 상환손익은?

• 사채(장부가) : (95,083+704+747)×20% = 19,307
  현금(미지급이자제외) : 19,800-20,000×5% = (18,800)
  상환이익 507

FINAL 객관식뽀개기 실전적중문제

1. ㈜관세는 다음과 같은 조건으로 사채를 발행하였다.

> • 사채권면의 발행일이 20x1년 1월 1일인 사채를 20x1년 7월 1일에 발행하였다.
> • 사채의 액면금액은 ₩1,000,000, 표시이자율은 8%(이자는 매년 12월 31일 지급), 만기는 3년이다.
> • 20x1년 1월 1일의 유효이자율은 10%, 실제 발행일인 20x1년 7월 1일의 유효이자율은 12%이다.

기간	단일금액 ₩1의 현재가치			정상연금 ₩1의 현재가치		
	8%	10%	12%	8%	10%	12%
1	0.9259	0.9091	0.8929	0.9259	0.9091	0.8929
2	0.8573	0.8264	0.7972	1.7833	1.7355	1.6901
3	0.7938	0.7513	0.7118	2.5771	2.4868	2.4018

상기의 사채를 20x2년 4월 1일 경과이자를 포함하여 ₩1,000,000에 상환한 경우 사채상환손익으로 인식할 금액은 얼마인가?(단, 소수 첫째자리 이하는 반올림한다.) [관세사기출]

① 손실 ₩10,600 ② 이익 ₩10,600
③ 손실 ₩39,610 ④ 이익 ₩39,610
⑤ ₩0

• 실제발행일의 시장이자율인 12%를 적용한다.
• 20x1년초 현재가치 : 80,000×2.4018+1,000,000×0.7118=903,944
• 20x1년말 장부금액 : 903,944+(903,944×12%-80,000)=932,417
• 상환시점 장부금액 : 932,417+(932,417×12%-80,000)×3/12=940,390
• 미지급이자 제외 상환액 : 1,000,000-80,000×3/12=980,000
*고속철 사채장부가(940,390)-미지급이자제외 현금(980,000)=△39,610

2. ㈜서울은 액면금액 ₩1,000,000, 표시이자율 연 6%(매년 9월말 지급 조건)인 사채를 이자지급일에 표시이자 지급 직후 현금 ₩1,070,000으로 조기상환하였다. 이 거래로 인한 ㈜서울의 사채상환손실이 ₩120,000이었다면, 조기상환 시점에서의 미상각 사채할인발행차금은 얼마인가? [관세사기출]

① ₩20,000 ② ₩40,000 ③ ₩50,000
④ ₩70,000 ⑤ ₩120,000

내비게이션

• 사채장부가-1,070,000=△120,000(손실)
→사채장부가=950,000
∴1,000,000-사발차=950,000 →사발차=50,000

3. ㈜대한은 20x1년 초 액면금액 ₩1,000,000의 사채(만기 3년, 액면이자율 10%, 이자는 매년 말 지급)를 12%의 유효이자율로 발행하였다. ㈜대한은 액면금액 중 ₩500,000을 20x3년 6월 30일에 경과이자를 포함하여 ₩525,000에 조기상환하였다. 사채의 조기상환손익은? (단, 현가계수는 아래 표를 이용한다. 계산금액은 소수점 첫째자리에서 반올림하며, 단수차이가 있으면 가장 근사치를 선택한다.) [세무사기출]

기간	기간말 단일금액 ₩1의 현재가치		정상연금 ₩1의 현재가치	
	10%	12%	10%	12%
1	0.9091	0.8929	0.9091	0.8929
2	0.8264	0.7972	1.7355	1.6901
3	0.7513	0.7118	2.4868	2.4018

① ₩8,918 손실 ② ₩4,459 손실 ③ ₩0
④ ₩4,459 이익 ⑤ ₩8,918 이익

내비게이션

• 20x1년초 현재가치 : 100,000×2.4018+1,000,000×0.7118=951,980
• 20x1년말 장부금액 : 951,980+(951,980×12%-100,000)=966,218
• 20x2년말 장부금액 : 966,218+(966,218×12%-100,000)=982,164
• 상환손익 계산 : 이하 '고속철' 풀이법 참조!

*고속철 **사채상환손익 빨리구하기**
사채상환손익=사채(장부가)-현금(미지급이자제외)
㉠ 사채(장부가) : [982,164+(982,164×12%-100,000)×6/12]×50% =495,547
㉡ 현금(미지급이자제외) : 525,000-100,000×6/12×50%=500,000
㉢ 사채상환손익 : 495,547-500,000=△4,453(손실) →근사치는 4,459(손실)

서술형Correction연습

❐ 사채발행비가 발생하는 경우 사채의 시장이자율은 사채의 유효이자율과 다른 이자율이 되며, 이 경우 시장이자율은 유효이자율보다 크다.

➲ (X) : 사채발행비가 발생하는 경우에는 '유효이자율>시장이자율'

❐ 사채의 중도상환시 상환일의 시장이자율이 발행일의 시장이자율보다 상승하게 되면 사채상환으로 인하여 손실이 발생한다.

➲ (X) : 시장이자율이 상승하면 현재가치의 하락으로 싼가격에 상환하므로 상환이익이 발생한다.

Answer 1. ③ 2. ③ 3. ②

시험중요도 ★★★

기본이론 제112강 사채할증발행시 상환손익계산등

세부고찰 I

사례 사채할증발행시 상환손익 계산

◎ ㈜거침없이하이킥은 20x1년 1월 1일 액면금액 ₩50,000(만기 3년, 표시이자율 연 10%, 매년 말 이자지급)인 사채를 발행하였다. 20x1년 1월 1일의 시장이자율은 연 8%이다. 20x3년 4월 1일에 동 사채의 50%(발생한 액면이자 포함)를 ₩25,000에 조기상환할 경우, 조기상환이익은 얼마인가?

구분	8%	10%
단일현금 ₩1의 현재가치계수(기간 3)	0.7938	0.7513
연금 ₩1의 현재가치계수(기간 3)	2.5771	2.4868

- 발행금액 : 5,000x2.5771+50,000×0.7938=52,576
- 상환시점 장부금액 : (52,576-794-857-925×3/12)×50% = 25,347
  현금(미지급이자제외) : 25,000-5,000×50%×3/12 =(24,375)
  상환이익 972

세부고찰 II

사례 자기사채의 상환손익 계산

◎ ㈜초록불고기는 20x1년 4월 1일에 자기사채를 취득하였다. 자기사채의 취득가액은 ₩97,000이고 동 금액은 발생이자액을 제외한 금액이었다. 이자지급일은 매년 12월 31일로 연 이자율은 8%, 유효이자율은 10%이며, 사채의 액면금액은 ₩100,000이다. 20x1년 1월 1일 사채의 장부금액은 ₩95,000이었다. 동 사채와 관련하여 20x1년말 당기순이익은 얼마나 감소되었는가?

- 이자비용 : 95,000×10%×3/12=2,375
- 상환시 장부금액 : 95,000+(2,375−100,000×8%×3/12)=95,375
- 상환손익 : 97,000−95,375−97,000=△1,625(손실)
- 당기순이익 감소 : 2,375+1,625=4,000

세부고찰 III

사례 사채의 차환시 상환손익 계산

◎20x1년 1월 1일에 사채를 ₩9,279,000으로 발행하였는데, 이 발행금액은 투자자에게 매년 12%의 수익률을 보장하는 조건으로 결정된 것이다.

> (1) 사채기한 : 5년, 액면금액 : ₩10,000,000, 액면이자율 : 연 10%
> (2) 이자지급일 : 매년 12월 31일(현금지급)

20x2년초에 시장이자율이 연 14%로 상승하였는데, 이 시점에서 동일한 조건(5년만기)의 사채를 재발행하여 조달된 자금으로 기존의 사채를 전부 상환하였다. 이 때 재발행 된 사채의 발행금액은 변경된 시장이자율을 반영한 이론적인 가액으로 결정되었다. 사채의 차환에 따른 손익은 얼마로 인식되는가? (단, n=5, i=14%에 의한 ₩1의 현재가치계수는 0.519, 정상연금 ₩1의 현재가치계수는 3.433이다.)

- 20x2년초 구사채장부금액
  - 9,279,000+(9,279,000×12%-10,000,000×10%)=9,392,480
- 20x2년초 신사채발행금액
  - 10,000,000×0.519+1,000,000×3.433=8,623,000
- 사채상환이익
  - 9,392,480-8,623,000=769,480

FINAL 객관식뽀개기 실전적중문제

1. ㈜감평은 20x1년 1월 1일 액면금액이 ₩1,000,000이고, 표시이자율 연 10%(이자는 매년 말 지급), 만기 3년인 사채를 시장이자율 연 8%로 발행하였다. ㈜감평이 20x2년 1월 1일 동 사채를 ₩1,100,000에 조기상환할 경우, 사채의 조기상환손익은?(단, 단수차이가 있으면 가장 근사치를 선택한다.) [감평사기출]

기간	단일금액 ₩1의 현재가치		정상연금 ₩1의 현재가치	
	8%	10%	8%	10%
1	0.9259	0.9091	0.9259	0.9091
2	0.8573	0.8264	1.7833	1.7355
3	0.7938	0.7513	2.5771	2.4868

① ₩64,369 손실 ② ₩64,369 이익
③ ₩134,732 손실 ④ ₩134,732 이익
⑤ ₩0

내비게이션

- 발행금액(현재가치) : 100,000×2.5771+1,000,000×0.7938=1,051,510
- 상환시점 장부금액 : 1,051,510-(100,000-1,051,510×8%)=1,035,631

∴상환손익 : 1,035,631-1,100,000=△64,369(손실)

2. ㈜합격은 20x1년 1월 1일 액면금액 ₩100,000(만기 3년, 표시이자율 연 10%, 매년말 이자지급)인 사채를 발행하였다. 20x1년 1월 1일의 시장이자율은 연 8%이다. ㈜합격이 20x3년 4월 1일에 동 사채의 40%(발생한 액면이자 포함)를 ₩40,000에 조기상환할 경우, 조기상환이익은 얼마인가? 단, 사채발행과 관련된 거래비용은 없다. 계산결과 단수차이로 인해 답안과 오차가 있는 경우 근사치를 선택한다.

기간	기간말 단일금액 ₩1의 현재가치		정상연금 ₩1의 현재가치	
	8%	10%	8%	10%
1	0.9259	0.9091	0.9259	0.9091
2	0.8573	0.8264	1.7833	1.7355
3	0.7938	0.7513	2.5771	2.4868

① ₩159 ② ₩346 ③ ₩784
④ ₩1,554 ⑤ ₩1,596

내비게이션

- 20x1년초 현재가치 : 10,000×2.5771+100,000×0.7938=105,151
- 20x1년말 장부금액 : 105,151-(10,000-105,151×8%)=103,563
- 20x2년말 장부금액 : 103,563+(10,000-103,563×8%)=101,848
- 상환손익 계산 : 이하 '고속철' 풀이법 참조!

사채상환손익 빨리구하기

사채상환손익=사채(장부가)-현금(미지급이자제외)

㉠ 사채(장부가) : [101,848-(10,000-101,848×8%)×3/12]×40%=40,554

㉡ 현금(미지급이자제외) : 40,000-10,000×3/12×40%=39,000

㉢ 사채상환손익 : 40,554-39,000=1,554(이익)

- [20x1년 회계처리]

(차)	현금	105,151	(대)	사채	100,000
				사채할증발행차금	5,151
(차)	이자비용	8,412[1)]	(대)	현금	10,000
	사채할증발행차금	1,588			

[20x2년 회계처리]

(차)	이자비용	8,285[2)]	(대)	현금	10,000
	사채할증발행차금	1,715			

[20x3년 4월 1일 회계처리]

(차)	이자비용	815[3)]	(대)	미지급이자	1,000[4)]
	사채할증발행차금	185			
(차)	사채	40,000	(대)	현금	40,000
	미지급이자	1,000		사채상환이익	1,554
	사채할증발행차금	554[5)]			

1) 105,151×8%=8,412
2) (105,151-1,588)×8%=8,285
3) (105,151-1,588-1,715)×8%×3/12×40%=815
4) 10,000×3/12×40%=1,000
5) (5,151-1,588-1,715)×40%-185=554

Answer 1. ① 2. ④

시험중요도 ★★☆

기본이론 제113강 연속상환사채

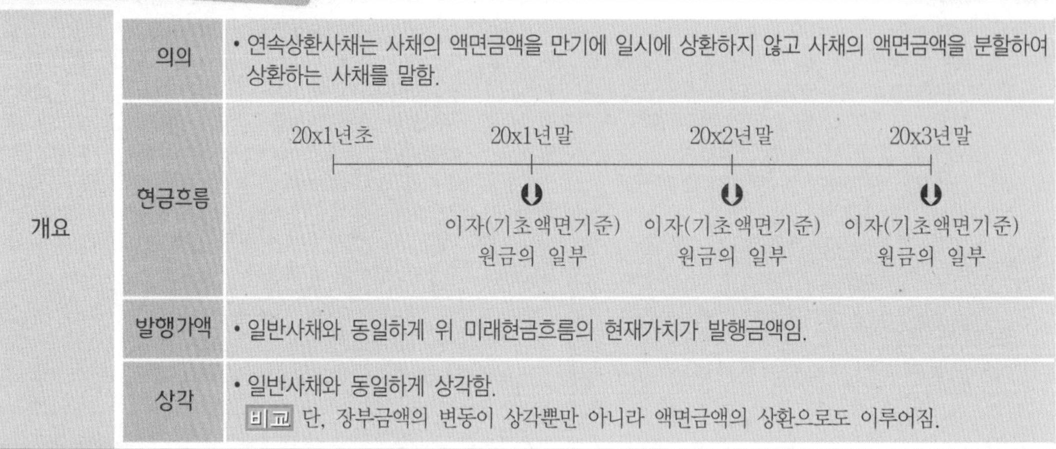

구분	항목	내용
개요	의의	• 연속상환사채는 사채의 액면금액을 만기에 일시에 상환하지 않고 사채의 액면금액을 분할하여 상환하는 사채를 말함.
	현금흐름	20x1년초 ─ 20x1년말: 이자(기초액면기준) 원금의 일부 ─ 20x2년말: 이자(기초액면기준) 원금의 일부 ─ 20x3년말: 이자(기초액면기준) 원금의 일부
	발행가액	• 일반사채와 동일하게 위 미래현금흐름의 현재가치가 발행금액임.
	상각	• 일반사채와 동일하게 상각함. 비교 단, 장부금액의 변동이 상각뿐만 아니라 액면금액의 상환으로도 이루어짐.

회계처리

사례 연속상환사채 회계처리

✪ 20x1년 1월 1일 다음과 같은 연속상환사채를 발행하였다.

액면금액은 : ₩200,000
액면이자율 : 연 8%
만기 : 20x3년 12월 31일
이자지급일 : 매년 말
유효이자율 : 연 10%

기간	현가계수	연금현가계수
1	0.9091	0.9091
2	0.8264	1.7355
3	0.7513	2.4868

위 연속상환사채는 20x1년말 ₩50,000, 20x2년말 ₩50,000, 20x3년말 ₩100,000씩 분할상환된다.

풀이

1. 현금흐름과 발행금액

	20x1년초	20x1년말	20x2년말	20x3년말
이자 :		200,000x8%=16,000	150,000x8%=12,000	100,000x8%=8,000
액면 :		50,000	50,000	100,000
		66,000	62,000	108,000

→발행금액 : 66,000x0.9091+62,000x0.8264+108,000x0.7513=192,377

유효이자율법에 의한 상각표

일자	유효이자(10%)	액면이자(8%)	상각액	장부금액
20x1년초				192,377
20x1년말	192,377×10%=19,238	16,000	19,238−16,000=3,238	145,615[1)]
20x2년말	145,615×10%=14,562	12,000	14,562−12,000=2,562	98,177[2)]
20x3년말	98,177×10%=9,823[4)]	8,000	9,823−8,000=1,823	0[3)]

[1)] 192,377+3,238−50,000=145,615 [2)] 145,615+2,562−50,000=98,177
[3)] 98,177+1,823−100,000=0 [4)] 단수조정

2. 회계처리

일자	차변	금액	대변	금액
20x1년초	(차) 현금	192,377	(대) 사채	20,000
	사채할인발행차금	7,623		
20x1년말	(차) 이자비용	19,238	(대) 현금	16,000
			사채할인발행차금	3,238
	(차) 사채	50,000	(대) 현금	50,000

FINAL 객관식뽀개기 실전적중문제

1. ㈜세무는 20x1년 1월 1일에 액면금액 ₩1,200,000, 표시이자율 연 5%, 매년 말 이자를 지급하는 조건의 사채(매년 말에 액면금액 ₩400,000씩을 상환하는 연속상환사채)를 발행하였다. 20x1년 12월 31일 사채의 장부금액은? (단, 사채발행 당시의 유효이자율은 연 6%, 계산금액은 소수점 첫째자리에서 반올림, 단수차이로 인한 오차는 가장 근사치를 선택한다.) [세무사기출]

기간	단일금액 ₩1의 현재가치		정상연금 ₩1의 현재가치	
	5%	6%	5%	6%
1	0.9524	0.9434	0.9524	0.9434
2	0.9070	0.8900	1.8594	1.8334
3	0.8638	0.8396	2.7232	2.6730

① ₩678,196 ② ₩778,196 ③ ₩788,888
④ ₩795,888 ⑤ ₩800,000

• 발행금액
(1,200,000×5%+400,000)×0.9434+(800,000×5%+400,000)×0.8900+(400,000×5%+400,000)×0.8396=1,178,196
• 20x1년 12월 31일 장부금액
1,178,196+(1,178,196×6%−1,200,000×5%)−400,000=788,888

2. ㈜합격은 20x1년 1월 1일에 액면금액 ₩3,000,000, 표시이자율 6%, 3년에 걸쳐 매년 말 이자지급과 원금 ₩1,000,000씩을 상환하는 연속상환사채를 발행하였다. 사채의 발행금액은 얼마인가? 단, 사채발행시의 유효이자율은 8%이고 사채발행비는 없다. 또한 모든 계산금액은 소수점 첫째 자리에서 반올림하며, 이 경우 약간의 오차가 나타날 수 있다.

	단일금액 ₩1의 현재가치			정상연금 ₩1의 현재가치		
	1년	2년	3년	1년	2년	3년
6%	0.9434	0.8900	0.8396	0.9434	1.8334	2.6730
8%	0.9259	0.8573	0.7938	0.9259	1.7833	2.5771

① ₩2,641,259 ② ₩2,703,342 ③ ₩2,765,391
④ ₩2,823,256 ⑤ ₩2,894,166

내비게이션

• 현금흐름
 - 20x1년말 : (3,000,000×6%)+1,000,000=1,180,000
 - 20x2년말 : (2,000,000×6%)+1,000,000=1,120,000
 - 20x3년말 : (1,000,000×6%)+1,000,000=1,060,000
• 발행금액
1,180,000×0.9259+1,120,000×0.8573+1,060,000×0.7938=2,894,166

3. ㈜합격은 20x1년 1월 1일에 매년 말 원금 ₩1,000,000씩 상환하는 다음과 같은 연속상환사채를 발행하였다. 유효이자율법에 의해 사채할인(할증)발행차금을 상각(환입)하는 경우 20x2년의 이자비용은 얼마인가?

(1) 액면금액 : ₩3,000,000
(2) 표시이자율 : 연 10%
(3) 만기 : 20x3년 12월 31일
(4) 이자지급일 : 매년 말
(5) 유효이자율 : 연 12%

〈현가표〉

기간	10%	12%
1년	0.90909	0.89286
2년	0.82645	0.79719
3년	0.75131	0.71178
합계	2.48685	2.40183

① ₩200,000 ② ₩217,859 ③ ₩233,801
④ ₩248,036 ⑤ ₩294,166

내비게이션

• 발행금액
(3,000,000×10%+1,000,000)×0.89286+(2,000,000×10%+1,000,000)×0.79719 +(1,000,000×10%+1,000,000)×0.71178=2,900,304
• 20x1년 12월 31일 장부금액
2,900,304+(2,900,304×12%−300,000)−1,000,000=1,948,340
• 20x2년 이자비용
1,948,340x12%=233,801

Answer 1. ③ 2. ⑤ 3. ③

시험중요도 ★★☆

기본이론 제114강 금융부채 조건변경

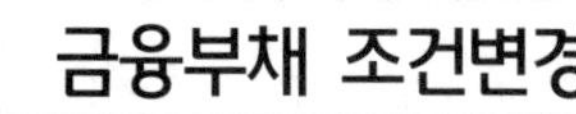

실질적 조건변경인 경우

판단기준

- 계약조건이 실질적으로 변경된 경우란 새로운 조건에 따른 현금흐름의 현재가치와 최초 금융부채의 나머지 현금흐름의 현재가치의 차이가 10%이상인 경우를 말함.
  - 주의 새로운 조건에 따른 현금흐름에는 지급한 수수료에서 수취한 수수료를 차감한 수수료 순액이 포함되며 현금흐름 할인은 최초의 유효이자율을 사용함.

회계처리

- 기존금융부채를 제거하고, 새로운 금융부채를 인식함. ➡ ∴제거손익(변경손익) 인식함.
  - 주의 채무자의 재무적 어려움으로 인한 경우와 그렇지 않은 경우를 모두 포함함.
  - 주의 새로운 금융부채는 최초인식이므로 조건변경시점의 유효이자율로 측정함.

(차) 금융부채(구)	xxx	(대) 금융부채(신)	xxx
		조건변경이익	xxx

거래원가

- 발생한 원가나 수수료는 금융부채의 소멸에 따른 손익의 일부로 인식함.

(차) 조건변경이익	xxx	(대) 현금(거래원가)	xxx

사례 금융부채 실질적 조건변경

✪ ㈜합격은 20x1년초 만기 3년의 사채(액면 ₩100,000, 유효이자율 9%, 표시이자율 8%, 매년말 이자지급)를 ₩97,470에 발행하였으며 사채발행비 ₩2,446을 지출하였다. 조건변경손익을 구하면?

(1) ㈜합격이 20x1년말 인식한 이자비용은 ₩9,502이다.
(2) 20x2년 1월 1일 사채의 투자자와 조건변경에 합의하여 표시이자율을 8%에서 2%로 변경하였다.
(3) 조건변경일의 시장이자율은 12%이며, 조건변경시 ₩500의 거래원가(수수료)가 발생하였다.
(4) 10%, 2기간 현가계수와 연금현가계수는 각각 0.8264, 1.7355이다.
(5) 12%, 2기간 현가계수와 연금현가계수는 각각 0.7972, 1.6901이다.

- (97,470−2,446)×유효이자율=9,502 에서, 유효이자율=10%
- ① 새로운 현금흐름의 현가 : 500+100,000×2%×1.7355+100,000×0.8264=86,611
  ② 최초금융부채의 현금흐름의 현가(=20x1년말 장부금액) : 95,024+(95,024×10%−8,000)=96,526
  →변동비율($\frac{96,526-86,611}{96,526}$=10.27%)이 10%이상이므로 실질적 조건변경에 해당함.
- 금융부채(신) : 100,000×2%×1.6901+100,000×0.7972=83,100 →사발차 : 100,000−83,100=16,900

변경일 회계처리 (20x2년 1월 1일)	(차) 사채(구)	100,000	(대) 사채할인발행차금(구)	3,474
	사채할인발행차금(신)	16,900	사채(신)	100,000
			조건변경이익	13,426
	(차) 조건변경이익	500	(대) 현금	500

∴조건변경이익 : 13,426−500=12,926

실질적 조건변경이 아닌 경우 참고사항

판단기준

- 새로운 조건에 따른 현금흐름의 현재가치와 최초금융부채의 나머지 현금흐름의 현재가치의 차이가 10%미만인 경우를 말함.

회계처리

- 기존금융부채를 제거치 않으며, 새로운 현금흐름을 최초의 유효이자율로 재측정하여 조정액을 당기손익 인식함.

(차) 금융부채(구) or 사발차	xxx	(대) 조건변경이익	xxx

거래원가

- 발생한 원가나 수수료는 부채의 장부금액에서 조정하며 변경된 부채의 남은 기간에 걸쳐 상각함.

(차) 금융부채(구) or 사발차	xxx	(대) 현금(거래원가)	xxx

FINAL 객관식뽀개기 실전적중문제

1. ㈜합격은 20x1년 1월 1일 다음과 같은 사채를 발행하고 상각후 원가로 측정하는 금융부채로 분류하였다.

> (1) 발행일 : 20x1년 1월 1일
> (2) 액면금액 : ₩1,000,000
> (3) 이자지급 : 연 8%를 매년 12월 31일에 지급
> (4) 만기일 : 20x3년 12월 31일(일시상환)
> (5) 사채발행 시점의 유효이자율 : 연 10%

㈜합격은 20x2년초 사채의 만기일을 20x4년 12월 31일로 연장하고 표시이자율을 연 3%로 조건을 변경하였다. 20x2년초 현재 유효 이자율은 연 12%이다. 사채의 조건변경으로 인해 ㈜합격이 20x2년도에 인식할 조건변경이익(A)과 조건변경 후 20x2년도에 인식할 이자비용(B)은 각각 얼마인가? 단, 단수차이로 인해 오차가 있다면 가장 근사치를 선택한다.

기간	단일금액 ₩1의 현재가치		정상연금 ₩1의 현재가치	
	10%	12%	10%	12%
1년	0.9091	0.8928	0.9091	0.8928
2년	0.8264	0.7972	1.7355	1.6900
3년	0.7513	0.7118	2.4868	2.4018

	20x2년도 조건변경이익(A)	20x2년도 이자비용(B)
①	₩139,364	₩94,062
②	₩139,364	₩82,590
③	₩139,364	₩78,385
④	₩181,414	₩82,590
⑤	₩181,414	₩94,062

내비게이션

- ㉠ 새로운 현금흐름의 현가
  - 1,000,000×3%×2.4868+1,000,000×0.7513=825,904
- ㉡ 최초금융부채의 현금흐름의 현가(=20x1년말/20x2년초 장부금액)
  - 20x1년초 현가 : 80,000×2.4868+1,000,000×0.7513=950,244
  - 20x1년말 장부금액 : 950,244+(950,244×10%−80,000)=965,268

  →변동비율($\frac{965,268-825,904}{965,268}$=14.4%)이 10%이상이므로 실질적 조건변경에 해당함.
- 금융부채(신) : 1,000,000×3%×2.4018+1,000,000×0.7118=783,854
  →사채할인발행차금 : 1,000,000−783,854=216,146
- [20x1년 1월 1일 회계처리]

(차)사채(구)	1,000,000	(대)사발차(구)	34,732
사발차(신)	216,146	사채(신)	1,000,000
		조건변경이익	181,414

[20x1년 12월 31일 회계처리]

(차)이자비용	94,062[1)]	(대)현금	30,000
		사발차	64,062

1) 783,854×12%=94,062

2. ㈜적중은 20x1년초 장부금액 ₩250,000, 액면금액 ₩250,000인 차입금(상환일 : 20x2년말)을 보유하고 있다. 동 차입금에 대한 조건변경 관련 자료가 다음과 같을 때 동 차입금이 ㈜적중의 20x1년도 당기손익에 미치는 영향을 계산하면 얼마인가?

> (1) 20x1년초 ㈜적중은 채권자와 차입금의 표시이자율을 8%에서 1%로 낮추는 조건변경에 합의하였으며, 이는 실질적 조건변경에 해당한다고 가정한다.
> (2) 조건변경시점의 시장이자율은 6%이며, 조건변경시점에 거래원가 ₩4,200을 지출하였다.
> (3) 6%, 2기간 현가계수와 연금현가계수는 각각 0.8900, 1.8334이다.
> (4) 8%, 2기간 현가계수와 연금현가계수는 각각 0.8573, 1.7833이다.

① ₩5,091 ② ₩6,235 ③ ₩7,315
④ ₩18,718 ⑤ ₩22,918

내비게이션

- 금융부채(신) : 250,000×1%×1.8334+250,000×0.8900=227,084
- [20x1년 1월 1일 회계처리]

(차) 차입금(구)	250,000	(대) 차입금(신)	227,084
		조건변경이익	22,916
(차) 조건변경이익	4,200	(대) 현금	4,200

[20x1년 12월 31일 회계처리]

(차) 이자비용	13,625[1)]	(대) 현금	2,500
		차입금(신)	11,125

1) 227,084×6%=13,625
∴(22,916−4,200)−13,625=5,091

서술형Correction연습

❐ 기존 금융부채의 조건이 실질적으로 변경된 경우 채무자의 재무적 어려움으로 인한 경우에만 최초의 금융부채를 제거하고 새로운 금융부채를 인식한다.

➲ (X) : 채무자의 재무적 어려움으로 인한 경우와 그렇지 않은 경우를 모두 포함하여 최초의 금융부채를 제거하고 새로운 금융부채를 인식한다.

❐ 계약조건의 변경이 실질적 조건변경에 해당하면 기존 금융부채는 제거하여야 하며 이 과정에서 발생한 원가나 수수료는 새롭게 인식하는 금융부채의 발행금액에서 차감한다.

➲ (X) : 금융부채의 소멸에 따른 손익의 일부로 인식함.

Answer 1. ⑤ 2. ①

시험중요도 ★★☆

기본이론 제115강 충당부채·우발부채 충당부채 인식(1)

의의

적용범위

- 다음의 경우는 충당부채, 우발부채 및 우발자산의 회계처리를 적용하지 않음.

> ① 미이행계약으로부터 발생하는 경우. → 다만, 손실부담계약은 제외
> ➡미이행계약 : 의무를 전혀 이행하지 아니하였거나 부분적으로 이행한 계약
> ➡손실부담계약 : 의무이행에서 발생하는 '회피불가능원가>기대경제적효익'인 계약
> ② 다른 K-IFRS에서 다루어지고 있는 경우

정의

- 충당부채는 지출의 시기 또는 금액이 불확실한 부채를 말함.

보론 충당부채등 인식개괄

	충당부채	우발부채	우발자산
조건	유출가능성이 높다 and 추정가능	유출가능성이 높지않다.(어느정도있다.) or 유출가능성이 높더라도 추정불가능	유입가능성이 높다.
인식	충당부채인식(F/S인식)	우발부채 주석공시(F/S인식불가)	주석공시(F/S인식불가)
그 외의 사항은 아예 공시하지 않음.			

충당부채 인식요건

❖충당부채는 다음의 요건을 모두 충족하는 경우에 인식함.

요건	내용
현재의무존재요건	• 과거사건의 결과로 현재의무(법적의무 또는 의제의무)가 존재함. ➡의제의무란 약속등으로 책임부담을 상대방에게 표명함으로써 상대방이 그 이행 기대를 가지게되는것(예 환불정책) 말장난 법적의무만 존재해야 한다(X)
효익유출가능성요건	• 해당 의무를 이행키 위해 경제적효익이 있는 자원을 유출할 가능성이 높음.
추정신뢰성요건	• 해당 의무를 이행하기 위해 필요한 금액을 신뢰성있게 추정할수 있음.

보론 미래예상영업손실과 발생될 수선원가는 충당부채를 인정하지 않음.(∵현재의무 없음)

현재의무

존재여부결정

- 현재의무존재여부 불분명시(예 소송이 진행중인 경우)는 이용가능한 모든 증거를 고려하여 보고기간말에 현재의무 존재가능성이 존재치 아니할 가능성보다 높은(=50%초과) 경우에 과거사건이 현재의무를 발생시킨 것으로 간주함.

추가적증거

- 고려할 증거에는 보고기간후사건이 제공하는 추가적증거도 포함되며, 이를 바탕으로 다음처럼 처리함.

> ① 보고기간말에 현재의무 존재가능성이 존재치 아니할 가능성보다 높고, 인식기준을 충족하는 경우에는 충당부채를 인식함.
> ② 보고기간말에 현재의무가 존재치 아니할 가능성이 높더라도, 경제적효익을 갖는 자원의 유출가능성이 아주 낮지(희박하지) 않는한 우발부채로 공시함.

유출가능성

인식여부판단

- 특정사건이 발생할 가능성이 발생하지 아니할 가능성보다 높은 경우(즉, 발생확률 50% 초과)에 자원의 유출 또는 기타사건의 가능성이 높다고 봄.

말장난 발생확률 50%이상(X)

말장난 특정 사건이 발생할 가능성이 발생하지 아니할 가능성보다 매우 높은 경우에 자원의 유출 또는 기타 사건의 가능성이 높다고 본다(X) →'매우 높은'이 아니라 '높은'

다수의무

- 제품보증 또는 이와 유사한 계약등 다수의 유사한 의무가 있는 경우 의무이행에 필요한 자원의 유출가능성은 당해 유사한 의무 전체를 고려하여 결정함.

➡비록 개별항목의 의무이행에 필요한 자원의 유출가능성이 높지 않더라도 전체적인 의무이행을 위하여 필요한 자원의 유출가능성이 높을 경우에는(기타 인식기준이 충족된다면) 충당부채를 인식함.

FINAL 객관식뽀개기 실전적중문제

1. 충당부채, 우발부채 및 우발자산에 관한 설명으로 옳지 않은 것은? [감평사기출]

① 소송이 진행중인 경우는 보고기간 말에 현재의무가 존재하지 아니할 가능성이 높더라도 경제적 효익이 내재된 자원의 유출가능성이 아주 낮지 않는 한 충당부채로 공시한다.
② 우발부채는 경제적 효익이 내재된 자원의 유출을 초래할 현재의무가 있는지의 여부가 아직 확인되지 아니한 잠재적 의무이다.
③ 충당부채는 현재의무이고 이를 이행하기 위하여 경제적 효익이 내재된 자원이 유출될 가능성이 높고 당해 금액을 신뢰성 있게 추정할 수 있으므로 부채로 인식한다.
④ 충당부채로 인식하는 금액은 현재의무를 보고기간말에 이행하기 위하여 소요되는 지출에 대한 최선의 추정치이어야 한다.
⑤ 미래에 전혀 실현되지 아니할 수도 있는 수익을 인식하는 결과를 초래할 수 있기 때문에 우발자산은 재무제표에 인식하지 아니한다.

내비게이션
• 의무가 존재할 가능성이 존재하지 아니할 가능성 보다 높아야 하며, 유출가능성도 높아야 한다.(②,④,⑤에 대하여는 후술함!)

2. 다음 20x1년말 ㈜감평의 자료에서 재무상태표에 표시될 충당부채 금액은?(단, 현재가치 계산은 고려하지 않는다.) [감평사기출]

(1) 20x1년초에 취득한 공장건물은 정부와의 협약에 의해 내용연수가 종료되면 부속 토지를 원상으로 회복시켜야 하는데, 그 복구비용은 ₩500,000이 발생될 것으로 추정된다.
(2) 20x1년말에 새로운 회계시스템의 도입으로 종업원들에 대한 교육훈련이 20x2년에 진행될 예정이며, 교육훈련비용으로 ₩300,000의 지출이 예상된다.
(3) 20x1년초에 구입한 기계장치는 3년마다 한 번씩 대대적인 수리가 필요한데, 3년 후 ₩600,000의 수리비용이 발생될 것으로 추정된다.

① ₩0 ② ₩500,000 ③ ₩600,000
④ ₩800,000 ⑤ ₩1,100,000

내비게이션
• (1) : 현재의무가 존재하므로 500,000을 복구충당부채로 인식한다.
(2) : 미래예상되는 비용은 과거사건으로 인한 현재의무가 아니므로 충당부채를 인식하지 않는다.
(3) : 수선비는 충당부채로 인식하지 않는다. 비용처리하거나 자산으로 인식후 감가상각한다.

3. 다음 중 충당부채, 우발부채 및 우발자산에 대한 설명으로 옳은 것은 어느 것인가?

① 드물지만 진행 중인 소송과 같이 어떤 사건이 실제로 일어났는지 또는 해당 사건으로 현재의무가 생겼는지 분명하지 않은 경우에는 사용할 수 있는 증거(예: 전문가의 의견)를 모두 고려하여 보고기간 말에 현재의무가 존재하는지를 판단하여야 하며, 이때 고려해야 할 증거에는 보고기간후사건이 제공하는 추가적인 증거는 제외한다.
② 보고기간 말에 현재의무가 존재할 가능성이 존재하지 않을 가능성보다 유의적으로 높고 인식기준을 충족하는 경우에는 충당부채를 인식한다.
③ 제품보증이나 이와 비슷한 계약 등 비슷한 의무가 다수 있는 경우에 개별 항목에서 의무 이행에 필요한 자원의 유출 가능성이 높지 않더라도 전체적인 의무 이행에 필요한 자원의 유출 가능성이 높을 경우에는 그 밖의 인식기준이 충족된다면 충당부채를 인식한다.
④ 의제의무는 과거의 실무관행, 발표된 경영방침, 구체적이고 유효한 약속 등으로 기업이 특정 책임을 부담할 것이라고 상대방에게 표명하는 것만으로도 발생한다.
⑤ 충당부채를 재무제표상 부채로 인식하기 위해서는 과거사건의 결과로 현재 법적의무만 존재해야 한다.

내비게이션
• ① 보고기간후사건이 제공하는 추가 증거도 고려한다.
② 유의적으로(매우) 높고(X) → 높고(O)
④ 표명하는 것만으로는 의제의무가 발생하지 않으며, 기업이 해당 책임을 이행할 것이라는 정당한 기대를 상대방이 갖도록 하여야 의제의무가 발생한다.
⑤ 법적의무 또는 의제의무가 존재해야 한다.

서술형Correction연습

❒ 충당부채는 경제적효익이 내재된 자원이 유출될 가능성이 매우 높아야 인식될 수 있다

➲ (X) : 매우 높아야(X) → 높아야(O)

Answer 1. ① 2. ② 3. ③

시험중요도 ★★☆

기본이론 제116강 충당부채 인식(2)

과거사건	의무발생사건	• 현재의무를 발생시키는 과거사건을 의무발생사건이라하며, 의무발생사건은 의무를 이행하는것 외에는 현실적인 대안이 없어야 함. ➡이러한 경우는 법적의무와 의제의무에만 해당함.
	미래영업 발생원가	• 미래영업을 위하여 발생하게 될 원가에 대하여는 충당부채를 인식하지 않음. ➡∵재무제표는 미래시점의 예상 재무상태가 아니라 보고기간말의 재무상태를 표시하는 것이며, F/P에 인식되는 부채는 보고기간말 존재하는 부채에 국한함.
	미래행위와의 독립성	• 충당부채로 인식되기 위해서는 과거사건으로 인한 의무가 기업의 미래행위(즉, 미래사업행위)와 독립적이어야 함. **예시1** **불법적인 환경오염으로 인한 범칙금이나 환경정화비용의 경우** ➡ 충당부채를 인식함. (∵미래행위에 관계없이 이행에 경제적효익을 갖는 유출이 수반됨.) **예시2** **유류설비·원자력발전소에 의하여 이미 발생한 피해에 대하여 복구의무가 있는 범위 내에서 유류설비·원자력발전소의 사후처리원가** ➡ 예시1과 마찬가지로 충당부채를 인식함. **예시3** **법에서 정하는 환경기준충족을 위해 또는 상업적압력 때문에 특정 정화장치 설치비용지출을 계획하고 있거나 지출이 필요한 경우** ➡ 충당부채를 인식치 않음. (∵공장운영방식을 바꾸는등의 미래행위를 통하여 미래의 지출을 회피할 수 있으므로 당해 지출은 현재의무가 아님.)
	의무의 상대방	• 의무는 반드시 상대방에 대한 확약을 수반하게 되므로 경영진·이사회의 결정으로 기업이 자신의 책임을 이행할 것이라는 정당한 기대를 상대방이 가질수 있을 정도로 충분히 구체적인 방법으로 보고기간말 이전에 상대방에게 의사전달되어야만 당해 결정은 의제의무를 발생시키는 것으로 봄. ➡의무는 언제나 당해 의무의 이행대상이 되는 상대방이 존재하게 되나, 의무의 상대방이 누구인지 반드시 알아야 하는 것은 아니며 경우에 따라서는 일반대중도 상대방이 될수 있음.
	법규의 제·개정	• 발생한 환경오염에 대하여 지금 당장 정화할 의무가 없는 경우에도 추후 새로운 법규가 그러한 환경오염을 정화하도록 강제하거나 기업이 그러한 정화의무를 의제의무로서 공개적으로 수용한다면, 당해 법규의 제·개정시점 또는 기업의 공개적인 수용시점에 그 환경오염은 의무발생사건이 됨.
	입법예고된 법규	• 입법예고된 법규의 세부사항이 아직 확정되지 않은 경우에는 당해 법규안대로 제정될 것이 거의 확실한 때에만 의무가 발생한 것으로 봄. ➡그러한 의무는 법적의무로 간주함. 말장난 그러한 의무는 의제의무로 간주한다(X) • 법규제정을 둘러싼 수많은 서로 다른 상황으로 인하여 법규제정을 거의 확실하게 예측할수 있는 특정사건을 지정하는 것은 불가능하므로, 일반적으로 특정법규가 제정되기 전까지는 당해 법규제정에 대해 거의 확실하게 확신을 갖기 어려움.
신뢰성있는 추정	추정치의 신뢰여부	• 추정치를 사용하는 것은 재무제표 작성의 필수적인 과정이며 재무제표의 신뢰성을 손상시키지 아니함 ➡극히 드문 경우를 제외하고는 가능한 결과의 범위를 결정할수 있으므로 충당부채를 인식할때 충분히 신뢰성있는 금액을 추정할수 있음.
	우발부채 공시	• 극히 드문 경우로 신뢰성있는 금액의 추정이 불가능한 경우 ➡ 부채로 인식하지 아니하고 우발부채로서 공시함.

FINAL 객관식뽀개기 실전적중문제

1. 충당부채, 우발부채 및 우발자산에 관한 설명으로 옳지 않은 것은? [감평사기출]

① 충당부채는 현재의무이고 이를 이행하기 위하여 경제적 효익이 있는 자원을 유출할 가능성이 높고 해당 금액을 신뢰성 있게 추정할 수 있으므로 부채로 인식한다.
② 제품보증이나 이와 비슷한 계약 등 비슷한 의무가 다수 있는 경우에 의무 이행에 필요한 자원의 유출 가능성은 해당 의무 전체를 고려하여 판단한다.
③ 재무제표는 미래 시점의 예상 재무상태가 아니라 보고기간 말의 재무상태를 표시하는 것이므로, 미래 영업에서 생길 원가는 충당부채로 인식한다.
④ 손실부담계약은 계약상 의무의 이행에 필요한 회피 불가능 원가가 그 계약에서 받을 것으로 예상되는 경제적 효익을 초과하는 계약을 말한다.
⑤ 우발자산은 과거사건으로 생겼으나, 기업이 전적으로 통제할 수는 없는 하나 이상의 불확실한 미래 사건의 발생 여부로만 그 존재 유무를 확인할 수 있는 잠재적 자산을 말한다.

내비게이션
- 재무제표는 미래 시점의 예상 재무상태가 아니라 보고기간 말의 재무상태를 표시하는 것이므로, 미래 영업에서 생길 원가는 충당부채로 인식하지 아니한다. 보고기간 말에 존재하는 부채만을 재무상태표에 인식한다.
- ⑤에 대하여는 후술함!

2. 충당부채의 인식에 관한 설명으로 옳지 않은 것은? [관세사기출]

① 미래영업을 위하여 발생하게 될 원가는 충당부채로 인식하지 않는다.
② 의무에는 언제나 해당 의무의 이행 대상이 되는 상대방이 존재해야 하므로 상대방이 누구인지 알 수 없는 일반대중에 대한 충당부채는 인식될 수 없다.
③ 개별항목의 의무이행에 필요한 자원의 유출가능성은 높지 않더라도 전체적인 의무이행을 위하여 필요한 자원의 유출가능성이 높을 경우에는 충당부채를 인식한다.
④ 충당부채로 인식되기 위해서는 과거사건으로 인한 의무가 기업의 미래행위와 독립적이어야 한다.
⑤ 충당부채를 재무제표에 부채로 인식하기 위해서는 신뢰성 있는 추정이 반드시 필요하며, 추정치를 사용하는 것 자체가 재무제표의 신뢰성을 손상시키지는 않는다.

내비게이션
- 의무에는 언제나 해당 의무의 이행 대상이 되는 상대방이 존재한다. 그러나 상대방이 누구인지 반드시 알아야 하는 것은 아니며 경우에 따라서는 일반 대중일 수도 있다.

3. 충당부채와 우발부채에 관한 설명으로 옳지 않은 것은? [감평사기출]

① 충당부채를 인식하기 위해서는 당해 의무를 이행하기 위하여 경제적효익을 갖는 자원이 유출될 가능성이 매우 높아야 한다.
② 우발부채는 경제적효익을 갖는 자원의 유출을 초래할 현재의무가 있는지의 여부가 아직 확인되지 아니한 잠재적 의무이므로 부채로 인식하지 않는다.
③ 재무제표는 미래 시점의 예상 재무상태가 아니라 보고기간말의 재무상태를 표시하는 것이므로, 미래영업을 위하여 발생하게 될 원가에 대하여는 충당부채를 인식하지 않는다.
④ 충당부채로 인식되기 위해서는 과거사건으로 인한 의무가 기업의 미래행위(즉, 미래 사업행위)와 독립적이어야 한다.
⑤ 상업적 압력 때문에 공장에 특정 정화장치를 설치하기 위한 비용지출을 계획하고 있는 경우 공장운영방식을 바꾸는 등의 미래행위를 통하여 미래의 지출을 회피할 수 있으므로 당해 지출은 현재의무가 아니며 충당부채도 인식하지 아니한다.

내비게이션
- 매우 높아야 한다.(X) → 높아야 한다.(O)

서술형Correction연습

❒ 기업의 미래 행위(미래 사업행위)와 관계가 있는 과거사건에서 생긴 의무만을 충당부채로 인식한다.

➲ (X) : 기업의 미래 행위(미래 사업행위)와 관계없이 존재하는 과거사건에서 생긴 의무만을 충당부채로 인식한다. 즉, 미래행위와 독립적이어야 한다.

❒ 상업적 압력이나 법률 규정 때문에 공장에 특정 정화장치를 설치하는 지출을 계획하고 있거나 그런 지출이 필요한 경우에는 충당부채를 인식한다.

➲ (X) : 공장 운영방식을 바꾸는 등의 미래 행위로 미래의 지출을 회피할 수 있으므로 미래에 지출을 해야 할 현재의무는 없으며 충당부채도 인식하지 아니한다.

❒ 입법 예고된 법규의 세부사항이 아직 확정되지 않은 경우에는 당해 법규안대로 제정될 것이 거의 확실한 때에만 의무가 발생한 것으로 보며, 그러한 의무는 의제의무로 간주한다.

➲ (X) : 의제의무(X) → 법적의무(O)

Answer 1. ③ 2. ② 3. ①

시험중요도 ★★★

기본이론 제117강 우발부채·우발자산 인식

우발부채

정의

❖우발부채는 다음 중 어느 하나에 해당하는 의무를 말함.

① 과거사건에 의하여 발생하였으나, 기업이 전적으로 통제할수는 없는 하나 이상의 불확실한 미래사건의 발생 여부에 의하여서만 그 존재가 확인되는 잠재적 의무
② 과거사건에 의하여 발생하였으나, 의무이행에 경제적효익을 갖는 자원이 유출될 가능성이 높지 아니하거나, 당해 금액을 신뢰성있게 측정할수 없는 현재의무

·주의 충당부채는 현재의무이나 우발부채는 잠재적의무임.

인식

자원유출가능성 \ 금액추정가능성	신뢰성있게 추정가능	추정불가능
가능성이 높음(확률 50%초과)	**충당부채로 인식**	**우발부채로 주석공시**
가능성이 높지 않음(어느정도 있음)	**우발부채로 주석공시**	
가능성이 희박(아주 낮음)	공시하지 않음	공시하지 않음

회계처리

부채여부
- 우발부채는 부채로 인식하지 아니함.

연대보증

제3자가 이행할 것으로 예상되는 부분	• 우발부채로 공시 ➡∵제3자가 불이행시는 회사가 책임짐.
회사가 이행할 것으로 예상되는 부분	• 충당부채를 인식 ➡유출가능성이 높은 부분에 한함.

유출가능성 검토
- 우발부채는 당초에 예상하지 못한 상황에 따라 변화할수 있으므로, 경제적효익을 갖는 자원의 유출가능성이 높아졌는지 여부를 결정하기 위하여 지속적으로 검토(평가)함.

부채인식
- 과거에 우발부채로 처리하였더라도 미래경제적효익의 유출가능성이 높아진 경우에는 그러한 가능성의 변화가 발생한 기간의 재무제표에 충당부채로 인식함.(신뢰성있게 추정할수 없는 극히 드문 경우는 제외)

우발자산

정의

❖우발자산이란 다음에 해당하는 경우를 말함.

• 과거사건에 의하여 발생하였으나 기업이 전적으로 통제할수는 없는 하나 이상의 불확실한 미래사건의 발생여부에 의하여서만 그 존재가 확인되는 잠재적 자산을 말함.

➡일반적으로 우발자산은 효익의 유입가능성을 발생시키는, 사전에 계획되지 아니하였거나 기타 예상하지 못한 사건으로부터 발생함. → 예 제기했으나 결과가 불확실한 소송

인식

자원유입가능성 \ 금액추정가능성	신뢰성있게 추정가능	추정불가능
가능성이 높음(확률 50%초과)	**우발자산으로 주석공시**	**우발자산으로 주석공시**
가능성이 높지 않음(어느정도 있음)	공시하지 않음	공시하지 않음

회계처리

자산여부
- 우발자산은 자산으로 인식하지 아니함.
  ➡∵미래에 미실현될 수도 있는 수익을 인식하는 결과를 초래가능
  ➡그러나, 수익의 실현이 거의 확실하게 된다면 관련자산은 더 이상 우발자산이 아니며, 당해 자산을 인식하는 것이 타당함.

유입가능성 검토
- 우발자산은 관련 상황변화가 적절히 재무제표에 반영되도록 지속적으로 검토(평가)함.

자산인식
- 상황변화로 인하여 경제적효익이 유입될 것이 거의 확실하게 되는 경우에는 상황변화 발생기간의 F/S에 그 자산과 관련이익을 인식함.

·주의 우발자산 공시시에는 그로부터 수익이 발생할 가능성이 있다는 오해를 주지 않도록 주의함.

FINAL 객관식뽀개기 실전적중문제

1. 우발부채 및 우발자산에 관한 설명으로 옳지 않은 것은? [관세사기출]

① 우발부채와 우발자산은 재무상태표에 자산이나 부채로 인식하지 않는다.
② 제삼자와 연대하여 의무를 지는 경우, 이행할 전체 의무 중 제삼자가 이행할 것으로 예상되는 부분에 대해서는 우발부채로 처리한다.
③ 과거에 우발부채로 처리한 항목에 대해서는, 미래경제적효익의 유출 가능성이 높아지고 해당 금액을 신뢰성 있게 추정할 수 있는 경우라 하더라도, 재무제표에 충당부채로 인식할 수 없다.
④ 우발자산이란 과거사건으로 생겼으나, 기업이 전적으로 통제할 수는 없는 하나 이상의 불확실한 미래 사건의 발생 여부로만 그 존재 유무를 확인할 수 있는 잠재적 자산을 말한다.
⑤ 기업은 관련 상황의 변화가 적절하게 재무제표에 반영될 수 있도록 우발자산을 지속적으로 평가하여야 한다.

내비게이션
• 과거에 우발부채로 처리하였더라도 미래 경제적 효익의 유출 가능성이 높아진 경우에는 그러한 가능성의 변화가 생긴 기간의 재무제표에 충당부채로 인식한다.(신뢰성 있게 추정할 수 없는 극히 드문 경우는 제외)

2. 충당부채 및 우발부채에 관한 설명으로 옳지 않은 것은? [관세사기출]

① 현재의무의 존재여부가 불분명한 경우에는 이용할 수 있는 모든 증거를 고려하여 보고기간말 기준으로 충당부채의 인식여부를 판단해야 한다.
② 충당부채로 인식되기 위해서는 과거사건으로 인한 의무가 기업의 미래행위(즉, 미래 사업행위)와 독립적이어야 한다.
③ 충당부채로 인식하기 위해서는 현재의무가 존재하여야 할 뿐만 아니라 당해 의무의 이행을 위하여 경제적 효익을 갖는 자원의 유출가능성이 높아야 한다.
④ 충당부채의 성격상 다른 재무상태표 항목에 비하여 불확실성이 더 크므로 그에 대한 추정치의 사용은 특히 필수적이다.
⑤ 과거에 우발부채로 처리하였다면 미래경제적효익의 유출가능성이 높아진 경우에도 충당부채로 인식할 수 없다.

내비게이션
• 문제 1번 해설 참조!

3. 다음 중 우발부채 및 우발자산에 대한 설명으로 옳지 않은 것은?

① 우발부채는 처음에 예상하지 못한 상황에 따라 변할 수 있으므로, 경제적 효익이 있는 자원의 유출 가능성이 높아졌는지를 판단하기 위하여 우발부채를 지속적으로 평가한다.
② 우발부채는 재무제표에 인식하지 아니하며, 의무를 이행하기 위하여 경제적 효익이 있는 자원을 유출할 가능성이 희박하지 않다면 우발부채를 공시한다.
③ 경제적 효익의 유입 가능성이 높은 우발자산에 대해서는 보고기간 말에 우발자산의 특성에 대해 간결하게 설명을 공시하고 실무적으로 적용할 수 있는 경우에는 재무적 영향의 추정 금액을 공시하며, 우발자산을 공시할 때에는 우발자산에서 수익이 생길 가능성이 있음을 공시하여야 한다.
④ 제3자와 연대하여 의무를 지는 경우에는 이행할 전체 의무 중 제3자가 이행할 것으로 예상되는 부분을 우발부채로 처리하며, 신뢰성 있게 추정할 수 없는 극히 드문 경우를 제외하고는 해당 의무 중에서 경제적 효익이 있는 자원의 유출 가능성이 높은 부분에 대하여 충당부채를 인식한다.
⑤ 미래에 전혀 실현되지 않을 수도 있는 수익을 인식하는 결과를 가져올 수 있기 때문에 우발자산은 재무제표에 인식하지 아니하나, 수익의 실현이 거의 확실하다면 관련 자산은 우발자산이 아니므로 해당 자산을 재무제표에 인식하는 것이 타당하다.

내비게이션
• 수익이 생길 가능성이 있다는 오해를 주지 않도록 주의한다.

서술형Correction연습

❒ 제3자와 연대하여 의무를 지는 경우에는 이행할 전체의무 중 제3자가 이행할 것으로 기대되는 부분을 충당부채로 처리한다.

➡ (X) : 충당부채(X) → 우발부채(O)

Answer 1. ③ 2. ⑤ 3. ③

시험중요도 ★★☆

기본이론 제118강 충당부채 측정 : 최선의 추정치

<table>
<tr><td rowspan="7">개요</td><td rowspan="3">의의</td><td>인식금액</td><td>• 충당부채로 인식하는 금액은 현재의무를 보고기간말에 이행하기 위하여 소요되는 지출에 대한 최선의 추정치이어야 함.
➡ 최선의 추정치는 보고기간말에 의무를 이행하거나 제3자에게 이전시키는 경우에 합리적으로 지급하여야 하는 금액임.
➡ 보고기간말에 의무를 이행하거나 제3자에게 이전하는 것이 불가능하거나 과다한 비용이 소요되는 경우에도, 합리적으로 지급하여야 할 금액의 추정액은 현재의 의무를 보고기간말에 이행하는데 소요될 지출에 대한 최선의 추정치가 됨.</td></tr>
<tr><td>효과추정</td><td>• 결과 및 재무적영향의 추정은 유사한 거래에 대한 과거의 경험, 독립적인 전문가의 보고서 및 보고기간후사건에 의해 확인할수 있는 추가적 증거 등을 종합적으로 고려하여 경영자가 판단함.</td></tr>
<tr><td>세전금액 측정</td><td>• 충당부채의 법인세효과 및 변동은 '법인세'에 따라 회계처리하므로 충당부채는 세전금액으로 측정함.</td></tr>
<tr><td rowspan="2">금액의 불확실성</td><td>기대값
(기대가치)</td><td>• 측정하고자하는 충당부채가 다수의 항목과 관련되는 경우
➲ 당해의무는 모든 가능결과와 그와 관련된 확률을 가중평균하여 추정함.
➡ ∴특정금액의 손실이 발생할 확률에 따라 인식금액은 다르게 됨.</td></tr>
<tr><td>중간값</td><td>• 가능한 결과가 연속적인 범위내에 분포하고 각각의 발생확률이 동일할 경우
➲ 당해 범위의 중간값을 사용함.</td></tr>
<tr><td>최빈치로 측정</td><td colspan="2">• 하나의 의무를 측정하는 경우에는 가장 가능성이 높은 단일의 결과가 당해 부채에 대한 최선의 추정치가 될 수 있으나, 그러한 경우에도 기타 가능한 결과들도 고려함.
• 만약 기타 가능한 결과들이 가장 가능성이 높은 결과보다 대부분 높거나 낮다면 최선의 추정치도 높거나 낮은 금액일 것임.
➡ 예 고객을 위해 건설한 주요설비의 중대결함을 해결하여야 하는 경우에, 가장 가능성이 높은 결과는 한 차례의 시도로 ₩1,000의 원가를 들여 수선하는 것임. 그러나 추가 수선이 필요할 가능성이 유의적이라면 보다 많은 금액을 충당부채로 인식하여야함.</td></tr>
</table>

적용사례

사례 기대값(기대가치)

◎ 구입후 첫 6개월이내에 제조상 결함으로 인하여 발생하는 수선비용을 보장하는 보증서와 함께 재화를 판매하는 기업이 있다. 수선비용 발생가능성은 다음과 같다.

구분	수선비용	발생확률
전혀 결함이 발생하지 않는 경우	₩0	75%
중요하지 않은(사소한) 결함이 발생할 경우	₩1,000,000	20%
치명적인(중요한) 결함이 발생할 경우	₩4,000,000	5%

• 수선비용의 기댓값(기대가치) : 0×75%+1,000,000×20%+4,000,000×5%=400,000

참고 보증의무와 관련된 자원의 유출가능성을 판단할때 당해 의무 전체에 대하여 판단함.

→'충당부채 인식(1)' 참조!

FINAL 객관식뽀개기 실전적중문제

1. 충당부채에 관한 설명으로 옳지 않은 것은? [관세사기출]

① 손실부담계약을 체결하고 있는 경우에는 관련된 현재 의무를 충당부채로 인식하고 측정한다.
② 충당부채로 인식하는 금액은 현재의무를 보고기간말에 이행하기 위하여 소요되는 지출에 대한 최선의 추정치이어야 한다.
③ 충당부채의 예로 제품보증충당부채, 복구충당부채 등이 있다.
④ 충당부채는 우발부채와 동일하게 주석으로 공시한다.
⑤ 충당부채는 지출의 시기 또는 금액이 불확실한 부채이다.

내비게이션

• 충당부채는 재무제표 본문에 부채로 인식한다.

2. 다음 중 한국채택국제회계기준상 충당부채의 측정에 대한 설명으로 옳지 않은 것은 어느 것인가?

① 충당부채로 인식하는 금액은 현재의무를 보고기간 말에 이행하기 위하여 필요한 지출에 대한 최선의 추정치이어야 한다.
② 결과와 재무적 영향의 추정은 비슷한 거래에 대한 과거의 경험이나 경우에 따라 독립적인 전문가의 보고서를 고려하여 경영자의 판단으로 결정한다. 이 때 보고기간후사건에서 제공되는 추가 증거를 고려한다.
③ 불확실성을 이유로 충당부채를 과도하게 인식하거나 부채를 의도적으로 과대 표시하는 것은 정당화될 수 없으며, 특별히 부정적인 결과에 대해 예상원가를 신중하게 추정하였다고 해서 의도적으로 해당 결과의 발생 가능성이 실제보다 더 높은 것처럼 취급하여서는 안된다.
④ 충당부채는 세후 금액으로 측정한다.
⑤ 현재의무를 이행하기 위하여 필요한 지출에 대한 최선의 추정치는 보고기간 말에 의무를 이행하거나 제삼자에게 이전하는 경우에 합리적으로 지급하여야 하는 금액이다.

내비게이션

• 충당부채의 법인세효과와 그 변동은 기업회계기준서 제1012호 '법인세'에 따라 회계처리하므로 충당부채는 세전 금액으로 측정한다.
• ③에 대하여는 후술함!

3. 다음은 20x1년말(결산일) 현재 ㈜합격의 재무상황과 관련이 있는 항목들이다. 이를 근거로 ㈜합격의 20x1년말 재무상태표에 부채로 보고될 금액은 얼마이겠는가?

(1) 20x1년 2월 1일 ㈜합격은 소송에 계류되어 20x1년 11월 15일에 지방법원으로부터 ₩6,000,000의 패소판결을 받았다. ㈜합격은 이를 고등법원에 항소하였는데, ㈜합격의 고문변호사 강경석씨가 항소심에서 이 금액을 반으로 낮출수 있는 확률이 50%이다. ㈜합격은 이에 대한 회계처리를 하지 않았다.
(2) 20x1년 6월 30일 ㈜합격은 주원료 공급업체인 ㈜적중으로부터 계약위반으로 소송을 제기당했다. ㈜합격의 고문변호사 강경석씨는 ㈜합격이 승소할 가능성이 매우 희박하며, 그 금액은 ₩2,000,000에서 ₩3,000,000 범위로 예상되고 그 범위내에서 비례적으로 증가하는 분포를 이루고 각각의 발생확률이 동일하다고 본다. ㈜합격은 이에 대한 회계처리를 하지 않았다.

① ₩6,500,000 ② ₩7,000,000 ③ ₩7,500,000
④ ₩8,000,000 ⑤ ₩8,500,000

내비게이션

• (1) : 당해 의무는 모든 가능한 결과와 그와 관련된 확률을 가중평균(기대값)하여 추정한다.
→따라서, 6,000,000×50%+3,000,000×50%=4,500,000
• (2) : 가능한 결과가 연속적인 범위내에 분포하고 각각의 발생확률이 동일할 경우에는 당해 범위의 중간값을 사용한다.
→따라서, 2,500,000을 인식한다.
∴4,500,000+2,500,000=7,000,000

서술형Correction연습

❒ 토지의 환경정화 원가가 ₩2,000,000으로 추정되는 경우, 법인세율 20%를 고려한 ₩1,600,000을 충당부채로 인식한다.

(X) : 충당부채의 법인세효과 및 변동은 기준서 제1012호 '법인세'에 따라 회계처리하므로 충당부채는 세전 금액으로 측정한다.

❒ 측정하고자 하는 충당부채가 다수의 항목과 관련되는 경우에 당해 의무는 모든 가능한 결과와 그와 관련된 확률을 가중평균하여 추정한다. 가능한 결과가 연속적인 범위 내에 분포하고 각각의 발생확률이 동일할 경우에는 당해 범위의 최빈치를 사용한다.

(X) : 최빈치를 사용한다.(X) → 중간값을 사용한다.(O)

시험중요도 ★★☆

기본이론 제119강 충당부채 측정 : 위험과 불확실성등

위험과 불확실성	의의	• 최선의 추정치를 구할때는 관련된 사건·상황에 대한 불가피한 위험과 불확실성을 고려함.
	위험	• 위험은 결과의 변동성을 의미하며 위험조정으로 인해 부채금액은 증가할수 있음.
	불확실성	• 불확실한 상황에서는 수익·자산을 과대계상하거나 비용·부채를 과소계상하지 않도록 주의하며, 불확실성을 이유로 과도한 충당부채를 계상하거나 부채를 고의적으로 과대표시하는 것은 정당화되지 아니함. ➡예 특정한 부정적 결과에 대해 예상원가를 신중하게 추정하였다면 고의적으로 당해 결과의 발생가능성이 실제보다 더 높은 것처럼 회계처리해서는 아니됨. • 위험·불확실성의 이중조정으로 충당부채가 과대계상되지 아니하도록 주의하여야 함.
	공시	• 지출액과 관련된 불확실성은 그 정도를 공시함.
현재가치	의의	• 화폐의 시간가치 영향이 중요한 경우 충당부채는 의무를 이행하기 위하여 예상되는 지출액의 현재가치로 평가함.(예 복구충당부채) ➡화폐의 시간가치로 인하여 동일한 금액이라도 보고기간 후에 즉시 지급하는 충당부채의 부담이 더 늦게 지급하는 충당부채에 비하여 더 크므로 그 차이가 중요한 경우에는 현재가치로 평가한 금액으로 충당부채를 인식함.
	표시	• 명목금액에서 현재가치할인차금을 직접 차감한 순액으로 표시함.
	할인율	• 부채의 특유위험과 화폐의 시간가치에 대한 현행시장의 평가를 반영한 세전이율임. 주의 현가측정시의 당초할인율이 아니라 현가측정시점의 할인율이며, 세후이율이 아님. ➡할인율에 반영되는 위험에는 위험이 이중으로 계상되는 것을 방지하기 위해 미래 현금흐름을 추정할때 고려된 위험은 반영하지 않음.
	공시	• 현가로 평가한 충당부채의 기간경과에 따른 당기 증가금액 및 할인율 변동에 따른 효과
미래사건	의의	• 현재의무이행 소요지출금액에 영향을 미치는 미래사건이 발생할 것이라는 충분하고 객관적인 증거가 있는 경우에는 그러한 미래사건을 감안하여 충당부채 금액을 추정함. ➡예 내용연수 종료후에 부담해야 하는 오염지역의 정화에 필요한 원가는 미래의 기술변화에 따라 감소할수 있음. 이 경우 부채 인식금액은 정화시점에 이용할수 있는 기술에 대한 모든 이용가능한 증거를 기초로 하여 자격을 갖춘 독립적인 전문가의 합리적인 예측을 반영함. 예를 들어, 현재 기술의 적용시 축적된 경험과 관련된 예상되는 원가감소나 과거에 수행된 것보다 광범위하고 복잡한 오염정화작업에 현재의 기술 적용시 예상되는 원가를 반영하는 것이 적절함. 그러나 충분하고 객관적인 증거가 있지 아니하는 한 정화관련 전혀 새로운 기술개발을 예상하여서는 아니됨.
	새로운 법규	• 충분하고 객관적인 증거로 볼때 새로운 법규가 제정될 것이 거의 확실하다면 당해 법규의 영향을 고려하여 충당부채를 측정함. ➡실무에서 일어나는 수많은 상황들로 인하여 충분하고 객관적인 증거를 제공하는 단일 사건을 개별 상황마다 일일이 지정하는 것은 불가능하므로 새로운 법규가 요구하게 될 사항과 당해 법규가 적당한 시기내에 제정되어 시행될 것이 거의 확실한지 여부에 대한 증거가 있어야 함. 일반적으로 새로운 법규가 제정되기 전까지는 충분하고 객관적인 증거가 존재하지 아니함.
예상자산처분	의의	• 예상되는 자산처분이 충당부채를 발생시킨 사건과 밀접하게 관련되었더라도 당해 자산의 예상처분이익은 충당부채를 측정하는데 고려하지 아니함. 말장난 예상처분이익은 충당부채를 측정하는데 고려한다(x)
	총액계상	• 충당부채금액 산정시 예상처분이익을 차감하는 것이 아니라 총액으로 계상함. 예시 구조조정비용 ₩100,000, 구조조정에 보유중인 토지매각이익 ₩5,000이 예상됨. →(차) 비용 100,000 (대) 충당부채 100,000

1. 다음 중 충당부채의 내용으로 옳지 않은 것은? [관세사기출]

① 예상되는 자산처분이 충당부채를 발생시킨 사건과 밀접하게 관련되었다면 당해 자산의 예상처분이익은 충당부채에서 차감한다.
② 충당부채로 인식하는 금액은 현재의무를 보고기간 말에 이행하기 위하여 소요되는 지출에 대한 최선의 추정치이어야 한다.
③ 화폐의 시간가치 영향이 중요한 경우 충당부채는 의무를 이행하기 위하여 예상되는 지출액의 현재가치로 평가한다.
④ 충당부채는 현재의무이고 이를 이행하기 위하여 경제적효익을 갖는 자원이 유출될 가능성이 높고 당해 금액을 신뢰성 있게 추정할 수 있으므로 부채로 인식한다.
⑤ 불법적인 환경오염으로 인한 환경정화비용의 경우에는 기업의 미래행위에 관계없이 당해 의무의 이행에 경제적효익을 갖는 자원의 유출이 수반되므로 충당부채를 인식한다.

내비게이션
- 예상되는 자산 처분이 충당부채를 생기게 한 사건과 밀접하게 관련되었더라도 예상되는 자산 처분이익은 충당부채를 측정하는 데 고려하지 아니한다. 예상되는 자산 처분이익은 해당 자산과 관련된 회계처리를 다루는 한국채택국제회계기준서에서 규정하는 시점에 인식한다.

2. ㈜합격은 당기 중에 취득한 설비자산에 대하여 반환소송에 계류되었으며, 관련 자료가 다음과 같을 때, 당기말 충당부채로 계상할 금액은 얼마이겠는가?

(1) 설비자산의 취득원가는 ₩15,000,000이며, 당기말 현재 감가상각누계액은 ₩4,500,000이다.
(2) ㈜합격이 동 설비자산을 매각한다면 ₩13,500,000을 받을 수 있다.
(3) 소송에 패소하여 설비자산의 취득원가에 해당하는 금액을 반환할 가능성이 높다.

① ₩4,500,000 ② ₩10,500,000 ③ ₩12,000,000
④ ₩13,500,000 ⑤ ₩15,000,000

내비게이션
- 기존 설비자산은 그대로 감가상각이나 처분회계처리를 수행하며, 새로 구입하여 반환할 설비자산의 취득원가 15,000,000을 충당부채로 인식한다. →예상처분이익 3,000,000은 고려하지 않음.
- [당기말 회계처리]

(차) 비용	15,000,000	(대) 충당부채	15,000,000

[구입하여 반환시 회계처리] - 구입가 ₩16,000,000으로 가정

(차) 충당부채	15,000,000	(대) 현금	16,000,000
비용	1,000,000		

3. 다음 중 충당부채, 우발부채 및 우발자산에 대한 설명으로 가장 옳은 것은 어느 것인가?

① 충당부채를 현재가치로 평가하는 경우 할인율에는 미래현금흐름을 추정할 때 고려한 위험을 반영한다.
② 제삼자와 연대하여 의무를 지는 경우에는 이행할 전체 의무 중 제삼자가 이행할 것으로 예상되는 부분도 충당부채로 인식한다.
③ 예상되는 자산 처분이 충당부채를 생기게 한 사건과 밀접하게 관련된 경우 예상되는 자산 처분이익은 충당부채를 측정하는 데 고려한다.
④ 현재의무를 이행하기 위하여 필요한 지출 금액에 영향을 미치는 미래 사건이 일어날 것이라는 충분하고 객관적인 증거가 있는 경우에는 그 미래 사건을 고려하여 충당부채 금액을 추정한다.
⑤ 할인율은 부채의 특유한 위험과 화폐의 시간가치에 대한 현행 시장의 평가를 반영한 세후 이율이다.

내비게이션
- ① 할인율에 반영되는 위험에는 위험이 이중으로 계상되는 것을 방지하기 위해 미래 현금흐름을 추정할때 고려된 위험은 반영하지 않는다.
 ② 제삼자와 연대하여 의무를 지는 경우에는 이행할 전체 의무 중 제삼자가 이행할 것으로 예상되는 부분을 우발부채로 처리한다.
 ③ 예상되는 자산 처분이 충당부채를 생기게 한 사건과 밀접하게 관련되었더라도 예상되는 자산 처분이익은 충당부채를 측정하는 데 고려하지 아니한다.
 ⑤ 할인율은 부채의 특유한 위험과 화폐의 시간가치에 대한 현행 시장의 평가를 반영한 세전 이율이다.

서술형Correction연습

❐ 화폐의 시간가치 효과가 중요한 경우라 하더라도 충당부채는 의무를 이행하기 위하여 예상되는 지출액의 현재가치로 평가하지 아니한다.

➲ (X) : 중요한 경우 현재가치로 평가한다.

❐ 토지의 환경정화와 관련하여 3년후 지급하게 될 미래현금흐름이 ₩1,000,000으로 추정되는 경우, 동 미래현금흐름 추정시 고려한 위험을 반영한 할인율을 적용하여 계산한 현재가치를 충당부채로 인식한다.

➲ (X) : 할인율은 부채의 특유위험과 화폐의 시간가치에 대한 현행 시장의 평가를 반영한 세전 이율이다. 이 할인율에 반영되는 위험에는 위험이 이중계상되는 것을 방지하기 위해 미래 현금흐름을 추정할 때 고려된 위험은 반영하지 아니한다.

Answer 1. ① 2. ⑤ 3. ④

시험중요도 ★★☆

기본이론 제120강 충당부채 변제·변동·사용

충당부채변제

개요

- 충당부채를 결제하기 위하여 필요한 지출액의 일부·전부를 제3자가 변제할 것이 예상되는 경우 기업이 의무를 이행한다면 변제를 받을 것이 거의 확실하게 되는 때에 한하여 변제금액을 인식하고 별도의 자산으로 회계처리함. 다만, 자산으로 인식하는 금액은 관련 충당부채 금액을 초과할수 없음.

  말장난 전체의무금액에서 변제금액을 제외한 순액을 충당부채로 계상한다(X)
- 충당부채와 관련하여 포괄손익계산서에 인식된 비용은 제3자의 변제와 관련하여 인식한 금액과 상계하여 표시할수 있음.

  ➡제3자가 지급하지 아니하더라도 기업이 당해 금액을 지급할 의무가 없는 경우에는 충당부채에 포함하지 아니함.

  ➡제3자와 연대하여 의무를 지는 경우에 전체의무 중에서 제3자가 이행할 것으로 기대되는 부분에 한하여 우발부채로 처리함.(전술한 '우발부채' 참조)

재무상태표 (총액인식)

- 의무금액 총액을 충당부채로 인식
- 제3자가 변제할 것이 확실한 금액만 자산으로 인식

  ➡단, 자산인식금액은 충당부채금액 초과불가함.

  •주의 ∴충당부채와 제3자 변제관련자산을 상계치 않음.

포괄손익계산서 (순액인식가능)

- 수익은 충당부채의 인식과 관련된 비용과 상계가능함.

사례 충당부채의 변제 회계처리

✪ 당사가 인식할 충당부채는 ₩100이며, 이중 ₩40은 보험회사에서의 변제가 확실하다.

- 다음의 둘 중 선택하여 회계처리함.

방법①				방법②			
(차) 비용	100	(대) 충당부채	100	(차) 비용	60	(대) 충당부채	100
자산(미수금)	40	수익	40	자산(미수금)	40		

충당부채변동

잔액검토

- 매 보고기간말마다 충당부채의 잔액을 검토하고, 보고기간말 현재 최선의 추정치를 반영하여 조정함.

  예시 20x2년 복구충당부채 장부금액 잔액은 ₩82,645(최초 할인율은 10%), 2년후 복구원가가 ₩120,000으로 변경되었고 할인율도 12%로 변경됨.

  →새로운 최선의 추정치 : 120,000×(2년, 12% 현가계수)=95,664

  →(차) 전입액(or 유형자산) 13,019 (대) 복구충당부채 13,019

차입원가인식

- 충당부채를 현재가치로 평가하여 표시하는 경우에는 장부금액을 기간 경과에 따라 증가시키고 해당 증가금액은 차입원가로 인식함.

  저자주 이때의 차입원가는 현재가치할인차금상각액과 성격이 동일합니다!

  예시 복구충당부채의 당기 증가분(유효이자)이 ₩11,480인 경우

  →(차) 이자비용(차입원가) 11,480 (대) 복구충당부채 11,480

충당부채환입

- 의무이행을 위하여 경제적효익을 갖는 자원이 유출될 가능성이 더 이상 높지 아니한 경우에는 관련 충당부채를 환입함.

  예시 복구의무가 소멸한 경우

  →(차) 복구충당부채 107,144 (대) 복구충당부채환입 107,144

충당부채사용

- 충당부채는 최초인식과 관련있는(=당초 충당부채에 관련된) 지출에 대해서만 사용함.

  ➡∵충당부채를 다른 지출에 대하여 사용하게 되면 다른 두 사건의 영향이 적절하게 표시되지 않음.

FINAL 객관식뽀개기 실전적중문제

1. 다음 중 충당부채 및 우발부채에 대한 회계처리 내용으로 옳지 않은 것은? [관세사기출]

① 충당부채로 인식되기 위해서는 과거사건으로 인한 의무가 기업의 미래행위와 관련되어야 한다.
② 충당부채에 대한 화폐의 시간가치가 중요한 경우에는 현재가치로 평가하고, 장부금액을 기간 경과에 따라 증가시키고 해당 증가금액은 차입원가로 인식한다.
③ 어떤 의무에 대하여 제3자와 연대하여 의무를 지는 경우에 이행하여야 하는 전체 의무 중에서 제3자가 이행할 것으로 예상되는 부분에 한하여 우발부채로 처리한다.
④ 손실부담계약을 체결하고 있는 경우에는 관련된 현재의무를 충당부채로 인식하고 측정한다.
⑤ 충당부채를 결제하기 위하여 필요한 지출액의 일부 또는 전부를 제3자가 변제할 것이 예상되는 경우 기업이 의무를 이행한다면 변제를 받을 것이 거의 확실하게 되는 때에 한하여 변제금액을 인식하고 별도의 자산으로 회계처리한다.

내비게이션
• 기업의 미래 행위(미래 사업행위)와 관계없이 존재하는 과거사건에서 생긴 의무만을 충당부채로 인식한다.

2. 충당부채와 우발부채에 관한 설명으로 옳지 않은 것은? [감평사기출]

① 제3자와 연대하여 의무를 지는 경우에는 이행할 전체 의무 중 제3자가 이행할 것으로 예상되는 부분을 우발부채로 인식한다.
② 충당부채로 인식되기 위해서는 과거사건의 결과로 현재의무가 존재하여야 한다.
③ 충당부채를 현재가치로 평가할 때 할인율은 부채의 특유한 위험과 화폐의 시간가치에 대한 현행 시장의 평가를 반영한 세전 이율을 적용한다.
④ 충당부채와 관련하여 포괄손익계산서에 인식한 비용은 제3자의 변제와 관련하여 인식한 금액과 상계하여 표시할 수 있다.
⑤ 과거에 우발부채로 처리하였다면 이후 충당부채의 인식조건을 충족하더라도 재무제표의 신뢰성 제고를 위해서 충당부채로 인식하지 않는다.

내비게이션
• 과거에 우발부채로 처리하였더라도 미래 경제적 효익의 유출 가능성이 높아진 경우에는 그러한 가능성의 변화가 생긴 기간의 재무제표에 충당부채로 인식한다.(신뢰성 있게 추정할 수 없는 극히 드문 경우는 제외)

3. 충당부채의 변동과 변제에 관한 설명으로 옳지 않은 것은? [세무사기출]

① 어떤 의무를 제삼자와 연대하여 부담하는 경우에 이행하여야 하는 전체 의무 중에서 제삼자가 이행할 것으로 예상되는 정도까지만 충당부채로 처리한다.
② 의무를 이행하기 위하여 경제적 효익이 있는 자원을 유출할 가능성이 높지 않게 된 경우에는 관련 충당부채를 환입한다.
③ 충당부채를 현재가치로 평가하여 표시하는 경우에는 장부금액을 기간 경과에 따라 증액하고 해당 증가 금액은 차입원가로 인식한다.
④ 충당부채를 결제하기 위하여 필요한 지출액의 일부나 전부를 제삼자가 변제할 것으로 예상되는 경우에는 기업이 의무를 이행한다면 변제를 받을 것이 거의 확실하게 되는 때에만 변제금액을 별도의 자산으로 인식하고 회계처리한다.
⑤ 보고기간 말마다 충당부채의 잔액을 검토하고, 보고기간 말 현재 최선의 추정치를 반영하여 조정한다.

내비게이션
• 제삼자와 연대하여 의무를 지는 경우에는 이행할 전체 의무 중 제삼자가 이행할 것으로 예상되는 부분을 우발부채로 처리한다.

서술형Correction연습

❒ 사전보험약정에 의해 보험회사가 대신하여 지급하는 부분이 있는 경우 동 금액을 기업의 전체 의무금액에서 제외한 순액을 충당부채로 계상한다.

➲ (X) : 충당부채는 상계한 순액이 아니라 총액으로 계상한다.

❒ 충당부채의 제3자에 의한 변제가 거의 확실한 경우에는 예상변제금액을 관련 충당부채에서 차감하는 형식으로 표시하며 관련 충당부채의 금액을 초과하는 경우에는 동 초과액을 자산으로 인식한다.

➲ (X) : 예상변제금액은 자산으로 인식하며 관련 충당부채 금액을 초과할 수 없다.

❒ 토지환경정화와 유전복구를 위해 각각 충당부채를 인식하였으나 토지환경정화에 대한 지출은 ₩500,000이 과소 발생하였고, 유전복구에 대한 지출은 ₩500,000이 과다 발생한 경우 토지환경정화와 관련된 충당부채를 유전복구지출에 사용할수 있다.

➲ (X) : 본래의 충당부채와 관련된 지출에만 그 충당부채를 사용한다. 당초에 다른 목적으로 인식된 충당부채를 그 목적이 아닌 지출에 사용하면 서로 다른 두 사건의 영향이 적절하게 표시되지 않는다.

Answer 1. ① 2. ⑤ 3. ①

시험중요도 ★★☆

기본이론 제121강 구조조정충당부채

<table>
<tr><td rowspan="6">개요</td><td>구조조정 정의</td><td>• 구조조정은 경영진의 계획과 통제에 따라 사업의 범위 또는 사업수행방식을 중요하게 변화시키는 일련의 절차를 말함.</td></tr>
<tr><td>구조조정 사건</td><td>❖구조조정의 정의에 해당할 수 있는 사건의 예는 다음과 같음.
① 일부사업의 매각·폐쇄
② 특정국가(특정지역) 소재 사업체를 폐쇄하거나 다른나라(다른지역)로 이전
③ 특정 경영진 계층을 조직에서 없애는 등과 같은 경영(조직)의 변경
④ 영업의 성격·목적에 중대한 변화를 초래하는 근본적인 사업구조조정</td></tr>
<tr><td>의제의무 발생요건</td><td>❖구조조정에 대한 의제의무는 다음 요건을 모두 충족하는 경우에만 발생됨.
① 구조조정에 대한 공식적·구체적인 계획에 의하여 적어도 아래에 열거하는 내용을 모두 확인할 수 있어야 함.
- 구조조정대상 사업, 구조조정 영향을 받는 주사업장소재지
- 해고에 따른 보상을 받게 될 것으로 예상되는 종업원의 근무지, 역할, 인원
- 구조조정에 소요되는 지출, 구조조정계획의 이행시기
② 구조조정계획의 이행에 착수하였거나 주요내용을 공표함으로써 영향을 받을 당사자가 기업이 구조조정을 이행할 것이라는 정당한 기대를 가져야함.
➡∴보고기간말 전에 경영진 또는 이사회가 구조조정계획을 수립하였더라도 보고기간말 전에 일정사건(위 '②')이 발생하지 아니하였다면 보고기간말에 의제의무가 발생하지 아니한 것으로 봄.
보론 구조조정계획의 이행에 착수한 증거로 볼수 있는 사례
□ 공장 철거, 자산매각, 구조조정계획에 관한 주요내용의 공표등</td></tr>
<tr><td>사업매각 구조조정</td><td>• 기업이 매각의 이행을 확약하기 전까지, 즉 구속력 있는 매각약정을 체결하기 전에는 사업매각과 관련된 의무가 발생하지 아니함.</td></tr>
<tr><td>보고기간후사건 공시</td><td>• 보고기간말후에 구조조정계획의 이행을 시작하거나 그러한 구조조정으로 영향을 받는 당사자에게 구조조정의 주요내용을 공표한 경우에는, 당해 구조조정이 중요하며 공시하지 않을 경우 재무제표에 기초하여 이루어지는 이용자의 경제적 의사결정에 영향을 미칠수 있다면 '보고기간후사건'에 따라 공시함.</td></tr>
<tr><td colspan="2"></td></tr>
<tr><td rowspan="2">충당부채 포함여부</td><td>포함가능 지출</td><td>❖구조조정충당부채로 인식할수 있는 지출은 구조조정과 관련하여 직접 발생하여야 하고 다음의 요건을 모두 충족하여야 함.
① 구조조정과 관련하여 필수적으로 발생하는 지출
② 기업의 계속적인 활동과 관련 없는 지출</td></tr>
<tr><td>포함불가 지출</td><td>❖다음과 관련하여 발생하는 지출은 구조조정충당부채에 포함하지 아니함.
① 계속 근무하는 종업원에 대한 교육 훈련과 재배치
② 마케팅
③ 새로운 제도와 물류체제의 구축에 대한 투자</td></tr>
</table>

→주의 ① 구조조정을 완료하는 날까지 발생 예상되는 영업손실은 충당부채로 인식하지 아니함.
→단, 손실부담계약과 관련된 예상영업손실은 충당부채로 인식함.

말장난 구조조정을 완료하는 날까지 발생할 것으로 예상되는 영업손실은 충당부채로 인식하지 아니하며, 손실부담계약과 관련된 예상영업손실도 충당부채로 인식하지 아니한다(X)

② 구조조정의 일환으로 자산의 매각을 계획하는 경우라도 구조조정과 관련된 자산의 예상처분이익은 구조조정충당부채를 측정하는데 반영하지 아니함.

FINAL 객관식뽀개기 | 실전적중문제

1. ㈜합격은 20×1년말 현재 다음과 같은 사항에 대한 회계처리를 고심하고 있다.

> (가) 20x1년 12월 15일에 이사회에서 회사의 조직구조 개편을 포함한 구조조정계획이 수립되었으며, 이를 수행하는데 ₩250,000의 비용이 발생할 것으로 추정하였다. 그러나 20x1년말까지 회사는 동 구조조정계획에 착수하지 않았다.
> (나) 회사는 경쟁업체가 제기한 특허권 무단 사용에 대한 소송에 제소되어 있다. 만약 동 소송에서 패소한다면 ㈜합격이 배상하여야 하는 손해배상금액은 ₩100,000으로 추정된다. ㈜합격의 자문 법무법인에 따르면 이러한 손해배상이 발생할 가능성은 높지 않다고 한다.
> (다) 회사가 사용중인 공장 구축물의 내용연수가 종료되면 이를 철거하고 구축물이 정착되어 있던 토지를 원상으로 회복하여야 한다. 복구비용은 ₩200,000으로 추정되며 그 현재가치 금액은 ₩140,000이다.
> (라) 회사가 판매한 제품에 제조상 결함이 발견되어 이에 대한 보증 비용이 ₩200,000으로 예상되고, 그 지출 가능성이 높다. 한편, 회사는 동 예상비용을 보험사에 청구하였으며 50%만큼 변제받기로 하였다.

㈜합격이 20x1년말 재무상태표에 계상하여야 할 충당부채의 금액은 얼마인가? 단, 위에서 제시된 금액은 모두 신뢰성 있게 측정되었다.

① ₩240,000 ② ₩340,000 ③ ₩440,000
④ ₩590,000 ⑤ ₩690,000

내비게이션

- (가) : 구조조정계획의 실행에 착수하였거나 구조조정의 주요내용을 공표함으로써 구조조정의 영향을 받을 당사자가 기업이 구조조정을 실행할 것이라는 정당한 기대를 갖게한다는 의제의무발생요건을 충족하지 않는다.
  (나) : 해당 의무를 이행하기 위하여 경제적효익이 있는 자원을 유출할 가능성이 높아야 한다는 충당부채의 인식요건을 충족하지 않는다.
  (다) : 현재가치 140,000을 복구충당부채로 인식한다.
  (라) : 총액 200,000을 제품보증충당부채로 인식하며, 제3자 변제액은 별도의 자산으로 회계처리하고 충당부채에서 차감하지 않는다.

∴140,000+200,000=340,000

2. 결산일이 12월 31일인 ㈜합격은 비누제품 사업부를 폐쇄하기로 결정하고 20x1년 12월 20일 이사회에서 구조조정계획을 승인한 후 주요 내용을 구체적으로 공표하였다. 구조조정과 관련하여 예상되는 지출이나 손실은 다음과 같다. ㈜합격이 20x1년 구조조정충당부채로 인식할 금액은 얼마인가?

> (1) 해고직원들의 퇴직금 : ₩3,000,000
> (2) 구조조정 완료시까지 예상되는 영업손실(손실부담계약과 관련되지 아니함) : ₩2,000,000
> (3) 구조조정 관련 자산 예상처분이익 : ₩700,000

① ₩700,000 ② ₩2,000,000 ③ ₩3,000,000
④ ₩3,700,000 ⑤ ₩5,700,000

내비게이션

- 구조조정을 완료하는 날까지 발생 예상되는 영업손실은 충당부채로 인식하지 아니한다.
- 구조조정의 일환으로 자산의 매각을 계획하는 경우라도 구조조정과 관련된 자산의 예상처분이익은 구조조정충당부채를 측정하는데 반영하지 아니한다.

∴해고직원들의 퇴직금만이 충당부채이다.

3. 다음 중 충당부채와 관련하여 구조조정에 대한 설명이다. 가장 타당한 것은?

① 20x1년 12월 31일 한 사업부를 폐쇄하기로 결정 및 공표하였으나 12월 31일까지 폐쇄와 관련된 지출이나 구체적인 실행시기에 대해서는 계획을 확정하지 못한 경우에도 20x1년말 재무제표에 관련 충당부채를 인식한다.
② 계속 근무하는 종업원에 대한 교육 훈련과 재배치 원가도 구조조정충당부채로 인식한다.
③ 구조조정을 완료하는 날까지 생길 것으로 예상되는 영업손실은 충당부채로 인식하지 아니하며, 손실부담계약과 관련된 예상 영업손실도 충당부채로 인식하지 아니한다.
④ 기업이 매각의 이행을 확약할 때까지, 즉 구속력 있는 매각약정을 체결할 때까지는 사업매각과 관련된 의무가 생기지 않는다.
⑤ 구조조정에 대한 의제의무는 구조조정에 대한 구체적인 공식 계획을 가지고 있는 경우에 생긴다.

내비게이션

- ① 의무발생사건이 없으므로 현재의무가 없다. 따라서, 충당부채는 인식하지 않는다.
  ② 구조조정충당부채에 포함하지 아니한다.
  ③ 손실부담계약과 관련된 예상영업손실은 충당부채로 인식한다.
  ⑤ 추가적으로 착수·공표로 정당한기대의 발생 요건이 필요하다.

Answer 1. ② 2. ③ 3. ④

시험중요도 ★★★

기본이론 제122강 제품보증충당부채(보증구매선택권없는 확신유형)

<table>
<tr><td rowspan="3">개요</td><td>당기매출분 보증비 발생시</td><td>(차) 제품보증비 100 (대) 현금 100</td></tr>
<tr><td>결산시
(추정보증비 ₩300)</td><td>(차) 제품보증비 200 (대) 제품보증충당부채 200
➡이미 인식분 100을 차감하여 제품보증충당부채 계상</td></tr>
<tr><td>차기 보증비 ₩500 발생시</td><td>(차) 제품보증충당부채 200 (대) 현금 500
제품보증비 300
➡if, 실제보증비 없이 유효기간경과시는 제품보증충당부채잔액을 환입</td></tr>
</table>

세부고찰 I

사례 제품보증충당부채 잔액 계산

✪ 다음은 20x1년 영업을 개시하고, 판매한 제품에 대해 3년간 품질보증정책을 채택하고 있는 ㈜역전의 명수의 제품보증 관련 자료이다. 20x3년말 제품보증충당부채 잔액은 얼마인가?

(1) 제품보증비는 판매후 1차년도에는 매출액의 2%, 판매후 2차년도에는 매출액의 3%, 판매후 3차년도에는 매출액의 4%가 발생할 것으로 예상한다.
(2) 20x1년, 20x2년, 20x3년 매출액은 각각 ₩1,350,000, ₩1,950,000, ₩2,250,000이며, 20x1년, 20x2년, 20x3년 보증비지출액은 각각 ₩97,500, ₩150,000, ₩187,500이다.

- (1,350,000+1,950,000+2,250,000)×9%-(97,500+150,000+187,500)=64,500

세부고찰 II

사례 제품보증충당부채 회계처리

✪ ㈜아침마담은 판매일로부터 1년간 제품보증정책을 사용하고 있다. 보증비는 매출액의 3%로 예측함. 각 회계연도의 매출액과 실제제품보증비용발생액이 다음과 같을때, 회계처리를 하라.

		20x1년	20x2년
매출액		₩1,000,000	₩1,500,000
제품보증비발생액	20x1년도분	₩15,000	₩12,000
	20x2년도분	-	₩22,000

		회계처리
20x1년	매출시	(차) 현금 1,000,000 (대) 매출 1,000,000
	보증시	(차) 제품보증비 15,000 (대) 현금 15,000
	결산시	(차) 제품보증비 15,000 (대) 제품보증충당부채 15,000[1]
20x2년	매출시	(차) 현금 1,500,000 (대) 매출 1,500,000
	보증시	(차) 제품보증충당부채 12,000 (대) 현금 34,000 제품보증비 22,000
	결산시	(차) 제품보증충당부채 3,000 (대) 제품보증충당부채환입 3,000[2] (차) 제품보증비 23,000 (대) 제품보증충당부채 23,000[3]

[1] 1,000,000×3%-15,000=15,000
[2] 15,000-12,000=3,000(보증종료)
[3] 1,500,000×3%-22,000=23,000

저자주 환입 3,000을 인식하지 않는 회계처리를 하는 경우 보증시에 충당부채를 15,000감소시키고, 제품보증비로 19,000을 계상해도 무방합니다!

FINAL 객관식뽀개기 실전적중문제

1. 전자제품의 제조 및 판매를 목적으로 20x1년에 설립된 ㈜관세는 20x1년과 20x2년에 각각 ₩200,000과 ₩300,000의 매출액(3년 간 무상수리 조건임)을 인식하였다. ㈜관세는 매출액의 5%를 품질보증비용으로 추정하고 있다. ㈜관세가 판매한 제품의 품질보증(무상수리)을 위해 20x1년과 20x2년에 각각 ₩3,000과 ₩6,000을 지출하였을 때, 제품매출과 관련하여 ㈜관세가 20x2년에 인식할 품질보증비용은?(단, 상기 품질보증은 확신 유형의 보증으로서 보증활동 자체가 제품판매와 구분되는 수익창출활동은 아니다. 또한 충당부채의 측정시 화폐의 시간가치는 고려하지 않는다.)

[관세사기출]

① ₩6,000 ② ₩11,000 ③ ₩15,000
④ ₩16,000 ⑤ ₩17,000

내비게이션

• 회계처리

20x1년	(차) 보증비	3,000	(대) 현금	3,000
	(차) 보증비	7,000	(대) 제보충	7,000[1]
20x2년	(차) 제보충	6,000	(대) 현금	6,000
	(차) 보증비	15,000	(대) 제보충	15,000[2]

[1] 200,000×5%-3,000=7,000

[2] 제보충설정 총액 : 500,000×5%=25,000
실제발생액 : (3,000+6,000=9,000)
제보충잔액 : (7,000-6,000=1,000)
기말제보충설정액 15,000

∴20x2년 보증비용 : 15,000(설정액)

2. ㈜감평은 제품 구입후 1년 이내에 발생하는 제품의 결함에 대하여 제품보증을 실시하고 있다. 20x1년에 판매된 제품에 대하여 중요하지 않은 결함이 발생한다면 ₩50,000의 수리비용이 발생하고, 치명적인 결함이 발생하면 ₩200,000의 수리비용이 발생한다. 과거경험률에 따르면 70%는 결함이 없으며, 20%는 중요하지 않은 결함이 발생하며, 10%는 치명적인 결함이 발생한다고 할 때 20x1년말에 제품보증충당부채로 인식할 금액은? (단, 20x1년말까지 발생한 수리비용은 없다.)

[감평사기출]

① ₩10,000 ② ₩20,000 ③ ₩30,000
④ ₩200,000 ⑤ ₩250,000

내비게이션

• 충당부채의 기댓값 : 0×70%+50,000×20%+200,000×10%=30,000

3. ㈜세무는 20x1년부터 판매한 제품의 결함에 대해 1년간 무상보증을 해주고 있으며, 판매한 제품 중 5%의 보증요청이 있을 것으로 예상한다. 개당 보증비용은 20x1년말과 20x2년말에 각각 ₩1,200과 ₩1,500으로 추정되었다. 판매량과 보증비용 지출액에 관한 자료가 다음과 같을 때, 20x2년말 재무상태표에 표시할 제품보증충당부채는? (단, 모든 보증활동은 현금지출로 이루어진다.)

[세무사기출]

연도	판매량	보증비용 지출액
20x1년	600개	₩15,000
20x2년	800개	₩17,000(전기 판매분) ₩30,000(당기 판매분)

① ₩26,000 ② ₩30,000 ③ ₩34,000
④ ₩37,500 ⑤ ₩40,500

내비게이션

• 20x1년말 제품보증충당부채 : (600개×@1,200)×5%-15,000=21,000

• 20x2년 회계처리

(차) 제품보증충당부채	17,000	(대) 현금	47,000
제품보증비	30,000		
(차) 제품보증충당부채	4,000	(대) 제품보증충당부채환입	4,000
(차) 제품보증비	30,000	(대) 제품보증충당부채	30,000[1]

[1] (800개×@1,500)×5%-30,000=30,000

보론 제품보증과 거래가격 배분

1 보증의무의 처리

구매선택권이 있는 경우*)	거래가격을 배분	
구매선택권이 없는 경우	확신유형	제품보증충당부채 인식
	용역유형	거래가격을 배분

*) 회사는 고객에게 보증을 대가를 받고 판매한 것이므로 수행의무는 제품인도와 보증용역제공으로 구분되며 거래가격을 개별거래가격을 기초로 배분하여 각각의 수행의무를 이행할 때 수익을 인식한다.

2 거래가격을 배분한 경우 회계처리

보증용역에 배분된 대가는 수행의무가 이행될 때까지 계약부채로 인식하며, 보증용역에 대한 수행의무가 이행될 때 보증용역수익을 인식함.(이 경우 발생한 원가는 보증용역수익에 대응되는 비용으로 인식함)

제품판매	(차) 현금	xxx	(대) 제품매출	xxx
			계약부채	xxx
용역제공	(차) 계약부채	xxx	(대) 용역수익	xxx
	(차) 용역원가	xxx	(대) 현금	xxx

Answer 1. ③ 2. ③ 3. ②

시험중요도 ★★☆

기본이론 제123강 경품충당부채

<table>
<tr><td rowspan="5">개요</td><td>거래형태</td><td colspan="2">• 재화판매시 고객에게 경품권(쿠폰)을 제공하고 경품권을 제시(회수)하는 경우 경품과 교환하여 주는 구매인센티브 및 판매촉진 형태</td></tr>
<tr><td rowspan="4">회계처리</td><td>경품구입시</td><td>(차) 경품 500 (대) 현금 500
➡경품은 유동자산(소모품) 처리함.</td></tr>
<tr><td>당기 경품권 회수시</td><td>(차) 경품비 100 (대) 경품 100</td></tr>
<tr><td>보고기간말</td><td>(차) 경품비 200 (대) 경품충당부채 200
➡추정경품비가 300인 경우로 이미 인식분 100을 차감하여 계상함.</td></tr>
<tr><td>차기 경품권 회수시</td><td>(차) 경품충당부채 100 (대) 경품 100
➡경품제공의무가 종료된 경우는 경품충당부채잔액을 환입함.</td></tr>
</table>

세부고찰

사례 현금회수가 없는 경우

◎ ㈜합격은 화장품 1단위 판매시마다 경품권(쿠폰)을 1장씩 지급한다. 20x1년 총판매수량은 70,000개이며, 경품권회수율은 60%로 예상하고 있다. 경품권 5장에 대해 원가 @100인 경품을 지급한다. 당해 보고기간말까지 회수된 경품권이 20,000장일때 보고기간말 계상할 경품충당부채는?

•[(70,000장×60%)÷5×@100]-[(20,000장÷5)×@100]=440,000

사례 현금회수가 있는 경우

◎ ㈜합격은 20x1년 경품권의 무상제공을 시작하였다. 관련자료가 다음과 같을 때 20x1년말 인식해야 할 경품충당부채를 구하면 얼마인가?

(1) ㈜합격은 무상제공한 경품권을 제시하는 고객에게 회사의 상품을 판매가보다 저렴한 가격에 판매하는 행사를 하고있다.
(2) ㈜합격은 20x1년 총 1,000장의 경품권을 고객에게 제공하였으며, ㈜합격은 경품권의 회수율을 80%로 예상하고 있다.
(3) ㈜합격은 고객이 제시하는 경품권 10장에 대하여 원가 ₩4,000(판매가 ₩6,000)인 ㈜합격의 상품을 ₩3,000에 판매한다.
(4) 20x1년 제공된 경품권은 20x1년에 500장, 20x2년에 200장이 회수되었다.
(5) 20x1년에 제공한 경품권 행사는 20x2년에 종료되었으며, 20x2년에 제공한 경품권은 없다.

•경품충당부채 총예상액 : 1,000장×80%÷10×(@4,000-@3,000)=80,000
•20x1년말 경품충당부채 : 80,000-[500장÷10×(@4,000-@3,000)]=30,000

<table>
<tr><td>20x1년
경품회수시</td><td>(차) 현금
경품비</td><td>150,000[1)]
50,000[3)]</td><td>(대) 상품</td><td>200,000[2)]</td></tr>
<tr><td>20x1년말</td><td>(차) 경품비</td><td>30,000</td><td>(대) 경품충당부채</td><td>30,000</td></tr>
<tr><td>20x2년
경품회수시</td><td>(차) 현금
경품충당부채</td><td>60,000[4)]
20,000[6)]</td><td>(대) 상품</td><td>80,000[5)]</td></tr>
<tr><td>20x2년말</td><td>(차) 경품충당부채</td><td>10,000</td><td>(대) 경품충당부채환입</td><td>10,000</td></tr>
</table>

[1)] 500장÷10×@3,000=150,000
[2)] 500장÷10×@4,000=200,000
[3)] 500장÷10×(@4,000-@3,000)=50,000
[4)] 200장÷10×@3,000=60,000
[5)] 200장÷10×@4,000=80,000
[6)] 200장÷10×(@4,000-@3,000)=20,000

FINAL 객관식뽀개기 실전적중문제

1. ㈜한국은 제품 판매를 촉진하기 위하여 제품을 구입하는 고객에게 판매액 ₩1,000마다 1장씩의 경품권을 교부하고 있으며, 경품권 1장과 현금 ₩100을 가져오는 고객에게 경품용 제품 1개를 제공하고 있다. ㈜한국은 경품용 제품을 개당 ₩300에 구입하였으며, 교부한 경품권 중 60%가 회수될 것으로 추정하고 있다. 경품과 관련된 다음 자료를 이용하여 계산한 ㈜한국의 20x2년말 경품부채(경품충당부채) 잔액은? [감평사기출]

- 20x1년말 경품부채 : ₩120,000
- 20x2년 제품 매출액 : ₩2,400,000
- 20x2년 중 회수된 경품권 : 1,000장

① ₩108,000 ② ₩160,000 ③ ₩208,000
④ ₩288,000 ⑤ ₩408,000

내비게이션

- 단위당 순경품비용 : 300(제품)-100(현금)=200
- 20x2년 경품권 교부수 : 2,400,000÷1,000=2,400장
- 경품충당부채 총액 : 120,000(기초)+(2,400장×60%)×200=408,000

∴20x2년말 경품충당부채 잔액 : 408,000-기회수분(1,000장×200)=208,000

2. ㈜합격은 20x1년 1월 1일 판매 촉진을 위하여 상품 1상자마다 경품교환에 사용할 수 있는 쿠폰 2개씩을 동봉하였다. 경품의 매입원가는 ₩1,500이며, 경품청구를 위해서는 4개의 쿠폰과 ₩1,000의 현금을 제시하여야 한다. 20x1년 동안에 상품 10,000상자를 상자당 ₩2,000에 판매하였다. 회사의 과거 경험에 근거할 때 발행된 쿠폰의 40%가 회수될 것으로 추정되었으며, 이에 상당하는 양의 경품이 구매되었다. 20x1년 기간 중 총 500개의 경품이 쿠폰과 교환되었다. ㈜합격의 결산일이 12월 31일이라고 할 때 20x1년말 현재 보고할 경품충당부채는 얼마인가?

① ₩3,000,000 ② ₩2,250,000 ③ ₩937,500
④ ₩750,000 ⑤ ₩500,000

내비게이션

- 총 동봉한 쿠폰 : 10,000상자×2개=20,000개
- 총 회수예상 쿠폰 : 20,000개×40%=8,000개
- 20x1년 회수된 쿠폰 : 경품 500개×4=2,000개
- 20x1년말 미회수된 쿠폰 : 8,000개-2,000개=6,000개

∴(6,000개÷4)×(@1,500-@1,000)=750,000

3. 합격백화점은 20x1년도 6월1일부터 9월30일까지의 기간 중에 판매된 제품에 대해서는 매출액 ₩10,000당 경품권 1매씩을 제공하고, 20x1년 10월 1일부터 6개월 동안 이 경품권 20매를 제시하는 고객에게 식기 1세트를 교환해 주고 있다. 합격백화점은 경품에 해당하는 식기를 10,000세트 구입해 놓고 있으며, 1세트당 구입원가는 ₩3,000이다. 합격백화점은 경품비용에 대한 회계처리를 충당부채를 사용하는 발생주의에 의하여 행하고 있다. 경품제공과 관련된 자료가 다음과 같은 경우 20x1년도의 포괄손익계산서에 인식할 경품비용과 재무상태표에 보고할 경품충당부채의 금액은 각각 얼마이겠는가?

(1) 제공 경품권의 총수량(20x1.6.1.~9.30) : 400,000매
(2) 경품권의 예상회수비율 : 60%
(3) 경품권의 실제회수량(20x1.10.1~12.31) : 160,000매
(4) 합격백화점의 결산일 : 12월 31일

	경품비용	경품충당부채
①	₩36,000,000	₩21,600,000
②	₩36,000,000	₩12,000,000
③	₩8,600,000	₩36,000,000
④	₩8,600,000	₩12,000,000
⑤	₩5,600,000	₩12,000,000

내비게이션

- 총 회수예상 경품권 : 400,000매×60%=240,000매
- 20x1년말 미회수된 경품권 : 240,000매-160,000매=80,000매
- [20x1년 실제 회수시 회계처리]

(차) 경품비 24,000,000[1] (대) 경품 24,000,000

[20x1년 보고기간말 회계처리]

(차) 경품비 12,000,000 (대) 경품충당부채 12,000,000[2]

[1](160,000매÷20매)×@3,000=24,000,000
[2](80,000매÷20매)×@3,000=12,000,000

∴경품비용 : 24,000,000+12,000,000=36,000,000
경품충당부채 : 12,000,000

Answer 1. ③ 2. ④ 3. ②

시험중요도 ★★☆

기본이론 제124강 자본 자본과 주식

자본의 의의	등식	• 자산총액 - 부채총액 = 자본(소유주지분, 주주지분, 자기자본, 순자산, 잔여지분)		
	특성	• 자산·부채의 평가결과에 따라 종속적으로 산출되는 잔여지분임.(별도로 측정불가) • 자본은 평가의 대상이 아님. ➡ ∴자본총액≠주식의 시가총액, 자기주식 시가평가배제		
자본의 분류	납입자본	자본금[*)]	• 보통주자본금, 우선주자본금	불입자본 (자본거래)
		자본잉여금	• 주식발행초과금, 감자차익, 자기주식처분이익	
		자본조정	• 주식할인발행차금, 감자차손, 자기주식처분손실, 자기주식	
	이익잉여금	• 이익 중 자본조정과 상계되거나 배당금 및 일반적립금으로 처분되지 않고 남아있는 이익		유보이익 (손익거래)
	기타	일반적립금 (기타이익잉여금)	• 법정적립금(이익준비금등), 임의적립금	
		기타포괄손익	• FVOCI금융자산평가손익, 해외사업환산손익 • 현금흐름위험회피파생상품평가손익, 재평가잉여금	

*)자본금=발행주식수×주당액면금액 ➡단, 무액면주식은 발행금액의 50% 이상을 자본금으로 함.

주식의 종류

보통주	• 주식을 발행할 때 기준이 되는 주식을 말함. ➡〈특징〉 의결권 / 배당청구권 / 신주인수권 / 미확정적 지위	
우선주	• 특정 사항에 관해서 보통주에 비하여 우선적인 권리가 부여된 주식을 말함. ➡〈특징〉 이익배당이나 잔여재산분배등에 우선권 / 무의결권	
이익배당 우선주	누적적우선주	• 미배당금액을 누적하여 지급
	비누적적우선주	• 누적되지 않는 우선주
	참가적우선주	• 동일 배당률로 지급후 잔여분은 재지급(완전참가/부분참가)
	비참가적우선주	• 위 잔여분에 참가불가 즉, 잔여분은 전부 보통주에 귀속

사례 보통주와 우선주 배당액 계산

✪ 당기 20x2년 현재 자본금 : 보통주(액면 5,000, 1200주 총 6,000,000), 우선주(6%)(액면5,000, 600주 총 3,000,000), 이월이익잉여금 3,000,000, 1,500,000 배당지급결의. 20x1년 설립된후 배당된 것은 없음.

구 분	우선주배당액	보통주배당액
비누적적, 비참가적	3,000,000×6%=180,000	1,500,000-180,000=1,320,000
비누적적, 완전참가적	3,000,000×6%=180,000〈당기분〉 960,000×3/9=320,000 〈잔여분〉	6,000,000×6%=360,000 960,000×6/9=640,000
누적적, 비참가적	3,000,000×6%=180,000〈1년누적〉 3,000,000×6%=180,000〈당기분〉	- 1,500,000-360,000=1,140,000
누적적, 완전참가적	3,000,000×6%=180,000〈1년누적〉 3,000,000×6%=180,000〈당기분〉 780,000×3/9=260,000 〈잔여분〉	- 6,000,000×6%=360,000 780,000×6/9=520,000
비누적적, 10%부분참가적	3,000,000×6%=180,000〈당기분〉 3,000,000×4%=120,000〈잔여분〉*)	6,000,000×6%=360,000 1,500,000-660,000=840,000
누적적, 10%부분참가적	3,000,000×6%=180,000〈1년누적〉 3,000,000×6%=180,000〈당기분〉 3,000,000×4%=120,000〈잔여분〉*)	- 6,000,000×6%=360,000 1,500,000-840,000=660,000

*)한도 : 완전참가 가정시 배당금

참고 배당관련 일반적인 지표

- 배당률 : 주당배당금÷주당액면금액
- 배당수익률 : 주당배당금÷주가
- 배당성향 : 주당배당금÷주당순이익

FINAL 객관식뽀개기 실전적중문제

1. 다음 ㈜관세의 20x1년 회계상 거래 중 발생시점에 자산과 부채가 동시에 증가하지 않는 것은? [관세사기출]

① 1월 1일 : 3년 만기인 액면금액 ₩10,000의 일반사채를 ₩11,000에 발행하였다.
② 2월 1일 : 액면금액 ₩5,000의 상품권을 발행하고 고객에게 상품권을 액면금액으로 현금판매하였다.
③ 4월 1일 : 금융기관에서 이자율 연 10%로 현금 ₩10,000을 차입하고 이자와 원금은 1년 후에 상환하기로 하였다.
④ 7월 1일 : 주당 액면금액 ₩100인 보통주 100주를 주당 ₩120에 발행하였다.
⑤ 9월 1일 : 건물을 구입하여 소유권이전등기를 마치고 사용을 시작했으며, 건물대금 ₩10,000은 20x2년 2월 1일에 거래상대방에 지급하기로 하였다.

내비게이션

• 주식의 발행은 자본을 증가시킨다.

①	(차)현금	11,000	(대)사채	10,000	→자산 · 부채증가
			사할증	1,000	
②	(차)현금	5,000	(대)선수금	5,000	→자산 · 부채증가
③	(차)현금	10,000	(대)단기차입금	10,000	→자산 · 부채증가
④	(차)현금	12,000	(대)자본금	10,000	→자산 · 자본증가
			주발초	2,000	
⑤	(차)건물	10,000	(대)미지급금	10,000	→자산 · 부채증가

2. 자본에 관한 설명으로 옳지 않은 것은? [관세사기출]

① 자본금은 발행된 주식의 액면금액 합계를 의미하므로, 기업이 무액면주식을 발행하는 경우 자본금의 변동은 없다.
② 자본총액은 그 기업이 발행한 주식의 시가총액 또는 순자산을 나누어서 처분하거나 기업 전체로 처분할 때 받을 수 있는 대가와 일치하지 않는 것이 일반적이다.
③ 자본은 기업의 자산에서 모든 부채를 차감한 후의 잔여지분이다.
④ 무상증자나 무상감자(형식적 감자)가 있는 경우 원칙적으로 기업의 자본총계는 변하지 않는다.
⑤ 자본은 자산 및 부채와 함께 재무상태의 측정에 직접 관련되는 요소이다.

내비게이션

• 무액면주식의 경우 발행금액의 50%이상을 자본금으로 하므로 자본금이 증가한다.

예 무액면주식 100주를 주당 ₩100에 발행하였고, 이사회에서 자본금을 발행금액의 60%로 하기로 한 경우

(차) 현금	10,000	(대) 자본금	6,000
		주식발행초과금	4,000

3. ㈜한국의 20x1년초 재무상태표에 보고된 자본은 다음과 같이 구성되어 있다.

	20x1년초
자본금	₩10,000,000
주식발행초과금	₩4,000,000
자기주식처분이익	₩25,000
자기주식	(₩300,000)
이익준비금	₩2,000,000
미처분이익잉여금	₩6,000,000
자본총계	₩21,725,000

㈜한국은 20x1년 6월 7일 보유하고 있던 자기주식 전부를 ₩260,000에 처분하였다. ㈜한국의 20x1년도 당기순이익과 총포괄이익이 각각 ₩800,000, ₩920,000일 때 20x1년말 재무상태표에 보고할 자본총계는 얼마인가? (단, 자기주식은 원가법으로 회계처리하였다.) [관세사기출]

① ₩22,605,000 ② ₩22,880,000 ③ ₩22,905,000
④ ₩22,920,000 ⑤ ₩23,220,000

내비게이션

• 자기주식 처분으로 인한 자본증가 : 260,000

(차) 현금	260,000	(대) 자기주식	300,000
자기주식처분이익	25,000		
자기주식처분손실	15,000		

→위 회계처리에 대하여는 후술함!

• 기타포괄이익 증가 : 920,000-800,000=120,000

∴20x1년말 자본총계 : 21,725,000+260,000+120,000+800,000
=22,905,000

Answer 1. ④ 2. ① 3. ③

시험중요도 ★★☆

기본이론 제125강 이익배당우선주

세부고찰 I

사례 상황별 우선주배당액 계산

✪20x3년 12월 31일 현재 A사, B사, C사의 자본금과 관련된 내용은 다음과 같다. 주주총회에서 A사, B사, C사는 각각 ₩1,350,000씩의 배당금 지급을 결의하였다. 우선주에 대한 배당금을 지급할 경우 그 금액이 큰 회사부터 작은 회사의 순서로 나열하라.

	A사	B사	C사
보통주 (발행주식수) (액면금액)	₩10,000,000 (2,000주) (₩5,000)	₩10,000,000 (2,000주) (₩5,000)	₩10,000,000 (2,000주) (₩5,000)
우선주 (발행주식수) (액면금액)	₩5,000,000 (1,000주) (₩5,000)	₩5,000,000 (1,000주) (₩5,000)	₩5,000,000 (1,000주) (₩5,000)
우선주 배당률	5%	5%	5%
우선주의 종류	- 완전참가적	- 누적적 (20x1년도 분과 20x2년도 분의 배당금 연체) - 비참가적	- 누적적 (20x2년도 분의 배당금 연체) - 7% 부분참가적

- A사 우선주배당금
  - 5,000,000×5%+(1,350,000−750,000)×1/3=450,000
- B사 우선주배당금
  - 5,000,000×5%×2년+5,000,000×5%=750,000
- C사 우선주배당금
  - 5,000,000×5%+5,000,000×5%+5,000,000×2%=600,000

  →∴우선주배당금 크기 : B사 〉 C사 〉 A사

세부고찰 II

사례 부분참가적 우선주의 배당한도

✪20x1년 1월 1일에 주식을 발행하고 영업을 개시한 ㈜만만치않아의 20x3년 12월 31일 현재 재무상태표상 보통주자본금과 우선주자본금은 각각 ₩5,000,000과 ₩3,000,000이고, 그 동안 자본금의 변동은 없었다. 보통주 및 우선주의 주당 액면금액은 ₩5,000으로 동일하며, 우선주는 배당률 3%의 누적적·부분참가적(6%까지) 주식이다. 영업을 개시한 이래 한 번도 배당을 실시하지 않은 ㈜만만치않아가 20x4년 1월에 총 ₩600,000의 현금배당을 선언하였다. 보통주와 우선주에 배분될 배당금은 각각 얼마인가?

구분	우선주배당액	보통주배당액
누적적, 6%부분참가적	3,000,000×3%×2=180,000〈2년누적〉 3,000,000×3%=90,000〈당기분〉 3,000,000×3%=90,000〈잔여분〉 →[한도] 180,000×3/8=67,500 ∴합계 : 337,500	- 5,000,000×3%=150,000 600,000−487,500=112,500 ∴합계 : 262,500

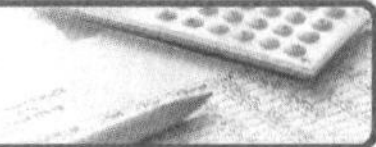

FINAL 객관식뽀개기 실전적중문제

1. 다음은 20x1년초에 설립한 ㈜독도의 20x2년말 현재 자본금과 관련한 정보이다. 설립 이후 20x2년말까지 자본금과 관련한 변동은 없었다.

> • 보통주자본금 : ₩100,000 (액면가액 @₩500, 발행주식수 200주)
> • 우선주자본금 : ₩25,000 (액면가액 @₩500, 발행주식수 50주)

㈜독도는 20x1년도에 현금배당이나 주식배당을 하지 않았으며 20x2년도에 ₩16,000의 현금배당 지급을 결의하였다. ㈜독도의 우선주 배당률은 10%이며 누적적 · 완전참가적 우선주라면 우선주와 보통주에 대한 배당금 지급액은 각각 얼마인가? [관세사기출]

	우선주 배당금	보통주 배당금
①	₩5,200	₩10,800
②	₩5,500	₩10,500
③	₩3,200	₩12,800
④	₩10,800	₩5,200
⑤	₩10,500	₩5,500

내비게이션

• 배당률에 따른 우선주 과년도 누적배당
 우선주배당금 : 25,000×10%=2,500
• 배당률에 따른 당기배당
 ㉠ 보통주배당금 : 100,000×10%=10,000
 ㉡ 우선주배당금 : 25,000×10%=2,500
 →잔여배당가능금액 : 16,000-(2,500+10,000+2,500)=1,000
• 잔여배당가능금액 배당
 ㉠ 보통주배당금 : 1,000×100,000/125,000=800
 ㉡ 우선주배당금 : 1,000×25,000/125,000=200
∴배당금 총액
 ㉠ 보통주 : 10,000+800=10,800
 ㉡ 우선주 : 2,500+2,500+200=5,200(또는 16,000-10,800=5,200)

2. 20x1년초 설립된 ㈜감평의 20x3년말 자본계정은 다음과 같으며, 설립 후 현재까지 자본금 변동은 없었다. 그동안 배당가능이익의 부족으로 어떠한 형태의 배당도 없었으나, 20x3년말 배당재원의 확보로 20x4년 3월 10일 정기 주주총회에서 ₩7,500,000의 현금배당을 선언할 예정이다. ㈜감평이 우선주에 배분할 배당금은? [감평사기출]

구분	액면금액	발행 주식수	자본금 총계	비고
보통주 자본금	₩5,000	12,000주	6천만원	배당률 3%
우선주 자본금	₩10,000	3,000주	3천만원	배당률 5% (누적적,완전참가적)

① ₩2,900,000 ② ₩3,900,000 ③ ₩4,500,000
④ ₩4,740,000 ⑤ ₩4,900,000

내비게이션

• 배당률에 따른 우선주 과년도 누적배당
 우선주배당금 : 30,000,000×5%×2년=3,000,000
• 배당률에 따른 당기배당
 ㉠ 보통주배당금 : 60,000,000×3%=1,800,000
 ㉡ 우선주배당금 : 30,000,000×5%=1,500,000
 →잔여배당가능금액 : 7,500,000-6,300,000=1,200,000
• 잔여배당가능금액 배당
 ㉠ 보통주배당금 : 1,200,000×60/90=800,000
 ㉡ 우선주배당금 : 1,200,000×30/90=400,000
∴배당금 총액
 ㉠ 보통주 : 1,800,000+800,000=2,600,000
 ㉡ 우선주 : 3,000,000+1,500,000+400,000=4,900,000

3. ㈜관세는 20x1년 1월 1일에 설립된 회사로 설립일 이후 자본금 변동은 없었으며, 20x3년 12월 31일 현재 보통주자본금과 우선주자본금 내역은 다음과 같다.

보통주(주당 액면금액 ₩5,000, 10주)	₩50,000
우선주(5% 배당률, 주당 액면금액 ₩5,000, 5주)	₩25,000
계	₩75,000

㈜관세가 20x3년 회계연도에 대한 정기주주총회(20x4년도 2월 15일 개최)에서 설립이후 처음으로 ₩10,000의 현금배당지급을 결의하였다면, 보통주 주주에게 배분될 현금배당금은?(단, 우선주는 비누적적/부분참가적(8%) 우선주를 가정하며, 계산 시 화폐금액은 소수점 첫째자리에서 반올림한다.) [관세사기출]

① ₩5,000 ② ₩6,250 ③ ₩6,667
④ ₩8,000 ⑤ ₩8,750

내비게이션

• 배당률에 따른 당기배당
 ㉠ 보통주배당금 : 50,000×5%=2,500
 ㉡ 우선주배당금 : 25,000×5%=1,250
 →잔여배당가능금액 : 10,000-(2,500+1,250)=6,250
• 잔여배당가능금액 배당
 ㉠ 우선주배당금 : 25,000×(8%-5%)=750
  →[한도] 6,250×25,000/75,000=2,083
 ㉡ 보통주배당금 : 6,250-750=5,500
∴배당금 총액
 ㉠ 보통주 : 2,500+5,500=8,000
 ㉡ 우선주 : 1,250+750=2,000

Answer 1. ① 2. ⑤ 3. ④

시험중요도 ★★★

기본이론 제126강 증자·감자와 자기주식(자본거래)

유상증자

❖주식발행

구분	회계처리	비고
할증발행	(차)현금 xxx (대)자본금(액면) xxx 주발초 xxx	• 주식발행초과금은 자본항목으로 표시하며, 주식할인발행차금은 부(-)의 자본항목으로 표시한후 이익잉여금으로 상각함.(3년이내 매기균등액) • 주식할인발행차금과 주식발행초과금은 발생순서에 관계없이 우선 서로 상계함.
할인발행	(차)현금 xxx (대)자본금(액면) xxx 주할차 xxx	
신주발행비 (직접관련원가)	• 주식발행금액에서 차감	• 액면·할인발행시 : 주식할인발행차금 증액 • 할증발행시 : 주식발행초과금 감액

참고 발행시 거래원가 중 해당거래가 없었다면 회피할 수 있고, 직접관련된 증분원가는 자본에서 차감함.

❖현물출자

차변	금액	대변	금액
(차) 자산(공정가치)	xxx	(대) 자본금(액면)	xxx
		주식발행초과금	xxx

무상증자

구분	내용
회사	• (차) 주식발행초과금(이익준비금) xxx (대) 자본금 xxx
주주	• 회계처리 없음.➡주식수만 증가하여 보유주식의 평균단가만 하락

유상감자(실질적감자)

구분	차변	금액	대변	금액
'감자대가>액면'인 경우	(차) 자본금(액면)	xxx	(대) 현금	xxx
	감자차손	xxx		
'감자대가<액면'인 경우	(차) 자본금(액면)	xxx	(대) 현금	xxx
			감자차익	xxx

➡감자차손은 부(-)의 자본항목으로 표시한후 이익잉여금으로 상각하며, 감자차익은 자본에 가산하여 표시함. 감자차손과 감자차익은 발생순서에 관계없이 서로 상계함.

무상감자(형식적감자)

차변	금액	대변	금액
(차) 자본금(액면)	xxx	(대) 이월결손금	xxx
		감자차익	xxx

주의 무상감자시에는 감자차손은 발생할수 없음.(∵자본금 이상으로 결손금보전은 불가)

자기주식

구분		
취득시	(차) 자기주식(취득원가) xxx (대) 현　　금 xxx	
재발행시	**재발행가 > 취득원가** (차)현금 xxx (대)자기주식 xxx 자기주식처분이익 xxx	**재발행가 < 취득원가** (차)현금 xxx (대)자기주식 xxx 자기주식처분손실 xxx
소각시	**액면금액 > 취득원가** (차)자본금(액면) xxx (대)자기주식 xxx 감자차익 xxx	**액면금액 < 취득원가** (차)자본금(액면) xxx (대)자기주식 xxx 감자차손 xxx
수증시	**취득시** - 회계처리 없음 -	**처분시** (차)현금 xxx (대)자기주식처분이익 xxx

➡취득시 자기주식은 취득원가로 기록하며, 자기주식은 부(-)의 자본항목으로 표시함.

➡자기주식처분손실은 부(-)의 자본항목으로 표시한후 이익잉여금으로 상각하며, 자기주식처분이익은 자본에 가산하여 표시함. 자기주식처분손실과 자기주식처분이익은 발생순서에 관계없이 서로 상계함.

고속철 **자기주식거래로인한 자본총계를 물으면?**
❒ 자기주식거래에 의한 자본총계증감액=자기주식거래에 의한 현금유출입액

FINAL 객관식뽀개기 실전적중문제

1. ㈜관세는 20x1년 1월 1일 보통주(액면금액 ₩5,000) 1,000주를 주당 ₩6,000에 발행하여 회사를 설립하고, 20x1년 7월 1일 보통주(액면금액 ₩5,000) 1,000주를 주당 ₩7,000에 발행하는 유상증자를 실시하였다. 설립과 유상증자 과정에서 주식발행이 없었다면 회피할 수 있고 해당 거래와 직접적으로 관련된 원가 ₩500,000과 간접적으로 관련된 원가 ₩200,000이 발생하였다. ㈜관세의 20x1년 12월 31일 재무상태표에 보고할 주식발행초과금은? [관세사기출]

① ₩2,000,000 ② ₩2,300,000 ③ ₩2,500,000
④ ₩2,800,000 ⑤ ₩3,000,000

내비게이션

• 20x1년말 주식발행초과금
설립시 주발초 : 1,000주×(6,000-5,000)=1,000,000
유상증자시 주발초 : 1,000주×(7,000-5,000)-500,000=1,500,000
2,500,000

2. ㈜서울은 전기까지 누적된 이월결손금 ₩2,000,000을 보전하기 위하여 무상감자(발행주식의 20%)를 실시하였다. ㈜서울의 발행주식수가 10,000주이고 주당 액면금액과 발행금액은 ₩5,000으로 동일하다. 이 거래가 ㈜서울의 자본에 미치는 영향으로 옳은 것은?(단, 감자차손 기초잔액은 없다.) [관세사기출]

① 납입자본이 ₩2,000,000 감소한다.
② 납입자본이 ₩10,000,000 감소한다.
③ 기타자본구성요소가 ₩8,000,000 증가한다.
④ 총자본이 ₩8,000,000 증가한다.
⑤ 자본금에 미치는 영향은 없다.

내비게이션

• 무상감자 회계처리
(차) 자본금 10,000,000[1) (대) 이월결손금(미처리결손금) 2,000,000
감자차익 8,000,000

[1) 10,000주×20%×5,000=10,000,000
• 납입자본(자본금/자본잉여금/자본조정)의 증감
감소 : 자본금 10,000,000, 증가 : 감자차익 8,000,000 → 2,000,000 감소
• 기타자본구성요소(이익잉여금/기타포괄손익)의 증감
증가 : 이월결손금 감소로 인한 이익잉여금 2,000,000 증가
• 총자본(납입자본/기타자본구성요소)의 증감
납입자본 2,000,000 감소, 기타자본구성요소 : 2,000,000 증가 → 불변

3. ㈜대한은 주당 액면금액 ₩5,000인 보통주 500주를 주당 ₩15,000에 발행하였다. 발행대금은 전액 당좌예금에 입금되었으며, 주식인쇄비 등 주식발행과 직접 관련된 비용 ₩500,000이 지급되었다. 유상증자 직전에 주식할인발행차금 미상각잔액 ₩800,000이 존재할 때, ㈜대한의 유상증자로 인한 자본의 증가액은 얼마인가? [세무사기출]

① ₩2,500,000 ② ₩4,500,000 ③ ₩6,200,000
④ ₩7,000,000 ⑤ ₩7,500,000

내비게이션

• 회계처리
(차) 현금 7,000,000[1) (대) 자본금 2,500,000[2)
주식할인발행차금 800,000
주식발행초과금 3,700,000

[1) 500주×15,000-500,000=7,000,000
[2) 500주×5,000=2,500,000
∴자본증가액 : 7,000,000

*고속철 유상증자 자본증감액 빨리구하기
• 유상증자시는 현금유입액(7,000,000) 만큼 자본이 증가함.

4. ㈜우진은 20x1년 2월에 자기주식 100주를 주당 ₩6,000에 취득하였으며, 3월에 자기주식 200주를 주당 ₩7,000에 취득하였다. 한편 4월에는 자기주식 100주를 특수관계자로부터 무상증여받았다. 이후 ㈜우진은 9월에 보유하고 있던 자기주식 중 200주를 주당 ₩5,500에 매각하였다. 처분한 자기주식의 단가를 총평균법으로 계산할 경우 ㈜우진이 인식해야 할 자기주식처분손익은 얼마인가? [세무사기출]

① 처분이익 ₩250,000 ② 처분이익 ₩300,000
③ 처분이익 ₩100,000 ④ 처분손실 ₩233,333
⑤ 처분손실 ₩100,000

내비게이션

• 회계처리

20x1년 2월	(차)자기주식	600,000[1)	(대)현금	600,000
20x1년 3월	(차)자기주식	1,400,000[2)	(대)현금	1,400,000
20x1년 4월	- 회계처리 없음 -			
20x1년 9월	(차)현금	1,100,000[3)	(대)자기주식 처분이익	1,000,000[4) 100,000

[1) 100주×6,000=600,000
[2) 200주×7,000=1,400,000
[3) 200주×5,500=1,100,000
[4) $200주\times\dfrac{600,000+1,400,000+0}{100주+200주+100주}=1,000,000$

Answer 1. ③ 2. ① 3. ④ 4. ③

시험중요도 ★★★

기본이론 제127강 자기주식거래

세부고찰 I

사례 자기주식거래 기본회계처리

㈜뽕의 20x1년 1월 1일 현재의 재무상태표에는 보통주 자본금(액면 ₩5,000) ₩50,000,000, 주식발행초과금 ₩20,000,000, 감자차익 ₩1,000,000, 자기주식처분이익 ₩200,000, 이익잉여금 ₩10,000,000이 각각 기록되어 있다. 자기주식거래는 다음과 같다. 20x1년말 계상되어 있는 자기주식은 얼마인가?

(1) 20x1년 1월 1,000주를 주당₩6,000에 현금으로 취득
(2) 20x1년 2월 300주를 소각
(3) 20x1년 4월 400주를 주당 ₩5,400에 처분
(4) 20x1년 7월 100주를 주당 ₩7,000에 처분
(5) 20x1년 9월 대주주로부터 공정가치 ₩8,000인 자기주식 50주를 증여받음

	회계처리	비고
1월	(차) 자기주식 6,000,000[1)] (대) 현금 6,000,000	1) 1,000주×@6,000
2월	(차) 자본금 1,500,000[3)] (대) 자기주식 1,800,000[2)] 감자차익 300,000	2) 300주×@6,000 3) 300주×@5,000
4월	(차) 현금 2,160,000[5)] (대) 자기주식 2,400,000[4)] 자기주식처분이익 200,000 자기주식처분손실 40,000	4) 400주×@6,000 5) 400주×@5,400
7월	(차) 현금 700,000[7)] (대) 자기주식 600,000[6)] 자기주식처분손실 40,000 자기주식처분이익 60,000	6) 100주×@6,000 7) 100주×@7,000
9월	- 회계처리 없음 -	-

→∴자기주식 잔액 : 6,000,000-1,800,000-2,400,000-600,000=1,200,000

세부고찰 II

사례 자기주식거래의 자본증감액 계산

다음은 20x1년의 ㈜굳럭의 자본거래내역이다. 당기말 자본총액에 미치는 영향은?

(1) 1. 25 : 자기주식 100주(액면₩100)를 주당 ₩200에 취득
(2) 2. 20 : 자기주식 50주를 주당 ₩250에 매각
(3) 3. 31 : 자본잉여금을 재원으로 200주를 무상증자
(4) 5. 25 : 위의 자기주식 중 나머지를 전액 소각
(5) 7. 1 : 우선주 100주(액면₩100)를 주당₩150에 발행
(6) 12.31 : 당기순이익으로 ₩100,000을 보고

고속철 '자기주식거래에 의한 자본총계증감액=자기주식거래에 의한 현금유출입액'

- 자기주식거래로 인한 자본변동
  - 자기주식취득 : 감소 100주×200=(20,000)
  - 자기주식매각 : 증가 50주×250=12,500
- 기타자본변동
  - 우선주발행 : 증가 100주×150=15,000
  - 순이익보고 : 증가 100,000=100,000

∴-20,000+12,500+15,000+100,000=107,500(증가)

FINAL 객관식뽀개기 — 실전적중문제

1. ㈜관세의 20x1년 발생 거래내역이다. 다음 거래의 결과로 증가되는 ㈜관세의 자본총액은? [관세사기출]

- 3월 10일 : 주당 액면금액 ₩1,000의 자기주식 100주를 주당 ₩3,000에 취득하였다.
- 6월 30일 : 3월 10일에 취득한 자기주식 중 50주를 주당 ₩3,600에 처분하였다.
- 10월 13일 : 3월 10일에 취득한 자기주식 중 50주를 소각하였다.
- 11월 30일 : 주당 액면금액 ₩1,000의 보통주 50주를 주당 ₩4,000에 발행하면서, 추가적으로 주식발행비 ₩35,000을 지출하였다.
- 12월 31일 : ₩200,000의 당기순이익과 ₩130,000의 기타포괄이익을 보고하였다.

① ₩260,000 ② ₩375,000 ③ ₩410,000
④ ₩710,000 ⑤ ₩1,010,000

내비게이션

- 회계처리

2월 10일	(차) 자기주식	300,000[1]	(대) 현금	300,000
6월 30일	(차) 현금	180,000[2]	(대) 자기주식	150,000[3]
			처분이익	30,000
10월 13일	(차) 자본금	50,000[4]	(대) 자기주식	150,000[5]
	감자차손	100,000		
11월 30일	(차) 현금	165,000[6]	(대) 자본금	50,000[7]
			주발초	115,000

[1] 100주×3,000=300,000 [2] 50주×3,600=250,000
[3] 50주×3,000=150,000 [4] 50주×1,000=50,000
[5] 50주×3,000=150,000 [6] 50주×4,000-35,000=165,000
[7] 50주×1,000=50,000

∴증가 자본총액 : ㉠+㉡=375,000

㉠ 자기주식 : -300,000+150,000+30,000-50,000-100,000+150,000 =-120,000

㉡ 기타거래 : (50,000+115,000)+(200,000+130,000)=495,000

*고속철 **자기주식거래 자본총액증감액 빨리구하기**
- 자기주식거래에 의한 현금유출입액과 동일함.
  →증감액 : -300,000+180,000=-120,000

2. 20x1년 1월 20일 자사가 발행한 보통주식 30주를 주당 ₩2,000에 취득하였다. 20x1년 4월 10일 자기주식 중 10주를 주당 ₩3,000에 매각한 후, 20x1년 5월 25일 나머지 20주를 주당 ₩500에 매각하였다. 20x1년도말 자본에 표시되는 자기주식처분손익은?(단, 20x1년 1월 1일 현재 자기주식과 자기주식처분손익은 없다고 가정한다.) [관세사기출]

① 손실 ₩30,000 ② 손실 ₩20,000 ③ ₩0
④ 이익 ₩20,000 ⑤ 이익 ₩30,000

내비게이션

- 4/10 처분손익 : 10주×(3,000-2,000)=10,000(처분이익)
- 5/25 회계처리

차변		대변	
(차) 현금	10,000[1]	(대) 자기주식	40,000[2]
처분이익	10,000		
처분손실	20,000		

[1] 20주×500=10,000 [2] 20주×2,000=40,000

3. ㈜감평은 1주당 액면금액이 ₩1,000인 보통주 10,000주를 발행한 상태에서 20x2년 중 다음과 같은 자기주식 거래가 있었다. 회사는 재발행된 자기주식의 원가를 선입선출법으로 측정하며, 20x2년 9월 1일 현재 자기주식처분손실 ₩25,000이 있다. 자기주식 거래 결과 20x2년 말 자기주식처분손익은? [감평사기출]

- 9월 1일 자기주식 500주를 1주당 ₩1,100에 취득하였다.
- 9월 15일 자기주식 300주를 1주당 ₩1,200에 취득하였다.
- 10월 1일 자기주식 400주를 1주당 ₩1,200에 재발행하였다.
- 10월 9일 자기주식 300주를 1주당 ₩1,050에 재발행하였다.

① 자기주식처분이익 ₩15,000
② 자기주식처분손실 ₩15,000
③ 자기주식처분이익 ₩20,000
④ 자기주식처분손실 ₩20,000
⑤ 자기주식처분손실 ₩25,000

내비게이션

- 회계처리

6월 30일	(차) 현금	480,000[1]	(대) 자기주식	440,000[2]
			처분손실	25,000
			처분이익	15,000
10월 13일	(차) 현금	315,000[3]	(대) 자기주식	350,000[4]
	처분이익	15,000		
	처분손실	20,000		

[1] 400주×1,200=480,000
[2] 400주×1,100=440,000
[3] 300주×1,050=315,000
[4] 100주×1,100+200주×1,200=350,000

서술형Correction연습

❐ 자기지분상품을 매입 또는 매도하거나 발행 또는 소각하는 경우의 손익은 당기손익으로 인식한다.

➲ (X) : 당기손익으로 인식하지 아니한다.

nswer 1. ② 2. ② 3. ④ 

시험중요도 ★★☆

기본이론 제128강 이익잉여금과 배당(손익거래)

일반적립금

법정적립금(=이익준비금)

- 이익배당액(금전배당과 현물배당)의 10%이상을 자본금 50%에 달할때까지 적립
  ➡자본전입이나 결손보존이외의 목적에는 사용불가

(차) 이익잉여금	xxx	(대) 이익준비금	xxx

임의적립금

- 배당평균적립금, 시설확장적립금, 감채적립금, 결손보전적립금등
  ➡임의적립금은 다시 이입되어 배당의 재원으로 사용가능함.

(차) 이익잉여금	xxx	(대) 임의적립금	xxx

•주의 이익잉여금처분은 보고기간 이후에 발생한 사건으로 주주총회일에 회계처리하므로, 보고기간말의 재무상태표상에 최종 계상되는 이익잉여금은 처분전이익잉여금임.

보론 이익준비금 최소적립액과 최대현금배당액 계산

이익준비금 최소적립액	• Min[① 현금배당×10% ② 자본금×50%-기적립액]
최대현금배당액*)	• 이월된이익잉여금+당기순이익=현금배당+현금배당×10%

*)중간배당이 있는 경우
→이월된이익잉여금-중간배당+당기순이익=현금배당+(현금배당+중간배당)×10%

배당

현금배당

배당기준일(보고기간말)	- 회계처리 없음 -			
배당선언일(주총결의일)	(차) 이월이익잉여금	xxx	(대) 미지급배당금(유동부채)	xxx
배당지급일	(차) 미지급배당금	xxx	(대) 현금	xxx

주식배당

- 배당가능한 이익잉여금을 자본전입하여 주식을 교부하는 것을 말함.

배당기준일(보고기간말)	- 회계처리 없음 -			
배당선언일(주총결의일)	(차) 이월이익잉여금	xxx	(대) 미교부주식배당금(자본)	xxx
배당지급일	(차) 미교부주식배당금	xxx	(대) 자본금	xxx

중간배당

- 현금배당(현물배당)만 가능하며, 이사회결의로 배당함. →•주의 주식배당은 불가!
  ➡중간배당도 이익준비금을 적립해야함.

중간배당일	(차) 중간배당액	xxx	(대) 현금	xxx
보고기간말	(차) 이월이익잉여금	xxx	(대) 중간배당액	xxx

보론 주식분할·주식병합 : 자본금/이익잉여금/총자본에 영향없음.

이익잉여금 처분

미처분이익잉여금(보고기간말)	• 전기이월분+재평가잉여금대체액+순이익-중간배당
처분가능이익잉여금(주주총회일)	• 보고기간말의 미처분이익잉여금+임의적립금이입액
처분순서	**[1순위]** 이익준비금등 법정적립금 적립액 **[2순위]** 주식할인발행차금, 자기주식처분손실, 감자차손 **[3순위]** 현금배당, 주식배당 **[4순위]** 임의적립금 적립액
미처리결손금 처리순서	**[1순위]** 임의적립금 **[2순위]** 법정적립금(이익준비금) **[3순위]** 자본잉여금

FINAL 객관식뽀개기 실전적중문제

1. ㈜관세의 20x1년 12월 31일 재무상태표에 표시된 이익잉여금은 ₩300,000으로 이에 대한 세부항목은 이익준비금 ₩30,000과 임의적립금 ₩60,000 그리고 미처분이익잉여금 ₩210,000이다. ㈜관세는 20x2년 2월 27일에 개최한 정기 주주총회에서 20x1년도 재무제표에 대해 다음과 같이 결산승인하였다.

• 임의적립금 이입액	:	₩20,000
• 이익준비금 적립액	:	₩10,000
• 자기주식처분손실 상각액	:	₩10,000
• 현금 배당액	:	₩100,000

㈜관세가 20x2년 2월 27일의 결산승인사항을 반영한 후 이익잉여금은?(단, 이익준비금은 자본금의 1/2에 미달한다고 가정한다.) [관세사기출]

① ₩180,000 ② ₩190,000 ③ ₩200,000
④ ₩210,000 ⑤ ₩220,000

내비게이션

• 임의적립금 이입(임의적립금 xxx / 이익잉여금 xxx)과 이익준비금 적립(이익잉여금 xxx / 이익준비금 xxx)은 이익잉여금에 변동이 없다.
∴300,000-10,000(자기주식처분손실상각)-100,000(현금배당)=190,000

2. 무상증자, 주식배당, 주식분할 및 주식병합 간의 비교로 옳지 않은 것은? [관세사기출]

① 무상증자, 주식배당 및 주식병합의 경우 총자본은 변하지 않지만 주식분할의 경우 총자본은 증가한다.
② 무상증자와 주식배당의 경우 자본금은 증가한다.
③ 주식배당과 주식분할의 경우 자본잉여금은 변하지 않는다.
④ 주식배당의 경우 이익잉여금이 감소하지만 주식분할의 경우 이익잉여금은 변하지 않는다.
⑤ 무상증자, 주식배당 및 주식분할의 경우 발행주식수가 증가하지만 주식병합의 경우 발행주식수가 감소한다.

내비게이션

• 주식배당 : 이익잉여금을 자본에 전입하고 주식교부
무상증자 : 이익잉여금이나 자본잉여금을 자본에 전입하고 주식교부
주식분할 : 예 1,000원의 주식 1주를 500원 주식 2주로 쪼개는 것
주식병합 : 예 500원의 주식 2주를 1,000원 주식 1주로 합치는 것
• 종합비교

구분	주식배당	무상증자	주식분할	주식병합
발행주식수	증가	증가	증가	감소
주당액면금액	불변	불변	감소	증가
총자본	불변	불변	불변	불변
자본금	증가	증가	불변	불변
자본잉여금	불변	감소가능	불변	불변
이익잉여금	감소	감소가능	불변	불변

3. ㈜관세의 자본에 관한 다음 자료에서 현금배당 용도로 사용할 수 없는 항목의 합계액은 얼마인가? [관세사기출]

• 결손보전적립금	₩100	• 재해손실적립금	₩150
• 주식발행초과금	₩200	• 사업확장적립금	₩450
• 이익준비금	₩500	• 감채적립금	₩600

① ₩500 ② ₩550 ③ ₩700
④ ₩800 ⑤ ₩850

내비게이션

• 자본잉여금(주식발행초과금)과 법정적립금(이익준비금)은 불가하다.

4. 다음은 서로 독립적인 거래들이다. 자본이 증가하는 것만으로 올바르게 짝지어진 것은? [관세사기출]

가. 주당 액면 ₩5,000인 주식을 주당 액면 ₩1,000인 주식 5주로 분할하였다.
나. 기존 주주들에게 10%의 주식배당을 실시하고 즉시 신주를 발행하여 교부하였다.
다. 주당 액면 ₩5,000인 주식 100주를 주당 ₩4,000에 할인발행하였다.
라. 주당 ₩200에 취득하여 보유하고 있던 자기주식 10주를 주당 ₩250에 처분하였다.
마. 수정전시산표 상에 ₩10,000으로 기록되어 있는 기타포괄손익-공정가치측정금융자산(지분상품)의 보고기간말 현재 공정가치는 ₩8,000이다.

① 가, 나 ② 가, 다 ③ 나, 다
④ 다, 라 ⑤ 라, 마

내비게이션

• 가,나 : 불변, 다,라 : 증가, 마 : 감소

서술형Correction연습

❐ 주식할인발행차금은 정액법으로 이익잉여금의 처분으로 상각한다.

➲ (X) : 정액법상각이 아니라 매기 균등액을 상각한다.

❐ 이익준비금은 금전배당의 10% 이상을 자본금의 50%에 달할 때까지 적립하여야 한다.

➲ (X) : 금전배당의 10% 이상(X) → 이익배당액의 10% 이상(O)

❐ 차기 정기주주총회에서의 배당선언액은 보고기간말에 회계처리한다.

➲ (X) : 보고기간말이 아니라 정기주주총회일에 회계처리한다.

Answer 1. ② 2. ① 3. ③ 4. ④

시험중요도 ★★☆

기본이론 제129강 상환우선주

구분		내용			
의의	❖미리 약정한 가격으로 상환할수 있는 선택권을 갖고 있는 우선주를 말함. ➡상환의무나 보유자가 상환청구권있으면 금융부채로, 그 외는 자본(지분상품)으로 분류				
지분상품 회계처리	발행시	(차) 현금	xxx	(대) 자본금	xxx
	배당시	(차) 이익잉여금	xxx	(대) 현금	xxx
	상환주식 취득시	(차) 자기주식	xxx	(대) 현금	xxx
	상환절차 완료시	(차) 이익잉여금	xxx	(대) 자기주식	xxx

금융부채 회계처리

❖누적적 우선주(의무배당) ⇒'전부 부채'

발행시	(차) 현금(상환액과 배당현가) 현재가치할인차금	xxx xxx	(대) 상환우선주(상환액)	xxx
결산시	(차) 이자비용	xxx	(대) 현금(배당금) 현재가치할인차금	xxx xxx

❖비누적적 우선주(재량배당) ⇒'복합금융상품(자본+부채)'

발행시	(차) 현금(상환액현가) 현재가치할인차금	xxx xxx	(대) 상환우선주(상환액)	xxx
결산시	(차) 이자비용	xxx	(대) 현재가치할인차금	xxx
배당시	(차) 이익잉여금	xxx	(대) 현금(배당금)	xxx

사례 상환우선주 회계처리

✪20x1년초 액면금액 주당 ₩500인 상환우선주 100주(연배당률은 액면금액의 5%, 매년말 지급, 3년후 상환)를 발행함. 상환시 주당 ₩600의 조건으로 상환해야함. 유효이자율은 10%. 10%, 3기간, 현가계수 : 0.751, 10%, 3기간, 연금현가계수 : 2.487

• 원금현가 : 100주×@600×0.751=45,060, 배당현가 : 100주×@500×5%×2.487=6,218 →합계=51,278

의무배당인 경우(누적적 우선주)				
(차) 현금 현재가치할인차금	51,278 8,722	(대) 상환우선주	60,000	1)51,278×10%=5,128
(차) 이자비용	5,128[1)]	(대) 현금 현재가치할인차금	2,500 2,628	

재량배당인 경우(비누적적 우선주)				
(차) 현금 현재가치할인차금	45,060 14,940	(대) 상환우선주	60,000	2)45,060×10%=4,506
(차) 이자비용	4,506[2)]	(대) 현재가치할인차금	4,506	
(차) 이익잉여금	2,500	(대) 현금	2,500	

FINAL 객관식뽀개기 실전적중문제

1. ㈜한국은 20x1년초 주당 액면금액이 ₩500인 우선주 1,000주를 발행하였고, 20x2년말 주당 ₩700에 상환하여야 한다. 동 우선주는 약정배당률이 액면금액의 5%인 비누적적 우선주이다. 우선주 발행시 유효이자율은 연 8%일 때, 동 우선주와 관련된 20x1년도 당기비용은?(단, ㈜한국은 20x1년말에 배당금을 지급하였으며, 연 8%, 2년 단일금액 ₩1의 현재가치는 0.8573이고, 2년 정상연금 ₩1의 현재가치는 1.7833이다.) [세무사기출]

① ₩25,000 ② ₩41,575 ③ ₩48,009
④ ₩51,575 ⑤ ₩73,009

• 상환우선주의 분류

보유자에게 상환청구권이 있는 경우(발행자에게 상환의무 있음)
❖금융부채로 분류 ㉠ 의무배당(누적적우선주) : 전부 부채 →이자비용 인식 ㉡ 재량배당(비누적적우선주) : 복합금융상품(자본+부채) →이자비용과 배당금(이익잉여금처분) 인식

그 외의 경우
❖자본(지분상품)으로 분류 →배당금(이익잉여금처분) 인식

• 원금(금융부채)의 현가 : 1,000주×700×0.8573=600,110
• 20x1년 당기비용(이자비용) : 600,110×8%=48,009

(차) 현금	600,100	(대) 상환우선주	700,000
현재가치할인차금	99,890		
(차) 이자비용	48,009	(대) 현재가치할인차금	48,009
(차) 이익잉여금	25,000[1]	(대) 현금	25,000

[1] 1,000주×500×5%=25,000

2. ㈜관세는 20x1년 1월 1일 상환우선주 100주(주당 액면금액 ₩500)를 액면발행하였다. ㈜관세는 상환우선주에 대한 상환의무가 없으며, 상환우선주 보유자는 상환청구권이 없다. ㈜관세는 기발행한 상환우선주 중 50주를 20x1년 12월 1일에 주당 ₩600에 취득하였다. 이러한 취득에 대한 분개에서 차변에 기록될 계정과목과 금액으로 옳은 것은? [관세사기출]

① 분개 없음
② 금융부채(상환우선주) 30,000
③ 자기주식(상환우선주) 30,000
④ 금융부채(상환우선주) 25,000, 금융부채상환손실 5,000
⑤ 자기주식(상환우선주) 25,000, 자기주식상환손실 5,000

내비게이션

• 지분상품으로 분류되므로 차변에 자기주식을 인식한다.

3. ㈜합격은 20x1년초에 20x4년초 주당 @5,200에 의무적으로 상환하여야하는 상환우선주 100주(액면금액 @5,000, 연 배당률 5%)를 발행하였으며, 20x1년말에 배당금을 지급하였다. 상환우선주의 유효이자율은 10%, 10% 3기간 현가계수는 0.7513, 연금현가계수는 2.4868이다. 동 상환우선주가 누적적우선주라고 할때 동 상환우선주와 관련하여 20x1년 당기손익에의 영향으로 옳은 것은?

① 손실 ₩39,067 ② 손실 ₩40,875 ③ 손실 ₩45,285
④ 손실 ₩50,784 ⑤ 손실 ₩62,364

내비게이션

• 발행금액 : 100주×@5,200×0.7513+100주×@5,000×5%×2.4868 =452,846
• 이자비용 : 452,846×10%=45,285

Answer 1. ③ 2. ③ 3. ③

시험중요도 ★★★

기본이론 제130강 금융자산 금융자산 범위·분류·인식

구분		내용
금융자산 범위	범위	① 현금과 다른 기업의 지분상품 ② 거래상대방에게서 현금 등 금융자산을 수취하기로 한 계약상 권리 ③ 잠재적으로 유리한 조건으로 금융자산이나 금융부채를 교환하기로 한 계약상 권리 ④ 과거 대가지급하고 그 대가로 수취할 자기지분상품(=주식)의 수량이 변동가능한 비파생상품 ⑤ 확정수량의 자기지분상품을 미래 확정금액의 현금 등 금융자산과 교환하여 결제하는 방법 외의 방법으로 결제하거나 결제할 수 있는 파생상품 저자주 위 ②~⑤는 거래상대방에게 금융부채를 발생시키므로 전술한 '금융부채'를 참조바랍니다.
	제외	• 실물자산(재고자산, 유형자산)과 무형자산 • 선급비용, 선급금, 계약에 의하지 않은 자산, 법인세관련 자산(이연법인세자산)

금융자산 분류시 고려사항

구분			
사업모형	의의	• 사업모형은 현금흐름을 창출하기 위해 금융자산을 관리하는 방식을 의미함.	
	구분	① 현금흐름수취목적	주의 만기까지 보유할 필요는 없음.
		② 현금흐름수취와 금융자산매도목적	주의 금융자산의 매도가 필수적임.
현금흐름특성	• 금융자산을 분류하기 위해서는 원리금지급만으로 구성되어 있는지를 판단해야함. ➡계약상 현금흐름이 원리금지급만으로 구성되는지는 금융자산의 표시통화로 평가함.		

참고 성격상 지분상품·파생상품은 사업모형이 없음 →∴금융자산 재분류가 불가능함.('후술')

금융자산 분류

❖[원칙] 사업모형과 현금흐름특성에 근거하여 다음과 같이 분류·측정함.

분류·측정	충족조건	해당증권
AC금융자산 (상각후원가측정)	① 현금흐름수취목적 사업모형일 것 ② 원리금지급만으로 구성된 현금흐름일 것	채무상품
FVOCI금융자산 (기타포괄손익-공정가치측정)	① 현금흐름수취와 금융자산매도목적 사업모형일 것 ② 원리금지급만으로 구성된 현금흐름일 것	채무상품
FVPL금융자산 (당기손익-공정가치측정)	그 외 모든 금융자산➡예 단기매매항목	지분상품, 채무상품

❖[선택] 최초인식시점에 다음과 같이 측정하기로 선택할수 있음.➡주의 선택시 이후에 취소불가함.

분류·측정	충족조건	해당증권
FVOCI금융자산	① 단기매매항목이 아닐 것 ② 사업결합에서 취득자가 인식하는 조건부대가가 아닐 것	지분상품
FVPL금융자산	회계불일치를 제거하거나 유의적으로 줄이기 위한 경우일 것	지분상품, 채무상품

금융자산 인식

구분		
최초인식	일반매입	• 금융자산은 금융상품의 계약당사자가 되는 때에만 F/P에 인식함.
	정형화된 매입*)	• 매매일(=매입약정일) 또는 결제일(=자산인수일) 중 선택하여 인식 ➡결제일 회계처리방법의 경우 매매일과 결제일 사이의 공정가치 변동을 금융자산 분류에 따라 당기손익(기타포괄손익)으로 인식함. (단, AC금융자산은 공정가치 변동분에 대한 인식이 없음.) 참고 정형화된 매도 역시 매매일이나 결제일에 제거함.
최초측정	• 금융자산은 최초인식시점에 공정가치로 측정함. 주의 '공정가치≠거래가격'이면 공정가치로 계상하고 차액은 당기손익처리	
거래원가	FVPL금융자산	• 발생즉시 당기비용으로 인식
	그 외 금융자산	• 공정가치에 가산

*) 한국거래소의 유가증권시장이나 코스닥시장에서는 매매계약 체결후 2거래일후에 결제가 이루어지며 정형화된 결제시스템에 의해 계약이행이 실질적으로 보장되므로 정형화된 매매거래에 해당함.

보론 **금융자산 제거**(구체적내용은 후술함)

제거사유	• 현금흐름에 대한 계약상 권리가 소멸 또는 양도가 제거의 조건을 충족
제각	• 회수 예상불가시 총장부금액을 직접 줄임.➡제각은 금융자산 제거 사건으로 봄.

FINAL 객관식뽀개기 실전적중문제

1. 금융상품에 해당하는 것을 모두 고른 것은? [감평사기출]

ㄱ. 국공채를 기초자산으로 발행된 약속어음	
ㄴ. 대여금	ㄷ. 매출채권
ㄹ. 선급비용	ㅁ. 투자사채
ㅂ. 산업재산권	ㅅ. 선수수익
ㅇ. 미지급법인세	ㅈ. 충당부채

① ㄱ, ㄴ, ㄹ ② ㄱ, ㄴ, ㄷ, ㅁ
③ ㄱ, ㄷ, ㅁ, ㅅ ④ ㄴ, ㄷ, ㅁ, ㅇ
⑤ ㄴ, ㄹ, ㅂ, ㅇ, ㅈ

내비게이션

• 금융상품에 해당하지 않는 항목을 정리하면 다음과 같다.

금융자산 제외항목	• 재고자산, 유형자산, 무형자산, 선급금, 선급비용, 계약에 의하지 않은 자산, 법인세관련 자산(이연법인세자산)
금융부채 제외항목	• 충당부채, 의제의무, 당기법인세부채(미지급법인세), 이연법인세부채, 선수금, 선수수익, 품질보증의무

2. 금융상품에 관한 설명으로 옳은 것은? [감평사기출]

① 당기손익-공정가치로 측정되는 '지분상품에 대한 특정투자'에 대해서는 후속적인 공정가치 변동은 최초 인식시점이라 하더라도 기타포괄손익으로 표시하도록 선택할 수 없다.
② 측정이나 인식의 불일치, 즉 회계불일치의 상황이 아닌 경우 금융자산은 금융자산의 관리를 위한 사업모형과 금융자산의 계약상 현금흐름의 특성 모두에 근거하여 상각후원가, 기타포괄손익-공정가치, 당기손익-공정가치로 측정되도록 분류한다.
③ 금융자산 전체나 일부의 회수를 합리적으로 예상할 수 없는 경우에도 해당 금융자산의 총장부금액을 직접 줄일 수는 없다.
④ 기타포괄손익-공정가치측정금융자산의 기대신용손실을 조정하기 위한 기대신용손실액(손상차손)은 당기손실로 인식하고, 기대신용손실환입액(손상차손환입)은 기타포괄손익으로 인식한다.
⑤ 금융자산을 상각후원가 측정 범주에서 기타포괄손익-공정가치 측정 범주로 재분류하는 경우 재분류일의 공정가치로 측정하며, 재분류 전 상각후원가와 공정가치 차이에 따른 손익은 당기손익으로 인식한다.

내비게이션

• ① 기타포괄손익으로 표시하도록 최초 인식시점에 선택할 수도 있다.
③ 직접 줄일수 있으며, 이를 제각(write-off)이라고 한다.
④ 손상과 환입은 모두 당기손익으로 인식한다.(후술함!)
⑤ 당기손익이 아니라 기타포괄손익으로 인식한다.(후술함!)

3. 다음은 한국채택국제회계기준 금융자산과 관련된 설명이다. 가장 타당하지 않은 것은 어느 것인가?

① 서로 다른 기준에 따라 자산이나 부채를 측정하거나 그에 따른 손익을 인식하는 경우에 측정이나 인식의 불일치('회계불일치'라 말하기도 한다)가 발생하는 경우 금융자산을 당기손익-공정가치측정 항목으로 지정한다면 이와 같은 불일치를 제거하거나 유의적으로 줄이는 경우에는 최초 인식시점에 해당 금융자산을 당기손익-공정가치측정 항목으로 지정할 수 있다. 다만 한번 지정하면 이를 취소할 수 없다
② 정형화된 매매에서 결제일 회계처리방법을 적용하여 금융자산을 인식하는 경우 매매일과 결제일 사이의 기간 중의 공정가치 변동은 공정가치로 측정하는 자산의 해당 공정가치 변동은 적절하게 당기손익이나 기타포괄손익으로 인식한다.
③ 계약상 현금흐름을 수취하기 위해 보유하는 것이 목적인 사업모형 하에서 금융자산을 보유하고 금융자산의 계약조건에 따라 특정일에 원리금 지급만으로 구성되어 있는 현금흐름이 발생하면 금융자산을 상각후원가로 측정한다.
④ 금융자산은 공정가치로 측정하며 해당 금융자산의 취득과 직접 관련되는 거래원가는 공정가치에 가산한다.
⑤ 당기손익-공정가치로 측정되는 '지분상품에 대한 특성 투자'에 대하여는 후속적인 공정가치 변동을 기타포괄손익으로 표시하도록 최초 인식시점에 선택할 수도 있다. 다만 한번 선택하면 이를 취소할 수 없다.

내비게이션

• FVPL금융자산(당기손익-공정가치측정 금융자산)의 거래원가는 당기비용으로 처리한다.

서술형Correction연습

❐ 사업모형의 목적이 계약상 현금흐름을 수취하기 위해 금융자산을 보유하는 것인 경우 모든 금융상품을 만기까지 보유하여야 한다.

➲ (X) : 모든 금융상품을 만기까지 보유할 필요는 없다.

❐ 계약상 현금흐름의 수취와 금융자산의 매도 둘 다를 통해 목적을 이루는 사업모형 하에서 금융자산을 보유하고 금융자산의 계약조건에 따라 특정일에 원리금 지급만으로 구성되어 있는 현금흐름이 발생하면 금융자산을 당기손익-공정가치로 측정한다.

➲ (X) : 기타포괄손익-공정가치로 측정한다.

Answer 1. ② 2. ② 3. ④

시험중요도 ★★☆

기본이론 제131강 금융자산 손상

손상인식

구분	내용
손상대상	① AC금융자산(채무상품) ② FVOCI금융자산(채무상품)
기대손실모형	• 신용이 손상되지 않은 경우에도 기대신용손실을 추정하여 인식함.
회계처리	• (차) 금융자산손상차손 xxx (대) 손실충당금(or 기타포괄손익) xxx

보론 **신용이 손상된 경우(손상발생의 객관적 증거가 있는 경우)**
- ❐ 재무적 어려움, 채무불이행, 연체와 같은 계약위반, 차입조건의 불가피한 완화, 파산가능성
- ❐ 재무구조조정가능성, 활성시장의 소멸, 크게 할인가격으로 매입하거나 창출

참고 발생손실모형 : 신용이 손상된 경우에만 손상을 인식

기대손실모형

구분	내용
신용손실	❐ [계약상현금흐름 - 수취예상현금흐름]의 현재가치(by최초유효이자율*)) ⇓ '모든 현금부족액' *)취득시 신용이 손상되어 있는 금융자산은 신용조정유효이자율로 할인함.
기대신용손실	• 개별 채무불이행 발생위험으로 가중평균한 신용손실을 말함. ➡즉, 기대존속기간 동안 발생할 것으로 예상하는 신용손실의 확률가중추정치로서, 신용손실을 확률로 가중평균한 금액이 기대신용손실임. ·주의 기대신용손실을 측정할 때 가능한 시나리오를 모두 고려할 필요는 없음. ·주의 기대신용손실을 측정할 때 고려하는 가장 긴 기간은 신용위험에 노출되는 최장 계약기간(연장옵션 포함)이며 이 보다 더 긴 기간이 사업관행과 일관된다고 하더라도 최장 계약기간을 넘어설 수 없음.
유효이자율	• 추정미래현금흐름의 현가를 금융자산 총장부금액(=손실충당금 조정전 상각후원가)과 정확히 일치시키는 이자율 ·주의 모든 계약조건만 고려하여 기대CF를 추정하며, 기대신용손실은 고려치 않음.
신용조정 유효이자율	• 취득시 신용이 손상되어 있는 금융자산의 추정미래현금흐름의 현가를 해당 금융자산의 상각후원가(=손실충당금 조정후 상각후원가)와 정확히 일치시키는 이자율 ·주의 모든 계약조건과 기대신용손실을 고려하여 기대CF를 추정함.

기대신용손실 계산방법 [일반적접근법]

구분	내용
전체기간 기대신용손실	• 기대존속기간에 발생할 수 있는 모든 채무불이행 사건에 따른 기대신용손실 ❐ 채무불이행시 노출금액×채무불이행시 손실률×전체기간 채무불이행 발생확률 (채무불이행시 노출금액×채무불이행시 손실률 = '신용손실추정액')
12개월 기대신용손실	• 보고기간말후 12개월 내에 발생가능한 채무불이행 사건에 따른 기대신용손실 ❐ 채무불이행시 노출금액×채무불이행시 손실률×12개월 채무불이행 발생확률

참고 기준서에서는 위 손실률을 총장부금액 대비 현재가치비율로 간주함.(즉, 화폐시간가치 고려됨)

신용위험과 연체정보

구분	내용
신용위험	• 의무를 이행하지 않아 상대방에게 재무손실을 입힐 위험(신용손상의 사전징후)
재검토	• 신용위험이 유의적으로 증가하였는지는 매 보고기간말에 평가함.
연체정보와 신용위험증감	❖연체정보를 사용하여 다음과 같이 판단할 수 있음.➡단, 반증가능한 간주규정임.

연체일수 30일 이내	• 신용위험이 유의적으로 증가하지 않음.(낮음)
연체일수 30일 초과 90일 이내	• 신용위험이 유의적으로 증가함.
연체일수 90일 초과	• 신용이 손상됨.(채무불이행)

기대신용손실 인식방법

구분		기대신용손실(손실충당금) 인식
신용손상 O		• 전체기간 기대신용손실을 손실충당금으로 인식
신용손상 X	신용위험 유의적 증가 O	• 전체기간 기대신용손실을 손실충당금으로 인식
	신용위험 유의적 증가 X	• 12개월 기대신용손실을 손실충당금으로 인식

참고 취득시 신용이 손상되어 있는 금융자산은 전체기간 기대신용손실의 누적변동분만을 인식함.

FINAL 객관식뽀개기 — 실전적중문제

1. 다음은 금융자산의 손상과 관련된 설명이다. 가장 옳지 않은 것은 어느 것인가?

① 최초 인식 후에 금융상품의 신용위험이 유의적으로 증가한 경우에는 매 보고기간 말에 전체기간 기대신용손실에 해당하는 금액으로 손실충당금을 측정한다.
② 계약상 지급의 연체일수가 30일을 초과하는 경우에는 최초 인식 후에 금융상품의 신용위험이 유의적으로 증가했다는 반증 가능한 간주규정을 적용할 수 있다.
③ 전체기간 기대신용손실은 금융상품의 기대존속기간에 발생할 수 있는 모든 채무불이행 사건에 따른 기대신용손실을 말한다.
④ 신용손실은 계약에 따라 지급받기로 한 모든 계약상 현금흐름과 수취할 것으로 예상하는 모든 계약상 현금흐름의 차이를 보고기간말의 시장이자율로 할인한 금액을 말한다.
⑤ 금융자산, 손상 요구사항을 적용하는 리스채권, 계약자산, 대출약정, 금융보증계약의 기대신용손실을 손실충당금으로 인식한다.

내비게이션

- 보고기간말 시장이자율로 할인(X) → 최초의 유효이자율로 할인(O)

2. 다음은 한국채택국제회계기준의 금융자산의 손상에 대한 내용이다. 틀린 것은?

① 취득시 신용이 손상되어 있는 금융자산은 보고기간말에 최초 인식 이후 전체기간 기대신용손실의 누적변동분만을 손실충당금으로 인식한다.
② 최초 인식 후에 금융상품의 신용위험이 증가한 경우에는 매 보고기간 말에 전체기간 기대신용손실에 해당하는 금액으로 손실충당금을 측정한다.
③ 기대신용손실은 개별 채무불이행 발생 위험으로 가중평균한 신용손실을 말한다.
④ 12개월 기대신용손실은 보고기간말 후 12개월 내에 발생 가능한 금융상품의 채무불이행 사건으로 인한 기대신용손실을 나타내는 전체기간 기대신용손실의 일부를 말한다.
⑤ 상각후원가로 측정하는 금융자산과 기타포괄손익-공정가치로 측정하는 채무상품은 손상 요구사항을 적용한다.

내비게이션

- 증가한 경우(X) → 유의적으로 증가한 경우(O)
- 증가한 경우의 의미는 결국 '유의적으로 증가하지 않은 경우'에 해당하므로 12개월 기대신용손실에 해당하는 금액으로 손실충당금을 측정한다.

서술형Correction연습

❒ 기대신용손실을 측정할 때에는 가능한 시나리오를 모두 고려하여야 한다.

➲ (X) : 가능한 시나리오를 모두 고려할 필요는 없다. 단, 신용손실의 발생가능성이 매우 낮더라도 신용손실이 발생할 가능성과 발생하지 아니할 가능성을 반영하여 신용손실이 발생할 위험이나 확률을 고려한다.

❒ 유효이자율을 계산할 때 해당 금융상품의 모든 계약조건(예 : 중도상환옵션, 연장옵션, 콜옵션)과 기대신용손실을 고려하여 기대현금흐름을 추정한다.

➲ (X) : 기대신용손실은 고려하지 않는다.

❒ 보고기간말에 신용이 손상된 금융자산의 기대신용손실은 해당 자산의 총장부금액과 추정미래현금흐름을 손상시점의 현행시장이자율로 할인한 현재가치의 차이로 측정한다. 조정금액은 손상차손으로 당기손익에 인식한다.

➲ (X) : 손상시점의 현행시장이자율(X) → 최초 유효이자율(O)

❒ 취득시 신용이 손상되어 있는 금융자산은 보고기간말에 최초 인식 이후 전체기간 기대신용손실의 누적액을 손실충당금으로 인식한다.

➲ (X) : 누적액(X) → 누적변동분(O)

Answer 1. ④ 2. ②

시험중요도 ★★★

기본이론 제132강 FVPL금융자산(지분상품/채무상품)

취득

최초측정

- 공정가치로 측정함. ➡'공정가치≠거래가격'이면 공정가치로 계상하고 차액은 손익처리

예시	분개
취득가격 1,200 공정가치 1,000	(차) FVPL금융자산 1,000 (대) 현금 1,200 금융자산취득손실 200

거래원가

- 취득과 직접 관련된 거래원가는 발생즉시 당기비용으로 처리함.
  - 주의 AC금융자산과 FVOCI금융자산의 거래원가는 취득원가에 가산함.

단가산정

- 원가흐름가정(개별법, 가중평균법, 선입선출법)을 사용하여 종목별로 산정함.

지분상품

- 종목구분
  - 보통주와 우선주는 별개종목으로 보고 회계처리함
  - 유상신주는 신·구주가 구분되어 거래되는 기간동안은 별개종목으로 분류함.
    ➡단, 회계연도종료로 신·구주 구분이 없어지면 동일 종목으로 취급
- 주식배당
  - 무상증자·주식배당의 경우는 신·구주 종류에 불구하고 주식수 비례에 따라 구주의 장부금액을 안분하여 산정 ➡∴주식수증가, 평균단가만 하락

채무상품

- 이자지급일사이에 취득한 경우에는 경과이자는 취득원가에서 제외하여 미수이자로 계상하며, 보유기간 해당분만 이자수익으로 인식함. ➡∴취득원가=구입가－경과이자

구분	차변	금액	대변	금액
취득시점	(차) FVPL금융자산	100,000	(대) 현금	106,000
	미수이자	6,000		
이자수령	(차) 현금	12,000	(대) 미수이자	6,000
			이자수익	6,000

평가

평가손익

- 공정가치와 장부금액의 차액을 당기손익 처리함.

회계처리

- 평가손익을 FVPL금융자산에서 직접 가감함.

평가이익	(차) FVPL금융자산 xxx (대) FVPL금융자산평가이익 xxx

주의 ∴'장부금액=전기말공정가치'가 되며, 채무상품은 할인·할증상각이 없음.

처분

처분손익

- 처분금액(매각대금－거래원가) - 장부금액

이자수익

- 채무상품을 이자지급일 사이에 처분시 경과이자분은 처분손익에 포함치 않음.
  ➡즉, 경과이자는 이자수익으로 우선 인식함.

사례 FVPL금융자산 회계처리

◎ 5/1 FVPL금융자산인 액면 ₩100,000(12%) 사채를 공정가치에 경과이자 포함하여 ₩110,000에 취득. 수수료로 ₩1,000 별도 지출함. 이자는 6/30과 12/31 지급. 6/30에 반년치 이자를 현금으로 수령. 11/1 사채 50%를 경과이자 포함하여 ₩50,000에 처분. 12/31 보유분 공정가치는 ₩52,000이다.

일자	차변	금액	대변	금액	계산
5/1	(차) FVPL금융자산	106,000	(대) 현금	110,000	1) 100,000×12%×4/12=4,000
	미수이자	4,000[1)]			
	(차) 지급수수료	1,000	(대) 현금	1,000	
6/30	(차) 현금	6,000[2)]	(대) 미수이자	4,000	2) 100,000×12%×6/12=6,000
			이자수익	2,000	
11/1	(차) 현금	2,000[3)]	(대) 이자수익	2,000	3) 100,000×12%×4/12×50%=2,000
	(차) 현금	48,000	(대) FVPL금융자산	53,000[4)]	4) 106,000×50%=53,000
	처분손실	5,000			
12/31	(차) 현금	3,000[5)]	(대) 이자수익	3,000	5) 100,000×12%×6/12×50%=3,000
	(차) 평가손실	1,000	(대) FVPL금융자산	1,000[6)]	6) 53,000－52,000=1,000

FINAL 객관식뽀개기 실전적중문제

1. ㈜국세는 20x1년 7월 1일에 동 일자로 발행된 ㈜대한의 사채(액면금액 ₩200,000, 3년 만기, 이자는 매년 6월말과 12월말에 지급)를 단기매매차익을 얻기 위하여 공정가치인 ₩190,173에 취득하였다. 동 사채의 액면이자율은 연 10%, 시장이자율은 연 12%이다. 동 사채의 20x1년말 이자지급 후 공정가치는 ₩195,000이다. ㈜국세가 동 사채 취득 및 보유로 인해 20x1년도에 인식할 당기이익은 얼마인가?(단, 사채취득과 관련한 거래비용은 없으며, 사채이자는 월수를 기준으로 계산한다. 또한 계산금액은 소수점 첫째자리에서 반올림하며, 이 경우 단수차이로 인해 약간의 오차가 있으면 가장 근사치를 선택한다.) [세무사기출]

① ₩12,827 ② ₩14,827 ③ ₩16,827
④ ₩24,827 ⑤ ₩28,827

내비게이션

• 단기매매항목인 경우는 지분상품ㆍ채무상품 모두 FVPL금융자산으로 분류한다. 한편, 지분상품은 조건(㉠ 단기매매항목이 아닐 것 ㉡ 조건부대가가 아닐 것)을 충족하여 FVOCI금융자산으로 선택하지 않는 한 모두 FVPL금융자산으로 분류한다.
• 이익 : 이자수익(200,000×10%×6/12)+평가이익(195,000-190,173)=14,827

• [20x1년 7월 1일 회계처리]

(차) FVPL금융자산	190,173	(대) 현금	190,173

[20x1년 12월 31일 회계처리]

(차) 현금	10,000	(대) 이자수익	10,000
(차) FVPL금융자산	4,827	(대) 금융자산평가이익	4,827

2. 다음은 ㈜합격의 당기손익-공정가치측정 금융자산으로 분류된 주식에 대한 20x1년의 자료이다. 동 거래가 20x1년 손익에 미친 영향은?

> (1) 10월 30일 공정가치가 ₩7,000인 ㈜적중의 주식을 ₩7,500에 취득하였으며, 취득과 관련하여 거래수수료 ₩250을 지출하였다.
> (2) 11월 15일 ㈜합격은 ㈜적중의 주식 중 40%를 ₩4,000에 처분하였다.
> (3) 20x1년 12월 31일 ㈜적중 주식의 공정가치는 ₩4,500이다.

① ₩750 ② ₩1,000 ③ ₩1,200
④ ₩1,250 ⑤ ₩1,500

내비게이션

• 취득손실(7,000-7,500=△500)+지급수수료(△250)+처분이익(4,000-7,000×40%=1,200)+평가이익(4,500,-7,000×60%=300)=750

3. 다음의 당기손익-공정가치측정 금융자산 거래가 모두 동일한 회계기간 중에 발생한 것이라면, 이로 인하여 포괄손익계산서에 미치는 영향은 얼마인가?

> (1) 보유중인 장부금액 ₩6,600,000의 A주식(1,000주, @₩5,000)에 대하여 10%의 배당을 현금으로 수령하였다.
> (2) 상기의 A주식에 대하여 주식배당을 수취하였다. 수취한 주식수는 보유중인 A주식의 10%이며, 동 주식에 부여되는 모든 권리는 기존주식에 대한 것과 같다. 또한 주식배당 수취일의 A주식 시장가치는 주당 ₩6,800이다.
> (3) A주식의 1/2을 주당 ₩7,000에 현금처분하였다. (단가산정은 이동평균법 적용)

① ₩1,030,000 ② ₩1,050,000 ③ ₩1,190,000
④ ₩1,201,000 ⑤ ₩1,210,000

내비게이션

• (1) 배당금수익 : (1,000주×@5,000)×10%=500,000
• (2) 주식배당 100주에 대하여는 회계처리가 없으며 단가만 변동한다.

$$\rightarrow \text{단가}: \frac{6,600,000}{1,000주+100주}=@6,000$$

• (3) 처분이익 : (550주×@7,000)-(550주×@6,000)=550,000
∴500,000(배당금수익)+550,000(처분이익)=1,050,000

4. ㈜합격은 20x1년 4월초에 액면 ₩1,000,000, 표시이자율 12%(연도말후급) 만기는 20x3년말인 사채를 단기매매차익을 얻기 위하여 공정가치에 발생이자를 포함하여 ₩980,000에 취득하였다. 20x1년 9월말 그 중 50%를 발생이자를 포함하여₩540,000에 처분한 경우 기중에 계상할 처분이익과 이자수익의 합계금액은?

① ₩20,000 ② ₩50,000 ③ ₩65,000
④ ₩75,000 ⑤ ₩95,000

내비게이션

• (차)	FVPL금융자산	950,000	(대) 현금	980,000
	미수이자	30,000		
• (차)	현금	45,000	(대) 미수이자	15,000
			이자수익	30,000
(차)	현금	495,000	(대) FVPL금융자산	475,000
			처분이익	20,000
• (차)	현금	60,000	(대) 미수이자	15,000
			이자수익	45,000

∴30,000(이자수익)+20,000(처분이익)+45,000(이자수익)=95,000

Answer 1. ② 2. ① 3. ② 4. ⑤

제1편 재무회계 / 제2편 원가관리회계 / 합본부록 IFRS심화논제

시험중요도 ★★★

기본이론 제133강 FVOCI금융자산(지분상품)

평가·처분	평가손익	자본처리	• 공정가치와 장부금액의 차액 : 기타포괄손익(자본)으로 처리함. 주의 평가이익과 평가손실은 발생시 상계하여 표시함.
		재분류 불가	• 평가손익은 후속적으로 당기손익으로 재분류하지 않음.(재순환 불가) ➡즉, 다른 자본계정(이익잉여금)으로 대체는 가능함. 비교 FVOCI금융자산(채무상품)의 평가손익은 제거시 당기손익으로 재분류함.
	처분손익	선평가	• 처분시 공정가치(=순처분금액)로 먼저 평가하여 평가손익을 인식함.
		처분손익 인식불가	• 처분손익을 인식하지 않음. 예시 장부금액 ₩90, 처분금액(=공정가치) ₩100인 경우 선평가: (차) FVOCI금융자산 10 (대) 평가이익 10 처 분: (차) 현금 100 (대) FVOCI금융자산 100

보론 ① 재무상태표상 FVOCI금융자산평가손익 : 당 회계기간까지의 누적액을 의미함.
② 포괄손익계산서상 FVOCI금융자산평가손익 : 당 회계기간분만을 의미함.

주의 FVOCI금융자산(지분상품) : 손상차손을 인식하는 대상자산이 아님.

세부고찰

사례 FVOCI금융자산(지분상품) 회계처리

✪ ㈜합격은 20x1년 1월 1일 단기매매 이외의 목적으로 ㈜적중의 주식을 ₩237,500에 취득하고 이를 기타포괄손익-공정가치측정금융자산으로 분류하였다. 관련 자료가 다음과 같을 때 회계처리는?

(1) ㈜합격은 20x1년 1월 1일 ㈜적중의 주식을 취득시에 거래원가로 ₩12,500을 지출하였다.
(2) 각 보고기간말의 공정가치는 다음과 같다.

구분	20x1년 12월 31일	20x2년 12월 31일
공정가치	₩175,000	₩275,000

(3) 20x3년 8월 12일 ㈜합격은 보유중인 ㈜적중의 주식 전부를 ₩375,000에 처분하였으며 처분과 관련하여 부대비용 ₩5,000을 지급하였고, 동 주식과 관련된 평가손익을 이익잉여금으로 대체하였다.

•일자별 회계처리

일자	차변	금액	대변	금액
20x1년 01월 01일	(차) FVOCI금융자산	250,000	(대) 현금	237,500
			현금	12,500
20x1년 12월 31일	(차) 평가손실	75,000	(대) FVOCI금융자산	75,000[1]
20x2년 12월 31일	(차) FVOCI금융자산	100,000[2]	(대) 평가손실	75,000
			평가이익	25,000
20x3년 08월 12일	(차) FVOCI금융자산	95,000[3]	(대) 평가이익	95,000
	(차) 현금	370,000	(대) FVOCI금융자산	370,000
	(차) 평가이익	120,000	(대) 미처분이익잉여금	120,000

[1] 175,000−250,000=△75,000(평가손실)
[2] 275,000−175,000=100,000(평가이익)
[3] (375,000−5,000)−275,000=95,000(평가이익)

FINAL 객관식뽀개기 실전적중문제

1. ㈜관세는 20x1년초 지분상품을 거래원가 ₩2,000을 포함하여 ₩52,000에 구입하였고, 이 지분상품의 20x1년말 공정가치는 ₩49,000이다. ㈜관세는 20x2년 4월초 공정가치인 ₩51,000에 지분상품을 처분하였다. 이 지분상품을 (A)당기손익-공정가치측정금융자산으로 인식했을 때와 (B)기타포괄손익-공정가치측정금융자산으로 최초 선택하여 인식했을 때 처분으로 인한 당기손익은?(단, 처분시 거래원가는 발생하지 않았다.) [관세사기출]

	(A)	(B)
①	₩0	손실 ₩1,000
②	₩0	₩0
③	₩0	이익 ₩2,000
④	이익 ₩2,000	₩0
⑤	이익 ₩2,000	이익 ₩1,000

내비게이션

• FVPL 처분손익 : 51,000(수령액)-49,000(전기공정가치)=2,000(이익)
• FVOC 처분손익 : 0 →처분손익을 인식하지 않는다.

2. ㈜한국은 20x3년 10월 7일 상장회사인 ㈜대한의 보통주식을 ₩3,000,000에 취득하고, 취득에 따른 거래비용 ₩30,000을 지급하였다. 20x3년말 ㈜대한의 보통주식 공정가치는 ₩3,500,000이었다. ㈜한국은 20x4년 1월 20일 ㈜대한의 보통주식을 ₩3,400,000에 매도하였으며, 매도와 관련하여 부대비용 ₩50,000을 지급하였다. ㈜대한의 보통주식을 당기손익-공정가치측정금융자산 혹은 기타포괄손익-공정가치측정금융자산으로 분류한 경우, ㈜한국의 회계처리에 관한 설명으로 옳은 것은? [세무사기출]

① 당기손익-공정가치측정금융자산으로 분류시와 기타포괄손익-공정가치측정금융자산으로 분류시 취득원가는 동일하다.
② 기타포괄손익-공정가치측정금융자산으로 분류한 경우나 당기손익-공정가치측정금융자산으로 분류한 경우 20x3년 말 공정가치 변화가 당기손익에 미치는 영향은 동일하다.
③ 당기손익-공정가치측정금융자산으로 분류한 경우 20x4년 처분손실은 ₩200,000이다.
④ 당기손익-공정가치측정금융자산으로 분류한 경우나 기타포괄손익-공정가치측정금융자산으로 분류한 경우 20x3년 총포괄이익은 동일하다.
⑤ 기타포괄손익-공정가치측정금융자산으로 분류한 경우 20x4년 처분이익은 ₩320,000이다.

내비게이션

• FVPL금융자산으로 분류한 경우

20x3.10.7	(차) FVPL	3,000,000	(대) 현금	3,000,000
	(차) 지급수수료	30,000	(대) 현금	30,000
20x3.12.31	(차) FVPL	500,000	(대) 평가이익(당)	500,000
20x4.1.20	(차) 현금	3,350,000	(대) FVPL	3,500,000
	처분손실	150,000		

• FVOCI금융자산으로 분류한 경우

20x3.10.7	(차) FVOCI	3,030,000	(대)현금	3,000,000
			현금	30,000
20x3.12.31	(차) FVOCI	470,000	(대)평가이익(기)	470,000
20x4.1.20	(차) 평가이익	150,000	(대)FVOCI	150,000
	(차) 현금	3,350,000	(대)FVOCI	3,350,000

*20x3년 총포괄이익에 미치는 효과는 양자 모두 동일하다.
- FVPL금융자산 : 500,000(평가이익)-30,000(지급수수료)=470,000
- FVOCI금융자산 : 470,000(평가이익)

3. 다음은 ㈜대한의 금융자산과 관련된 자료이다. 이와 관련하여 ㈜대한이 20x2년에 인식할 손상차손과 20x4년에 인식할 처분손익은 각각 얼마인가?

(1) ㈜대한은 20x1년 6월 30일 상장법인 ㈜민국의 보통주 200주를 1주당 ₩6,000에 취득하여 공정가치로 평가하고 그 평가손익을 기타포괄손익으로 인식하기로 결정하였다.
(2) 20x1년말 ㈜민국 보통주의 주당 공정가치는 ₩7,000이었다.
(3) ㈜민국은 20x2년 12월 중 주거래은행으로부터 당좌거래 정지처분을 받았으며, 20x2년말 현재 ㈜민국의 보통주 공정가치는 주당 ₩4,000이었다. 이는 손상차손 인식사유에 해당한다.
(4) ㈜민국은 20x3년에 구조조정으로 유동성 문제를 해결하였으며, ㈜민국 보통주의 주당 공정가치는 20x3년말 현재 ₩8,000으로 회복되었다.
(5) 20x4년에 ㈜대한은 보유중인 ㈜민국의 보통주 100주를 주당 ₩6,000에 처분하였다.

	20x2년 손상차손	20x4년 처분손익
①	₩400,000	₩400,000 손실
②	₩400,000	₩200,000 손실
③	₩600,000	₩400,000 이익
④	₩600,000	₩200,000 이익
⑤	₩0	₩0

내비게이션

• FVOCI금융자산(지분상품)은 손상차손과 처분손익을 인식하지 않는다.

Answer 1. ④ 2. ④ 3. ⑤

시험중요도 ★★★

기본이론 제134강 AC금융자산(채무상품) : 신용위험

평가·처분

❖유효이자율법을 적용하여 상각후원가로 측정(평가손익을 인식하지 않음.)

보론 총장부금액 : 손실충당금 등을 조정(차감)하기 전 원래의 상각후원가

이자수익

산식	❐ 이자수익=총장부금액(손상전 상각후원가)×최초유효이자율

➡손실충당금 인식후에도 신용이 손상되기 전까지는 총장부금액에 유효이자율을 적용함.

기대 신용손실 [손실충당금]

• 신용이 손상되지 않은 경우에도 손상차손(당기손익)과 손실충당금(자산차감)을 인식함.
• 전기 손실충당금이 있는 경우 당기말 손실충당금과의 차액을 손상차손(환입)으로 인식함.

신용손상X	신용위험 유의적증가O	• 전체기간 기대신용손실을 손실충당금으로 인식
	신용위험 유의적증가X	• 12개월 기대신용손실을 손실충당금으로 인식

처분손익

• 처분금액과 순장부금액(=총장부금액−손실충당금)의 차액을 처분손익으로 인식함.
➡단, 처분일까지 미수이자는 이자수익으로 우선 인식함.

(차) 현금(미수이자제외)	xxx	(대) AC금융자산	xxx
손실충당금	xxx	처분이익	xxx

세부고찰

사례 AC금융자산 신용위험의 회계처리

✪20x1년초 액면 ₩1,000,000, 3년 만기 사채를 ₩951,963에 취득하고 상각후원가측정금융자산으로 분류함. 취득시 유효이자율은 12%, 표시이자율 10%(연말후급)로 표시이자는 매년말 정상수령함. 20x1년말 사채의 신용위험은 유의적으로 증가하지 않았다고 판단하였으며 12개월 기대신용손실을 ₩7,175로 추정하였고, 20x2년말 사채의 신용위험은 유의적으로 증가하였다고 판단하였으며 전체기간 기대신용손실을 ₩18,750으로 추정하였다.

풀이

•[물음1] 매년말 회계처리?

일자	차변	금액	대변	금액
20x1년 12월 31일	(차) 현금	100,000	(대) 이자수익	114,236[1]
	AC금융자산	14,236		
	(차) 손상차손	7,175	(대) 손실충당금	7,175
20x2년 12월 31일	(차) 현금	100,000	(대) 이자수익	115,944
	AC금융자산	15,944		
	(차) 손상차손	11,575	(대) 손실충당금	11,575[2]
20x3년 12월 31일	(차) 현금	100,000	(대) 이자수익	117,857
	AC금융자산	17,857		
	(차) 현금	1,000,000	(대) AC금융자산	1,000,000
	(차) 손실충당금	18,750	(대) 손상차손환입	18,750

[1] 951,963×12%=114,236 [2] 18,750(당기)−7,175(전기)=11,575

•[물음2] 20x3년말 표시이자 ₩30,000 미회수시 회계처리?

일자	차변	금액	대변	금액
20x3년 12월 31일	(차) 현금	70,000	(대) 이자수익	117,857
	AC금융자산	17,857		
	손실충당금	18,750		
	손상차손	11,250		
	(차) 현금	1,000,000	(대) AC금융자산	1,000,000

•[물음3] 20x3년초 ₩990,000에 처분시 회계처리?

일자	차변	금액	대변	금액
20x3년 01월 01일	(차) 현금	990,000	(대) AC금융자산	982,143
	손실충당금	18,750	처분이익	26,607

FINAL 객관식뽀개기 실전적중문제

1. ㈜감평은 20x1년 1월 1일 ㈜한국이 동 일자에 발행한 액면금액 ₩1,000,000, 표시이자율 연 10%(이자는 매년말 지급)의 3년 만기의 사채를 ₩951,963에 취득하였다. 동 사채의 취득시 유효이자율은 연 12%이었으며, ㈜감평은 동 사채를 상각후원가로 측정하는 금융자산으로 분류하였다. 동 사채의 20x1년 12월 31일 공정가치는 ₩975,123이었으며, ㈜감평은 20x2년 7월 31일에 경과이자를 포함하여 ₩980,000에 전부 처분하였다. 동 사채 관련 회계처리가 ㈜감평의 20x2년도 당기순이익에 미치는 영향은?(단, 단수차이로 인한 오차가 있으면 가장 근사치를 선택하며, 20x1년말 현재 기대신용손실은 ₩0이다.) [감평사기출]

① ₩13,801 증가 ② ₩14,842 감소 ③ ₩4,877 증가
④ ₩34,508 감소 ⑤ ₩48,310 증가

내비게이션

• [20x1년초 회계처리]

(차) AC금융자산	951,963	(대) 현금	951,963

[20x1년말 회계처리]

(차) 현금	100,000	(대) 이자수익	114,236[1]
AC금융자산	14,236		

[20x2년 7월 31일 회계처리]

(차) 미수이자	58,333[2]	(대) 이자수익	67,634[3]
AC금융자산	9,301		
(차) 현금	980,000	(대) AC금융자산	975,500
처분손실	53,833	미수이자	58,333

[1] 951,963×12%=114,236 [2] 100,000×7/12=58,333
[3] [(951,963+14,236)×12%]×7/12=67,634
∴20x2년도 당기순이익에 미치는 영향 : 67,634-53833=13,801(증가)

2. ㈜세무는 ㈜한국이 발행한 다음의 사채를 상각후원가측정금융자산으로 분류하였고 20x1년 10월 1일에 취득하였다.

(1) 액면금액 : ₩1,000,000, 발행일 : 20x1.7.1
(2) 표시이자율 : 연 8%, 만기일 : 20x4.6.30
(3) 발행일 유효이자율 : 연 10%
(4) 이자지급일 : 매년 6월 30일

사채의 취득금액에는 경과이자가 포함되어 있으며, 사채 취득시점의 유효이자율은 연 8%이다. 20x1년말 사채의 신용위험은 유의적으로 증가하지 않았다고 판단하였으며 12개월 기대신용손실을 ₩50,000으로 추정하였다. 동 거래와 관련하여 ㈜세무가 20x1년에 인식할 이자수익 금액과 20x1년말 인식할 금융자산 장부금액의 합계액은?(단, 이자는 월할계산한다.) [세무사기출]

① ₩970,000 ② ₩990,000 ③ ₩1,010,000
④ ₩1,020,000 ⑤ ₩1,040,000

내비게이션

• 20x1.7.1 현재가치 : 1,000,000
→ '표시이자율=실제발행일(취득일)유효이자율' 이므로 액면발행

• [20x1년 10월 1일 회계처리]

(차)AC금융자산	1,000,000	(대)현금	1,020,000
미수이자	20,000		

[20x1년 12월 31일 회계처리]

(차)미수이자	20,000	(대)이자수익	20,000
(차)손상차손	50,000	(대)손실충당금	50,000

∴이자수익(20,000)+장부금액(1,000,000-50,000)=970,000

3. ㈜합격은 20x1년초에 액면 ₩500,000(발행일 : 20x1년초)인 다음의 사채를 공정가치인 ₩475,990에 취득하고 상각후원가측정금융자산으로 분류하였다.

(1) 표시이자율 : 연 10%, 매년말 이자지급
(2) 발행일 유효이자율 : 연 12%, 만기일 : 20x3.12.31

20x1년말 신용위험은 유의적으로 증가하지 않았으며 12개월 기대신용손실을 3,000로 추정하였고, 20x2년말 신용위험은 유의적으로 증가하였고 전체기간 기대신용손실을 ₩5,000로 추정하였다. 한편, 20x3년 7월 1일 동 사채를 ₩500,000(경과이자포함)에 매각하였다. 20x3년 당기순이익에 미친 영향은 얼마인가?

① ₩13,918 ② ₩15,547 ③ ₩29,465
④ ₩45,012 ⑤ ₩50,012

내비게이션

• [20x1년 1월 1일 회계처리]

(차) AC금융자산	475,990	(대) 현금	475,990

[20x1년 12월 31일 회계처리]

(차) 현금	50,000	(대) 이자수익	57,119[1]
AC금융자산	7,119		
(차) 손상차손	3,000	(대) 손실충당금	3,000

[20x2년 12월 31일 회계처리]

(차) 현금	50,000	(대) 이자수익	57,973[2]
AC금융자산	7,973		
(차) 손상차손	2,000	(대) 손실충당금	2,000[3]

[20x3년 7월 1일 회계처리]

(차) 미수이자	25,000	(대) 이자수익	29,465[4]
AC금융자산	4,465		
(차) 현금	500,000	(대) AC금융자산	495,547
손실충당금	5,000	미수이자	25,000
처분손실	15,547		

[1] 475,990×12%=57,119
[2] (475,990+7,119)×12%=57,973
[3] 5,000-3,000(전기잔액)=2,000
[4] (475,990+7,119+7,973)×12%×6/12=29,465
∴이자수익(29,465)-처분손실(15,547)=13,918

Answer 1. ① 2. ① 3. ①

시험중요도 ★★☆

기본이론 제135강 AC금융자산(채무상품) : 신용손상

구분	항목	내용
회계처리	이자수익	산식: ❐ 손상이전 이자수익=총장부금액×최초유효이자율 ❐ 손상이후 이자수익=전기회수가능액×최초유효이자율
	신용손상 [손실충당금]	산식: ❐ 기대신용손실=총장부금액-회수가능액 ➡회수가능액 : 추정미래현금흐름을 최초유효이자율로 할인한 현재가치 예시 기설정 신용위험 손실충당금 ₩100, 신용손상 기대신용손실 계산액 ₩1,000 →회계처리 : (차) 손상차손(당기손익) 900 (대) 손실충당금 1,000-100=900
	변동·환입	• 신용손상후 기대신용손실이 변동한 경우에는 동 변동액을 손상차손(환입)으로 인식함.

세부고찰

사례 AC금융자산 신용손상의 회계처리

✪ 20x1년초 액면 ₩100,000, 4년 만기 사채를 ₩87,318에 취득하고 상각후원가측정금융자산으로 분류함. 취득시 유효이자율은 10%, 표시이자율 6%(연말후급). 20x1년말에 수령할 표시이자 ₩6,000은 전액수령함. 20x1년말 사채의 신용위험은 유의적으로 증가하지 않아 12개월 기대신용손실을 ₩1,000으로 추정함. 20x2년말 신용손상이 발생하였으며 20x2년말 수령할 표시이자 ₩6,000은 전액 수령함. 20x3년 중 신용손상이 회복되었으며 20x3년말 수령 예측한 표시이자 ₩3,000은 전액 수령함.
- 10%, 1기간 현가계수와 연금현가계수는 각각 0.9091, 0.9091
- 10%, 2기간 현가계수와 연금현가계수는 각각 0.8264, 1.7355

	20x2년말 추정현금흐름	
	20x3년말	20x4년말
액면금액	-	₩60,000
표시이자	₩3,000	₩3,000

	20x3년말 추정현금흐름
	20x4년말
액면금액	₩80,000
표시이자	₩4,000

풀이

•[물음1] 20x1년말 회계처리?

일자	차변	금액	대변	금액
20x1년 12월 31일	(차) 현금	6,000	(대) 이자수익	8,732[1]
	AC금융자산	2,732		
	(차) 손상차손	1,000	(대) 손실충당금	1,000

[1] 87,318×10%=8,732

•[물음2] 20x2년말 회계처리?
- 총장부금액 : 87,318+2,732+3,005=93,055, 회수가능액 : 60,000×0.8264+3,000×1.7355=54,791
- 기대신용손실 : 93,055-54,791=38,264, 손실충당금계상액 : 38,264-1,000=37,264

일자	차변	금액	대변	금액
20x2년 12월 31일	(차) 현금	6,000	(대) 이자수익	9,005[2]
	AC금융자산	3,005		
	(차) 손상차손	37,264	(대) 손실충당금	37,264

[2] (87,318+2,732)×10%=9,005

•[물음3] 20x3년말 회계처리?
- 총장부금액 : 87,318+2,732+3,005+2,479=95,534, 회수가능액 : 80,000×0.9091+4,000×0.9091=76,364
- 기대신용손실 : 95,534-76,364=19,170, 환입액 : 38,264-19,170=19,094

일자	차변	금액	대변	금액
20x3년 12월 31일	(차) 현금	3,000	(대) 이자수익	5,479[3]
	AC금융자산	2,479		
	(차) 손실충당금	19,094	(대) 손상차손환입	19,094

[3] 54,791(전기회수가능액)×10%=5,479

FINAL 객관식뽀개기 실전적중문제

1. ㈜세무는 ㈜대한이 다음과 같이 발행한 만기 4년인 회사채를 20x1년 1월 1일에 취득하고 상각후원가측정금융자산으로 분류하였다.

- 발행일 : 20x1년 1월 1일 • 액면금액 : ₩1,000,000
- 이자지급 : 액면금액의 4%를 매년 말에 후급
- 만기 및 상환방법 : 20x4.12.31에 전액 일시상환
- 사채발행시점의 유효이자율 : 8%
- 8%, 4기간 단일금액 ₩1의 현재가치계수 : 0.7350
  8%, 4기간 정상연금 ₩1의 연금현가계수 : 3.3121
  8%, 2기간 단일금액 ₩1의 현재가치계수 : 0.8573

㈜세무는 20x1년말에 상각후원가측정금융자산의 신용위험이 유의하게 증가하였다고 판단하고 전체기간 기대신용손실을 ₩50,000으로 추정하였다. 20x2년말에 이자는 정상적으로 수취하였으나 상각후원가측정금융자산의 신용이 손상되었다고 판단하였다. 20x2년말 현재 채무불이행 발생확률을 고려하여 향후 이자는 받을 수 없으며, 만기일에 수취할 원금의 현금흐름을 ₩700,000으로 추정하였다. 상가후원가측정금융자산 관련 회계처리가 ㈜세무의 20x1년도와 20x2년도의 당기순이익에 미치는 영향으로 옳은 것은?(단, 20x1년말과 20x2년말의 시장이자율은 각각 10%와 12%이며, 회사채 취득시 손상은 없다.) [세무사기출]

	20x1년	20x2년
①	₩19,399 증가	₩206,773 감소
②	₩19,399 증가	₩216,913 감소
③	₩19,399 증가	₩248,843 감소
④	₩31,834 증가	₩206,773 감소
⑤	₩31,834 증가	₩248,843 감소

내비게이션

- 취득시 현재가치 : 40,000×3.3121+1,000,000×0.7350=867,484
- 20x2년말 회수가능액 : 700,000×0.8573=600,110
- 회계처리

[20x1년초]

(차)	AC금융자산	867,484	(대) 현금	867,484

[20x1년말]

(차)	현금	40,000	(대) 이자수익	69,399[1)]
	AC금융자산	29,399		
(차)	손상차손	50,000	(대) 손실충당금	50,000

[20x2년말]

(차)	현금	40,000	(대) 이자수익	71,751[2)]
	AC금융자산	31,751		
(차)	손상차손	278,524	(대) 손실충당금	278,524[3)]

[1)]867,484×8%=69,399 [2)](867,484+29,399)×8%=71,751
[3)]기대신용손실 : (867,484+29,399+31,751)−600,110=328,524
손실충당금계상액 : 328,524−50,000=278,524

2. ㈜합격은 ㈜적중이 다음과 같이 발행한 사채를 20x1년 1월 1일에 취득하고 상각후원가로 측정하는 금융자산으로 분류하였다.

(1) 발행일 : 20x1년 1월 1일
(2) 액면금액 : ₩1,000,000
(3) 이자지급 : 연 8%를 매년 12월 31일에 지급
(4) 만기일 : 20x3년 12월 31일(일시상환)
(5) 사채발행 시점의 유효이자율 : 연 10%

20x1년말 위 금융자산의 이자는 정상적으로 수취하였으나, ㈜적중의 신용이 손상되어 ㈜합격은 향후 이자는 수령하지 못하며 만기일에 액면금액만 수취할 것으로 추정하였다. 20x1년도 ㈜합격이 동 금융자산의 손상차손으로 인식할 금액(A)과 손상차손 인식 후 20x2년도에 이자수익으로 인식할 금액(B)은 각각 얼마인가? 단, 20x1년말 현재 시장이자율은 연 12%이며, 단수차이로 인해 오차가 있다면 가장 근사치를 선택한다.

기간	단일금액 1의 현재가치		정상연금 1의 현재가치	
	10%	12%	10%	12%
1년	0.9091	0.8928	0.9091	0.8928
2년	0.8264	0.7972	1.7355	1.6900
3년	0.7513	0.7118	2.4868	2.4018

	20x1년도 손상차손(A)	20x2년도 이자수익(B)
①	₩168,068	₩82,640
②	₩168,068	₩95,664
③	₩138,868	₩82,640
④	₩138,868	₩95,664
⑤	₩138,868	₩115,832

내비게이션

- 20x1년초 현가 : 1,000,000×8%×2.4868+1,000,000×0.7513=950,244
- 20x1년말 총장부금액 : 950,244+(950,244×10%−80,000)=965,268
- 20x1년말 회수가능액 : 1,000,000×0.8264=826,400
- 20x1년말 손상차손 : 965,268−826,400=138,868
- 20x1년말 이자수익 : 826,400×10%=82,640

서술형Correction연습

❒ 금융자산은 최초인식시에 공정가치로 측정하며, 취득과 직접 관련하여 발생하는 거래원가는 최초인식하는 공정가치에 가산한다.

➲ (X) : FVPL금융자산의 거래원가는 당기비용 처리한다.

Answer 1. ① 2. ③

시험중요도 ★★★

기본이론 제136강 FVOCI금융자산(채무상품) : 신용위험

구분	항목	내용
평가·처분	이자수익	산식: ❒ 이자수익 = 총장부금액(손상및평가전 상각후원가) × 최초유효이자율 ➡신용이 손상되기 전까지는 총장부금액에 유효이자율을 적용함.
	평가손익	산식: ❒ 최초평가시 평가손익 = 당기공정가치 - 총장부금액 ❒ 최초평가후 평가손익 = 당기공정가치 - (전기공정가치 + 상각액) • 평가손익(발생시 상계)은 기타포괄손익 처리하며, 자산 제거시 당기손익으로 재분류함. 비교 FVOCI금융자산(지분상품)의 평가손익은 당기손익으로 재분류하지 않음.
	기대신용손실 [평가손익]	• 신용이 손상되지 않은 경우에도 손상차손(당기손익)과 평가손익(기타포괄손익)을 인식함. 비교 AC금융자산 : 손상차손(당기손익)과 손실충당금(자산차감)을 인식함. • 전기말 기대신용손실과의 차액을 손상차손(환입)으로 인식함.

❖처분은 평가손익의 당기손익(처분손익) 재분류를 제외하고 AC금융자산과 동일함.

처분손익

• 처분시 공정가치(=순처분금액)로 먼저 선평가하여 평가손익(기타포괄손익)을 인식함.

구분	차변	금액	대변	금액
선평가	(차) FVOCI금융자산	xxx	(대) 평가이익(기타포괄손익)	xxx
처분	(차) 현금	xxx	(대) FVOCI금융자산	xxx
재분류	(차) 평가이익(기타포괄손익누계)	xxx	(대) 처분이익	xxx

세부고찰

사례 FVOCI금융자산(채무상품) 회계처리

✪ 20x1년초 액면 ₩100,000, 4년 만기 사채를 ₩87,318에 취득하고 기타포괄손익-공정가치측정금융자산으로 분류함. 취득시 유효이자율은 10%, 표시이자율 6%(연말후급). 20x1년말 표시이자는 전액수령함. 20x1년말 사채의 신용위험은 유의적으로 증가하지 않았고 12개월 기대신용손실을 ₩300으로 추정하였으며 공정가치는 ₩94,000임. 20x2년말 표시이자는 전액수령함. 20x2년말 사채의 신용위험은 유의적으로 증가하였고 전체기간 기대신용손실을 ₩1,000으로 추정하였으며 공정가치는 ₩86,000임. 20x3년말 표시이자 전액수령후 사채 전부를 ₩98,000에 처분함. 매년도말 회계처리?

●매년말 회계처리

일자	차변	금액	대변	금액
20x1년 12월 31일	(차) 현금	6,000	(대) 이자수익	8,732[1]
	FVOCI금융자산	2,732		
	(차) FVOCI금융자산	3,950	(대) 평가이익	3,950[2]
	(차) 손상차손	300	(대) 평가이익	300
20x2년 12월 31일	(차) 현금	6,000	(대) 이자수익	9,005[3]
	FVOCI금융자산	3,005		
	(차) 평가이익	4,250[4]	(대) FVOCI금융자산	11,005
	평가손실	6,755[4]		
	(차) 손상차손	700	(대) 평가손실	700
20x3년 12월 31일	(차) 현금	6,000	(대) 이자수익	9,306[5]
	FVOCI금융자산	3,306		
	(차) FVOCI금융자산	8,694	(대) 평가손실	6,055[6]
			평가이익	2,639[6]
	(차) 현금	98,000	(대) FVOCI금융자산	98,000
	(차) 평가이익	2,639	(대) 처분이익	2,639

[1] 87,318×10%=8,732 [2] 94,000-(87,318+2,732)=3,950 [3] (87,318+2,732)×10%=9,005
[4] 86,000-(94,000+3,005)=△11,005 [5] (87,318+2,732+3,005)×10%=9,306
[6] 98,000-(86,000+3,306)=8,694

FINAL 객관식뽀개기 실전적중문제

1. ㈜관세는 20x1년초 채무상품(액면금액 ₩100,000, 표시이자율 연 15%, 매년 말 이자지급, 5년 만기)을 공정가치인 ₩110,812에 구입하여 기타포괄손익-공정가치측정금융자산으로 분류하였다. 취득 당시 유효이자율은 연 12%이고, 20x1년말 동 채무상품의 공정가치가 ₩95,000이다. 20x1년 ㈜관세가 이 금융자산과 관련하여 인식할 기타포괄손실은?(단, 화폐금액은 소수점 첫째자리에서 반올림하며, 20x1년말 현재 기대신용손실은 ₩0이다) [관세사기출]

① ₩10,812 ② ₩14,109 ③ ₩15,812
④ ₩17,434 ⑤ ₩17,515

- 20x1년말 총장부금액 : 110,812-(15,000-110,812×12%)=109,109

∴20x1년말 평가손익 : 95,000-109,109=△14,109(평가손실)

2. ㈜세무는 20x1년 1월 1일에 ㈜한국이 발행한 채권을 ₩927,910에 취득하였다. 동 채권의 액면금액은 ₩1,000,000, 표시이자율은 연 10%(매년 말 지급)이며, 취득 당시 유효이자율은 연 12%이었다. 20x1년말 동 채권의 이자수취 후 공정가치는 ₩990,000이며, ㈜세무는 20x2년 3월 31일에 발생이자를 포함하여 ₩1,020,000에 동 채권을 처분하였다. ㈜세무의 동 채권과 관련된 회계처리에 관한 설명으로 옳지 않은 것은? (단, 채권 취득과 직접 관련된 거래원가는 없으며, 20x1년말 현재 기대신용손실은 ₩0이다.) [세무사기출]

① 당기손익-공정가치측정금융자산으로 분류한 경우나 기타포괄손익-공정가치측정금융자산으로 분류한 경우, 20x1년말 재무상태표상에 표시되는 금융자산은 ₩990,000으로 동일하다.
② 당기손익-공정가치측정금융자산으로 분류한 경우, 20x1년 당기순이익은 ₩162,090 증가한다.
③ 당기손익-공정가치측정금융자산으로 분류한 경우나 기타포괄손익-공정가치측정금융자산으로 분류한 경우, 20x1년 총포괄손익금액에 미치는 영향은 동일하다.
④ 당기손익-공정가치측정금융자산으로 분류한 경우, 20x2년 당기순이익은 ₩30,000 증가한다.
⑤ 기타포괄손익-공정가치측정금융자산으로 분류한 경우, 20x2년 당기순이익은 ₩75,741 증가한다.

- FVPL금융자산
  - 20x1년 : 이자수익 100,000, 평가이익(당기손익) 62,090
  - 20x2년 : 이자수익 25,000, 처분이익 5,000
- FVOCI금융자산

일자	차변	금액	대변	금액
20x1.1.1	(차) FVOCI	927,910	(대) 현금	927,910
20x1.12.31	(차) 현금	100,000	(대) 이자수익	111,349
	FVOCI	11,349		
	(차) FVOCI	50,741	(대) 평가이익	50,741
20x2.3.31	(차) 미수이자	25,000	(대) 이자수익	28,178
	FVOCI	3,178		
	(차) FVOCI	1,822	(대) 평가이익	1,822
	(차) 현금	1,020,000	(대) 미수이자	25,000
			FVOCI	995,000
	(차) 평가이익	52,563	(대) 처분이익	52,563

*20x1년 총포괄이익에 미치는 효과는 양자 모두 동일하다.
- FVPL금융자산 : 100,000(이자수익)+62,090(당기손익)=162,090
- FVOCI금융자산 : 111,349(이자수익)+50,741(기타포괄이익)=162,090

*FVOCI금융자산의 20x2년 당기순이익 : 28,178+52,563=80,741 증가

Answer 1. ② 2. ⑤

시험중요도 ★★☆

기본이론 제137강 FVOCI금융자산(채무상품) : 신용손상

<table>
<tr><td rowspan="9">회계처리</td><td rowspan="2">이자수익</td><td rowspan="2">산식</td><td>❒ 손상이전 이자수익=총장부금액×최초유효이자율</td></tr>
<tr><td>❒ 손상이후 이자수익=전기회수가능액×최초유효이자율</td></tr>
<tr><td rowspan="3">평가손익</td><td rowspan="2">산식</td><td>❒ 최초평가시 평가손익=당기공정가치 - 총장부금액</td></tr>
<tr><td>❒ 최초평가후 평가손익=당기공정가치 - (전기공정가치+상각액)</td></tr>
<tr><td colspan="2">• 평가손익(발생시 상계)은 기타포괄손익 처리하며, 자산 제거시 당기손익으로 재분류함.</td></tr>
<tr><td rowspan="2">신용손상
[평가손익]</td><td>산식</td><td>❒ 기대신용손실=총장부금액 - 회수가능액</td></tr>
<tr><td colspan="2">➡회수가능액 : 추정미래현금흐름을 최초유효이자율로 할인한 현재가치</td></tr>
<tr><td>변동·환입</td><td colspan="2">• 신용손상후 기대신용손실이 변동한 경우에는 동 변동액을 손상차손(환입)으로 인식함.</td></tr>
</table>

세부고찰

사례 FVOCI금융자산 신용손상의 회계처리

✪ 20x1년초 액면 ₩100,000, 4년 만기 사채를 ₩87,318에 취득하고 기타포괄손익-공정가치측정금융자산으로 분류함. 취득시 유효이자율은 10%, 표시이자율 6%(연말후급). 20x1년말 이자는 정상수령함. 20x2년말 수령할 표시이자 ₩6,000과 20x3년말 수령 예측한 표시이자 ₩3,000은 전액 수령함.
- 20x1년말 : 신용위험은 유의적 증가치 않음.(12개월 기대신용손실 ₩1,000), 공정가치는 ₩94,000임.
- 20x2년말 : 신용손상이 발생하였으며 공정가치는 ₩50,000임.
- 20x3년말 : 신용손상이 회복되었으며 공정가치는 ₩75,000임.

	20x2년말 추정현금흐름	
	20x3년말	20x4년말
액면금액	-	₩60,000
표시이자	₩3,000	₩3,000

	20x3년말 추정현금흐름
	20x4년말
액면금액	₩80,000
표시이자	₩4,000

기간	10% 현가계수	
	현가	연금현가
1	0.9091	0.9091
2	0.8264	1.7355

• 20x2년말 회수가능액 : 60,000×0.8264+3,000×1.7355=54,791
20x3년말 회수가능액 : 80,000×0.9091+4,000×0.9091=76,364

<table>
<tr><td rowspan="4">20x1년 12월 31일</td><td>(차) 현금</td><td>6,000</td><td>(대) 이자수익</td><td>8,732[1)]</td></tr>
<tr><td>FVOCI금융자산</td><td>2,732</td><td></td><td></td></tr>
<tr><td>(차) FVOCI금융자산</td><td>3,950</td><td>(대) 평가이익</td><td>3,950[2)]</td></tr>
<tr><td>(차) 손상차손</td><td>1,000</td><td>(대) 평가이익</td><td>1,000</td></tr>
<tr><td rowspan="5">20x2년 12월 31일</td><td>(차) 현금</td><td>6,000</td><td>(대) 이자수익</td><td>9,005[3)]</td></tr>
<tr><td>FVOCI금융자산</td><td>3,005</td><td></td><td></td></tr>
<tr><td>(차) 평가이익</td><td>4,950[4)]</td><td>(대) FVOCI금융자산</td><td>47,005</td></tr>
<tr><td>평가손실</td><td>42,055[4)]</td><td></td><td></td></tr>
<tr><td>(차) 손상차손</td><td>37,264[5)]</td><td>(대) 평가손실</td><td>37,264</td></tr>
<tr><td rowspan="6">20x3년 12월 31일</td><td>(차) 현금</td><td>3,000</td><td>(대) 이자수익</td><td>5,479[6)]</td></tr>
<tr><td>FVOCI금융자산</td><td>2,479</td><td></td><td></td></tr>
<tr><td>(차) FVOCI금융자산</td><td>22,521</td><td>(대) 평가손실</td><td>4,791[7)]</td></tr>
<tr><td></td><td></td><td>평가이익</td><td>17,730[7)]</td></tr>
<tr><td>(차) 평가이익</td><td>17,730</td><td>(대) 손상차손환입</td><td>19,094[8)]</td></tr>
<tr><td>평가손실</td><td>1,364</td><td></td><td></td></tr>
</table>

1) 87,318×10%=8,732 2) 94,000-(87,318+2,732)=3,950 3) (87,318+2,732)×10%=9,005
4) 50,000-(94,000+3,005)=△47,005 5) 기대신용손실 : 93,055-54,791=38,264 →38,264-1,000=37,264
6) 54,791(전기회수가능액)×10%=5,479 7) 75,000-(50,000+2,479)=22,521
8) 기대신용손실 : 95,534-76,364=19,170 →38,264-19,170=19,094

FINAL 객관식뽀개기 실전적중문제

1. ㈜합격은 20x1년초 ㈜적중이 3년 만기로 발행한 액면금액 ₩1,000,000의 사채를 ₩951,963에 취득하고 기타포괄손익-공정가치측정금융자산으로 분류하였다. 취득당시 금융자산에 적용된 유효이자율은 12%이며 표시이자율은 10%고 매년말 후급조건이다. 관련된 다음 자료에 의해 동 거래로 인해 ㈜합격의 20x2년도 당기손익에 미친 영향을 계산하면 얼마인가?

(1) 20x1년말에 이자는 정상적으로 수령하였으나 20x1년말에 ㈜적중에 신용손상이 발생하였으며 기대미래현금흐름은 20x2년말과 20x3년말에 각각 표시이자 ₩50,000과 만기원금상환액 ₩500,000으로 추정되었다. 한편, 동 시점에 금융자산의 공정가치는 ₩460,000이다.
(2) 20x2년말의 이자는 20x1년말에 예측되었던 금액 ₩50,000이 그대로 회수되었다. ㈜적중의 신용손상이 일부 회복되어 기대현금흐름은 20x3년말에 표시이자 ₩80,000과 만기원금상환액 ₩800,000으로 추정되었다. 한편, 동 시점에 금융자산의 공정가치는 ₩790,000이다.

기간	단일금액 ₩1의 현재가치	정상연금 ₩1의 현재가치
	12%	12%
1	0.89286	0.89286
2	0.79719	1.69005
3	0.71178	2.40183

① 이익 ₩57,972　② 이익 ₩246,428
③ 이익 ₩294,647　④ 이익 ₩352,619
⑤ 손실 ₩130,482

내비게이션

- 20x1년말 회수가능액 : 500,000×0.79719+50,000×1.69005=483,098
  20x2년말 회수가능액 : 800,000×0.89286+80,000×0.89286=785,717

20x1년초	(차)FVOCI	951,963	(차)현금	951,963
20x1년말	(차)현금	100,000	(대)이자수익	114,236[1]
	FVOCI	14,236		
	(차)평가손실	506,199[2]	(대)FVOCI	506,199
	(차)손상차손	483,101	(대)평가손실	483,101
20x2년말	(차)현금	50,000	(대)이자수익	57,972[4]
	FVOCI	7,972		
	(차)FVOCI	322,028	(대)평가손실	322,028[5]
	(차)평가손실	294,647	(대)손상환입	294,647[6]

[1] 951,963×12%=114,236
[2] 460,000-(951,963+14,236)=506,199
[3] 966,199-483,098=483,101
[4] 483,098×12%=57,972
[5] 790,000-(460,000+7,972)=322,028
[6] 기대신용손실 : 974,171-785,717=188,454
→483,101-188,454=294,647

∴이자수익(57,972)+손상환입(294,647)=352,619

2. ㈜합격의 자금팀장은 20x1년초에 회사의 자금여력이 충분하다고 판단하여 ㈜적중의 3년 만기 회사채(표시이자율 6%, 매년 말 이자지급, 유효이자율 8%, 액면금액 ₩100,000)를 ₩94,846에 취득하였다. 이에 대해 회계팀장은 해당 회사채를 ㉮ 당기손익-공정가치측정금융자산, ㉯ 기타포괄손익-공정가치측정금융자산, ㉰ 상각후원가측정금융자산 중 어느 것으로 분류해야 할지에 대해 고민하고 있다. 자금팀장의 예측에 따르면 20x1년도말 이자율이 전반적으로 하락하여 ㈜적중의 사채 시장이자율이 6%로 낮아질 것으로 예상된다. 이 같은 예상정보에 근거하여 20x1년말 ㈜적중 회사채의 가격이 형성된다고 가정했을 때, 위 세 가지 분류에 따른 20x1년도 ㈜합격의 당기순이익과 포괄이익의 크기를 가장 적절하게 표시한 것은?

	당기순이익	포괄이익
①	㉮ 〉 ㉯ 〉 ㉰	㉮ 〉 ㉯ 〉 ㉰
②	㉮ 〉 ㉯ = ㉰	㉮ = ㉯ 〉 ㉰
③	㉯ = ㉰ 〉 ㉮	㉯ = ㉰ 〉 ㉮
④	㉯ 〉 ㉮ 〉 ㉰	㉯ 〉 ㉮ 〉 ㉰
⑤	㉰ 〉 ㉯ 〉 ㉮	㉰ 〉 ㉯ 〉 ㉮

내비게이션

- 20x1년말 공정가치 : $\frac{6,000}{1.06}+\frac{6,000}{1.06^2}+\frac{100,000}{1.06^2}$=100,000
  → '표시이자율(6%)=시장이자율(6%)' 이므로 현가는 액면금액이다.
- FVPL금융자산(채무상품)
  ㉠ 당기순이익
  이자수익(100,000×6%=6,000)+평가이익(100,000-94,846=5,154)=11,154
  ㉡ 포괄이익
  당기순이익(11,154)
- FVOCI금융자산(채무상품)
  ㉠ 당기순이익
  이자수익(94,846×8%=7,588) →상각액 : 7,588-100,000×6%=1,588
  ㉡ 포괄이익
  당기순이익(7,588)+평가이익[100,000-(94,846+1,588)=3,566]=11,154
- AC금융자산(채무상품)
  ㉠ 당기순이익
  이자수익(94,846×8%=7,588)
  ㉡ 포괄이익
  당기순이익(7,588)

서술형Correction연습

☐ 기타포괄손익-공정가치측정금융자산의 해당 손실충당금은 금융자산의 장부금액을 줄인다.

➲ (X) : 기타포괄손익을 인식하므로 장부금액을 줄이지 아니한다.

Answer 1. ④ 2. ②

시험중요도 ★★☆

기본이론 제138강 FVPL금융자산에서 다른 범주로 재분류

재분류 총괄사항

재분류사유
- 사업모형을 변경하는 경우에만 재분류함.

  주의 ∴채무상품만 재분류 가능 →사업모형이 없는 지분상품(파생상품)은 재분류 불가

재분류일
- 사업모형 변경 후 첫 번째 보고기간의 첫 번째날을 말함.

  ➡예 특정 회계연도에 사업모형이 변경되면 다음 회계연도초에 재분류함.

  말장난 재분류일은 사업모형의 변경이 발생한 보고기간의 마지막날을 말한다(X)

적용방법
- 재분류는 재분류일부터 전진적으로 적용함.

  ➡재분류 전에 인식한 손익(손상차손과 환입 포함)이나 이자는 다시 작성하지 않음.

FVPL ➡ AC

재분류금액
- 재분류일의 공정가치가 새로운 총장부금액이 됨.

  ➡재분류일 현재의 기대신용손실을 우선 인식함.(손상차손 xxx/손실충당금 xxx)

  ➡재분류전 FVPL금융자산이 이미 공정가치로 평가되어 있으므로 재분류금액인 공정가치와 장부금액의 차이가 발생하지 않음.(즉, 재분류시 손익이 없음.)

유효이자율
- 재분류일의 현행 시장이자율을 적용(유효이자율 재산정 필요)

  ➡'재분류일의 공정가치(새로운 총장부금액)=추정미래CF의 현가'가 되게 하는 이자율임.

사례 FVPL금융자산에서 AC금융자산으로 재분류

⊙ ㈜합격은 20x1년초 액면 ₩1,000,000인 사채(만기 3년, 표시이자율은 매년말 후급 10%, 유효이자율 12%)를 ₩951,963에 취득하고 당기손익-공정가치측정금융자산으로 분류하였다. 20x1년말(=20x2년초)의 공정가치는 ₩982,872, 시장이자율은 11%이고 사업모형변경으로 다른 자산으로 재분류하기로 하였다. 20x2년말 공정가치는 ₩1,000,000이다. 재분류시점(20x2년초) 이후 회계처리는?(기대신용손실은 무시함)

- FVPL금융자산을 AC금융자산으로 재분류한 경우

일자	차변	금액	대변	금액
20x2년 01월 01일	(차) AC금융자산	982,872	(대) FVPL금융자산	982,872
20x2년 12월 31일	(차) 현금	100,000	(대) 이자수익	108,116[1]
	AC금융자산	8,116		

[1] 982,872×11%=108,116

FVPL ➡ FVOCI

재분류금액
- 재분류일의 공정가치가 새로운 총장부금액이 됨.

  ➡재분류일 현재의 기대신용손실을 우선 인식함.(손상차손 xxx/평가이익 xxx)

  ➡재분류전 FVPL금융자산이 이미 공정가치로 평가되어 있으므로 재분류금액인 공정가치와 장부금액의 차이가 발생하지 않음.(즉, 재분류시 손익이 없음.)

유효이자율
- 재분류일의 현행 시장이자율을 적용(유효이자율 재산정 필요)

  ➡'재분류일의 공정가치(새로운 총장부금액)=추정미래CF의 현가'가 되게 하는 이자율임.

사례 FVPL금융자산에서 FVOCI금융자산으로 재분류

⊙ 자료는 위와 동일

- FVPL금융자산을 FVOCI금융자산으로 재분류한 경우

일자	차변	금액	대변	금액
20x2년 01월 01일	(차) FVOCI금융자산	982,872	(대) FVPL금융자산	982,872
20x2년 12월 31일	(차) 현금	100,000	(대) 이자수익	108,116[1]
	FVOCI금융자산	8,116		
	(차) FVOCI금융자산	9,012	(대) 평가이익	9,012[2]

[1] 982,872×11%=108,116 [2] 1,000,000-(982,872+8,116)=9,012

FINAL 객관식뽀개기 실전적중문제

1. 다음은 발행일이 20x1년초이며 ㈜합격이 동 일자에 취득하여 당기손익-공정가치측정금융자산으로 분류한 사채에 관한 자료이다.

액면금액 : ₩100,000	취득금액 : ₩95,198
만기 : 3년	표시이자율 : 연 10%
이자지급 : 매년말	유효이자율 : 연 12%

[공정가치 자료]

20x1년말(=20x2년초)	20x2년말(=20x3년초)
₩98,287	₩100,000

20x1년 중 사업모형이 변경되어 상각후원가측정금융자산으로 재분류하기로 하였을 경우 20x1년과 20x2년의 당기순이익에 미친 영향은 얼마인가? 단, 20x1년말(=20x2년초)의 시장이자율은 11%이며 기대신용손실은 없다.

	20x1년	20x2년
①	₩10,000	₩10,000
②	₩10,000	₩10,472
③	₩13,089	₩10,812
④	₩13,089	₩11,424
⑤	₩3,089	₩11,794

내비게이션

- 20x1년 : 이자수익(100,000×10%)+평가이익(98,287-95,198)=13,089
- 20x2년 : 이자수익(98,287×11%=10,812

2. 한국채택국제회계기준상 금융자산은 관리하는 사업모형을 변경하는 경우에만 영향받는 모든 금융자산을 재분류하도록 하고 있다. 다음 중 금융자산의 재분류와 관련하여 가장 옳지 않은 것은?

① 금융자산의 재분류는 사업모형을 변경하는 경우에만 가능하므로 현금흐름이 원금과 이자만으로 구성되어 있지 않은 지분상품이나 파생상품은 사업모형을 선택할 수 없으므로 재분류가 불가능하다.

② 금융자산을 기타포괄손익-공정가치측정금융자산 범주에서 상각후원가측정금융자산의 범주로 재분류하는 경우에 재분류일의 공정가치로 측정한다. 그러나 재분류 전에 인식한 기타포괄손익누계액은 자본에서 제거하고 재분류일의 금융자산의 공정가치에서 조정한다.

③ 재분류일은 금융자산의 재분류를 초래하는 사업모형의 변경이 발생한 보고기간의 마지막날을 말한다.

④ 금융자산을 당기손익-공정가치측정금융자산 범주에서 상각후원가측정금융자산 범주로 재분류하는 경우에 재분류일의 공정가치가 새로운 총장부금액이 된다.

⑤ 금융자산을 상각후원가측정금융자산 범주에서 당기손익-공정가치측정금융자산 범주로 재분류하는 경우에 재분류일의 공정가치로 측정한다. 금융자산의 재분류 전 상각후원가와 공정가치의 차이에 따른 손익은 당기손익으로 인식한다.

내비게이션

- 재분류일은 금융자산의 재분류를 초래하는 사업모형의 변경 후 첫 번째 보고기간의 첫 번째날을 말한다.

*②와 ⑤에 대하여는 후술함!

3. ㈜합격은 20x1년초 ㈜적중이 동 일자에 발행한 액면금액 ₩300,000, 표시이자율 연 8%(매년말 후급 조건), 취득시 유효이자율 연 10%, 3년 만기의 사채를 ₩285,073에 취득하고 당기손익-공정가치측정금융자산으로 분류하였다. ㈜합격은 20x1년 중 사업모형이 변경되어 동 사채를 기타포괄손익-공정가치측정금융자산으로 재분류하기로 하였다. 한편, 20x1년말(20x2년초) 사채의 공정가치는 ₩294,728이며 20x2년말(20x3년초) 사채의 공정가치는 ₩298,000이다. 동 사채로 인해 ㈜합격의 20x2년 기타포괄손익에 미치는 영향은 얼마인가? 단, 20x1년말(=20x2년초)의 동 사채에 대한 적절한 시장이자율은 9%이며 20x2년말 현재 기대신용손실은 ₩3,000이다.

① 이익 ₩30,272 ② 이익 ₩24,272 ③ 이익 ₩3,746
④ 손실 ₩2,254 ⑤ 이익 ₩746

내비게이션

- 회계처리

20x1년초	(차)FVPL	285,073	(대)현금	285,073
20x1년말	(차)현금	24,000	(대)이자수익	24,000[1]
	(차)FVPL	9,655	(대)평가이익	9,655[2]
20x2년초	(차)FVOCI	294,728	(대)FVPL	294,728
20x2년말	(차)현금	24,000	(대)이자수익	26,526[3]
	FVOCI	2,526		
	(차)FVOCI	746	(대)평가이익	746[4]
	(차)손상차손	3,000	(대)평가이익	3,000

[1]300,000×8%=24,000 [2]294,728-285,073=9,655
[3]294,728×9%=26,526 [4]298,000-(294,728+2,526)=746
∴746+3,000=3,746(포괄이익)

Answer 1. ③ 2. ③ 3. ③

시험중요도 ★★☆

기본이론 제139강 AC금융자산에서 다른 범주로 재분류

AC ⇩ FVPL

재분류금액	• 재분류일의 공정가치로 측정함.
재분류손익	• 공정가치와 재분류전 장부금액(=총장부금액－손실충당금)의 차액은 당기손익 처리

사례 AC금융자산에서 FVPL금융자산으로 재분류

⊙ ㈜합격은 20x1년초 액면 ₩100,000인 사채(만기 4년, 표시이자율은 매년말 후급 6%, 유효이자율 10%)를 ₩87,318에 취득하고 상각후원가측정금융자산으로 분류함. 20x1년말 사채의 신용위험은 유의적으로 증가하지 않았고 12개월 기대신용손실을 ₩2,000으로 추정하였으며 공정가치는 ₩86,000임. 20x2년말 사채의 신용위험은 유의적으로 증가하지 않았고 12개월 기대신용손실을 ₩3,000으로 추정하였으며 공정가치는 ₩96,433(20x3년초에도 동일)임. 20x2년말 사업모형변경으로 다른 자산으로 재분류하기로 함. 20x3년말 사채의 신용위험은 유의적으로 증가하지 않았고 12개월 기대신용손실을 ₩2,500으로 추정하였으며 공정가치는 ₩98,000임. 회계처리?

•AC금융자산을 FVPL금융자산으로 재분류한 경우

20x1년초	(차) AC금융자산	87,318	(대) 현금	87,318
20x1년말	(차) 현금	6,000	(대) 이자수익	8,732
	AC금융자산	2,732		
	(차) 손상차손	2,000	(대) 손실충당금	2,000
20x2년말	(차) 현금	6,000	(대) 이자수익	9,005
	AC금융자산	3,005		
	(차) 손상차손	1,000	(대) 손실충당금	1,000
20x3년초	(차) FVPL금융자산	96,433	(대) AC금융자산	93,055
	손실충당금	3,000	재분류이익(손익)	6,378
20x3년말	(차) 현금	6,000	(대) 이자수익	6,000
	(차) FVPL금융자산	1,567	(대) 평가이익(손익)	1,567[1]

[1] 98,000−96,433=1,567

AC ⇩ FVOCI

재분류금액	• 재분류일의 공정가치로 측정함.
재분류손익	• 공정가치와 재분류전 장부금액(=총장부금액－손실충당금)의 차이는 기타포괄손익 처리
재분류이후 이자수익	• 재분류전 총장부금액과 유효이자율을 그대로 적용함.(처음부터 FVOCI인 것처럼 처리) ➡재분류전 유효이자율과 기대신용손실 측정치는 변경하지 않고 그대로 사용함.

사례 AC금융자산에서 FVOCI금융자산으로 재분류

⊙ 자료는 위와 동일

•AC금융자산을 FVOCI금융자산으로 재분류한 경우

20x1년초~20x2년말	- 위와 동일 -			
20x3년초	(차) FVOCI금융자산	96,433	(대) AC금융자산	93,055
	손실충당금	3,000	평가이익(자본)	6,378
20x3년말	(차) 현금	6,000	(대) 이자수익	9,306[1]
	FVOCI금융자산	3,306		
	(차) 평가이익	1,739[2]	(대) FVOCI금융자산	1,739
	(차) 평가이익	500	(대) 손상차손환입	500[3]

[1] (87,318+2,732+3,005)×10%=9,306 [2] 98,000−(96,433+3,306)=△1,739 [3] 2,500−3,000=△500

FINAL 객관식뽀개기 실전적중문제

1. ㈜합격은 20x1년초 ㈜적중이 동 일자에 발행한 액면금액 ₩100,000, 표시이자율 연 8%(매년말 후급 조건), 취득시 유효이자율 연 10%, 3년 만기의 사채를 ₩95,024에 취득하고 상각후원가측정금융자산으로 분류하였다. ㈜합격은 20x1년 중 사업모형이 변경되어 동 사채를 당기손익-공정가치측정금융자산으로 재분류하기로 하였다. 한편, 20x1년말(20x2년초) 사채의 공정가치는 ₩98,243이며 20x2년말(20x3년초) 사채의 공정가치는 ₩97,000이다. 동 사채로 인해 20x2년의 당기순이익에 미친 영향은 얼마인가? 단, 20x1년말과 20x2년말의 기대신용손실은 각각 ₩2,000과 ₩3,000이다.

① ₩6,757 ② ₩8,757 ③ ₩9,824
④ ₩10,474 ⑤ ₩11,717

내비게이션

• 회계처리

20x1년초	(차) AC	95,024	(대) 현금	95,024
20x1년말	(차) 현금	8,000	(대) 이자수익	9,502[1]
	AC	1,502		
	(차) 손상차손	2,000	(대) 손실충당금	2,000
20x2년초	(차) FVPL	98,243	(대) AC	96,526
	손실충당금	2,000	(대) 재분류이익[2]	3,717
20x2년말	(차) 현금	8,000	(대) 이자수익	8,000
	(차) 평가손실	1,243[3]	(대) FVPL	1,243

[1]95,024×10%=9,502
[2]당기손익
[3]97,000-98,243=△1,243
∴3,717(재분류이익)+8,000(이자수익)-1,243(평가손실)=10,474

2. 다음은 발행일이 20x1년초이며 ㈜합격이 동 일자에 취득하여 상각후원가측정금융자산으로 분류한 사채에 관한 자료이다.

액면금액 :	₩1,000,000	취득금액 :	₩951,963
만기 :	3년	표시이자율 :	연 10%
이자지급 :	매년말	유효이자율 :	연 12%

[기대신용손실 자료]

20x1년말	20x2년말
₩20,000	₩30,000

20x1년 중 사업모형이 변경되어 기타포괄손익-공정가치측정금융자산으로 재분류하기로 하였으며 20x1년말(20x2년초)의 사채의 공정가치는 ₩1,017,591일 때, 20x1년과 20x2년의 당기순이익에 미친 영향은 얼마인가?

	20x1년	20x2년
①	₩94,236	₩85,944
②	₩94,236	₩105,944
③	₩94,236	₩115,944
④	₩114,236	₩177,336
⑤	₩114,236	₩187,336

내비게이션

• 20x1년
- 이자수익 : 951,963×12%=114,236
- 손상차손(기대신용손실) : 20,000
∴114,236-20,000=94,236

• 20x2년
- 이자수익 : (951,963+14,236)×12%=115,944
- 손상차손(기대신용손실 변동분) : 30,000-20,000=10,000
∴115,0944-10,000=105,944

• 회계처리

20x1년초	(차)AC	951,963	(대)현금	951,963
20x1년말	(차)현금	100,000	(대)이자수익	114,236[1]
	AC	14,236		
	(차)손상차손	20,000	(대)손실충당금	20,000
20x2년초	(차)FVOCI	1,017,591	(대)AC	966,199
	손실충당금	20,000	(대) 재분류이익[2]	71,392
20x2년말	(차)현금	100,000	(대)이자수익	115,944[3]
	FVOCI	15,944		
	(차)FVOCI	?	(대)평가이익	?
	(차)손상차손	10,000	(대)평가이익	10,000[4]

[1]951,963×12%=114,236
[2]기타포괄손익
[3](951,963+14,236)×12%=115,944
[4]30,000-20,000=10,000

시험중요도 ★★☆

기본이론 제140강 FVOCI금융자산에서 다른 범주로 재분류

FVOCI ⇩ FVPL

재분류금액	• 재분류일의 공정가치로 측정함. ➡이미 공정가치로 평가되어 있으므로 공정가치와 장부금액의 차이가 발생치 않음.
재분류조정	• 재분류전 FVOCI금융자산의 기타포괄손익은 당기손익으로 재분류함.

사례 FVOCI금융자산에서 FVPL금융자산으로 재분류

⊙전술한 'AC금융자산에서 다른 범주로 재분류'와 동일. 단, 당초 FVOCI금융자산으로 분류함.

• FVOCI금융자산을 FVPL금융자산으로 재분류한 경우

20x1년초	(차) FVOCI금융자산	87,318	(대) 현금	87,318
20x1년말	(차) 현금	6,000	(대) 이자수익	8,732
	FVOCI금융자산	2,732		
	(차) 평가손실	4,050	(대) FVOCI금융자산	4,050
	(차) 손상차손	2,000	(대) 평가손실	2,000
20x2년말	(차) 현금	6,000	(대) 이자수익	9,005
	FVOCI금융자산	3,005		
	(차) FVOCI금융자산	7,428	(대) 평가손실	2,050
			평가이익	5,378
	(차) 손상차손	1,000	(대) 평가이익	1,000
20x3년초	(차) FVPL금융자산	96,433	(대) FVOCI금융자산	96,433
	(차) 평가이익	6,378	(대) 재분류이익(손익)	6,378
20x3년말	(차) 현금	6,000	(대) 이자수익	6,000
	(차) FVPL금융자산	1,567	(대) 평가이익(손익)	1,567[1)]

1)98,000-96,433=1,567

FVOCI ⇩ AC

재분류금액	• 재분류일의 공정가치로 측정함. ➡이미 공정가치로 평가되어 있으므로 공정가치와 장부금액의 차이가 발생치 않음.
공정가치조정	• 재분류전 FVOCI금융자산의 기타포괄손익은 금융자산 공정가치에서 조정함. ➡이 경우 재분류일부터 총장부금액에 대한 조정으로 손실충당금을 계상함.
재분류이후 이자수익	• 재분류전 총장부금액과 유효이자율을 그대로 적용함.(처음부터 AC인 것처럼 처리) ➡재분류전 유효이자율과 기대신용손실 측정치는 변경하지 않고 그대로 사용함.

사례 FVOCI금융자산에서 AC금융자산으로 재분류

⊙ 자료는 위와 동일

• FVOCI금융자산을 AC금융자산으로 재분류한 경우

20x1년초~20x2년말	- 위와 동일 -			
20x3년초	(차) AC금융자산	96,433	(대) FVOCI금융자산	96,433
	(차) 평가이익	6,378	(대) 손실충당금	3,000
			AC금융자산	3,378
20x3년말	(차) 현금	6,000	(대) 이자수익	9,306[1)]
	AC금융자산	3,306		
	(차) 손실충당금	500	(대) 손상차손환입	500[2)]

1)(87,318+2,732+3,005)×10%=9,306 2)2,500-3,000=△500

FINAL 객관식뽀개기 실전적중문제

1. 금융자산의 재분류시 회계처리에 관한 설명으로 옳지 않은 것은? [세무사기출]

① 상각후원가측정금융자산을 당기손익-공정가치측정금융자산으로 재분류할 경우 재분류일의 공정가치로 측정하고, 재분류 전 상각후원가와 공정가치의 차이를 당기손익으로 인식한다.

② 상각후원가측정금융자산을 기타포괄손익-공정가치측정금융자산으로 재분류할 경우 재분류일의 공정가치로 측정하고, 재분류 전 상각후원가와 공정가치의 차이를 기타포괄손익으로 인식하며, 재분류에 따라 유효이자율과 기대신용손실 측정치는 조정하지 않는다.

③ 기타포괄손익-공정가치측정금융자산을 당기손익-공정가치측정금융자산으로 재분류할 경우 계속 공정가치로 측정하고, 재분류 전에 인식한 기타포괄손익누계액은 재분류일에 이익잉여금으로 대체한다.

④ 기타포괄손익-공정가치측정금융자산을 상각후원가측정 금융자산으로 재분류할 경우 재분류일의 공정가치로 측정하고, 재분류 전에 인식한 기타포괄손익누계액은 자본에서 제거하고 재분류일의 금융자산의 공정가치에서 조정하며, 재분류에 따라 유효이자율과 기대신용손실 측정치는 조정하지 않는다.

⑤ 당기손익-공정가치측정금융자산을 기타포괄손익-공정가치측정금융자산으로 재분류할 경우 계속 공정가치로 측정하고, 재분류일의 공정가치에 기초하여 유효이자율을 다시 계산한다.

내비게이션

• 이익잉여금으로 대체한다.(X) → 당기손익으로 대체한다.(O)

2. ㈜합격은 20x1년초 ㈜적중이 동 일자에 발행한 액면금액 ₩1,000,000, 표시이자율 연 8%(매년말 후급 조건), 취득시 유효이자율 연 10%, 3년 만기의 사채를 ₩950,244에 취득하고 기타포괄손익-공정가치측정금융자산으로 분류하였다. ㈜합격은 20x1년 중 사업모형이 변경되어 동 사채를 당기손익-공정가치측정금융자산으로 재분류하기로 하였다. 한편, 20x1년말(20x2년초) 사채의 공정가치는 ₩982,428이며 20x2년말(20x3년초) 사채의 공정가치는 ₩975,000이다. 동 사채로 인해 20x2년의 당기순이익에 미친 영향은 얼마인가? 단, 20x1년말과 20x2년말의 기대신용손실은 각각 ₩2,000과 ₩3,000이다.

① ₩72,572 ② ₩91,732 ③ ₩99,160
④ ₩106,588 ⑤ ₩109,975

내비게이션

• 재분류조정이익 : ㉠+㉡=19,160
  ㉠ 20x1년말 평가이익 : 982,428-(950,244+15,024)=17,160
  ㉡ 20x1년말 기대신용손실(평가이익) : 2,000
• 이자수익(표시이자) : 1,000,000×8%=80,000
• 평가손실(당기손익) : 975,000-982,428=△7,428
∴19,160+80,000-7,428=91,732

3. 다음은 발행일이 20x1년초이며 ㈜합격이 동 일자에 취득하여 기타포괄손익-공정가치측정금융자산으로 분류한 사채에 관한 자료이다.

액면금액	: ₩100,000	취득금액	: ₩90,053
만기	: 3년	표시이자율	: 연 6%
이자지급	: 매년말	유효이자율	: 연 10%

[공정가치 자료]

20x1년말(=20x2년초)	20x2년말(=20x3년초)
₩94,723	₩96,000

[기대신용손실 자료]

20x1년말	20x2년말
₩3,000	₩2,000

20x1년 중 사업모형이 변경되어 상각후원가측정금융자산으로 재분류하기로 하였을 경우 20x2년의 당기순이익에 미친 영향은 얼마인가?

① ₩7,306 ② ₩9,306 ③ ₩10,306
④ ₩11,971 ⑤ ₩14,971

내비게이션

• 회계처리

20x1년초	(차) FVOCI	90,053	(대) 현금	90,053
20x1년말	(차) 현금	6,000	(대) 이자수익	9,005[1]
	FVOCI	3,005		
	(차) FVOCI	1,665	(대) 평가이익	1,665
	(차) 손상차손	3,000	(대) 평가이익	3,000
20x2년초	(차) AC	94,723	(대) FVOCI	94,723
	(차) 평가이익	4,665	(대) 손실충당금	3,000
			AC	1,665
20x2년말	(차) 현금	6,000	(대) 이자수익	9,306[3]
	AC	3,306		
	(차) 손실충당금	1,000	(대) 손상차손환입	1,000[4]

[1] 90,053×10%=9,005
[2] 94,723-(90,053+3,005)=1,665
[3] (90,053+3,005)×10%=9,306 [4] 2,000-3,000=△1,000
∴9,306+1,000=10,306

Answer 1. ③ 2. ② 3. ③

시험중요도 ★☆☆

기본이론 제141강 계약상 현금흐름의 변경

<table>
<tr><td rowspan="5">개요</td><td>거래형태</td><td colspan="2">• 금융자산의 계약상 현금흐름이 재협상되거나 변경되었으나 그 금융자산이 제거되지 아니하는 경우임.</td></tr>
<tr><td rowspan="3">처리방법</td><td colspan="2">• 총장부금액을 재계산하고 변경손익을 당기손익으로 인식함.</td></tr>
<tr><td>변경후총장부금액</td><td>• 재협상되거나 변경된 계약상 현금흐름을 해당 금융자산의 최초유효이자율로 할인한 현재가치로 재계산함.</td></tr>
<tr><td>변경손익</td><td>• 변경손익 = 변경후총장부금액 - 변경전총장부금액
(차) AC금융자산 xxx (대) 변경이익 xxx</td></tr>
<tr><td></td><td>거래원가</td><td>• 변경으로 발생한 원가나 수수료는 변경된 금융자산의 장부금액에 반영하여 해당 금융자산의 남은 존속기간에 상각함.
(차) AC금융자산 xxx (대) 현금 xxx</td></tr>
<tr><td></td><td>변경후 이자수익</td><td colspan="2">• 변경후총장부금액에 최초유효이자율을 적용하여 인식함.</td></tr>
</table>

회계처리

사례 계약상 현금흐름의 변경 회계처리

㈜합격은 발행일이 20x1년초인 다음의 사채를 동 일자에 취득하고 상각후원가측정금융자산으로 분류하였다. 차입자는 액면금액으로 중도상환할 수 있는 권리를 갖고 있으며 중도상환위약금은 없다.

(1) 액면금액은 ₩1,250이며 매년말 4.7%의 확정이자 ₩59이 지급된다.
(2) 취득금액은 ₩1,000이며 만기는 5년이고 취득시 유효이자율은 10%이다.

20x3년초 ㈜합격은 현금흐름에 대한 추정을 변경하여 20x3년말에 액면금액의 50%가 중도상환되고, 나머지 50%는 20x5년말에 상환될 것으로 예상하였으며, 20x4년말부터 지급될 표시이자는 ₩30이다. 10% 현가계수는 1기간 0.9091, 2기간 0.8264, 3기간 0.7513 일 때 회계처리?

풀이

•현금흐름

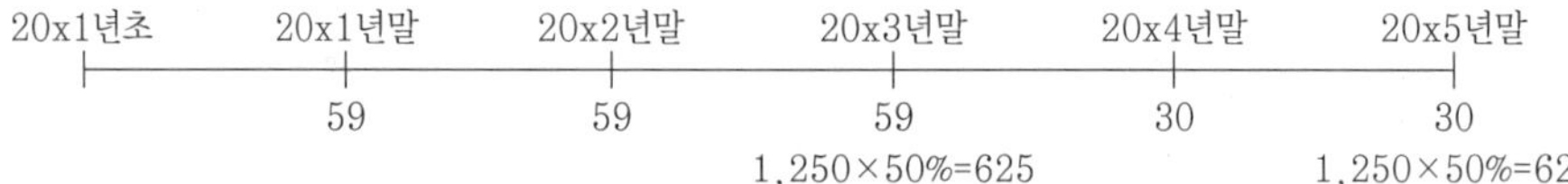

•회계처리

20x3년초	(차) AC금융자산	53	(대) 변경이익	53[1]
20x3년말	(차) 현금	59	(대) 이자수익	114[2]
	AC금융자산	55		
	(차) 현금	625	(대) AC금융자산	625
20x4년말	(차) 현금	30	(대) 이자수익	57[3]
	AC금융자산	27		
20x5년말	(차) 현금	30	(대) 이자수익	59[4]
	AC금융자산	29		
	(차) 현금	625	(대) AC금융자산	625

[1] 변경전총장부금액 : 1,000+(1,000×10%-59)+(1,041×10%-59)=1,086
변경후총장부금액 : (59+625)×0.9091+30×0.8264+(30+625)×0.7513=1,139
→∴변경손익 : 1,139-1,086=53(변경이익)

[2] 1,139×10%=114 [3] (1,139+55-625)×10%=57 [4] (1,139+55-625+27)×10%=59(단수조정)

FINAL 객관식뽀개기 실전적중문제

1. 다음은 한국채택국제회계기준상 금융자산과 관련된 설명이다. 가장 타당한 설명은 어느 것인가?

① 금융자산은 금융상품을 인수하는 시점에 재무상태표에 인식한다.

② 지분상품에 대한 투자로서 단기매매항목이 아니고 사업결합에서 취득자가 인식하는 조건부대가가 아닌 지분상품에 대한 투자의 후속적인 공정가치 변동을 기타포괄손익으로 표시할 수 있도록 선택할 수 있으며, 해당 선택은 추후에 취소할 수 있다.

③ 금융자산 전체나 일부의 회수를 합리적으로 예상할 수 없는 경우에는 해당 금융자산의 총장부금액을 직접 줄인다. 그러나 이러한 제각은 금융자산을 제거하는 사건으로 보지는 않는다.

④ 금융자산의 계약상 현금흐름이 재협상되거나 변경되었으나 그 금융자산이 제거되지 아니하는 경우에는 해당 금융자산의 총장부금액을 재계산하고 변경손익을 당기손익으로 인식하며, 해당 금융자산의 총장부금액은 재협상되거나 변경된 계약상 현금흐름을 해당 금융자산의 최초 유효이자율로 할인한 현재가치로 재계산한다.

⑤ 계약상 현금흐름의 변경과 관련하여 발생한 원가나 수수료는 변경시점에 당기손익으로 인식한다.

내비게이션

- ① 금융자산이나 금융부채는 금융상품의 계약당사자가 되는 때에만 재무상태표에 인식한다.
  ② 선택시 이후에 취소할 수 없다.
  ③ 제각은 금융자산을 제거하는 사건으로 본다.
  ⑤ 계약상 현금흐름의 변경과 관련하여 발생한 원가나 수수료는 변경된 금융자산의 장부금액에 반영하여 해당 금융자산의 남은 존속기간에 상각한다.

2. ㈜합격은 20x1년초 ㈜적중이 동 일자에 발행한 다음의 사채를 공정가치에 취득하고 상각후원가측정금융자산으로 분류하였다.

액면금액	: ₩500,000	취득금액	: ₩475,990
만기	: 3년	표시이자율	: 연 10%
이자지급	: 매년말	유효이자율	: 연 12%

기간	단일금액 ₩1의 현재가치		정상연금 ₩1의 현재가치	
	10%	12%	10%	12%
1	0.9091	0.8929	0.9091	0.8929
2	0.8264	0.7972	1.7355	1.6901
3	0.7513	0.7118	2.4868	2.4018

20x1년말 표시이자는 정상적으로 수취하였으나 사채에 관한 계약상 현금흐름을 ㈜적중과 재협상하여 표시이자를 20x2년말부터 연 5%씩만 수령하기로 합의하였다. 이러한 계약상 현금흐름의 변경은 금융자산의 제거조건을 충족하지 못한다. 한편, 재협상과정에서 거래원가 ₩10,000이 발생하였다. 20x1년말 현재 사채의 시장이자율은 10%라고 할 경우, 동 사채가 ㈜합격의 20x1년도 당기순이익에 미친 영향을 계산하면 얼마이겠는가? 단, 기대신용손실은 없다고 가정한다.

① ₩13,863 증가 ② ₩14,863 증가 ③ ₩57,119 증가
④ ₩89,375 증가 ⑤ ₩99,375 증가

- 회계처리

20x1년초	(차) AC금융자산	475,990	(대) 현금	475,990
20x1년말	(차) 현금	50,000[2]	(대) 이자수익	57,119[1]
	AC금융자산	7,119		
	(차) 변경손실	42,256[3]	(대) AC금융자산	42,256
	(차) AC금융자산	10,000	(대) 현금	10,000

[1] 475,990×12%=57,119
[2] 500,000×10%=50,000
[3] 변경전총장부금액 : 475,990+7,119=483,109
변경후총장부금액 : 500,000×0.7972+500,000×5%×1.6901 =440,853
→변경손익 : 440,853-483,109=△42,256(변경손실)
∴57,119(이자수익)-42,256(변경손실)=14,863(이익)

Answer 1. ④ 2. ②

시험중요도 ★★★

기본이론 제142강 금융자산의 제거

제거조건

❖제거는 금융자산을 재무상태표에서 삭제하는 것으로 다음 중 하나에 해당하는 경우에 제거함.

권리소멸	• 금융자산의 현금흐름에 대한 계약상 권리가 소멸한 경우
현금흐름 양도	① 금융자산의 현금흐름을 수취할 계약상 권리를 양도한 경우 ➡본 조건을 만족시는 위험과 보상의 이전여부를 추가로 고려함. ② 금융자산의 현금흐름을 수취할 계약상 권리를 보유하고 있으나, 당해 현금흐름을 하나 이상의 최종수취인(거래상대방)에게 지급할 계약상 의무를 부담하는 경우

금융자산 양도

❖금융자산을 양도한 경우 양도자는 위험과 보상의 보유정도를 평가하여 다음과 같이 처리함.

위험과 보상		회계처리	
이전 O		• 금융자산을 제거	발생권리와 의무를 자산과 부채로 인식
보유 O		• 금융자산을 계속인식	*)
이전 X 보유 X	금융자산을 통제 X	• 금융자산을 제거	발생권리와 의무를 자산과 부채로 인식
	금융자산을 통제 O	• 지속적관여정도까지 금융자산을 계속인식	-

*) ① 수취대가는 금융부채로 인식하며, 후속기간에 양도자산에서 발생하는 모든 수익과 금융부채에서 발생하는 모든 비용을 인식함.
② 양도자산과 관련부채는 상계하지 않음. 마찬가지로 양도자산·관련부채에서 발생하는 어떤 수익·비용도 상계하지 않음.

참고 이전과 통제

❐ 양도자가 소유에 따른 위험과 보상의 대부분을 이전하는 경우의 예는 다음과 같음.

- 금융자산을 아무런 조건 없이 매도한 경우
- 양도자가 매도한 금융자산을 재매입시점의 공정가치로 재매입할 수 있는 권리를 보유하고 있는 경우
- 양도자가 매도한 금융자산에 대한 콜옵션을 보유하고 있거나 양수자가 당해 금융자산에 대한 풋옵션을 보유하고 있지만, 당해 콜옵션이나 풋옵션이 깊은 외가격 상태이기 때문에 만기 이전에 당해 옵션이 내가격 상태가 될 가능성이 매우 낮은 경우

❐ 양수자가 자산을 제3자에게 매도할수 있는 실질적 능력을 가지고 있으면 양도자는 양도자산에 대한 통제를 상실한 것임.

종합적인 제거판단

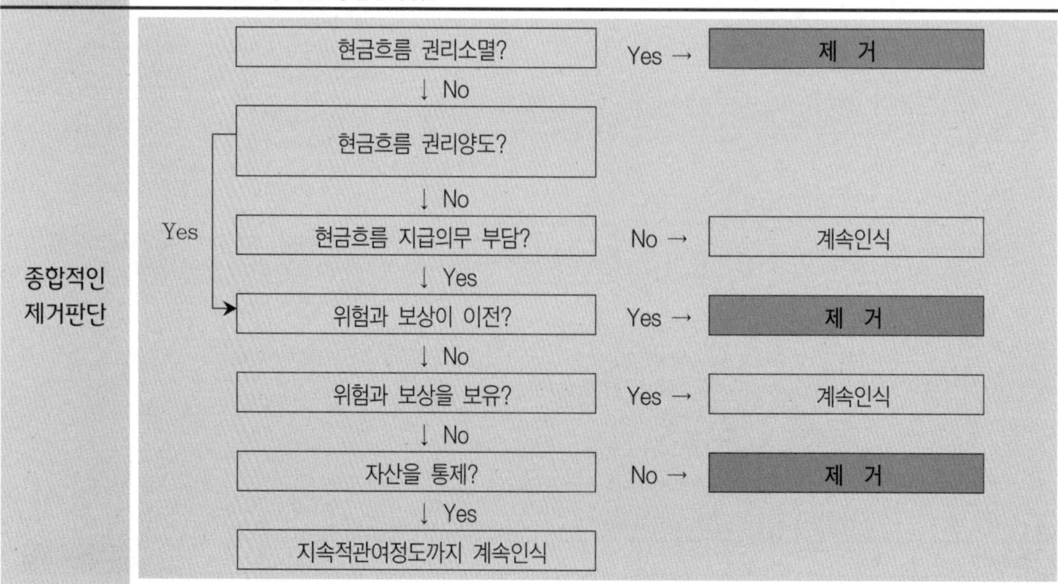

FINAL 객관식뽀개기 실전적중문제

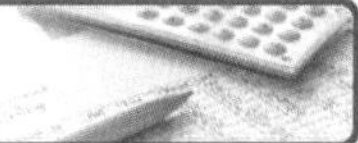

1. 금융자산의 제거에 대한 다음 설명 중 옳지 않은 것은?

① 금융자산의 정형화된 매도시 당해 금융자산을 매매일 또는 결제일에 제거한다.
② 금융자산의 현금흐름에 대한 계약상 권리가 소멸한 경우에는 당해 금융자산을 제거한다.
③ 금융자산의 현금흐름에 대한 계약상 권리를 양도하고 위험과 보상의 대부분을 이전하면 당해 금융자산을 제거한다.
④ 금융자산의 현금흐름에 대한 계약상 권리를 양도하고, 위험과 보상의 대부분을 보유하지도 않고 이전하지도 않으면서 당해 금융자산을 통제하고 있지 않다면 당해 금융자산을 제거한다.
⑤ 금융자산의 현금흐름에 대한 계약상 권리는 양도하였지만 양도자가 매도 후에 미리 정한 가격으로 당해 금융자산을 재매입하기로 한 경우에는 당해 금융자산을 제거한다.

내비게이션

- ① 정화화된 매입의 인식과 마찬가지로 정형화된 매도의 경우도 매매일 또는 결제일에 제거한다.(전술한 '금융자산 범위 · 분류 · 인식' 참조!)
  ⑤ 양도자가 매도한 금융자산을 재매입시점의 '공정가치로 재매입' 할 수 있는 권리를 보유하고 있는 경우에 위험과 보상의 대부분이 이전된 것으로 보아 금융자산을 제거하며, 단순한 재매입약정은 금융자산에 대한 권리를 양도하였다고 할 수 없으므로 금융자산을 계속 인식한다.

2. 다음 금융자산 제거의 회계처리에 대한 설명 중 옳지 않은 것은?

① 양도자가 금융자산의 소유에 따른 위험과 보상의 대부분을 이전하면, 당해 금융자산을 제거하고 양도함으로써 발생하거나 보유하게 된 권리와 의무를 각각 자산과 부채로 인식한다.
② 양도자가 금융자산의 소유에 따른 위험과 보상의 대부분을 보유하면, 당해 금융자산을 계속하여 인식한다.
③ 양도자가 금융자산의 소유에 따른 위험과 보상의 대부분을 소유하지도 아니하고 이전하지도 아니한 상태에서, 양도자가 금융자산을 통제하고 있다면 당해 금융자산을 제거하고 양도함으로써 발생하거나 보유하게 된 권리와 의무를 각각 자산과 부채로 인식한다.
④ 양도자가 양도자산을 통제하고 있는지 여부는 양수자가 그 자산을 매도할 수 있는 실질적인 능력을 가지고 있는지 여부에 따라 결정한다.
⑤ 금융자산 전체가 제거 조건을 충족하는 양도로 금융자산을 양도하고, 수수료를 대가로 해당 양도자산의 관리용역을 제공하기로 한다면, 관리용역제공계약과 관련하여 자산이나 부채를 인식한다.

내비게이션

- 양도자가 금융자산의 소유에 따른 위험과 보상의 대부분을 소유하지도 아니하고 이전하지도 아니한 상태에서, 양도자가 금융자산을 통제하고 있다면 당해 금융자산에 대하여 지속적으로 관여하는 정도까지 당해 금융자산을 계속하여 인식한다.

3. 다음은 금융자산의 제거와 관련된 회계처리를 설명한 것이다. 옳지 않은 것은?

① 양도자가 금융자산의 소유에 따른 위험과 보상의 대부분을 보유하지도 않고 이전하지도 아니하였지만 양도자가 당해 금융자산을 통제하지 못할 경우에는 당해 금융자산을 제거하고 양도함으로써 발생하거나 보유하게 된 권리와 의무를 각각 자산과 부채로 인식한다.
② 금융자산은 실제로 현금이 회수되거나 손상되어 계약상의 권리가 소멸한 경우에는 금융상품을 직접 제거한다.
③ 제거조건을 만족하는 금융자산의 양도의 경우 당해 금융자산을 직접 제거하되, 양도로 인하여 새로 발생하거나 보유하게 된 권리와 의무를 각각 자산과 부채로 인식한다.
④ 양도자가 금융자산의 소유에 따른 위험과 보상의 대부분을 보유하지도 않고 이전하지도 아니하였으며 양도자가 통제하고 있는 부분의 경우 당해 금융자산에 대하여 지속적으로 관여하는 정도까지는 당해 금융자산을 계속하여 인식한다.
⑤ 양도자가 양도자산의 소유에 따른 위험과 보상의 대부분을 보유하고 있기 때문에 양도자산이 제거되지 않는다면 그 양도자산 전체를 계속하여 인식하며 수취한 대가를 금융부채로 인식한다. 이 경우 양도자는 후속기간에 양도자산에서 발생하는 수익과 금융부채에서 발생하는 비용은 부담하지 않는다.

내비게이션

- 양도자가 양도자산의 소유에 따른 위험과 보상의 대부분을 보유하고 있기 때문에 양도자산이 제거되지 않는다면, 그 양도자산 전체를 계속하여 인식하며 수취한 대가를 금융부채로 인식한다. 또한, 양도자는 후속기간에 양도자산에서 발생하는 모든 수익과 금융부채에서 발생하는 모든 비용을 인식한다.

Answer 1. ⑤ 2. ③ 3. ⑤

3P

3P

3P

FINAL

POTENTIALITY
PASSION
PROFESSION

3P는 여러분의 무한한 잠재적 능력과 반드시 성취하겠다는 열정을 토대로 전문가의 길로 나아가는 세무라이선스 파이널시리즈의 학습 정신입니다.

수험생 여러분의 합격을 응원합니다.

제1편. 재무회계

2021-2022

FINAL

관세사·감정평가사 회계학

Certified Customs Broker & Appraiser

제2장

Subplot[특수논제]

▶ Subplot[특수논제]은 복합금융상품, 리스, 현금흐름표 등의 특수회계 내용을 담고 있습니다.

시험중요도 ★★★

기본이론 제143강 보고기간후사건 보고기간후사건과 F/S수정

<table>
<tr><td rowspan="4">의의</td><td>보고기간후 사건</td><td colspan="2">• 보고기간말과 재무제표 발행승인일 사이에 발생한 유리하거나 불리한 사건
말장난 보고기간말과 재무제표 공시일 사이에 발생한 유리하거나 불리한 사건(X)</td></tr>
<tr><td>유형</td><td colspan="2">① 수정을 요하는 사건 : 보고기간말 존재상황에 대해 증거를 제공하는 사건
② 수정을 요하지않는 사건 : 보고기간후에 발생한 상황을 나타내는 사건</td></tr>
<tr><td rowspan="2">재무제표 발행승인일</td><td>F/S 발행후 주주에게 승인을 받기 위해 제출하는 경우
(=이사회가 F/S를 검토후 발행승인한 경우)</td><td>• F/S를 발행한날(=이사회가 발행승인한날)
•주의 주주가 재무제표를 승인한날이 아님.</td></tr>
<tr><td>경영진이 별도 감독이사회의 승인을 얻기위해 F/S를 발행하는 경우</td><td>• 경영진이 감독이사회에 제출키 위해 승인한날</td></tr>
</table>

사례 재무제표의 발행승인일

✪ 20x1년 12월 31일로 종료되는 회계연도의 재무제표와 관련된 일련의 사건들이다.

20x2년 02월 28일	•경영진이 20x1년도 재무제표 초안을 완성
20x2년 03월 18일	•이사회는 동 재무제표를 검토하고 발행하도록 승인
20x2년 03월 19일	•기업의 이익과 선별된 다른 재무정보를 발표
20x2년 04월 01일	•주주와 그 밖의 이용자가 재무제표를 이용할수 있게 됨
20x2년 05월 15일	•정기주주총회에서 해당 재무제표를 승인
20x2년 05월 17일	•재무제표를 감독기관에 제출

•재무제표 발행승인일 : 20x2년 3월 18일(이사회가 발행을 승인한 날)

<table>
<tr><td rowspan="6">수정필요 사건</td><td colspan="2">❖재무제표에 이미 인식한 금액은 수정하고, 인식하지 아니한 항목은 새로 인식함.</td></tr>
<tr><td>소송사건 확정</td><td>• 보고기간말 존재 현재의무가 보고기간후 소송사건 확정에 의해 확인되는 경우</td></tr>
<tr><td>손상발생과 수정</td><td>• 보고기간말에 이미 자산손상이 발생되었음을 나타내는 정보를 보고기간후에 입수하는 경우나 이미 손상차손을 인식한 자산에 대하여 손상차손금액의 수정이 필요한 정보를 보고기간후에 입수하는 경우
➡예 • 보고기간후 매출처파산은 보고기간말의 매출채권에 손실(고객의 신용이 손상)이 발생하였음을 확인하는 추가적인 정보임.
• 보고기간후의 재고자산 판매는 보고기간말의 순실현가능가치에 대한 증거를 제공할수 있음.</td></tr>
<tr><td>자산대가등 결정</td><td>• 보고기간말 이전에 구입한 자산의 취득원가나 매각한 자산의 대가를 보고기간후에 결정하는 경우</td></tr>
<tr><td>종업원지급액 확정</td><td>• 보고기간말 이전사건의 결과로서 보고기간말에 종업원에게 지급해야할 법적의무나 의제의무가 있는 이익분배·상여금지급액을 보고기간후에 확정하는 경우</td></tr>
<tr><td>부정 · 오류발견</td><td>• 재무제표가 부정확하다는 것을 보여주는 부정이나 오류를 발견한 경우</td></tr>
<tr><td rowspan="3">수정불요 사건</td><td colspan="2">❖재무제표에 인식된 금액을 수정하지 않음.</td></tr>
<tr><td>대표사례</td><td>• 보고기간말과 재무제표 발행승인일 사이의 투자자산의 공정가치 하락</td></tr>
<tr><td>이유</td><td>• 공정가치의 하락은 일반적으로 보고기간말의 상황과 관련된 것이 아니라 보고기간후에 발생한 상황이 반영된 것이므로 그 투자자산에 대해서 재무제표에 인식된 금액을 수정하지 아니함.</td></tr>
</table>

FINAL 객관식뽀개기 실전적중문제

1. 다음은 ㈜관세의 20x1년도 재무제표 발행 · 승인 등에 관한 예시이다.

> • ㈜관세의 경영진은 20x2년 2월 25일에 20x1년 12월 31일로 종료된 회계연도의 재무제표 초안을 완성하였다.
> • 이사회는 20x2년 3월 16일에 동 재무제표를 검토하고 발행하도록 승인하였다.
> • 20x2년 3월 19일에 기업의 이익과 선별된 다른 재무정보를 발표하였다.
> • 주주와 그 밖의 이용자는 20x2년 4월 4일부터 재무제표를 이용할 수 있게 되었다.
> • 20x2년 5월 10일에 정기주주총회에서 해당 재무제표를 승인하였고 최종적으로 20x2년 5월 20일 감독기관에 동 재무제표를 제출하였다.

㈜관세가 보고기간후사건으로 20x1년도 재무제표의 수정여부를 결정할 때 고려하는 대상기간은? [관세사기출]

① 20x1년 12월 31일과 20x2년 2월 25일 사이
② 20x1년 12월 31일과 20x2년 5월 10일 사이
③ 20x1년 12월 31일과 20x2년 4월 4일 사이
④ 20x1년 12월 31일과 20x2년 3월 16일 사이
⑤ 20x1년 12월 31일과 20x2년 5월 20일 사이

내비게이션

• 재무제표 발행승인일 : 20x2년 3월 16일(이사회가 발행을 승인한 날)

2. 다음은 각각 독립적인 사건으로, '재무제표에 인식된 금 금액의 수정을 요하는 보고기간후사건'에 해당하는 것을 모두 고른 것은? [감평사기출]

> ㄱ. 보고기간말에 존재하였던 현재의무가 보고기간 후에 소송사건의 확정에 의해 확인되는 경우
> ㄴ. 보고기간말과 재무제표 발행승인일 사이에 투자자산의 공정가치가 하락하는 경우
> ㄷ. 보고기간말 이전에 구입한 자산의 취득원가나 매각한 자산의 대가를 보고기간 후에 결정하는 경우

① ㄱ ② ㄴ ③ ㄴ, ㄷ
④ ㄱ, ㄷ ⑤ ㄱ, ㄴ, ㄷ

내비게이션

• 수정을 요하지 않는 보고기간후사건의 예로는 보고기간말과 재무제표 발행승인일 사이에 투자자산의 공정가치 하락을 들 수 있다. 공정가치의 하락은 일반적으로 보고기간말의 상황과 관련된 것이 아니라 보고기간 후에 발생한 상황이 반영된 것이다. 따라서 그 투자자산에 대해서 재무제표에 인식된 금액을 수정하지 아니한다. 마찬가지로, 추가로 공시해야 할 필요성이 있더라도 보고기간말의 투자자산에 대한 공시 금액을 수정하지는 아니한다.[K-IFRS 제1010호 문단11]

3. ㈜감평은 20x1년 12월 31일자로 종료되는 회계연도 재무제표의 이사회 승인을 앞두고 있다. 아래의 각 상호독립된 사건은 재무제표에 반영되어 있지 않지만 보고기간말 이후 발생한 것이다. '수정을 요하는 보고기간후사건'을 모두 고른 것은?(단, 주석으로 공시되는 금액은 제외한다.) [감평사기출]

> ㄱ. 관계회사의 금융기관 차입에 대해 ₩30,000의 지급보증 약정을 체결하였다.
> ㄴ. 생산공장에 화재가 발생하여 ₩50,000의 생산설비가 파손되었다.
> ㄷ. 20x1년말 현재 피고로 계류중이던 손해배상소송에서 ₩10,000의 손해배상 확정판결을 받았다.
> ㄹ. 내부규정에 의해 20x1년말 지급하여야 할 상여금 지급액이 ₩25,000으로 확정되었다.

① ㄱ, ㄴ ② ㄱ, ㄷ ③ ㄴ, ㄹ
④ ㄷ, ㄹ ⑤ ㄴ, ㄷ, ㄹ

내비게이션

• ㄱ과 ㄴ은 보고기간말 현재 의무나 존재상황이 없으므로 수정을 요하는 보고기간후사건에 해당하지 않는다.

서술형Correction연습

❒ 보고기간후사건이란 보고기간말과 재무제표 발행승인일 사이에 발생한 유리한 사건만을 말한다.

➲ (X) : 유리하거나 불리한 사건을 말한다.

❒ 보고기간후 사건이란 보고기간말과 재무제표 공시일 사이에 발생한 유리하거나 불리한 사건을 말한다.

➲ (X) : 재무제표 공시일(X) → 재무제표 발행승인일(O)

❒ 보고기간후 사건이란 보고기간말과 재무제표 작성일 사이에 발생한 유리하거나 불리한 사건을 말한다.

➲ (X) : 재무제표 작성일(X) → 재무제표 발행승인일(O)

❒ 보고기간후 사건이란 보고기간말과 재무제표 발행승인일 사이에 발생한 유리하거나 불리한 사건으로 반드시 당기 재무제표에 반영하여야 한다.

➲ (X) : 보고기간후 사건 중 보고기간말에 존재하였던 상황에 대해 증거를 제공하는 사건만 당해연도 재무제표를 수정한다.

❒ 재무제표를 발행한 이후에 주주에게 승인을 받기 위하여 제출하는 경우 재무제표 발행승인일은 주주가 재무제표를 승인한 날이다.

➲ (X) : 주주가 재무제표를 승인한 날(X) → 이사회 발행승인일(O)

Answer 1. ④ 2. ④ 3. ④

시험중요도 ★★☆

기본이론 제144강 보고기간후사건과 배당금등

<table>
<tr><td rowspan="2">배당금</td><td colspan="2">❖보고기간후에 지분상품 보유자에 대해 배당을 선언한 경우, 그 배당금을 보고기간말의 부채(미지급배당금)로 인식하지 아니함.
➡∵보고기간 후부터 재무제표 발행승인일전 사이에 배당을 선언한 경우, 보고기간말에 어떠한 의무도 존재하지 않으므로 보고기간말에 부채로 인식하지 아니함. 그러한 배당금은 기업회계기준서 제1001호 '재무제표 표시'에 따라 공시함.</td></tr>
<tr><td colspan="2">

구분	종전 GAAP	현행 K-IFRS
보고기간말	(차) 이익잉여금 xxx (대) 미지급배당금 xxx	- 회계처리 없음 -
지급일	(차) 미지급배당금 xxx (대) 현금 xxx	(차) 이익잉여금 xxx (대) 현금 xxx

주의 따라서, 보고기간말 재무상태표 이익잉여금은 이익잉여금금처분전의 재무상태를 표시함.</td></tr>
<tr><td rowspan="2">계속기업</td><td>재무제표작성</td><td>• 경영진이 보고기간 후에 청산·경영활동중단의도를 가지고 있거나, 청산·경영활동중단 외에 다른 대안이 없다고 판단시는 계속기업기준에따라 F/S를 작성해서는 안됨.
➡보고기간 후에 영업성과와 재무상태가 악화된다는 사실은 계속기업가정이 여전히 적절한지를 고려할 필요가 있다는 것을 나타낼 수 있음.
➡만약 계속기업의 가정이 더 이상 적절하지 않다면 그 효과가 광범위하게 미치므로, 단순히 원래의 회계처리방법 내에서 이미 인식한 금액을 조정하는 정도가 아니라 회계처리방법을 근본적으로 변경해야 함.</td></tr>
<tr><td>공시</td><td>• 재무제표가 계속기업의 기준하에 작성되지 않은 경우
• 계속기업으로서의 존속능력에 대해 유의적인 의문이 제기될수 있는 사건이나 상황과 관련된 중요한 불확실성을 경영진이 알게된 경우</td></tr>
<tr><td rowspan="3">공시</td><td>발행승인일</td><td>• 재무제표의 발행승인일과 승인자를 공시함.
• 재무제표 발행후에 소유주등이 재무제표를 수정할 권한이 있다면 그 사실을 공시함.</td></tr>
<tr><td>공시내용수정</td><td>• 보고기간말에 존재하였던 상황에 대한 정보를 보고기간후에 추가로 입수한 경우에는 그 정보를 반영하여 공시내용을 수정함.
➡예 보고기간말에 존재하였던 우발부채에 관하여 보고기간 후에 새로운 증거를 입수한 경우에는 이를 반영하여 우발부채에 관한 공시 내용을 수정함.</td></tr>
<tr><td>수정불요사건 공시</td><td>• 수정불요 보고기간후 사건으로 중요한 것은 그 범주별로 다음사항을 공시함.
- 사건의 성격과
- 사건의 재무적영향에 대한 추정치 또는 그러한 추정불가시 이에 대한 설명
• 수정불요 보고기간후 사건으로서, 일반적으로 공시하게 되는 예는 다음과 같음.
① 보고기간후에 발생한 주요 사업결합 또는 주요 종속기업의 처분
② 영업중단 계획의 발표
③ 자산의 주요 구입, '매각예정비유동자산과 중단영업'에 따라 자산을 매각예정으로 분류, 자산의 기타 처분, 정부에 의한 주요 자산의 수용
④ 보고기간후에 발생한 화재로 인한 주요 생산설비의 파손
⑤ 주요한 구조조정계획의 공표나 이행착수
⑥ 보고기간후에 발생한 주요한 보통주 거래와 잠재적보통주 거래
⑦ 보고기간후에 발생한 자산 가격이나 환율의 비정상적 변동
말장난 정상적 변동(X)
⑧ 당기법인세 자산·부채 및 이연법인세자산·부채에 유의적인 영향을 미치는 세법이나 세율에 대한 보고기간후의 변경 또는 변경 예고
⑨ 유의적인 지급보증등에 의한 우발부채의 발생이나 유의적인 약정의 체결
⑩ 보고기간후에 발생한 사건에만 관련되어 제기된 주요한 소송의 개시</td></tr>
</table>

FINAL 객관식뽀개기 실전적중문제

1. 보고기간후사건에 관한 설명으로 옳지 않은 것은? [감평사기출]

① 보고기간 후부터 재무제표 발행승인일 전 사이에 배당을 선언한 경우에는 보고기간말에 부채로 인식한다.
② 보고기간말 이전에 구입한 자산의 취득원가나 매각한 자산의 대가를 보고기간 후에 결정하는 경우는 수정을 요하는 보고기간후사건이다.
③ 보고기간말과 재무제표 발행승인일 사이에 투자자산의 공정가치의 하락은 수정을 요하지 않는 보고기간후사건이다.
④ 보고기간 후에 발생한 화재로 인한 주요 생산 설비의 파손은 수정을 요하지 않는 보고기간후사건이다.
⑤ 경영진이 보고기간 후에, 기업을 청산하거나 경영활동을 중단할 의도를 가지고 있다고 판단하는 경우에는 계속기업의 기준에 따라 재무제표를 작성해서는 아니된다.

내비게이션

• 보고기간 후부터 재무제표 발행승인일전 사이에 배당을 선언한 경우, 보고기간말에 어떠한 의무도 존재하지 않으므로 보고기간말에 부채(미지급배당금)로 인식하지 아니한다.

2. 다음 중 보고기간후사건에 관한 설명 중 가장 옳은 것은?

① 보고기간 후에 기업의 청산이 확정되었더라도 재무제표는 계속기업의 기준에 기초하여 작성하고 청산 관련 내용을 주석에 기재한다.
② 보고기간 후에 배당을 선언한 경우, 그 배당금을 보고기간말의 부채로 인식하지 않는다.
③ 보고기간말 이전에 계류중인 소송사건이 보고기간후에 확정되어 금액수정을 요하는 경우 재무제표의 수정이 불필요하다.
④ 보고기간후사건이란 보고기간말과 재무제표 발행승인일 사이에 발생한 유리한 사건만을 말한다.
⑤ 보고기간후에 발생한 주요 사업결합 또는 주요 종속기업의 처분은 수정을 요하는 보고기간후사건으로 공시한다.

내비게이션

• ① 보고기간 후에 기업의 청산이 있는 경우 계속기업의 기준하에 재무제표를 작성해서는 안되며, 이 경우 이를 공시한다.
③ 재무제표를 수정할 필요가 있는 사건에 해당한다.
④ 유리하거나 불리한 사건을 말한다.
⑤ 수정을 요하지 않는 보고기간후 사건으로 공시한다.

3. 다음 중 수정을 요하지 않는 보고기간후사건으로서 일반적으로 공시대상에 해당하지 않는 것은?

① 유의적인 지급보증 등에 의한 우발부채의 발생이나 유의적인 약정의 체결
② 보고기간 후에 발생한 사건에만 관련되어 제기된 주요한 소송의 개시
③ 보고기 간 후에 발생한 화재로 인한 주요 생산 설비의 파손
④ 보고기간 후에 발생한 자산 가격이나 환율의 정상적 변동
⑤ 당기법인세 자산과 부채 및 이연법인세 자산과 부채에 유의적인 영향을 미치는 세법이나 세율에 대한 보고기간 후의 변경 또는 변경 예고

내비게이션

• 정상적 변동(X) → 비정상적 변동(O)

서술형Correction연습

❐ 보고기간후에 지분상품 보유자에 대해 배당을 선언한 경우 그 배당금을 보고기간말의 부채로 인식한다.

➲ (X) : 보고기간말의 부채로 인식하지 아니한다.

❐ 보고기간 후에 발생한 자산 가격이나 환율의 정상적 변동은 수정을 요하지 않는 보고기간후사건으로서 일반적으로 공시대상에 해당한다.

➲ (X) : 정상적 변동(X) → 비정상적 변동(O)

Answer 1. ① 2. ② 3. ④

제1편 재무회계
제2편 원가관리회계
합본부록 IFRS심화논제

시험중요도 ★★☆

기본이론 제145강 복합금융상품 전환사채·신주인수권부사채 개요

구분		내용
전환사채 장점	투자자 입장	• 주가가 상승할 경우 주식으로 전환하여 이득을 볼수 있음. • 주가가 하락하더라도 사채로부터 확정이자를 받을수 있음.
	회사 입장	• 전환사채가 전환되면 부채가 자본으로 대체되므로 재무구조 개선효과가 있음. • 액면이자율을 낮게하여 발행할수 있으므로 낮은 금융비용을 부담하게 됨. 참고 ∴표시이자율(액면이자율) 〈 보장수익률 〈 유효이자율

차이점	전환사채	신주인수권부사채
	• 전환권이 행사되면 자본금이 증가하고 부채(사채)가 소멸함. ·주의 ∴전환전의 부채·자본 합계액은 전환후 부채·자본 합계액과 동일함.	• 신주인수권이 행사되면 자본금은 증가하나 부채(사채)는 그대로 유지됨. ·주의 ∴행사전의 부채·자본 합계액보다 행사후 부채·자본 합계액이 더 큼.
	• 전환권이 행사되어도 자산에는 영향이 없음.	• 신주인수권이 행사되면 현금납입이 있으므로 자산이 증가함.

구분		내용
전환사채 용어정의	상환할증금	• 만기까지 전환되지 않은 경우 그 액면에 추가로 지급되는 금액 ➡상환할증금은 전환사채에 가산하는 형식으로 기재함.
	현재가치	• 원리금과 상환할증금을 전환권이 없는 일반사채 유효이자율로 할인한 금액 ·주의 상각표 작성시 전환권없는 일반사채 유효이자율 사용함.
	전환권대가 (전환권가치)	• 전환권대가 = 발행금액 - 현재가치 ➡전환권대가는 자본 가산항목임.
	전환권조정	• 전환권조정 = 전환권대가 + 상환할증금 ➡전환권조정은 전환사채에서 차감하는 형식으로 기재함. ➡유효이자율법으로 상각하여 이자비용으로 처리함. ·주의 액면상환조건시는 '전환권조정=전환권대가'임.

전환사채 회계처리(액면발행시)

구분	차변	금액	대변	금액
발행시	(차) 현금	xxx	(대) 전환사채(액면=발행가)	xxx
	(차) 전환권조정	xxx	(대) 전환권대가(발행가-현가)	xxx
			상환할증금	xxx
이자지급	(차) 이자비용	xxx	(대) 현금(액면이자)	xxx
			전환권조정(상각액)	xxx
전환시	(차) 전환사채	xxx	(대) 전환권조정(미상각액)	xxx
	상환할증금	xxx	자본금	xxx
	전환권대가	xxx	주식발행초과금(대차차액)	xxx
상환시	(차) 전환사채	xxx	(대) 현금	xxx
	상환할증금	xxx		

참고 전환권대가(신주인수권대가)의 다른 자본(주발초) 대체는 임의조항임.(기업자율)

신주인수권부사채

개요: • 전환권대가는 신주인수권대가, 전환권조정은 신주인수권조정이라는 용어를 사용하며, 신주인수권이 행사되면 부채의 감소없이 현금납입액을 인식하고, 신주인수권이 행사되어도 계속 사채이므로 이자비용은 사채 전체분에 대하여 인식함. 그 외는 전환사채의 회계처리와 동일함.

구분	차변	금액	대변	금액
행사시	(차) 현금	xxx	(대) 신주인수권조정(미상각액)	xxx
	상환할증금	xxx	자본금	xxx
	신주인수권대가	xxx	주식발행초과금(대차차액)	xxx

FINAL 객관식뽀개기 실전적중문제

1. 다음 중 전환사채와 관련한 설명으로 옳지 않은 것은?

① 전환사채와 관련한 이자비용은 동일한 조건의 일반사채에 대한 유효이자율을 적용하여 산정한다.
② 상환할증금 지급조건의 경우 보장수익률이 액면이자율보다 높다.
③ 전환사채의 발행가액에는 전환권대가가 포함되어 있다.
④ 전환권대가에 해당하는 부분을 자본으로 인식하지 않고 일반사채와 마찬가지로 전액 부채로 계상한다.
⑤ 최초 인식시점의 자본요소는 자본의 다른 항목으로 대체될 수 있지만 계속하여 자본으로 유지된다.

내비게이션
- 전환권대가는 자본의 가산항목임이다.

2. 다음 중 전환사채에 대한 설명으로 가장 옳지 않은 것은?

① 전환사채는 일반사채와 전환권의 두 가지 요소로 구성되는 복합적 성격을 지닌 금융상품이다.
② 전환사채는 전환사채보유자의 요구에 따라 주식으로 전환할 수 있는 권리가 내재되어 있어 일반적으로 일반사채보다 표면금리가 낮게 책정되어 발행된다.
③ 상환할증금지급조건의 전환사채는 발행시점에 상환할증금을 인식한다.
④ 전환사채의 전환권이 행사되면 자산이 증가한다.
⑤ 전환사채의 표시이자율은 보장수익률보다 작으며, 보장수익률은 유효이자율보다 작다.

내비게이션
- 전환권이 행사되어도 자산에는 영향이 없다.

3. 보유자가 확정 수량의 발행자의 보통주로 전환할 수 있는 전환사채는 (ㄱ)에 속한다. 전환사채의 발행금액이 ₩3,000,000이고 전환사채의 발행요건과 동일한 요건으로 발행하되 전환권이 부여되지 않은 사채의 가치가 ₩2,500,000인 경우, 전환사채의 발행금액 중 ₩2,500,000은 (ㄴ)(으)로, 전환권가치인 ₩500,000은 (ㄷ)(으)로 분리하여 표시한다. 다음 중 ㄱ, ㄴ, ㄷ에 들어갈 가장 올바른 용어들로 짝지어진 것은?

	ㄱ	ㄴ	ㄷ
①	금융보증계약	지분상품(자본)	금융부채
②	금융보증계약	금융부채	지분상품(자본)
③	금융보증계약	금융부채	금융부채
④	복합금융상품	지분상품(자본)	금융부채
⑤	복합금융상품	금융부채	지분상품(자본)

내비게이션
- 전환사채는 부채요소, 자본요소를 모두 가지고 있는 복합금융상품이다.
- 전환권조정(전환권대가) : 3,000,000-2,500,000=500,000
  부채(금융부채) : 3,000,000-500,000(전환권조정)=2,500,000
  자본(지분상품) : 500,000(전환권대가)

4. ㈜합격은 20x1년 1월 1일에 액면금액 ₩1,000,000, 액면이자율 8%, 만기 3년, 매년말 이자지급 조건으로 전환사채를 액면발행하였다. ㈜합격은 해당 전환사채의 전환권이 만기까지 행사되지 않을 경우, ₩66,216의 상환할증금을 지급함으로써 10%의 수익률을 보장한다. ㈜합격의 일반사채에 적용되는 시장이자율이 12%라고 할 경우, 발행일 현재 ㈜합격이 발행하는 전환사채의 전환권대가는 얼마인가? 단, 아래의 현가계수를 사용하고 소수점 첫째 자리에서 반올림한다.

(3기간 기준)	8%	10%	12%
단일금액 ₩1의 현가계수	0.7938	0.7513	0.7118
정상연금 ₩1의 현가계수	2.5771	2.4869	2.4018

① ₩0 ② ₩48,923 ③ ₩49,748
④ ₩95,231 ⑤ ₩96,056

내비게이션
- 현재가치 : 80,000×2.4018+(1,000,000+66,216)×0.7118=951,077
- 전환권대가 : 1,000,000(발행금액)-951,077(현재가치)=48,923

제1편 재무회계 / 제2편 원가관리회계 / 합본부록 IFRS심화논제

Answer 1. ④ 2. ④ 3. ④ 4. ②

시험중요도 ★★★

기본이론 제146강 전환사채 발행구조

구분	항목	내용
전환권대가	액면금액	❖상환할증금을 포함한 미래현금흐름을 보장수익률로 할인한 현재가치 ➡∴보장수익률 : '액면금액=상환할증금포함 미래현금흐름의 현재가치'가 되게하는 할인율
	(−)	➡ '사채발행차금'
	발행금액	❖일반사채의 가치+전환권가치(전환권대가) ❖상환할증금을 포함한 미래현금흐름을 유효이자율로 할인한 현재가치 ➡∴유효이자율 : '발행금액=상환할증금포함 미래현금흐름의 현재가치'가 되게하는 할인율
	(−)	➡ '전환권대가'
	현재가치	❖상환할증금을 포함한 미래현금흐름을 전환권 없는 일반사채유효이자율로 할인한 금액 ➡상각표작성시 : 전환권없는 일반사채유효이자율을 사용함.

상환할증금

❖상환할증금 : 보장수익률과 액면이자율의 차이로 발생한 이자차액을 보장수익률로 계산한 미래가치
➡즉, 보장수익률보다 적게 지급한 이자를 만기에 일시에 지급할 금액

구분	방법	내용
상환할증금계산	방법❶	• 현가계수가 주어지지 않은 경우 사용함. ❐ 액면금액×(보장수익률－표시이자율)×(보장수익률, 연금미래가치)
	방법❷	• 현가계수가 주어지는 경우 사용함.(보장수익률의 정의를 이용하여 구함.) ❐ 액면금액$=\dfrac{이자}{(1+보장수익률)}+\cdots\cdots+\dfrac{이자+원금+X}{(1+보장수익률)^n}$
	방법❸	• 상황할증률이 주어지는 경우 사용함. ❐ 액면금액×상환할증률
상환할증률		❐ 상환할증률$=\dfrac{상환할증금}{액면금액}$

저자주 방법❶과 방법❷에 의할 때 약간의 단수차이가 발생할수 있습니다.

외부공시

항목	내용
전환권대가	• 전환권대가＝발행금액－현재가치
전환권조정	• 전환권조정＝전환권대가+상환할증금

액면상환조건

구분	계정	금액
부채	전환사채	×××
	전환권조정	(×××)
	사채할인발행차금	(×××)
기타자본요소	전환권대가	×××

상환할증조건

구분	계정	금액
부채	전환사채	×××
	전환권조정	(×××)
	사채할인발행차금	(×××)
	상환할증금	×××
기타자본요소	전환권대가	×××

FINAL 객관식뽀개기 실전적중문제

1. ㈜관세는 20x1년 1월 1일에 만기 3년인 전환사채(액면 ₩1,000,000)를 ₩1,000,000에 발행하였다. 표시이자율은 5%이며, 발행한 전환사채와 유사한 위험을 가진 일반사채의 시장이자율은 8%이다. 이자는 매년 12월 31일에 지급하며, 전환사채 액면 ₩10,000당 1주의 보통주(액면 ₩5,000)로 전환할 수 있다. 전환사채 발행시 전환권대가는 얼마인가?(단, 현가계수는 다음의 표를 이용한다.) [관세사기출]

기간	단일금액 ₩1의 현재계수		정상연금 ₩1의 현재계수	
	5%	8%	5%	8%
3	0.8638	0.7938	2.7232	2.5771

① ₩0 ② ₩40 ③ ₩7,345
④ ₩70,040 ⑤ ₩77,345

- 현재가치 : 50,000×2.5771+1,000,000×0.7938=922,655
- 전환권대가(전환권조정) : 1,000,000-922,655=77,345

2. ㈜감평은 20x1년초 액면금액 ₩100,000의 3년 만기 전환사채를 액면금액으로 발행하였다. 전환권을 행사하지 않은 경우 전환사채의 만기일에 액면금액에 추가하여 상환할증금 ₩9,930을 지급한다. 전환사채의 표시이자율은 연 5%이며 매년 말에 지급한다. ㈜감평은 당사의 신용으로 만기 3년, 표시이자율 연 10%, 액면금액으로 일반사채를 발행할 수 있다. 이 때 ㈜감평이 자본으로 처리하는 전환권의 가치는 얼마인가?(단, 가장 근사치를 선택할 것) [감평사기출]

기간	10%	
	1회금액 ₩1의 현재가치	기말연금 ₩1의 현재가치
1	0.90909	0.90909
2	0.82645	1.73554
3	0.75131	2.48685

① ₩4,974 ② ₩9,739 ③ ₩12,434
④ ₩16,232 ⑤ ₩25,971

내비게이션

- 일반사채를 표시이자율 10%로 액면발행할 수 있으므로 일반사채의 유효이자율은 표시이자율과 동일한 10%가 된다.
- 현재가치 : 5,000×2.48685+109,930×0.75131=95,026
- 전환권대가 : 100,000-95,026=4,974

3. ㈜감평은 20x1년 1월 1일에 다음과 같은 전환사채를 액면발행하였다.

- 액면금액 : ₩500,000
- 표시이자율 : 연 8%
- 일반사채의 시장수익률 : 연 10%
- 이자지급방법 : 매 연도 말 후급
- 상환기일(만기) : 20x3년 12월 31일
- 원금상환방법 : 상환할증금은 없으며, 상환기일에 액면금액을 일시에 상환함

현가계수표는 다음과 같다.

기간	단일금액 ₩1의 현재가치		정상연금 ₩1의 현재가치	
	8%	10%	8%	10%
1	0.9259	0.9091	0.9259	0.9091
2	0.8573	0.8264	1.7833	1.7355
3	0.7938	0.7513	2.5771	2.4868

20x1년 1월 1일 전환사채 발행시 부채요소와 자본요소로 계상될 금액은 각각 얼마인가? [감평사기출]

	부채요소	자본요소
①	₩500,000	₩0
②	₩24,878	₩475,122
③	₩4,976	₩495,024
④	₩475,122	₩24,878
⑤	₩495,747	₩4,253

내비게이션

- 현재가치 : 40,000×2.4868+500,000×0.7513=475,122
- 전환권대가(전환권조정) : 500,000-475,122=24,878

∴부채요소 : 500,000(전환사채)-24,878(전환권조정)=475,122
자본요소 : 24,878(전환권대가)

Answer 1. ⑤ 2. ① 3. ④

시험중요도 ★★★

기본이론 제147강 전환사채 상환할증금 계산등

세부고찰 I

사례 상환할증금 계산①

㈜불닭은 만기 3년, 액면금액 ₩200,000의 전환사채를 20x1년초에 액면발행하였다. 동 전환사채의 표시이자율은 연 6%이며, 이자지급일은 매년 12월 31일이다. 동 전환사채는 20x2년 1월 1일부터 주식으로 전환이 가능하며 전환권을 행사하지 않는다면 만기에 일정금액의 상환할증금이 추가로 지급된다. 사채의 만기보장수익률이 연 10%일 경우, 상환기일에 액면금액의 몇%를 일시 상환해야 하는가?

- 상환할증금 계산
  - $200,000\times(10\%-6\%)\times(1.1^2+1.1+1)=26,480$

$\therefore(200,000+26,480)/200,000=113.24\%$

세부고찰 II

사례 상환할증금 계산②

㈜쌈닭은 20x1년 1월 1일에 ₩1,000,000의 3년 만기 전환사채를 액면발행하였다. 동 사채의 이자지급일은 매년말이며, 표시이자율은 10%, 보장수익률이 12%라 할 때 상환할증률은 얼마인가?

기간	12%	
	단일금액 ₩1의 현재가치계수	정상연금 ₩1의 현재가치계수
1	0.8929	0.8929
2	0.7972	1.6901
3	0.7118	2.4018

풀이

- $1,000,000=100,000\times0.8929+100,000\times0.7972+(100,000+1,000,000+X)\times0.7118$에서,
  $\rightarrow X$(상환할증금)$=67,449$

$\therefore$상환할증률 : $\dfrac{67,449}{1,000,000}=6.7449\%$

*[별해]$(12\%-10\%)\times(1.12^2+1.12+1)=6.7449\%$

세부고찰 III

사례 전환권대가와 전환권조정 계산

㈜오바마는 20x1년 1월 1일에 다음과 같은 조건의 전환사채를 발행하였다. 전환사채 발행시 전환권대가와 전환권조정과목으로 인식될 금액을 각각 계산하면 얼마인가?

(1) 액면금액 ₩1,000,000, 표시이자율 4%
(2) 발행금액 ₩1,000,000, 매연도말 이자지급
(3) 일반사채시장이자율 10%
(4) 만기 20x3년 12월 31일, 만기보장수익률 8%

기간	단일금액 ₩1의 현재가치계수		정상연금 ₩1의 현재가치계수	
	8%	10%	8%	10%
n=3	0.7938	0.7513	2.5771	2.4868

풀이

- 상환할증금 : $1,000,000\times(8\%-4\%)\times(1.08^2+1.08+1)=129,856$
- 현재가치 : $40,000\times2.4868+1,129,856\times0.7513=948,333$
- 전환권대가 : $1,000,000-948,333=51,667$
- 전환권조정 : $129,856+51,667=181,523$

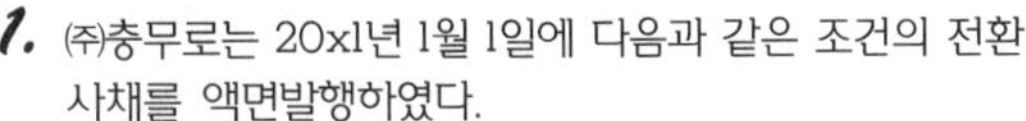

실전적중문제

1. ㈜충무로는 20x1년 1월 1일에 다음과 같은 조건의 전환사채를 액면발행하였다.

- 액면금액 : ₩1,000,000
- 만기 : 20x5년 12월 31일
- 이자 : 매년 12월 31일에 액면금액의 8%를 현금으로 지급
- 조건
  - 사채발행시점부터 1개월 경과 후 만기시점까지 전환청구 가능
  - 전환가격은 사채 액면금액 ₩5,000 당 보통주(액면금액 ₩5,000) 1주로 전환가능
  - 만기까지 전환권이 행사되지 않은 부분에 대해서는 액면금액의 105%를 지급함
- 사채발행시점의 유효이자율 : 연 10%

㈜충무로가 발행시점에 인식해야 할 전환권대가는 얼마인가?(단, 다음의 현가계수를 이용하며 단수차이로 인한 오차가 있으면 가장 근사치를 선택한다.) [관세사기출]

기간	기간말 ₩1의 현재가치		정상연금 ₩1의 현재가치	
	8%	10%	8%	10%
5	0.6806	0.6209	3.9927	3.7908

① ₩0　② ₩44,791　③ ₩50,000　④ ₩75,720　⑤ ₩94,791

내비게이션

- 현재가치 : 80,000×3.7908+1,000,000×105%×0.6209=955,209
- 전환권대가 : 1,000,000-955,209=44,791

2. ㈜감평은 20x1년 1월 1일에 액면금액 ₩500,000의 전환사채를 다음과 같은 조건으로 액면발행하였다.

- 표시이자율 : 연 6%(매년 말 지급)
- 전환사채 발행당시 일반사채의 시장이자율 : 연 10%
- 만기일 : 20x3년 12월 31일

전환사채의 만기 상환조건이 액면상환조건인 경우의 전환권대가(A)와 할증상환조건(보장수익률 8%, 상환할증금 ₩32,464)인 경우의 전환권대가(B)는?(단, 계산금액은 소수점 첫째자리에서 반올림하고, 단수차이로 인한 오차가 있으면 가장 근사치를 선택한다.) [감평사기출]

기간	단일금액 ₩1의 현재가치		정상연금 ₩1의 현재가치	
	8%	10%	8%	10%
3	0.7938	0.7513	2.5771	2.4869

	(A)	(B)
①	₩24,878	₩488
②	₩25,787	₩17
③	₩25,787	₩25,353
④	₩49,743	₩25,353
⑤	₩49,743	₩17

내비게이션

- 액면상환조건인 경우
  - 현재가치 : 30,000×2.4869+500,000×0.7513=450,257
  - 전환권대가 : 500,000-450,257=49,743
- 할증상환조건인 경우
  - 현재가치 : 30,000×2.4869+532,464×0.7513=474,647
  - 전환권대가 : 500,000-474,647=25,353

3. ㈜합격은 20x1년 1월 1일에 다음과 같은 조건의 전환사채를 액면발행하였다.

(1) 액면금액 : ₩1,000,000
(2) 만기 : 20x4년 12월 31일
(3) 이자 : 매년 12월 31일에 액면금액의 연 2%를 현금으로 지급
(4) 전환조건 : 전환사채발행시점부터 1개월 경과 후 만기시점까지 전환청구 가능.
(5) 전환사채 보유자가 전환권을 행사하지 않는다면 ㈜합격은 보유자에게 만기까지 연 6%의 수익률을 보장한다.
(6) 사채발행일에 전환권이 부여되지 않은 일반사채의 시장이자율은 연 8%이다.

전환사채의 상환기간 중 전환된 금액이 ₩600,000이라고 할 때 전환사채의 만기일에 액면이자를 제외하고 상환할 금액을 계산하면 얼마인가? 단, 단, 계산과정에서 소수점 이하는 첫째자리에서 반올림하며, 단수차이로 인한 오차가 있으면 가장 근사치를 선택한다.

① ₩400,000　② ₩469,994　③ ₩704,991　④ ₩1,000,000　⑤ ₩1,174,985

내비게이션

- 상환할증금=1,000,000×(6%-2%)×(1.06^3+1.06^2+1061+1)=174,985
- 만기상환액 : 액면과 상환할증금의 미전환비율 해당액을 지급한다.
  →1,000,000×40%+174,985×40%=469,994

(차) 전환사채	400,000	(대) 현금	469,994
상환할증금	69,994		

Answer 1. ② 2. ④ 3. ②

시험중요도 ★★★

기본이론 제148강 전환사채 액면발행

계산절차 상환할증금 ➡ 현재가치 ➡ 전환권대가 ➡ 전환권조정 ➡ 전환권조정상각표 ➡ 이자비용/전환/상환처리

회계처리

사례 전환사채 액면발행(할증상환조건 : 액면의 116.87%) 회계처리

✪20x1년초에 액면(₩1,000,000)발행, 표시이자율 6%, 전환가격은 액면 ₩400당 보통주 1주(액면 ₩100), 상환기일 20x3년말, 일반사채유효이자율 12%, 20x3년초 액면 ₩400,000의 전환청구를 받음.

1. 현재가치 : 60,000×(3년, 12%연금현가)+1,168,700×(3년,12%현가)=975,989
2. 전환권대가 : 1,000,000−975,989=24,011
3. 전환권조정 : 상환할증금(1,000,000×16.87%=168,700)+전환권대가(24,011)=192,711

전환권조정상각표				
일자	유효이자(12%)	액면이자(6%)	상각액	장부금액
20x1년초				975,989
20x1년말	117,119	60,000	57,119	1,033,108
20x2년말	123,973	60,000	63,973	1,097,081
20x3년말	131,619(단수조정)	60,000	71,619	1,168,700

구분	회계처리	비고
발행 [20x1년초]	(차) 현금 1,000,000 (대) 전환사채 1,000,000 (차) 전환권조정 192,711 (대) 전환권대가 24,011 상환할증금 168,700	-
이자 [20x1년말] [20x2년말]	(차) 이자비용 117,119 (대) 현금 60,000 전환권조정 57,119 (차) 이자비용 123,973 (대) 현금 60,000 전환권조정 63,973	-
전환 [20x3년초]	(차) 전환사채 400,000 (대) 전환권조정 28,648[1)] 상환할증금 67,480[2)] 자본금 100,000[4)] 전환권대가 9,604[3)] 주발초 348,436	1) 71,619×40% 2) 168,700×40% 3) 24,011×40% 4) (400,000÷400)×100
상환 [20x3년말]	(차) 이자비용 78,971[5)] (대) 현금 36,000[6)] 전환권조정 42,971[7)] (차) 전환사채 600,000 (대) 현금 701,220 상환할증금 101,220[8)]	5) 131,619×60% 6) 60,000×60% 7) 71,619×60% 8) 168,700×60%

주의 ① 상환금액 / 상환시점 현금지급액을 물으면? 701,220 / 36,000(액면이자)+701,220=737,220
② 전환으로 인한 기타자본요소변동액을 물으면? 9,604 감소(전환권대가), 348,436 증가(주발초)

고속철

❒ **전환시 회계처리**

(차) 전환사채(장부가) 1,097,081×40%=438,832 (대) 자본금 100,000
전환권대가 24,011×40%=9,604 주발초 348,436

❒ **전환시 자본증가액** : 자본금(100,000)+주발초(348,436) - 전환권대가(9,604)

❒ **상환금액** : 미전환분액면금액(600,000)+미전환분상환할증금(101,220)

❒ **액면발행의 경우 미전환시 총이자비용** : 총전환권조정+총액면이자

➡할인발행시는 총사발차를 가산, 할증발행시는 총사할증을 차감함.

❒ **기말 전환사채 장부금액** : 기말시점 이후 미래현금흐름의 현가

FINAL 객관식뽀개기 실전적중문제

1. ㈜감평은 20x1년 1월 1일 다음과 같은 조건의 전환사채(만기 3년)를 액면발행하였다. 20x3년 1월 1일에 액면금액의 40%에 해당하는 전환사채가 보통주로 전환될 때 인식되는 주식발행초과금은?(단, 전환권대가는 전환시 주식발행초과금으로 대체되며, 단수차이로 인한 오차가 있으면 가장 근사치를 선택한다.) [감평사기출]

- 액면금액 : ₩1,000,000
- 표시이자율 : 연 5%
- 이자지급시점 : 매년 12월 31일
- 일반사채의 시장이자율 : 연 12%
- 전환가격 : ₩2,000(보통주 주당 액면금액 ₩1,000)
- 상환할증금 : 만기상환시 액면금액의 119.86%로 일시상환

기간	단일금액 ₩1의 현재가치		정상연금 ₩1의 현재가치	
	5%	12%	5%	12%
1	0.9524	0.8929	0.9524	0.8929
2	0.9070	0.7972	1.8594	1.6901
3	0.8638	0.7118	2.7233	2.4018

① ₩166,499 ② ₩177,198 ③ ₩245,939
④ ₩256,638 ⑤ ₩326,747

내비게이션

- 현재가치 : 50,000×2.4018+1,000,000×119.86%×0.7118=973,253
- 전환권대가 : 1,000,000-973,253=26,747
- 20x1년말 장부가 : 973,253+(973,253×12%-50,000)=1,040,043
  20x2년말 장부가 : 1,040,043+(1,040,043×12%-50,000)=1,114,848
- 고속철 전환시(20x3.1.1) 회계처리

(차) 전환사채(장부가)	445,939[1]	(대) 자본금	200,000[3]
전환권대가	10,699[2]	주발초	256,638

[1] 1,114,848×40%=445,939 [2] 26,747×40%=10,699
[3] 200주x1,000=200,000

2. ㈜관세는 20x1년 1월 1일 만기 3년, 표시이자와 상환할증금이 없는 액면금액 ₩1,000,000의 전환사채를 액면발행 하였다. 발행시점에 유사한 조건의 일반사채 시장이자율은 연 5%이며, 사채발행비용은 발생하지 않았다. 이 전환사채는 액면금액 ₩10,000당 ㈜관세의 보통주 1주로 전환할 수 있으며, 보통주 1주당 액면금액은 ₩5,000이다. 20x3년 1월 1일 전환사채의 60%가 보통주로 전환되었다. ㈜관세의 전환사채의 전환으로 인한 20x3년 1월 1일 자본 증가액은?(단, 3기간, 5%, 단일금액 ₩1의 현재가치는 0.8638이고 계산시 화폐금액은 소수점 첫째자리에서 반올림한다.) [관세사기출]

① ₩218,280 ② ₩353,214 ③ ₩489,684
④ ₩544,194 ⑤ ₩571,404

내비게이션

- 현재가치 : 1,000,000×0.8638=863,800
- 전환권대가(전환권조정) : 1,000,000-863,800=136,200
- 20x1년말 장부가 : 863,800+(863,800×12%-0)=906,990
  20x2년말 장부가 : 906,990+(906,990×12%-0)=952,340
- 고속철 전환시(20x2.1.1) 회계처리

(차) 전환사채(장부가)	571,404[1]	(대) 자본금	300,000[3]
전환권대가	81,720[2]	주발초	353,124

[1] 952,340×60%=571,404 [2] 136,200×60%=81,720
[3] 60주x5,000=300,000
∴자본증가액 : 300,000+353,124-81,720=571,404

3. 다음은 ㈜합격의 복합금융상품과 관련된 자료이다.

(1) 액면금액 : ₩1,000,000
(2) 표시이자율 : 연 5%
(3) 이자지급일 : 매년 12월 31일
(4) 만기일 : 20x3년 12월 31일
(5) 일반사채 시장이자율 : 연 12%

r	단일금액 ₩1의 현가			정상연금 ₩1의 현가		
	1년	2년	3년	1년	2년	3년
12%	0.8929	0.7972	0.7118	0.8929	1.6901	2.4018

상기 복합금융상품은 상환할증금 미지급조건의 전환사채이며, ㈜합격은 20x1년 1월 1일 상기 전환사채를 액면발행하였다. 전환조건은 전환사채 액면 ₩10,000당 액면 ₩5,000의 보통주 1주를 교부하는 것이다. 20x2년 1월 1일 전환사채의 일부가 보통주로 전환되었으며, 나머지는 만기에 상환되었다. ㈜합격은 전환사채 발행시 인식한 자본요소(전환권대가) 중 전환된 부분은 주식발행초과금으로 대체하는 회계처리를 한다. 20x2년 1월 1일 전환사채의 전환으로 인한 ㈜합격의 주식발행초과금 증가액은 ₩329,896이다. 이 경우 전환된 전환사채의 비율은 얼마인가?

① 40% ② 45% ③ 50%
④ 55% ⑤ 60%

내비게이션

- 현재가치 : 50,000×2.4018+1,000,000×0.7118=831,890
- 전환권대가(전환권조정) : 1,000,000-831,890=168,110
- 20x1년말 전환사채 장부금액
  - 831,890+(831,890×12%-50,000)=881,717
- 전환비율을 x%라고 하면,

(차) 전환사채(장부) 881,717×x% (대) 자본금 (100×x%)x5,000[1]
전환권대가 68,110×x% (대) 주발초 329,896

[1] $(\frac{1,000,000\times x\%}{10,000})\times 5,000$

→ '1,049,827×x%=500,000×x%+329,896' 에서, x%=60%

Answer 1. ④ 2. ⑤ 3. ⑤

시험중요도 ★★★

기본이론 제149강 전환사채 액면발행시 상환금액 계산등

세부고찰 I

사례 상환금액 계산

㈜먹튀는 액면 ₩1,000,000의 전환사채를 20x1년초에 액면발행하였다. 표시이자율은 연5%, 이자는 매년말에 지급되며 만기일은 20x3년말이다. 20x2년초부터 주식으로의 전환이 가능하며 전환사채의 전환권을 행사하지 않을 경우에는 만기에 상환할증금이 지급된다. 보장수익률은 10%, 시장이자율은 12%이다. 20x2년초에 ₩600,000의 전환청구를 받아 전환이 이루어졌다. 만기에 지급하게 되는 상환금액은 얼마인가?

- 상환금액=미전환분액면+미전환분상환할증금
- 상환할증금
  - $1,000,000\times(10\%-5\%)\times(1.1^2+1.1+1)=165,500$
- 상환금액
  - $1,000,000\times40\%+165,500\times40\%=466,200$

세부고찰 II

사례 전환으로 인한 기타자본요소 변동액 계산

3년만기 전환사채 ₩1,000,000을 연초에 액면발행(액면상환조건)하였다. 표시이자율은 7%(이자는 매년말 지급), 유효이자율은 12%, 전환가격은 ₩20,000(즉, 사채액면 ₩20,000당 @₩5,000의 보통주 1주를 교부하는 조건)이다. 2차년도 초 액면 ₩500,000이 전환청구되었을 경우 기타자본요소의 변동액은 얼마인가? (3년 12% 현가 : 0.7118, 3년 12% 연금현가 : 2.4018)

- 현재가치 : $70,000\times2.4018+1,000,000\times0.7118=879,926$
  전환권대가 : $1,000,000-879,926=120,074$
- 1차년도말 장부금액 : $879,926+(879,926\times12\%-70,000)=915,517$
- 전환시 회계처리

(차) 전환사채(장부가)	915,517×50%=457,758	(대) 자본금	25주×5,000=125,000
전환권대가	120,074×50%=60,037	주발초	392,795

∴392,795−60,037=332,758

세부고찰 III

사례 전환사채 장부금액 계산

㈜훌랄라산업은 20x1년초에 액면 ₩1,000,000, 상환기일 20x3년말, 표시이자율 연 8%의 전환사채를 액면발행하였다. 이 전환사채와 동일한 일반사채의 시장이자율은 연14%이다. 전환청구기간은 사채발행일 이후 1개월이 경과한 때부터 상환기일 1개월 전까지이며, 전환사채 발행금액 ₩10,000당 주식 1주(액면금액 ₩5,000)를 교부한다. 전환사채가 전환되지 아니하는 경우에는 만기일에 액면금액의 116.87%를 일시 상환한다. 이 전환사채의 20x2년말 현재 장부금액은 얼마인가?

기간	단일금액 ₩1의 현재가치계수		정상연금 ₩1의 현재가치계수	
	8%	14%	8%	14%
3	0.7938	0.6750	2.5771	2.3216

저자주 현재가치를 구하여 전환권조정상각표에 의한 20x2년말 장부금액을 계산하여도 되나, 다음과 같은 '고속철' 풀이법으로 접근하기 바랍니다!

고속철 장부금액=미래현금흐름의 현가

$$\therefore \frac{1,000,000\times116.87\%+1,000,000\times8\%}{1.14}=1,095,391$$

FINAL 객관식뽀개기 — 실전적중문제

1. ㈜감평은 20x1년 1월 1일에 다음 조건의 전환사채를 발행하였다.

- 액면금액 : ₩2,000,000
- 표시이자율 : 연 7%
- 일반사채의 시장이자율 : 연 12%
- 이자지급일 : 매년 12월 31일
- 상환조건 : 20x3년 12월 31일에 액면금액의 110.5%로 일시상환
- 전환가격 : ₩3,000(보통주 주당 액면금액 ₩1,000)

만일 위 전환사채에 상환할증금 지급조건이 없었다면, 상환할증금 지급조건이 있는 경우에 비해 포괄손익계산서에 표시되는 20x1년 이자비용은 얼마나 감소하는가? (단, 현재가치는 다음과 같으며 계산결과는 가장 근사치를 선택한다.)

기간	단일금액 ₩1의 현재가치		정상연금 ₩1의 현재가치	
	7%	12%	7%	12%
1	0.9346	0.8929	0.9346	0.8929
2	0.8734	0.7972	1.8080	1.6901
3	0.8163	0.7118	2.6243	2.4018

① ₩17,938 ② ₩10,320 ③ ₩21,215
④ ₩23,457 ⑤ ₩211,182

내비게이션

- 할증금 : 2,000,000×10.5%=210,000
  →할증금현가 : 210,000×0.7118=149,478
- 할증상환조건의 발행시 장부금액이 액면상환조건보다 '할증금현가' 만큼 더 크다.
  →따라서, 1차연도 이자비용도 '할증금현가×유효이자율' 만큼 더 크다.
  ∴149,478×12%=17,938

2. ㈜관세는 20x1년 1월 1일 다음과 같은 조건으로 전환사채를 액면발행하였다.

- 액면금액 : ₩200,000
- 만기일 : 20x3년 12월 31일
- 표시이자 : 연 5%(매년 12월 31일 지급)
- 전환조건 : 사채 액면금액 ₩2,000당 보통주(주당 액면금액 ₩1,000) 1주로 전환
- 사채발행시점의 유효이자율 : 연 8%
- 원금상환방법 : 상환기일에 액면금액을 일시상환

20x2년 1월 1일 전환사채 중 액면금액 ₩80,000이 보통주로 전환되었을 때, 20x2년도에 인식해야할 이자비용은?(단, 계산 시 화폐금액은 소수점 첫째자리에서 반올림하고 단일금액 ₩1의 현재가치는 0.7938(3년, 8%), 정상연금 ₩1의 현재가치는 2.5771(3년, 8%)이다.) [관세사기출]

① ₩6,000 ② ₩6,424 ③ ₩9,086
④ ₩10,000 ⑤ ₩15,144

내비게이션

- 현재가치 : 10,000×2.5771+200,000×0.7938=184,531
- 전환권대가(전환권조정) : 200,000-184,531=15,469
- 전환권조정상각표

일자	유효이자(8%)	액면이자(5%)	상각액	장부금액
20x1년초				184,531
20x1년말	14,762	10,000	4,762	189,293
20x2년말	15,143	10,000	5,143	194,436

- 전환후 20x2년말 회계처리

20x2년말	(차) 이자비용 9,086[1]	(대) 현금 6,000[2] 전환권조정 3,086

[1] 15,143×60%=571,404
[2] 10,000×60%=6,000

Answer 1. ① 2. ③

제1편 재무회계 | 제2편 원가관리회계 | 합본부록 IFRS심화논제

시험중요도 ★★☆

기본이론 제150강 신주인수권부사채 발행구조

특징

구분	내용
이자인식	• 계속 부채(사채)이므로 신주인수권 행사시에도 부채를 제거치 않음. ➡즉, 미상각사발차의 제거없이 사발차와 액면이자는 사채 전체분에 대해 계속 인식함.
상환	• 신주인수권미행사분은 할증상환하나, 신주인수권행사분은 액면상환함.
현금유입	• 신주인수권 권리행사시 현금유입이 발생함.
행사시 발행금액	(아래 표 참조)

	현금납입액
(+)	① 신주인수권대가×행사비율
(+)	② 상환할증금×행사비율
(-)	③ 상환할증금관련 미상각신주인수권조정*)×행사비율
	행사시 주식발행금액

*)상환할증금관련 미상각신주인수권조정 ❒ 상환할증금－행사일 현재 상환할증금 현가

주의 ∴액면상환조건인 경우에는 ②, ③은 나타나지 않음!

참고 신주인수권의 별도 거래여부에 따른 분리형과 비분리형 모두 발행자는 동일하게 회계처리함.

회계처리

사례 신주인수권부사채(할증상환조건 : 액면의 109.74%) 회계처리

✪ 발행금액 ₩1,000,000(액면발행), 표시이자율 5%, 일반사채유효이자율 10%, 행사가액 : ₩10,000(주당액면 ₩5,000), 20x1년초 발행, 상환기일 20x3년말, 20x2년초 액면 ₩600,000 신주인수권행사

풀이

1. 현재가치 : 50,000×(3년, 10%연금현가)+1,097,400×(3년, 10%,현가)=948,830
2. 신주인수권대가 : 1,000,000－948,830=51,170, 신주인수권조정 : 97,400+51,170=148,570

일자	유효이자(10%)	액면이자(5%)	상각액	장부금액
20x1년초				948,830
20x1년말	94,883	50,000	44,883	993,713
행사후	993,713－58,440(상환할증금감소)+10,142(신주인수권조정감소)			945,415
20x2년말	94,542	50,000	44,542	989,957
20x3년말	99,003(단수조정)	50,000	49,003	1,038,960

구분	회계처리	비고
발행 [x1년초]	(차) 현금 1,000,000 (대) 신주인수권부사채 1,000,000 신주인수권조정 148,570 (대) 신주인수권대가 51,170 상환할증금 97,400	－
이자 [x1년말]	(차) 이자비용 94,883 (대) 현금 50,000 신주인수권조정 44,883	－
행사 [x2년초]	(차) 현금 600,000 (대) 신주인수권조정 10,142[1)] 상환할증금 58,440[2)] 자본금 300,000[4)] 신주인수권대가 30,702[3)] 주발초 379,000	1)(97,400－97,400÷1.1^2)×60% 2)97,400×60% 3)51,170×60% 4)60주×5,000
이자 [x2년말]	(차) 이자비용 94,542 (대) 현금 50,000 신주인수권조정 44,542	－
상환시 [x3년말]	(차) 이자비용 99,003 (대) 현금 50,000 신주인수권조정 49,003 (차) 신주인수권부사채 1,000,000 (대) 현금 1,038,960[5)] 상환할증금 38,960	5)600,000+400,000×109.74%

FINAL 객관식뽀개기 실전적중문제

1. ㈜국세는 20x1년 1월 1일 액면금액이 ₩1,000,000인 비분리형 신주인수권 부사채(상환기일 20x5년 12월 31일, 5년 만기, 표시이자율 연 7%, 이자는 매년 말 후급 조건)를 액면발행하였다. 이 신주인수권부사채와 동일한 조건의 일반사채의 유효이자율은 연 10%이며, 만기까지 신주인수권을 행사하지 않을 경우 액면금액의 110%를 보장한다. 신주인수권부사채의 발행시 동 사채의 장부금액은 얼마인가? 단, 현가계수는 아래 표를 이용한다. [세무사기출]

기간	기간말 단일금액 ₩1의 현재가치		정상연금 ₩1의 현재가치	
	7%	10%	7%	10%
1	0.9346	0.9091	0.9346	0.9091
2	0.8734	0.8264	1.8080	1.7355
3	0.8163	0.7513	2.6243	2.4868
4	0.7629	0.6830	3.3872	3.1698
5	0.7130	0.6209	4.1002	3.7908

① ₩848,346 ② ₩886,256 ③ ₩948,346
④ ₩986,256 ⑤ ₩1,000,000

내비게이션

- 발행시 장부금액=현재가치
- 현재가치 : 70,000×3.7908+1,100,000×0.6209=948,346

2. ㈜서울은 현재의 신용등급으로 만기 3년, 표시이자율 연 12%, 액면금액 ₩1,000,000의 일반사채를 액면발행할 수 있다. ㈜서울은 20x1년 1월 1일에 만기 3년, 표시이자율 연 8%, 액면금액 ₩1,000,000의 비분리형 신주인수권부사채를 액면발행하였다. 동 신주인수권부사채는 상환할증금이 없으며, 이자는 매년 말 지급된다. 신주인수권의 행사가격은 ₩25,000, 행사비율은 100%이며, 각 신주인수권은 액면금액이 ₩5,000인 보통주 1주를 매입할 수 있다. 신주인수권의 공정가치는? (단, 현가계수는 다음과 같음) [감평사기출]

(3년 기준)	연 8%	연 12%
단일금액 ₩1의 현가계수	0.7938	0.7118
정상연금 ₩1의 현가계수	2.5771	2.4018

① ₩96,056 ② ₩98,065 ③ ₩100,092
④ ₩110,029 ⑤ ₩120,092

내비게이션

- 현재가치 : 80,000×2.4018+1,000,000×0.7118=903,944
- 신주인수권대가(신주인수권의 공정가치) : 1,000,000−903,944=96,056

3. ㈜대한은 20x1년 1월 1일에 만기 3년, 액면이자율 5%(이자는 매년 말 지급), 액면금액 ₩1,000,000의 비분리형 신주인수권부사채를 액면발행하였다. 신주인수권의 행사기간은 발행일로부터 1개월이 경과한 날부터 상환기일 30일 전까지이다. 신주인수권부사채는 상환할증 조건이 없으며, 신주인수권의 행사조건은 사채 액면금액 ₩20,000당 보통주(주당 액면 ₩5,000) 1주를 인수(행사가격 ₩20,000)할 수 있다. 20x3년 1월 1일 신주인수권의 60%가 행사되었다. 이러한 신주인수권 행사로 인한 ㈜대한의 자본증가액은?(단, ㈜대한은 신주인수권부사채 발행시점에서의 신용등급으로 만기 3년, 액면이자율 10%, 액면금액 ₩1,000,000의 일반사채를 액면발행할 수 있다. 또한 현가계수는 아래 표를 이용한다.) [세무사기출]

기간	기간말 단일금액 ₩1의 현재가치		정상연금 ₩1의 현재가치	
	5%	10%	5%	10%
3	0.8638	0.7513	2.7232	2.4868

① ₩500,000 ② ₩512,180 ③ ₩562,180
④ ₩600,000 ⑤ ₩674,616

내비게이션

- 현재가치 : 50,000×2.4868+1,000,000×0.7513=875,640
- 신주인수권대가 : 1,000,000−875,640=124,360
- 행사시 회계처리

(차) 현금	600,000	(대) 자본금	150,000[2]
신주인수권대가	74,616[1]	주발초	524,616

[1] 124,360×60%=74,616 [2] 30주×5,000=150,000
∴(150,000+524,616)−74,616=600,000

*고속철 **자본증가액=현금납입액**
- 액면상환조건인 경우 행사시 회계처리에는 신주인수권조정과 상환할증금이 나타나지 않음. →∴자본증가액=현금납입액(600,000)

Answer 1. ③ 2. ① 3. ④

시험중요도 ★★☆

기본이론 제151강 신주인수권부사채 상환금액 계산등

세부고찰 I

사례 상환금액 계산

◎ ㈜쌍칼은 20x1년초에 다음과 같은 조건의 신주인수권부사채를 액면발행하였다. 액면금액 중 75%의 신주인수권이 만기전에 행사되었다면 만기상환시 지급해야할 현금총액(이자지급액 제외)은 얼마인가?

(1) 액면금액 : ₩10,000,000
(2) 표시이자율 : 연 5%(매년 말 후급)
(3) 일반사채 시장수익률 : 연 10%
(4) 만기상환일 : 20x3년 12월 31일
(5) 상환할증금 : 신주인수권을 미행사시 상환일에 액면가액의 110%로 일시에 상환함

고속철 상환금액 : 총액면금액+미행사분상환할증금

- 10,000,000+1,000,000(총상환할증금)×25%=10,250,000

세부고찰 II

사례 총이자비용 계산

◎ ㈜날라리는 20x1년초에 5년 만기 신주인수권부사채를 액면발행하였다. ㈜날라리가 5년동안에 인식해야할 총이자비용은 얼마인가? 단, 신주인수권이 행사되지 않은 것으로 가정한다.

(1) 액면금액 : 사채 100매 총 ₩1,000,000(신주인수권은 사채 1매당 신주인수권 1매 첨부)
(2) 표시이자율 : 연 10%(매년도 12월 31일에 지급)
(3) 신주매입가격 : 신주인수권 2매당 액면가 ₩5,000인 보통주 1주를 ₩10,000에 매입
(4) 상환할증금 : 신주인수권이 미행사시 지급하여야 할 상환할증금 총액은 ₩127,056
(5) 일반사채의 시장이자율 : 연 15%(5년간의 현가계수는 0.49718이고, 연금현가계수는 3.35216)

고속철 액면발행의 경우 미행사시 총이자비용 : 총신주인수권조정+총액면이자
(할인발행의 경우는 추가로 총사발차를 가산함)

- 신주인수권대가 : 1,000,000-(100,000×3.35216+1,127,056×0.49718)=104,437
- 총이자비용
  - 총신주인수권조정(127,056+104,437)+총액면이자(100,000×5년)=731,493

세부고찰 III

사례 상환할증금의 추정

◎ ㈜아숨차는 20x1년초에 만기 3년, 할증상환조건의 신주인수권부사채를 액면발행하였다. 만기전에 액면금액 중 60%의 신주인수권이 행사되었다면 만기상환시 지급할 현금총액(이자 제외)은 얼마인가?

(1) 액면금액 : ₩100,000
(2) 이자율 및 지급조건 : 표시이자율 연 5%, 매년말 지급
(3) 발행시 신주인수권조정 : ₩29,684
(4) 신주인수권부사채를 발행하는 시점에서 신주인수권이 부여되지 않은 유사한 일반사채의 시장이자율은 연 15%이다.
(5) 연 15% 3년간의 현가계수는 0.6575이고, 연금현가계수는 2.2832이다.

풀이

*상환할증금을 X라 하면,

- 현재가치 : 5,000×2.2832+(100,000+X)×0.6575=77,166+0.6575X
- 신주인수권대가 : 100,000-(77,166+0.6575X)=22,834-0.6575X
- 신주인수권조정(29,684)=X+(22,834-0.6575X)에서,
  →X=20,000

∴상환금액 : 100,000+20,000×40%=108,000

FINAL 객관식뽀개기 실전적중문제

1. ㈜합격은 20x1년초 액면금액 ₩100,000의 전환사채(신주인수권부사채)를 액면금액에 발행하였다. 권리를 행사하지 않는 경우 만기상환액은 액면금액의 130%를 지급하는데 사채기간 중 사채액면의 50%에 해당하는 금액에 대한 권리가 행사되었다. 동 사채가 전환사채일 경우 만기상환으로 인한 현금유출액과 신주인수권부사채일 경우의 만기상환으로 인한 현금유출액은 각각 얼마인가?

	전환사채	신주인수권부사채
①	₩65,000	₩115,000
②	₩50,000	₩115,000
③	₩65,000	₩65,000
④	₩115,000	₩115,000
⑤	₩65,000	₩100,000

내비게이션

- 상환할증금 : 100,000×30%=30,000
- 상환금액
  - ㉠ 전환사채일 경우 : 미전환분액면금액+미전환분상환할증금
    →100,000×50%+30,000×50%=65,000
  - ㉡ 신주인수권부사채일 경우 : 총액면금액+미행사분상환할증금
    →100,000+30,000×50%=115,000

Answer 1. ①

시험중요도 ★☆☆

기본이론 제152강 종업원급여 종업원급여의 유형

개요	❖종업원에는 이사와 경영진도 포함되며, 종업원이나 그 피부양자, 수익자에게 제공한 급여를 포함함.		
	현직 종업원급여	1년이내 지급	**단기종업원급여**
		1년이후 지급	**기타장기종업원급여**
	퇴사이후 급여	일반적 해고/명예퇴직	**해고급여**
		자발적 퇴사	**퇴직급여**

구분	항목	내용
단기종업원급여	정의	❖근무용역제공 연차보고기간 이후 12개월 이전에 전부 결제될 종업원급여로 해고급여를 제외하며 다음을 포함함. • 임금, 사회보장분담금(예 국민연금회사부담분) • 유급연차휴가와 유급병가 • 이익분배금·상여금 • 현직종업원을 위한 비화폐성급여(예 의료, 주택, 자동차, 무상 또는 일부 보조로 제공되는 재화나 용역)
	인식과 측정	**인식** • 미지급과 초과지급에 대하여 미지급급여(부채)와 선급급여(자산)를 인식함. • 자산의 원가에 포함하는 경우를 제외하고는 비용으로 인식함. **측정** • 단기종업원급여채무는 할인하지 않은 금액으로 측정함.
퇴직급여	정의	❖퇴직 이후에 지급하는 종업원급여로, 단기종업원급여와 해고급여는 제외하며, 다음과 같은 급여를 포함함. • 퇴직금(예 퇴직연금과 퇴직일시금 등) • 퇴직후 생명보험이나 퇴직후 의료급여 등과 같은 그 밖의 퇴직급여
해고급여	정의	❖통상적인 퇴직시점 이전에 종업원을 해고하고자 하는 기업의 결정이나 해고의 대가로 기업이 제안하는 급여를 수락하는 종업원의 결정의 결과로서 종업원을 해고하는 대가로 제공되는 종업원급여를 말함. ➡∴기업의 제안이 아닌 종업원의 요청으로 인한 해고나 의무적인 퇴직규정으로 인하여 발생하는 종업원급여는 퇴직급여이기 때문에 해고급여에 포함하지 아니함.
	인식과 측정	**인식** • 다음 중 이른 날에 해고급여에 대한 부채와 비용을 인식함. ① 기업이 해고급여의 제안을 더 이상 철회할 수 없을 때 ② 기업이 기준서 제1037호(충당부채등)의 적용범위에 포함되고 해고급여의 지급을 수반하는 구조조정에 대한 원가를 인식할 때 **측정** • 퇴직급여를 증액시키는 것이라면, 퇴직급여에 대한 규정을 적용 • 해고급여가 인식되는 연차보고기간말 이후 12개월 이전에 모두 결제될 것으로 예상되는 경우는 단기종업원급여, 예상되지 않는 경우는 기타장기종업원급여에 대한 규정을 적용
기타장기종업원급여	정의	❖단기종업원급여, 퇴직급여 및 해고급여를 제외한 종업원급여로, 다음과 같은 급여가 포함됨. • 장기근속휴가나 안식년휴가와 같은 장기유급휴가, 그 밖의 장기근속급여 • 장기장애급여, 이익분배금과 상여금, 이연된 보상

FINAL 객관식뽀개기 — 실전적중문제

1. 다음 중 종업원급여에 관한 설명으로 옳지 않은 것은?

① 해고급여는 종업원을 해고하는 대가로 제공되는 종업원급여를 말한다.
② 확정급여제도는 기업이 종업원 퇴직시 약정된 퇴직급여의 지급을 약속한 것으로 그 운영과 위험을 기업이 부담한다.
③ 확정기여제도는 기업이 별개의 기금에 일정금액을 납부하면 추가의무가 없다.
④ 단기종업원급여는 화폐성 급여만을 포함한다.
⑤ 단기종업원급여의 회계처리는 채무나 원가를 측정하는 데 보험수리적 가정이 필요하지 않아 보험수리적 손익이 발생하지 않기 때문에 일반적으로 단순하며, 단기종업원급여채무는 할인하지 아니한 금액으로 측정한다.

내비게이션

• 단기종업원급여는 현직종업원을 위한 비화폐성급여(예 의료, 주택, 자동차, 무상 또는 일부 보조로 제공되는 재화나 용역)를 포함한다.
• ②,③에 대하여는 후술함!

2. 다음은 종업원급여에 대한 설명이다. 가장 타당한 것은 어느 것인가?

① 종업원에는 이사와 경영진도 포함되며, 종업원이나 그 피부양자, 수익자에게 제공한 급여를 제외한다.
② 단기종업원급여는 보험수리적방법으로 측정하지 않지만, 할인된 금액으로 측정한다.
③ 퇴직급여는 종업원의 퇴직 이후에 지급하는 종업원급여(해고급여 포함)를 의미한다.
④ 이익분배금 또는 상여금의 전부나 일부의 지급기일이 종업원의 근무용역이 제공된 회계기간의 말부터 12개월 이내에 도래하지 않는다면 해당 금액을 기타장기종업원급여로 분류한다.
⑤ 기업의 제안이 아닌 종업원의 요청으로 인한 해고나 의무적인 퇴직규정으로 인하여 발생하는 종업원급여는 해고급여에 포함된다.

내비게이션

• ① 종업원이나 그 피부양자, 수익자에게 제공한 급여를 포함한다.
② 단기종업원급여는 보험수리적방법으로 측정하지 않기 때문에 보험수리적 방법으로 측정하는 확정급여형 퇴직급여제도의 측정방법 보다는 일반적으로 단순하며, 할인하지 않은 금액으로 측정한다.
③ 퇴직급여란 종업원의 퇴직 이후에 지급하는 종업원급여(해고급여 제외)를 의미한다.
⑤ 기업의 제안이 아닌 종업원의 요청으로 인한 해고나 의무적인 퇴직규정으로 인하여 발생하는 종업원급여는 퇴직급여이기 때문에 해고급여에 포함하지 아니한다.

서술형Correction연습

❒ 단기종업원급여에는 의료나 주택등과 같은 비화폐성 급여는 포함하지 않는다.

(X) : 단기종업원급여에는 다음을 포함한다.
- 임금, 사회보장분담금(국민연금)
- 유급연차휴가·유급병가
- 이익분배금·상여금(회계기간말부터 12개월 이내에 지급되는 것)
- 현직종업원을 위한 비화폐성급여(의료, 주택, 자동차, 무상 또는 일부 보조로 제공되는 재화나 용역)

❒ 퇴직급여와 관련된 자산 및 부채는 재무상태표의 유동성 분류기준에 따라 유동부분과 비유동부분으로 구분하여 각각 공시하여야 한다.

(X) : 【심화학습 : 종업원급여 문단 133】
일부 기업은 유동자산과 유동부채를 각각 비유동자산과 비유동부채와 구분한다. 그러나 이 기준서에서는 퇴직급여와 관련된 자산과 부채를 유동부분과 비유동부분으로 구분하여야 하는지는 특정하지 아니한다.

Answer 1. ④ 2. ④

시험중요도 ★☆☆

기본이론 제153강 단기종업원급여

단기유급휴가

개요	• 연차휴가, 병가, 단기장애휴가, 출산·육아휴가등 종업원 휴가에 대하여 보상할수 있는 것	
형태	누적유급휴가	• 당해 미사용분을 차기 사용가능 ➡∴보고기간말 미사용 유급휴가를 부채로 인식함. 보론 누적유급휴가의 예상원가는 보고기간말 현재 미사용유급휴가가 누적되어 기업이 지급할 것으로 예상하는 추가금액으로 측정함.
	비누적유급휴가	• 당해 미사용분은 소멸 ➡∴보고기간말 부채인식 없음. 보론 즉, 실제로 사용하기 전에는 부채나 비용을 인식치 않음.

사례 유급병가

✪ 다음에 의할 때 20x1년 말에 유급휴가와 관련하여 필요한 회계처리는?

(1) A회사는 100명의 종업원에게 1년에 5일의 근무일수에 해당하는 유급병가를 제공하고 있으며, 미사용 유급병가는 다음 1년 동안 이월하여 사용할 수 있다. 유급병가는 당해연도에 부여된 권리가 먼저 사용된 다음 직전연도에서 이월된 권리가 사용되는 것으로 본다.
(2) 20x1년 12월 31일 현재 미사용 유급병가는 종업원당 평균 2일이고, 과거의 경험에 비추어 볼 때 20x2년도 중에 종업원 92명이 사용할 유급병가일수는 5일 이하이고, 나머지 8명이 사용할 유급병가일수는 평균적으로 6.5일이 될 것으로 예상된다.
(3) 유급병가의 예상원가는 1일당 ₩20,000이다.

• 미사용유급병가의 사용분 : 6.5일-5일=1.5일
• (차) 단기종업원급여 (1.5일×20,000)×8명=240,000 (대) 미지급비용 240,000

이익분배제도·상여금제도

개요	이익분배제도	• 종업원이 특정기간 계속 근무하는 것을 조건으로 이익을 분배받을 수 있는 제도로 성과급의 한 형태를 말함.
	상여금제도	• 통상임금 이외에 지급되는 보너스의 한 형태를 말함.
인식	① 과거 사건의 결과로 현재의 지급의무가 발생하고, 채무금액을 신뢰성 있게 추정할 수 있다면 이익분배금 및 상여금의 예상원가를 인식함. ② 이익분배제도/상여금제도와 관련된 원가는 이익분배가 아니라 당기비용으로 인식함. (차) 단기종업원급여 xxx (대) 미지급비용 xxx (O) (차) 이익잉여금 xxx (대) 미지급비용 xxx (X) ③ 지급기일이 회계기간말부터 12개월내에 도래치 않는다면 기타장기종업원급여에 해당됨.	

사례 이익분배제도

✪ 다음에 의할 때 20x1년 말에 이익분배금과 관련하여 필요한 회계처리는?

(1) A회사는 회계연도 당기순이익의 일정 부분을 해당 회계연도에 근무한 종업원에게 지급하는 이익분배제도를 두고 있다.
(2) 해당 회계연도에 퇴사자가 없다고 가정하면 이익분배금 총액은 당기순이익의 3%가 될 것이지만, 일부 종업원이 퇴사함에 따라 실제로 지급될 이익분배금 총액은 당기순이익의 2.5%로 감소할 것으로 예상된다.
(3) 20x1년의 이익분배금을 반영하기 전의 당기순이익은 ₩1,000,000이다.

• (차) 단기종업원급여 1,000,000×2.5%=25,000 (대) 미지급비용 25,000

FINAL 객관식뽀개기 — 실전적중문제

1. 한국채태국제회계기준에 의한 종업원급여에 대한 설명이다. 가장 타당하지 않은 것은?

① 비누적유급휴가는 이월되지 않으므로 당기에 사용되지 않은 유급휴가는 소멸되며 관련 종업원이 퇴사하더라도 미사용유급휴가에 상응하는 현금을 수령할 자격이 없다.
② 비누적유급휴가는 종업원이 실제로 유급휴가를 사용하기 전에도 부채나 비용을 인식한다.
③ 기업의 채무는 종업원이 미래 유급휴가에 대한 권리를 증가시키는 근무용역을 제공함에 따라 발생한다.
④ 누적유급휴가의 예상원가는 보고기간말 현재 미사용유급휴가가 누적된 결과 기업이 지급할 것으로 예상되는 추가금액으로 측정한다.
⑤ 이익분배제도 및 상여금제도에 따라 기업이 부담하는 의무는 종업원이 제공하는 근무용역에서 발생하는 것이며 주주와의 거래에서 발생하는 것이 아니다. 따라서 이익분배제도 및 상여금제도와 관련된 원가는 이익분배가 아니라 당기비용으로 인식한다.

내비게이션

• 비누적유급휴가는 종업원이 실제로 유급휴가를 사용하기 전에는 부채나 비용을 인식하지 아니한다.

2. ㈜합격은 100명의 종업원에게 1년에 5일의 근무일수에 해당하는 유급병가를 제공하고 있으며, 미사용 유급병가는 다음 1년동안 이월하여 사용할수 있다. 유급병가는 당해연도에 부여된 권리가 먼저 사용된 다음 직전연도에서 이월된 권리가 사용되는 것으로 본다. 20x1년 12월 31일 현재 미사용유급병가는 종업원당 2일이고, 과거의 경험에 비추어 볼 때 20x2년도 중에 92명이 사용할 유급병가일수는 5일이하, 나머지 8명이 사용할 유급병가일수는 평균적으로 6.5일이 될 것으로 예상한다. 유급병가 예상원가는 1일 15,000이다. 20x1년말 유급병가와 관련하여 부채로 인식할 금액은 얼마인가?

① ₩150,000 ② ₩180,000 ③ ₩240,000
④ ₩450,000 ⑤ ₩640,000

내비게이션

• 미사용유급병가의 사용분 : 6.5일−5일=1.5일
• 부채(미지급비용) : (1.5일×15,000)×8명=180,000
→(차) 단기종업원급여 180,000 (대) 미지급비용 180,000

서술형Correction연습

❒ 비누적유급휴가의 예상원가는 당해 유급휴가를 사용하지 않은 경우에도 유급휴가를 사용하는 경우에 기업이 지급할 것으로 예상하는 추가금액으로 측정한다.

➲ (X) : 누적유급휴가의 예상원가는 보고기간말 현재 미사용유급휴가가 누적되어 기업이 지급할 것으로 예상하는 추가금액으로 측정함.

❒ 미사용유급휴가는 차기 이후의 이월여부에 관계없이 채무로 인식한다.

➲ (X) : 비누적유급휴가는 이월되지 않으므로 당기에 사용하지 않은 유급휴가는 소멸된다. 이 경우 종업원이 근무용역을 제공하더라도 관련 급여가 증가되지 않기 때문에 종업원이 실제로 유급휴가를 사용하기 전에는 부채나 비용을 인식하지 아니한다.

❒ 유급휴가 형식을 취하는 단기종업원급여의 예상원가는 휴가가 실제로 사용되는 때에 비용으로 인식한다.

➲ (X) : 비누적유급휴가는 종업원이 휴가가 실제로 사용할 때 비용으로 인식하나, 누적유급휴가는 종업원이 미래 유급휴가 권리를 확대하는 근무용역을 제공할 때 인식한다.(즉, 보고기간말 미사용 유급휴가를 부채로 인식함.)

❒ 누적유급휴가의 경우에는 종업원이 미래 유급휴가 권리를 확대시키는 근무용역을 제공하는 때에 종업원급여를 비용으로 인식하므로 보고기간말에 부채는 계상되지 않는다.

➲ (X) : 누적 유급휴가의 예상원가는 보고기간말 현재 미사용 유급휴가가 누적되어 기업이 지급할 것으로 예상하는 추가 금액으로 측정하며 이를 부채로 계상한다.

❒ 이익분배제도에 따라 기업이 부담하는 의무는 종업원이 제공하는 근무용역에서 발생하는 것이나 이익분배에 해당하므로 이익잉여금의 처분으로 회계처리한다.

➲ (X) : 이익분배제도 및 상여금제도에 따라 기업이 부담하는 의무는 종업원이 제공하는 근무용역에서 발생하는 것이지 주주와의 거래에서 발생하는 것이 아니므로 이익분배제도 및 상여금제도와 관련된 원가는 이익분배가 아니라 당기비용으로 인식한다.

Answer 1. ② 2. ②

시험중요도 ★★★

기본이론 제154강 퇴직급여제도

<table>
<tr><td>의의</td><td colspan="2">❖퇴직급여는 종업원이 퇴직한 이후에 지급하는 종업원급여로, 퇴직급여의 지급과 관련하여 기업이 한명 이상의 종업원에게 퇴직급여를 지급하는 근거가 되는 공식 또는 비공식 협약을 퇴직급여제도라고 함. 퇴직급여제도는 제도의 주요규약에서 도출되는 경제적 실질에 따라 확정기여제도(DC)와 확정급여제도(DB)로 구분됨.</td></tr>
<tr><td rowspan="4">확정기여제도</td><td>개요</td><td>• 기업이 별개의 실체(기금)에 고정 기여금을 납부하여야 하고, 그 기금이 당기와 과거기간에 제공된 종업원 근무용역과 관련된 모든 종업원급여를 지급할 수 있을 정도로 충분한 자산을 보유하지 못하더라도 기업에게는 추가로 기여금을 납부해야 하는 법적의무나 의제의무가 없는 퇴직급여제도
➡기업은 약정한 기여금을 납부함으로써 퇴직급여와 관련된 모든 의무가 종결됨.
• 납부해야할 기여금은 자산의 원가에 포함하는 경우를 제외하고는 비용으로 인식함.
• 납부해야할 기여금에 미달납부한 경우는 미지급비용(부채)을 인식하고, 초과납부한 경우는 선급비용(자산)을 인식함.
<table><tr><td>적정납부시</td><td>(차) 퇴직급여 1,000 (대) 현금 1,000</td></tr><tr><td>미달납부시</td><td>(차) 퇴직급여 1,000 (대) 현금 900
미지급비용 100</td></tr><tr><td>초과납부시</td><td>(차) 퇴직급여 1,000 (대) 현금 1,100
선급비용 100</td></tr></table></td></tr>
<tr><td>기업의 부담</td><td>• 출연금액에 한정
➡기업의 법적의무나 의제의무는 기업이 기금에 출연하기로 약정한 금액으로 한정됨.</td></tr>
<tr><td>종업원 수령액</td><td>• 불확정적
➡종업원이 받을 퇴직급여액은 기업과 종업원이 퇴직급여제도나 보험회사에 출연하는 기여금과 그 기여금에서 발생하는 투자수익에 따라 결정됨.</td></tr>
<tr><td>위험부담자</td><td>• 종업원
➡보험수리적위험(실제급여액이 기대급여액에 미치지 못할 위험)과 투자위험(기여금을 재원으로 투자한 자산이 기대급여액을 지급하는 데 충분하지 못하게 될 위험)은 종업원이 부담함.</td></tr>
<tr><td rowspan="4">확정급여제도</td><td>개요</td><td>• 확정기여제도 이외의 모든 퇴직급여제도를 말함.
➡기업의 의무는 약정한 급여를 전·현직종업원에게 지급하는 것임.</td></tr>
<tr><td>기업의 부담</td><td>• 변동적
➡보험수리적실적이나 투자실적이 예상보다 저조하다면 의무증가가 가능함.
말장난 확정급여제도에서 기업의 법적의무나 의제의무는 기업이 기금에 출연하기로 약정한 금액으로 한정되며 종업원이 보험수리적위험과 투자위험을 실질적으로 부담한다(X)</td></tr>
<tr><td>종업원 수령액</td><td>• 확정적
➡종업원이 받을 퇴직급여액은 기업과 종업원이 퇴직급여제도나 보험회사에 출연하는 기여금과 그 기여금에서 발생하는 투자수익과 무관함.</td></tr>
<tr><td>위험부담자</td><td>• 기업
➡기업이 보험수리적위험과 투자위험을 부담함.</td></tr>
</table>

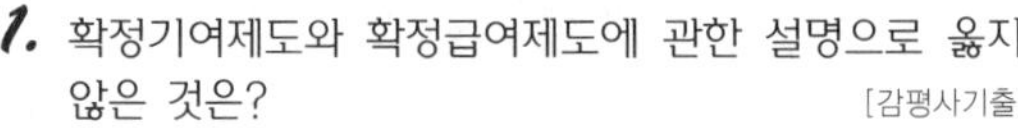

실전적중문제

1. 확정기여제도와 확정급여제도에 관한 설명으로 옳지 않은 것은? [감평사기출]

① 확정기여제도에서는 기업이 별개의 실체에 고정 기여금을 납부한다.
② 확정급여제도에서 기업의 의무는 약정한 퇴직급여를 종업원에게 지급하는 것이다.
③ 확정기여제도보다 확정급여제도의 회계처리가 비교적 복잡하다.
④ 확정급여제도에서는 채무와 비용의 측정에 보험수리적 가정이 요구된다.
⑤ 확정기여제도에서는 기업이 적립금의 투자위험을 부담한다.

내비게이션

• 확정기여제도에서는 종업원이 투자위험을 부담하며, 확정급여제도에서는 기업이 투자위험을 부담한다.

2. 퇴직급여제도에 관한 설명으로 옳은 것은? [관세사기출]

① 확정기여제도에서 기업의 법적의무나 의제의무는 기업이 종업원에게 지급하기로 약정한 급여로 한정된다.
② 확정기여제도에서는 기업이 보험수리적위험과 투자위험을 실질적으로 부담한다.
③ 확정급여제도에서는 보고기업이 채무나 비용을 측정하기 위해 보험수리적 가정을 세울 필요가 없다.
④ 확정급여제도에서 퇴직급여채무를 할인하기 위해 사용하는 할인율은 보고기간 말 현재 해당 기업의 자본조달비용을 사용한다.
⑤ 확정급여제도에서는 보험수리적손익을 기타포괄손익으로 인식한다.

내비게이션

• ① 기업이 종업원에게 지급하기로 약정한 급여가 아니라 기업이 기금에 출연하기로 약정한 금액에 한정된다.
② 확정기여제도에서는 기업이 아니라 종업원이 보험수리적위험과 투자위험을 실질적으로 부담한다.
③ 확정급여제도(X) → 확정기여제도(O)
④ 퇴직급여채무를 할인하기 위해 사용하는 할인율은 보고기간 말 현재 우량회사채의 시장수익률을 참조하여 결정하는 것이 원칙이다. 만약 그러한 우량회사채에 대해 거래 층이 두터운 해당 통화의 시장이 없는 경우에는 보고기간 말 현재 그 통화로 표시된 국공채의 시장수익률을 사용한다.(후술함!)
⑤ 후술함!

3. 퇴직급여제도에 의한 회계처리와 보고에 관한 설명으로 옳지 않은 것은? [세무사기출]

① 확정기여제도에서 가입자의 미래급여금액은 사용자나 가입자가 출연하는 기여금과 기금의 운영효율성 및 투자수익에 따라 결정된다.
② 확정기여제도의 재무제표에는 약정퇴직급여의 보험수리적 현재가치와 급여지급에 이용가능한 순자산 사이의 관계, 그리고 약정급여를 위한 기금적립정책에 대한 설명이 있어야 한다.
③ 확정급여제도는 종업원에게 지급할 퇴직급여금액이 일반적으로 종업원의 임금과 근무연수에 기초하는 산정식에 의해 결정되는 퇴직급여제도이다.
④ 가득급여는 종업원의 미래 계속 근무와 관계없이 퇴직급여제도에 따라 받을 권리가 있는 급여를 의미한다.
⑤ 기금적립은 퇴직급여를 지급할 미래의무를 충족하기 위해 사용자와는 구별된 실체(기금)에 자산을 이전하는 것을 의미한다.

내비게이션

• 확정기여제도의 재무제표(X) → 확정급여제도의 재무제표(O)

4. 다음 중 퇴직급여에 대한 설명으로 가장 올바르지 않은 것은?

① 퇴직급여제도는 확정기여제도와 확정급여제도를 포함한다.
② 당기근무원가는 당기에 종업원이 근무용역을 제공함에 따라 발생하는 확정급여채무의 현재가치 증가액을 말한다.
③ 확정급여제도에서는 사외적립자산을 출연하는데 이때 사외적립자산은 공정가치로 측정한다.
④ 확정급여제도는 기업이 기여금을 불입함으로써 퇴직급여와 관련된 모든 의무가 종료된다.
⑤ 확정급여제도란 보험수리적위험과 투자위험을 기업이 부담하는 퇴직급여제도를 의미한다.

내비게이션

• 기여금을 불입함으로써 퇴직급여와 관련된 모든 의무가 종료되는 것은 확정기여제도이다.

Answer 1. ⑤ 2. ⑤ 3. ② 4. ④

제1편 재무회계 | 제2편 원가관리회계 | 합본부록 IFRS심화논제

시험중요도 ★★★

기본이론 제155강 확정급여제도 : 회계처리 개괄

확정급여채무

구분	내용
확정급여채무	• 근무용역제공으로 발생한 채무를 결제시 필요한 미래지급액으로 현재가치로 측정 ➡퇴직시점의 퇴직급여는 보험수리적 평가방법을 적용하여 추정함.
당기근무원가	• 당기에 종업원이 근무용역을 제공하여 발생한 확정급여채무 현재가치의 증가액으로 당해 연도에 귀속되는 급여의 현재가치를 말함. ➡확정급여채무와 당기근무원가는 '예측단위적립방식'을 사용하여 측정함.

사례 확정급여채무 회계처리(예측단위적립방식)

◎ 20x1년 3년간 근무하고 퇴사할(20x3년말에 퇴직할 경우) 종업원의 퇴직시 퇴직금이 ₩300(보험수리적 평가방법 추정액)으로 예상된다. 할인율은 10%로 가정한다.(단, 20x1년초에 입사함)

1. 현재가치를 무시한 연도별 당기근무원가 계산
   - 배분액 : 300÷3년=100 : 20x1년 100, 20x2년 100, 20x3년 100
2. 당기근무원가와 확정급여채무의 현재가치 계산

	20x1년	20x2년	20x3년
당기근무원가	$100\div1.1^2=83$	$100\div1.1=91$	100
이자원가	-	83×10%≒8	(83+8)×10%+91×10%≒18
추가인식할 확정급여채무	83	99	118

3. 회계처리

연도	차변	금액	대변	금액
20x1년	(차) 퇴직급여(근무원가)	83	(대) 확정급여채무	83
20x2년	(차) 퇴직급여(이자원가)	8	(대) 확정급여채무	99
	퇴직급여(근무원가)	91		
20x3년	(차) 퇴직급여(이자원가)	18	(대) 확정급여채무	118
	퇴직급여(근무원가)	100		
	(차) 확정급여채무	300	(대) 현금	300

*퇴직급여=당기근무원가+이자원가
*이자원가는 '기초확정급여채무×10%'로 계산할수도 있음.(예 20x3년 이자원가=(83+99)×10%≒18)
(이자원가는 이하 사외적립자산 이자수익과 상계한 이후의 순이자를 당기손익으로 인식함.)

사외적립자산

❖ 기금(보험회사)이 보유하고 있는 자산을 말하며, 보고기간말에 공정가치로 측정하고 재무상태표에 확정급여채무에서 차감하여 표시함.

구분	차변	금액	대변	금액
기여금 적립시	(차) 사외적립자산	xxx	(대) 현금	xxx
이자수익(수익발생)	(차) 사외적립자산	xxx	(대) 퇴직급여(이자수익)	xxx
퇴직시(퇴직급여지급)	(차) 확정급여채무	xxx	(대) 사외적립자산	xxx

재무제표 표시

구분	내용
재무상태표	• 확정급여채무(현가)에서 사외적립자산(공정가치)을 차감금액을 순확정급여부채로 표시 ❐ 순확정급여부채=확정급여채무-사외적립자산
포괄손익계산서	• 포괄손익계산서에는 다음의 금액을 퇴직급여로 계상함. ❐ 퇴직급여=당기근무원가+(확정급여채무 이자원가-사외적립자산의 수익)

기타사항

구분	내용
재측정요소	• 확정급여채무나 사외적립자산의 예상치 못한 변동을 말하며 기타포괄손익 인식함.
과거근무원가	• 과거근무용역에 대한 확정급여채무 현가의 변동액을 말하며, 당기손익 인식함. ➡(차) 퇴직급여 xxx (대) 확정급여채무 xxx
정산손익	• 정산(예 확정급여채무를 보험회사에 이전)손익은 당기손익 인식함.

FINAL 객관식뽀개기 — 실전적중문제

1. 20x1년 1월 1일에 설립된 ㈜감평은 20x1년말에 확정급여제도를 도입하였다. 확정급여채무 계산시 적용한 할인율은 연 10%이며, 20x1년 이후 할인율의 변동은 없다. 다음 자료를 이용하여 계산된 20x2년 순확정급여부채는? [감평사기출]

> • 20x1년말 확정급여채무의 장부금액은 ₩30,000이다.
> • 20x1년말 사외적립자산에 ₩20,000을 현금으로 출연하였다.
> • 20x2년말 퇴직한 종업원에게 ₩1,000의 현금이 사외적립자산에서 지급되었다. 당기근무원가는 ₩40,000이다.
> • 20x2년말 사외적립자산에 ₩30,000을 현금으로 출연하였다.
> • 20x2년말 현재 사외적립자산의 공정가치는 ₩65,000이다.
> • 20x2년말 보험수리적 가정의 변동을 반영한 확정급여채무의 현재가치는 ₩80,000이다.

① ₩15,000 ② ₩20,000 ③ ₩25,000
④ ₩65,000 ⑤ ₩80,000

내비게이션

• 20x2년말 순확정급여부채 계산

20x2년말 확정급여채무 현재가치:	80,000
20x2년말 사외적립자산 공정가치:	(65,000)
	15,000

2. 다음의 20x1년 확정급여제도와 관련된 자료에 의해 포괄손익계산서상 퇴직급여를 계산하면?

> (1) 당기근무원가 : ₩12,500,000
> (2) 확정급여채무의 이자원가 : ₩3,125,000
> (3) 사외적립자산의 이자수익 : ₩6,250,000
> (4) 확정급여채무 관련 재측정손실 : ₩625,000
> (5) 과거근무원가(확정급여채무의 현재가치 증가) : ₩1,250,000

① ₩9,375,000 ② ₩10,000,000 ③ ₩10,625,000
④ ₩13,250,000 ⑤ ₩15,625,000

내비게이션

• 12,500,000+(3,125,000-6,250,000)+1,250,000=10,625,000

3. ㈜합격의 다음 자료에 의해 2차연도말 추가로 인식될 확정급여채무 금액을 구하면 얼마인가?

> (1) ㈜합격은 종업원이 퇴직한 시점에 일시불급여를 지급하며, 일시불급여는 종업원의 퇴직전 최종임금의 1%에 근무연수를 곱하여 산정한다.
> (2) 종업원(1차연도초에 입사)의 연간 임금은 1차연도에 ₩11,000이며, 향후 매년 8%(복리)씩 상승하는 것으로 가정한다.
> (3) 우량회사채의 시장수익률을 기초로 산정한 이자율은 연 12%라고 가정한다.
> (4) 종업원은 5차연도말 퇴직할 것으로 예상된다.
> (5) 편의상 종업원이 당초 예상보다 일찍 또는 늦게 퇴직할 가능성을 반영하기 위해 필요한 추가적인 조정은 없다고 가정한다.

① ₩118 ② ₩150 ③ ₩190
④ ₩213 ⑤ ₩450

내비게이션

• 보험수리적평가방법 추정액(퇴직시점의 일시불급여)
  – 퇴직전 최종임금 : $11,000\times(1+8\%)^4=14,965$
  – 일시불급여 : 14,965×1%×5년=748
• 현재가치를 무시한 연도별 당기근무원가 계산
  – 748÷5년=150
• 당기근무원가와 확정급여채무의 현재가치 계산

	1차연도	2차연도
당기근무원가	$150\div(1+12\%)^4$	$150\div(1+12\%)^3$
이자원가	–	95×12%
추가인식할 확정급여채무	95	118

서술형Correction연습

❒ 퇴직급여제도가 확정급여제도인 경우에는 제도에서 정하고 있는 급여계산방식에 따라 계산된 금액을 퇴직급여를 지급하는 시점에 비용으로 인식한다.

➲ (X) : 퇴직급여제도가 확정급여제도인 경우에는 제도에서 정하고 있는 급여계산방식에 따라 종업원의 근무기간에 걸쳐 급여를 배분하여 비용으로 인식한다.

Answer 1. ① 2. ③ 3. ①

시험중요도 ★★★

기본이론 제156강 확정급여제도 : 사외적립자산

개요

정의

- 사외적립자산은 기업으로부터 기여금을 받아 이를 운용하고 종업원에게 퇴직급여를 지급하는 역할을 맡은 기금이 보유하고 있는 자산을 말함.

구분	차변	금액	대변	금액
[1] 퇴직급여지급	(차) 확정급여채무	xxx	(대) 사외적립자산	xxx
[2] 기여금적립	(차) 사외적립자산	xxx	(대) 현금	xxx
[3] 이자원가*)	(차) 퇴직급여(이자원가)	xxx	(대) 확정급여채무	xxx
[4] 당기근무원가	(차) 퇴직급여(근무원가)	xxx	(대) 확정급여채무	xxx
[5] 이자수익	(차) 사외적립자산	xxx	(대) 퇴직급여(이자수익)	xxx

*)확정급여채무×할인율로 산정하되 기중 확정급여채무 변동분을 반영하여 계산함.

보론 할인율 : 우량회사채의 시장수익률을 참조하여 결정하는 것이 원칙임.

측정

- 사외적립자산은 공정가치로 측정함.

공시

- 확정급여채무의 현재가치에서 차감하여 재무상태표에 공시함.
  ➡과소적립액은 순확정급여부채로, 초과적립액은 순확정급여자산으로 공시함.
- 순확정급여자산('사외적립자산>확정급여채무' 인 경우)은 자산인식상한을 한도로 하며, 자산인식상한 초과액은 기타포괄손익으로 인식함.

이자수익

- 이자율(할인율)
  - 확정급여채무의 이자원가 산정시 사용한 할인율을 동일하게 이용하여 산정함.
    ➡∵사외적립자산에서 발생하는 실제이자수익은 변동성이 클수 있으므로 확정급여채무의 이자원가 산정시 사용한 할인율을 이용하여 산정된 이자수익효과만을 퇴직급여에서 차감하여 당기손익에 반영하고, 실제이자수익과의 차이는 재측정요소로 간주하여 기타포괄손익 처리함.('후술')
- 금액계산
  - 이자수익 = 기초사외적립자산×이자율(할인율)
    ➡사외적립자산의 기중변동(퇴직급여지급과 사외적립자산적립)을 고려함.
- 순이자(상계)
  - 확정급여채무 이자원가는 사외적립자산 이자수익과 상계한 이후의 순이자를 당기손익으로 인식함.

세부고찰

사례 사외적립자산 회계처리

◎ 확정급여제도를 시행하고 있는 ㈜합격의 다음 자료에 의해 20x1년에 당기손익으로 인식할 금액을 계산하면 얼마인가?

(1) 20x1년초 확정급여채무는 ₩125,000, 사외적립자산은 ₩100,000이다.
(2) 20x1년 7월 1일 사외적립자산에서 지급한 퇴직급여는 ₩7,500이다.
(3) 20x1년 10월 1일 사외적립자산에 ₩15,000을 추가 적립하였다.
(4) 20x1년도 확정급여채무의 현재가치평가에 할인율 10%를 적용한 당기근무원가는 ₩30,000이다.

•회계처리

일자	구분	차변	금액	대변	금액
7/1(퇴직급여지급)		(차) 확정급여채무	7,500	(대) 사외적립자산	7,500
10/1(기여금적립)		(차) 사외적립자산	15,000	(대) 현금	15,000
12/31	이자원가	(차) 퇴직급여(이자원가)	12,125[1]	(대) 확정급여채무	12,125
	당기근무원가	(차) 퇴직급여(근무원가)	30,000	(대) 확정급여채무	30,000
	이자수익	(차) 사외적립자산	10,000	(대) 퇴직급여(이자수익)	10,000[2]

[1] 125,000×10%-7,500×10%×6/12=12,125

[2] 100,000×10%-7,500×10%×6/12+15,000×10%×3/12=10,000

∴-12,125-30,000+10,000=△32,125(손실)

순확정급여부채	
확정급여채무	159,625
사외적립자산	(117,500)
	42,125

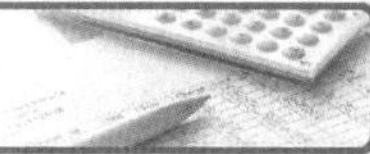

FINAL 객관식뽀개기 실전적중문제

1. 퇴직급여의 회계처리에 관한 설명으로 옳지 않은 것은? [관세사기출]

① 확정기여형 퇴직급여제도의 경우 보험수리적위험과 투자위험은 종업원이 부담한다.
② 확정기여형 퇴직급여제도의 경우 기업의 법적의무나 의제의무는 기업이 기금에 출연하기로 약정한 금액으로 한정된다.
③ 확정급여형 퇴직급여제도에서 확정급여채무의 현재가치와 당기근무원가를 결정하기 위해 예측단위적립방식을 사용한다.
④ 확정급여형 퇴직급여제도에서 확정급여채무를 할인하기 위해 사용하는 할인율은 보고기간말 현재 해당 기업의 자본비용을 사용한다.
⑤ 확정급여형 퇴직급여제도에서 사외적립자산은 공정가치로 측정하고 기대수익을 퇴직급여원가에서 차감한다.

내비게이션

• 퇴직급여채무를 할인하기 위해 사용하는 할인율은 보고기간 말 현재 우량회사채의 시장수익률을 참조하여 결정한다. 만약 그러한 우량회사채에 대해 거래 층이 두터운 해당 통화의 시장이 없는 경우에는 보고기간 말 현재 그 통화로 표시된 국공채의 시장수익률을 사용한다.

2. ㈜관세는 확정급여제도를 채택하고 있으며 관련된 자료는 다음과 같다. ㈜관세가 당기에 인식할 퇴직급여는? [관세사기출]

• 기초 사외적립자산의 장부금액	₩3,500,000
• 기초 확정급여채무의 장부금액	₩4,300,000
• 당기근무원가	₩760,000
• 확정급여채무 계산시 적용한 할인율	연 10%

① ₩354,000 ② ₩506,000 ③ ₩760,000
④ ₩840,000 ⑤ ₩1,190,000

내비게이션

• 퇴직급여 계산

이자원가 :4,300,000×10%=	430,000
당기근무원가 :	760,000
이자수익 :3,500,000×10%=	(350,000)
	840,000

3. 종업원급여에 관한 설명으로 옳지 않은 것은? [세무사기출]

① 보험수리적손익은 확정급여제도의 정산으로 인한 확정급여채무의 현재가치변동을 포함하지 아니한다.
② 자산의 원가에 포함하는 경우를 제외한 확정급여원가의 구성요소 중 순확정급여 부채의 재측정요소는 기타포괄손익으로 인식한다.
③ 순확정급여부채(자산)의 순이자는 당기손익으로 인식한다.
④ 퇴직급여제도 중 확정급여제도 하에서 보험수리적위험과 투자위험은 종업원이 실질적으로 부담한다.
⑤ 순확정급여부채(자산)의 재측정요소는 보험수리적손익, 순확정급여부채(자산)의 순이자에 포함된 금액을 제외한 사외적립자산의 수익, 순확정급여부채(자산)의 순이자에 포함된 금액을 제외한 자산인식상한효과의 변동으로 구성된다.

내비게이션

• ① 정산손익(당기손익)은 보험수리적손익(기타포괄손익)과 무관하므로 맞는 설명이다.
④ 확정급여제도 하에서 보험수리적위험과 투자위험은 기업이 실질적으로 부담한다.
⑤ 재측정요소(기타포괄손익)은 다음 3가지 항목이다.
– 보험수리적손익, 사외적립자산의 수익, 자산인식상한효과
• ①,②,③,⑤의 구체적인 내용은 후술함!

서술형Correction연습

❐ 사외적립자산은 보고기간말에 공정가치로 측정하고 재무상태표에 확정급여채무에 가산하여 표시하여야 한다.

➲ (X) : 사외적립자산은 확정급여채무에서 차감하여 표시한다.

❐ 확정급여제도에서는 확정급여채무의 현재가치에서 사외적립자산의 공정가치를 차감한 금액을 재무상태표에 보고하며 이 금액이 부(-)의 금액인 경우에는 자산으로 인식하지 아니한다.

➲ (X) : 사외적립자산의 공정가치가 확정급여채무의 현재가치를 초과하는 경우 동 초과액은 자산인식상한의 한도내에서는 자산(순확정급여자산)으로 보고한다.

❐ 퇴직급여채무를 할인하기 위해 사용하는 할인율은 보고기간말 현재 국공채의 시장수익률을 사용한다.

➲ (X) : 우량회사채의 시장수익률을 참조하여 결정한다.

❐ 확정급여채무의 현재가치를 측정할 때 사용하는 할인율은 해당 기업의 증분차입이자율을 이용한다.

➲ (X) : 우량회사채의 시장수익률을 참조하여 결정한다.

Answer 1. ④ 2. ④ 3. ④

시험중요도 ★★★

기본이론 제157강 확정급여제도 : 재측정요소

<table>
<tr><td rowspan="4">확정급여채무</td><td>재측정전 기말잔액</td><td colspan="2">❒ 기초잔액 - 퇴직급여지급 + 이자원가 + 당기근무원가</td></tr>
<tr><td>재측정</td><td colspan="2">• 확정급여채무는 보고기간말의 보험수리적가정의 변경(예 이직률, 조기퇴직률, 할인율 등의 변경)을 반영하여 재측정함.
➡재측정손익은 예상하지 못한 확정급여채무의 현재가치증감에서 발생하게 됨.</td></tr>
<tr><td>재측정손익
[보험수리적손익]</td><td colspan="2">• 재측정손익은 기타포괄손익으로 인식하며 다음과 같이 계산함. ➡ (+)면 손실
❒ 당기말 실제 확정급여채무의 현가 - 재측정전 확정급여채무 기말잔액</td></tr>
<tr><td>회계처리</td><td>보고기간말</td><td>(차) 퇴직급여(이자원가) xxx (대) 확정급여채무 xxx
(차) 퇴직급여(근무원가) xxx (대) 확정급여채무 xxx
(차) 재측정손실 xxx (대) 확정급여채무 xxx</td></tr>
<tr><td rowspan="4">사외적립자산</td><td>재측정전 기말잔액</td><td colspan="2">❒ 기초잔액 - 퇴직급여지급 + 기여금적립 + 이자수익</td></tr>
<tr><td>재측정</td><td colspan="2">• 사외적립자산도 해당 보고기간의 실제투자수익을 반영하여 재측정함.
➡재측정손익은 예상하지 못한 사외적립자산의 공정가치변동에서 발생하게 됨.</td></tr>
<tr><td>재측정손익
[투자손익]</td><td colspan="2">• 재측정손익은 기타포괄손익으로 인식하며 다음과 같이 계산함. ➡(+)면 이익
❒ 사외적립자산의 실제투자수익 - 사외적립자산의 이자수익</td></tr>
<tr><td>회계처리</td><td>보고기간말</td><td>(차) 사외적립자산 xxx (대) 퇴직급여(이자수익) xxx
(차) 사외적립자산 xxx (대) 재측정이익 xxx</td></tr>
</table>

보론 확정급여채무와 사외적립자산의 재측정손익(기타포괄손익)은 후속기간에 당기손익으로 재분류하지 않음. ➡단, 이익잉여금등 자본내 다른 항목으로 대체가능함.

세부고찰

사례 재측정요소 회계처리

✪확정급여제도를 시행하고 있는 ㈜합격의 다음 자료에 의해 20x1년말 순확정급여부채를 계산하면?

(1) 20x1년초 확정급여채무는 ₩37,500, 사외적립자산은 ₩30,000이다.
(2) 20x1년 12월 31일 사외적립자산에서 지급한 퇴직급여는 ₩7,500이다.
(3) 20x1년 12월 31일 사외적립자산에 ₩12,500을 추가 적립하였다.
(4) 20x1년도 확정급여채무의 현재가치평가에 할인율 10%를 적용한 당기근무원가는 ₩10,000이다.
(5) 20x1년 사외적립자산의 실제 투자수익률은 15%로 ₩4,500의 투자수익이 발생하였다.
(6) 20x1년말 예측단위적립방식에 의해 재측정된 확정급여채무의 현재가치는 ₩50,000이다.

•회계처리

12/31(퇴직급여지급)	(차) 확정급여채무	7,500	(대) 사외적립자산	7,500
12/31(기여금적립)	(차) 사외적립자산	12,500	(대) 현금	12,500
12/31(결산일)	(차) 퇴직급여(이자원가)	3,750[1]	(대) 확정급여채무	3,750
	(차) 퇴직급여(근무원가)	10,000	(대) 확정급여채무	10,000
	(차) 재측정손실	6,250[2]	(대) 확정급여채무	6,250
	(차) 사외적립자산	3,000	(대) 퇴직급여(이자수익)	3,000[3]
	(차) 사외적립자산	1,500	(대) 재측정이익	1,500[4]

[1] 37,500×10%-7,500×10%×0/12=3,750 [2] 50,000-(37,500-7,500+3,750+10,000)
[3] 30,000×10%-7,500×10%×0/12+12,500×10%×0/12=3,000 [4] 30,000×15%-3,000=1,500
∴순확정급여부채 : 확정급여채무(50,000)-사외적립자산(39,500)=10,500

FINAL 객관식뽀개기 실전적중문제

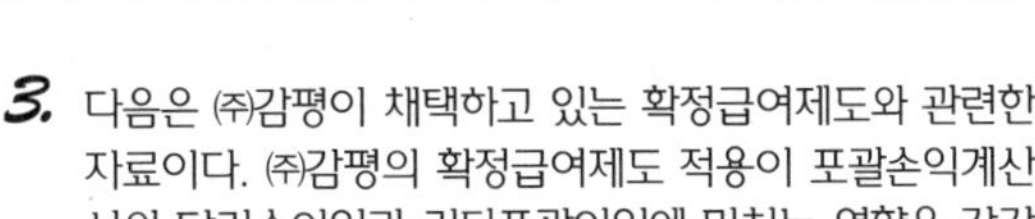

1. 퇴직급여제도로 확정급여제도를 채택하고 있는 ㈜관세의 20x1년초 확정급여채무의 현재가치는 ₩700,000이다. ㈜관세가 20x1년에 인식한 당기근무원가는 ₩150,000이며, 20x1년에 사외적립자산에서 지급된 퇴직급여는 ₩90,000이다. 한편 ㈜관세가 확정급여채무 계산시 적용한 20x1년초 할인율은 연 10%이다. 20x1년 말 확정급여채무의 현재가치가 ₩850,000일 경우, ㈜관세가 20x1년도에 기타포괄손익으로 인식할 확정급여채무에 대한 보험수리적손익(재측정요소)은? (단, 모든 거래는 연도 말에 발생하였다고 가정한다.) [관세사기출]

① 손실 ₩90,000 ② 손실 ₩70,000 ③ 손실 ₩20,000
④ 이익 ₩20,000 ⑤ 이익 ₩90,000

내비게이션

• 재측정전 확정급여채무 계산

기초	:	700,000
퇴직급여지급	:	(90,000)
이자원가	: 700,000×10%-90,000×10%×0/12=	70,000
당기근무원가	:	150,000
		830,000

∴850,000-830,000=20,000(재측정손실)

2. 확정급여제도를 시행하고 있는 ㈜송림의 20x1년 관련 자료는 다음과 같다.

• 20x1년초 사외적립자산의 장부금액은 ₩3,000,000이다.
• 사외적립자산의 기대수익은 사외적립자산 장부금액의 연 5%이다.
• 20x1년말 사외적립자산의 공정가치는 ₩3,200,000이다.
• 20x1년말에 기여금 ₩150,000을 납부하였다.
• 20x1년말에 퇴직금 ₩200,000을 지급하였다.

위 자료를 이용할 때 20x1년 사외적립자산의 실제수익은? [감평사기출]

① ₩200,000 ② ₩250,000 ③ ₩300,000
④ ₩350,000 ⑤ ₩400,000

내비게이션

• 사외적립자산 관련 회계처리

(차) 확정급여채무	200,000	(대) 사외적립자산	200,000
(차) 사외적립자산	150,000	(대) 현금	150,000
(차) 사외적립자산	150,000	(대) 퇴직급여(이자수익)	150,000
(차) 사외적립자산	100,000	(대) 재측정이익	100,000[1]

[1] 3,200,000-(3,000,000-200,000+150,000+150,000)=100,000
∴실제수익-150,000(이자수익)=100,000 →실제수익=250,000

3. 다음은 ㈜감평이 채택하고 있는 확정급여제도와 관련한 자료이다. ㈜감평의 확정급여제도 적용이 포괄손익계산서의 당기순이익과 기타포괄이익에 미치는 영향은 각각 얼마인가? [감평사기출]

• 확정급여채무 계산시 적용하는 할인율 연 5%
• 기초 확정급여채무의 현재가치 ₩700,000
• 기초 사외적립자산의 공정가치 ₩600,000
• 당기근무원가 ₩73,000
• 사외적립자산에 대한 기여금 출연(기말 납부) ₩90,000
• 퇴직급여 지급액(사외적립자산에서 기말 지급) ₩68,000
• 기말 사외적립자산의 공정가치 ₩670,000
• 기말 재무상태표에 표시된 순확정급여부채 ₩100,000

	당기순이익에 미치는 영향	기타포괄이익에 미치는 영향
①	₩108,000 감소	₩48,000 감소
②	₩108,000 감소	₩48,000 증가
③	₩108,000 감소	₩12,000 감소
④	₩78,000 감소	₩12,000 증가
⑤	₩78,000 감소	₩12,000 감소

내비게이션

• 기말 확정급여채무 : $X-670,000=100,000 \rightarrow X=770,000$

• 회계처리

[20x1년 12월 31일 퇴직급여지급]

(차)확정급여채무	68,000	(대)사외적립자산	68,000

[20x1년 12월 31일 기여금적립]

(차)사외적립자산	90,000	(대)현금	90,000

[20x1년 12월 31일 결산일]

(차)퇴직급여(이자원가)	35,000[1]	(대)확정급여채무	35,000
(차)퇴직급여(근무원가)	73,000	(대)확정급여채무	73,000
(차)재측정손실	30,000[2]	(대)확정급여채무	30,000
(차)사외적립자산	30,000	(대)퇴직급여(이자수익)	30,000[3]
(차)사외적립자산	18,000	(대)재측정이익	18,000[4]

[1] 700,000×5%-68,000×5%×0/12=35,000
[2] 770,000-(700,000-68,000+35,000+73,000)=30,000(손실)
[3] 600,000×5%-68,000×5%×0/12+90,000×5%×0/12=30,000
[4] 670,000-(600,000-68,000+90,000+30,000)=18,000(이익)
∴당기순이익에 영향(퇴직급여) : -35,000-73,000+30,000=-78,000
기타포괄이익에 영향(재측정손익) : -30,000+18,000=-12,000

Answer 1. ③ 2. ② 3. ⑤

시험중요도 ★★☆

기본이론 제158강 확정급여제도 : 계정흐름의 추정

분석Trick

기본가정

- 퇴직급여와 사외적립자산 적립은 당기말에 발생하고, 퇴직금은 사외적립자산에서 지급한다고 가정

등호적용

- 부채인 확정급여채무는 (-)로 출발하고, 자산인 사외적립자산은 (+)로 출발
  ① 부채(확정급여채무)의 증가는 (−), 감소는 (+)로 처리 ➡즉, 역방향
  ② 자산(사외적립자산)의 증가는 (+), 감소는 (−)로 처리 ➡즉, 순방향

분석방법

- 확정급여채무는 재측정손실, 사외적립자산은 재측정이익이 발생한 경우

	기초	지급	적립	순이자	당기근무	재측정	기말
확정급여채무	(xxx)	xxx	-	(xxx)	(xxx)	(xxx)	?
사외적립자산	xxx	(xxx)	xxx	xxx	-	xxx	?
순확정급여부채	(xxx)	?	?	?	?	?	?

보론 기초순확정급여부채×할인율=순이자

사례적용

- 전술한 '확정급여제도 : 재측정요소' 사례에의 적용

	기초	지급	적립	순이자	당기근무	재측정	기말
확정급여채무	(37,500)	7,500	-	(3,750)	(10,000)	(6,250)	(50,000)
사외적립자산	30,000	(7,500)	12,500	3,000	-	1,500	39,500
순확정급여부채	(7,500)	0	12,500	(750)	(10,000)	(4,750)	(10,500)

➡∴① 기말확정급여채무 : 50,000
② 기말사외적립자산 : 39,500
③ 기말순확정급여부채 : 10,500

세부고찰

사례 할인율 추정

㈜신라는 퇴직급여제도로 확정급여제도(defined benefit plan)를 채택하고 있다. 20x1년초 순확정급여부채는 ₩2,000이다. 20x1년에 확정급여제도와 관련된 확정급여채무 및 사외적립자산에서 기타포괄손실(재측정요소)이 각각 발생하였으며, 그 결과 ㈜신라가 20x1년 포괄손익계산서에 인식한 퇴직급여관련 기타포괄손실은 ₩1,040이다. ㈜신라가 20x1년초 확정급여채무의 현재가치 측정에 적용한 할인율은 얼마인가?

(1) 20x1년 확정급여채무의 당기근무원가는 ₩4,000이다.
(2) 20x1년말 퇴직한 종업원에게 ₩3,000의 현금이 사외적립자산에서 지급되었다.
(3) 20x1년말 사외적립자산에 추가로 ₩2,000을 적립하였다.
(4) 20x1년말 재무상태표에 표시되는 순확정급여부채는 ₩5,180이다.

- 계정흐름의 추정

	기초	지급	적립	순이자	당기근무	재측정	기말
확정급여채무		3,000	-		(4,000)	(xxx)	
사외적립자산		(3,000)	2,000		-	(xxx)	
순확정급여부채	(2,000)	0	2,000	x	(4,000)	(1,040)	(5,180)

- (2,000)+0+2,000+x+(4,000)+(1,040)=(5,180) 에서,
  →x=(140)
- 기초순확정급여부채(2,000)×할인율=순이자(140) 에서,
  →할인율=7%

FINAL 객관식뽀개기 실전적중문제

1. ㈜합격은 퇴직급여제도로 확정급여제도(defined benefit plan)를 채택하고 있으며 20x1년도 ㈜합격의 확정급여제도와 관련된 자료는 다음과 같다.

구분	20x1년	비고
확정급여채무의 현재가치	₩?	(20x1년초)
사외적립자산의 공정가치	₩240,000	(20x1년초)
당기근무원가	₩50,000	
퇴직금지급액	₩75,000	
사외적립자산에 대한 기여금 납부액	₩50,400	
확정급여채무의 현재가치 평가에 사용할 할인율	연 12%	(20x1년초)

20x1년에 발생한 확정급여채무의 재측정요소(손실)는 ₩5,000이고, 사외적립자산의 재측정요소(이익)는₩10,000이다. 20x1년말 확정급여채무의 현재가치가 ₩254,400이라면, ㈜합격의 20x1년초 확정급여채무의 현재가치는 얼마인가? 단, 퇴직금은 사외적립자산에서 지급하고, 모든 거래는 기말에 발생한다.

① ₩234,400 ② ₩245,000 ③ ₩264,000
④ ₩276,000 ⑤ ₩290,000

내비게이션

- 20x1년초 확정급여채무 현재가치를 x 라 하면, 회계처리는 다음과 같다.
- 회계처리

[20x1년 12월 31일 퇴직급여지급]
(차)확정급여채무 75,000 (대)사외적립자산 75,000
[20x1년 12월 31일 기여금적립]
(차)사외적립자산 50,400 (대)현금 50,400
[20x1년 12월 31일 결산일]
(차)퇴직급여(이자원가) $x\times12\%$[1] (대)확정급여채무 $x\times12\%$
(차)퇴직급여(근무원가) 50,000 (대)확정급여채무 50,000
(차)재측정손실 5,000 (대)확정급여채무 5,000
(차)사외적립자산 28,800 (대)퇴직급여(수익) 28,800[2]
(차)사외적립자산 10,000 (대)재측정이익 10,000

[1] $x\times12\%-75,000\times12\%\times0/12=x\times12\%$
[2] $240,000\times12\%-75,000\times12\%\times0/12+50,400\times12\%\times0/12=28,800$
$\therefore 254,400-(x-75,000+x\times12\%+50,0000)=5,000$에서, $x=245,000$

*[별해] 분석Trick을 이용하는 경우(확정급여채무 계정흐름)

기초	지급	적립	순이자	당기근무	재측정	기말
(x)	75,000	-	(xx12%)	(50,000)	(5,000)	(254,400)

$\rightarrow\therefore x=245,000$

서술형Correction연습

❐ 확정급여제도에서 관련 채무는 보고기간말 근속 중인 종업원이 일시에 퇴직한다고 가정하는 경우 지급하여야 할 퇴직일시금을 기준으로 측정한다.

➲ (X) : 확정급여제도에서 확정급여채무는 예측단위적립방식에 근거하여 종업원에게 지급할 확정급여추정치의 현재가치로 측정한다.

❐ 기타포괄손익으로 인식한 재측정손익의 누계액은 종업원에게 퇴직급여를 지급하는 시기에 당기손익으로 재분류조정하여 포괄손익계산서에 표시한다.

➲ (X) : 기타포괄손익에 인식되는 순확정급여부채(자산)의 재측정요소는 후속 기간에 당기손익으로 재분류하지 아니한다. 그러나 기타포괄손익에 인식된 금액을 자본 내에서 대체할 수 있다.

시험중요도 ★★☆

기본이론 제159강 확정급여제도 : 과거근무원가등

과거근무원가

구분	내용
정의	• 제도가 개정되거나 축소됨에 따라 종업원이 과거기간에 제공한 근무용역에 대한 확정급여채무 현재가치가 변동하는 경우 그 변동금액을 말함.
손익인식	• 과거근무원가는 다음 중 이른 날에 즉시 비용(당기손익)으로 인식함. ① 제도의 개정·축소가 일어날 때 ② 관련되는 구조조정원가나 해고급여를 인식할 때

회계처리

구분	차변	금액	대변	금액
확정급여채무증가	(차) 퇴직급여(과거근무원가)	xxx	(대) 확정급여채무	xxx
확정급여채무감소	(차) 확정급여채무	xxx	(대) 퇴직급여(과거근무원가)	xxx

사례 과거근무원가 회계처리

✪ 확정급여제도를 시행하고 있는 ㈜합격의 다음 자료에 의해 20x1년에 당기손익과 기타포괄손익에 미친 영향을 계산하면 얼마인가?

(1) 20x1년초 확정급여채무는 ₩125,000, 사외적립자산은 ₩75,000이다.
(2) 20x1년 1월 1일 확정급여제도를 개정하였으며 이로 인해 과거근무원가 ₩25,000이 발생하였다.
(3) 20x1년 퇴직한 종업원은 없으며, 사외적립자산에 추가 적립한 금액도 없다.
(4) 확정급여채무 현재가치에 할인율 10%를 적용하였으며, 20x1년도 당기근무원가는 ₩12,500이다.
(5) 20x1년 사외적립자산의 실제수익률은 연 12%이다.
(6) 20x1년말 현재 확정급여채무의 장부금액은 ₩180,000이다.

•회계처리

구분	차변	금액	대변	금액
과거근무원가	(차) 퇴직급여(과거근무)	25,000	(대) 확정급여채무	25,000
결산일	(차) 퇴직급여(이자원가)	15,000[1]	(대) 확정급여채무	15,000
	(차) 퇴직급여(근무원가)	12,500	(대) 확정급여채무	12,500
	(차) 재측정손실	2,500	(대) 확정급여채무	2,500[2]
	(차) 사외적립자산	7,500	(대) 퇴직급여(이자수익)	7,500[3]
	(차) 사외적립자산	1,500	(대) 재측정이익	1,500[4]

[1] (125,000+25,000)×10%=15,000 [2] 추정 : 180,000-(125,000+25,000+15,000+12,500)=2,500
[3] 75,000×10%=7,500 [4] 75,000×12%-7,500=1,500

∴당기손익 : -25,000-15,000-12,500+7,500=△45,000(손실)
기타포괄손익 : -2,500+1,500=△1,000(손실)

정산손익

구분	내용
정의	• 정산이란 확정급여제도에 따라 생긴 급여의 일부·전부에 대한 법적의무나 의제의무를 더 이상 부담하지 않기로 하는 거래를 말함.
손익인식	• 정산으로 인한 손익은 정산이 일어나는 때에 즉시 당기손익으로 인식함.
회계처리	**예시** 확정급여채무 ₩37,500, 사외적립자산 ₩30,000인 기업이 보험회사에 현금 ₩10,000을 지급하고 확정급여제도에 관한 모든 권리와 의무를 이전한 경우

구분	차변	금액	대변	금액
정산일	(차) 확정급여채무	37,500	(대) 사외적립자산	30,000
	정산손실	2,500	현금	10,000

자산인식상한

구분	내용
의의	• 사외적립자산이 확정급여채무보다 초과적립되어 순확정급여자산이 인식되는 경우, 기업이 이용가능한 경제적효익보다 더 많은 자산을 인식하지 못하게 하기 위해 소정 자산인식상한(=초과적립액 중 자산인식한도액)을 규정함. • 자산인식상한 초과액은 재측정요소로 보아 기타포괄손익으로 인식함.
회계처리	**예시** 확정급여채무 ₩37,500, 사외적립자산 ₩45,000, 자산인식상한 ₩6,000인 경우

구분	차변	금액	대변	금액
보고기간말	(차) 재측정손실	1,500	(대) 사외적립자산조정충당금	1,500

FINAL 객관식뽀개기 실전적중문제

1. ㈜세무의 확정급여제도와 관련된 20x1년도 자료가 다음과 같을 때, 포괄손익계산서상 당기손익으로 인식할 퇴직급여 관련 비용은? [세무사기출]

확정급여채무(현재가치)	
구분	20x1년
기초금액	₩150,000
당기근무원가	₩25,000
이자비용	₩15,000
과거근무원가	₩5,000
퇴직금 지급	(₩3,000)
재측정요소	(₩600)
기말금액	₩191,400

사외적립자산(공정가치)	
구분	20x1년
기초금액	₩120,000
이자수익	₩12,000
현금출연	₩35,000
퇴직금 지급	(₩3,000)
재측정요소	₩500
기말금액	₩164,500

① ₩30,000 ② ₩33,000 ③ ₩40,000
④ ₩45,000 ⑤ ₩50,000

내비게이션

• 회계처리

퇴직금지급	(차) 확정급여채무	3,000	(대) 사외적립자산	3,000
기여금적립	(차) 사외적립자산	35,000	(대) 현금	35,000
과거근무	(차) 퇴직급여	5,000	(대) 확정급여채무	5,000
이자원가	(차) 퇴직급여	15,000	(대) 확정급여채무	15,000
당기근무	(차) 퇴직급여	25,000	(대) 확정급여채무	25,000
재측정	(차) 확정급여채무	600	(대) 재측정이익	600
이자수익	(차) 사외적립자산	12,000	(대) 퇴직급여	12,000
재측정	(차) 사외적립자산	500	(대) 재측정이익	500

∴퇴직급여 : 5,000+15,000+25,000−12,000=33,000

2. 확정급여제도를 도입하고 있는 ㈜한국의 20x1년 퇴직급여와 관련된 정보는 다음과 같다.

• 20x1년초 확정급여채무의 장부금액	₩150,000
• 20x1년초 사외적립자산의 공정가치	₩120,000
• 당기근무원가	₩50,000
• 20x1년말 제도변경으로 인한 과거근무원가	₩12,000
• 퇴직급여지급액(사외적립자산에서 연말 지급)	₩90,000
• 사외적립자산에 대한 기여금(연말 납부)	₩100,000
• 20x1년말 보험수리적 가정의 변동을 반영한 확정급여채무의 현재가치	₩140,000
• 20x1년말 사외적립자산의 공정가치	₩146,000
• 20x1년초 할인율	연 6%

위 퇴직급여와 관련하여 인식할 기타포괄손익은?(단, 20x1년말 순확정급여자산인식상한은 ₩5,000이다.) [세무사기출]

① ₩200 손실 ② ₩1,000 이익 ③ ₩1,200 손실
④ ₩2,200 이익 ⑤ ₩3,200 손실

내비게이션

• 회계처리

[20x1년말 퇴직급여지급]

(차) 확정급여채무	90,000	(대) 사외적립자산	90,000

[20x1년말 기여금적립]

(차) 사외적립자산	100,000	(대) 현금	100,000

[20x1년말 과거근무원가]

(차) 퇴직급여(과거근무)	12,000	(대) 확정급여채무	12,000

[20x1년 12월 31일 결산일]

(차) 퇴직급여(이자원가)	9,000[1]	(대) 확정급여채무	9,000
(차) 퇴직급여(근무원가)	50,000	(대) 확정급여채무	50,000
(차) 재측정손실	9,000[2]	(대) 확정급여채무	9,000
(차) 사외적립자산	7,200	(대) 퇴직급여(이자수익)	7,200[3]
(차) 사외적립자산	8,800[4]	(대) 재측정이익	8,800
(차) 재측정손실	1,000[5]	(대) 자산조정충당금	1,000

1) 150,000×6%−90,000×6%×0/12+12,000×6%×0/12=9,000
2) 140,000−(150,000−90,000+12,000+9,000+50,000)=9,000(손실)
3) 120,000×6%−90,000×6%×0/12+100,000×6%×0/12=7,200
4) 146,000−(120,000−90,000+100,000+7,200)=8,800(이익)
5) (146,000−140,000)−5,000=1,000

∴−9,000(재측정손실)+8,800(재측정이익)−1,000(재측정손실)=−1,200

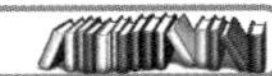

시험중요도 ★★★

기본이론 제160강 주식기준보상 주식결제형 주식기준보상 : 개괄

보상원가 측정(종업원)

적용순서	보상원가	측정기준일	비고
〈1순위〉	• 제공용역공정가치	일반적으로 측정불가	
〈2순위〉	• 지분상품공정가치	부여일	재측정하지 않음.
〈3순위〉	• 지분상품내재가치(=주가－행사가격)	용역을 제공받은날	재측정(기말 & 가득기간이후)

보상원가 인식

즉시가득	• 지분상품 부여일에 전부 보상원가를 인식
용역제공조건	• 보상원가를 가득조건에 따라 가득기간(용역제공기간)에 배분하여 인식

회계처리

보고기간말

• 재측정없이 부여일 공정가치로 측정하고 기대권리소멸률을 반영한 보상원가를 용역제공비율(=당기말까지 기간÷용역제공기간)에 따라 가득기간에 걸쳐 인식

(차) 주식보상비용(당기비용)	xxx	(대) 주식선택권(자본)	xxx

가득일이후

• 회계처리 없음.

권리행사시

(차) 현금(행사가격)	xxx	(대) 자본금(액면)[1]	xxx
주식선택권	xxx	주식발행초과금(대차차액)[2]	xxx

➡자기주식교부시는 [1]은 자기주식, [2]는 자기주식처분이익으로 처리함.

권리소멸시

• 인식한 보상원가는 환입하지 않으며, 주식선택권은 다른 자본계정으로 계정대체가능.

(차) 주식선택권	xxx	(대) 소멸이익(자본)	xxx

보론 연평균 기대권리소멸률(x%)이 주어지는 경우 : 가득될 수량=부여한 수량×$(1-x\%)^n$

사례 용역제공조건이 부과된 주식결제형 회계처리

✪ 20x1년초 종업원 500명에게 각각 주식선택권 100개를 부여하고 3년의 용역제공조건을 부과. 부여일 현재 주식선택권의 단위당 공정가치는 ₩15으로 추정. 행사가격은 주당 ₩120(액면금액은 주당 ₩100). 이하 20x3년의 경우는 실제퇴사비율이다. 20x4년까지 권리행사가 이루어지지 않았다.

✪ 잔여인원(퇴사추정비율) : 20x1년말 - 480명(15%) / 20x2년말 - 458명(12%) / 20x3년말 - 443명(11.4%)

1. 20x1년부터 20x4년까지 회계처리

20x1년초	- 회계처리 없음 -	-
20x1년말	(차) 주식보상비용 212,500 (대) 주식선택권 212,500	• (100개×500×85%)×15x1/3 =212,500
20x2년말	(차) 주식보상비용 227,500 (대) 주식선택권 227,500	• (100개×500×88%)×15×2/3−212,500 =227,500
20x3년말	(차) 주식보상비용 224,500 (대) 주식선택권 224,500	• 100개×443×15−(212,500+227,500) =224,500
20x4년말	- 회계처리 없음 -	

2. If, 권리행사(20,000개) 또는 권리소멸(20,000개)시 회계처리(단, 자기주식 장부가 ₩2,200,000)

[CASE I] 신주교부	(차) 현금 2,400,000 (대) 자본금 2,000,000 주식선택권 300,000 주발초 700,000	• 20,000개×120=2,400,000 • 20,000개×100=2,000,000 • 20,000개×15=300,000
[CASE II] 자기주식	(차) 현금 2,400,000 (대) 자기주식 2,200,000 주식선택권 300,000 자기주식처분이익 500,000	-
[CASE III] 권리소멸	(차) 주식선택권 300,000 (대) 소멸이익(자본항목) 300,000	• 20,000개×15=300,000 • 적절한 계정과목으로 계정대체함.

FINAL 객관식뽀개기 실전적중문제

1. 다음은 ㈜관세의 종업원 급여와 관련된 자료이다. ㈜관세가 20x2년에 인식할 주식보상비용은? [관세사기출]

- 20x1년 1월 1일에 영업직원 100명에게 각각 주식선택권 6개(3년 근무조건)를 부여하였으며 부여일 현재 주식선택권의 단위당 공정가치는 ₩10이다.
- 20x1년에 4명이 퇴사하였고 20x1년말 현재 가득기간에 퇴사할 것으로 기대되는 직원의 추정비율은 10%이며 주식선택권의 단위당 공정가치는 ₩11이다.
- 20x2년에 5명이 퇴사하였고 20x2년말 현재 가득기간에 퇴사할 것으로 기대되는 직원의 추정비율은 15%이며 주식선택권의 단위당 공정가치는 ₩12이다.

① ₩1,400 ② ₩1,600 ③ ₩1,800
④ ₩2,500 ⑤ ₩2,700

내비게이션

- 주식선택권의 공정가치는 부여일에 측정하고 변동은 반영치 않는다.
- 20x1년 주식보상비용 : (6개×100명×90%)×10×1/3=1,800
  20x2년 주식보상비용 : (6개×100명×85%)×10×2/3-1,800=1,600

2. ㈜대한은 20x1년초 종업원 100명에게 1인당 주식선택권 100개씩을 부여하고, 가득조건으로서 3년의 계속근무조건만을 부과하였다. 이 시점에서 주식선택권의 단위당 공정가치는 ₩150이며, 행사가격은 ₩600이었다. 20x1년 중 종업원 5명이 퇴사하였으며, 20x1년말 향후 2년간 추가로 10명이 퇴사할 것으로 예상되었다. 그리고 실제 20x2년 중 종업원 5명이 퇴사하고, 20x3년에는 8명이 퇴사할 것으로 예상되었다. 그러나 실제 20x3년 중 퇴사한 종업원은 6명이었다. 주식선택권 부여와 관련하여 20x3년도 포괄손익계산서에 보고되는 주식보상비용은 얼마인가? [관세사기출]

① ₩395,000 ② ₩420,000 ③ ₩425,000
④ ₩440,000 ⑤ ₩470,000

내비게이션

- 20x1년 주식보상비용
  100개×(100명-5명-10명)×150×1/3=425,000
- 20x2년 주식보상비용
  100개×(100명-5명-5명-8명)×150×2/3-425,000=395,000
- 20x3년 주식보상비용
  100개×(100명-5명-5명-6명)×150×3/3-820,000=440,000

3. ㈜감평은 20x1년 7월 1일 임직원 40명에게 다음과 같은 조건으로 1인당 100개의 주식선택권을 부여하였다. 20x1년말 현재 2명이 퇴사하였으며, 가득기간 종료시점(20x4년 6월 30일) 이전까지 2명이 추가 퇴사할 것으로 예상된다. 20x1년에 인식할 주식보상비용은?(단, 주식보상비용은 월할계산한다.) [감평사기출]

- 가득조건 : 20x4년 6월 30일까지 근무
- 행사가격 : ₩6,000
- 주식선택권의 1개당 공정가치 : ₩5,000
- 기대행사기간 : 5년

① ₩1,800,000 ② ₩2,160,000 ③ ₩2,400,000
④ ₩3,000,000 ⑤ ₩3,600,000

내비게이션

- 100개×(40명-2명-2명)×5,000×$\frac{6개월}{36개월}$=3,000,000

4. ㈜세무는 20x1년 1월 1일 종업원 40명에게 1인당 주식선택권 40개씩 부여하였다. 동 주식선택권은 종업원이 향후 3년 동안 ㈜세무에 근무해야 가득된다. 20x1년 1월 1일 현재 주식선택권의 단위당 공정가치는 ₩300으로 추정되었으며, 행사가격은 단위당 ₩600이다. 각 연도말 주식선택권의 공정가치와 퇴직 종업원수는 다음과 같다.

연도말	주식선택권 단위당 공정가치	실제퇴직자	추가 퇴직예상자
20x1	₩300	2명	6명
20x2	₩400	4명	2명
20x3	₩500	1명	-

20x4년 초에 가득된 주식선택권의 50%가 행사되어 ㈜세무가 주식(단위당 액면금액 ₩500)을 교부하였다면, 주식선택권 행사로 인해 증가되는 자본은? [세무사기출]

① ₩66,000 ② ₩198,000 ③ ₩264,000
④ ₩330,000 ⑤ ₩396,000

내비게이션

- 20x1년 주식선택권 : 40개×(40명-8명)×300×1/3=128,000
  20x2년 주식선택권 : 40개×(40명-8명)×300×2/3-128,000=128,000
  20x3년 주식선택권 : 40개×(40명-7명)×300×3/3-256,000=140,000
- 행사된 주식선택권 : [40개×(40명-7명)]×50%=660개

(차)현금	396,000[1]	(대)자본금	330,000[2]
주식선택권	198,000[3]	주발초	264,000

[1]660개×600=396,000 [2]660개×500=330,000
[3]396,000×50%=198,000
∴(330,000+264,000)-198,000=396,000

Answer 1. ② 2. ④ 3. ④ 4. ⑤

시험중요도 ★★☆

기본이론 제161강 주식결제형 주식기준보상 : 비시장성과조건

의의

구분	내용
성과조건	• 특정기간동안 용역을 제공하고, 특정 성과목표를 달성해야하는 조건을 말함. ➡ 성과조건의 달성여부에 따라 기대가득기간, 행사가격, 수량이 변동됨. ➡ 최초 보상원가는 최선의 추정치(기대가득기간, 행사가격, 수량)에 기초하여 인식
비시장성과조건	• 기대가득기간·행사가격·수량이 변경되는 경우 : 추정치의 변경을 반영함.

참고 시장성과조건 : 지분상품의 시장가격과 관련되는 조건 →주가
비시장성과조건 : 지분상품의 시장가격과 관련없는 영업관련 조건 →판매(매출), 이익, 시장점유율

세부고찰 I

사례 행사가격을 좌우하는 비시장성과조건

- ㈜합격은 20x1년초에 임원에게 20x3년말까지 근무조건으로 주식선택권 10,000개를 부여함.
- 행사가격은 ₩40이나, 3년동안 이익이 연평균 10%이상 증가하면 행사가격은 ₩30으로 인하됨.
- 부여일에 주식선택권의 공정가치는 행사가격이 개당 ₩30인 경우 ₩16, 행사가격이 ₩40인 경우 ₩12으로 추정됨.

(1) 20x1년에 ㈜합격의 이익은 12% 성장하였고, ㈜합격은 이익이 이 비율로 계속하여 성장할 것으로 예상함. 따라서 기업은 이익목표가 달성되어 주식선택권의 행사가격이 ₩30이 될 것으로 예상함.
(2) 20x2년에 ㈜합격의 이익은 13% 증가하였으며, 여전히 이익목표가 달성될 것으로 예상함.
(3) 20x3년에 ㈜합격의 이익은 3%만 성장하였고, 따라서 이익목표는 달성되지 못함. 이 임원이 3년간 근무함에 따라 용역제공조건은 충족됨. 20x3년말에 이익목표가 달성되지 못하기 때문에 가득된 주식선택권 10,000개의 행사가격은 ₩40임.

- 20x1년 주식보상비용 : 10,000개×16×1/3=53,333
- 20x2년 주식보상비용 : 10,000개×16×2/3-53,333=53,334
- 20x3년 주식보상비용 : 10,000개×12×3/3-(53,333+53,334)=13,333
  →(차) 주식보상비용 13,333 (대) 주식선택권(자본) 13,333

세부고찰 II

사례 기대가득기간을 좌우하는 비시장성과조건

- ㈜합격은 20x1년초 종업원 500명에게 가득기간 중 계속근무를 조건으로 각각 주식 100주를 부여함. 부여한 주식은 이익이 18%이상이면 20x1년말에, 2년간 이익이 연평균 13%이상이면 20x2년말에, 3년간 이익이 연평균 10%이상이면 20x3년말에 가득됨. 20x1년초 부여한 주식의 단위당 공정가치는 ₩30이며 이는 주가와 동일함. 부여일부터 3년간은 배당금이 지급되지 않을 것으로 예상됨.

(1) 20x1년말까지 이익은 14% 증가하였으며 30명이 퇴사함. 20x2년에도 비슷한 비율로 이익이 성장하여 20x2년말에 주식이 가득될 것으로 예상함. 또한 20x2년에 30명이 추가로 퇴사하여 20x2년말에는 총 440명이 각각 100주를 가득할 것으로 예상함.
(2) 20x2년말까지 이익은 10% 증가하는데 그쳐 20x2년말에 주식이 가득되지 못함. 이 연도에 28명이 퇴사함. 20x3년에 25명이 추가로 퇴사할 것으로 예상하였으며, 20x3년에는 이익이 최소한 6%이상 성장하여 연평균 10%를 달성할 것이라고 예상함.
(3) 20x3년말까지 23명이 퇴사하였고 이익은 8% 증가하여 연평균 10.67% 증가함.

풀이

- 20x1년 주식보상비용 : (100주×440명)×30×1/2=660,000
- 20x2년 주식보상비용 : (100주×417명)×30×2/3-660,000=174,000
- 20x3년 주식보상비용 : (100주×419명)×30×3/3-(660,000+174,000)=423,000
  →(차) 주식보상비용 423,000 (대) 미가득주식(자본) 423,000

저자주 주식선택권 부여시는 주식선택권(현금수령있음), 주식 부여시는 미가득주식(현금수령없음)을 사용합니다!

FINAL 객관식뽀개기 실전적중문제

1. ㈜관세는 20x1년초 최고경영자에게 주식선택권을 부여하였다. 해당 주식선택권을 행사하기 위해서는 5년간(20x1년~20x5년) 근무를 해야 하며, 해당 5년간 평균매출성장률에 따라 부여되는 주식선택권의 수는 다음과 같다.

5년간(20x1년~20x5년) 평균매출성장율	주식선택권 수
10% 미만	0
10% 이상 ~ 15% 미만	500
15% 이상 ~ 20% 미만	1,200
20% 이상	1,500

추가적인 자료가 다음과 같을 때, 20x5년도 인식할 당기 주식보상원가는? [관세사기출]

측정연도	5년간(20x1~20x5년) 평균 매출성장률	연도 초 주식선택권 개당 공정가치
20x1년	14%(예상)	₩1,000
20x2년	18%(예상)	₩1,100
20x3년	19%(예상)	₩1,000
20x4년	19%(예상)	₩1,200
20x5년	21%(실제)	₩1,300

① ₩528,000 ② ₩540,000 ③ ₩648,000
④ ₩1,100,000 ⑤ ₩1,200,000

내비게이션

- 주식선택권의 공정가치는 부여일에 측정하고 변동은 반영치 않는다.
- 20x1년 주식보상비용 : 500개×1,000×1/5=100,000
  20x2년 주식보상비용 : 1,200개×1,000×2/5-100,000=380,000
  20x3년 주식보상비용 : 1,200개×1,000×3/5-480,000=240,000
  20x4년 주식보상비용 : 1,200개×1,000×4/5-720,000=240,000
  20x5년 주식보상비용 : 1,500개×1,000×5/5-960,000=540,000

2. ㈜합격은 20x1년 1월 1일에 판매부서 직원 20명에게 2년 용역제공조건의 주식선택권을 1인당 1,000개씩 부여하였다. 주식선택권의 행사가격은 단위당 ₩1,000이나, 만약 2년 동안 연평균 판매량이 15% 이상 증가하면 행사가격은 단위당 ₩800으로 인하된다. 부여일 현재 주식선택권의 단위당 공정가치는 행사가격이 단위당 ₩1,000일 경우에는 ₩500으로, 행사가격이 단위당 ₩800일 경우에는 ₩600으로 추정되었다. 20x1년의 판매량이 18% 증가하여 연평균 판매량 증가율은 달성가능할 것으로 예측되었다. 그러나 20x2년의 판매량 증가율이 6%에 그쳐 2년간 판매량은 연평균 12% 증가하였다. 한편 20x1년초에 ㈜합격은 20x2년말까지 총 5명이 퇴직할 것으로 예상하였고 이러한 예상에는 변동이 없었으나, 실제로는 20x1년에 1명, 20x2년에 3명이 퇴직하여 총 4명이 퇴사하였다. 동 주식기준보상과 관련하여 ㈜합격이 20x2년도 포괄손익계산서상에 인식할 보상비용은 얼마인가?

① ₩3,500,000 ② ₩3,800,000 ③ ₩4,000,000
④ ₩4,500,000 ⑤ ₩5,100,000

내비게이션

- 20x1년 주식보상비용 : (1,000개×15명)×600×1/2=4,500,000
- 20x2년 주식보상비용 : (1,000개×16명)×500×2/2-4,500,000=3,500,000

3. ㈜적중은 20x1년 1월 1일 종업원 100명에게 각각 주식결제형 주식선택권 10개를 부여하였으며, 부여한 주식선택권의 단위당 공정가치는 ₩3,000이다. 이 권리들은 연평균 시장점유율에 따라 가득시점 및 가득여부가 결정되며, 조건은 다음과 같다.

연평균 시장점유율	가득일
10%이상	20x2년말
7%이상에서 10%미만	20x3년말
7%미만	가득되지 않음

20x1년의 시장점유율은 11%이었으며, 20x2년 이후에도 동일한 시장점유율을 유지할 것으로 예상하였다. 20x2년의 시장점유율은 8%이었으며, 20x3년에도 8%로 예상하였다. 20x1년말 현재 6명이 퇴사하였으며, 20x3년말까지 매년 6명씩 퇴사할 것으로 예측된다. 실제 퇴직자수도 예측과 일치하였다. ㈜적중이 주식선택권과 관련하여 20x2년도 포괄손익계산서에 인식할 비용은?

① ₩320,000 ② ₩440,000 ③ ₩1,320,000
④ ₩1,440,000 ⑤ ₩1,640,000

내비게이션

- 20x1년 주식보상비용 : (10개×88명)×3,000×1/2=1,320,000
  →연평균 시장점유율 : 11%
- 20x2년 주식보상비용 : (10개×82명)×3,000×2/3-1,320,000=320,000
  →연평균 시장점유율 : (11%+8%+8%)÷3=9%

제1편 재무회계 제2편 원가관리회계 합본부록 IFRS심화논제

시험중요도 ★★☆

기본이론 제162강 주식결제형 주식기준보상 : 중도청산과 조건변경

중도청산

공통사례 20x1년초 종업원 100명에게 주식선택권 20개를 부여하고, 3년의 용역제공조건을 부과함. 주식선택권의 단위당 공정가치는 ₩30으로 추정함. 주식선택권을 부여받은 종업원 중 퇴사할 종업원은 없다고 추정함. 20x3초에 개당 ₩40(개당 공정가치는 ₩35)으로 전액 중도청산함.

20x1년말 / 20x2년말

(차) 주식보상비용	20,000[1]	(대) 주식선택권	20,000

[1] 20x1년말 : 20개×100명×30×1/3=20,000, 20x2년말 : 20개×100명×30×2/3−20,000=20,000

20x3년초

[1] 잔여보상비용을 즉시 인식

(차) 주식보상비용	20,000[2]	(대) 주식선택권	20,000

[2] 공정가치를 초과하지 않는 범위내의 현금지급액을 자본에서 차감

(차) 주식선택권	60,000	(대) 현금	70,000[3]
청산손실(자본항목)	10,000		

[3] 공정가치 초과 현금지급액을 보상비용으로 인식

(차) 주식보상비용	10,000	(대) 현금	10,000[4]

[2] 20개×100명×30−(20,000+20,000)=20,000 [3] 20개×100명×35=70,000
[4] 20개×100명×(40−35)

조건변경(공정가치증가)

구분	내용
의의	• 주식선택권의 행사가격을 인하하면 주식선택권의 공정가치는 증가함.
공정가치증가 (종업원에게 유리한 변경)	• 증분공정가치(이하 사례참조)를 잔여 가득기간에 걸쳐 추가인식함.(즉, 조건변경시점에 새로 추가로 부여한 주식선택권으로 간주함.) ·주의 당초 부여일에 측정한 공정가치는 조건변경 여부와 무관하게 당초 가득기간의 잔여기간에 걸쳐 인식함. 보론 가득일 후에 조건변경이 있는 경우는 증분공정가치를 즉시 인식함.
공정가치감소	• 조건변경이 없는 것으로 봄 ➡ 부(−)의 증분공정가치는 인식하지 않음.

사례 종업원에게 유리한 조건변경(공정가치증가)

✪20x1년초 종업원 100명에게 3년의 용역제공조건으로 주식선택권 100개씩을 부여함. 부여일의 주식선택권의 단위당 공정가치는 ₩360, 행사가격은 ₩300임. 20x2년 주식보상비용은 얼마인가?

(1) 부여일 이후 주가가 지속적으로 하락하여 20x1년말 주식선택권의 단위당 공정가치가 ₩250으로 하락하였으며, 종업원 보상차원에서 행사가격을 ₩200으로 낮추는 조건변경에 합의하여 이로인해 주식선택권의 단위당 공정가치는 ₩380으로 증가함.
(2) 20x1년 중에 실제로 10명이 퇴사하였고, 추가로 20명이 퇴사할 것으로 추정함.
(3) 20x2년 중에 실제로 15명이 퇴사하였고, 추가로 13명이 퇴사할 것으로 추정함.
(4) 20x3년 중에 실제로 8명이 퇴사함.

•단위당 증분공정가치 : 380−250=130

1. 20x1년말 주식보상비용 : 840,000
   ① 부여일의 공정가치기준 보상비용 : 100개×70명×360×1/3=840,000
   ② 증분공정가치기준 보상비용 : 없음.
2. 20x2년말 주식보상비용 : 648,000+403,000=1,051,000
   ① 부여일의 공정가치기준 보상비용 : 100개×62명×360×2/3−840,000=648,000
   ② 증분공정가치기준 보상비용 : 100개×62명×130×1/2=403,000
3. 20x3년말 주식보상비용 : 924,000+468,000=1,392,000
   ① 부여일의 공정가치기준 보상비용 : 100개×67명×360×3/3−(840,000+648,000)=924,000
   ② 증분공정가치기준 보상비용 : 100개×67명×130×2/2−403,000=468,000

FINAL 객관식뽀개기 실전적중문제

1. ㈜감평은 20x1년초에 부여일로부터 3년의 지속적인 용역제공을 조건으로 직원 100명에게 주식선택권을 1인당 10개씩 부여하였다. 20x1년초 주식선택권의 단위당 공정가치는 ₩150이며, 주식선택권은 20x4년초부터 행사할 수 있다. ㈜감평의 연도별 실제 퇴직자 수 및 추가퇴직 예상자 수는 다음과 같다.

구분	실제 퇴직자 수	추가퇴직 예상자 수
20x1년말	5명	15명
20x2년말	8명	17명

㈜감평은 20x1년말에 주식선택권의 행사가격을 높이는 조건변경을 하였으며, 이러한 조건변경으로 주식선택권의 단위당 공정가치가 ₩30 감소하였다. 20x2년도 인식할 보상비용은? [감평사기출]

① ₩16,000 ② ₩30,000 ③ ₩40,000
④ ₩56,000 ⑤ ₩70,000

내비게이션

- 행사가격 인상으로 공정가치 감소시는 조건변경이 없는 것으로 본다.
- 20x1년 주식보상비용
  10개×(100명-5명-15명)×150×1/3=40,000
- 20x2년 주식보상비용
  10개×(100명-5명-8명-17명)×150×2/3-40,000=30,000

2. ㈜합격은 20x1년 1월 1일에 종업원 6,000명에게 주식선택권을 100개씩 부여하였다. 동 주식선택권은 종업원이 앞으로 3년 간 용역을 제공할 경우 가득된다. 20x1년 1월 1일 현재 ㈜합격이 부여한 주식선택권의 단위당 공정가치는 ₩10이며, 각 연도 말 주식선택권의 단위당 공정가치는 다음과 같다.

20x1년말	20x2년말	20x3년말
₩12	₩16	₩23

㈜합격은 주식선택권을 부여받은 종업원 중 퇴사할 종업원은 없다고 추정하였다. 20x3년 1월 1일에 ㈜합격은 종업원과의 협의 하에 주식선택권을 단위당 현금 ₩20에 중도청산하였다. 중도청산일까지 퇴사한 종업원은 없다. 20x3년 1월 1일에 ㈜합격의 주식선택권의 중도청산과 관련하여 발생한 비용과 자본에 미치는 영향은 얼마인가? 단, 동 주식선택권의 20x2년 12월 31일과 20x3년 1월 1일의 공정가치는 같다고 가정한다.

	비용에 미치는 영향	자본에 미치는 영향
①	₩4,400,000 증가	₩4,400,000 감소
②	₩4,400,000 증가	₩12,000,000 감소
③	₩6,000,000 증가	₩12,000,000 감소
④	₩6,000,000 감소	₩12,000,000 증가
⑤	₩9,600,000 증가	₩9,600,000 증가

내비게이션

- 회계처리

[20x1년 12월 31일]
(차) 주식보상비용 2,000,000[1] (대) 주식선택권 2,000,000

[20x2년 12월 31일]
(차) 주식보상비용 2,000,000[2] (대) 주식선택권 2,000,000

[20x3년 01월 01일]
(차) 주식보상비용 2,000,000[3] (대) 주식선택권 2,000,000
(차) 주식선택권 6,000,000 (대) 현금 9,600,000[4]
청산손실(자본) 3,600,000
(차) 주식보상비용 2,400,000 (대) 현금 2,400,000[5]

[1] $100개\times6,000명\times10\times\frac{1}{3}=2,000,000$

[2] $100개\times6,000명\times10\times\frac{2}{3}-2,000,000=2,000,000$

[3] 잔여보상비용 : 100개×6,000명×10-4,000,000=2,000,000
[4] 공정가치 범위내 지급액 : 100개×6,000명x16=9,600,000
[5] 공정가치 초과 지급액 : 100개x6,000명×(20-16)=2,400,000

∴비용 : 2,000,000+2,400,000=4,400,000
자본 : (2,000,000-6,000,000-3,600,000)−비용(4,400,000)
=△12,000,000

서술형Correction연습

❐ 주식기준보상거래에서 이미 부여한 지분상품의 조건을 변경하는 경우 조건변경의 효과를 인식한다.

➲ (X) : 총공정가치를 증가시키거나 종업원에게 유리하게 변경되는 경우에만 조건변경의 효과를 인식한다.

❐ 주식결제형 주식기준보상에서 가득일 후에 조건변경이 있는 경우에는 조건변경이 없는 것으로 보고 조건변경에 대한 회계처리를 하지 아니한다.

➲ (X) : 가득일 후에 조건변경이 있는 경우에는 증분공정가치를 즉시 인식한다.

❐ 중도청산시 종업원에게 지급하는 금액은 자기지분상품의 재매입손실로 간주하여 비용으로 인식한다.

➲ (X) : 자본에서 차감하되, 공정가치 초과액은 비용으로 인식한다.

Answer 1. ② 2. ②

시험중요도 ★★★

기본이론 제163강 현금결제형 주식기준보상

보상원가 측정	보상원가	• 주가차액보상권의 공정가치로 측정
	측정	• 매 보고기간말 공정가치를 재측정하고, 공정가치의 변동액은 당기손익으로 인식
회계처리	보고기간말	• 주가차액보상권은 보고기간말 공정가치로 재측정하고 기대권리소멸률을 반영한 보상원가를 용역제공비율에 따라 가득기간에 걸쳐 인식 (차) 주식보상비용(당기비용) xxx (대) 장기미지급비용(부채) xxx
	가득일이후	• 가득일 이후에도 매 보고기간말의 공정가치를 기준으로 보상원가를 재측정하고 보상원가의 재측정으로 변동한 금액은 주식보상비용과 장기미지급비용으로 처리
	권리행사시	• 우선 공정가치 변동분을 당기손익으로 인식한 후, 상계할 장기미지급비용의 장부금액과 현금결제액(=내재가치=주가-행사가격)의 차액을 주식보상비용으로 인식 (차) 주식보상비용 xxx (대) 장기미지급비용 xxx (차) 장기미지급비용 xxx (대) 현금(내재가치) xxx 주식보상비용 xxx 참고 권리행사기간 종료시 장기미지급비용을 환입하여 당기손익으로 인식함.

사례 용역제공조건이 부과된 현금결제형 회계처리

◎ 20x1년초 주가가 행사가격인 ₩100을 초과하는 경우 차액을 현금으로 지급하는 현금결제형 주가차액보상권 100개를 종업원 100명에게 각각 부여하고 2년의 용역제공조건을 부과하였다. 보고기간말 기대권리소멸률(단, 가득기간 종료시점은 실제권리소멸률임.)은 다음과 같으며, 20x4년말 가득조건을 충족시킨 종업원 89명 중 50명이 권리를 행사하였다.

20x1년 말	20x2년말
10%	11%

한편 각 보고기간말에 추정한 주가차액보상권의 공정가치와 주가는 다음과 같다.

구분	주가 (주식의 공정가치)	옵션공정가치 (주가차액보상권 공정가치)	옵션내재가치 (주가-행사가격)
20x1년말	₩150	₩80	₩50
20x2년말	₩180	₩100	₩80
20x3년말	₩160	₩90	₩60
20x4년말	₩200	₩130	₩100

• 회계처리

20x1년초	- 회계처리 없음 -			
20x1년말	(차) 주식보상비용	360,000[1]	(대) 장기미지급비용	360,000
20x2년말	(차) 주식보상비용	530,000[2]	(대) 장기미지급비용	530,000
20x3년말	(차) 장기미지급비용	89,000	(대) 주식보상비용환입	89,000[3]
20x4년말	(차) 주식보상비용	356,000[4]	(대) 장기미지급비용	356,000
	(차) 장기미지급비용	650,000[5]	(대) 현금	500,000[6]
			주식보상비용	150,000

[1] 100개×90명×80×1/2=360,000

[2] 100개×89명×100−360,000=530,000

[3] 100개×89명×90−(360,000+530,000)=△89,000

[4] 100개×89명×130−100개×89명×90=356,000

[5] 100개×50명×130=650,000

[6] 100개×50명×100=500,000

FINAL 객관식뽀개기 실전적중문제

1. ㈜대한은 주가가 행사가격(단위당 ₩1,000)을 초과할 경우 차액을 현금으로 지급하는 주가차액보상권을 20x1년 1월 1일 임직원 10명에게 각각 200개씩 부여하였다. 이 주가차액보상권은 20x1년말에 모두 가득되었고, 20x3년말에 실제로 1,000개의 주가차액보상권이 행사되었다. 매 회계연도 말 보통주와 현금결제형 주가차액보상권의 단위당 공정가치가 다음과 같은 경우, 주가차액보상권과 관련하여 20x3년도에 ㈜대한이 인식할 주식보상비용(또는 주식보상비용환입)과 현금지급액은? [세무사기출]

구분	20x1년말	20x2년말	20x3년말
보통주의 공정가치	₩1,800	₩1,700	₩1,900
주가차액보상권의 공정가치	₩1,400	₩1,300	₩1,500

① 주식보상비용 ₩200,000
현금지급액 ₩900,000
② 주식보상비용환입 ₩200,000
현금지급액 ₩900,000
③ 주식보상비용 ₩900,000
현금지급액 ₩900,000
④ 주식보상비용 ₩1,100,000
현금지급액 ₩500,000
⑤ 주식보상비용환입 ₩1,100,000
현금지급액 ₩500,000

내비게이션

• 회계처리
[20x1년 12월 31일]
(차)주식보상비용 2,800,000[1] (대)장기미지급비용 2,800,000
[20x2년 12월 31일]
(차)장기미지급비용 200,000 (대)보상비용환입 200,000[2]
[20x3년 12월 31일]
(차)주식보상비용 400,000[3] (대)장기미지급비용 400,000
(차)장기미지급비용 1,500,000[4] (대)현금 900,000[5]
주식보상비용 600,000

[1] 200개×10명×1,400×1/1=2,800,000
[2] 200개×10명×1,300-2,800,000=△200,000
[3] 200개×10명×150-200개×10명×1,300=400,000
[4] 1,000개×1,500=1,500,000
[5] 1,000개×(1,900-1,000)=900,000
∴주식보상비용환입 : 400,000-600,000=△200,000(환입)
현금지급액 : 900,000

2. ㈜대한은 20x1년 1월 1일에 판매직 종업원 100명에게 각각 현금결제형 주가차액보상권 100개씩을 부여하고, 2년의 용역제공조건을 부과하였다. 연도별 판매직 종업원의 실제 퇴사인원 및 추정 퇴사인원은 다음과 같다.

> (1) 20x1년도 : 실제 퇴사인원은 6명이며, 20x2년도에는 추가로 4명이 퇴사할 것으로 추정하였다.
> (2) 20x2년도 : 실제 퇴사인원은 7명이며, 20x2년도 말 시점의 계속근무자는 주가차액보상권을 모두 가득하였다.

매 회계연도 말에 현금결제형 주가차액보상권의 공정가치와 20x2년에 행사된 현금결제형 주가차액보상권 현금지급액의 내역은 다음과 같다.

구분	개당 공정가치	개당 현금지급액(내재가치)
20x1년	₩400	–
20x2년	₩420	₩410

20x2년 12월 31일에 종업원 50명이 주가차액보상권을 행사하였을 때, 20x2년도에 인식해야 할 보상비용은 얼마인가? [세무사기출]

① ₩902,000 ② ₩1,800,000 ③ ₩1,804,000
④ ₩2,050,000 ⑤ ₩3,604,000

내비게이션

• 회계처리
[20x1년 12월 31일]
(차)주식보상비용 1,800,000[1] (대)장기미지급비용 1,800,000
[20x2년 12월 31일]
(차)주식보상비용 1,854,000[2] (대)장기미지급비용 1,854,000
(차)장기미지급비용 2,100,000[3] (대)현금 2,050,000[4]
주식보상비용 50,000

[1] 100개×90명×400×1/2=1,800,000
[2] 100개×87명×420×2/2-1,800,000=1,854,000
[3] 100개×50명×420=2,100,000
[4] 100개×50명×410=2,050,000
∴주식보상비용 : 1,854,000-50,000=1,804,000

서술형Correction연습

❒ 가득된 주식선택권의 권리가 행사되지 않고 소멸하는 경우에는 이미 인식한 보상원가를 환입하여 당기손익으로 인식한다.

➲ (X) : 현금결제형은 환입하나 주식결제형은 환입하지 않는다.

Answer 1. ② 2. ③

시험중요도 ★★★

기본이론 제164강 — 리스회계: 리스의 의의와 분류

리스의 의의

구분	내용
리스	• 대가와 교환하여 자산의 사용권을 일정기간 이전하는 계약을 말함. ➡리스제공자는 금융리스나 운용리스로 분류함.(리스이용자는 분류하지 않음)
기초자산	• 리스제공자가 리스이용자에게 사용권을 제공하는 리스의 대상이 되는 자산을 말함.
적용제외	① 무형자산 적용범위에 포함되는, 라이선싱계약에 따라 영화필름, 비디오녹화물, 희곡, 원고, 특허권, 저작권과 같은 항목에 대하여 리스이용자가 보유하는 권리 ② 수익의 적용범위에 포함되는 지적재산 라이선스 등
적용선택	• 위 ①이 아닌 다른 무형자산 리스에 리스기준서를 적용할수 있으나 반드시 적용해야 하는 것은 아님.➡즉, ①의 항목이 아닌 무형자산 리스에 대해서는 선택가능 말장난 리스기준서는 유형자산에만 적용하며 무형자산에는 적용할 여지가 없다(X)
리스의 식별	• 계약 약정시점에 계약 자체가 리스인지 판단하며, 대가와 교환하여 식별되는 자산의 사용통제권을 일정기간 이전한다면 그 계약은 리스이거나 리스를 포함함. ➡계약조건이 변경된 경우만 계약이 리스인지, 리스를 포함하는지를 다시 판단함.

리스제공자 리스분류

분류시점

• 리스는 리스약정일에 분류하며, 리스변경이 있는 경우에만 분류를 다시 판단함.
➡추정의 변경(예 내용연수·잔존가치 추정치의 변경)이나 상황의 변화(예 리스이용자의 채무불이행)는 회계 목적상 리스를 새로 분류하는 원인이 되지 않음.

분류유형

유형	내용
금융리스	• 기초자산의 소유에 따른 위험과 보상의 대부분을 이전하는 리스 • 법적소유권은 리스제공자에게 있으나 리스이용자가 자산인식하고 감가상각함. ➡이론적 근거 : 경제적 실질 주의 이하 금융리스 예시나 지표가 항상 결정적인 것은 아니며, 예시나 지표에 해당되어도 위험과 보상의 이전이 없으면 운용리스임.(예 리스기간 종료시점에 소유권을 그 시점의 공정가치에 해당하는 변동지급액으로 이전하는 경우)
운용리스	• 기초자산의 소유에 따른 위험과 보상의 대부분을 이전하지 않는 리스

금융리스 예시

❖일반적으로 금융리스로 분류되는 상황의 예는 다음과 같음.

구분	내용
소유권이전약정	• 종료시점 이전에 소유권이 리스이용자에게 이전되는 리스
염가매수선택권	• 선택권을 행사할 수 있는 날의 공정가치보다 충분히 낮을 것으로 예상되는 가격으로 매수할 수 있는 선택권을 가지고 있고, 그 선택권을 행사할 것이 리스약정일 현재 상당히 확실한 경우
리스기간기준	• 소유권이 이전되지는 않더라도 리스기간이 경제적내용연수의 상당 부분을 차지하는 경우➡예 리스기간≥경제적 내용연수x75%
공정가치기준	• 리스약정일 현재 리스료의 현재가치가 적어도 공정가치의 대부분에 해당하는 경우➡예 리스료 현재가치≥공정가치x90%
범용성없는 자산	• 리스이용자만이 주요한 변경없이 사용할수 있는 경우 ➡예 리스기간 종료시점에 다른 곳에 사용 불가한 특수기계

금융리스 지표

❖금융리스로 분류될수 있는 상황의 지표는 다음과 같음.

구분	내용
해지손실부담	• 리스이용자가 리스를 해지할수 있는 경우에 리스이용자가 해지에 관련되는 리스제공자의 손실을 부담하는 경우
공정가치 변동손익 귀속	• 잔존자산의 공정가치 변동에서 생기는 손익이 리스이용자에게 귀속되는 경우 ➡예 리스 종료시점에 매각대가의 대부분에 해당하는 금액이 리스료 환급의 형태로 리스이용자에게 귀속되는 경우
염가갱신	• 리스이용자가 시장리스료보다 현저하게 낮은 리스료로 다음 리스기간에 리스를 계속할 능력이 있는 경우

참고 부동산리스(토지·건물요소가 모두 포함된 경우)에서 리스료를 신뢰성있게 배분할수 없는 경우 모두 운용리스이면 운용리스로, 모두 운용리스가 아닌 경우는 금융리스로 분류함.

FINAL 객관식뽀개기 실전적중문제

1. 금융리스로 분류되는 경우에 해당되지 않는 것은? [관세사기출]

① 리스자산의 소유권이 이전되지 않더라도 리스기간이 리스자산의 경제적내용연수의 상당 부분을 차지하는 경우
② 리스기간 종료시점 이전에 기초자산의 소유권이 리스이용자에게 이전되는 리스의 경우
③ 잠재적 리스이용자도 주요한 변경없이 사용할 수 있는 일반적인 범용 리스자산인 경우
④ 리스약정일 현재, 리스료의 현재가치가 적어도 기초자산 공정가치의 대부분에 해당하는 경우
⑤ 리스이용자가 선택권을 행사할 수 있는 날의 공정가치보다 충분히 낮을 것으로 예상되는 가격으로 기초자산을 매수할 수 있는 선택권을 가지고 있고, 그 선택권을 행사할 것이 리스약정일 현재 상당히 확실한 경우

내비게이션
• 기초자산이 특수하여 해당 리스이용자만이 주요한 변경 없이 사용할 수 있는 경우이므로 일반적인 범용 리스자산은 해당하지 않는다.

2. 리스제공자는 기초자산의 소유에 따른 위험과 보상의 대부분을 이전하는지에 따라 금융리스 또는 운용리스로 분류한다. 다음 중 금융리스 분류기준으로서 가장 적절하지 않은 것은?

① 리스자산의 소유권이 이전되지 않더라도 리스기간이 리스자산의 경제적내용연수의 경미한 부분을 차지하는 경우
② 리스이용자가 선택권을 행사할 수 있는 날의 공정가치보다 충분히 낮을 것으로 예상되는 가격으로 기초자산을 매수할 수 있는 선택권을 가지고 있고, 그 선택권을 행사할 것이 리스약정일 현재 상당히 확실한 경우
③ 기초자산이 특수하여 해당 리스이용자만이 주요한 변경 없이 사용할 수 있는 경우
④ 리스약정일 현재, 리스료의 현재가치가 적어도 기초자산 공정가치의 대부분에 해당하는 경우
⑤ 리스기간 종료시점 이전에 기초자산의 소유권이 리스이용자에게 이전되는 리스의 경우

내비게이션
• 경미한 부분을 차지하는 경우(X) → 상당 부분을 차지하는 경우(O)

3. 다음은 리스와 관련하여 분류에 대한 설명이다. 옳지 않은 것은?

① 리스기간 종료시점 이전에 기초자산의 소유권이 리스이용자에게 이전되는 리스는 일반적으로 금융리스로 분류되는 상황에 해당한다.
② 리스이용자가 선택권을 행사할 수 있는 날의 공정가치보다 충분히 높을 것으로 예상되는 가격으로 기초자산을 매수할 수 있는 선택권을 가지고 있고, 그 선택권을 행사할 것이 리스약정일 현재 상당히 확실한 경우 일반적으로 금융리스로 분류되는 상황에 해당한다.
③ 잔존자산의 공정가치 변동에서 생기는 손익이 리스이용자에게 귀속되는 경우 금융리스로 분류될 수 있는 상황의 지표가 된다.
④ 기초자산의 소유에 따른 위험과 보상의 대부분(substantially all)을 이전하는 리스는 금융리스로 분류한다.
⑤ 리스이용자가 시장리스료보다 현저하게 낮은 리스료로 다음 리스기간에 리스를 계속할 능력이 있는 경우 금융리스로 분류될 수 있는 상황의 지표가 된다.

내비게이션
• 높을 것으로(X) → 낮을 것으로(O)

서술형Correction연습

❒ 리스기간 종료시점에 기초자산의 소유권을 그 시점의 공정가치에 해당하는 변동 지급액으로 이전하는 경우에는 금융리스로 분류한다.

➲ (X) : 계약의 다른 속성들을 고려할 때 기초자산의 소유에 따른 위험과 보상의 대부분을 이전하지 않는다는 점이 분명하다면 그 리스는 운용리스로 분류한다. 예를 들어, 리스기간 종료시점에 기초자산의 소유권을 그 시점의 공정가치에 해당하는 변동 지급액으로 이전하거나 변동리스료가 있고 그 결과로 리스제공자가 기초자산의 소유에 따른 위험과 보상의 대부분을 이전하지 않는 경우가 있다.

❒ 리스이용자가 리스를 해지할 수 있는 경우에 리스제공자가 해지에 관련되는 리스이용자의 손실을 부담하는 경우 금융리스로 분류한다.

➲ (X) : 리스이용자가 해지에 관련되는 리스제공자의 손실을 부담하는 경우 금융리스로 분류할 수 있다.

❒ 추정의 변경이나 상황의 변화로 인하여 기존 리스의 분류 변경을 초래할수 있다.

➲ (X) : 추정의 변경(예 기초자산의 내용연수 또는 잔존가치 추정치의 변경)이나 상황의 변화(예 리스이용자의 채무불이행)는 회계목적상 리스를 새로 분류하는 원인이 되지 않는다.

Answer 1. ③ 2. ① 3. ②

시험중요도 ★★★

기본이론 제165강 리스용어의 정의

기본용어

리스약정일
- 리스계약일과 리스의 주요 조건에 대하여 계약당사자들이 합의한 날 중 이른 날
- 주의 리스는 리스약정일에 분류하며 리스변경이 있는 경우에만 분류를 재판단함.

리스개시일 (리스기간개시일)
- 리스제공자가 리스이용자에게 기초자산을 사용할수 있게 하는 날
- 주의 리스에 따른 자산, 부채, 수익, 비용의 최초인식일임.(즉, 회계처리시점)

리스기간
- 리스이용자가 기초자산 사용권을 갖는 해지불능기간
- 주의 리스개시일에 평가해 볼 때, 리스이용자가 연장선택권을 행사할 것이 상당히 확실한 경우와 종료선택권을 행사하지 않을 것이 상당히 확실한 경우에 그 선택권의 대상기간을 포함함.

경제적내용연수
- 자산을 사용여부에 관계없이 경제적으로 사용할수 있을 것으로 예상하는 전체기간
- 비교 **내용연수** : 실제 자산을 사용할수 있는 기간으로 감가상각기간을 의미함.

세부용어

리스료

❖리스이용자가 리스제공자에게 지급하는 금액으로 다음 항목으로 구성됨.

항목	내용
고정리스료	• 지급액에서 변동리스료를 뺀 금액(리스인센티브[1]는 차감)
변동리스료	• 시간경과가 아닌 지수·요율(이율)에 따라 달라지는 리스료
매수선택권행사가격 (소유권이전금액)	• 리스이용자가 매수선택권을 행사할 것이 상당히 확실한 경우 그 매수선택권의 행사가격(또는 소유권이전금액)
종료선택권행사가격	• 리스기간이 리스이용자의 종료선택권 행사를 반영하는 경우에 그 리스를 종료하기 위하여 부담하는 금액
보증잔존가치	① 리스이용자의 경우 : 잔존가치보증에 따라 리스이용자가 지급할 것으로 예상되는 금액 ② 리스제공자의 경우 : 다음의 자의 잔존가치보증액 – 리스이용자와 리스이용자의 특수관계자 – 리스제공자와 특수 관계에 있지 않고 보증의무를 이행할 재무적 능력이 있는 제3자

[1] 리스제공자가 리스이용자에게 지급하는 금액이나 리스의 원가를 리스제공자가 보상·부담하는 금액

보론 **무보증잔존가치** : 리스제공자가 실현 불확실하거나 리스제공자의 특수관계자만이 보증한 잔존가치 부분 →추정잔존가치=보증잔존가치+무보증잔존가치

참고 잔존가치			
	• 소유권이전O	회수불가잔존가치	미래현금흐름이 아님
	• 소유권이전X	회수가능잔존가치	보증잔존가치
			무보증잔존가치

단기리스
- 리스개시일에 리스기간이 12개월 이하인 리스
- 주의 매수선택권이 있는 리스는 단기리스에 해당하지 않음.

공정가치
- 리스제공자가 기초자산을 신규로 취득하여 리스하는 경우

공정가치 = 취득원가

리스개설직접원가
- 리스 미체결시 부담하지 않았을 리스체결의 증분원가로 자산을 구성함.
- 비교 금융리스 관련 제조자·판매자인 리스제공자가 부담하는 원가는 비용인식함.

내재이자율
- 소유권이전이 확실하지 않은 경우 다음 산식을 성립시키게 하는 할인율

(리스료 + 무보증잔존가치)의 현재가치 = 공정가치 + 리스개설직접원가(제공자)

(리스료 + 무보증잔존가치): '리스총투자' / 공정가치 + 리스개설직접원가(제공자): '리스순투자'

비교 '리스이용자의 증분차입이자율'은 리스이용자가 비슷한 경제적 환경에서 비슷한 기간에 걸쳐 비슷한 담보로 사용권자산과 가치가 비슷한 자산 획득에 필요한 자금을 차입하기 위하여 지급해야 하는 이자율을 말함.

미실현금융수익
- 리스총투자와 리스순투자의 차이로 금융리스제공자가 인식할 총이자수익임.

미실현금융수익 = 리스총투자 - 리스순투자

FINAL 객관식뽀개기 실전적중문제

1. 리스 회계처리에 관한 설명으로 옳지 않은 것은? [감평사기출]

① 리스약정일은 리스계약일과 리스의 주요 조건에 대하여 계약당사자들이 합의한 날 중 이른 날이다.
② 리스개시일은 리스제공자가 리스이용자에게 기초자산을 사용할 수 있게 하는 날로 리스자산의 최초인식일이 된다.
③ 리스기간 중에 리스자산의 소유권이 리스이용자에게 이전되는 경우에는 금융리스로 분류한다.
④ 리스의 분류는 리스개시일을 기준으로 결정한다.
⑤ 리스기간은 리스이용자가 기초자산 사용권을 갖는 해지불능기간과 리스이용자가 리스 연장선택권을 행사할 것이 상당히 확실한 경우에 그 선택권의 대상 기간 및 리스이용자가 리스 종료선택권을 행사하지 않을 것이 상당히 확실한 경우에 그 선택권의 대상 기간을 포함하는 기간이다.

내비게이션
• 리스는 리스약정일에 분류한다.

2. 다음 중 리스관련 용어의 설명으로 가장 타당하지 않은 것은?

① 리스개시일이란 리스제공자가 리스이용자에게 기초자산을 사용할 수 있게 하는 날을 말한다.
② 리스총투자는 금융리스에서 리스제공자가 받게 될 리스료와 무보증잔존가치의 합계액을 말한다.
③ 무보증잔존가치는 리스제공자가 실현할 수 있을지 확실하지 않거나 리스제공자의 특수관계자만이 보증한 기초자산의 잔존가치 부분을 말한다.
④ 리스기간이란 리스이용자가 기초자산 사용권을 갖는 해지불능기간을 말한다. 단, 리스이용자가 리스 연장선택권을 행사할 것이 상당히 확실한 경우에 그 선택권의 대상 기간과 리스이용자가 리스 종료선택권을 행사하지 않을 것이 상당히 확실한 경우에 그 선택권의 대상 기간도 리스기간에 포함한다.
⑤ 내재이자율이란 리스개시일 현재 리스제공자가 수령하는 리스료와 보증잔존가치의 합계액을 기초자산의 공정가치와 일치시키는 할인율을 말한다.

내비게이션
• 내재이자율이란 리스료 및 무보증잔존가치의 현재가치 합계액을, 기초자산의 공정가치와 리스제공자의 리스개설직접원가의 합계액과 동일하게 하는 할인율을 말한다.

3. 다음 중 리스와 관련한 설명으로 가장 타당하지 않은 것은?

① 리스는 리스개시일에 분류하며 리스변경이 있는 경우에만 분류를 다시 판단한다.
② 공정가치는 합리적인 판단력과 거래의사가 있는 독립된 당사자 사이의 거래에서 자산이 교환되거나 부채가 결제될 수 있는 금액을 말한다.
③ 단기리스는 리스개시일에 리스기간이 12개월 이하인 리스를 말하며, 매수선택권이 있는 리스는 단기리스에 해당하지 않는다.
④ 리스료는 비리스요소에 배분되는 금액은 포함하지 않는다.
⑤ 리스의 해지불능기간이 달라진다면 리스기간을 변경한다.

내비게이션
• 리스는 리스약정일에 분류한다.

서술형Correction연습

❒ 리스개시일은 리스계약일과 리스의 주요 조건에 대하여 계약당사자들이 합의한 날 중 이른 날을 말한다.

➲ (X) : 리스개시일(X) → 리스약정일(O)

❒ 리스료는 기초자산 사용권과 관련하여 리스기간에 리스이용자가 리스제공자에게 지급하는 금액으로 리스이용자의 경우 잔존가치보증에 따라 리스이용자가 지급할 것으로 예상되는 금액은 포함하지 아니한다.

➲ (X) : 리스이용자의 경우에 리스료는 잔존가치보증에 따라 리스이용자가 지급할 것으로 예상되는 금액도 포함한다.

❒ 리스기간은 리스이용자가 리스 연장선택권을 가지는 추가기간을 항상 포함한다.

➲ (X) : 리스이용자가 그 선택권을 행사할 것이 상당히 확실한 경우에만 포함한다.

❒ 리스총투자는 금융리스에서 리스제공자가 받게 될 리스료와 무보증잔존가치의 합계액을 내재이자율로 할인한 금액을 말한다.

➲ (X) : 리스료와 무보증잔존가치의 합계액을 말한다.

❒ 리스료와 무보증잔존가치의 합계액을 내재이자율로 할인한 현재가치는 기초자산의 공정가치와 일치한다.

➲ (X) : 공정가치와 리스개설직접원가의 합계액과 일치한다.

Answer 1. ④ 2. ⑤ 3. ①

시험출제빈도 ★★☆

기본이론 제166강 고정리스료 계산

세부고찰 I

사례 소유권이전이 없는 경우

◎ 다음은 리스제공자와 리스이용자의 금융리스계약관련 자료이다. 리스료는 매년 말 지급하며 리스이용자가 리스기간 종료시점의 추정잔존가치를 보증하였다. 그리고 연 12%에 대한 10년간의 현가계수는 0.3220이고, 연금현가계수는 5.6502이다. 이 경우 리스제공자가 수령할 고정리스료는 얼마인가?

(1) 리스기간 : 10년, 기초자산의 공정가치	:	₩5,000,000
(2) 리스기간 종료시점의 추정잔존가치	:	₩1,000,000
(3) 내재이자율	:	연 12%

- 고정리스료×5.6502+1,000,000×0.3220=5,000,000

∴고정리스료(정기리스료)=827,935

세부고찰 II

사례 소유권이전이 있는 경우

◎ 20x1년 1월 1일 ㈜꼬봉은 ㈜오야붕리스와 다음과 같은 조건으로 금융리스계약을 체결하였다. 리스기간 동안 매년 말 지급되는 고정리스료는 얼마인가?

(1) 리스자산(기계장치)의 공정가치 : ₩500,000(경제적 내용연수 4년, 잔존가치 ₩0, 정액법 상각)
(2) 리스기간은 3년이고 리스료는 매년 말 정액지급함.
(3) ㈜꼬봉은 리스기간 종료시 ₩50,000을 지급하고 소유권을 이전 받음.
(4) 내재이자율은 10% : 3기간의 10% 정상연금 현가계수는 2.48685, 현가계수는 0.75131

- 고정리스료×2.48685+50,000×0.75131=500,000

∴고정리스료(정기리스료)=185,952

세부고찰 III

사례 리스개설직접원가가 있는 경우

◎ 다음은 리스제공자인 ㈜합격리스와 리스이용자인 ㈜적중의 금융리스 계약 관련 자료이다. 이 경우 ㈜합격리스가 수령할 고정리스료를 구하면 얼마인가?

(1) 금융리스계약의 리스기간은 10년이며 리스개시일의 리스자산의 공정가치는 ₩12,500,000이다.
(2) 리스기간 종료시점의 리스자산의 추정잔존가치 ₩2,500,000이며, 리스이용자인 ㈜적중이 리스기간 종료시점의 추정잔존가치를 전액 보증하였다.
(3) ㈜합격리스는 리스개설직접원가로 ₩125,000을 부담하였다.
(4) 리스료는 매년 말 지급하며, 내재이자율은 연 12%이다.
(5) 현재가치계수와 관련한 사항은 다음과 같다.

기간	12% 기간말 단일금액 ₩1의 현재가치	12% 정상연금 ₩1의 현재가치
10	0.3220	5.6502

- [고정리스료+보증잔존가치(2,500,000)]현가=공정가치(12,500,000)+리스개설직접원가(125,000)
- 고정리스료×5.6502+2,500,000×0.3220=12,500,000+125,000

∴고정리스료=2,091,961

FINAL 객관식뽀개기 실전적중문제

1. ㈜합격리스는 20x1년 1월 1일 ₩500,000(공정가치)에 취득한 기계장치로 ㈜대한과 금융리스계약을 체결하고 20x1년 1월 1일부터 리스를 실행하였다.

> (1) 리스기간은 3년이며, 리스종료일에 ㈜대한에게 기계장치 소유권을 ₩100,000에 이전한다.
> (2) 최초 고정리스료는 리스개시일에 수취하며, 20x1년 말부터 20x3년말까지 매년말 3회에 걸쳐 추가로 고정리스료를 수취한다.
> (3) 리스계약과 관련하여 ㈜민국리스가 지출한 리스개설직접원가는 ₩20,000이다.
> (4) ㈜합격리스의 내재이자율은 12%이며, 현가계수는 다음과 같다.

단일금액 ₩1의 현재가치			정상연금 ₩1의 현재가치		
1년	2년	3년	1년	2년	3년
0.8929	0.7972	0.7118	0.8929	1.6901	2.4018

㈜합격리스가 내재이자율을 유지하기 위하여 책정해야 할 고정리스료는? 단, 단수차이로 인해 오차가 있다면 가장 근사치를 선택한다.

① ₩126,056 ② ₩131,936 ③ ₩152,860
④ ₩186,868 ⑤ ₩216,504

- 소유권이 이전되므로 잔존가치는 미래현금흐름이 아니다. 따라서, 보증·무보증잔존가치 자체가 없다.
- 본 문제의 리스료는 고정리스료와 소유권이전금액으로 구성된다.
- (고정리스료+소유권이전금액)의 현재가치 =기초자산공정가치+리스개설직접원가
- 고정리스료를 x라 하면,
  $(x + x \times 2.4018 + 100,000 \times 0.7118) = 500,000 + 20,000$ 에서, $x = 131,936$

Answer 1. ②

시험중요도 ★★★

기본이론 제167강 리스제공자 금융리스 : 기본회계처리

개요		
개요	리스개시일 이전	• (차) 선급리스자산(구입액) xxx (대) 현금 xxx
	리스개시일	• (차) 리스채권 xxx (대) 선급리스자산 xxx 현금(리스개설직접원가) xxx 리스채권: □ (리스료+무보증잔존가치)를 내재이자율로 할인한 현가 =공정가치(신규취득시 취득원가)+리스개설직접원가
	보고기간말	• (차) 현금 xxx (대) 이자수익 xxx 리스채권 xxx 이자수익: □ 리스채권장부가×내재이자율

자산반환 [소유권이전x]

사례 자산반환시 금융리스제공자 회계처리

◎ 20x2년초 의료장비에 대한 금융리스계약을 체결함. 내재이자율 10%(3년 현가계수와 연금현가계수는 0.75131, 2.48685). 리스기간 3년, 리스료는 매년말 ₩300,000, 리스개설직접원가 ₩20,000 지출함.
- 리스자산 : 20x1년말 신규취득 취득원가 ₩980,000, 경제적내용연수 5년, 잔존가치 없음.
- 특약사항 : 종료시 반환조건, 리스기간 종료시점 추정잔존가치 ₩338,000 중 ₩250,000 보증조건

풀이

•리스채권 : 300,000×2.48685+338,000×0.75131=1,000,000 또는 980,000+20,000=1,000,000

일자	리스료	이자수익(10%)	회수액	리스채권잔액
20x2년초	-	-	-	1,000,000
20x2년말	300,000	100,000	200,000	800,000
20x3년말	300,000	80,000	220,000	580,000
20x4년말	300,000	58,000	242,000	338,000 → '보증+무보증'

20x1년말	(차) 선급리스자산 980,000 (대) 현금 980,000
20x2년초	(차) 리스채권 1,000,000 (대) 선급리스자산 980,000 현금 20,000
20x2년말	(차) 현금 300,000 (대) 이자수익 100,000 리스채권 200,000
20x3년말	(차) 현금 300,000 (대) 이자수익 80,000 리스채권 220,000
20x4년말	(차) 현금 300,000 (대) 이자수익 58,000 리스채권 242,000
	[Case1] 실제잔존가치(=공정가치)가 ₩350,000인 경우 (차) 리스자산 338,000 (대) 리스채권 338,000
	[Case2] 실제잔존가치(=공정가치)가 ₩300,000인 경우 (차) 리스자산 300,000 (대) 리스채권 338,000 리스채권손상차손 38,000
	[Case3] 실제잔존가치(=공정가치)가 ₩200,000인 경우 (차) 리스자산 200,000 (대) 리스채권 338,000 리스채권손상차손 138,000 (차) 현금 50,000 (대) 리스자산보증이익 50,000

FINAL 객관식뽀개기 실전적중문제

1. ㈜합격리스는 ㈜적중과 다음과 같은 조건하에 리스계약을 체결하였다. 당해 리스는 리스제공자의 금융리스로 분류된다. 이때 리스개시일에 ㈜합격리스가 인식할 리스채권과 ㈜적중이 인식할 리스부채는 각각 얼마인가? 단, 소수점 이하는 반올림할 것.

> (1) 매 연도말(12월 31일)에 지급하기로 명시한 연간리스료는 ₩2,000,000이다.
> (2) 리스기간 종료시 리스자산의 추정잔존가치는 ₩300,000이며, 리스이용자는 이 중 ₩200,000을 보증(전액 지급예상)하였다.
> (3) 리스기간은 20x1년 1월 1일부터 3년간이다.
> (4) 내재이자율은 연간 10%이다.

	리스채권	리스부채
①	₩5,199,098	₩5,123,967
②	₩5,199,098	₩5,199,098
③	₩5,199,098	₩5,369,214
④	₩5,123,967	₩5,364,254
⑤	₩5,123,967	₩5,792,123

• 리스채권

$$\frac{2,000,000}{1.1}+\frac{2,000,000}{1.1^2}+\frac{2,200,000}{1.1^3}+\frac{100,000}{1.1^3}=5,199,098$$

• 리스부채

$$\frac{2,000,000}{1.1}+\frac{2,000,000}{1.1^2}+\frac{2,200,000}{1.1^3}=5,123,967$$

2. 리스제공자와 리스이용자의 회계처리에 대한 다음 설명으로 옳지 않은 것은?

① 리스이용자는 리스개시일에 사용권자산과 리스부채를 인식하며, 리스이용자는 리스개시일에 사용권자산을 원가로 측정한다.

② 리스이용자는 리스개시일에 그날 현재 지급되지 않은 리스료의 현재가치로 리스부채를 측정하며, 리스의 내재이자율을 쉽게 산정할 수 있는 경우에는 그 이자율로 리스료를 할인한다. 이 경우 그 이자율을 쉽게 산정할 수 없는 경우에는 리스이용자의 증분차입이자율을 사용한다.

③ 리스이용자에게 리스개설직접원가가 발생한 경우에는 사용권자산으로 인식하는 금액에 가산하나, 제조자도 판매자도 아닌 리스제공자에게 리스개설직접원가가 발생한 경우에는 발생한 기간의 비용으로 회계처리한다.

④ 리스제공자는 리스총투자를 계산할 때 사용한 추정 무보증잔존가치를 정기적으로 검토한다. 추정 무보증잔존가치가 줄어든 경우에 리스제공자는 리스기간에 걸쳐 수익 배분액을 조정하고 발생된 감소액을 즉시 인식한다.

⑤ 제조자 또는 판매자인 리스제공자의 금융리스 체결과 관련하여 부담하는 원가는 주로 제조자 또는 판매자인 리스제공자가 매출이익을 벌어들이는 일과 관련되므로 리스개시일에 비용으로 인식한다.

내비게이션

• 제조자도 판매자도 아닌 리스제공자에게 리스개설직접원가가 발생한 경우에는 리스채권에 가산한다.
• ①,②,④,⑤에 대하여는 후술함!

서술형Correction연습

❒ 리스제공자는 리스개시일에 금융리스에 따라 보유하는 자산을 재무상태표에 인식하고 그 자산을 리스총투자와 동일한 금액의 수취채권으로 표시한다.

➡ (X) : 리스총투자(X) → 리스순투자(O)

❒ 리스제공자는 자신의 리스총투자 금액에 일정한 기간수익률을 반영하는 방식으로 리스기간에 걸쳐 금융수익을 인식한다.

➡ (X) : 리스총투자(X) → 리스순투자(O)

❒ 리스제공자는 리스개시일에 측정된 리스료를 내재이자율로 할인한 현재가치를 리스부채로 인식한다.

➡ (X) : 리스제공자(X) → 리스이용자(O)

제1편 재무회계 / 제2편 원가관리회계 / 합본부록 IFRS심화논제

Answer 1. ① 2. ③

시험중요도 ★★☆

기본이론 제168강 리스제공자 금융리스 : 소유권이전

개요

구분	내용
거래형태	• 소유권이전약정이나 염가매수선택권이 있는 경우 리스제공자는 리스종료일에 기초자산의 소유권을 리스이용자에게 이전하고 현금을 수령함.
리스채권 계산	• 종료시점의 추정잔존가치는 회수불가하므로 리스제공자의 현금흐름이 될수 없음. ➡ ∴보증·무보증잔존가치 자체가 없음.
손익처리	• 소유권이전에 따른 현금수령액과 리스채권 장부금액의 차액은 당기손익(리스채권처분손익)으로 인식함. (차) 현금 xxx (대) 리스채권 xxx 리스채권처분이익 xxx

세부고찰

사례 염가매수선택권이 있는 경우 금융리스제공자 회계처리

✪ 리스제공자 A는 리스이용자 B와 20x2년초(리스개시일) 기계장치에 대한 금융리스계약을 체결함.

- 내재이자율 10%이며, 3년 현가계수와 연금현가계수는 각각 0.75131과 2.48685임.
- 양사 모두 정액법을 적용하며, 양사 모두 결산일은 매년말임.
- 리스자산은 20x1년말 신규취득하였으며 취득원가는 ₩100,000(공정가치와 일치)임.
- 리스자산의 경제적내용연수 4년, 잔존가치는 없음.
- 리스기간은 3년이며, 리스료는 매년말 ₩38,700임.
- 리스 종료시점에 매수선택권을 행사가능하며 행사가격은 리스종료일 실제잔존가치의 25%로 결정함. 리스종료일의 추정잔존가치는 ₩20,000이므로 행사가격은 ₩5,000으로 추정됨.
- 리스종료일 현재 실제잔존가치는 ₩30,000이며 매수선택권은 ₩7,500에 권리가 행사되었음.

풀이

•리스채권 : ①+②=100,000
① 고정리스료의 현가 : 38,700×2.48685
② 염가매수선택권가액 현가 : 5,000×0.75131
→또는 공정가치(취득원가)=100,000

일자	리스료	이자수익(10%)	회수액	리스채권잔액
20x2년초	-	-	-	100,000
20x2년말	38,700	10,000	28,700	71,300
20x3년말	38,700	7,130	31,570	39,730
20x4년말	38,700	3,970	34,730	5,000 → '염가매수약정액'

일자	차변	금액	대변	금액
20x1년말	(차) 선급리스자산	100,000	(대) 현금	100,000
20x2년초	(차) 리스채권	100,000	(대) 선급리스자산	100,000
20x2년말	(차) 현금	38,700	(대) 이자수익	10,000
			리스채권	28,700
20x3년말	(차) 현금	38,700	(대) 이자수익	7,130
			리스채권	31,570
20x4년말	(차) 현금	38,700	(대) 이자수익	3,970
			리스채권	34,730
	(차) 현금	7,500	(대) 리스채권	5,000
			리스채권처분이익	2,500

FINAL 객관식뽀개기 실전적중문제

1. 20x1년초 ㈜합격은 공정가치 ₩40,000,000의 건설중장비를 ㈜적중리스와 4년의 금융리스계약을 체결하였다. 계약종료일에 염가매수선택권이 ㈜합격에게 주어져 있으며, ㈜합격은 향후 4년간 매년 말 ₩12,618,694의 리스료를 ㈜적중리스에게 지급해야 한다. 내용연수는 5년, 잔존가치는 ₩4,000,000, 감가상각은 정액법, 내재이자율은 10%이다. 20x1년말 ㈜적중리스의 리스채권 원금회수액과 이자수익을 계산하면 각각 얼마인가?

	리스채권 원금회수액	이자수익
①	₩8,618,694	₩10,000,000
②	₩11,356,825	₩4,000,000
③	₩8,618,694	₩4,000,000
④	₩11,356,825	₩1,261,869
⑤	₩8,618,694	₩1,261,869

내비게이션

- 리스채권 : 40,000,000(공정가치)
  →리스제공자는 수령하는 리스료를 리스채권의 원금회수액과 이자수익으로 구분하는 회계처리만 하면 된다.
- 이자수익 : 40,000,000×10%=4,000,000
- 원금회수액 : 12,618,694(리스료)-4,000,000=8,618,694
- [20x1년말 회계처리]

(차) 현금	12,618,694	(대) 이자수익	4,000,000
		리스채권	8,618,694

2. ㈜합격은 다음과 같이 내용연수 5년, 잔존가치 ₩0의 기계장치를 리스하였다. 20x1년말 동 리스와 관련하여 ㈜합격이 인식할 감가상각비를 계산하면 얼마인가?

> (1) 리스약정일(리스개시일) : 20x1년 1월 1일
> (2) 리스기간 : 20x1년 1월 1일 ~ 20x3년 12월 31일
> (3) 20x1년 1월 1일 기계장치의 공정가치는 ₩750,000, 리스료(염가매수선택권 행사가격 고려)를 내재이자율로 할인한 현재가치는 ₩705,000이다.
> (4) ㈜합격은 동 기계장치에 대하여 정액법으로 감가상각한다.
> (5) 염가매수선택권(행사가격 ₩150,000)을 리스기간 종료시점에 행사할 것이 확실하다.
> (6) 리스의 협상 및 체결단계에서 지출한 리스개설직접원가는 없다.

① ₩141,000 ② ₩150,000 ③ ₩235,000
④ ₩250,000 ⑤ ₩0

내비게이션

- 사용권자산(리스부채) : 705,000
∴감가상각비 : (705,000-0)÷5년=141,000

Answer 1. ③ 2. ①

시험중요도 ★★☆

기본이론 제169강 리스제공자 금융리스 : 무보증잔존가치 감소

개요

구분	내용
정기검토	• 리스제공자는 리스총투자를 계산할때 사용한 추정무보증잔존가치를 정기적으로 검토함.
감소인식	• 추정 무보증잔존가치가 줄어든 경우에 리스제공자는 리스기간에 걸쳐 수익 배분액을 조정하고 발생된 감소액을 즉시 인식함.
손상차손	• 추정무보증잔존가치 감소 ➡ 미래현금흐름 감소 ➡ 리스채권 장부금액 감소 • 따라서, 리스채권손상차손을 인식함. 리스채권손상차손(당기비용) : □ 추정무보증잔존가치 감소분을 내재이자율로 할인한 현가

저자주 보증잔존가치는 회수가 가능한 금액이므로 보증잔존가치 감소는 리스채권 손상차손의 대상이 아님.

세부고찰

사례 추정무보증잔존가치 감소시 회계처리

◎ 20x2년초 기계장치에 대한 금융리스계약을 체결하였으며, 리스기간 종료시점에 리스자산은 반환됨.
- 내재이자율 12%이며, 2년 현가계수는 0.79719이고, 3년 현가계수와 연금현가계수는 각각 0.71178과 2.40183임. 리스자산의 경제적내용연수 5년, 잔존가치는 없음.
- 리스자산은 20x1년말 신규취득하였으며 취득원가는 ₩1,000,000(공정가치와 일치)임.
- 리스기간은 3년이며, 리스료는 매년말 ₩401,532임.
- 리스기간 종료시점 추정잔존가치는 ₩50,000이며, 이 중 리스이용자가 ₩35,000을 보증함.
- 20x2년말 리스기간 종료시점 추정잔존가치는 ₩40,000으로 감소하였음.
- 20x4년말 실제잔존가치는 ₩39,000임.

- 리스채권 : 401,532×2.40183+50,000×0.71178=1,000,000 또는 공정가치(취득원가)=1,000,000
  - 20x2년말 현재 무보증잔존가치가 15,000에서 5,000으로 변경되어 10,000 감소
  - 20x2년말 리스채권손상차손 : 10,000(무보증잔존가치 감소분)×0.79719=7,972

일자	리스료	이자수익(12%)	회수액	리스채권잔액
20x2년초	-	-	-	1,000,000
20x2년말	401,532	120,000	281,532	1,000,000-281,532-7,972=710,496
20x3년말	401,532	85,260	316,272	394,224
20x4년말	401,532	47,308	354,224	40,000 → '보증+무보증'

일자	차변	금액	대변	금액
20x1년말	(차) 선급리스자산	1,000,000	(대) 현금	1,000,000
20x2년초	(차) 리스채권	1,000,000	(대) 선급리스자산	1,000,000
20x2년말	(차) 현금	401,532	(대) 이자수익	120,000
			리스채권	281,532
	(차) 리스채권손상차손	7,972	(대) 리스채권(or손실충당금)	7,972
20x3년말	(차) 현금	401,532	(대) 이자수익	85,260
			리스채권	316,272
20x4년말	(차) 현금	401,532	(대) 이자수익	47,308
			리스채권	354,224
	(차) 리스자산	39,000	(대) 리스채권	40,000
	리스채권손상차손	1,000		

참고 if, 20x2년말 종료시점 추정잔존가치가 ₩30,000인 경우에는 보증잔존가치가 ₩35,000이므로 종료시점 무보증잔존가치는 ₩0으로 보면됨.
→따라서, 손상차손은 15,000(무보증잔존가치 감소분)×0.79719=11,958

실전적중문제

1. 리스에 관한 설명으로 옳은 것은? [관세사기출]

① 리스제공자는 금융리스의 리스총투자와 동일한 금액을 리스채권으로 인식한다.
② 운용리스의 협상 및 계약단계에서 발생한 리스개설직접원가는 발생된 회계연도에 전액을 비용으로 인식한다.
③ 추정무보증잔존가치가 감소되면 금융리스채권의 장부금액은 감소하며 그 감소 금액은 즉시 당기비용으로 인식한다.
④ 판매형리스에서 리스제공자가 인식하는 매출액은 리스자산의 공정가치와 리스제공자의 내재이자율로 할인한 최리스료의 현재가치 중 큰 금액이다.
⑤ 리스이용자는 금융리스로 분류되는 경우 리스개시일에 사용권자산과 리스부채를 인식한다.

풀이

- ① 리스총투자(X) → 리스순투자(O)
  ② 비용이 아니라 자산을 구성한다.
  ④ 매출액은 기초자산의 공정가치와, 리스제공자에게 귀속되는 리스료를 시장이자율로 할인한 현재가치 중 적은 금액이다.(후술함!)
  ⑤ 리스제공자가 리스계약을 금융리스나 운용리스 중 어느 것으로 처리하는지에 관계없이 사용권자산과 리스부채를 인식하여야 한다.

2. 20x1년 1월 1일(리스개시일)에 B사(리스이용자)는 A사(리스제공자)와 금융리스계약을 체결하였다. 다음 자료에 의할 때 이 리스계약으로 리스제공자인 A의 20x1년도말 리스채권손상차손으로 계상되는 금액을 구하면 얼마인가?(단, 소수점 이하는 반올림하며, 이 경우 단수차이로 인해 약간의 오차가 있으면 가장 근사치를 선택한다.)

(1) 취득원가(=리스개시일의 공정가치) : ₩100,000
(2) 자산의 내용연수 : 4년(정액법)
(3) 리스기간 종료시 추정잔존가치 : ₩20,000
　(20x1.12.31 현재 ₩10,000으로 추정변경)
(4) 리스기간 : 3년, 만기일은 20x3년 12월 31일
(5) 연간 리스료 : 매년 말에 ₩34,170씩 3차례 지급
(6) 보증잔존가치는 없으며, 소유권이전약정과 염가매수선택권도 없다.
(7) 내재이자율은 10%이며 현재가치계수 자료는 다음과 같다.

기간	현재가치계수	연금현재가치계수
2	0.8264	1.7355
3	0.7513	2.4868

① ₩0　② ₩7,513　③ ₩8,264
④ ₩9,091　⑤ ₩10,000

내비게이션

- 20x1년말 현재 추정무보증잔존가치가 20,000에서 10,000으로 변경되어 10,000 감소됨.
- 리스채권손상차손 : 10,000(무보증잔존가치 감소분)×0.8264=8,264

3. 20x1년 1월 1일 ㈜합격리스는 제조사로부터 공정가치 ₩600,000인 기계장치를 구입하여 ㈜적중에게 금융리스계약을 통하여 리스하였다. 리스약정일과 리스개시일은 동일하며, 경제적내용연수와 리스기간도 동일하다. 리스료는 20x1년부터 5년간 매년도 말 ₩150,000을 수취한다. 리스기간 종료 후 그 잔존가치는 ₩50,540이며, ㈜적중이 이 중 ₩30,000을 보증한다. 동 금융리스에 적용되는 유효이자율(내재이자율)은 연 10%이며, 현가계수는 다음과 같다.

기간	기간말 ₩1의 현재가치 (단일금액, 10%)	정상연금 ₩1의 현재가치(10%)
4년	0.6830	3.1699
5년	0.6209	3.7908

20x1년 말에 이 리스자산의 잔존가치가 ₩50,540에서 ₩30,540으로 감소하였다. 이 리스계약이 리스제공자인 ㈜합격리스의 20x1년도 당기순이익에 미치는 영향은 얼마인가?(단, 소수점 이하는 반올림하며, 이 경우 단수차이로 인해 약간의 오차가 있으면 가장 근사치를 선택한다.)

① ₩40,500　② ₩42,340　③ ₩44,500
④ ₩46,340　⑤ ₩60,000

내비게이션

- 리스채권 : 150,000×3.7908+50,540×0.6209=600,000 또는 공정가치=600,000
- 20x1년말 현재 무보증잔존가치 감소액 :
  20,540(50,540-30,000)에서 540(30,540-30,000)으로 변경되어 20,000감소
- 20x1년말 이자수익 : 600,000×10%=60,000
- 20x1년말 리스채권손상차손 : 20,000×0.6830=13,660
  ∴60,000-13,660=46,340

Answer 1. ③ 2. ③ 3. ④

시험중요도 ★★★

기본이론 제170강 리스제공자 금융리스 : 판매형리스

개요

거래형태
- 제조자나 판매자가 제조·구매한 자산을 금융리스방식으로 판매하는 경우의 리스를 말함.
  - ➡∴리스자산을 정상판매시 매출손익과 리스기간 이자수익의 두 종류의 이익이 발생함.

매출손익

매출액	❒ Min[리스료를 시장이자율로 할인한 현가, 공정가치]
매출원가	❒ 취득(제조)원가 - 무보증잔존가치를 시장이자율로 할인한 현가 ➡취득원가(제조원가) : 장부금액과 다른 경우는 장부금액 적용 ➡무보증잔존가치 현가는 리스채권으로 대체함.(이하 사례참조!)

저자주 매출액 계산시 무보증잔존가치는 리스이용자로부터 회수되는 금액이 아니므로 매출액의 계산에서 제외합니다. 즉, 무보증잔존가치는 반환후 제3자에게 매각시 회수되므로 리스이용자에게 판매함으로써 얻게되는 현금흐름이 아니기 때문입니다. 한편, 매출액 계산시 제외했으므로 매출원가 계산시에도 무보증잔존가치를 차감합니다.

리스개설직접원가
- 리스개시일에 전액 비용(판매비용)으로 인식함.

참고 운용리스인 경우 : 리스자산의 판매로 볼 수 없으므로 매출이익을 인식치 아니함.

세부고찰

사례 판매형리스 회계처리

✪ ㈜신의한수는 기계장치 제조 및 판매회사로 제조원가 ₩45,000,000의 재고자산을 금융리스방식으로 판매하는 계약을 다음과 같이 체결함.

(1) 리스개시일 : 20x1년초
(2) 리스개시일의 공정가치 : ₩53,000,000
(3) 기초자산 경제적내용연수 : 4년
(4) 잔존가치 : 내용연수 종료후 잔존가치는 없음.
(5) 리스기간 : 3년
(6) 리스기간 종료시점의 추정잔존가치 : ₩5,000,000
(7) 리스이용자는 추정잔존가치 중 ₩3,000,000을 보증함.
(3) 매년말 ₩20,000,000의 리스료를 수령함.
(4) ㈜신의한수는 금융리스 체결과 관련하여 리스개시일에 ₩100,000의 수수료를 지급하였음.
(5) 시장이자율은 10%이며, 현재가치계수 자료는 다음과 같다.

기간	10% 기간말 단일금액 ₩1의 현재가치	10% 정상연금 ₩1의 현재가치
3	0.7513	2.4868

- 판매형리스의 리스개설직접원가 100,000은 전액 비용으로 인식함.
- 리스료를 시장이자율로 할인한 현가 : 20,000,000×2.4868+3,000,000×0.7513=51,989,900
- 매출액 : Min[51,989,900, 53,000,000(공정가치)]=51,989,900
- 매출원가 : 45,000,000-1,502,600(2,000,000×0.7513)=43,497,400
- 이자수익 : (51,989,900+1,502,600)×10%=5,349,250
- 회계처리

20x1년초	(차) 리스채권	51,989,900	(대) 매출	51,989,900
	(차) 리스채권	1,502,600	(대) 재고자산	45,000,000
	매출원가	43,497,400		
	(차) 수수료비용	100,000	(대) 현금	100,000
20x1년말	(차) 현금	20,000,000	(대) 이자수익	5,349,250
			리스채권	14,650,750

FINAL 객관식뽀개기 실전적중문제

1. ㈜국세는 일반 판매회사로서 20x2년 1월 1일에 ㈜대한리스에 아래와 같은 조건으로 보유자산을 판매하였다.

> (1) ㈜국세는 20x2년부터 20x4년까지 매년 12월 31일에 ㈜대한리스로부터 리스료로 ₩10,000,000씩 3회 수령한다.
> (2) ㈜대한리스는 리스기간 종료일인 20x4년 12월 31일에 리스자산을 당시의 공정가치보다 충분히 낮은 금액인 ₩2,000,000에 매수할 수 있는 선택권을 가지고 있으며, 20x2년 1월 1일 현재 ㈜대한리스가 이를 행사할 것이 거의 확실시 된다.
> (3) ㈜대한리스가 선택권을 행사하면 리스자산의 소유권은 ㈜국세에서 ㈜대한리스로 이전된다.
> (4) 20x2년 1월 1일 ㈜국세가 판매한 리스자산의 장부금액은 ₩20,000,000이며, 공정가치는 ₩27,000,000이다.
> (5) ㈜국세의 증분차입이자율은 연 5%이며, 시장이자율은 연 8%이다.

위 거래는 금융리스에 해당된다. 이 거래와 관련하여 ㈜국세가 20x2년 1월 1일에 인식할 매출액은 얼마인가? 단, 리스약정일과 리스개시일은 동일한 것으로 가정한다. 또한 현가계수는 아래의 표를 이용한다. [세무사기출]

기간	기간말 단일금액 ₩1의 현재가치		정상연금 ₩1의 현재가치	
	5%	8%	5%	8%
1	0.95238	0.92593	0.95238	0.92593
2	0.90703	0.85734	1.85941	1.78327
3	0.86384	0.79383	2.72325	2.57710

① ₩23,756,000 ② ₩25,771,000 ③ ₩27,000,000
④ ₩27,358,660 ⑤ ₩28,960,180

• 매출액 : Min[①, ②]=27,000,000
① 10,000,000×2.57710+2,000,000×0.79383=27,358,660
② 27,000,000(공정가치)

2. 에어컨제조사인 ㈜합격은 20x1년 1월 1일 직접 제조한 추정내용연수가 5년인 에어컨을 ㈜적중에게 금융리스 방식으로 판매하는 계약을 체결하였다. 동 에어컨의 제조원가는 ₩9,000,000이고, 20x1년 1월 1일의 공정가치는 ₩12,500,000이다. 리스기간은 20x1년 1월 1일부터 20x4년 12월 31일까지이며, ㈜적중은 리스기간 종료시 에어컨을 반환하기로 하였다. ㈜적중은 매년말 리스료로 ₩3,500,000을 지급하며, 20x4년 말의 에어컨 예상잔존가치 ₩1,000,000 중 ₩600,000은 ㈜적중이 보증하기로 하였다. ㈜합격은 20x1년 1월 1일 ㈜적중과의 리스계약을 체결하는 과정에서 ₩350,000의 직접비용이 발생하였다. ㈜합격이 동 거래로 인하여 리스개시일인 20x1년 1월 1일에 인식할 수익과 비용의 순액(수익에서 비용을 차감한 금액)은 얼마인가? 단, 20x1년 1월 1일 현재 시장이자율과 ㈜합격이 제시한 이자율은 연 8%로 동일하다.

기간	8% 기간말 단일금액 ₩1의 현재가치	8% 정상연금 ₩1의 현재가치
4	0.7350	3.3121

① ₩2,575,250 ② ₩2,683,250 ③ ₩2,977,350
④ ₩3,327,350 ⑤ ₩3,444,000

• 판매형리스의 리스개설직접원가는 리스개시일에 비용으로 인식한다.
• 매출액 : Min[①, ②]=12,033,350
① 리스료의 현가 : 3,500,000×3.3121+600,000×0.7350=12,033,350
② 공정가치 : 12,500,000
• 매출원가 : 9,000,000−(1,000,000−600,000)×0.7350=8,706,000
∴12,033,350−8,706,000−350,000=2,977,350

• [20x1년초 회계처리]

(차)리스채권	12,033,350	(대)매출	12,033,350
(차)리스채권	294,000	(대)재고자산	9,000,000
매출원가	8,706,000		
(차)수수료비용	350,000	(대)현금	350,000

서술형Correction연습

❐ 제조자나 판매자인 리스제공자가 리스개시일에 인식할 매출액은 시장이자율로 할인한 리스료의 현재가치이다.

➲ (X) : 인식할 매출액은 시장이자율로 할인한 리스료의 현재가치와 자산의 공정가치 중 작은 금액이다.

❐ 제조자 또는 판매자가 리스제공자인 경우 매출원가는 리스자산의 취득원가이다.

➲ (X) : 매출원가=취득원가−무보증잔존가치의 현가

Answer 1. ③ 2. ③

시험중요도 ★★☆

기본이론 제171강 리스제공자 운용리스 : 회계처리

개요

리스개시일 이전

- 기초자산 구입액은 금융리스의 경우와 같이 선급리스자산으로 계상함.

(차) 선급리스자산(구입액)	xxx	(대) 현금	xxx

리스개시일

- 선급리스자산을 운용리스자산으로 대체하고, 리스개설직접원가를 가산함.

(차) 운용리스자산	xxx	(대) 선급리스자산	xxx
		현금(리스개설직접원가)	xxx

수익인식

- 정액기준(정액법)이나 다른 체계적인 기준으로 리스료를 수익으로 인식함.
  ➡다른 체계적인 기준이 기초자산의 사용으로 생기는 효익이 감소되는 형태를 더 잘 나타낸다면 그 기준을 적용함.

정액기준 리스료수익 인식액	☐ 고정리스료합계액÷리스기간

(차) 현금	xxx	(대) 리스료수익	xxx
미수리스료	xxx		

감가상각

- 기초자산의 감가상각정책은 리스제공자가 소유한 비슷한 자산의 보통 감가상각 정책과 일치해야함.
- 운용리스자산에 가산한 리스개설직접원가는 리스료수익과 같은 기준으로 리스기간에 걸쳐 비용(감가상각비)으로 인식함.

상각기간	☐ 운용리스자산 중 구입액 : 경제적내용연수 ☐ 운용리스자산 중 리스개설직접원가 : 리스기간

손상차손

- 리스제공자는 운용리스의 대상이 되는 기초자산이 손상되었는지를 판단하고 식별되는 손상차손을 회계처리하기 위하여 기준서 '자산손상'을 적용함.

세부고찰

사례 운용리스제공자 회계처리

◎ 리스제공자 A는 리스개시일인 20x2년초 리스기간 3년의 운용리스계약을 체결하고 고정리스료로 20x2년말, 20x3년말, 20x4년말에 각각 ₩20,000, ₩30,000, ₩70,000을 수수하기로 함.

- 리스자산은 20x1년말 ₩100,000에 취득하였으며 경제적내용연수 5년, 정액법상각, 잔존가치 없음.
- 리스개시일에 리스개설직접원가 ₩3,000을 지출했으며, 리스종료일의 보증잔존가치는 ₩5,000임.

- 매년 리스료수익 : (20,000+30,000+70,000)÷3년=40,000
- 매년 감가상각비 : (100,000-0)÷5년+3,000÷3년=21,000

20x1년말	(차) 선급리스자산	100,000	(대) 현금	100,000
20x2년초	(차) 운용리스자산	103,000	(대) 선급리스자산	100,000
			현금	3,000
20x2년말	(차) 현금	20,000	(대) 리스료수익	40,000
	미수리스료	20,000		
	(차) 감가상각비	21,000	(대) 감가상각누계액	21,000
20x3년말	(차) 현금	30,000	(대) 리스료수익	40,000
	미수리스료	10,000		
	(차) 감가상각비	21,000	(대) 감가상각누계액	21,000
20x4년말	(차) 현금	70,000	(대) 리스료수익	40,000
			미수리스료	30,000
	(차) 감가상각비	21,000	(대) 감가상각누계액	21,000

시험중요도 ★★★

FINAL 객관식뽀개기 실전적중문제

1. ㈜세무리스는 ㈜한국과 운용리스계약을 체결하고, 20x2년 10월 1일 생산설비(취득원가 ₩800,000, 경제적내용연수 10년, 잔존가치 ₩0, 정액법 감가상각)를 취득과 동시에 인도하였다. 리스기간은 3년이고, 리스료는 매년 9월 30일에 수령한다. ㈜세무리스가 리스료를 다음과 같이 수령한다면, 동 거래가 20x2년 ㈜세무리스의 당기순이익에 미치는 영향은 각각 얼마인가? 단, 기초자산의 사용으로 생기는 효익이 감소되는 형태를 더 잘 나타내는 다른 체계적인 기준은 없고, 리스료와 감가상각비는 월할 계산한다. [세무사기출]

일자	리스료
20x3년 9월 30일	₩100,000
20x4년 9월 30일	₩120,000
20x5년 9월 30일	₩140,000

① ₩5,000 증가 ② ₩10,000 증가 ③ ₩25,000 증가 ④ ₩30,000 증가 ⑤ ₩40,000 증가

- 리스료수익 : $[(100,000+120,000+140,000)\div 3년]\times\frac{3}{12}=30,000$
- 감가상각비 : $[(800,000-0)\div 10년]\times\frac{3}{12}=20,000$

→∴30,000−20,000=10,000(증가)

2. ㈜합격리스는 ㈜적중상사에 다음과 같은 조건의 리스를 제공하였다. ㈜합격리스가 2차 회계연도 12월 31일(회계기간은 1년임)에 계상하여야 할 리스료수익과 재무상태표상의 선수리스료의 금액은 각각 얼마인가? 단, 기초자산의 사용으로 생기는 효익이 감소되는 형태를 더 잘 나타내는 다른 체계적인 기준은 없다고 가정한다.

(1) 리스계약은 운용리스이며, 리스기간은 3년이다.
(2) 리스료지급은 매 연도 첫 날에 다음과 같이 선급한다.

1차연도 1월 1일	₩1,000,000
2차연도 1월 1일	₩1,000,000
3차연도 1월 1일	₩700,000
계	₩2,700,000

	리스료수익	선수리스료
①	₩900,000	₩100,000
②	₩900,000	₩200,000
③	₩700,000	₩200,000
④	₩1,000,000	₩100,000
⑤	₩1,000,000	₩200,000

- 리스료수익=2,700,000÷3년=900,000
- 선수리스료=2,000,000−900,000×2=200,000

3. 다음은 리스제공자의 운용리스 회계처리에 대한 설명이다. 가장 옳지 않은 것은?

① 운용리스에 해당하는 감가상각 대상 기초자산의 감가상각 정책은 리스제공자가 소유한 비슷한 자산의 보통 감가상각 정책과 일치해야 한다.
② 제조자 또는 판매자인 리스제공자의 운용리스 체결은 판매와 동등하지 않으므로 운용리스 체결 시점에 매출이익을 인식하지 않는다.
③ 리스제공자는 운용리스 체결 과정에서 부담하는 리스개설직접원가를 기초자산의 장부금액에 더하고 기초자산의 경제적 내용연수에 걸쳐 비용으로 인식한다.
④ 리스제공자는 정액 기준이나 다른 체계적인 기준으로 운용리스의 리스료를 수익으로 인식한다. 다른 체계적인 기준이 기초자산의 사용으로 생기는 효익이 감소되는 형태를 더 잘 나타낸다면 리스제공자는 그 기준을 적용한다.
⑤ 리스제공자는 운용리스의 대상이 되는 기초자산이 손상되었는지를 판단하고, 식별되는 손상차손을 회계처리하기 위하여 기업회계기준서 제1036호 '자산손상'을 적용한다.

내비게이션

- 리스제공자는 운용리스 체결 과정에서 부담하는 리스개설직접원가를 기초자산의 장부금액에 더하고 리스료 수익과 같은 기준으로 리스기간에 걸쳐 비용으로 인식한다.

서술형Correction연습

❒ 운용리스에서 리스제공자는 리스개설직접원가를 발생시 비용으로 인식한다.

➲ (X) : 운용리스의 협상 및 계약단계에서 발생한 리스개설직접원가는 운용리스자산의 장부금액에 가산하고 리스료수익과 같은 기준으로 리스기간에 걸쳐 비용(감가상각비)으로 인식한다.

Answer 1. ② 2. ② 3. ③

시험중요도 ★★★

기본이론 제172강 리스이용자 : 기본회계처리

개요

리스개시일

- (차) 사용권자산(원가) xxx (대) 리스부채 xxx
  - 현금(리스개설직접원가)*) xxx
  - 선급리스료*) xxx
  - 복구충당부채(복구원가 추정치) xxx

*) 리스제공자로부터 받은 리스인센티브 차감액

리스부채	❐ 지급되지 않은 리스료를 내재이자율로 할인한 현가 ➡ 내재이자율 산정불가시는 리스이용자의 증분차입이자율로 할인

보고기간말

- (차) 이자비용 xxx (대) 현금 xxx
  - 리스부채 xxx
- (차) 감가상각비 xxx (대) 감가상각누계액 xxx

이자비용	❐ 리스부채 장부금액×내재이자율(리스이용자 증분차입이자율)

감가상각

구분	감가상각대상금액	감가상각기간
소유권이전O	원가 - 추정잔존가(내용연수종료시)	내용연수
소유권이전X	원가 - 보증잔존가(지급예상액)	Min[리스기간,내용연수]

자산반환 [소유권이전x]

사례 자산반환시 리스이용자 회계처리

✪ 20x2년초 금융리스계약을 체결함. 내재이자율 10%(3년 현가계수와 연금현가계수는 0.75131, 2.48685). 리스기간 3년, 리스료는 매년말 ₩300,000, 리스이용자는 리스개설직접원가 ₩20,000 지출함.

- 기초자산 : 내용연수 5년, 잔존가치 없음. 정액법상각. 종료시 반환조건
- 종료시점 추정잔존가치 ₩338,000 중 ₩250,000(전액 지급예상) 보증조건일 때, 20x4년 회계처리?

- 20x2년초 리스부채 : 300,000×2.48685+250,000(보증잔존가치)×0.75131=933,883
- 20x2년초 사용권자산 : 933,883+20,000=953,883
- 감가상각비 : (953,883-250,000)÷Min[3년, 5년]=234,628 →연도별로 234,628, 234,628, 234,627

일자	리스료	이자비용(10%)	상환액	리스부채잔액
20x2년초	-	-	-	933,883
20x2년말	300,000	93,388	206,612	727,271
20x3년말	300,000	72,727	227,273	499,998
20x4년말	300,000	50,002	249,998	250,000 → '보증'

20x4년말

(차) 이자비용 50,002 (대) 현금 300,000
　　리스부채 20,002
(차) 감가상각비 234,627 (대) 감가상각누계액 234,627

[Case1] **'실제잔존가치(=공정가치) ≥ 보증잔존가치' 인 경우** → 예 실제 300,000

(차) 리스부채 250,000 (대) 사용권자산 953,883
　　감가상각누계액 703,883

[Case2] **'실제잔존가치(=공정가치) < 보증잔존가치' 인 경우** → 예 실제 200,000

(차) 리스부채 250,000 (대) 사용권자산 953,883
　　감가상각누계액 703,883
(차) 리스자산보증손실 50,000 (대) 현금 50,000

FINAL 객관식뽀개기 실전적중문제

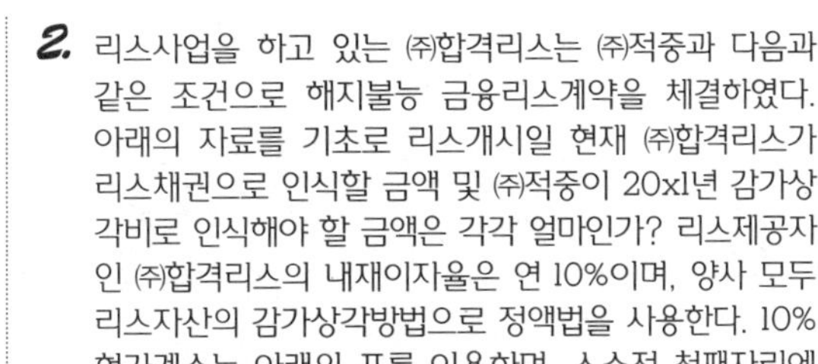

1. 20x0년 11월 1일 ㈜세무는 ㈜대한리스로부터 업무용 컴퓨터 서버(기초자산)를 리스하는 계약을 체결하였다. 리스기간은 20x1년 1월 1일부터 3년이며, 고정리스료는 리스개시일에 지급을 시작하여 매년 ₩500,000씩 총 3회 지급한다. 리스계약에 따라 ㈜세무는 연장선택권(리스기간을 1년 연장할 수 있으며 동시에 기초자산의 소유권도 리스이용자에게 귀속)을 20x3년 12월 31일에 행사할 수 있으며, 연장된 기간의 리스료 ₩300,000은 20x4년 1월 1일에 지급한다. 리스개시일 현재 ㈜세무가 연장선택권을 행사할 것은 상당히 확실하다. 20x1년 1월 1일 기초자산인 업무용 컴퓨터 서버(내용연수 5년, 잔존가치 ₩0, 정액법으로 감가상각)가 인도되어 사용 개시되었으며, ㈜세무는 리스개설과 관련된 법률비용 ₩30,000을 동 일자에 지출하였다. ㈜세무의 증분차입이자율은 10%이며, 리스 관련 내재이자율은 알 수 없다. 이 리스거래와 관련하여 ㈜세무가 20x1년에 인식할 이자비용과 사용권자산 상각비의 합계액은?

[세무사기출]

기간	단일금액 ₩1의 현재가치(할인율 10%)	정상연금 ₩1의 현재가치(할인율 10%)
1년	0.9091	0.9091
2년	0.8264	1.7355
3년	0.7513	2.4869
4년	0.6830	3.1699

① ₩408,263 ② ₩433,942 ③ ₩437,942
④ ₩457,263 ⑤ ₩481,047

내비게이션

- 리스기간은 연장기간 1년을 포함하여 4년이며, 내재이자율을 알수 없으므로 리스이용자의 증분차입이자율 10%를 적용한다.
- 리스부채 : 500,000×1.7355+300,000×0.7513=1,093,140
  (차)사용권자산 1,623,140 (대)리스부채 1,093,140
  현금 530,000
- 이자비용 : 1,093,140×10% = 109,314
  감가상각비 : 1,623,140÷5년 = 324,628
  합계 433,942

2. 리스사업을 하고 있는 ㈜합격리스는 ㈜적중과 다음과 같은 조건으로 해지불능 금융리스계약을 체결하였다. 아래의 자료를 기초로 리스개시일 현재 ㈜합격리스가 리스채권으로 인식할 금액 및 ㈜적중이 20x1년 감가상각비로 인식해야 할 금액은 각각 얼마인가? 리스제공자인 ㈜합격리스의 내재이자율은 연 10%이며, 양사 모두 리스자산의 감가상각방법으로 정액법을 사용한다. 10% 현가계수는 아래의 표를 이용하며, 소수점 첫째자리에서 반올림한다. 단, 계산결과 단수차이로 인한 약간의 오차가 있으면 가장 근사치를 선택한다.

기간	기간말 단일금액 ₩1의 현재가치	정상연금 ₩1의 현재가치
4	0.6830	3.1699
5	0.6209	3.7908

(1) 리스개시일 : 20x1년 1월 1일
(2) 리스기간 : 리스개시일로부터 4년(리스기간 종료시점의 추정잔존가치는 ₩50,000이며, 이 중에서 리스이용자가 ₩30,000을 보증함)
(3) 리스자산의 내용연수 : 5년
(4) 연간리스료 : 매 연도말에 ₩4,000,000씩 지급함.
(5) 리스개설직접원가 : ㈜합격리스가 지출한 리스개설직접원가는 ₩0이며, ㈜적중이 지출한 리스개설직접원가는 ₩80,000임.
(5) 소유권이전약정 : 리스기간 종료시까지 소유권이전약정 없음.

	리스채권	감가상각비
①	₩12,713,750	₩2,550,018
②	₩12,713,750	₩3,046,365
③	₩12,713,750	₩3,187,523
④	₩15,181,827	₩3,046,365
⑤	₩15,194,245	₩2,550,018

내비게이션

- 리스채권 : 4,000,000×3.1699+30,000×0.6830+20,000×0.6830
  =12,713,750
- 리스부채 : 4,000,000×3.1699+30,000×0.6830=12,700,090
- 사용권자산 : 12,700,090+80,000=12,780,090
- 감가상각비 : (12,780,090−30,000)÷Min[4년, 5년]=3,187,523

Answer 1. ② 2. ③

시험중요도 ★★☆

기본이론 제173강 리스이용자 : 소유권이전

구분	항목	내용
개요	거래형태	• 소유권이전약정이나 염가매수선택권이 있는 경우 리스이용자는 리스종료일에 기초자산의 소유권을 리스제공자로부터 이전받고 현금을 지급함.
	사용권자산 계정대체	• 소유권이 이전되는 사용권자산은 적절한 계정(예 유형자산 등)으로 대체함 (차) 유형자산 등 xxx (대) 사용권자산 xxx 감가상각누계액(구) xxx 감가상각누계액(신) xxx
	리스부채 잔액제거	• 리스부채의 잔액을 제거하되 '현금지급액 〉 리스부채잔액' 인 경우의 차액은 다음과 같이 자본적지출로 처리함. (차) 리스부채 xxx (대) 현금 xxx 유형자산 등 xxx

세부고찰

사례 염가매수선택권이 있는 경우 리스이용자 회계처리

⊙ 리스이용자 B는 20x2년초(리스개시일) 기계장치에 대한 금융리스계약을 체결함.

- 내재이자율 10%이며, 3년 현가계수와 연금현가계수는 각각 0.7513과 2.4869임.
- 리스자산의 경제적내용연수 4년, 잔존가치는 없음. 정액법상각함.
- 리스기간은 3년이며, 리스료는 매년말 ₩38,700임.
- 리스 종료시점에 매수선택권을 행사가능하며 행사가격은 리스종료일 실제잔존가치의 25%로 결정함. 리스종료일의 추정잔존가치는 ₩20,000이므로 행사가격은 ₩5,000으로 추정됨.
- 리스종료일 현재 실제잔존가치는 ₩30,000이며 매수선택권은 ₩7,500에 권리가 행사되었음.

풀이

- 20x2년초 리스부채 : 38,700×2.4869+5,000(매수선택권)×0.7513=100,000
- 20x2년초 사용권자산 : 100,000
- 매년 감가상각비 : (100,000-0)÷4년=25,000

일자	리스료	이자비용(10%)	상환액	리스부채잔액
20x2년초	-	-	-	100,000
20x2년말	38,700	10,000	28,700	71,300
20x3년말	38,700	7,130	31,570	39,730
20x4년말	38,700	3,970	34,730	5,000 → '염가매수약정액'

일자	차변	금액	대변	금액
20x2년초	(차) 사용권자산	100,000	(대) 리스부채	100,000
20x2년말	(차) 이자비용	10,000	(대) 현금	38,700
	리스부채	28,700		
	(차) 감가상각비	25,000	(대) 감가상각누계액	25,000
20x3년말	(차) 이자비용	7,130	(대) 현금	38,700
	리스부채	31,570		
	(차) 감가상각비	25,000	(대) 감가상각누계액	25,000
20x4년말	(차) 이자비용	3,970	(대) 현금	38,700
	리스부채	34,730		
	(차) 감가상각비	25,000	(대) 감가상각누계액	25,000
	(차) 기계장치	100,000	(대) 사용권자산	100,000
	감가상각누계액(사용권자산)	75,000	감가상각누계액(기계장치)	75,000
	(차) 리스부채	5,000	(대) 현금	7,500
	기계장치〈자본적지출 간주〉	2,500		

FINAL 객관식뽀개기 　 실전적중문제

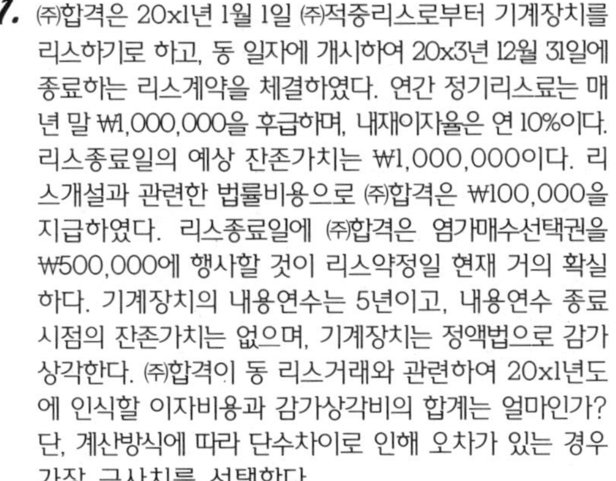

1. ㈜합격은 20x1년 1월 1일 ㈜적중리스로부터 기계장치를 리스하기로 하고, 동 일자에 개시하여 20x3년 12월 31일에 종료하는 리스계약을 체결하였다. 연간 정기리스료는 매년 말 ₩1,000,000을 후급하며, 내재이자율은 연 10%이다. 리스종료일의 예상 잔존가치는 ₩1,000,000이다. 리스개설과 관련한 법률비용으로 ㈜합격은 ₩100,000을 지급하였다. 리스종료일에 ㈜합격은 염가매수선택권을 ₩500,000에 행사할 것이 리스약정일 현재 거의 확실하다. 기계장치의 내용연수는 5년이고, 내용연수 종료시점의 잔존가치는 없으며, 기계장치는 정액법으로 감가상각한다. ㈜합격이 동 리스거래와 관련하여 20x1년도에 인식할 이자비용과 감가상각비의 합계는 얼마인가? 단, 계산방식에 따라 단수차이로 인해 오차가 있는 경우 가장 근사치를 선택한다.

기간	단일금액 ₩1의 현재가치(할인율=10%)	정상연금 ₩1의 현재가치(할인율=10%)
1	0.9091	0.9091
2	0.8265	1.7355
3	0.7513	2.4869
4	0.6830	3.1699
5	0.6209	3.7908

① ₩746,070　　② ₩766,070　　③ ₩858,765
④ ₩878,765　　⑤ ₩888,765

내비게이션

- 리스부채 : 1,000,000×2.4869+500,000×0.7513=2,862,550
- 사용권자산 : 2,862,550+100,000=2,962,550
- 이자비용 : 2,862,550×10%=286,255
- 감가상각비 : (2,962,550-0)÷5년=592,510

∴286,255+592,510=878,765

보론 | 리스이용자 인식면제

- 리스이용자는 다음에 대하여는 사용권자산과 리스부채를 인식하지 않기로 선택할수 있다.

  ① 단기리스(리스기간 12개월이하)
  ② 소액 기초자산 리스

  이 경우에 리스이용자는 해당 리스에 관련되는 리스료를 리스기간에 걸쳐 정액 기준이나 다른 체계적인 기준에 따라 비용으로 인식한다. 다른 체계적인 기준이 리스이용자의 효익의 형태를 더 잘 나타내는 경우에는 그 기준을 적용한다.
- 단기리스에 대한 선택은 사용권이 관련되어 있는 기초자산의 유형별로 하며, 소액 기초자산 리스에 대한 선택은 리스별로 할 수 있다.
- 기초자산이 소액인지는 절대적 기준에 따라 평가하며 그 리스가 리스이용자에게 중요한지 여부와는 관계가 없다.

보론 | 사용권자산 측정

1 최초측정
리스이용자는 리스개시일에 사용권자산을 원가로 측정한다.

2 후속측정
① 리스이용자가 보유 투자부동산에 공정가치모형을 적용하는 경우에는 투자부동산 정의를 충족하는 사용권자산에도 공정가치모형을 적용한다.
② 사용권자산이 재평가모형을 적용하는 유형자산의 유형에 관련되는 경우에 리스이용자는 그 유형자산의 유형에 관련되는 모든 사용권자산에 재평가모형을 적용하기로 선택할 수 있다.
③ 위 ①과 ②의 측정모형 중 어느 하나를 적용하지 않는 경우에 리스이용자는 리스개시일 후에 원가모형을 적용하여 사용권자산을 측정한다.

3 자산손상
사용권자산이 손상된 경우에는 기준서 '자산손상'을 적용한다.

보론 | 리스이용자 재무제표 표시

1 재무상태표
① 사용권자산을 다른 자산과 구분하여 표시하거나 공시한다.
② 투자부동산의 정의를 충족하는 사용권자산은 재무상태표에 투자부동산으로 표시한다.
③ 리스부채를 다른 부채와 구분하여 표시하거나 공시한다.

2 포괄손익계산서
포괄손익계산서에서 리스이용자는 리스부채에 대한 이자비용을 사용권자산의 감가상각비와 구분하여 표시한다.

3 현금흐름표
① 리스부채의 원금에 해당하는 현금 지급액은 재무활동으로 분류한다.
② 리스부채의 이자에 해당하는 현금 지급액은 이자의 지급 유출액으로 분류한다.
③ 리스부채 측정치에 포함되지 않은 단기리스료, 소액자산 리스료, 변동리스료는 영업활동으로 분류한다

Answer 1. ④

시험중요도 ★☆☆

기본이론 제174강 리스이용자 : 리스부채의 재평가

회계처리

재측정

- 리스개시일 후에 리스료에 생기는 변동을 반영하기 위해 리스부채를 재측정하며, 이 경우 사용권자산을 조정하여 리스부채의 재측정 금액을 인식함.

예시 재평가 전 사용권자산 장부가 ₩125,000, 리스부채 장부가 ₩200,000
리스료 변동으로 재측정한 리스부채가 ₩250,000인 경우

(차) 사용권자산	50,000	(대) 리스부채	50,000

리스부채 조정손익

- 사용권자산의 장부금액이 영(0)으로 줄어들고 리스부채 측정치가 그보다 많이 줄어드는 경우에 리스이용자는 나머지 재측정 금액을 당기손익으로 인식함.

예시 재평가 전 사용권자산 장부가 ₩125,000, 리스부채 장부가 ₩200,000
리스료 변동으로 재측정한 리스부채가 ₩50,000인 경우

(차) 리스부채	150,000	(대) 사용권자산	125,000
		리스부채조정이익	25,000

적용할인율

원래할인율로 재평가

- 다음에 해당시 원래할인율로 수정리스료를 할인하여 리스부채를 다시 측정함.

① 잔존가치 보증에 따라 지급할 것으로 예상되는 금액이 변동
② 리스료를 산정할 때 사용한 지수나 요율(이율)의 변동으로 미래 리스료가 변동

수정할인율로 재평가

- 다음에 해당시 수정할인율로 수정리스료를 할인하여 리스부채를 다시 측정함.

① 리스기간 변경으로 리스료가 변동(예 연장선택권)
② 매수선택권 평가의 변동으로 리스료가 변동
③ 변동이자율의 변동으로 리스료가 변동

보론 **수정할인율**

- 내재이자율을 쉽게 산정할 수 있는 경우 : 남은 리스기간의 내재이자율
- 내재이자율을 쉽게 산정할 수 없는 경우 : 재평가시점의 증분차입이자율

➡ 저자주 실제시험에서는 일반적으로 수정할인율이 주어집니다!

사례 수정할인율로 리스부채 재평가 회계처리

✪ 리스이용자 A는 20x1년초가 리스개시일이고 리스기간은 3년인 리스계약을 리스제공자와 체결함.

(1) 리스료는 매년말 ₩100,000, 기초자산은 리스종료일에 반환조건, 정액법, 내재이자율은 10%임.
(2) 리스종료일에 1년 연장선택권이 있으나 리스개시일에는 행사할 것이 상당히 확실하지 않음. 그러나, 20x1년말 연장선택권을 행사할 것이 상당히 확실해졌음.
(3) 내용연수는 5년이고, 리스종료일의 보증잔존가치는 없으며, 20x1년말의 수정할인율은 12%임.
(4) 10% 3기간 현가계수와 연금현가계수는 각각 0.7513과 2.4868
12% 3기간 현가계수와 연금현가계수는 각각 0.7118과 2.4018

풀이

- 20x1년초 리스부채(=사용권자산) : 100,000×2.4868=248,680
- 20x1년말 감가상각비 : (248,680-0)÷Min[3년, 5년]=82,893
- 20x1년말 재측정 리스부채(by수정할인율) : 100,000×2.4018=240,180

20x1년초	(차) 사용권자산	248,680	(대) 리스부채	248,680
20x1년말	(차) 이자비용	24,868[1]	(대) 현금	100,000
	리스부채	75,132		
	(차) 감가상각비	82,893	(대) 감가상각누계액	82,893
	(차) 사용권자산	66,632	(대) 리스부채	66,632[2]

[1] 248,680×10%=24,868 [2] 240,180-(248,680-75,132)=66,632

FINAL 객관식뽀개기 실전적중문제

1. 리스이용자 ㈜합격은 20x1년 1월 1일이 리스개시일인 금융리스계약을 체결하였다. 관련된 다음 자료에 의해 ㈜합격이 20x1년말 재무상태표에 보고할 (A)사용권자산 장부금액과 (B)리스부채 장부금액을 계산하면 얼마인가? 단, 감가상각방법은 정액법을 사용한다.

(1) 리스기간 3년이며, 리스자산 내용연수는 5년이다.
(2) 고정리스료는 매년 말 ₩422,349를 지급한다.
(3) 리스종료일에 염가매수선택권이나 소유권 이전 약정은 없다.
(4) 리스종료일의 추정잔존가치는 ₩50,000이며, 리스이용자가 ₩30,000을 보증하였다. 그러나 잔존가치 보증에 따라 리스이용자가 지급할 것으로 예상한 금액은 없다고 추정하였다.
(5) 리스개설직접원가는 리스이용자에게 ₩5,000이 발생하였다.
(6) 20x1년말에 ㈜합격은 잔존가치 보증에 따라 리스종료일에 지급할 금액을 ₩1,000으로 예상하였다.
(7) 리스의 내재이자율을 쉽게 산정할수 없다. 리스개시일 리스이용자의 증분차입이자율은 12%이며, 20x1년말 리스이용자의 증분차입이자율은 10%이다.

기간	현재가치계수		연금 현재가치계수	
	10%	12%	10%	12%
2	0.82645	0.79719	1.73554	1.69005
3	0.75131	0.71178	2.48685	2.40183

	(A)	(B)		(A)	(B)
①	1,020,208	720,323	②	1,020,208	733,200
③	680,405	714,588	④	680,405	713,790
⑤	680,405	712,992			

내비게이션

- 20x1년초 잔존가치 보증에 따라 리스이용자가 지급할 것으로 예상한 금액은 없다고 추정하였으므로 리스료 산정에 포함될 보증잔존가치는 없다. 한편, 원래할인율(12%)로 수정리스료를 할인하는 대상이다.
- 20x1년초 리스부채 : 422,349×2.40183=1,014,410
- 20x1년말 감가상각비 : (1,019,410-0)÷Min[3년, 5년]=339,803
- 20x1년말 재측정 리스부채 : 422,349×1.69005+1,000×0.79719 =714,588
- [20x1년초 회계처리]

(차)사용권자산	1,019,410	(대)리스부채	1,014,410
		현금	5,000

[20x1년말 회계처리]

(차)이자비용	121,729[1]	(대)현금	422,349
리스부채	300,620		
(차)감가상각비	339,803	(대)감가상각누계액	339,803
(차)사용권자산	798	(대)리스부채	798[2]

[1] 1,014,410×12%=121,729
[2] 714,588-(1,014,410-300,620)=798

Answer 1. ③

시험중요도 ★★★

기본이론 제175강 법인세회계 법인세 기간간배분(이연법인세)

계산구조

저자주 수험생 스스로 법인세법의 세무조정 논리에 대한 기초를 먼저 선행학습후 접근하시기 바랍니다!

의의	• 법인세부담액을 손익계산서상 법인세비용으로 계상하게 되면 회계이익과 무관한 금액이 계상되므로, 수익·비용의 올바른 대응을 위해 법인세부담액을 배분함. • 이연법인세자산(=차감할일시적차이) : 회계이익 〈 과세소득 ➡ 유보(익금산입)존재 → 반대조정으로 미래에 세금 덜냄. → ∴자산성있음. • 이연법인세부채(=가산할일시적차이) : 회계이익 〉 과세소득 ➡ △유보(손금산입)존재 → 반대조정으로 미래에 세금 더냄. → ∴부채성있음.
대상	① 일시적차이 ② 미사용 세무상결손금의 이월액 ③ 미사용 세액공제의 이월액
공시방법	• 이연법인세자산(부채)는 비유동으로만 표시하고 소정 요건을 충족하는 경우 상계하여 표시 • 현재가치평가를 하지 않음.
계산절차	[1단계] 미지급법인세=과세소득×당기세율 ➡(세전순이익± 영구적차이± 일시적차이)×당기세율 [2단계] 이연법인세자산(부채)=유보(△유보)×미래예상세율(평균세율) [3단계] 법인세비용=대차차액에 의해 계산 주의 이연법인세자산(부채)은 당기세율이 아니라 소멸시점의 미래예상세율을 적용함.

주의 차감할일시적차이는 미래 과세소득의 발생가능성이 높은 경우에만 이연법인세자산을 인식함.
예 당기 유보 500, △유보 100, 소멸연도 예상과세소득이 300인 경우(즉, 추정과세소득은 400)
→'유보400×세율'에 대한 이연법인세자산, '△유보100×세율'에 대한 이연법인세부채를 인식

보론 ① 선급법인세, 미수법인세환급액등 ➡'당기법인세자산' ② 미지급법인세등 ➡'당기법인세부채'

참고 기준서는 평균유효세율(법인세비용÷회계이익)을 공시하도록 규정하고 있음.

계산방법

자산부채법	• 이연법인세자산(부채)을 먼저 계산후 법인세비용계상 ➡∴자산·부채 적정계상유리

사례 이연법인세자산·부채계산

✪ 20x1년 설립. 20x1년 법인세계산서식 발췌 자료는 다음과 같다.
- 유보 1 : ₩500,000 - 20x2~20x5 매년 ₩125,000씩 소멸로 추정
- 유보 2 : ₩100,000 - 20x2 전액소멸로 추정
- △유보3 : (₩800,000) - 20x2, 20x3, ₩150,000씩, 20x4, 20x5 ₩250,000씩 소멸로 추정

1. 세율이 30%로 일정시 20x1년 회계처리?
2. 20x2년 △유보4 ₩400,0000이 발생했으며(20x3, 20x4에 ₩200,000씩 소멸), 세율이 20x3부터 25%로 변동시 20x2년 회계처리?

풀이

20x1년	20x2년
이연법인세자산 유보1 : 500,000x30% 유보2 : 100,000x30% 이연법인세부채 △유보3 : 800,000x30% 이연법인세부채 60,000	이연법인세자산 유보1 : (500,000-125,000)x25% 유보2 : - 이연법인세부채 △유보3 : (800,000-150,000)x25% △유보4 : 400,000x25% 이연법인세부채 168,750
(차) 법인세비용 xxx (대) 미지급법인세 xxx 이연법인세부채 60,000	(차) 법인세비용 xxx (대) 미지급법인세 xxx 이연법인세부채 108,750

주의 if, 위 20x2년 계산결과가 이연법인세부채 168,750이 아니라, 이연법인세자산 70,000일때
→ (차) 법인세비용 xxx (대) 미지급법인세 xxx
이연법인세부채 60,000
이연법인세자산 70,000

FINAL 객관식뽀개기 실전적중문제

1. 20x1년초에 설립된 ㈜관세의 20x1년도 법인세와 관련된 자료는 다음과 같다. ㈜관세가 20x1년도에 인식할 법인세비용은?(단, 차감할 일시적차이가 사용될수 있는 미래 과세소득의 발생가능성은 높다.) [관세사기출]

- 20x1년도 법인세비용차감전순이익 : ₩1,000,000
- 20x1년도 세무조정 결과 회계이익과 과세소득의 차이로 인한 차감할 일시적차이 : ₩200,000
- 20x1년도 법인세율 : 25%
- 세법개정으로 인한 20x2년도와 그 이후의 법인세율 : 35%

① ₩200,000 ② ₩230,000 ③ ₩250,000
④ ₩350,000 ⑤ ₩370,000

내비게이션

- 20x1년말 이연법인세자산·부채
  - 세무조정 : 익금산입 200,000(유보)
  - 미지급법인세 : (1,000,000+200,000)×25%=300,000
  - 이연법인세자산 : 200,000×35%=70,000
- 회계처리

(차) 법인세비용(?)	230,000	(대) 미지급법인세	300,000
이연법인세자산	70,000		

2. 20x1년초 영업을 개시한 ㈜관세의 20x2년도 법인세차감전순이익은 ₩1,000,000이다. ㈜관세의 20x2년 세무조정항목은 두 가지만 존재한다. 첫째는 20x1년 발생한 재고자산평가감(가산조정, 일시적차이) ₩50,000이 20x2년에 반대조정으로 소멸되었으며, 둘째는 20x2년 감가상각비 한도초과액(가산조정, 일시적차이)이 ₩130,000 발생하였다. ㈜관세가 20x2년 포괄손익계산서에 인식할 법인세비용은?(단, 이연법인세자산의 실현가능성은 높으며, 법인세율은 단일세율로 20%이고, 20x1년 이후 세율변동이 없다고 가정한다.) [관세사기출]

① ₩174,000 ② ₩184,000 ③ ₩200,000
④ ₩216,000 ⑤ ₩226,000

내비게이션

- 20x1년말 이연법인세자산·부채
  - 세무조정 : 익금산입 50,000(유보)
  - 이연법인세자산 : 50,000×20%=10,000
- 20x2년말 이연법인세자산·부채
  - 세무조정 : 손금산입 50,000(△유보), 손금불산입 130,000(유보)
  - 미지급법인세 : (1,000,000+130,000-50,000)×20%=216,000
  - 이연법인세자산 : 130,000×20%=26,000
- 회계처리

(차) 법인세비용(?)	200,000	(대) 미지급법인세	216,000
이연법인세자산	16,000[1]		

[1] 26,000-10,000=16,000

3. 다음 중 화폐의 시간가치 적용이 명시적으로 배제되는 항목은? [관세사기출]

① 확정급여채무
② 금융리스자산과 금융리스부채
③ 대가가 분할되어 수취되는 할부판매
④ 장기충당부채
⑤ 이연법인세자산과 이연법인세부채

- 이연법인세자산·부채를 신뢰성있게 현재가치로 할인하기 위해서는 각 일시적차이의 소멸시점을 상세히 추정하여야 하며, 많은 경우 소멸시점을 실무적으로 추정할 수 없거나 추정이 매우 복잡하므로 이연법인세자산·부채는 할인하지 아니한다.

4. ㈜서울은 영업 첫해인 20x1년의 법인세비용차감전순이익은 ₩800,000이고 과세소득은 ₩1,200,000이며, 이 차이는 일시적 차이로서 향후 2년간 매년 ₩200,000씩 소멸될 것이다. 20x1년과 20x2년의 법인세율은 40%이고 20x1년에 개정된 세법에 따라 20x3년부터 적용될 법인세율은 35%이다. ㈜서울이 이 차이에 관하여 20x1년말 재무상태표 상에 기록하여야 하는 이연법인세자산 또는 이연법인세부채의 금액은?(단, 이연법인세자산 또는 이연법인세부채는 각각 자산과 부채의 인식요건을 충족한다.) [감평사기출]

① 이연법인세자산 ₩140,000
② 이연법인세부채 ₩140,000
③ 이연법인세자산 ₩150,000
④ 이연법인세부채 ₩150,000
⑤ 이연법인세자산 ₩160,000

내비게이션

- 20x1년말 이연법인세자산·부채
  - 세무조정 : 익금산입 400,000(유보)
  - 이연법인세자산 : 200,000×40%+200,000×35%=150,000

서술형Correction연습

❒ 일시적차이에 대한 법인세효과는 일시적차이가 소멸되는 회계기간에 일시적차이로 인하여 증감할 법인세를 일시적차이로 나눈 한계세율을 사용한다.

➲ (X) : 한계세율을 사용한다.(X) → 평균세율을 사용한다.(O)

❒ 가산할 일시적차이에 대한 세금효과는 실현가능성이 높은 경우 이연법인세자산으로 인식한다.

➲ (X) : 가산할 일시적차이(X) → 차감할 일시적차이(O)

Answer 1. ② 2. ③ 3. ⑤ 4. ③

시험중요도 ★★☆

기본이론 제176강 이연법인세 항목별 분석(1)

세부고찰 I

사례 법인세비용 도출과 당기순이익 계산

✪ ㈜신밧드의보험의 다음 자료에 의해 20x1년 당기순이익을 구하면 얼마이가? 단, 이연법인세자산(부채)은 상계하여 표시한다.

(1) 20x1년 회계이익은 ₩100,000, 과세소득은 ₩120,000이다.

회계이익	₩100,000
전기이전 일시적차이의 실현분	(20,000)
당기발생 일시적차이	(10,000)
당기발생 영구적차이	50,000
과세소득	₩120,000

(2) 20x1년초 이연법인세자산(30% 법인세율 적용액)은 ₩9,000으로 당기 실현분을 제외한 금액은 20x2년 실현된다.
(3) 당기발생 일시적차이는 20x2년과 20x3년에 각각 ₩5,000이 실현된다.
(4) 법인세율은 20x1년과 20x2년 30%, 20x3년 20%로 전기에는 예측할수 없었다.
(5) ㈜신밧드의보험은 중간예납으로 ₩10,000을 당해 8.31에 납부하고, 선급법인세로 계상했다.

- 이연법인세자산 : (9,000÷30%-20,000)×30%-5,000×30%-5,000×20%=500

(차) 법인세비용	44,500	(대)	선급법인세	10,000
			미지급법인세	120,000×30%-10,000=26,000
			이연법인세자산	9,000-500=8,500

- 당기순이익 : 100,000-44,500=55,500

세부고찰 II

사례 단기매매금융자산(FVPL금융자산)/미수이자/벌과금

✪ 20x1년초에 창업한 ㈜벼락치기고수의 20x1년도 장부금액과 세무기준액의 차이가 발생하는 항목은 다음과 같다. 단, 이연법인세자산(부채)은 상계하여 표시한다.

구분	장부금액	세무기준액	세무상 신고목적
단기매매금융자산(FVPL금융자산)	₩100,000	₩140,000	현금주의
미수이자	₩20,000	-	현금주의
미지급벌과금	₩5,000	₩5,000	불인정

위에 언급한 단기매매금융자산(FVPL금융자산)은 20x2년도에 처분되었으며 위 미수이자 중 50%가 20x2년도에 회수되었다. 20x2년도에 새로 발생한 일시적 차이는 없었다. 모든 연도의 법인세율은 20%이다. ㈜벼락치기고수가 20x2년도말 현재 재무상태표의 이연법인세자산(부채)의 잔액은 얼마인가?

- 단기매매금융자산(FVPL금융자산) : 손불 평가손실 40,000(유보) →처분시 △유보로 소멸함.
  미수이자 : 익불 이자수익 20,000(△유보) →회수시 유보로 소멸함.
  미지급벌과금 : 손불 벌과금 5,000(기타사외유출) →영구적차이
- 20x1년 : 유보 40,000, △유보 20,000 → 이연법인세자산 20,000×20%=4,000
- 20x2년 : △유보 10,000 → 이연법인세부채 10,000×20%=2,000

(차) 법인세비용	xxx	(대)	미지급법인세	xxx
			이연법인세자산	4,000
			이연법인세부채	2,000

FINAL 객관식뽀개기 — 실전적중문제

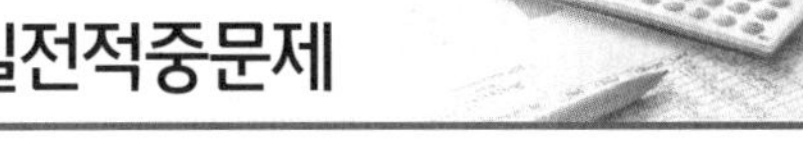

1. ㈜대성의 20x2년도 법인세와 관련한 세무조정사항은 다음과 같다. 20x1년 12월 31일 현재 이연법인세자산과 이연법인세부채의 잔액은 없었다. 법인세법상 당기손익-공정가치측정금융자산평가이익은 익금불산입하고 기타 법인세법과의 차이는 손금불산입한다. 20x2년도의 포괄손익계산서의 법인세비용은 얼마인가?(단, 이연법인세자산의 실현가능성은 높으며, 법인세율은 20%이고 이후 변동이 없다고 가정한다.) [관세사기출]

- 법인세비용차감전순이익 ₩2,000,000
- 접대비 한도초과액 ₩100,000
- 감가상각비 한도초과액 ₩60,000
- 당기손익-공정가치측정금융자산평가이익 ₩20,000

① ₩420,000 ② ₩424,000 ③ ₩436,000
④ ₩440,000 ⑤ ₩444,000

내비게이션

- 20x2년말 이연법인세자산 · 부채
  - 세무조정 : 손금불산입 100,000(기타사외유출)
    손금불산입 60,000(유보)
    익금불산입 20,000(△유보)
  - 자급법인세 : (2,000,000+100,000+60,000-20,000)×20%=428,000
  - 이연법인세자산 : 60,000×20%-20,000×20%=8,000
- 회계처리
  (차) 법인세비용(?) 420,000 (대) 미지급법인세 428,000
  이연법인세자산 8,000

2. ㈜감평의 20x1년 말 법인세와 관련된 자료는 다음과 같으며 차감할 일시적차이의 실현가능성은 거의 확실하다. ㈜감평의 20x1년말 이연법인세자산과 이연법인세부채 금액은?(단, 이연법인세자산과 이연법인세부채는 상계하지 않으며, 법인세율은 변하지 않는다고 가정한다.) [감평사기출]

- 조세특례제한법상 준비금전입액 ₩40,000
- 감가상각비 한도초과액 ₩30,000
- 당기손익-공정가치측정금융자산평가이익 ₩10,000
- 법인세율 20%

	이연법인세자산	이연법인세부채
①	₩4,000	₩6,000
②	₩6,000	₩10,000
③	₩8,000	₩12,000
④	₩10,000	₩10,000
⑤	₩10,000	₩6,000

내비게이션

- 20x1년말 이연법인세자산 · 부채
  - 세무조정 : 손금산입 40,000(△유보)
    손금불산입 30,000(유보)
    익금불산입 10,000(△유보)
  - 이연법인세자산 : 30,000×20%=6,000
    이연법인세부채 : 40,000×20%+10,000×20%=10,000

3. 20x1년초에 설립된 ㈜강원의 20x1년 법인세비용차감전순이익은 ₩1,000,000이었으며 법인세율은 30%이다. 이에 대한 세무조정사항과 그 이유는 다음과 같다.

세무조정사항	금액	손익의 인식기준	
		재무보고목적	세무신고목적
당기손익-공정가치측정금융자산평가손실	₩60,000	발생기준	현금기준
할부매출이익	₩100,000	발생기준	현금기준
벌과금	₩35,000	비용인식	손금불인정

㈜강원이 20x1년말 재무상태표에 보고해야 할 이연법인세자산 또는 이연법인세부채는?(20x1년과 동일한 법인세비용차감전순이익과 법인세율이 미래에도 계속된다고 가정하며, 이연법인세자산과 부채는 서로 상계하지 않는다.) [관세사기출]

	이연법인세자산	이연법인세부채
①	₩37,500	₩0
②	₩12,000	₩18,000
③	₩18,000	₩30,000
④	₩28,500	₩30,000
⑤	₩0	₩12,000

내비게이션

- 20x2년말 이연법인세자산 · 부채
  - 세무조정 : 손금불산입 60,000(유보)
    익금불산입 100,000(△유보)
    손금불산입 35,000(기타사외유출)
  - 이연법인세자산 : 60,000×30%=18,000
    이연법인세부채 : 100,000×30%=30,000

Answer 1. ① 2. ② 3. ③

시험중요도 ★★☆

기본이론 제177강 이연법인세 항목별 분석(2)

세부고찰 I

사례 접대비/감가상각비

◎ 다음은 ㈜일당백의정신의 20x2년도 자료이다. 20x2년도의 법인세비용과 미지급법인세는 얼마인가? 단, 이연법인세자산(부채)은 상계하여 표시하며, 이연법인세자산의 실현가능성은 높다.

(1) 법인세비용차감전순이익	₩2,000,000
(2) 접대비한도초과액	₩100,000
(3) 감가상각비 한도초과액	₩50,000(₩30,000은 20x3년, ₩20,000은 20x4년 소멸)
(4) 단기매매금융자산(FVPL금융자산)평가이익	₩20,000(20x3년 중에 처분예정)
(5) 법인세율은 20x2년 25%, 20x3년 28%, 20x4년 이후는 30%	
(6) 20x1년말 현재 이연법인세자산(부채) 잔액은 없었다.	

풀이

- 미지급법인세 : (2,000,000+100,000+50,000−20,000)×25%=532,500
- 이연법인세자산 : 30,000×28%+20,000×30%−20,000×28%=8,800
- 법인세비용 : 532,500−8,800=523,700

*[회계처리]

(차)	이연법인세자산	8,800	(대) 미지급법인세	532,500
	법인세비용	523,700		

세부고찰 II

사례 대손충당금/기부금

◎ ㈜수석합격기원의 20x1년 법인세비용차감전순이익은 ₩200,000이고, 법인세율은 20%이다. 20x1년의 세무조정사항은 다음과 같으며, 차감할 일시적 차이의 실현가능성은 높다고 가정한다. 20x1년 당기법인세와 재무상태표에 계상되는 이연법인세자산(부채)을 계산하면 각각 얼마인가? 단, 20x1년초에 이연법인세자산(부채)의 잔액은 없으며, 이연법인세자산(부채)은 상계하여 표시한다.

(1) 감가상각비 한도초과액	₩50,000	(2) 단기매매금융자산(FVPL금융자산)평가이익	₩20,000
(3) 대손충당금 한도초과액	₩10,000	(4) 미수수익	₩60,000
(5) 지정기부금 한도초과액	₩30,000		

- 유보 : (1)+(3)=60,000, △유보 : (2)+(4)=80,000
- 당기법인세(미지급법인세) : (200,000+50,000−20,000+10,000−60,000+30,000)×20%=42,000
- 이연법인세부채 : (80,000−60,000)×20%=4,000

세부고찰 III

사례 할부판매/경품충당부채

◎ ㈜끝까지함해보자의 20x1년도 세무조정사항은 발생주의로 인식한 할부판매이익 ₩1,800,000(20x2년부터 20x4년까지 균등하게 현금회수)과 경품부채비용 ₩2,400,000(20x2년부터 20x4년까지 균등하게 현금지출)을 현금주의로 조정하는 것이다. 20x1년도 및 차기 이후의 세율이 각각 30%와 25%라고 할 때 20x1년도 재무상태표에 보고하는 이연법인세자산은 얼마인가? 단, 세무조정사항은 법인세법상 적절한 것으로 가정하며 전기이월 일시적차이는 없으며, 이연법인세자산(부채)은 상계하여 표시한다.

- 할부판매 : 익불 1,800,000(△유보) / 경품충당부채 : 손불 2,400,000(유보)
- 이연법인세자산 : (2,400,000−1,800,000)×25%=150,000

FINAL 객관식뽀개기 실전적중문제

1. ㈜관세의 20x1년도 법인세와 관련된 자료가 다음과 같을 때 20x1년도 법인세비용은?(단, 차감할 일시적차이와 세무상결손금이 사용될 수 있는 미래 과세소득의 발생가능성은 높고 20x1년 1월 1일 현재 이연법인세자산(부채)은 없다.) [관세사기출]

• 법인세비용차감전순이익	₩240,000
• 접대비 한도초과액	₩20,000
• 감가상각비 한도초과액	₩40,000
• 20x1년도 법인세율	20%
• 20x2년도 이후 법인세율	30%

① ₩48,000 ② ₩52,000 ③ ₩60,000
④ ₩72,000 ⑤ ₩78,000

내비게이션

• 20x1년말 이연법인세자산 · 부채
  – 세무조정 : 손금불산입 20,000(기타사외유출)
    손금불산입 40,000(유보)
  – 미지급법인세 : (240,000+20,000+40,000)×20%=60,000
  – 이연법인세자산 : 40,000×30%=12,000
∴법인세비용 : 60,000(미지급법인세)−12,000(이연법인세자산)=48,000

2. ㈜감평은 20x1년 1월 1일에 설립되었다. 20x1년도 ㈜감평의 법인세비용차감전순이익은 ₩1,000,000이며, 법인세율은 20%이고, 법인세와 관련된 세무조정사항은 다음과 같다.

• 감가상각비 한도초과액은 ₩50,000이고, 동 초과액 중 ₩30,000은 20x2년에, ₩20,000은 20x3년에 소멸될 것으로 예상된다.
• 접대비한도초과액은 ₩80,000이다.
• 20x1년말에 정기예금(20x2년 만기)에 대한 미수이자는 ₩100,000이다.

20x1년 중 법인세법의 개정으로 20x2년부터 적용되는 법인세율은 25%이며, 향후 ㈜감평의 과세소득은 계속적으로 ₩1,000,000이 될 것으로 예상된다. ㈜감평이 20x1년도 포괄손익계산서에 인식할 법인세비용과 20x1년말 재무상태표에 표시할 이연법인세자산(또는 부채)은?(단, 이연법인세자산과 이연법인세부채는 상계하여 표시한다.) [감평사기출]

	법인세비용	이연법인세
①	₩218,500	₩12,500(부채)
②	₩206,000	₩12,500(자산)
③	₩206,000	₩12,500(부채)
④	₩218,500	₩37,500(자산)
⑤	₩218,500	₩37,500(부채)

내비게이션

• 20x1년말 이연법인세자산 · 부채
  – 세무조정 : 손금불산입 50,000(유보)
    손금불산입 80,000(기타사외유출)
    익금불산입 100,000(△유보)
  – 미지급법인세: (1,000,000+50,000+80,000−100,000)×20% =206,000
  – 이연법인세자산 : 50,000×25%=12,500
    이연법인세부채 : 100,000×25%=25,000
    →상계하면, 이연법인세부채 12,500
• 회계처리
  (차) 법인세비용(?) 218,500 (대) 미지급법인세 206,000
  이연법인세부채 12,500

3. 다음은 ㈜감평의 20x1년 세무조정사항 등 법인세 계산 자료이다. ㈜감평의 20x1년도 법인세비용은? [감평사기출]

• 접대비 한도초과액은 ₩24,000이다.
• 감가상각비 한도초과액은 ₩10,000이다.
• 20x1년초 전기이월 이연법인세자산은 ₩7,500(당기소멸)이고, 이연법인세부채는 없다.
• 20x1년도 법인세비용차감전순이익은 ₩150,000이고, 이후에도 매년 이 수준으로 실현될 가능성이 높다.
• 과세소득에 적용될 세율은 25%이고, 향후에도 변동이 없다.

① ₩37,500 ② ₩40,500 ③ ₩43,500
④ ₩45,500 ⑤ ₩48,500

내비게이션

• 전기유보×25%=7,500 에서, 전기유보=30,000
• 20x1년말 이연법인세자산 · 부채
  – 세무조정 : 손금산입 30,000(△유보)
    손금불산입 24,000(기타사외유출)
    손금불산입 10,000(유보)
  – 미지급법인세 : (150,000−30,000+24,000+10,000)×25%=38,500
  – 이연법인세자산 : 10,000×25%=2,500
• 회계처리
  (차) 법인세비용(?) 43,500 (대) 미지급법인세 38,500
  이연법인세자산 5,000[1)]

1)7,500−2,500=5,000

Answer 1. ① 2. ① 3. ③

시험중요도 ★☆☆

기본이론 제178강 이월공제의 법인세효과

<table>
<tr><td rowspan="2">의의</td><td>의의</td><td>• 이월결손금이나 이월되는 세액공제는 차감할 일시적차이와 동일한 세금효과를 가짐.</td></tr>
<tr><td>인식</td><td>• 미사용 세무상결손금과 세액공제가 사용될 수 있는 미래 과세소득의 발생가능성이 높은 경우 그 범위 안에서 이연법인세자산을 인식함.</td></tr>
<tr><td rowspan="3">이월결손금</td><td>예시</td><td>*이월결손금 ₩400, 세율 30%, △유보 ₩300발생, 세율 일정 가정</td></tr>
<tr><td>적용례1</td><td>❖충분한 과세소득 발생가능성이 있는 경우
• 이연법인세부채 : 300×30%=90
• 이연법인세자산 : 400×30%=120
(차) 이연법인세자산 30 (대) 법인세비용*) 30
*) 대변에 계상되는 법인세비용은 포괄손익계산에 법인세수익으로 표시함.</td></tr>
<tr><td>적용례2</td><td>❖결손금 중 200 소급공제로 미수환급세액이 60, 충분한 과세소득 발생가능성이 있는 경우
• 이연법인세부채 : 300×30%=90
• 이연법인세자산 : 200×30%=60
(차) 미수법인세환급액 60 (대) 법인세비용 60
(차) 법인세비용 30 (대) 이연법인세부채 30</td></tr>
</table>

사례 결손금이월공제

- 20x2년 법인세비용차감전순손실은 ₩4,000,000으로 세무상 결손금과 일치함. 20x2년초 이연법인세부채(누적 가산할일시적차이 ₩1,600,000에 대한 것으로 20x4년에 소멸예정) ₩400,000을 계상하고 있음.
- 20x2년 결손금 중 소급공제액은 ₩400,000으로 미수법인세환급액은 ₩120,000임.
- 이월공제되는 결손금은 다음과 같이 소멸되며 모두 실현가능함.

연도	20x3년	20x4년
소멸액	₩1,600,000	₩2,000,000

- 각 회계기간의 법인세율은 다음과 같음.

20x2년	20x3년	20x4년
25%	20%	15%

1. 이연법인세자산
   - (1,600,000×20%+2,000,000×15%)-1,600,000×15%=380,000
2. 회계처리

소급공제	(차) 미수법인세환급액	120,000	(대) 법인세비용	120,000
이월공제	(차) 이연법인세부채 이연법인세자산	400,000 380,000	(대) 법인세비용	780,000

3. 공시

부분포괄손익계산서

법인세비용차감전순이익(손실)	(4,000,000)
법인세수익	900,000
당기순이익(손실)	(3,100,000)

<table>
<tr><td rowspan="2">이월세액공제</td><td>예시</td><td>*20x1년의 산출세액은 ₩200,000이며, 20x2년의 산출세액은 ₩400,000이고, 20x1년 세액공제는 ₩250,000이다. 회계이익과 과세소득은 차이가 없다.</td></tr>
<tr><td>적용례</td><td>❖법인세혜택의 실현가능성이 높은 경우
(차) 이연법인세자산 50,000 (대) 법인세비용 50,000</td></tr>
</table>

•주의 세율을 곱할 필요 없으며, 세액 그 자체가 법인세효과임!

FINAL 객관식뽀개기 실전적중문제

1. 12월말 결산법인인 ㈜국세의 20x2년도 법인세비용차감전순손실은 ₩4,000,000이다. 그리고 20x2년도에 유형자산의 감가상각과 관련하여 미래 과세소득에서 가산할 일시적 차이인 손금산입항목이 ₩4,000,000만큼 발생하여 세무당국에 ₩8,000,000의 결손금을 보고하였다. 20x1회계연도까지 발생된 일시적 차이는 없었으며 20x2년도에 발생된 손금산입항목은 20x3년도와 20x4년도에 각각 ₩2,000,000씩 소멸될 것으로 예상된다. 20x2년도의 법인세율은 24%이며 20x3년도부터는 20%로 인하하기로 입법화되었다. ㈜국세의 경우 이월결손금을 통한 법인세 혜택의 실현가능성이 확실한데 20x3년도에 ₩5,000,000, 20x4년도에 ₩3,000,000이 실현될 것이다. ㈜국세가 한국채택국제회계기준에 의해 회계처리하는 경우 20x2년도의 재무제표 보고내용으로 옳은 것은? 단, 이연법인세자산(부채)는 상계하여 표시한다. [세무사기출]

① 재무상태표에 이연법인세자산(유동)으로 ₩600,000을 보고한다.
② 포괄손익계산서에 법인세비용(법인세수익)으로 보고할 금액은 없다.
③ 재무상태표에 이연법인세자산(비유동)으로 ₩200,000을 보고한다.
④ 재무상태표에 이연법인세부채(유동)으로 ₩800,000을 보고한다.
⑤ 포괄손익계산서에 당기순손실로 ₩3,200,000을 보고한다.

내비게이션

- 이연법인세자산 : 8,000,000×20%-4,000,000×20%=800,000
  (차) 이연법인세자산 800,000 (대) 법인세비용(법인세수익) 800,000
- 당기순손실 : △4,000,000+800,000=△3,200,000

부분포괄손익계산서	
법인세비용차감전순이익(손실)	(4,000,000)
법인세수익	800,000
당기순이익(손실)	(3,200,000)

- 이연법인세자산(부채)는 비유동으로 분류한다.

Answer 1. ⑤

시험중요도 ★★☆

기본이론 제179강 법인세 기간내배분

구분		내용
개요	의의	• 일례로 자기주식처분이익은 회계상 자본항목이나 세법상으로는 익금이므로 과세소득에 대한 법인세부담액(당기법인세)을 법인세비용으로 보고하면 회계이익과 관련없는 법인세비용이 회계이익에서 차감되는 현상이 발생함.
	처리	• 자기주식처분이익에 대한 법인세를 자본항목(자기주식처분이익)에서 직접 차감하여 자기주식처분이익을 재무상태표에 세후금액으로 표시함. ➡이처럼 당기법인세를 회계이익/자본항목에 배분하는 것을 기간내배분이라 함.
당기법인세 기간내배분	자기주식처분손익	• 기업회계 : 자기주식처분손익 - 자본항목 • 세무조정 : ① 처분이익 → 익금산입(기타) ② 처분손실 → 손금산입(기타)
	회계처리	• 법인세부담액에 영향을 주며 이연법인세자산(부채)를 발생시키지 않음. ➲ 법인세비용으로 회계처리하지 않고 직접 자기주식처분손익에서 가감함. (차) 법인세비용 xxx (대) 미지급법인세 xxx (차) 자기주식처분이익 xxx (대) 법인세비용 xxx

사례 자기주식처분손익의 법인세효과

✪ [상황1] 회계이익 ₩1,000, 자기주식처분이익 ₩200, 세율 30%
[상황2] 회계이익 ₩1,000, 자기주식처분손실 ₩200, 세율 30%

풀이

[상황1]	(차) 법인세비용	360	(대) 미지급법인세	1,200×30%=360
	(차) 자기주식처분이익	200×30%=60	(대) 법인세비용	60
[상황2]	(차) 법인세비용	240	(대) 미지급법인세	800×30%=240
	(차) 법인세비용	60	(대) 자기주식처분손실	200×30%=60

구분		내용
이연법인세 기간내배분	재평가잉여금	• 기업회계 : 재평가잉여금 - 기타포괄손익(자본) • 세무조정 : 손금산입(△유보) + 익금산입(기타)
	회계처리	• 법인세부담액에 영향은 없으나 이연법인세부채를 발생시킴. ➲ 이연법인세부채를 직접 재평가잉여금에서 차감함. (차) 법인세비용 xxx (대) 미지급법인세 xxx (차) 재평가잉여금 xxx (대) 이연법인세부채 xxx

비교 재평가손실(당기손익) : 손금불산입(유보) →일반적인 경우와 동일하게 이연법인세자산을 인식함.

(차) 법인세비용	xxx	(대) 미지급법인세	xxx
(차) 이연법인세자산	xxx		

참고 이연법인세 기간내배분의 기타유형(익금산입과 손금산입이 동시발생)

① 복합금융상품의 자본요소에 대한 최초인식에서 발생하는 금액
② 소급적용 회계정책변경/오류수정으로 인한 기초이익잉여금 잔액의 조정
➡ **말장난** 회계추정변경(X)
→ 세무조정 : 익금산입(기타)+손금산입(△유보)
→ (차) 이익잉여금 xxx (대) 이연법인세부채 xxx
③ 해외사업장 재무제표의 환산에서 발생하는 외환차이

FINAL 객관식뽀개기 실전적중문제

1. 다음은 20x1년초에 설립된 ㈜관세의 20x1년도 법인세 관련 자료이다.

- 법인세비용 차감전 순이익 : ₩500,000
- 감가상각비 한도 초과액(일시적 차이) : ₩100,000
- 자기주식처분이익 : ₩50,000
- 20x1년 법인세율은 30%이며, 20x2년부터는 영구적으로 20%의 법인세율이 적용됨

20x1년도 법인세비용(A)과 20x1년말 이연법인세자산(B)은 각각 얼마인가?(단, 차감할 일시적 차이의 미래 실현가능성은 높다.) [관세사기출]

	(A)	(B)
①	₩160,000	₩20,000
②	₩165,000	₩20,000
③	₩165,000	₩30,000
④	₩160,000	₩30,000
⑤	₩195,000	₩0

내비게이션

- 20x1년말 이연법인세자산·부채
  - 세무조정 : 손금불산입 100,000(유보)
    익금산입 50,000(기타)
  - 미지급법인세 : (500,000+100,000+50,000)×30%=195,000
  - 이연법인세자산 : 100,000×20%=20,000
- 회계처리

(차) 법인세비용(?)	175,000	(대) 미지급법인세	195,000
이연법인세자산	20,000		
(차) 자기주식처분이익	15,000[1]	(대) 법인세비용	15,000

[1] 50,000×30%=15,000
→∴법인세비용 : 175,000-15,000=160,000

2. 다음 자료는 ㈜합격의 20x2년도 법인세와 관련된 내용이다.

(1) 20x1년말 현재 일시적차이
  - 미수이자 : ₩(100,000)
(2) 20x2년도 법인세비용차감전순이익 : ₩1,000,000
(3) 20x2년도 세무조정 사항
  - 미수이자 : ₩(20,000)
  - 접대비한도초과 : ₩15,000
  - 자기주식처분이익 : ₩100,000
(4) 연도별 법인세율은 20%로 일정하다.

㈜합격의 20x2년도 포괄손익계산서에 인식할 법인세비용은 얼마인가? 단, 일시적차이에 사용될 수 있는 과세소득의 발생가능성은 높으며, 20x1년말과 20x2년말 각 연도의 미사용 세무상결손금과 세액공제는 없다.

① ₩199,000 ② ₩203,000 ③ ₩219,000
④ ₩223,000 ⑤ ₩243,000

내비게이션

- 20x1년말 이연법인세부채
  - 100,000(△유보)×20%=20,000
- 20x2년말 유보잔액
  - 전기분 미소멸 : △100,000
  - 당기 발생분 : △20,000
  - 잔액 : △100,000+△20,000=△120,000
- 미지급법인세(당기법인세부채)
  (1,000,000-20,000+15,000+100,000)×20%=219,000
- 20x2년말 이연법인세부채
  - 120,000(△유보)×20%=24,000
- 회계처리

(차)법인세비용	223,000	(대)미지급법인세	219,000
		이연법인세부채	4,000
(차)자기주식처분이익	20,000[1]	(대)법인세비용	20,000

[1] 100,000×20%=20,000
∴법인세비용 : 223,000-20,000=203,000

Answer 1. ① 2. ②

시험중요도 ★★☆

기본이론 제180강 회계변경·오류수정 회계정책변경

의의

구분	내용
회계변경	•적용해 오던 회계정책·회계추정을 다른 회계정책·회계추정으로 변경
회계정책변경	•K-IFRS에서 인정하는 회계정책에서 K-IFRS에서 인정하는 다른 회계정책으로 변경 비교 K-IFRS(X) → K-IFRS(O) : 오류수정

❖[회계정책의 적용과 선택]

구분		내용
적용		•회계정책 적용효과가 중요치 않은 경우에는 그 회계정책을 적용하지 않을 수 있음. ➡그러나, 재무상태·재무성과·현금흐름을 특정의도대로 표시하기 위해 K-IFRS에 위배된 회계정책을 적용하는 것은 그것이 중요치 않더라도 적절하다고 할수 없음. 말장난 그것이 중요하지 않은 경우라면 적절하다고 할수 있다(X)
실무적용지침		•K-IFRS의 일부를 구성하는 지침(실무적용지침)은 의무규정이지만, K-IFRS의 일부를 구성하지 않는 지침은 재무제표에 대한 의무규정을 포함하지 아니함. ➡즉, K-IFRS의 일부를 구성하는 경우에만 의무규정임.
K-IFRS가 없는 경우	정책개발	•거래등에 구체적으로 적용할수 있는 K-IFRS가 없는 경우, 경영진은 판단에 따라 회계정책을 개발·적용하여 회계정보를 작성할수 있음.
	순차적용	•판단시, 경영진은 다음 사항을 순차적으로 참조하여 적용가능성을 고려함. 〈1순위〉 유사한 회계논제를 다루는 K-IFRS의 규정 〈2순위〉 개념체계의 정의, 인식기준 및 측정개념 ➡한편, 판단시, 경영진은 유사한 개념체계를 사용하여 회계기준을 개발하는 회계기준제정기구가 가장 최근에 발표한 회계기준, 기타의 회계문헌과 인정된 산업관행을 고려할수 있음. 말장난 인정된 산업관행은 고려할수 없다(X)
일관성		•K-IFRS에서 특정 범주별로 서로 다른 회계정책을 적용하도록 규정·허용하는 경우를 제외하고는 유사한 거래등에는 동일한 회계정책을 선택하여 일관성있게 적용함. ➡K-IFRS에서 허용시는 각 범주별 선택회계정책을 일관성있게 적용함.

변경사례

구분	내용
가정변경	•재고자산 원가흐름의 가정 변경 ➡예 선입선출법에서 가중평균법으로 변경
측정기준변경	•유형자산과 무형자산의 측정기준 변경 ➡예 원가모형에서 재평가모형으로 변경 •투자부동산의 측정기준 변경 ➡예 원가모형에서 공정가치모형으로 변경 •표시통화의 변경

변경사유

구분	내용
변경가능사유	① 한국채택국제회계기준에서 회계정책의 변경을 요구하는 경우 ② 회계정책변경을 반영한 F/S가 신뢰성있고 더 목적적합한 정보를 제공하는 경우
적용제외	•다음의 경우는 회계정책의 변경에 해당하지 아니하므로 언제나 허용됨. ① 과거발생한 거래와 실질이 다른 거래등에 대해 다른 회계정책을 적용하는 경우 ② 과거에 발생하지 않았거나 발생하였어도 중요하지 않았던 거래등에 대하여 새로운 회계정책을 적용하는 경우 ➡예 품질보증비용을 비용처리하다가, 중요성이 증대됨에 따라 충당부채를 인식 ③ 유형·무형자산에 대하여 재평가모형을 최초로 적용하는 경우 & K-IFRS조기적용

참고 소급적용 고려사항

구분	내용
소급적용불가	•유의적인 관측가능하지 않은 투입변수를 이용하여 공정가치를 측정하는 경우 새로운 회계정책이나 전기오류의 수정을 실무적으로 소급적용할수 없음.
측정기준변경	•AC금융자산에 대한 과거기간의 측정오류를 수정시, 이후에 경영진이 보유목적을 변경하더라도 새로운 보유목적에 따라 측정기준을 변경할수 없음.
빈번한 추정	•비교표시된 과거기간의 정보를 수정하기 위해서는 유의적인 추정이 빈번하게 필요하더라도, 비교정보를 신뢰성 있게 조정하거나 수정하여야 함.

FINAL 객관식뽀개기 실전적중문제

1. 회계변경과 오류수정에 관한 설명으로 옳지 않은 것은? [관세사기출]

① 거래, 기타 사건 또는 상황에 대하여 구체적으로 적용할 수 있는 한국채택국제회계기준이 없는 경우, 경영진은 판단에 따라 회계정책을 개발 및 적용하여 회계정보를 작성할 수 있다.
② 한국채택국제회계기준에서 특정 범주별로 서로 다른 회계정책을 적용하도록 규정하거나 허용하는 경우를 제외하고는 유사한 거래, 기타 사건 및 상황에는 동일한 회계정책을 선택하여 일관성 있게 적용한다.
③ 기업은 한국채택국제회계기준에서 회계정책의 변경을 요구하는 경우에 회계정책을 변경할 수 있다.
④ 과거에 발생한 거래와 실질이 다른 거래, 기타 사건 또는 상황에 대하여 다른 회계정책을 적용하는 경우는 회계정책의 변경에 해당하지 아니한다.
⑤ 측정기준의 변경은 회계정책의 변경이 아니라 회계추정의 변경에 해당한다.

내비게이션

• 측정기준의 변경은 회계정책의 변경에 해당한다.

2. 회계정책, 회계추정의 변경 및 오류에 관한 설명으로 옳지 않은 것은? [세무사기출]

① 한국채택국제회계기준에서 특정 범주별로 서로 다른 회계정책을 적용하도록 규정하거나 허용하는 경우를 제외하고는 유사한 거래, 기타 사건 및 상황에는 동일한 회계정책을 선택하여 일관성 있게 적용한다.
② 종전에는 발생하지 않았거나 발생하더라도 금액이 중요하지 않았기 때문에 품질보증비용을 지출연도의 비용으로 처리하다가, 취급하는 품목에 변화가 생겨 품질보증비용의 금액이 커지고 중요하게 되었기 때문에 충당부채를 인식하는 회계처리를 적용하기로 한 경우, 이는 회계정책의 변경에 해당하지 아니한다.
③ 택배회사의 직원 출퇴근용버스를 새로 구입하여 운영하기로 한 경우, 이 버스에 적용될 감가상각 방법을 택배회사가 이미 보유하고 있는 배달용트럭에 대한 감가상각방법과 달리 적용하는 경우는 이를 회계정책의 변경으로 본다.
④ 회계정책의 변경을 반영한 재무제표가 거래, 기타 사건 또는 상황이 재무상태, 재무성과 또는 현금흐름에 미치는 영향에 대하여 신뢰성있고 더 목적적합한 정보를 제공하는 경우에는 회계정책을 변경할 수 있다.
⑤ 중요한 전기오류는 특정기간에 미치는 오류의 영향이나 오류의 누적효과를 실무적으로 결정할 수 없는 경우를 제외하고는 소급재작성에 의하여 수정한다.

내비게이션

• 과거발생한 거래와 실질이 다른 거래에 대해 다른 회계정책을 적용하는 경우이므로 회계정책의 변경 적용제외 사유에 해당한다.

3. 회계정책, 회계추정의 변경 및 오류에 관한 설명이다. 가장 타당한 것은?

① 우발상황의 결과에 따라 인식되는 손익은 오류의 수정에 해당한다.
② 회계정책의 변경과 회계추정의 변경을 구분하는 것이 어려운 경우에는 이를 회계정책의 변경으로 본다.
③ 과거에 발생한 거래와 실질이 다른 거래, 기타 사건 또는 상황에 대하여 다른 회계정책을 적용하는 경우와 과거에 발생하지 않았거나 발생하였어도 중요하지 않았던 거래, 기타 사건 또는 상황에 대하여 새로운 회계정책을 적용하는 경우는 회계정책의 변경에 해당한다.
④ 한국채택국제회계기준에서 회계정책의 변경을 요구하는 경우에만 회계정책을 변경할 수 있다.
⑤ 유형자산을 원가모형에서 재평가모형으로 변경(재평가모형을 최초로 적용하는 경우는 제외)하는 것과 같은 측정기준의 변경은 회계정책의 변경에 해당한다.

내비게이션

• ① 우발상황의 결과에 따라 인식되는 손익은 오류의 수정에 해당하지 아니한다.('후술' 함!)
② 회계추정의 변경으로 본다.
③ 회계정책의 변경에 해당하지 아니한다.
④ 회계정책의 변경을 반영한 재무제표가 거래, 기타 사건 또는 상황이 재무상태, 재무성과 또는 현금흐름에 미치는 영향에 대하여 신뢰성 있고 더 목적적합한 정보를 제공하는 경우에도 회계정책을 변경할 수 있다.

서술형Correction연습

❒ 기업의 재무상태, 재무성과 또는 현금흐름을 특정한 의도대로 표시하기 위하여 한국채택국제회계기준에 위배된 회계정책을 적용하는 것은 그것이 중요하지 않은 경우라면 적절하다고 할수 있다.

➲ (X) : 중요치 않더라도 적절하다고 할수 없다.

❒ 회계정책 개발 판단을 하는 경우 경영진은 자산, 부채, 수익, 비용에 대한 '개념체계'의 정의, 인식기준 및 측정개념을 먼저 고려한 후, 내용상 유사하고 관련되는 회계논제를 다루는 K-IFRS의 규정을 고려한다.

➲ (X) : 내용상 유사하고 관련되는 회계논제를 다루는 K-IFRS의 규정을 먼저 고려한다.

Answer 1. ⑤ 2. ③ 3. ⑤

시험중요도 ★★★

기본이론 제181강 회계정책변경 처리방법

처리방법

1 원칙

소급법 (소급적용)	• 새로운 회계정책을 처음부터 적용한 것처럼 거래등에 적용하는 것 ➡즉, 새로운 회계처리방법을 적용하여 누적효과(순이익차이)를 계산하고 이를 이익잉여금에 가감한 후 전기의 재무제표를 재작성하는 방법
재무제표 표시	• 비교표시되는 가장 이른 과거기간의 영향받는 자본의 각 구성요소의 기초금액과 비교 공시되는 각 과거기간의 기타 대응금액을 새로운 회계정책이 처음부터 적용된 것처럼 조정

2 회계변경의 영향을 실무적으로 결정할수 없는 경우

특정기간만 결정불가	• 실무적으로 소급적용할 수 있는 가장 이른 회계기간에 새로운 회계정책을 적용하고 자본 구성요소의 기초금액을 조정 ➡실무적으로 적용할 수 있는 가장 이른 회계기간은 당기일 수도 있음. 말장난 가장 이른 회계기간은 최소한 당기보다는 전이어야 한다(X)
과거전체 결정불가 (전진적용)	• 실무적으로 적용할 수 있는 가장 이른 날부터 새로운 회계정책을 전진적용하여 비교정보를 재작성 말장난 회계정책변경은 소급법을 적용하여 수정한다(X)

보론 소급법적용순서 : 새로운 회계정책을 소급적용하는 경우, 새로운 회계정책을 실무적으로 적용할수 있는 최대한 앞선 과거기간의 비교정보부터 적용함.

세부고찰

사례 회계정책변경 회계처리

◎ 20x1년초 투자부동산으로 분류되는 건물을 ₩200,000에 취득하여 원가모형을 적용하였다.(내용연수 10년, 잔존가치 ₩0, 정액법) 20x2년초에 원가모형에서 공정가치모형으로 변경하였다. 건물의 20x1년말 공정가치는 ₩240,000이다. 20x2년초에 행할 회계처리는?

풀이

구분		차변	금액		대변	금액
회사의 처리	(차)	투자부동산	200,000	(대)	현금	200,000
		감가상각비	20,000		감가상각누계액	20,000
소급적용 처리	(차)	투자부동산	200,000	(대)	현금	200,000
		투자부동산	40,000		투자부동산평가이익	40,000

→∴20x2년초 회계처리

(차) 감가상각누계액	20,000	(대) 이익잉여금	60,000
투자부동산	40,000		

사례 회계정책변경의 소급적용

◎ 20x1년에 설립. 20x2년 중에 재고자산평가방법을 총평균법에서 선입선출법으로 변경. 당기 총평균법에 의한 매출원가는 ₩3,680,000 임. 재고자산 금액은 다음과 같음.

- 20x2년초 : 총평균법 ₩128,000, 선입선출법 ₩192,000
- 20x2년말 : 총평균법 ₩160,000, 선입선출법 ₩232,000

• 20x1년 : 기말재고 64,000↓ → 매출원가 64,000↑ → 순이익 64,000↓
20x2년 : 기초재고 64,000↓ & 기말재고 72,000↓ → 매출원가 8,000↑

(차) 재고자산	72,000	(대) 매출원가	8,000
		이익잉여금	64,000

FINAL 객관식뽀개기  실전적중문제

1. 회계변경과 오류수정에 관한 설명으로 옳지 않은 것은? [감평사기출]

① 기업은 회계정책의 변경을 반영한 재무제표가 거래, 기타 사건 또는 상황이 재무상태, 재무성과 또는 현금흐름에 미치는 영향에 대하여 신뢰성 있고 더 목적적합한 정보를 제공하는 경우 회계정책을 변경할 수 있다.
② 특정 범주별로 서로 다른 회계정책을 적용하도록 규정하거나 허용하는 경우를 제외하고는 유사한 거래, 기타 사건 및 상황에는 동일한 회계정책을 선택하여 일관성 있게 적용한다.
③ 과거에 발생한 거래와 실질이 다른 거래, 기타 사건 또는 상황에 대하여 다른 회계정책을 적용하는 경우는 회계정책의 변경에 해당하지 않는다.
④ 당기 기초시점에 과거기간 전체에 대한 새로운 회계정책 적용의 누적효과를 실무적으로 결정할 수 없는 경우, 실무적으로 적용할 수 있는 가장 이른 날부터 새로운 회계정책을 소급적용하여 비교정보를 재작성한다.
⑤ 전기오류는 특정기간에 미치는 오류의 영향이나 오류의 누적효과를 실무적으로 결정할 수 없는 경우를 제외하고는 소급재작성에 의하여 수정한다.

내비게이션

- 소급적용하여(X) → 전진적용하여(O)

2. ㈜국세는 설립일 이후 재고자산 단위원가 결정방법으로 가중평균법을 사용하여 왔다. 그러나 20x2년초에 단위원가 결정방법을 선입선출법으로 변경하였다. 각 방법하에서의 20x1년초와 20x1년말의 재고자산가액은 다음과 같으며 가중평균법으로 인식한 20x1년도의 포괄손익계산서상 매출원가는 ₩400,000이다.

	20x1년초	20x1년말
가중평균법	₩20,000	₩35,000
선입선출법	₩25,000	₩38,000

㈜국세가 20x2년도에 선입선출법을 소급적용하는 경우, 20x2년도 포괄손익계산서에 비교정보로 공시되는 20x1년도 매출원가는 얼마인가? [세무사기출]

① ₩401,000 ② ₩402,000 ③ ₩403,000
④ ₩404,000 ⑤ ₩405,000

내비게이션

- 선입선출법과 비교한 가중평균법 금액 분석
  - 20x1년 기초 5,000과소 → 매출원가 5,000과소 → 이익 5,000과대
  - 20x1년 기말 3,000과소 → 매출원가 3,000과대 → 이익 3,000과소

∴매출원가 2,000과소계상 → 20x1년 매출원가 : 400,000+2,000=402,000

3. ㈜합격은 20x2년도에 재고자산평가방법을 선입선출법에서 평균법으로 변경하였다. 그 결과 20x2년도의 기초재고자산과 기말재고자산이 각각 ₩22,000과 ₩18,000만큼 감소하였다. 이러한 회계정책변경은 한국채택국제회계기준에 의할 때 인정된다. 만일 회계정책변경을 하지 않았다면 ㈜합격의 20x2년 당기순이익은 ₩160,000이고, 20x2년 12월 31일 현재 이익잉여금은 ₩540,000이 된다. 회계정책변경 후 ㈜합격의 20x2년 당기순이익과 20x2년 12월 31일 현재 이익잉여금을 계산하면 각각 얼마인가?

	당기순이익	이익잉여금
①	₩120,000	₩522,000
②	₩156,000	₩558,000
③	₩156,000	₩602,000
④	₩164,000	₩522,000
⑤	₩200,000	₩602,000

내비게이션

- 회계정책변경 후에 당기 기초재고와 기말재고가 각각 22,000, 18,000 감소했으므로, 회계정책변경 전에는 당기 기초재고(=전기 기말재고)와 당기 기말재고가 각각 22,000, 18,000 과대계상되었음을 의미한다.
- 분석방법
  ㉠ 20x1년 기말재고 과대분
  - 20x1년 : 기말 22,000↑ → 매출원가 22,000↓ → 이익 22,000↑
  - 20x2년 : 기초 22,000↑ → 매출원가 22,000↑ → 이익 22,000↓

  ㉡ 20x2년 기말재고 과대분
  - 20x2년 : 기말 18,000↑ → 매출원가 18,000↓ → 이익 18,000↑

∴당기순이익은 4,000 과소계상(18,000-22,000), 이익잉여금은 18,000 과대계상(22,000-22,000+18,000)이므로,
- 정확한 당기순이익 : 160,000+4,000=164,000
- 정확한 이익잉여금 : 540,000-18,000=522,000

서술형Correction연습

❐ 감가상각방법을 정률법에서 연수합계법으로 변경하는 경우는 회계정책의 변경에 해당한다.

➲ (X) : 감가상각방법 변경은 회계추정의 변경이다.

❐ 비교표시되는 하나 이상의 과거기간의 비교정보에 대해 특정기간에 미치는 회계정책 변경의 영향을 실무적으로 결정할 수 없는 경우, 실무적으로 적용할 수 있는 가장 이른 회계기간의 기초부터 전진적으로 적용한다.

➲ (X) : 실무적으로 소급적용할 수 있는 가장 이른 회계기간의 자산 및 부채의 기초장부금액에 새로운 회계정책을 적용하고, 그에 따라 변동하는 자본 구성요소의 기초금액을 조정한다.

Answer 1. ④ 2. ②

시험중요도 ★★★

기본이론 제182강 재고자산의 회계정책변경

세부고찰 I

사례 재고자산원가흐름 가정변경시 순이익차이

✪ ㈜영계백숙은 20x1년 1월 1일에 영업을 개시했으며, 재고자산에 대하여 선입선출법을 사용하고 있다. 이 회사의 경영자는 이동평균법으로 변경할 것을 고려중인데, 이러한 변경이 당기순이익에 미치는 영향에 대해서 관심을 가지고 있다. 20x2년에 이동평균법으로 변경할 경우 20x2년의 순이익과 비교정보로 공시되는 20x1년도 매출원가는 얼마가 되겠는가? 단, 20x1년도 매출원가는 ₩600,000이다.

	20x1년	20x2년
선입선출법하의 기말재고액	₩240,000	₩270,000
이동평균법하의 기말재고액	₩200,000	₩210,000
선입선출법하의 순이익	₩120,000	₩170,000

• 이동평균법과 비교한 선입선출법 금액 분석

20x1년 : 기말재고 40,000↑ → 매출원가 40,000↓ → 순이익 40,000↑

20x2년 : 기초재고 40,000↑ & 기말재고 60,000↑ → 매출원가 20,000↓ → 순이익 20,000↑

(차) 매출원가	20,000	(대) 재고자산	60,000
이익잉여금	40,000		

• 20x2년 순이익 : 170,000-20,000=150,000(∵20x2년 순이익 20,000 과대계상)

• 20x1년도 매출원가 : 600,000+40,000=640,000(∵20x1년 매출원가 40,000 과소계상)

저자주 K-IFRS에 의해 회계정책의 변경에 해당하는 경우는 재고자산 단가결정방법 변경, 원가모형과 재평가모형의 선택적용 변경등이 전부라고 해도 과언이 아닐 정도로 적용범위가 협소합니다.

세부고찰 II

사례 재고자산원가흐름 가정변경시 이익잉여금과 당기순이익

✪ ㈜고기반찬은 20x2년도에 재고자산의 평가방법을 선입선출법에서 총평균법으로 회계정책을 변경한 결과 20x2년도의 기초재고자산과 기말재고자산이 각각 ₩160,000과 ₩140,000만큼 감소하였다. 이러한 회계변경의 효과가 20x2년도의 기초이익잉여금과 당기순이익에 미치는 영향은 각각 얼마인가? 단, 장부는 마감전이다.

*회계정책변경 후에 당기 기초재고와 기말재고가 각각 160,000, 140,000 감소했으므로, 회계정책변경 전에는 당기 기초재고(=전기 기말재고)와 당기 기말재고가 각각 160,000, 140,000 과대계상되었음을 의미함.

• 전기 분석

기말재고 160,000 과대계상 → 매출원가 160,000 과소계상 → 순이익 160,000 과대계상

• 당기 분석

기초재고 160,000 과대계상 & 기말재고 140,000 과대계상 → 매출원가 20,000 과대계상 → 순이익 20,000 과소계상

• 회계처리

(차) 이익잉여금	160,000	(대) 매출원가	20,000
		재고자산	140,000

∴기초이익잉여금 : 160,000 감소

당기순이익 : 20,000 증가

FINAL 객관식뽀개기

실전적중문제

1. ㈜대한은 선입선출법을 적용하여 재고자산을 평가하고 있다. 20x1년 기초재고는 ₩30,000이며 기말재고는 ₩45,000이다. 만일 평균법을 적용하였다면 기초재고는 ₩25,000 기말재고는 ₩38,000이다. 선입선출법 적용시 ㈜대한의 20x1년 매출총이익이 ₩55,000이라면 평균법 적용시 ㈜대한의 20x1년 매출총이익은?

[감평사기출]

① ₩43,000 ② ₩53,000 ③ ₩55,000
④ ₩57,000 ⑤ ₩67,000

내비게이션

• 평균법과 비교한 선입선출법 금액 분석
기초재고 5,000↑ & 기말재고 7,000↑ → 매출원가 2,000↓
→ 이익 2,000↑
∴평균법 적용시 20x1년 매출총이익 : 55,000-2,000=53,000

2. ㈜감평은 20x3년도부터 재고자산 평가방법을 선입선출법에서 가중평균법으로 변경하였다. 이러한 회계정책의 변경은 한국채택국제회계기준에서 제시하는 조건을 충족하며, ㈜감평은 이러한 변경에 대한 소급효과를 모두 결정할 수 있다. 다음은 ㈜감평의 재고자산 평가방법별 기말재고와 선입선출법에 의한 당기순이익이다. 회계변경 후 20x3년도 당기순이익은?(단, 20x3년도 장부는 마감 전이다.)

[감평사기출]

구분	20x1년	20x2년	20x3년
기말재고자산 :			
선입선출법	₩1,100	₩1,400	₩2,000
가중평균법	₩1,250	₩1,600	₩1,700
당기순이익	₩21,000	₩21,500	₩24,000

① ₩23,500 ② ₩23,700 ③ ₩24,000
④ ₩24,300 ⑤ ₩24,500

내비게이션

• 가중평균법과 비교한 선입선출법 이익 분석

	20x1년	20x2년	20x3년
20x1년 기말과소	이익 150↓	이익 150↑	-
20x2년 기말과소		이익 200↓	이익 200↑
20x3년 기말과대			이익 300↑
	이익 150↓	이익 50↓	이익 500↑

• 선입선출법에 의한 20x3년 이익이 500 과대계상된다.
∴회계변경후 20x3년 당기순이익 : 24,000-500=23,500

3. ㈜세무는 20x1년 설립 이후 재고자산 단위원가 결정방법으로 가중평균법을 사용하여 왔다. 그러나 선입선출법이 보다 목적적합하고 신뢰성있는 정보를 제공할 수 있다고 판단하여, 20x4년초에 단위원가 결정방법을 선입선출법으로 변경하였다. ㈜세무가 재고자산 단위원가 결정방법을 선입선출법으로 변경하는 경우, 다음 자료를 이용하여 20x4년도 재무제표에 비교정보로 공시될 20x3년 매출원가와 20x3년 기말이익잉여금은?

[세무사기출]

구분	20x1년	20x2년	20x3년
가중평균법적용 기말재고자산	₩10,000	₩11,000	₩12,000
선입선출법적용 기말재고자산	₩12,000	₩14,000	₩16,000
회계정책 변경 전 매출원가	₩50,000	₩60,000	₩70,000
회계정책 변경 전 기말이익잉여금	₩100,000	₩300,000	₩600,000

	매출원가	기말이익잉여금
①	₩61,000	₩607,000
②	₩61,000	₩604,000
③	₩69,000	₩599,000
④	₩69,000	₩604,000
⑤	₩71,000	₩599,000

내비게이션

• 매출원가 분석
㉠ 20x1년 기말재고 과소분
- 20x1년 : 기말재고 2,000↓ → 매출원가 2,000↑ → 이익 2,000↓
- 20x2년 : 기초재고 2,000↓ → 매출원가 2,000↓ → 이익 2,000↑
㉡ 20x2년 기말재고 과소분
- 20x2년 : 기말재고 3,000↓ → 매출원가 3,000↑ → 이익 3,000↓
- 20x3년 : 기초재고 3,000↓ → 매출원가 3,000↓ → 이익 3,000↑
㉢ 20x3년 기말재고 과소분
- 20x3년 : 기말재고 4,000↓ → 매출원가 4,000↑ → 이익 4,000↓
∴20x3년 매출원가 1,000 과대 → 매출원가 : 70,000-1,000=69,000

• 이익잉여금 분석

	20x1년	20x2년	20x3년
20x1년 기말과소	이익 2,000↓	이익 2,000↑	-
20x2년 기말과소		이익 3,000↓	이익 3,000↑
20x3년 기말과소			이익 4,000↓
	이익 2,000↓	이익 1,000↓	이익 1,000↓

∴이익 4,000 과소 → 20x3년 기말이익잉여금 : 600,000+4,000=604,000

Answer 1. ② 2. ① 3. ④

시험중요도 ★★★

기본이론 제183강 회계추정변경

의의

회계추정	• 기업환경의 불확실성하에서 미래의 재무적 결과를 사전적으로 예측하는 것
회계추정변경	• 기업환경의 변화, 새로운 정보의 획득 또는 경험의 축적에 따라 지금까지 사용해오던 회계적 추정치의 근거와 방법 등을 바꾸는 것

·주의 성격상 추정의 수정은 과거기간과 연관되지 않으며 오류수정으로 보지 아니함.

변경사례

❖회계추정의 변경이 필요할수 있는 항목의 예는 다음과 같음.

① 대손(손상차손), 재고자산 진부화, 금융자산이나 금융부채의 공정가치
② 감가상각자산의 내용연수, 잔존가치
③ 감가상각자산에 내재된 미래경제적효익의 기대소비행태(=감가상각방법)
④ 품질보증의무

·주의 감가상각방법의 변경은 회계정책의 변경이 아니라, 회계추정의 변경임.

적용시 구분

측정기준 변경의 경우	• 회계정책의 변경에 해당함.
회계정책의 변경과 회계추정의 변경을 구분하기 어려운 경우	• 회계추정의 변경으로 봄.

처리방법

❖회계추정의 변경효과는 다음의 회계기간의 당기손익에 포함하여 전진적으로 인식함.

① 변경이 발생한 기간에만 영향을 미치는 경우에는 변경이 발생한 기간
② 변경이 발생한 기간과 미래기간에 모두 영향을 미치는 경우에는 변경이 발생한 기간과 미래기간

➡즉, 과거에 보고된 재무제표에 대해서는 어떠한 수정도 하지 않으며, 회계변경으로 인한 누적효과를 전혀 반영하지 않고 당기와 미래기간에만 변경된 회계처리방법을 적용함.
➡전기의 재무제표를 수정하지 않으므로 재무제표의 신뢰성이 제고되나 비교가능성은 저하됨.

사례 회계추정변경 회계처리

✪ 20x1년초 기계장치를 ₩1,000,000에 취득(내용연수 5년, 잔존가치 ₩100,000, 정액법 상각)
20x3년초에 내용연수 5년을 6년, 잔존가치 ₩200,000, 연수합계법으로 변경함

Trick	전진법의 적용
[1단계] 변경된 시점의 장부금액 계산	
[2단계] 새로운 추정치와 추정방법을 위 장부금액에 적용하여 감가상각비 계산	

• [1단계] 20x3년초 장부금액 : $1,000,000-(1,000,000-100,000)\times\frac{2}{5}=640,000$

• [2단계] 20x3년 감가상각비 : $(640,000-200,000)\times\frac{4}{1+2+3+4}=176,000$

• 20x3년 회계처리 : (차) 감가상각비 176,000 (대) 감가상각누계액 176,000
→변경으로 인한 20x3년 세전이익 증감 : (1,000,000-100,000)÷5년-176,000=4,000(세전이익 증가)

회계변경 요약

구분	원칙	예외
회계정책변경	소급법	누적효과를 실무적으로 결정할수 없는 경우 전진법
회계추정변경	전진법	-

FINAL 객관식뽀개기 실전적중문제

1. 회계변경에 관한 설명으로 옳지 않은 것은?[감평사기출]

① 기업이 하나의 일반적으로 인정된 회계원칙(GAAP)에서 다른 회계원칙(GAAP)으로 바꾸는 것을 회계정책의 변경이라 한다.
② 감가상각자산의 내용연수 또는 감가상각에 내재된 미래 경제적효익의 기대소비행태가 변하는 경우 회계정책의 변경으로 처리한다.
③ 회계정책의 변경을 반영한 재무제표가 특정 거래, 기타 사건 또는 상황이 재무상태, 경영성과 또는 현금흐름에 미치는 영향에 대해서 신뢰성 있고 더 목적적합한 정보를 제공하는 경우 회계정책의 변경이 가능하다.
④ 회계정책의 변경에 대해서는 원칙적으로 소급법을 적용하여 재무제표를 작성한다.
⑤ 회계정책의 변경과 회계추정의 변경을 구분하는 것이 어려운 경우에는 이를 회계추정의 변경으로 본다.

- 회계정책의 변경(X) → 회계추정의 변경(O)

2. 회계추정의 변경은 당기손익에만 영향을 미치는 경우도 있지만, 당기손익뿐만 아니라 미래기간의 손익에도 영향을 미치는 경우가 있다. 다음과 같은 회계추정의 변경 중 그 변경효과가 당기손익뿐만 아니라 미래기간의 손익에도 영향을 미칠 수 있는 것을 모두 고른 것은? [관세사기출]

ㄱ. 매출채권의 대손에 대한 추정의 변경
ㄴ. 감가상각자산에 대한 추정내용연수의 변경
ㄷ. 감가상각자산에 내재된 미래경제적효익의 기대소비 형태 변경

① ㄱ ② ㄴ ③ ㄱ, ㄴ
④ ㄴ, ㄷ ⑤ ㄱ, ㄴ, ㄷ

- ㄱ : 당기손익에만 영향을 미친다.
- ㄴ, ㄷ : 당기손익뿐만 아니라 미래기간의 손익에도 영향을 미친다.

3. ㈜감평은 20x1년초에 차량운반구를 ₩10,000,000에 취득하였다. 취득시에 차량운반구의 내용연수는 5년, 잔존가치는 ₩1,000,000, 감가상각방법은 연수합계법이다. 20x4년초에 ㈜감평은 차량운반구의 내용연수를 당초 5년에서 7년으로, 잔존가치는 ₩500,000으로 변경하였다. ㈜감평이 20x4년에 인식할 차량운반구에 대한 감가상각비는? [감평사기출]

① ₩575,000 ② ₩700,000 ③ ₩920,000
④ ₩990,000 ⑤ ₩1,120,000

- 20x1년 ~ 20x3년 감가상각비(감가상각누계액)
$(10,000,000-1,000,000)\times\frac{5+4+3}{1+2+3+4+5}=7,200,000$
- 20x4년초 장부금액 : 10,000,000-7,200,000=2,800,000
∴20x4년 감가상각비 : $(2,800,000-500,000)\times\frac{4}{1+2+3+4}=920,000$

4. ㈜관세는 20x1년 7월 1일 기계장치(내용연수 5년, 잔존가치 ₩200,000)를 ₩2,000,000에 취득하여 연수합계법으로 상각하였다. ㈜관세는 20x3년 1월 1일 감가상각방법을 정액법으로 변경하였으며, 잔존가치는 ₩0, 잔여내용연수는 4년으로 추정하였다. 이러한 변경은 모두 정당한 회계변경이다. 20x4년 1월 1일 ㈜관세가 기계장치를 ₩1,000,000에 처분할 경우 인식할 손익은? [관세사기출]

① 처분이익 ₩100,000 ② 처분이익 ₩130,000
③ 처분이익 ₩200,000 ④ 처분손실 ₩120,000
⑤ 처분손실 ₩160,000

- 20x1년 감가상각비 : $(2,000,000-200,000)\times\frac{5}{15}\times\frac{6}{12}=300,000$
- 20x2년 감가상각비 :
$(2,000,000-200,000)\times\frac{5}{15}\times\frac{6}{12}+(2,000,000-200,000)\times\frac{4}{15}\times\frac{6}{12}$
=540,000
- 20x3년초 장부금액 : 2,000,000-(300,000+540,000)=1,160,000
- 20x4년초 장부금액 : 1,160,000-(1,160,000÷4년)=870,000
∴처분손익 : 1,000,000-870,000=130,000(이익)

서술형Correction연습

❒ 추정의 수정은 과거기간과 연관되며 오류수정의 일부이다.

➲ (X) : 추정의 근거가 되었던 상황의 변화, 새로운 정보의 획득, 추가적인 경험의 축적이 있는 경우 추정의 수정이 필요할 수 있다. 성격상 추정의 수정은 과거기간과 연관되지 않으며 오류수정으로 보지 아니한다.

Answer 1. ② 2. ④ 3. ③ 4. ②

시험중요도 ★★★

기본이론 제184강 회계추정변경의 적용

세부고찰 I

사례 감가상각누계액 잔액계산

㈜뽕은 20x1년초에 기계장치를 ₩200,000,000에 취득하였다(내용연수 10년, 잔존가치 ₩20,000,000, 연수합계법). 취득 당시에 기계의 설치 및 시운전에 ₩7,000,000이 지출되었다. 그런데 20x4년초에 감가상각방법을 정액법으로 변경하였고, 잔존내용연수는 5년, 잔존가치는 없는 것으로 새롭게 추정하였다. 20x4년도의 감가상각비와 20x4년말의 감가상각누계액은 얼마인가? 단, 법인세효과는 무시한다.

- 20x1년 ~ 20x3년 감가상각비(감가상각누계액) : $(207,000,000-20,000,000)\times\frac{10+9+8}{1+...+10}=91,800,000$
- 20x4년 감가상각비 : [(207,000,000-91,800,000)-0]÷5=23,040,000
- 20x4년말 감가상각누계액 잔액 : 91,800,000+23,040,000=114,840,000

세부고찰 II

사례 잔존내용연수 추정

㈜폭파는 20x0년초에 기계장치를 ₩21,000,000에 취득하였다(내용연수 10년, 잔존가치 ₩1,000,000, 정액법). 그런데 20x6년초에 동 기계장치를 당초의 내용연수보다 몇 년간 더 쓸 수 있음을 알고 내용연수 연장과 함께 감가상각방법을 연수합계법으로, 잔존가치를 ₩0으로 변경하였다. ㈜폭파가 20x8년도에 동 기계장치에 대하여 ₩1,500,000의 감가상각비를 인식하였다면, 20x9년 1월 1일 현재 동 기계장치의 감가상각누계액 차감 후 장부금액은 얼마인가?

- 20x6년초 장부금액 : 21,000,000-(21,000,000-1,000,000)×6/10=9,000,000
- 20x8년 감가상각비 : $(9,000,000-0)\times\frac{A-2}{1+...+A}=1,500,000$ 에서, A(신내용연수)=8년
- 20x9년초 장부금액 : $9,000,000-9,000,000\times\frac{8+7+6}{1+...+8}=3,750,000$

세부고찰 III

사례 회계추정변경후 차기이월이익잉여금 계산

12월말 결산법인인 ㈜합격을향해돌진은 20x1년 1월 1일에 취득한 사무용복사기(취득원가 ₩400,000)에 대하여 20x3년 1월 1일을 기준으로 다음과 같이 정당한 회계변경을 하였다.

	변경전	변경후
감가상각방법	연수합계법	정액법
내용연수	4년(20x4년말까지사용)	6년(20x6년말까지사용)
잔존가치	₩40,000	₩10,000

한편, 20x2년말 차기이월이익잉여금은 ₩380,000이었으며, 위와 같은 회계변경이 없었다면 20x3년도 당기순이익은 ₩300,000이라고 한다.

[요구사항 1] 회계변경을 하지 않은 경우에 비하여 20x3년도 법인세비용차감전순이익의 증감은?

[요구사항 2] 20x3년도 당기순이익과 차기이월이익잉여금은 얼마인가?

- 20x3년초 장부금액 : 400,000-(400,000-40,000)×(4+3)/(1+2+3+4)=148,000
- 세전이익 증감 : (400,000-40,000)×2/(1+2+3+4)-(148,000-10,000)÷4=37,500(증가)
- 당기순이익 : 300,000+37,500=337,500
- 차기이월이익잉여금 : 380,000+337,500=717,500

FINAL 객관식뽀개기 **실전적중문제**

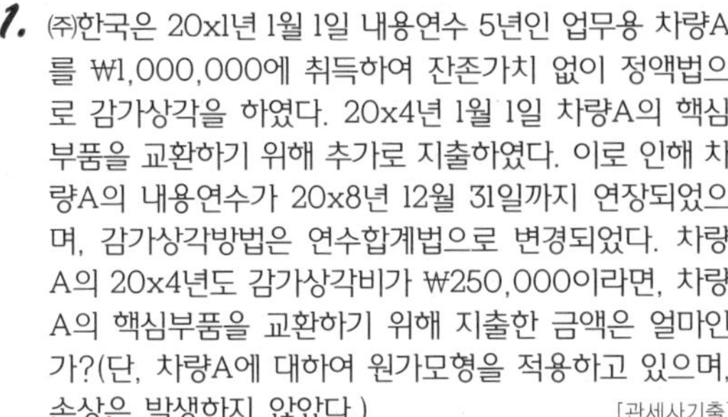

1. ㈜한국은 20x1년 1월 1일 내용연수 5년인 업무용 차량A를 ₩1,000,000에 취득하여 잔존가치 없이 정액법으로 감가상각을 하였다. 20x4년 1월 1일 차량A의 핵심부품을 교환하기 위해 추가로 지출하였다. 이로 인해 차량A의 내용연수가 20x8년 12월 31일까지 연장되었으며, 감가상각방법은 연수합계법으로 변경되었다. 차량A의 20x4년도 감가상각비가 ₩250,000이라면, 차량A의 핵심부품을 교환하기 위해 지출한 금액은 얼마인가?(단, 차량A에 대하여 원가모형을 적용하고 있으며, 손상은 발생하지 않았다.) [관세사기출]

① ₩200,000 ② ₩250,000 ③ ₩300,000
④ ₩350,000 ⑤ ₩400,000

내비게이션

- 20x4년초 장부금액 : 1,000,000-(1,000,000÷5년)×3+X
- [1,000,000-(1,000,000÷5년)×3+X]×$\frac{5}{1+2+3+4+5}$=250,000
  →∴X=350,000

2. 재평가모형을 적용하고 있는 ㈜한국은 20x1년 1월 1일 건물을 ₩10,000,000에 구입하였는데, 내용연수는 5년, 잔존가치는 ₩2,000,000이고 정액법으로 감가상각하고 있다. ㈜한국은 20x1년말과 20x2년말 재평가한 결과, 건물의 공정가치는 각각 ₩7,000,000과 ₩6,000,000으로 판단되었다. 한편 20x2년 1월 1일 건물을 점검한 결과 연수합계법이 보다 체계적이고 합리적인 것으로 추정되어 감가상각방법을 변경하였고, 잔존가치는 ₩0으로 추정되었다. 20x2년말 재평가와 관련하여 재무제표에 인식되는 내용으로 옳은 것은? (단, 매년 말 감가상각 후 재평가한다.) [감평사기출]

① 재평가이익(당기이익) ₩1,800,000
② 재평가잉여금(기타포괄이익) ₩1,800,000
③ 재평가이익(당기이익) ₩800,000
재평가잉여금(기타포괄이익) ₩1,000,000
④ 재평가이익(당기이익) ₩1,400,000
재평가잉여금(기타포괄이익) ₩400,000
⑤ 재평가손실(당기손실) ₩1,800,000

내비게이션

- 20x1년말 재평가
  - 장부금액 : 10,000,000-[(10,000,000-2,000,000)÷5년]=8,400,000
  - 재평가손익 : 7,000,000-8,400,000=△1,400,000(재평가손실)
- 20x2년말 재평가
  - 장부금액 : 7,000,000-[(7,000,000-0)×$\frac{4}{1+2+3+4}$]=4,200,000
  - 재평가손익 : 6,000,000-4,200,000=1,800,000
  →∴재평가이익 1,400,000, 재평가잉여금 400,000

3. ㈜서울은 20x1년 1월 1일 ₩1,000,000에 기계장치를 취득하여 사용하기 시작하였다. 기계장치의 내용연수는 5년이고 잔존가치 없이 정액법으로 상각하며 원가모형을 적용한다. ㈜서울은 20x2년부터 기계장치에 대해서 재평가모형을 최초 적용하기로 하였다. 또한 내용연수를 재검토한 결과 당초 내용연수를 5년이 아니라 6년으로 재추정하였다. 20x2년 12월 31일 기계장치의 공정가치는 ₩700,000이다. ㈜서울이 20x2년에 인식할 기계장치의 감가상각비와 20x2년 12월 31일 재평가잉여금의 잔액은? [감평사기출]

① 감가상각비 ₩133,333, 재평가잉여금 ₩33,333
② 감가상각비 ₩133,333, 재평가잉여금 ₩0
③ 감가상각비 ₩166,667, 재평가잉여금 ₩66,667
④ 감가상각비 ₩160,000, 재평가잉여금 ₩60,000
⑤ 감가상각비 ₩160,000, 재평가잉여금 ₩0

내비게이션

- 20x1년말 장부금액 : 1,000,000-(1,000,000÷5년)=800,000
- 20x2년말 감가상각과 재평가
  - 감가상각비 : 800,000÷5년=160,000
  - 장부금액 : 800,000-160,000=640,000
  - 재평가손익 : 700,000-640,000=60,000(재평가잉여금)

4. ㈜대한은 20x1년 1월 1일 기계장치(내용연수 : 5년, 잔존가치 : ₩0, 정액법 상각)를 ₩1,000,000에 취득하였다. ㈜대한은 20x3년 1월 1일 감가상각방법을 연수합계법으로 변경하였다. 이 변경이 정액법을 적용할 경우에 비하여 20x3년 재무제표에 미치는 영향으로 옳지 않은 것은? [관세사기출]

① 영업활동현금흐름은 증가한다.
② 부채비율은 증가한다.
③ 당기순이익은 감소한다.
④ 운전자본은 영향이 없다.
⑤ 유형자산의 장부금액은 감소한다.

내비게이션

- 20x3년초 장부금액 : 1,000,000-(1,000,000÷5년×2)=600,000
- 20x3년 감가상각비 비교 : 연수합계법의 감가상각비가 100,000 증가함.
  ㉠ 정액법(변경전) : 1,000,000÷5년=200,000
  ㉡ 연수합계법(변경후) : 600,000×$\frac{3}{1+2+3}$=300,000
- ① 영업활동현금흐름에는 영향이 없다.
  ② 순이익감소 → 자본감소 → 부채비율(부채÷자본) 증가
  ③ 감가상각비 증가 → 당기순이익 감소
  ④ 유형자산 거래이므로 운전자본(유동자산)은 영향이 없다.
  ⑤ 감가상각누계액 증가 → 유형자산 장부금액 감소

Answer 1. ④ 2. ④ 3. ④ 4. ①

시험중요도 ★★☆

기본이론 제185강 오류수정 처리방법

<table>
<tr><td rowspan="3">의의</td><td>전기오류</td><td>• 과거기간 동안에 재무제표를 작성할 때 신뢰할 만한 정보를 이용하지 못했거나 잘못 이용하여 발생한 재무제표에의 누락이나 왜곡표시를 말함.</td></tr>
<tr><td>오류수정</td><td>• 전기 또는 그 이전의 재무제표에서 발생한 오류를 당기에 발견하여 수정하는 것
➡예 산술적 계산 오류, 회계정책의 적용오류, 사실의 간과, 해석의 오류 및 부정등</td></tr>
<tr><td colspan="2">보론 ① 기업의 재무상태, 재무성과 또는 현금흐름을 특정한 의도대로 표시하기 위하여 중요하거나 중요하지 않은 오류를 포함하여 작성된 재무제표는 K-IFRS에 따라 작성되었다고 할수 없음.
② 우발상황의 결과에 따라 인식되는 손익은 오류의 수정에 해당하지 아니함.</td></tr>
<tr><td rowspan="8">처리방법</td><td>개요</td><td>• 당기중에 발견한 당기 잠재적 오류는 재무제표의 발행승인일 전에 수정함.
➡그러나, 중요한 오류를 후속기간에 발견하는 경우 이러한 전기오류는 해당 후속기간의 재무제표에 비교표시된 재무정보를 재작성하여 수정함.
저자주 K-IFRS는 중요하지 않은 오류의 처리방법에 대한 규정이 없습니다!
• 전기오류의 수정은 오류가 발견된 기간의 당기손익으로 보고하지 않음.</td></tr>
<tr><td colspan="2">1 원칙</td></tr>
<tr><td>소급법
(소급적용)</td><td>• 중요한 전기오류가 발견된 이후 최초로 발행을 승인하는 재무제표에 다음의 방법으로 전기오류를 소급하여 수정함.
① 오류가 발생한 과거기간의 재무제표가 비교표시되는 경우에는 그 재무정보를 재작성함.
② 오류가 비교표시되는 가장 이른 과거기간 이전에 발생한 경우에는 비교 표시되는 가장 이른 과거기간의 자산·부채·자본의 기초금액을 재작성함.</td></tr>
<tr><td>재무제표 표시</td><td>• 소급재작성이란 전기오류가 처음부터 발생하지 않은 것처럼 재무제표 구성요소의 인식, 측정 및 공시를 수정하는 것을 말함.</td></tr>
<tr><td colspan="2">2 오류의 영향을 실무적으로 결정할수 없는 경우</td></tr>
<tr><td>특정기간만 결정불가</td><td>• 실무적으로 소급 재작성할수 있는 가장 이른 회계기간(당기일 수도 있음)에의 자산, 부채 및 자본의 기초금액을 재작성함.</td></tr>
<tr><td>과거전체 결정불가
(전진적용)</td><td>• 실무적으로 적용할수 있는 가장 이른 날부터 전진적으로 오류를 수정하여 비교정보를 재작성함.</td></tr>
<tr><td colspan="2">사례 수정후 이익잉여금과 당기순이익 계산
✪ 20x3년에 아래의 중요한 오류가 발견되었으며 20x3년도 전기이월이익잉여금과 당기순이익은 각각 ₩90,000, ₩70,000이다. 오류를 수정한 후의 20x3년도 전기이월이익잉여금과 당기순이익은?
(1) 20x1년도, 20x2년도, 20x3년도에 감가상각비를 각각 ₩10,000씩 과소계상
(2) 20x3년 매출 ₩20,000을 20x2년 매출로 처리</td></tr>
</table>

수정전	전기이월이익잉여금(90,000)	당기순이익(70,000)
x1년 감가상각비 과소→이익과대 10,000	(10,000)	-
x2년 감가상각비 과소→이익과대 10,000	(10,000)	-
x3년 감가상각비 과소→이익과대 10,000	-	(10,000)
x2년 매출 과대→이익과대 20,000	(20,000)	-
x3년 매출 과소→이익과소 20,000	-	20,000
수정후	50,000	80,000

FINAL 객관식뽀개기 실전적중문제

1. ㈜관세는 20x3년에 회계기록을 검토하던 중 20x1년 기말재고자산은 ₩500 그리고 20x2년 기말재고자산은 ₩1,000이 각각 과소평가되었음을 확인하였다. 이러한 재고자산 평가의 오류가 20x1년과 20x2년 당기순이익에 미친 영향은? [관세사기출]

	20x1년	20x2년
①	₩500 과대	₩500 과대
②	₩500 과대	₩1,000 과소
③	₩500 과대	₩1,000 과대
④	₩500 과소	₩1,000 과소
⑤	₩500 과소	₩500 과소

내비게이션

- 20x1년 기말재고 과소계상(=20x2년 기초재고 과소계상)의 영향
  ㉠ 20x1년 기말과소 → 매출원가과대 → 20x1년 이익 500 과소
  ㉡ 20x2년 기초과소 → 매출원가과소 → 20x2년 이익 500 과대
- 20x2년 기말재고 과소계상의 영향
  20x2년 기말과소 → 매출원가과대 → 20x2년 이익 1,000 과소

∴20x1년 : 이익 500 과소
20x2년 : 이익 500 과대+이익 1,000 과소=이익 500 과소

2. 다음 중 회계정책, 회계추정의 변경 및 오류에 관한 설명으로 옳은 것은? [관세사기출]

① 전기오류의 수정은 오류가 발견된 기간의 당기손익으로 보고한다.
② 당기에 미치는 회계추정의 변경효과는 당기손익으로 인식하고, 미래기간에 미치는 회계추정의 변경효과는 당기의 기타포괄손익으로 인식한다.
③ 회계정책의 변경과 회계추정의 변경을 구분하는 것이 어려운 경우에는 이를 회계추정의 변경으로 보아 전진적용한다.
④ 우발상황의 결과에 따라 인식되는 손익은 오류의 수정에 해당한다.
⑤ 측정기준의 변경은 회계정책의 변경이 아니라 회계추정의 변경에 해당한다.

내비게이션

- ① 전기오류의 수정은 오류가 발견된 기간의 당기손익으로 보고하지 않는다. 따라서 과거 재무자료의 요약을 포함한 과거기간의 정보는 실무적으로 적용할 수 있는 최대한 앞선 기간까지 소급재작성한다.
  ② 당기에 미치는 변경의 효과는 당기손익으로 인식하며, 미래기간에 영향을 미치는 변경의 효과는 해당 미래기간의 손익으로 인식한다.
  ④ 우발상황의 결과에 따라 인식되는 손익은 오류의 수정에 해당하지 아니한다.
  ⑤ 측정기준의 변경은 회계정책의 변경이 아니라 회계추정의 변경에 해당한다.

3. ㈜서울은 20x1년도 기말재고를 과대계상하였다. 동 오류는 20x2년 중 발견되지 않았으며, 20x2년말 재고조사에서는 오류가 없었다. 20x1년도 기말재고자산 오류가 ㈜서울의 재무제표에 미치는 영향에 대한 설명으로 옳은 것은? [관세사기출]

① 20x2년도 기초재고자산이 과대계상된다.
② 20x2년도 매출총이익이 과대계상된다.
③ 20x2년도 기말이익잉여금이 과소계상된다.
④ 20x1년도 당기순이익이 과소계상된다.
⑤ 20x1년도 매출원가가 과대계상된다.

내비게이션

- 20x1년 기말재고 과대계상(=20x2년 기초재고 과대계상)의 영향
  ㉠ 20x1년 기말과대 → 매출원가과소(매출총이익과대) → 20x1년 이익과대
  ㉡ 20x2년 기초과대 → 매출원가과대(매출총이익과소) → 20x2년 이익과소
- ② 20x2년도 매출총이익이 과소계상된다.
  ③ 20x1년 이익과대와 20x2년 이익과소가 상쇄되므로, 20x2년도 기말이익잉여금은 적정하게 계상된다.
  ④ 20x1년도 당기순이익이 과대계상(이익과대)된다.
  ⑤ 20x1년도 매출원가가 과소계상된다.

서술형Correction연습

❒ 전기오류란 과거기간동안에 재무제표를 작성할 때 신뢰할 만한 정보를 이용하였으나 발생한 재무제표에의 누락이나 왜곡표시를 말한다.

➲ (X) : 이용하였으나(X) → 이용하지 못했거나 잘못 이용하여(O)

❒ 재고자산 단위원가 계산방법을 후입선출법에서 가중평균법으로 변경은 회계정책의 변경에 해당한다.

➲ (X) : 후입선출법은 인정되지 않으므로 오류수정에 해당한다.

❒ 중요하지 않은 오류를 포함하여 작성된 재무제표까지 K-IFRS에 따라 작성되지 않았다고는 할수 없다.

➲ (X) : 중요하거나 중요하지 않은 오류를 포함하여 작성된 재무제표는 한국채택국제회계기준에 따라 작성되었다고 할 수 없다.

Answer 1. ⑤ 2. ③ 3. ①

시험중요도 ★★★

기본이론 제186강 자동조정적 오류수정(1)

수정방법

발견시점	수정
오류발생연도에 발견시	• 관련손익수정+자산·부채항목수정
다음연도 마감(=이익잉여금대체 완료)전 발견시	• 당기손익항목수정+이익잉여금
다음연도 마감후 발견시	• 자동조정되므로 수정 불요

재고자산

분석방법
- 전기 : 기말재고 과대 ➡ 매출원가 과소 ➡ 이익과대
- 당기 : 기초재고 과대 ➡ 매출원가 과대 ➡ 이익과소

사례 재고자산 오류수정

◎ 전기 기말재고가 ₩50,000 과대계상되었고, 당기 기말재고가 ₩30,000 과대계상됨.

풀이

		차변	금액	대변	금액
• 전기 마감전 발견시	:	(차) 매출원가	50,000	(대) 상품	50,000
• 당기 마감전 발견시	: ①	(차) 이익잉여금	50,000	(대) 매출원가	50,000
	②	(차) 매출원가	30,000	(대) 상품	30,000
• 당기 마감후 발견시	: ①	- 회계처리없음(자동조정됨) -			
	②	(차) 이익잉여금	30,000	(대) 매출원가	30,000

매입 · 매출 (재고적정시)

분석방법
- 전기 : 매입(매입채무) 과소 ➡ 매출원가 과소 ➡ 이익과대
- 당기 : 매입(매입채무) 과대 ➡ 매출원가 과대 ➡ 이익과소

- 전기 : 매출(매출채권) 과대 ➡ 이익과대
- 당기 : 매출(매출채권) 과소 ➡ 이익과소

사례 매입 · 매출의 기간구분 오류수정(재고적정시)

◎ 전기외상매입 ₩10,000을 당기매입처리, 당기외상매출 ₩10,000을 전기매출처리(재고자산은 적정계상)

풀이

매입

	차변	금액	대변	금액
• 전기 마감전 발견시	: (차) 매출원가	10,000	(대) 매입채무	10,000
• 당기 마감전 발견시	: (차) 이익잉여금	10,000	(대) 매출원가	10,000

매출

	차변	금액	대변	금액
• 전기 마감전 발견시	: (차) 매출	10,000	(대) 매출채권	10,000
• 당기 마감전 발견시	: (차) 이익잉여금	10,000	(대) 매출	10,000

참고 당기 마감후 발견시는 회계처리 없음.

선급비용 미수수익

분석방법
- 전기 : 선급비용(미수수익) 과소 ➡ 비용과대(수익과소) ➡ 이익과소
- 당기 : 비용과소(수익과대) ➡ 이익과대

사례 선급비용 오류수정

◎ 20x1.7.1~20x2.6.30 보험료 ₩10,000을 전액 전기인 20x1의 비용으로 처리함(즉, 선급비용과소계상)

	차변	금액	대변	금액
• 전기 마감전 발견시	: (차) 선급보험료	5,000	(대) 보험료	5,000
• 당기 마감전 발견시	: (차) 보험료	5,000	(대) 이익잉여금	5,000
• 당기 마감후 발견시	: - 회계처리 없음 -			

FINAL 객관식뽀개기 실전적중문제

1. ㈜감평의 20x2년도 회계오류 수정 전 법인세비용차감전순이익은 ₩500,000이다. 오류수정과 관련된 자료는 다음과 같다. 회계오류 수정 후 ㈜감평의 20x2년도 법인세비용차감전순이익은? [감평사기출]

	20x1년	20x2년
기말재고자산 과대(과소)계상	₩12,000 과소	₩5,000 과대
선급비용을 당기비용으로 처리	₩4,000	₩3,000

① ₩476,000 ② ₩482,000 ③ ₩486,000
④ ₩488,000 ⑤ ₩492,000

내비게이션

• 이익분석

	20x1년	20x2년
20x1년 기말재고 과소	이익 12,000↓	이익 12,000↑
20x2년 기말재고 과대	-	이익 5,000↑
20x1년 선급비용 과소	이익 4,000↓	이익 4,000↑
20x2년 선급비용 과소	-	이익 3,000↓
	이익 16,000↓	이익 18,000↑

• 20x2년 이익과대 18,000이므로 오류수정으로 18,000 감소시킴.
∴500,000-18,000=482,000

2. ㈜한국의 20x1년도 재무제표에는 기말 재고자산이 ₩750 과소계상 되어있으나, 20x2년도 기말 재고자산은 정확하게 계상되어 있다. 동 재고자산 오류가 수정되지 않은 ㈜한국의 20x1년도와 20x2년도 당기순이익은 각각 ₩3,800과 ₩2,700이다. ㈜한국은 오류를 수정하여 비교재무제표를 재작성하고자 한다. 20x1년초 이익잉여금이 ₩11,500인 경우, 20x2년말 이익잉여금은? [감평사기출]

① ₩14,200 ② ₩15,200 ③ ₩15,950
④ ₩18,000 ⑤ ₩18,750

• 이익분석

	20x1년	20x2년
20x1년 기말재고 과소	이익 750↓	이익 750↑
정확한 당기순이익	3,800+750=4,550	2,700-750=1,950

∴20x2년말 이익잉여금 : 11,500+4,550+1,950=18,000
*[별해] 자동조정되므로 11,500+3,800+2,700=18,000

3. ㈜서울의 20x1년과 20x2년 결산 마감 후 매출원가는 다음과 같다.

	20x1년	20x2년
매출원가	₩1,000,000	₩1,500,000

20x3년에 ㈜서울의 회계담당자는 20x0년말 재고자산이 ₩200,000 과소계상되었고, 20x1년말 재고자산이 ₩100,000 과소계상되었음을 알게 되었으며, 동 오류에 대해서 어떠한 수정도 없었음을 확인하였다. 동 오류가 재무제표에 미치는 영향으로 옳지 않은 것은? [감평사기출]

① ㈜서울의 20x1년말 재무상태표상 이익잉여금은 ₩100,000 만큼 과소계상되어 있다.
② ㈜서울의 20x2년 포괄손익계산서상 당기순이익이 ₩3,000,000이었다면, 20x2년의 정확한 당기순이익은 ₩2,900,000이다.
③ ㈜서울의 20x1년의 오류수정 후 매출원가는 ₩900,000이다.
④ ㈜서울의 20x2년말 재무상태표상 이익잉여금은 적정하게 계상되어 있다.
⑤ ㈜서울의 20x2년의 오류수정 후 매출원가는 ₩1,600,000이다.

내비게이션

• 매출원가 분석
㉠ 20x0년 기말재고 과소분
- 20x0년 : 기말재고 200,000↓ → 매출원가 200,000↑ → 이익 200,000↓
- 20x1년 : 기초재고 200,000↓ → 매출원가 200,000↓ → 이익 200,000↑
㉡ 20x1년 기말재고 과소분
- 20x1년 : 기말재고 100,000↓ → 매출원가 100,000↑ → 이익 100,000↓
- 20x2년 : 기초재고 100,000↓ → 매출원가 100,000↓ → 이익 100,000↑

• 이익잉여금 분석

	20x0년	20x1년	20x2년
20x0년 기말과소	이익 200,000↓	이익 200,000↑	-
20x1년 기말과소		이익 100,000↓	이익 100,000↑
	이익 200,000↓	이익 100,000↑	이익 100,000↑

• ① 20x0년 200,000↓+20x1년 100,000↑=100,000↓
② 20x2년 이익과대 100,000이므로 3,000,000-100,000=2,900,000
③ 20x1년 매출원가 200,000↓+20x1년 매출원가 100,000↑=100,000↓
따라서, 오류수정후 매출원가는 1,000,000+100,000=1,100,000
④ 이익 200,000↓+이익 100,000↑+이익 100,000↑=0
따라서, 이익잉여금은 자동조정되어 적정하다.
⑤ 매출원가 100,000↓
따라서, 오류수정후 매출원가는 1,500,000+100,000=1,600,000

Answer 1. ② 2. ④ 3. ③

시험중요도 ★★★

기본이론 제187강 자동조정적 오류수정(2)

선수수익 미지급비용

분석방법	• 전기 : 선수수익(미지급비용) 과소 ➡ 수익과대(비용과소) ➡ 이익과대 • 당기 : 수익과소(비용과대) ➡ 이익과소

사례 선수수익 오류수정

◎ 20x1.7.1~20x2.6.30 임대수익 ₩10,000을 전액 전기인 20x1의 수익으로 처리함(즉, 선수수익과소계상)

- 전기 마감전 발견시 : (차) 임대수익 5,000 (대) 선수임대료 5,000
- 당기 마감전 발견시 : (차) 이익잉여금 5,000 (대) 임대수익 5,000
- 당기 마감후 발견시 : - 회계처리 없음 -

사례 이연 · 발생계정 오류수정

◎ ㈜이정도쯤이야의 당기순이익은 20x1년에 ₩1,000,000, 20x2년에 ₩1,300,000이며, 20x2년말 이익잉여금은 ₩3,000,000으로 보고하였다. 20x2년말에 장부가 마감 되기전 다음의 중요한 오류를 수정하였다. 20x2년의 수정후 당기순이익은 얼마인가?

구분	20x1년	20x2년
선급비용 과소계상	₩30,000	₩50,000
미지급비용의 누락	₩60,000	₩80,000
미수수익의 누락	₩40,000	₩70,000

구분	20x1년	20x2년
선수수익 과소계상	₩90,000	₩100,000
기말재고자산과대	₩80,000	₩120,000

- 수정전 당기순이익(1,300,000)-전기선급비용(30,000)+당기선급비용(50,000)+전기미지급비용(60,000) -당기미지급비용(80,000)-전기미수수익(40,000)+당기미수수익(70,000)+전기선수수익(90,000)-당기선수수익(100,000)+전기기말재고자산(80,000)-당기기말재고자산(120,000)
  =수정후 당기순이익(1,280,000)

고속철 자동조정적오류의 이익에의 영향

x1년	x2년
자산과소 → 이익과소('+' 방향)	이익과대(x1년과 반대)
부채과소 → 이익과대('–' 방향)	이익과소(x1년과 반대)

매입 · 매출 (재고오류시)

분석방법	• 재고자산(기말재고)이 과대·과소계상되는지 살펴 그 영향을 추가로 고려해야 함.

사례 매입 · 매출의 기간구분 오류수정(재고오류시)

◎전기외상매입 ₩10,000을 당기매입처리, 이는 전기 재고자산에 포함되지 않음.

매입

- 전기 마감전 발견시 : (차) 매출원가 10,000 (대) 매입채무 10,000
- 당기 마감전 발견시 : (차) 이익잉여금 10,000 (대) 매출원가 10,000

재고자산

- 전기 마감전 발견시 : (차) 상품 10,000 (대) 매출원가 10,000
- 당기 마감전 발견시 : (차) 매출원가 10,000 (대) 이익잉여금 10,000

FINAL 객관식뽀개기 실전적중문제

1. ㈜합격은 특정 수익·비용 항목에 대하여 현금주의에 따라 회계처리하면서 기말수정분개를 누락하였다. 관련 항목에 대하여 발생주의에 따라 올바르게 수정분개한 경우 계정잔액은 다음과 같다. 단, 선급보험료는 20x2년 7월초에 2년치 보험료를 지급한 것이다. 아래 항목에 대한 오류를 적절히 수정했을 때 20x2년 법인세비용차감전순이익에 미치는 영향은 얼마인가? ㈜합격의 회계기간은 1월 1일부터 12월 31일이며, 회계오류는 중요한 오류에 해당한다.

수익·비용 항목	20x1년말	20x2년말
선급보험료	₩0	₩900
미수이자	₩5,250	₩6,750
미지급급여	₩4,800	₩3,600
미지급이자	₩6,000	₩4,500
선수임대료	₩4,000	₩2,500
선수금	₩5,500	₩6,000

① 법인세비용차감전순이익 ₩15,050 감소
② 법인세비용차감전순이익 ₩8,950 감소
③ 법인세비용차감전순이익 ₩2,500 증가
④ 법인세비용차감전순이익 ₩3,600 증가
⑤ 법인세비용차감전순이익 ₩6,100 증가

내비게이션

- 올바르게 수정분개를 한후 계정잔액만큼 모두 과소계상되었음을 의미한다.
- 오류분석

	20x1년	20x2년
당기 선급보험료 과소계상	-	이익 900↓
전기 미수이자 과소계상 당기 미수이자 과소계상	이익 5,250↓ -	이익 5,250↑ 이익 6,750↓
전기 미지급급여 과소계상 당기 미지급급여 과소계상	이익 4,800↑ -	이익 4,800↓ 이익 3,600↑
전기 미지급이자 과소계상 당기 미지급이자 과소계상	이익 6,000↑ -	이익 6,000↓ 이익 4,500↑
전기 선수임대료 과소계상 당기 선수임대료 과소계상	이익 4,000↑ -	이익 4,000↓ 이익 2,500↑
전기 선수금 과소계상 (전기 매출 과대계상)	이익 5,500↑	이익 5,500↓
당기 선수금 과소계상 (당기 매출 과대계상)	-	이익 6,000↑
	이익 15,050↑	이익 6,100↓

∴이익과소 : 6,100 →오류수정후 법인세비용차감전순이익 6,100 증가

2. ㈜합격은 20x3년말 장부마감 전 과거 3년간의 회계장부를 검토한 결과 다음과 같은 오류사항을 발견하였다. 이들은 모두 중요한 오류로 3회계연도를 통합해서 볼 때 이들 오류들을 수정하는 경우 20x3년말 이익잉여금의 변동으로 올바른 것은 얼마인가?

(1) 미지급급여는 20x1년에는 ₩17,000 과소계상, 20x2년에는 ₩15,000 과대계상, 20x3년에는 ₩13,000이 과소계상되었다.
(2) 말재고자산은 20x1년에는 ₩28,000 과소계상, 20x2년에는 ₩40,000 과소계상, 20x3년에는 ₩32,000이 과대계상 되었다.
(3) 20x2년에 보험료로 처리한 금액 중 ₩10,000은 20x3년도 보험료의 선납분이었다.

① ₩45,000 감소　② ₩45,000 증가
③ ₩61,000 감소　④ ₩61,000 증가
⑤ ₩110,000 감소

내비게이션

- 20x1년/20x2년 오류는 모두 자동조정되므로 이익잉여금에 변동이 없다.
- 오류분석

	20x3년
당기 미지급급여 과소계상	이익 13,000↑
당기 기말재고 과대계상	이익 32,000↑
	이익 45,000↑

∴오류수정후 이익잉여금 45,000 감소

시험중요도 ★★★

기본이론 제188강 비자동조정적 오류수정

구분	항목	내용
개요	의의	• 오류발생연도와 다음연도 장부마감후에도 오류가 자동적으로 상쇄되지 않는 오류임.
	접근방법	• 수정분개를 하는 것이 효율적인 접근방법임.
오류수정 방법	마감전	◉ (전기까지 회사측역분개+전기까지 올바른 분개)하여 상계후 손익이 이익잉여금 ◉ 당기수정분개
	마감후	◉ (당기까지 회사측역분개+당기까지 올바른 분개)하여 상계후 손익이 이익잉여금

저자주 회사측분개와 올바른분개를 비교하여 수정분개를 하는 방법으로 모든 교재가 풀이하고 있으나, 위와 같이 접근하는 것이 문제가 복잡해질 경우 수월하게 답을 도출할수 있습니다.

주의 ① 당기순이익에의 영향을 물을 때 : 해당연도 회사분개와 올바른분개 비교하여 이익차이파악
② 이익잉여금에의 영향을 물을 때 : 모든연도 회사분개와 올바른분개 비교하여 잉여금차이파악

세부고찰

사례 감가상각의 오류

✪ 20x1년초 ₩100,000에 구입한 기계장치를 구입즉시 수선유지비로 처리하였음을 20x2년말 발견하였음.기계장치의 내용연수 5년, 잔존가치 없으며, 감가상각방법은 정액법임.

풀이

1. 20x2년말 장부마감전인 경우

① 전기까지 회사측 역분개

(차) 현금	100,000	(대) 수선유지비	100,000

② 전기까지 올바른 분개

(차) 기계장치	100,000	(대) 현금	100,000
감가상각비	20,000	(대) 감가상각누계액	20,000

③ '①+②' 를 하여 상계후 손익을 이익잉여금(전기오류수정손익)으로 일단 계상하면,

(차) 기계장치	100,000	(대) 감가상각누계액	20,000
		(대) 이익잉여금	80,000

④ 당기수정분개

(차) 감가상각비	20,000	(대) 감가상각누계액	20,000

∴ '③+④' 를 하여 최종 분개를 완성함.

(차) 기계장치	100,000	(대) 감가상각누계액	40,000
감가상각비	20,000	이익잉여금	80,000

2. 20x2년말 장부마감후인 경우

① 당기까지 회사측 역분개

(차) 현금	100,000	(대) 수선유지비	100,000

② 당기까지 올바른 분개

(차) 기계장치	100,000	(대) 현금	100,000
감가상각비	40,000	(대) 감가상각누계액	40,000

∴ '①+②' 를 하여 상계후 손익을 이익잉여금으로 계상하여, 최종 분개를 완성함.

(차) 기계장치	100,000	(대) 감가상각누계액	40,000
		이익잉여금	60,000

FINAL 객관식뽀개기 실전적중문제

1. ㈜관세는 기말 결산시에 다음과 같은 회계오류를 발견하였다. 회계연도말 자본과 비유동자산을 모두 과대계상하게 되는 오류는? [관세사기출]

① 기계장치에 대한 감가상각비의 과소계상
② 매출채권에 대한 대손충당금의 과소계상
③ 비유동자산의 취득원가를 취득시점에 전액 비용처리
④ 기말 재고자산의 과대계상
⑤ 선급비용 과소계상

내비게이션

• 오류수정분개(누락한 분개)를 하면 다음과 같다.
① (차) 감가상각비 xxx (대) 감가상각누계액 xxx
→ 자본과대(비용과소), 비유동자산과대(기계장치과대)
② (차) 대손상각비 xxx (대) 대손충당금 xxx
→ 자본과대(비용과소), 유동자산과대(매출채권과대)
③ (차) 비유동자산 xxx (대) 비용 xxx
→ 자본과소(비용과대), 비유동자산과소
④ (차) 매출원가 xxx (대) 재고자산 xxx
→ 자본과대(비용과소), 유동자산과대(재고자산과대)
⑤ (차) 선급비용 xxx (대) 비용 xxx
→ 자본과소(비용과대), 유동자산과소(선급비용과소)

2. ㈜합격은 연말 결산시에 다음과 같은 회계오류를 발견하였다. 이 중에서 회계연도말 유동자산과 자본을 모두 과대계상하게 되는 것은 무엇인가?

① 선급비용의 과소계상
② 미지급비용의 과소계상
③ 장기매출채권을 유동자산으로 잘못 분류함
④ 매출채권에 대한 대손충당금의 과소계상
⑤ 영업용 건물에 대한 감가상각비의 과소계상

내비게이션

• 오류수정분개(누락한 분개)를 하면 다음과 같다.
① (차) 선급비용 xxx (대) 비용 xxx
→ 유동자산과소, 자본과소
② (차) 비용 xxx (대) 미지급비용 xxx
→ 유동부채과소, 자본과대
③ (차) 장기매출채권 xxx (대) 매출채권 xxx
→ 유동자산과대, 자본불변
④ (차) 대손상각비 xxx (대) 대손충당금 xxx
→ 유동자산과대, 자본과대
⑤ (차) 감가상각비 xxx (대) 감가상각누계액 xxx
→ 비유동자산과대, 자본과대

Answer 1. ① 2. ④

시험중요도 ★★☆

기본이론 제189강 감가상각비 오류수정

세부고찰 I

사례 감가상각비의 계상 오류

㈜합격자명단의내이름은 20x3년도에 처음으로 회계감사를 받게 되어 과거 3년간의 회계 장부를 검토한 결과 아래와 같은 사항들이 발견되었다. 오류는 중요한 오류로 간주되었으며, 장부는 마감되지 아니하였다. 20x3년도 당기순이익이 ₩540,000일 때 오류수정 후의 20x3년도 당기순이익은 얼마인가?

(1) 기말재고자산은 20x1년도에 ₩35,000 과대계상되었고, 20x2년도에 ₩40,000 과소계상되었으며, 20x3년도에 ₩50,000 과소계상되었다.
(2) 감가상각비는 20x1년도, 20x2년도, 20x3년도에 각각₩10,000씩 과소계상되었다.
(3) 미지급급료는 20x2년도에 ₩38,000 과소계상, 20x3년도에 ₩35,000 과대계상되었다.

풀이

	20x2년	20x3년
• 전기 기말재고 과소계상	이익과소 40,000	이익과대 40,000
• 당기 기말재고 과소계상	-	이익과소 50,000
• 당기 감가상각비 과소계상	-	비용과소 10,000
• 전기 미지급비용 과소계상	이익과대 38,000	이익과소 38,000
• 당기 미지급비용 과대계상	-	이익과소 35,000
	이익과소 2,000	이익과소 73,000

∴오류수정으로 20x3년 당기순이익은 73,000 증가
→수정후 당기순이익 : 수정전 당기순이익(540,000)+73,000=613,000

세부고찰 II

사례 개발비(자산)의 비용처리 오류

㈜오드리햇반은 20x2년도의 재무제표를 작성하던 중 다음의 두가지 오류를 발견하였다. 이 두가지 오류는 모두 중요한 오류라고 판단된다. 20x2년의 장부가 아직 마감되지 않았다. 이 두가지 오류의 수정으로 인해 20x1년도와 20x2년도 법인세비용차감전순이익은 각각 얼마나 증가 혹은 감소하겠는가?

(1) 20x1년의 기말재고자산을 ₩10,000만큼 과대평가하였으며, 20x2년의 기말재고자산을 ₩6,000만큼 과소평가하였다.
(2) 20x1년 1월 1일에 연구개발비로 지출한 ₩50,000 중 ₩20,000은 무형자산인 개발비 항목으로 인식하는 것이 합당함에도 불구하고 ₩50,000전액을 비용처리 하였다. 개발비는 내용연수를 5년으로 하고 정액법으로 상각한다. 이 개발비의 상각은 다른 자산의 제조와 관련이 없다.

	20x1년	20x2년
• 전기 기말재고 과대계상	이익과대 10,000	이익과소 10,000
• 당기 기말재고 과소계상	-	이익과소 6,000
• 전기 자산을 비용처리	비용과대 16,000	비용과소 4,000
	이익과소 6,000	이익과소 12,000

∴오류수정으로 20x1년 6,000증가, 20x2년 12,000증가

FINAL 객관식뽀개기 실전적중문제

1. ㈜관세는 20x1년도의 결산과정에서 다음의 중요한 오류를 발견하였다.

- 20x0년과 20x1년의 기말재고자산을 각각 ₩8,000과 ₩3,000 과소계상하였다.
- 20x1년초에 연구비(당기비용)로 처리하여야 할 지출액 ₩20,000을 모두 무형자산으로 인식하고, 1년 간의 무형자산상각비(당기비용)로 ₩4,000을 인식하였다.

20x1년도의 오류수정 전 법인세비용차감전순이익이 ₩500,000인 경우, 오류수정 후 ㈜관세의 20x1년도 법인세비용차감전순이익은?(단, ㈜관세의 20x1년도 장부는 아직 마감되지 않았고, 재고자산에 대한 장부기록방법으로 실지재고조사법을 사용한다고 가정한다.)

[관세사기출]

① ₩472,000 ② ₩476,000 ③ ₩479,000
④ ₩516,000 ⑤ ₩521,000

• 이익분석

	20x0년	20x1년
20x0년 기말재고 과소	이익 8,000↓	이익 8,000↑
20x1년 기말재고 과소	-	이익 3,000↓
당기비용을 자산처리	-	비용 16,000↓
	이익 8,000↓	이익 21,000↑

• 20x1년 이익과대 21,000이므로 오류수정으로 21,000 감소시킴.
∴500,000-21,000=479,000

2. ㈜한국은 20x2년도 재무제표 작성 중에 다음과 같은 오류를 발견하였다.

(1) 20x1년 기말재고자산을 ₩20,000 과대평가하였으며, 20x2년 기말재고자산을 ₩6,000 과소평가하였다.
(2) 20x1년 미지급급여를 ₩3,000 과소계상하였으며, 20x2년 미지급급여를 ₩2,000 과대계상하였다.
(3) 20x1년초 ₩20,000에 취득한 유형자산을 취득시 전액 비용으로 처리하였다. 유형자산은 내용연수 5년, 잔존가치 ₩0, 정액법으로 감가상각한다.
(4) 매년 무형자산상각비를 ₩1,000 누락하였다.

20x2년의 장부가 아직 마감되지 않았다면, 이러한 오류수정으로 인해 ㈜한국의 20x2년도 당기순이익과 20x2년 기말이익잉여금은 각각 얼마나 증가하는가? 단, 오류사항은 모두 중요한 오류로 간주하며, 실무적으로 적용할 수 있는 범위 내에 있다. 유형자산에 대해서는 원가모형을 적용한다.

[세무사기출]

	당기순이익	기말이익잉여금
①	₩20,000	₩19,000
②	₩26,000	₩18,000
③	₩26,000	₩19,000
④	₩27,000	₩18,000
⑤	₩27,000	₩19,000

내비게이션

• 오류분석

	20x1년	20x2년
20x1년 기말재고 과대	이익 20,000↑	이익 20,000↓
20x2년 기말재고 과소	-	이익 6,000↓
20x1년 미지급비용 과소	이익 3,000↑	이익 3,000↓
20x2년 미지급비용 과대	-	이익 2,000↓
자산취득 처리오류	비용 16,000↑	비용 4,000↓
무형자산상각비 오류	비용 1,000↓	비용 1,000↓
	이익 8,000↑	이익 26,000↓

• 20x2년 당기순이익
20x2년 이익과소 26,000이므로 오류수정으로 26,000증가
• 20x2년말 이익잉여금
20x1년과 20x2년 합계 이익과소 18,000이므로 오류수정으로 18,000 증가

Answer 1. ③ 2. ②

시험중요도 ★★☆

기본이론 제190강 자산의 비용처리/전환사채 오류수정

세부고찰 I

사례 자본적지출의 비용처리 오류

㈜어이없는까임은 20x2년도 재무제표를 감사받던 중 몇 가지 오류사항을 지적받았다. 다음 오류사항들을 20x2년도 재무제표에 수정·반영할 경우, 전기이월이익잉여금과 당기순이익에 미치는 영향은 얼마인가? 단, 오류사항은 모두 중요한 오류로 간주한다. 건물에 대해서는 원가모형을 적용하며, 감가상각은 월할계산한다. 또한 20x2년도 장부는 마감되지 않았다고 가정한다.

(1) 20x1년 1월 1일에 본사 건물을 ₩1,000,000(잔존가치 ₩0, 정액법 상각)에 취득하였는데 감가상각에 대한 회계처리를 한 번도 하지 않았다. 20×2년 12월 31일 현재 동 건물의 잔존내용연수는 8년이다.
(2) 20x1년 7월 1일에 동 건물의 미래효익을 증가시키는 냉난방설비를 부착하기 위한 지출을 하였으며 ₩190,000이 발생하였는데, 이를 수선비로 처리하였다.
(3) 20x1년 4월 1일에 가입한 정기예금의 이자수령 약정일은 매년 3월 31일이다. ㈜어이없는까임은 20×1년 말과 20x2년 말에 정기예금에 대한 미수이자 ₩50,000을 계상하지 않고, 실제 이자를 받은 이자수령일에 수익으로 인식하는 회계처리를 하였다.

	20x1년	20x2년
• 감가상각비 미인식	이익과대 100,000[1]	이익과대 100,000
• 자산을 비용처리	비용과대 180,000[2]	비용과소 20,000[3]
• 전기 미수이자 과소계상	이익과소 50,000	이익과대 50,000
• 당기 미수이자 과소계상	-	이익과소 50,000
	이익과소 130,000	이익과대 120,000

[1] $1,000,000 \div 10\text{년} = 100,000$

[2] $190,000 - 190,000 \times \dfrac{6\text{개월}}{114\text{개월}(=9.5\text{년})} = 180,000$

[3] $190,000 \times \dfrac{12\text{개월}}{114\text{개월}(=9.5\text{년})} = 20,000$

∴오류수정후 전기이월이익잉여금 130,000 증가, 당기순이익 120,000 감소

세부고찰 II

사례 전환사채이자비용의 계상 오류

㈜선녀와도박꾼은 20x1년초에 액면 ₩100,000인 전환사채(표시이자율 7%, 일반사채의 유효이자율 12%)를 액면발행하였으며, 20x1년말 50%가 전환청구되었고, 회사는 전환사채의 표시이자를 지급하는 회계처리를 하였으나 전환권조정 상각 및 전환에 관한 회계처리를 하지 않았다. 한편, 20x1년 전환시점에 재무상태표에는 동 전환사채와 관련하여 전환권대가 ₩534, 사채상환할증금 ₩9,930, 전환권조정 ₩10,464이 계상되어 있다. 오류수정분개를 한 경우 이자비용의 추가계상액은?

• 장부금액 : 100,000+9,930-10,464=99,466
• 추가계상 이자비용 : 99,466×12%-100,000×7%=4,936

→ 올바른 회계처리 : (차) 이자비용 11,936 (대) 현금 7,000
　　　　　　　　　　　　　　　　　　　　　　전환권조정 4,936

FINAL 객관식뽀개기 실전적중문제

1. ㈜합격의 회계담당자는 20x3년도 장부를 마감하기 전에 다음과 같은 오류사항을 발견하였으며, 모두 중요한 오류에 해당한다.

(1) ㈜합격은 20x2년초에 사무실을 임차하고 2년치 임차료 ₩360,000을 미리 지급하면서 선급임차료로 기록하였다. 이와 관련하여 ㈜합격은 20x3년말에 다음과 같이 수정분개하였다.

(차) 임차료 360,000 (대) 선급임차료 360,000

(2) ㈜합격은 실지재고조사법을 적용하면서 선적지인도조건으로 매입하여 매기말 현재 운송중인 상품을 기말재고자산에서 누락하였다. 이로 인해 20x1년말의 재고자산이 ₩150,000 과소계상되었으며, 20x2년말의 재고자산도 ₩200,000 과소계상되었다. 과소계상된 재고자산은 모두 그 다음 연도에 판매되었다.

(3) 20x2년초 ㈜합격은 정액법으로 감가상각하고 있던 기계장치에 대해 ₩100,000의 지출을 하였다. 동 지출은 기계장치의 장부금액에 포함하여 인식하여야 하는데, ㈜합격은 이를 전액 수선비로 회계처리하였다. 20x3년말 현재 동 기계장치의 잔존내용연수는 3년이다.

위 오류사항에 대한 수정효과가 ㈜합격의 20x3년 전기이월이익잉여금과 당기순이익에 미치는 영향은 얼마인가?

	전기이월이익잉여금	당기순이익
①	₩80,000 증가	₩40,000 감소
②	₩100,000 증가	₩40,000 감소
③	₩80,000 증가	₩220,000 감소
④	₩100,000 증가	₩220,000 감소
⑤	영향없음	영향없음

내비게이션

• 오류분석

	20x1년	20x2년	20x3년
선급비용 과대	-	이익 180,000↑	이익 180,000↓
20x1년 기말과소	이익 150,000↓	이익 150,000↑	-
20x2년 기말과소	-	이익 200,000↓	이익 200,000↑
자산을 비용처리		비용 80,000[1] ↑	비용 20,000[2] ↓
	이익 150,000↓	이익 50,000↑	이익 40,000↑

[1] 100,000−100,000÷5년=80,000

[2] 80,000÷4년=20,000

• 20x3년 당기순이익
 - 20x3년 이익과대 40,000이므로 오류수정으로 40,000감소

• 20x3년말 전기이월이익잉여금(=20x2년말 이익잉여금)
 - 20x1년, 20x2년 합계 이익과소 100,000이므로 오류수정으로 100,000 증가

보론 기타 계정과목 오류수정

1 사채할인발행차금

20x2년 9월 1일에 사채를 발행, 액면 100,000, 발행가 92,796, 표시이자율 9%, 유효이자율 12%, 매년 8월 31일에 이자지급, 20x2년말 회사는 표시이자만 미지급이자로 계상함.

회사 회계처리	(차) 이자비용 3,000[1] (대) 미지급이자 3,000
올바른 회계처리	(차) 이자비용 3,712[2] (대) 미지급이자 3,000 / 사발차 712
당기 오류수정	(차) 이자비용 712 (대) 사발차 712

[1] 100,000×9%×4/12=3,000 [2] 92,796×12%×4/12=3,712

2 이연법인세

당기법인세 60,000을 법인세비용 계상. 기초 이연법인세자산 24,000, 기말 누적 차감할일시적차이는 전기 이월분 포함 100,000, 차기이후 법인세율은 30%

회사 회계처리	(차) 법인세비용 60,000 (대) 미지급법인세 60,000
올바른 회계처리	(차) 법인세비용 54,000 / 이·법자산 6,000 (대) 미지급법인세 60,000
당기 오류수정	(차) 이·법자산 6,000 (대) 법인세비용 6,000

3 주식기준보상

당기 20x2년초 주식기준보상과 관련하여 주식결제형 10개를 부여함. 용역제공기간은 3년, 공정가치 @300, 회사는 당기에 장기미지급비용 600을 계상함.

회사 회계처리	(차) 주식보상비용 600 (대) 장기미지급비용 600
올바른 회계처리	(차) 주식보상비용 1,000[1] (대) 주식선택권 1,000
당기 오류수정	(차) 주식보상비용 400 / 장기미지급비용 600 (대) 주식선택권 1,000

[1] 3,000×1/3=1,000

Answer 1. ②

시험중요도 ★★☆

기본이론 제191강 주당이익 주당이익(EPS) 기본사항

구분	항목	내용
의의	주당이익	• 주당이익은 보통주 1주당 이익이 얼마인가를 나타내는 지표임. 종류 - 기본주당이익(Basic EPS): $기본주당이익=\frac{보통주당기순이익}{가중평균유통보통주식수}$ 종류 - 희석주당이익(Diluted EPS): • 잠재적보통주(예 보통주로 전환가능한 전환우선주, 전환사채등)가 모두 보통주로 전환되었다고 가정하고 계산한 주당이익 $희석주당이익=\frac{희석당기순이익}{가중평균유통보통주식수+잠재적보통주}$ 참고 주가수익비율(PER)=주가÷EPS →즉, 주가가 EPS의 몇배인지를 나타내는 지표 ·주의 ∴자기주식 취득시는 가중평균유통보통주식수가 감소하므로 주당이익은 증가함.
	유용성	• 기업간 주당이익을 비교하면 기업간 당기순이익을 단순비교하는 것보다 유용함.
표시	구분표시	• 기본·희석EPS는 계속영업손익과 당기순손익에 대하여 계산하고 당기순이익 다음에 표시 ·주의 기본·희석주당이익이 부(-)의 금액(즉, 주당손실)인 경우에도 표시함.
	주의사항	• 연결F/S와 별도F/S를 모두 제시하는 경우로서 별도F/S에 기초한 주당이익을 공시하기로한 기업은 포괄손익계산서에만 그러한 주당이익 정보를 표시함. ➡즉, 연결F/S에 그러한 주당이익 정보를 표시해서는 않됨.(∵지배기업 별도F/S의 주당이익과 연결F/S의 주당이익 2가지의 표시는 오해를 유발할수 있는 우려있음) • 주당이익을 '재무제표 표시'에 따라 별개의 보고서(별개의 손익계산서)에 당기순손익의 항목으로 표시하는 경우에는 주당이익은 그 별개의 보고서에만 표시함. 말장난 별개의 손익계산서와 포괄손익계산서 모두에 표시한다(X)

일반적 기산일

❖보통주유통일수를 계산하는 기산일의 예를 들면 다음과 같음.

구분	기산일
현금납입의 경우('일반적 유상증자')	• 현금을 받을 권리가 발생하는 날
보통주나 우선주 배당금을 자발적으로 재투자하여 보통주 발행시	• 배당금의 재투자일
채무상품의 전환으로 인하여 보통주를 발행하는 경우	• 최종이자발생일의 다음날
기타금융상품에 대하여 이자지급·원금상환 대신 보통주를 발행시	• 최종이자발생일의 다음날
채무를 변제하기 위하여 보통주를 발행하는 경우('출자전환')	• 채무변제일
현금 이외의 자산을 취득하기 위하여 보통주를 발행하는 경우	• 그 자산의 취득을 인식한 날
용역의 대가로 보통주를 발행하는 경우	• 용역제공일

말장난 주식발행대가가 현금인 경우 보통주유통일수를 계산하는 기산일은 현금을 받은 날이다(X)

구분	항목	내용
소급수정	무상증자등	• 유통보통주식수·잠재적보통주식수가 자본금전입·무상증자·주식분할로 증가, 주식병합으로 감소하였다면, 비교표시하는 모든 기본·희석주당이익을 소급하여 수정함. ·주의 잠재적보통주의 전환은 제외함. ➡∵무상증자등에 의한 주식수변동은 상응하는 자원변동이 없으므로 기간별 비교가능성 위해 비교표시되는 과년도 재무제표의 주당이익 수치를 소급수정할 필요가 있음. 예시 20x1년 당기순이익 ₩2,000,000(계산된 유통주식수 10,375주), 20x2년 당기순이익 ₩2,200,000(당기 무상증자 10% 포함하여 계산된 유통주식수 12,416주)인 경우 →20x1년 기본EPS는 193(2,000,000÷10,375주)이나, 20x2년 재무제표와 비교표시되는 경우 20x2년 10%의 무상증자 효과를 반영함. →즉, 20x1년 소급수정 유통주식수 : 10,375주×1.1=11,413주 →∴20x1년 소급수정 기본EPS : 2,000,000÷11,413주=175
	가정변경등	• 주당이익의 계산과정에 사용한 가정이 달라지거나 잠재적보통주가 보통주로 전환되더라도 비교표시되는 과거기간의 희석주당이익은 재작성하지 아니함. 말장난 전환된다면 비교표시되는 과거기간의 희석주당이익은 재작성한다(X)

FINAL 객관식뽀개기 — 실전적중문제

1. 주당이익 계산에 있어서 당해 기간 및 비교 표시되는 모든 기간의 가중평균유통보통주식수는 잠재적보통주의 전환을 제외하고, 상응하는 자원의 변동 없이 유통보통주식수를 변동시키는 사건을 반영하여 조정한다. 다음 중 상응하는 자원의 변동 없이 유통보통주식수를 변동시키는 사례가 아닌 것은? [감평사기출]

① 다른 거래 없이 1주당 액면 ₩100인 주식 5주를 액면 ₩500인 주식 1주로 병합하였다.
② 다른 거래 없이 1주당 액면 ₩5,000인 주식 1주를 액면 ₩500인 주식 10주로 분할하였다.
③ 이익준비금을 자본금으로 전입하였다.
④ 주식발행초과금을 자본금으로 전입하였다.
⑤ 기존 주주로부터의 차입금을 자본으로 전환하였다.

내비게이션

• 자본금전입, 무상증자, 주식분할, 주식병합, 주식배당이 해당 사례이다.

2. 재무제표 표시에 관한 설명으로 옳지 않은 것은? [세무사기출]

① 기업은 비용의 성격별 또는 기능별 분류방법 중에서 신뢰성 있고 더욱 목적적합한 정보를 제공할 수 있는 방법을 적용하여 당기손익으로 인식한 비용의 분석내용을 표시한다.
② 상법 등 관련 법규에서 이익잉여금처분계산서의 작성을 요구하는 경우에는 재무상태표의 이익잉여금에 대한 보충정보로서 이익잉여금처분계산서를 주석으로 공시한다.
③ 영업이익에 포함되지 않은 항목 중 기업의 영업성과를 반영하는 그 밖의 수익 또는 비용 항목이 있다면 이러한 항목을 추가하여 조정영업이익 등의 명칭을 사용하여 주석으로 공시할 수 있다.
④ 이익의 분배에 대해 서로 다른 권리를 가지는 보통주 종류별로 이에 대한 기본주당이익과 희석주당이익을 포괄손익계산서에 표시한다. 그러나 기본주당이익과 희석주당이익이 부의 금액(즉, 주당손실)인 경우에는 표시하지 않는다.
⑤ 기업이 상당 기간 계속 사업이익을 보고하였고, 보고기간말 현재 경영에 필요한 재무자원을 확보하고 있는 경우에는 자세한 분석이 없이도 계속기업을 전제로 한 회계처리가 적절하다는 결론을 내릴 수 있다.

내비게이션

• 부(−)의 금액(즉, 주당손실)인 경우에도 표시한다.

3. ㈜관세의 20x1년도 재무자료는 다음과 같다. 다음 설명 중 옳은 것은? [관세사기출]

매출액	₩50,000,000
당기순이익	₩2,500,000
기말유동자산	₩2,000,000
기말유동부채	₩1,500,000
기말재고자산	₩500,000
주당순이익	₩10,000
현금배당	주당 ₩5,000
주식의 기말 시가	주당 ₩25,000

① 주가이익비율(PER)은 250%이다.
② 배당수익률은 500%이다.
③ 당좌비율은 133%이다.
④ 매출액순이익률은 2,000%이다.
⑤ 배당성향은 200%이다.

내비게이션

• ① 주가(주당공정가치)÷주당순이익 →25,000÷10,000=250%
② 주당배당금÷주가(주당공정가치) →5,000÷25,000=20%
③ 당좌자산÷유동부채 →(2,000,000−500,000)÷1,500,000=100%
④ 당기순이익÷매출액 →2,500,000÷50,000,000=5%
⑤ 주당배당금÷주당순이익 →5,000÷10,000=50%

4. 한국채택국제회계기준에 의한 주당이익에 대한 설명이다. 가장 옳지 않은 것은?

① 사업결합 이전대가의 일부로 발행된 보통주의 경우 취득일을 가중평균유통보통주식수를 산정하는 기산일로 한다.
② 주당순이익과 주당계속영업이익은 당기순이익에 주기표시하고 계산근거는 주석으로 기재한다.
③ 조건부로 재매입할 수 있는 보통주를 발행한 경우 이에 대한 재매입가능성이 없어질 때까지는 보통주로 간주하지 아니하고, 기본주당이익을 계산하기 위한 보통주식수에 포함하지 아니한다.
④ 당해 기간 및 비교표시되는 모든 기간의 가중평균유통보통주식수는 상응하는 자원의 변동 없이 유통보통주식수를 변동시키는 사건을 반영하여 조정한다. 다만, 잠재적보통주의 전환은 제외한다.
⑤ 별도재무제표에 기초한 주당이익을 공시하기로 한 기업은 포괄손익계산서에만 그러한 주당이익 정보를 표시하며 연결재무제표에 그러한 주당이익 정보를 표시해서는 아니 된다.

내비게이션

• 당기순이익 다음에 표시하는 것이며 주기표시하지 않는다.

Answer 1. ⑤ 2. ① 3. ① 4. ②

시험중요도 ★★★

기본이론 제192강 가중평균유통보통주식수 : 무상증자등

무상증자 / 주식배당 / 주식분할 / 주식병합

구분	내용
기초부터 유통되는 구주에 대해 실시된 경우	• 기초에 실시된 것으로 간주
기중 유상증자등의 발행신주에 대해 실시된 경우	• 유상증자등의 납입일에 실시된 것으로 간주

사례 기중유상증자에 대한 무상증자

◎기초 1,000주, 4월 1일 1,000주 유상증자, 7월 1일 무상증자 1,000주(무상증자비율 50%)

풀이

1/1 — 4/1 — 12/31

- 1/1: 1,000주, 1,000주×50%=500주 → 1,500주
- 4/1: 1,000주, 1,000주×50%=500주 → 1,500주

• 가중평균유통보통주식수 : 1,500×12/12+1,500×9/12=2,625주

사례 주식분할

◎기초 40,000주, 4월 1일 구주 1주당 신주 2주로 주식분할, 7월 1일 유상증자 신주발행 10,000주

풀이

1/1 — 7/1 — 12/31

- 1/1: 40,000주→80,000주
- 7/1: 10,000주

• 가중평균유통보통주식수 : 80,000×12/12+10,000×6/12=85,000주

유상증자

구분	내용
일반적인 경우	• 납입일(현금을 받을 권리가 발생하는 날)을 기준으로 가중평균
공정가치미만 유상증자	• 주주우선배정방식에 따라 유상증자시는 발행금액이 공정가치보다 낮으므로 공정가치에 의한 유상증자와 무상증자가 혼합된 것으로 보아 무상증자비율을 구한후, 공정가치로 유상증자 후에 무상증자한 것으로 간주하여 주식수를 계산 ➡공정가치=유상증자 권리행사일 전의 공정가치 • 무상증자비율 : ②÷(증자전주식수+①) ① 공정가치로 유상증자시 발행가능주식수=유입현금÷공정가치 ② 무상증자주식수=실제유상증자주식수－공정가치로 유상증자시 발행가능주식수

사례 공정가치미만 유상증자

◎기초주식수 450주, 7월 1일 유상증자 100주(발행금액 @100), 권리행사일전 공정가치는 ₩200

• 무상증자비율 : $\dfrac{100주-(100주\times@100)\div200}{450주+50주}=10\%$

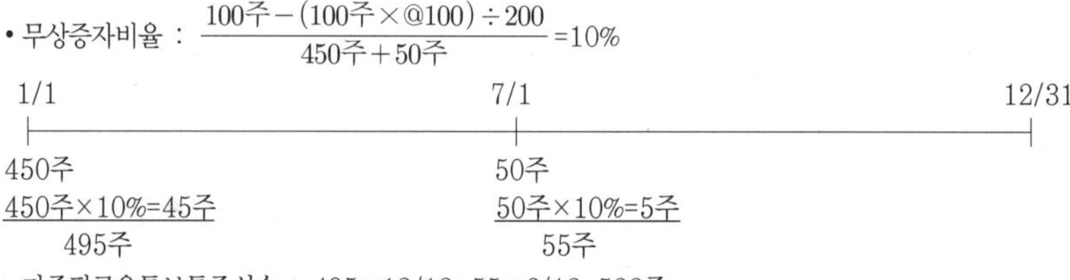

• 가중평균유통보통주식수 : 495×12/12+55×6/12=522주

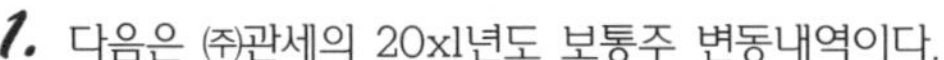

FINAL 객관식뽀개기 — 실전적중문제

1. 다음은 ㈜관세의 20x1년도 보통주 변동내역이다.

구분	보통주 주식수
기초	8,000주
4월 1일	무상증자 12.5% 1,000주
7월 1일	유상증자 2,000주

7월 1일 유상증자시 주당 발행금액은 ₩10,000이고, 유상증자 직전 주당 공정가치는 ₩20,000이다. ㈜관세의 20x1년도 기본주당이익 계산을 위한 가중평균유통보통주식수는?(단, 가중평균유통보통주식수는 월할 계산한다.) [관세사기출]

① 9,750주 ② 10,000주 ③ 10,175주
④ 10,450주 ⑤ 12,000주

내비게이션

• 무상증자후 주식수 분석

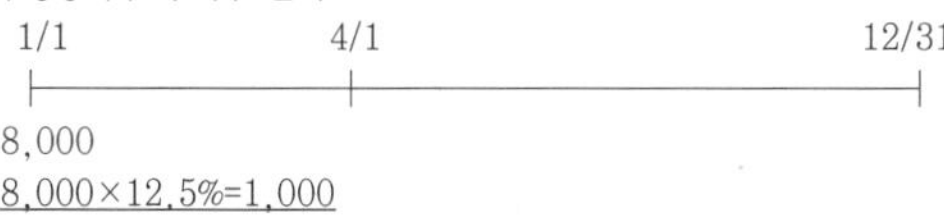

8,000
8,000×12.5%=1,000
9,000

• 공정가치로 유상증자시 발행가능주식수 계산
(2,000주×10,000)÷20,000=1,000주
→무상증자비율 : $\frac{2,000주-1,000주}{9,000주+1,000주}$=10%

• 유상증자후 주식수 분석

1/1 — 7/1 — 12/31

1/1	7/1
9,000	1,000
9,000×10%=900	1,000×10%=100
9,900	1,100

• 가중평균유통보통주식수 : $9,900\times\frac{12}{12}+1,100\times\frac{6}{12}$=10,450주

2. ㈜대한의 20x1년 1월 1일 유통보통주식수는 24,000주이며, 20x1년도 중 보통주식수의 변동내역은 다음과 같았다.

일자	보통주식수 변동내역
3월 1일	유상증자를 통해 12,000주 발행
5월 1일	자기주식 6,000주 취득
9월 1일	자기주식 3,000주 재발행
10월 1일	자기주식 1,000주 재발행

한편, 20x1년 3월 1일 유상증자시 주당 발행가격은 ₩1,000으로서 권리락 직전일의 종가인 주당 ₩1,500보다 현저히 낮았다. ㈜대한의 20x1년도 기본주당이익 계산을 위한 가중평균유통보통주식수는? 단, 가중평균유통보통주식수는 월할계산한다. [세무사기출]

① 31,250주 ② 31,750주 ③ 32,250주
④ 32,750주 ⑤ 33,250주

내비게이션

• 공정가치로 유상증자시 발행가능주식수 계산
(12,000주×1,000)÷1,500=8,000주

• 무상증자비율 : $\frac{12,000주-8,000주}{24,000주+8,000주}$=12.5%

• 주식수 분석

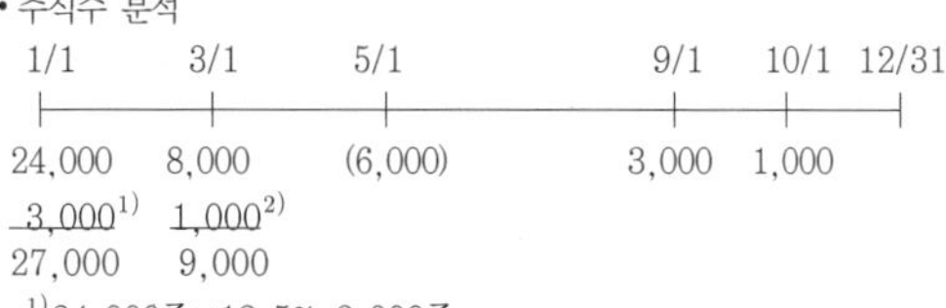

1/1	3/1	5/1	9/1	10/1
24,000	8,000	(6,000)	3,000	1,000
3,000[1)]	1,000[2)]			
27,000	9,000			

[1)]24,000주×12.5%=3,000주
[2)]8,000주×12.5%=1,000주

• 가중평균유통보통주식수
$27,000\times\frac{12}{12}+9,000\times\frac{10}{12}-6,000\times\frac{8}{12}+3,000\times\frac{4}{12}+1,000\times\frac{3}{12}$=31,750주

서술형Correction연습

❒ 기본주당이익 계산을 위한 가중평균유통보통주식수 산정시 당기 중에 주식분할로 증가된 보통주식은 그 발행일을 기산일로 하여 유통보통주식수를 계산한다.

➲ (X) : 기초에 실시된 것으로 간주한다.

Answer 1. ④ 2. ②

제1편 재무회계

시험중요도 ★★☆

기본이론 제193강  가중평균유통보통주식수 : 신주인수권등

구분	내용
신주인수권 옵션	• 납입일(현금을 받을 권리가 발생하는 날)을 기준으로 가중평균

구분	유형	내용
전환사채 전환우선주	일반적인 경우	• 실제전환일을 기준으로 가중평균함.
	보통주로 반드시 전환해야하는 전환금융상품	• 계약체결시점부터 보통주식수에 포함하여 조정

자기주식

• 보유기간(취득~매각)동안 유통보통주식수에서 제외

사례 자기주식

❂기초주식수 10,000주, 4월 1일 자기주식취득 800주, 7월 1일 자기주식매각 500주

• 가중평균유통보통주식수 : 10,000주×12/12−800주×9/12+500주×6/12=9,650주

조건부발행보통주

구분	내용
정의	• 조건부주식약정에 명시된 특정 조건이 충족된 경우에 현금 등의 대가가 없거나 거의 없이 발행하게 되는 보통주를 말함.
기산일	• 모든 필요조건이 충족(즉, 사건의 발생)된 날에 발행된 것으로 보아 기본주당이익을 계산하기 위한 보통주식수에 포함함. ➡단순히 일정기간이 경과한 후 보통주를 발행하기로 하는 계약 등의 경우 기간의 경과에는 불확실성이 없으므로 조건부발행보통주로 보지 아니함.

보론 조건부재매입가능보통주

❒ 조건부로 재매입할 수 있는 보통주를 발행한 경우 재매입가능성이 없어질 때까지는 보통주로 간주하지 않고 기본주당이익을 계산하기 위한 보통주식수에 포함하지 아니함.(=재매입가능성이 없어질 때부터 보통주식수에 포함)

→즉, 재매입가능성이 있는한 자기주식 취득과 실질이 동일하므로 유통주식수로 간주치 않음.

사례 조건부발행보통주

❂20x1년 기초유통보통주식수 10,000주, 4월 1일 무상증자 10%, 전기 사업결합과 관련하여 다음 조건에 따라 보통주를 추가로 발행하기로 합의하였음.

조건	내용
영업점조건	새로 개점되는 영업점 1개당 보통주 500주 발행
이익조건	당기순이익이 ₩20,000을 초과하는 경우 초과액 ₩100에 대하여 보통주 100주 발행

7월 1일과 10월 1일에 각각 1개의 새로운 영업점을 개점하였으며, 당기순이익으로 보고한 금액은 ₩29,000임.

1/1	7/1	10/1	12/31
10,000주 10,000주×10%=1,000주 11,000주	500주	500주	9,000주

• 가중평균유통보통주식수 : 11,000×12/12+500×6/12+500×3/12+9,000×0/12=11,375주

사업결합 이전대가

구분	내용
형태	• 사업결합 이전대가의 일부로 발행된 보통주의 경우임.
기산일	• 취득일을 가중평균유통보통주식수를 산정하는 기산일로 함. ➡∵사업 취득일부터 피취득자 손익을 취득자의 포괄손익계산서에 반영하기 때문임.

FINAL 객관식뽀개기 실전적중문제

1. 주당이익에 관한 설명으로 옳지 않은 것은? [관세사기출]

① 기본주당이익 정보의 목적은 회계기간의 경영성과에 대한 지배기업의 보통주 1주당 지분의 측정치를 제공하는 것이다.
② 기본주당이익은 지배기업의 보통주에 귀속되는 특정 회계기간의 당기순손익을 그 기간에 유통된 보통주식수를 가중평균한 주식수로 나누어 계산한다.
③ 사업결합 이전대가의 일부로 발행된 보통주의 경우 취득일을 가중평균유통보통주식수 산정하는 기산일로 한다.
④ 보통주로 반드시 전환하여야 하는 전환금융상품은 전환시점부터 기본주당이익을 계산하기 위한 보통주식수에 포함한다.
⑤ 잠재적보통주는 보통주로 전환된다고 가정할 경우 주당계속영업이익을 감소시키거나 주당계속영업손실을 증가시킬 수 있는 경우에만 희석성 잠재적보통주로 취급한다.

내비게이션

• 전환시점부터(X) → 계약체결시점부터(O)

2. ㈜영종의 20x1년초 자본의 일부내역은 다음과 같다.

	보통주	우선주
액면금액	₩5,000	₩5,000
발행주식수	15,000주	2,000주
자기주식	1,000주	0주

다음은 20x1년 중 주식수의 변동내역이다.

• 20x1년 4월 30일 보통주 유상증자 1,000주 시가발행
• 20x1년 6월 30일 보통주 유상증자 500주 시가발행
• 20x1년 10월 31일 보통주 자기주식 300주 취득
• 20x1년 11월 30일 보통주 자기주식 160주 재발행

20x1년도의 가중평균유통보통주식수는?(유통발행주식수는 월수로 계산한다.) [관세사기출]

① 14,000주 ② 14,880주 ③ 15,000주
④ 15,200주 ⑤ 15,360주

내비게이션

• 주식수 분석

1/1	4/30	6/30	10/31	11/30	12/31
15,000 (1,000)	1,000	500	(300)	160	

• 가중평균유통보통주식수
15,000×12/12−1,000×12/12+1,000×8/12+500×6/12−300×2/12+160×1/12=14,880주

3. ㈜대한의 20x1년 1월 1일의 유통보통주식수는 24,000주였으며, 20x1년도 중 보통주식수에 대한 변동내역은 다음과 같다.

일자	보통주식수 변동내역
3월 1일	유상증자를 통해 8,000주 시가발행
5월 1일	자기주식 6,000주 취득
7월 1일	20%의 무상증자 실시
10월 1일	자기주식 4,000주 재발행

20x1년도 기본주당순이익의 계산을 위한 가중평균유통보통주식수는 얼마인가?(단, 월수를 가중치로 사용하여 가중평균유통보통주식수를 계산한다.) [관세사기출]

① 30,260주 ② 31,500주 ③ 33,000주
④ 35,200주 ⑤ 36,320주

내비게이션

• 주식수 분석

1/1	3/1	5/1	7/1	10/1	12/31
24,000 4,800 28,800	8,000 1,600 9,600	(6,000) (1,200) (7,200)		4,000	

• 가중평균유통보통주식수
28,800×12/12+9,600×10/12−7,200×8/12+4,000×3/12
=33,000주

4. ㈜한국은 20x1년 사업결합과 관련하여 새로 개점되는 영업점 1개당 보통주 5주를 발행하는 조건에 따라 보통주를 추가로 발행하기로 하였다. ㈜한국의 20x1년 1월 1일 유통보통주식수는 1,000주이고, 이 외 유통되고 있는 희석증권 및 우선주는 없다. ㈜한국은 20x1년 4월 1일과 10월 1일에 각각 새로운 영업점 1개씩을 개점하였으며, 20x1년 당기순이익은 ₩290,000이다. 20x1년 기본주당순이익은?(단, 계산금액은 소수점 첫째자리에서 반올림한다.) [감평사기출]

① ₩278 ② ₩281 ③ ₩287
④ ₩289 ⑤ ₩290

내비게이션

• 주식수 분석

1/1	4/1	10/1	12/31
1,000주	5주	5주	

• 가중평균유통보통주식수
1,000×12/12+5×9/12+5×3/12=1,005주

∴기본주당순이익 : $\frac{290,000}{1,005주}$=288.55 →반올림하면 289

Answer 1. ④ 2. ② 3. ③ 4. ④

시험중요도 ★★☆

기본이론 제194강 보통주당기순이익 : 개요와 우선주

개요

구분	내용
보통주당기순이익	• 당기순이익(세후순이익)에서 우선주배당금(세후우선주배당금)을 차감하여 산정함. 저자주 세후우선주배당금은 일반적인 우선주배당금과 동일합니다!
우선주배당금	• 중간배당을 포함하여 차기 주주총회에서 배당결의될 예상액을 당기순이익에서 차감함.

사례 우선주배당금계산의 기초

◎기초우선주자본금 ₩100,000,000, 7월 1일 유상증자로 인한 우선주자본금 ₩20,000,000, 8월 30일 10% 무상증자로 인한 우선주자본금 ₩12,000,000, 우선주배당률 10%, 유상신주배당기산일은 납입한 때, 무상신주배당기산일은 원구주에 따름. 배당금은 월수계산함.

•우선주배당금
(100,000,000+100,000,000×10%)×12/12×10%+(20,000,000+20,000,000×10%)×6/12×10%=12,100,000

비누적·누적 우선주

구분	내용
비누적적우선주	• 당해 회계기간과 관련하여 배당결의된 세후배당금을 당기순손익에서 차감함.
누적적우선주	• 배당결의 여부와 관계없이 당해 회계기간과 관련한 세후배당금을 당기순손익에서 차감함. •주의 ∴전기 이전의 기간과 관련하여 당기에 지급되거나 결의된 누적적우선주배당금은 제외함. 말장난 배당결의 되지않은 당해 회계기간과 관련한 누적적우선주에 대한 세후배당금은 당기순손익에서 차감할 우선주배당금에 해당하지 아니한다(X)

사례 누적적우선주배당금

◎전기당기순손실 ₩50,000, 당기순이익 ₩200,000, 전기,당기 모두 유통보통주식은 1,000주, 우선주는 비참가적, 누적적우선주. 당기에 전기분과 당기분 우선주배당 ₩30,000씩 ₩60,000을 배당키로 결의함.

•전기 기본EPS : (-50,000-30,000)÷1,000=-80
•당기 기본EPS : (200,000-30,000)÷1,000=170
→(200,000-60,000)÷1,000=140(X)
*배당결의하지 않은 경우에도 위와 동일함!

우선주 재매입

재매입대가>장부금액

• 기업이 공개매수 방식으로 우선주를 재매입할때 우선주 주주에게 지급한 대가의 공정가치가 우선주의 장부금액을 초과하는 부분은 우선주 주주에 대한 이익배분으로서 이익잉여금에서 차감하며, 당기순이익에서 차감함.

(차) 우선주자본금(장부금액)	80	(대) 현금(지급대가)	100
(차) 이익잉여금	20		

➡즉, 이익배분(우선주배당)의 증가로 보아 당기순이익에서 차감

말장난 보통주에 귀속되는 당기순손익을 계산할 때 가산한다(X)

재매입대가<장부금액

• 반면, 우선주의 장부금액이 우선주의 매입을 위하여 지급하는 대가의 공정가치를 초과하는 경우 그 차액을 당기순이익에 가산함.

(차) 우선주자본금(장부금액)	80	(대) 현금(지급대가)	60
		이익잉여금	20

➡즉, 이익배분(우선주배당)의 감소로 보아 당기순이익에 가산

FINAL 객관식뽀개기 실전적중문제

1. 기본주당이익의 계산에 관한 설명으로 옳지 않은 것은? [관세사기출]

① 기본주당이익은 지배기업의 보통주에 귀속되는 특정 회계기간의 당기순손익을 그 기간의 유통된 보통주식수를 가중평균한 주식수로 나누어 계산한다.
② 보통주로 반드시 전환하여야 하는 전환금융상품은 계약체결시점부터 기본주당이익을 계산하기 위한 보통주식수에 포함한다.
③ 당기 중에 무상증자를 실시한 경우, 당해 사건이 있기 전의 유통보통주식수를 비교표시되는 최초기간의 개시일에 그 사건이 일어난 것처럼 비례적으로 조정한다.
④ 채무를 변제하기 위하여 보통주를 발행하는 경우, 채무변제일이 가중평균유통보통주식수를 산정하기 위한 보통주유통일수 계산의 기산일이 된다.
⑤ 당해 회계기간과 관련한 누적적 우선주에 대한 세후배당금은 배당이 결의된 경우에만 당기순손익에서 차감한다.

내비게이션
- 배당이 결의된 경우에만(X) → 배당결의 여부와 관계없이(O)

2. ㈜서울의 20x1년 1월 1일 유통보통주식수는 2,000주이며, 연 10% 배당을 지급하는 비누적적·비참가적우선주 1,000주가 유통되고 있다. 20x1년 10월 1일에 보통주 500주를 추가로 발행하였다. ㈜서울의 보통주와 우선주의 주당액면가액은 각각 ₩5,000이다. ㈜서울의 20x1년 당기순이익이 ₩8,000,000일 경우, 기본주당순이익은?(단, 근사치로 계산하며, 가중평균유통보통주식수는 월할로 계산함) [감평사기출]

① ₩2,125 ② ₩2,250 ③ ₩3,333
④ ₩3,529 ⑤ ₩4,375

내비게이션
- 가중평균유통보통주식수 : 2,000×12/12+500×3/12=2,125주
- 우선주배당금 : (1,000주×5,000)×10%=500,000
- 기본주당순이익 : $\frac{8,000,000-500,000}{2,125주}$=3,529

3. ㈜합격의 20x2년도 재무내용은 다음과 같다.

(1) 20x2년 1월 1일
- 유통보통주식수 1,000주(주당 액면가 ₩1,000)
- 유통우선주식수 200주(주당 액면가 ₩1,000, 연배당율 10%, 누적적·비참가적 전환우선주, 우선주 10주당 보통주 1주의 전환조건)

(2) 당기순이익은 ₩500,000이다.

상기 전환우선주에 대해서 20x1년도 배당금을 지급하지 않았으며, 20x2년도에 전환우선주의 전환은 없었다. 상기 자료 이외에 전환우선주 등의 자본거래는 없었다. ㈜합격의 20x2년도 보통주 기본주당이익은 얼마인가? 단, 모든 계산금액은 소수점 첫째 자리에서 반올림하며, 이 경우 약간의 반올림 오차가 나타날 수 있다.

① ₩465 ② ₩466 ③ ₩472
④ ₩477 ⑤ ₩480

내비게이션
- 보통주당기순이익 : 500,000−200주×1,000×10%=480,000
- 기본주당이익 : 480,000÷1,000주=480

4. 20x3년 1월 1일 현재 ㈜합격이 기발행한 보통주 500,000주(1주당 액면금액 ₩5,000)와 배당률 연10%의 비누적적 전환우선주 150,000주(1주당 액면금액 ₩10,000)가 유통 중에 있다. 전환우선주는 20x1년 3월 1일에 발행되었으며, 1주당 보통주 1주로 전환이 가능하다. 20x3년도에 발생한 보통주식의 변동 상황을 요약하면 다음과 같다.

구분	내용	변동주식수	유통주식수
1월 1일	유통보통주식수	−	500,000주
4월 1일	전환우선주 전환	100,000주	600,000주
9월 1일	1대 2로 주식분할	600,000주	1,200,000주
10월 1일	자기주식 취득	(200,000주)	1,000,000주

20x3년도 당기순이익은 ₩710,000,000이며, 회사는 현금배당을 결의하였다. ㈜합격의 20x3년도 기본주당이익은 얼마인가? 단, 기중에 전환된 전환우선주에 대해서는 우선주배당금을 지급하지 않으며, 가중평균유통보통주식수 계산시 월할계산하며 가장 근사치를 선택한다.

① ₩500 ② ₩555 ③ ₩591
④ ₩600 ⑤ ₩645

풀이
- 주식수 분석

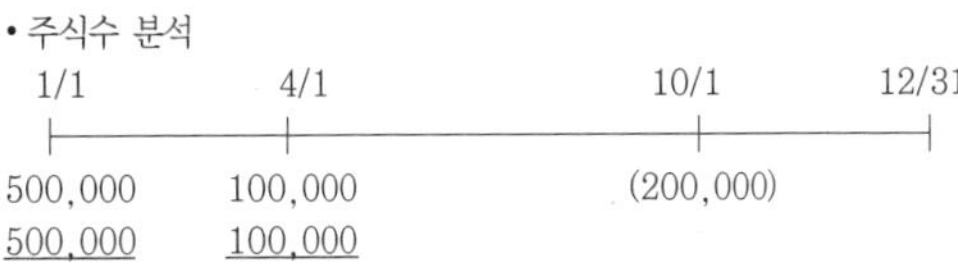

- 가중평균유통보통주식수
1,000,000×12/12+200,000×9/12−200,000×3/12=1,100,000주
- 기본주당이익
$\frac{710,000,000-50,000주\times 10,000\times 10\%}{1,100,000주}$=600

시험중요도 ★★★

기본이론 제195강 기본주당이익 산정

세부고찰 I

사례 우선주배당금과 기본EPS 계산①

◎(주)합격의기쁨의 우선주는 배당률 7%의 누적적·비참가적 우선주로 전기(20x1년)말 시점에 연체배당금 ₩700,000이 있다. 20x2년 자본금(주당액면 ₩5,000) 변동내역은 다음과 같다.

	보통주 자본금		우선주 자본금	
기초(1월 1일)	10,000주	₩50,000,000	1,000주	₩5,000,000
7월 1일 유상증자(납입) 25%	2,500주	₩12,500,000	250주	₩1,250,000
8월 1일 무상증자 6%	750주	₩3,750,000	75주	₩375,000
11월 1일 자기주식 구입	(300주)	(₩1,500,000)	-	-

(주)합격의기쁨은 20x2년도 이익에 대해서도 배당을 실시하지 않았다. 유상신주의 배당기산일은 납입한 때이고, 무상신주는 원구주에 따른다. 20x2년 7월 1일 유상증자는 공정가치로 실시되었다. 20x2년도 우선주배당금 차감전 당기순이익이 ₩5,170,000이라고 할 때 기본주당이익은 얼마인가?

풀이

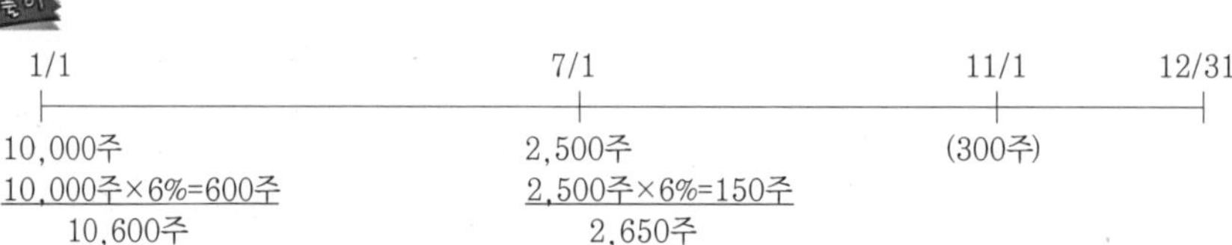

- 가중평균유통보통주식수 : 10,600×12/12+2,650×6/12-300×2/12=11,875주
- 우선주배당금 : (1,060주×12/12)×5,000×7%+(265주×6/12)×5,000×7%=417,375
- 기본주당이익 : (5,170,000-417,375)÷11,875주=400

세부고찰 II

사례 우선주배당금과 기본EPS 계산②

◎(주)꿈에그린의 우선주는 배당률 10%의 비누적적·비참가적 우선주이다. 다음은 20x1년도 중 보통주와 우선주의 변동사항이다.(20x1년도의 당기순이익은 ₩1,672,000임.)

	보통주(주당액면 ₩1,000)	우선주(주당액면 ₩1,000)
1월 1일 유통주식수	9,000주	5,000주
4월 1일 유상증자(20%)	1,800주	1,000주
7월 1일 무상증자(10%)	1,080주	600주

보통주 유상신주의 주당 발행금액은 ₩1,000이며 3월 31일의 공정가치는 주당 ₩1,800이다. 유상신주의 배당기산일은 납입한 때이고, 무상신주는 원구주에 따른다. 기본주당이익은 얼마인가?

풀이

- 무상증자비율 : $\dfrac{1,800주-(1,800주\times @1,000)\div 1,800}{9,000주+1,000주}=8\%$

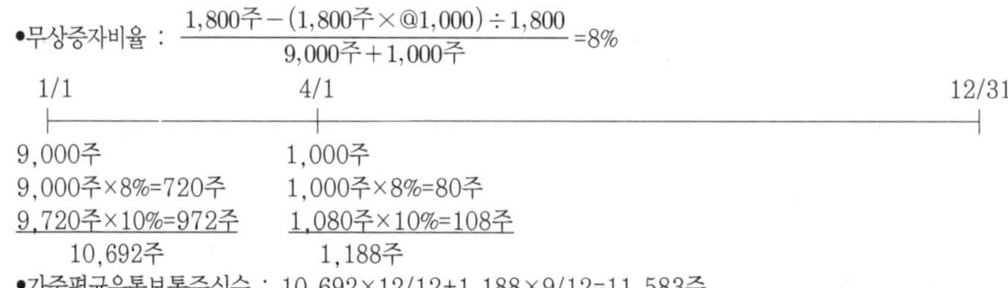

- 가중평균유통보통주식수 : 10,692×12/12+1,188×9/12=11,583주
- 우선주배당금 : (5,500주×12/12)×1,000×10%+(1,100주×9/12)×1,000×10%=632,500
- 기본주당이익 : (1,672,000-632,500)÷11,583주=90

FINAL 객관식뽀개기 실전적중문제

1. 20x1년말 ㈜관세의 유통보통주식수는 1,400주이다. 20x2년 4월 1일에 보통주 1,000주를 주당 ₩1,200에 발행하였고 발행 직전일의 종가는 주당 ₩2,000이다. ㈜관세의 20x2년 당기순이익은 ₩350,000이고 이익에 대한 배당을 결의하여 보통주 배당금 ₩120,000과 비누적적우선주 배당금 ₩17,000을 지급하였다. 20x2년도 ㈜관세의 기본주당이익은?(단, 가중평균유통보통주식수는 월할 계산한다.) [관세사기출]

① ₩120 ② ₩130 ③ ₩140
④ ₩150 ⑤ ₩160

내비게이션
- 공정가치로 유상증자시 발행가능주식수 계산
(1,000주×1,200)÷2,000=600주
→무상증자비율 : $\frac{1,000주 - 600주}{1,400주 + 600주}$=20%
- 주식수 분석

1/1	4/1	12/31
1,400	600	
1,400×20%=280	600×20%=120	
1,680	720	

- 가중평균유통보통주식수 : 1,680×12/12+720×9/12=2,220주
- 기본주당이익 : $\frac{350,000 - 17,000}{2,220주}$=150

2. ㈜감평의 20x1년도 발행주식 변동내역은 다음과 같다.

	보통주	우선주
1월 1일 발행주식수	6,400주	5,000주
4월 1일 유상증자	2,000주	–
7월 1일 무상증자 20%	1,680주	–
12월 31일	10,080주	5,000주

4월 1일 유상증자한 보통주 1주당 발행금액은 ₩1,600이고, 권리락 직전일의 주당 공정가치는 ₩2,000이다. 우선주 1주당 배당금은 ₩60이고, 20x1년도 당기순이익은 ₩1,353,360이다. 20x1년도 기본주당순이익은? (단, 가중평균유통보통주식수 계산은 월할계산한다.) [감평사기출]

① ₩110 ② ₩120 ③ ₩130
④ ₩140 ⑤ ₩150

내비게이션
- 공정가치로 유상증자시 발행가능주식수 계산
(2,000주×1,600)÷2,000=1,600주
→무상증자비율 : $\frac{2,000주 - 1,600주}{6,400주 + 1,600주}$=5%
- 주식수 분석

1/1	4/1	12/31
6,400	1,600	
6,400×5%=320	1,600×5%=80	
6,720×20%=1,344	1,680×20%=336	
8,064	2,016	

- 가중평균유통보통주식수 : 8,064×12/12+2,016×9/12=9,576주
- 기본주당이익 : $\frac{1,353,360 - 5,000주 \times 60}{9,576주}$=110

3. 20x2년 1월 1일 현재 ㈜국세의 유통 중인 보통주 발행주식은 10,000주(주당 액면금액 ₩10,000)이고, 우선주 발행주식은 5,000주(주당 액면금액 ₩10,000)이다. 우선주는 누적적, 비참가적 우선주이며 연 배당률은 액면금액의 5%이다. ㈜국세는 20x2년 7월 1일에 자기주식(보통주) 1,000주를 구입하였다. 또한 ㈜국세는 20x3년 2월말에 현금배당으로 보통주에 대해서는 액면금액의 2%를, 우선주에 대해서는 1주당 ₩1,000을 지급하기로 결의하였다. 배당결의된 우선주 배당금에는 20x1년분에 대하여 지급하지 못한 부분(1주당 ₩500에 해당)이 포함되어 있다. ㈜국세의 20x2년도 보통주 기본주당이익이 ₩400이라면 당기순이익은 얼마인가? 단, 유통보통주식수의 가중평균은 월수를 기준으로 계산한다. [세무사기출]

① ₩2,000,000 ② ₩4,200,000 ③ ₩4,400,000
④ ₩6,300,000 ⑤ ₩6,500,000

내비게이션
- 1주당 우선주 배당금 : 10,000×5%=500
→∴1주당 지급결의 1,000=500(전기분)+500(당기분)
- 기본주당이익=(x −5,000주×500)÷(10,000×12/12−1,000×6/12)
=400에서,
→x=6,300,000

Answer 1. ④ 2. ① 3. ④

시험중요도 ★★☆

기본이론 제196강 희석주당이익 : 개괄

구분	항목	내용
산식	희석주당이익	$\frac{\text{희석당기순이익}(=\text{보통주당기순이익}+\text{조정액})}{\text{가중평균유통보통주식수}+\text{잠재적보통주식수}}$
	고려사항	• 가중평균유통보통주식수에 포함되는 기간과 잠재적보통주식수에 포함되는 기간의 합은 항상 12개월이며, 잠재적보통주식수는 희석성잠재적보통주만 고려함. ➡∴반희석효과(희석주당이익〉기본주당이익)가 있는 잠재적보통주는 제외함.

잠재적 보통주식수

1 전환우선주·전환사채

전환가정법	• 기초 전환으로 보되 당기발행분은 발행일에 전환됐다고 가정하고 계산

구분	가중평균유통보통주식수	잠재적보통주식수
전기발행분 전환	• 전환일 ~ 기말까지 포함	• 기초 ~ 전환일 전일까지 포함
당기발행분 전환	• 전환일 ~ 기말까지 포함	• 발행일 ~ 전환일 전일까지 포함
미전환분	-	• 기초(발행일) ~ 기말까지 포함

2 옵션(신주인수권부사채)·주식매입권(신주인수권)

자기주식법	• 행사된 것으로 보아 이하 방법과 같은 자기주식법으로 계산
전제조건	• '평균시장가격〉행사가격' 인 경우에만 계산함. 참고 위와 같은 경우를 내가격(in the money)상태에 있다고 말함
잠재적보통주식수	**발행가능한 주식수 - 행사시 유입현금으로 취득가능한 자기주식수** ➡자기주식은 평균시장가격으로 취득한다고 가정함.

구분	가중평균유통보통주식수	잠재적보통주식수
전기발행분 행사	• 행사일 ~ 기말까지 포함	• 기초 ~ 행사일 전일까지 포함
당기발행분 행사	• 행사일 ~ 기말까지 포함	• 발행일 ~ 행사일 전일까지 포함
미행사분	-	• 기초(발행일) ~ 기말까지 포함

사례 자기주식법

✪전기발행된 신주인수권부사채(액면 ₩500,000, 액면 ₩200당 1주 교부)가 당기 4/1에 40%에 해당하는 신주인수권이 행사됨. 보통주식의 평균시장가격은 ₩400임.

	행사분(40%)	미행사분(60%)
발행가능 주식수	(500,000×40%)÷200=1,000주	(500,000×60%)÷200=1,500주
취득가능 자기주식수	(1,000주×200)÷400=(500주)	(1,500×200)÷400=(750주)
계	500주	750주

•잠재적보통주식수 : 500주×3/12+750주×12/12=875주

희석 당기순이익

항목	내용
희석당기순이익	**보통주당기순이익 + 전환우선주배당금 + 비용인식액 × (1 - t)** ➡비용인식액 : 전환사채이자, 할증금관련 신주인수권조정상각액, 주식보상비용 •주의 신주인수권부사채는 행사가 되도 사채이자는 발생되므로, 이자비용 중 상환할증금관련 신주인수권조정상각액 부분만 가산함. 따라서, 액면상환조건이면 가산할 금액이 없음.
전환우선주배당금	• 보통주당기순이익에 다시 가산함. ➡∵기초부터 보통주이나 보통주당기순이익 계산시에 차감했으므로
비용인식액	• 세금효과를 제외하고 가산함. ➡∵기초부터 보통주이나 비용을 계상함으로써 당기순이익이 감소했으므로

FINAL 객관식뽀개기 실전적중문제

1. 결산일이 12월 31일인 ㈜합격의 20x1년도 기초유통보통주식수와 기초유통우선주식수는 각각 10,000주(액면금액 @1,000)와 4,000주(누적적 및 비참가적 전환우선주, 액면금액 @500, 연배당율 8%, 우선주 2주당 보통주 1주 전환)이다. ㈜합격의 20x1년도 당기순이익이 ₩12,000,000일 때, 기본주당이익 및 희석주당이익은 각각 얼마인가? 단, 20x1년도에 우선주전환 등의 자본거래는 없으며, 소수점 이하는 반올림한다.

	기본주당이익	희석주당이익
①	₩982	₩869
②	₩1,012	₩988
③	₩1,164	₩1,022
④	₩1,184	₩1,000
⑤	₩1,269	₩1,121

• 기본주당이익 계산
 - 우선주배당금 : 4,000주×500×8%=160,000
 - 보통주당기순이익 : 12,000,000−160,000=11,840,000
 - 기본주당이익 : $\frac{11,840,000}{10,000주}$=1,184

• 희석주당이익 계산
 - 잠재적보통주식수 : 4,000주÷2=2,000주
 - 희석주당이익 : $\frac{11,840,000+160,000}{10,000주+2,000주}$=1,000

2. ㈜감평의 20x1년도 희석주당이익은?(단, 전환우선주 전환 이외의 보통주식수의 변동은 없으며, 유통보통주식수 계산시 월할계산한다. 또한 계산결과는 가장 근사치를 선택한다.) [감평사기출]

> • 20x1년도 당기순이익 : ₩1,049,000
> • 기초유통보통주식수 : 20,000주(주당 액면금액 ₩1,000)
> • 기초유통우선주식수 : 5,000주(전환우선주, 주당 액면금액 ₩1,000, 전환비율 1:1)
> • 전환우선주 : 회계연도 말까지 미전환된 부분에 대해서 액면금액의 8% 배당(전년도에는 배당가능이익이 부족하여 배당금을 지급하지 못하였으나, 20x1년도에는 전년도 배당금까지 포함하여 지급할 예정)
> • 20x1년 5월 1일 : 전환우선주 900주가 보통주로 전환되고 나머지는 기말까지 미전환

① ₩30 ② ₩32 ③ ₩35
④ ₩37 ⑤ ₩42

내비게이션

• 기본주당이익 계산
 −우선주배당금 : 4,100주×1,000×8%=328,000
 −보통주당기순이익 : 1,049,000−328,000=721,000
 −가중평균유통보통주식수 : 20,000×12/12+900×8/12=20,600주
 −기본주당이익 : $\frac{721,000}{20,600주}$=35

• 희석주당이익 계산
 −잠재적보통주식수 : 900×4/12+4,100×12/12=4,400주
 −희석주당이익 : $\frac{721,000+328,000}{20,600주+4,400주}$=41.96
 −반희석효과[희석주당이익(41.96)〉기본주당이익(35)]가 있는 잠재적 보통주는 제외하므로 희석주당이익은 기본주당이익과 동일하다.
∴ 희석주당이익=35

서술형Correction연습

❒ 당기에 보통주로 전환된 잠재적보통주는 기초부터 전환일까지 희석주당이익의 계산에 포함한다.

➲ (X) : 전환일(X) → 전환일 전일(O)

Answer 1. ④ 2. ③

시험중요도 ★★☆

기본이론 제197강 희석주당이익 산정

세부고찰 I

사례 전환사채

◎20x1년도 주당이익산출과 관련된 자료는 다음과 같다. 20x1년도 기본주당이익이 ₩328이라면 희석주당이익은 얼마인가?(단, 법인세율은 20%로 가정한다.)

(1) 20x1년 1월 1일 현재 유통보통주식수는 15,000주(주당 액면금액 ₩1,000)이며, 우선주는 없다.
(2) 20x1년 7월 1일에 자기주식 1,800주를 취득하여 20x1년 12월 31일 현재 보유하고 있다.
(3) 20x1년 1월 1일에 전환사채(액면금액 ₩500,000, 3년후 일시상환)를 액면발행하였다. 동 사채의 액면이자율은 연 8%(매년 말 이자지급)이며, 전환사채 발행시 동일조건을 가진 일반사채의 유효이자율은 연 10%이다. 동 전환사채는 만기까지 언제든지 사채액면 ₩1,000당 보통주 1주로 전환가능하다. 20x1년 12월 31일까지 동 전환사채에 대하여 전환청구는 없었다.
(4) 가중평균은 월할로 계산하며, 3년 10% 현재가치계수와 연금현재가치계수는 0.7513, 2.4868이다.

- 가중평균유통보통주식수 : 15,000×12/12－1,800×6/12=14,100주
- 보통주당기순이익÷14,100주=328 에서, 보통주당기순이익=4,624,800
- 전환사채이자비용 : (40,000×2.4868+500,000×0.7513)×10%=47,512
- 잠재적보통주식수 : (500,000÷1,000)×12/12=500주
- 희석주당이익 : $\dfrac{4,624,800+47,512\times(1-20\%)}{14,100주+500주}$=319

세부고찰 II

사례 신주인수권부사채

◎보고기간말이 12월 31일인 ㈜희석의 20x1년 당기순이익 및 자본금 변동내역은 다음과 같다. ㈜희석의 20x1년 희석주당이익은 얼마인가?(단, 법인세율은 30%로 가정한다.)

(1) 당기순이익 : ₩12,000,000
(2) 기초 자본금 내역
 -보통주자본금(주당 액면금액 ₩5,000) : 10,000주
 -우선주자본금(주당 액면금액 ₩5,000, 연배당률 10%) : 2,000주
(3) 당기 자본금 변동 내역
 -7월 1일에 전기 발행한 신주인수권부사채 중 60%의 신주인수권행사로 보통주 600주(주당 행사가격 ₩5,000)를 교부하였으며, 포괄손익계산서에 상환할증금 관련 이자비용이 ₩20,000 계상되어 있다. 당기 중 보통주 평균시장가격은 주당 ₩10,000이다.

- 가중평균유통보통주식수 : 10,000×12/12+600×6/12=10,300주
- 보통주당기순이익 : 12,000,000－2,000주×5,000×10%=11,000,000
- 기본주당이익 : 11,000,000÷10,300주=1,068
- 잠재적보통주식수의 계산

	행사분(60%)	미행사분(40%)
발행가능 주식수	600주	400주
취득가능 자기주식수	(600주×5,000)÷10,000=(300주)	(400주×5,000)÷10,000=(200주)
계	300주	200주

→잠재적보통주식수 : 300×6/12+200×12/12=350주

- 희석주당이익 : $\dfrac{11,000,000+20,000\times(1-30\%)}{10,300주+350주}$=1,034

FINAL 객관식뽀개기 — 실전적중문제

1. ㈜감평은 20x1년 10월 1일 전환사채권자의 전환권 행사로 1,000주의 보통주를 발행하였다. 20x1년말 주당이익 관련 자료가 다음과 같을 때 20x1년도 기본주당이익과 희석주당이익은?(단, 유통보통주식수 계산시 월할계산하며 전환간주일 개념은 적용하지 않는다.)[감평사기출]

- 기초유통보통주식수 8,000주
- 당기순이익 ₩198,000
- 보통주 1주당 액면금액 ₩1,000
- 전환사채(전기발행) 액면금액은 ₩1,000,000이며 전환가격은 1주당 ₩500
- 포괄손익계산서상 전환사채의 이자비용은 ₩15,000
- 법인세율 20%

	기본주당이익	희석주당이익
①	₩24	₩22
②	₩24	₩21
③	₩24	₩20
④	₩25	₩21
⑤	₩25	₩22

 내비게이션

- 미전환 전환사채 가능주식수 : (1,000,000÷500)−1,000주=1,000주
- 기본주당이익 계산
  - 가중평균유통보통주식수 : $8,000\times\frac{12}{12}+1,000\times\frac{3}{12}=8,250$주
  - 기본주당이익 : $\frac{198,000}{8,250주}=24$
- 희석주당이익 계산
  - 잠재적보통주식수 : $1,000\times\frac{9}{12}+1,000\times\frac{12}{12}=1,750$주
  - 희석주당이익 : $\frac{198,000+15,000\times(1-20\%)}{8,250주+1,750주}=21$

2. 다음은 ㈜합격의 20x1년도 자료이다. 20x1년 희석주당이익을 계산하면 얼마인가? 단, 세율은 30%이며, 원미만은 반올림한다.

(1) 당기순이익 : ₩525,000
(2) 가중평균유통보통주식수 : 250주
(3) 전기에 발행된 전환사채 관련 사항
 −액면이자율(=일반사채 유효이자율) 연 6%, 만기 3년인 전환사채를 액면금액인 ₩1,000,000에 발행
 −전환조건 : 60주의 보통주로 전환될수 있다.
 −20x1년 10월 1일 전액 보통주로 전환되었다.

① ₩1,050 ② ₩1,111 ③ ₩1,269
④ ₩1,526 ⑤ ₩1,886

내비게이션

- 전환사채이자 : $1,000,000\times6\%\times\frac{9}{12}=45,000$
- 잠재적보통주 : $60\times\frac{9}{12}=45$주
- 희석주당이익 : $\frac{525,000+45,000\times(1-30\%)}{250주+45주}=1,886$

3. ㈜한국의 20x1년 기초 유통보통주식수는 1,000주이며, 보통주 계속영업이익은 ₩840,000이다. 20x1년 변동내역은 다음과 같다. ㈜한국의 20x1년 희석주당계속영업이익은?(단, 가중평균주식수는 월할계산한다.) [세무사기출]

(1) 4월 1일 유상증자를 실시하여 보통주 200주를 발행하였으며, 주당 발행 금액은 시장가치와 동일하다.
(2) 10월 1일 신주인수권부사채의 신주인수권이 모두 행사되어 보통주 120주를 발행 교부하였다. 신주인수권부사채는 당기 4월 1일 액면상환조건으로 발행되었으며, 행사가격은 주당 ₩6,000이다.
(3) 보통주 평균시장가격은 주당 ₩9,000이다.

① ₩662 ② ₩672 ③ ₩690
④ ₩700 ⑤ ₩712

내비게이션

- 가중평균유통보통주식수 : $1,000\times\frac{12}{12}+200\times\frac{9}{12}+120\times\frac{3}{12}=1,180$주
- 기본주당계속영업이익 : $\frac{840,000}{1,180주}=712$
- 잠재적보통주식수 계산

	행사분(100%)	미행사분(0%)
발행가능 주식수	120주	−
취득가능 자기주식수	(120주×6,000)÷9,000=(80주)	−
계	40주	−

→잠재적보통주식수 : $40주\times\frac{6}{12}=20$주

- 희석주당계속영업이익 : $\frac{840,000+0}{1,180주+20주}=700$

Answer 1. ② 2. ⑤ 3. ④

시험중요도 ★★☆

기본이론 제198강 희석화여부 판단

의의	개별적 고려	• 여러 종류의 잠재적보통주를 발행한 경우에는 잠재적보통주가 희석효과를 가지는지 반희석효과를 가지는지에 대하여 판단할때 여러 종류의 잠재적보통주를 모두 통합해서 고려하는 것이 아니라 개별적으로 고려함.
	순차적 고려	• 기본주당이익을 최대한 희석할수 있도록 희석효과가 가장 큰 잠재적보통주부터 순차적으로 고려함. ➡즉, 잠재적보통주별로 '잠재적보통주당이익(=$\frac{조정액}{잠재적보통주식수}$)'을 계산하여 희석효과가 가장 큰(=잠재적보통주주당이익이 가장 작은) 잠재적보통주부터 순차적으로 고려함.

세부고찰

사례 희석화여부 판단

✪다음 자료의 전환우선주·전환사채는 당기말까지 보통주로 전환되지 않았으며, 신주인수권도 행사되지 않았다고 가정할때 희석주당이익을 계산하면?

기초자본	기초유통보통주식수	100,000주
	기초유통우선주식수	20,000주(주당액면 ₩1,000, 비누적적 전환우선주, 2주당 보통주 1주로 전환, 배당률 7%, 당기 배당은 지급결의 했다고 가정함.)
4월 1일	전환사채(액면금액 ₩10,000,000)를 액면발행하였으며 액면 ₩10,000당 보통주 1주로 전환가능하다. 당기 전환사채이자비용은 ₩900,000이다.	
7월 1일	신주인수권 1,000매를 발행하였으며, 1매당 보통주 1주를 인수할 수 있다. 신주인수권의 행사가격은 매당 ₩8,000이며, 당기 보통주의 평균시장가격은 ₩10,000이고 기말종가는 ₩12,000이다.	
기타사항	당기순이익은 ₩60,000,000이며, 법인세율은 20%이다.	

1. 기본주당이익 계산
   - 우선주배당금 : 20,000주×1,000×7%=1,400,000 →∴보통주당기순이익=58,600,000
   - 기본주당이익 : 58,600,000÷100,000주=586
2. 희석화순위 결정(잠재적보통주당이익이 작은 것)
   - 전환우선주 : $\frac{1,400,000}{(20,000주 \div 2) \times 12/12 = 10,000주}$ = 140 ➡ 2순위
   - 전환사채 : $\frac{900,000 \times (1-20\%) = 720,000}{(10,000,000 \div 10,000) \times 9/12 = 750주}$ = 960 ➡ 3순위
   - 신주인수권 : $\frac{0}{[1,000-(1,000 \times 8,000) \div 10,000] \times 6/12 = 100주}$ = 0 ➡ 1순위
3. 희석화여부 판단(위 순위별로 하나씩 포함시키면서 계산)
   ① 기본주당이익 : =586
   ⇩희석효과있음
   ② 신주인수권 :(58,600,000+0)÷(100,000주+100주) =585
   ⇩희석효과있음
   ③ 전환우선주 :(58,600,000+0+1,400,000)÷(100,000주+100주+10,000주) =545
   ⇩희석효과없음
   ④ 전환사채 :(58,600,000+0+1,400,000+720,000)÷(100,000주+100주+10,000주+750주)=548
4. 희석주당순이익 : 545
   (희석잠재적보통주식수 : 100+10,000=10,100주)

FINAL 객관식뽀개기 실전적중문제

1. 다음은 ㈜합격의 20x2년도 주당이익과 관련된 자료이다.

(1) 당기순이익은 ₩21,384이고, 기초의 유통보통주식수는 100주이며 기중 변동은 없었다.
(2) 20x1년초 전환사채를 발행하였으며, 전환권을 행사하면 보통주 20주로 전환이 가능하다. 20x2년도 포괄손익계산서의 전환사채 관련 이자비용은 ₩5,250이며, 법인세율은 20%이다. 20x2년말까지 행사된 전환권은 없다.
(3) 20x1년초 신주인수권 20개를 발행하였으며, 신주인수권 1개당 보통주 1주의 취득(행사가격 ₩3,000)이 가능하다. 20x2년 중의 보통주 평균시가는 주당 ₩5,000이다.

20x2년도 ㈜합격의 포괄손익계산서상 희석주당이익은? 단, 가중평균유통보통주식수는 월할로 계산하며, 단수차이로 인해 오차가 있다면 가장 근사치를 선택한다.

① ₩178 ② ₩183 ③ ₩198
④ ₩200 ⑤ ₩208

- 기본주당이익 계산
  21,384÷100주=213.84
- 희석화순위 결정(잠재적보통주당이익이 작은 것)
  - 전환사채 : $\dfrac{5,250\times(1-20\%)=4,200}{20주=20주}$=210 〈2순위〉
  - 신주인수권 : $\dfrac{0}{20주-(20\times3,000)\div5,000=8주}$=0 〈1순위〉
- 희석화여부 판단(위 순위별로 하나씩 포함시키면서 계산)
  ㉠ 기본주당이익 : 213.84
  ㉡ 신주인수권 : $\dfrac{21,384+0}{100주+8주}$=198 〈희석효과 있음〉
  ㉢ 전환사채 : $\dfrac{21,384+0+4,200}{100주+8주+20주}$=199.875 〈희석효과 없음〉

∴희석주당순이익 : 198

Answer 1. ③

시험중요도 ★★☆

기본이론 제199강  현금흐름표 현금흐름표 기본사항

구분	항목	내용
효익 (유용성)	금액·시기 조절능력평가	• 다른 재무제표와 같이 사용시 순자산 변화, 재무구조(유동성·지급능력 포함), 변화하는 상황·기회에 적응하기 위하여 현금흐름의 금액·시기를 조절하는 능력을 평가하는데 유용한 정보를 제공함.
	현금창출능력평가 및 비교평가	• 현금및현금성자산의 창출능력을 평가하는데 유용할 뿐만 아니라, 서로 다른 기업의 미래현금흐름의 현재가치를 비교·평가하는 모형을 개발할 수 있도록 함.
	기업간 비교가능성 제고	• 동일거래등에 서로 다른 회계처리를 적용함에 따라 발생하는 영향을 제거하므로 영업성과에 대한 기업간의 비교가능성을 제고함.
	역사적현금흐름 정보제공	• 역사적 현금흐름정보는 미래현금흐름의 금액·시기·확실성에 대한 지표로 자주 사용됨.
	미래현금흐름 정확성 검증	• 과거에 추정한 미래현금흐름의 정확성을 검증하고, 수익성과 순현금흐름 간의 관계 및 물가변동의 영향을 분석하는데 유용함.
현금 및 현금성자산	현금의 개념	• 현금흐름표의 현금은 현금과 현금성자산을 말함. ➡현금 : 보유현금과 요구불예금
	현금성자산	• 유동성이 매우 높은 단기투자자산(취득일부터 만기일이 3개월이내)으로서 확정된 금액의 현금으로 전환이 용이하고 가치변동의 위험이 경미한 자산을 말함. ·주의 보고기간종료일(결산일)부터 만기가 3개월 이내가 아님! ➡지분상품은 현금성자산에서 제외하나, 상환일이 정해져 있고 취득일로부터 상환일까지의 기간이 단기인 우선주는 예외로 함.(즉, 현금성자산으로 함)
	당좌차월	• 은행차입은 일반적으로 재무활동으로 간주되나, 금융회사의 요구에 따라 즉시 상환하여야 하는 당좌차월은 기업의 현금관리의 일부를 구성하므로 현금및현금성자산의 구성요소에 포함함. → 말장난 재무활동으로 분류한다(X) 현금증감(영업·재무·투자)+[기초현금및현금성자산-당좌차월]=기말현금및현금성자산
	항목간 이동	• 현금및현금성자산을 구성하는 항목간 이동은 영업·투자·재무활동의 일부가 아닌 현금관리의 일부이므로 현금흐름에서 제외함. ➡예 현금으로 현금성자산에 해당하는 단기투자자산을 취득
	구성요소 정책변경	• 구성요소를 결정하는 정책변경에 따른 효과는 회계정책의 변경에 따라 보고함. ➡예 투자자산의 일부로 간주되었던 금융상품을 현금성자산으로 분류변경
	공시	• 현금및현금성자산의 구성요소를 공시하고, 현금흐름표상의 금액과 재무상태표에 보고된 해당 항목의 조정내용을 공시함.
보고방법	활동분류	• 현금흐름을 영업활동, 투자활동 및 재무활동으로 분류하여 보고함. ➡하나의 거래에는 서로 다른 활동으로 분류되는 현금흐름이 포함될 수 있음. (예 이자와 차입금을 함께 상환하는 경우, 이자지급은 영업활동으로 분류될수 있고 원금상환은 재무활동으로 분류됨.)
	비현금거래	• 재무제표의 다른 부분에 공시(즉, 주석으로 공시)하며, 그 예는 다음과 같음. ① 자산취득시 직접관련 부채를 인수, 리스를 통하여 자산을 취득 ② 주식발행을 통한 기업의 인수, 채무의 지분(출자)전환 ③ 현물출자, 유형자산 연불구입, 무상증자, 건설중인자산의 유형자산 대체, 주식배당, 전환사채 전환, FVOCI(매도가능)금융자산의 평가, 유동성대체 등
	환율변동효과	• 영업활동, 투자활동, 재무활동현금흐름과 구분하여 별도로 표시함. ➡후술하는 현금흐름표 양식 참조!
	관계기업투자	• 관계기업, 공동기업, 종속기업에 대한 투자를 지분법 또는 원가법 회계처리시, 투자자는 배당금·선급금과 같이 피투자자와의 사이에서 발생한 현금흐름만을 보고함.

FINAL 객관식뽀개기 실전적중문제

1. 현금흐름표에 관한 설명으로 옳지 않은 것은? [세무사기출]

① 이자와 차입금을 함께 상환하는 경우, 이자지급은 영업활동으로 분류될 수 있고 원금상환은 재무활동으로 분류된다.
② 회전율이 높고 금액이 크며 만기가 짧은 항목과 관련된 재무활동에서 발생하는 현금흐름은 순증감액으로 보고할 수 있다.
③ 타인에게 임대할 목적으로 보유하다가 후속적으로 판매목적으로 보유하는 자산을 제조하거나 취득하기 위한 현금 지급액은 영업활동 현금흐름이다.
④ 지분상품은 현금성자산에서 제외하므로 상환일이 정해져 있고 취득일로부터 상환일까지의 기간이 3개월 이내인 우선주의 경우에도 현금성자산에서 제외한다.
⑤ 간접법보다 직접법을 적용하는 것이 미래현금흐름을 추정하는 데 보다 유용한 정보를 제공하므로 영업활동 현금흐름을 보고하는 경우에는 직접법을 사용할 것을 권장한다.

내비게이션

- 상환일이 정해져 있고 취득일로부터 상환일까지의 기간이 3개월 이내인 우선주는 현금성자산에 포함된다.

2. ㈜오월은 당기 중 다음과 같은 거래가 있었다.

(1) 전환사채 ₩60,000이 주식 10주로 전환
(2) 유상증자(발행가 ₩50,000 액면가 ₩20,000이며, 주주 100%가 유상증자에 참여하여 전액 현금수취)
(3) 무상증자(자본잉여금 ₩10,000을 자본전입)
(4) 전기에 ₩5,000에 취득하였던 자기주식을 당기에 현금 ₩3,000에 처분
(5) 외화차입금에 대한 외화환산이익 ₩10,000

위 자료를 이용할 때 당기 현금흐름표 상의 재무활동 순현금흐름(유입-유출)은? [감평사기출]

① ₩53,000 ② ₩63,000 ③ ₩73,000
④ ₩80,000 ⑤ ₩92,000

내비게이션

- (1) : 전환사채의 전환 →비현금거래
  (2) : 유상증자 →현금유입 50,000
  (3) : 무상증자 →비현금거래
  (4) : 자기주식 처분 →현금유입 3,000
  (5) : 외화환산 →비현금거래
  ∴재무활동 순현금흐름 : 50,000+3,000=53,000

Answer 1. ④ 2. ①

시험중요도 ★★★

기본이론 제200강 현금흐름표 활동의 구분

구분	항목	세부	내용
영업활동	정의		• 기업의 주요 수익창출활동, 그리고 투자·재무활동이 아닌 기타의 활동 ➡ 일반적으로 당기순손익의 결정에 영향을 미치는 거래나 기타사건의 결과로 발생함.
	고려사항	설비매각	• 당기순손익결정에 포함되는 처분손익이 발생할수 있으나 투자활동CF임.
		보유목적변경	• 타인에게 임대할 목적으로 보유하다가 후속적으로 판매목적으로 보유하는 자산을 제조·취득하기 위한 현금지급액은 영업활동CF임.
		단기매매목적	• 단기매매목적으로 보유하는 유가증권의 취득과 판매에 따른 현금흐름은 판매목적의 재고자산과 유사하므로 영업활동으로 분류함. 말장난 투자활동으로 분류한다(X)
		이자·배당금	(아래 표 참조) 말장난 배당금의 지급은 재무활동으로 분류한다(X)
		차입원가	• 자본화여부에 관계없이 현금흐름표에 총지급액을 공시함.
		법인세	• 재무·투자활동에 명백히 관련되지 않는 한 영업활동CF로 분류함. ➡ 즉, 일반적으로 영업활동CF로 분류하나, 투자·재무활동으로 분류가능함. 말장난 영업활동에 명백히 관련되지 않는 한 재무활동현금흐름으로 분류한다(X)

이자·배당금		
이자수입 / 배당금수입	영업활동CF	• 둘 중 선택가능
	투자활동CF	
이자지급 / 배당금지급	영업활동CF	• 둘 중 선택가능
	재무활동CF	

보론 별도공시

❐ 이자·배당금의 수취·지급에 따른 현금흐름과 법인세로 인한 현금흐름은 각각 별도로 공시함.

구분	항목	내용
투자활동	정의	• 장기성 자산 및 현금성자산에 속하지 않는 기타 투자자산의 취득과 처분활동
	고려사항	• 제3자에 대한 선급금·대여금의 발생·회수에 따른 현금흐름은 투자활동CF로 분류함. 비교 금융회사는 영업활동CF로 분류함.
재무활동	정의	• 기업의 납입자본과 차입금의 크기 및 구성내용에 변동을 가져오는 활동
	고려사항	• 미수금의 회수는 투자활동CF이나, 미지급금의 지급(결제)는 재무활동CF임. 비교 리스부채의 원금은 재무활동, 리스부채의 이자는 영업활동 또는 재무활동

보론 현금흐름표 양식

영업활동 현금흐름		×××
직접법(K-IFRS권장) ← 선택적으로 작성		
간접법 ← 선택적으로 작성		
투자활동 현금흐름		×××
유형자산취득	(×××)	
설비의 처분	×××	
......	×××	
재무활동 현금흐름		×××
유상증자	×××	
장기차입금	×××	
......	×××	
현금및현금성자산의 환율변동효과		×××
현금및현금성자산의 증감		×××
기초 현금및현금성자산		×××
기말 현금및현금성자산		×××

FINAL 객관식뽀개기 실전적중문제

1. 현금흐름표의 작성에 관한 설명으로 옳지 않은 것은? [관세사기출]

① 금융리스를 통하여 자산을 취득하는 경우는 비현금거래로 현금흐름표에서 제외한다.
② 리스이용자의 리스부채 상환에 따른 현금유출은 투자활동 현금흐름이다.
③ 단기매매목적으로 보유하는 유가증권의 취득, 판매에 따른 현금흐름은 영업활동으로 분류한다.
④ 영업활동 현금흐름을 직접법으로 보고하면 간접법에 비해 미래현금흐름을 추정하는데 보다 유용한 정보를 제공한다.
⑤ 주식의 취득이나 상환에 따른 소유주에 대한 현금유출은 재무활동 현금흐름이다.

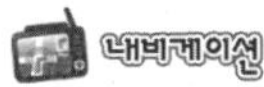

- 부채의 상환은 재무활동에 해당한다.

2. 현금흐름표에 관한 설명으로 옳지 않은 것은? [관세사기출]

① 현금흐름표는 회계기간 동안 발생한 현금흐름을 영업활동, 투자활동 및 재무활동으로 분류하여 보고한다.
② 영업활동은 기업의 주요 수익창출활동, 그리고 투자활동이나 재무활동이 아닌 기타의 활동을 발한다.
③ 투자활동은 유 · 무형자산, 다른 기업의 지분상품이나 채무상품 등의 취득과 처분활동, 제3자에 대한 대여 및 회수활동 등을 포함한다.
④ 재무활동은 기업의 납입자본과 차입금의 크기 및 구성내용에 변동을 가져오는 활동을 말한다.
⑤ 간접법을 적용하여 표시한 영업활동 현금흐름은 직접법에 의한 영업활동 현금흐름에서는 파악할 수 없는 정보를 제공하기 때문에 미래현금흐름을 추정하는 데 보다 유용한 정보를 제공한다.

- 직접법의 장점에 대한 설명이다. →∴K-IFRS는 직접법을 권장한다.

3. 현금흐름표의 활동별 현금의 분류에 관한 설명으로 옳지 않은 것은? [관세사기출]

① 파생상품계약에서 식별가능한 거래에 대하여 위험회피회계를 적용하는 경우, 그 계약과 관련된 현금흐름은 투자활동으로 분류한다.
② 이자와 배당금의 수취 및 지급에 따른 현금흐름은 각각 별도로 공시하며, 각 현금흐름은 매 기간 일관성있게 영업활동, 투자활동 또는 재무활동으로 분류한다.
③ 종속기업과 기타 사업에 대한 지배력의 획득 또는 상실에 따른 총현금흐름은 별도로 표시하고 투자활동으로 분류한다.
④ 외화로 표시된 현금및현금성자산의 환율변동효과는 영업활동, 투자활동 및 재무활동 현금흐름과 구분하여 별도로 표시한다.
⑤ 법인세로 인한 현금흐름은 별도로 공시하며, 재무활동과 투자활동에 명백히 관련되지 않는 한 영업활동 현금흐름으로 분류한다.

- 위험회피대상 거래의 현금흐름과 동일하게 분류한다.

보론	K-IFRS 제1007호 현금흐름표 문단 16, 문단 39

❐ 파생상품계약에서 식별가능한 거래에 대하여 위험회피회계를 적용하는 경우, 그 계약과 관련된 현금흐름은 위험회피대상 거래의 현금흐름과 동일하게 분류한다.
❐ 종속기업과 기타 사업에 대한 지배력의 획득 또는 상실에 따른 총현금흐름은 별도로 표시하고 투자활동으로 분류한다.

4. 다음 중 현금흐름표상 재무활동으로 인한 현금흐름에 포함될 사항이 아닌 것은? [세무사기출]

① 유형자산 취득에 따른 미지급금의 지급
② 장기차입금의 차입 및 상환
③ 장기대여금의 대여 및 회수
④ 전환사채의 발행
⑤ 주식의 발행 및 자기주식의 취득

- 대여금의 대여 및 회수는 투자활동으로 인한 현금흐름이다.

Answer 1. ② 2. ⑤ 3. ① 4. ③

시험중요도 ★★★

기본이론 제201강 직접법 영업활동 : 매출활동 개괄

직접법양식

【영업활동현금흐름】

고객으로부터의 유입된 현금	xxx
공급자와 종업원에 대한 현금유출	(xxx)
영업에서 창출된 현금	xxx
이자지급	(xxx)
법인세납부	(xxx)
영업활동순현금흐름	xxx

저자주 고객으로부터의 유입된 현금=매출활동유입액, 공급자에 대한 현금유출=매입활동유출액

매출활동 유입액

계정흐름

매출채권·선수금

기초매출채권	xxx	기초선수금	xxx
		현금주의매출액	xxx
		↳매출채권회수액, 선수금수령액, 현금매출	
순매출액(현금매출포함)	xxx	대손발생	xxx
외화환산이익	xxx	외화환산손실	xxx
외환차익	xxx	외환차손	xxx
기말선수금	xxx	기말매출채권	xxx

유입액계산

❖(+)로 출발하며, 자산증감은 역방향으로, 부채증감은 순방향으로 가감하여 계산함.

발생주의순매출액	xxx	➔ (+)로 출발함에 주의!
매출채권(총액) 감소	xxx	
대손발생	(xxx)	
외화환산이익(손실)	xxx (xxx)	
외환차익(차손)	xxx (xxx)	
선수금의 감소	(xxx)	
현금주의매출액	xxx	

➡발생주의 순매출액 : CIS상 매출액으로 매출할인·에누리·환입을 차감한 후의 금액

➡대손발생은 대손확정액으로서 다음의 대손충당금(손실충당금) 계정에서 도출함.

대손발생	xxx	기초대손충당금	xxx
기말대손충당금	xxx	대손상각비	xxx

주의사항

분석별해

❒ 매출채권(총액) 증감과 대손발생 = 매출채권(순액) 증감과 대손상각비

예시

	기초	기말	포괄손익계산서	
매출채권	400,000	457,000	매출액	2,000,000
대손(손실)충당금	(5,000)	(12,000)	대손상각비	10,000

→대손충당금 계정에 의해 계산하면, 대손발생=3,000

발생주의순매출액	2,000,000	발생주의순매출액	2,000,000
매출채권(총액) 증가	(57,000)	매출채권(순액) 증가	(50,000)
대손발생	(3,000)	대손상각비	(10,000)
현금주의매출액	1,940,000	현금주의매출액	1,940,000

FINAL 객관식뽀개기 — 실전적중문제

1. ㈜감평의 20x1년도 매출 및 매출채권 관련 자료는 다음과 같다. 20x1년 고객으로부터의 현금유입액은?(단, 매출은 전부 외상으로 이루어진다.) [감평사기출]

[재무상태표 관련 자료]

구분	20x1.1.1	20x1.12.31
매출채권	₩110,000	₩150,000
대손(손실)충당금	₩3,000	₩5,000

[포괄손익계산서 관련 자료]
- 매출액 : ₩860,000
- 대손상각비 : ₩6,000

① ₩812,000 ② ₩816,000 ③ ₩854,000
④ ₩890,000 ⑤ ₩892,000

내비게이션

• 고객으로부터 유입된 현금

발생주의 매출액	860,000
매출채권(총액) 증가	(40,000)
대손발생	(4,000)*)
	816,000

*) 대손발생액 추정

대손발생(?)	4,000	기초대손충당금	3,000
기말대손충당금	5,000	대손상각비	6,000

*[별해] 860,000(발생주의매출)−38,000[매출채권(순액)증가]−6,000(대손상각비)=816,000

2. ㈜합격의 매출과 관련된 재무상태표 계정의 자료는 다음과 같다. 고객으로부터의 유입된 현금액을 계산하면 얼마인가? 단, 포괄손익계산서상 매출액은 ₩1,250,000, 대손상각비는 ₩10,000, 외환이익(매출채권관련)은 ₩37,500이다.

계정과목	기초잔액	기말잔액
매출채권(순액)	₩175,000	₩200,000
선수금	₩22,500	₩15,000

① ₩1,145,000 ② ₩1,211,000 ③ ₩1,245,000
④ ₩1,325,000 ⑤ ₩1,445,000

내비게이션

• 고객으로부터 유입된 현금

발생주의 매출액	1,250,000
매출채권(순액) 증가	(25,000)
대손상각비	(10,000)
외환이익	37,500
선수금 감소	(7,500)
	1,245,000

3. 다음 자료를 근거로 영업활동 현금흐름 중 고객으로부터의 유입된 현금액을 계산하면 얼마인가?

기초매출채권	₩600,000
기말매출채권	₩450,000
기초대손(손실)충당금	₩5,000
기말대손(손실)손실충당금	₩7,000
당기 매출액	₩3,560,000
당기 대손상각비	₩4,000
당기 매출채권 외화환산이익	₩32,000
당기 매출채권 외환차손	₩14,000

① ₩2,870,000 ② ₩3,726,000 ③ ₩3,950,000
④ ₩4,250,000 ⑤ ₩4,325,000

내비게이션

• 고객으로부터 유입된 현금

발생주의 매출액	3,560,000
매출채권(총액) 감소	150,000
대손발생	(2,000)*)
외화환산이익	32,000
외환차손	(14,000)
	3,726,000

*) 대손발생액 추정

대손발생(?)	2,000	기초대손충당금	5,000
기말대손충당금	7,000	대손상각비	4,000

저자주 현행 K-IFRS는 외화환산손익과 외환차손익을 구분하지 않고 외환손익으로 규정하고 있습니다!

Answer 1. ② 2. ③ 3. ②

시험중요도 ★★☆

기본이론 제202강 직접법 영업활동 : 매출활동과 유입액분석

세부고찰 I

사례 기말매출채권 추정

✪다음 자료에 의한 기말 매출채권 잔액은?

전기이월 매출채권잔액	₩100,000	당기 대손확정액	₩50,000
당기 매출채권회수액	₩50,000	전기이월 기초상품재고액	₩30,000
당기 상품매입액	₩290,000	차기이월 기말상품재고액	₩50,000
당기 현금매출액	₩150,000	당기 매출총이익률	10%

- 매출원가 : 30,000+290,000−50,000=270,000
- 매출원가(270,000)=매출액×(1−10%) →매출액=300,000
- 발생주의순매출액(300,000)+매출채권증감(x)−대손발생(50,000)=현금주의매출액(150,000+50,000)
  →따라서, 매출채권증가 50,000 이어야함.

∴기초매출채권이 100,000이므로 기말매출채권은 150,000임.

세부고찰 II

사례 발생주의매출액 추정

✪㈜거의다왔다의 20x1년 자산과 부채의 변동을 나타내는 자료는 다음과 같다. 20x1년의 매출채권 현금회수액은 ₩100,000이며, 대손상각비 계상액은 ₩6,000(이중 판매관리비는 ₩5,000)이었다. 이때 ㈜거의다왔다의 20x1년 매출액을 계산하면 얼마인가? 단, 매출은 모두 외상매출이다.

과목	20x1.1.1	20x1.12.31
매출채권	₩50,000	₩40,000
대손충당금(손실충당금)	₩2,000	₩1,000
선수금	₩20,000	₩10,000

- 우선 대손발생액을 추정함. →A(대손발생)=6,000

대손발생	A	기초대손충당금	2,000
기말대손충당금	1,000	대손상각비	5,000

- 매출액(x)+10,000(매출채권감소)−10,000(선수금감소)−6,000(대손발생)=100,000(현금주의매출액)
  →∴매출액(x)=106,000

세부고찰 III

사례 매출채권회전율과 유입액 추정

✪㈜킹사이다는 20x1년에 ₩100,000의 매출을 달성하였다. 20x2년에는 10%의 매출성장을 예상하고 있다. 총매출액과 기말 매출채권을 기준으로 한 매출채권회전율(총매출액÷기말매출채권) 500%를 20x1년과 20x2년에 유지할 것이다. 20x2년의 영업활동 현금유입액 중 매출로부터의 금액은?

- 기초매출채권(20x1년말 매출채권) : 100,000÷5=20,000, 20x2년 매출액 : 100,000×110%=110,000
- 기말매출채권(20x2년말 매출채권) : 110,000÷5=22,000

기초매출채권	20,000	매출채권회수액	?
매출액	110,000	기말매출채권	22,000

→∴영업활동 현금유입액 중 매출로부터의 금액(매출채권회수액)=108,000

FINAL 객관식뽀개기 실전적중문제

1. 다음은 ㈜합격의 20x2년 12월 31일 결산관련 자료이다. 20x2년의 현금주의 매출액을 구하면 얼마인가?

(1) 재무상태표 자료

과목	20x2.12.31	20x1.12.31
매출채권(총액)	₩1,500,000	₩1,000,000
대손(손실)충당금	(₩150,000)	(₩50,000)

(2) 포괄손익계산서 자료

과목	금액
매출액(총액)	₩10,000,000
매출에누리	₩100,000
매출할인	₩40,000
대손상각비	₩300,000 (이 중 판매관리비 ₩250,000)

① ₩9,080,000 ② ₩9,210,000 ③ ₩9,260,000
④ ₩9,400,000 ⑤ ₩9,360,000

내비게이션

• 현금주의 매출액 계산

발생주의 순매출액	10,000,000-100,000-40,000=9,860,000
매출채권 증가	(500,000)
대손발생	(150,000)*)
	9,210,000

*)대손발생액 추정

대손발생(?)	150,000	기초대손충당금	50,000
기말대손충당금	150,000	대손상각비	250,000

2. ㈜합격의 회계담당자는 회계연도말 회사의 공금을 횡령하고 잠적하였다. 실사결과에 따르면 매출채권의 기말잔액은 ₩10,000으로 확인되었다. 회사가 매출원가의 20%를 이익으로 가산하여 판매가를 결정한다고 할 경우 다음의 자료를 이용하여 횡령액을 계산하면 얼마인가?

기초재고자산	₩20,000
당기 상품매입액	₩90,000
당기 매출채권회수액	₩95,000
매출채권 기초잔액	₩8,000
기말재고자산	₩10,000

① ₩10,000 ② ₩15,000 ③ ₩23,000
④ ₩33,000 ⑤ ₩90,000

내비게이션

• 다음의 순서로 기계적으로 구할 것!

【1단계】 매출원가 계산
매출원가＝기초(20,000)＋당기매입(90,000)－기말(10,000)＝100,000

【2단계】 매출액 계산
매출액＝100,000× 1.2＝120,000

【3단계】 현금흐름을 이용하여 정확한 기말매출채권액을 구함.
발생주의순매출액(120,000)±매출채권의 증감액
＝현금주의매출액(95,000)

• 따라서, 매출채권의 증가 25,000이므로, 기말매출채권－8,000＝25,000에서 기말매출채권＝33,000

∴횡령액 : 33,000－10,000＝23,000

Answer 1. ② 2. ③

시험출제도 ★★★

기본이론 제203강 직접법 영업활동 : 매입활동 개괄

매입활동 유출액

계정흐름

매입채무·선급금

기초선급금	xxx	기초매입채무	xxx
현금주의매입액	xxx		
↳매입채무·선급금지급액, 현금매입, 매입운임			
		순매입액(현금매입,매입운임포함)	xxx
외화환산이익	xxx	외화환산손실	xxx
외환차익	xxx	외환차손	xxx
기말매입채무	xxx	기말선급금	xxx

유출액계산

❖(-)로 출발하며, 자산증감은 역방향으로, 부채증감은 순방향으로 가감하여 계산함.

발생주의순매입액	(xxx)	(-)로 출발함에 주의!
매입채무 증가	xxx	
외화환산이익(손실)	xxx (xxx)	
외환차익(차손)	xxx (xxx)	
선급금의 증가	(xxx)	
현금주의매입액	(xxx)	

주의사항

발생주의 순매입액 추정

• '재고자산'에서 전술한 바와 같이 다음이 성립함.

❒ 기초+당기매입 = 매출원가(구)+평가손실+정상감모+비정상감모+기말재고
⇓ ⇓
'발생주의순매입액' '평가손실등을 매출원가처리시의 매출원가(신)'

• 따라서, (-)로 출발하는 발생주의순매입액은 다음과 같이 정리할수 있음.

❒ -발생주의순매입액 = -매출원가(신)-비정상감모+재고자산감소

보론 평가손실/정상감모를 모두 매출원가에 반영하지 않고 비용처리한 경우
❒-발생주의순매입액=-매출원가(구)-평가손실-정상감모-비정상감모+재고자산감소

사례 공급자에 대한 현금유출(=매입활동유출액) 기본분석

✪매입과 관련된 재무상태표 계정의 자료는 다음과 같다. 공급자에 대한 현금유출액을 계산하면?

	재고자산	선급금	매입채무
기초잔액	₩60,000	₩10,000	₩50,000
기말잔액	₩41,000	₩13,000	₩70,000

단, 포괄손익계산서상 매출원가 ₩300,000, 재고자산감모손실(매출원가가 아닌 일반비용 처리한 비정상감모임.) ₩10,000, 외환이익(매입채무관련) ₩5,000이다.

방법1		방법2(저자권장)	
발생주의순매입액	(291,000*))	매출원가	(300,000)
		재고자산감모손실(비정상감모)	(10,000)
		재고자산감소	19,000
매입채무증가	20,000	매입채무증가	20,000
외환차익	5,000	외환차익	5,000
선급금증가	(3,000)	선급금증가	(3,000)
공급자에 대한 유출액	(269,000)	공급자에 대한 유출액	(269,000)

*) 60,000+발생주의순매입=300,000+10,000+41,000 에서, 발생주의순매입=291,000

FINAL 객관식뽀개기 실전적중문제

1. ㈜대한은 20x1년도 말에 재고자산이 ₩20,000 증가하였고, 매입채무는 ₩15,000 감소되었으며, 매출채권은 ₩22,000 증가되었다. 20x1년도 매출채권현금회수액이 ₩139,500이고, 매입채무현금지급액이 ₩118,000일 때 20x1년도 매출총이익은?(단, 현금매입 및 현금매출은 없다고 가정한다.) [감평사기출]

① ₩38,500 ② ₩44,000 ③ ₩48,500
④ ₩58,500 ⑤ ₩78,500

내비게이션

- 발생주의매출액-22,000(매출채권증가)=139,500
  →발생주의매출액=161,500
- -매출원가-20,000(재고자산증가)-15,000(매입채무감소)=-118,000
  →매출원가=83,000

∴매출총이익 : 161,500-83,000=78,500

2. ㈜관세의 20x2년도 상품매매와 관련된 자료는 다음과 같다. ㈜관세의 20x2년도 매출총이익은? [관세사기출]

- 매출과 매입 관련 현금 수입·지출
  - 매출 관련 현금수입 ₩645,000
  - 매입 관련 현금지출 ₩428,000
- 매출채권, 재고자산, 매입채무, 선수수익 장부금액

	20x2년초	20x2년말
매출채권	₩46,000	₩40,000
재고자산	₩50,000	₩55,000
매입채무	₩30,000	₩36,000
선수수익	₩14,000	₩11,000

① ₩201,000 ② ₩203,000 ③ ₩213,000
④ ₩215,000 ⑤ ₩219,000

내비게이션

- 발생주의매출액+6,000(매출채권감소)-3,000(선수수익감소)=645,000
  →발생주의매출액=642,000
- -매출원가-5,000(재고자산증가)+6,000(매입채무증가)=-428,000
  →매출원가=429,000

∴매출총이익 : 642,000-429,000=213,000

3. 다음 자료를 이용하여 20x0년도 ㈜한국이 재고자산 공급자에게 지급한 현금유출액을 구하면 얼마인가?(단, 아래 자료에서 제시된 재고자산감모손실은 비정상적인 것으로 매출원가에는 포함되어 있지 않으며, 재고자산 매입은 모두 외상으로 이루어짐) [감평사기출]

- ㈜한국의 포괄손익계산서(20x0년) 자료
  - 매출원가 : ₩50,000
  - 재고자산감모손실 : ₩2,000
- ㈜한국의 재무상태표(20x0년) 자료

	20x0년초	20x0년말
재고자산	₩10,000	₩20,000
매입채무	₩8,000	₩12,000

① ₩32,000 ② ₩46,000 ③ ₩50,000
④ ₩58,000 ⑤ ₩64,000

내비게이션

• 매출원가	(50,000)
재고자산감모손실(비정상감모)	(2,000)
재고자산 증가	(10,000)
매입채무 증가	4,000
현금주의 보험료	(58,000)

4. ㈜세무의 20x1년도 재무제표의 상품매매와 관련된 자료이다. 20x1년도 ㈜세무의 상품매입과 관련된 현금유출액은? [세무사기출]

기초매출채권	₩40,000
기말매출채권	₩50,000
기초상품재고액	₩30,000
기말상품재고액	₩28,000
기초매입채무	₩19,000
기말매입채무	₩20,000
기초선수금	₩20,000
기말선수금	₩15,000
기초선급금	₩10,000
기말선급금	₩5,000
매출액	₩400,000
매출원가	₩240,000
환율변동이익*)	₩4,000

*) 환율변동이익은 매입채무에 포함된 외화외상매입금에서만 발생함

① ₩222,000 ② ₩228,000 ③ ₩236,000
④ ₩240,000 ⑤ ₩248,000

내비게이션

- -240,000(매출원가)+2,000(재고자산감소)+1,000(매입채무증가)+5,000(선급금감소)+4,000([환율변동이익(외환이익)]=-228,000

Answer 1. ⑤ 2. ③ 3. ④ 4. ②

시험중요도 ★★☆

기본이론 제204강 직접법 영업활동 : 매입활동과 유출액분석

세부고찰 I

사례 일반적인 경우

◎다음은 ㈜힘내라힘의 20x1년 회계기간동안의 재무제표 수치이다. 매입으로 인한 현금유출액은?

(1) 매출원가 : ₩500,000
(2) 재고자산 : 20x1년 1월 1일 ₩100,000, 20x1년 12월 31일 ₩200,00
(3) 매입채무 : 20x1년 1월 1일 ₩50,000, 20x1년 12월 31일 ₩100,00

- −500,000(매출원가)−100,000(재고자산증가)+50,000(매입채무증가)=−550,000

세부고찰 II

사례 재고자산평가손실이 있는 경우

◎재무상태표의 계정 자료이다. 공급자에 대한 현금유출액을 계산하면 얼마인가?

구분	기초잔액	기말잔액
재고자산	₩250,000	₩300,000
매입채무	₩125,000	₩250,000

단, 포괄손익계산서상 매출원가 ₩4,750,000, 재고자산평가손실(매출원가에 반영하지 않음) ₩150,000, 외환차손(매입채무 관련) ₩75,000이다.

매출원가	(4,750,000)
재고자산평가손실	(150,000)
재고자산증가	(50,000)
매입채무증가	125,000
외환차손	(75,000)
공급자에 대한 유출액	(4,900,000)

세부고찰 III

사례 매출원가 추정

◎㈜한권합격의 20x1년 현금흐름표상 공급자에 대한 현금유출액(재고자산 매입)이 ₩1,525,000일 때, 다음 자료에 따라 20x1년 포괄손익계산서상의 매출원가를 구하면 얼마인가?

(1) 재무상태표의 계정 자료

구분	20x1년초	20x1년말
재고자산	₩1,500,000	₩1,875,000
매입채무	₩1,375,000	₩1,650,000

(2) 포괄손익계산서상 매입채무 관련 외환차익은 ₩200,000, 외화환산이익은 ₩500,000이다.

매출원가	(x)
재고자산증가	(375,000)
매입채무증가	275,000
외환환산이익	500,000
외환차익	200,000
공급자에 대한 유출액	(1,525,000)

$\therefore x=2,125,000$

FINAL 객관식뽀개기 실전적중문제

1. 다음은 ㈜합격의 20x1년도 재무제표의 일부 자료이다. 직접법을 사용하여 20x1년도 현금흐름표의 영업활동 현금흐름을 구할 때, 고객으로부터 유입된 현금흐름과 공급자에 대해 유출된 현금흐름으로 옳은 것은?

(1) 재무상태표의 일부자료

계정과목	기초잔액	기말잔액
매출채권(총액)	₩200,000	₩140,000
대손(손실)충당금	₩10,000	₩14,000
재고자산	₩60,000	₩50,000
매입채무	₩50,000	₩100,000
선수금	₩10,000	₩8,000

(2) 포괄손익계산서 일부자료

계정과목	금액
매출액	₩1,500,000
매출원가	₩1,000,000
대손상각비	₩7,000
재고자산평가손실	₩50,000
외환이익(매입채무관련)	₩20,000

	고객으로부터 유입된 현금흐름	공급자에 대해 유출된 현금흐름
①	₩1,555,000	₩970,000
②	₩1,555,000	₩995,000
③	₩1,560,000	₩950,000
④	₩1,560,000	₩970,000
⑤	₩1,560,000	₩995,000

내비게이션

• 고객으로부터 유입된 현금흐름

매출액	1,500,000
매출채권 감소	60,000
대손발생	(3,000)*)
선수금 감소	(2,000)
	1,555,000

*) 대손발생액 추정

대손발생(?)	3,000	기초대손충당금	10,000
기말대손충당금	14,000	대손상각비	7,000

• 공급자에 대해 유출된 현금흐름

매출원가	(1,000,000)
재고자산평가손실	(50,000)
재고자산 감소	10,000
매입채무 증가	50,000
외환이익	20,000
	(970,000)

2. 다음은 20x1년 ㈜합격의 영업활동 관련 정보와 직접법을 이용한 현금흐름표 중 영업활동 현금흐름이다. ① ~ ⑤에 들어갈 금액으로 틀린 것은?

내역	금액
현금매출	₩5,000,000
20x1년 1월 1일 매출채권 잔액	₩2,500,000
신용매출	₩15,000,000
20x1년 12월 31일 매출채권 잔액	₩3,750,000
종업원에 대한 현금 지급액	₩4,500,000
현금매입	₩2,500,000
20x1년 1월 1일 매입채무 잔액	₩3,750,000
신용매입	₩18,750,000
20x1년 12월 31일 매입채무 잔액	₩5,500,000
이자 지급액	₩3,750,000
법인세 지급액	₩5,000,000

내역	금액
영업활동으로부터의 현금흐름	
재화의 판매에 따른 현금유입	①
재화의 구입에 따른 현금유출	②
종업원과 관련된 현금유출	③
영업으로부터 창출된 현금	④
이자지급	(−)₩3,750,000
법인세 납부	(−)₩5,000,000
영업활동으로부터의 순현금흐름	⑤

① ₩18,750,000
② (−)₩17,000,000
③ (−)₩4,500,000
④ (−)₩5,250,000
⑤ (−)₩14,000,000

내비게이션

• ① : 20,000,000(현금매출+신용매출)-1,250,000(매출채권증가) =18,750,000
• ② : -21,250,000(현금매입+신용매입)+1,750,000(매입채무증가) =-19,500,000
• ③ : 4,500,000(종업원에 대한 현금 지급액)
• ④ : 18,750,000-19,500,000-4,500,000=-5,250,000
• ⑤ : -5,250,000-3,750,000-5,000,000=-14,000,000

Answer 1. ① 2. ②

시험중요도 ★★★

기본이론 제205강 직접법 기타영업활동 : 개괄

분석제외

구분	내용
비현금손익	• 감가상각비등은 분석제외함.
비영업활동손익	• 자산처분손익, 부채상환손익등은 분석제외함.

유입액분석

❖(+)로 출발하며, 자산증감은 역방향으로, 부채증감은 순방향으로 가감하여 계산함.

이자수익 유입액		임대수익 유입액	
발생주의이자수익	10,000	**발생주의임대수익**	10,000
현할차상각액	(2,000)	미수임대료증가	(2,000)
미수이자증가(or선수이자감소)	(3,000)	선수임대료증가	1,000
유입액(현금주의이자수익)	5,000	**유입액(현금주의임대수익)**	9,000

유출액분석

❖(-)로 출발하며, 자산증감은 역방향으로, 부채증감은 순방향으로 가감하여 계산함.

이자비용 유출액		종업원 유출액	
발생주의이자비용	(10,000)	**발생주의급여**	(10,000)
사발차(현할차)상각액	1,000	미지급급여감소	(1,000)
미지급이자증가(or선급이자감소)	2,000	선급급여감소	2,000
유출액(현금주의이자비용)	(7,000)	**유출액(현금주의급여)**	(9,000)

주의 주식보상비용이 급여처리된 경우는 종업원 유출액 분석시 주식보상비용을 가산함.

보론 **사채발행차금(현재가치할인차금)상각액의 처리**

사채발행차금상각액	현재가치할인차금상각액
【사채할인발행차금】 (차) 이자비용 100 (대) 현금 80 사발차 20	【부채의 현재가치할인차금】 (차) 이자비용 100 (대) 현금 80 현할차 20
직접법 • 계산시 가산(∵유출이 아님) 간접법 • 당기순이익에 가산(∵유출이 아닌데 비용처리됨)	직접법 • 계산시 가산 간접법 • 당기순이익에 가산
【사채할증발행차금】 (차) 이자비용 80 (대) 현금 100 사할증 20	【자산의 현재가치할인차금】 (차) 현금 80 (대) 이자수익 100 현할차 20
직접법 • 계산시 차감(∵유출임) 간접법 • 당기순이익에 차감(∵유출인데 비용처리 안됨)	직접법 • 계산시 차감 간접법 • 당기순이익에 차감

❖법인세분석

법인세 유출액		
법인세비용	(10,000)	예 기초 : 이연법인세자산 80,000 기말 : 이연법인세부채 60,000이라면 – 이연법인세자산감소 80,000 – 이연법인세부채증가 60,000
미지급법인세증가	2,000	
이연법인세부채감소	(1,000)	
유출액	(9,000)	

사례 현금주의 법인세비용유출액 계산

❂포괄손익계산서의 법인세비용은 ₩43,000이며, 모두 영업활동과 관련이 있음. 재무상태표 관련 계정들의 기초 및 기말잔액이 다음과 같을 때 법인세로 인하여 유출된 현금은?

계정	기초잔액	기말잔액
이연법인세부채	₩12,000	₩8,000
미지급법인세(당기법인세)	₩30,000	₩50,000

• −43,000+20,000(미지급법인세증가)−4,000(이연법인세부채감소)=−27,000

FINAL 객관식뽀개기 실전적중문제

1. 다음은 ㈜세상의 20x2년도 재무제표에서 추출한 자료이다.

(1)

	20x2.12.31	20x1.12.31
선급보험료	₩2,500	₩2,000
선수임대료	₩5,000	₩4,000

(2) 포괄손익계산서상의 보험료와 임대료는 각각 ₩1,000과 ₩2,700 이다.

20x2년도에 보험료 및 임대료와 관련하여 발생한 현금흐름으로 옳은 것은? [관세사기출]

	보험료 현금흐름	임대료 현금흐름
①	₩1,500 유출	₩3,700 유입
②	₩3,700 유출	₩1,500 유입
③	₩1,500 유입	₩3,700 유출
④	₩3,700 유입	₩1,500 유출
⑤	₩2,200 유입	₩2,200 유출

내비게이션

- 현금주의 보험료 : −1,000−500(선급보험료증가)=−1,500
- 현금주의 임대료 : 2,700+1,000(선수임대료증가)=3,700

2. ㈜합격의 재무담당자는 20x1년도 영업활동 유형별로 현금의 흐름내역을 살펴보고자 한다. 다음에 제시된 ㈜합격의 20x1년도 재무제표의 일부 자료에 근거하여 20x1년도 직접법에 의한 영업활동현금흐름상 공급자에 대한 현금유출액과 종업원에 대한 현금유출액을 구하면 얼마인가? 단, 주식보상비용은 당기 중 부여한 주식결제형 주식기준보상거래에 따른 용역의 대가로 모두 급여에 포함되어 있으며, 외화환산이익은 모두 외화매입채무의 기말환산과 관련하여 발생하였다.

Ⅰ. 포괄손익계산서

계정과목	금액
매출액	₩6,000,000
매출원가	(3,200,000)
급여	(1,200,000)
감가상각비	(890,000)
대손상각비	(120,000)
유형자산처분이익	570,000
외화환산이익	320,000
이자비용	(450,000)
재고자산감모손실	(250,000)
법인세비용	(180,000)
당기순이익	₩600,000

Ⅱ. 간접법에 의한 영업활동현금흐름

당기순이익	₩600,000
주식보상비용	140,000
이자비용	450,000
감가상각비	890,000
유형자산처분이익	(570,000)
법인세비용	180,000
매출채권(순액)의 증가	(890,000)
선급금의 증가	(120,000)
선급급여의 감소	210,000
재고자산의 감소	390,000
매입채무의 증가	430,000
미지급급여의 감소	(170,000)
영업에서 창출된 현금	₩1,540,000
이자지급	(420,000)
법인세납부	(80,000)
영업활동순현금흐름	₩1,040,000

	공급자에 대한 현금유출액	종업원에 대한 현금유출액
①	₩2,180,000	₩1,160,000
②	₩2,430,000	₩1,020,000
③	₩2,430,000	₩1,160,000
④	₩2,500,000	₩1,020,000
⑤	₩2,500,000	₩1,160,000

내비게이션

• 공급자에 대한 현금유출액

매출원가	(3,200,000)
재고자산감모손실	(250,000)
재고자산 감소	390,000
매입채무 증가	430,000
외화환산이익	320,000
선급금 증가	(120,000)
	(2,430,000)

• 종업원에 대한 현금유출액

급여	(1,200,000)
주식보상비용	140,000
미지급급여 감소	(170,000)
선급급여 감소	210,000
	(1,020,000)

Answer 1. ① 2. ②

시험중요도 ★★☆

기본이론 제206강 직접법 기타영업활동 : 유입·유출액분석

세부고찰 I

사례 영업활동 유입 · 유출액

✪20x1년 현금매출 및 신용매출은 각각 ₩160,000과 ₩1,200,000이고, 20x1년 기초와 기말의 매출채권 잔액은 각각 ₩180,000과 ₩212,000이다. 20x1년 영업비용은 ₩240,000이다. 20x1년 선급비용 기말잔액은 기초보다 ₩16,000이 증가하였고, 20x1년 미지급비용 기말잔액은 기초보다 ₩24,000이 감소하였다. 20x1년에 고객으로부터 유입된 현금흐름과 영업비용으로 유출된 현금흐름은?

풀이

- 고객으로부터 유입된 현금흐름 : 1,360,000-32,000(매출채권증가)=1,328,000
- 영업비용으로 유출된 현금흐름 : -240,000-16,000(선급비용증가)-24,000(미지급비용감소)=-280,000

세부고찰 II

사례 미지급이자 추정

✪㈜설레임은 현재 발생주의회계를 채택하고 있다. 20x1년 이자비용 계상액은 ₩58,500(현금지급액은 ₩57,400)이었다. 20x1년말 현재 재무상태표상의 미지급이자가 ₩13,200이라면, 20x1년초의 미지급이자는 얼마인가? 단, 20x1년 기초 및 기말시점의 선급이자는 각각 ₩1,750과 ₩1,550이다.

- $-58,500+x+200$(선급이자감소)=-57,400 에서, $x=900$(미지급이자증가)

∴13,200(기말미지급이자)-기초미지급이자=900 에서, 기초미지급이자=12,300

세부고찰 III

사례 이자비용 유출액

✪다음은 20x1년도 이자지급과 관련된 자료이다. 이자지급으로 인한 현금유출액은 얼마인가?

(1) 포괄손익계산서 이자비용 ₩20,000에는 사채할인발행차금상각액 ₩2,000이 포함되어 있다.

(2) 재무상태표에 인식된 이자 관련 계정과목의 기초 및 기말잔액은 다음과 같다.

계정과목	기초잔액	기말잔액
미지급이자	₩2,300	₩3,300
선급이자	₩1,000	₩1,300

- -20,000+2,000(사발차상각액)+1,000(미지급이자증가)-300(선급이자증가)=-17,300

세부고찰 IV

사례 이자수익 유입액

✪다음은 미수수익과 관련된 재무제표 자료이다. 20x2년 이자수익에 따른 현금유입액을 구하면?.

ㄱ. 재무상태표 관련자료

구분	20x2년말	20x1년말
미수이자	₩20,000	₩30,000

ㄴ. 포괄손익계산서 관련자료

구분	20x2년	20x1년
이자수익	₩200,000*)	₩150,000

*) 장기할부판매와 관련된 현재가치할인차금상각액 ₩10,000이 포함됨.

- 200,000-10,000(현할차상각액)+10,000(미수이자감소)=200,000

FINAL 객관식뽀개기 | 실전적중문제

1. ㈜관세의 20x1년의 기초 미지급사채이자는 ₩220이고, 기말 미지급사채이자는 ₩250이다. 20x1년도 사채이자비용이 ₩6,000(사채할인발행차금 상각액 ₩400 포함)이라면, ㈜관세가 20x1년에 현금으로 지급한 이자액은? [관세사기출]

① ₩5,030 ② ₩5,200 ③ ₩5,570
④ ₩5,970 ⑤ ₩6,000

• 발생주의 이자비용	(6,000)
사발차상각액	400
미지급이자 증가	30
현금주의 이자비용	(5,570)

2. ㈜감평의 20x1년도 이자비용 ₩30,000에는 사채할인발행차금 상각액 ₩3,000이 포함되어 있다. 미지급이자비용의 기초잔액과 기말잔액은 각각 ₩3,800과 ₩5,200이고, 선급이자비용의 기초잔액과 기말잔액은 각각 ₩2,000과 ₩2,700이다. ㈜감평의 20x1년도 현금이자지급액은? [감평사기출]

① ₩24,900 ② ₩26,300 ③ ₩29,100
④ ₩30,900 ⑤ ₩35,100

내비게이션

• 발생주의 이자비용	(30,000)
사발차상각액	3,000
미지급이자 증가	1,400
선급이자 증가	(700)
현금주의 이자비용	(26,300)

3. 창업지원컨설팅을 하는 ㈜국세는 현금주의 회계제도를 채택하고 있으며, 20x1년에 용역수익 ₩400,000을 현금으로 수취하였다. 만약, 발생주의 회계제도를 채택하였다면 20x1년도 ㈜국세의 용역수익은 얼마인가? (단, 추가자료는 다음과 같다.) [세무사기출]

구분	20x1년 1월 1일	20x1년 12월 31일
미수용역수익	₩80,000	₩120,000
선수용역수익	₩0	₩10,000

① ₩350,000 ② ₩370,000 ③ ₩430,000
④ ₩450,000 ⑤ ₩470,000

내비게이션

• 발생주의 용역수익	X
미수용역수익 증가	(40,000)
선수용역수익 증가	10,000
현금주의 용역수익	400,000

$\therefore X = 430,000$

Answer 1. ③ 2. ②

시험중요도 ★★★

기본이론 제207강 간접법 영업활동 : 양식과 계산구조

간접법 양식

간접법 영업활동현금흐름 현금흐름표 양식

Ⅰ. 영업활동 현금흐름	
1. 법인세비용차감전순이익	xxx
가감 :	
① 감가상각비	xxx
② 무형자산상각비	xxx
③ 투자수익	(xxx)
④ 이자비용	xxx
⑤ 이자수익	(xxx)
⑥ 배당수익	(xxx)
	xxx
⑦ 매출채권(대손충당금차감순액)증가	(xxx)
⑧ 재고자산(순액)감소	xxx
⑨ 매입채무감소	(xxx)
⑩ 단기매매(FVPL)금융자산감소 등	xxx
2. 영업에서 창출된 현금	xxx
① 이자의 지급	(xxx)
② 이자의 수취	xxx
③ 배당금의 수취	xxx
④ 배당금의 지급	(xxx)
⑤ 법인세의 납부	(xxx)
3. 영업활동 순현금흐름	xxx

계산구조

〈출발점〉 법인세비용차감전순이익		
현금수입·지출이 없는 손익계정	• 감가상각비, 금융자산평가손익 • 이자비용, 이자수익, 배당수익*)	• 비용 ➡ 가산 • 수익 ➡ 차감
투자·재무활동관련 손익계정	• 자산처분손익 • 부채상환손익	
영업활동관련 자산·부채계정	• 매출채권(순액), 선수금 • 매입채무, 선급금 • 재고자산 • 미수수익, 선급비용, 선수수익, 미지급비용, 단기매매(FVPL)금융자산	• 자산증(감) ➡ 차감(가산) • 부채증(감) ➡ 가산(차감)

*) 영업활동으로 분류되는 경우 가감조정을 해주는 이유는 현금흐름표 양식상 이들을 직접법을 적용한 것처럼 별도로 표시해주기 때문임.

주의 영업활동관련 자산·부채계정 관련손익(예 매출채권 대손상각비, 단기매매금융자산평가이익·처분이익, 재고자산감모손실, 퇴직급여 등)은 위의 현금수입·지출이 없는 손익계정에서 고려치 않음. 따라서, 영업활동과 관련없는 대여금이나 미수금 해당분 대손상각비는 위의 현금수입·지출이 없는 손익계정에서 고려(가산)함.

고속철

유형자산현금흐름 계정분석

기초(순액)	3,000	처분(순액)	800
		당기감가상각비	400
취득	200	기말(순액)	2,000

FINAL 객관식뽀개기 실전적중문제

1. ㈜관세의 20x1년 당기순이익은 ₩500이다. 다음 자료를 반영하여 계산한 영업활동 현금흐름은? [관세사기출]

매출채권의 증가	₩1,500	재고자산의 감소	₩2,500
매입채무의 감소	₩900	회사채 발행	₩1,000
감가상각비	₩200	토지처분이익	₩100
기계장치 취득	₩700		

① ₩300 ② ₩600 ③ ₩700
④ ₩1,000 ⑤ ₩1,200

- 500(당기순이익)−1,500(매출채권증가)+2,500(재고자산감소)−900(매입채무감소)+200(감가상각비)−100(토지처분이익)=700

2. ㈜감평의 20x1년도 포괄손익계산서상 당기순이익은 ₩800,000으로 보고되었다. 다음 자료에 의해 간접법으로 구한 20x1년도 영업활동 현금흐름은? [감평사기출]

- 토지(장부금액 ₩3,000,000) 처분금액 ₩3,100,000
- 매출채권(총액) 증가 ₩165,000
- 매출채권손실충당금 증가 ₩5,000
- 매입채무 증가 ₩80,000
- 매출채권손상차손 ₩20,000
- 감가상각비 ₩120,000
- 개발비 지출 ₩180,000

① ₩740,000 ② ₩760,000 ③ ₩840,000
④ ₩900,000 ⑤ ₩920,000

- 800,000(당기순이익)−100,000(토지처분이익)−160,000[매출채권(순액)증가]+80,000(매입채무증가)+120,000(감가상각비)=740,000

3. 감평의 20x1년 당기순이익은 ₩2,500,000이다. 다음 자료를 이용하여 20x1년의 영업활동 현금흐름을 계산하면?(단, 간접법으로 계산한다.) [감평사기출]

구분	기초	기말
재고자산	₩250,000	₩380,000
매출채권(순액)	₩620,000	₩450,000
선급비용	₩350,000	₩250,000
선수수익	₩400,000	₩240,000
미지급비용	₩240,000	₩180,000
영업권상각비	₩100,000	
토지처분이익	₩80,000	
당기손익인식금융자산평가손실	₩150,000	

① ₩2,590,000 ② ₩2,750,000 ③ ₩2,830,000
④ ₩2,910,000 ⑤ ₩2,990,000

내비게이션

- 2,500,000(당기순이익)+100,000(영업권상각비)−80,000(토지처분이익)+150,000(당기손익인식금융자산평가손실)−130,000(재고자산증가)+170,000(매출채권감소)+100,000(선급비용감소)−160,000(선수수익감소)−60,000(미지급비용감소)=2,590,000

4. ㈜합격의 20x1년도 현금흐름표상 영업에서 창출된 현금이 ₩100,000이고 영업활동 순현금흐름은 ₩89,000이다. 다음에 제시된 자료를 이용하여 ㈜합격의 20x1년도 포괄손익계산서상 법인세비용차감전순이익을 구하면 얼마인가? 단, 이자지급 및 법인세납부는 영업활동으로 분류한다.

〈20X1년도 ㈜합격의 재무자료〉			
이자비용	₩2,000	감가상각비	₩1,000
유형자산 처분손실	₩3,000	사채상환이익	₩2,000
법인세비용	₩7,000	미지급이자의 증가	₩1,000
재고자산(순액)의 증가	₩3,000	매출채권(순액)의 증가	₩2,000
매입채무의 증가	₩3,000	미지급법인세의 감소	₩3,000

① ₩91,000 ② ₩98,000 ③ ₩101,000
④ ₩103,000 ⑤ ₩105,000

내비게이션

•법인세비용차감전순이익	X
감가상각비	1,000
이자비용	2,000
유형자산처분손실	3,000
사채상환이익	(2,000)
매출채권(순액) 증가	(2,000)
재고자산(순액) 증가	(3,000)
매입채무 증가	3,000
영업에서 창출된 현금	100,000

$\therefore X$=98,000

시험중요도 ★★☆

기본이론 제208강 간접법 영업활동 : 현금흐름표작성

종합사례

❖ 포괄손익계산서 자료

대손상각비(매출채권 관련분 ₩4,000, 대여금 관련분 ₩2,000)	₩6,000
감가상각비	₩140,000
단기매매(FVPL)금융자산평가이익	₩8,000
유형자산처분손실	₩24,000
이자비용(사채할인발행차금상각액 ₩12,000 포함)	₩52,000
FVOCI(매도가능)금융자산처분이익	₩38,000
외환이익(외화차입금 관련분 ₩10,000, 매출채권 관련분 ₩4,000)	₩14,000
법인세비용차감전순이익	₩400,000
법인세비용	₩80,000

❖ 재무상태표 자료

계정과목	기초잔액	기말잔액	증감
매출채권(순액)	₩80,000	₩120,000	40,000
재고자산	₩24,000	₩16,000	(8,000)
매입채무	₩72,000	₩40,000	(32,000)
미지급급여	₩28,000	₩20,000	(8,000)
단기매매(FVPL)금융자산	₩6,000	₩12,000	6,000
미지급이자	₩16,000	₩18,000	2,000
미지급법인세	₩14,000	₩18,000	4,000
이연법인세부채	₩12,000	₩6,000	(6,000)

현금흐름표(간접법)

간접법 영업활동현금흐름 현금흐름표 사례

Ⅰ. 영업활동 현금흐름	
1. 법인세비용차감전순이익	400,000
가감 :	
① 대손상각비(대여금 관련분)	2,000
② 감가상각비	140,000
③ 유형자산처분손실	24,000
④ 이자비용	52,000
⑤ FVOCI(매도가능)금융자산처분이익	(38,000)
⑥ 외환이익(외화차입금 관련분)	(10,000)
	570,000
⑦ 매출채권(순액)증가	(40,000)
⑧ 재고자산(순액)감소	8,000
⑨ 매입채무감소	(32,000)
⑩ 미지급급여감소	(8,000)
⑪ 단기매매(FVPL)금융자산증가	(6,000)
2. 영업에서 창출된 현금	492,000
① 이자의 지급	(38,000)[1]
② 법인세의 납부	(82,000)[2]
3. 영업활동 순현금흐름	372,000

[1] −52,000(이자비용)+12,000(사발차상각액)+2,000(미지급이자증가)=−38,000

[2] −80,000(법인세비용)+4,000(미지급법인세증가)−6,000(이연법인세부채감소)=−82,000

FINAL 객관식뽀개기 실전적중문제

1. 다음은 ㈜감평의 20x1년도 현금흐름표를 작성하기 위한 자료이다. ㈜감평의 20x1년도 영업활동순현금흐름은? [감평사기출]

(1) 20x1년도 포괄손익계산서 자료
- 당기순이익 : ₩100,000
- 대손상각비 : ₩5,000(매출채권에서 발생)
- 감가상각비 : ₩20,000
- 유형자산처분이익 : ₩7,000
- 사채상환손실 : ₩8,000

(2) 20x1년 말 재무상태표 자료
- 20x1년 기초금액 대비 기말금액의 증감은 다음과 같다.

자산		부채	
계정과목	증가(감소)	계정과목	증가(감소)
재고자산	(80,000)	매입채무	(4,000)
매출채권(순액)	50,000	미지급급여	6,000
유형자산(순액)	(120,000)	사채(순액)	(90,000)

① ₩89,000 ② ₩153,000 ③ ₩158,000 ④ ₩160,000 ⑤ ₩161,000

- 100,000(당기순이익)+20,000(감가상각비)-7,000(유형자산처분이익)+8,000(사채상환손실)+80,000(재고자산감소)-50,000[매출채권(순액)증가]-4,000(매입채무감소)+6,000(미지급급여증가)=153,000

2. 다음은 ㈜감평의 20x1년 현금흐름표 작성을 위한 자료이다.

감가상각비	₩40,000
유형자산처분손실	₩20,000
이자비용	₩25,000
법인세비용	₩30,000
미지급법인세 감소액	₩5,000
미지급이자 증가액	₩5,000
매출채권 증가액	₩15,000
재고자산 감소액	₩4,000
매입채무 감소액	₩6,000
당기순이익	₩147,000

㈜감평은 간접법으로 현금흐름표를 작성하며, 이자지급 및 법인세납부를 영업활동으로 분류한다. 20x1년 ㈜감평이 현금흐름표에 보고해야 할 영업활동 순현금흐름은? [감평사기출]

① ₩160,000 ② ₩165,000 ③ ₩190,000 ④ ₩195,000 ⑤ ₩215,000

내비게이션

• 당기순이익	147,000
감가상각비	40,000
유형자산처분손실	20,000
이자비용	25,000
법인세비용	30,000
매출채권 증가액	(15,000)
재고자산 감소액	4,000
매입채무 감소액	(6,000)
영업에서 창출된 현금	**245,000**
이자의 지급	(20,000)[1]
법인세의 납부	(35,000)[2]
영업활동 순현금흐름	**190,000**

[1] -25,000(이자비용)+5,000(미지급이자증가)=-20,000

[2] -30,000(법인세비용)-5,000(미지급법인세감소)=-35,000

*[별해] 147,000(당기순이익)+40,000(감가상각비)+20,000(유형자산처분손실)-5,000(미지급법인세감소)+5,000(미지급이자증가)-15,000(매출채권증가)+4,000(재고자산감소)-6,000(매입채무감소)=190,000

Answer 1. ② 2. ③

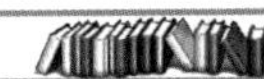

시험중요도 ★★☆

기본이론 제209강 간접법 영업활동 : 순이익추정

세부고찰 I

사례 순이익 추정①

❂㈜둥근해가떡썹니다의 20x1년도 현금흐름표상 영업에서 창출된 현금은 ₩1,000,000이었다. 간접법으로 영업활동 현금흐름을 계산하기 위한 다음 항목을 이용하여 20x1년도 당기순이익을 계산하면? 단, 이자의 지급은 영업활동으로 분류하며, 법인세는 무시한다.

매입채무증가	₩50,000	매출채권(순액)감소	₩150,000
선급비용증가	₩30,000	미지급비용감소	₩40,000
재고자산증가	₩80,000	감가상각비	₩50,000
이자비용	₩35,000	기계처분이익	₩20,000

풀이

• X+50,000(감가상각비)+35,000(이자비용)-20,000(기계처분이익)+50,000(매입채무증가)+150,000(매출채권감소)-30,000(선급비용증가)-40,000(미지급비용감소)-80,000(재고자산증가)
=1,000,000(영업에서 창출된 현금) →∴X=885,000

세부고찰 II

사례 순이익 추정②

❂㈜합격자명단의내이름의 20x1년 영업활동 순현금흐름은 ₩192,000이다. 다음 자료로 20x1년 당기순이익을 구하면? 단, 배당금 지급은 재무활동으로 분류한다.

감가상각비	₩180,000	FVOCI(매도가능)금융자산처분이익	₩16,000
사채할인발행차금상각액	₩9,600	매출채권(순액)증가	₩92,400
현금배당금지급	₩30,800	재고자산증가	₩32,000
단기차입금상환	₩50,000	매입채무증가	₩71,200
미지급법인세감소	₩42,000	사채발행	₩150,000

• X(순이익)+180,000(감가상각비)−16,000[FVOCI(매도가능)금융자산처분이익]−92,400(매출채권증가)−32,000(재고자산증가)+71,200(매입채무증가)+9,600(사발차상각액)−42,000(미지급법인세감소)
=192,000(영업활동 순현금흐름) →∴X=113,600

세부고찰 III

사례 순이익 추정③

❂당기 20x1년의 영업에서 창출된 현금은 ₩5,000,000이다. 다음 자료를 이용하여 20x1년의 법인세비용차감전순이익을 계산하면 얼마인가?

감가상각비	₩375,000
대손상각비(매출채권 관련)	₩375,000
재고자산감모손실	₩500,000
재고자산의 감소	₩250,000
매출채권(순액)의 증가	₩500,000
토지처분금액(장부금액 ₩750,000)	₩1,250,000

풀이

• X(순이익)+375,000(감가상각비)+250,000(재고자산감소)-500,000(매출채권증가)-500,000(토지처분이익)=5,000,000(영업에서 창출된 현금) →∴X=5,375,000

*영업활동관련 자산·부채관련손익인 대손상각비, 재고자산감모손실은 고려하지 않음.

FINAL 객관식뽀개기 실전적중문제

1. 20x1년도 ㈜한국의 다음 자료를 이용하여 계산된 20x1년도 당기순이익은?(단, 이자지급 및 법인세납부는 영업활동으로 분류한다.) [감평사기출]

- 현금흐름표상 영업활동순현금흐름은 ₩182,000이다.
- 포괄손익계산서상 사채상환손실, 이자비용 및 감가상각비는 각각 ₩15,000, ₩10,000 및 ₩5,000이다.
- 법인세비용은 ₩8,000이다.
- 매출채권은 ₩20,000 증가하였다.
- 재고자산은 ₩10,000 감소하였다.
- 매입채무는 ₩15,000 증가하였다.

① ₩148,000 ② ₩157,000 ③ ₩163,000
④ ₩173,000 ⑤ ₩178,000

내비게이션

• 당기순이익	X
사채상환손실	15,000
이자비용	10,000
감가상각비	5,000
법인세비용	8,000
매출채권 증가	(20,000)
재고자산 감소	10,000
매입채무 증가	15,000
영업에서 창출된 현금	**X+43,000**
이자의 지급	(10,000)
법인세의 납부	(8,000)
영업활동 순현금흐름	**X+25,000**

- X+25,000=182,000 →X=157,000

*[별해] X+15,000(사채상환손실)+5,000(감가상각비)-20,000(매출채권증가)+10,000(재고자산감소)+15,000(매입채무증가)=182,000
→X=157,000

2. 다음 자료는 ㈜합격의 20x1년말과 20x2년말 재무상태표와 20x2년 포괄손익계산서 및 현금흐름표에서 발췌한 회계자료의 일부이다. ㈜합격은 이자의 지급을 영업활동으로 분류하고 있다. 다음의 자료만을 이용할 때 20x2년도 '법인세비용차감전순이익' 및 '영업에서 창출된 현금'을 계산하면 각각 얼마인가?

(1) 감가상각비	₩40,000
(2) 유형자산처분손실	₩20,000
(3) 이자비용	₩25,000
(4) 법인세비용	₩30,000
(5) 미지급법인세의 감소액	₩5,000
(6) 이연법인세부채의 증가액	₩10,000
(7) 이자지급액	₩25,000
(8) 매출채권의 증가액	₩15,000
(9) 대손(손실)충당금의 증가액	₩5,000
(10) 재고자산의 감소액	₩4,000
(11) 매입채무의 감소액	₩6,000
(12) 영업활동순현금흐름	₩200,000

	법인세비용차감전 순이익	영업에서 창출된 현금
①	₩177,000	₩250,000
②	₩172,000	₩245,000
③	₩225,000	₩192,000
④	₩167,000	₩240,000
⑤	₩172,000	₩220,000

내비게이션

- 영업에서 창출된 현금 계산

법인세비용차감전순이익	X
감가상각비	40,000
유형자산처분손실	20,000
이자비용	25,000
매출채권(순액) 증가	(10,000)
재고자산(순액) 감소	4,000
매입채무 감소	(6,000)
	Y

- 법인세유출액(법인세의 납부) 계산

법인세비용	(30,000)
미지급법인세 감소	(5,000)
이연법인세부채 증가	10,000
	(25,000)

- 이자지급액 : (25,000)

∴영업활동순현금흐름(200,000)= Y-25,000-25,000
→Y(영업에서 창출된 현금 계산)=250,000
→X(법인세비용차감전순이익)=177,000

Answer 1. ② 2. ①

시험중요도 ★★☆

기본이론 제210강 간접법 영업활동 : 현금흐름과 적용

세부고찰 I

사례 영업에서 창출된 현금과 영업활동 순현금흐름

✪다음 자료에 의해 영업에서 창출된 현금과 영업활동 순현금흐름을 계산하면 각각 얼마인가? 단, 이자수취 및 이자지급은 영업활동으로 분류한다.

(1) 재무상태표의 자산 · 부채의 일부는 다음과 같다.

매출채권(순액)의 증가	₩750,000	재고자산의 감소	₩250,000
매입채무의 증가	₩500,000	사채의 감소	₩750,000
이연법인세자산의 감소	₩50,000	미지급법인세의 증가	₩100,000

(2) 법인세비용차감전순손실은 ₩250,000이며 다음 손익항목이 포괄손익계산서에 포함되어 있다.

감가상각비	₩250,000	토지재해손실	₩500,000
토지처분손실	₩500,000	이자비용(사채할인발행차금상각액)	₩250,000
매출에누리와 매출환입	₩750,000	법인세비용	₩250,000

풀이

- 영업에서 창출된 현금
  -250,000(순손실)+250,000(감가상각비)+500,000(토지재해손실)+500,000(토지처분손실)+250,000(이자비용)-750,000(매출채권증가)+250,000(재고자산감소)+500,000(매입채무증가)=1,250,000
- 법인세의 납부(법인세유출액)
  -250,000(법인세비용)+100,000(미지급법인세증가)+50,000(이연법인세자산감소)=-100,000
- 영업활동 순현금흐름
  1,250,000(영업에서 창출된 현금)-100,000(법인세의 납부)=1,150,000

세부고찰 II

사례 현금흐름대비 유동부채 계산

✪아래에 제시된 것 이외의 유동항목은 없는 것으로 가정하고, $\frac{\text{유동부채(기말)}}{\text{영업활동현금흐름}}$을 계산하면? 단, 유동비율은 '유동자산÷유동부채'이며, 법인세는 무시한다.

유동비율(기초)	2.0	유동비율(기말)	1.5
법인세비용차감전순이익	₩10,000	매출채권감소	₩5,500
매입채무증가	₩3,000	감가상각비	₩4,000
미지급비용증가	₩1,500	재고자산증가	₩1,000

- 영업활동현금흐름 계산
  10,000+5,500(매출채권감소)+3,000(매입채무증가)+4,000(감가상각비)+1,500(미지급비용증가)-1,000(재고자산증가)=23,000
- 기초유동비율= $\frac{\text{기초유동자산}(x)}{\text{기초유동부채}(y)}$=2에서, $x=2y$
- 기말유동비율= $\frac{\text{기말유동자산}}{\text{기말유동부채}}=\frac{\text{기초유동자산}-5,500(\text{매출채권감소})+1,000(\text{재고자산증가})}{\text{기초유동부채}+3,000(\text{매입채무증가})+1,500(\text{미지급비용증가})}$
  $=\frac{2y-4,500}{y+4,500}=1.5 \rightarrow y=22,500$ 이므로, 기말유동부채=22,500+3,000+1,500=27,000
- $\frac{\text{유동부채(기말)}}{\text{영업활동현금흐름}}=\frac{27,000}{23,000}=1.17$

FINAL 객관식뽀개기 — 실전적중문제

1. 다음의 자료를 이용하여 ㈜합격의 20x1년 현금흐름표상 영업활동순현금흐름은 얼마인가?

(1) 합격의 부분재무상태표상 각 항목의 20x1년 기초 대비 기말잔액의 증감액은 다음과 같다.

자산		부채와 자본	
계정과목	증가(감소)	계정과목	증가(감소)
현금	?	매입채무	(10,000)
재고자산	90,000	장기차입금	110,000
장기투자자산	(100,000)	자본금	0
건물	300,000	이익잉여금	?
감가상각누계액	(0)		

(2) 다음은 20x1년 중에 발생한 거래의 일부이다.
- 20x1년 당기순이익은 ₩300,000이다.
- 취득원가 ₩500,000(장부금액 ₩250,000)의 건물을 ₩250,000에 처분하였고, 당기에 취득한 건물 중 ₩110,000은 건물과 관련된 장기차입금 ₩110,000을 인수하는 방식으로 취득하였다.
- 장기투자자산 중 일부를 ₩135,000에 처분하였으며, 장기투자자산에 영향을 미치는 다른 거래는 없었다.

① ₩450,000 ② ₩425,000 ③ ₩415,000
④ ₩175,000 ⑤ ₩165,000

• 건물 처분 회계처리
(차) 현금(대차차액) 250,000 (대) 건물 500,000
감가상각누계액 250,000

→처분자산 감가상각누계=250,000

• 장기투자자산 처분 회계처리
(차) 현금 135,000 (대) 장기투자자산 100,000
처분이익(대차차액) 35,000

• 건물 감가상각비 추정
'기초Dep누계－처분자산Dep누계＋감가상각비＝기말Dep누계'
→감가상각비－처분자산Dep누계＝기말Dep누계－기초Dep누계
→감가상각누계액의 증감=0 이므로 기말Dep누계－기초Dep누계=0
→감가상각비－처분자산Dep누계(250,000)=0
→따라서, 감가상각비=250,000

• 당기순이익	300,000
감가상각비	25,000
건물처분이익	(0)
장기투자자산처분이익	(35,000)
재고자산 증가	(90,000)
매입채무 감소	(10,000)
	415,000

2. ㈜한국은 당기 중에 장부금액 ₩40,000인 기계장치를 ₩52,000에 처분하였으며 당기 중 취득한 기계장치는 없다. 법인세차감전순이익은 ₩30,000이며, 액면발행된 사채의 이자비용이 ₩2,000이다. 영업에서 창출된 현금은? [세무사기출]

계정과목	기초	기말
매출채권(총액)	₩120,000	₩90,000
매출채권 대손(손실)충당금	₩4,000	₩5,000
재고자산	₩250,000	₩220,000
기계장치(총액)	₩400,000	₩300,000
기계장치 감가상각누계액	₩230,000	₩190,000
매입채무	₩245,000	₩280,000

① ₩116,000 ② ₩126,000 ③ ₩136,000
④ ₩146,000 ⑤ ₩156,000

내비게이션

• 기계장치 처분 회계처리
(차) 현금 52,000 (대) 기계장치(순액) 40,000
처분이익 12,000

• 기계장치 계정분석

기초(순액)	170,000[1]	처분(순액)	40,000
		감가상각비(대차차액)	20,000
취득(대차차액)	0	기말(순액)	110,000[2]

[1] 400,000－230,000＝170,000
[2] 300,000－190,000＝110,000

• 법인세비용차감전순이익	30,000
처분이익	(12,000)
감가상각비	20,000
이자비용	2,000
매출채권(순액) 감소	31,000
재고자산(순액) 감소	30,000
매입채무 증가	35,000
영업에서 창출된 현금	136,000

Answer 1. ③ 2. ③

시험중요도 ★★★

기본이론 제211강 투자·재무활동 : 유형자산 순현금흐름

세부고찰 I

사례 유형자산 순현금흐름①

✪다음은 ㈜코마탈출의 건물계정에 대한 비교재무상태표 자료이다.

	20x1년	20x2년
건물	₩100,000,000	₩115,000,000
감가상각누계액	(₩37,500,000)	(₩43,750,000)

㈜코마탈출은 20x2년 중 건물을 ₩37,500,000에 취득하였으며, 포괄손익계산서에 보고된 감가상각비와 건물처분이익은 각각 ₩10,000,000과 ₩13,250,000이다. 투자활동 순현금흐름을 계산하면 얼마인가?

•계정분석

기초(순액)	62,500,000	처분(순액)(?)	18,750,000
		감가상각비	10,000,000
취득	37,500,000	기말(순액)	71,250,000

•처분시 : (차) 현금(?) 32,000,000 (대) 건물(순액) 18,750,000
처분이익 13,250,000

∴ 현금유입(처분) : 32,000,000
현금유출(취득) : (37,500,000)
순현금흐름 (5,500,000)

세부고찰 II

사례 유형자산 순현금흐름②

✪다음은 ㈜유연천리래상회의 당기 20x1년 회계자료이다.

(1) 전기말 보유하던 건물을 20x1년 1월 1일에 현금을 지급받고 전액 처분하였다.
(2) 20x1년 1월 1일에 현금을 지급하고 신규로 건물을 취득하였다.
(3) ㈜유연천리래상회의 20x1년 포괄손익계산서상에는 건물처분이익 ₩2,750,000이 계상되어 있다.
(4) 부분재무상태표

과목	전기말	당기말
건물	₩18,000,000	₩9,750,000
감가상각누계액	(₩8,750,000)	(₩1,000,000)

20x1년 1월 1일에 있었던 건물의 처분과 신규취득이 투자활동 거래의 전부라고 할 때, ㈜유연천리래상회의 20x1년 투자활동 순현금흐름을 계산하면 얼마인가?

풀이

•처분시 회계처리 : (차) 현금(?) 12,000,000 (대) 건물 18,000,000
감가상각누계액 8,750,000 처분이익 2,750,000

•계정분석

기초(순액)	9,250,000	처분(순액)	9,250,000
		감가상각비	1,000,000
취득(?)	9,750,000	기말(순액)	8,750,000

∴ 현금유입(처분) : 12,000,000
현금유출(취득) : (9,750,000)
순현금흐름 2,250,000

FINAL 객관식뽀개기 실전적중문제

1. ㈜합격은 20x1년도 현금흐름표를 작성 중이다. 기계장치 관련 내역은 다음과 같으며, 당기 중 취득 및 처분 거래는 모두 현금으로 이루어졌다.

계정과목	기초금액	기말금액
기계장치	₩300,000	₩320,000
감가상각누계액	₩55,000	₩60,000

㈜합격은 당기 중 기계장치를 ₩100,000에 취득하였으며, 포괄손익계산서에는 기계장치처분이익 ₩5,000과 감가상각비(기계장치) ₩35,000이 보고되었다. ㈜합격의 기계장치 관련 거래가 20x1년도의 투자활동 순현금흐름에 미치는 영향은?

① 현금유출 ₩45,000　② 현금유출 ₩15,000
③ 현금유출 ₩10,000　④ 현금유입 ₩5,000
⑤ 현금유입 ₩30,000

내비게이션

• 기계장치 계정분석

기초(순액)	245,000	처분(순액)<대차차액>	50,000
		감가상각비	35,000
취득(유출액)	100,000	기말(순액)	260,000

• 처분회계처리

(차) 현금(?)	55,000	(대) 기계장치(순액)	50,000
		처분이익	5,000

• 현금유출 : 기계장치 취득　(100,000)
현금유입 : 기계장치 처분　55,000
투자활동 순현금흐름　(45,000)

2. 20x1년 초에 설립된 ㈜대한의 20x1년 12월 31일 현재 토지의 장부금액은 ₩5,400,000이다. 이는 재평가로 인하여 증가된 ₩1,100,000이 포함된 금액이다. 또한 ㈜대한은 20x1년 3월 1일에 취득한 기계장치(내용연수 5년, 잔존가치 ₩400,000, 정액법 상각)를 20x1년 5월 31일 ₩5,300,000에 전부 처분하고 유형자산처분손실 ₩1,845,000을 인식하였다. ㈜대한은 감가상각에 대해 월할계산하고 있으며, 자산의 취득 및 처분과 관련된 모든 거래는 현금으로 이루어지고 있다. ㈜대한의 20x1년도 현금흐름표에 계상될 투자활동 순현금흐름은 얼마인가? 단, 토지는 20x1년 초에 취득하였으며, 재평가모형을 적용한다. [세무사기출]

① ₩4,300,000 유출　② ₩5,500,000 유입
③ ₩6,500,000 유출　④ ₩7,500,000 유입
⑤ ₩11,800,000 유출

내비게이션

• 토지 취득
(차) 토지　4,300,000[1]　(대) 현금　4,300,000

[1] 5,400,000−1,100,000=4,300,000

• 기계장치 취득
(차) 기계장치　X　(대) 현금　X

• 기계장치 처분
(차)현금　5,300,000　(대)기계장치　X
감가상각누계액　$(X-400,000)\times 3/60$
처분손실　1,845,000
$\rightarrow X=7,500,000$

• 현금유출 : 토지 취득　(4,300,000)
현금유출 : 기계장치 취득　(7,500,000)
현금유입 : 기계장치 처분　5,300,000
투자활동 순현금흐름　(6,500,000)

Answer　1. ①　2. ③

시험중요도 ★★★

기본이론 제212강 투자·재무활동 : 유형자산 계정분석

세부고찰 I

사례 유형자산 유입액분석

다음 자료는 ㈜무혈입성의 유형자산 중 건물에 대한 자료이다. 순현금흐름을 계산하면?

(1) 비교재무상태표 중 일부

과목	20x2년말	20x1년말
건물	₩830,000	₩850,000
감가상각누계액	(₩240,000)	(₩200,000)

(2) 20x2년도 중 취득원가 ₩150,000(감가상각누계액 ₩60,000)의 건물을 처분하였으며 동 처분으로 처분손실 ₩10,000이 발생하였다. 건물 및 감가상각누계액의 나머지 차액은 당기 중 현금으로 취득한 것과 당기 감가상각비를 계상한 것이다.

•계정분석

기초(순액)	850,000-200,000=650,000	처분(순액)	150,000-60,000=90,000
		감가상각비	240,000-(200,000-60,000)=100,000
취득(?)	130,000	기말(순액)	830,000-240,000=590,000

∴현금유입(처분) 80,000 / 현금유출(취득) (130,000) → 순현금흐름 (50,000)

세부고찰 II

사례 유형자산 유입 · 유출액분석

다음은 ㈜포기를모르는놈의 재무제표의 일부이다.

(1) 비교재무상태표

과목	20x1년말	20x2년말
유형자산	₩245,000	₩270,000
감가상각누계액	(₩167,000)	(₩178,000)
미지급금	₩34,000	₩54,000

(2) 포괄손익계산서

– 감가상각비 : ₩32,000, 유형자산처분이익 : ₩13,000

20x2년 3월 1일 원가 ₩45,000의 유형자산을 현금을 받고 처분하였다. 또한 20x2년 8월 중 새로운 유형자산의 구입이 있었으며, 구입대금 중 현금지급하지 못한 ₩20,000은 미지급금으로 계상되었다. 20x2년도의 현금흐름표에 보고되어야 할 투자활동으로 부터의 순현금흐름은 얼마인가?

•167,000(기초감가상각누계액)-x+32,000(감가상각비)=178,000(기말감가상각누계액)

→처분자산의 감가상각누계액(x)=21,000

→처분시 : (차) 현금(?) 37,000 (대) 유형자산 45,000
감가상각누계액 21,000 처분이익 13,000

•계정분석

기초(순액)	245,000-167,000=78,000	처분(순액	45,000-21,000=24,000
		감가상각비	32,000
취득(?)	70,000	기말(순액)	270,000-178,000=92,000

→취득시 : (차) 유형자산 70,000 (대) 현금(?) 50,000
미지급금 20,000

∴현금유입(처분) 37,000 / 현금유출(취득) (50,000) → 순현금흐름 (13,000)

FINAL 객관식뽀개기 실전적중문제

1. 다음은 ㈜합격의 기계장치와 관련하여 20x1년도 중 발생한 일부 거래내역과 20x1년도 부분재무제표의 자료이다. ㈜합격의 유형자산은 모두 기계장치이다. 다음의 자료만을 이용하여 계산한 20x1년도 기계장치의 처분으로 인한 현금유입액은 얼마인가?

부분재무상태표			
계정과목	기초잔액	기말잔액	증감
기계장치	8,700,000	8,670,000	(30,000)
감가상각누계액	(3,700,000)	(2,500,000)	(1,200,000)

부분포괄손익계산서	
유형자산감가상각비	(850,000)
유형자산처분이익	570,000

(1) 20x1년 7월 1일 ㈜합격은 공정개선을 위해 보유중인 기계장치 일부를 ㈜적중의 기계장치와 교환하였다. 교환시점에서 ㈜합격이 보유한 기계장치의 취득금액은 ₩3,300,000(감가상각누계액 ₩1,100,000)이고 공정가치는 ₩2,300,000이었으며, ㈜적중이 보유한 기계장치의 취득금액은 ₩4,000,000(감가상각누계액 ₩2,500,000)이고 공정가치는 ₩2,000,000이었다. 동 거래는 상업적 실질이 있는 교환으로 공정가치 보상을 위한 현금수수는 없었으며, ㈜합격이 보유한 기계장치의 공정가치가 더 명백하였다.

(2) 20x1년 10월 1일 취득원가 ₩4,000,000인 기계장치를 취득하였으며, 당기 중 기계장치의 추가 취득거래는 발생하지 않았다. 또한 (1)의 교환거래를 제외한 기계장치관련 거래는 모두 현금으로 이루어졌으며, ㈜여름은 기계장치에 대해 원가모형을 적용하였다.

① ₩2,080,000 ② ₩2,550,000 ③ ₩2,650,000
④ ₩3,300,000 ⑤ ₩3,400,000

내비게이션

• 기계장치 계정분석

기초(순액)	5,000,000	처분(순액)〈대차차액〉	1,980,000
		감가상각비	850,000
취득(유출액)	4,000,000	기말(순액)	6,170,000

• 처분회계처리[처분(순액)=1,980,000의 구성내역]

(차) 기계장치(신)	2,300,000	(대)	기계장치(구)	3,300,000
감가상각누계액	1,100,000		처분이익	100,000
(차) 현금	X	(대)	기계장치(순액)	Y
			처분이익	470,000[1]

[1] 570,000-100,000=470,000

• 기계장치 계정분석에서 '처분(순액)=1,980,000' 이므로,
→1,980,000=(3,300,000-2,300,000-1,100,000)+Y에서, Y=2,080,000
→X=2,080,000+470,000=2,550,000

참고 순현금흐름 : 2,550,000-4,000,000(취득)=-1,450,000(유출)

2. 다음의 자료를 이용하여 ㈜합격의 20x1년 현금흐름표상 투자활동순현금흐름은 얼마인가?

(1) ㈜합격의 부분재무상태표상 각 항목의 20x1년 기초대비 기말잔액의 증감액은 다음과 같다.

자산		부채와 자본	
계정과목	증가(감소)	계정과목	증가(감소)
장기투자자산	(100,000)	장기차입금	110,000
건물	300,000	자본금	0
감가상각누계액	(0)	이익잉여금	?

(2) 다음은 20x1년 중에 발생한 거래의 일부이다.
- 취득원가 ₩500,000(장부금액 ₩250,000)의 건물을 ₩250,000에 처분하였고, 당기에 취득한 건물 중 ₩110,000은 건물과 관련된 장기차입금 ₩110,000을 인수하는 방식으로 취득하였다.
- 장기투자자산 중 일부를 ₩135,000에 처분하였으며, 장기투자자산에 영향을 미치는 다른 거래는 없었다.

① (₩550,000) ② (₩690,000) ③ (₩305,000)
④ (₩195,000) ⑤ (₩385,000)

내비게이션

• 건물 처분 회계처리

(차) 현금(대차차액)	250,000	(대) 건물	500,000
감가상각누계액	250,000		

→처분자산 감가상각누계=250,000

• 건물 감가상각비 추정
'기초Dep누계-처분자산Dep누계+감가상각비=기말Dep누계'
→감가상각비-처분자산Dep누계=기말Dep누계-기초Dep누계
→감가상각누계액의 증감=0 이므로 기말Dep누계-기초Dep누계=0
→감가상각비-처분자산Dep누계(250,000)=0
→따라서, 감가상각비=250,000

• 건물 계정분석

기초(순액)	A	처분(순액)	250,000
		감가상각비	250,000
취득(대차차액)	800,000	기말(순액)	A+300,000

• 건물 취득 회계처리

(차) 건물	800,000	(대) 현금(대차차액)	690,000
		장기차입금	110,000

• 장기투자자산 처분 회계처리

(차) 현금(처분금액)	135,000	(대) 장기투자자산	100,000
		처분이익(대차차액)	35,000

∴250,000-690,000+135,000=-305,000

Answer 1. ② 2. ③

시험중요도 ★★☆

기본이론 제213강 투자·재무활동 : 현금흐름과 적용

세부고찰 I

사례 사채 현금흐름의 적용

✪다음 자료에 의해 당기 사채와 관련한 재무활동 순현금흐름을 계산하면 얼마인가?

계정과목	기초잔액	기말잔액
사채	₩150,000	₩200,000
사채할인발행차금	₩10,000	₩14,000

- 당기 사채할인발행차금 상각이자비용은 ₩2,000이다.(액면이자는 없다.)
- 당기에 장부금액 ₩49,000(액면금액 ₩50,000)의 사채를 상환하였으며 상환손실은 ₩2,000이다.

- ① (차) 사채 50,000 (대) 사채할인발행차금 1,000
  상환손실 2,000 현금(?) 51,000
  ② (차) 현금 A (대) 사채 B
  사채할인발행차금 C
  ③ (차) 이자비용 2,000 (대) 사채할인발행차금 2,000

•B의 계산 : 150,000-50,000+B=200,000 에서, B=100,000
•C의 계산 : 10,000-1,000+C-2,000=14,000 에서, C=7,000
•A의 계산 : A+7,000=100,000 에서, A=93,000
∴현금유입(발행) 93,000 / 현금유출(상환) (51,000) → 순현금흐름 42,000

세부고찰 II

사례 유형자산처분손익의 간접법 반영

✪다음은 ㈜외유내강의 20x2년말 기준 비교재무상태표와 포괄손익계산서 및 기타 주요 자료이다. 이에 근거하여 20x2년 현금흐름표 작성시 영업활동으로 인한 현금흐름을 계산하면 얼마인가?

(1) 재무상태표 자료

계정과목	20x2년말	20x1년말
현금	₩250,000	₩175,000
매출채권	₩625,000	₩525,000
대손충당금	(₩75,000)	(₩125,000)
재고자산	₩850,000	₩1,050,000
매입채무	₩200,000	₩195,000

계정과목	20x2년말	20x1년말
기계장치	₩3,750,000	₩3,000,000
감가상각누계액	(₩1,250,000)	(₩1,125,000)
차입금	₩625,000	₩750,000
자본금	₩1,500,000	₩1,500,000
이익잉여금	₩1,825,000	₩1,055,000

(2) 포괄손익계산서 자료 : 당기순이익 ₩770,000, 감가상각비 ₩200,000, 대손상각비 ₩25,000
(3) 20x2년 중 기계장치를 ₩1,250,000에 추가로 취득하였으며, 사용하던 기계장치 중 일부(취득원가 ₩500,000)를 ₩500,000에 매각하였다.

풀이

• 기계장치 계정분석

기초(순액)	3,000,000-1,125,000=1,875,000	처분(순액)(?)	425,000
		감가상각비	200,000
취득	1,250,000	기말(순액)	3,750,000-1,250,000=2,500,000

• 기계장치 처분시 회계처리 : (차) 현금 500,000 (대) 기계장치(순액) 425,000
처분이익 75,000

∴770,000(순이익)+200,000(감가상각비)-150,000(매출채권순액증가)+200,000(재고자산감소)+5,000(매입채무증가)-75,000(처분이익)=950,000

FINAL 객관식뽀개기 

실전적중문제

1. ㈜세무의 현금흐름표 작성을 위한 20x2년 자료가 다음과 같을 때, ㈜세무의 20x2년도 투자활동순현금흐름과 재무활동순현금흐름은? 단, ㈜세무는 이자의 지급, 이자 및 배당금의 수입은 영업활동으로, 배당금의 지급은 재무활동으로 분류하고 있다. [세무사기출]

(1) 유상증자로 ₩250,000, 장기차입금으로 ₩300,000을 조달하였다.
(2) 20x2년초 매출채권 잔액은 ₩300,000이었고, 여기에 대손(손실)충당금 잔액이 ₩20,000 설정되어 있다. 20x2년말 매출채권 잔액은 ₩500,000이며, 대손추정을 통하여 기말 대손충당금 잔액이 ₩50,000으로 증가하였다.
(3) 20x1년 경영성과에 대해 20x2년 3월 주주총회 결의를 통해 주주들에게 배당금으로 ₩200,000을 지급하였다.
(4) 기초와 기말의 법인세 부채는 각각 ₩300,000과 ₩400,000이었다.
(5) 당기에 유형자산을 총원가 ₩600,000에 취득하였다.
(6) 취득원가가 ₩800,000이고 감가상각누계액이 ₩500,000인 공장 설비를 현금매각하고, 유형자산처분이익 ₩100,000을 인식하였다.

	투자활동순현금흐름	재무활동순현금흐름
①	₩200,000 유출	₩350,000 유입
②	₩200,000 유출	₩550,000 유입
③	₩400,000 유입	₩200,000 유출
④	₩600,000 유출	₩350,000 유입
⑤	₩600,000 유출	₩550,000 유입

내비게이션

• 투자활동순현금흐름

현금유출 : 유형자산 취득	(600,000)
현금유입 : 공장설비 처분	400,000[1)]
	(200,000)

[1)](800,000-500,000)+100,000=400,000

• 재무활동순현금흐름

현금유입 : 유상증자	250,000
현금유입 : 장기차입금	300,000
현금유출 : 배당금지급	(200,000)
	350,000

2. 다음은 ㈜합격의 사채관련 비교재무상태표이다. 20x2년 사채할인발행차금상각액이 ₩50,000일 때 재무활동 현금흐름은 얼마인가? 단, 20x2년 중 사채의 상환은 없다.

과목	20x1년	20x2년
사채	1,500,000	2,000,000
사채할인발행차금	200,000	230,000

① ₩230,000 유입 ② ₩350,000 유입
③ ₩420,000 유입 ④ ₩450,000 유입
⑤ ₩500,000 유입

내비게이션

• 사채발행시 회계처리

(차) 현금	X	(대) 사채	500,000[1)]
사채할인발행차금	Y		

[1)]2,000,000-1,500,000=500,000

• 현금유입액 추정

(200,000+ Y)-50,000=230,000 에서, Y=80,000

→(X+80,000)=500,000에서, X=420,000

∴현금유입 420,000

Answer 1. ① 2. ③

제1편 재무회계 제2편 원가관리회계 합본부록 IFRS심화논제

3P

3P

3P

FINAL

POTENTIALITY
PASSION
PROFESSION

3P는 여러분의 무한한 잠재적 능력과 반드시 성취하겠다는 열정을 토대로 전문가의 길로 나아가는 세무라이선스 파이널시리즈의 학습 정신입니다.

수험생 여러분의 합격을 응원합니다.

제1편. 재무회계

2021-2022

FINAL

관세사·감정평가사 회계학

Certified Customs Broker & Appraiser

▶ 출제유형별보충문제는 본문의 실전적중 문제와는 별도로 관세사·감정평가사·세무사 시험에 출제된 그 밖의 기출문제를 총정리하여 편제하였습니다.

출제유형별보충문제

SEMOOLICENCE

Supplementary 1 보강적 질적특성의 구성 관세사기출

● 재무보고를 위한 개념체계는 재무정보가 유용하기 위한 질적 특성으로 크게 근본적 질적 특성과 보강적 질적 특성 등을 제시하고 있다. 다음 중 목적적합성과 나타내고자 하는 바를 충실하게 표현하는 것 모두를 충족하는 정보의 유용성을 보강시키는 질적 특성에 해당되지 않는 것은?

① 중요성 ② 검증가능성 ③ 적시성
④ 비교가능성 ⑤ 이해가능성

해설

• 중요성은 근본적 질적특성 중 목적적합성의 속성에 해당한다.
  - 근본적 질적특성 : 목적적합성(예측가치와 확인가치, 중요성), 표현충실성
  - 보강적 질적특성 : 비교가능성, 검증가능성, 적시성, 이해사능성

정답 ①

Supplementary 2 근본적 질적특성과 보강적 질적특성의 구분 관세사기출

● 재무보고를 위한 개념체계에 제시된 회계정보가 유용한 정보로서 갖추어야 할 질적 특성 중 근본적 질적 특성에 관한 설명이 아닌 것은?

① 목적적합한 재무정보는 이용자들의 의사결정에 차이가 나도록 할 수 있다.
② 재무정보에 예측가치, 확인가치 또는 이 둘 모두가 있다면 그 재무정보는 의사결정에 차이가 나도록 할 수 있다.
③ 정보가 누락되거나 잘못 기재된 경우 특정 보고기업의 재무정보를 제공하는 일반목적재무보고서에 근거하여 이루어지는 주요이용자들의 의사결정에 영향을 줄 수 있다면 그 정보는 중요한 것이다.
④ 재무보고서는 경제적 현상을 글과 숫자로 나타내는 것이다. 재무정보가 유용하기 위해서는 목적적합한 현상을 표현하는 것뿐만 아니라 나타내고자 하는 현상의 실질을 충실하게 표현해야 한다.
⑤ 정보를 명확하고 간결하게 분류하고, 특징지으며, 표시하는 것은 정보를 이해가능하게 한다.

해설

• ①,②,③,④ : 근본적 질적특성에 해당한다.
  →①,②,③ : 목적적합성
  →④ : 표현충실성
• ⑤ : 보강적 질적특성에 해당한다.

정답 ⑤

Supplementary 3 재무정보의 질적특성 고찰[1] 세무사기출

● 재무보고를 위한 개념체계 내용 중 재무정보의 질적 특성에 관한 설명으로 옳은 것은?

① 개념체계는 유용한 정보가 되기 위한 근본적 질적 특성을 적용하는데 있어서 가장 효율적이고 효과적인 일반적 절차를 제시하고 있지는 않다.
② 일관성은 비교가능성과 관련은 되어 있지만 동일하지는 않다. 즉, 일관성은 목표이고, 비교가능성은 그 목표를 달성하는 데 도움을 준다고 할 수 있다.
③ 오류가 없다는 것은 현상의 기술에 오류나 누락이 없고, 보고 정보를 생산하는 데 사용되는 절차의 선택과 적용시 절차상 오류가 없음을 의미하는 것이므로 표현충실성은 모든 측면에서 정확함을 의미한다.
④ 중요성은 개별 기업 재무보고서 관점에서 해당 정보와 관련된 항목의 성격이나 규모 또는 이 둘 모두에 근거하여 해당 기업에 특유한 측면의 목적적합성을 의미한다.
⑤ 재무보고서는 사업활동과 경제활동에 대해 합리적인 지식이 있고, 부지런히 정보를 검토하고 분석하는 이용자들 보다는 모든 수준의 이용자들이 자력으로 이해할 수 있도록 작성되어야 한다.

해설

• ① 근본적 질적 특성을 적용하기 위한 가장 효율적이고 효과적인 일반적인 절차를 제시하고 있다.
② 비교가능성은 목표이고 일관성은 그 목표를 달성하는 데 도움을 준다.
③ 표현충실성은 모든 면에서 정확한 것을 의미하지는 않는다.
⑤ 재무보고서는 사업활동과 경제활동에 대해 합리적인 지식이 있고, 부지런히 정보를 검토하고 분석하는 이용자들을 위해 작성된다. 때로는 박식하고 부지런한 이용자들도 복잡한 경제적 현상에 대한 정보를 이해하기 위해 자문가의 도움을 받는 것이 필요할 수 있다.

정답 ④

Supplementary 4 재무정보의 질적특성 고찰[2] 세무사기출

● 재무보고를 위한 개념체계에 관한 설명으로 옳지 않은 것은?

① 목적적합하고 충실하게 표현된 정보의 유용성을 보강시키는 질적 특성으로는 비교가능성, 검증가능성, 중립성 및 이해가능성이 있다.
② 새로운 회계기준의 전진 적용으로 인한 비교가능성의 일시적 감소는 장기적으로 목적적합성이나 표현충실성을 향상시키기 위해 감수할 수도 있다.
③ 재무정보가 유용하기 위해서는 목적적합해야 하고 나타내고자 하는 바를 충실하게 표현해야 한다. 따라서 목적적합성과 표현충실성은 근본적 질적 특성이다.
④ 검증가능성은 합리적인 판단력이 있고 독립적인 서로 다른 관찰자가 어떤 서술이 표현충실성에 있어, 비록 반드시 완전히 일치하지는 않더라도, 합의에 이를 수 있다는 것을 의미한다.
⑤ 표현충실성은 모든 면에서 정확한 것을 의미하지는 않는다. 오류가 없다는 것은 현상의 기술에 오류나 누락이 없고, 보고 정보를 생산하는 데 사용되는 절차의 선택과 적용시 절차상 오류가 없음을 의미한다.

해설

• 중립성(X) → 적시성(O)

정답 ①

Supplementary 5 재무정보의 질적특성 고찰[3] 세무사기출

● 재무정보의 질적 특성에 관한 설명으로 옳지 않은 것은?

① 유용한 재무정보의 근본적 질적 특성은 목적적합성과 표현충실성이다. 유용한 재무정보의 질적 특성은 재무제표에서 제공되는 재무정보에도 적용되며, 그 밖의 방법으로 제공되는 재무정보에도 적용된다.
② 비교가능성, 검증가능성, 적시성 및 이해가능성은 목적적합하고 충실하게 표현된 정보의 유용성을 보강시키는 질적 특성이다. 보강적 질적 특성을 적용하는 것은 어떤 규정된 순서를 따르지 않는 반복적인 과정이다. 때로는 하나의 보강적 질적 특성이 다른 질적 특성의 극대화를 위해 감소되어야 할 수도 있다.
③ 검증가능성은 합리적인 판단력이 있고 독립적인 서로 다른 관찰자가 어떤 서술이 표현충실성이라는 데, 비록 반드시 완전히 일치하지는 않더라도, 합의에 이를 수 있다는 것을 의미한다. 계량화된 정보가 검증가능하기 위해서 단일 점 추정치이어야 한다.
④ 표현충실성은 모든 면에서 정확한 것을 의미하지는 않는다. 오류가 없다는 것은 현상의 기술에 오류나 누락이 없고, 보고 정보를 생산하는 데 사용되는 절차의 선택과 적용시 절차상 오류가 없음을 의미한다. 이 맥락에서 오류가 없다는 것은 모든 면에서 완벽하게 정확하다는 것을 의미하지는 않는다.
⑤ 목적적합한 재무정보는 이용자들의 의사결정에 차이가 나도록 할 수 있다. 재무정보에 예측가치, 확인가치 또는 이 둘 모두가 있다면 그 재무정보는 의사결정에 차이가 나도록 할 수 있다.

해설

• 단일 점 추정치이어야 할 필요는 없다.

정답 ③

Supplementary 6 재무정보의 질적특성 고찰[4] 세무사기출

● 재무정보의 질적 특성에 관한 설명으로 옳지 않은 것은?

① 중요성은 개별 기업 재무보고서 관점에서 해당 정보와 관련된 항목의 성격이나 규모 또는 이 둘 모두에 근거하여 해당 기업에 특유한 측면의 목적적합성을 의미한다.
② 완벽한 표현충실성을 위해서는 서술은 완전하고, 중립적이며, 오류가 없어야 한다.
③ 보강적 질적 특성은 만일 어떤 두 가지 방법이 모두 현상에 대하여 동일하게 목적적합한 정보이고 동일하게 충실한 표현을 제공하는 것이라면 이 두 가지 방법 가운데 어느 방법을 그 현상의 서술에 사용해야 할지를 결정하는 데에도 도움을 줄 수 있다.
④ 하나의 경제적 현상은 여러 가지 방법으로 충실하게 표현될 수 있으나, 동일한 경제적 현상에 대해 대체적인 회계처리방법을 허용하면 비교가능성이 감소한다.
⑤ 일관성은 한 보고기업 내에서 기간 간 또는 같은 기간 동안에 기업 간, 동일한 항목에 대해 동일한 방법을 적용하는 것을 의미하므로 비교가능성과 동일한 의미로 사용된다.

해설

• 일관성은 비교가능성과 관련은 되어 있지만 동일하지는 않다. 비교가능성은 목표이고 일관성은 그 목표를 달성하는 데 도움을 준다.

정답 ⑤

Supplementary 7 자본유지개념 이익결정 : 유상증자 관세사기출

● ㈜관세의 20x1년도 기초 자산총액은 ₩300,000이며, 동년 기말 자산총액과 부채총액은 각각 ₩500,000과 ₩200,000이다. ㈜관세는 20x1년도 중에 ₩50,000을 유상증자했고 주주에게 ₩30,000의 현금배당을 실시하였다. 20x1년도 당기순이익이 ₩120,000일 때, ㈜관세의 20x1년도 기초 부채총액은?

① ₩40,000 ② ₩120,000 ③ ₩140,000
④ ₩170,000 ⑤ ₩200,000

해설

• 기말자본 : 500,000(기말자산)−200,000(기말부채)=300,000
• 이익(120,000)=300,000−(기초자본+50,000−30,000)
→기초자본=160,000
∴기초부채 : 300,000(기초자산)−160,000(기초자본)=140,000

정답 ③

Supplementary 8 자본유지개념 이익결정 : 주식배당·재평가잉여금 감평사기출

● 다음은 20x1년 ㈜서울의 기초와 기말 재무상태에 관한 자료이다.

구분	기초	기말
자산총계	₩25,000	₩27,000
부채총계	₩16,000	₩15,000

당기 중에 배당으로 현금 ₩400의 지급과 주식교부(금액 ₩100)가 있었고, 유형자산재평가이익 ₩100이 발생하였다면 20x1년 당기순이익은?

① ₩3,000 ② ₩3,200 ③ ₩3,300
④ ₩3,400 ⑤ ₩3,500

해설

• 기초자본 : 25,000−16,000=9,000
• 기말자본 : 27,000−15,000=12,000
• 이익 : 12,000−(9,000+0−0+100−400)=3,300

정답 ③

Supplementary 9 자본유지개념 이익결정 : 무상증자 · 재평가잉여금 세무사기출

● 다음은 ㈜한국의 기초 및 기말 재무제표 자료 중 일부이다.

	기초	기말
자산총계	₩11,000,000	₩15,000,000
부채총계	₩5,000,000	₩6,000,000

당기 중 무상증자 ₩1,000,000이 있었으며, 현금배당 ₩500,000 및 주식배당 ₩300,000이 결의 및 지급되고 토지재평가이익 ₩100,000이 있었다면, 당기순이익은?(단, 토지재평가는 당기에 처음으로 실시하였다.)

① ₩2,400,000 ② ₩2,800,000 ③ ₩3,000,000
④ ₩3,400,000 ⑤ ₩3,600,000

해설

- 기초자본 : 11,000,000−5,000,000=6,000,000
- 기말자본 : 15,000,000−6,000,000=9,000,000
- 이익 : 9,000,000−(6,000,000+0−0+100,000−500,000)=3,400,000

참고 총포괄이익 : 3,400,000(이익)+100,000(기타포괄이익)=3,500,000

정답 ④

Supplementary 10 실물자본유지개념 당기순이익[1] 세무사기출

● ㈜한국은 20x1년초 보통주 1,000주(주당 액면금액 ₩1,000)를 주당 ₩1,500에 발행하고 전액 현금으로 납입받아 설립되었다. 설립과 동시에 영업을 개시한 ㈜한국은 20x1년초 상품 400개를 개당 ₩3,000에 현금으로 구입하고, 당기에 개당 ₩4,500에 모두 현금으로 판매하여, 20x1년말 ㈜한국의 자산총계는 현금 ₩2,100,000이다. 20x1년말 동 상품은 개당 ₩4,000에 구입할 수 있다. 실물자본유지개념하에서 ㈜한국의 20x1년도 당기순이익은?

① ₩100,000 ② ₩250,000 ③ ₩350,000
④ ₩450,000 ⑤ ₩600,000

해설

- 기초자본 : 1,000주×1,500=1,500,000
- 유지해야할 자본 : ㉠×㉡=2,000,000
  - ㉠ 기초자본으로 구입가능한 상품 : 1,500,000÷3,000=500개
  - ㉡ 기말가격 : 4,000
- 기말자본 : 2,100,000(기말자산) →1,500,000+400개×1,500
- 순이익 : 2,100,000−2,000,000=100,000

정답 ①

Supplementary 11 실물자본유지개념 당기순이익[2] 관세사기출

● 다음 자료를 이용하여 실물자본유지관점에서 ㈜한국의 당기순손익을 계산하면 얼마인가?

- (주)한국은 기초에 현금 ₩1,000으로 영업을 시작하였다.
- 기초에 상품A를 단위당 ₩200에 5개를 현금구입하고, 기중에 5개를 단위당 ₩400에 현금판매하였다.
- 당기 일반물가인상율은 10%이다.
- 기말 상품A의 구입가격은 ₩300으로 인상되었다.
- 기말 현금 보유액은 ₩2,000이다.

① ₩1,000 손실 ② ₩500 손실 ③ ₩0
④ ₩500 이익 ⑤ ₩1,000 이익

해설

- 기초자본 : 1,000
- 유지해야할 자본 : ㉠×㉡=1,500
  ㉠ 기초자본으로 구입가능한 재고자산 : 1,000÷200=5개
  ㉡ 기말가격 : 300
- 기말자본 : 1,000+5개×(400-200)=2,000
- 순이익 : 2,000-1,500=500(이익)

정답 ④

Supplementary 12 재무제표 표시 일반사항[1] 관세사기출

● 재무제표 작성과 표시의 일반사항에 관한 설명으로 옳은 것은?

① 부적절한 회계정책은 이에 대하여 공시나 주석 또는 보충자료를 통해 설명하더라도 정당화될 수 없다.
② 기업은 모든 정보를 발생기준 회계를 사용하여 재무제표를 작성한다.
③ 재고자산평가충당금을 차감하여 재고자산을 순액으로 측정하는 것은 상계표시에 해당하며, 기업의 현금흐름을 분석할 수 있는 재무제표이용자의 능력을 저해한다.
④ 재무제표는 일관성 있게 1년 단위로 작성한다. 따라서 실무적인 이유로 기업이 52주의 보고기간을 선호하더라도 기준서는 이러한 보고관행을 금지한다.
⑤ 한국채택국제회계기준을 준수하여 작성된 재무제표는 국제회계기준을 준수하여 작성된 재무제표임을 주석으로 공시할 수 없다.

해설

- ② 현금흐름정보를 제외하고는 발생기준 회계를 사용하여 작성한다.
  ③ 상계표시에 해당하지 아니한다. 상계표시는 미래현금흐름을 분석할 수 있는 재무제표이용자의 능력을 저해한다.
  ⑤ 주석으로 공시할 수 있다.

보론	K-IFRS 제1001호 재무제표 표시(보고빈도) 문단 37
❒ 일반적으로 재무제표는 일관성 있게 1년 단위로 작성한다. 그러나 실무적인 이유로 어떤 기업은 예를 들어 52주의 보고기간을 선호한다. 이 기준서는 이러한 보고관행을 금지하지 않는다.	

정답 ①

Supplementary 13 재무제표 표시 일반사항 [2] 세무사기출

● 재무제표 표시에 관한 설명으로 옳지 않은 것은?

① 재고자산에 대한 재고자산평가충당금과 매출채권에 대한 손실충당금(대손충당금)과 같은 평가충당금을 차감하여 관련 자산을 순액으로 측정하는 것은 상계표시에 해당한다.
② 중요하지 않은 정보일 경우 한국채택국제회계기준에서 요구하는 특정 공시를 제공할 필요는 없다.
③ 상이한 성격이나 기능을 가진 항목을 구분하여 표시하되, 중요하지 않은 항목은 성격이나 기능이 유사한 항목과 통합하여 표시할 수 있다.
④ 투자자산 및 영업용자산을 포함한 비유동자산의 처분손익은 처분대금에서 그 자산의 장부금액과 관련처분비용을 차감하여 표시한다.
⑤ 외환손익 또는 단기매매금융상품에서 발생하는 손익과 같이 유사한 거래의 집합에서 발생하는 차익과 차손은 순액으로 표시하되, 그러한 차익과 차손이 중요한 경우에는 구분하여 표시한다.

해설

• 상계표시에 해당한다(X) → 상계표시에 해당하지 아니한다(O)

정답 ①

Supplementary 14 재무제표 표시 일반사항 [3] 감평사기출

● 재무제표 표시의 일반사항에 관한 설명으로 옳지 않은 것은?

① 당해 기간의 기타포괄손익금액을 기능별로 분류해야 하며, 다른 한국채택국제회계기준서에 따라 후속적으로 당기손익으로 재분류되지 않는 항목과 재분류되는 항목을 각각 집단으로 묶어 표시한다.
② 경영진이 기업을 청산하거나 경영활동을 중단할 의도를 가지고 있지 않거나, 청산 또는 경영활동의 중단 외에 다른 현실적 대안이 없는 경우가 아니면 계속기업을 전제로 재무제표를 작성한다.
③ 재무제표는 기업의 재무상태, 재무성과 및 현금흐름을 공정하게 표시해야 하며, 이를 위해서'개념체계'에서 정한 자산, 부채, 수익 및 비용에 대한 정의와 인식요건에 따라 거래, 그 밖의 사건과 상황의 효과를 충실하게 표현해야 한다.
④ 사업내용의 유의적인 변화나 재무제표를 검토한 결과 다른 표시나 분류방법이 더 적절한 것이 명백한 경우, 한국채택국제회계기준에서 표시방법의 변경을 요구하는 경우가 아니면 재무제표항목의 표시와 분류는 매기 동일하여야 한다.
⑤ 전체 재무제표는 적어도 1년마다 작성하되, 보고기간종료일의 변경으로 보고기간이 1년을 초과하거나 미달하게 되는 경우는 그렇지 않다.

해설

• 기능별로 분류(X) → 성격별로 분류(O)

보론	K-IFRS 제1001호 재무제표 표시(표시의 계속성) 문단 개요19
❒ 당해 기간의 기타포괄손익금액을 다른 한국채택국제회계기준서에 따라 후속적으로 당기손익으로 재분류되지 않는 항목과 재분류되는 항목을 각각 집단으로 묶어 표시하되 지분법으로 회계처리하는 관계기업과 공동기업의 기타손익에 대한 지분과 관련이 없으면 성격별로 분류한다.	

정답 ①

Supplementary 15 재무제표와 주석공시 관세사기출

● 재무제표의 주석공시와 관련한 설명으로 옳지 않은 것은?

① 주석은 한국채택국제회계기준에서 요구하는 정보이지만 재무제표 어느 곳에도 표시되지 않는 정보를 제공한다.
② 주석은 재무제표 작성에 사용한 측정기준, 재무제표를 이해하는 데 목적적합한 그 밖의 회계정책에 관한 정보를 제공한다.
③ 주석은 재무제표 어느 곳에도 표시되지 않지만 재무제표를 이해하는 데 목적적합한 정보를 제공한다.
④ 상법 등에서 이익잉여금처분계산서의 작성을 요구하는 경우에는 재무제표 및 주석과 분리하여 별도의 보충명세서로 제공한다.
⑤ 주석에는 재무제표 발행승인일 전에 제안 또는 선언되었으나 당해 기간 동안에 소유주에 대한 분배금으로 인식되지 아니한 배당금액과 주당배당금을 공시한다.

해설

• 주석으로 공시한다.[재무제표 표시 기준서 문단 한138.1]

정답 ④

Supplementary 16 포괄손익계산서 표시정보[1] 관세사기출

● 포괄손익계산서의 구조와 내용에 대한 설명 중 옳지 않은 것은?

① 포괄손익계산서에 영업손익을 구분하여 표시하여야 한다.
② 수익과 비용의 어느 항목도 포괄손익계산서에 특별손익으로 구분하여 표시할 수 없으나, 주석으로는 표시할 수 있다.
③ 비용의 성격별 또는 기능별 분류방법 중에서 신뢰성 있고 더욱 목적적합한 정보를 제공할 수 있는 방법을 적용하여 당기손익으로 인식한 비용의 분석내용을 표시한다.
④ 기타포괄손익의 구성요소와 관련한 법인세비용 금액은 포괄손익계산서나 주석에 공시한다.
⑤ 비용을 기능별로 분류하는 경우 감가상각비, 기타 상각비와 종업원급여비용을 포함하여 비용의 성격에 대한 추가 정보를 공시한다.

해설

• 수익과 비용의 어느 항목도 당기손익과 기타포괄손익을 표시하는 보고서 또는 주석에 특별손익 항목으로 표시할 수 없다.

정답 ②

Supplementary 17 포괄손익계산서 표시정보[2] 관세사기출

● 포괄손익계산서의 작성에 관한 설명으로 옳지 않은 것은?

① 비용의 성격별 또는 기능별 분류방법 중에서 경영자는 신뢰성 있고 보다 목적적합한 표시방법을 선택하도록 하고 있다.
② 비경상적이고 비반복적인 수익과 비용항목은 포괄손익계산서상 특별손익 항목으로 표시한다.
③ 한국채택국제회계기준에서는 영업이익을 구분하여 표시하도록 요구하고 있다.
④ 기능별 분류방법에서는 적어도 매출원가를 다른 비용과 분리하여 공시한다.
⑤ 기능별로 비용을 분류할 경우 비용의 성격에 대한 추가정보를 공시한다.

해설

• 수익과 비용의 어느 항목도 당기손익과 기타포괄손익을 표시하는 보고서 또는 주석에 특별손익 항목으로 표시할 수 없다.

정답 ②

Supplementary 18 비용의 분류방법 관세사기출

● 다음 중 포괄손익계산서의 내용으로 옳지 않은 것은?

① 당기순손익의 구성요소는 단일 포괄손익계산서의 일부로 표시되거나 별개의 손익계산서로 표시될 수 있다.
② 당기순손익과 총포괄손익은 지배기업의 소유주와 비지배지분에게 귀속되는 금액을 구분하여 포괄손익계산서에 공시한다.
③ 비용을 기능별로 분류하는 것이 성격별 분리보다 더욱 목적적합한 정보를 제공하므로, 비용은 기능별로 분류한다.
④ 포괄손익계산서에서 세후 중단 영업손익은 구분되어 표시된다.
⑤ 수익과 비용의 어느 항목도 당기손익과 기타포괄손익을 표시하는 보고서 또는 주석에 특별손익 항목으로 표시할 수 없다.

해설

• 성격별분류와 기능별분류는 선택사항이다.

정답 ③

Supplementary 19 비용의 분류방법과 차이점 세무사기출

● 기업은 비용을 분류하는 방식에 따라 성격별 포괄손익계산서와 기능별 포괄손익계산서를 선택할 수 있다. 다음 항목 중 성격별 포괄손익계산서와 기능별 포괄손익계산서에 공통으로 나타나지 않는 것은?

① 매출원가 ② 수익 ③ 금융원가
④ 법인세비용 ⑤ 지분법 적용 관계기업의 당기순손익에 대한 지분

해설

• 기능별 분류에서만 매출원가가 표시된다.

정답 ①

Supplementary 20 | 기타포괄손익 항목[1] 관세사기출

● 당기순손익과 총포괄손익 간의 차이를 발생시키는 항목으로 옳은 것을 모두 고른 것은?

ㄱ. 감자차익
ㄴ. 주식선택권
ㄷ. 확정급여제도의 재측정요소
ㄹ. 이익준비금
ㅁ. 해외사업장의 재무제표 환산으로 인한 손익

① ㄱ, ㄴ　② ㄱ, ㅁ　③ ㄴ, ㄷ
④ ㄴ, ㄹ　⑤ ㄷ, ㅁ

해설

- 감자차익, 주식선택권, 이익준비금 : 자본
- 확정급여제도의 재측정요소, 해외사업장의 재무제표 환산으로 인한 손익 : 기타포괄손익

정답 ⑤

Supplementary 21 | 기타포괄손익 항목[2] 관세사기출

● 다음 중 기타포괄손익에 포함되지 않는 항목은?

① 재평가잉여금의 변동
② 확정급여제도의 보험수리적 손익
③ 해외사업장의 재무제표 환산으로 인한 손익
④ 기타포괄손익-공정가치측정금융자산 평가손익
⑤ 현금흐름위험회피에서 위험회피수단의 평가손익 중 비효과적인 부분

해설

- 현금흐름위험회피에서 위험회피수단의 평가손익 중 효과적인 부분 : 기타포괄손익 처리
- 현금흐름위험회피에서 위험회피수단의 평가손익 중 효과적이지 못한 부분 : 당기손익 처리

정답 ⑤

Supplementary 22 기타포괄손익의 재분류조정 발생여부 [1] 관세사기출

● 다음 기타포괄손익항목 중 제거될 때 당기손익에 영향을 미치지 않는 것을 모두 고른 것은?

ㄱ. 기타포괄손익-공정가치측정금융자산평가이익(채무상품)
ㄴ. 재무제표 환산과정에서 발생하는 외환차이
ㄷ. 유형자산의 재평가잉여금
ㄹ. 확정급여제도의 재측정요소
ㅁ. 현금흐름위험회피 파생상품평가손익 중 위험회피에 효과적인 부분

① ㄱ, ㅁ ② ㄴ, ㄹ ③ ㄴ, ㅁ
④ ㄷ, ㄹ ⑤ ㄷ, ㅁ

해설

• 기타포괄손익과 재분류조정 발생여부

재분류조정이 발생하는 기타포괄손익	재분류조정이 발생하지 않는 기타포괄손익
㉠ FVOCI금융자산평가손익(채무상품) ㉡ 해외사업장외화환산차이 ㉢ 현금흐름위험회피평가손익(효과적부분)	㉠ 재평가잉여금의 변동 ㉡ 보험수리적손익(확정급여제도 재측정요소) ㉢ FVOCI금융자산평가손익(지분상품)

정답 ④

Supplementary 23 기타포괄손익의 재분류조정 발생여부 [2] 세무사기출

● 기타포괄손익 항목 중 후속적으로 당기손익으로 재분류조정될 수 있는 것은?

① 최초 인식 시점에서 기타포괄손익-공정가치측정금융자산으로 분류한 지분상품의 공정가치 평가손익
② 확정급여제도의 재측정요소
③ 현금흐름위험회피 파생상품평가손익 중 위험회피에 효과적인 부분
④ 무형자산 재평가잉여금
⑤ 관계기업 유형자산 재평가로 인한 지분법기타포괄손익

해설

• 재분류조정이 발생하는 기타포괄손익
 - FVOCI금융자산평가손익(채무상품)
 - 해외사업장외화환산차이
 - 현금흐름위험회피평가손익(효과적부분)

정답 ③

Supplementary 24 기타포괄손익의 재분류조정 발생여부 [3] 세무사기출

● 재무제표 표시에 관한 설명으로 옳지 않은 것은?

① 한국채택국제회계기준서는 재무제표에 표시되어야 할 항목의 순서나 형식을 규정하지 아니한다.
② 충당부채와 관련된 지출을 제3자와의 계약관계에 따라 보전 받는 경우, 당해 지출과 보전받는 금액은 상계하여 표시할 수 있다.
③ 기업이 기존의 대출계약조건에 따라 보고기간 후 적어도 12개월 이상 부채를 차환하거나 연장할 것으로 기대하고 있지만, 그런 재량권이 없다면 차환가능성을 고려하지 않고 유동부채로 분류한다.
④ 확정급여제도의 재측정요소, 현금흐름위험회피 파생상품의 평가손익 중 효과적인 부분은 재분류조정이 되는 기타포괄손익이다.
⑤ 회계정책을 적용하는 과정에서 추정에 관련된 공시와는 별도로, 재무제표에 인식되는 금액에 유의적인 영향을 미친 경영진이 내린 판단은 유의적인 회계정책 또는 기타 주석 사항과 함께 공시한다.

해설

• 확정급여제도의 재측정요소 : 재분류조정이 되지 않는 기타포괄손익

정답 ④

Supplementary 25 기타포괄손익의 표시 관세사기출

● 기타포괄손익에 관한 설명으로 옳지 않은 것은?

① 재평가잉여금의 변동은 기타포괄손익으로 인식된 후, 자산이 사용되는 후속기간에 당기손익으로 재분류한다.
② 비지배지분이 있는 경우에 회계기간의 기타포괄손익은 비지배지분과 지배기업의 소유주에 귀속되는 몫으로 배분하여 포괄손익계산서에 공시한다.
③ 기타포괄손익의 구성요소는 법인세효과를 차감한 순액으로 표시할 수 있다.
④ 기타포괄손익-공정가치측정금융자산(채무상품)의 미실현손익으로 기타포괄손익에 인식되었던 금액은 기타포괄손익-공정가치측정금융자산(채무상품)의 처분시에 기타포괄손익에서 차감되어야 한다.
⑤ 기타포괄손익은 주주와의 자본거래를 제외한 거래나 사건으로 인하여 회계기간 동안 발생한 자본의 변동 중 당기손익에 포함하지 않은 손익항목이다.

해설

• 재분류한다.(X) → 재분류되지 않는다.(O)

정답 ①

Supplementary 26 포괄손익계산서 영업이익 세무사기출

● ㈜대한의 20x3년 말 회계자료는 다음과 같다. ㈜대한이 20x3년도 기능별 포괄손익계산서에 보고할 영업이익은 얼마인가?

매출액	:	₩300,000
매출원가	:	128,000
대손상각비*)	:	4,000
급여	:	30,000
사채이자비용	:	2,000
감가상각비	:	3,000
임차료	:	20,000
유형자산처분이익	:	2,800
상각후원가측정금융자산처분이익	:	5,000

*) 대손상각비는 매출채권에서 발생한 것이다.

① ₩113,000 ② ₩115,000 ③ ₩117,800
④ ₩120,000 ⑤ ₩120,800

해설

• 300,000−128,000−4,000−30,000−3,000−20,000=115,000

정답 ②

Supplementary 27 상품권 수익인식 세무사기출

● ㈜세종은 20x3년 2월 1일 액면금액 ₩50,000인 상품권 2,000매를 1매당 ₩48,000에 최초로 발행하였다. 고객은 상품권 액면금액의 60% 이상을 사용하면 잔액을 현금으로 돌려받을 수 있으며, 상품권의 만기는 발행일로부터 3년이다. ㈜세종은 20x3년 12월 31일까지 회수된 상품권 400매에 대해 상품인도와 더불어 잔액 ₩1,200,000을 현금으로 지급하였다. ㈜세종이 상품권 발행에 의한 판매와 관련하여 20x3년도 포괄손익계산서에 인식하게 될 수익은 얼마인가?

① ₩9,600,000 ② ₩10,800,000 ③ ₩18,000,000
④ ₩18,800,000 ⑤ ₩19,200,000

해설

• 상품권할인액 : 2,000매×(50,000−48,000)=4,000,000
• 포괄손익계산서에 인식하게 될 수익

매출액	: (400매x50,000)−1,200,000=	18,800,000
매출에누리	: 4,000,000x400매/2,000매=	(800,000)
		18,000,000

• 회계처리

(차) 현금	96,000,000	(대) 선수금	100,000,000
상품권할인액	4,000,000		
(차) 선수금	20,000,000	(대) 매출	18,800,000
		현금	1,200,000
(차) 매출에누리	800,000	(대) 상품권할인액	800,000

정답 ③

Supplementary 28 장기할부판매 이자수익 계산 세무사기출

● ㈜국세는 20x2년 7월 1일에 토지(장부금액 : ₩60,000)를 매각하면서 20x3년 6월 30일부터 20x5년 6월 30일까지 매년 6월 30일에 ₩40,000씩을 수령하기로 하였다. 20x2년 7월 1일 유효이자율이 연 10%일 때 동 토지매각과 관련하여 ㈜국세가 20x3년도 포괄손익계산서에 인식해야 할 이자수익은 얼마인가? 단, 현가계수는 아래의 표를 이용하며, 이자는 월할계산한다. 계산금액은 소수점 첫째자리에서 반올림하며, 단수차이로 인한 오차가 있으면 가장 근사치를 선택한다.

할인율 / 기간	기간 말 단일금액 ₩1의 현재가치	정상연금 ₩1의 현재가치
	10%	10%
1	0.90909	0.90909
2	0.82645	1.73554
3	0.75131	2.48685

① ₩6,000 ② ₩6,942 ③ ₩8,445
④ ₩9,947 ⑤ ₩12,000

해설

• 현재가치 : 40,000×2.48685=99,474

	회수액	유효이자(10%)	순채권회수액	장부금액
20x2.7.1	–	–	–	99,474
20x3.6.30	40,000	9,947	30,053	69,421
20x4.6.30	40,000	6,942	33,058	36,363
20x5.6.30	40,000	3,637	36,363	0

• 20x2.7.1~20x3.6.30 이자수익 : 9,947
• 20x3.7.1~20x4.6.30 이자수익 : 6,942
∴20x3년 이자수익 : 9,947×6/12+6,942×6/12=8,445

정답 ③

Supplementary 29 | 제3자가 보상제공하는 고객충성제도 | 세무사기출

● ㈜합격은 ₩10,000의 상품을 구입할 때마다 100포인트를 부여하는 고객충성제도를 도입하였다. 고객은 부여받은 포인트로 ㈜합격의 상품과 교환할 수 있다. 20x2년말로 종료하는 회계연도에 포인트 회수로 인해 수익에 영향을 미치는 금액은?

(1) 20x1년 매출액은 ₩100,000,000이며, ㈜합격은 상품의 판매금액을 상품과 포인트의 개별판매가격 비율로 배분한 결과 포인트당 ₩6을 배분하였다.
(2) 회수예상 포인트 : 800,000포인트, 20x1년 행사된 포인트 : 500,000포인트
(3) 20x2년에 회수될 포인트에 대한 기대치를 900,000포인트로 수정하였다.
(4) 20x2년 중에 100,000포인트가 회수되었다.

① ₩4,800,000 ② ₩3,200,000 ③ ₩1,200,000
④ ₩250,000 ⑤ ₩233,333

해설

• 20x1년 포인트매출 : 6,000,000×500,000/800,000=3,750,000
• 20x2년 포인트매출 : 6,000,000×(500,000+100,000)/900,000−3,750,000=250,000

정답 ④

Supplementary 30 | 총공사손실예상시 계약손익 계산[1] | 세무사기출

● ㈜국세는 20x1년 1월 1일에 서울시로부터 계약금액 ₩7,000,000인 축구경기장 건설계약을 수주하였다. 동 공사는 20x3년 말에 완공되었으며, 동 건설계약과 관련된 자료는 다음과 같다.

구분	20x1년	20x2년	20x3년
추정총계약원가	₩6,000,000	₩7,500,000	₩7,500,000
당기발생계약원가	₩1,500,000	₩4,500,000	₩1,500,000
계약대금청구	₩2,000,000	₩2,500,000	₩2,500,000
계약대금회수	₩1,800,000	₩2,500,000	₩2,700,000

동 건설계약과 관련하여 진행기준(원가기준)으로 수익을 인식하는 ㈜국세가 20x2년도 포괄손익계산서에 인식할 손실은 얼마인가?

① ₩100,000 ② ₩250,000 ③ ₩500,000
④ ₩650,000 ⑤ ₩750,000

해설

• 20x1년 진행률 : 1,500,000÷6,000,000=25%

	20x2년
진행률	6,000,000÷7,500,000=80%
계약수익	7,000,000×80%−7,000,000×25%=3,850,000
계약원가	4,500,000+예상손실[1,500,000−7,000,000×(1−80%)]=4,600,000
계약손익	(750,000)

정답 ⑤

Supplementary 31 총공사손실예상시 계약손익 계산[2] 관세사기출

● ㈜대로건설은 20x1년 서울시로부터 ₩300,000에 수주한 교량 건설공사를 3년간 진행기준에 따라 회계처리하고 있다. 다음 자료를 이용하여 20x2년도 당기손익을 계산하면?

구분	20x1년	20x2년	20x3년
누적발생계약원가	₩120,000	₩210,000	₩360,000
완료하는데 필요한 계약원가	₩120,000	₩150,000	–
진행청구액	₩100,000	₩100,000	₩100,000
기말에 수령한 공사대금	₩90,000	₩90,000	₩120,000

① ₩0
② 이익 ₩18,000
③ 손실 ₩30,000
④ 손실 ₩60,000
⑤ 손실 ₩90,000

해설

• 20x1년 진행률 : 120,000÷(120,000+120,000)=50%
20x2년 당기발생계약원가 : 210,000−120,000=90,000

	20x2년
진행률	$210,000 \div 360,000 = \frac{7}{12}$
계약수익	$300,000 \times \frac{7}{12} - 300,000 \times 50\% = 25,000$
계약원가	90,000+예상손실[$150,000 - 300,000 \times (1 - \frac{7}{12})$]=115,000
계약손익	(90,000)

정답 ⑤

Supplementary 32 현금및현금성자산의 집계 세무사기출

● ㈜세무의 20x1년 말 자료가 다음과 같을 때, 재무상태표의 현금및현금성자산으로 인식하는 금액은?

당좌개설보증금	₩10,000	당좌차월	₩1,200
당좌예금	(　　)	우편환증서	₩4,000
차용증서	₩1,000	수입인지	₩500
소액현금	₩300	배당금지급통지서	₩1,500
종업원가불증서	₩2,500	환매채	₩1,500
타인발행약속어음	₩10,000	정기예금	₩2,000

<추가자료>
- ○ 아래 사항을 조정하기 이전 은행측 당좌예금 잔액은 ₩12,800이다.
  - −거래처에 상품 매입 대금 결제로 발행한 수표 ₩7,500이 아직 인출되지 않았다.
  - −거래처에서 판매 대금으로 입금 통보한 ₩2,800을 ㈜세무는 회계처리하였으나, 은행은 전산장애로 인해 입금처리하지 못했다.
- ○ 환매채의 취득일은 20x1년 12월 1일이며, 4개월 후 환매조건이다.
- ○ 정기예금은 1년 만기이며, 만기일은 20x2년 1월 31일이다.

① ₩12,100　② ₩13,900　③ ₩15,400
④ ₩15,900　⑤ ₩25,100

해설

- 당좌개설보증금 : 장기금융상품
- 당좌차월 : 단기차입금
- 은행계정조정을 통한 당좌예금 : 8,100

	회사측		은행측
조정전 금액	?	조정전 금액	12,800
		기발행미인출수표	(7,500)
		은행미기입예금	2,800
조정후 금액	8,100	조정후 금액	8,100

- 차용증서 : 단기(장기)대여금
- 수입인지 : 소모품(비)나 선급비용
- 종업원가불증서 : 단기(장기)대여금
- 환매채 : 3개월 이내의 환매조건이 아니므로 현금및현금성자산으로 분류하지 않는다.
- 타인발행약속어음 : 어음상의 매출채권(또는 미수금)
- 정기예금 : 취득당시 만기가 3개월 이내가 아니므로 현금및현금성자산으로 분류하지 않는다.

∴현금및현금성자산 : 8,100(당좌예금)+4,000(우편환증서)+300(소액현금)+1,500(배당금지급통지서)=13,900

정답 ②

Supplementary 33 은행계정조정과 수정후 금액 계산[1] 관세사기출

● ㈜한국은 20x1년도 결산을 앞두고 당좌예금의 계정 잔액을 조정하기 위해 은행에 예금 잔액을 조회한 결과 20x1년말 잔액은 ₩150,000이라는 회신을 받았다. 회사측 당좌예금 장부상의 수정전 잔액은 ₩149,400이다. ㈜한국의 내부감사인은 차이의 원인에 대해 분석하고, 다음과 같은 사실을 확인하였다. ㈜한국의 20x1년말 정확한 당좌예금 잔액은 얼마인가?

(1) 회사가 20x1년 12월 31일에 입금한 ₩20,000이 은행에서는 20×2년 1월 4일자로 입금처리되었다.
(2) 회사가 발행한 수표 중에서 20x1년 12월 3일에 발행한 수표(no. 164, 금액 : ₩20,000) 1장만 아직까지 인출되지 않았다.
(3) 은행에서 보내온 예금증명서에 표시된 예금에 대한 이자 ₩1,500이 아직 회사의 장부에 반영되지 않았다.
(4) 회사가 발행한 수표(no. 173) ₩2,100을 회계담당자가 ₩1,200으로 잘못 기록하였다.

① ₩129,400 ② ₩150,000 ③ ₩150,900
④ ₩151,800 ⑤ ₩170,000

해설

• 양측 조정

	회사측		은행측
조정전 금액	149,400	조정전 금액	150,000
회사미통지입금	1,500	은행미기입예금	20,000
기장오류	(900)	기발행미인출수표	(20,000)
조정후 금액	150,000	조정후 금액	150,000

정답 ②

Supplementary 34 은행계정조정과 수정후 금액 계산 [2] 감평사기출

● ㈜한국은 결산을 앞두고 당좌예금의 계정 잔액을 조정하기 위해 은행에 예금 잔액을 조회한 결과 20x1년 12월 31일 잔액은 ₩125,400이라는 회신을 받았다. ㈜한국의 당좌예금 장부상의 수정전 잔액은 ₩149,400이다. ㈜한국의 내부감사인은 차이의 원인에 대해 분석하였고, 다음과 같은 사실을 확인하였다.

- ㈜한국이 20x1년 12월 31일에 입금한 ₩50,000이 은행에서는 20x2년 1월 4일자로 입금 처리되었다.
- ㈜한국이 발행한 수표 중에서 20x1년 12월 3일에 발행한 수표(no. 164) ₩20,000이 아직 인출되지 않았다.
- ㈜한국이 발행한 수표(no. 173)의 발행액은 ₩21,000이었으나 회계담당자가 이를 ₩12,000으로 잘못 기록하였다.
- ㈜한국이 발행한 수표(no. 182) ₩15,000을 은행의 착오로 다른 기업의 계좌에서 출금처리하였다.

위 자료를 이용할 때 20×1년 말 ㈜한국의 수정후 당좌예금 잔액은?

① ₩134,400 ② ₩140,400 ③ ₩158,400
④ ₩168,400 ⑤ ₩171,400

해설

• 양측 조정

	회사측		은행측
조정전 금액	149,400	조정전 금액	125,400
기장오류	(9,000)	은행미기입예금	50,000
		기발행미인출수표	(20,000)
		기장오류	(15,000)
조정후 금액	140,400	조정후 금액	140,400

정답 ②

Supplementary 35 | 은행계정조정과 수정전 금액 계산 관세사기출

● 다음 자료는 20x1년 12월 31일 기준 ㈜세관의 은행계정 조정에 관한 자료이다. 이 자료를 이용하여 20x1년 12월 31일 조정전 은행측 잔액(A)과 조정전 회사측 잔액(B)을 계산하면 각각 얼마인가?(단, 조정후 ㈜세관의 잔액은 ₩100,000이라고 가정한다.)

- 예금이자 ₩5,000이 ㈜세관의 장부에 반영되지 않았다.
- 은행이 부도처리한 ₩24,000의 수표가 ㈜세관에게 통지되지 않았다.
- ㈜세관에 통지되지 않은 거래처 매출채권 추심액은 ₩13,000이다.
- ㈜세관이 입금한 ₩4,000이 은행에서 입금 처리되지 않았다.
- ㈜세관이 거래처에 발행한 수표 중 ₩16,000이 인출되지 않았다.

	(A)	(B)
①	₩88,000	₩94,000
②	₩93,000	₩89,000
③	₩112,000	₩106,000
④	₩117,000	₩101,000
⑤	₩118,000	₩102,000

해설

• 양측 조정

	회사측		은행측
조정전 금액	B	조정전 금액	A
예금이자	5,000	은행미기입예금	4,000
부도수표	(24,000)	기발행미인출수표	(16,000)
미통지추심액	13,000		
조정후 금액	100,000	조정후 금액	100,000

→B : 100,000−5,000+24,000−13,000=106,000
→A : 100,000−4,000+16,000=112,000

정답 ③

Supplementary 36 은행계정조정과 수정전 금액간 차이 관세사기출

● ㈜관세가 기말에 은행계정조정표를 작성하기 위하여 당좌예금계정 잔액을 확인한 결과 ₩200,000이었다. 아래의 자료를 이용하여 불일치한 차이를 조정한 후 ㈜관세측 잔액과 은행측 잔액은 일치하였다. 조정 전 ㈜관세측 잔액과 은행측 잔액의 차이는?

○ ㈜관세가 발행한 수표 ₩24,000이 당좌예금 계좌에서 아직 인출되지 않았다.
○ ㈜관세가 기중에 예입한 수표 ₩51,000이 은행에서 입금처리 되지 않았다.
○ 거래처 ㈜대한이 제품을 매입한 대가로 ㈜관세 계좌로 ₩29,000을 입금하였으나 ㈜관세에는 통보되지 않았다.
○ ㈜한국에 매출하고 수취한 ₩13,000의 수표가 부도처리 되었으나 ㈜관세는 통보받지 못했다.
○ 은행은 당좌거래 수수료 ₩1,000을 부과하고 당좌예금계좌에서 차감하였으나, ㈜관세에는 통보되지 않았다.

① ₩12,000 ② ₩14,000 ③ ₩16,000
④ ₩41,000 ⑤ ₩60,000

해설

• 양측 조정

	회사측		은행측
조정전 금액	200,000	조정전 금액	A
회사미통지입금	29,000	기발행미인출수표	(24,000)
부도수표	(13,000)	은행미기입예금	51,000
은행수수료	(1,000)		
조정후 금액	215,000	조정후 금액	215,000

→A : 215,000+24,000−51,000=188,000
∴200,000(조정전 회사)−188,000(조정전 은행)=12,000

정답 ①

Supplementary 37 은행계정조정을 통한 횡령액 계산 세무사기출

● ㈜국세는 20x1년 12월 31일 자금담당직원이 회사자금을 횡령하고 잠적한 사건이 발생하였다. 12월 31일 현재 회사 장부상 당좌예금계정 잔액을 검토한 결과 ₩106,000이었으며, 은행측 당좌예금계정 잔액을 조회한 결과 ₩70,000으로 확인되었다. 회사측 잔액과 은행측 잔액이 차이가 나는 이유는 다음과 같다고 할 경우 자금담당직원이 회사에서 횡령한 것으로 추정할 수 있는 금액은 얼마인가?

• 은행미기입예금	₩60,000
• 은행수수료	₩10,000
• 기발행 미인출수표	₩50,000
• 미통지입금	₩46,000
• 타사발행수표를 ㈜국세의 당좌예금 계좌에서 차감한 금액	₩22,000

① ₩22,000 ② ₩26,000 ③ ₩32,000
④ ₩36,000 ⑤ ₩40,000

해설

• 횡령액 추정

	회사측		은행측
조정전 금액	106,000	조정전 금액	70,000
은행수수료	(10,000)	은행미기입예금	60,000
미통지입금	46,000	기발행미인출수표	(50,000)
횡령액	(X)	기장오류	22,000
조정후 금액	$142,000-X$	조정후 금액	102,000

→'$142,000-X=102,000$' 에서, X(횡령액)=40,000

정답 ⑤

Supplementary 38 매출채권의 계정흐름 세무사기출

● 다음은 ㈜국세의 20x1년도 회계자료 중 일부이다. ㈜국세의 20x1년 말 재무상태표에 표시될 매출채권은 얼마인가?(단, 대손상각은 고려하지 않는다.)

당기현금매출액	₩50,000	매출총이익	₩90,000
기초매출채권	₩80,000	매출채권회수액	₩260,000
기초상품재고	₩120,000	당기상품매입액	₩200,000
기말상품재고	₩110,000		

① ₩60,000 ② ₩70,000 ③ ₩80,000
④ ₩90,000 ⑤ ₩100,000

해설

- 매출원가 : 120,000(기초)+200,000(당기매입)−110,000(기말)=210,000
- 매출액−210,000(매출원가)=90,000(매출총이익) 에서, 매출액=300,000
- 300,000(매출액)=50,000(현금매출)+외상매출 에서, 외상매출=250,000

매출채권

기초	80,000	회수	260,000
		대손	0
외상매출	250,000	기말(?)	70,000

정답 ②

Supplementary 39 기말매출채권 계산 관세사기출

● 다음 자료를 이용하여 계산한 ㈜관세의 기말 매출채권 잔액은?

○ 기초 매출채권은 ₩10,000이고, 당기 매출채권 현금회수액은 ₩40,000이며, 당기 현금매출액은 ₩7,000이다.
○ 기초와 기말의 상품재고액은 각각 ₩16,000과 ₩22,000이며, 당기상품매입액은 ₩32,000이다.
○ 당기 매출총이익은 ₩13,000이다.

① ₩0 ② ₩1,000 ③ ₩2,000
④ ₩22,000 ⑤ ₩35,000

해설

- 매출원가 : 16,000(기초재고)+32,000(당기매입)−22,000(기말재고)=26,000
- 매출액 : 26,000(매출원가)+13,000(매출총이익)=39,000 →외상매출액 : 39,000(매출액)−7,000(현금매출)=32,000
- 기말매출채권 : 10,000(기초매출채권)+32,000(외상매출)−40,000(회수)=2,000

정답 ③

Supplementary 40 매출채권손상차손(대손상각비) 추정 관세사기출

● 20x1년에 설립된 ㈜관세의 매출채권과 대손(손상)에 관한 자료가 다음과 같을 때, ㈜관세의 20x2년도 포괄손익계산서에 표시될 대손상각비(손상차손)는?

> ○ 20x1년 12월 31일의 매출채권잔액은 ₩1,000,000이고, 이 금액 중 기대신용손실로 추정된 금액은 ₩100,000이다.
> ○ 20x2년 6월 29일에 전기에 매출한 ₩250,000의 매출채권이 회수불가능하다고 판명되었다.
> ○ 20x2년 8월 16일에는 6월 29일에 대손확정된 ₩250,000 중 ₩70,000이 현금으로 회수되었다.
> ○ 20x2년 12월 31일의 매출채권잔액은 ₩700,000이며, 이 금액 중 기대신용손실로 추정한 금액은 ₩85,000이다.

① ₩150,000 ② ₩165,000 ③ ₩235,000
④ ₩265,000 ⑤ ₩335,000

해설

• 20x2년 대손상각비 추정

대손충당금(손실충당금)

대손발생	250,000	기초대손충당금	100,000
		대손채권회수	70,000
기말대손충당금	85,000	대손상각비	X

→X(대손상각비)=165,000

정답 ②

Supplementary 41 매출채권할인시 현금수령액 관세사기출

● 20x1년 8월 1일 ㈜한강은 보유하고 있는 다음의 받을어음을 은행으로부터 연 18%의 할인율로 할인받았다. 20x1년 8월 1일에 ㈜한강이 은행으로부터 수령할 현금은 얼마인가?(할인료는 월할계산한다.)

어음 발행일	:	20x1년 7월 1일
액면금액	:	₩5,000,000
표시이자율	:	연 12%
만기	:	3개월 만기

① ₩4,951,500 ② ₩4,995,500 ③ ₩5,004,500
④ ₩5,048,500 ⑤ ₩5,050,000

해설

• 만기가치 : 5,000,000+5,000,000×12%×3/12=5,150,000
• 할인료 : 5,150,000×18%×2/12=154,500
∴현금수령액 : 5,150,000−154,500=4,995,500

정답 ②

Supplementary 42 매출채권처분손실 계산 감평사기출

● 20x1년 1월 1일 ㈜한국은 이자부 받을어음 ₩1,000,000(만기 9개월, 표시이자율 연 10%)을 거래처로부터 수취하였다. 20x1년 7월 1일 ㈜대한은행에서 연 12%로 할인하였다. 동 할인이 제거요건을 충족하는 경우, 매출채권처분손실은? (단, 이자는 월할 계산한다.)

① ₩1,875 ② ₩5,000 ③ ₩7,250
④ ₩17,250 ⑤ ₩32,250

해설

- 기발생이자수익 : 1,000,000×10%×6/12=50,000
- 만기가치 : 1,000,000)+1,000,000×10%×9/12=1,075,000
- 할인료 : 1,075,000×12%×3/12=32,250
- 현금수령액 : 1,075,000−32,250=1,042,750
- 처분손실 : (1,000,000+50,000)−1,042,750=7,250

정답 ③

Supplementary 43 매출채권할인시 할인율 계산 세무사기출

● ㈜세무는 ㈜한국에 상품을 판매한 대가로 이자부약속어음(액면가액 ₩160,000, 5개월 만기, 표시이자 연 9%)을 받고, 이 어음을 2개월간 보유한 후 은행에서 할인하여 ₩161,518을 수령하였다. 동 어음할인 거래는 금융자산의 제거요건을 충족한다. 이 어음 거래에 적용된 연간 할인율은? (단, 이자는 월할 계산한다.)

① 10.2% ② 10.4% ③ 10.5%
④ 10.6% ⑤ 10.8%

해설

- 만기가치 : 160,000+160,000×9%×5/12=166,000
- 할인료 : 166,000×할인율×3/12
- 현금수령액(161,518)=166,000−(166,000×할인율×3/12)
  →∴할인료=10.8%

정답 ⑤

Supplementary 44 재고자산 포함항목 결정[1] 세무사기출

● ㈜대한은 20x3년 12월 31일 실사를 통하여 창고에 보관 중인 상품이 ₩200,000(원가)인 것으로 확인하였다. 다음의 자료를 고려한 ㈜대한의 기말상품재고액은 얼마인가? (단, 재고자산감모손실 및 재고자산평가손실은 없다.)

(1) ㈜대한이 고객에게 인도한 시송품의 원가는 ₩90,000이며, 이 중 3분의 1에 대해서는 기말 현재 고객으로부터 매입의사를 통보받지 못하였다.
(2) ㈜대한이 ㈜한국으로부터 도착지인도조건으로 매입하여 기말 현재 운송중인 상품의 원가는 ₩80,000이며 20x4년 1월 10일 도착 예정이다.
(3) ㈜대한과 위탁판매계약을 체결한 ㈜세무에서 기말 현재 판매되지 않고 보관중인 상품의 원가는 ₩60,000이다.
(4) ㈜대한이 ㈜세종으로부터 선적지인도조건으로 매입하여 기말 현재 운송중인 상품의 원가는 ₩30,000이며 20x4년 1월 20일 도착 예정이다.

① ₩200,000 ② ₩260,000 ③ ₩290,000
④ ₩320,000 ⑤ ₩360,000

해설

- (1) 매입의사 표시가 없는 시송품은 포함해야 함 & 창고에 없음 →∴가산 90,000×1/3=30,000
  (2) 미도착 상태이므로 포함하지 않음 & 창고에도 없음 →∴가산없음
  (3) 미판매분은 포함해야 함 & 창고에 없음 →∴가산 60,000
  (4) 포함해야 함 & 창고에 없음. →∴가산 30,000
- 올바른 기말재고 : 200,000+30,000+60,000+30,000=320,000

정답 ④

제1편 재무회계

제2편 원가관리회계

합본부록 IFRS심화논제

Supplementary 45 재고자산 포함항목 결정 [2] 감평사기출

● 20x1년 말 현재 ㈜감평의 외부감사 전 재무상태표 상 재고자산은 ₩1,000,000이다. ㈜감평은 실지재고조사법을 사용하여 창고에 있는 상품만을 기말재고로 보고하였다. 회계감사 중 공인회계사는 ㈜감평의 기말 재고자산과 관련하여 다음 사항을 알게 되었다.

- ○ 20x1년 12월 27일 FOB 선적지 조건으로 ㈜한국에게 판매한 상품(원가 ₩300,000)이 20x1년 말 현재 운송 중에 있다.
- ○ 수탁자에게 20x1년 중에 적송한 상품(원가 ₩100,000) 중 40%가 20x1년말 현재 판매완료되었다.
- ○ 고객에게 20x1년 중에 인도한 시송품의 원가는 ₩200,000이며, 이 중 20x1년말까지 매입의사표시를 해 온 금액이 ₩130,000이다.
- ○ 20x1년 12월 29일 FOB 도착지 조건으로 ㈜민국으로부터 매입한 상품(원가 ₩200,000)이 20x1년말 현재 운송 중에 있다.

위의 내용을 반영하여 작성된 20x1년 말 재무상태표 상 재고자산은?

① ₩1,010,000 ② ₩1,110,000 ③ ₩1,130,000
④ ₩1,330,000 ⑤ ₩1,430,000

해설

- 1,000,000+100,000×60%+(200,000−130,000)=1,130,000

정답 ③

Supplementary 46 재고자산 포함항목 결정 [3] 세무사기출

● ㈜세무의 20x1년 재고자산 관련 현황이 다음과 같을 때, 20x1년말 재무상태표의 재고자산은?

- ○ 20x1년말 재고실사를 한 결과 ㈜세무의 창고에 보관 중인 재고자산의 원가는 ₩100,000이다.
- ○ 20x1년도 중 고객에게 원가 ₩80,000 상당의 시송품을 인도하였으나, 기말 현재까지 매입의사를 표시하지 않았다.
- ○ 20x1년도 중 운영자금 차입목적으로 은행에 원가 ₩80,000의 재고자산을 담보로 인도하였으며, 해당 재고자산은 재고실사 목록에 포함되지 않았다.
- ○ ㈜한국과 위탁판매계약을 체결하고 20x1년도 중 원가 ₩100,000 상당의 재고자산을 ㈜한국으로 운송하였으며, 이 중 기말 현재 미판매되어 ㈜한국이 보유하고 있는 재고자산의 원가는 ₩40,000이다.
- ○ ㈜대한으로부터 원가 ₩65,000의 재고자산을 도착지인도조건으로 매입하였으나 20x1년말 현재 운송 중이다.

① ₩220,000 ② ₩260,000 ③ ₩300,000
④ ₩320,000 ⑤ ₩365,000

해설

- 100,000+80,000(시송품)+80,000(담보저당상품)+40,000(적송품)=300,000

정답 ③

Supplementary 47 재고자산 포함항목 결정[4] 세무사기출

● 다음은 20x1년 1월 1일부터 12월 31일까지 ㈜대한의 재고자산과 관련된 자료를 요약한 것이다. 이를 이용하여 ㈜대한의 매출원가를 계산하면 얼마인가?

항목	금액(원가)	비고
기초재고자산	₩100,000	–
당기매입액	₩500,000	–
기말재고자산 실사액	₩50,000	창고 보유분
미착상품	₩30,000	도착지인도조건으로 현재 운송 중
적송품	₩100,000	60% 판매 완료
시송품	₩30,000	고객이 매입의사표시를 한 금액 : ₩10,000
재구매조건부판매	₩40,000	판매가격 : ₩45,000 콜옵션 보유 재구매일 : 20x2.1.10 재구매가격 : ₩50,000
저당상품	₩20,000	차입금에 대하여 담보로 제공되어 있고, 기말재고자산 실사액에는 포함되어 있지 않음
반품권있는 판매	₩35,000	반품액의 합리적인 추정 불가

① ₩285,000 ② ₩382,000 ③ ₩430,000
④ ₩495,000 ⑤ ₩510,000

해설

- 미착상품 : 미도착 상태이므로 포함하지 않음 & 창고에도 없음
  →∴가산없음
- 적송품 : 미판매분은 포함해야 함 & 창고에 없음
  →∴가산 100,000x40%=40,000
- 시송품 : 매입의사 표시가 없는 시송품은 포함해야 함 & 창고에 없음
  →∴가산 30,000-10,000=20,000
- 재구매조건부판매 : 금융약정으로 분류되므로 포함해야 함 & 창고에 없음.
  →∴가산 40,000
- 저당상품 : 포함해야 함 & 창고에 없음
  →∴가산 20,000
- 반품권있는 판매 : 반품가능성 예측가능 여부에 관계없이 포함하지 않음 & 창고에도 없음
  →∴가산없음

∴기말재고 : 50,000+40,000+20,000+40,000+20,000=170,000
매출원가 : 100,000+500,000-170,000=430,000

정답 ③

Supplementary 48 재고자산 단위원가결정과 회계처리 세무사기출

● 재고자산의 회계처리에 관한 설명으로 옳지 않은 것은?

① 재고자산의 단위원가 결정방법으로 후입선출법은 허용되지 않는다.
② 재고자산에 대한 단위원가 결정방법의 적용은 동일한 용도나 성격을 지닌 재고자산에 대해서는 동일하게 적용해야 하나, 지역별로 분포된 사업장이나 과세방식이 다른 사업장간에는 동일한 재고자산이라도 원칙적으로 다른 방법을 적용한다.
③ 재고자산은 서로 유사하거나 관련 있는 항목들을 통합하여 적용하는 것이 적절하지 않는 한 항목별로 순실현가능가치로 감액하는 저가법을 적용한다.
④ 완성될 제품이 원가이상으로 판매될 것으로 예상하는 경우에는 그 제품의 생산에 투입하기 위해 보유하는 원재료는 감액하지 아니한다.
⑤ 재고자산의 감액을 초래했던 상황이 해소되거나 경제상황의 변동으로 순실현가능가치가 상승한 명백한 증거가 있는 경우에는 최초의 장부금액을 초과하지 않는 범위내에서 평가손실을 환입한다.

해설

• 지역별 위치나 과세방식이 다르다는 이유만으로 동일한 재고자산에 다른 단위원가 결정방법을 적용하는 것이 정당화될 수는 없다.

정답 ②

Supplementary 49 재고자산 원가흐름가정별 금액차이 감평사기출

● ㈜한국은 재고자산에 대해 실지재고조사법을 적용하고 있다. 20x1년 7월 중 상품 거래자료가 다음과 같을 때 7월의 선입선출법과 평균법에 의한 매출원가 차액은 얼마인가?(단, 장부상의 재고와 실지재고는 일치하며, 재고자산평가손실은 없다.)

일자	적요	수량	매입단가	금액
7월 01일	월초재고	200개	₩100	₩20,000
7월 10일	매입	300개	₩110	₩33,000
7월 15일	매출	400개	–	–
7월 20일	매입	200개	₩120	₩24,000
7월 25일	매출	200개	–	–

① ₩0　② ₩500　③ ₩1,000
④ ₩1,500　⑤ ₩2,000

해설

• 선입선출법
  – 매출원가 : 20,000+33,000+100개×120=65,000
• 총평균법
  – 평균단가 : $\frac{20,000+33,000+24,000}{200개+300개+200개}=110$
  – 매출원가 : (400개+200개)×110=66,000

∴선입선출법과 평균법에 의한 매출원가 차액 : 66,000−65,000=1,000

정답 ③

Supplementary 50 확정판매계약의 재고자산평가손실 [1] 관세사기출

● ㈜관세의 20x1년 12월 31일 현재 재고자산(상품)에 대한 자료는 다음과 같다.

수량	장부상 단가	단위당 예상 판매가격	단위당 예상 판매비용
1,000단위	₩100	₩110	₩30

㈜관세가 20x1년 말 보유하고 있는 재고자산 중 200단위는 20x2년 1월 1일에 ㈜무역에게 단위당 ₩130에 판매하기로 확정계약되어 있다. ㈜관세가 20x1년도에 인식할 재고자산평가손실은 얼마인가?

① ₩0 ② ₩8,000 ③ ₩10,000
④ ₩16,000 ⑤ ₩20,000

해설

• 평가손실 계산

구분	수량	단위당원가	NRV	평가손실
확정	200단위	100	130	적용제외
기타	800단위	100	110-30=80	800단위×20=16,000
계				16,000

정답 ④

Supplementary 51 확정판매계약의 재고자산평가손실 [2] 관세사기출

● 다음은 20x1년초에 설립하여 단일 품목의 상품을 판매하는 ㈜관세의 20x1년 말 상품재고에 관한 자료이다.

장부상재고	실지재고	단위당취득원가	단위당확정판매계약가격	단위당예상판매가격
100단위	100단위	₩700	₩690	₩750

위 상품 중 40단위는 취소불능의 확정판매계약을 이행하기 위하여 보유 중인 재고자산이다. 확정판매계약을 맺은 상품의 경우에는 판매비용이 발생하지 않으나, 나머지 상품의 경우에는 단위당 ₩80의 판매비용이 발생할 것으로 예상된다. ㈜관세가 동 상품과 관련하여 20x1년도에 인식할 재고자산평가손실은?

① ₩1,800 ② ₩2,200 ③ ₩2,800
④ ₩3,600 ⑤ ₩5,400

해설

• 평가손실 계산

구분	수량	단위당원가	NRV	평가손실
확정	40단위	700	690	40단위×10=400
기타	60단위	700	750-80=670	60단위×30=1,800
계				2,200

정답 ②

Supplementary 52 확정판매계약의 재고자산평가손실 [3] 세무사기출

● 상품매매업을 하는 ㈜한국은 확정판매계약(취소불능계약)에 따른 판매와 시장을 통한 판매를 동시에 실시하고 있다. 다음은 ㈜한국의 20x1년 말 보유 중인 재고내역이다.

종목	실사수량	단위당 취득원가	단위당 정상판매가격
상품A	100개	₩150	₩160
상품B	200개	₩200	₩230
상품C	300개	₩250	₩260

㈜한국의 경우 확정판매계약에 따른 판매의 경우에는 판매비용이 발생하지 않으나, 시장을 통해 판매하는 경우에는 상품의 종목과 관계없이 단위당 ₩20의 판매비용이 발생한다. 재고자산 중 상품B의 50%와 상품C의 50%는 확정판매계약을 이행하기 위하여 보유하고 있는 재고자산이다. 상품B의 단위당 확정판매계약가격은 ₩190이며, 상품C의 단위당 확정판매계약가격은 ₩230이다. 재고자산평가와 관련한 20x1년도 당기손익은? (단, 재고자산의 감모는 발생하지 않았다.)

① ₩5,000 손실　② ₩5,500 이익　③ ₩6,500 손실
④ ₩7,500 이익　⑤ ₩8,000 손실

해설

• 평가손실 계산

구분		수량	단위당원가	NRV	평가손실
A	확정	–	–	–	–
	기타	100개	150	160–20=140	100개×10=1,000
B	확정	200×50%=100개	200	190	100개×10=1,000
	기타	200×50%=100개	200	230–20=210	–
C	확정	300×50%=150개	250	230	150개×20=3,000
	기타	300×50%=150개	250	260–20=240	150개×10=1,500
계					6,500

정답 ③

Supplementary 53 재고자산 취득원가와 평가 세무사기출

● 재고자산 회계처리에 관한 설명으로 옳지 않은 것은?

① 완성될 제품이 원가 이상으로 판매될 것으로 예상되더라도 생산에 투입하기 위해 보유한 원재료 가격이 현행대체원가 보다 하락한다면 평가손실을 인식한다.

② 후속 생산단계에 투입하기 전에 보관이 필요한 경우 이외의 보관원가는 재고자산의 취득원가에 포함할 수 없으며 발생기간의 비용으로 인식한다.

③ 재고자산을 후불조건으로 취득하는 경우 계약이 실질적으로 금융요소를 포함하고 있다면, 해당 금융요소는 금융이 이루어지는 기간 동안 이자비용으로 인식한다.

④ 재고자산을 순실현가능가치로 감액한 평가손실과 모든 감모손실은 감액이나 감모가 발생한 기간에 비용으로 인식한다.

⑤ 당기에 비용으로 인식하는 재고자산 금액은 일반적으로 매출원가로 불리우며, 판매된 재고자산의 원가와 배분되지 않은 제조간접원가 및 제조원가 중 비정상적인 부분의 금액으로 구성된다.

해설

• 완성될 제품이 원가 이상으로 판매될 것으로 예상하는 경우에는 그 생산에 투입하기 위해 보유하는 원재료는 감액하지 아니한다. 즉, 완성될 제품이 원가 이상으로 판매될 것으로 예상된다면 생산에 투입하기 위해 보유한 원재료 가격이 현행대체원가 보다 하락하여도 평가손실을 인식하지 않는다.

보론	K-IFRS 제1002호 재고자산 문단 38
❐ 당기에 비용으로 인식하는 재고자산 금액은 일반적으로 매출원가로 불리우며, 판매된 재고자산의 원가와 배분되지 않은 제조간접원가 및 제조원가 중 비정상적인 부분의 금액으로 구성된다. 또한 기업의 특수한 상황에 따라 물류원가와 같은 다른 금액들도 포함될 수 있다.	

정답 ①

Supplementary 54 재고자산 종목별 · 조별 저가법 적용 세무사기출

● 상품매매업을 하는 ㈜세무의 20x1년 재고자산 관련 자료는 다음과 같다.

조 구분	종목구분	장부수량	실제수량	단위당원가	단위당순실현가능가치
Ⅰ	상품 A	150개	140개	₩1,000	₩900
	상품 B	180개	180개	₩500	₩450
Ⅱ	상품 C	200개	190개	₩750	₩650
	상품 D	430개	400개	₩1,200	₩1,300

종목별기준 저가법을 적용할 경우 20x1년도 포괄손익계산서에 표시되는 매출원가가 ₩8,000,000일 때, 조별기준 저가법을 적용할 경우 20x1년도 포괄손익계산서에 표시되는 매출원가는?(단, 재고자산평가손실은 매출원가에 포함된다.)

① ₩7,958,000　② ₩7,981,000　③ ₩8,000,000
④ ₩8,040,00　⑤ ₩8,043,000

해설

• 종목별 실제원가와 순실현가능가치

종목구분	실제원가	순실현가능가치	평가손실
상품 A	140개×1,000=140,000	140개×900=126,000	14,000
상품 B	180개×500=90,000	180개×450=81,000	9,000
상품 C	190개×750=142,500	190개×650=123,500	19,000
상품 D	400개×1,200=480,000	400개×1,300=520,000	–
합계	852,500	850,500	42,000

• 조별 실제원가와 순실현가능가치

조 구분	실제원가	순실현가능가치	평가손실
Ⅰ	140,000+90,000=230,000	126,000+81,000=207,000	23,000
Ⅱ	142,500+480,000=622,500	123,500+520,000=643,500	–
합계			23,000

• 평가손실(매출원가) 차이 : 42,000–23,000=19,000
∴조별 저가법 매출원가 : 8,000,000–19,000=7,981,000

정답 ②

Supplementary 55 재고자산 비용의 구성 세무사기출

● ㈜대한은 재고자산과 관련하여 실지재고조사법을 사용하고 있으며 이와는 별도로 입·출고 수량에 대한 기록을 병행하고 있다. ㈜대한의 20x1년도 재고자산과 관련된 자료는 다음과 같다.

(1) ㈜대한의 20x1년 초 재무상태표상 상품재고액은 ₩70,000이며, 당기 순매입액은 ₩580,000이다.
(2) ㈜대한은 20x1년 10월 초에 ㈜소한에게 원가 ₩100,000의 상품을 발송하였으며, 발송운임은 발생하지 않았다. ㈜소한은 20x1년 12월 중순에 수탁받은 상품의 75%를 판매하였다고 ㈜대한에 통보하였다. ㈜대한은 이에 대한 회계처리를 적절히 수행하였다. ㈜소한은 기말 현재 수탁상품 중 미판매분을 보유하고 있다.
(3) ㈜대한이 20x1년 12월 말에 장부상 기말재고 수량과 실사 재고수량을 비교한 결과, 정상적인 감모손실(매출원가에 가산)은 ₩5,000이며 비정상적인 감모손실(별도 비용으로 계상)은 ₩8,000이다.
(4) ㈜대한이 20x1년 12월 말 창고에 있는 기말재고를 실사한 금액은 ₩150,000이며, 이 금액은 재고자산에 대한 기말 평가를 하기 전의 금액이다. 기초 재고자산평가충당금이 없으며, 기말에 계산된 재고자산평가손실은 ₩35,000이다.

위 거래와 관련하여 ㈜대한의 20x1년도 포괄손익계산서에 인식할 비용총액은 얼마인가?

① ₩456,000　② ₩465,000　③ ₩478,000
④ ₩480,000　⑤ ₩510,000

해설

• 기초재고[70,000]+당기매입[580,000]=총비용[매출원가(구)+평가손실+정상감모+비정상감모]+기말재고[감모/평가손/조정액 반영후금액]
• 기말재고[감모/평가손/조정액 반영후금액] : 150,000−35,000+100,000×25%=140,000
∴70,000+580,000=총비용+140,000 →총비용=510,000

정답 ⑤

Supplementary 56 매출총이익률에 의한 기말재고 계산[1] 감평사기출

● ㈜감평의 당기 매출총이익률은 30%이고, 기초재고자산원가는 ₩2,000,000, 당기순매입원가는 ₩6,000,000, 순매출액은 ₩10,000,000일 때, 기말재고자산원가는?

① ₩500,000　② ₩1,000,000　③ ₩3,000,000
④ ₩5,000,000　⑤ ₩7,000,000

해설

• 매출원가 : 10,000,000×(1−30%)=7,000,000
• 2,000,000+6,000,000−x=7,000,000 →∴ x(기말재고)=1,000,000

정답 ②

Supplementary 57 매출총이익률에 의한 기말재고 계산 [2] 관세사기출

● ㈜관세의 20x1년 총매출액은 ₩450,000, 매출에누리는 ₩50,000, 기초재고원가는 ₩150,000, 총매입액은 ₩250,000, 매입에누리는 ₩30,000이다. 20x1년 매출총이익률이 25%라면 ㈜관세가 20x1년 12월 31일 재무상태표에 보고할 재고자산 금액은?

① ₩50,000 ② ₩70,000 ③ ₩90,000
④ ₩100,000 ⑤ ₩270,000

해설

- 매출원가 : (450,000−50,000)×(1−25%)=300,000
- 150,000+(250,000−30,000)−X=300,000 →∴ X(기말재고)=70,000

정답 ②

Supplementary 58 매출총이익률에 의한 화재소실액 계산 [1] 감평사기출

● ㈜서울은 20x1년 12월 1일에 창고의 화재로 인하여 재고자산 전부와 회계장부의 일부가 소실되었다. 기초재고자산 ₩360,000, 당기순매입액 ₩900,000, 당기순매출액 ₩1,200,000이고, 과거 3년간 평균매출총이익률이 30%라면 화재 직전 창고에 남아 있었던 재고자산은?

① ₩370,000 ② ₩378,000 ③ ₩420,000
④ ₩470,000 ⑤ ₩490,000

해설

- 매출원가 : 1,200,000×(1−30%)=840,000
- 360,000+900,000−X=840,000 →∴ X(기말재고)=420,000

정답 ③

Supplementary 59 매출총이익률에 의한 화재소실액 계산 [2] 감평사기출

● ㈜한국은 20x1년 6월 1일에 물류창고의 화재로 인하여 보관상품의 상당부분이 소실되고 ₩600,000(취득원가)만 회수가능하였다. 기초부터 5월 31일까지 거래된 상품에 대한 장부기록은 다음과 같다. 상품의 매출원가율은 80%이다. 소실된 상품원가는 얼마인가?

기초상품원가	₩1,000,000
상품매입원가	₩10,000,000
매출액	₩11,500,000

① ₩400,000 ② ₩600,000 ③ ₩1,200,000
④ ₩1,800,000 ⑤ ₩2,300,000

해설

- 매출원가 : 11,500,000×80%=9,200,000
- 1,000,000+10,000,000−X=9,200,000 →∴ X(기말재고)=1,800,000

∴소실된 상품원가 : 1,800,000−600,000=1,200,000

정답 ③

Supplementary 60 매출총이익률에 의한 화재소실액 계산[3] 세무사기출

● 20x1년 12월 31일 ㈜세무의 창고에 화재가 발생하여 재고자산의 90%가 소실되었다. ㈜세무의 이용가능한 회계자료가 다음과 같을 때, 재고자산의 추정 손실금액은?(단, ㈜세무의 매출은 모두 신용거래이다.)

(1) 기초재고 ₩150,000, 당기매입액 ₩12,000,000

(2) 매출채권 계정

계정과목	기초잔액	기말잔액
매출채권	₩80,000	₩120,000
손실충당금(대손충당금)	₩8,000	₩10,000

(3) 당기 매출채권 현금회수액 : ₩11,500,000

(4) 당기 회수불능으로 인한 매출채권 제거 금액 : ₩5,000

(5) 최근 3년간 평균매출총이익률은 40%이며 큰 변동은 없었다.

① ₩4,696,920　② ₩4,700,700　③ ₩4,704,480
④ ₩5,223,000　⑤ ₩5,268,000

해설

• 다음의 순서대로 기계적으로 구할것!

[1단계] 현금흐름을 이용하여 매출액을 구한다.
- 발생주의 순매출액(x) − 매출채권의 증가(40,000) − 대손발생(5,000) = 현금주의 순매출액(11,500,000)
　→ ∴ x=11,545,000

[2단계] 매출총이익률을 이용하여 매출원가를 구한다.
- 매출원가=11,545,000×(1−40%)=6,927,000

[3단계] 기말재고를 구한다.
- 기초(150,000)+당기매입(12,000,000)−기말재고(y)=매출원가(6,927,000)
　→ ∴ y=5,223,000

[4단계] 손실액을 구한다.
- 5,223,000×90%=4,700,700

저자주 현금흐름표 학습후 다시 접근하기 바랍니다!

정답 ②

Supplementary 61 재고자산 매입원가율의 적용 세무사기출

● ㈜한국은 상품의 매입원가에 20%를 가산하여 판매하고 있으며 실지재고조사법으로 재고자산을 회계처리하고 있다. 20x3년도 상품매매와 관련된 자료는 다음과 같다.

일자	적요	수량(단위)	단가
01월 01일	기초재고	1,000	₩200
02월 05일	매입	1,000	₩200
06월 10일	매입	1,000	₩300
09월 15일	매출	2,500	–
11월 20일	매입	1,000	₩400

㈜한국이 재고자산의 원가흐름가정으로 가중평균법을 적용하고 있다면 20×3년도 포괄손익계산서에 인식할 매출액은 얼마인가?

① ₩687,500 ② ₩825,000 ③ ₩870,000
④ ₩900,000 ⑤ ₩920,000

해설

- 평균단가 : (1,000×200+1,000×200+1,000×300+1,000×400)÷4,000=275
- 매출원가(매출분 매입원가) : 2,500개×275=687,500
- 매출액 : 687,500+687,500×20%=825,000

정답 ②

Supplementary 62 원가가산이익률에 의한 원가 추정 세무사기출

● 다음은 ㈜대한의 20x1년도 매출 및 매입관련 자료이다. ㈜대한의 매출원가 대비 매출총이익률이 25%일 때, 20x1년 기초상품재고원가는 얼마인가?

총매출액	₩1,170,000	매출에누리와환입	₩120,000
기초상품재고원가	?	총매입액	₩600,000
매입에누리와환출	₩30,000	기말상품재고원가	₩120,000

① ₩307,500 ② ₩337,500 ③ ₩390,000
④ ₩410,000 ⑤ ₩427,500

해설

- 매출원가 : $\frac{1,170,000-120,000}{1+25\%}$=840,000
- 기초+(600,000−30,000)−120,000=840,000 에서, 기초=390,000

정답 ③

Supplementary 63 소매재고법 – 평균원가법 관세사기출

● 다음은 ㈜독도백화점의 재고자산과 관련된 자료이다. 가중평균소매재고법에 따른 기말재고액(원가)과 매출원가는 각각 얼마인가?

구분	원가	판매가
기초재고액	₩110,000	₩130,000
당기순매입액	₩876,000	₩1,220,000
순인상액		₩200,000
순인하액		₩100,000
순매출액		₩1,100,000

	기말재고액(원가)	매출원가
①	₩170,000	₩816,000
②	₩182,500	₩803,500
③	₩238,000	₩748,000
④	₩350,000	₩636,000
⑤	₩350,000	₩1,000,000

해설

- [1단계] 기말매가계산 : (130,000+1,220,000+200,000−100,000)−1,100,000=350,000
- [2단계] 원가율계산 : $\frac{110,000+876,000}{130,000+1,220,000+200,000-100,000}=68\%$
- [3단계] 기말원가계산 : 350,000×68%=238,000

∴매출원가 : (110,000+876,000)−238,000=748,000

정답 ③

Supplementary 64 소매재고법 - 선입선출법 기말재고 감평사기출

● ㈜감평의 20x1년 재고자산 관련 자료는 다음과 같다. 재고자산 가격결정방법으로 선입선출-소매재고법을 적용할 경우 기말재고액(원가)은?(단, 단수차이는 가장 근사치를 선택한다.)

구분	매가	원가
기초재고자산	₩1,000,000	₩800,000
당기매입액	₩4,900,000	₩3,000,000
매출액	₩4,000,000	
인상액	₩500,000	
인하액	₩300,000	
인상취소액	₩200,000	
인하취소액	₩100,000	

① ₩1,125,806 ② ₩1,153,846 ③ ₩1,200,000
④ ₩1,266,667 ⑤ ₩1,288,136

해설

• [1단계] 기말매가계산 : (1,000,000+4,900,000+300,000−200,000)−4,000,000=2,000,000

• [2단계] 원가율계산(기초 제외) : $\frac{3,000,000}{4,900,000+300,000-200,000}$=60%

∴기말원가 : 2,000,000×60%=1,200,000

정답 ③

Supplementary 65 소매재고법 - 선입선출법 매출원가 감평사기출

● 다음은 ㈜광주의 20x1년도 재고자산에 관한 자료이다. ㈜광주는 재고자산의 원가측정방법으로 소매재고법(매출가격환원법)을 선택했으며, 원가흐름에 대한 가정은 선입선출법(FIFO)을 이용한다. 20x1년도의 매출원가는 얼마인가?(단, 재고자산평가손실은 고려하지 않음)

• 기초재고 원가 ₩50 (판매가 ₩200)
• 당기매입 원가 ₩500 (판매가 ₩900)
• 판매가 순인상액 ₩150
• 판매가 순인하액 ₩50
• 순매출액 ₩900

① ₩150 ② ₩200 ③ ₩250
④ ₩300 ⑤ ₩400

해설

• [1단계] 기말매가계산 : (200+900+150−50)−900=300

• [2단계] 원가율계산(기초 제외) : $\frac{500}{900+150-50}$=50%

• [3단계] 기말원가계산 : 300×50%=150

∴매출원가 : (50+500)−150=400

정답 ⑤

Supplementary 66 소매재고법 – 저가기준 · 선입선출법 감평사기출

● ㈜감평은 선입선출법에 의한 저가기준을 적용하여 소매재고법으로 재고자산을 평가하고 있다. 20x1년도 상품재고 거래와 관련된 자료가 다음과 같은 경우 ㈜감평의 20x1년도 매출원가는?

구분	원가	매가
기초재고자산	₩162,000	₩183,400
당기매입액	₩1,220,000	₩1,265,000
인상액		₩260,000
인하액		₩101,000
인하취소액		₩11,000
당기매출액		₩960,000

① ₩526,720 ② ₩532,600 ③ ₩849,390
④ ₩855,280 ⑤ ₩952,400

해설

- [1단계] 기말매가계산 : [183,400+1,265,000+260,000−(101,000−11,000)]−960,000=658,400
- [2단계] 원가율계산(기초 & 순인하 제외) : $\frac{1,220,000}{1,265,000+260,000}$=80%
- [3단계] 기말원가계산 : 658,400×80%=526,720

∴매출원가 : (162,000+1,220,000)−526,720=855,280

정답 ④

Supplementary 67 유형자산 용어의 정의 관세사기출

● 유형자산 관련 용어의 정의로 옳지 않은 것은?

① 회수가능액은 자산의 공정가치와 사용가치 중 작은 금액이다.
② 잔존가치는 자산이 이미 오래되어 내용연수 종료시점에 도달하였다는 가정하에 자산의 처분으로부터 현재 획득할 금액에서 추정 처분부대원가를 차감한 금액의 추정치이다.
③ 내용연수는 기업에서 자산이 사용가능할 것으로 기대되는 기간 또는 자산에서 얻을 것으로 기대되는 생산량이나 이와 유사한 단위 수량이다.
④ 장부금액은 감가상각누계액과 손상차손누계액을 차감한 후 인식되는 자산금액이다.
⑤ 기업특유가치는 자산의 계속적 사용으로부터 그리고 내용연수 종료시점에 처분으로부터 발생할 것으로 기대되는 현금흐름의 현재가치이다.

해설

- 공정가치(X) → 순공정가치(O)
  작은 금액(X) → 큰 금액(O)

정답 ①

Supplementary 68 유형자산 인식과 원가구성 감평사기출

● 유형자산에 관한 설명으로 옳은 것은?

① 유형자산은 다른 자산의 미래경제적효익을 얻기 위해 필요하더라도, 그 자체로의 직접적인 미래경제적 효익을 얻을 수 없다면 인식할 수 없다.

② 유형자산이 경영진이 의도하는 방식으로 가동될 수 있으나 가동수준이 완전조업도 수준에 미치지 못하는 경우에 발생하는 원가는 유형자산 원가에 포함한다.

③ 유형자산의 원가는 경영진이 의도하는 방식으로 자산을 가동하는 데 필요한 장소와 상태에 이르게 하는 데 직접 관련되는 원가를 포함하며, 해당 자산의 시험과정에서 생산된 시제품의 순매각금액은 차감한다.

④ 건설이 시작되기 전에 건설용지를 주차장 용도로 사용함에 따라 획득한 수익은 유형자산의 원가에서 차감한다.

⑤ 교환거래에 상업적 실질이 있는지 여부를 결정할 때 교환거래의 영향을 받는 영업 부분의 기업특유가치는 세전현금흐름을 반영하여야 한다.

해설

- ① 안전 또는 환경상의 이유로 취득하는 유형자산은 그 자체로는 직접적인 미래경제적효익을 얻을 수 없지만, 다른 자산에서 미래경제적효익을 얻기 위하여 필요할 수 있다. 이러한 유형자산은 당해 유형자산을 취득하지 않았을 경우보다 관련 자산으로부터 미래경제적효익을 더 많이 얻을 수 있게 해주기 때문에 자산으로 인식할 수 있다.
  ② 유형자산 원가에 포함한다.(X) → 유형자산 원가에 포함하지 않는다.(O)
  ④ 건설이 시작되기 전에 건설용지를 주차장 용도로 사용함에 따라 수익이 획득될 수 있다. 부수적인 영업은 유형자산을 경영진이 의도하는 방식으로 가동하는 데 필요한 장소와 상태에 이르게 하기 위해 필요한 활동이 아니므로 그러한 수익과 관련 비용은 당기손익으로 인식하고 각각 수익과 비용항목으로 구분하여 표시한다.
  ⑤ 세전현금흐름(X) → 세후현금흐름(O)

보론	K-IFRS 제1016호 유형자산 문단 25

❒ 교환거래의 결과 미래현금흐름이 얼마나 변동될 것인지를 고려하여 해당 교환거래에 상업적 실질이 있는지를 결정한다. 다음 (1) 또는 (2)에 해당하면서 (3)을 충족하는 경우에 교환거래는 상업적 실질이 있다.

(1) 취득한 자산과 관련된 현금흐름의 구성(위험, 유출입시기, 금액)이 제공한 자산과 관련된 현금흐름의 구성과 다르다.

(2) 교환거래의 영향을 받는 영업 부분의 기업특유가치가 교환거래의 결과로 변동한다.

(3) 위 (1)이나 (2)의 차이가 교환된 자산의 공정가치에 비하여 유의적이다.

❒ 교환거래에 상업적 실질이 있는지 여부를 결정할 때 교환거래의 영향을 받는 영업 부분의 기업특유가치는 세후현금흐름을 반영하여야 한다. 세부적인 계산과정을 거치지 않고 이러한 분석의 결과를 쉽게 알 수도 있다.

정답 ③

Supplementary 69 유형자산 취득원가 포함여부 감평사기출

● 유형자산의 취득원가에 포함되지 않는 것은?

① 유형자산과 관련된 산출물에 대한 수요가 형성되는 과정에서 발생하는 가동손실과 같은 초기 가동손실
② 설치장소 준비 원가
③ 유형자산이 정상적으로 작동되는지 여부를 시험하는 과정에서 발생하는 원가
④ 최초의 운송 및 취급관련 원가
⑤ 설치원가 및 조립원가

해설

• 다음과 같은 원가는 유형자산의 장부금액에 포함하지 아니한다.
  ㉠ 유형자산이 경영진이 의도하는 방식으로 가동될 수 있으나 아직 실제로 사용되지는 않고 있는 경우 또는 가동수준이 완전조업도 수준에 미치지 못하는 경우에 발생하는 원가
  ㉡ 유형자산과 관련된 산출물에 대한 수요가 형성되는 과정에서 발생하는 가동손실과 같은 초기 가동손실
  ㉢ 기업의 영업 전부 또는 일부를 재배치하거나 재편성하는 과정에서 발생하는 원가

정답 ①

Supplementary 70 유형자산 취득부대원가 처리 관세사기출

● ㈜서울은 설비투자를 위하여 정부로부터 보조금 ₩500,000을 현금으로 지원받아 ₩3,000,000의 기계장치를 구입하면서 ₩200,000의 설치비와 ₩100,000의 시운전 검사비를 지출하였다. 취득시점에서의 기계장치 장부금액은 얼마인가?(단, ㈜서울은 정부보조금을 자산에서 차감하는 방법을 채택하고 있다.)

① ₩2,500,000 ② ₩2,700,000 ③ ₩2,800,000
④ ₩3,200,000 ⑤ ₩3,300,000

해설

• 유형자산 구입시 설치비와 시운전비는 원가에 가산한다.
• 장부금액 : (3,000,000+200,000+100,000)-500,000=2,800,000

정답 ③

제1편 재무회계
제2편 원가관리회계
합본부록 IFRS심화논제

Supplementary 71 토지의 취득원가 집계 세무사기출

● ㈜대한은 철강제조공장을 신축하기 위하여 토지를 취득하였는데 이 토지에는 철거예정인 창고가 있었다. 다음 자료를 고려하여 토지의 취득원가를 계산하면 얼마인가?

• 토지 취득가격	₩700,000
• 토지 취득세 및 등기비용	₩50,000
• 토지 중개수수료	₩10,000
• 공장신축전 토지를 임시주차장으로 운영함에 따른 수입	₩40,000
• 창고 철거비용	₩30,000
• 창고 철거 시 발생한 폐자재 처분 수입	₩20,000
• 영구적으로 사용가능한 하수도 공사비	₩15,000
• 토지의 구획정리비용	₩10,000

① ₩775,000 ② ₩780,000 ③ ₩795,000
④ ₩815,000 ⑤ ₩835,000

해설

• 토지의 취득원가 집계

토지 취득가격	700,000
토지 취득세 및 등기비용	50,000
토지 중개수수료	10,000
창고 철거비용	30,000
창고 철거시 발생한 폐자재 처분 수입	(20,000)
영구적으로 사용가능한 하수도 공사비	15,000
토지의 구획정리비용	10,000
	795,000

정답 ③

Supplementary 72 유형자산 일괄취득시 안분 감평사기출

● ㈜감평은 20x1년초 토지, 건물 및 기계장치를 일괄하여 ₩20,000,000에 취득하였다. 취득일 현재 토지, 건물 및 기계장치의 판매회사 장부상 금액은 각각 ₩12,000,000, ₩3,000,000, ₩10,000,000이며, 토지, 건물 및 기계장치의 공정가치 비율은 7 : 1 : 2 이다. ㈜감평이 인식할 기계장치의 취득원가는?

① ₩4,000,000 ② ₩5,000,000 ③ ₩6,000,000
④ ₩7,000,000 ⑤ ₩8,000,000

해설

• 공정가치비율로 안분한다. →기계장치 취득원가 : $20,000,000 \times \frac{2}{7+1+2} = 4,000,000$

정답 ①

Supplementary 73 신축목적 토지 · 건물 일괄구입 감평사기출

● ㈜감평은 20x1년 7월 1일 건물(공정가치 ₩200,000)이 세워져 있는 토지(공정가치 ₩600,000)를 ₩700,000에 일괄 취득하였다. 건물은 사용목적이 아니어서 취득 즉시 철거하였다. 건물에 대한 철거비용은 ₩20,000이 발생하였으며, 건물철거 후 발생한 폐자재는 ₩10,000에 처분하였다. 토지의 취득원가는?

① ₩525,000 ② ₩600,000 ③ ₩610,000
④ ₩710,000 ⑤ ₩720,000

해설

- 700,000+(20,000-10,000)=710,000

정답 ④

Supplementary 74 유형자산 교환취득 일반사항 감평사기출

● 유형자산의 교환거래시 취득원가에 관한 설명으로 옳지 않은 것은?

① 교환거래의 상업적 실질이 결여된 경우에는 제공한 자산의 장부금액을 취득원가로 인식한다.
② 취득한 자산과 제공한 자산의 공정가치를 모두 신뢰성 있게 측정할 수 없는 경우에는 취득한 자산의 장부금액을 취득원가로 인식한다.
③ 유형자산을 다른 비화폐성자산과 교환하여 취득하는 경우 제공한 자산의 공정가치를 신뢰성 있게 측정할 수 있다면 취득한 자산의 공정가치가 더 명백한 경우를 제외하고는 취득원가는 제공한 자산의 공정가치로 측정한다.
④ 취득한 자산의 공정가치가 제공한 자산의 공정가치보다 더 명백하다면 취득한 자산의 공정가치를 취득원가로 한다.
⑤ 제공한 자산의 공정가치를 취득원가로 인식하는 경우 현금을 수령하였다면 이를 취득원가에서 차감하고, 현금을 지급하였다면 취득원가에 가산한다.

해설

- 취득한 자산의 장부금액(X) → 제공한 자산의 장부금액(O)

정답 ②

Supplementary 75 유형자산 교환취득 기본회계처리 감평사기출

● ㈜감평은 20x4년 3월 1일 사용중이던 기계장치를 ㈜대한의 신형 기계장치와 교환하면서 ₩4,000의 현금을 추가로 지급하였다. ㈜감평이 사용하던 기계장치는 20x1년에 ₩41,000에 취득한 것으로 교환당시 감가상각누계액은 ₩23,000이고 공정가치는 ₩21,000이다. 한편, 교환시점 ㈜대한의 신형 기계장치의 공정가치는 ₩26,000이다. 동 교환거래가 상업적 실질이 있으며 ㈜감평의 사용중이던 기계장치의 공정가치가 더 명백한 경우 ㈜감평이 교환거래로 인해 인식할 처분손익은?

① 이익 ₩3,000　② 이익 ₩4,000　③ 손실 ₩3,000
④ 손실 ₩4,000　⑤ 이익 ₩1,000

해설

• (주)감평의 회계처리

(차)	기계장치(신)	21,000	(대)	기계장치(구)	41,000
	감가상각누계액	23,000		처분이익	3,000
(차)	기계장치(신)	4,000	(대)	현금	4,000

정답 ①

Supplementary 76 유형자산 교환취득 처분손익 감평사기출

● ㈜감평은 기계장치를 ㈜대한의 기계장치와 교환하였다. 교환시점에 두 회사가 소유하고 있던 기계장치의 장부금액과 공정가치는 다음과 같다. 이 기계장치의 교환과 관련하여 ㈜감평은 ㈜대한으로부터 현금 ₩50,000을 추가로 수령하였다. ㈜감평이 교환거래로 인식해야할 처분손익은?(단, 교환거래는 상업적 실질이 있다.)

구분	㈜감평	㈜대한
취득원가	₩1,000,000	₩1,200,000
감가상각누계액	₩300,000	₩600,000
공정가치	₩600,000	−

① 이익 ₩50,000　② 손실 ₩50,000　③ 이익 ₩100,000
④ 손실 ₩100,000　⑤ 손실 ₩150,000

해설

• (주)감평의 회계처리

(차)	기계장치(신)	600,000	(대)	기계장치(구)	1,000,000
	감가상각누계액	300,000			
	처분손실	100,000			
(차)	현금	50,000	(대)	기계장치(신)	50,000

정답 ④

Supplementary 77 유형자산 교환취득시 취득원가와 처분손익 감평사기출

● ㈜감평은 보유중인 유형자산을 ㈜대한의 유형자산과 교환하면서 공정가치 차액에 해당하는 현금 ₩300,000을 지급하였다. 교환일 현재 보유 중인 유형자산의 취득원가는 ₩2,100,000, 감가상각누계액은 ₩500,000, 공정가치는 ₩1,700,000이다. ㈜감평이 교환과정에서 인식할 유형자산의 취득원가와 유형자산처분손익은?(단, 동 교환거래는 상업적 실질이 있다고 가정한다.)

	취득원가	유형자산처분손익
①	₩2,000,000	₩0
②	₩2,000,000	이익 ₩100,000
③	₩1,900,000	손실 ₩100,000
④	₩1,900,000	이익 ₩100,000
⑤	₩1,900,000	₩0

해설

• (주)감평의 회계처리

(차)	유형자산(신)	1,700,000	(대) 유형자산(구)	2,100,000
	감가상각누계액	500,000	처분이익	100,000
(차)	유형자산(신)	300,000	(대) 현금	300,000

∴취득원가 : 1,700,000+300,000=2,000,000
유형자산처분이익 : 100,000

정답 ②

제1편 재무회계 제2편 원가관리회계 합본부록 IFRS심화논제

Supplementary 78 유형자산 교환취득시 상업적실질 유무에 따른 처리 감평사기출

● 한영(주)는 20x1년 1월 1일에 구형 기계장치와 교환하는 조건으로 신형 기계장치를 취득하였다. 기계장치의 교환과 관련된 자료가 다음과 같을 경우, 상업적 실질이 없는 경우(A)와 상업적 실질이 있는 경우(B)로 구분하여 한영(주)가 신형 기계장치의 취득원가로 기록할 금액을 계산하면 각각 얼마인가?(단, 교환시 지급한 현금은 ₩2,000이며, 신형 기계장치의 공정가치는 구형 기계장치의 공정가치보다 더 명백하다고 가정한다.)

구형 기계장치		신형 기계장치	
취득원가	₩18,000	취득원가	₩20,000
감가상각누계액	₩12,000	감가상각누계액	₩15,000
공정가치	₩5,000	공정가치	₩7,000

	(A)	(B)
①	₩8,000	₩7,000
②	₩8,000	₩9,000
③	₩6,000	₩9,000
④	₩7,000	₩7,000
⑤	₩7,000	₩9,000

해설

• [상업적실질이 없는 경우]

(차) 기계장치(신)	6,000	(대) 기계장치(구)	18,000
감가상각누계액	12,000		
(차) 기계장치(신)	2,000	(대) 현금	2,000

• [상업적실질이 있는 경우]–취득자산의 공정가치가 더 명백

(차) 기계장치(신)	7,000	(대) 기계장치(구)	18,000
감가상각누계액	12,000	현금	2,000
처분손실	2,000		

정답 ①

Supplementary 79 자산의 손상징후 관세사기출

● 자산의 손상징후에 관한 설명으로 옳지 않은 것은?

① 내용연수가 비한정인 무형자산이나 아직 사용할 수 없는 무형자산은 일 년에 한 번은 손상검사를 한다.
② 자산의 매입에 드는 현금이나 자산의 운영 · 관리에 쓰는 후속적인 현금이 당초 예상 수준보다 유의적으로 많은 경우 자산손상 징후 증거에 해당한다.
③ 사업결합으로 취득한 영업권의 경우 손상징후 유무에 관계없이 일 년에 한 번은 손상검사를 한다.
④ 당기 실적치와 미래 예상치를 합산한 결과, 자산에 대한 순현금유출이나 영업손실이 생길 것으로 예상되는 경우 자산손상 징후 증거에 해당한다.
⑤ 순자산 장부금액이 시가총액보다 작은 경우 손상징후에 해당한다.

해설

• 작은 경우(X) → 많은 경우(O)

저자주 ②와 ④는 참고만 하기 바랍니다!

정답 ⑤

Supplementary 80 유형자산 일괄구입과 손상차손 감평사기출

● 20x1년 1월 1일 ㈜감평은 건물과 토지를 ₩2,000,000에 일괄구입하였다. 구입당시 건물과 토지의 공정가치는 각각 ₩960,000과 ₩1,440,000이었다. 건물의 내용연수는 7년, 잔존가치는 ₩100,000으로 추정하였으며 정액법으로 감가상각한다. 20x1년 12월 31일 건물과 토지에 관한 순공정가치와 사용가치는 다음과 같으며 회수가능액과 장부금액의 차이는 중요하고 손상징후가 있다고 판단된다. ㈜감평이 20x1년도에 인식해야 할 손상차손은?

구분	순공정가치	사용가치
건물	₩600,000	₩670,000
토지	₩1,150,000	₩1,000,000

① ₩0 ② ₩80,000 ③ ₩130,000
④ ₩230,000 ⑤ ₩300,000

해설

• 일괄구입가 안분(by 공정가치비율)

㉠ 건물 취득원가 : $2,000,000\times\dfrac{960,000}{960,000+1,440,000}=800,000$

㉡ 토지 취득원가 : $2,000,000\times\dfrac{1,440,000}{960,000+1,440,000}=1,200,000$

• 손상차손(건물) : [800,000−(800,000−100,000)÷7년]−Max[600,000, 670,000]=30,000
• 손상차손(토지) : 1,200,000−Max[1,150,000, 1,000,000]=50,000

∴20x1년도에 인식해야 할 손상차손 : 30,000+50,000=80,000

정답 ②

제1편 재무회계 | 제2편 원가관리회계 | 합본부록 IFRS심화논제

Supplementary 81 유형자산 원가모형 손상차손환입액[1] 관세사기출

● ㈜관세는 20x1년 1월 1일에 기계장치를 ₩160,000에 취득(정액법 상각, 내용연수 5년, 잔존가치 없음, 원가모형 적용)하여 사용해 오고 있다. 동 기계장치의 회수가능액이 20x1년 12월 31일에는 ₩84,000으로 추정되었으며, 20x2년 12월 31일에는 ₩100,000으로 회복된 것으로 추정되었다. ㈜관세가 20x2년도에 인식할 손상차손환입액은?

① ₩16,000 ② ₩33,000 ③ ₩37,000
④ ₩44,000 ⑤ ₩48,000

해설

- 손상되지 않았을 경우 장부금액 : 160,000−(160,000÷5년×2)=96,000
- 손상후 장부금액 : 84,000−(84,000÷4년)=63,000

∴손상차손환입액 : Min[96,000, 100,000]−63,000=33,000

정답 ②

Supplementary 82 유형자산 원가모형 손상차손환입액[2] 감평사기출

● ㈜감평은 20x1년 1월 1일에 기계장치를 ₩1,000,000에 취득하였다.(잔존가치 ₩0, 내용연수 5년, 정액법 감가상각, 원가모형 적용) 20x3년 12월 31일에 동 기계장치의 순공정가치는 ₩300,000으로 하락하였으며, 사용가치는 ₩250,000으로 추정되어 손상을 인식하였다. 20x4년 12월 31일에 동 기계장치의 회수가능액이 ₩230,000으로 회복되고 손상차손환입 요건을 충족하는 경우, ㈜감평이 계상할 손상차손환입액은?

① ₩30,000 ② ₩50,000 ③ ₩75,000
④ ₩80,000 ⑤ ₩105,000

해설

- 손상되지 않았을 경우 장부금액 : 1,000,000−(1,000,000÷5년×4)=200,000
- 손상후 장부금액 : 300,000−(300,000÷2년)=150,000

∴손상차손환입액 : Min[200,000, 230,000]−150,000=50,000

정답 ②

Supplementary 83 유형자산 원가모형 손상차손과 환입[1] 감평사기출

● ㈜서울은 20x1년 1월 1일에 ₩10,000에 기계장비를 취득하였다. 이 기계장비의 내용연수는 10년이며, 잔존가치는 없으며, 정액법을 이용하여 감가상각하였다. 20x1년말과 20x2년말에 ㈜서울은 이 기계장치에 대한 손상 징후가 있다고 판단하여 손상검사를 실시하였는데, 이에 대한 정보는 아래와 같다. 이 기간 중 내용연수, 잔존가치 및 감가상각방법에 변화가 없었다면, 20x2년 포괄손익계산서에 인식할 내용은?

구분	20x1.12.31	20x2.12.31
순공정가치	₩7,200	₩7,750
사용가치	₩8,100	₩7,600

① 손상차손 ₩350
② 손상차손 ₩400
③ 손상차손 ₩500
④ 손상차손환입 ₩550
⑤ 손상차손환입 ₩1,200

해설

- 20x1년말 장부금액 : 10,000-(10,000÷10년)=9,000
- 20x1년말 손상차손 : 9,000-Max[7,200, 8,100]=900
- 손상후 장부금액 : 8,100-(8,100÷9년)=7,200
- 손상되지 않았을 경우 장부금액 : 10,000-(10,000÷10년×2)=8,000

∴20x2년말 손상차손환입액 : Min[8,000, 7,750]-7,200=550

정답 ④

Supplementary 84 유형자산 원가모형 손상차손과 환입[2] 세무사기출

● ㈜국세는 20x1년 1월 1일 기계장치를 ₩2,000,000에 취득(내용연수 5년, 잔존가치는 ₩0)하였다. 동 기계장치는 원가모형을 적용하며 정액법으로 감가상각한다. 매 회계연도 말 기계장치에 대한 회수가능액은 다음과 같으며 회수가능액 변동은 기계장치의 손상 또는 그 회복에 따른 것이다.

구분	20x1년말	20x2년말	20x3년말	20x4년말
회수가능액	₩1,600,000	₩900,000	₩600,000	₩1,000,000

20x4년도 말 재무상태표에 인식될 기계장치의 손상차손누계액은 얼마인가?

① ₩0 ② ₩100,000 ③ ₩200,000
④ ₩300,000 ⑤ ₩400,000

해설

• 회계처리

20x1년초	(차) 기계장치	2,000,000	(대) 현금	2,000,000
20x1년말	(차) 감가상각비	400,000	(대) 감가상각누계액	400,000
20x2년말	(차) 감가상각비 (차) 손상차손	400,000 300,000[1]	(대) 감가상각누계액 (대) 손상차손누계액	400,000 300,000
20x3년말	(차) 감가상각비	300,000[2]	(대) 감가상각누계액	300,000
20x4년말	(차) 감가상각비 (차) 손상차손누계액	300,000 100,000	(대) 감가상각누계액 (대) 손상차손환입	300,000 100,000[3]

1) 1,200,000−900,000=300,000

2) 900,000÷3년=300,000

3) Min[① 2,000,000−2,000,000×$\frac{4}{5}$=400,000 ② 1,000,000]−300,000=100,000

→∴20x4년말 손상차손누계액 : 300,000−100,000=200,000

정답 ③

Supplementary 85 유형자산 원가모형 지속적인 손상 세무사기출

● ㈜세무는 20x1년 1월 1일 기계장치를 ₩1,000,000(내용연수 5년, 잔존가치 ₩0, 정액법 감가상각, 원가모형적용)에 취득하여 제품생산에 사용하였다. 매 회계연도 말 기계장치에 대한 회수가능액은 다음과 같으며, 회수가능액 변동은 기계장치의 손상 또는 그 회복에 따른 것이다. 동 거래가 20x3년도 ㈜세무의 당기순이익에 미치는 영향은?

구분	20x1년말	20x2년말	20x3년말
회수가능액	₩700,000	₩420,000	₩580,000

① ₩120,000 감소 ② ₩20,000 감소 ③ ₩20,000 증가
④ ₩120,000 증가 ⑤ ₩160,000 증가

해설

• 회계처리

20x1년초	(차) 기계장치	1,000,000	(대) 현금	1,000,000
20x1년말	(차) 감가상각비 (차) 손상차손	200,000 100,000[1)]	(대) 감가상각누계액 (대) 손상차손누계액	200,000 100,000
20x2년말	(차) 감가상각비 (차) 손상차손	175,000[2)] 105,000[3)]	(대) 감가상각누계액 (대) 손상차손누계액	175,000 105,000
20x3년말	(차) 감가상각비 (차) 손상차손누계액	140,000[4)] 120,000	(대) 감가상각누계액 (대) 손상차손환입	140,000 120,000[5)]

1) 800,000−700,000=100,000
2) 700,000÷4년=175,000
3) 525,000−420,000=105,000
4) 420,000÷3년=140,000
5) Min[① $1,000,000-1,000,000\times\frac{3}{5}=400,000$ ② 580,000]−280,000=120,000

→∴20x3년도 당기손익 영향 : 140,000(감가상각비)−120,000(환입)=20,000(감소)

정답 ②

Supplementary 86 유형자산 원가모형 손상의 종합적용[1] 감평사기출

● ㈜감평은 20x1년초 건물을 ₩41,500에 취득(내용연수 10년, 잔존가치 ₩1,500, 정액법 상각)하여 사용하고 있으며, 20x3년 중 손상이 발생하여 20x3년말 회수가능액은 ₩22,500으로 추정되었다. 20x4년말 건물의 회수가능액은 ₩26,000인 것으로 추정되었다. 동 건물에 대해 원가모형을 적용하는 경우 다음 설명 중 옳지 않은 것은?

① 20x3년 말 손상을 인식하기 전의 건물의 장부금액은 ₩29,500이다.
② 20x3년 건물의 손상차손은 ₩7,000이다.
③ 20x4년 건물의 감가상각비는 ₩3,000이다.
④ 20x4년 말 손상이 회복된 이후 건물의 장부금액은 ₩25,500이다.
⑤ 20x4년 건물의 손상차손환입액은 ₩6,500이다.

해설

• 회계처리

20x1년초	(차) 건물	41,500	(대) 현금	41,500
20x1년말	(차) 감가상각비	4,000[1)]	(대) 감가상각누계액	4,000
20x2년말	(차) 감가상각비	4,000	(대) 감가상각누계액	4,000
20x3년말	(차) 감가상각비 (차) 손상차손	4,000 7,000[2)]	(대) 감가상각누계액 (대) 손상차손누계액	4,000 7,000
20x4년말	(차) 감가상각비 (차) 손상차손누계액	3,000[3)] 6,000	(대) 감가상각누계액 (대) 손상차손환입	3,000 6,000[4)]

1) (41,500−1,500)÷10년=4,000
2) 22,500−(41,500−4,000×3년)=△7,000
3) (22,500−1,500)÷7년=3,000
4) Min[㉠ 41,500−4,000×4년=25,500 ㉡ 26,000]−19,500=6,000
∴20x4년 손상차손환입액은 6,500이 아니라 6,000이다.

정답 ⑤

Supplementary 87 유형자산 원가모형 손상의 종합적용[2] 세무사기출

● ㈜세무는 20x1년 1월 1일 기계장치(취득원가 ₩550,000, 잔존가치 ₩10,000, 내용연수 10년)를 취득하여 정액법으로 감가상각하고, 원가모형을 적용하고 있다. 20x2년말 동 기계장치의 회수가능액이 ₩300,000으로 추정되어 손상을 인식하였다. 20x4년말 동 기계장치의 회수가능액이 ₩340,000으로 회복되었다. 다음 설명 중 옳지 않은 것은?

① 20x2년말 장부금액은 ₩300,000이다.
② 20x2년에 인식하는 손상차손은 ₩142,000이다.
③ 20x3년에 인식하는 감가상각비는 ₩36,250이다.
④ 20x4년말 감가상각누계액은 ₩180,500이다.
⑤ 20x4년에 인식하는 손상차손환입액은 ₩112,500이다.

해설

• 회계처리

20x1년초	(차) 기계장치	550,000	(대) 현금	550,000
20x1년말	(차) 감가상각비	54,000[1]	(대) 감가상각누계액	54,000
20x2년말	(차) 감가상각비	54,000	(대) 감가상각누계액	54,000
	(차) 손상차손	142,000[2]	(대) 손상차손누계액	142,000
20x3년말	(차) 감가상각비	36,250[3]	(대) 감가상각누계액	36,250
20x4년말	(차) 감가상각비	36,250	(대) 감가상각누계액	36,250
	(차) 손상차손누계액	106,500	(대) 손상차손환입	106,500[4]

[1] (550,000−10,000)×1/10=54,000
[2] (550,000−54,000×2)−300,000=142,000
[3] (300,000−10,000)×1/8=36,250
[4] Min[① 550,000−(550,000−10,000)×4/10=334,000 ② 340,000]−(300,000−36,250×2=227,500)=106,500

정답 ⑤

Supplementary 88 유형자산의 제거와 제3자 보상금 인식 세무사기출

● 유형자산의 회계처리에 관한 설명으로 옳지 않은 것은?

① 토지의 원가에 해체, 제거 및 복구원가가 포함된 경우에는 그러한 원가를 관련 경제적효익이 유입되는 기간에 감가상각한다.
② 사용정도에 따라 감가상각하는 경우가 아니라면, 감가상각은 자산이 매각예정자산으로 분류되는 날과 제거되는 날 중 이른 날에 중단한다.
③ 손상, 소실 또는 포기된 유형자산에 대해 제3자로부터 받을 보상금은 취득시점의 추정금액을 취득원가에 조정한다.
④ 유형자산의 장부금액은 처분하는 때 또는 사용이나 처분을 통하여 미래경제적효익이 기대되지 않을 때에 제거한다..
⑤ 감가상각방법, 내용연수, 잔존가치의 변경은 회계추정의 변경으로 회계처리한다.

해설

• 손상, 소실 또는 포기된 유형자산에 대해 제3자로부터 보상금을 받는 경우가 있다. 이 경우 보상금은 수취할 권리가 발생하는 시점에 당기손익으로 반영한다

정답 ③

Supplementary 89 유형자산 재평가모형 기본회계처리 : 상각자산 감평사기출

● ㈜감평은 20x1년초 기계장치(취득원가 ₩100,000, 내용연수 5년, 잔존가치 ₩0)를 취득하여 정액법으로 감가상각하고 있다. 20x1년말 기계장치의 공정가치가 ₩100,000인 경우, 재평가모형 적용시 인식할 재평가잉여금은?

① ₩20,000　② ₩30,000　③ ₩40,000
④ ₩50,000　⑤ ₩60,000

해설

• 100,000−(100,000−100,000÷5년)=20,000

정답 ①

Supplementary 90 유형자산 재평가모형 기본회계처리 : 비상각자산[1] 관세사기출

● ㈜한강은 20x1년초 토지를 ₩400,000에 구입하였고, 이 토지는 20x1년말에 공정가치 ₩700,000으로 재평가되었다. ㈜한강이 토지에 대하여 재평가모형을 적용한다면, 위 토지에 대한 재평가가 ㈜한강의 20x1년 재무제표에 미치는 영향으로 옳은 것은?(취득시점 이후 토지에 대한 손상은 발생하지 않았다.)

① 재평가이익 ₩300,000만큼 자본이 증가한다.
② 재평가이익 ₩300,000만큼 당기순이익이 증가한다.
③ 재평가이익 ₩300,000만큼 이익잉여금이 증가한다.
④ 재평가이익 ₩300,000은 토지의 사용에 따라 이익잉여금으로 대체된다.
⑤ 재평가이익 ₩300,000만큼 자산은 증가하지만, 포괄손익계산서에 보고되지는 않는다.

해설

• 20x1년말 재평가 회계처리 : (차) 토지 300,000 (대) 재평가잉여금 300,000
→재평가잉여금은 기타포괄손익으로 재무상태표(자본)와 포괄손익계산서에 표시된다.

참고 재평가잉여금의 이익잉여금 대체는 감가상각효과를 반영한다는 의미가 되며, 따라서, 비상각자산(토지)은 이익잉여금대체와 무관하다.

정답 ⑤

Supplementary 91 유형자산 재평가모형 기본회계처리 : 비상각자산[2] 관세사기출

● ㈜대한은 20x1년 1월 2일에 토지를 ₩500,000에 취득하여 재평가모형을 적용하고 있다. 토지의 공정가치가 20x1년말과 20x2년말에 각각 ₩460,000과 ₩550,000일 때, 20x2년말 토지 재평가 결과가 20x2년도 포괄손익계산서에 미치는 영향은?

	당기순이익	기타포괄이익
①	증가 ₩50,000	증가 ₩40,000
②	₩0	증가 ₩90,000
③	감소 ₩40,000	증가 ₩50,000
④	증가 ₩90,000	₩0
⑤	증가 ₩40,000	증가 ₩50,000

해설

- 20x1년말
  - 재평가 : 460,000-500,000=△40,000 →재평가손실 40,000
- 20x2년말
  - 재평가 : 550,000-460,000=90,000 →재평가이익 40,000, 재평가잉여금증가 50,000

∴당기순이익 증가 : 40,000(재평가이익), 기타포괄이익 증가 : 50,000(재평가잉여금)

정답 ⑤

Supplementary 92 유형자산 재평가와 총포괄손익 세무사기출

● 다음은 ㈜봉명이 20x1년초에 취득한 토지에 관한 자료이다. ㈜봉명은 토지 취득 후에 재평가모형에 의해서 토지에 대한 회계처리를 한다. 토지의 취득원가와 각 회계기간 말 현재 토지의 공정가치는 아래와 같다.

구분	취득원가	각 회계기간말 공정가치		
	20x1년초	20x1년	20x2년	20x3년
토지	₩3,000	₩3,500	₩3,200	₩2,900

토지의 재평가와 관련하여 ㈜봉명이 20x3년도에 인식할 당기손실과 총포괄손실은 각각 얼마인가?

	당기손실	총포괄손실
①	₩300	₩300
②	₩0	₩300
③	₩200	₩500
④	₩100	₩200
⑤	₩100	₩300

해설

- 20x1년 : 재평가잉여금 500(포괄이익) / 20x2년 : △재평가잉여금 300(포괄손실)
- 20x3년 : △재평가잉여금 200(포괄손실), 재평가손실 100(당기손실) →총포괄손실 300

정답 ⑤

Supplementary 93 유형자산 재평가손익의 상계처리 세무사기출

● ㈜국세는 20x1년 1월 1일에 건물을 ₩3,000,000에 취득하여 본사 건물로 사용하였다. 동 건물의 내용연수는 5년, 잔존가치는 ₩0이며, 정액법으로 감가상각한다. 또한 ㈜국세는 건물에 대하여 재평가모형을 적용하여 매년 말 감가상각 후 주기적으로 재평가를 하고 있으며, 동 건물의 연도별 공정가치는 다음과 같다.

• 20x1년 말 : ₩3,200,000 • 20x2년 말 : ₩1,500,000

동 건물과 관련하여 ㈜국세가 20x2년도에 당기손익으로 인식할 재평가손실은 얼마인가?(단, ㈜국세는 자산의 순장부금액을 재평가금액으로 수정할 때 기존의 감가상각누계액을 모두 제거하는 방법을 적용하여 회계처리하고 있으며, 재평가잉여금을 당해 자산을 사용하면서 이익잉여금으로 대체하는 방법은 선택하지 않고 있다. 또한 손상차손은 고려하지 않는다.)

① ₩100,000 ② ₩300,000 ③ ₩500,000
④ ₩700,000 ⑤ ₩900,000

해설

• 20x1년 재평가잉여금 : 3,200,000-(3,000,000-3,000,000÷5년)=800,000
• 20x2년 재평가손실 : (3,200,000-3,200,000÷4년)-1,500,000=900,000 →∴재평가잉여금과 상계후 100,000

정답 ①

Supplementary 94 유형자산 재평가모형과 비례적 수정방법 감평사기출

● ㈜감평은 20x1년초 ₩5,000,000(잔존가치 ₩1,000,000, 내용연수 5년, 정액법 감가상각)에 건물을 취득하였다. ㈜감평은 20x1년말 건물을 공정가치 ₩6,300,000으로 재평가하고, 자산의 장부금액이 재평가금액과 일치하도록 감가상각누계액과 총장부금액을 비례적으로 수정하였다. ㈜감평이 20x1년말 재무상태표에 보고할 건물의 감가상각누계액은?

① ₩600,000 ② ₩800,000 ③ ₩1,200,000
④ ₩1,300,000 ⑤ ₩2,100,000

해설

• 비례적 수정방법 회계처리

20x1년초	(차) 건물	5,000,000	(대) 현금	5,000,000
20x1년말	(차) 감가상각비	800,000[1]	(대) 감가상각누계액	800,000
	(차) 건물	2,500,000[2]	(대) 감가상각누계액	400,000
			재평가잉여금	2,100,000

[1] (5,000,000-1,000,000)÷5년=800,000

[2] 장부금액($\frac{6,300,000}{4,200,000}$=150%)이 50%증가했으므로, 원가(5,000,000)와 감가상각누계액(800,000)을 50%증가시킴.

∴20x1년말 감가상각누계액 : 800,000+400,000=1,200,000

정답 ③

Supplementary 95 유형자산 재평가모형의 순효과 계산 세무사기출

● ㈜세무는 20x1년 1월 1일 영업용 차량운반구(취득원가 ₩600,000, 잔존가치 ₩0, 내용연수 6년, 정액법 상각)를 취득하였다. 동 차량운반구는 매년 말 재평가모형을 적용하며, 장부금액과 감가상각누계액을 비례하여 조정하고 있다. 공정가치가 다음과 같을 때, 차량운반구와 관련하여 20x2년 인식해야 할 당기비용은?(단, 재평가잉여금의 이익잉여금 대체는 고려하지 않는다.)

20x1년 말	20x2년 말
₩550,000	₩374,000

① ₩16,000 ② ₩66,000 ③ ₩110,000
④ ₩126,000 ⑤ ₩176,000

해설

• 회계처리

20x1년초	(차) 차량운반구	600,000	(대) 현금	600,000
20x1년말[2)]	(차) 감가상각비	100,000[1)]	(대) 감가상각누계액	100,000
	(차) 차량운반구	60,000	(대) 감가상각누계액	10,000
			재평가잉여금	50,000
20x2년말[4)]	(차) 감가상각비	110,000[3)]	(대) 감가상각누계액	110,000
	(차) 감가상각누계액	33,000	(대) 차량운반구	99,000
	재평가잉여금	50,000		
	재평가손실	16,000		

[1)] 600,000÷6년=100,000

[2)] 장부금액($\frac{550,000}{500,000}$=110%)이 10% 증가했으므로, 원가(600,000)와 감가상각누계액(100,000)을 10% 증가시킴.

[3)] 550,000÷5년=110,000

[4)] 장부금액($\frac{374,000}{440,000}$=85%)이 15% 감소했으므로, 원가(660,000)와 감가상각누계액(220,000)을 15% 감소시킴.

∴110,000(감가상각비)+16,000(재평가손실)=126,000

정답 ④

Supplementary 96 유형자산 재평가모형과 이익에의 영향 관세사기출

● ㈜관세는 20x1년 초에 본사건물을 ₩2,000,000에 취득(정액법 상각, 내용연수 5년, 잔존가치 없음)하여 사용하고 있으며, 매년 말 공정가치로 재평가한다. 한편 본사건물의 20x1년 말 공정가치는 ₩1,800,000이며, 20x2년 말 공정가치는 ₩1,050,000이다. 동 본사건물과 관련된 회계처리가 ㈜관세의 20x2년도 당기순이익에 미치는 영향은?(단, 재평가잉여금은 이익잉여금으로 대체하지 않는다.)

① ₩200,000 감소 ② ₩350,000 감소 ③ ₩400,000 감소
④ ₩550,000 감소 ⑤ ₩600,000 감소

해설

- 20x1년말
  - 감가상각비 : 2,000,000÷5년=400,000 →장부금액=1,600,000
  - 재평가 : 1,800,000-1,600,000=200,000 →재평가이잉여금증가 200,000
- 20x2년말
  - 감가상각비 : 1,800,000÷4년=450,000 →장부금액=1,350,000
  - 재평가 : 1,050,000-1,350,000=△300,000 →재평가잉여금감소 200,000, 재평가손실 100,000

∴당기순이익 감소 : 450,000(감가상각비)+100,000(재평가손실)=550,000

정답 ④

Supplementary 97 유형자산 재평가와 자본증감액 세무사기출

● ㈜한국은 20x1년초 사용 중인 기계장치(장부금액 ₩4,000,000, 공정가치 ₩3,000,000)를 제공하고 영업용 차량운반구(장부금액 ₩4,500,000)를 취득하였다. ㈜한국은 동 자산의 내용연수와 잔존가치를 각각 4년과 ₩500,000으로 추정하고, 정액법으로 감가상각하며 재평가모형을 적용한다. 동 자산의 교환은 상업적 실질이 있다. 동 자산의 20x1년말과 20x2년말의 공정가치는 모두 ₩3,800,000으로 동일하였다. 동 자산과 관련한 20x2년도 자본의 증감액은? (단, ㈜한국은 동 자산의 사용기간 중에 재평가잉여금을 이익잉여금으로 대체하지 않는다.)

① ₩0 ② ₩875,000 감소 ③ ₩625,000 감소
④ ₩1,100,000 증가 ⑤ ₩1,425,000 증가

해설

- 감가상각누계액제거법과 비례적수정법에서 감가상각비와 재평가잉여금은 양자 모두 동일하다.
- 20x2년도 자본의 증감액 : ㉠+㉡=0
  - ㉠ 감가상각비 : (3,800,000-500,000)÷3년=1,100,000(감소)
  - ㉡ 재평가잉여금 : 3,800,000-(3,800,000-1,100,000)=1,100,000(증가)

고속철
❐ 자본증감액 빨리구하기
•'20x2년 자본증가액=20x2년 공정가치-20x1년 공정가치'
→3,800,000-3,800,000=0

정답 ①

Supplementary 98 유형자산 재평가잉여금 이익잉여금대체액 세무사기출

● ㈜대전은 20x1년 1월 1일 건물을 ₩210,000에 취득하였으며, 감가상각방법은 정액법(내용연수 7년, 잔존가치 ₩0)을 사용한다. ㈜대전은 20x4년 1월 1일부터 보유하고 있는 건물에 대해 재평가모형을 적용하는 것으로 회계정책을 변경하였고, 20x4년초 공정가치 ₩180,000으로 재평가하였다. ㈜대전이 재평가자산의 사용에 따라 재평가잉여금의 일부를 이익잉여금으로 대체한다면, 20x4년말 이익잉여금으로 대체되는 재평가잉여금은?

① ₩7,500 ② ₩15,000 ③ ₩45,000
④ ₩75,000 ⑤ ₩135,000

해설

• 재평가후 금액근거 감가상각액 : 180,000÷4 = 45,000
재평가전 최초원가근거 감가상각액 : (210,000−90,000)÷4 = (30,000)
15,000

정답 ②

Supplementary 99 유형자산 재평가잉여금 이익잉여금대체와 비용인식액 세무사기출

● ㈜국세는 20x1년 1월 1일에 영업용 차량운반구(내용연수 5년, 잔존가치 ₩0, 정액법 상각)를 ₩200,000에 취득하여 사용하고 있으며, 재평가모형을 적용하고 있다. ㈜국세는 재평가모형 적용시 기존의 감가상각누계액을 전부 제거하는 방법을 사용하며, 차량운반구를 사용함에 따라 재평가잉여금의 일부를 이익잉여금으로 대체하는 회계처리방법을 채택하고 있다. 20x1년말과 20x2년말 차량운반구의 공정가치는 각각 ₩180,000과 ₩60,000이었다. ㈜국세가 20x2년도 포괄손익계산서에 비용으로 인식할 금액은 얼마인가?

① ₩55,000 ② ₩60,000 ③ ₩75,000
④ ₩105,000 ⑤ ₩120,000

해설

• 회계처리

20x1년말	(차) 감가상각비	40,000	(대) 감가상각누계액	40,000
	(차) 감가상각누계액	40,000	(대) 재평가잉여금	20,000[1]
			차량운반구	20,000
20x2년말	(차) 감가상각비	45,000[2]	(대) 감가상각누계액	45,000
	(차) 재평가잉여금	5,000	(대) 이익잉여금	5,000[3]
	(차) 감가상각누계액	45,000	(대) 차량운반구	120,000
	재평가잉여금	15,000[4]		
	재평가손실	60,000[4]		

[1] 180,000−160,000=20,000
[2] 180,000÷4년=45,000
[3] (180,000÷4년)−(160,000÷4년)=5,000
[4] 135,000−60,000=75,000
→∴20x2년 비용인식액 : 45,000(감가상각비)+60,000(재평가손실)=105,000

정답 ④

Supplementary 100 유형자산 재평가잉여금 이익잉여금대체와 비례수정 세무사기출

● ㈜대한은 20x1년초 기계장치(내용연수 5년, 잔존가치 ₩0, 정액법 상각)를 ₩100,000에 취득하여 사용하고 있으며, 재평가모형을 적용하고 있다. ㈜대한은 재평가모형 적용시 재평가 후 기계장치의 장부금액이 재평가금액과 일치하도록 감가상각누계액과 총장부금액을 비례적으로 수정하는 방법을 사용하며, 기계장치를 사용함에 따라 재평가잉여금의 일부를 이익잉여금으로 대체하는 회계처리방법을 채택하고 있다. 동 기계장치의 20x1년말 공정가치는 ₩88,000이며, 20x2년말 공정가치는 ₩69,300이었다. ㈜대한이 20x2년말 재무상태표에 인식할 재평가잉여금은 얼마인가?

① ₩3,300 ② ₩5,500 ③ ₩8,000
④ ₩9,300 ⑤ ₩11,500

해설

• 회계처리

20x1년초	(차) 기계장치	100,000	(대) 현금	100,000
20x1년말	(차) 감가상각비	20,000	(대) 감가상각누계액	20,000
	(차) 기계장치	10,000	(대) 감가상각누계액	2,000
			재평가잉여금	8,000

→장부금액($\frac{88,000}{80,000}$=110%)이 10%증가했으므로 원가(100,000)와 감가상각누계액(20,000)을 10%증가시킴.

20x2년말	(차) 감가상각비	22,000[1]	(대) 감가상각누계액	22,000
	(차) 재평가잉여금	2,000	(대) 이익잉여금	2,000[2]
	(차) 기계장치	5,500	(대) 감가상각누계액	2,200
			재평가잉여금	3,300

→장부금액($\frac{69,300}{66,000}$=105%)이 5%증가했으므로 원가(110,000)와 감가상각누계액(44,000)을 5%증가시킴.

[1] 88,000÷4년=22,000

[2] (88,000÷4년)-(80,000÷4년)=2,000

∴20x2년말 재평가잉여금 : 8,000-2,000+3,300=9,300

정답 ④

Supplementary 101 유형자산 재평가모형과 손상 일반회계처리 세무사기출

● ㈜한국은 설비자산을 20x1년초에 ₩400,000에 취득하여, 매년 말 재평가모형을 적용한다. 이 설비자산의 잔존가치는 ₩0, 내용연수는 8년이며, 정액법으로 감가상각한다. 20x2년초 설비자산의 잔존내용연수를 4년으로 변경하였다. 20x2년말 설비자산에 대해서 손상을 인식하기로 하였다. 다음은 설비자산의 공정가치와 회수가능액에 대한 자료이다. 20x2년에 당기손익으로 인식할 손상차손은?(단, 설비자산을 사용하는 기간 동안에 재평가잉여금을 이익잉여금으로 대체하지 않는다.)

구분	공정가치	회수가능액
20x1년말	₩380,000	₩385,000
20x2년말	₩270,000	₩242,000

① ₩11,000　② ₩13,000　③ ₩15,000
④ ₩19,000　⑤ ₩28,000

해설

• 회계처리(이하 감가상각누계액제거법을 가정하며, 20x2년말 내용연수 4년으로 변경됨)

20x1년초	(차) 설비자산	400,000	(대) 현금	400,000
20x1년말	(차) 감가상각비	50,000	(대) 감가상각누계액	50,000
	(차) 감가상각누계액	50,000	(대) 재평가잉여금	30,000[1]
			설비자산	20,000
20x2년말	(차) 감가상각비	95,000[2]	(대) 감가상각누계액	95,000
	(차) 감가상각누계액	95,000	(대) 설비자산	110,000
	재평가잉여금	15,000[3]		
	(차) 재평가잉여금	15,000	(대) 손상차손누계액	28,000[4]
	손상차손	13,000		

[1] 380,000－350,000=30,000
[2] 380,000÷4년=95,000
[3] 285,000－270,000=15,000
[4] 270,000－242,000=28,000
→∴20x2년 손상차손 : 13,000

정답 ②

Supplementary 102 유형자산 재평가모형과 손상 심화회계처리 관세사기출

● ㈜관세는 20x1년초 기계장치를 취득(취득원가 ₩1,000,000, 내용연수 5년, 잔존가치 ₩0, 정액법 상각)하였으며, 재평가모형을 적용함과 동시에 손상징후가 있을 경우 자산손상 기준을 적용하고 있다. 공정가치와 회수가능액이 다음과 같을 때, 20x3년 말 감가상각액을 제외한 당기이익은?(단, 처분부대비용은 무시할 수 없을 정도이며, 재평가잉여금은 이익잉여금으로 대체하지 않는다.)

	20x1년말	20x2년말	20x3년말
공정가치	₩900,000	₩650,000	₩460,000
회수가능액	₩900,000	₩510,000	₩450,000

① ₩10,000　② ₩45,000　③ ₩55,000
④ ₩65,000　⑤ ₩110,000

해설

• 공정가치와 순공정가치 사이의 차이는 처분부대원가이다.
  ㉠ 처분부대원가가 무시해도 될 정도인 경우(=미미한 경우)
  회수가능액[=Max(순공정가치, 사용가치)]은 재평가금액(공정가치)에 가깝거나 크므로 손상가능성이 없다.
  ㉡ 처분부대원가가 무시할 수 없는 정도인 경우
  사용가치도 확인하여 손상여부를 결정한다.
• 20x1년말
  - 감가상각비 : 1,000,000÷5년=200,000 →장부금액 800,000
  - 재평가 : 900,000-800,000=100,000 →재평가이잉여금증가 100,000
• 20x2년말
  - 감가상각비 : 900,000÷4년=225,000 →장부금액 675,000
  - 재평가 : 650,000-675,000=△25,000 →재평가잉여금감소 25,000
  - 손상 : 510,000-650,000=△140,000 →재평가잉여금감소 75,000, 손상차손 65,000
• 20x3년말
  - 감가상각비 : 510,000÷3년=170,000 →장부금액 340,000
  - 환입 : 450,000-340,000=110,000 →손상차손환입 65,000, 재평가잉여금증가 45,000
  - 재평가 : 460,000-450,000=10,000 →재평가잉여금증가 10,000

∴20x3년말 감가상각액을 제외한 당기이익 : 65,000(손상차손환입)

저자주 통상적인 시험난이도를 상회하는 다소 무리한 출제로 사료됩니다!

정답 ④

Supplementary 103 정부보조금과 감가상각비(연수합계법) 세무사기출

● 20x1년 7월 1일 ㈜한국은 취득원가 ₩1,000,000의 설비자산을 취득하고, 내용연수와 잔존가치를 각각 4년과 ₩200,000으로 추정하고 감가상각방법은 연수합계법(월할상각)을 적용한다. 동 자산의 취득과 관련하여 20x1년 7월 1일 정부로부터 보조금 ₩200,000을 수령하여 전액 설비자산의 취득에만 사용하였다. 동 자산과 관련하여 20x2년도에 인식할 당기손익은? 단, 회사는 정부보조금을 자산에서 차감하는 방법으로 처리하고 있다.

① ₩140,000 이익　② ₩160,000 이익　③ ₩180,000 손실
④ ₩210,000 손실　⑤ ₩280,000 손실

해설

• 회계처리

일자	차변	금액	대변	금액
20x1.07.01	(차) 설비자산 현금	1,000,000 200,000	(대) 현금 정부보조금	1,000,000 200,000
20x1.12.31	(차) 감가상각비 정부보조금	160,000[1)] 40,000[2)]	(대) 감가상각누계액 감가상각비	160,000 40,000
20x1.12.31	(차) 감가상각비 정부보조금	280,000[3)] 70,000[4)]	감가상각누계액 감가상각비	280,000 70,000

[1)] $(1,000,000-200,000)\times\frac{4}{1+2+3+4}\times\frac{6}{12}=160,000$

[2)] $200,000\times\frac{160,000}{1,000,000-200,000}=40,000$

[3)] $(1,000,000-200,000)\times\frac{4}{1+2+3+4}\times\frac{6}{12}+(1,000,000-200,000)\times\frac{3}{1+2+3+4}\times\frac{6}{12}=280,000$

[4)] $200,000\times\frac{280,000}{1,000,000-200,000}=70,000$

• 20x2년도 당기손익(감가상각비) : 280,000-70,000=210,000

> 고속철
>
> ❐ 감가상각비 빨리 구하기
>
> •새로운취득원가= '취득원가-정부보조금', 이 금액을 기준으로 감가상각한다고 생각!
> →새로운취득원가 : 1,000,000-200,000=800,000
>
> •당기감가상각비=새로운취득원가기준 감가상각비
> →20x2년 감가상각비 : $(800,000-200,000)\times\frac{4}{10}\times\frac{6}{12}+(800,000-200,000)\times\frac{3}{10}\times\frac{6}{12}=210,000$

정답 ④

Supplementary 104 정부보조금과 처분손익(연수합계법) 세무사기출

● ㈜한국은 20x1년 1월 1일 기계장치를 ₩50,000,000에 취득(내용연수 5년, 잔존가치 ₩5,000,000)하고 연수합계법으로 감가상각한다. ㈜한국은 동 기계장치를 취득하면서 정부로부터 ₩9,000,000을 보조받아 기계장치 취득에 전액 사용하였으며, 이에 대한 상환의무는 없다. ㈜한국이 20x3년 12월 31일 동 기계장치를 ₩10,000,000에 처분하였다면, 유형자산처분손익은 얼마인가?(단, 원가모형을 적용하며, 기계장치의 장부금액을 결정할 때 취득원가에서 정부보조금을 차감하는 원가차감법을 사용한다.)

① ₩3,200,000 이익　② ₩2,000,000 이익　③ ₩0
④ ₩2,000,000 손실　⑤ ₩2,200,000 손실

해설

- 20x1년말 감가상각비 : $45,000,000\times\frac{5}{1+2+3+4+5}=15,000,000$

  →보조금상계액 : $9,000,000\times\frac{15,000,000}{50,000,000-5,000,000}=3,000,000$

  20x2년말 감가상각비 : $45,000,000\times\frac{4}{1+2+3+4+5}=12,000,000$

  →보조금상계액 : $9,000,000\times\frac{12,000,000}{50,000,000-5,000,000}=2,400,000$

  20x3년말 감가상각비 : $45,000,000\times\frac{3}{1+2+3+4+5}=9,000,000$

  →보조금상계액 : $9,000,000\times\frac{9,000,000}{50,000,000-5,000,000}=1,800,000$

- 20x3년말 처분시 회계처리

(차) 현금	10,000,000	(대) 기계장치	50,000,000
감가상각누계액	36,000,000		
정부보조금	1,800,000		
처분손실	2,200,000		

고속철

❐ 처분손익 빨리 구하기

- 새로운 취득원가 : 50,000,000−9,000,000=41,000,000
- 장부금액 : $41,000,000-(41,000,000-5,000,000)\times\frac{5+4+3}{1+2+3+4+5}=12,200,000$
- 처분손익 : 10,000,000−12,200,000=△2,200,000(손실)

정답 ⑤

Supplementary 105 | 유형자산 복구비용 비용총액 계산 | 세무사기출

● ㈜대한은 20x1년초 해양구조물을 ₩974,607에 취득하여 20x3년말까지 사용한다. ㈜대한은 관련 법률에 따라 사용 종료시점에 해양구조물을 철거 및 원상복구하여야 한다. 20x3년말 철거 및 원상복구 시점에서 ₩300,000이 지출될 것으로 예상되며, 이는 인플레이션, 시장위험프리미엄 등을 고려한 금액이다. ㈜대한의 신용위험 등을 고려하여 산출된 할인율은 10%이며, ㈜대한은 해양구조물을 정액법(내용연수 3년, 잔존가치 ₩0)으로 감가상각한다. ㈜대한은 20x3년말에 이 해양구조물을 철거하였으며, 총 ₩314,000의 철거 및 원상복구비용이 발생되었다. ㈜대한이 해양구조물과 관련한 비용을 자본화하지 않는다고 할 때, 20x3년도 포괄손익계산서에 계상할 비용총액은 얼마인가?(단, 10%의 단일금액 현가계수(3년)는 0.75131이다. 계산금액은 소수점 첫째자리에서 반올림하며, 이 경우 단수차이로 인해 약간의 오차가 있으면 가장 근사치를 선택한다.)

① ₩300,275 ② ₩314,275 ③ ₩418,275
④ ₩427,275 ⑤ ₩441,275

해설

- 복구시점 복구비용 발생예상액 : 300,000
- 복구비용현재가치(복구충당부채) : 300,000×0.75131=225,393
- 해양구조물 취득가 : 974,607+225,393=1,200,000
- 복구충당부채 증가액
  - 20x1년말 : 225,393×10%=22,539 →복구충당부채 장부금액=247,932
  - 20x2년말 : 247,932×10%=24,793 →복구충당부채 장부금액=272,725
- 20x3년말 비용총액
  ㉠ 매년 감가상각비 : 1,200,000÷3년=400,000
  ㉡ 이자비용 : 300,000−(225,393+22,539+24,793)=27,275
  ㉢ 복구공사손실 : 314,000−300,000=14,000
  →∴400,000+27,275+14,000=441,275
- 회계처리

구분	차변	금액	대변	금액
20x1년초	(차) 구축물	1,200,000	(대) 현금	974,607
			복구충당부채	225,393
20x1년말	(차) 감가상각비	400,000	(대) 감가상각누계액	400,000
	이자비용	22,539	복구충당부채	22,539
20x2년말	(차) 감가상각비	400,000	(대) 감가상각누계액	400,000
	이자비용	24,793	복구충당부채	24,793
20x3년말	(차) 감가상각비	400,000	(대) 감가상각누계액	400,000
	이자비용	27,275	(대) 복구충당부채	27,275
	(차) 복구충당부채	300,000	(대) 현금	314,000
	복구공사손실	14,000		

정답 ⑤

Supplementary 106 유형자산 복구비용과 복구자산 처분 세무사기출

● ㈜세무는 20x1년 1월 1일 복구조건이 있는 연구용 설비(취득원가 ₩440,000, 잔존가치 ₩5,130, 내용연수 3년, 복구비용 추정금액 ₩100,000)를 취득하여, 원가모형을 적용하고 정액법으로 감가상각하였다. 내용연수 종료 시점에 실제 복구비용은 ₩120,000이 지출되었으며, 잔존 설비는 ₩3,830에 처분하였다. 20x3년도에 이 설비와 관련하여 인식할 총비용은?(단, 현재가치에 적용할 할인율은 10%이며, 기간 3년(10%) 단일금액 ₩1의 현재가치는 0.7513으로 계산하고 단수차이로 인한 오차는 근사치를 선택한다.)

① ₩180,391 ② ₩191,300 ③ ₩199,091
④ ₩200,391 ⑤ ₩202,466

해설

- 복구시점 복구비용 발생예상액 : 100,000
- 복구비용현재가치(복구충당부채) : 100,000×0.7513=75,130
- 설비자산 취득가 : 440,000+75,130=515,130
- 회계처리

20x1년초	(차) 설비자산	515,130	(대) 현금	440,000
			복구충당부채	75,130
20x1년말	(차) 감가상각비	170,000[1]	(대) 감가상각누계액	170,000
	이자비용	7,513[2]	복구충당부채	7,513
20x2년말	(차) 감가상각비	170,000	(대) 감가상각누계액	170,000
	이자비용	8,264[3]	복구충당부채	8,264
20x3년말	(차) 감가상각비	170,000	(대) 감가상각누계액	170,000
	이자비용	9,093[4]	(대) 복구충당부채	9,093
	(차) 복구충당부채	100,000	(대) 현금	120,000
	복구공사손실	20,000		
	(차) 현금	3,830	(대) 설비자산	515,130
	감가상각누계액	510,000		
	처분손실	1,300		

1) (515,130−5,130)÷3년=170,000
2) 75,130×10%=7,513
3) (75,130+7,513)×10%=8,264
4) (75,130+7,513+8,264)×10%=9,091

- 20x3년도 비용총액
170,000(감가상각비)+9,093(이자비용)+20,000(복구공사손실)+1,300(처분손실)=200,393〈근사치 : 200,391〉

정답 ④

Supplementary 107 차입원가 회계처리 일반사항 세무사기출

● 차입원가 회계처리에 관한 설명으로 옳지 않은 것은?

① 일반적인 목적으로 차입한 자금을 적격자산 취득에 사용하였다면 관련 차입원가를 자본화하되, 동 차입금과 관련하여 자본화기간 내에 발생한 일시적 투자수익을 자본화가능차입원가에서 차감한다.
② 일반적인 목적으로 차입한 자금의 자본화가능차입원가를 결정할 때, 적용되는 자본화이자율은 회계기간 동안 차입한 자금으로부터 발생된 차입원가를 가중평균하여 산정한다.
③ 적격자산과 관련하여 수취하는 정부보조금과 건설 등의 진행에 따라 수취하는 금액은 적격자산에 대한 지출액에서 차감한다.
④ 적격자산에 대한 적극적인 개발활동을 중단한 기간에는 차입원가의 자본화를 중단한다.
⑤ 적격자산을 의도된 용도로 사용하거나 판매가능한 상태에 이르게 하는 데 필요한 대부분의 활동이 완료된 시점에 차입원가의 자본화를 종료한다.

해설

• 일반차입금 : 일시투자수익 차감 없음 & 한도있음

정답 ①

Supplementary 108 한도를 초과하는 차입원가 자본화액 계산 관세사기출

● ㈜세관은 20x1년 3월 1일 사옥 건물을 착공하였다. 동 건물은 20x3년 9월 1일에 완공되었으며, 차입원가 자본화의 적격자산에 해당한다. 다음 자료를 이용하여 ㈜세관이 20x1년에 자본화할 차입원가를 계산하면 얼마인가?(단, 이자는 월할계산한다.)

• 20x1년 중에 사옥건설을 위한 연평균지출액은 ₩25,000,000이다.
• 특정차입금의 연평균차입액은 ₩8,000,000이고, 이와 관련된 차입원가 ₩450,000, 단기운용을 통한 이자수익 ₩130,000이 발생하였다.
• 일반차입금 현황은 다음과 같다.

차입금	차입일	차입금액	상환일	이자율
A	20x1.3.1	₩6,000,000	20x4.2.28	연 7%
B	20x1.9.1	₩9,000,000	20x3.8.31	연 10%

① ₩320,000　② ₩450,000　③ ₩650,000
④ ₩970,000　⑤ ₩1,100,000

해설

• 연평균지출액 : 25,000,000
• 자본화이자율 : $\frac{6,000,000 \times 7\% \times 10/12 + 9,000,000 \times 10\% \times 4/12 = 650,000}{6,000,000 \times 10/12 + 9,000,000 \times 4/12 = 8,000,000}$=8.125%
• 자본화차입원가 : ㉠+㉡=970,000
㉠ 특정 : 450,000-130,000=320,000
㉡ 일반 : (25,000,000-8,000,000)×8.125%=1,381,250 [한도] 650,000

정답 ④

Supplementary 109 투자부동산 해당여부[1] 감평사기출

● 투자부동산에 해당하지 않는 것은?

① 장기 시세차익을 얻기 위하여 보유하고 있는 토지(단, 통상적인 영업과정에서 단기간에 판매하기 위하여 보유하는 토지는 제외)
② 미래에 개발 후 자가사용할 부동산
③ 미래에 투자부동산으로 사용하기 위하여 건설 또는 개발중인 부동산
④ 직접 소유하고 운용리스로 제공하는 건물
⑤ 장래 용도를 결정하지 못한 채로 보유하고 있는 토지

해설

• 다음은 투자부동산의 예이다.

ⓐ 장기 시세차익을 얻기 위하여 보유하고 있는 토지(통상적인 영업과정에서 단기간에 판매하기 위하여 보유하는 토지는 제외한다.)
ⓑ 장래 용도를 결정하지 못한 채로 보유하고 있는 토지
ⓒ 직접 소유하고 운용리스로 제공하는 건물(또는 보유하는 건물에 관련되고 운용리스로 제공하는 사용권자산)
ⓓ 운용리스로 제공하기 위하여 보유하는 미사용 건물
ⓔ 미래에 투자부동산으로 사용하기 위하여 건설 또는 개발 중인 부동산

• 다음은 투자부동산이 아닌 항목의 예이다.

ⓐ 통상적인 영업과정에서 판매하기 위한 부동산이나 이를 위하여 건설 또는 개발 중인 부동산
ⓑ 자가사용부동산[미래에 자가사용하기 위한 부동산, 미래에 개발 후 자가사용할 부동산, 종업원이 사용하고 있는 부동산(종업원이 시장요율로 임차료를 지급하고 있는지는 관계없음), 처분 예정인 자가사용부동산을 포함한다.]
ⓒ 금융리스로 제공한 부동산

정답 ②

Supplementary 110 투자부동산 해당여부[2] 감평사기출

● 투자부동산에 해당되는 항목을 모두 고른 것은?

ㄱ. 장래 용도를 결정하지 못한 채로 보유하고 있는 토지
ㄴ. 직접 소유하고 운용리스로 제공하는 건물(또는 보유하는 건물에 관련되고 운용리스로 제공하는 사용권자산)
ㄷ. 통상적인 영업과정에서 판매하기 위한 부동산이나 이를 위하여 건설 또는 개발 중인 부동산
ㄹ. 자가사용부동산
ㅁ. 처분예정인 자가사용부동산
ㅂ. 금융리스로 제공한 부동산
ㅅ. 운용리스로 제공하기 위하여 보유하는 미사용 건물
ㅇ. 미래에 투자부동산으로 사용하기 위하여 건설 또는 개발 중인 부동산

① ㄱ, ㄴ, ㄹ ② ㄱ, ㄴ, ㅅ, ㅇ ③ ㄱ, ㄷ, ㅁ, ㅂ
④ ㄴ, ㄷ, ㅂ, ㅇ ⑤ ㄱ, ㄴ, ㄷ, ㅁ, ㅅ, ㅇ

해설

• ㄷ,ㄹ,ㅁ,ㅂ : 투자부동산이 아닌 항목의 예로 규정되어 있다.

정답 ②

Supplementary 111 투자부동산 공정가치모형 평가손익 세무사기출

● ㈜국세는 20x2년 1월 1일에 임대수익을 얻을 목적으로 건물A를 ₩150,000,000에 취득하였다. 건물A의 내용연수는 10년이고, 잔존가치는 없는 것으로 추정하였다. 20x2년 12월 31일 건물A의 공정가치는 ₩140,000,000이다. ㈜국세가 건물A에 대해 공정가치모형을 적용하는 경우 20x2년도에 평가손익으로 인식할 금액은 얼마인가?(단, ㈜국세는 통상적으로 건물을 정액법으로 감가상각한다.)

① ₩0 ② ₩5,000,000 평가이익 ③ ₩5,000,000 평가손실
④ ₩10,000,000 평가이익 ⑤ ₩10,000,000 평가손실

해설

• 공정가치모형은 감가상각비를 인식하지 않으므로 감가상각후 장부금액과 공정가치의 차액으로 계산해서는 안된다.
• 평가손익 : 140,000,000-150,000,000=△10,000,000(평가손실)

정답 ⑤

Supplementary 112 투자부동산 인식과 측정 세무사기출

● 투자부동산에 관한 설명으로 옳은 것은?

① 리스이용자가 사용권자산으로 보유하는 투자부동산의 최초원가는 리스총투자의 현재가치로 인식한다.
② 투자부동산을 공정가치로 측정해 온 경우라면 비교할만한 시장의 거래가 줄어들거나 시장가격 정보를 쉽게 얻을 수 없게 된다면, 원가모형을 적용하여 측정한다.
③ 투자부동산을 재개발하여 미래에도 투자부동산으로 사용하고자 하는 경우에도 재개발기간 동안 자가사용부동산으로 대체한다.
④ 건설중인 투자부동산의 공정가치가 신뢰성 있게 측정될 수 있다는 가정은 오직 최초 인식시점 이후에만 반박될 수 있다.
⑤ 취득한 투자부동산의 공정가치를 계속하여 신뢰성있게 결정하기가 어려울 것이라는 명백한 증거가 있는 경우에는 원가모형을 적용하고, 투자부동산의 잔존가치는 영(0)으로 한다.

해설

• ① 리스총투자(X) → 리스료(O)
② 계속하여 공정가치로 측정한다.
③ 재개발기간 동안에도 투자부동산으로 계속 분류한다.
④ 건설중인 투자부동산은 건설이 완료되면 공정가치는 신뢰성있게 측정할 수 있다고 가정한다. 건설중인 투자부동산의 공정가치가 신뢰성 있게 측정될 수 있다는 가정은 오직 최초 인식시점에만 반박될 수 있다.

정답 ⑤

Supplementary 113 무형자산 정의와 충족요건 세무사기출

● 무형자산의 정의 및 인식기준에 관한 설명으로 옳지 않은 것은?

① 무형자산을 최초로 인식할 때에는 원가로 측정한다.
② 무형자산의 미래 경제적 효익에 대한 통제능력은 일반적으로 법원에서 강제할 수 있는 법적 권리에서 나오나, 권리의 법적 집행가능성이 통제의 필요조건은 아니다.
③ 계약상 권리 또는 기타 법적 권리는 그러한 권리가 이전 가능하거나 또는 기업에서 분리가능한 경우 무형자산 정의의 식별가능성 조건을 충족한 것으로 본다.
④ 미래경제적 효익이 기업에 유입될 가능성은 무형자산의 내용연수 동안의 경제적 상황에 대한 경영자의 최선의 추정치를 반영하는 합리적이고 객관적인 가정에 근거하여 평가하여야 한다.
⑤ 무형자산으로부터의 미래경제적 효익은 제품의 매출, 용역수익, 원가절감 또는 자산의 사용에 따른 기타 효익의 형태로 발생할 수 있다.

해설

• 자산이 계약상 권리 또는 기타 법적 권리로부터 발생하는 경우에 식별가능성을 충족한다. 이 경우 그러한 권리가 이전 가능한지 여부 또는 기업이나 기타 권리와 의무에서 분리 가능한지 여부는 고려하지 아니한다.

정답 ③

Supplementary 114 무형자산의 인식 감평사기출

● 무형자산에 관한 설명으로 옳지 않은 것은?

① 무형자산을 최초로 인식할 때에는 공정가치로 측정한다.
② 최초에 비용으로 인식한 무형항목에 대한 지출은 그 이후에 무형자산의 원가로 인식할 수 없다.
③ 자산에서 발생하는 미래경제적효익이 기업에 유입될 가능성이 높고 자산의 원가를 신뢰성 있게 측정할 수 있을 때에만 무형자산을 인식한다.
④ 자산을 사용가능한 상태로 만드는데 직접적으로 발생하는 종업원 급여와 같은 직접 관련되는 원가는 무형자산의 원가에 포함한다.
⑤ 새로운 지역에서 또는 새로운 계층의 고객을 대상으로 사업을 수행하는데서 발생하는 원가 등은 무형자산 원가에 포함하지 않는다.

해설

• 무형자산을 최초로 인식할 때에는 원가로 측정한다.

정답 ①

Supplementary 115 무형자산 인식과 측정 세무사기출

● 무형자산의 인식 및 측정에 관한 설명으로 옳은 것은?

① 개별 취득하는 무형자산은 자산에서 발생하는 미래 경제적 효익이 기업에 유입될 가능성이 높다는 발생가능성 인식기준을 항상 충족하는 것으로 본다.

② 새로운 지역에서 또는 새로운 계층의 고객을 대상으로 사업을 수행하는 데서 발생하는 원가는 무형자산 원가에 포함한다.

③ 내부적으로 창출한 브랜드, 제호, 출판표제, 고객 목록은 개발하는 데 발생한 원가를 전체 사업과 구별할 수 없더라도 무형자산으로 인식한다.

④ 무형자산에 대한 대금지급기간이 일반적인 신용기간보다 긴 경우 무형자산의 원가는 실제 총지급액이 된다.

⑤ 새롭거나 개선된 재료, 장치, 제품, 공정, 시스템이나 용역에 대한 여러 가지 대체안을 최종 선택하는 활동은 개발활동의 예로서 해당 지출은 무형자산으로 인식한다.

해설

• ② 무형자산 취득원가에 포함하지 않는다. 즉, 사업과 구분하기 어려우므로 무형자산 원가에 포함하지 않고 비용으로 처리한다.
③ 무형자산으로 인식하지 아니한다. 즉, 사업을 전체적으로 개발하는데 발생한 원가와 구별할 수 없으므로 무형자산으로 인식하지 아니한다.
④ 무형자산에 대한 대금지급기간이 일반적인 신용기간보다 긴 경우 무형자산의 취득원가는 현금가격상당액이 된다. 현금가격상당액과 실제 총지급액과의 차액은 신용기간에 걸쳐 이자로 인식한다.('유형자산'과 동일함.)
⑤ 연구활동의 예이다. 즉, 해당 지출은 비용으로 인식한다.

정답 ①

Supplementary 116 무형자산의 인식과 상각 관세사기출

● 무형자산에 관한 설명으로 옳지 않은 것은?

① 내용연수가 비한정인 무형자산은 상각하지 아니한다.

② 내용연수가 유한한 무형자산의 상각대상금액은 내용연수동안 체계적인 방법으로 배분하여야 한다.

③ 무형자산의 종류로는 물리적 실체는 없지만 식별가능한 비화폐성자산과 사업결합으로 인해 발생하는 영업권이 있다.

④ 최초에 비용으로 인식한 무형항목에 대한 지출은 그 이후에 기업의 회계정책변경의 경우에 한하여 무형자산의 원가로 인식할 수 있다.

⑤ 개별 취득하는 무형자산과 사업결합으로 취득하는 무형자산은 인식 조건 중 미래경제적효익의 유입가능성은 항상 충족되는 것으로 본다.

해설

• 최초에 비용으로 인식한 무형항목에 대한 지출은 어떠한 경우에도 그 이후에 무형자산의 원가로 인식할 수 없다.

정답 ④

Supplementary 117 무형자산 상각방법과 잔존가치 세무사기출

● 내용연수가 유한한 무형자산과 유형자산의 감가상각에 대한 설명으로 옳지 않은 것은?

① 내용연수가 유한한 무형자산과 유형자산의 잔존가치는 해당자산의 장부금액보다 큰 금액으로 증가할 수 없다.
② 내용연수가 유한한 무형자산과 유형자산의 감가상각방법은 변경될 수 있으며, 이러한 변경은 회계추정의 변경으로 회계처리한다.
③ 내용연수가 유한한 무형자산과 유형자산의 감가상각방법에는 정액법, 체감잔액법 및 생산량비례법이 있다.
④ 내용연수가 유한한 무형자산과 유형자산의 감가상각방법은 자산의 미래경제적효익이 소비되는 형태를 반영한다.
⑤ 내용연수가 유한한 무형자산과 유형자산의 감가상각방법은 적어도 매 회계연도 말에 재검토한다.

해설

- 유형자산의 잔존가치는 해당 자산의 장부금액과 같거나 큰 금액으로 증가할 수도 있다.
- 내용연수가 유한한 무형자산의 잔존가치는 해당 자산의 장부금액과 같거나 큰 금액으로 증가할 수도 있다.

정답 ①

Supplementary 118 내부창출무형자산의 취득원가 세무사기출

● 내부적으로 창출된 무형자산의 취득원가에 포함되지 않는 것은?

① 법적권리를 등록하기 위한 수수료
② 무형자산의 창출에 사용된 특허권상각비
③ 무형자산의 창출을 위하여 발생한 종업원 급여
④ 연구결과를 최종선택, 응용하는 활동과 관련된 지출
⑤ 무형자산의 창출에 사용되었거나 소비된 재료원가, 용역원가

해설

- 연구결과나 기타 지식을 탐색, 평가, 최종 선택, 응용하는 활동은 연구활동의 예이다. 즉, 해당 지출은 비용으로 인식한다.

정답 ④

Supplementary 119 사채의 회계기간 중 조기상환 관세사기출

● ㈜관세는 20x1년 1월 1일에 액면 ₩10,000의 사채를 3년 만기, 표시이자율 8%(이자는 연말 후급)의 조건으로 ₩9,502에 발행하였다. 사채의 발행 당시 유효이자율은 10%였으며, 사채할인발행차금은 유효이자율법으로 상각한다. ㈜관세가 20x2년 7월 1일에 사채를 ₩9,687에 상환(미지급이자 제외)하였다면 조기상환에 따른 사채상환손익은 얼마인가?(단, 계산금액은 소수점 첫째자리에서 반올림하고, 단수차이로 인한 오차가 있으면 가장 근사치를 선택한다.)

① 사채상환이익 ₩136　② 사채상환손실 ₩48　③ 사채상환이익 ₩48
④ 사채상환손실 ₩40　⑤ 사채상환이익 ₩40

해설

- 20x1년말 장부금액 : 9,502+(9,502×10%−800)=9,652
- 상환시점 장부금액 : 9,652+(9,652×10%−800)×6/12=9,735
- 사채상환손익 : '고속철' 참조!

고속철

❒ 사채상환손익 빨리 구하기

•사채(장부가)−현금(미지급이자제외)= {(+)이면 상환이익 / (−)이면 상환손실}

→장부가(9,735)−미지급이자제외 현금(9,687)=48(이익)

정답 ③

Supplementary 120 이자지급일 사이의 사채발행 세무사기출

● ㈜국세는 아래와 같은 조건으로 사채를 발행하였다.

(1) 사채권면에 표시된 발행일은 20x1년 1월 1일이며, 실제발행일은 20x1년 8월 1일이다.
(2) 사채의 액면금액은 ₩3,000,000이며, 이자지급일은 매년 12월 31일이고 만기는 4년이다.
(3) 사채의 액면이자율은 연 6%이며, 동 사채에 적용되는 유효이자율은 연 12%이다.
(4) 사채권면에 표시된 발행일과 실제발행일 사이의 발생이자는 실제발행일의 사채 발행금액에 포함되어 있다.

위 사채의 회계처리에 관한 다음 설명 중 옳지 않은 것은? 단, 현가계수는 아래의 표를 이용한다.

기간	기간말 단일금액 ₩1의 현재가치		정상연금 ₩1의 현재가치	
	6%	12%	6%	12%
1	0.94340	0.89286	0.94340	0.89286
2	0.89000	0.79719	1.83340	1.69005
3	0.83962	0.71178	2.67302	2.40183
4	0.79209	0.63552	3.46511	3.03735

① 실제발행일의 순수 사채발행금액은 ₩2,520,013이다.
② 20x1년도에 상각되는 사채할인발행차금은 ₩122,664이다.
③ 20x1년 12월 31일 현재 사채할인발행차금 잔액은 ₩432,323이다.
④ 사채권면상 발행일과 실제발행일 사이의 액면발생이자는 ₩105,000이다.
⑤ 사채권면상 발행일과 실제발행일 사이의 사채가치의 증가분(경과이자 포함)은 ₩171,730이다.

해설

- 20x1년초 현재가치 : 180,000×3.03735+3,000,000×0.63552=2,453,283
- 사채권면의 발행일과 실제 발행일 사이의 유효이자 발생액(경과이자 포함 사채가치의 증가분) : 2,453,283×12%×7/12=171,730
  →액면이자 발생액 : 3,000,000×6%×7/12=105,000
- 사채구입가격(현금수령액) : 2,453,283+171,730=2,625,013
- 순수 사채발행금액 : 2,625,013-105,000=2,520,013
- 20x1년 회계처리

(차) 현금	2,625,013	(대) 사채	3,000,000
사채할인발행차금	479,987	미지급이자	105,000
(차) 미지급이자	105,000	(대) 현금	180,000
이자비용	122,664[1)]	사채할인발행차금	47,664[2)]

[1)] 2,453,283×12%×5/12=122,664
[2)] (2,453,283×12%-180,000)×5/12=47,664

- 20x1년에 상각되는 사채할인발행차금 : 47,664
- 20x1년말 현재 사채할인발행차금 잔액 : 479,987-47,664=432,323

정답 ②

Supplementary 121 충당부채 · 우발부채 · 우발자산 일반사항 세무사기출

● 충당부채, 우발부채 및 우발자산에 관한 설명으로 옳은 것은?

① 우발자산은 경제적효익의 유입가능성이 높아지더라도 공시하지 않는다.
② 손실부담계약을 체결하고 있는 경우에는 관련된 현재의무를 충당부채로 인식하지 않는다.
③ 충당부채를 현재가치로 평가하는 경우 적용될 할인율은 부채의 특유위험과 화폐의 시간가치에 대한 현행 시장의 평가를 반영한 세후 이율이다.
④ 충당부채와 관련하여 포괄손익계산서에 인식된 비용은 제3자의 변제와 관련하여 인식한 금액과 상계하여 표시할 수 있다.
⑤ 화폐의 시간가치 영향이 중요한 경우에도 충당부채는 현재가치로 평가하지 않는다.

해설

• ① 우발자산은 경제적 효익의 유입 가능성이 높은 경우 주석공시한다.
② 손실부담계약을 체결하고 있는 경우에는 관련된 현재의무를 충당부채로 인식하고 측정한다.
③ 세후 이율(X) → 세전 이율(O)
⑤ 화폐의 시간가치 영향이 중요한 경우에 충당부채는 의무를 이행하기 위하여 예상되는 지출액의 현재가치로 평가한다.

정답 ④

Supplementary 122 충당부채와 손실부담계약 세무사기출

● 미래의 예상 영업손실과 손실부담계약에 대한 설명으로 옳지 않은 것은?

① 미래의 예상 영업손실은 충당부채로 인식하지 아니한다.
② 손실부담계약은 계약상 의무의 이행에 필요한 회피 불가능 원가가 그 계약에서 받을 것으로 예상되는 경제적효익을 초과하는 계약이다.
③ 손실부담계약을 체결하고 있는 경우에는 관련된 현재의무를 충당부채로 인식하고 측정한다.
④ 손실부담계약에 대한 충당부채를 인식하기 전에 해당 손실부담계약을 이행하기 위하여 사용하는 자산에서 생긴 손상차손을 먼저 인식한다.
⑤ 손실부담계약의 경우 계약상 의무이행에 필요한 회피 불가능한 원가는 계약을 해지하기 위한 최소순원가로서 계약을 이행하기 위하여 필요한 원가와 계약을 이행하지 못하였을 때 지급하여야 할 보상금(또는 위약금) 중에서 큰 금액을 말한다.

해설

• 큰 금액(X) → 작은 금액(O)

보론 손실부담계약

의의	정의	• 계약상의 의무이행에서 발생하는 회피불가능한 원가가 그 계약에 의하여 받을 것으로 기대되는 경제적효익을 초과하는 당해계약을 말함.
	회피불가능원가	• 계약해지를 위한 최소순원가로서 다음 금액을 말함. ❐ Min {계약이행에 소요되는 원가, 계약미이행시 지급할 위약금(보상금)}
회계처리	• 손실부담계약을 체결하고 있는 경우, 관련된 현재의무를 충당부채로 인식하고 측정함. ➡충당부채 인식 전에 계약이행 위해 사용하는 자산에서 발생한 손상차손을 먼저 인식함.	

정답 ⑤

Supplementary 123 제품보증충당부채 세무사기출

● ㈜세무는 20x1년 중 신제품을 출시하면서 판매한 제품에 하자가 발생하는 경우 판매일로부터 1년간 무상으로 수리해주는 정책을 채택하였다. ㈜세무는 보증비용으로 매출액의 4%가 발생하는 것으로 추정하였으며 20x1년과 20x2년의 매출액과 실제 발생한 보증수리비용은 다음과 같다. 무상수리 보증이 ㈜세무의 20x2년도 당기손익에 미친 영향은 얼마인가?

회계연도	매출액	실제 발생한 보증수리비용	
		20x1년분	20x2년분
20x1년	₩400,000	₩6,000	-
20x2년	₩900,000	₩8,000	₩15,000

① ₩15,000 ② ₩19,000 ③ ₩21,000
④ ₩34,000 ⑤ ₩36,000

해설

• 20x1년말 제품보증충당부채 : 400,000×4%-6,000=10,000
• 20x2년 실제보증비 발생과 보고기간말 회계처리

구분	차변	금액	대변	금액
실제보증비 발생	(차) 제품보증충당부채	8,000	(대) 현금	23,000
	제품보증비	15,000		
보고기간말	(차) 제품보증충당부채	2,000	(대) 제품보증충당부채환입	2,000[1)]
	(차) 제품보증비	21,000	(대) 제품보증충당부채	21,000[2)]

[1)] 20x1년분 제품보증충당부채는 보증기간이 종료되었으므로 전액 환입한다.
[2)] 900,000×4%-15,000=21,000

∴2,000(제품보증충당부채환입)-36,000(제품보증비)=△34,000

참고 환입 23,000을 인식하지 않는 회계처리를 하는 경우 보증비 발생시에 충당부채를 10,000감소시키고, 제품보증비로 13,000을 계상해도 손익에 미치는 효과는 동일함!

구분	차변	금액	대변	금액
실제보증비 발생	(차) 제품보증충당부채	10,000	(대) 현금	23,000
	제품보증비	13,000		
보고기간말	(차) 제품보증비	21,000	(대) 제품보증충당부채	21,000

정답 ④

Supplementary 124 자본과 손익 관세사기출

● 다음 경영활동 중에서 20x1년도 포괄손익계산서의 당기순이익에 영향을 미치지 않는 것은?

① 20x1년 4월 1일에 주당 액면 ₩5,000인 보통주 200주를 주당 ₩7,000에 발행하였다.
② 20x1년 4월 2일에 단위당 ₩100에 매입한 상품 20개를 개당 ₩150에 판매하였다.
③ 20x1년 5월 1일에 장부금액이 ₩500,000인 창고에 화재가 발생하여 창고 전체가 불에 타버렸다. 회사는 이 건물에 대해 어떤 보험에도 가입되어 있지 않다.
④ 20x1년 1월 1일에 ₩1,000,000에 취득한 토지를 20x1년 4월 2일에 ₩900,000에 처분하였다.
⑤ 20x1년 2월 1일에 은행으로부터 ₩1,000,000을 3년 후에 상환하기로 하고 차입하였다. 이자는 연 10%이며, 매년 말에 지불한다.

해설

• 주식의 발행(유상증자)은 당기순이익에 영향을 미치지 않는다.

①	(차) 현금	1,400,000	(대) 자본금	1,000,000	→당기순이익 영향없음
			주식발행초과금	400,000	
②	(차) 현금	3,000	(대) 매출	3,000	→당기순이익 증가
	(차) 매출원가	2,000	(대) 상품	2,000	
③	(차) 재해손실(손상차손)	500,000	(대) 건물(장부가)	500,000	→당기순이익 감소
④	(차) 현금	900,000	(대) 토지	1,000,000	→당기순이익 감소
	유형자산처분손실	100,000			
⑤	(차) 이자비용	91,667[1)]	(대) 현금	91,667	→당기순이익 감소

1) 1,000,000×10%×11/12=91,667

정답 ①

Supplementary 125 비누적적 · 완전참가적 이익배당우선주 감평사기출

● ㈜감평은 20x1년부터 20x3년까지 배당가능이익의 부족으로 배당금을 지급하지 못하였으나, 20x4년도에는 영업의 호전으로 ₩220,000을 현금배당 할 계획이다. ㈜감평의 20x4년 12월 31일 발행주식수가 보통주 200주(주당 액면금액 ₩3,000, 배당률 4%)와 우선주 100주(비누적적, 완전참가적 우선주, 주당 액면금액 ₩2,000, 배당률 7%)인 경우, 보통주배당금으로 배분해야 할 금액은?

① ₩120,000 ② ₩136,500 ③ ₩140,000
④ ₩160,500 ⑤ ₩182,000

해설

• 보통주자본금 : 200주×3,000=600,000, 우선주자본금 : 100주×2,000=200,000
• 배당률에 따른 당기배당
㉠ 보통주배당금 : 600,000×4%=24,000
㉡ 우선주배당금 : 200,000×7%=14,000
→잔여배당가능금액 : 220,000-(24,000+14,000)=182,000
• 잔여배당가능금액 배당
㉠ 보통주배당금 : 182,000×600,000/800,000=136,500
㉡ 우선주배당금 : 182,000×200,000/800,000=45,500
∴배당금 총액
㉠ 보통주 : 24,000+136,500=160,500
㉡ 우선주 : 14,000+45,500=59,500 또는 220,000-160,500=59,500

정답 ④

Supplementary 126 누적적 · 비참가적 이익배당우선주 세무사기출

● ㈜대한은 20x1년초에 설립되었으며 설립 이후 자본금의 변동 및 배당금 지급은 없었다. ㈜대한의 보통주자본금과 우선주자본금의 내역은 다음과 같다.

· 보통주(주당 액면금액 ₩5,000)	₩10,000,000
· 누적적, 비참가적 우선주(배당률 3%, 주당액면금액 ₩5,000)	₩5,000,000

㈜대한이 20x3년 3월 2일 주주총회에서 ₩1,000,000의 현금배당을 최초로 결의하였다면, 보통주 주주에게 지급할 배당금은 얼마인가?

① ₩300,000 ② ₩450,000 ③ ₩550,000
④ ₩700,000 ⑤ ₩850,000

해설

- 배당률에 따른 우선주 과년도 누적배당 : 우선주배당금 : 5,000,000×3%=150,000
- 배당률에 따른 당기배당
  - ㉠ 보통주배당금 : 10,000,000×3%=300,000
  - ㉡ 우선주배당금 : 5,000,000×3%=150,000
  - →잔여배당가능금액 : 1,000,000−(150,000+300,000+150,000)=400,000
- 잔여배당가능금액 배당(비참가적 우선주이므로 모두 보통주에게 귀속됨) : 보통주배당금 : 400,000

∴배당금 총액
- ㉠ 보통주 : 300,000+400,000=700,000
- ㉡ 우선주 : 150,000+150,000=300,000 또는 1,000,000−700,000=300,000

정답 ④

Supplementary 127 누적적 · 완전참가적 이익배당우선주 감평사기출

● 다음은 20x1년초에 설립한 ㈜감평의 20x2년말 현재 자본금과 관련한 정보이다. 설립 이후 20x2년말까지 자본금과 관련한 변동은 없었다.

> · 보통주자본금 : ₩100,000 (액면금액 @₩500, 발행주식수 200주)
> · 우선주자본금 : ₩50,000 (액면금액 @₩500, 발행주식수 100주)

㈜감평은 20x1년도에 현금배당이나 주식배당을 하지 않았으며, 20x2년도에 ₩13,000의 현금 배당금 지급을 결의하였다. 우선주의 배당률은 5%이며 우선주가 누적적, 완전참가적이라면 우선주와 보통주에 대한 배당금은?

	우선주	보통주
①	₩3,000	₩10,000
②	₩5,000	₩8,000
③	₩6,000	₩7,000
④	₩6,500	₩6,500
⑤	₩8,000	₩5,000

해설

- 배당률에 따른 우선주 과년도 누적배당 : 우선주배당금 : 50,000×5%=2,500
- 배당률에 따른 당기배당
  - ㉠ 보통주배당금 : 100,000×5%=5,000
  - ㉡ 우선주배당금 : 50,000×5%=2,500
  - →잔여배당가능금액 : 13,000-(2,500+5,000+2,500)=3,000
- 잔여배당가능금액 배당
  - ㉠ 보통주배당금 : 3,000×100,000/150,000=2,000
  - ㉡ 우선주배당금 : 3,000×50,000/150,000=1,000

∴배당금 총액
- ㉠ 보통주 : 5,000+2,000=7,000
- ㉡ 우선주 : 2,500+2,500+1,000=6,000 또는 13,000-7,000=6,000

정답 ③

Supplementary 128 누적적 · 부분참가적 이익배당우선주 세무사기출

● 20x1년 1월 1일에 주식을 발행하고 영업을 개시한 ㈜국세의 20x3년 12월 31일 현재 재무상태표상 보통주자본금과 우선주자본금은 각각 ₩10,000,000과 ₩6,000,000이고, 그 동안 자본금의 변동은 없었다. 보통주 및 우선주의 주당 액면금액은 ₩5,000으로 동일하며, 우선주는 배당률 3%의 누적적 · 부분참가적(8%까지) 주식이다. 영업을 개시한 이래 한 번도 배당을 실시하지 않은 ㈜국세가 20x4년 1월에 총 ₩1,200,000의 현금배당을 선언하였다. 보통주와 우선주에 배분될 배당금은 각각 얼마인가?

	보통주	우선주
①	₩480,000	₩720,000
②	₩525,000	₩675,000
③	₩568,600	₩631,400
④	₩612,800	₩587,200
⑤	₩840,000	₩360,000

해설

• 배당률에 따른 우선주 과년도 누적배당 : 우선주배당금 : 6,000,000×3%×2년=360,000
• 배당률에 따른 당기배당
  ㉠ 보통주배당금 : 10,000,000×3%=300,000
  ㉡ 우선주배당금 : 6,000,000×3%=180,000
  →잔여배당가능금액 : 1,200,000−(360,000+300,000+180,000)=360,000
• 잔여배당가능금액 배당
  ㉠ 우선주배당금 : 6,000,000×(8%−3%)=300,000 →[한도] 360,000×6,000,000/16,000,000=135,000
  ㉡ 보통주배당금 : 360,000−135,000=225,000
∴배당금 총액
  ㉠ 보통주 : 300,000+225,000=525,000
  ㉡ 우선주 : 360,000+180,000+135,000=675,000 또는 1,200,000−525,000=675,000

정답 ②

Supplementary 129 자기주식거래와 자본총액 : 처분 관세사기출

● ㈜관세는 20x1년 2월에 자기주식 200주를 주당 ₩4,000에 취득하였고, 4월에 자기주식 50주를 주당 ₩5,000에 매도하였다. 20x1년 9월에는 보유하고 있던 자기주식 중 50주를 주당 ₩3,500에 매도하였다. 20x1년말 ㈜관세 주식의 주당 공정가치는 ₩5,000이다. 주어진 거래만 고려할 경우 ㈜관세의 20x1년 자본총액 변동은?(단, 자기주식은 원가법으로 회계처리하며, 20x1년 초 자기주식과 자기주식처분손익은 없다고 가정한다.)

① ₩325,000 감소 ② ₩375,000 감소 ③ ₩375,000 증가
④ ₩425,000 감소 ⑤ ₩425,000 증가

해설

- 자기주식은 시가(공정가치)평가가 배제된다.
- 자기주식거래 회계처리

일자	차변	금액	대변	금액
20x1년 2월	(차) 자기주식	800,000[1]	(대) 현금	800,000
20x1년 4월	(차) 현금	250,000[2]	(대) 자기주식 자기주식처분이익	200,000[3] 50,000
20x1년 9월	(차) 현금 자기주식처분이익	175,000[4] 25,000	(대) 자기주식	200,000[5]

[1] 200주×4,000=800,000
[2] 50주×5,000=250,000
[3] 50주×4,000=200,000
[4] 50주×3,500=175,000
[5] 50주×4,000=200,000

∴자본총액 변동 : −800,000+200,000+50,000+200,000−25,000=−375,000

❒ **자기주식거래 자본총액증감액 빨리 구하기**
- 자기주식거래에 의한 현금유출입액과 동일함.
  →증감액 : −800,000+250,000+175,000=−375,000

정답 ②

Supplementary 130 자기주식거래와 자본총액 : 소각 감평사기출

● ㈜감평은 20x1년초에 1주당 액면금액 ₩5,000인 보통주 140주를 액면발행하여 설립하였으며, 20x1년 말 이익잉여금이 ₩300,000이었다. 20x2년 중 발생한 자기주식 관련 거래는 다음과 같으며 그 외 거래는 없다. ㈜감평은 소각하는 자기주식의 원가를 선입선출법으로 측정하고 있다. 20x2년말 자본총계는?

- 3월 1일 자기주식 20주를 1주당 ₩4,900에 취득하였다.
- 3월 5일 자기주식 40주를 1주당 ₩5,300에 취득하였다.
- 4월 1일 자기주식 10주를 소각하였다.
- 4월 6일 자기주식 30주를 소각하였다.

① ₩390,000　② ₩690,000　③ ₩790,000
④ ₩840,000　⑤ ₩966,000

해설

• 자기주식거래 회계처리

3월 1일	(차) 자기주식	98,000[1)]	(대) 현금	98,000
3월 5일	(차) 자기주식	212,000[2)]	(대) 현금	212,000
4월 1일	(차) 자본금	50,000[3)]	(대) 자기주식	49,000[4)]
			감자차익	1,000
4월 6일	(차) 자본금	150,000[5)]	(대) 자기주식	155,000[6)]
	감자차익	1,000		
	감자차손	4,000		

[1)] 20주×4,900=98,000
[2)] 40주×5,300=212,000
[3)] 10주×5,000=50,000
[4)] 10주×4,900=49,000
[5)] 30주×5,000=150,000
[6)] 10주×4,900+20주×5,300=155,000

∴20x2년말 자본총액 : ㉠+㉡+㉢=690,000
㉠ 기초 자본총액 : 140주×5,000=700,000
㉡ 자기주식으로 인한 증감액 : −310,000〈이하 고속철 참조!〉
㉢ 이익잉여금 : 300,000

❐ 자기주식거래 자본총액증감액 빨리 구하기
•자기주식거래에 의한 현금유출입액과 동일함.
→증감액 : −98,000−212,000=−310,000

정답 ②

Supplementary 131 자기주식거래와 자본총액 : 처분 · 소각 · 증자 관세사기출

● 다음은 20x1년 중 발생한 ㈜관세의 자본거래내역이다. 다음 거래들이 ㈜관세의 20x1년도 결산일 자본총액에 미치는 영향은?

> ˴1월 20일 : 주당 액면금액 ₩400의 자기주식 200주를 주당 ₩800에 취득
> ˴2월 25일 : 위 주식 중 50주를 주당 ₩1,200에 매각
> ˴6월 20일 : 위 주식 중 나머지를 모두 소각
> ˴8월 15일 : 주당 액면금액 ₩400의 보통주 100주를 주당 ₩600에 발행
> ˴12월 31일 : 당기순이익 ₩48,000 보고

① ₩8,000 감소　② ₩4,000 감소　③ ₩0
④ ₩4,000 증가　⑤ ₩8,000 증가

해설

• 자기주식거래 회계처리

일자	차변	금액	대변	금액
1월 20일	(차) 자기주식	160,000[1]	(대) 현금	160,000
2월 25일	(차) 현금	60,000[2]	(대) 자기주식 자기주식처분이익	40,000[3] 20,000
6월 20일	(차) 자본금 감자차손	40,000[4] 80,000	(대) 자기주식	120,000[5]
8월 15일	(차) 현금	60,000[6]	(대) 자본금 주식발행초과금	40,000[7] 20,000

[1] 200주×800=160,000
[2] 50주×1,200=60,000
[3] 50주×800=40,000
[4] 150주×400=60,000
[5] 150주×800=120,000
[6] 100주×600=60,000
[7] 100주×400=40,000

∴자본총액에 미치는 영향 : ㉠+㉡=8,000(증가)
㉠ 자기주식 : −100,000〈이하 고속철 참조!〉
㉡ 기타거래 : (40,000+20,000)+48,000=108,000

고속철

❒ 자기주식거래 자본총액증감액 빨리 구하기
•자기주식거래에 의한 현금유출입액과 동일함.
→증감액 : −160,000+60,000=−100,000

정답 ⑤

제1편 재무회계 / 제2편 원가관리회계 / 합본부록 IFRS심화논제

Supplementary 132 자기주식 · FVOCI금융자산 거래와 자본증가액 세무사기출

● 보통주(주당 액면금액 ₩1,000)만을 발행하고 있는 ㈜국세의 20x1년도 회계기간 중 자본과 관련된 거래내역은 다음과 같다.

일자	거래내역
20x1년 3월 3일	• 자기주식 취득(100주, @₩1,300)
20x1년 8월 7일	• 자기주식 재발행(60주, @₩1,500) • 자기주식 소각(40주)
20x1년 8월 9일	• A기타포괄손익-공정가치측정금융자산 취득(150주, @₩1,000)
20x1년 12월 31일	• A기타포괄손익-공정가치측정금융자산 공정가치(150주, @₩1,300)

20x1년도 당기순이익이 ₩1,500,000이라면 ㈜국세의 20x1년 회계기간의 자본증가액은 얼마인가? (단, 위 자료 이외의 자본과 관련된 일체의 거래는 없었다. 또한 직전연도까지 자기주식 및 기타포괄손익-공정가치측정금융자산의 취득은 없었으며, 자기주식 취득은 정당한 것으로 가정한다.)

① ₩1,000,000 ② ₩1,057,000 ③ ₩1,415,000
④ ₩1,505,000 ⑤ ₩1,557,000

해설

• 일자별 회계처리

일자	차변	금액	대변	금액
3월 3일	(차) 자기주식	130,000[1)]	(대) 현금	130,000
8월 7일	(차) 현금	90,000[2)]	(대) 자기주식 자기주식처분이익	78,000[3)] 12,000
	(차) 자본금 감자차손	40,000[4)] 12,000	(대) 자기주식	52,000[5)]
8월 9일	(차) FVOCI금융자산	150,000[6)]	(대) 현금	150,000
12월 31일	(차) FVOCI금융자산	45,000	(대) FVOCI금융자산평가이익	45,000[7)]

[1)] 100주×1,300=130,000
[2)] 60주×1,500=90,000
[3)] 60주×1,300=78,000
[4)] 40주×1,000=40,000
[5)] 40주×1,300=52,000
[6)] 150주×1,000=150,000
[7)] 150주×(1,300-1,000)=45,000

∴자본증가액 : 1,500,000(당기순이익)+45,000(FVOCI금융자산평가이익)-40,000(이하 '고속철')=1,505,000

□ 자기주식거래 자본총액증감액 빨리 구하기
• 자기주식거래에 의한 현금유출입액과 동일함.
→증감액 : -130,000+90,000=-40,000

정답 ④

Supplementary 133 주식배당 · 무상증자 · 주식분할 · 주식병합 비교 관세사기출

● 주식배당, 무상증자, 주식분할, 주식병합 간의 비교로 옳지 않은 것은?

① 주식병합의 경우 발행주식수가 감소하지만 주식배당, 무상증자, 주식분할의 경우 발행주식수가 증가한다.
② 주식분할의 경우 주당액면금액이 감소하지만 주식배당, 무상증자의 경우 주당액면 금액이 변하지 않는다.
③ 주식배당, 무상증자, 주식분할의 경우 총자본은 변하지 않는다.
④ 주식배당, 무상증자, 주식분할의 경우 자본금이 증가한다.
⑤ 주식배당의 경우 이익잉여금이 감소하지만 주식분할의 경우 이익잉여금이 변하지 않는다.

해설

• 주식분할은 자본금이 불변이다.
• 종합비교
  - 주식배당 : 이익잉여금을 자본에 전입하고 주식교부
  - 무상증자 : 이익잉여금이나 자본잉여금을 자본에 전입하고 주식교부
  - 주식분할 : 예 1,000원의 주식 1주를 500원 주식 2주로 쪼개는 것
  - 주식병합 : 예 500원의 주식 2주를 1,000원 주식 1주로 합치는 것

구분	주식배당	무상증자	주식분할	주식병합
발행주식수	증가	증가	증가	감소
주당액면금액	불변	불변	감소	증가
총자본	불변	불변	불변	불변
자본금	증가	증가	불변	불변
자본잉여금	불변	감소가능	불변	불변
이익잉여금	감소	감소가능	불변	불변

정답 ④

Supplementary 134 차기이월미처분이익잉여금 계산 세무사기출

● 20x2년 2월 개최된 주주총회 결의일 직후 작성된 ㈜대경의 20x1년말 재무상태표상 자본은 다음과 같다.

、보통주 자본금	:	₩30,000,000
、이익준비금	:	₩1,000,000
、사업확장적립금	:	₩500,000
、감채기금적립금	:	₩600,000
、미처분이익잉여금	:	₩800,000

㈜대경의 20x2년도 당기순이익은 ₩1,200,000이고, 당기 이익잉여금 처분 예정은 다음과 같다.

、감채기금적립금 이입	:	₩300,000
、현금배당	:	₩400,000
、주식배당	:	₩100,000
、사업확장적립금 적립	:	₩250,000
、이익준비금 적립	:	법정 최소금액 적립

위 사항들이 20x3년 2월 개최된 주주총회에서 원안대로 승인되었다. 한국채택국제회계기준에 따라 20x2년도 이익잉여금처분계산서를 작성할 때 차기이월미처분이익잉여금은 얼마인가?

① ₩1,510,000 ② ₩1,550,000 ③ ₩1,610,000
④ ₩1,650,000 ⑤ ₩1,800,000

해설

- 800,00(전기이월) + 1,200,000(당기순이익) + 300,000(이입) − 400,000(현금배당) − 100,000(주식배당)−250,000(사업확장적립금적립) − 400,000x10%(이익준비금적립) = 1,510,000

정답 ①

Supplementary 135 AC금융자산의 이자지급일 사이의 취득 세무사기출

● ㈜세무는 ㈜대한이 발행한 다음과 같은 사채를 20x1년 4월 1일에 구입하여 상각후원가측정금융자산으로 분류하였다.

(1) 사채발행일 : 20x1년 1월 1일, 액면금액 : ₩500,000, 표시이자율 : 연 10%
(2) 이자지급일 : 6월 30일과 12월 31일(연 2회), 사채만기일 : 20x3년 12월 31일
(3) 현가계수는 다음과 같다.

할인율 / 기간	단일금액 ₩1의 현재가치		정상연금 ₩1의 현재가치	
	6%	12%	6%	12%
3	0.8396	0.7118	2.6730	2.4018
6	0.7050	0.5066	4.9173	4.1114

사채 취득시의 유효이자율이 연 12%인 경우 20x1년 6월 30일에 ㈜세무가 인식할 이자수익(A)과 금융자산의 장부금액(B)은 각각 얼마인가? 단, 각 보고기간말의 기대신용손실은 없다고 가정한다.

	(A)	(B)
①	₩12,333	₩492,408
②	₩14,708	₩491,263
③	₩14,708	₩489,656
④	₩14,263	₩482,959
⑤	₩14,263	₩478,959

해설

- 20x1년초 현재가치 : 500,000×0.7050+500,000×5%×4.9173=475,433
- 사채권면의 발행일과 실제발행일 사이의 유효이자 발생액 : 475,433×6%×3/6=14,263
- 사채권면의 발행일과 실제발행일 사이의 액면이자 발생액 : 500,000×5%×3/6=12,500
- 사채구입가격(현금수령액) : 475,433+14,263=489,696
- 회계처리

투자자				
20x1.04.01	(차) AC금융자산 미수이자	477,196 12,500	(대) 현금	489,696
20x1.06.30	(차) 현금 AC금융자산	25,000 1,763	(대) 미수이자 이자수익	12,500 14,263

→∴20x1.6.30 : 이자수익=14,263, 장부금액=477,196+1,763=478,959

비교 발행자				
20x1.04.01	(차) 현금 사채할인발행차금	489,696 22,804	(대) 사채 미지급이자	500,000 12,500
20x1.06.30	(차) 미지급이자 이자비용	12,500 28,526×3/6=14,263	(대) 현금 사채할인발행차금	25,000 1,763

정답 ⑤

Supplementary 136 FVOCI금융자산(채무상품) 신용위험 유의적 증가 세무사기출

● ㈜국세는 다음과 같은 조건으로 발행된 채무상품을 20x1년 7월 1일에 취득하여 기타포괄손익-공정가치측정금융자산으로 분류하였다.

액면금액 :	₩20,000,000	발행일 :	20x1년 1월 1일
표시이자율 :	연 5%	이자지급조건 :	매년 12월 31일 지급
만기일 :	20x3년 12월 31일	유효이자율 :	연 8%

동 금융자산의 20x1년 말 이자수취 후 공정가치는 ₩18,800,000이다. 20x1년말 현재 채무상품의 신용은 유의적으로 증가하였으며 12개월 기대신용손실은 ₩500,000, 전체기간 기대신용손실은 ₩900,000으로 추정되었다. ㈜국세가 20x1년말 인식해야 하는 금융자산평가손익은 얼마인가? 단, 현가계수는 아래의 표를 이용한다.

기간 \ 할인율	기간 말 단일금액 ₩1의 현재가치		정상연금 ₩1의 현재가치	
	5%	8%	5%	8%
1	0.95238	0.92593	0.95238	0.92593
2	0.90703	0.85734	1.85941	1.78327
3	0.86384	0.79383	2.72325	2.57710

① ₩129,996 평가이익
② ₩370,004 평가이익
③ ₩770,004 평가이익
④ ₩900,000 평가이익
⑤ ₩1,476,296 평가이익

해설

• 회계처리

20x1.07.01	(차) FVOCI금융자산	18,453,700[1]	(대) 현금	18,453,700
20x1.12.31	(차) 현금	1,000,000[3]	(대) 이자수익	1,476,296[2]
	FVOCI금융자산	476,296		
	(차) 평가손실	129,996	(대) FVOCI금융자산	129,996[4]
	(차) 손상차손	900,000	(대) 평가손실	900,000

[1] 20,000,000×0.79383+20,000,000×5%×2.57710=18,453,700
[2] 18,453,700×8%=1,476,296
[3] 20,000,000×5%=1,000,000
[4] 18,800,000−(18,453,700+476,296)=△129,996
∴금융자산평가손익 : 900,000−129,996=770,004(평가이익)

정답 ③

Supplementary 137 보고기간후사건과 재무제표 수정여부 세무사기출

● 재무제표에 인식된 금액을 수정할 필요가 없는 보고기간 후 사건의 예로 옳은 것은?

① 보고기간말에 존재하였던 현재의무가 보고기간 후에 소송사건의 확정에 의해 확인되는 경우
② 보고기간말에 이미 자산손상이 발생되었음을 나타내는 정보를 보고기간 후에 입수하는 경우나 이미 손상차손을 인식한 자산에 대하여 손상차손금액의 수정이 필요한 정보를 보고기간 후에 입수한 경우
③ 보고기간말 이전 사건의 결과로서 보고기간말에 종업원에게 지급하여야 할 법적 의무나 의제의무가 있는 이익분배나 상여금지급 금액을 보고기간 후에 확정하는 경우
④ 보고기간말과 재무제표 발행승인일 사이에 투자자산의 공정가치 하락이 중요하여 정보이용자의 의사결정에 영향을 줄 수 있는 경우
⑤ 보고기간말 이전에 구입한 자산의 취득원가나 매각한 자산의 대가를 보고기간 후에 결정하는 경우

해설

• 수정을 요하지 않는 보고기간후사건의 예로는 보고기간말과 재무제표 발행승인일 사이에 투자자산의 공정가치 하락을 들 수 있다. 공정가치의 하락은 일반적으로 보고기간말의 상황과 관련된 것이 아니라 보고기간 후에 발생한 상황이 반영된 것이다. 따라서 그 투자자산에 대해서 재무제표에 인식된 금액을 수정하지 아니한다. 마찬가지로, 추가로 공시해야 할 필요성이 있더라도 보고기간말의 투자자산에 대한 공시 금액을 수정하지는 아니한다.[K-IFRS 제1010호 문단 11]

정답 ④

Supplementary 138 액면상환조건인 경우 전환권대가 계산 관세사기출

● ㈜대한은 20x1년초에 만기 3년, 표시이자율 연 5%, 액면금액 ₩100,000의 전환사채(이자는 매년말 후급)를 상환할증금 없이 액면발행하였다. 이 전환사채의 발행시점에 ㈜대한이 인식할 자본요소(전환권)의 공정가치는 얼마인가?(단, ㈜대한은 전환사채 발행시점의 신용등급으로 만기 3년, 표시이자율 연 10%, 액면금액 ₩100,000의 일반사채를 액면금액으로 발행할 수 있다.)

기간	기간 말 ₩1의 현재가치		정상연금 ₩1의 현재가치	
	5%	10%	5%	10%
1	0.9524	0.9091	0.9524	0.9091
2	0.9070	0.8264	1.8594	1.7355
3	0.8638	0.7513	2.7232	2.4868

① ₩0　② ₩7,513　③ ₩8,638
④ ₩8,756　⑤ ₩12,436

해설

• 일반사채를 표시이자율 10%로 액면발행할 수 있으므로 일반사채의 유효이자율은 표시이자율과 동일한 10%가 된다.
• 현재가치 : 5,000×2.4868+100,000×0.7513=87,564
∴전환권대가(전환권가치) : 100,000−87,564=12,436

정답 ⑤

Supplementary 139 할증상환조건인 경우 전환사채 전환시 주식발행초과금 감평사기출

● ㈜감평은 20x1년초 액면금액 ₩1,000,000(액면이자율 연 4%, 매년 말 이자지급, 만기 3년)의 전환사채를 발행하였다. 사채 액면금액 ₩3,000당 보통주(액면금액 ₩1,000) 1주로 전환할 수 있는 권리가 부여되어 있다. 만약 만기일까지 전환권이 행사되지 않을 경우 추가로 ₩198,600의 상환할증금을 지급한다. 이 사채는 액면금액인 ₩1,000,000에 발행되었으며 전환권이 없었다면 ₩949,213에 발행되었을 것이다(유효이자율 연 12%). 사채발행일 후 1년 된 시점인 20x2년초에 액면금액의 60%에 해당하는 전환사채가 보통주로 전환되었다. 이러한 전환으로 인해 증가할 주식발행초과금은?(단, 전환사채 발행시 인식한 전환권대가 중 전환된 부분은 주식발행초과금으로 대체하며, 단수차이가 있으면 가장 근사치를 선택한다.)

① ₩413,871 ② ₩433,871 ③ ₩444,071
④ ₩444,343 ⑤ ₩464,658

해설

• 현재가치 : 949,213
• 전환권대가 : 1,000,000−949,213=50,787
• 전환권조정상각표

일자	유효이자(12%)	액면이자(4%)	상각액	장부금액
20x1년초				949,213
20x1년말	113,906	40,000	73,906	1,023,119

• 전환시 회계처리 : 이하 '고속철' 참조

❐ 전환사채 전환시(20x2년초) 회계처리

(차)	전환사채(장부가)	613,871[1]	(대)	자본금	200,000[3]
	전환권대가	30,472[2]		주식발행초과금	444,343

[1] 1,023,119×60%=613,871 [2] 50,787×60%=30,472 [3] 200주×1,000=200,000

정답 ④

Supplementary 140 할증상환조건인 경우 전환사채 전환시 자본증가액 감평사기출

● ㈜한국은 20x1년 1월 1일 만기 3년, 액면 ₩10,000의 전환사채를 액면발행하였다. 전환사채의 표시이자율은 연 7%이고 이자는 매년 말에 지급한다. 전환조건은 다음과 같다.

- 사채액면 ₩10당 1주의 보통주(액면가액 ₩5)로 전환
- 전환권이 행사되지 않은 부분에 대해서는 액면금액의 110%를 일시 상환

발행시점에 전환권이 부여되지 않은 동일한 조건의 일반사채 시장이자율은 연 11%이었다. 20x2년 1월 1일 사채 액면금액의 35%가 전환되었을 경우, 전환권 행사가 20x2년 1월 1일 ㈜한국의 재무상태표 상 자본총계에 미치는 영향은?(단, 이자율 11%의 3년에 대한 단일금액 ₩1의 현가계수와 정상연금 ₩1의 현가계수는 각각 0.7312와 2.4437이며, 단수차이로 인한 오차가 있으면 가장 근사치를 선택한다.)

① ₩86 증가 ② ₩1,750 증가 ③ ₩1,794 증가
④ ₩1,880 증가 ⑤ ₩3,544 증가

해설

- 현재가치 : 700×2.4437+11,000×0.7312=9,754
- 전환권대가 : 10,000-9,754=246
- 전환권조정상각표

일자	유효이자(11%)	액면이자(7%)	상각액	장부금액
20x1년초				9,754
20x1년말	1,073	700	373	10,127

- 전환시 회계처리 : 이하 '고속철' 참조

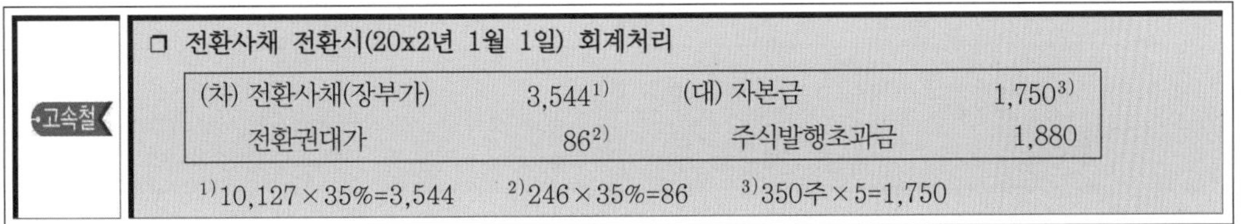

고속철

❒ 전환사채 전환시(20x2년 1월 1일) 회계처리

(차) 전환사채(장부가)	3,544[1]	(대) 자본금	1,750[3]
전환권대가	86[2]	주식발행초과금	1,880

[1]10,127×35%=3,544 [2]246×35%=86 [3]350주×5=1,750

∴자본총계에 미치는 영향 : 1,750(자본금)+1,880(주식발행초과금)-86(전환권대가)=3,544(증가)

정답 ⑤

Supplementary 141 전환사채 발행과 부채비율 세무사기출

● ㈜국세는 20x1년 1월 1일에 다음과 같은 조건의 전환사채를 액면발행하였다.

(1) 액면금액 : ₩1,000,000
(2) 만기 : 20x5년 12월 31일
(3) 이자 : 매년 12월 31일에 액면금액의 연 8%를 현금으로 지급
(4) 전환조건 : 전환사채발행시점부터 1개월 경과 후 만기시점까지 전환청구 가능. 전환가격은 사채 액면금액 ₩5,000당 보통주(주당액면 ₩5,000) 1주로 전환가능
(5) 전환사채를 중도에 전환하지 않고 만기까지 보유한 경우 사채 액면금액의 105%를 지급함.
(6) 전환사채발행시점의 유효이자율은 연 10%임.

동 전환사채 발행 직전 ㈜국세의 자산총액은 ₩10,000,000, 부채총액은 ₩6,000,000이었다. 동 전환사채 발행 직후 ㈜국세의 부채비율(부채÷자본)은 얼마인가? 단, 현가계수는 아래의 표를 이용한다. 부채비율은 소수점 셋째자리에서 반올림하며, 단수차이로 인한 오차가 있으면 가장 근사치를 선택한다.

기간	기간말 단일금액 ₩1의 현재가치		정상연금 ₩1의 현재가치	
	8%	10%	8%	10%
1	0.92593	0.90909	0.92593	0.90909
2	0.85734	0.82645	1.78327	1.73554
3	0.79383	0.75131	2.57710	2.48685
4	0.73503	0.68302	3.31213	3.16987
5	0.68058	0.62092	3.99271	3.79079

① 1.22 ② 1.48 ③ 1.50
④ 1.64 ⑤ 1.72

해설

- 발행직전 자본총액 : 10,000,000−6,000,000=4,000,000
- 현재가치 : 80,000×3.79079+1,050,000×0.62092=955,229
- 전환권대가 : 1,000,000−955,229=44,771
- 전환권조정 : 50,000+44,771=94,771
- 부채증가 : 955,229(현가=장부금액) →또는, 1,000,000−94,771+50,000=955,229
- 자본증가 : 44,771(전환권대가)
- 발행직후 부채비율 : $\frac{6,000,000+955,229}{4,000,000+44,771}$ ≒1.72

참고 회계처리

20x1.1.1	(차) 현금	1,000,000	(대) 전환사채	1,000,000
	(차) 전환권조정	94,771	(대) 전환권대가	44,771
			상환할증금	50,000

정답 ⑤

Supplementary 142 전환사채 회계처리 종합적용 세무사기출

● ㈜국세는 만기 3년, 액면금액이 ₩300,000인 전환사채를 20x1년 1월 1일에 액면발행하였다. 전환사채의 액면이자율은 연 8%, 유효이자율은 연 10%이고, 이자지급일은 매년 12월 31일이다. 동 전환사채는 20x2년 1월 1일부터 사채액면 ₩10,000당 보통주 1주(주당 액면금액 ₩5,000)로 전환이 가능하다. 20x3년 1월 1일 전환사채의 50%가 전환되었으며 나머지는 만기에 상환하였다. 동 전환사채의 회계처리에 대한 다음 설명 중 옳지 않은 것은? 단, 사채발행과 관련한 거래비용은 없으며, 현가계수는 아래 표를 이용한다. 또한 계산금액은 소수점 첫째자리에서 반올림하며, 이 경우 단수차이로 인해 약간의 오차가 있으면 가장 근사치를 선택한다.

기간	기간말 단일금액 ₩1의 현재가치		정상연금 ₩1의 현재가치	
	8%	10%	8%	10%
1	0.9259	0.9091	0.9259	0.9091
2	0.8573	0.8264	1.7833	1.7355
3	0.7938	0.7513	2.5771	2.4868

① 20x1년 1월 1일 전환사채와 관련하여 ㈜국세가 부채로 인식할 금액은 ₩285,073이다.
② ㈜국세가 전환사채와 관련하여 20x2년도에 인식할 이자비용은 ₩28,958이다.
③ 20x2년 12월 31일 ㈜국세의 재무상태표상 자본계정(전환권대가)은 ₩5,462이다.
④ 20x3년 1월 1일 전환사채의 전환으로 인해 ㈜국세의 자본증가액은 ₩147,269이다.
⑤ ㈜국세가 전환사채와 관련하여 20x3년도에 인식할 이자비용은 ₩14,731이다.

해설

- 현재가치 : 24,000×2.4868+300,000×0.7513=285,073
- 전환권대가(전환권조정) : 300,000−285,073=14,927
- 전환권조정상각표

일자	유효이자(10%)	액면이자(8%)	상각액	장부금액
20x1년초				285,073
20x1년말	28,507	24,000	4,507	289,580
20x2년말	28,958	24,000	4,958	294,538
20x3년말	29,462(단수조정)	24,000	5,462	300,000

- ① 20x1년초 부채 : 300,000(전환사채)−14,927(전환권조정)=285,073
  ② 20x2년도 이자비용 : 28,958(상각표)
  ③ 20x2년말 전환권대가 : 14,927(20x3년초 전환 전까지는 변동없음)
  ④ 20x3년초 전환시 회계처리는 다음과 같다.

(차) 전환사채	150,000	(대) 전환권조정	2,731[1)]
전환권대가	7,464[2)]	자본금	75,000[3)]
		주식발행초과금	79,733

[1)]5,462×50%=2,731 [2)]14,927×50%=7,464 [3)]15주×5,000=75,000
→전환시 자본증가액 : 75,000+79,733−7,464=147,269
⑤ 20x3년도 이자비용 : 29,462(상각표)×50%=14,731

정답 ③

Supplementary 143 확정급여제도와 기타포괄손익에의 영향 감평사기출

● ㈜감평의 20x2년 퇴직급여 관련 정보가 다음과 같을 때 이로 인해 20x2년도 기타포괄손익에 미치는 영향은?(단, 기여금의 출연과 퇴직금의 지급은 연도 말에 발생하였다고 가정한다.)

• 기초 확정급여채무 현재가치	₩24,000
• 기초 사외적립자산 공정가치	₩20,000
• 당기근무원가	₩3,600
• 기여금 출연	₩4,200
• 퇴직금 지급	₩2,300
• 기말 확정급여채무 현재가치	₩25,000
• 기말 사외적립자산 공정가치	₩22,000
• 확정급여채무 계산시 적용할 할인율	연 5%

① ₩1,500 감소 ② ₩900 감소 ③ ₩0
④ ₩600 증가 ⑤ ₩2,400 증가

해설

• 회계처리

[20x2년말 퇴직급여지급]

(차) 확정급여채무	2,300	(대) 사외적립자산	2,300

[20x2년말 기여금적립]

(차) 사외적립자산	4,200	(대) 현금	4,200

[20x2년말 결산일]

(차) 퇴직급여(이자원가)	1,200[1]	(대) 확정급여채무	1,200
(차) 퇴직급여(근무원가)	3,600	(대) 확정급여채무	3,600
(차) 확정급여채무	1,500	(대) 재측정이익	1,500[2]
(차) 사외적립자산	1,000	(대) 퇴직급여(이자수익)	1,000[3]
(차) 재측정손실	900[4]	(대) 사외적립자산	900

[1] 24,000×5%−2,300×5%×0/12=1,200

[2] 25,000−(24,000−2,300+1,200+3,600)=△1,500(이익)

[3] 20,000×5%−2,300×5%×0/12+4,200×5%×0/12=1,000

[4] 22,000−(20,000−2,300+4,200+1,000)=△900(손실)

∴기타포괄이익에 영향(재측정손익) : 1,500(재측정이익)−900(재측정손실)=600(증가)

정답 ④

Supplementary 144 주식결제형 주식기준보상 보상원가 측정과 인식 관세사기출

● ㈜관세의 주식기준보상에 관한 자료는 다음과 같다. 다음 설명 중 옳지 않은 것은?

> ㈜관세는 20x1년 1월 1일 영업부서에 근무하는 종업원 50명에게 각각 10개의 주식선택권(개당 ₩1,000에 ㈜관세의 주식 1주를 취득할 수 있는 권리)을 부여하고, 2년의 용역제공조건을 부과하였다. 20x1년 1월 1일 현재 주식선택권의 개당 공정가치는 ₩500으로 추정되었다. 또한 ㈜관세는 20x1년말에 가득기간 동안 종업원 중 10%가 퇴사할 것으로 추정하였다.

① 주식기준보상의 측정기준일은 20x3년 1월 1일이다.
② 주식기준보상의 가득기간은 20x1년 1월 1일부터 20x2년 12월 31일까지이다.
③ 주식기준보상거래와 관련하여 ㈜관세가 인식할 20x1년도 주식보상비용은 ₩112,500이다.
④ 주식기준보상의 부여일은 20x1년 1월 1일이다.
⑤ 주식기준보상거래의 유형 중 주식결제형 주식기준보상거래에 해당한다.

해설

- ① 측정기준일은 부여일인 20x1년 1월 1일이다.
  ③ 20x1년 주식보상비용 : (10개×50명×90%)×500×1/2=112,500

정답 ①

Supplementary 145 주식결제형 주식기준보상 주식보상비용[1] 감평사기출

● ㈜감평은 20x1년 1월 1일에 종업원 100명에게 각각 10개의 주식선택권을 부여하고 4년의 용역제공조건을 부과하였다. 부여시점의 주식선택권 공정가치는 개당 ₩10이다. ㈜감평은 종업원 중 20명이 부여일로부터 4년 이내에 퇴사하여 주식선택권을 상실할 것으로 추정하였으나 20x1년말까지 실제로 퇴사한 종업원은 없었다. 20x2년말에는 가득기간 동안 30명이 퇴사할 것으로 추정을 변경하였으며 20x2년말까지 실제 퇴사한 종업원은 없었다. 주식선택권의 부여와 관련하여 20x2년도에 인식할 보상비용은?

① ₩1,000　② ₩1,500　③ ₩1,750
④ ₩2,000　⑤ ₩2,500

해설

- 20x1년 주식보상비용 : 10개×(100명−20명)×10×1/4=2,000
- 20x2년 주식보상비용 : 10개×(100명−30명)×10×2/4−2,000=1,500

정답 ②

Supplementary 146 주식결제형 주식기준보상 주식보상비용[2] 감평사기출

● ㈜서울은 20x1년 1월 1일에 영업사원 200명에게 각각 주식선택권 100개를 부여하였다. 각 주식선택권은 종업원이 앞으로 4년간 근무할 것을 조건으로 한다. 부여일 현재 주식선택권의 단위당 공정가치는 ₩5,000으로 추정되었다. ㈜서울은 종업원 중 30%가 4년 이내에 퇴사하여 주식선택권을 상실할 것으로 추정하였고, 실제로 20x1년과 20x2년에 각각 15명이 퇴사하였다. 동 주식선택권과 관련하여 ㈜서울의 20x2년 포괄손익계산서상 당기손익에 반영될 주식보상비용은?

① ₩12,500,000　② ₩15,500,000　③ ₩17,500,000
④ ₩19,500,000　⑤ ₩21,500,000

해설

- 20x1년 주식보상비용 : (100개×200명×70%)×5,000×1/4=17,500,000
- 20x2년 주식보상비용 : (100개×200명×70%)×5,000×2/4−17,500,000=17,500,000

정답 ③

Supplementary 147 주식결제형 주식기준보상 주식보상비용[3] 세무사기출

● ㈜한국은 20x1년초 50명의 종업원에게 2년 용역제공조건의 주식선택권을 각각 200개씩 부여하였다. 부여일 현재 주식선택권의 단위당 공정가치는 ₩2,000으로 추정되었으며, 10%의 종업원이 2년 이내에 퇴사하여 주식선택권을 상실할 것으로 예상하였다. 20x1년 중 4명이 퇴사하였으며, 20x1년 말에 ㈜한국은 20x2년말까지 추가로 퇴사할 것으로 추정되는 종업원의 수를 2명으로 변경하였다. 20x2년 중 실제로 3명이 퇴사하였다. 따라서 20x2년말 현재 주식선택권을 상실한 종업원은 총 7명이 되었으며, 총 43명의 종업원에 대한 주식선택권(8,600개)이 가득되었다. 동 주식선택권과 관련하여 20x1년도와 20x2년도에 인식할 당기비용은?(단, 주식기준보상거래에서 종업원으로부터 제공받은 용역은 자산의 인식요건을 충족하지 못하였다.)

	20x1년	20x2년
①	₩8,600,000	₩8,800,000
②	₩8,600,000	₩9,000,000
③	₩8,800,000	₩8,400,000
④	₩8,800,000	₩8,600,000
⑤	₩9,000,000	₩8,400,000

해설

- 20x1년 주식보상비용 : 200개×(50명−6명)×2,000×1/2=8,800,000
- 20x2년 주식보상비용 : 200개×(50명−7명)×2,000×2/2−8,800,000=8,400,000

정답 ③

Supplementary 148 주식결제형 주식기준보상 비시장성과조건 관세사기출

● ㈜관세는 20x1년초 최고경영자 갑에게 주식선택권(개당 ₩1,000에 ㈜관세의 보통주 1주를 취득할 수 있는 권리)을 부여하고, 2년의 용역제공조건과 동시에 제품의 판매증가율과 연관된 성과조건을 다음과 같이 부과하였다. 20x1년초 현재 주식선택권의 개당 공정가치는 ₩600으로 추정되었다.

2년 평균 판매증가율	용역제공조건 경과 후 가득되는 주식선택권 수량
10% 미만	없음
10% 이상 ~ 20% 미만	100개
20% 이상	300개

20x1년초 제품의 2년 평균 판매증가율은 12%로 추정되었으며, 실제로 20x1년 판매증가율은 12%이다. 따라서 ㈜관세는 갑이 주식선택권 100개를 가득할 것으로 예상하고 20x1년의 주식보상비용을 인식하였다. 하지만 20x2년 ㈜관세의 2년 평균 판매증가율은 22%가 되어 20x2년말 갑은 주식선택권 300개를 가득하였다. ㈜관세가 주식선택권과 관련하여 20x2년 포괄손익계산서에 인식할 주식보상비용은?

① ₩30,000 ② ₩60,000 ③ ₩90,000
④ ₩150,000 ⑤ ₩180,000

해설

- 20x1년 주식보상비용 : 100개×600×1/2=30,000
- 20x2년 주식보상비용 : 300개×600×2/2-30,000=150,000

정답 ④

Supplementary 149 리스이용자 1차연도 이자비용과 감가상각비 세무사기출

● ㈜대한리스는 20x1년 1월 1일에 자동차를 ₩1,247,690(내용연수 5년, 잔존가치 ₩500,000)에 구입하여, 구입 즉시 ㈜민국에 5년간 임대하는 리스계약(매년 말에 ₩300,000씩 5회 리스료 지급)을 체결하였다. 이 리스계약을 체결하기 위한 ㈜대한리스의 리스개설직접원가는 ₩200,000이고, ㈜민국의 리스개설직접원가는 ₩300,000이다. ㈜민국은 리스종료일에 ₩100,000의 잔존가치를 보증하며 이 금액을 지급할 것으로 예상된다. ㈜민국이 리스와 관련하여 20x1년도에 인식할 이자비용과 감가상각비의 합계는? 단, 감가상각은 정액법을 적용한다. ㈜민국은 ㈜대한리스의 내재이자율 10%를 알고 있으며, 할인율 10%의 5년 단일금액 현가계수는 0.6209이고, 5년 정상연금 현가계수는 3.7908이다. 단수차이로 인한 오차가 있으면 가장 근사치를 선택한다.

① ₩262,694 ② ₩319,635 ③ ₩324,673
④ ₩399,799 ⑤ ₩404,635

해설

- 20x1년초 리스부채 : 300,000×3.7908+100,000×0.6209=1,199,330
- 20x1년초 사용권자산 : 1,199,330+300,000=1,499,330
- 20x1년말 이자비용 : 1,199,330×10%=119,933
- 20x1년말 감가상각비 : (1,499,330−100,000)÷Min[5년,5년]=279,866

∴119,933+279,866=399,799

정답 ④

Supplementary 150 리스이용자 2차연도 이자비용과 감가상각비 세무사기출

● ㈜국세는 20x1년 1월 1일 ㈜대한리스로부터 공정가치 ₩2,000,000의 영업용차량을 5년간 리스하기로 하고, 매년 말 리스료로 ₩428,500씩 지급하기로 하였다. 동 차량은 원가모형을 적용하고 내용연수는 7년이며 정액법으로 감가상각한다. 리스기간 종료시 동 차량은 ㈜대한리스에 반환하는 조건이며, 보증잔존가치는 ₩300,000으로 전액 지급할 것으로 예상된다. 내용연수 종료시 추정잔존가치는 ₩400,000이다. ㈜국세는 ㈜대한리스의 내재이자율 10%를 알고 있으며, 운용리스에 해당한다. ㈜국세가 20x2년도 포괄손익계산서에 리스와 관련하여 인식할 비용은 얼마인가? 단, 현가계수는 아래 표를 이용한다. 또한 계산금액은 소수점 첫째자리에서 반올림하며, 단수차이로 인한 오차가 있으면 가장 근사치를 선택한다.

기간	기간말 단일금액 ₩1의 현재가치	정상연금 ₩1의 현재가치
	10%	10%
1	0.9091	0.9091
2	0.8264	1.7355
3	0.7513	2.4868
4	0.6830	3.1698
5	0.6209	3.7908
6	0.5645	4.3553
7	0.5132	4.8685

① ₩428,500 ② ₩458,445 ③ ₩483,189
④ ₩518,445 ⑤ ₩574,307

해설

- 20x1년초 리스부채 : 428,500×3.7908+300,000×0.6209=1,810,628
- 20x1년초 사용권자산 : 1,810,628
- 20x1년 비용
  - 이자비용 : 1,810,628×10%=181,063
  - 감가상각비 : (1,810,628−300,000)÷Min[5년, 7년]=302,126
- 20x2년 비용
  - 이자비용 : [1,810,628−(428,500−181,063)]×10%=156,319
  - 감가상각비 : (1,810,628−300,000)÷Min[5년, 7년]=302,126

∴20x2년 비용 : 156,319+302,126=458,445

정답 ②

Supplementary 151 보증잔존가치 추정 세무사기출

● ㈜세무리스는 20x1년 1월 1일에 ㈜한국과 해지불능 금융리스계약을 체결하였다. 관련 자료는 다음과 같다.

> (1) 리스자산 : 내용연수 5년, 잔존가치 ₩100,000, 정액법 감가상각
> (2) 리스기간 : 리스개시일(20x1년 1월 1일)부터 5년
> (3) 연간리스료 : 매년 12월 31일 지급
> (4) 리스개설직접원가 : ㈜세무리스와 ㈜한국 모두 없음.
> (5) 내재이자율 : 연 10%, ㈜한국은 ㈜세무리스의 내재이자율을 알고 있음.
> (6) ㈜세무리스는 리스개시일에 리스채권으로 ₩19,016,090(리스개시일의 리스자산 공정가치와 동일)을 인식함.
> (7) ㈜한국은 리스개시일에 사용권자산으로 ₩18,991,254를 인식함.
> (8) 특약사항 : 리스기간 종료시 반환조건이며, ㈜한국은 리스종료일의 예상 잔존가치 ₩100,000 중 일부를 보증함.

보증잔존가치를 전액 지급할 것으로 예상될 경우 ㈜한국이 동 리스와 관련하여 보증한 잔존가치는? 단, 기간 5년, 할인율 연 10%일 때, 단위금액 ₩1의 현재가치 계수는 0.6209, 정상연금 ₩1의 현재가치 계수는 3.7908이다. 단수차이로 인한 오차는 가장 근사치를 선택한다.

① ₩18,955　② ₩40,000　③ ₩60,000
④ ₩81,045　⑤ ₩100,000

해설

- 리스채권 : 리스료현가+무보증잔존가치현가=19,016,090
- 사용권자산(=리스부채) : 리스료현가=18,991,254
- 무보증잔존가치현가 : 19,016,090−18,991,254=24,836
- 보증잔존가치를 x라하면, 무보증잔존가치는 100,000−x
  →$(100,000-x)\times0.6209=24,836$
  →$\therefore x=60,000$

정답 ③

제1편 재무회계 / 제2편 원가관리회계 / 합본부록 IFRS심화논제

Supplementary 152 가산할 일시적차이 법인세효과 관세사기출

● ㈜관세의 법인세와 관련된 자료가 다음과 같을 때, 20x1년말 이연법인세자산(또는 이연법인세부채)은 얼마인가?(단, 20x1년초에는 이연법인세자산과 이연법인세부채가 존재하지 않았다.)

- 20x1년도 법인세비용차감전순이익은 ₩10,000이다.
- 세무조정 결과 회계이익과 과세소득의 차이로 인한 가산할 일시적차이가 ₩5,000이다.
- 법인세율은 30%이다.

① 이연법인세자산 ₩1,500 ② 이연법인세자산 ₩3,000 ③ 이연법인세자산 ₩4,500
④ 이연법인세부채 ₩1,500 ⑤ 이연법인세부채 ₩3,000

해설

- 20x1년말 이연법인세자산·부채
  - 미지급법인세 : (10,000−5,000)×30%=15,000
  - 이연법인세부채 : 5,000×30%=1,500

정답 ④

Supplementary 153 FVPL금융자산평가손익 법인세효과 감평사기출

● ㈜감평의 20x1년 법인세와 관련된 자료가 다음과 같을 때, 법인세비용, 이연법인세자산, 이연법인세부채는 각각 얼마인가?

㈜감평은 20x1년 2월 5일에 설립되었다. 20x1년 법인세차감전순이익은 ₩10,000,000이며, 여기에는 당기손익-공정가치측정금융자산평가손실(차감할 일시적차이) ₩100,000이 포함되어 있다. 법인세율은 20% 단일세율이며, 그 외 세무조정사항은 없다.(단, 법인세율은 일정하고 법인세비용차감전순이익은 미래에도 지속되는 것으로 가정한다.)

	법인세비용	이연법인세자산	이연법인세부채
①	₩2,000,000	₩20,000	₩0
②	₩2,000,000	₩0	₩20,000
③	₩2,020,000	₩20,000	₩20,000
④	₩2,020,000	₩20,000	₩0
⑤	₩2,020,000	₩0	₩20,000

해설

- 20x1년말 이연법인세자산·부채
  - 세무조정 : 손금불산입 100,000(유보)
  - 미지급법인세 : (10,000,000+100,000)×20%=2,020,000
  - 이연법인세자산 : 100,000×20%=20,000
- 회계처리

(차) 법인세비용(?) 2,000,000 (대) 미지급법인세 2,020,000
이연법인세자산 20,000

정답 ①

Supplementary 154 감가상각비 법인세효과 감평사기출

● 다음은 20x1년초 설립한 ㈜감평의 20x1년도 법인세와 관련된 내용이다. 20x1년도에 인식할 법인세비용은?

20x1년 과세소득 산출내역	
법인세비용차감전순이익	₩1,000,000
세무조정항목 :	
감가상각비 한도초과액	₩250,000
접대비한도초과액	₩50,000
과세소득	₩1,300,000

• 감가상각비 한도초과액은 20x2년에 전액 소멸한다.
• 차감할 일시적차이가 사용될 수 있는 미래 과세소득의 발생가능성은 높다.
• 연도별 법인세율은 20%로 일정하다.

① ₩200,000 ② ₩210,000 ③ ₩260,000
④ ₩310,000 ⑤ ₩320,000

해설

• 20x1년말 이연법인세자산·부채
  – 세무조정 : 손금불산입 250,000(유보), 손금불산입 50,000(기타사외유출)
  – 미지급법인세 : 1,300,000×20%=260,000
  – 이연법인세자산 : 250,000×20%=50,000

• 회계처리

(차) 법인세비용(?)	210,000	(대) 미지급법인세	260,000
이연법인세자산	50,000		

정답 ②

Supplementary 155 선수수익 법인세효과 세무사기출

● ㈜이연은 창업연도인 20x1년 7월 1일에 건물을 임대하고 3년분 ₩150,000의 임대료를 선불로 받았다. 세법상 임대소득의 귀속시기를 현금주의로 한다고 가정하고, 20x1년 12월 31일 재무상태표에 계상될 이연법인세자산 또는 부채는 얼마인가?(그 밖의 일시적 차이는 없고, 세율은 20x1년까지는 30%이었으나 20x1년 중 법인세법 개정으로 20x2년은 25%, 20x3년과 그 이후연도는 20%이다.)

① 이연법인세자산 ₩37,500 ② 이연법인세부채 ₩37,500 ③ 이연법인세자산 ₩27,500
④ 이연법인세부채 ₩27,500 ⑤ 이연법인세자산 ₩31,250

해설

• 세무조정 : 익금산입 $150,000\times\frac{30}{36}$=125,000(유보)
• 이연법인세자산 : 150,000×12/36×25%+150,000×18/36×20%=27,500

정답 ③

Supplementary 156 회계변경과 오류 일반사항 감평사기출

● 회계정책, 회계추정의 변경 및 오류에 관한 설명으로 옳은 것은?

① 측정기준의 변경은 회계정책의 변경이 아니라 회계추정의 변경에 해당한다.
② 회계추정의 변경효과를 전진적으로 인식하는 것은 추정의 변경을 그것이 발생한 시점 이후부터 거래, 기타 사건 및 상황에 적용하는 것을 말한다.
③ 과거에 발생한 거래와 실질이 다른 거래, 기타 사건 또는 상황에 대하여 다른 회계정책을 적용하는 경우에도 회계정책의 변경에 해당한다.
④ 과거기간의 금액을 수정하는 경우 과거기간에 인식, 측정, 공시된 금액을 추정함에 있어 사후에 인지된 사실을 이용할 수 있다.
⑤ 회계정책의 변경과 회계추정의 변경을 구분하는 것이 어려운 경우에는 이를 회계정책의 변경으로 본다.

해설

• ① 측정기준의 변경은 회계정책의 변경에 해당한다.
③ 회계정책의 변경에 해당한다.(X) → 회계정책의 변경에 해당하지 아니한다.(O)
④ 이하 보론 참조!
⑤ 회계정책의 변경과 회계추정의 변경을 구분하는 것이 어려운 경우에는 이를 회계추정의 변경으로 본다.

보론	K-IFRS 제1008호 회계정책,회계추정의 변경 및 오류 문단 53

❒ 새로운 회계정책을 과거기간에 적용하거나 과거기간의 금액을 수정하는 경우에 과거기간에 존재했던 경영진의 의도에 대한 가정이나 과거기간에 인식, 측정, 공시된 금액의 추정에 사후에 인지된 사실을 이용할 수 없다. 예를 들면, '종업원급여'에 따라 종업원의 누적미사용병가와 관련된 부채에 대한 과거기간의 계산 오류를 수정하는 경우에 그 과거기간의 다음 회계기간에 이례적으로 심각한 독감과 관련된 정보를 그 과거기간의 재무제표 발행승인일 후에 이용할 수 있게 되었다면, 이러한 정보는 계산오류를 수정할 때 고려하지 않는다.

정답 ②

Supplementary 157 재고자산단가결정방법의 회계변경과 순이익 관세사기출

● ㈜관세는 20x3년부터 재고자산 단가결정방법을 총평균법에서 선입선출법으로 변경하였다. 이러한 변경은 자발적 회계정책변경에 해당하며 정당한 회계변경이다. 관련 자료는 다음과 같다.

구분	20x1년	20x2년
기말재고자산 : 선입선출법 총평균법	 ₩4,800 ₩4,500	 ₩5,600 ₩5,000
당기순이익(총평균법)	₩20,000	₩25,000

20x2년과 20x3년을 비교하는 형식으로 포괄손익계산서를 작성할 경우 ㈜관세의 20x2년도 당기순이익은?(단, 회계정책변경의 소급효과를 모두 결정할 수 있다고 가정한다.)

① ₩24,100 ② ₩24,700 ③ ₩25,300
④ ₩25,900 ⑤ ₩26,100

해설

• 선입선출법과 비교한 총평균법 이익 분석

	20x1년	20x2년
20x1년 기말과소	이익 300↓	이익 300↑
20x2년 기말과소		이익 600↓
20x3년 기말과대		
	이익 300↓	이익 300↓

• 총평균법에 의한 20x2년 이익이 300 과소계상된다.
∴회계변경후 20x2년 당기순이익 : 25,000+300=25,300

 ③

Supplementary 158 감가상각방법의 회계변경 세무사기출

● ㈜세무와 ㈜한국은 20x1년초에 모든 조건이 동일한 영업용 차량(내용연수 4년, 잔존가치 ₩500,000)을 ₩9,000,000에 각각 취득하였다. 두 회사가 동 차량에 대하여 각 보고기간별로 다음과 같이 감가상각방법을 적용하던 중, 두 회사 모두 20x4년초 현금 ₩3,000,000에 동 차량을 매각하였다.

구분	20x1년	20x2년	20x3년
㈜세무	정률법	정률법	정액법
㈜한국	정액법	연수합계법	연수합계법

두 회사의 총수익 및 동 차량에서 발생한 감가상각비를 제외한 총비용이 동일하다고 가정할 경우 옳은 설명은? 단, ㈜세무와 ㈜한국은 동 차량에 대해 원가모형을 적용하고 있으며, 정률법 상각률은 55%이다.

① 20x1년도 당기순이익은 ㈜한국이 더 작다.
② 20x4년초에 인식하는 유형자산처분이익은 ㈜세무가 더 크다.
③ ㈜세무의 20x2년도 감가상각비는 ₩4,675,000이다.
④ ㈜한국의 20x3년말 차량 장부금액은 ₩1,145,833이다.
⑤ ㈜세무의 20x3년도 감가상각비는 ₩330,625이다.

해설

• (주)세무
- 20x1년 감가상각비 : 9,000,000×55%=4,950,000
- 20x2년 감가상각비 : (9,000,000−4,950,000)×55%=2,227,500
- 20x2년말 장부금액 : 9,000,000−(4,950,000+2,227,500)=1,822,500
- 20x3년 감가상각비 : (1,822,500−500,000)÷2년=661,250
- 20x3년말 장부금액 : 1,822,500−661,250=1,161,250
- 20x4년초 처분이익 : 3,000,000−1,161,250=1,838,750

• (주)한국
- 20x1년 감가상각비 : (9,000,000−500,000)÷4년=2,125,000
- 20x1년말 장부금액 : 9,000,000−2,125,000=6,875,000
- 20x2년 감가상각비 : $(6,875,000-500,000)\times\frac{3}{1+2+3}=3,187,500$
- 20x3년 감가상각비 : $(6,875,000-500,000)\times\frac{2}{1+2+3}=2,125,000$
- 20x3년말 장부금액 : 6,875,000−(3,187,500+2,125,000)=1,562,500
- 20x4년초 처분이익 : 3,000,000−1,562,500=1,437,500

• ① 감가상각비가 작은 ㈜한국의 당기순이익이 더 크다.
③ ㈜세무의 20x2년도 감가상각비는 2,227,500이다.
④ ㈜한국의 20x3년말 차량 장부금액은 1,562,500이다.
⑤ ㈜세무의 20x3년도 감가상각비는 661,250이다.

정답 ②

Supplementary 159 기중취득시 회계추정변경 세무사기출

● ㈜세무는 20x1년 4월 1일 기계장치를 취득(취득원가 ₩30,000, 잔존가치 ₩0, 내용연수 4년)하여 연수합계법으로 감가상각하고 원가모형을 적용하고 있다. 20x3년 1월 1일 동 기계장치의 부품교체에 ₩10,000을 지출하고 다음과 같은 조치를 취하였다.

(1) 부품교체는 자산인식요건을 충족한다.
(2) 부품 교체시점에서의 회계추정 변경사항
  – 감가상각방법 : 정액법, 잔존내용연수 : 5년, 잔존가치 : ₩500

동 기계장치의 20x2년 감가상각비와 20x3년 말 장부금액은?(단, 감가상각은 월할상각한다.)

	20x2년 감가상각비	20x3년 말 장부금액
①	₩9,000	₩15,500
②	₩9,000	₩17,100
③	₩9,750	₩15,500
④	₩9,750	₩17,100
⑤	₩12,000	₩17,100

해설

- 20x1년 감가상각비 : $30,000\times\frac{4}{1+2+3+4}\times\frac{9}{12}=9,000$
- 20x2년 감가상각비 : $30,000\times\frac{4}{1+2+3+4}\times\frac{3}{12}+30,000\times\frac{3}{1+2+3+4}\times\frac{9}{12}=9,750$
- 20x3년초 장부금액 : 30,000−(9,000+9,750)=11,250
- 20x3년 감가상각비 : (11,250+10,000−500)÷5년=4,150
- 20x3년말 장부금액 : (11,250+10,000)−4,150=17,100

정답 ④

Supplementary 160 기말재고 오류수정과 정확한 당기순이익 감평사기출

● ㈜감평은 20x1년 기말재고자산을 ₩50,000만큼 과소계상하였고, 20x2년 기말재고자산을 ₩30,000만큼 과대계상하였음을 20x2년말 장부마감 전에 발견하였다. 20x2년 오류수정 전 당기순이익이 ₩200,000이라면, 오류수정 후 당기순이익은?

① ₩120,000 ② ₩170,000 ③ ₩230,000
④ ₩250,000 ⑤ ₩280,000

해설

- 이익분석

	20x1년	20x2년
20x1년 기말재고 과소	이익 50,000↓	이익 50,000↑
20x2년 기말재고 과대	–	이익 30,000↑
	이익 50,000↓	이익 80,000↑

- 20x2년 이익과대 80,000이므로 오류수정으로 80,000 감소시킴. →∴200,000−80,000=120,000

정답 ①

제1편 재무회계 | 제2편 원가관리회계 | 합본부록 IFRS심화논제

Supplementary 161 사채와 정부보조금 오류수정 세무사기출

● 20x1년 1월 1일에 설립된 ㈜국세의 회계담당자로 새롭게 입사한 김수정씨는 20x4년초에 당사의 과거자료를 살펴보던 중 다음과 같은 오류가 수정되지 않았음을 확인하였다.

> • ㈜국세의 판매직원 급여는 매월 ₩1,000,000으로 설립 후 변동이 없다. ㈜국세는 회사 설립 후 지금까지, 근로 제공한 달의 급여를 다음 달 매10일에 현금 ₩1,000,000을 지급하면서 비용으로 전액 인식하였다.
> • ㈜국세는 20x2년 1월 1일에 사채(액면금액 ₩2,000,000, 3년 만기)를 ₩1,903,926에 발행하였다. 동 사채의 액면이자율은 10%(매년 말 이자지급), 유효이자율은 12%이다. ㈜국세는 사채발행시 적절하게 회계처리 하였으나, 20x2년과 20x3년의 이자비용은 현금지급 이자에 대해서만 회계처리 하였다.
> • ㈜국세는 20x3년 1월 1일 취득원가 ₩10,000,000에 영업용 차량운반구(내용연수 10년, 잔존가치 ₩0, 정액법 상각)를 구입하여 취득 및 감가상각 회계처리를 적절히 하였다. 그러나 동 영업용 차량운반구 취득시 취득자금 중 ₩1,000,000을 상환의무 없이 정부에서 보조받았으나 ㈜국세는 정부보조금에 대한 모든 회계처리를 누락하였다.

위 오류의 수정이 ㈜국세의 20x3년도 포괄손익계산서상 당기순이익에 미치는 영향은 얼마인가? (단, 위 오류는 모두 중요한 오류라고 가정하고, 20x3년도 장부는 마감되지 않았다고 가정한다. 계산금액은 소수점 첫째자리에서 반올림하며, 이 경우 단수차이로 인해 약간의 오차가 있으면 가장 근사치를 선택한다.)

① 증가 ₩68,112　② 증가 ₩876,434　③ 감소 ₩60,367
④ 감소 ₩931,892　⑤ 감소 ₩960,367

해설

• (1) : 매 회계기간말에 미지급급여 1,000,000을 과소계상하였음을 의미한다.
　– 20x1년말 미지급급여는 자동조정되므로 이익에 미치는 영향이 없다.

	20x2년	20x3년
• 전기(20x2년) 미지급급여 과소계상	이익과대 1,000,000	이익과소 1,000,000
• 당기(20x3년) 미지급급여 과소계상	–	이익과대 1,000,000
	이익과대 1,000,000	–

→20x3년 이익에 미치는 영향 없음.

• (2) : 사발차 상각액만큼 20x2년과 20x3년의 이자비용이 과소계상된다.

	20x2년	20x3년
• 전기 이자비용 과소계상	비용과소 28,471[1]	–
• 당기 이자비용 과소계상	–	비용과소 31,888[2]
	이익과대 28,471	이익과대 31,888

[1] 1,903,926×12%−2,000,000×10%=28,471
[2] (1,903,926+28,471)×12%−2,000,000×10%=31,888

→오류수정으로 20x3년 31,888 이익감소

• (3) : 20x3년말 감가상각비를 상계하는 다음 회계처리를 누락했으므로 비용과대(이익과소) 100,000이다.

(차) 정부보조금 100,000	(대) 감가상각비 1,000,000×(10,000,000÷10년)/10,000,000=100,000

→오류수정으로 20x3년 100,000 이익증가

∴이익증가 68,112(=0−31,888+100,000)

정답 ①

Supplementary 162 자기주식과 기본주당이익 관세사기출

● ㈜관세의 20x1년 1월 1일 보통주자본금은 ₩150,000(주당 액면금액 ₩500, 주식수 300주)이며, 자기주식은 ₩100,000(주당 취득금액 ₩1,000)이다. ㈜관세는 20x1년 7월 1일에 보유중인 자기주식 중 50주를 주당 ₩1,500에 처분하였다. ㈜관세의 20x1년도 당기순이익이 ₩720,000인 경우, ㈜관세의 20x1년도 기본주당이익은?(단, 유통보통주식수는 월할 계산한다.)

① ₩2,400 ② ₩3,200 ③ ₩3,300
④ ₩3,360 ⑤ ₩3,600

해설

• 주식수 분석

1/1	7/1	12/31
300주 (100주)	50주	

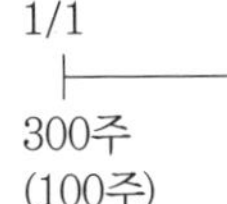

• 가중평균유통보통주식수 : $300 \times \frac{12}{12} - 100 \times \frac{12}{12} + 50 \times \frac{6}{12} = 225$주

• 기본주당이익 : $\frac{720,000}{225주} = 3,200$

정답 ②

Supplementary 163 주식배당 · 자기주식과 가중평균유통보통주식수 세무사기출

● ㈜세무의 20x1년초 유통보통주식수는 15,000주였다. 20x1년 중 보통주식수의 변동내역이 다음과 같다면, 20x1년도 기본주당이익 계산을 위한 가중평균유통보통주식수는?(단, 가중평균유통보통주식수는 월할계산한다.)

> • 2월 1일 : 유상증자(발행가격 : 공정가치) 20%
> • 7월 1일 : 주식배당 10%
> • 9월 1일 : 자기주식 취득 1,800주
> • 10월 1일 : 자기주식 소각 600주
> • 11월 1일 : 자기주식 재발행 900주

① 17,750주 ② 18,050주 ③ 18,200주
④ 18,925주 ⑤ 19,075주

해설

• 주식수 분석

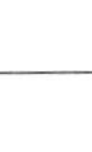

1/1	2/1	9/1	11/1	12/31
15,000 15,000×10%1,500 16,500	15,000×20%=3,000 3,000×10%=300 3,300	(1,800)	900	

• 가중평균유통보통주식수 : $16,500 \times \frac{12}{12} + 3,300 \times \frac{11}{12} - 1,800 \times \frac{4}{12} + 900 \times \frac{2}{12} = 19,075$주

정답 ⑤

Supplementary 164 보통주당기순이익과 기본주당이익 관세사기출

● ㈜관세의 20x1년말 현재 총발행보통주식수는 400주이고 가중평균유통보통주식수는 250주이며, 20x1년의 당기순이익은 ₩40,000이다. ㈜관세는 우선주 200주(1주당 액면 ₩2,500, 액면배당률 4%, 비참가적이며 비누적적)를 전년도인 20x0년 7월 1일에 처음 발행하였으며, 이후에는 우선주 발행이 없었다. ㈜관세의 20x1년 기본주당순이익은 얼마인가?

① ₩50 ② ₩80 ③ ₩100
④ ₩160 ⑤ ₩200

해설

- 우선주배당금 : (200주×2,500)×4%=20,000
- 기본주당순이익 : $\frac{40,000-20,000}{250주}$=80

정답 ②

Supplementary 165 공정가치 미만 유상증자시 기본주당이익 세무사기출

● ㈜세무의 20x1년 당기순이익은 ₩2,450,000이며, 기초 유통보통주식수는 1,800주이다. 20x1년 9월 1일 주주우선배정 방식으로 보통주 300주를 유상증자하였다. 이때 발행금액은 주당 ₩40,000이며, 유상증자 직전 종가는 주당 ₩60,000이다. ㈜세무의 20x1년 기본주당이익은? 단, 가중평균유통보통주식수는 월할계산한다.

① ₩1,167 ② ₩1,225 ③ ₩1,250
④ ₩1,289 ⑤ ₩1,321

해설

- 공정가치로 유상증자시 발행가능주식수 계산 : (300주×40,000)÷60,000=200주
- 무상증자비율 : $\frac{300주-200주}{1,800주+200주}$=5%
- 주식수 분석

- 가중평균유통보통주식수 : 1,890×$\frac{12}{12}$+210×$\frac{4}{12}$=1,960주
- 기본주당이익 : $\frac{2,450,000}{1,960주}$=1,250

정답 ③

Supplementary 166 현금흐름표 활동의 구분 세무사기출

● 현금흐름표는 회계기간 동안 발생한 현금흐름을 영업활동, 투자활동 및 재무활동으로 분류하여 보고한다. 다음 중 현금흐름의 분류가 다른 것은?

① 리스부채 상환에 따른 현금유출
② 판매목적으로 보유하는 재고자산을 제조하거나 취득하기 위한 현금유출
③ 보험회사의 경우 보험금과 관련된 현금유출
④ 기업이 보유한 특허권을 일정기간 사용하도록 하고 받은 수수료 관련 현금유입
⑤ 단기매매목적으로 보유하는 계약에서 발생한 현금유입

해설

• ① 부채의 상환은 재무활동에 해당한다.
② 재고자산 현금흐름은 영업활동에 해당한다.
③ 보험회사는 보험료수취와 보험금지급이 주된 영업이므로 보험금과 관련된 현금유출은 영업활동에 해당한다.
④ 기업이 보유한 자산을 대여하면서 얻는 수익은 영업활동에 해당한다.
⑤ 단기매매금융자산과 같이 단기매매목적으로 보유하는 계약은 운용자금을 관리하기 위한 목적이므로 영업활동에 해당한다.

정답 ①

Supplementary 167 간접법 영업활동현금흐름 기본구조 관세사기출

● 다음의 ㈜대한 20x1년 재무제표 관련자료를 이용할 때 현금흐름표에 보고될 영업활동현금흐름은 얼마인가?

항목	금액	항목	금액
당기순이익	₩20,000	감가상각비	₩4,600
매출채권의 증가	₩15,000	재고자산의 감소	₩2,500
매입채무의 증가	₩10,400		

① ₩20,200 ② ₩21,000 ③ ₩22,500
④ ₩33,200 ⑤ ₩54,000

해설

• 당기순이익	20,000
감가상각비	4,600
매출채권의 증가	(15,000)
재고자산의 감소	2,500
매입채무의 증가	10,400
영업활동현금흐름	22,500

정답 ③

제1편 재무회계
제2편 원가관리회계
합본부록 IFRS심화논제

Supplementary 168 영업활동순현금흐름 계산 세무사기출

● 다음 자료를 이용할 경우 20x1년도 현금흐름표에 계상될 영업활동 순현금흐름은 얼마인가? 단,배당금의 지급은 재무활동으로 분류한다.

(1) 당기순이익 : ₩250,000
(2) 감가상각비 : ₩40,000
(3) 사채상환이익 : ₩35,000
(4) 기타포괄손익-공정가치측정금융자산처분손실 : ₩20,000
(5) 배당금지급 : ₩80,000
(6) 유상증자 : ₩110,000
(7) 자산 및 부채 계정잔액의 일부

계정과목	20x1.1.1	20x1.12.31
매출채권(순액)	₩50,000	₩70,000
단기대여금	₩110,000	₩130,000
유형자산(순액)	₩135,000	₩95,000
매입채무	₩40,000	₩30,000
미지급비용	₩30,000	₩45,000

① ₩260,000 유입 ② ₩265,000 유입 ③ ₩270,000 유입
④ ₩275,000 유입 ⑤ ₩290,000 유입

해설

• 당기순이익	250,000
감가상각비	40,000
사채상환이익	(35,000)
FVOCI금융자산처분손실	20,000
매출채권 증가	(20,000)
매입채무 감소	(10,000)
미지급비용 증가	15,000
	260,000

정답 ①

제2편. 원가관리회계

2021-2022

FINAL

관세사·감정평가사 회계학

Certified Customs Broker & Appraiser

제1장
원가회계

▶ 원가회계는 제조기업의 제품원가계산을 위한 다양한 방법들을 담고 있습니다.

SEMOOLICENCE

시험중요도 ★☆☆

기본이론 제1강 원가개념과 원가흐름 원가회계의 기초

구분	항목	내용
원가회계 목적	제품원가계산	• 일반재무제표의 작성에 필요한 원가정보의 제공 ➡재무제표에 계상될 매출원가와 기말재고자산평가의 근거자료가 됨.
	계획(의사결정)	• 예산편성 및 경영의사결정에 필요한 원가정보의 제공
	통제(성과평가)	• 예산통제 및 책임중심별 성과평가 자료의 제공 ➡예정원가와 실제발생원가간의 차이를 관리하고 수행성과를 평가함.
	주의	매출액계산은 원가회계의 목적과 무관함.

구분	항목			내용
원가개념	원가	미소멸원가(보유)	자산	• 수익획득에 아직 사용되지 않은 부분 ➡예 재고자산
		소멸원가	비용	• 수익획득에 사용된 부분 ➡예 매출원가
			손실	• 수익획득에 기여하지 못하고 소멸된 부분 ➡예 화재손실, 재고자산감모손실(원가성이 없는 경우)
	원가집계			• 회계시스템을 통하여 조직적인 방법으로 원가자료를 취합하는것.
	원가대상			• 독립적인 원가측정을 통해 원가집계가 되는 활동, 항목, 단위 ① 제품(예 A제품, B제품, C제품) ② 제조부문(예 가공부문, 조립부문, 도색부문) ③ 보조부문(예 동력부문, 수선부문, 공장관리부문) ④ 제조공정(예 가공공정, 조립공정, 염색공정) ⑤ 활동(예 재료처리활동, 절삭활동, 조립활동) ⑥ 작업(예 조립작업, 절단작업) ⑦ 서비스(예 회계감사서비스, 기장서비스) ⑧ 프로젝트(예 무역센터건설프로젝트, 항만건설프로젝트) • 원가대상이 결정되어야 원가측정이 가능하고 원가측정에 의해 원가가 집계되며, 원가대상은 경영자의 의사결정 목적에 따라 선택됨. **알고가기 상이한 목적에 상이한 원가** ❒ 원가회계가 외부보고, 계획수립과 통제, 특수한 의사결정의 여러 다양한 목적적에 사용되기 위해서는 그 목적에 따라 각각 다른 원가정보가 필요하며, 따라서 담당자는 특정한 목적에 가장 적절한 원가정보를 제공키 위해 이용할 원가자료를 결정해야 한다는 것.
	원가집합			• 특정원가대상에 속하지 않는 간접원가(원가대상에 직접 추적불가한 원가)를 모아둔 것으로 둘 이상의 원가대상에 배분되어야할 공통원가
	원가배분			• 간접원가를 합리적 기준에 따라 원가대상에 배분하는 과정 저자주 원가배부 : 원가대상이 제품으로 한정될때 사용하는 용어이나 원가배분과 혼용됨.
	원가동인			• 원가대상의 총원가에 변화를 야기시키는 모든 요소(=원가유발요인) ➡원가동인은 매우 다양함.
	조업도			• 협의 : 일정기간 동안의 생산설비의 이용정도 • 광의 : 총원가변동에 가장 큰 영향을 주는 원가동인 ➡광의의 조업도의 예 : 생산량, 판매량, 노동시간 등
	관련범위			• 달성 가능 최저조업도와 최고조업도 사이의 범위(원가와 조업도간의 일정한 관계가 유지되는 조업도의 범위)로써 원가행태의 회계적 추정치가 타당한 조업도의 범위

FINAL 객관식뽀개기 실전적중문제

1. 다음 중 원가관리회계의 목적과 거리가 먼 것은?

① 내부경영의사결정에 필요한 원가정보제공
② 원가통제에 필요한 원가정보제공
③ 손익계산서상 제품원가에 대한 원가정보제공
④ 이익잉여금처분계산서상 이익처분정보제공
⑤ 책임중심별 성과평가 자료의 제공

내비게이션
• 매출액계산이나 이익처분정보제공 등은 재무회계의 목적이다.

2. 다음 중에서 원가관리회계 목적과 관련이 가장 적은 것은?

① 재무제표의 작성에 유용한 원가정보를 제공한다.
② 원가통제에 대한 유용한 원가정보를 제공한다.
③ 경영자에게 경영의사결정에 유용한 원가정보를 제공한다.
④ 투자자에게 합리적인 의사결정에 관한 정보제공을 목적으로 한다.
⑤ 경영자 · 종업원 활동의 성과를 평가하기 위한 기본정보를 제공한다.

내비게이션
• 재무회계의 의의에 관련된 내용이다.

3. 다음 중 원가관리회계 용어에 대한 설명으로 틀린 것은?

① 원가대상이란 직접적인 대응이나 간접적인 원가배분방법에 의한 원가측정을 통하여 원가가 집계되는 활동이나 항목을 의미한다.
② 원가집합에 집계된 간접원가를 일정한 배분기준에 따라 원가대상에 배분하는 과정을 원가배분이라고 한다.
③ 원가동인이란 원가대상의 총원가에 변화를 유발시키는 요인을 말하는 것으로 원가동인은 원가대상에 따라 그 수가 극히 제한되어 있다.
④ 조업도란 기업이 보유한 자원의 활용정도를 나타내는 수치로서 산출량인 생산량, 판매량 등이 조업도가 될 수 있으며, 투입량인 직접노동시간이나 기계가동시간 역시 조업도가 될수 있다.
⑤ 원가집계란 회계시스템을 통하여 조직적인 방법으로 원가자료를 취합하는 것을 말한다.

내비게이션
• 원가동인은 매우 다양하다.

4. 다음 빈 칸에 들어갈 용어로 적절한 것은?

> 회사가 보유하고 있는 재고자산의 원가는 보유하고 있는 동안에는 미소멸원가이다. 그러나 판매되면 (A)(이)라는 비용이 되고, 화재등으로 소실되면 경제적 효익을 상실한 것이므로 (B)이(가) 된다.

	A	B
①	매출원가	매출원가
②	매출원가	손실
③	손실	매출원가
④	손실	손실
⑤	제품	비용

내비게이션
• 소멸원가는 수익창출에 기여했는지에 따라 매출원가와 손실이 된다.

5. 다음은 원가의 개념에 대한 설명이다. 틀린 것은?

① 원가란 재화 등을 얻기 위해 희생된 경제적자원이다.
② 원가회계에서는 일반적으로 상이한 목적에 불구하고 동일한 원가를 일관성있게 사용한다.
③ 조업도가 증가함에 따라 단위당 변동비는 일정한 반면, 단위당 고정비는 감소한다.
④ 조업도는 생산량, 판매량, 직접노동시간 등 원가와 인과관계가 있는 척도이다.
⑤ 원가행태란 조업도 수준의 변동에 따라 일정한 양상으로 변화하는 변동양상을 말한다.

내비게이션
• 일반적으로 상이한 목적에 따라 상이한 원가가 사용된다.

서술형Correction연습

❒ 원가회계는 회사의 모든 자산과 부채에 대한 평가 자료를 제공한다.

➲ (X) : 자산과 부채에 대한 평가 자료를 제공하는 것은 재무회계가 제공하는 정보이다.

❒ 원가집합이란 원가대상에 직접적으로 추적할 수 있는 원가를 모아둔 것을 의미한다.

➲ (X) : 원가집합이란 원가대상에 직접적으로 추적할 수 없는 간접원가(공통원가)를 모아둔 것을 의미한다.

Answer 1. ④ 2. ④ 3. ③ 4. ② 5. ②

시험중요도 ★★★

기본이론 제2강  원가의 분류

구분	원가	내용
제조원가	직접재료비(DM)	• 특정제품에 직접추적가능한 원재료 사용액
	직접노무비(DL)	• 특정제품에 직접추적가능한 노동력 사용액
	제조간접비(OH)	• 직접재료비와 직접노무비를 제외한 제조활동에 사용한 모든 요소 주의 따라서, 간접재료비와 간접노무비는 제조간접비임.
제조활동관련 (수익대응)	제품원가	• 판매시 매출원가로 비용화됨. ➡예 제조원가, 공장직원인건비, 공장건물감가상각비
	기간원가	• 발생시 비용처리함. ➡예 판관비(광고선전비, 본사직원 인건비, 본사사옥감가상각비) 주의 제품 광고선전비 : 광고선전비는 상품이든 제품이든 모두 판관비임.
추적가능성	직접원가	• 특정원가대상에 직접적으로 추적할 수 있는 원가 ➡예 직접재료비(주요재료비, 부품비), 직접노무비(임금)
	간접원가	• 특정원가대상에 직접적으로 추적할 수 없는 원가 ➡예 간접재료비(보조재료비, 소모공구기구), 간접노무비(공장감독자급여)
원가행태	변동원가	• 조업도에 비례하여 총원가가 증가하는 원가 ➡예 직접재료비, 직접노무비, 동력비(전기요금)
	고정원가	• 조업도와 무관하게 총원가가 일정한 원가 ➡예 임차료·보험료·재산세·감가상각비
의사결정관련	관련원가	• 의사결정 대안간에 차이가나는 원가로, 의사결정에 영향을 미치는 원가 ➡차액원가
	매몰원가	• 과거 의사결정의 결과로 이미 발생한 원가로, 의사결정에 영향을 미치지 않는 비관련원가 예시 구기계 취득원가 100(감가상각누계액 30), 신기계구입 고려중 →매몰원가 : 100-30=70 →의사결정 : 신기계로 인한 수익창출액이 구입가보다 크면 구입함.
	기회원가	• 특정대안의 선택으로 포기해야하는 가장 큰 효익 예시 FM편의점과 GS편의점의 시간당 알바수익이 각각 ₩3,000과 ₩5,000일때, 여친과 수다를 떨며 즐겁게 1시간 보내는 경우의 기회원가는 ₩5,000임. 주의 기회원가는 관리적 차원에서 사용되는 원가개념이며, 회계장부에는 실제원가만이 기재되므로 기회원가는 회계장부에 기록되지 않음.
	회피가능원가	• 회피가능원가 : 다른 대안 선택시 절감되는 원가 • 회피불능원가 : 다른 대안을 선택하더라도 계속 발생하는 원가
통제가능성	통제가능원가	• 관리자가 원가발생에 영향을 미칠수 있는 원가 ➡성과평가시 고려해야함.
	통제불능원가	• 관리자가 원가발생에 영향을 미칠수 없는 원가 ➡성과평가시는 배제해야함. 예시 지사발생원가 → 지사관리자의 통제가능원가 → 책임 O 본사발생원가 → 지사관리자의 통제불능원가 → 책임 X

FINAL 객관식뽀개기 실전적중문제

1. 다음은 ㈜관세의 4월 중 영업자료에서 추출한 정보이다. 4월 중 재료의 매입액이 ₩400일 때, 4월 당기제품제조원가는 얼마인가? [관세사기출]

노무원가	₩600
감가상각비－공장설비	₩50
감가상각비－본사사옥	₩100
보험료－공장설비	₩100
보험료－본사사옥	₩200
기타 제조경비	₩300
재료재고(기초)	₩200
재료재고(기말)	₩100
재공품재고(기초)	₩1,200
재공품재고(기말)	₩1,000

① ₩1,450 ② ₩1,550 ③ ₩1,650
④ ₩1,750 ⑤ ₩1,850

내비게이션
- DM : (200+400)－100=500
- OH : 감가상각비(공장건물)+보험료(공장설비)+기타 제조경비=450
- 당기총제조원가 : 500+600+450=1,550
- 당기제품제조원가 : (1,200+1,550)－1,000=1,750

2. ㈜감평의 20x1년 1월 1일 재공품 재고액은 ₩50,000이고, 1월 31일 재공품 재고액은 ₩100,000이다. 1월에 발생한 원가자료가 다음과 같을 경우, ㈜감평의 20x1년 1월 당기제품제조원가는? [감평사기출]

직접재료 사용액	₩300,000
공장건물 감가상각비	₩100,000
공장기계 수선유지비	₩150,000
본사건물 감가상각비	₩200,000
영업직원 급여	₩300,000
공장감독자 급여	₩400,000
공장근로자 급여	₩500,000
판매수수료	₩100,000

① ₩1,000,000 ② ₩1,400,000 ③ ₩1,450,000
④ ₩1,600,000 ⑤ ₩1,900,000

내비게이션
- DM : 직접재료 사용액=300,000
- DL : 공장근로자 급여=500,000
- OH : 공장건물 감가상각비+공장기계 수선유지비+공장감독자 급여=650,000
- 당기총제조원가 : 300,000+500,000+650,000=1,450,000
- 당기제품제조원가 : (50,000+1,450,000)－100,000=1,400,000

3. ㈜합격은 8년전에 기계장치를 ₩9,000,000에 구입하였으나 사업전환으로 인해 이 기계를 더 이상 사용할 수 없게 되었다. 수리비용을 ₩1,000,000 들여 ₩2,500,000에 팔 수 있고, 또는 즉시 거래처에 ₩2,000,000에 팔 수도 있다. 이 경우 매몰원가는 얼마인가?

① ₩1,000,000 ② ₩1,500,000 ③ ₩3,000,000
④ ₩9,000,000 ⑤ ₩10,000,000

내비게이션
- 이미 구입에 소요된 9,000,000원이 매몰원가이다.

4. ㈜합격은 100단위의 총제조원가 ₩1,000,000의 재고자산이 파손되었다. 이 재고자산을 ₩300,000을 들여 재작업하면 ₩800,000에 판매할 수 있고, 재작업하지 않으면 ₩400,000에 팔 수 있다. 이 경우 재작업을 하기로 경영자가 판단한 경우의 기회비용은 얼마인가?

① ₩300,000 ② ₩400,000 ③ ₩500,000
④ ₩800,000 ⑤ ₩1,000,000

내비게이션
- 재작업으로 인해 포기하는 판매금액 400,000이 기회원가(비용)이다.

서술형Correction연습

❐ 원가 분류시 수익과의 대응관계에 따라 역사적원가와 기간원가로 분류한다.

➲ (X) : 수익과의 대응관계에 따라 제품원가와 기간원가로 분류한다.

❐ 고정원가가 당해 의사결정과 관계없이 계속 발생한다면 고정원가도 관련원가이다.

➲ (X) : 고정원가가 의사결정과 관계없이 계속 발생한다면 비관련원가이다.

❐ 책임중심점에 배분된 고정제조간접원가는 통제가능원가에 포함시켜야 한다.

➲ (X) : 고정제조간접원가는 통제불가능원가이다.

Answer 1. ④ 2. ② 3. ④ 4. ② 5. ②

시험중요도 ★★☆

기본이론 제3강  원가계산방법과 원가배분기준

생산형태

	개별원가계산	종합원가계산
생산형태	• 주문에 의한 다품종소량생산	• 동종제품의 대량생산
원가집계	• 개별작업별로 원가집계	• 제조공정별로 원가집계
원가계산표	• 작업원가표	• 제조원가보고서

주의 개별원가계산은 각 제품별로 원가를 집계하므로 종합원가계산보다 원가 기록업무가 복잡하며, 비용소요도 더 크다는 단점이 있음.

원가요소 실제성

	실제원가계산	정상원가계산	표준원가계산
직접재료비(DM)	실제원가	실제원가	표준원가
직접노무비(DL)	실제원가	실제원가	표준원가
제조간접비(OH)	실제원가	예정배부액	표준배부액

주의 정상원가계산과 표준원가계산은 외부보고시에는 실제원가로 전환하여 보고해야함.

제품원가 범위

	전부원가계산	변동원가계산 (=직접원가계산)	초변동원가계산
직접재료비(DM)	제품원가	제품원가	제품원가
직접노무비(DL)	제품원가	제품원가	기간비용
변동제조간접비(VOH)	제품원가	제품원가	기간비용
고정제조간접비(FOH)	제품원가	기간비용	기간비용

주의 제조간접비는 직접재료비와 직접노무비 이외의 모든 제조원가를 포함함.

원가배분 기준

기준	내용
인과관계기준	• 원가와 원가대상 사이에 인과관계 존재시 사용되는 가장 이상적 배분기준이지만 인과관계가 없는 제조간접비(OH)의 경우에는 다른 기준을 사용해야 함. ➡예 공장직원 회식비를 각 부문 종업원수에 따라 배분 공장건물 감가상각비를 각 부문 면적에 따라 배분
수혜기준	• 효익의 정도에 비례하여 배분하는 기준('수익자부담원칙') ➡예 광고선전비를 사업부별 매출액이 아닌 매출증가액을 기준으로 배분 물량기준법에 의한 결합원가의 배분
부담능력기준	• 수익창출능력(원가부담능력)에 비례하여 배분하는 기준 ➡예 이익이 높은 사업부에 더 많이 배분 판매가치법이나 순실현가치법에 의한 결합원가 배분 • 매출액과 원가의 발생간에 밀접한 인과관계가 있는 경우에만 사용되어야 함.
공정성기준	• 원가배분의 기준이라기 보다는 그 자체가 원가배분의 목표임.

원가배분 목적

목적	내용
계획적 예산편성	• 자원배분을 위한 경제적 의사결정을 위해 배분함.
성과측정 및 평가	• 경영자와 종업원에 대한 동기부여를 위해 배분함.
제품원가계산	• 외부보고를 위한 재고자산과 이익측정을 위해 배분함.
가격결정	• 원가의 정당화 및 보상을 위한 계산을 위해 배분함.

FINAL 객관식뽀개기 실전적중문제

1. ㈜관세가 A제품 1,000단위를 생산하기 위해서는 단위당 기초원가 ₩3,500, 단위당 가공원가 ₩5,500, 기계설비(최대조업능력은 1,000단위)의 감가상각비를 비롯한 고정제조간접원가 ₩1,000,000이 발생한다. 기초원가의 60%가 직접노무원가일 경우, 제품 단위당 제조원가는 얼마인가? [관세사기출]

① ₩6,900 ② ₩7,600 ③ ₩7,900
④ ₩8,600 ⑤ ₩8,900

내비게이션

- 단위당 기초원가 : 단위당DM+단위당DL
  →단위당DL : 3,500x60%=2,100
  →단위당DM : 3,500-2,100=1,400
- 단위당 가공원가 : 단위당DL+단위당OH
  →단위당OH : 5,500-2,100=3,400
- 단위당 제조원가 : 단위당DM+단위당DL+단위당OH
  →∴1,400+2,100+3,400=6,900

*[참고] 단위당FOH : 1,000,000÷1,000단위=1,000
단위당VOH : 3,400-1,000=2,400

2. 제품생산에 사용한 기계의 감가상각비를 기간비용으로 처리한 결과로 옳은 것은?(단, 선입선출법이 적용된 기말재공품재고가 존재한다.) [관세사기출]

① 매출총이익이 과소계산 된다.
② 판매관리비가 과소계산 된다.
③ 당기총제조원가가 과대계산 된다.
④ 기말재공품재고 금액이 과소계산 된다.
⑤ 매출원가가 과대계산 된다.

내비게이션

- 일반적인 영향
  - 기간비용(판매관리비)이 과대계산 된다.
  - 제조간접비가 과소계산되어 당기총제조원가가 과소계산 된다.
- 이익 및 자산에의 영향
  예 생산량 중 20%가 재고로 남은 경우를 가정하면,
  →기간비용처리시는 100% 비용화, 제조원가처리시는 80%는 매출원가로 비용화되고 20%는 자산(=기말원재료+기말재공품+기말제품)으로 남는다.

	기간비용 처리시	제조원가로 처리사
매출액	A	A
매출원가	B (매출원가 과소)	B+80%상당액 (매출원가 과대)
매출총이익	A-B (매출총이익 과대)	A-B-80%상당액 (매출총이익 과소)
판매관리비	100%상당액	-
영업이익	A-B-100%상당액 (영업이익 과소)	A-B-80%상당액 (영업이익 과대)
재고자산	- (기말재고 과소)	20%상당액 (기말재고 과대)

3. 당해 연도에 설립된 ㈜관세는 당기에 제품 1,000개를 생산하여 800개를 판매하였다. 이 과정에서 판매비인 화재보험료를 제조간접원가로 처리하였다. 화재보험료를 판매비로 회계처리한 경우와 비교하여 동 회계처리가 당기손익에 미치는 영향은? [관세사기출]

① 매출총이익은 증가하고, 영업이익은 감소한다.
② 매출총이익과 영업이익이 모두 증가한다.
③ 매출총이익과 영업이익이 모두 변하지 않는다.
④ 매출총이익과 영업이익이 모두 감소한다.
⑤ 매출총이익은 감소하고, 영업이익은 증가한다.

- 문제2번 내비게이션의 '이익 및 자산에의 영향' 참조!

4. 제조기업인 ㈜감평이 변동원가계산방법에 의하여 제품원가를 계산할 때 제품원가에 포함되는 항목을 모두 고른 것은? [감평사기출]

ㄱ. 직접재료원가	ㄴ. 직접노무원가
ㄷ. 본사건물 감가상각비	ㄹ. 월정액 공장임차료

① ㄱ, ㄴ ② ㄱ, ㄹ ③ ㄴ, ㄷ
④ ㄴ, ㄹ ⑤ ㄱ, ㄷ, ㄹ

내비게이션

- ㄷ : 기간비용(판관비)
- ㄹ : 고정제조간접원가

5. 다음 중 원가회계에 대한 설명으로 틀린 것은?

① 표준원가회계는 사전에 설정된 표준가격, 표준사용량을 이용하여 제품원가를 계산하는 방법으로서 주로 대외적인 보고목적으로 사용되는 원가회계방법이다.
② 전부원가회계에서는 변동비뿐만 아니라 고정비까지도 포함하여 원가계산을 하는 방법이다.
③ 개별원가회계는 건설업, 조선업 등 다품종소량생산업종에서 주로 사용되는 원가계산 방법이다.
④ 예정원가회계는 과거의 실제원가를 토대로 예측된 미래원가에 의하므로 사전원가회계라고 할 수 있다.
⑤ 종합원가회계에서 기초재공품이 없다면 선입선출법과 평균법에서 계산한 기말재공품 가액은 동일하다.

- 실제표준원가회계는 대외적인 보고목적으로는 사용할 수 없다.

Answer 1. ① 2. ④ 3. ⑤ 4. ① 5. ①

시험중요도 ★★★

기본이론 제4강 원가흐름

계정흐름

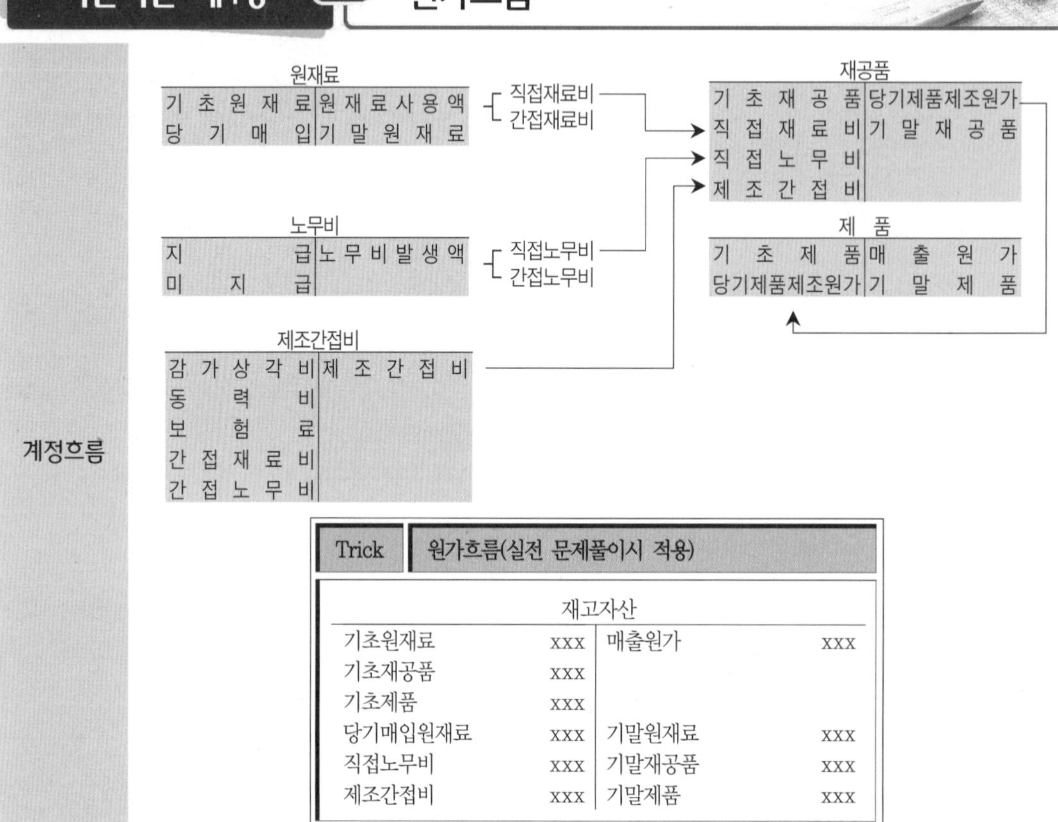

Trick 원가흐름(실전 문제풀이시 적용)

재고자산

차변		대변	
기초원재료	xxx	매출원가	xxx
기초재공품	xxx		
기초제품	xxx		
당기매입원재료	xxx	기말원재료	xxx
직접노무비	xxx	기말재공품	xxx
제조간접비	xxx	기말제품	xxx

기본산식

구분	내용
직접재료비	• 기초+당기매입-기말 ·주의 간접재료비는 제조간접비임.
직접노무비	• 지급임금+미지급임금 ·주의 관리자급료와 같은 간접노무비는 제조간접비임. 예시 당월지급 100(전월 미지급분 지급 10, 당월분 지급 60, 차월 선급분30) 당월분 미지급 50 일 때 →직접노무비(DL)=60+50=110
제조간접비	• 이외의 제조원가로 특정제품에 배부되어어야 하는 원가 ➡예 공장건물 감가상각비와 보험료, 간접재료비, 간접노무비, 공장소모품비
기본(기초)원가	• 직접재료비(DM)+직접노무비(DL)
가공비(전환원가)	• 직접노무비(DL)+제조간접비(OH) ➡제조간접비=변동제조간접비+고정제조간접비
당기총제조원가	• 직접재료비+직접노무비+제조간접비
당기제품제조원가	• 기초재공품+당기총제조원가-기말재공품
매출원가	• 기초제품+당기제품제조원가-기말제품

FINAL 객관식뽀개기 실전적중문제

1. ㈜관세의 20x1년 3월 매출액은 ₩302,500이며, 매출총이익률은 20%이다. 3월에 발생한 제품원가 관련 자료가 다음과 같을 때 당월 재료매입액은? [관세사기출]

구분	월초	월말
재료	₩20,000	₩40,000
재공품	₩100,000	₩40,000
제품	₩90,000	₩120,000
재료매입액	?	
직접노무원가	₩70,000	
제조간접원가	₩52,000	

① ₩50,000 ② ₩70,000 ③ ₩90,000
④ ₩110,000 ⑤ ₩212,000

내비게이션

- 매출원가 : 302,500×(1-20%)=242,000
- 고속철 다음의 계정에 직접 대입하여 대차차액으로 구한다.

기초원재료	20,000	매출원가	242,000
기초재공품	100,000		
기초제품	90,000		
당기매입원재료	X	기말원재료	40,000
직접노무비	70,000	기말재공품	40,000
제조간접비	52,000	기말제품	120,000

∴X=110,000

2. ㈜감평의 20x1년도 생산 · 판매자료가 다음과 같을 때 기본원가(prime cost)는? [감평사기출]

- 재고자산

구분	기초	기말
원재료	₩10,000	₩12,000
재공품	₩50,000	₩60,000
제품	₩80,000	₩96,000

- 당기 원재료 매입 ₩40,000
- 당기 매출원가 ₩150,000
- 직접노무원가는 가공원가의 60%이며, 원재료는 직접재료로만 사용된다고 가정한다.

① ₩82,800 ② ₩105,200 ③ ₩120,800
④ ₩132,800 ⑤ ₩138,000

내비게이션

- DM : (10,000+40,000)-12,000=38,000
- 당기제품제조원가 : (150,000+96,000)-80,000=166,000
- 당기총제조원가 : (166,000+60,000)-50,000=176,000
- 가공원가 : 176,000-38,000=138,000
- DL : 138,000×60%=82,800

∴기본원가 : 38,000(DM)+82,800(DL)=120,800

3. ㈜관세가 20x1년 중 매입한 직접재료는 ₩500,000이었고, 제조간접원가는 직접노무원가의 50%이며, 매출원가는 ₩1,200,000이었다. 재고자산과 관련된 자료가 다음과 같을 때, 20x1년도의 기본(기초)원가는? [관세사기출]

구분	20x1년 1월 1일	20x1년 12월 31일
직접재료	₩50,000	₩60,000
재공품	₩80,000	₩50,000
제품	₩55,000	₩35,000

① ₩660,000 ② ₩820,000 ③ ₩930,000
④ ₩1,150,000 ⑤ ₩1,180,000

내비게이션

- DM : (50,000+500,000)-60,000=490,000
- 당기제품제조원가 : (35,000+1,200,000)-55,000=1,180,000
- 당기총제조원가 : (1,180,000+50,000)-80,000=1,150,000
- 490,000+DL+DL×50%=1,150,000에서, DL=440,000

∴기본원가 : 490,000(DM)+440,000(DL)=930,000

4. 20x1년 ㈜관세의 제조와 관련된 원가가 다음과 같을 때 직접노무원가는? [관세사기출]

당기제품제조원가	₩1,400,000
기본원가(prime cost)	₩1,200,000
가공원가(전환원가)	₩1,100,000
기초재공품	₩100,000
기말재공품	₩200,000

① ₩400,000 ② ₩500,000 ③ ₩600,000
④ ₩800,000 ⑤ ₩900,000

내비게이션

- 당기총제조원가 : (1,400,000+200,000)-100,000=1,500,000
- 당기총제조원가(1,500,000)=기본원가(1,200,000)+OH→OH=300,000
- 가공원가(1,100,000)=DL+300,000 →DL=800,000

5. ㈜국세의 20x1년도 매출총이익은 ₩120,000이며, 매출총이익률은 30%이다. 기말제품재고는 기초제품재고에 비해 ₩50,000 감소하였다. ㈜국세의 20x1년도 당기제품제조원가는 얼마인가? [세무사기출]

① ₩130,000 ② ₩180,000 ③ ₩230,000
④ ₩280,000 ⑤ ₩330,000

내비게이션

- A+x =280,000+(A-500,000)에서, x =230,000

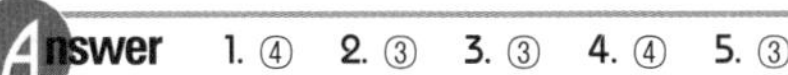

Answer 1. ④ 2. ③ 3. ③ 4. ④ 5. ③

시험중요도 ★★☆

기본이론 제5강  제조원가명세서

양식

과목		
Ⅰ. 직접재료비		
1. 기초원재료재고액	xxx	
2. 당기원재료매입액	xxx	
3. 기말원재료재고액	(xxx)	
4. 타계정대체액	(xxx)	xxx
Ⅱ. 직접노무비		xxx
Ⅲ. 제조간접비		xxx
Ⅳ. 당기총제조원가		xxx
Ⅴ. 기초재공품재고액		xxx
합계		xxx
Ⅵ. 기말재공품재고액		(xxx)
Ⅶ. 당기제품제조원가		xxx

주의
- 제조원가명세서는 매출원가는 포함하지 않으며, 매출원가는 손익계산서에서 표시됨.
- 제조업은 손익계산서 작성 전에 제조원가명세서가 먼저 작성됨.(∵당기제품제조원가의 산정)
- 제조원가명세서는 내부보고용이지 외부보고용이 아님.
- 제조원가명세서는 재공품 계정의 변동과 동일 ➡ ∴제품계정은 필요한 자료가 아님!

I/S비교

상기업 손익계산서(I/S) 과 목		금액	제조업 손익계산서(I/S) 과 목		금액
매출액		xxx	매출액		xxx
상품매출원가		(xxx)	제품매출원가		(xxx)
기초상품재고액	xxx		기초제품재고액	xxx	
당기상품매입액	xxx		**당기제품제조원가**	xxx	
기말상품재고액	(xxx)		기말제품재고액	(xxx)	
매출총이익		xxx	매출총이익		xxx

주의 ∴상기업 I/S 당기상품매입액은 제조기업의 경우에 당기제품제조원가로 나타남.

회계처리

구분	거래	차변	금액	대변	금액
DM	① 원재료구입	(차) 원재료	xxx	(대) 현금(매입채무)	xxx
	② 원재료사용	(차) 재공품(직접재료비)	xxx	(대) 원재료	xxx
		제조간접비(간접재료비)	xxx		
DL	① 노무비발생	(차) 노무비	xxx	(대) 현금(미지급임금)	xxx
	② 직접노무비대체	(차) 재공품(직접노무비	xxx	(대) 노무비	xxx
		제조간접비(간접노무비)	xxx		
OH	① 제조간접비발생	(차) 감가상각비	xxx	(대) 감가상각누계액	xxx
		수선유지비	xxx	현금	xxx
	② 제조간접비집계	(차) 제조간접비	xxx	(대) 감가상각비	xxx
				수선유지비	xxx
	③ 제조간접비대체	(차) 재공품	xxx	(대) 제조간접비	xxx
제품	① 제품의 완성	(차) 제품	xxx	(대) 재공품	xxx
	② 제품의 판매	(차) 매출채권	xxx	(대) 매출	xxx
		(차) 매출원가	xxx	(대) 제품	xxx

FINAL 객관식뽀개기 실전적중문제

1. 다음 자료를 이용하여 계산한 매출원가는? [감평사기출]

기초재공품	₩60,000	기초제품	₩45,000
기말재공품	₩30,000	기말제품	₩60,000
직접재료원가	₩45,000	직접노무원가	₩35,000
제조간접원가	₩26,000		

① ₩121,000 ② ₩126,000 ③ ₩131,000
④ ₩136,000 ⑤ ₩141,000

내비게이션
- 당기총제조원가 : 45,000(DM)+35,000(DL)+26,000(OH)=106,000
- 당기제품제조원가 : (60,000+106,000)-30,000=136,000
- 매출원가 : (45,000+136,000)-60,000=121,000

2. 다음은 ㈜관세의 20x1년 생산 · 판매와 관련된 자료이다.

기초재공품	₩170,000	기말재공품	₩320,000
직접재료원가	₩830,000	직접노무원가	₩750,000
전환원가	₩2,250,000	기초제품	₩130,000
기말제품	₩110,000	매출액	₩3,835,000

위 자료를 이용하여 계산한 ㈜관세의 20x1년 매출총이익은? [관세사기출]

① ₩135,000 ② ₩885,000 ③ ₩905,000
④ ₩925,000 ⑤ ₩965,000

내비게이션
- 당기총제조원가 : 830,000+2,250,000=3,080,000
- 당기제품제조원가 : (170,000+3,080,000)-320,000=2,930,000
- 매출원가 : (130,000+2,930,000)-110,000=2,950,000

∴매출총이익 : 3,835,000-2,950,000=885,000

3. ㈜관세는 20x1년 4월중 ₩100,000의 재료A를 제품생산에 투입하였으며, 20x1년 4월말 재료A의 재고액은 4월초에 비하여 ₩20,000이 증가하였다. ㈜관세는 20x1년 4월중에 재료A를 얼마나 구입하였는가? [관세사기출]

① ₩50,000 ② ₩80,000 ③ ₩100,000
④ ₩120,000 ⑤ ₩150,000

내비게이션
- 원재료계정 추정

기초원재료	A	투입(사용)	100,000
구입(당기매입)	x	기말원재료	A+20,000

→A+x=100,000+(A+20,000)에서, x=120,000

4. ㈜세무의 20x1년도 기초 및 기말 재고자산은 다음과 같다.

	기초잔액	기말잔액
원재료	₩34,000	₩10,000
재공품	₩37,000	₩20,000
제 품	₩10,000	₩48,000

원재료의 제조공정 투입금액은 모두 직접재료원가이며, 20x1년 중에 매입한 원재료는 ₩76,000이다. 20x1년의 기본원가(prime costs)는 ₩400,000이고, 전환원가(가공원가 : conversion costs)의 50%가 제조간접원가이다. ㈜세무의 20x1년 매출원가는 얼마인가? [세무사기출]

① ₩679,000 ② ₩700,000 ③ ₩717,000
④ ₩727,000 ⑤ ₩747,000

내비게이션
- DM : (34,000+76,000)-10,000=100,000
- DL : 400,000(기본원가)-100,000(DM)=300,000
- OH=(300,000+OH)×50% →OH=300,000
- 당기총제조원가 : 100,000+300,000+300,000=700,000
- 당기제품제조원가 : (37,000+700,000)-20,000=717,000
- 매출원가 : (10,000+717,000)-48,000=679,000

5. 20x1년 1월 5일에 영업을 시작한 A상회는 20x1년 12월 31일에 재공품 ₩10,000, 제품 ₩20,000을 가지고 있었다. 20x2년에 영업실적이 부진하자 이 회사는 동년 6월말에 재공품 재고를 남겨두지 않고 전량 제품으로 생산한 뒤 싼 가격으로 전부 처분하고 공장을 폐쇄하였다. 이 회사의 20x2년도 원가를 큰 순서대로 정리한 것으로 옳은 것은?

① 매출원가, 당기제품제조원가, 당기총제조원가
② 매출원가, 당기총제조원가, 당기제품제조원가
③ 당기총제조원가, 당기제품제조원가, 매출원가
④ 모두 금액이 같다.
⑤ 매출원가만 높고, 당기제품제조원가와 당기총제조원가는 같다.

내비게이션
- 당기제품제조원가 : 당기총제조원가+기초재공품(10,000)-기말재공품(0)
- 매출원가 : 당기제품제조원가+기초제품(20,000)-기말제품(0)

서술형Correction연습

❒ 당기 매출원가나 기초제품재고액도 제조원가명세서에 표시되는 항목에 해당한다.

➲ (X) : 매출원가는 손익계산서에 표시되며, 제품계정은 제조원가명세서 작성시 필요한 자료가 아니다.

Answer 1. ① 2. ② 3. ④ 4. ① 5. ①

시험중요도 ★★★

기본이론 제6강 원가의 추정 원가행태와 추정

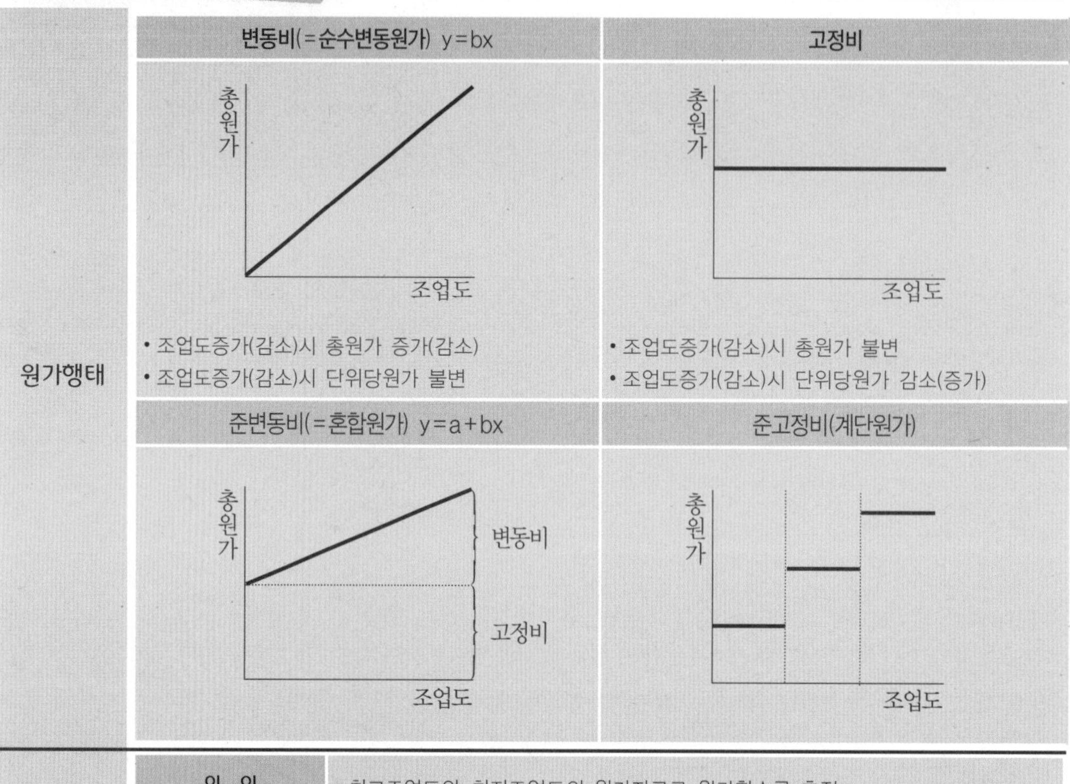

고저점법

의 의	• 최고조업도와 최저조업도의 원가자료로 원가함수를 추정
단위당변동비추정	• 단위당변동비 = $\frac{\text{최고조업도원가} - \text{최저조업도원가}}{\text{최고조업도} - \text{최저조업도}}$
최고·최저점선택	• 조업도를 기준으로 최고조업도, 최저조업도인 점을 선택함. ·주의 최고원가, 최저원가를 기준으로 선택하는 것이 아님.

사례 고저점법에 의한 원가함수 추정

◎ 고저점법에 의해 11월에 예상직접노동시간이 1,000시간일 경우 11월의 제조간접비를 추정하시오.

월별	직접노동시간	제조간접비
7월	1,050시간	₩21,000
8월	850시간	₩14,000

월별	직접노동시간	제조간접비
9월	1,100시간	₩20,000
10월	600시간	₩15,000

풀이

• 시간당변동비 : $\frac{20,000-15,000}{1,100\text{시간}-600\text{시간}}=10$

→따라서, 추정함수는 $y=a+10x$

• x에 1,100시간, y에 20,000을 대입하면, a=9,000

→따라서, $y=9,000+10x$

∴11월 제조간접비추정액 : 9,000+10×1,000시간=19,000

참고 원가함수 추정방법 : 고저점법, 산업공학분석법, 계정분석법, 회귀분석법, 산포도법, 학습곡선

FINAL 객관식뽀개기 실전적중문제

1. 다음은 20x1년 ㈜관세의 기계가동시간과 윤활유원가에 대한 일부 자료이다.

분기	기계가동시간	윤활유원가
1	5,000시간	₩256,000
2	4,500시간	₩232,000
3	6,500시간	₩285,000

20x1년 4분기에 기계가동시간은 5,500시간으로 예상된다. 고저점법을 이용하여 원가를 추정할 때 20x1년 4분기의 윤활유원가는 얼마로 추정되는가? [관세사기출]

① ₩252,000 ② ₩254,500 ③ ₩256,000
④ ₩258,500 ⑤ ₩261,000

내비게이션

• 단위당변동비 : $\frac{285,000-232,000}{6,500시간-4,500시간}=26.5$

→y=a+26.5x , x=6,500시간, y=285,000을 대입하면, a=112,750

→y=112,750+26.5x

∴112,750+26.5×5,500시간=258,500

2. 다음은 A제품의 20x1년과 20x2년의 생산관련 자료이며, 총고정원가와 단위당 변동원가는 일정하였다.

구분	생산량(개)	총제조원가(원)
20x1년	1,000	50,000,000
20x2년	2,000	70,000,000

20x3년도에는 전년도에 비해 총고정원가는 20% 증가하고 단위당 변동원가는 30% 감소한다면, 생산량이 3,000개일 때 총제조원가는? [감평사기출]

① ₩62,000,000 ② ₩72,000,000 ③ ₩78,000,000
④ ₩86,000,000 ⑤ ₩93,000,000

내비게이션

• 단위당변동비 : $\frac{70,000,000-50,000,000}{2,000개-1,000개}=20,000$

→y=a+20,000x , x=2,000개, y=70,000,000을 대입하면, a=30,000,000

→y=30,000,000+20,000x

• 20x3년 추정함수 : y=30,000,000×120%+20,000×70%x

→y=36,000,000+14,000x

∴36,000,000+14,000×3,000개=78,000,000

3. ㈜세무의 지난 6개월간 기계가동시간과 기계수선비에 대한 자료는 다음과 같다. ㈜세무가 고저점법을 사용하여 7월의 기계수선비를 ₩2,019,800으로 추정하였다면, 예상 기계가동시간은?(단, 기계수선비의 원가동인은 기계가동시간이다.) [세무사기출]

월	기계가동시간	기계수선비
1	3,410시간	₩2,241,000
2	2,430시간	₩1,741,000
3	3,150시간	₩1,827,000
4	3,630시간	₩2,149,000
5	2,800시간	₩2,192,500
6	2,480시간	₩1,870,000

① 2,800시간 ② 3,140시간 ③ 3,250시간
④ 3,500시간 ⑤ 3,720시간

내비게이션

• 단위당변동비 : $\frac{2,149,000-1,741,000}{3,630시간-2,430시간}=340$

→y=a+340x , x=3,630시간, y=2,149,000을 대입하면, a=914,800

→y=914,800+340x

∴2,019,800=914,800+340x 에서, x=3,250시간

4. ㈜국세는 단일제품을 생산·판매하고 있으며, 7월에 30단위의 제품을 단위당 ₩500에 판매할 계획이다. ㈜국세는 제품 1단위를 생산하는데 10시간의 직접노무시간을 사용하고 있으며, 제품 단위당 변동판매비와관리비는 ₩30이다. ㈜국세의 총제조원가에 대한 원가동인은 직접노무시간이며, 고저점법에 의하여 원가를 추정하고 있다. 제품의 총제조원가와 직접노무시간에 대한 자료는 다음과 같다.

	총제조원가	직접노무시간
1월	₩14,000	120시간
2월	₩17,000	100시간
3월	₩18,000	135시간
4월	₩19,000	150시간
5월	₩16,000	125시간
6월	₩20,000	140시간

㈜국세가 7월에 30단위의 제품을 판매한다면 총공헌이익은 얼마인가? [세무사기출]

① ₩1,700 ② ₩2,100 ③ ₩3,000
④ ₩12,900 ⑤ ₩13,800

내비게이션

• 단위당변동비 : $\frac{19,000-17,000}{150시간-100시간}=40$

→y=a+40x , x=150시간, y=19,000을 대입하면, a=13,000

→y=13,000+40x

∴매출액(30단위×500)−변동제조원가(40×300시간)−변동판관비(30단위×30)=2,100

Answer 1. ④ 2. ③ 3. ③ 4. ②

시험중요도 ★★★

기본이론 제7강 학습곡선

학습효과

구분	항목	내용
학습효과	생산량과 노동시간	• 재료비와는 달리 노동시간(작업시간)은 생산량을 증가시키면 작업자의 숙련도 증가로 노동시간(작업시간)을 단축할 수 있음.
	학습효과	• 생산량이 증가할수록 해당 작업의 반복 수행으로 인한 숙련도 증가로 단위당 노동시간(작업시간)이 규칙적으로 감소하는 효과를 학습효과라 함. ➡생산과정에 학습효과가 나타나게 되면 단위당변동원가는 선형함수로 설명되지 않으며 원가함수는 비선형이 됨.(대표적인 비선형원가함수가 학습곡선임.)

·주의 학습효과는 직접노무원가를 기준으로 제품에 배부되는 변동제조간접원가에도 영향을 미침.

학습모형 종류

누적평균시간 학습모형

• 누적생산량이 2배가 될 때마다 단위당누적평균시간이 일정비율(=학습률)로 감소하는 형태로 학습효과가 발생하는 경우의 학습곡선

누적생산량	단위당누적평균시간(학습률 80%)	총누적시간
1	1,000시간	1,000시간×1=1,000시간
2	1,000시간×80%=800시간	800시간×2=1,600시간

증분단위시간 학습모형

• 누적생산량이 2배가 될 때마다 증분단위시간(마지막 1단위시간)이 일정비율(=학습률)로 감소하는 형태로 학습효과가 발생하는 경우의 학습곡선

누적생산량	증분단위시간(학습률 80%)	총누적시간
1	1,000시간	1,000시간×1=1,000시간
2	1,000시간×80%=800시간	1,000시간+800시간=1,800시간

저자주 증분단위시간학습모형은 수험목적상 참고만하기 바랍니다.

사례 누적평균시간학습모형에 의한 원가추정

㈜합격은 이제까지 각각 4대의 경비행기를 생산·판매함. 국방부로부터 경비행기 4대의 입찰계약 참가요청을 최근에 받음. 이미 판매한 4대의 원가자료는 다음과 같고, 85% 누적평균시간학습곡선에 따름. ㈜합격은 제조원가에 10%의 이윤을 가산하여 판매한다고 할 때 제시할 대당 판매가는 얼마인가?

직접재료비	4대×@100,000=400,000	-
직접노무비	28,900시간×@30=867,000	직접노무비는 시간당 ₩30임.
간접조립비	28,900시간×@20=578,000	직접노동시간에 직접적으로 영향받음.
기타제조간접비	867,000×10%=86,700	직접노무비의 10%를 배부함.

풀이

• 경비행기 4대에 대한 직접노동시간 계산

누적생산량	단위당누적평균시간(학습률 85%)	총누적시간
1	A	
2	B	
4	28,900시간÷4=7,225시간[2순위]	28,900시간[1순위]
8	7,225시간×85%=6,141시간[3순위]	6,141시간×8=49,128시간[4순위]

→경비행기 4대에 대한 직접노동시간 계산 : 49,128시간-28,900시간=20,228시간

• 경비행기 4대에 대한 예상원가 계산

4대×@100,000+20,228시간×@30+20,228시간×@20+(20,228시간×@30)×10%=1,472,084

• 경비행기 1대당 판매가 계산

(1,472,084÷4대)×110%=404,823

보론 위 표의 A와 B 금액의 계산

❒ B : B×85%=7,225시간 →∴B=8,500시간

❒ A : A×85%=8,500시간 →∴A=10,000시간

FINAL 객관식뽀개기 실전적중문제

1. 20x3년도에 설립된 ㈜관세항공은 처음으로 소방용 헬기 4대의 주문을 받았다. ㈜관세항공이 소방용 헬기를 생산할 때 학습률 90%의 누적평균시간 학습모형이 적용된다. 소방용 헬기 4대에 대한 제품원가를 계산하면 얼마인가? (단, 고정제조간접원가는 없는 것으로 가정한다.) [관세사기출]

- 1대당 직접재료원가 : ₩80,000
- 첫 번째 헬기생산 직접작업시간 : 3,000시간
- 직접노무원가 직접작업시간당 ₩25
- 변동제조간접원가 직접노무원가의 60%

① ₩631,040 ② ₩684,800 ③ ₩708,800 ④ ₩718,800 ⑤ ₩740,040

내비게이션

- 4대 생산시까지 총누적시간 계산

누적생산량	단위당누적평균시간	총누적시간
1	3,000시간	3,000시간
2	3,000시간×90%=2,700시간	2,700시간×2=5,400시간
4	2,700시간×90%=2,430시간	2,430시간×4=9,720시간

∴4대×80,000+9,720시간×25+(9,720시간×25)×60%=708,800

2. ㈜관세가 신제품 P-1 첫 번째 단위를 생산하는 데 소요된 직접노무시간은 90시간이며, 두 번째 단위를 생산하는 데 소요된 직접노무시간은 54시간이다. 이 신제품 P-1의 생산과 관련된 원가자료는 다음과 같다.

구분	금액
제품 단위당 직접재료원가	₩500
직접노무시간당 임률	₩10
변동제조간접원가 (직접노무시간에 비례하여 발생)	직접노무시간당 ₩2.5
고정제조간접원가 배부액	₩2,500

직접노무시간이 누적평균시간 학습모형을 따르는 경우, 최초로 생산된 4단위의 총제조원가는? [관세사기출]

① ₩4,880 ② ₩5,880 ③ ₩6,880 ④ ₩7,380 ⑤ ₩8,880

내비게이션

- 2단위 생산시까지 단위당누적평균시간 : (90+54)÷2=72
- 학습률 : 90×학습률=72에서, 학습률=80%
- 4단위 생산시까지 총누적시간 계산

누적생산량	단위당누적평균시간	총누적시간
1	90시간	90시간
2	90시간×80%=72시간	72시간×2=144시간
4	72시간×80%=57.6시간	57.6시간×4=230.4시간

∴4단위×500+230.4시간×10+230.4시간×2.5+2,500=7,380

3. ㈜감평은 20x1년초에 신제품을 개발하여 최초 10단위를 생산하였으며, 최초 10단위의 신제품 생산과 관련된 제조원가는 다음과 같다.

직접재료원가	₩8,000
직접노무원가(시간당 ₩10)	₩3,000
변동제조간접원가 (직접노무시간에 비례하여 발생)	₩9,000
고정제조간접원가 배부액	₩2,000

신제품 생산에는 90% 누적평균시간 학습효과가 있는 것으로 분석되었다. 추가로 30단위를 생산하여 총 40단위를 생산할 경우, 총 40단위에 대해 예상되는 변동원가는?(단, ㈜감평은 신제품을 생산할 수 있는 충분한 여유설비를 확보하고 있다.) [감평사기출]

① ₩70,880 ② ₩72,880 ③ ₩76,680 ④ ₩78,680 ⑤ ₩80,880

내비게이션

- 10단위를 1개의 묶음으로 하여 분석한다.
- 10단위 생산시 직접노무시간 : 3,000÷10=300시간
- 시간당 변동제조간접원가 : 9,000÷300시간=30
- 4묶음 생산시까지 총직접노무시간 계산

누적생산량	묶음당누적평균시간	총누적시간
1묶음	300	300
2묶음	300×90%=270	270×2묶음=540
4묶음	270×90%=243	243×4묶음=972

- 40단위 변동원가 계산

직접재료원가 : 4묶음×8,000 = 32,000
직접노무원가 : 972시간×10 = 9,720
변동제조간접원가 : 972시간×30 = 29,160
70,880

[별해]

- 10단위를 1개의 묶음으로 하여 분석하며, 10단위 직접노무원가가 주어져 있으므로 직접노무원가에 직접적으로 학습률을 적용해도 된다.
- 변동제조간접원가는 직접노무원가의 3배($=\frac{9,000}{3,000}=3$)를 배부한다.
- 4묶음(40단위) 생산시까지 총직접노무원가 계산

누적생산량	직접노무원가(10단위당)	총직접노무원가
1묶음(10단위)	3,000	3,000
2묶음(20단위)	3,000×90%=2,700	2,700×2묶음=5,400
4묶음(40단위)	2,700×90%=2,430	2,430×4묶음=9,720

- 40단위 변동원가 계산

직접재료원가 : 4묶음x8,000 = 32,000
직접노무원가 : 9,720
변동제조간접원가 : 9,720×3배 = 29,160
70,880

Answer 1. ③ 2. ④ 3. ①

시험중요도 ★★☆

기본이론 제8강

개별원가계산 실제개별원가계산의 개요

의의

❖DM과 DL을 개별제품에 부과하고 OH는 배부기준에 의해 각 제품에 배부

❖제조관련 발생한 작업폐물의 처분가액은 제조간접비를 감소시킴. ➡(차) 현금 xxx (대) OH xxx

	개별원가계산	종합원가계산
생산형태	• 주문에 따른 다품종 소량생산방식 • 수주전이 치열 ➡예 조선업, 건설업	• 동종제품의 대량연속생산방식 • 판매전이 치열 ➡예 제분업, 시멘트업, 정유업
원가집계	• 제조원가는 각 작업별로 집계	• 제조원가는 각 공정별로 집계
기말재공품평가	• 평가문제 발생치 않음 ➡∴정확함	• 평가문제 발생함 ➡∴상대적으로 부정확
핵심과제	• 제조간접비배부(작업원가표)	• 완성품환산량계산(제조원가보고서)

보론 개별원가계산은 제품별로 손익분석 및 계산이 용이하나, 각 작업별로 원가를 계산하므로 비용과 시간이 많이 든다는 단점이 있다.

제조간접비 배부

❖제조간접비의 발생과 높은 상관관계를 가진 배부기준을 정하여 기말에 각 제품에 배부해야함.

	배부기준
감가상각비	• 기계사용시간, 공장건물면적
복리후생비	• 각 부문의 종업원 수
임차료	• 각 부문의 점유면적

❖제조간접비실제배부율을 결정하여 작업별 배부기준(조업도)에 배부율을 곱하여 각 작업에 배부함.

$$\text{제조간접비실제배부율} = \frac{\text{실제제조간접비}}{\text{실제배부기준(조업도)}}$$

➡∴기말에 가서야 비로소 결정되는 문제점이 있음.

사례 제조간접비의 배부

✪ 1월중에 다음의 세가지 작업을 시작하여 완성함. 1월중의 제조간접비 발생액은 ₩1,000,000이었다. 배부기준은 직접노동시간이다.

	작업1	작업2	작업3	합계
직접재료비	₩150,000	₩150,000	₩200,000	₩500,000
직접노무비	₩250,000	₩150,000	₩400,000	₩800,000
직접노동시간	350시간	150시간	500시간	1,000시간

풀이

• 배부율 $= \frac{1,000,000}{1,000\text{시간}}$ =직접노동시간당 1,000

	작업1	작업2	작업3
직접재료비	150,000	150,000	200,000
직접노무비	250,000	150,000	400,000
제조간접비	350×1,000=350,000	150×1,000=150,000	500×1,000=500,000
제조원가	750,000	450,000	1,100,000

시험중요도 ★★☆

FINAL 객관식뽀개기 — 실전적중문제

1. 실제개별원가계산제도를 사용하는 ㈜감평의 20x1년도 연간 실제 원가는 다음과 같다.

직접재료원가	₩4,000,000
직접노무원가	₩5,000,000
제조간접원가	₩1,000,000

㈜감평은 20x1년 중 작업지시서 #901을 수행하였는데 이 작업에 320시간의 직접노무시간이 투입되었다. ㈜감평은 제조간접원가를 직접노무시간을 기준으로 실제배부율을 사용하여 각 작업에 배부한다. 20x1년도 실제 총직접노무시간은 2,500시간이다. ㈜감평이 작업지시서 #901에 배부하여야 할 제조간접원가는? [감평사기출]

① ₩98,000 ② ₩109,000 ③ ₩128,000
④ ₩160,000 ⑤ ₩175,000

내비게이션

• 제조간접비실제배부율 : $\frac{1,000,000}{2,500\text{시간}}$ =400

∴작업지시서 #901에 배부할 OH : 320시간×400=128,000

2. 다음은 개별원가계산제도를 이용하고 있는 ㈜한국의 원가계산 자료이다. 제조간접원가는 기본원가(prime costs)를 기준으로 배부한다.

원가항목	작업#1	작업#2	작업#3	합계
기초재공품	₩2,000	₩4,000	–	₩6,000
직접재료원가	₩2,800	₩3,000	₩2,200	₩8,000
직접노무원가	₩4,000	₩5,000	₩3,000	₩12,000
제조간접원가	( )	( )	( )	₩6,000

작업#1과 작업#3는 완성되었고, 작업#2는 미완성되었다. ㈜한국이 기말재공품으로 계상할 금액은? [감평사기출]

① ₩9,600 ② ₩10,200 ③ ₩12,500
④ ₩13,600 ⑤ ₩14,400

내비게이션

• 제조간접비실제배부율 : $\frac{6,000}{8,000+12,000}$ =기본원가 1원당 0.3

• 기말재공품(작업#2)의 제조간접원가 : (3,000+5,000)×0.3=2,400

∴기말재공품(작업#2) : 4,000+3,000+5,000+2,400=14,400

3. ㈜세무는 개별원가계산방법을 적용한다. 제조지시서#1은 전기부터 작업이 시작되었고, 제조지시서#2와 #3은 당기 초에 착수되었다. 당기 중 제조지시서#1과 #2는 완성되었으나, 당기말 현재 제조지시서#3은 미완성이다. 당기 제조간접원가는 직접노무원가에 근거하여 배부한다. 당기에 제조지시서#1 제품은 전량 판매되었고, 제조지시서#2 제품은 전량 재고로 남아있다. 다음 자료와 관련된 설명으로 옳지 않은 것은? [세무사기출]

구분	#1	#2	#3	합계
기초금액	₩450	–	–	
[당기투입액				
직접재료원가	₩6,000	₩2,500	( )	₩10,000
직접노무원가	₩500	( )	( )	₩1,000
제조간접원가	( )	₩1,000	( )	₩4,000

① 당기제품제조원가는 ₩12,250이다.
② 당기총제조원가는 ₩15,000이다.
③ 기초재공품은 ₩450이다.
④ 기말재공품은 ₩2,750이다.
⑤ 당기매출원가는 ₩8,950이다.

내비게이션

• 직접노무원가 합계가 1,000, 제조간접원가 합계가 4,000이므로 제조간접원가는 직접노무원가의 4배를 배부한다.

• 괄호 금액 계산

구분	#1	#2	#3	합계
기초금액	450	–	–	
[당기투입액				
직접재료원가	6,000	2,500	(㉠)	10,000
직접노무원가	500	(㉡)	(㉢)	1,000
제조간접원가	(㉣)	1,000	(㉤)	4,000

㉠ : 10,000-(6,000+2,500)=1,500
㉡ : ㉡×4배=1,000에서, ㉡=250
㉢ : 1,000-(500+250)=250
㉣ : 500×4배=2,000
㉤ : 4,000-(2,000+1,000)=1,000

• 기초재공품 : 450
당기총제조원가(당기투입액 합계) : 10,000+1,000+4,000=15,000
기말재공품(㉠+㉢+㉤) : 1,500+250+1,000=2,750
당기제품제조원가 : (450+15,000)-2,750=12,700
매출원가 : 450+6,000+500+2,000=8,950

서술형Correction연습

❒ 개별원가계산은 각 작업별로 원가를 계산하므로 비용과 시간이 절약된다.

➲ (X) : 각 작업별로 원가를 계산하므로 비용과 시간이 많이 든다.

Answer 1. ③ 2. ⑤ 3. ①

시험중요도 ★★☆

기본이론 제9강 부문별 제조간접비의 배부

배부절차

- 제조부문 : 주조부문, 단조부문, 선반부문, 조립부문 등
- 보조부문 : 제조부문의 제조활동을 보조하는 부문으로 동력부, 수선부 등

❖계산절차

〈1순위〉 제조부문개별비를 각 제조부문에 부과
〈2순위〉 제조부문공통비를 각 제조부문에 배부
〈3순위〉 보조부문비를 각 제조부문에 배부
〈4순위〉 제조부문비를 각 제품에 배부

비교 ① 개별원가계산 : 제조간접비만이 부문별 원가계산의 집계대상이 됨.
② 종합원가계산 : 모든 원가요소가 부문별 집계대상이 됨.

배부방법

공장전체배부	• 공장전체 제조간접비배부율을 산정하여 배부하는 방법 주의 공장전체 제조간접비배부율을 사용시는 보조부문원가를 배분할 필요가 없음.
부문별배부	• 각 제조부문별로 배부율을 산정하여 배부하는 방법 ➡공장전체배부보다 더 정확함.

사례 부문별 제조간접비의 배부

✪ A회사의 남서울공장에는 두개의 제조부분 X, Y가 있다. 다음은 올해 4월의 자료이다.

	X부문	Y부문	합 계
제조간접비	₩200,000	₩400,000	₩600,000
직접노동시간	1,000시간	4,000시간	5,000시간

✪4월 중 착수하여 완성된 #101 작업의 원가자료는 다음과 같다.

	X부문	Y부문	합 계
직접재료비	₩15,000	₩5,000	₩20,000
직접노무비	₩10,000	₩15,000	₩25,000
직접노동시간	60시간	120시간	180시간

✪ 회사는 직접노동시간을 기준으로 하여 제조간접비를 배부하고 있다. 공장전체 제조간접비배부율과 부문별 제조간접비배부율을 사용할 경우 각각에 대하여 #101 작업의 총제조원가를 계산하면?

1. 공장전체 제조간접비배부율 사용시
   - 공장전체 제조간접비배부율=600,000÷5,000시간=@120/직접노동시간당

제조간접비 배부액	180시간×@120=21,600
총제조원가	20,000+25,000+21,600=66,600

2. 부문별 제조간접비배부율 사용시
   - 배부율(X부문)=200,000÷1,000시간=@200/직접노동시간당
   - 배부율(Y부문)=400,000÷4,000시간=@100/직접노동시간당

제조간접비 배부액	X	60 ×@200=12,000
	Y	120 ×@100=12,000
총제조원가		20,000+25,000+12,000+12,000=69,000

FINAL 객관식뽀개기 실전적중문제

1. 다음 중 원가 배분 절차를 가장 올바르게 나타낸 것은 무엇인가?

> ㄱ. 공통적으로 발생한 원가를 회사의 각 부문에 배분함.
> ㄴ. 보조부문에 집계되거나 보조부문이 배분받는 공통원가를 제조부문에 배분함.
> ㄷ. 제품별로 집계된 원가를 기초로 매출원가와 재고자산가액을 산출함.
> ㄹ. 제조부문에 집계된 원가를 각 제품별로 배분함.

① ㄱ→ㄴ→ㄹ→ㄷ ② ㄱ→ㄴ→ㄷ→ㄹ
③ ㄴ→ㄱ→ㄹ→ㄷ ④ ㄴ→ㄷ→ㄱ→ㄹ
⑤ ㄴ→ㄹ→ㄷ→ㄱ

내비게이션
• 가장 먼저 공통원가를 각 부문에 배분한다.

2. ㈜합격은 직접원가를 기준으로 제조간접비를 배부한다. 작업지시서 No.1의 제조간접비배부액은?

	공장전체발생원가	작업지시서 No.1
직접재료비	₩1,000,000	₩300,000
직접노무비	₩1,500,000	₩400,000
기계시간	150시간	15시간
제조간접비	₩7,500,000	( )

① ₩700,000 ② ₩2,100,000 ③ ₩3,000,000
④ ₩3,651,310 ⑤ ₩3,700,000

내비게이션
• 제조간접비배부율 : 7,500,000÷2,500,000=3/직접원가
• 제조간접비배부액 : 700,000×3=2,100,000

3. 부문공통비 중의 하나인 복리후생비를 각 제조부문에 배부하고자 할 때, 다음 중 가장 적절한 배부기준은?

① 제조부문의 원재료사용량
② 제조부문의 기계장치의 장부가액
③ 제조부문사업장의 면적
④ 제조부문 종업원 수
⑤ 제조부문 기계사용시간

내비게이션
• 복리후생비와 인과관계에 가장 근접하는 것은 제조부문 종업원 수이다.

4. 회사의 남서울공장에는 두 개의 제조부분 X, Y가 있다. 다음은 올해 4월의 자료이다.

	X부문	Y부문	합계
제조간접비	₩200,000	₩400,000	₩600,000
직접노동시간	1,000시간	4,000시간	5,000시간

4월 중 착수하여 완성된 #101 작업의 원가자료는 다음과 같다.

	X부문	Y부문	합계
직접재료비	₩15,000	₩5,000	₩20,000
직접노무비	₩10,000	₩15,000	₩25,000
직접노동시간	60시간	120시간	180시간

회사는 직접노동시간을 기준으로 하여 제조간접비를 배부하고 있다. 공장전체 제조간접비배부율과 부문별 제조간접비배부율을 사용할 경우 각각에 대하여 #101 작업의 총제조원가를 계산하면?

	공장전체 제조간접비배부율	부문별 제조간접비배부율
①	₩69,000	₩66,600
②	₩70,400	₩66,600
③	₩66,600	₩66,600
④	₩66,600	₩69,000
⑤	₩69,000	₩69,000

• 20,000+25,000+180×@120=66,600
• 20,000+25,000+60×@200+120×@100=69,000

Answer 1. ① 2. ② 3. ④ 4. ④

시험중요도 ★★★

기본이론 제10강 보조부문원가의 배분 : 단일배분율법

공통사례

	보조부문		제조부문		합 계
	A	B	X	Y	
A	–	20%	50%	30%	100%
B	50%	–	10%	40%	100%
발생원가	₩200,000	₩100,000	₩300,000	₩400,000	₩1,000,000

직접배분법

❖보조부문간 용역수수관계를 무시하고 제조부문에만 배분하는 방법

	A	B	X	Y
배분전원가	200,000	100,000	300,000	400,000
A	(200,000)	–	200,000 × 5/8	200,000 × 3/8
B	–	(100,000)	100,000 × 1/5	100,000 × 4/5
배분후원가	0	0	445,000	555,000

단계배분법

❖배분순서에 따라 보조부문, 제조부문에 배분하여 보조부문간 용역수수관계를 일부 인식하는 방법 (직접배분법과 상호배분법을 절충한 중간형태의 방법임)
➡일단 배분된 부문은 다시는 배분받지 못함.

❖배분순서의 결정순서
① 다른 보조부문에 대한 용역 제공비율이 큰 것부터
② 용역을 제공하는 다른 보조부문의 수가 많은 것부터
③ 발생원가가 큰 것부터

• A부터 배분가정

	A	B	X	Y
배분전원가	200,000	100,000	300,000	400,000
A	(200,000)	200,000 × 2/10	200,000 × 5/10	200,000 × 3/10
B	–	(140,000)	140,000 × 1/5	140,000 × 4/5
배분후원가	0	0	428,000	572,000

상호배분법

❖보조부문간 용역수수관계를 완전히 인식하는 방법
➡이론적으로 가장 타당하며 계산이 가장 정확함.

❖배분될 총원가=자가부문원가+배분된 원가

	A	B	X	Y
배분전원가	200,000	100,000	300,000	400,000
A	(277,778*)	277,778 × 2/10	277,778 × 5/10	277,778 × 3/10
B	155,556×5/10	(155,556*)	155,556 × 1/10	155,556 × 4/10
배분후원가	0	0	454,445	545,555

* A=200,000+0.5B, B=100,000+0.2A를 연립하면 → A=277,778, B=155,556

보론 ① 어떤 방법을 사용하더라도 보조부문비 총액은 모두 제조부문에 배부되며, 보조부문이 하나인 경우에는 3가지 방법에 의한 결과는 동일함.

② 자가부문소비용역(보조부문 자신이 자신의 용역을 소비)은 보조부문원가 배분시 별도로 고려치 않음. 즉, 자신의 사용비율은 제외시키고 나머지 부문 사용비율로 배분함.

FINAL 객관식뽀개기 실전적중문제

1. ㈜관세는 제조부문(절단, 조립)과 보조부문(수선, 동력)을 이용하여 제품을 생산하고 있다. 수선부문과 동력부문의 부문원가는 각각 ₩250,000과 ₩170,000이며 수선부문은 기계시간, 동력부문은 전력소비량(kWh)에 비례하여 원가를 배부한다.

제공 \ 사용	제조부문		보조부문	
	절단	조립	수선	동력
수선	60시간	20시간	8시간	12시간
동력	350kwh	450kwh	140kwh	60kwh

㈜관세가 보조부문원가를 직접배부법으로 제조부문에 배부할 경우, 절단부문에 배부될 보조부문원가는?(단, 보조부문의 자가소비분은 무시한다.) [관세사기출]

① ₩189,500 ② ₩209,500 ③ ₩226,341
④ ₩236,875 ⑤ ₩261,875

내비게이션

• $250,000\times\frac{60시간}{60시간+20시간}+170,000\times\frac{350kwh}{350kwh+450kwh}$ =261,875

2. 제조부문 A, B와 보조부문 X, Y의 서비스 제공관계는 다음과 같다.

제공 \ 사용	보조부문		제조부문		합계
	X	Y	A	B	
X	–	40단위	20단위	40단위	100단위
Y	80단위	–	60단위	60단위	200단위

X, Y부문의 원가는 각각 ₩160,000, ₩200,000이다. 단계배부법에 의해 X부문을 먼저 배부하는 경우와 Y부문을 먼저 배부하는 경우의 제조부문 A에 배부되는 총보조부문원가의 차이는? [감평사기출]

① ₩24,000 ② ₩25,000 ③ ₩26,000
④ ₩27,000 ⑤ ₩28,000

내비게이션

• $160,000\times20\%+(200,000+160,000\times40\%)\times\frac{60단위}{60단위+60단위}$ =164,000
• $200,000\times30\%+(160,000+200,000\times40\%)\times\frac{20단위}{20단위+40단위}$ =140,000
∴164,000－140,000=24,000

3. ㈜관세의 보조부문과 제조부문은 각각 두 개의 부문으로 구성되어 있다. 보조부문 1은 노무시간을, 보조부문 2는 기계시간을 기준으로 각 보조부문의 원가를 배부한다. 부문간 용역수수관계와 부문별 발생원가는 다음과 같다.

부문	보조부문		제조부문	
	부문1	부문2	부문1	부문2
보조부문1 (노무시간)	–	480	640	480
보조부문2 (기계시간)	280	–	560	560
발생원가	₩80,000	₩70,000	₩300,000	₩250,000

㈜관세가 상호배부법에 의하여 보조부문의 원가를 배부할 경우, 제조부문 2의 총원가는 얼마인가? [관세사기출]

① ₩320,000 ② ₩380,000 ③ ₩400,000
④ ₩550,000 ⑤ ₩600,000

내비게이션

• 용역제공비율

	보조부문1	보조부문2	제조부문1	제조부문2
보조부문1	-	30%	40%	30%
보조부문2	20%	-	40%	40%

• 보조부문1 배분대상액을 A, 보조부문2 배분대상액을 B라 하면,
㉠ A=80,000+B×20% ㉡ B=70,000+A×30%
→연립하면, A=100,000, B=100,000
∴250,000+(100,000×30%+100,000×40%)=320,000

4. ㈜감평은 수선부문과 동력부문의 두 개의 보조부문과 도색부문과 조립부문의 두 개의 제조부문으로 구성되어 있다. ㈜감평은 상호배부법을 사용하여 보조부문의 원가를 제조부문에 배부한다. 20x1년도 보조부문의 용역제공은 다음과 같다.

제공부문	보조부문		제조부문	
	수선	동력	도색	조립
수선(시간)	–	400	1,000	600
동력(kwh)	2,000	–	4,000	4,000

20x1년도 보조부문인 수선부문과 동력부문으로부터 도색부문에 배부된 금액은 ₩100,000이고, 조립부문에 배부된 금액은 ₩80,000이었다. 동력부문의 배부 전 원가는? [감평사기출]

① ₩75,000 ② ₩80,000 ③ ₩100,000
④ ₩105,000 ⑤ ₩125,000

내비게이션

• 수선부문 배분대상액을 A, 동력부문 배분대상액을 B라 하면,
㉠ 100,000=A×50%+B×40% ㉡ 80,000=A×30%+B×40%
→연립하면, A=100,000, B=125,000
• 125,000=동력부문배분전원가+100,000×20% →∴105,000

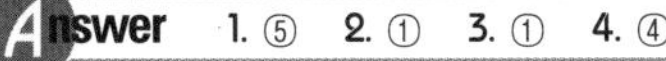
Answer 1. ⑤ 2. ① 3. ① 4. ④

시험중요도 ★★☆

기본이론 제11강 보조부문원가의 배분 : 이중배분율법

의의	단일배분율법	• 고정비와 변동비 구분없이 하나의 배부기준(실제사용량)으로 배분
	이중배분율법 (=원가행태에 의한 배분)	• 고정비 : 최대사용가능량을 기준으로 배분 • 변동비 : 실제사용량을 기준으로 배분
	▪주의 이중배분율법인 경우에도 직접배분법·단계배분법·상호배분법이 동일하게 적용됨.	

배분

사례 원가행태에 의한 보조부문원가의 배분①

✪ ㈜국민할매의 보조부문에서 발생한 변동제조간접원가는 ₩1,500,000, 고정제조간접원가는 ₩3,000,000이다. 이중배분율법에 의하여 보조부문의 제조간접원가를 제조부문에 배분할 경우 절단부문에 배분할 제조간접원가는 얼마인가?

제조부문	실제기계시간	최대기계시간
절단부문	2,500시간	7,000시간
조립부문	5,000시간	8,000시간

• 변동제조간접원가 $=1,500,000\times\dfrac{2,500}{2,500+5,000}=500,000$

• 고정제조간접원가 $=3,000,000\times\dfrac{7,000}{7,000+8,000}=1,400,000$

사례 원가행태에 의한 보조부문원가의 배분②

✪ 회사에는 하나의 보조부문 A(전력공급)와 두 개의 제조부문 X, Y가 있다. 각 제조부문의 월간 최대사용가능량과 5월의 실제사용량은 다음과 같다.

	X	Y
최대사용가능량	500kwh	1,500kwh
실제사용량	500kwh	500kwh

한편, 5월 각 부문 제조간접비는 다음과 같다.

	A	X	Y
변동비	₩100,000	₩140,000	₩160,000
고정비	₩200,000	₩160,000	₩240,000

보조부문원가를 단일배분율법, 이중배분율법에 의하는 경우에 제조부문 Y의 배분후 원가는 얼마인가?

1. 단일배분율법

   배분액 : $(100,000+200,000)\times\dfrac{500}{500+500}=150,000$

   →∴배분후원가 : (160,000+240,000)+150,000=550,000

2. 이중배분율법

   ① 변동비배분액 : $100,000\times\dfrac{500}{500+500}=50,000$

   ② 고정비배분액 : $200,000\times\dfrac{1,500}{500+1,500}=150,000$

   →∴배분후원가 : (160,000+240,000)+50,000+150,000=600,000

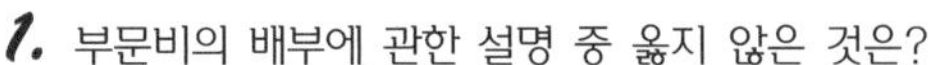

실전적중문제

1. 부문비의 배부에 관한 설명 중 옳지 않은 것은?

[관세사기출]

① 보조부문 서로간의 용역수수를 배부계산상 어떻게 고려하느냐에 따라 직접배부법, 단계배부법, 공통배부법 세 가지로 구분된다.

② 직접배부법은 계산이 간편하다는 장점 때문에 실무에서 환영받고 있으나 정확성이 떨어진다.

③ 원가관리를 위해서는 부문비의 1차 집계에 있어 제조간접비 모두를 가급적 부문개별비로 파악하는 것이 좋다.

④ 공장 건물에 하나의 계량기만 설치되어 있으면 공장 건물내의 각 원가부문의 입장에서 전력비는 부문공통비가 된다.

⑤ 보조부문비 배부방법에서 복수기준 배부법이 단일기준 배부법보다 각 원가의 인과관계를 더 명확히 하는 방법이다.

• 공통배부법(X) → 상호배부법(O)

2. 보조부문비에 대한 설명이다. 가장 틀린 것은?

① 이중배분율법(dual allocation method)에 직접배분법, 단계배분법, 상호배분법을 적용할 수 없다.

② 단일배분율법과 이중배분율법이 있다.

③ 상호배분법은 보조부문비를 용역수수관계에 따라 다른 보조부문과 제조부문에 배부하는 방법이다.

④ 이중배분율법은 원가행태로 배부기준을 적용한다.

⑤ 재고가 존재하지 않는다면 어떤 방식으로 보조부문의 원가를 배분하더라도 회사의 총이익은 변하지 않는다.

내비게이션

• 이중배분율법(=복수기준 배분법)도 모두 적용할 수 있다.

3. 다음은 보조부문원가를 배분하는 방법과 설명이다. 잘못 연결된 것은?

① 보조부분원가를 다른 보조부문에는 배분하지 않고 제조부문에만 배분하는 방법 – 직접배분법

② 보조부문원가를 배분순서에 따라 순차적으로 다른 보조부문과 제조부문에 배분하는 방법 – 단계배분법

③ 보조부문 상호간의 용역수수관계를 완전히 인식하는 방법 – 상호배분법

④ 변동원가와 고정원가로 구분하여 각각 다른 배분기준을 적용하여 배분하는 방법 – 단일배분율법

⑤ 보조부문 상호간의 용역수수를 고려하는 원가배분방법 – 단계배분법, 상호배분법

• 이중배분율법에 대한 설명이다.

4. ㈜A의 보조부문인 수선부문에서 발생한 변동원가는 ₩300,000이고, 고정원가는 ₩900,000이었다. 수선부문에서는 CM과 YC라는 두 개의 제조부문에 용역을 공급하고 있는데 각 제조부문의 실제사용시간 및 최대사용가능시간은 다음과 같다. 이중배분율법을 사용할 경우 CM 제조부문에 배분될 수선부문의 원가는 얼마인가?

구분	CM제조부문	YC제조부문
실제사용시간	150시간	50시간
최대사용가능시간	200시간	100시간

① ₩375,000 ② ₩525,000 ③ ₩825,000
④ ₩900,000 ⑤ ₩925,000

내비게이션

• $300,000 \times \frac{150시간}{150시간 + 50시간} + 900,000 \times \frac{200시간}{200시간 + 100시간}$
$= 825,000$

5. 다음 중 보조부문원가의 배부방법인 직접배분법, 단계배분법, 상호배분법에 관한 설명으로 가장 옳은 것은?

① 가장 논리적인 보조부문원가의 배분방법은 상호배분법이다.

② 보조부문원가를 어떤 배분방법으로 제조부문에 배분하느냐에 따라 공장전체의 제조간접원가가 달라진다.

③ 보조부문의 원가를 배분할 때에는 항상 수혜기준을 우선적으로 고려해야 한다.

④ 상호배분법은 단계배분법에 비해 순이익이 높게 계상되는 배부방법이다.

⑤ 직접배분법, 단계배분법, 상호배분법은 보조부문 상호간의 용역수수를 고려하는 원가배분방법이다.

내비게이션

• ② 어떤 방법을 사용해도 보조부문비 총액은 모두 제조부문에 배분되므로 어떤 방법으로 배분해도 제품 총원가는 동일하다.
③ 보조부문의 원가를 배부할 때에는 인과관계기준을 고려해야 한다.
④ 배분방법에 따라 달라지지 않는다.
⑤ 직접배분법은 보조부문 상호간의 용역수수를 고려하지 않는다.

Answer 1. ① 2. ① 3. ④ 4. ③ 5. ①

시험중요도 ★★☆

기본이론 제12강 정상원가계산 정상개별원가계산

의의

❖[실제개별원가계산의 문제점]

원가계산의 지연	• 제조간접비 실제발생액이 확정될 때까지 기다려 집계한 후 기말에 가서야 이를 실제배부기준에 따라 배부하므로, 제품은 기중에 판매가 이루어짐에도 불구하고 제품원가에 관한 정보는 기말이 되기까지 알 수 없게 됨. ➲ 따라서, 판매가격의 결정이 어렵게 되며 원가계산을 위한 업무량이 기말에 한꺼번에 폭증하게 되는 문제점이 있음.
제품원가의 변동성	• 실제발생된 제조간접비를 기준으로 제품에 배부한다면 각 제품에 배부되는 제조간접비가 조업도의 변화에 따라 변동하게 됨. ➲ 따라서 제품원가가 조업도의 변화에 따라 크게 달라지는 문제점이 있음.

➡정상개별원가계산은 실제개별원가계산과 동일하게 직접재료비와 직접노무비는 실제로 발생된 원가를 제품에 배부하나, 제조간접비는 회계연도 시작 전에 결정된 제조간접비예정배부율을 이용하여 제품에 배부함으로써 제조과정이 완료됨과 동시에 제품원가계산을 할 수 있는 원가계산방법임.

제조간접비 예정배부

제조간접비예정배부율	• $\dfrac{\text{제조간접비예산}}{\text{예정조업도}}$
배부액	• 배부액 = 실제조업도 × 제조간접비예정배부율

사례 제조간접비 예정배부

✪ 회사는 직접노동시간을 기준으로 제조간접비를 예정배부하고 있다.
✪ 연초 직접노동시간 예상액은 2,500시간이며, 연간제조간접비예산은 ₩1,250,000이다.
✪ 당기 제조간접비발생액은 ₩1,200,000이다.
✪ 당기중 다음의 세가지 작업을 시작하여 작업 #101, #102가 완성되었으며, 자료는 다음과 같다.

	#101	#102	#103	합 계
직접재료비	₩150,000	₩150,000	₩200,000	₩500,000
직접노무비	₩250,000	₩150,000	₩100,000	₩500,000
직접노동시간	1,000시간	600시간	400시간	2,000시간

• 제조간접비 예정배부율 : $\dfrac{1,250,000}{2,500\text{시간}}$ =직접노동시간당 500

	#101	#102	#103
직접재료비	150,000	150,000	200,000
직접노무비	250,000	150,000	100,000
제조간접비	1,000×500=500,000	600×500=300,000	400×500=200,000
제조원가	900,000	600,000	500,000

FINAL 객관식뽀개기 실전적중문제

1. ㈜대한은 매출원가의 20%에 해당하는 이익을 매출원가에 가산하여 판매하고 있으며, 당기에 완성된 모든 제품을 ₩180,000에 판매하였다. 제조간접원가 예정배부율은 직접노무원가의 60%이다. 당기의 원가자료가 다음과 같다면 기말재공품 평가액은?(단, 기초 및 기말제품재고는 없으며, 제조간접원가 배부차이도 없었다.) [감평사기출]

• 기초재공품	₩20,000
• 기본원가(prime costs)	₩120,000
• 가공원가(conversion costs)	₩160,000

① ₩50,000 ② ₩52,000 ③ ₩54,000
④ ₩56,000 ⑤ ₩58,000

내비게이션

- 매출원가 : $\frac{180,000}{1+20\%}$=150,000
- 당기제품제조원가 : 150,000(기초 · 기말제품이 0이므로 매출원가와 동일)
- 가공원가(DL+DL×60%)=160,000에서, DL=100,000
  →OH : 100,000×60%=60,000
- 당기총제조원가 : 120,000(기본원가)+60,000(OH)=180,000

∴기말재공품 : 20,000+180,000−150,000=50,000

2. ㈜감평은 제조원가 항목을 직접재료원가, 직접노무원가 및 제조간접원가로 분류한 후, 개별-정상원가계산을 적용하고 있다. 기초재공품(작업 No.23)의 원가는 ₩22,500이며, 당기에 개별 작업별로 발생된 직접재료원가와 직접노무원가를 다음과 같이 집계하였다.

작업번호	직접재료원가	직접노무원가
No.23	₩2,000	₩6,000
No.24	₩9,000	₩10,000
No.25	₩14,000	₩8,000

제조간접원가는 직접노무원가에 비례하여 예정배부한다. 기초에 직접노무원가는 ₩20,000으로 예측되었으며, 제조간접원가는 ₩30,000으로 예측되었다. 기말 현재 진행 중인 작업은 No.25뿐이라고 할 때, 당기제품제조원가는? [감평사기출]

① ₩34,000 ② ₩39,500 ③ ₩56,500
④ ₩62,000 ⑤ ₩73,500

내비게이션

- OH예정배부율 : 30,000÷20,000=1.5
- 당기총제조원가 : 25,000+24,000+24,000×1.5=85,000
- 기말재공품(No.25) : 14,000+8,000+8,000×1.5=34,000
- 당기제품제조원가 : (22,500+85,000)−34,000=73,500

3. ㈜관세는 정상원가계산제도를 채택하고 있다. 20x1년 3월 제품 1,175단위를 생산하였는데 제조간접비 실제발생액은 ₩88,000이었다. 직접노무시간을 제조간접비 배부기준으로 사용하고 있는데 월간 예상조업도 수준은 10,000직접노무시간, 월간 예상제조간접비는 ₩80,000이었다. 제품 단위당 실제직접노무시간은 10시간일 때 제조간접비 배부차이는 얼마인가? [관세사기출]

① ₩3,000 부족배부
② ₩3,000 초과배부
③ ₩6,000 부족배부
④ ₩6,000 초과배부
⑤ ₩0

- 제조간접비예정배부율 : $\frac{80,000}{10,000시간}$=8
- 배부차이 계산

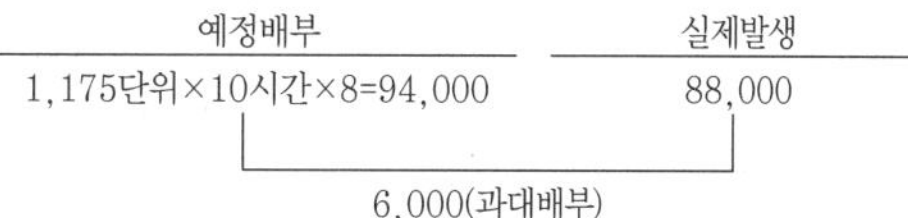

4. ㈜관세는 제조간접원가를 직접노동시간에 따라 예정배부한다. 20x1년 예산 및 동년 3월의 자료가 다음과 같을 때 3월의 제조간접원가 실제발생액은? [관세사기출]

연간 직접노동시간(예산)	3,700시간
연간 제조간접원가(예산)	₩192,400
3월 직접노동시간(실제)	450시간
3월 제조간접원가 배부차이	₩1,300(과대배부)

① ₩21,200 ② ₩22,100 ③ ₩23,200
④ ₩23,400 ⑤ ₩24,700

내비게이션

- 제조간접비예정배부율 : $\frac{192,400}{3,700시간}$=52
- 제조간접비 실제발생액 계산

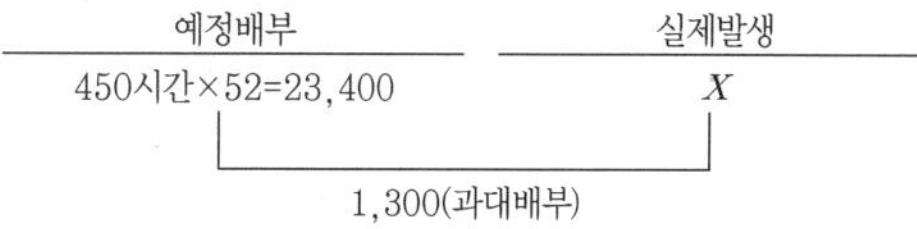

∴X=22,100

Answer 1. ① 2. ⑤ 3. ④ 4. ②

제1편 재무회계
제2편 원가관리회계
합본부록 IFRS심화논제

시험중요도 ★★★

기본이론 제13강 정상개별원가계산의 배부차이조정방법

공통사례

- 앞 페이지 사례에서 작업 #101이 판매되었다고 가정함.
  즉, #103은 재공품, #102는 제품, #101은 매출원가이며, 과소배부 200,000(=1,200,000-1,000,000)임.

의의

- 제조간접비의 집계 : 실제OH를 집계 ➔(차) 제조간접비 1,200,000 (대) 현금 등 1,200,000
- 제조간접비의 배부 : 예정배부 ➔(차) 재공품 1,000,000 (대) 제조간접비 1,000,000

구분	회계처리
과소배부시	(차) 재공품등 xxx (대) 제조간접비 xxx ➡실제제조간접비 계상액을 감소시키고 과소배부분을 추가배부함.

주의 배부차이계정을 사용시 회계처리

(차) 제조간접비배부차이 ××× (대) 제조간접비 ×××
(차) 재공품등 ××× (대) 제조간접비배부차이 ×××

매출원가 조정법

- OH배부차이를 매출원가에서 가감하는 방법으로, OH예정배부액을 진실한 원가로 보는 견해

구분	회계처리
과소배부시	(차) 매출원가 xxx (대) 제조간접비 xxx → '매출원가에 가산'
과대배부시	(차) 제조간접비 xxx (대) 매출원가 xxx → '매출원가에서 차감'

❖[사례에의 적용]
(차) 매출원가 200,000 (대) 제조간접비 200,000

총원가 비례배분법

- OH배부차이를 기말재공품, 기말제품, 매출원가계정의 총원가 비율에 따라 비례 배분하는 방법으로, 실제 OH를 진실한 원가로 보는 견해

과소배부시	(차) 재공품	xxx	(대) 제조간접비	xxx
	제품	xxx		
	매출원가	xxx		
과대배부시	(차) 제조간접비	xxx	(대) 재공품	xxx
			제품	xxx
			매출원가	xxx

❖[사례에의 적용]

(차) 재공품	200,000×(500,000÷2,000,000)=50,000	(대) 제조간접비	200,000
제품	200,000×(600,000÷2,000,000)=60,000		
매출원가	200,000×(900,000÷2,000,000)=90,000		

원가요소별 비례배분법

- OH배부차이를 재공품, 제품, 매출원가 계정에 포함된 제조간접비 예정배부액의 비율에 따라 배분하는 방법
  ➡회계처리는 총원가비례배분법과 동일

❖[사례에의 적용]

(차) 재공품	200,000×(200,000÷1,000,000)=40,000	(대) 제조간접비	200,000
제품	200,000×(300,000÷1,000,000)=60,000		
매출원가	200,000×(500,000÷1,000,000)=100,000		

영업외 손익법

- OH배부차이를 영업외손익 처리하는 방법

구분	회계처리
과소배부시	(차) 배부차이(영업외비용) xxx (대) 제조간접비 xxx
과대배부시	(차) 제조간접비 xxx (대) 배부차이(영업외수익) xxx

❖[사례에의 적용]
(차) 배부차이(영업외비용) 200,000 (대) 제조간접비 200,000

FINAL 객관식뽀개기 실전적중문제

1. ㈜관세는 정상개별원가계산을 적용하고 있으며, 제조간접원가 배부차이를 매출원가조정법에 의해 회계처리하고 있다. 다음은 20x1년 기말시점의 각 계정잔액과 제조간접원가 배부차이를 조정하기 직전의 제조간접원가 계정이다.

원재료	재공품	제품	매출원가
₩20,000	₩10,000	₩30,000	₩60,000

제조간접원가	
92,000	80,000

만약, ㈜관세가 제조간접원가 배부처리를 총원가비례배분법에 의해 회계처리한다면, 기존 회계처리 방법과 비교하여 당기순이익은 얼마나 증가 또는 감소하는가? [관세사기출]

① ₩6,000 감소 ② ₩4,800 감소 ③ ₩4,800 증가
④ ₩6,000 증가 ⑤ ₩7,200 증가

내비게이션

- 80,000(배부)-92,000(실제)=-12,000(과소배부)
- [매출원가조정법]

(차) 매출원가 12,000 (대) 제조간접비 12,000

[총원가비례배분법]

(차) 재공품 12,000×10,000/100,000=1,200 (대) 제조간접비 12,000
제품 12,000×30,000/100,000=3,600
매출원가 12,000×60,000/100,000=7,200

∴매출원가 4,800감소 → 이익 4,800 증가

2. 선박을 제조하여 판매하는 ㈜감평은 20x1년초에 영업을 개시하였으며, 제조와 관련된 원가 및 활동에 관한 자료는 다음과 같다.

	화물선	유람선	여객선
직접재료원가	₩60,000	₩140,000	₩200,000
직접노무원가	₩240,000	₩460,000	₩500,000
실제직접작업시간	1,500시간	1,500시간	2,000시간
완성도	60%	100%	100%

㈜감평은 직접작업시간을 제조간접원가 배부기준으로 사용하는 정상원가계산제도를 채택하고 있다. 20x1년 제조간접원가예산은 ₩480,000이고 예정 직접작업시간은 6,000시간이다. 20x1년에 발생한 실제 제조간접원가는 ₩500,000이고, 완성된 제품 중 여객선은 고객에게 인도되었다. 제조간접원가 배부차이를 총원가(총원가비례배분법)를 기준으로 조정할 경우 제품원가는? [감평사기출]

① ₩450,000 ② ₩750,000 ③ ₩756,000
④ ₩903,000 ⑤ ₩1,659,000

내비게이션

- 제조간접비예정배부율 : 480,000÷6,000시간=80
- 배부차이 조정전 총원가와 비율
  - 화물선(재공품) : 60,000+240,000+1,500시간×80=420,000〈21%〉
  - 유람선(제품) : 140,000+460,000+1,500시간×80=720,000〈36%〉
  - 여객선(매출원가) : 200,000+500,000+2,000시간×80=860,000〈43%〉
- 배부차이 : 5,000시간x80(배부)-500,000(실제)=-100,000(과소배부)
- 배부차이조정 – 총원가비례배분법

(차) 재공품 100,000×21%=21,000 (대) 제조간접비 100,000
제품 100,000×36%=36,000
매출원가 100,000×43%=43,000

∴제품원가(유람선) : 720,000+36,000=756,000

3. ㈜관세는 20x1년 영업을 개시하여 우주선을 제작 · 판매하고 있으며, 정상개별원가계산을 채택하고 있다. 제조와 관련된 원가 및 활동 자료는 다음과 같다.

	단거리우주선	중거리우주선	장거리우주선
직접재료원가	₩240,000	₩370,000	₩480,000
직접노무원가	₩150,000	₩300,000	₩450,000
실제기계시간	495시간	1,485시간	1,980시간

㈜관세는 20x1년 초 연간 제조간접원가는 ₩1,280,000, 제조간접원가 배부기준인 기계시간은 4,000시간으로 예상하였으며 20x1년에 실제 발생한 제조간접원가는 ₩1,170,000이다. 20x1년 말 단거리 우주선은 완성되어 판매되었고 중거리 우주선은 완성되었으나 판매되지 않았으며 장거리 우주선은 미완성 상태이다. ㈜관세는 제조간접원가 배부차이를 원가요소별 비례배분법으로 조정한다. 제조간접원가 배부차이를 조정한 후의 매출원가는? [관세사기출]

① ₩451,200 ② ₩536,250 ③ ₩560,550
④ ₩562,150 ⑤ ₩645,600

내비게이션

- 제조간접비예정배부율 : 1,280,000÷4,000시간=320
- 배부차이 조정전 제조간접원가 배부액과 비율
  - 장거리우주선(재공품) : 1,980시간×320=633,600〈50%〉
  - 중거리우주선(제품) : 1,485시간×320=475,200〈37.5%〉
  - 단거리우주선(매출원가) : 495시간×320=158,400〈12.5%〉
- 배부차이 : 3,960시간×320(배부)-1,170,000(실제)=97,200(과대배부)
- 배부차이조정 – 원가요소별비례배분법

(차) 제조간접비 97,200 (대) 재공품 97,200×50%=48,600
제품 97,200×37.5%=36,450
매출원가 97,200×12.5%=12,150

∴매출원가(단거리우주선) : (240,000+150,000+158,400)-12,150 =536,250

시험중요도 ★★★

기본이론 제14강  활동기준원가계산 ABC의 의의와 계산방법

구분	항목	내용
의의	개요	• ABC(Activity-Based Costing)는 활동을 기본적으로 원가대상으로 삼아 원가를 집계하고 이를 토대로 부문이나 제품의 활동원가동인에 따라 배분하는 계산방법임.
	도입배경	• 감소일로에 있는 직접노동시간 등을 배부기준으로 하여 증가일로에 있는 제조간접비를 배부하는 것은 제품원가가 부정확해짐. ➡정보수집기술 발달로 활동관련 원가수집이 용이해 짐으로 인하여 ABC가 가능해짐.
	특징	• 제조간접비를 활동별로 배부하는 것일뿐, 개별·종합원가계산과 독립된 원가계산 방법이 아님. ·주의 즉, ABC는 개별·종합원가계산에 모두 사용가능 • 원가계산이 정확해지나, 원가계산이 복잡하므로 신속성이 떨어짐. • 다품종 소량생산, 제조간접비 비중이 큰 제조업체가 적용할 경우 원가계산에 도움이 됨. • 제조업체뿐만 아니라 서비스업도 적용가능함. • 비부가가치활동을 감소시킴으로써 원가절감이 가능함. ·주의 부가가치활동이더라도 활동을 증가시키는 것은 원가절감방법이 아님. • 제품 수 등 비재무적인 측정치를 강조함으로써 장기적으로 회사전체의 효율성이 향상됨.
	계산절차	• ① 활동분석 ② 각 활동별로 제조간접원가를 집계 ③ 활동별 원가동인(배부기준)의 결정 ④ 활동별 제조간접원가 배부율의 결정 ⑤ 원가대상별 원가계산

세부고찰

사례 활동기준원가계산

✪회사는 1월중 작업 #101, #102, #103을 착수하여 완성하였다.

	#101	#102	#1013
직접재료비	200,000	200,000	100,000
직접노무비	400,000	150,000	250,000

회사는 ABC(활동기준원가계산)를 도입하기 위하여 1월중 각 부문에서 발생된 제조간접비를 4가지 활동분야로 구분하여 다음과 같이 집계하였다.

활동분야	원가요인	#101	#102	#103	제조간접비
작업준비	작업준비시간	?	?	?	80,000
설계	작업준비횟수	4회	2회	6회	120,000
재료처리	직접재료사용량	2kg/단위	1kg/단위	4kg/단위	70,000
품질검사	검사횟수	5회	3회	1회	90,000

1월 중 작업 #101,#102,#103의 작업준비횟수는 각각 4회, 2회, 6회이었고 작업준비 1회당 소요시간은 각각 2시간, 3시간, 1시간이다. 1월 중 작업 #101,#102,#103에 의하여 A제품 40단위, B제품 20단위, C제품10단위가 생산됨. 활동별제조간접비배부율과 작업별 총제조원가와 제품단위당원가는?

활동별제조간접비배부율		
	작업준비활동	80,000÷(4회×2+2회×3+6회×1)=4,000
	설계활동	120,000÷(4회+2회+6회)=10,000
	재료처리활동	7,000÷(40단위×2+20단위×1+10단위×4)=500
	품질검사활동	90,000÷(5회+3회+1회)=10,000

구분		#101	#102	#103
직접재료비		200,000	200,000	100,000
직접노무비		400,000	150,000	250,000
제조간접비	작업준비	8×4,000	6×4,000	6×4,000
	설계	4×10,000	2×10,000	6×10,000
	재료처리	80×500	20×500	40×500
	품질검사	5×10,000	3×10,000	1×10,000
총제조원가		762,000	434,000	464,000
제품단위당원가		762,000÷40개=19,050	434,000÷20개=21,700	464,000÷10개=46,400

FINAL 객관식뽀개기 실전적중문제

1. ㈜관세는 직접재료원가를 기준으로 가공원가를 각 제품에 배부하여 왔으나, 최근 활동기준원가계산제도 도입을 고려하고 있다. 이를 위해 다음과 같은 자료를 수집하였다.

구분	제품A	제품B
생산수량	3,000단위	5,000단위
단위당직접재료원가	₩5,000	₩3,000

활동	원가동인	가공원가
재료처리	제품생산량 : 8,000단위	₩6,000,000
선반작업	기계회전수 : 2,000회	₩3,000,000
연마작업	부품수 : 500단위	₩1,500,000
조립작업	조립시간 : 2,000시간	₩1,000,000
계		₩11,500,000

각 제품 총 생산에 관한 활동자료가 아래와 같을 때, 활동기준원가계산에 의한 제품B의 단위당 제조원가는? [관세사기출]

제품	기계회전수	부품수	조립시간
A	1,200회	150단위	1,000시간
B	800회	350단위	1,000시간

① ₩3,550 ② ₩3,750 ③ ₩3,990
④ ₩4,200 ⑤ ₩4,300

내비게이션

- 제품B에 배부될 총가공원가 계산

재료처리 5,000단위×(6,000,000÷8,000단위) = 3,750,000
선반작업 800회×(3,000,000÷2,000회) = 1,200,000
연마작업 350단위×(1,500,000÷500단위) = 1,050,000
조립작업 1,000시간×(1,000,000÷2,000시간) = 500,000
6,500,000

∴제품B의 단위당 제조원가 : 3,000+(6,500,000÷5,000단위)=4,300

2. ㈜감평은 활동기준원가계산방법에 의하여 제품의 원가를 계산하고 있다. 다음은 ㈜감평의 연간 활동제조간접원가 예산자료와 작업 #203의 원가동인에 관한 자료이다.

활동	활동별 제조간접원가	원가동인	원가동인 수량
생산준비	₩200,000	생산준비시간	1,250시간
재료처리	₩300,000	재료처리횟수	1,000회
기계작업	₩500,000	기계작업시간	50,000시간
품질관리	₩400,000	품질관리횟수	10,000회

작업	생산준비 시간	재료처리 횟수	기계작업 시간	품질관리 횟수
#203	60시간	50회	4,500시간	500회

작업 #203의 제조원가가 ₩300,000이라면, 작업 #203의 기본(기초)원가는? [감평사기출]

① ₩210,400 ② ₩220,000 ③ ₩225,400
④ ₩230,400 ⑤ ₩255,400

내비게이션

- 300,000−[60시간×(200,000÷1,250시간)+50회×(300,000÷1,000회)+4,500시간×(500,000÷50,000시간)+500회×(400,000÷10,000회)]=210,400

3. 세 종류의 스키를 생산·판매하는 ㈜관세의 제조간접원가를 활동별로 분석하면 다음과 같다.

활동	제조간접원가	원가동인	원가동인수		
			초급자용 스키	중급자용 스키	상급자용 스키
절단	70,000	절단횟수	150회	250회	300회
성형	180,000	제품 생산량	400대	300대	200대
도색	225,000	직접 노무시간	400시간	600시간	500시간
조립	88,000	기계 작업시간	100시간	?	150시간

㈜관세가 활동기준원가계산에 의해 중급자용 스키에 제조간접원가를 ₩208,000 배부하였다면 중급자용 스키 생산에 소요된 기계작업시간은? [관세사기출]

① 100시간 ② 120시간 ③ 150시간
④ 200시간 ⑤ 300시간

내비게이션

- 중급자용 스키에 배부된 제조간접원가의 내역

절단 250회×[70,000÷(150회+250회+300회)] = 25,000
성형 300대×[180,000÷(400대+300대+200대)] = 60,000
도색 600시간×[225,000÷(400시간+600시간+500시간)] = 90,000
조립 A 시간×[88,000÷(100시간+A 시간+150시간)] = B
208,000

∴B=33,000이므로, A=150

서술형Correction연습

❑ 제품의 다양성이 증가되면서 개별제품이나 작업에 직접 추적이 어려운 원가의 비중이 감소되었다.

➲ (X) : 직접 추적이 어려운 제조간접원가의 비중이 증가하게 되었으며, 이러한 이유로 ABC가 도입되게 되었다.

Answer 1. ⑤ 2. ① 3. ③

시험중요도 ★★☆

기본이론 제15강  종합원가계산 종합원가계산 개요

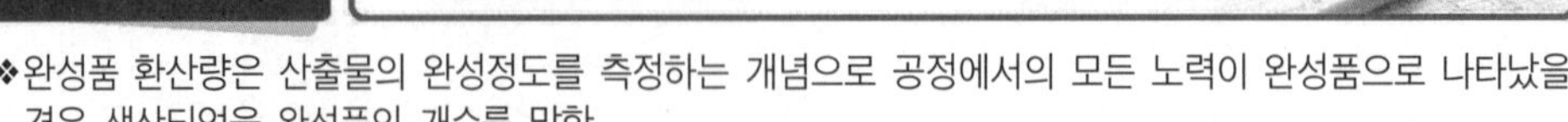

완성품 환산량

❖완성품 환산량은 산출물의 완성정도를 측정하는 개념으로 공정에서의 모든 노력이 완성품으로 나타났을 경우 생산되었을 완성품의 개수를 말함.
➡즉, 제조원가가 집계되면 이를 완성품원가와 기말재공품원가에 배분시 배분받을 자격을 완성품 환산량으로 측정하는 것임.

❖기말재공품은 평균법, 선입선출법, 후입선출법 등에 의해 평가함.

구분	내용
재료비	• 직접재료비는 일반적으로 공정의 착수시점에 전부 투입됨. • 따라서, 완성품 1개와 기말재공품(완성도 40%) 1개의 완성품환산량은 1개로 동일함.
가공비	• 직접노무비와 제조간접비는 공정전반에 걸쳐 균등하게 발생함. • 따라서, 완성품 1개와 기말재공품(완성도 40%) 1개의 완성품환산량은 완성품은 1개, 기말재공품은 0.4개가 될 것임. ➡즉, 가공비를 완성품의 40%만 배분해야 함.
전공정비	• 연속제조공정의 경우에 제1공정에서 완성되어 제2공정으로 대체되는 경우의 제1공정에서 완성된 중간제품의 원가를 전공정비라 함. • 이는 사실상 제2공정의 착수시점에 전부 투입되는 직접재료비와 동일하므로 완성품환산량도 직접재료비와 동일하게 처리함. ➡즉, 완성도 100%임.(완성도가 가장 높음)

계산절차

단계	내용
1단계	• 물량흐름을 파악 ➡완성품수량, 기말수량과 완성도
2단계	• 원가요소별(전공정비, 재료비, 가공비)로 완성품환산량 계산 이유 재료비와 가공비는 원가의 투입시점(소비시점)이 다르기 때문임.
3단계	• 원가요소별로 제조원가의 집계
4단계	• 원가요소별로 완성품환산량단위당원가*)를 계산 *) 원가요소별제조원가÷원가요소별완성품환산량
5단계	• 완성품원가*)와 기말재공품원가 계산 *) 원가요소별완성품환산량 × 원가요소별환산량단위당원가

사례 종합원가계산 계산절차

◎ 1월부터 사업을 시작함. 1월중 1,000단위를 착수하여 600단위를 완성하고, 400단위는 1월말 현재 작업이 진행중에 있음. 원재료는 공정초에 모두 투입되고, 가공비는 공정전반에 걸쳐 균등하게 발생함. 기말재공품의 완성도는 60%이며, 1월의 재료비는 ₩300,000, 가공비는 ₩126,000이 발생함.

[1단계]물량흐름		[2단계]완성품환산량 재료비	가공비
완성	600	600	600
기말	400(60%)	400	240
	1,000	1,000	840
[3단계]총원가요약			
당기발생		300,000	126,000
[4단계]환산량단위당원가		÷1,000	÷840
		‖	‖
		@300	@150

[5단계]원가배분

완성 : 600×@300+600×@150=270,000, 기말 : 400×@300+240×@150=156,000

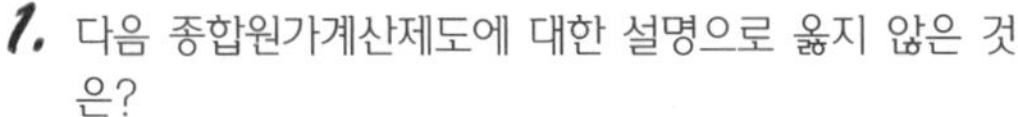

실전적중문제

1. 다음 종합원가계산제도에 대한 설명으로 옳지 않은 것은?

① 공정에 투입되어 현재 생산 진행 중에 있는 가공 대상물이 어느 정도 진척되었는가를 나타내는 척도를 '공손률'이라 한다.
② 생산활동에 투입한 모든 노력을 제품을 완성하는데만 투입하였더라면 완성되었을 완성품 수량으로 환산한 것을 '완성품 환산량'이라 한다.
③ 동종의 제품을 대량 생산하는 업종에 적합한 원가계산제도이다.
④ 종합원가계산 제도에서는 직접노무비와 제조간접비를 '가공비'로 분류한다.
⑤ 여러 공정이 있는 경우에도 사용될 수 있는 원가계산 방법이다.

내비게이션

• 완성도에 대한 설명이다.

2. 다음 중 공정별종합원가계산에 대한 설명으로 옳은 것은?

① 단일공정하의 다품종 제품을 생산하는데 적합한 원가계산방법이다.
② 전공정에서 발생한 가공비는 전공정원가에 포함되지 않는다.
③ 다음 공정으로 대체되는 원가를 전공정원가라 한다.
④ 소량주문제작하는 제품의 원가계산에 적합하다.
⑤ 작업지시서별로 작업원가표를 작성한다.

내비게이션

• ①,④,⑤ : 개별원가계산에 대한 설명이다.
②: 전공정원가에는 전공정에서 발생한 모든 제조원가가 포함된다.

3. 종합원가계산에 대한 설명으로 맞지 않는 것은?

① 기초재공품이 없을 때 선입선출법에 의한 제품제조원가나 평균법에 의한 제품제조원가는 동일하다.
② 일반적으로 원가를 재료비와 가공비로 구분하여 원가계산을 한다.
③ 기말재공품 원가가 기초재공품 원가에 비해 증가하였다면 당기총제조원가가 당기제품제조원가보다 더 작다.
④ 기말재공품이 과대평가되면 매출원가가 과소평가된다.
⑤ 종합원가계산에서 재료비와 가공비의 완성도에 관계없이 완성품환산량의 완성도가 항상 가장 높은 것은 전공정원가이다.

내비게이션

• 기말재공품원가가 기초에 비해서 증가한다면 당기제품제조원가가 당기총제조원가보다 감소한다.
• 전공정원가는 전공정에서 원가가 모두 발생하였기 때문에 100%로 계산된다.

4. 종합원가계산에서 완성품환산량 계산시 기말재공품의 완성도를 실제보다 높게 계상했다면 어떤 결과가 발생하겠는가?

① 재공품계정이 과대평가된다.
② 제품계정이 과대평가된다.
③ 제품과 재공품계정에 미치는 영향은 없다.
④ 매출원가가 과대계상된다.
⑤ 당기순이익이 과소평가된다.

내비게이션

• 기말재공품 완성도를 과대평가할 경우
→기말재공품 완성품환산량 과대
→완성품환산량이 과대해지면 투입된 원가는 일정하므로 완성품환산량 단위당원가가 과소
→완성품의 완성품환산량은 변화가 없으므로 완성품환산량 단위당원가의 과소로 완성품원가(당기제품제조원가)는 과소
→상대적으로 기말재공품(재공품계정)의 원가는 과대
→ '기초제품+당기제품제조원가−기말제품=매출원가'에서 제품계정에는 영향이 없으나, 당기제품제조원가의 과소로 인해 매출원가가 과소평가되고 당기순이익이 과대평가된다.

5. ㈜합격은 3개의 연속공정을 거쳐서 제품을 생산한다. 다음은 10월 중 각 공정의 물량흐름 자료이다. 각 공정에서 재료는 시작시점에 전량 투입된다고 할 때, 각 기호의 합[(ㄱ)+(ㄴ)+(ㄷ)+(ㄹ)]은?

	제1공정	제2공정	재3공정
기초재고	1,300	0	0
당기투입(매입)	4,200	(ㄱ)	(ㄷ)
완성대체	(ㄱ)	3,800	(ㄹ)
기말재고	1,500	(ㄴ)	400

① 3,400개 ② 6,400개 ③ 8,200개
④ 11,400개 ⑤ 12,400개

내비게이션

• (ㄱ) : 1공정완성대체 = (1,300개 + 4,200개) − 1,500개 = 4,000개
(ㄴ) : 2공정기말재고 = 0개 + 4,000개 − 3,800개 = 200개
(ㄷ) : 3공정당기투입 = 2공정완성대체 = 3,800개
(ㄹ) : 3공정완성대체 = 0개 + 3,800개 − 400개 = 3,400개
∴ (ㄱ) + (ㄴ) + (ㄷ) + (ㄹ) = 11,400개

Answer 1. ① 2. ③ 3. ③ 4. ① 5. ④

시험중요도 ★★★

기본이론 제16강 평균법 종합원가계산

<table>
<tr><th></th><th colspan="2">평균법(WAM)</th></tr>
<tr><td>특징</td><td colspan="2">• 기초재공품의 제조를 당기 이전에 착수하였음에도 불구하고 당기에 착수한 것으로 가정하여, 기초재공품원가와 당기발생원가를 구분치 않고 합한 금액을 완성품과 기말재공품에 안분계산함.
• 기초재고가 '0'이면 선입선출법(FIFO)과 동일함.
• 산출측면 강조
• 완성품환산량단위당원가가 기초재공품에 의해 영향 받으므로 당기원가를 왜곡시킴.
• 제조원가보고서의 총원가=기초(전공정비, DM, 가공비)+당기(전공정비, DM, 가공비)</td></tr>
<tr><td rowspan="5">계산절차</td><td>1단계</td><td>• 물량흐름을 파악
➡완성품수량, 기말수량과 완성도</td></tr>
<tr><td>2단계</td><td>• 원가요소별(전공정비, 재료비, 가공비)로 완성품환산량 계산</td></tr>
<tr><td>3단계</td><td>• 원가요소별로 기초재공품원가와 당기발생원가를 합한 총원가 계산</td></tr>
<tr><td>4단계</td><td>• 원가요소별로 완성품환산량단위당원가*)를 계산
*) 원가요소별총원가 ÷ 원가요소별완성품환산량</td></tr>
<tr><td>5단계</td><td>• 완성품원가*)와 기말재공품원가 계산
*) 원가요소별완성품환산량 × 원가요소별환산량단위당원가</td></tr>
</table>

사례 평균법

✪ X, Y연속공정에서 제품생산, Y공정의 원재료는 Y공정 40% 시점에서 투입, 가공비는 공정전반에 발생, Y공정원가계산자료는 다음과 같다.

- 기초 : 수량 400개(전공정비 ₩4,200, 재료비 ₩0, 가공비 ₩910, 완성도 20%)
- 당기 : 착수량 1,000개(전공정비 ₩9,800, 재료비 ₩11,900, 가공비 ₩3,780)
- 완성 : 수량 ?개
- 기말 : 수량 200개(완성도 70%)

[1단계]물량흐름		[2단계] 완성품환산량 전공정비	재료비	가공비
완성	1,200	1,200	1,200	1,200
기말	200(70%)	200	200	200x70%=140
	1,400	1,400	1,400	1,340
[3단계] 총원가요약				
기초		4,200	0	910
당기		9,800	11,900	3,780
		14,000	11,900	4,690
[4단계] 환산량단위당원가		÷1,400	÷1,400	÷1,340
		‖	‖	‖
		@10	@8.5	@3.5

[5단계] 원가배분

완성 : 1,200×@10+1,200×@8.5+1,200×@3.5=26,400

기말 : 200×@10+200×@8.5+140×@3.5=4,190

FINAL 객관식뽀개기 실전적중문제

1. ㈜감평은 가중평균법에 의한 종합원가계산시스템을 도입하고 있다. 직접재료는 공정의 초기에 전량 투입되고 가공원가는 공정 전반에 걸쳐 균등하게 발생된다. ㈜감평은 원가계산을 위해 다음과 같은 자료를 수집하였다.

직접재료원가의 완성품환산량	5,000단위
가공원가의 완성품환산량	4,400단위
당기완성품수량	3,500단위

위 자료를 이용하여 계산한 기말재공품의 가공원가 완성도는? [감평사기출]

① 50% ② 60% ③ 70%
④ 80% ⑤ 90%

내비게이션

• 완성품환산량 계산

	재료비	가공비
완성 3,500	3,500	3,500
기말 $B(A\%)$	B	$B\times A\%$
	$3{,}500+B$	$3{,}500+B\times A\%$

→$3{,}500+B=5{,}000$에서, $B=1{,}500$
∴$3{,}500+1{,}500\times A\%=4{,}400$에서, $A=60$

2. 다음 자료에 의하여 평균법에 의한 종합원가계산에 따른 기말재공품 완성도를 구하면 얼마인가? 단, 재료는 공정초에 전부 투입되며, 가공비는 공정전반에 걸쳐 균등하게 발생한다.

당기완성품수량	1,000개
기말재공품수량	500개
기초재공품 가공비	₩700,000
당기투입 가공비	₩2,300,000
기말재공품 가공비	₩600,000

① 30% ② 40% ③ 50%
④ 60% ⑤ 70%

내비게이션

• 가공비완성품환산량 : $1{,}000+500\times A\%$

• 가공비완성품환산량단위당원가 : $\dfrac{700{,}000+2{,}300{,}000}{1{,}000+500\times A\%}$

∴$(500\text{x}A\%)\times\dfrac{700{,}000+2{,}300{,}000}{1{,}000+500\times A\%}=600{,}000$에서, $A=50$

3. ㈜합격의 종합원가계산하의 물량흐름에 관한 다음 자료를 참고하여 기말재공품의 원가를 계산하면?

(1) 재료비는 공정초기에 모두 발생하며 가공비는 공정 전체에 균일하게 발생한다.
(2) 기초재공품 1,000단위, 당기착수량 4,000단위, 당기완성품 3,000단위
(3) 제조원가 발생액 내역

	재료비	가공비
기초재공품원가	₩5,000	₩4,000
당기제조원가	₩20,000	₩12,000

(4) 기말재공품의 가공비 완성도는 50%이며, 평균법에 의하여 계산한다.

① ₩11,000 ② ₩12,000 ③ ₩13,000
④ ₩14,000 ⑤ ₩27,000

내비게이션

• 완성품환산량단위당원가 계산

	재료비	가공비
완성 3,000	3,000	3,000
기말 2,000(50%)	2,000	2,000×50%=1,000
	5,000	4,000
Cost/Unit	$\dfrac{25{,}000}{5{,}000}$=@5	$\dfrac{16{,}000}{4{,}000}$=@4

∴기말재공품원가 : 2,000×@5+1,000×@4=14,000

4. 완성품은 1,000개이고, 기말재공품은 500개(완성도 40%)인 경우 평균법에 의한 종합원가계산에서 재료비 및 가공비 완성품 환산량은 몇 개인가? 단, 재료는 공정 50% 시점에 전량 투입되며, 가공비는 전공정에 균일하게 투입된다.

	재료비 완성품환산량	가공비 완성품환산량
①	1,000개	1,500개
②	1,000개	1,200개
③	1,500개	1,000개
④	1,500개	1,200개
⑤	1,500개	1,500개

내비게이션

• 재료비 완성품환산량=완성품=1,000개
→기말재공품은 50%에 도달하지 않았으므로 완성품 환산량은 0개임.
• 가공비 완성품환산량=완성품+기말재공품x완성도
=1,000개+500개×40%=1,200개

Answer 1. ② 2. ③ 3. ④ 4. ②

시험중요도 ★★★

기본이론 제17강  선입선출법 종합원가계산

특징

선입선출법(FIFO)

- 기초재공품을 우선적으로 완성시킨 후 당기착수물량을 가공한다고 가정하므로 기말재공품원가는 당기발생원가로만 구성되고, 기초재공품원가는 전액이 완성품원가를 구성하며, 당기발생원가만 완성품과 기말재공품에 안분계산함.
- 투입측면 강조
- 당기업적 및 능률을 파악하는데 유용하며, 원가통제에 유용한 정보를 제공함.
- 제조원가보고서의 총원가 = 당기(전공정비, DM, 가공비)
- 완성품원가 = 기초재공품원가 + 완성품환산량 × 환산량단위당원가

계산절차

단계	내용
1단계	• 물량흐름을 파악 ➡기초수량과 완성도, 완성품수량, 기말수량과 완성도
2단계	• 원가요소별(전공정비, 재료비, 가공비)로 당기분 완성품환산량 계산
3단계	• 원가요소별로 당기발생원가를 계산
4단계	• 원가요소별로 완성품환산량단위당원가*)를 계산 *) 원가요소별당기발생원가 ÷ 원가요소별당기분완성품환산량
5단계	• 완성품원가*)와 기말재공품원가 계산 *) 기초재공품원가+원가요소별완성품환산량 × 원가요소별환산량단위당원가

고속철 평균법 가공비완성품환산량 - 선입선출법 가공비완성품환산량=기초수량×완성도

사례 선입선출법

◎ X, Y연속공정에서 제품생산, Y공정의 원재료는 Y공정 40% 시점에서 투입, 가공비는 공정전반에 발생, Y공정원가계산자료는 다음과 같다.

- 기초 : 수량 400개(전공정비 ₩4,200, 재료비 ₩0, 가공비 ₩910, 완성도 20%)
- 당기 : 착수량 1,000개(전공정비 ₩9,800, 재료비 ₩11,900, 가공비 ₩3,780)
- 완성 : 수량 ?개
- 기말 : 수량 200개(완성도 70%)

풀이

[1단계]물량흐름		[2단계]완성품환산량 전공정비	재료비	가공비
기초완성	400(20%)	0	400	400x80%=320
당기완성	800	800	800	800
기말	200(70%)	200	200	200x70%=140
	1,400	1,000	1,400	1,260
[3단계]총원가요약				
기초		0	0	0
당기		9,800	11,900	3,780
		9,800	11,900	3,780
[4단계]환산량단위당원가		÷1,000	÷1,400	÷1,260
		‖	‖	‖
		@9.8	@8.5	@3

[5단계]원가배분

완성 : (4,200+910)+800×@9.8+1,200×@8.5+1,120×@3=26,510

기말 : 200×@9.8+200×@8.5+140×@3=4,080

FINAL 객관식뽀개기 — 실전적중문제

1. ㈜감평은 선입선출법에 의한 종합원가계산을 채택하고 있다. 전환원가(가공원가)는 공정 전반에 걸쳐 균등하게 발생한다. 다음 자료를 활용할 때, 기말 재공품원가에 포함된 전환원가(가공원가)는?(단, 공손 및 감손은 발생하지 않는다.) [감평사기출]

기초재공품	1,000단위(완성도 40%)
당기착수	4,000단위
당기완성	4,000단위
기말재공품	1,000단위(완성도 40%)
당기발생 전환원가(가공원가)	₩1,053,000

① ₩98,000 ② ₩100,300 ③ ₩102,700
④ ₩105,300 ⑤ ₩115,500

- 가공비완성품환산량 : 1,000×(1-40%)+3,000+1,000×40%=4,000

∴기말재공품에 포함된 가공비 : (1,000×40%)×@$\frac{1,053,000}{4,000}$=105,300

2. ㈜감평은 종합원가계산을 채택하고 있다. 원재료는 공정 초에 전량 투입되며, 가공원가(전환원가)는 공정 전반에 걸쳐 균등하게 발생한다. 공손 및 감손은 발생하지 않는다. 다음은 20x1년 6월의 생산활동과 관련된 자료이다.

기초재공품	10,000단위(완성도20%)
당기투입량	80,000단위
당기완성량	85,000단위
기말재공품	? 단위(완성도40%)

가중평균법과 선입선출법에 의하여 각각 완성품환산량을 구하면, 가공원가(전환원가)의 완성품환산량 차이는? [감평사기출]

① 2,000단위 ② 4,000단위 ③ 6,000단위
④ 8,000단위 ⑤ 10,000단위

내비게이션

- 고속철 가공비완성품환산량 차이=기초수량(10,000)×완성도(20%)

3. ㈜세무는 단일 제품A를 대량생산하고 있으며, 종합원가계산방법(선입선출법 적용)을 사용한다. 직접재료는 공정 초에 전량 투입되고, 가공원가는 공정전반에 걸쳐 균등하게 발생된다. 제품A의 관련 자료가 다음과 같을 때, ㈜세무의 제품A 완성품 단위당 원가는?(단, 생산과정 중 감손이나 공손 등 물량 손실은 없다.) [세무사기출]

기초재공품	100개(완성도 30%)
당기착수품	2,100개
당기완성품	( )개
기말재공품	200개(완성도 40%)

구분	직접재료원가	가공원가
기초재공품	₩28,000	₩25,000
당기발생원가	₩630,000	₩205,000

① ₩384 ② ₩390 ③ ₩404
④ ₩410 ⑤ ₩420

- 완성품환산량단위당원가 계산

	재료비	가공비
기초완성 100(30%)	0	100×(1-30%)=70
당기완성 1,900	1,900	1,900
기 말 200(40%)	200	200×40%=80
	2,100	2,050
Cost/Unit	$\frac{630,000}{2,100}$=@300	$\frac{205,000}{2,050}$=@100

- 완성품원가 : (28,000+25,000)+1,900x@300+1,970×@100 =820,000

∴완성품단위당원가 : 820,000÷2,000=410

4. ㈜세무는 선입선출법 하의 종합원가계산을 사용하고 있으며, 가공원가는 공정 전반에 걸쳐 균등하게 발생한다. 당기 생산관련 자료는 다음과 같다.

	물량
기초재공품	2,000(완성도 60%)
당기착수량	8,000
당기완성량	8,000
기말재공품	2,000(완성도 40%)

기말재공품에 포함된 가공원가가 ₩320,000일 때 당기에 발생한 가공원가는? [세무사기출]

① ₩2,964,000 ② ₩3,040,000 ③ ₩3,116,000
④ ₩3,192,000 ⑤ ₩3,268,000

내비게이션

- 가공비완성품환산량 : 2,000×(1-60%)+6,000+2,000×40%=7,600

∴320,000=(2,000×40%)×@$\frac{X}{7,600}$ 에서, X=3,040,000

Answer 1. ④ 2. ① 3. ④ 4. ②

시험중요도 ★★☆

기본이론 제18강 완성품환산량 특수사항

모든원가 균등발생

사례 모든 원가요소가 균등하게 발생하는 경우

◎ 평균법을 적용하며, 모든 원가요소는 제조 진행정도에 따라 투입됨.

- 기초 : 수량 ?개(완성도 ?%)
- 당기 : 착수량 ?개
- 완성 : 수량 2,000개
- 기말 : 수량 200개(완성도 50%)

풀이

[1단계]물량흐름		[2단계]완성품환산량 재료비	가공비
완성	2,000	2,000	2,000
기말	200(50%)	200×50%=100	200×50%=100
	2,200	2,100	2,100

복수재료 투입

사례 두가지 이상의 재료가 상이하게 투입되는 경우

◎ 선입선출법을 적용하며, 재료 A는 공정의 20%시점에서, 재료 B는 70%시점에서 각각 전량 투입됨.

- 기초 : 수량 2,500개(완성도 30%)
- 당기 : 착수량 3,500개
- 완성 : 수량 4,000개
- 기말 : 수량 2,000개(완성도 50%)

풀이

[1단계]물량흐름		[2단계]완성품환산량 재료A(20%)	재료B(70%)	가공비
기초완성	2,500(30%)	0	2,500	2,500×70%=1,750
당기완성	1,500	1,500	1,500	1,500
기 말	2,000(50%)	2,000	0	2,000×50%=1,000
	6,000	3,500	4,000	4,250

재료의 종점투입

사례 재료가 공정의 종점(100%시점)에 투입되는 경우

◎ 평균법을 적용하며, 재료는 공정의 종점(끝)에서 전량 투입됨.

- 기초 : 수량 2,000개(완성도 ?%)
- 당기 : 착수량 9,000개
- 완성 : 수량 8,000개
- 기말 : 수량 ?개(완성도 60%)

풀이

[1단계]물량흐름		[2단계]완성품환산량 재료비	가공비
완성	8,000	8,000	8,000
기말	3,000(60%)	0	3,000×60%=1,800
	11,000	8,000	9,800

FINAL 객관식뽀개기 실전적중문제

1. ㈜관세는 종합원가계산제도를 채택하고 있으며, 모든 제조원가는 공정전체를 통해 균등하게 발생한다. 다음 자료를 이용하여 평균법과 선입선출법에 의해 기말재공품원가를 계산할 경우 옳은 것은? [관세사기출]

기초재공품수량	1,000단위 (완성도 60%, 제조원가 ₩600,000)
당기착수량	2,600단위
당기완성품수량	2,400단위
기말재공품수량	1,200단위 (완성도 50%)
당기투입제조원가	₩1,800,000

① 평균법에 의한 기말재공품원가가 선입선출법에 의한 기말재공품원가보다 ₩30,000 더 크다.
② 선입선출법에 의한 기말재공품원가가 평균법에 의한 기말재공품원가보다 ₩30,000 더 크다.
③ 평균법에 의한 기말재공품원가가 선입선출법에 의한 기말재공품원가보다 ₩120,000 더 작다.
④ 선입선출법에 의한 기말재공품원가가 평균법에 의한 기말재공품원가보다 ₩120,000 더 작다.
⑤ 평균법에 의한 기말재공품원가가 선입선출법에 의한 기말재공품원가보다 ₩150,000 더 크다.

내비게이션

• 평균법 기말재공품원가 계산
-기초와 당기발생 재료비를 X, 기초와 당기발생 가공비를 Y라 하면
$-X+Y$=600,000+1,800,000=2,400,000

	재료비	가공비
완성 2,400	2,400	2,400
기말 1,200(50%)	1,200×50%=600	1,200×50%=600
	3,000	3,000
Cost/Unit	$\frac{X}{3,000}$	$\frac{Y}{3,000}$

→∴기말재공품원가 : $600x\frac{X+Y}{3,000}=600x\frac{2,400,000}{3,000}=480,000$

• 선입선출법 기말재공품원가 계산
- 당기발생 재료비를 A, 당기발생 가공비를 B라 하면
- $A+B$=1,800,000

	재료비	가공비
기초완성 1,000(60%)	1,000×(1-60%)=400	1,000×(1-60%)=400
당기완성 1,400	1,400	1,400
기 말 1,200(50%)	1,200×50%=600	1,200×50%=600
	2,400	2,400
Cost/Unit	$\frac{A}{2,400}$	$\frac{B}{2,400}$

→∴기말재공품원가 : $600\times\frac{A+B}{2,400}=600\times\frac{1,800,000}{2,400}=450,000$

2. ㈜관세는 종합원가계산을 적용하고 있으며, 제품 생산을 위해 재료 A와 재료 B를 사용하고 있다. 재료 A는 공정 초기에 전량 투입되고, 재료 B는 공정의 60% 시점에 전량 투입되며, 가공원가는 공정 전반에 걸쳐서 균등하게 발생한다. 당기 제조활동과 관련된 자료가 다음과 같을 때, 선입선출법을 적용하여 계산한 당기 완성품원가는?(단, 공손과 감손은 발생하지 않았다.) [관세사기출]

	물량자료	재료A	재료B	가공원가
기초 재공품	400단위 (완성도20%)	₩120,000	₩0	₩42,300
당기착수	1,600단위	₩512,000	₩259,000	₩340,200
당기완성	1,400단위			
기말 재공품	600단위 (완성도50%)			

① ₩856,200 ② ₩877,300 ③ ₩1,010,700
④ ₩1,016,400 ⑤ ₩1,018,500

내비게이션

• 완성품환산량단위당원가 계산

	재료A	재료B	가공비
기초완성 400(20%)	0	400	400×(1-20%)=320
당기완성 1,000	1,000	1,000	1,000
기 말 600(50%)	600	0	600×50%=300
	1,600	1,400	1,620
Cost/Unit	$\frac{512,000}{1,600}$ =@320	$\frac{259,000}{1,400}$ =185	$\frac{340,200}{1,620}$ =@210

• 완성품원가
(120,000+42,300)+1,000×@320+1,400×@185+1,320×210
=1,018,500

서술형Correction연습

❐ 종합원가계산은 작업원가표에 집계된 제조원가를 작업한 수량으로 나누어 계산하는 방법이다.

➲ (X) : 개별원가계산에 대한 설명이다.

❐ 종합원가계산하에서 기초재공품이 없다고 하더라도 평균법과 선입선출법의 완성품환산량 단위당 원가를 구하는 방법이 상이하기 때문에 두 방법의 결과는 달라지게 된다.

➲ (X) : 기초재공품이 없다면 평균법과 선입선출법하의 결과치는 동일하다.

 1. ① 2. ⑤

시험중요도 ★★☆

기본이론 제19강 정상공손

정상공손수량

정상공손	• 제조원가(완성·기말에 배분) ➡ •주의 정상공손수량은 평균법, 선입선출법 모두 동일함.
비정상공손	• 기간비용(영업외비용)

비교 공손품은 표준에 미달하는 불합격품이며, 부산물은 주산품에 비해 판매가치가 낮은 제품이고, 작업폐물은 판매가치가 거의 없는 찌꺼기를 말함.

사례 기초400개(25%), 완성1,000개, 공손200개, 기말800개(75%), 합격수량의 10%는 정상공손간주

검사시점	합격수량			정상공손수량	비정상공손수량
	기초	당기착수완성	기말		
20%	0	600	800	1,400×10%=140	200－140=60
60%	400	600	800	1,800×10%=180	200－180=20
100%	400	600	0	1,000×10%=100	200－100=100

정상공손 원가배분

구분	조건		배분
평균법	기말완성도〈검사		• 완성품에만 배부
	기말완성도〉검사		• 정상공손 × $\frac{\text{완성수량(기말수량)}}{\text{완성수량+기말수량}}$
선입선출법	기말완성도〈검사		• 완성품에만 배부
	기말완성도〉검사	기초완성도〈검사	• 정상공손 × $\frac{\text{완성수량(기말수량)}}{\text{완성수량+기말수량}}$
		기초완성도〉검사	• 정상공손× $\frac{\text{당기착수완성수량(기말수량)}}{\text{당기착수완성수량+기말수량}}$

사례 정상공손원가의 배분

✪ X, Y의 연속공정, Y공정 60% 시점에 원재료 투입, 가공비는 공정전반에 걸쳐 발생, 검사통과 양품 10%가 정상공손, 검사시점은 50%, 평균법사용. 원가계산 자료 및 제조원가자료는 다음과 같다.
기초 1,000개(30%), 당기착수 9,000개, 당기완성 7,000개, 공손품 1,000개, 기말 2,000개(80%)

구분	전공정비	재료비	가공비	합계
기초재공품원가	42,700	0	11,640	54,340
당기발생원가	357,300	180,000	261,360	798,660

풀이

		전공정비	재료비	가공비
완성	7,000	7,000	7,000	7,000
정상	900(50%)	900	0	900×50%=450
비정상	100(50%)	100	0	100×50%=50
기말	2,000(80%)	2,000	2,000	2,000×80%=1,600
		10,000	9,000	9,100
cost/unit		400,000÷1,000=@40	180,000÷9,000=@20	273,000÷9,100=@30

[1차배분] 완성 7,000×40+7,000×20+7,000×30=630,000
정상 900×40+450×30=49,500
비정상 100×40+50×30=5,500
기말 2,000×40+2,000×20+1,600×30=168,000

		배분전원가	정상공손배분	배분후원가
[2차배분]	완성	630,000	$49,500\times\frac{7,000}{7,000+2,000}$=38,500	668,500
	기말	168,000	$49,500\times\frac{2,000}{7,000+2,000}$=38,500	179,000

FINAL 객관식뽀개기 실전적중문제

1. ㈜관세는 가중평균법을 적용하여 종합원가계산을 하고 있다. 가공원가는 공정의 완성도에 따라 균등하게 발생하며, 검사는 가공원가(전환원가) 완성도 60%시점에서 이루어진다. 정상공손수량이 검사를 통과한 정상품의 5%일 때 당기의 정상공손수량은? [관세사기출]

기초재공품 수량	260단위(완성도 70%)
당기완성품 수량	1,360단위
기말재공품 수량	300단위(완성도 80%)
공손수량	140단위

① 55단위 ② 68단위 ③ 70단위
④ 81단위 ⑤ 83단위

• [(1,360단위-260단위)+300단위]×5%=70단위

2. ㈜감평의 20x1년 8월 중 생산자료이다. 회사는 선입선출법에 의한 종합원가계산을 한다.

	수량	가공원가 완성도
기초재공품	8,000개	50%
당기착수량	50,000개	
당기완성량	35,000개	
기말재공품	10,000개	90%

회사는 완성도 60%시점에서 불량여부를 검사하며, 불량품은 재작업을 실시하지 않는다. 당월 검사를 통과한 제품의 10%를 정상공손으로 분류하고 있다. 재료는 공정초기에 전량 투입되며 가공원가는 전 공정에 걸쳐 균등하게 투입된다. 8월 비정상공손의 가공원가 완성품환산량은 얼마인가? [감평사기출]

① 8,500개 ② 4,500개 ③ 2,700개
④ 7,800개 ⑤ 5,100개

내비게이션

• 공손수량 : (8,000개+50,000개)-(35,000개+10,000개)=13,000개
• 정상공손수량 : (35,000개+10,000개)×10%=4,500개
• 비정상공손수량 : 13,000개-4,500개=8,500개
∴비정상공손의 가공원가 완성품환산량 : 8,500개×60%=5,100개

3. ㈜감평은 종합원가계산제도에 의해 제품원가를 계산하는데 월말재공품 평가는 선입선출법에 의해 행하고 있다. 이 회사의 6월 중 생산 및 원가자료는 다음과 같다.

	물량단위	가공원가 완성도	직접재료원가	가공원가
월초재공품	1,500개	50%	₩6,800	₩7,200
당월투입량	7,300개		₩36,500	₩62,000
완성품수량	6,600개			
월말재공품	?	90%		

원재료는 공정의 초기에 모두 투입되며 가공원가는 전 공정을 통해 균등하게 발생한다. 공정의 80%시점에서 검사를 실시하며 그 이후의 공정에서는 공손이 발생하지 않는다. 당월에는 검사를 받은 합격품의 10%가 공손으로 판명되었으나 모두 정상적인 것으로 간주한다. 당월의 정상공손원가에 포함된 직접재료원가는 얼마인가? [감평사기출]

① ₩3,000 ② ₩4,000 ③ ₩5,000
④ ₩6,000 ⑤ ₩7,000

내비게이션

• 공손수량(=정상공손수량) 계산

기초	1,500(50%)	완성	6,600
		공손(=정상공손)	X
당기착수	7,300	기말	Y(90%)

→㉠ $X+Y=(1,500+7,300)-6,600=2,200$
㉡ $(6,600+Y)\times 10\%=X$
→연립하면, $X=800$, $Y=1,400$

• 직접재료비 완성품환산량단위당원가 계산

	재료비
기초완성 1,500(50%)	0
당기완성 5,100	5,100
정 상 800(80%)	800
기 말 1,400(90%)	1,400
	7,300

Cost/Unit $\frac{36,500}{7,300}$=@5

∴정상공손원가에 포함된 직접재료원가 : 800×@5=4,000

Answer 1. ③ 2. ⑤ 3. ②

시험중요도 ★★★

기본이론 제20강  결합원가계산 결합원가의 배분(연산품)

의의

- 정유업의 예를 들어보면, 원유라는 동일한 원료를 사용하여 공정처리를 거치다가 나중에야 휘발유, 등유, 경유 등으로 분리되어 생산되어짐. 이때 동일원료의 가액을 각각 휘발유, 등유, 경유 등에 배분하는 것을 결합원가의 배분이라 하며 생산된 제품을 결합제품 또는 연산품이라 함.
- 결합원가는 매몰원가이므로 추가가공여부 의사결정과 관련이 없음.

배분방법

공통사례

- 원재료 10,000ℓ (결합원가 ₩300,000)가 투입되어 결합제품 A(분리점에서의 판매가 ℓ 당 ₩30) 6,000ℓ 와 B(분리점에서의 판매가 ℓ 당 ₩45) 4,000ℓ 가 생산되었다.
- 결합제품 B를 추가가공(추가가공원가 ₩30,000)하면 제품 C(최종판매가 ℓ 당 ₩120) 2,500 ℓ 가 생산된다.
- 당기 A가 3,600ℓ C가 2,000ℓ 가 판매되었다.

원재료 10,000ℓ (₩300,000) ➡
- A : 6,000 ℓ (@30/ ℓ)
- B : 4,000 ℓ (@45/ ℓ) —(추가가공원가 ₩30,000)→ C : 2,500 ℓ (@120/ ℓ)

물량기준법

❖생산수량 등을 기준으로 결합원가를 배분

제품	생산량	비율	배분액	추가가공원가	총원가	ℓ 당원가
A	6,000	60%	180,000	–	180,000	@30
C(B)	4,000	40%	120,000	30,000	150,000	@60

	매출액	매출원가	매출총이익
A	3,600×@30=108,000	3,600×@30=108,000	0
C	2,000×@120=240,000	2,000×@60=120,000	120,000

판매가치법

❖분리점에서의 판매가치를 기준으로 결합원가를 배분

제품	판매가	비율	배분액	추가가공원가	총원가	ℓ 당원가
A	180,000	50%	150,000	–	150,000	@25
C(B)	180,000	50%	150,000	30,000	180,000	@72

	매출액	매출원가	매출총이익
A	3,600×@30=108,000	3,600×@25=90,000	18,000
C	2,000×@120=240,000	2,000×@72=144,000	96,000

NRV법

❖순실현가치(NRV)*를 기준으로 결합원가를 배분

* 최종판매가–추가가공원가–판매비

제품	NRV	비율	배분액	추가가공원가	총원가	ℓ 당원가
A	180,000	40%	120,000	–	120,000	@20
C(B)	270,000	60%	180,000	30,000	210,000	@84

	매출액	매출원가	매출총이익
A	3,600×@30=108,000	3,600×@20=72,000	36,000
C	2,000×@120=240,000	2,000×@84=168,000	72,000

보론 어떤 방법으로 결합원가를 배분해도 정확한 제품원가계산은 불가함.

FINAL 객관식뽀개기 — 실전적중문제

1. ㈜관세는 결합공정을 통하여 다음과 같이 제품을 생산하고 있으며, 당기에 발생한 결합원가는 ₩1,500,000이다.

제품	생산량	추가가공원가	단위당판매가격
A	700단위	₩400,000	₩2,000
B	400단위	–	₩1,500
C	500단위	₩200,000	₩1,200

결합원가를 순실현가치 기준으로 배부할 경우 제품 C의 단위당 제조원가는? [관세사기출]

① ₩400 ② ₩600 ③ ₩800
④ ₩1,000 ⑤ ₩1,100

내비게이션

• 결합원가배분

제품	NRV	비율	배분액
A	700×2,000-400,000=1,000,000	50%	1,500,000×50%=750,000
B	400×1,500=600,000	30%	1,500,000×30%=450,000
C	500×1,200-200,000=400,000	20%	1,500,000×20%=300,000

• 제품 C의 단위당제조원가 : $\dfrac{300,000+200,000}{500단위}$=1,000

2. ㈜한국은 제품 A, B, C 세 가지 결합제품을 생산하고 있다. 관련 자료는 다음과 같다. 결합원가가 분리점에서의 상대적 판매가치에 의하여 배분된다면 제품 B에 배분되는 결합원가는 얼마인가?(단, 아래 표에서 세 가지 제품 모두 분리점에서의 판매가치를 알 수 있으며, 재공품은 없다고 가정함) [감평사기출]

	제품A	제품B	제품C	합계
생산수량(개)	12,000	7,000	6,000	25,000
결합원가(원)	?	?	38,000	200,000
분리점에서의 판매가치(원)	120,000	?	?	500,000
추가가공시의 추가원가(원)	25,000	15,000	11,000	51,000
추가가공후의 판매가치(원)	230,000	200,000	180,000	610,000

① ₩114,000 ② ₩120,000 ③ ₩124,000
④ ₩128,000 ⑤ ₩130,000

내비게이션

• 합계를 통해 '배분액=분리점에서의 판매가치x40%' 임을 알 수 있다.

	제품A	제품B	제품C
결합원가	48,000[순서4]	114,000[순서3]	38,000
분리점에서의 판매가치	120,000	285,000[순서2]	95,000[순서1]

3. ㈜관세는 당월 중 결합생산공정을 통해 연산품 X와 Y를 생산한 후 각각 추가가공을 거쳐 최종제품 A와 B로 전환하여 모두 판매하였다. 연산품 X와 Y의 단위당 추가가공원가는 각각 ₩150과 ₩100이며, 최종제품과 관련된 당월 자료는 다음과 같다. (단, 각 연산품의 추가가공 전·후의 생산량 변화는 없다.)

구분	제품 A	제품 B
생산량	400단위	200단위
제품단위당 판매가격	₩450	₩250

이 공정의 당월 결합원가는 ₩81,000이며, 이를 균등매출총이익률법으로 배분한다면 당월 중 연산품 X에 배분될 금액은 얼마인가? [관세사기출]

① ₩62,000 ② ₩63,000 ③ ₩64,000
④ ₩66,000 ⑤ ₩68,000

• 추가가공원가와 최종판매가

제품	개별추가가공원가	개별최종판매가
A	400단위×150=60,000	400단위×450=180,000
B	200단위×100=20,000	200단위×250=50,000

• 평균매출총이익률 : $\dfrac{230,000-(81,000+80,000)}{230,000}$=30%

• X에 배분될 결합원가 : 180,000-180,000×30%-60,000=66,000

보론 | 균등이익률법

구분	내용
의의	• 추가가공후에도 판매가치법이나 NRV법과는 달리 이익률이 동일하게 유지되도록 결합원가를 배분하는 방법이다.
절차	① 평균매출총이익률 구하기 $\dfrac{최종판매가-(결합원가+추가가공원가)}{최종판매가}$ ② 개별매출총이익 구하기 개별최종판매가×평균매출총이익률 ③ 결합원가배분액 구하기 개별최종판매가-개별매출총이익-개별추가가공원가
본문사례	(아래 표 참조)

본문사례:

제품	개별추가가공원가	개별최종판매가
A	–	180,000
B	30,000	300,000

• 평균매출총이익률

$=\dfrac{480,000-(300,000+30,000)}{480,000}$=31.25%

제품	개별매출총이익	결합원가배분액
A	180,000×31.25% =56,250	180,000-56,250-0 =123,750
B	300,000×31.25% =93,750	300,000-93,750-30,000 =176,250

Answer 1. ④ 2. ① 3. ④

시험중요도 ★★☆

기본이론 제21강 부산물

공통사례

• 주산품 X, Y와 부산물 Z를 생산, 결합원가는 ₩48,000으로 순실현가치법으로 배분

제품	생산량	판매량	추가가공원가	단위당판매가
X	500개	450개	₩30,000	₩180
Y	400개	320개	₩20,000	₩275
Z	100개	60개	₩4,000	₩120

판매기준법 (1법)

의의

• 부산물에 대한 가치를 부여치 않고 판매시 잡수익으로 처리하는 방법
➡가치가 적어 이익에 미치는 영향이 거의 없을 때 적절→ ∴작업폐물처리에 이용.

처리

• 생산시점에 부산물에 대한 회계처리없으며 결합원가를 모두 주산품에 배부
➡ ∴주산품원가가 과대계상됨.
• 추가가공치 않을 경우 기말에 안 팔리고 남아있는 부산물은 재무상태표에 나타나지 않음.
➡ ∵부산물재고계정이 없으므로

❖[사례에의 적용]

제품	NRV	비율	배분액	개별원가	총원가	단위당원가
X	60,000	40%	19,200	30,000	49,200	98.4
Y	90,000	60%	28,800	20,000	48,800	122
Z	–	–	–	4,000	4,000	40

	X	Y	Z
매출액	450×180	320×275	–
매출원가	450×98.4	320×122	–
매출총이익	36,720	48,960	–
잡수익			60×(120−40)=4,800
당기순이익			90,480

[기말재고원가]
X : 50×98.4=4,920
Y : 80×122=9,760
Z : 40×40=1,600

생산기준법 (2법)

의의

• 부산물의 순실현가치만큼을 결합원가배분액으로 처리
➡이익에 미치는 영향 클 때 적절→ ∴NRV를 '부산물'로 재고자산처리

처리

• 생산과 동시에 재고자산이 되며, 결합원가 중 부산물 NRV 차감액을 주산품에 배부
➡ ∴주산품원가가 과소계상됨.
• 기말에 안 팔리고 남아있는 것은 재고자산으로 재무상태표에 계상됨.
➡분리점에서 NRV예측이 정확했다면 부산물판매로부터 손익이 계상되지 않음.

❖[사례에의 적용]

제품	NRV	비율	배분액	개별원가	총원가	단위당원가
X	60,000	40%	16,000	30,000	46,000	92
Y	90,000	60%	24,000	20,000	44,000	110
Z	8,000	–	8,000	4,000	12,000	120

	X	Y	Z
매출액	450×180	320×275	60×120
매출원가	450×92	320×110	60×120
매출총이익	39,600	52,800	0

[기말재고원가]
X : 50×92=4,600
Y : 80×110=8,800
Z : 40×120=4,800

FINAL 객관식뽀개기 실전적중문제

1. ㈜관세는 20x1년에 주산물 1,500개와 부산물 250개를 생산하면서 결합원가가 ₩135,000 발생하였다. 부산물은 분리점이후 판매되는데, 판매단가는 ₩60이며, 판매비용은 단위당 ₩15씩 발생한다. ㈜관세는 생산시점에서 부산물의 원가를 인식한다고 할 때 주산물에 배부되어야 할 결합원가는 얼마인가?(단, 결합공정에서 재공품은 없다.) [관세사기출]

① ₩112,500 ② ₩121,250 ③ ₩123,750
④ ₩131,500 ⑤ ₩135,000

- 135,000-(250개×60-250개×15)=123,750

2. ㈜대한은 제1공정에서 주산물 A, B와 부산물 C를 생산한다. 주산물 A와 부산물 C는 즉시 판매될 수 있으나, 주산물 B는 제2공정에서 추가가공을 거쳐 판매된다. 20x1년에 제1공정과 제2공정에서 발생된 제조원가는 각각 ₩150,000과 ₩60,000이었고, 제품별 최종 판매가치 및 판매비는 다음과 같다.

구분	최종판매가치	판매비
A	₩100,000	₩2,000
B	₩180,000	₩3,000
C	₩2,000	₩600

㈜대한은 주산물의 매출총이익률이 모두 동일하게 되도록 제조원가를 배부하며, 부산물은 판매시점에 최초로 인식한다. 주산물 A의 총제조원가는?(단, 기초 및 기말 재고자산은 없다.) [감평사기출]

① ₩74,500 ② ₩75,000 ③ ₩76,000
④ ₩77,500 ⑤ ₩78,000

- 부산물 C는 판매기준법(1법)에 의하므로 결합원가(1공정 제조원가)를 배분하지 않는다. 따라서, 일반적인 균등이익률법에 의해 결합원가 150,000을 A와 B에 배분하면 된다.
- 추가가공원가와 최종판매가

제품	개별추가가공원가	개별최종판매가
A	-	100,000
B	60,000	180,000

- 평균매출총이익률 : $\frac{280,000-(150,000+60,000)}{280,000}$=25%
- 개별매출총이익과 결합원가배분

제품	개별매출총이익	결합원가배분액
A	100,000×25%=25,000	100,000-25,000-0=75,000
B	180,000×25%=45,000	180,000-45,000-60,000=75,000

∴A의 총제조원가=75,000(결합원가배분액)

3. ㈜감평은 당기부터 단일의 공정을 거쳐 주산물 A, B, C와 부산물 X를 생산하고 있고 당기발생 결합원가는 ₩9,900이다. 결합원가의 배부는 순실현가치법을 사용하며, 부산물의 평가는 생산기준법(순실현가치법)을 적용한다. 주산물 C의 기말재고자산은? [감평사기출]

구분	최종 생산량(개)	최종 판매량(개)	최종단위당 판매가격(원)	추가가공 원가(원)
A	9	8	100	0
B	27	10	150	450
C	50	20	35	250
X	40	1	10	0

① ₩800 ② ₩1,300 ③ ₩1,575
④ ₩1,975 ⑤ ₩2,375

내비게이션

- 부산물 X는 생산기준법(2법)에 의하므로 순실현가치(40개x10=400)만큼을 결합원가배분액으로 우선 처리하며, 나머지 결합원가(9,900-400=9,500)를 주산물 A,B,C에 순실현가치법에 의해 배분한다.
- 결합원가배분

제품	NRV	비율	배분액
A	9개×100=900	900÷6,000=15%	9,500×15%=1,425
B	27개×150-450=3,600	3,600÷6,000=60%	9,500×60%=5,700
C	50개×35-250=1,500	1,500÷6,000=25%	9,500×25%=2,375
X	40개×10=400	-	400

- 주산물 C의 단위당원가 : $\frac{2,375+250}{50개}$=52.5

∴주산물 C의 기말재고액 : (50개-20개)×52.5=1,575

4. ㈜합격은 주산물 A와 부산물 B를 생산하고 있으며 부산물 B의 처분액을 전액 영업외수익으로 처리하고 있다. ㈜합격이 발생된 제조원가를 모두 주산물 A에만 부담시키는 회계처리를 하는 경우 미치는 영향으로 옳지 않은 것은?

① 당기순이익 과소계상 ② 매출총이익 과소계상
③ 매출원가 과대계상 ④ 영업이익 과소계상
⑤ 제조원가 과대계상

내비게이션

- 부산물 B에 대한 수익이 모두 영업외수익으로 계상되므로 이에 대한 제조원가도 영업외비용으로 계상되어야 영업이익이 합리적으로 계산될 것이다. 그러나, 부산물 B에 대한 제조원가도 모두 주산물 A에 배부되므로 제조원가가 과대계상되는 영향을 미친다.
- 제조원가 과대→매출원가 과대→매출총이익 과소→영업이익 과소→당기순이익은 불변(영업외수익계상)

Answer 1. ③ 2. ② 3. ③ 4. ①

시험중요도 ★☆☆

기본이론 제22강  표준원가계산 표준원가계산의 개요

구분	항목	내용
의의	원가계산	• 직접재료비, 직접노무비, 제조간접비에 대해 미리 설정해 놓은 표준원가를 이용하여 제품원가를 계산하는 것
	차이분석	• 효율적 달성치인 표준원가를 미리 산정하고, 이를 실제발생원가와 비교하여 그 차이를 분석함. ➡① '실제원가 > 표준원가'인 경우 : 불리한 차이라고 함. ② '실제원가 < 표준원가'인 경우 : 유리한 차이라고 함.
유용성	계획	• 표준원가가 설정되어 있으면 예산을 설정하는데 용이할 수 있음.
	통제	• 표준원가계산제도에서는 달성목표인 표준원가와 실제원가를 비교하여 실제원가가 표준원가 범위 내에서 발생하고 있는지를 파악함으로써 원가통제를 보다 효과적으로 수행할 수 있음. ➡예외에 의한 관리가 가능
	제품원가계산	• 표준원가계산에서는 단위당표준원가가 설정되어 있기 때문에 원가흐름에 대한 가정(평균법, FIFO, LIFO)이 필요 없으며 단지 물량만 파악하면 되므로 원가계산이 신속하고 간편해짐. 비교 실제원가계산에서는 제품이 완성되었다 하더라도 실제발생원가가 집계되어야만 제품원가계산을 할 수 있음.
	주의	❒ 표준원가계산을 적용하여 제품제조기술을 향상시키고자하는 것은 아님에 주의! ❒ 표준원가보다 실제발생원가가 큰 불리한 차이뿐만 아니라 적게 발생시의 유리한 차이도 모두 원인분석의 대상이 됨.
표준원가 설정	공통사례	❖다음은 표준원가를 설정하기 위한 자료임. ① 직접재료비 : 제품단위당 2kg을 사용하고 kg당 ₩25에 구입하는 것이 달성가능한 최소한의 원가임. ② 직접노무비 : 제품단위당 3시간을 사용하고 노동시간당 ₩3 지급하는 것이 달성가능한 최소한의 원가임. ③ 변동제조간접비 : 노동시간과 인과관계를 가지며 발생하고 노동시간당 ₩2이 발생하는 것이 달성가능한 최소한의 원가임. ④ 고정제조간접비 : 달성가능한 최소한의 원가는 ₩900,000이며, 회사가 선택한 기준조업도 수준은 연간 18,000시간임.
	제품단위당 표준DM	**단위당 표준직접재료수량(SQ) × 재료수량 단위당 표준가격(SP)** ➡제품단위당 표준직접재료비 : 2kg×@25=₩50
	제품단위당 표준DL	**단위당 표준직접노동시간(SQ) × 직접노동시간당 표준가격(SP)** ➡제품단위당 표준직접노무비 : 3시간×@3=₩9
	제품단위당 표준VOH	**단위당 표준조업도(직접노동시간) × 표준조업도 단위당 표준가격** ➡제품단위당 표준VOH : 3시간×@2=₩6
	제품단위당 표준FOH	**단위당 표준조업도(직접노동시간) × 표준조업도 단위당 표준배부율** ➡제품단위당 표준FOH : 3시간×@5*)=₩15 *)표준배부율=FOH예산÷기준조업도=900,000÷18,000시간=5

FINAL 객관식뽀개기 실전적중문제

1. 표준원가계산에 관한 설명으로 옳은 것을 모두 고른 것은? [관세사기출]

> ㄱ. 표준원가를 설정하면 실제원가와 표준원가를 비교해서 그 차이를 분석할 수 있으므로 예외에 의한 관리가 가능하다.
> ㄴ. 표준원가는 제품의 수량에 단위당 표준원가를 곱해서 원가계산이 이루어지므로 매출원가나 기말재고자산의 금액을 산정하는데 용이하다.
> ㄷ. 표준원가계산에서 고정제조간접원가 배부액은 정상원가계산의 고정제조간접원가 예정배부액과 같이 실제조업도에 예정배부율을 곱한 금액이다.
> ㄹ. 표준원가로 회계처리하게 되면 재공품계정과 제품계정은 모두 표준원가로 기록되므로 신속한 원가계산과 효율적인 원가통제가 가능하다.

① ㄱ, ㄴ ② ㄷ, ㄹ ③ ㄱ, ㄴ, ㄹ
④ ㄴ, ㄷ, ㄹ ⑤ ㄱ, ㄴ, ㄷ, ㄹ

내비게이션

• 고정제조간접원가 배부액(SQxSP)은 표준조업도(=실제생산량에 허용된 표준조업도) 표준배부율(=예정배부율)을 곱한 금액이다.

2. 표준원가와 표준원가계산에 대한 다음 설명 중 올바른 것은?

① 표준원가는 이상적인 상황에서만 달성가능한 추정치이다.
② 표준에서 벗어나는 차이는 모두 검토하여야 한다.
③ 표준원가는 원가절감을 위한 원가통제를 포함한다.
④ 중요한 불리한 차이들은 모두 조사하여야 하나, 중요한 유리한 차이들은 조사할 필요가 없다.
⑤ 표준원가를 현실적으로 달성하기 매우 어렵게 설정하는 경우에는 대부분의 차이가 유리한 것으로 나타난다.

내비게이션

• ① 표준원가는 통상 현실적으로 달성가능한 표준원가를 많이 사용한다.
② 표준에서 벗어나는 차이 중 사전에 설정된 허용범위를 벗어나는 경우에만 검토하면 되며 이를 예외에 의한 관리라고 한다.
④ 중요한 차이는 불리한 차이와 유리한 차이 모두 검토를 하여야 한다.
⑤ 표준원가보다 실제원가가 더 많이 발생하므로 불리한 차이가 나타난다.

3. 표준원가계산에 관한 설명으로 옳은 것을 모두 고른 것은?

> ㄱ. 표준원가시스템은 책임을 명확히 하여 종업원의 동기를 유발시키는 방법이다.
> ㄴ. 비계량적인 정보를 활용하여 의사결정에 사용할 수 있다.
> ㄷ. 관리목적상 표준원가에 근접하는 원가항목을 보다 중점적으로 관리해야 한다.
> ㄹ. 표준원가와 실제발생원가의 차이분석시 중요한 불리한 차이뿐만 아니라 중요하지 않은 차이도 검토할 필요가 있다.

① ㄱ, ㄴ ② ㄷ ③ ㄴ, ㄹ
④ ㄴ, ㄷ ⑤ ㄱ

내비게이션

• ㄴ. 계량적 정보에 의해서만 성과평가가 이루어진다.
ㄷ. 표준원가에 근접하는 원가항목보다 표준원가에서 크게 벗어나는 항목을 중점적으로 관리해야 한다.
ㄹ. 예외에 의한 관리를 통해 표준원가와 실제원가의 차이 중 중요한 부분에 대해서만 관심을 가지게 된다. 다만, 중요한 불리한 차이든지 중요한 유리한 차이든지 중요한 차이는 모두 검토한다.

4. 표준원가계산에 관한 설명으로 옳은 것을 모두 고른 것은?

> ㄱ. 표준원가는 현실적으로 달성 가능한 상황 하에서 설정된 목표원가가 아니라 가장 이상적인 상황에서만 달성가능한 추정치이다.
> ㄴ. 이상적 표준(ideal standards)을 표준원가로 설정하면 종업원들에게 강한 동기부여 효과를 일으키므로 가장 적합한 표준설정이라고 할 수 있다.
> ㄷ. 표준원가계산제도는 변동예산 및 책임회계제도와 결합함으로써 성과평가를 위한 자료로 사용된다.
> ㄹ. 표준원가계산에서는 생산활동의 비능률을 알아낼 수 없다.

① ㄱ, ㄷ ② ㄷ ③ ㄴ, ㄹ
④ ㄴ, ㄷ ⑤ ㄱ, ㄷ, ㄹ

내비게이션

• ㄱ. 표준원가란 현실적으로 달성가능 상황에서 설정된 목표원가이다.
ㄴ. 이상적 표준이란 기존설비와 제조공정에서 정상적인 기계고장, 정상감손 및 근로자의 휴식시간 등을 고려하지 않고 최선의 조건하에서만 달성할 수 있는 이상적인 목표하의 최저목표원가이다. 이상적 표준은 이를 달성하는 경우가 거의 없기 때문에 항상 불리한 차이가 발생되며, 이에 따라 종업원의 동기부여에 역효과를 초래한다.
ㄹ. 표준과 실제의 차이를 분석하여 비능률을 찾아낼 수 있다.

Answer 1. ③ 2. ③ 3. ⑤ 4. ②

제1편 재무회계
제2편 원가관리회계
합본부록 IFRS심화논제

시험중요도 ★☆☆

기본이론 제23강  표준원가계산과 직접재료비 차이분석

개요

❖용어정의 : AQ 실제사용량, AP 실제가격, SQ 표준사용량, SP 표준가격, AQ' 실제구입량

사용시점분리

실제	변동예산	제품원가계산(배부)
AQ × AP	AQ × SP	SQ × SP
<실제원가>	<실제사용량의 표준원가>	<실제사용량에 허용된 표준사용량의 표준원가>

- AQ × AP와 AQ × SP의 차이: 가격차이
- AQ × SP와 SQ × SP의 차이: 능률차이(=수량차이)

구입시점분리

- AQ' × AP <실제구입액> 와 AQ' × SP <실제구입량의 표준원가> 의 차이: 구입가격차이
- AQ × SP 와 SQ × SP 의 차이: 능률차이

- 구입시점분리시 가격차이를 구입시 즉시인식, 수정조치를 취할 수 있으므로 관리목적상 우수함.

주의 구입시점에서 분리하더라도 능률차이는 사용시점분리시의 능률차이와 동일함에 주의!
➡ 즉, 구입가격차이는 구입수량(AQ')을 기초로, 능률차이는 사용수량(AQ)을 기초로 계산함.

참고 '구입시점분리'='원가차이를 가능한 빨리 분리'='원재료계정을 표준원가로 기록'

차이분석

예시 실제생산량 100개, 개당 실제사용량 10kg(₩100/kg), 개당 표준사용량 9kg(₩80/kg)
실제구입량 1,200kg(₩100/kg)

사용시점분리

AQ × AP	AQ × SP	SQ × SP
1,000kg × @100	1,000kg × @80	900kg × @80

- 가격차이 20,000(불리)
- 능률차이 8,000(불리)

구분	회계처리				
구입시	(차)	원재료(실제구입가)	120,000	(대) 현금	120,000
사용시	(차)	재공품(SQ×SP)	72,000	(대) 원재료(AQ×AP)	100,000
		가격차이	20,000		
		능률차이	8,000		

구입시점분리

AQ' × AP	AQ' × SP
1,200kg × @100	1,200kg × @80

- 구입가격차이 24,000(불리)

* 능률차이는 사용시점분리와 동일함!

구분	회계처리				
구입시	(차)	원재료(AQ'×SP)	96,000	(대) 현금	120,000
		가격차이	24,000		
사용시	(차)	재공품(SQ×SP)	72,000	(대) 원재료(AQ×SP)	80,000
		능률차이	8,000		

FINAL 객관식뽀개기 — 실전적중문제

1. 표준원가시스템을 사용하고 있는 ㈜한국의 직접재료원가의 제품단위당 표준사용량은 10kg이고, 표준가격은 kg당 ₩6이다. ㈜한국은 6월에 직접재료 40,000kg을 ₩225,000에 구입하여 36,000kg을 사용하였다. ㈜한국의 6월 중 제품생산량은 3,000단위이다. 직접재료 가격차이를 구입시점에 분리하는 경우, 6월의 직접재료원가에 대한 가격차이와 능률차이(수량차이)는? [감평사기출]

① 가격차이 ₩6,000불리, 능률차이 ₩32,000유리
② 가격차이 ₩9,000불리, 능률차이 ₩36,000불리
③ 가격차이 ₩15,000유리, 능률차이 ₩36,000불리
④ 가격차이 ₩15,000유리, 능률차이 ₩32,000불리
⑤ 가격차이 ₩9,000불리, 능률차이 ₩36,000유리

내비게이션

• 직접재료비 구입가격차이 분석

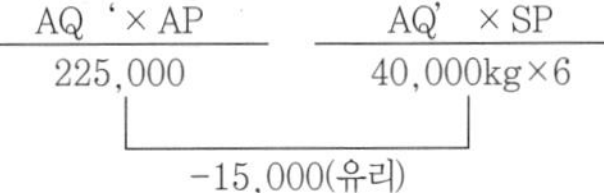

• 직접재료비 능률차이(수량차이) 분석

AQ × SP	SQ × SP
36,000kg× 6	(3,000단위×10kg)×6

36,000(불리)

2. ㈜관세는 표준원가를 이용한 전부원가계산제도를 적용하며, 20x1년 3월 1일에 생산 및 영업을 개시하였다. 20x1년 3월 중 900단위를 생산에 착수하여 당월에 모두 완성하였으며, 이 중 800단위를 판매하였다. 20x1년 3월 중 직접재료 2,000kg을 ₩130,000에 구입하였으며, 직접재료의 당월말재고량은 100kg이다. 당월말 제품계정에 포함된 표준직접재료원가는 ₩10,000이며, 제품 단위당 표준직접재료소비량은 2kg이다. 20x1년 3월의 직접재료원가의 가격차이와 수량차이는 각각 얼마인가? (단, 직접재료원가의 가격차이는 구입시점에 계산하며, 월말재공품은 없다.) [관세사기출]

	가격차이	수량차이
①	₩20,000(불리)	₩3,000(불리)
②	₩20,000(유리)	₩3,000(유리)
③	₩20,000(불리)	₩3,000(유리)
④	₩30,000(불리)	₩5,000(불리)
⑤	₩30,000(유리)	₩5,000(유리)

내비게이션

• SP(=kg당표준가격)의 계산
10,000(기말제품 100단위의 표준직접재료원가)=(100단위×2kg)×SP
→SP=50

• 직접재료비 구입가격차이 분석

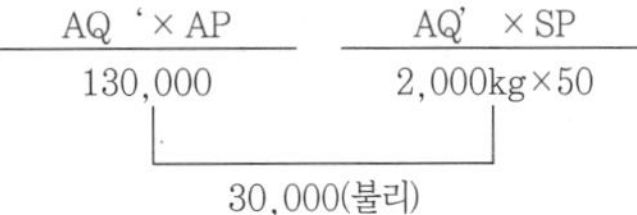

• 직접재료비 능률차이(수량차이) 분석

AQ × SP	SQ × SP
1,900kg× 50	(900단위×2kg)×50

5,000(불리)

3. 다음 자료에 의하여 당기의 실제 직접재료사용량을 계산하면 얼마인가? [관세사기출]

실제생산량	2,000단위
단위당 표준직접재료사용량	24kg
직접재료원가 발생액	₩4,000,000
유리한 직접재료원가 총차이	₩800,000
유리한 직접재료원가 가격차이	₩1,200,000

① 46,000kg ② 48,000kg ③ 50,000kg
④ 52,000kg ⑤ 54,000kg

내비게이션

• 직접재료비 총차이 분석

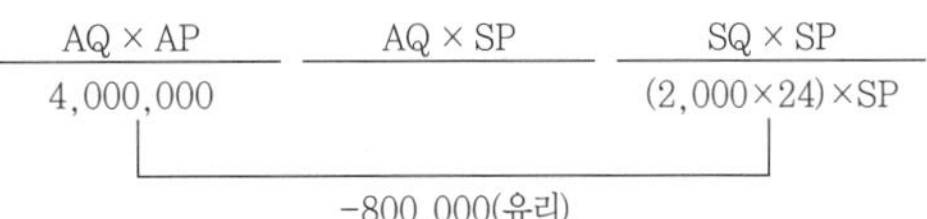

→SP=100

• 직접재료비 가격차이 분석

AQ × AP	AQ × SP	SQ × SP
4,000,000	AQ×100	(2,000×24)×100

-1,200,000(유리)
→AQ=52,000시간

제1편 재무회계
제2편 원가관리회계
합본부록 IFRS심화논제

Answer 1. ③ 2. ④ 3. ④

시험중요도 ★★★

기본이론 제24강  표준원가계산과 직접노무비 차이분석

개요

❖용어정의 : AQ 실제투입시간, AP 실제가격, SQ 실제생산량에 허용된 표준투입시간, SP 표준가격

도해

실제	변동예산	제품원가계산(배부)
AQ × AP	AQ × SP	SQ × SP
〈실제원가〉	〈실제투입시간의 표준원가〉	〈실제사용량에 허용된 표준투입시간의 표준원가〉

가격차이(=임률차이)   능률차이(=시간차이)

차이분석

예시 실제생산량 100개, 개당 투입시간 10시간, 실제임금은 ₩100/시간, 표준임금은 ₩80/시간
개당 표준투입시간은 9시간

분석 및 회계처리

AQ × AP	AQ × SP	SQ × SP
1,000시간 × @100	1,000시간 × @80	900시간 × @80

가격차이 20,000(불리)   능률차이 8,000(불리)

구분	회계처리			
노무비발생	(차) 급여(AQ×AP)	100,000	(대) 현금	100,000
노무비대체	(차) 재공품(SQ×SP)	72,000	(대) 급여	100,000
	가격차이	20,000		
	능률차이	8,000		

사례 임률차이

✪ 다음 자료에 의해 직접노무비 임률차이를 계산하면 얼마인가?

• 직접노무비 표준임률	₩10,000/시간	• 허용 표준직접작업시간	8,000시간
• 실제 직접노무비 임률	₩9,500/시간	• 직접노무비 유리한 능률차이	₩4,800,000

풀이

•SP = 10,000, SQ = 8,000, AP = 9,500 / (AQ×SP) - (SQ×SP) = -4,800,000 → AQ = 7,520시간
•임률차이 : (AQ×AP) - (AQ×SP) = 7,520×9,500 - 7,520×10,000 = -3,760,000(유리)

사례 실제노동시간 추정

✪다음 자료에 의해 당기의 실제노동시간을 구하면 얼마인가?

• 실제생산량	2,000단위	• 직접노무비 발생액	₩5,000,000
• 단위당 허용표준노동시간	15시간	• 임률차이(불리)	₩360,000
• 시간차이(유리)	₩160,000		

풀이

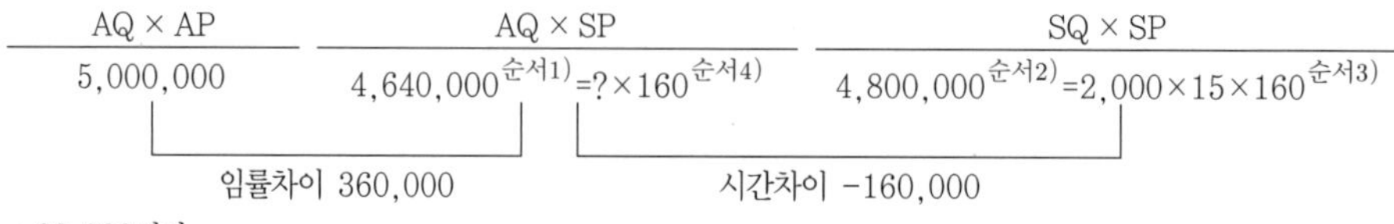

∴29,000시간

FINAL 객관식뽀개기 실전적중문제

1. ㈜감평은 표준원가계산을 사용하고 있다. 20x1년 제품 8,600단위를 생산하는데 24,000 직접노무시간이 사용되어 직접노무원가 ₩456,000이 실제 발생되었다. 제품 단위당 표준직접노무시간은 2.75시간이고 표준임률이 직접노무시간당 ₩19.2이라면, 직접노무원가의 능률차이는? [감평사기출]

① ₩1,920 불리 ② ₩4,800 불리 ③ ₩4,800 유리
④ ₩6,720 불리 ⑤ ₩6,720 유리

내비게이션

- (24,000시간×19.2)−(8,600단위×2.75×19.2)=6,720(불리)

2. 표준원가계산제도를 채택하고 있는 ㈜대한의 20x1년도 직접노무원가와 관련된 자료는 다음과 같다. 20x1년도의 실제생산량은? [감평사기출]

실제직접노무시간	101,500시간
직접노무원가 실제발생액	₩385,700
직접노무원가 능률차이	₩14,000(유리)
직접노무원가 임률차이	₩20,300(유리)
단위당 표준직접노무시간	2시간

① 51,000단위 ② 51,500단위 ③ 52,000단위
④ 52,500단위 ⑤ 53,000단위

내비게이션

- 직접노무비 임률차이 분석

AQ × AP	AQ × SP
385,700	101,500시간×SP

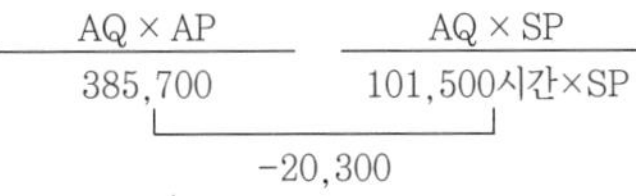

−20,300

→SP=4

- 직접노무비 능률차이 분석

AQ × SP	SQ × SP
101,500시간×4	(A단위×2시간)×4

−14,000

→A=52,500

3. 표준원가제도 하에서 다음 자료를 참고하여 실제발생한 노무시간 및 실제시간당 임률은 얼마인가?

시간당 표준임률	₩3,000
제품단위당 표준시간	2시간
실제 제품생산량	1,000개
능률차이	₩300,000(유리)
임률차이	₩190,000(불리)

	실제노무시간	실제시간당임률
①	1,900시간	₩3,100
②	1,900시간	₩2,900
③	1,900시간	₩2,400
④	2,100시간	₩3,100
⑤	2,100시간	₩2,900

내비게이션

- 실제노무시간 : 1,000개×단위당실제시간(A), 실제시간당임률 : B
- 직접노무비 능률차이 분석

AQ × SP	SQ × SP
(1,000개×A)×3,000	(1,000개×2)×3,000

−300,000

→A=1.9

→실제노무시간=1,000개x1.9=1,900시간

- 직접노무비 임률차이 분석

AQ × AP	AQ × SP
(1,000개×1.9)×B	(1,000개×1.9)×3,000

190,000

→B(실제시간당임률)=3,100

4. 표준원가계산과 관련하여 가장 옳지 않은 설명은?

① 직접재료원가 구입가격차이는 구매담당자가 책임을 지며 능률차이는 생산담당자가 책임을 진다.
② 생산부문 책임자의 관리소홀로 인하여 일정계획에 차질이 있을 경우 직접노무원가에 있어 불리한 가격차이가 발생할 것이다.
③ 품질이 떨어지는 원재료를 매우 저렴한 가격으로 구매한 경우 직접재료원가에 있어 유리한 가격차이가 발생할 것이나, 이로 인하여 불리한 능률차이가 발생할 수 있다.
④ 조업도와 관계없이 일정하게 발생하는 고정제조간접원가는 생산활동의 능률적인 관리를 통해 발생액을 변화시킬 수 없으므로 고정제조간접원가 능률차이는 발생하지 않는다.
⑤ 고정제조간접원가 예산의 기준조업도를 최대 생산가능조업도로 할 경우 일반적으로 불리한 고정제조간접원가 조업도차이가 발생한다.

내비게이션

- 관리소홀로 인하여 일정계획에 차질이 있을 경우에는 시간투입이 증가하여 불리한 능률차이가 발생한다.

Answer 1. ④ 2. ④ 3. ① 4. ②

시험중요도 ★★★

기본이론 제25강  표준원가계산과 제조간접비 차이분석

개요

기호의 정의

f : FOH배부율, v : VOH배부율, N : 기준조업도, F : FOH예산, V : VOH예산
S : 실제산출량에 허용된 표준조업도, A : 실제조업도

$\rightarrow f = \dfrac{F}{N}$, $v = \dfrac{V}{N}$, $f+v\,(\text{OH배부율}) = \dfrac{F+V}{N} = \dfrac{\text{OH예산}}{N}$

변동제조간접비(VOH)

실제발생액	변동예산	제품원가계산(배부)
실제발생액	v × A	v × S

실제발생액 ~ v × A : 예산차이(=소비차이) / v × A ~ v × S : 능률차이

고정제조간접비(FOH)

실제발생액	변동예산	제품원가계산(배부)
실제발생액	F(=fN)	f × S

실제발생액 ~ F(=fN) : 예산차이 / F(=fN) ~ f × S : 조업도차이

주의 고정제조간접비 능률차이는 없음.(∵투입과 산출간에 비례관계가 존재치 않음)

차이분석

예시 기준조업도(N) 18,000시간, FOH예산 ₩90,000, VOH예산 ₩36,000, 실제생산량 5,000개, 실제 변동제조간접비 ₩28,000, 실제 고정제조간접비 ₩80,000, 실제노동시간 16,000시간

	개당 표준시간	시간당 표준
변동제조간접비	3시간	₩2/시간(=v)
고정제조간접비	3시간	₩5/시간(=f)

VOH분석

실제발생액	v × A	v × S
28,000	2×16,000시간	2×(5,000개×3시간)

소비차이 4,000(유리) / 능률차이 2,000(불리)

FOH분석

실제발생액	F(=fN)	f × S
80,000	5×18,000시간	5×(5,000개×3시간)

예산차이 10,000(유리) / 조업도차이 15,000(불리)

참고 **조업도차이의 발생원인**

① 기준조업도 이하로 조업한 경우 : FOH예산 > FOH배부액이므로 불리한 조업도차이 발생
→ 생산시설의 이용정도가 기대에 못미침.

② 기준조업도 이상으로 조업한 경우 : FOH예산 < FOH배부액이므로 유리한 조업도차이 발생
→ 생산시설의 이용정도가 기대치 이상임.

기타분석

4분법	• ① 소비차이 ② 능률차이 ③ 예산차이 ④ 조업도차이
3분법	• 예산차이(①+③), 능률차이, 조업도차이
2분법	• 예산차이(①+②+③), 조업도차이

FINAL 객관식뽀개기 실전적중문제

1. ㈜관세의 고정제조간접원가는 기계시간을 기준으로 배부한다. 기준조업도는 9,000시간이며 표준기계시간은 제품 단위당 3시간이다. 제품의 실제생산량은 3,200단위이고 고정제조간접원가의 실제발생액은 ₩1,100,000이다. 고정제조간접원가의 조업도차이가 ₩60,000(유리)일 경우 소비차이는? [관세사기출]

① ₩200,000불리 ② ₩100,000불리 ③ ₩140,000유리
④ ₩100,000유리 ⑤ ₩200,000유리

- N=9,000시간, S=3,200×3=9,600시간
- (f×9,000시간)-(f×9,600시간)=-60,000 →f=100

∴1,100,000-(100×9,000시간)=200,000(불리)

2. 표준원가계산제도를 채택하고 있는 ㈜감평의 20x1년 6월의 제조간접원가 예산과 실제발생액은 다음과 같다.

	예산	실제발생액
변동제조간접원가 :		
간접재료원가	₩4,480	₩4,310
간접노무원가	₩3,360	₩3,630
고정제조간접원가 :		
공장임대료	₩10,640	₩10,630
감가상각비	₩14,280	₩14,260
총제조간접원가	₩32,760	₩32,830

㈜감평은 고정제조간접원가의 예산을 월간 2,800기계시간을 기준으로 수립하였다. 20x1년 6월 실제 기계시간은 2,730시간이다. 만약 실제 생산량에 허용된 표준기계시간이 2,860시간이라면, 6월의 고정제조간접원가 조업도차이는? [감평사기출]

① ₩534 불리 ② ₩623 불리 ③ ₩702 불리
④ ₩534 유리 ⑤ ₩623 유리

- N=2,800시간, f=$\frac{10,640+14,280}{2,800시간}$=8.9, S=2,860시간

∴(8.9×2,800시간)-(8.9×2,860시간)=-534(유리)

3. ㈜관세는 단일 제품을 생산하며, 실제산출물에 허용된 표준직접노무시간을 기초로 제조간접원가를 제품에 배부하는 표준원가계산시스템을 사용한다. 20x1년 고정제조간접원가와 관련된 자료는 다음과 같다.

구분	자료내용
연간 예산(예상) 고정제조간접원가	₩500,000
예산 표준직접노무시간 (기준조업도)	25,000단위×직접노무시간 2시간/단위=50,000시간
연간 실제고정제조간접원가	₩508,000
실제직접노무시간	54,000시간

㈜관세가 20x1년에 제품을 26,000단위 생산하였을 경우, 고정제조간접원가 조업도차이는? [관세사기출]

① ₩20,000(유리) ② ₩20,000(불리) ③ ₩32,000(유리)
④ ₩32,000(불리) ⑤ ₩40,000(유리)

- F=500,000, N=50,000시간, f=$\frac{500,000}{50,000}$=10, S=26,000×2=52,000시간

∴500,000-(10×52,000시간)=-20,000(유리)

4. ㈜대한은 표준원가계산제도를 채택하고 있으며, 기계작업시간을 기준으로 고정제조간접원가를 제품에 배부한다. 다음 자료에 의할 경우 기준조업도는? [감평사기출]

기계작업시간당 고정제조간접원가 표준배부율	₩10
유리한 조업도차이	₩10,000
실제생산량	1,000단위
제품 단위당 표준기계작업시간	2시간

① 500시간 ② 700시간 ③ 800시간
④ 1,000시간 ⑤ 1,100시간

내비게이션

- f=10, S=1,000단위×2시간=2,000시간

∴(10×N)-(10×2,000시간)=-10,000 →N=1,000시간

Answer 1. ① 2. ④ 3. ① 4. ④

시험중요도 ★★☆

기본이론 제26강 표준원가계산과 제조간접비 차이분석 적용

사례 I

사례 제조간접비 차이분석①

✪ 다음은 ㈜무조건합격의 20x1년도 제조활동과 관련된 자료이다. 20x1년도 변동제조간접비의 능률차이는?

• 표준직접노동시간	단위당 2시간
• 실제직접노동시간	21,000시간
• 생산된 제품단위	10,000개
• 변동제조간접비	표준직접노동시간당 ₩3
• 실제변동제조간접비	₩28,000

•문제자료에서

A = 21,000시간, v = 3, S = 10,000개×2시간 = 20,000시간

∴능률차이 = vA−vS = 3×21,000−3×20,000 = 3,000(불리)

사례 II

사례 제조간접비 차이분석②

✪ 제조간접비에 대해서 고정예산을 책정하고 있는 ㈜할수있다의 9월 중 제조간접비에 관한 자료는 다음과 같다. 고정제조간접비 조업도차이는 얼마인가?

• 총제조간접비 실제발생액	₩3,000,000
• 실제작업시간 5,000시간에 대한 제조간접비예산액	₩3,700,000
• 표준작업시간 6,000시간에 대한 제조간접비예산액	₩4,200,000
• 실제생산량에 대해 허용된 표준작업시간	4,000시간

•문제자료에서,

① N = 6,000시간, S = 4,000시간, F+V = 4,200,000

② 5,000v+F = 3,700,000 / 6,000v+F = 4,200,000

→연립하면 v = 500, F = 1,200,000

•$f+v = \frac{4,200,000}{6,000}$ =700에서, f = 200

∴F−fS = 1,200,000−200×4,000 = 400,000(불리)

사례 III

사례 제조간접비 차이분석③

✪ ㈜막강화력은 3분법을 사용하여 제조간접원가를 소비, 능률, 조업도차이로 분리하고 있다. 자료는 다음과 같다. 제품생산에 허용된 표준시간은?

• 총제조간접원가 실제발생액	₩1,000,000
• 제조간접원가 예정배부율	₩8
• 제조간접원가 추정방정식	₩500,000 + 시간당₩4 × 시간
• 능률차이	₩40,000 불리
• 조업도차이	₩100,000 유리

•문제자료에서, f+v = 8, F = 500,000, v = 4, f = 4

∴500,000−4×S = −100,000 → S = 150,000

FINAL 객관식뽀개기 실전적중문제

1. ㈜관세는 표준원가계산제도를 채택하고 있으며, 20x1년 제품 2,000단위를 기준으로 제조간접원가에 대한 표준을 다음과 같이 설정하였다.

- 제조간접원가예산=₩720,000+직접노동시간×₩100
- 제품단위당 표준직접노동시간 5시간

20x1년 실제직접노동시간은 20,400시간이고, 실제생산량은 4,000단위이다. 변동제조간접원가 능률차이와 고정제조간접원가 조업도차이는? [관세사기출]

	능률차이	조업도차이
①	₩40,000(불리)	₩720,000(유리)
②	₩40,000(유리)	₩720,000(불리)
③	₩40,000(불리)	₩1,280,000(유리)
④	₩40,000(유리)	₩1,280,000(불리)
⑤	차이없음	₩1,280,000(불리)

내비게이션

- N=2,000단위×5시간=10,000시간, F=720,000, $f=\frac{720,000}{10,000시간}=72$
  A=20,400시간, S=4,000단위×5시간=20,000시간

∴VOH능률차이 : (100×20,400시간)-(100×20,000시간)=40,000(불리)
FOH조업도차이 : 720,000-(72×20,000시간)=-720,000(유리)

2. ㈜관세는 표준원가계산제도를 채택하고 있다. 고정제조간접원가는 기계시간을 기준으로 배부하고 있는데, 제품 단위당 5시간의 기계시간이 소요된다. 20x1년도에는 1,000개의 제품을 생산하였고 실제 고정제조간접원가 발생액은 ₩285,000이었다. 고정제조간접원가 변동예산차이가 ₩9,000(불리)이고 고정제조간접원가 조업도차이가 ₩46,000(불리)인 경우에 20x1년도 기준조업도(기계시간)는 몇 시간인가? [관세사기출]

① 4,500시간 ② 5,000시간 ③ 5,500시간
④ 6,000시간 ⑤ 6,500시간

내비게이션

- S=1,000개×5시간=5,000시간
- 285,000-F=9,000 →F=276,000
- 276,000-(f×5,000시간)=46,000 →f=46

∴276,000=46×N →N=6,000

3. 다음은 20x1년도 ㈜관세의 변동제조간접원가에 대한 표준원가 및 차이분석 자료이다.

표준직접노동시간	2시간
변동제조간접원가 표준배부율	₩5/시간
실제 총직접노동시간	100시간
변동제조간접원가 능률차이	₩120(유리)

㈜관세의 20x1년도 실제 제품생산량은 몇 개인가? (단, 재공품은 없다.) [관세사기출]

① 60개 ② 62개 ③ 64개
④ 66개 ⑤ 68개

내비게이션

- v=5, A=100시간
- (5×100시간)-(5×S)=-120 →S=124

∴실제제품생산량×2시간=124 →실제제품생산량=62

4. ㈜세무는 표준원가계산을 사용하고 있으며, 월간 기준조업도는 제품 1,200단위를 생산할 수 있는 6,000기계시간이다. ㈜세무의 20x1년 4월 각 조업도 수준별 제조간접원가 변동예산은 다음과 같다.

제조간접원가	조업도 수준		
	5,000 기계시간	6,000 기계시간	7,000 기계시간
변동제조간접원가			
소모품비	₩1,000	₩1,200	₩1,400
간접노무원가	₩1,500	₩1,800	₩2,100
계	₩2,500	₩3,000	₩3,500
고정제조간접원가	₩9,000	₩9,000	₩9,000
총제조간접원가	₩11,500	₩12,000	₩12,500

㈜세무는 20x1년 4월 중 제품 1,300단위를 생산하였다. 이와 관련하여 6,800기계시간이 사용되었고 실제 변동제조간접원가는 ₩4,200이며, 실제 고정제조간접원가는 ₩9,400이다. ㈜세무의 20x1년 4월 고정제조간접원가 생산조업도차이는 얼마인가? [세무사기출]

① ₩1,000 불리한 차이 ② ₩1,000 유리한 차이
③ ₩750 불리한 차이 ④ ₩750 유리한 차이
⑤ ₩0 차이 없음

내비게이션

- N=6,000시간, 단위당표준기계시간=$\frac{6,000시간}{1,200단위}=5$, F=9,000

$f=\frac{9,000}{6,000시간}=1.5$, S=1,300단위×5=6,500시간

∴9,000-(1.5×6,500시간)=-750(유리)

Answer 1. ① 2. ④ 3. ② 4. ④

시험중요도 ★★☆

기본이론 제27강  변동원가계산 변동·전부원가계산의 의의

의의

구분	전부원가계산	변동(직접)원가계산	초변동원가계산
근본적차이	• 원가부착개념 ➡FOH도 제조원가 (판매시 매출원가로 비용화)	• 원가회피개념 ➡FOH는 비용처리	• 초원가회피개념 ➡DL/VOH/FOH를 운영비용 처리
제조원가	• DM+DL+VOH+FOH	• DM+DL+VOH	• DM
손익계산서	•전통적I/S(기능별I/S) ➡매출액 (-)매출원가(DM+DL+VOH+FOH) 매출총이익 (-)판관비(변동+고정) 영업이익	•공헌이익I/S(형태별I/S) ➡매출액 (-)매출원가(DM+DL+VOH) (-)변동판관비 공헌이익 (-)FOH+고정판관비 영업이익	•초변동원가계산I/S ➡매출액 (-)제품수준변동원가(DM) 현금창출공헌이익 (-)운영비용(DL+VOH+FOH+판관비) 영업이익
의사결정	• 장기의사결정에 유리	• 단기의사결정에 유리	-
보고	• 외부보고용	• 내부관리용 주의 ∴전부원가계산으로 전환하여 외부보고해야 함.	

변동원가계산 유용성

구분	내용
이익조작방지	• 이익이 판매량변화에만 영향을 받으므로 생산량조절에 따른 이익조작 방지가능 ➡ π (이익) = f(판매량) 비교 **전부원가계산** ❒ 이익이 판매량과 생산량에 의해서도 영향 받으므로(즉, 생산량을 증가시키면 FOH 배부액이 감소하고 따라서, 이익이 증가함.) 생산량 조절에 따른 이익 조작가능성이 존재함. ➡ π (이익) = f(판매량 & 생산량)
재고누적방지	• 이익이 생산량에 의해 영향 받지 않으므로 바람직하지 못한 재고누적 방지가능 비교 **전부원가계산** ❒ 생산량을 증가시켜 손실을 줄이거나 이익을 증가시킬 수 있으므로 생산과잉으로 인한 바람직하지 못한 재고누적 유발가능
단기의사결정	• 변동비와 고정비가 분리되고 공헌이익도 제시되므로 증분이익 분석을 쉽게 하여 단기의사결정, CVP분석, 이익계획수립에 유용한 정보제공
성과평가	• FOH 제품배부로 야기되는 혼란을 없앨 수 있어 성과평가 등에 유용한 정보제공
단위당원가 불변	• 변동비만을 제품원가로 간주하므로 생산량 변동시 단위당원가가 달라지지 않음. 비교 **전부원가계산** ❒ FOH를 제품원가에 포함시키므로 생산량변동에 따라 단위당원가가 달라져 이로 인해 많은 오해를 불러일으킬 수 있음.
고정원가 영향분석가능	• 특정기간의 고정원가가 손익계산서에 총액으로 표시되기 때문에 고정원가가 이익에 미치는 영향을 쉽게 알 수 있음.

변동원가계산 한계점

① 대규모 설비투자 증가로 FOH비중이 높아지고 있는 현실에서 FOH의 중요성을 간과하고 있음.
➡∴장기의사결정에 사용하면 안 됨.
② FOH를 전액 기간비용 처리함으로써 수익·비용대응원칙에 부합치 않음.
③ GAAP에서 수용되지 않고 있으므로 외부보고용으로 사용할 수 없음.
④ 모든 비용을 변동비와 고정비로 구분한다는 것은 현실적으로 어려움이 있음.
⑤ 장기적으로 볼 때 모든 원가는 변동비이므로 FOH도 변동비로 본다면 전부원가계산이 더 우월함.

FINAL 객관식뽀개기 실전적중문제

1. 전부원가계산 및 변동원가계산에 관한 설명으로 옳은 것은? [관세사기출]

① 변동원가계산은 고정제조간접원가를 제품원가에 포함시키므로 생산량의 변동에 따라 제품단위당 원가가 달라져서 경영자가 의사결정을 할 때 혼란을 초래할 수 있다.
② 전부원가계산은 영업이익이 판매량뿐만 아니라 생산량에 의해서도 영향을 받기 때문에 과다생산에 의한 재고과잉의 우려가 있다.
③ 전부원가계산은 원가를 변동원가와 고정원가로 분류하여 공헌이익을 계산하므로 경영의사결정, 계획수립 및 통제목적에 유용한 정보를 제공한다.
④ 변동원가계산은 외부보고용 재무제표를 작성하거나 법인세를 결정하기 위한 조세목적을 위해서 일반적으로 인정되는 원가계산방법이다.
⑤ 초변동원가계산은 직접재료원가와 직접노무원가만을 재고가능원가로 처리하므로 불필요한 재고자산의 보유를 최소화하도록 유인할 수 있다.

내비게이션

• ①과 ④는 전부원가계산에 대한 설명이고, ③은 변동원가계산에 대한 설명이며, ⑤의 초변동원가계산은 직접재료원가만을 재고가능원가로 처리한다.(직접노무원가는 운영비용으로 당기비용 처리)

2. 제품원가계산 방법에 관한 설명으로 옳지 않은 것은? [관세사기출]

① 생산활동의 특성에 따라 개별원가계산과 종합원가계산으로 분류할 수 있다.
② 표준원가계산은 미리 표준으로 설정된 원가자료를 사용하여 원가를 계산하는 방법으로 원가관리에 유용하다.
③ 변동원가계산은 제조원가요소 중에서 고정원가를 제외한 변동원가만 집계하여 제품원가를 계산하는 방법이다.
④ 외부재무보고 목적으로 재무제표를 작성할 때 전부원가계산을 사용한다.
⑤ 내부적인 경영의사결정에 필요한 한계원가 및 공헌이익과 같은 정보를 파악하기 위해서는 정상원가계산이 유용하다.

내비게이션

• 정상원가계산(X) → 변동원가계산(O)

3. 전부원가계산과 변동원가계산에 대한 설명으로 옳은 것은? [세무사기출]

① 변동원가계산의 영업이익은 판매량뿐만 아니라 생산량에 따라서도 좌우된다.
② 전부원가계산 하에서는 생산과잉으로 인한 바람직하지 못한 재고의 누적을 막을 수 있다.
③ 전부원가계산에 의해 매출원가가 표시되는 손익계산서는 성격별 포괄손익계산서라고 한다.
④ 초변동원가계산은 직접재료원가와 직접노무원가만 재고가능원가로 처리한다.
⑤ 변동원가계산은 정상원가계산, 표준원가계산, 개별원가계산, 종합원가계산을 사용하는 기업에 적용할 수 있다.

• ① 변동원가계산(X) → 전부원가계산(O)
② 전부원가계산(X) → 변동원가계산(O)
③ 성격별(X) → 기능별(O)
④ 직접재료원가와 직접노무원가(X) → 직접재료원가(O)

4. 20x1년 초에 설립된 ㈜관세는 단일제품을 생산하여 단위당 ₩30에 판매하고 있다. 20x1년과 20x2년의 생산 및 판매에 관한 자료는 다음과 같다.

	20x1년	20x2년
생산량	25,000단위	30,000단위
판매량	22,000단위	28,000단위
변동제조원가	단위당 ₩8	
고정제조원가	₩150,000	
변동판매비와관리비	단위당 ₩2	
고정판매비와관리비	₩100,000	

20x2년도의 전부원가계산에 의한 영업이익은 얼마인가? (단, 재공품은 없으며 원가흐름은 선입선출법을 가정한다.) [관세사기출]

① ₩300,000 ② ₩303,000 ③ ₩310,000
④ ₩317,000 ⑤ ₩320,000

• 20x1년 FOH배부율 : 150,000÷25,000단위=6
20x2년 FOH배부율 : 150,000÷30,000단위=5

• 매출액	28,000단위×30=840,000
(−) 매출원가	28,000단위×8+(3,000단위×6+25,000단위×5)=367,000
(−) 판관비	28,000단위×2+100,000=156,000
영업이익	317,000

Answer 1. ② 2. ⑤ 3. ⑤ 4. ④

시험중요도 ★★★

기본이론 제28강  변동·전부원가계산의 영업이익 차이조정

차이조정 논리

구분	내용
전부下 비용이 된 FOH	• ① 기초포함FOH + 당기FOH - 기말포함FOH
변동下 비용이 된 FOH	• ② 당기FOH
비용이 된 FOH차이	• '①-②'를 하면, 기초포함FOH - 기말포함FOH

경우	결과
기초포함FOH-기말포함FOH=0인 경우	• 전부영업이익 = 변동영업이익
기초포함FOH-기말포함FOH < 0인 경우	• 전부영업이익 > 변동영업이익
기초포함FOH-기말포함FOH > 0인 경우	• 전부영업이익 < 변동영업이익

기말재고 · 영업이익

❖단위당FOH의 불변가정시 기말재고액과 영업이익을 비교하면 다음과 같음.

기말재고

• 전부원가계산의 제품단위원가는 FOH가 포함되는 반면, 변동원가계산의 제품단위원가는 FOH가 포함되지 않으므로 기말재고가 존재하는 한 전부원가계산의 기말재고액이 변동원가계산의 기말재고액 보다 항상 크게 됨.

영업이익

생산량 = 판매량 (재고불변)

차변		대변	
기초	100	판매량	500
생산량	500	기말	100

비용화된 FOH차이 = 0

➲ ∴전부영업이익 = 변동영업이익

생산량 > 판매량 (재고증가)

차변		대변	
기초	100	판매량	300
생산량	500	기말	300

비용화된 FOH차이 < 0

즉, 재고증가량에 포함된 FOH만큼 전부원가계산이 더 이익을 계상

➲ ∴전부영업이익 > 변동영업이익

생산량 < 판매량 (재고감소)

차변		대변	
기초	300	판매량	500
생산량	300	기말	100

비용화된 FOH차이 > 0

즉, 재고감소량에 포함된 FOH만큼 변동원가계산이 더 이익을 계상

➲ ∴전부영업이익 < 변동영업이익

영업이익 차이조정

전부원가계산에 의한 영업이익	전부원가계산에 의한 영업이익	변동원가계산에 의한 영업이익
(+) 기초재공품,제품에 포함된 FOH (−) 기말재공품,제품에 포함된 FOH	(+) 기초재공품,제품에 포함된 DL,VOH,FOH (−) 기말재공품,제품에 포함된 DL,VOH,FOH	(+) 기초재공품,제품에 포함된 DL,VOH (−) 기말재공품,제품에 포함된 DL,VOH
변동원가계산에 의한 영업이익	초변동원가계산에 의한 영업이익	초변동원가계산에 의한 영업이익

저자주 정상·표준원가계산의 경우 비용이 된 FOH

① 전부 = 기초FOH + FOH배부액 - 기말FOH + 매출원가에 가산된 과소배부액

② 변동 = 당기FOH ⇒FOH배부액 + 매출원가에 가산된 과소배부액

∴위와 같이 실제원가계산하의 차이조정과 동일하게 접근하면 됩니다!

FINAL 객관식뽀개기 실전적중문제

1. 20x1년 초에 설립된 ㈜관세는 단일제품을 생산 · 판매하며, 실제원가계산을 사용하고 있다. ㈜관세는 20x1년에 6,000단위를 생산하여 4,000단위를 판매하였고, 20x2년에는 6,000단위를 생산하여 7,000단위를 판매하였다. 연도별 판매가격과 원가구조는 동일하며 원가자료는 다음과 같다.

원가항목	단위당 원가	연간 총원가
직접재료원가	₩85	
직접노무원가	₩40	
변동제조간접원가	₩105	
변동판매관리비	₩50	
고정제조간접원가		₩120,000
고정판매관리비		₩350,000

20x2년 전부원가계산에 의한 영업이익이 ₩910,000일 경우, 20x2년 변동원가계산에 의한 영업이익은? (단, 기초 및 기말 재공품은 없는 것으로 가정한다.)

[관세사기출]

① ₩890,000 ② ₩900,000 ③ ₩910,000
④ ₩920,000 ⑤ ₩930,000

내비게이션

- 20x1년 FOH배부율 : 120,000÷6,000단위=20
  20x1년 FOH배부율 : 120,000÷6,000단위=20

- 전부원가계산 영업이익 910,000
  (+) 기초에 포함된 FOH 2,000단위×20=40,000
  (-) 기말에 포함된 FOH 1,000단위×20=20,000
  변동원가계산 영업이익 930,000

2. 20x1년 초 설립된 ㈜한국의 20x1년과 20x2년의 생산 및 판매와 관련된 자료는 다음과 같다. ㈜한국의 20x2년도 전부원가계산에 의한 영업이익이 ₩3,000,000이라면, 초변동원가계산에 의한 영업이익은 얼마인가? (단, ㈜한국은 선입선출법(FIFO)을 적용하고 있으며, 재공품은 존재하지 않음) [감평사기출]

	20x1년	20x2년
기초제품수량	0개	3,000개
당기생산량	10,000개	11,000개
판매량	7,000개	9,000개
기말제품수량	3,000개	5,000개
직접노무원가	₩300,000	₩330,000
변동제조간접원가	₩240,000	₩264,000
고정제조간접원가	₩500,000	₩506,000
변동판매비	₩35,000	₩45,000
고정판매비	₩20,000	₩20,000

① ₩2,730,000 ② ₩2,792,000 ③ ₩2,812,000
④ ₩2,870,000 ⑤ ₩2,920,000

내비게이션

- 20x1년 가공비(DL/VOH/FOH)배부율 : 1,040,000÷10,000단위=104
- 20x2년 가공비(DL/VOH/FOH)배부율 : 1,100,000÷11,000단위=100

- 전부원가계산 영업이익 3,000,000
  (+) 기초에 포함된 가공비(DL/VOH/FOH) 3,000단위×104=312,000
  (-) 기말에 포함된 가공비(DL/VOH/FOH) 5,000단위×100=500,000
  초변동원가계산 영업이익 2,812,000

3. ㈜한국은 한 종류의 수출용 스웨터를 제조한다. 3년간에 걸친 이 제품과 관련된 원가와 영업상황의 자료는 다음과 같다.

· 단위당 변동제조원가 : ₩10
· 단위당 변동판매비와관리비 : ₩1
· 연간 고정제조원가 : ₩300,000
· 연간 고정판매비와관리비 : ₩200,000

	20x1년	20x2년	20x3년
기초제품재고량	−	20,000	10,000
당기생산량	60,000	30,000	50,000
당기판매량	40,000	40,000	40,000
기말제품재고량	20,000	10,000	20,000

3년간 판매가격의 변동과 원가구조의 변동이 없다는 가정하에서 20x1년 변동원가계산하의 영업이익이 ₩500,000일 경우 20x3년 전부원가계산하의 영업이익은?(단, 원가흐름은 선입선출법을 가정하고, 재공품은 없다.)

[감평사기출]

① ₩460,000 ② ₩480,000 ③ ₩500,000
④ ₩520,000 ⑤ ₩540,000

내비게이션

- 매년의 판매량이 40,000개로 모두 동일하고, 판매가격과 원가구조(단위당 변동제조원가, 단위당 변동판매비와관리비, 연간 고정제조원가, 연간 고정판매비와관리비)가 변동이 없으므로, 변동원가계산하의 영업이익은 매년 500,000으로 동일하다.
- 20x2년 FOH배부율 : 300,000÷30,000개=10
  20x3년 FOH배부율 : 300,000÷50,000개=6
- 전부원가계산 영업이익 X
  (+) 기초에 포함된 FOH 10,000개×10=100,000
  (-) 기말에 포함된 FOH 20,000개×6=120,000
  변동원가계산 영업이익 500,000

$\therefore X$=520,000

Answer 1. ⑤ 2. ③ 3. ④

시험중요도 ★★☆

기본이론 제29강 변동·전부원가계산의 원가차이

사례 I

사례 원가차이①

◎ 단일 제품을 생산, 판매하는 F회사의 20x1년 단위당 변동제조간접비는 ₩2,000이었으며, 총고정제조간접비는 ₩600,000이었다. 20x2년 제품의 생산 및 판매량은 다음과 같다.

• 기초재고	25,000단위
• 생산량	140,000단위
• 판매량	160,000단위
• 기말재고	5,000단위

고정제조간접비배부율은 150,000단위를 기준으로 하였으며 이 배부율은 기초재고와 당기제품에 동일하게 적용된다. 한편, 과소 혹은 과대배부 된 제조간접비는 전액 매출원가에서 조정한다. 변동원가계산에 의한 영업이익이 ₩800,000이었다면 전부원가계산에 의한 F회사의 20x2년 영업이익은?

풀이

• f(고정제조간접비배부율) : 600,000÷150,000단위 = @4
• 전부영업이익+(25000×@4)−(5,000×@4)=800,000
∴전부영업이익 =720,000

사례 II

사례 원가차이②

◎ ㈜A의 원가자료이다. 전부원가계산방법에 의한 당기순이익이 직접원가계산방법에 의한 당기순이익보다 ₩200이 더 많은 경우 당기 재고증감량은 몇 개인가? 단, 당기와 전기의 고정제조간접원가배부율은 동일하다.

• 당기생산량	1,000개	• 기초재고량	?
• 기말재고량	100개	• 판매가	₩15
• 변동제조간접비	단위당 ₩5	• 고정제조간접비	₩2,000
• 변동판매비	단위당 ₩2	• 고정판매비	₩300

• f(고정제조간접비배부율) : 2,000÷1,000개 = @2
• 전부영업이익(A+200)+(x개×@2)−(100개×@2) = 변동영업이익(A) → x = 0
∴기초재고(x)가 0개이고, 기말재고가 100개이므로 100개 증가

사례 III

사례 원가차이③

◎ 다음 자료에 의하여 전부원가계산과 변동원가계산에 의한 이익차이를 계산하면? 단, 원가차이는 매출원가에서 조정하며, 고정제조간접비배부율은 기초재고와 당기제품에 동일하게 적용된다.

• 기초수량	9,200단위	• 기준조업도	10,000단위	• 판매수량	9,000단위
• 조업도차이	₩1,500불리	• 기말수량	9,600단위		

풀이

• 조업도가 생산량이므로 'S'는 실제생산량 그 자체가 됨에 주의! →∴S = 9,000+9,600−9,200= 9,400

예산(f × N)	배부(f × S)
f×10,000	f×9,400

→f×10,000−f×9,400 =1,500에서, f = 2.5
• 전부영업이익(x)+(9,200개×@2.5)−(9,600개×@2.5) = 변동영업이익(x−1,000)
∴이익차이 : 전부영업이익(x)−변동영업이익(x−1,000)=1,000

FINAL 객관식뽀개기

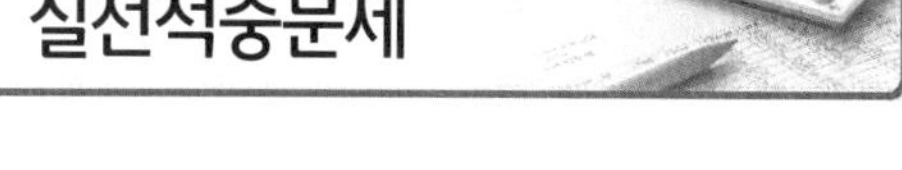

실전적중문제

1. ㈜관세는 2월 1일 영업을 개시하였으며 한 달 동안 제품 2,000단위를 생산하여 1,600단위를 단위당 ₩10,000에 판매하였다. ㈜관세의 제조원가 및 판매관리비가 다음과 같을 때 전부원가계산과 변동원가계산에 의한 2월의 영업이익 차이는? [관세사기출]

	고정원가	단위당 변동원가
직접재료원가	–	₩3,000
직접노무원가	–	₩500
제조간접원가	₩600,000	₩1,500
판매관리비	₩700,000	₩2,000

① 전부원가계산이 변동원가계산보다 ₩120,000 많다.
② 전부원가계산이 변동원가계산보다 ₩120,000 적다.
③ 전부원가계산이 변동원가계산보다 ₩140,000 많다.
④ 전부원가계산이 변동원가계산보다 ₩140,000 적다.
⑤ 차이가 없다.

내비게이션

- 기초수량 0단위(∵영업개시), 기말수량 400단위(=0+2,000-1,600)
- FOH배부율 : 600,000÷2,000단위=300

- 전부원가계산 영업이익 X
  (+) 기초에 포함된 FOH 0
  (-) 기말에 포함된 FOH 400단위×300=120,000
  변동원가계산 영업이익 $X-120,000$

∴$X-(X-120,000)=120,000$(전부원가계산이 120,000 많다.)

2. 단일제품을 생산 · 판매하고 있는 ㈜관세의 당기순이익은 전부원가계산하에서 ₩12,000이고 변동원가계산하에서 ₩9,500이다. 단위당 제품원가는 전부원가계산하에서는 ₩40이고 변동원가계산하에서는 ₩35이며, 전기와 당기 각각에 대해 동일하다. 당기 기말제품재고 수량이 2,000단위일 경우 기초제품 재고수량은 몇 단위인가?(단, 기초재공품과 기말재공품은 없다.)[관세사기출]

① 500단위 ② 800단위 ③ 1,000단위
④ 1,200단위 ⑤ 1,500단위

내비게이션

- 단위당FOH : 40-35=5

- 전부원가계산 영업이익 12,000
  (+) 기초에 포함된 FOH X단위×5
  (-) 기말에 포함된 FOH 2,000단위×5
  변동원가계산 영업이익 9,500

∴X=1,500

3. 20x1년초에 설립된 ㈜백제는 20x1년에 1,200개의 제품을 생산하여 800개를 판매하였다. 20x1년에 전부원가계산의 영업이익이 변동원가계산의 영업이익보다 ₩8,000만큼 크다면 총고정제조간접원가는 얼마인가? [관세사기출]

① ₩24,000 ② ₩24,600 ③ ₩25,200
④ ₩25,600 ⑤ ₩26,000

내비게이션

- 전부원가계산 영업이익 X+8,000
  (+) 기초에 포함된 FOH 0
  (-) 기말에 포함된 FOH 400단위×FOH배부율
  변동원가계산 영업이익 X

→400단위×FOH배부율=8,000에서, FOH배부율=20

∴FOH배부율=$\frac{F}{1,200\text{개}}$=20에서, F=24,000

4. ㈜감평은 20x1년도에 설립되었고, 당해연도에 A제품 25,000단위를 생산하여 20,000단위를 판매하였다. ㈜감평의 20x1년도 A제품 관련 자료가 다음과 같을 때, 전부원가계산과 변동원가계산에 의한 20x1년도 기말재고자산의 차이는? [감평사기출]

○ 단위당 판매가격	₩250
○ 단위당 변동제조원가	₩130
○ 단위당 변동판매관리비	₩30
○ 총고정제조원가	₩1,000,000
○ 총고정판매비와관리비	₩500,000

① ₩50,000 ② ₩200,000 ③ ₩250,000
④ ₩350,000 ⑤ ₩400,000

내비게이션

- 전부원가계산 기말제품에 포함된 FOH만큼 차이가 난다.
∴기말제품에 포함된 FOH : 5,000×(1,000,000÷25,000)=200,000

Answer 1. ① 2. ⑤ 3. ① 4. ②

3P

3P

3P

FINAL

POTENTIALITY
PASSION
PROFESSION

3P는 여러분의 무한한 잠재적 능력과 반드시 성취하겠다는 열정을 토대로 전문가의 길로 나아가는 세무라이선스 파이널시리즈의 학습 정신입니다.

수험생 여러분의 합격을 응원합니다.

제2편. 원가관리회계

2021-2022

FINAL

관세사·감정평가사 회계학

Certified Customs Broker & Appraiser

제2장
관리회계

▶ 관리회계는 기업의 경영의사결정과정에 필요한 분석기법들을 담고 있습니다.

SEMOOLICENCE

시험중요도 ★★★

기본이론 제30강  CVP분석 CVP기본가정과 기본산식

구분	항목	내용
기본가정	원가행태의 구분	• 모든 원가를 변동비와 고정비로 분리 할 수 있다고 가정
	선형성	• 수익과 원가의 행태가 확실히 결정되어 있고 관련범위 내에서 선형으로 가정 ➡단위당판매가격과 단위당변동비는 일정
	생산량과 판매량의 일치성	• 생산량과 판매량은 일치하는 것으로 가정하여 생산량이 모두 판매된 것으로 가정 ➡즉, 재고수준이 일정, 동일하거나 하나도 없다고 가정
	독립변수의 유일성	• 원가와 수익은 유일한 독립변수인 조업도에 의하여 결정된다고 가정
	화폐의 시간가치 무시	• 화폐의 시간가치가 중요하지 않을 정도의 단기간이라고 가정
	일정한 매출배합	• 복수제품인 경우에는 매출배합이 일정하다고 가정
	수익원천의 단일성	• 수익은 오직 매출로부터만 발생한다고 가정

구분	항목	내용
기본산식	이익방정식	❒ 영업이익=매출액－변동비[1]－고정비[2] =단위당판매가격×판매량－단위당변동비×판매량－고정비 [1]변동비=변동제조원가+변동판매관리비 [2]고정비=고정제조간접원가+고정판매관리비
	공헌이익	❒ 총공헌이익=매출액－변동비=단위당판매가격×판매량－단위당변동비×판매량 ❒ 단위당공헌이익=$\frac{\text{총공헌이익}}{\text{판매량}}$=단위당판매가격－단위당변동비 ❒ 총공헌이익=단위당공헌이익×판매량 ❒ 영업이익=총공헌이익－고정비=단위당공헌이익×판매량－고정비
	공헌이익률	❒ 공헌이익률=$\frac{\text{총공헌이익}}{\text{매출액}}=\frac{\text{단위당공헌이익}}{\text{단위당판매가격}}$ ❒ 총공헌이익=단위당공헌이익×판매량=공헌이익률×매출액 ❒ 영업이익=단위당공헌이익×판매량－고정비=공헌이익률×매출액 －고정비
	변동비율	❒ 변동비율=$\frac{\text{변동비}}{\text{매출액}}=\frac{\text{단위당변동비}}{\text{단위당판매가격}}$ ❒ 변동비=단위당변동비×판매량=변동비율×매출액 ❒ 공헌이익률+변동비율=$\frac{\text{총공헌이익}}{\text{매출액}}+\frac{\text{변동비}}{\text{매출액}}=\frac{\text{매출액}-\text{변동비}}{\text{매출액}}+\frac{\text{변동비}}{\text{매출액}}=1$

사례 공헌이익률과 변동비율 계산

✪ 제품 단위당 판매가격은 ₩400이며, 단위당 변동제조원가는 직접재료원가 ₩120, 직접노무원가 ₩80, 변동제조간접원가 ₩50이고, 고정제조간접원가는 연간 ₩154,000이다. 이 제품과 관련된 판매비 및 일반관리비는 단위당 ₩30의 변동비와 연간 ₩26,000의 고정비로 구성되어 있다. 공헌이익률과 변동비율은 얼마인가?

풀이

- 단위당공헌이익 : 400－(120+80+50+30)=120
- 공헌이익률 : $\frac{\text{단위당공헌이익}}{\text{단위당판매가격}}=\frac{120}{400}=30\%$
- 변동비율 : 공헌이익률(30%)+변동비율=1에서, 변동비율은 70%

FINAL 객관식뽀개기 실전적중문제

1. 일반적으로 손익분기점 분석에서 고려하지 않는 가정은? [세무사기출]

① 판매가격은 일정범위 내에서는 변동하지 않는다.
② 모든 원가는 고정원가와 변동원가로 나누어질 수 있다.
③ 수익과 원가행태는 관련범위 내에서 곡선적이다.
④ 원가요소, 능률, 생산성은 일정범위 내에서 변동하지 않는다.
⑤ 단위당 판매가격은 판매량에 관계없이 일정하다.

• 관련범위 내에서 선형(직선)으로 가정한다.

2. 손익분기점 분석의 기본가정과 한계에 관한 설명으로 옳지 않은 것은? [세무사기출]

① 단위당 판매가격은 수요 · 공급의 원리에 따라 판매량을 증가시키기 위해서는 낮추어야 한다는 것을 가정한다.
② 모든 원가는 고정비와 변동비로 나누어질 수 있으며, 고정비는 매출수량의 증가에 관계없이 관련범위 내에서 일정하고, 변동비는 매출수량의 증가에 정비례하는 것을 가정한다.
③ 의사결정이 이루어지는 관련범위 내에서 조업도만이 원가에 영향을 미치는 유일한 요인이라고 가정한다.
④ 원가요소, 능률, 생산성은 일정범위 내에서 변동하지 않으며, 생산 · 관리 · 판매의 효율성에도 변동이 없다고 가정한다.
⑤ 대부분의 원가요소는 기간이 매우 길 경우에는 변동비가 되며, 기간이 매우 짧은 경우에는 고정비가 될 것이므로 원가와 원가동인의 관계가 지속적으로 성립될 것으로 기대되는 예측가능한 범위를 정하여야 한다.

내비게이션

• 단위당 판매가격은 일정하다고 가정한다.

3. ㈜대한의 공헌이익률은 24%이며, 고정원가는 ₩84,000이다. 회사가 단위당 ₩250에 상품 3,360개를 판매하였다면, 회사의 순이익은 얼마인가? [관세사기출]

① ₩108,440 ② ₩117,600 ③ ₩135,400
④ ₩181,440 ⑤ ₩201,600

내비게이션

• 매출액 : 250×3,360개=840,000
• 24%(공헌이익률)$=\dfrac{\text{공헌이익}}{840{,}000}$ →공헌이익=201,600
∴순이익 : 201,600(공헌이익)−84,000(고정원가)=117,600

4. 공연기획사인 ㈜합격은 디너쇼를 기획하고 있는데 디너쇼와 관련된 예상비용은 다음과 같다.

1인당 저녁식사비	₩7,200
1인당 기념품	₩800
가수 출연료	₩200,000
행사장 대관료	₩300,000
티켓 발행 고정비	₩100,000

㈜합격은 행사참석인원을 50명으로 예상하고 있다. ㈜합격이 손해를 보지 않기 위해서는 1인당 행사참석요금을 최소한 얼마로 책정하여야 하는가?(단, 1인당 저녁식사비와 기념품은 변동비이고 나머지 비용은 고정비이다.)

① ₩8,000 ② ₩10,800 ③ ₩16,000
④ ₩20,000 ⑤ ₩22,000

• 1인당 행사참석요금을 x라 하면,
$50x-50\times(7{,}200+800)-(200{,}000+300{,}000+100{,}000)\geq 0$
$\rightarrow x\geq 20{,}000$

5. A사업부의 자료는 다음과 같다. A사업부가 16%의 총자산이익률을 달성하기 위해서는 제품가격을 얼마로 결정해야 하는가? [관세사기출]

연간 총고정원가	₩490,000
제품 단위당 변동원가	₩140
연간 예상판매량	15,000단위
평균총자산	₩2,000,000

① ₩186 ② ₩188 ③ ₩190
④ ₩192 ⑤ ₩194

내비게이션

• 총자산이익률$=\dfrac{\text{영업이익}}{\text{평균총자산}}$
→영업이익=2,000,000×16%=320,000
• $X\times$15,000단위−140×15,000단위−490,000=320,000
→∴X=194

서술형Correction연습

❒ CVP분석은 장기의 투자와 관련된 의사결정에 유용한 분석방법이다.

(X) : CVP분석은 1년 이내의 단기의 투자의사결정에 유용한 분석방법이다.

Answer 1. ③ 2. ① 3. ② 4. ④ 5. ⑤

시험중요도 ★★★

기본이론 제31강  손익분기점분석과 목표이익분석

손익분기점 분석

구분	내용
손익분기점	• 손익분기점(BEP)은 이익을 0으로 만드는 판매량 또는 매출액을 의미
기본산식	❒ 매출액－변동비－고정비＝0 ➡매출액－변동비＝고정비 / 총공헌이익＝고정비 ➡단위당공헌이익×판매량＝고정비 / 공헌이익률×매출액＝고정비
BEP판매량	❒ 손익분기점 판매량$=\dfrac{고정비}{단위당공헌이익}$
BEP매출액	❒ 손익분기점 매출액$=\dfrac{고정비}{공헌이익률}$

·주의 법인세가 있는 경우에도 BEP는 위와 동일함.(∵이익이 0이면 법인세가 없으므로)

사례 BEP판매량과 BEP매출액 계산

✪ 제품 단위당 판매가격은 ₩10,000이며, 단위당 변동제조원가는 ₩7,500, 단위당 변동판매관리비는 ₩500, 고정제조간접비는 ₩500,000, 고정판매관리비는 ₩300,000일 때 손익분기점 판매량(매출액)은?

•단위당공헌이익 : $10,000-(7,500+500)=2,000$ →BEP판매량$=\dfrac{500,000+300,000}{2,000}=400$

•공헌이익률 : $\dfrac{단위당공헌이익}{단위당판매가격}=\dfrac{2,000}{10,000}=20\%$ →BEP매출액$=\dfrac{500,000+300,000}{20\%}=4,000,000$

목표이익 분석

구분	내용
법인세 고려X	❒ 단위당공헌이익×판매량＝고정비＋세전목표이익 ➡세전목표이익을 위한 판매량$=\dfrac{고정비+세전목표이익}{단위당공헌이익}$ ❒ 공헌이익률×매출액＝고정비＋세전목표이익 ➡세전목표이익을 위한 매출액$=\dfrac{고정비+세전목표이익}{공헌이익률}$
법인세 고려O	❒ 단위당공헌이익×판매량$=고정비+\dfrac{세후목표이익}{1-t}$ ➡세후목표이익을 위한 판매량$=\dfrac{고정비+\dfrac{세후목표이익}{1-t}}{단위당공헌이익}$ ❒ 공헌이익률×매출액$=고정비+\dfrac{세후목표이익}{1-t}$ ➡세후목표이익을 위한 매출액$=\dfrac{고정비+\dfrac{세후목표이익}{1-t}}{공헌이익률}$

참고 ① 세전목표이익률을 위한 매출액$=\dfrac{고정비}{공헌이익률-세전목표이익률}$

② 세후목표이익률을 위한 매출액$=\dfrac{고정비}{공헌이익률-\dfrac{세후목표이익률}{1-t}}$

참고 2개의 법인세율 적용시 : 예 단위당공헌이익 10, 고정비 40,000, 세전이익이 20,000이하이면 법인세율 20%, 20,000초과하면 초과금액에 30% 적용됨. 세후이익 19,500을 얻기 위한 판매량은?

→[1단계] 기준액을 세후로 환산 : $20,000\times(1-20\%)=16,000$ ∴세후이익 19,500은 2개 세율 적용

→[2단계] 세전이익(I)계산 : $I-[20,000\times20\%+(I-20,000)\times30\%]=19,500$ ∴$I=25,000$

→[3단계] 판매량계산 : $(40,000+25,000)\div10=6,500$개

FINAL 객관식뽀개기 — 실전적중문제

1. 서울특허법률사무소는 특허출원에 대한 법률서비스를 제공하려고 한다. 이 서비스의 손익분기점 매출액은 ₩15,000,000, 공헌이익률은 40%이다. 서울특허법률사무소가 동 서비스로부터 ₩2,000,000의 이익을 획득하기 위한 매출액은? [감평사기출]

① ₩6,000,000 ② ₩8,000,000 ③ ₩9,000,000
④ ₩20,000,000 ⑤ ₩22,000,000

내비게이션

- [(15,000,000×40%)+2,000,000]÷40%=20,000,000

2. ㈜한국의 20x1년 손익분기점 매출액은 ₩120,000이었다. 20x1년 실제 발생한 총변동원가가 ₩120,000이고, 총고정원가가 ₩90,000이었다면 영업이익은 얼마인가? (단, 동 기간 동안 생산능력의 변동은 없음) [감평사기출]

① ₩130,000 ② ₩150,000 ③ ₩190,000
④ ₩230,000 ⑤ ₩270,000

내비게이션

- $120,000=\dfrac{90,000}{공헌이익률}$ 에서, 공헌이익률=75% →∴변동비율=25%
- $25\%(변동비율)=\dfrac{120,000}{매출액}$ 에서, 매출액=480,000

∴영업이익 : 480,000−120,000−90,000=270,000

3. 관세는 제품 A를 제조·판매하는 회사이다. 제품 A의 고정원가는 ₩200,000이고 단위당 예산자료는 다음과 같다.

○ 판매가격	₩200
○ 직접재료원가	₩30
○ 직접노무원가	₩20
○ 변동제조간접원가	₩40
○ 변동판매비	₩10

㈜관세가 세후목표이익 ₩30,000을 달성하기 위한 판매수량은?(단, 법인세율은 20%이고 생산량과 판매량은 동일하다.) [관세사기출]

① 2,075단위 ② 2,175단위 ③ 2,275단위
④ 2,375단위 ⑤ 2,475단위

내비게이션

- $\dfrac{200,000+\dfrac{30,000}{1-20\%}}{200-(30+20+40+10)}=2,375단위$

4. ㈜관세는 20x1년 초에 설립되어 단일 제품을 생산·판매할 예정이며, 20x1년도 원가관련 자료는 다음과 같이 예상된다.

○ 연간 총고정원가	₩30,000
○ 단위당 변동원가	₩40

㈜관세는 20x1년 동안 1,000개의 제품을 생산하여 전량 판매할 것으로 예상하며, 이를 통해 법인세차감후순이익 ₩12,000을 실현하려고 한다. 단위당 판매가격은 얼마가 되어야 하는가?(단, 법인세율은 40%이며, 재공품은 없다.) [관세사기출]

① ₩90 ② ₩100 ③ ₩110
④ ₩120 ⑤ ₩130

내비게이션

- $1,000개=\dfrac{30,000+\dfrac{12,000}{1-40\%}}{X-40}$ →$\therefore X=90$

5. ㈜서울의 20x1년 단위당 변동비는 ₩4.2, 공헌이익률은 30%, 매출액은 ₩1,200,000이다. ㈜서울은 20x1년에 이익도 손실도 보지 않았다. ㈜서울은 20x2년에 20x1년보다 100,000단위를 더 판매하려고 한다. ㈜서울의 20x2년 단위당 판매가격과 단위당 변동비는 20x1년과 동일하다. ㈜서울이 20x2년에 ₩30,000의 목표이익을 달성하고자 한다면, 추가로 최대한 지출할 수 있는 고정비는? [감평사기출]

① ₩50,000 ② ₩75,000 ③ ₩100,000
④ ₩125,000 ⑤ ₩150,000

내비게이션

- 20x1년
  변동비(1,200,000×70%=840,000)=4.2×판매량
  →판매량=200,000단위
  매출액(1,200,000)=판매가×200,000단위 →판매가=6
  1,200,000×30%−고정비=0 →고정비=360,000
- 20x2년
  6×300,000단위−4.2×300,000단위−고정비=30,000
  →고정비=510,000

∴추가로 최대한 지출할 수 있는 고정비 : 510,000−360,000=150,000

Answer 1. ④ 2. ⑤ 3. ④ 4. ① 5. ⑤

시험중요도 ★★☆

기본이론 제32강 안전한계와 영업레버리지

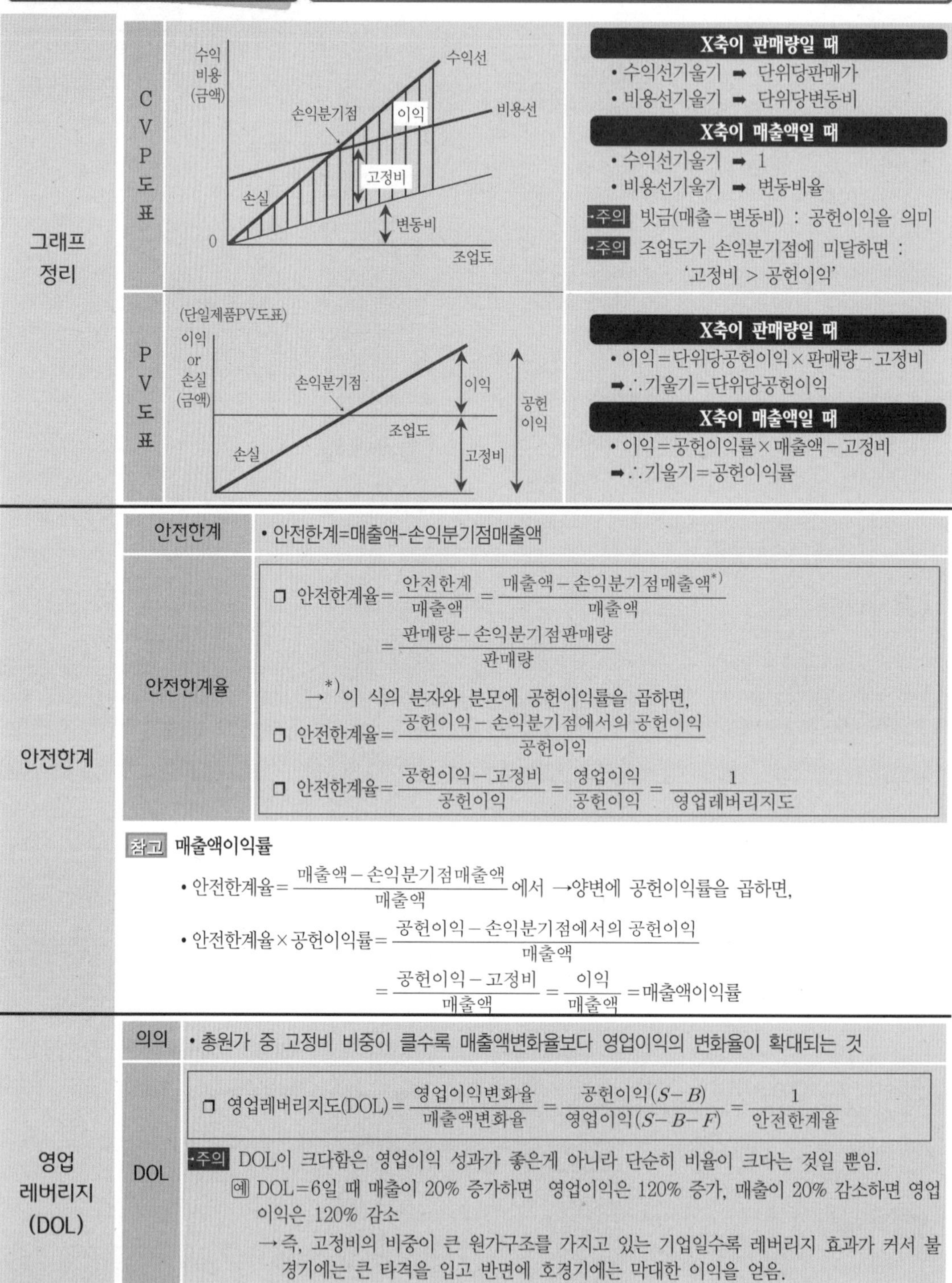

그래프 정리

CVP도표

X축이 판매량일 때

- 수익선기울기 ➡ 단위당판매가
- 비용선기울기 ➡ 단위당변동비

X축이 매출액일 때

- 수익선기울기 ➡ 1
- 비용선기울기 ➡ 변동비율

주의 빗금(매출－변동비) : 공헌이익을 의미

주의 조업도가 손익분기점에 미달하면 : '고정비 > 공헌이익'

PV도표

X축이 판매량일 때

- 이익＝단위당공헌이익×판매량－고정비
- ➡∴기울기＝단위당공헌이익

X축이 매출액일 때

- 이익＝공헌이익률×매출액－고정비
- ➡∴기울기＝공헌이익률

안전한계

안전한계	• 안전한계=매출액-손익분기점매출액

안전한계율

❒ $\text{안전한계율} = \dfrac{\text{안전한계}}{\text{매출액}} = \dfrac{\text{매출액} - \text{손익분기점매출액}^{*)}}{\text{매출액}}$

$= \dfrac{\text{판매량} - \text{손익분기점판매량}}{\text{판매량}}$

→*) 이 식의 분자와 분모에 공헌이익률을 곱하면,

❒ $\text{안전한계율} = \dfrac{\text{공헌이익} - \text{손익분기점에서의 공헌이익}}{\text{공헌이익}}$

❒ $\text{안전한계율} = \dfrac{\text{공헌이익} - \text{고정비}}{\text{공헌이익}} = \dfrac{\text{영업이익}}{\text{공헌이익}} = \dfrac{1}{\text{영업레버리지도}}$

참고 **매출액이익률**

- $\text{안전한계율} = \dfrac{\text{매출액} - \text{손익분기점매출액}}{\text{매출액}}$ 에서 →양변에 공헌이익률을 곱하면,
- $\text{안전한계율} \times \text{공헌이익률} = \dfrac{\text{공헌이익} - \text{손익분기점에서의 공헌이익}}{\text{매출액}}$

$= \dfrac{\text{공헌이익} - \text{고정비}}{\text{매출액}} = \dfrac{\text{이익}}{\text{매출액}} = \text{매출액이익률}$

영업레버리지(DOL)

의의	• 총원가 중 고정비 비중이 클수록 매출액변화율보다 영업이익의 변화율이 확대되는 것

DOL

❒ $\text{영업레버리지도(DOL)} = \dfrac{\text{영업이익변화율}}{\text{매출액변화율}} = \dfrac{\text{공헌이익}(S-B)}{\text{영업이익}(S-B-F)} = \dfrac{1}{\text{안전한계율}}$

주의 DOL이 크다함은 영업이익 성과가 좋은게 아니라 단순히 비율이 크다는 것일 뿐임.

예 DOL＝6일 때 매출이 20% 증가하면 영업이익은 120% 증가, 매출이 20% 감소하면 영업이익은 120% 감소

→즉, 고정비의 비중이 큰 원가구조를 가지고 있는 기업일수록 레버리지 효과가 커서 불경기에는 큰 타격을 입고 반면에 호경기에는 막대한 이익을 얻음.

참고 ① 분모의 고정비(F)=0이면 DOL＝1이 되며, BEP에 근접함에 따라서 분모인 영업이익이 0에 근접함으로 DOL=∞가 됨.(즉, DOL은 손익분기점 부근에서 가장 커짐.)

② DOL은 매출액증가에 따라 점점 감소하여 1에 접근함.

FINAL 객관식뽀개기 실전적중문제

1. ㈜관세의 20×1년 자료는 다음과 같다. 다음 설명 중 옳은 것은? [관세사기출]

매출액	₩50,000	변동원가	₩30,000
공헌이익	₩20,000	고정원가	₩15,000
영업이익	₩5,000		

① 공헌이익률은 60%이다.
② 안전한계율(margin of safety percentage)은 30%이다.
③ 손익분기점 매출액은 ₩40,000이다.
④ 영업레버리지도는 5이다.
⑤ 판매량이 10% 증가하면 영업이익은 ₩2,000 증가한다.

내비게이션
- ① 공헌이익률 : (50,000-30,000)÷50,000=40%
  ② 안전한계율 : 5,000(영업이익)÷20,000(공헌이익)=25%
  ③ BEP매출액 : 15,000÷40%=37,500
  ④ 영업레버리지도 : 20,000(공헌이익)÷5,000(영업이익)=4
  ⑤ 매출액=P(판매가)×Q(판매량)
  판매량 10% 증가시 매출액=P×Q×1.1 → 매출액 10% 증가와 동일
  DOL=4이므로 매출액이 10% 증가하면 영업이익은 40% 증가함.

∴영업이익은 2,000(=5,000×40%) 증가함.

2. ㈜감평의 총변동원가가 ₩240,000, 총고정원가가 60,000, 공헌이익률이 40%이며, 법인세율은 20%이다. 이에 관한 설명으로 옳지 않은 것은?(단, 기초재고와 기말재고는 동일하다.) [감평사기출]

① 매출액은 ₩400,000이다.
② 안전한계율은 62.5%이다.
③ 영업레버리지도는 1.2이다.
④ 세후 영업이익은 ₩80,000이다.
⑤ 손익분기점 매출액은 ₩150,000이다.

내비게이션
- ① 변동비율 : 1-40%=60%, 240,000÷매출액=60%에서,
  매출액=400,000
  ④ 세전영업이익 : 400,000-240,000-60,000=100,000
  →세후영업이익 : 100,000×(1-20%)=80,000
  ⑤ BEP매출액 : 60,000÷40%=150,000
  ② 안전한계율 : (400,000-150,000)÷400,000=62.5%
  ③ 영업레버리지도 : $\frac{400,000-240,000}{400,000-240,000-60,000}=1.6$

3. ㈜관세의 전기 매출은 ₩1,000, 공헌이익은 ₩600, 영업레버리지도는 3이었다. 당기의 원가구조는 전기와 동일하다. 당기 총변동원가가 ₩500이라면 당기의 영업이익은 얼마인가? [관세사기출]

① ₩320 ② ₩350 ③ ₩380
④ ₩400 ⑤ ₩420

내비게이션
- 전기 변동비율 : 1-60%(공헌이익률)=40%
  전기 영업이익 : 600÷영업이익=3 →영업이익=200
  전기 고정비 : 600-고정비=200 →고정비=400
- 당기 매출액 : 500÷매출액=40% →매출액=1,250

∴당기 영업이익 : 1,250-500-400=350

4. ㈜관세의 20x1년도 생산 및 판매와 관련된 자료는 다음과 같다.

매출액	₩2,700,000
변동제조원가	₩1,170,000
고정제조원가	₩540,000
변동판매비와관리비	₩450,000
고정판매비와관리비	₩324,000

20x2년도의 매출액이 전년도에 비하여 15% 증가할 경우 영업이익은 얼마로 예상되는가? [관세사기출]

① ₩410,400 ② ₩378,000 ③ ₩345,600
④ ₩313,200 ⑤ ₩248,400

내비게이션
- DOL : $\frac{2,700,000-1,170,000-450,000=1,080,000}{1,080,000-540,000-324,000=216,000}=5$
  →매출액이 15% 증가하면, 영업이익은 75% 증가함.

∴216,000×(1+75%)=378,000

5. ㈜감평의 20x1년도 제품에 관한 자료가 다음과 같을 때 안전한계율은? [감평사기출]

단위당 판매가격	₩5,000
공헌이익률	35%
총고정원가	₩140,000
법인세율	30%
세후이익	208,250

① 68% ② 70% ③ 72%
④ 74% ⑤ 76%

내비게이션
- 세전이익 : 208,250÷(1-30%)=297,500
- BEP 매출액 : 140,000÷35%=400,000
- 매출액×35%-140,000=297,500 →매출액=1,250,000

∴(1,250,000-400,000)÷1,250,000=68%

Answer 1. ⑤ 2. ③ 3. ② 4. ② 5. ①

시험중요도 ★★★

기본이론 제33강  복수제품 CVP분석

기본개념

매출배합
- 총판매량중에서 각 제품의 판매량이 차지하는 상대적인 비율

매출액구성비
- 총매출액중에서 각 제품의 매출액이 차지하는 상대적인 비율

> **예시** A, B의 매출배합이 4 : 3이고, 매출액구성비는 2 : 1이다. B의 단위당판매가가 ₩10일때 A의 단위당판매가는 얼마인가?
> →A의 단위당판매가를 p라 하면,
> $4x$개, $3x$개이므로, $4x \times p : 3x \times 10 = 2 : 1$ ∴p=15

> **예시** A의 공헌이익률은 60%, B의 공헌이익률은 40%, 회사전체공헌이익률이 44%가 되기 위한 A, B의 매출액구성비는 얼마인가?
> →A의 매출액을 X, B의 매출액을 Y라 하면,
> $$\text{회사전체공헌이익률} = \frac{\text{총공헌이익}}{\text{총매출액}} = \frac{X \times 60\% + Y \times 40\%}{X+Y} = 44\%\text{이므로,}$$
> $Y = 4X \quad \therefore X : Y = 1 : 4$

최적매출배합
- 공헌이익(=매출액×공헌이익률=판매량×단위당공헌이익) 극대화가 최적매출배합임

> ① 매출액 일정시 →공헌이익률이 높은 제품만 판매
> ② 판매량 일정시 →단위당공헌이익이 높은 제품만 판매
> ➲ ∴제약조건 없는 경우는 공헌이익률이나 단위당 공헌이익이 높은 한 가지만 생산하는 것이 최적

분석방법

판매량계산

- $\text{총판매량} = \dfrac{\text{고정비} + \text{이익}}{\text{단위당가중평균공헌이익}}$ • $\text{BEP총판매량} = \dfrac{\text{고정비}}{\text{단위당가중평균공헌이익}}$

➡단위당가중평균공헌이익=Σ개별단위당공헌이익×개별매출배합비율
➡개별판매량=총판매량×매출배합비율

매출액계산

- $\text{총매출액} = \dfrac{\text{고정비} + \text{이익}}{\text{가중평균공헌이익률}}$ • $\text{BEP총매출액} = \dfrac{\text{고정비}}{\text{가중평균공헌이익률}}$

➡가중평균공헌이익률=Σ개별공헌이익률×개별매출액구성비율
➡개별매출액=총매출액×매출액구성비율

사례 복수제품 CVP분석

✪ 다음 자료에 의해 ① 매출배합 불변시 손익분기점 판매량 ② 내년도 총 8,000개를 생산·판매하여 ₩15,000의 영업이익을 위한 매출배합을 각각 구하면?

구분	제품A	제품B	합계
판매량	6,000개	2,000개	8,000개
매출액	₩60,000(단위당판매가 @10)	₩30,000(단위당판매가 @15)	₩90,000
변동비	₩42,000(단위당변동비 @7)	₩18,000(단위당변동비 @9)	₩60,000
고정비			₩24,000
영업이익			₩6,000

풀이

① 매출배합은 3 : 1, 단위당가중평균공헌이익=3×75%+6×25%=3.75
BEP판매량=24,000÷3.75=6,400개 →∴A : 6,400×75%=4,800개, B : 6,400×25%=1,600개
② 8,000개 중 A제품 수량을 X, B제품 수량을 Y라 하면,
i) $10X+15Y=7X+9Y+24,000+15,000$ ii) $X+Y=8,000$ → $X=3,000$, $Y=5,000$ →∴3 : 5

FINAL 객관식뽀개기 — 실전적중문제

1. ㈜관세는 제품A와 B, C를 생산 및 판매하고 있으며, 20x1년의 예산 자료는 다음과 같다.

	제품A	제품B	제품C	합계
매출액	900,000	2,250,000	1,350,000	4,500,000
변동원가	540,000	1,125,000	810,000	2,475,000
고정원가	810,000			

예산 매출배합이 일정하게 유지된다고 가정할 경우, 제품A의 연간 손익분기점 매출액은? [관세사기출]

① ₩360,000 ② ₩380,000 ③ ₩400,000
④ ₩405,000 ⑤ ₩540,000

내비게이션

• 가중평균공헌이익률 계산

	제품A	제품B	제품C
공헌이익률	40%	50%	40%
매출액구성비율	20%	50%	30%
가중평균공헌이익률	40%×20%+50%×50%+40%×30%=45%		

• BEP총매출액 : 810,000÷45%=1,800,000
∴제품A의 연간 손익분기점 매출액 : 1,800,000×20%=360,000

2. ㈜관세는 세 가지 제품 A, B, C를 생산하여 매출배합을 4:3:3의 비중으로 판매하고 있다. 각 제품의 단위당 판매가격 및 변동원가는 다음과 같다.

구분	단위당 판매가격	단위당 변동원가
제품 A	₩200	₩140
제품 B	₩150	₩120
제품 C	?	₩60

고정제조간접원가는 ₩1,700,000이고 고정판매관리비는 ₩1,000,000이다. 만약 제품 A의 손익분기점 판매량이 24,000단위라면, 제품 C의 단위당 판매가격은? [관세사기출]

① ₩80 ② ₩100 ③ ₩120
④ ₩150 ⑤ ₩200

내비게이션

• 단위당가중평균공헌이익 계산

	제품A	제품B	제품C
단위당공헌이익	60	30	$X-60$
매출배합비율	40%	30%	30%
단위당가중평균공헌이익	60×40%+30×30%+(X−60)×30%=15+0.3X		

• BEP총판매량 : $\frac{2,700,000}{15+0.3X}$

∴($\frac{2,700,000}{15+0.3X}$)×40%=24,000단위 →$X$=100

3. ㈜관세가 생산하는 제품의 단위당 판매가격과 단위당 변동비에 대한 자료는 다음과 같다.

	제품 A	제품 B
단위당 판매가격	₩200	₩350
단위당 변동비	₩120	₩245

매출배합은 제품 A가 60%이며, 당기에 발생한 고정비는 ₩450,000이다. 매출배합이 일정하다고 가정할 경우 ₩90,000의 목표이익을 실현하기 위한 제품 B의 매출액은 얼마인가? [관세사기출]

① ₩600,000 ② ₩700,000 ③ ₩720,000
④ ₩840,000 ⑤ ₩940,000

내비게이션

• 단위당가중평균공헌이익 계산

	제품A	제품B
단위당공헌이익	80	105
매출배합비율	60%	40%
단위당가중평균공헌이익	80×60%+105×40%=90	

• 목표이익 90,000을 위한 총판매량 : $\frac{450,000+90,000}{90}$=6,000단위

∴B의 매출액 : 350×(6,000단위×40%)=840,000

4. 다음은 ㈜대한의 20x1년도 예산자료이다.

구분	A제품	B제품	C제품
판매수량	1,000단위	500단위	1,500단위
단위당 판매가격	₩150	₩100	₩200
공헌이익률	20%	30%	25%

연간 고정원가 총액은 ₩156,000이다. ㈜대한의 20x1년도 예상 매출액이 ₩700,000이라면, 회사전체의 예상 영업이익은?(단, 매출배합은 불변) [감평사기출]

① ₩10,000 ② ₩10,400 ③ ₩11,200
④ ₩12,000 ⑤ ₩12,400

내비게이션

• 매출액구성비율 계산
(1,000단위×150) : (500단위×100) : (1,500단위×200)=3 : 1 : 6

• 가중평균공헌이익률 계산

	A제품	B제품	C제품
공헌이익률	20%	30%	25%
매출액구성비율	30%	10%	60%
가중평균공헌이익률	20%×30%+30%×10%+25%×60%=24%		

• 700,000=$\frac{156,000+X}{24\%}$ →X=12,000

Answer 1. ① 2. ② 3. ④ 4. ④

시험중요도 ★★☆

기본이론 제34강  비선형함수하의 CVP분석

- 단위당판매가격이 판매량에 따라 달라질 때 일정 판매가격을 갖는 조업도별로 손익분기점을 구함.
- 계산결과가 해당조업도 범위내에 존재시에만 구하고자 하는 손익분기점임.
  - ➲ ∴여러개의 손익분기점도 가능하며 존재치 않을 수도 있음.

판매가격 변동

사례 수익함수만 비선형인 경우

✪ 회원제로 스포츠센터 운영하고 있음.
수용가능 최대회원수는 9,000명임.
1인당 연간변동비 ₩10, 고정비 ₩40,000
손익분기점회원수와 이익발생조업도는?

등록회원수	1인당 연간시설이용료
0명~3,000명	₩20
3,001명~6,000명	₩18
6,001명~9,000명	₩15

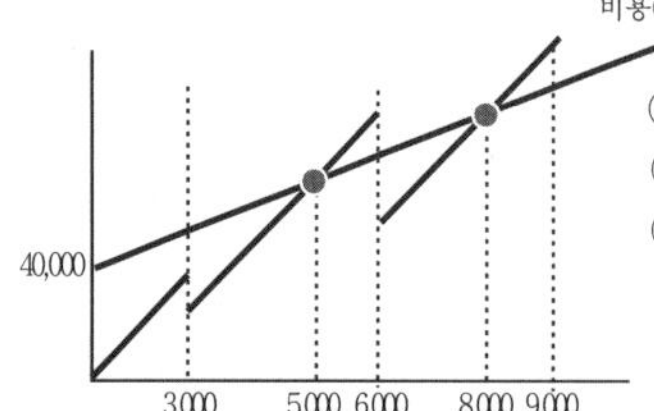

㉠ $0 \leq X \leq 3,000$: $20\times X = 10\times X + 40,000$, $X = 4,000$(모순)
㉡ $3001 \leq X \leq 6,000$: $18\times X = 10\times X + 40,000$, $X = 5,000$(적합)
㉢ $6001 \leq X \leq 9,000$: $15\times X = 10\times X + 40,000$, $X = 8,000$(적합)
→이익발생조업도 : 5001~6,000개, 8001~9,000개

* [그래프그리기]
  ① 변화가 일어나는것(수익선)을 먼저 그릴 것
  ② 변화가 없는 비용선을 알맞게 그릴 것

변동비 변동

사례 원가함수만 비선형인 경우

✪ 단위당판매가격 ₩20, 이용가능 연간작업시간 3,000시간, 연간고정비 ₩40,000, 작업시간당 제품 3개 생산, 1,000시간이내 조업시 단위당 변동비 ₩10, 1,000시간 초과시 초과제품 단위당변동비 ₩12, 2,000시간 초과시 초과제품의 단위당변동비 ₩15일때 손익분기점 판매량?

- BEP판매량의 존재범위 : 3,000시간×3개=9,000개
- ㉠ $0 \leq X \leq 3,000$: $20\times X = 10\times X + 40,000$, $X = 4,000$(모순)
  ㉡ $3,001 \leq X \leq 6,000$: $20\times X = 10\times 3,000 + 12\times (X-3,000) + 40,000$, $X = 4,250$(적합)
  ㉢ $6,001 \leq X \leq 9,000$: $20\times X = 10\times 3,000 + 12\times 3,000 + 15\times (X-6,000) + 40,000$, $X = 3,200$(모순)

고정비 변동

사례 준고정원가류 CVP분석

✪단위당판매가 ₩20, 단위당변동비 ₩10
최대조업도 연 9,000개
연간고정비는 조업도에 따라 변동
손익분기점판매량?

연간조업도	고정비
0명~3,000명	₩40,000
3,001명~6,000명	₩50,000
6,001명~9,000명	₩70,000

풀이

- BEP판매량의 존재범위 : 0~9,000개
- ㉠ $0 \leq X \leq 3,000$: $20\times X = 10\times X + 40,000$, $X = 4,000$(모순)
  ㉡ $3,001 \leq X \leq 6,000$: $20\times X = 10\times X + 50,000$, $X = 5,000$(적합)
  ㉢ $6,001 \leq X \leq 9,000$: $20\times X = 10\times X + 70,000$, $X = 7,000$(적합)

FINAL 객관식뽀개기 — 실전적중문제

1. 다음은 제품A의 판매가격과 원가구조에 대한 자료이다.

단위당 판매가격		₩10,000
고정원가	생산량 20,000단위 미만	₩5,000,000
	생산량 20,000단위 이상	₩8,000,000

제품A의 공헌이익률이 10%이고 법인세율이 20%일 때 세후순이익 ₩2,000,000을 달성하기 위한 판매량은? [감평사기출]

① 7,000단위 ② 7,500단위 ③ 9,000단위
④ 10,000단위 ⑤ 10,500단위

내비게이션

- 단위당공헌이익 : 10,000×10%=1,000
- 판매량을 X라 하면

㉠ $0 \leq X < 20,000$: $\dfrac{5,000,000+\dfrac{2,000,000}{1-20\%}}{1,000}$=7,500(적합)

㉡ $20,000 \leq X$: $\dfrac{8,000,000+\dfrac{2,000,000}{1-20\%}}{1,000}$=10,500(모순)

∴세후순이익 2,000,000을 달성하기 위한 판매량=7,500단위

2. ㈜감평은 단위당 판매가격이 ₩300이고, 단위당 변동원가가 ₩180인 단일제품을 생산 및 판매하고 있다. ㈜감평의 최대조업도는 5,000단위이고, 고정원가는 조업도 수준에 따라 변동하며 이와 관련된 자료는 다음과 같다.

연간 조업도	고정원가
0 ~ 2,000단위	₩300,000
2,001 ~ 4,000단위	₩450,000
4,001 ~ 5,000단위	₩540,000

㈜감평이 달성할 수 있는 최대영업이익은? [감평사기출]

① ₩12,000 ② ₩15,000 ③ ₩24,000
④ ₩30,000 ⑤ ₩60,000

내비게이션

- 판매량을 X, 이익을 Y라 하면

㉠ $0 \leq X \leq 2,000$: $Y=120X-300,000$
→최대영업이익은 X=2,000일 때, -60,000(손실)

㉡ $2,001 \leq X \leq 4,000$: $Y=120X-450,000$
→최대영업이익은 X=4,000일 때, 30,000(이익)

㉢ $4,001 \leq X \leq 5,000$: $Y=120X-540,000$
→최대영업이익은 X=5,000일 때, 60,000(이익)

∴달성할 수 있는 최대영업이익=60,000

3. ㈜창원은 냉장고를 구입하여 판매하는 회사이다. 20x1년 냉장고의 단위당 판매가격은 ₩10,000이며, 변동비율은 80%이다. 판매량이 5,000대 이하인 경우 고정판매비는 ₩8,500,000이며, 판매량이 5,000대 초과한 경우 고정판매비는 ₩11,000,000이다. ㈜창원은 세후순이익 ₩1,450,000을 달성하기 위해서는 몇 대의 냉장고를 판매해야 하는가?(단, ㈜창원의 법인세율은 세전이익 ₩1,000,000이하까지는 25%이며, ₩1,000,000 초과분에 대해서는 30%이다.) [세무사기출]

① 4,250대 ② 4,500대 ③ 4,750대
④ 5,250대 ⑤ 6,500대

- 2개의 법인세율 적용시

[1단계] 기준액을 세후로 환산
1,000,000×(1－25%)=750,000
→∴세후이익 1,450,000은 2개 세율 적용

[2단계] 세전이익(I)계산
I－[1,000,000×25%+(I－1,000,000)×30%]=1,450,000
→∴I=2,000,000

- 공헌이익률 : 1-80%=20%
단위당공헌이익 : 10,000×20%=2,000
- 판매량을 X라 하면

㉠ $0 \leq X \leq 5,000$: $\dfrac{8,500,000+2,000,000}{2,000}$=5,250(모순)

㉡ $5,000 < X$: $\dfrac{11,000,000+2,000,000}{2,000}$=6,500(적합)

∴세후순이익 1,450,000을 달성하기 위한 판매량=6,500개

4. 원가-조업도-이익 분석과 관련된 설명으로 옳지 않은 것은? (단, 답지항에서 변동되는 조건 외의 다른 조건은 일정하다고 가정한다.) [세무사기출]

① 계단원가(준고정비)가 존재하면 손익분기점은 반드시 계단 수(구간 수)만큼 존재한다.
② 법인세율이 증가하면 같은 세후 목표이익을 달성하기 위한 판매량이 많아진다.
③ 단위당 변동원가가 작아지면 손익분기점이 낮아진다.
④ 공헌이익률이 증가하면 목표이익을 달성하기 위한 매출액이 작아진다.
⑤ 법인세율이 증가해도 손익분기점은 바뀌지 않는다.

내비게이션

- 계단원가(준고정원가류 CVP분석)가 존재하면 손익분기점이 반드시 계단 수(구간 수)만큼 존재하는 것은 아니다.

Answer 1. ② 2. ⑤ 3. ⑤ 4. ①

시험중요도 ★★☆

기본이론 제35강 현금흐름분기점과 민감도분석

현금흐름분기점

<table>
<tr><td>현금흐름분기점</td><td colspan="2">• 현금의 유입액(매출액)과 유출액(변동비/고정비/법인세)이 같아지는 판매량 또는 매출액을 의미함.
➡감가상각비와 같이 현금유출을 수반하지 않는 비현금고정비를 제외함.</td></tr>
<tr><td rowspan="2">분석방법</td><td>• 법인세가 없는 경우</td><td>❒ 매출액=변동비+(고정비-비현금고정비)</td></tr>
<tr><td>• 법인세가 있는 경우</td><td>❒ 매출액=변동비+(고정비-비현금고정비)+법인세
➡ •주의 법인세=(매출액-변동비-고정비)×세율</td></tr>
</table>

현금BEP

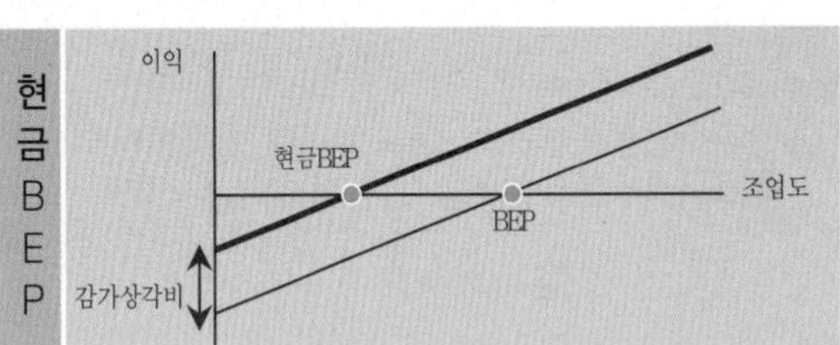

이익=단위당공헌이익x판매량-고정비

• 비현금고정비 만큼 Y절편이 증가함.
➡ ∴PV도표에서 현금BEP는 손익분기점 보다 앞에 위치함.
(즉, 조업도가 낮음)

사례 현금흐름분기점 계산

✪ 단위당 판매가 ₩20, 단위당변동비 ₩10, 고정비 ₩40,000(감가상각비 ₩10,000포함), 법인세율 40% 일때 현금흐름분기점 판매량과 매출액은? 단, 영업손실이 발생한 경우 법인세는 환급됨.

풀이

• 현금흐름분기점 판매량 : 20Q=10Q+30,000+(20Q-10Q-40,000)×40% → Q≒2,333개
• 현금흐름분기점 매출액 : S=0.5S+30,000+(S-0.5S-40,000)×40% → S≒46,667

민감도분석

사례 단가자료가 있는 경우

✪ 단위당판매가 ₩20, 단위당변동비 ₩12, 제품 10,000개 기준예산은 매출 ₩200,000, 변동비 ₩120,000, 고정비 ₩60,000, 영업이익 ₩20,000임.다음 각 상황에서의 영업이익?

[1] 판매량이 10% 증가 : 20×1.1×10,0000개-12×1.1×10,000개-60,000=28,000
[2] 판매가격이 10% 인상 : 1.1×20×10,000개-12×10,000개-60,000=40,000
[3] 단위당변동비 2 감소 : 20×10,000개-(12-2)×10,000개-60,000=40,000
[4] 고정비 20% 감소 : 20×10,000개-12×10,000개-0.8×60,000=32,000
[5] 판매량 10% 증가에 따른 고정비 5% 증가 : 20×1.1×10,0000개-12×1.1×10,000개-1.05×60,000=25,000
[6] 단위당변동비 2 감소와 고정비 10% 증가 : 20×10,000개-(12-2)×10,000개-1.1×60,000=34,000

사례 단가자료가 없는 경우

✪ [CASE 1] 매출 ₩300,000, 변동비 ₩180,000, 고정비 ₩80,000일 때 판매가 20% 인하, 판매량 10% 증가, 단위당 변동비 5% 증가, 고정비 10% 증가시, 변화 후 매출, 변동비, 고정비는?

✪ [CASE 2] 단위당 ₩20에 판매하여 왔으나 경쟁치열로 가격을 약간 인하하니 판매량은 20% 증가, 매출액은 8% 증가했음. 인하된 판매가격은?

풀이

[CASE 1]
• '300,000=P(단위당판매가)×Q(판매량)' 에서, 변화후 매출 : 0.8P×1.1Q=0.8×1.1×300,000=264,000
• '180,000=B(단위당변동비)×Q(판매량)' 에서, 변화후 변동비 : 1.05B×1.1Q=1.155×180,000=207,900
• 변화후 고정비 : 1.1×80,000=88,000

[CASE 2]
• S(매출)=P(단위당판매가)×Q(판매량)' 에서, 변화후 매출 : $(1+x)$P×1.2Q=1.08S
→$(1+x)$×1.2×S=1.08S →x=-0.1(즉, 10%감소) →∴인하된 판매가 : 20×90%=18

FINAL 객관식뽀개기 실전적중문제

1. ㈜김해의 차기 연간 경영활동에 관한 자료가 다음과 같다.

단위당 판매가격	₩1,000
총고정원가(감가상각비 ₩2,000,000포함)	₩5,000,000
단위당 변동원가	₩500
예상판매량	10,000개

법인세율이 20%일 경우 현금분기점 판매량은 몇 개인가?(단, 감가상각비를 제외한 나머지 수익과 비용은 모두 현금거래로 이루어진 것이며, 손실이 발생할 경우 법인세가 환급된다고 가정한다.) [세무사기출]

① 4,900개 ② 5,000개 ③ 5,100개
④ 5,200개 ⑤ 5,300개

내비게이션

• 1,000×Q=500×Q+(5,000,000−2,000,000)+(1,000×Q−500×Q−5,000,000)×20%
→∴Q(현금흐름분기점 판매량)=5,000개

2. ㈜세무는 단일 제품C를 생산하며, 변동원가계산을 적용한다. 20x3년 제품C의 생산량과 판매량은 1,000개로 동일하고, 기초 및 기말재공품은 없다. 20x3년 제품C의 생산 및 판매와 관련된 자료는 다음과 같다. 감가상각비를 제외하고, 수익발생과 현금유입 시점은 동일하며 원가(비용)발생과 현금유출 시점도 동일하다.

단위당 판매가격	₩6,000
단위당 변동제조원가	₩3,200
단위당 변동판매관리비	₩1,600
연간 고정제조간접원가	₩242,000(기계 감가상각비 ₩72,000 포함)
연간 고정판매관리비	₩206,800(매장건물 감가상각비 ₩64,800 포함)
법인세율	25%
기계와 매장건물은 20×1년에 취득하였다.	

㈜세무의 세후현금흐름분기점 판매량(A)과 판매량이 1,000개인 경우의 세후영업이익(B)은? [세무사기출]

	(A)	(B)
①	222단위	₩563,400
②	444단위	₩563,400
③	222단위	₩666,000
④	444단위	₩666,000
⑤	666단위	₩666,000

내비게이션

• 세후현금흐름분기점 판매량 계산
6,000×Q=4,800×Q+(448,800−136,800)+(6,000×Q−4,800×Q−448,800)×25%
→∴Q(세후현금흐름분기점 판매량)=222단위
• 판매량이 1,000개인 경우의 세후영업이익 계산
(6,000×1,000개−4,800×1,000개−448,800)×(1−25%)=563,400

3. 다음은 단일 제품을 생산 · 판매하는 ㈜관세의 20x1년 요약 공헌이익 손익계산서이다.

구분	금액	단위당 금액
매출액	₩80,000	₩250
변동원가	₩48,000	₩150
공헌이익	₩32,000	₩100
고정원가	₩15,000	
영업이익	₩17,000	

㈜관세는 20x2년에 고정원가를 ₩5,000 증가시키고 단위당 변동원가를 ₩20 감소시켜, ₩22,000의 영업이익을 달성하고자 한다. 20x2년의 판매단가가 20x1년과 동일하다면 20x2년의 판매량은 20x1년보다 몇 단위가 증가하여야 하는가?(단, 매년 생산량과 판매량은 동일하다.) [관세사기출]

① 10단위 ② 15단위 ③ 20단위
④ 25단위 ⑤ 30단위

내비게이션

• 20x1년 판매량 : 80,000÷250=320단위
• 250×Q=(150−20)×Q+(15,000+5,000)+22,000
→Q=350단위
∴350단위−320단위=30단위

4. 전년도에 ㈜감평의 변동원가는 매출액의 60%였고, 고정원가는 매출액의 10%이었다. 당해연도에 경영자가 단위당 판매가격을 10% 인상하였을 경우, 전년대비 당해연도의 공헌이익 증가율은?(단, 판매량과 단위당 변동원가 및 고정원가는 변하지 않는다.) [감평사기출]

① 5% ② 10% ③ 15%
④ 20% ⑤ 25%

내비게이션

• [주의] 판매량과 단위당변동원가는 변하지 않으므로 전년도와 당해연도의 변동비는 동일하다.
• 전년도 공헌이익 : PQ−BQ=S−0.6S=0.4S
→당해연도 공헌이익 : 1.1PQ−BQ=1.1S−0.6S=0.5S
∴$(1+x)\times0.4S=0.5S \rightarrow x=25\%$

Answer 1. ② 2. ① 3. ⑤ 4. ⑤

시험중요도 ★★★

기본이론 제36강 관련원가분석 특별주문 수락·거부 의사결정

<table>
<tr><td rowspan="3">의사결정 총론</td><td>단기의사결정</td><td>• 특별주문수락·거부 의사결정 등 ➡화폐의 시간가치 고려X</td></tr>
<tr><td>장기의사결정</td><td>• 자본예산 등 ➡화폐의 시간가치 고려O</td></tr>
<tr><td>관련원가</td><td>• 여러 대체안 사이에 차이가 발생하는 차액원가로서 의사결정시 직접 관련되는 원가</td></tr>
<tr><td rowspan="2">개요</td><td>고려사항</td><td>• 특별주문으로 증가되는 수익(특별주문가격)과 변동비
• 유휴설비능력이 있는 경우 유휴설비의 대체용도를 통한 이익상실분(기회원가)
• 유휴설비능력이 없는 경우 기존 정규매출감소로 인한 공헌이익상실분
• 유휴설비능력이 없는 경우 설비능력 확충시 추가적 설비원가
•주의 FOH는 특별주문의 수락여부와 관계없이 일정하게 발생하므로 일반적으로 분석에서 제외하나, 조업도 수준에 따라 FOH가 증감하는 경우에는 고려함.</td></tr>
<tr><td>특별주문수락 의사결정</td><td>① 유휴설비능력이 존재하는 경우
증분수익 ＞ 증분원가
② 유휴설비능력이 존재하고 대체적 용도가 있는 경우
증분수익 ＞ 증분원가+기회원가
③ 유휴설비능력이 존재하지 않는 경우
증분수익 ＞ 증분원가+추가설비원가+기존판매량 감소분의 공헌이익</td></tr>
</table>

세부고찰

사례 특별주문 수락 · 거부 의사결정①

✪ 조업도에 따른 FOH는 다음과 같다.

조업도	FOH
0 ~ 20,000단위	₩150,000
20,001 ~ 30,000단위	₩230,000
30,001 ~ 50,000단위	₩290,000

• 당기에 23,000단위를 생산하여 단위당 ₩250에 판매할 예정이며, 단위당 제조원가는 ₩180이다.
• 판매관리비예산 : ₩30×판매량+₩140,000

[요구사항] 예산편성 후 B회사가 9,000단위를 ₩220에 구입제의를 해옴. 이 주문을 수락하면 기존시장의 판매량이 10%감소된다. 수락여부는?

• 단위당변동비 : $(180-\frac{230,000}{23,000\text{단위}})+30=@200$
• 주문수락시 총생산량은 29,700(23,000+9,000－23,000×10%)이므로 FOH는 변하지 않음.(고려X)
• 증분수익 – 증가: 공헌이익증가 9,000×(220－200)= 180,000
감소: 정규매출감소 23000×10%×(250－200)=(115,000)
증분손익 65,000 →∴수락

사례 특별주문 수락 · 거부 의사결정②

✪ (주)못먹어도고는 계산기를 개당 ₩2,000에 판매하고 있다. 생산능력은 매기 12,000개, 개당 생산원가는 DM ₩750, DL ₩550, OH(변동비 75%, 회피불능고정비 25%) ₩480이다. 해외바이어가 방문하여 2,500개의 계산기를 특별주문하였다. 이 특별주문에 따른 유일한 판매비용은 운송료로 개당 ₩100이 소요된다. 현재 7,200개를 생산·판매하고 있다. 이 특별주문과 관련하여 받아야 하는 최소금액은?

• 증분수익(증가) : 2,500개×x
• 증분비용(증가) : 2,500개×(750+550+480×75%+100)=4,4,00,000
∴2,500개×x－4,400,000≧0 에서, x≧1,760

FINAL 객관식뽀개기 실전적중문제

1. ㈜관세는 20x2년초 고객으로부터 축구공 500단위를 단위당 ₩320에 구입하겠다는 특별주문을 받았다. 특별주문을 수락하더라도 특별주문에 대한 변동판매비와 관리비는 발생하지 않으며, ㈜관세는 현재 충분한 여유 생산설비를 보유하고 있다. 축구공 1단위의 정상판매가격은 ₩500이다. ㈜관세의 20x1년 1,000단위 판매에 따른 자료는 다음과 같다.

	단위당 원가	총원가
변동제조원가	₩240	₩240,000
고정제조원가	₩50	₩50,000
변동판매비와관리비	₩20	₩20,000
고정판매비와관리비	₩10	₩10,000

㈜관세가 특별주문을 수락하는 경우 20x2년도의 영업이익에 미치는 영향은? [관세사기출]

① ₩30,000감소 ② ₩30,000증가 ③ ₩40,000감소
④ ₩40,000증가 ⑤ 변화 없음

내비게이션

- 증분수익 – 증가 : 500단위×320= 160,000
  증분비용 – 증가 : 500단위×240= (120,000)
  증분손익 40,000

2. 다음은 ㈜관세가 생산 · 판매하는 제품A에 관한 자료이다.

구분	자료내용
최대 생산가능 수량	10,000단위
현재 생산 · 판매수량	8,000단위
단위당 외부 판매가격	₩300
단위당 변동제조원가	₩100
단위당 변동판매비	₩40
단위당 고정제조간접원가	₩90 (최대생산가능수량 기준)

㈜한국은 ㈜관세에게 제품A에 특수장치를 부착한 제품B를 제작하여, 단위당 ₩220에 1,500단위를 공급해줄 것을 제안하였다. ㈜관세는 제품A의 생산라인에서 제품B를 생산할 수 있으며, ㈜한국의 주문으로 기존 판매 및 원가구조는 영향을 받지 않는다. ㈜관세는 제품A에 단위당 ₩30의 특수장치를 추가하여 제품B를 생산하며, 제품B의 단위당 변동판매비는 ₩30이 된다. ㈜관세가 (주)한국의 특별주문을 수락하는 경우 이익에 미치는 영향은? [관세사기출]

① ₩90,000감소 ② ₩90,000증가 ③ ₩120,000감소
④ ₩120,000증가 ⑤ ₩150,000증가

내비게이션

- 증분수익 – 증가 : 1,500단위×220= 330,000
  증분비용 – 증가 : 1,500단위×[(100+30)+30]= (240,000)
  증분손익 90,000

3. ㈜감평은 A제품을 생산 · 판매하고 있다. 20x1년에는 기존고객에게 9,000단위를 판매할 것으로 예상되며, A제품 관련 자료는 다음과 같다.

연간 최대생산량	10,000단위
단위당 판매가격	₩2,000
단위당 변동제조원가	₩1,000
단위당 변동판매비	₩200
연간 총고정제조원가	₩2,500,000

20x1년 중에 ㈜감평은 새로운 고객인 ㈜대한으로부터 A제품 2,000단위를 구매하겠다는 특별주문을 제안 받았다. 특별주문에 대해서는 단위당 변동판매비 ₩200이 발생하지 않는다. ㈜감평이 특별주문으로부터 받아야 할 단위당 최소 판매가격은?(단, 특별주문은 일부분만 수락할 수 없음) [감평사기출]

① ₩1,300 ② ₩1,350 ③ ₩1,400
④ ₩1,450 ⑤ ₩1,500

내비게이션

- 증분수익 – 증가: 2,000단위×X
  – 감소: 1,000단위×(2,000–1,200)= (800,000)
  증분비용 – 증가: 2,000단위×1,000= (2,000,000)
  증분손익 2,000단위×X–2,800,000

∴2,000단위×X–2,800,000≥0, X≥1,400

서술형Correction연습

❒ 고정원가가 당해 의사결정과 관계없이 계속 발생한다면 고정원가도 관련원가이다.

➲ (X) : 고정원가가 당해 의사결정과 관계없이 계속 발생한다면 비관련원가로서 고려하지 않는다.

❒ 현재 시설능력을 100% 활용하고 있는 기업이 특별주문의 수락 여부를 고려할 때 동 주문생산에 따른 추가 시설 임차료는 비관련원가이다.

➲ (X) : 비관련원가이다.(X) → 관련원가이다.(O)

Answer 1. ④ 2. ② 3. ③

시험중요도 ★★★

기본이론 제37강  제품라인 유지·폐지 의사결정 

개요

고려사항

- 회사전체의 이익에 미치는 영향을 기준으로 폐지여부를 결정함.
  - ➡제품라인의 유지 또는 폐지 문제에서는 제품라인 자체의 이익을 고려하여 결정하는 것이 아니라, 기업 전체적인 입장(goal congruence)에서 전체 이익에 미치는 영향을 분석해야 함.
- 폐지로 인한 회피가능고정비 존재시 이 또한 고려함.
  - ➡제품라인을 폐지할 경우 매출액과 변동원가는 사라지지만 고정원가는 회피가능고정원가(avoidable fixed costs)와 회피불가능고정원가(unavoidable fixed costs)로 나눌 수 있기 때문임.

제품라인폐지 의사결정

제품라인의 공헌이익 ＜ (회피가능고정원가＋기회원가)

세부고찰

사례 제품라인의 유지 · 폐지 의사결정

✪ A,B,C 3가지 제품을 생산, 판매하고 있다. 올해 제품별 손익계산서는 다음과 같다.

구분		A	B	C	합계
매출액		₩200,000	₩300,000	₩500,000	₩1,000,000
매출원가	직접재료비	₩70,000	₩75,600	₩134,400	₩280,000
	직접노무비	₩48,000	₩64,000	₩88,000	₩200,000
	제조간접비	₩57,600	₩76,800	₩105,600	₩240,000
매출총이익		₩24,400	₩83,600	₩172,000	₩280,000
판매관리비		₩36,000	₩54,000	₩90,000	₩180,000
영업이익(손실)		(₩11,600)	₩29,600	₩82,000	₩100,000

- 매출원가 및 판매관리비에는 각각 고정비가 ₩90,000, ₩60,000이 포함되어 있다.
- VOH는 DL에 비례하고 변동판매관리비는 매출액에 비례하여 발생한다.
- 손실이 발생하고 있는 A제품을 내년부터 생산하지 않을 것을 검토하고 있다.
- A제품을 생산하지 않을 경우 고정비가 ₩4,500만큼 회피가능하고 A제품을 제조하던 설비를 월간 ₩2,000에 임대할 수 있으며 회사의 주요제품인 C제품의 매출액을 10% 증가시킬 수 있다.

[요구사항] A제품 생산라인을 폐지하여야 하는가?

풀이

• VOH : 240,000(OH)−90,000(FOH)=150,000

	A	B	C
제품별 VOH	150,000×24%=36,000	150,000×32%=48,000	150,000×44%=66,000

• 변동판관비 : 180,000(판매관리비)−60,000(고정판관비)=120,000

	A	B	C
제품별 변동판관비	120,000×20%=24,000	120,000×30%=36,000	120,000×50%=60,000

• A제품라인을 폐지할 경우 증분손익 분석

증분수익	− 감소:	공헌이익감소(A) 200,000−70,000−48,000−36,000−24,000=	(22,000)
	− 증가:	임대수익 2,000×12개월=	24,000
	− 증가:	공헌이익증가(C) (500,000−134,400−88,000−66,000−60,000)×10%=	15,160
증분비용	− 감소:	고정비=	4,500
증분이익			21,660

∴A제품라인을 폐지해야함.

FINAL 객관식뽀개기 실전적중문제

1. ㈜감평은 A제품과 B제품을 생산·판매하고 있으며, 다음 연도 예산손익계산서는 다음과 같다.

구분	A제품	B제품
매출액	₩4,000	₩2,000
변동원가	₩1,500	₩1,200
고정원가	₩2,000	₩1,400
영업이익(손실)	₩500	(₩600)
판매량	2,000단위	2,000단위

회사는 영업손실을 초래하고 있는 B제품의 생산을 중단하고자 한다. B제품의 생산을 중단하면, A제품의 연간 판매량이 1,000단위만큼 증가하고 연간 고정원가 총액은 변하지 않는다. 이 경우 회사 전체의 영업이익은 얼마나 증가(혹은 감소)하는가?(단, 기초 및 기말 재고자산은 없다.) [감평사기출]

① ₩175 감소 ② ₩450 증가 ③ ₩650 감소
④ ₩1,250 증가 ⑤ ₩1,425 증가

내비게이션

- A제품 단위당판매가 : 4,000÷2,000단위=2
  A제품 단위당변동비 : 1,500÷2,000단위=0.75
- 증분수익 – 증가 : 공헌이익(A) 1,000단위×(2–0.75)=1,250
  – 감소 : 공헌이익(B) 2,000–1,200= (800)
  증분손익 450

2. ㈜관세의 20x1년도 부문별 예산손익계산서는 다음과 같다.

구분	사업부A	사업부B	사업부C	합계
매출액	20,000	30,000	50,000	100,000
변동원가	(8,000)	(21,000)	(35,000)	(64,000)
공헌이익	12,000	9,000	15,000	36,000
추적가능 고정원가	(6,000)	(8,000)	(10,000)	(24,000)
공통 고정원가	(2,000)	(3,000)	(5,000)	(10,000)
영업이익	4,000	(2,000)	0	2,000

각 사업부문이 폐쇄되면 각 사업부의 추적가능고정원가의 70%는 회피가능하며, 공통고정원가는 매출액 기준으로 각 사업부문에 배부한다. 20x1년 현재 경영자는 사업부B를 폐쇄하면 사업부A의 매출액이 20% 증가할 것으로 예상한다. 만약 ㈜관세가 사업부B를 폐쇄하기로 결정한다면, 20x1년도 예산상의 영업이익은? [관세사기출]

① ₩6,600 감소 ② ₩3,400 감소 ③ ₩1,000 감소
④ ₩2,400 증가 ⑤ ₩5,600 증가

- 증분수익 – 증가 : 공헌이익(A) 12,000×20%= 2,400
  – 감소 : 공헌이익(B)= (9,000)
  증분비용 – 감소 : 8,000×70%= 5,600
  증분손익 (1,000)

3. ㈜대한은 X, Y, Z 제품을 생산·판매하고 있으며, 20x1년도 제품별 예산손익계산서는 다음과 같다.

구분		X제품	Y제품	Z제품
매출액		100,000	200,000	150,000
매출원가 :	변동원가	40,000	80,000	60,000
	고정원가	30,000	70,000	50,000
매출총이익		30,000	50,000	40,000
판매관리비 :	변동원가	20,000	10,000	10,000
	고정원가	20,000	20,000	20,000
영업이익(손실)		(10,000)	20,000	10,000

㈜대한의 경영자는 영업손실을 초래하고 있는 X제품의 생산을 중단하려고 한다. X제품의 생산을 중단하면, X제품의 변동원가를 절감하고, 매출원가에 포함된 고정원가의 40%와 판매관리비에 포함된 고정원가의 60%를 회피할 수 있다. 또한, 생산중단에 따른 여유생산능력을 임대하여 ₩10,000의 임대수익을 얻을 수 있다. X제품의 생산을 중단할 경우, 20x1년도 회사 전체의 예산영업이익은 얼마나 증가(또는 감소)하는가?(단, 기초 및 기말 재고자산은 없다.) [감평사기출]

① ₩4,000 감소 ② ₩5,000 증가 ③ ₩6,000 감소
④ ₩7,000 증가 ⑤ ₩8,000 증가

내비게이션

- 증분수익 –증가 : 임대수익= 10,000
  –감소 : 공헌이익(X) 100,000–40,000–20,000= (40,000)
  증분비용 –감소 : 30,000×40%+20,000×60%= 24,000
  증분손익 (6,000)

Answer 1. ② 2. ③ 3. ③

제1편 재무회계
제2편 원가관리회계
합본부록 IFRS심화논제

시험중요도 ★★★

기본이론 제38강  자가제조·외부구입 의사결정

개요

고려사항

- 자가제조시 관련원가와 외부구입가격을 고려

  ·주의 자가제조시 증감하는 고정비도 관련원가이므로 이도 고려함

  (예 자가제조시 추가 고용 감독자급료)

  i) 회피가능고정비 : 관련원가○ ii) 회피불능고정비 : 관련원가X
- 외부구입시 다음을 고려함.

  ① 기존설비 임대가 가능한 경우 : 임대수익을 고려

  ② 기존설비로 다른 제품 생산시 : 관련수익과 변동비를 고려

  ➡즉, 다른제품 공헌이익을 고려

비재무적정보

- 자가제조의 경우는 부품 공급업자에 대한 의존도를 줄일 수 있는 장점이 있음.
- 자가제조의 경우는 설비투자 등으로 인해 고정비 부담이 증가하는 단점이 있음.
- 자가제조의 경우는 향후 급격한 주문증가에 대해 별도의 추가적 시설투자가 필요하므로 많은 비용이 발생하는 단점이 있음.
- 제품에 특별한 지식이나 기술이 요구될 때 자가제조를 하며 품질을 유지하기가 용이하지 않음.
- 외부구입의 경우 부품의 품질유지를 외부공급업자에게 의존하는 위험이 존재함.

외부구입 의사결정

① 기존설비의 대체용도가 있는 경우

증분수익(변동원가+회피가능고정원가+기회원가) 〉 증분비용(외부구입원가)

② 기존설비의 대체용도가 없는 경우

증분수익(변동원가+회피가능고정원가) 〉 증분비용(외부구입원가)

세부고찰

사례 부품의 자가제조 · 외부구입 의사결정

✪ 전년도 점화플러그 150,000개 자가제조(부문B에서 생산중)의 제조원가는 DM ₩200,000, DL ₩150,000, OH ₩400,000이었다.(∴단위당원가는 ₩5) OH 중 25%가 변동비, FOH 중 ₩150,000은 점화플러그를 생산치 않더라도 변하지 않는 본사 OH 배분액이며 FOH 중 ₩100,000은 자가제조 중단시 회피가능하고, 나머지 ₩50,000은 생산감독자 급료이다. 자가제조 중단시 부문B의 생산감독자는 같은 급료로 부문A로 자리를 옮기게 되는데 이 경우 회사는 부문 A의 생산감독자를 외부에서 채용하기 위하여 지급하는 급료 ₩40,000을 절약할 수 있다.

[요구사항] 1. 외부공급업자가 단위당 ₩4에 공급 제의시 수락여부는?(단, 올해생산량은 전년도와 다를 수 있다.)

2. 제의 수락시 부문B의 공장 공간을 창고로 사용가능함. 이에 따라 외부창고 보관요금 ₩50,000 절약가능시 수락여부?

- 단위당변동비 : (200,000+150,000+400,000×25%)÷150,000개=3

[요구사항 1] 올해 생산예정량을 x라 하면, 외부구입의 경우

증분비용	- 증가:	$x\times4=$ $(4x)$	i) $x<140,000$일 때 → 외부구입
	- 감소:	$x\times3+140,000=3x+140,000$	ii) $x=140,000$일 때 → 무차별
증분손익		$-x+140,000$	iii) $x>140,000$일 때 → 자가제조

[요구사항 2] 올해 생산예정량을 x라 하면, 외부구입의 경우

증분비용	- 증가:	$x\times4=$ $(4x)$	i) $x<190,000$일 때 → 외부구입
	- 감소:	$x\times3+140,000+50,000=3x+190,000$	ii) $x=190,000$일 때 → 무차별
증분손익		$-x+190,000$	iii) $x>190,000$일 때 → 자가제조

FINAL 객관식뽀개기 실전적중문제

1. ㈜관세는 완제품 생산에 필요한 부품 A 1,000단위를 자체생산하고 있다. 부품 A의 총고정제조간접원가는 ₩40,000이고 단위당 변동원가는 다음과 같다.

직접재료원가	₩80
직접노무원가	₩24
변동제조간접원가	₩16

㈜대한은 ㈜관세에게 부품 A를 단위당 ₩140에 1,000단위를 판매하겠다는 제의를 했다. ㈜관세가 ㈜대한의 제의를 수락한다면 총고정제조간접원가의 25%를 회피할수 있으며, 유휴설비는 외부에 임대되어 총 ₩30,000의 임대료 수익이 발생할 것으로 기대된다. ㈜대한의 제의를 받아들일 경우 ㈜관세의 이익에 미치는 영향은? [관세사기출]

① ₩10,000 감소 ② ₩10,000 증가 ③ ₩20,000 감소 ④ ₩20,000 증가 ⑤ ₩30,000 증가

내비게이션

• 증분수익 - 증가 :	임대수익=	30,000
증분비용 - 증가 :	1,000단위×140=	(140,000)
- 감소 :	1,000단위×120+40,000×25%=	130,000
증분손익		20,000

2. ㈜대한은 완제품 생산에 필요한 A부품을 매월 500단위씩 자가제조하고 있다. 그런데 타 회사에서 매월 A부품 500단위를 단위당 ₩100에 납품하겠다고 제의하였다. A부품을 자가제조할 경우 변동제조원가는 단위당 ₩70이고, 월간 고정제조간접원가 총액은 ₩50,000이다. 만약 A부품을 외부구입하면 변동제조원가는 발생하지 않으며, 월간 고정제조간접원가의 40%를 절감할 수 있다. 또한 A부품 생산에 사용되었던 설비는 여유설비가 되며 다른 회사에 임대할 수 있다. A부품을 외부 구입함으로써 매월 ₩10,000의 이익을 얻고자 한다면, 여유설비의 월 임대료를 얼마로 책정해야 하는가? [감평사기출]

① ₩5,000 ② ₩6,000 ③ ₩7,000
④ ₩8,000 ⑤ ₩10,000

내비게이션

• 증분수익 - 증가 :	임대수익=	X
증분비용 - 증가 :	500단위×100=	(50,000)
- 감소 :	500단위×70+50,000×40%=	55,000
증분손익		X+5,000

$\therefore X+5,000=10,000 \rightarrow X=5,000$

3. A회사는 자체제조공정에 사용되는 부품 X를 자가제조하고 있다. 20,000단위 만드는데 소요되는 단위당 원가는 다음과 같다.

직접재료비	₩6
직접노무비	₩30
변동제조간접비	₩12
고정제조간접비	₩16
합계	₩64

B회사는 A회사에 이 부품 20,000단위를 단위당 ₩60에 판매하겠다고 제의하였다. A회사는 ₩25,000의 절약을 가져올 수 있다면 이 부품을 구입하기로 했다. A회사가 B회사의 제의를 수락할 경우 단위당 ₩9의 고정제조간접비가 절약될 뿐만 아니라 부품 Y의 제조에 여유설비를 사용할 수 있게 되어 관련원가의 절약이 기대된다. A회사가 전체적으로 ₩25,000을 절약하기 위해서는 부품 Y의 제조에 여유설비를 사용함에 따라 절약되어야 할 관련원가는 얼마인가? [세무사기출]

① ₩80,000 ② ₩85,000 ③ ₩125,000
④ ₩140,000 ⑤ ₩145,000

내비게이션

• 증분비용 -증가 :	20,000단위×60=	(1,200,000)
-감소 :	20,000단위×48+20,000단위×9=	1,140,000
-감소 :	관련원가 절감액	X
증분손익		X-60,000

$\therefore X-60,000=25,000 \rightarrow X=85,000$

서술형Correction연습

❒ 부품의 자가제조·외부구입 의사결정시 회피가능고정원가가 외부구입원가보다 큰 경우에는 자가제조하는 것이 바람직하다.

➲ (X) : 회피가능고정원가가 외부구입원가보다 큰 경우에는 외부구입이 바람직하다.

❒ 부품의 자가제조는 향후 급격한 주문증가시 별도 투자없이 대처할 수 있는 장점이 있다.

➲ (X) : 부품을 자가제조할 경우 향후 급격한 주문의 증가에 대해 별도의 추가적 시설투자가 필요하므로 많은 비용이 발생하는 단점이 있다.

Answer 1. ④ 2. ① 3. ②

시험중요도 ★★☆

기본이론 제39강  추가가공여부 의사결정

<table>
<tr><td rowspan="3">개요</td><td>결합제품</td><td>• 결합제품(연산품)이란 동일한 종류의 원재료를 투입하여 동시에 생산되는 서로 다른 2종 이상의 제품을 말하며, 투입된 원재료의 원가를 결합원가라고 함.
➡예 정유업의 경우, 원유라는 동일한 원료를 사용하여 공정처리를 거치다가 나중에야 휘발유, 등유, 경유 등으로 분리되어 생산되어짐.(원유원가=결합원가)
➡결합제품이 개별적으로 식별가능한 시점을 분리점이라고 하며, 분리점 이전에 발생한 원가가 결국 결합원가임.
➡분리점 이후 개별제품은 즉시 판매할 수도 있고 추가가공하여 판매할 수도 있음.</td></tr>
<tr><td>고려사항</td><td>• 이미 투입된 분리점 이전까지의 결합원가는, 분리점에서 판매하든지 추가가공 후에 판매하든지 관계없이 이미 발생한 원가(=매몰원가)이므로 의사결정시 고려되지 않음.</td></tr>
<tr><td>추가가공여부 의사결정</td><td>① 다음의 경우는 추가가공함.
(추가가공 후 판매가격 - 분리점에서의 판매가격) > 추가가공원가
증분수익 / 증분비용
② 다음의 경우는 즉시판매함.(추가가공하지 않음)
(추가가공 후 판매가격 - 분리점에서의 판매가격) < 추가가공원가
증분수익 / 증분비용</td></tr>
</table>

세부고찰

사례 결합제품의 추가가공여부 의사결정

✪ Y회사는 A, B, C의 세 가지 결합제품을 생산하고 있으며 결합원가는 분리점에서의 상대적 판매가치에 의해 배분된다. 관련자료는 다음과 같다.

	A	B	C	합계
결합원가	?	₩10,000	?	₩50,000
분리점에서의 판매가치	₩80,000	?	?	₩200,000
추가가공원가	₩3,000	₩2,000	₩5,000	
추가가공후 판매가격	₩85,000	₩42,000	₩90,000	

만약, A, B, C 중 하나만을 추가가공한다면 어느 제품을 추가 가공하는 것이 가장 유리하며, 이 때 추가 가공으로 인한 이익은 얼마인가?

• 제품별 증분손익 계산

	A	B	C	합계
분리점에서의 판매가치	80,000	40,000	80,000	200,000
추가가공후 판매가치	85,000	42,000	90,000	
증분수익	5,000	2,000	10,000	
증분비용(추가가공원가)	(3,000)	(2,000)	(5,000)	
증분이익	2,000	0	5,000	

→∴C를 추가가공하는 것이 가장 유리함.
이 경우 추가가공으로 인한 이익 : 5,000

FINAL 객관식뽀개기 실전적중문제

1. ㈜서울은 제1공정에서 제품A와 B를 생산하고 있으며 20x1년 생산량 및 원가자료는 다음과 같다.

	제품A	제품B	계
결합원가	?	?	₩50,000
생산량	200단위	300단위	
판매단가	₩2,000	₩2,500	

제품A는 제2공정에서 제품C 200단위(판매단가 ₩3,000)로 추가가공할 수 있다. 제품A를 추가가공하는데 소요된 원가는 ₩200,000이다. 제품A의 판매비는 ₩150,000이고, 제품C의 판매비는 ₩100,000이다. 제품A를 모두 제품C로 추가가공하여 판매하는 경우 이익은 얼마나 증가하는가? [감평사기출]

① ₩10,000 ② ₩20,000 ③ ₩30,000
④ ₩40,000 ⑤ ₩50,000

내비게이션

• 추가가공하여 판매하는 경우 증분손익
증분수익 - 증가 : 200단위×3,000-200단위×2,000 = 200,000
증분비용 - 증가 : 추가가공원가 = (200,000)
감소 : 150,000-100,000 = 50,000
50,000
∴추가가공하는 경우 이익이 50,000 증가한다.

2. ㈜한국은 결합원가 ₩420,000을 투입하여 연산품 X, Y, Z를 생산한다. 연산품 X와 Z는 추가가공하여 판매하고 있다. 결합원가 배부방법은 순실현가치법이며, 당기에 생산된 수량은 모두 당기에 판매된다.

제품	생산수량	매출액	개별원가(추가가공원가)
X	10,000개	₩250,000	₩100,000
Y	15,000개	₩200,000	
Z	20,000개	₩300,000	₩150,000

㈜한국은 Y제품을 추가가공하면 Y제품의 매출액은 ₩550,000이 될 것으로 판단하고 있다. 이 경우에 추가가공원가가 최대 얼마 미만일 때 Y제품을 추가가공하는 것이 더 유리한가? [감평사기출]

① ₩300,000 ② ₩350,000 ③ ₩400,000
④ ₩450,000 ⑤ ₩500,000

내비게이션

• Y제품 추가가공시 증분손익
증분수익 - 증가 : 550,000-200,000 = 350,000
증분비용 - 증가 : 추가가공원가 = (X)
$350,000-X$
∴$350,000-X>0 \rightarrow X<350,000$

3. ㈜감평은 동일한 원재료를 투입해서 제품X, 제품Y, 제품Z를 생산한다. ㈜감평은 결합원가를 분리점에서의 상대적 판매가치를 기준으로 결합제품에 배부한다. 결합제품 및 추가가공과 관련된 자료는 다음과 같다.

	제품X	제품Y	제품Z	합계
생산량	150단위	200단위	100단위	450단위
결합원가	₩15,000	?	?	?
분리점에서의 단위당판매가격	₩200	₩100	₩500	
추가가공원가	₩3,500	₩5,000	₩7,500	₩16,000
추가가공후 단위당판매가격	₩220	₩150	₩600	

㈜감평은 각 제품을 분리점에서 판매할 수도 있고, 분리점 이후에 추가가공을 하여 판매할 수도 있다. ㈜감평이 위 결합제품을 전부 판매할 경우, 예상되는 최대 매출총이익은?(단, 결합공정 및 추가가공과정에서 재공품 및 공손은 없다.) [감평사기출]

① ₩25,000 ② ₩57,000 ③ ₩57,500
④ ₩82,000 ⑤ ₩120,000

내비게이션

• 결합원가 계산

	X	Y	Z
분리점 판매가	150×200=30,000	200×100=20,000	100×500=50,000
결합원가 배분비율	30%	20%	50%

→결합원가×30%=15,000에서, 결합원가=50,000
• 추가가공하는 경우 제품별 증분손익
㉠ 제품X : (150단위×220-150단위×200)-3,500=-500
㉡ 제품Y : (200단위×150-200단위×100)-5,000=5,000
㉢ 제품Z : (100단위×600-100단위×500)-7,500=250
→∴최대 매출총이익을 위해서는 증분이익이 발생하는 제품Y, 제품Z만 추가가공한다.
• 매출액 : 150단위×200+200단위×150+100단위×600=120,000
• 매출총이익 : 120,000-[50,000(결합원가)+5,000+7,500)]=57,500

Answer 1. ⑤ 2. ② 3. ③

시험중요도 ★★☆

기본이론 제40강 보조부문 유지·폐쇄 의사결정

개요

- 보조부문 폐쇄시 외부구입 용역량과 보조부문 가동시 용역량은 차이 있음.
- 보조부문 폐쇄시 해당 보조부문의 원가뿐만 아니라 다른 보조부문의 원가도 일부 절감 가능
- 보조부문 고정비는 폐쇄와 관계없이 계속 발생하므로 비관련원가임.

계산절차

구분	보조부문			제조부문	
	A부문	B부문	C부문	X부문	Y부문
A부문	-	40%	20%	20%	20%
B부문	-	-	10%	40%	50%
C부문	50%	-	-	10%	40%

	A부문	B부문	C부문
변동비	₩40,000	₩48,000	₩12,000
고정비	₩80,000	₩52,000	₩68,000
	부문의 기능	원가배분기준	용역생산량
A부문	수선	수선시간	3,000시간
B부문	재료처리	재료처리시간	8,000시간
C부문	전력	kwh	6,000kwh

[요구사항] 필요구입량과 kwh당 최대구입가격?(C보조부문의 폐쇄시 분석)

[1단계] 용역흐름도

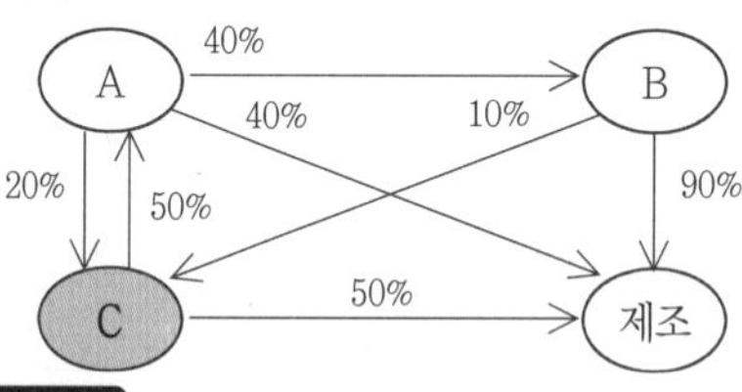

[2단계] 필요구입량 계산

① C의 50%가 제조부문에 배분되므로 이는 무조건 필요구입량에 포함(C×50%)

② C의 나머지 50%는 A에 배분되며 이 중,

20%	• C의 폐지로 필요없는 양이므로 고려치 않음.
40%	• 제조에 배분되므로 필요구입량에 포함(C×50%×40%)
40%	• B에 배분되며 그 중 90%가 제조에 배분되므로 포함(C×50%×40%×90%)

∴필요구입량 : 6,000×50%+6,000×50%×40%+6,000×50%×40%×90%=5,280kwh

[3단계] 감소되는 변동원가 계산

- C : →∴전액원가감소
- A : A×40%+A×40%×90%=0.76A→∴24% 원가감소
- B : B×90%=0.9B →∴10% 원가감소

[4단계] 증분손익 계산

- 증분비용 - 증가 : (5,280kwh×x)
  감소 : 12,000(C폐쇄시 변동비)+40,000×24%(A변동비감소)+48,000×10%(B변동비감소)
- 증분손익 26,400−5,280x

[5단계] 최대구입가격 계산

- 증분손익≥0이어야 구입할 것이므로 최대구입가격은 이를 만족시키는 값이어야 함

∴단위당최대구입가격 : 26,400−5,280x≥0 → x≤5 → ∴5

FINAL 객관식뽀개기 실전적중문제

1. ㈜합격은 두 개의 제조부문 X, Y와 세 개의 보조부문 A, B, C를 두고 있다. 부문간 용역제공비율 등의 자료는 다음과 같다. 만약 회사가 C 보조부문을 폐쇄하고 대신 외부로부터 구입한다면 얼마나 구입하여야 하는가?

구분	보조부문			제조부문	
	A부문	B부문	C부문	X부문	Y부문
A부문	–	40%	20%	20%	20%
B부문	–	–	10%	40%	50%
C부문	50%	–	–	10%	40%

	부문의 기능	원가배분기준	용역생산량
A부문	수선	수선시간	3,000시간
B부문	재료처리	재료처리시간	8,000시간
C부문	전력	kwh	6,000kwh

① 6,000kwh ② 5,280kwh ③ 4,330kwh
④ 3,260kwh ⑤ 2,330kwh

• [1단계] 용역흐름도

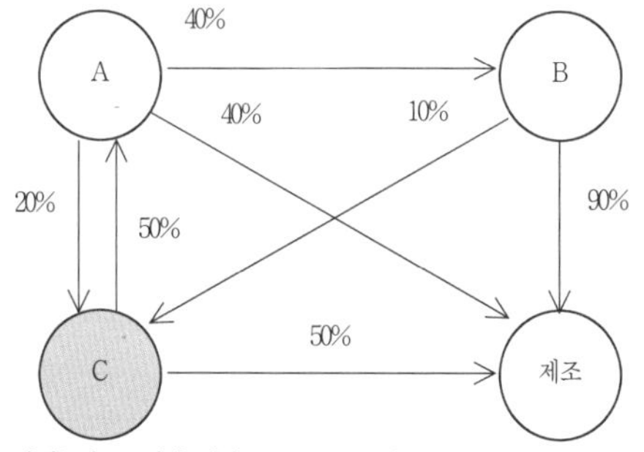

• [2단계] 필요구입량 계산
① C의 50%가 제조부문에 배분되므로 이는 무조건 필요구입량에 포함 (C×50%)
② C의 나머지 50%는 A에 배분되며 이 중,
　ⅰ) 20%–C의 폐지로 필요없는 양이므로 고려치 않음
　ⅱ) 40%–제조에 배분되므로 필요구입량에 포함(C×50%×40%)
　ⅲ) 40%–B에 배분되며 그 중 90%가 제조에 배분되므로 포함 (C×50%×40%×90%)

∴6,000×50%+6,000×50%×40%+6,000×50%×40%×90% =5,280kwh

2. ㈜남산은 두개의 보조부문 A와 B, 그리고 제품제조부문 X와 Y를 갖고 있다. 다음 표는 보조부문 A와 B, 그리고 제조부문 X와 Y와의 관계를 나타낸 것이다.

구분	보조부문		제조부문		총단위
	A	B	X	Y	
A	0	20	50	30	100
B	40	0	10	50	100

또한 보조부문 A자체에서는 모두 변동비로서 ₩20,000이 쓰여지고, 보조부문 B에서도 모두 변동비로서 ₩10,000이 지출된다. 외부에서 보조부문 B를 폐쇄하는 조건으로 단위당 ₩130에 공급하겠다는 제의가 왔을 때 ㈜남산이 이 제의를 받아들여야 하는지 또는 거절하여야 하는지를 다음 중에서 고르면? [세무사기출]

① 단위당 ₩130이 B에서 공급하는 ₩100보다 크기 때문에 거절한다.
② 보조부문 B를 폐쇄함으로써 생기는 절약분은 ₩14,000인데 단위당 ₩130에 사오면 ₩11,960의 지출이 발생하므로 보조부문 B를 폐쇄한다.
③ 보조부문 B를 폐쇄함으로써 생기는 절약분은 ₩11,960인데 외부에서 공급하면 ₩14,000의 지출이 발생하므로 보조부문 B를 유지한다.
④ 보조부문 B를 폐쇄함으로써 생기는 절약분은 ₩12,320인데 외부에서 공급하면 ₩10,000의 지출이 발생하므로 보조부문 B를 폐쇄한다.
⑤ 보조부문 B를 폐쇄함으로써 생기는 절약분은 ₩10,000인데 외부에서 공급하면 ₩12,320의 지출이 발생하므로 보조부문 B를 유지한다.

내비게이션

• 필요구입량 계산
① B의 60%가 제조부문에 배분되므로 이는 무조건 필요구입량에 포함 (B×60%)
② B의 나머지 40%는 A에 배분되며 이 중,
　ⅰ) 20%–B의 폐지로 필요없는 양이므로 고려치 않음
　ⅱ) 80%–제조에 배분되므로 필요구입량에 포함(B×40%×80%)
→필요구입량 : 100단위×60%+100단위×40%×80%=92단위

• 감소되는 변동원가 계산
B : 전액 원가감소
A : A×80% →20%원가감소

• 증분손익 계산

증분비용–증가 :	(92단위×130=11,960)
–감소 :	10,000(B변동비)+20,000×20%(A변동비감소)=14,000
증분이익	2,040

∴절약분(14,000)이 지출분(11,960)보다 커서 증분이익이 발생하므로 보조부문 B를 폐쇄하는 의사결정을 한다.

Answer 1. ② 2. ②

시험중요도 ★★☆

기본이론 제41강 제한된 자원의 사용

개요

구분	내용
제한된 자원(제약조건)이 없는 경우	• 단위당 공헌이익이 큰 제품을 생산 ➡CVP분석 참조!
제한된 자원이 1개인 경우	• 제한된 자원단위당 공헌이익이 큰 제품을 생산
제한된 자원이 2개이상인 경우	• 선형계획법 이용

세부고찰

사례 이익극대화 생산계획(제한된 자원 1개)

✪ 3가지 제품 A, B, C와 관련된 자료는 다음과 같다. 이익을 극대화하기 위한 최적생산계획은?

	A	B	C
단위당공헌이익	10	18	11
연간시장수요량	4,000단위	2,000단위	3,000단위

• A, B, C를 1단위 생산하는데 각각 0.5기계시간, 2기계시간, 1기계시간이 소요된다.
• 이용가능한 기계시간은 연간 7,000시간이다.

풀이

•기계시간당공헌이익 계산과 생산의 우선순위

구분	A	B	C
기계시간당공헌이익	10÷0.5시간=20	18÷2시간=9	11÷1시간=11
생산순서	[1순위]	[3순위]	[2순위]

•이익극대화 최적생산계획(제품별 생산량)

제품	생산량	소요시간	소요시간누계	공헌이익
A	4,000단위	4,000단위×0.5시간=2,000시간	2,000시간	4,000단위×10=40,000
C	3,000단위	3,000단위×1시간=3,000시간	5,000시간	3,000단위×11=33,000
B	1,000단위	1,000단위×2시간=2,000시간	7,000시간	1,000단위×18=18,000

·주의 만약, 각 제품 시장수요가 무한하다면 A만을 14,000단위(14,000×0.5시간=7,000시간) 생산함.

사례 선형계획법(제한된 자원 2개)

✪ ㈜합격은 제품 A와 B를 생산, 판매하고 있다. 두 제품과 관련된 자료는 다음과 같다. 연간 사용가능한 재료는 120kg, 기계시간은 150시간으로 한정되어 있을 때 시장수요가 무한한 경우 공헌이익 극대를 위한 A, B제품 배합과 그때의 연간 공헌이익은?

구분	제품A	제품B
단위당판매가격	₩40	₩20
단위당변동비	₩30	₩12
단위당소요재료량	1kg	2kg
단위당소요기계시간	2시간	1시간

풀이

•목적함수 : 최대화 Z=10A+8B
•제약조건 : A+2B≦120, 2A+B≦150, A, B≧0

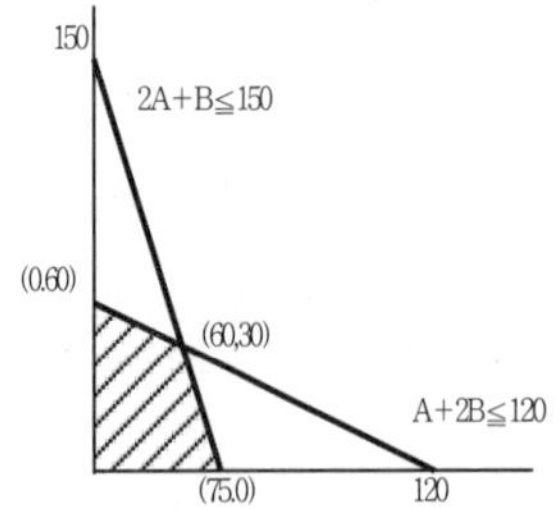

제품배합	공헌이익
(75,0)	750
(60,30)	840
(0,60)	480

→∴이익극대화 제품 배합 : A 60단위, B 30단위
→∴이익극대화 공헌이익 : 840

FINAL 객관식뽀개기 실전적중문제

1. ㈜관세는 현재 제품 A, B, C를 생산 · 판매하고 있다. 각 제품에 대한 월별 생산 및 판매와 관련된 자료는 다음과 같다.

구분	제품A	제품B	제품C
단위당 판매가격	₩200	₩150	₩300
단위당 변동원가	₩140	₩100	₩180
단위당 기계사용시간	2시간	1시간	3시간
최대시장수요량	300단위	500단위	100단위
총고정원가	₩100,000		

이 회사의 월 최대 사용가능한 기계시간이 1,000시간으로 제약되어 있는 경우, 영업이익을 극대화할 수 있는 최적제품배합으로 옳은 것은? [관세사기출]

	제품 A	제품 B	제품 C
①	100단위	500단위	100단위
②	300단위	100단위	100단위
③	250단위	500단위	0단위
④	300단위	250단위	50단위
⑤	300단위	400단위	0단위

내비게이션

• 시간당공헌이익과 생산의 우선순위

구분	A	B	C
시간당공헌이익	60÷2시간=30	50÷1시간=50	120÷3시간=40
생산순서	[3순위]	[1순위]	[2순위]

• 이익극대화 최적생산계획(제품별 생산량)

제품	생산량	소요시간	공헌이익
B	500	500×1시간=500	500×50=25,000
C	100	100×3시간=300	100×120=12,000
A	100	100×2시간=200	100×60=6,000
합계	700	1,000	43,000

2. ㈜감평은 세 종류의 제품 A, B, C를 독점 생산 및 판매하고 있다. 제품생산을 위해 사용되는 공통설비의 연간 사용시간은 총 40,000시간으로 제한되어 있다. 20x1년도 예상 자료는 다음과 같다. 다음 설명 중 옳은 것은? [감평사기출]

구분	제품A	제품B	제품C
단위당 판매가격	₩500	₩750	₩1,000
단위당 변동원가	₩150	₩300	₩600
단위당 공통설비 사용시간	5시간	10시간	8시간
연간최대시장수요량	2,000단위	3,000단위	2,000단위

① 제품단위당 공헌이익이 가장 작은 제품은 C이다.
② 공헌이익을 최대화하기 위해 생산할 제품 C의 설비사용시간은 12,000시간이다.
③ 공헌이익을 최대화하기 위해 생산할 총제품수량은 5,000단위이다.
④ 공헌이익을 최대화하기 위해서는 제품 C, 제품 B, 제품 A의 순서로 생산한 후 판매해야 한다.
⑤ 획득할 수 있는 최대공헌이익은 ₩2,130,000이다.

내비게이션

• 시간당공헌이익과 생산의 우선순위

구분	A	B	C
시간당공헌이익	350÷5시간=70	450÷10시간=45	400÷8시간=50
생산순서	[1순위]	[3순위]	[2순위]

• 이익극대화 최적생산계획(제품별 생산량)

제품	생산량	소요시간	공헌이익
A	2,000	2,000×5시간=10,000	2,000×350=700,000
C	2,000	2,000×8시간=16,000	2,000×400=800,000
B	1,400	1,400×10시간=14,000	1,400×450=630,000
합계	5,400	40,000	2,130,000

∴① A ② 16,000시간 ③ 5,400단위 ④ 제품 A, 제품 C, 제품 B

3. ㈜관세는 제품A와 제품B를 생산하여 판매하고 있으며, 두 제품에 대한 시장수요는 무한하다. 제품A와 제품B의 생산에 사용되는 재료는 연간 총 2,400kg, 기계사용시간은 연간 총 3,000시간으로 제한되어 있다. 제품의 생산 및 판매와 관련된 자료가 다음과 같을 때, ㈜관세가 달성할 수 있는 연간 최대 공헌이익은? [관세사기출]

구분	제품A	제품B
단위당 판매가격	₩1,000	₩1,500
단위당 변동제조원가	₩500	₩800
단위당 변동판매관리비	₩200	₩300
단위당 재료소요량	2kg	2kg
단위당 기계사용시간	2시간	3시간

① ₩360,000 ② ₩400,000 ③ ₩420,000
④ ₩600,000 ⑤ ₩720,000

내비게이션

• 목적함수 : 최대화 Z=300A+400B
• 제약조건 : 2A+2B≦2,400, 2A+3B≦3,000, A, B≧0
→연립하면, 이익극대화 제품배합은 A=600단위, B=600단위
∴최대공헌이익 : 300×600단위+400×600단위=420,000

Answer 1. ① 2. ⑤ 3. ③

시험중요도 ★☆☆

기본이론 제42강 대체가격 대체가격(TP) 일반사항

<table>
<tr><td rowspan="4">의의</td><td>대체가격
(이전가격)</td><td>• 사업부 간에 이루어지는 재화나 용역의 대체거래(이전거래)에서 이전되는 재화나 용역의 가격을 대체가격(이전가격)이라 함.
➡ 재화 등을 제공하는 사업부를 공급사업부라 하며, 제공받는 사업부를 수요사업부라 함.</td></tr>
<tr><td>중요성</td><td>• 대체가격이 공급사업부에게는 수익, 수요사업부에게는 비용이 되므로 대체가격이 얼마로 결정되는가에 따라 각 사업부의 성과평가가 달라지고 기업전체 관점에서도 중요</td></tr>
<tr><td colspan="2">예시 대체거래

공급사업부 —(원가 100 / TP 300)→ 수요사업부 —(외부공급가 700)→ 시장
⬇
공급사업부의 이익 : 300-100=200
수요사업부의 이익 : 700-300=400
회사전체측면 이익 : 700-100=600</td></tr>
<tr><td colspan="2">예시 대체가격범위

수요사업부 / 공급사업부
최소TP (최소한 받으려 하는 하한선)
최대TP (최대한 지불할 상한선)
⬇
대체거래 불성립시는 자가제조/외부구입 의사결정이 됨.</td></tr>
<tr><td rowspan="4">대체가격
결정
고려기준</td><td>목표일치성기준</td><td>• 기업전체 이익을 극대화시키는 범위 안에서 사업부의 성과가 극대화되도록 결정
보론 준최적화
❐ 개별사업부 관점에서는 최적이나 기업전체 관점에서는 최적이 되지 않는 상황</td></tr>
<tr><td>성과평가기준</td><td>• 각 사업부의 성과를 공정하게 평가할 수 있는 방법으로 대체가격을 결정</td></tr>
<tr><td>자율성기준</td><td>• 각 사업부의 경영자들이 자기사업부를 분권화된 독립적 실체로서 충분한 재량권(기피선언권)을 가지고 대체가격을 결정</td></tr>
<tr><td>세금최소화기준</td><td>• 공기관이 대체가격 자료를 이용함으로써 기업에 미칠 수 있는 불리한 영향을 최소화하고 유리한 영향을 최대화 할 수 있도록 대체가격을 결정</td></tr>
<tr><td rowspan="3">대체가격
결정방법</td><td>시장가격기준</td><td>• 소정 조건 성립시 목표일치성, 성과평가, 자율성 등의 기준을 모두 만족시킴.</td></tr>
<tr><td>원가기준</td><td>• 준최적화 현상이 발생할 가능성이 항상 존재함.
➡ ∵공급부서는 대체를 통한 이익이 없을 수 있어 비대체 가능하므로 회사전체의 최적의사결정과 각 사업부의 최적의사결정이 다르게 나타날 가능성 존재
• 성과평가를 공정하게 할 수 없으므로 실제원가가 아닌 표준원가에 기초하여 결정하는 것이 바람직함.
➡ ∵공급사업부 비능률이 수요사업부에 전가되는 것을 방지하기 위함.</td></tr>
<tr><td>협상가격기준</td><td>• 공급사업부와 수요사업부가 협의를 거쳐 서로 합의한 협상가격으로 결정
➡ 많은 시간이 소요되며 관리자의 협상능력에 따라 영향을 받음.</td></tr>
</table>

FINAL 객관식뽀개기 실전적중문제

1. 다음 중 사내대체가격(transfer price)의 결정기준이 아닌 것은?

① 목표일치성기준
② 공정한 성과평가
③ 합리적인 원가배분
④ 자율성 제고
⑤ 세금 최소화

• 대체가격과 원가배분은 관련이 없다.

2. 사업부간 대체가격 결정방법에는, 대체재화의 원가를 기준으로 결정하는 원가기준과 대체재화의 시장 가격을 기준으로 결정하는 시장가격기준이 있다. 다음 중 각 방법의 특징으로 가장 옳지 않은 것은?

① 원가기준은 공급사업부가 원가를 통제하도록 하는 경제적인 동기를 제공하지 못한다.
② 원가기준은 이미 회계 시스템에 기록된 원가자료를 이용하므로 적용이 용이하다.
③ 시장가격기준은 많은 시간이 소요되며 사업부 관리자의 협상능력에 따라 영향을 받는다.
④ 시장가격기준은 시장가격이 존재할 경우 객관적이며 적절한 경제적인 동기를 제공한다.
⑤ 원가기준은 준최적화 현상이 발생할 가능성이 존재한다.

내비게이션

• 많은 시간이 소요되며 사업부 관리자의 협상능력에 따라 영향을 받는 것은 시장가격기준이 아니라 협상가격기준의 단점이다.

3. 완전경쟁시장이 존재하는 경우 분권화된 사업부 조직에서 사업부간 공정한 성과평가를 위한 기준으로 가장 적절한 것은?

① 원가 또는 시가 중 낮은 가액
② 시장가격
③ 위탁가격
④ 변동원가
⑤ 기회원가

내비게이션

• 시장가격은 시장에서 형성되는 가장 객관적인 가격이므로 각 사업부간 성과평가를 공정하게 할 수 있는 수단으로서 유용하게 이용된다. 다만, 재화나 용역이 거래되는 완전경쟁시장이 존재하지 않는 경우에는 사용할 수 없다.

4. 대체가격(transfer price)의 결정방법과 관련한 설명이다. 가장 타당하지 않은 설명은 어느 것인가?

① 완전경쟁시장과 각 사업부의 자율성이 존재하는 등의 조건을 충족하는 경우 시장가격은 목표일치성, 성과평가, 자율성 등의 대체가격결정기준을 모두 만족시킨다.
② 시장가격기준 대체가격은 개별사업부의 관점에서는 최적이지만 기업전체의 관점에서는 최적이 되지 않는 준최적화현상이 나타날 가능성이 항상 존재한다.
③ 원가기준 대체가격은 공급사업부의 비능률이 수요사업부로 이전될 수 있으므로 동기부여 및 성과평가에 유용하지 못하다.
④ 협상가격기준 대체가격은 많은 시간과 노력이 소모될 수 있으므로 적용이 용이하지 않다.
⑤ 공급부서의 최소대체가격은 단위당 증분원가와 단위당 기회비용의 합계이다.

내비게이션

• 원가기준 대체가격은 개별사업부의 관점에서는 최적이지만 기업전체의 관점에서는 최적이 되지 않는 준최적화 현상이 나타날 가능성이 항상 존재한다.

Answer 1. ③ 2. ③ 3. ② 4. ②

시험중요도 ★★★

기본이론 제43강 최대·최소대체가격

수요사업부 최대TP

외부구매시장 없는 경우

- ❒ **판매가격 - 대체후단위당지출원가**

➡대체후단위당지출원가 = 추가가공원가 + 증분단위당고정비 + 단위당추가판매비

외부구매시장 있는 경우

- ❒ **Min[① 외부구입가격 ② 판매가격 - 대체후단위당지출원가]**

주의 대체후 지출없이 판매시 일반적으로 판매가 > 외부구입가, 즉, 최대TP=외부구입가

사례 수요사업부 최대TP 계산

◎ B사업부는 A사업부 부품을 가공하여 완제품을 생산함. 이 때 추가가공원가는 단위당 ₩52, 판매가격은 단위당 ₩100, 각 사업부는 판매처 등 자율선택가능. A부품 외부시장가가 @40일 때 B의 최대TP?

풀이

•Min[40, 100 − 52] = 40

공급사업부 최소TP

외부판매시장 없는 경우

- ❒ **대체시단위당지출원가 - 대체시절감원가**

➡대체시단위당지출원가 = 단위당변동비 + 증분단위당고정비

외부판매시장 있는 경우

❖유휴시설이 없는 경우

- ❒ **대체시단위당지출원가 + 정규매출상실공헌이익 - 대체시절감원가**

❖유휴시설이 있는 경우

- ❒ **대체시단위당지출원가 + 타용도사용포기이익 - 대체시절감원가**

사례 공급사업부 최소TP 계산

◎ A는 부품을 외부시장에 판매하거나 B로 대체가능함. B는 연간 A의 부품 100단위가 필요함.

[A의 관련자료] 연간최대생산능력 1,000단위, 단위당외부시장가격 ₩40
단위당변동비(변동판관비포함) ₩26, 단위당고정비(1,000단위기준) ₩10

1. 외부시장수요가 연간 1,000단위일 때 최소TP?
2. 외부시장수요가 연간 900단위일 때 최소TP?
3. 외부시장수요가 연간 1,000단위이상이나 사내대체시 ₩3의 변동판관비 절감가능시 최소TP?

풀이

1. 26+(40−26)=40 2. 26 3. 26+(40−26)−3=37

기업 전체관점

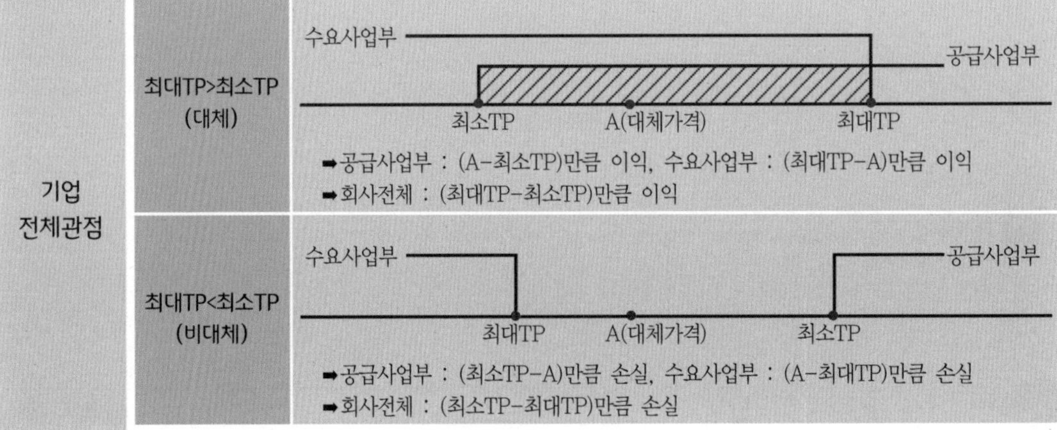

FINAL 객관식뽀개기 실전적중문제

1. ㈜백제에는 A, B 두 사업부가 있는데, B사업부는 신제품을 생산하기 위하여 필요한 부품 2,000개를 A사업부로부터 구입하려고 한다. A사업부가 이 부품을 생산하는데 단위당 변동원가 ₩22이 소요될 것으로 추정된다. 또한 A사업부는 이 부품 2,000개를 생산하기 위해 현재 생산·판매 중인 Z제품 2,500개를 포기해야 한다. Z제품의 판매단가는 ₩45이고, 단위당 변동원가는 ₩15이다. B사업부는 이 부품을 외부에서 단위당 ₩65에 구입할 수 있다. 다음 중 최적사내이전가격에 해당하는 것은? [관세사기출]

① ₩45 ② ₩47 ③ ₩55
④ ₩60 ⑤ ₩67

내비게이션

- 최대TP(B) : 대체후 지출이 없으므로 외부구입가(65)=최대TP
- 최소TP(A) : $22+\dfrac{2,500\text{개}\times(45-15)}{2,000\text{개}}=59.5$

∴대체가격범위 : 59.5 ~ 65

2. 관세는 분권화된 사업부 A와 사업부 B를 이익중심점으로 운영하고 있다. 사업부 A에서 생산되는 표준형 밸브는 외부시장에 판매하거나 사업부 B에 대체할 수 있다. 사업부 A는 현재 최대생산능력을 이용하여 생산하는 표준형 밸브 전량을 단위당 판매가격 ₩50으로 외부시장에 판매하고 있고, 생산 및 판매와 관련된 자료는 다음과 같다.

연간 최대생산능력	180,000단위
단위당 변동제조원가	₩29
단위당 변동판매관리비	₩4
단위당 고정제조간접원가 (연간 180,000단위 기준)	₩7
단위당 고정판매관리비 (연간 180,000단위 기준)	₩5

사업부 A가 표준형 밸브를 사업부 B에 사내대체할 경우 단위당 변동제조원가를 ₩2만큼 절감할 수 있으며, 변동판매관리비는 발생하지 않는다. 사업부 A가 외부시장에 판매한 경우와 동일한 이익을 얻기 위한 표준형 밸브의 단위당 사내대체가격은 얼마인가? [관세사기출]

① ₩29 ② ₩34 ③ ₩36
④ ₩40 ⑤ ₩44

내비게이션

- 현재조업도는 최대조업도 180,000단위이므로 유휴시설이 없다.

∴최소TP : (29+0)+[50-(29+4)]-2=44

3. ㈜대한은 펌프사업부와 밸브사업부를 이익중심점으로 운영하고 있다. 밸브사업부는 X제품을 생산하며, X제품의 단위당 판매가격과 단위당 변동원가는 각각 ₩100과 ₩40이고, 단위당 고정원가는 ₩20이다. 펌프사업부는 연초에 Y제품을 개발했으며, Y제품을 생산하는데 필요한 A부품은 외부업체로부터 단위당 ₩70에 구입할 수 있다. 펌프사업부는 A부품 500단위를 밸브사업부로부터 대체받는 것을 고려하고 있다. 밸브사업부가 A부품 500단위를 생산 및 대체하기 위해서는 단위당 변동제조원가 ₩30과 단위당 운송비 ₩7이 발생하며, 기존 시장에서 X제품의 판매량을 200단위만큼 감소시켜야 한다. 밸브사업부가 대체거래를 수락할 수 있는 A부품의 단위당 최소 대체가격은? [감평사기출]

① ₩53 ② ₩58 ③ ₩61
④ ₩65 ⑤ ₩70

- 최소TP : $(30+7)+\dfrac{200\text{단위}\times(100-40)}{500\text{단위}}=61$

4. ㈜세무는 사업부 A와 사업부 B를 이익중심점으로 운영하고 있다. 사업부 B는 사업부 A에 고급형 제품X를 매월 10,000단위 공급해 줄 것을 요청하였다. 사업부 A는 현재 일반형 제품X를 매월 50,000단위를 생산·판매하고 있으나, 고급형 제품X를 생산하고 있지 않다. 회계부서의 원가분석에 의하면 고급형 제품X의 단위당 변동제조원가는 ₩120, 단위당 포장 및 배송비는 ₩10으로 예상된다. 사업부 A가 고급형 제품X 한 단위를 생산하기 위해서는 일반형 제품X 1.5단위의 생산을 포기하여야 한다. 일반형 제품X는 현재 단위당 ₩400에 판매되고 있으며, 단위당 변동제조원가와 단위당 포장 및 배송비는 각각 ₩180과 ₩60이다. 사업부 A의 월 고정원가 총액은 사업부 B의 요청을 수락하더라도 변동이 없을 것으로 예상된다. 사업부 A가 현재와 동일한 월간 영업이익을 유지하기 위해서는 사업부 B에 부과해야 할 고급형 제품X 한 단위당 최소 판매가격은 얼마인가? (단, 사업부 A의 월초 재고 및 월말 재고는 없다.) [세무사기출]

① ₩220 ② ₩270 ③ ₩290
④ ₩370 ⑤ ₩390

내비게이션

- 최소TP : $(120+10)+\dfrac{(10,000\times1.5)\times(400-180-60)}{10,000\text{단위}}=370$

Answer 1. ④ 2. ⑤ 3. ③ 4. ④

시험중요도 ★★☆

기본이론 제44강 자본예산 현금흐름의 추정

구분	항목	내용
기본원칙	증분기준	• 투자안의 채택시와 비채택시의 차액(증분)현금흐름을 사용함.
	감가상각비	• 감가상각비는 현금유출이 아니나, 감가상각비의 절세효과는 현금유입 처리함.
	이자비용	• 자본비용(할인율)에 반영되어 있으므로 이자비용은 고려하지 않음.
	세후기준	• 세금을 차감한 후의 현금기준으로 함.
	인플레이션	• 명목현금흐름은 명목할인율로, 실질현금흐름은 실질할인율로 할인해야 함.
투자시점 현금흐름	투자금액	• 현금유출처리
	투자세액공제	• 현금유입처리
	구자산처분	• 자산처분손익의 법인세효과를 고려하여 현금유입처리 처분가－(처분가－장부가)×세율＝S－(S－B)×t
	운전자본	• 신자산 취득시 운전자본에 대한 추가투자(재고자산증가, 매출채권증가)가 일반적 • 운전자본 소요액은 투자시점의 현금유출처리 ➡투자종료시점에 전액 회수되는 것으로 가정하여 현금유입처리
투자기간 현금흐름	영업현금흐름	• 매출증가액, 현금비용증가액 등
	감가상각비 절세효과	• 현금유입처리 ➡감가상각비×세율
	원가절감액	• 투자로 인한 원가절감액을 현금유입처리 • 원가절감액(비용감소액)으로 인한 증세효과를 현금유출처리 ➡원가절감액×세율
종료시점 현금흐름	잔존가치회수	• 투자종료시점의 자산처분손익의 법인세효과를 고려하여 현금유입처리 처분가－(처분가－장부가)×세율＝S－(S－B)×t
	운전자본회수	• 종료시점의 운전자본 총액을 현금유입처리

사례 현금흐름 추정

○ ㈜A에는 잔존가치(장부금액)가 ₩300,000인 수동기계가 있다. 당해 연도에 자동기계로 대체할 것을 검토하고 있다. 자동기계의 구입가격은 ₩500,000(정액법 상각)이고 내용연수는 2년, 잔존가치는 ₩0이다. 자동기계를 사용시 연간 ₩300,000의 현금운영비가 절감되리라 예상되며 현재 수동기계를 매각하면 ₩200,000을 받을 수 있다. 회사의 최저필수수익률은 10%이고 법인세율은 40%이다.

	1년	2년	3년
현가계수(10%)	0.909	0.826	0.751

자동기계로 대체할 경우 기대되는 순현재가치는 얼마인가?

• 현금흐름 추정

	0	1 ~ 2
구입가	(500,000)	-
구자산처분	200000-(200,000-300,000)×40%=240,000	-
운영비절감	-	300,000×(1-40%)=180,000
감가상각비절세효과	-	250,000×40%=100,000

→∴280,000×0.909+280,000×0.826-260,000 = 225,800

FINAL 객관식뽀개기 **실전적중문제**

1. 다음 중 자본예산을 편성하기 위해 현금흐름을 추정할 때 주의해야 할 사항으로 옳지 않은 것은?

① 과거의 투자결정을 통해서 이미 현금유출이 이루어진 매몰원가는 고려하지 말아야 한다.
② 고정자산에 대한 실제 현금유출은 이미 그 투자시점에 전액 현금유출로 파악되었으므로 감가상각비를 다시 현금유출로 계상하는 것은 이중계산이 된다.
③ 감가상각비를 계상함으로써 발생하는 세금의 절약분인 감가상각비 감세효과는 현금흐름을 파악할 때 반드시 고려해야 한다.
④ 이자비용은 현금흐름 추정시 항상 할인율이 아닌 현금흐름에 반영해야 한다.
⑤ 현금흐름은 일반적으로 각 기간별로 현금유입과 현금유출의 차이를 계산하여 측정한다.

내비게이션

• 금융비용은 현금의 유출이지만, 타인자본에 대한 자본비용인 이자비용은 현재가치를 계산할 때 사용되는 할인율(자본비용)을 통해 반영되는 항목이므로 현금흐름의 계산에서 이자비용을 계산하고 다시 할인율을 적용하는 것은 이중계산이 된다. 따라서 이자비용이 전혀 없는 상황을 가정하여 현금흐름을 추정해야 한다.

2. 장기의사결정시에는 미래현금흐름을 추정한다. 다음 중 장기의사결정을 위한 현금흐름 추정의 기본원칙이 아닌 것은?

① 증분기준에 의한 현금흐름을 추정하여야 한다.
② 이자비용은 할인율을 통해 반영되므로 현금흐름 산정시 이자비용을 반영하지 않는다.
③ 법인세는 회사가 통제할 수 없기 때문에 현금흐름을 추정할 때 고려해서는 안 된다.
④ 감가상각비 감세효과는 현금흐름을 추정할 때 고려해야 한다.
⑤ 명목현금흐름은 명목할인율로 할인해야 하며 실질현금흐름은 실질할인율로 할인해야 한다.

내비게이션

• 법인세를 납부하는 것은 명백한 현금의 유출에 해당하므로 현금흐름을 파악할 때에는 반드시 법인세를 차감한 후의 세후 현금기준으로 고려해야 한다.

3. 다음 중 자본예산을 편성하기 위해 현금흐름을 추정할 때 주의해야 할 사항으로 가장 올바르지 않은 것은?

① 명목현금흐름은 명목할인율로 할인해야 하며, 실질현금흐름은 실질할인율로 할인하여야 한다.
② 세금을 납부하는 것은 현금의 유출에 해당하므로 세금을 차감한 후 현금흐름을 기준으로 추정하여야 한다.
③ 이자비용은 명백한 현금유출이므로 현금흐름 추정에 반영해야 한다.
④ 감가상각비를 계상함으로써 발생하는 세금의 절약분인 감가상각비 절세효과는 현금흐름을 파악할 때 반드시 고려하여야 한다.
⑤ 투자로 인한 원가절감액은 현금유입으로 처리하나, 비용의 감소로 인한 증세효과를 현금유출로 처리한다.

내비게이션

• 이자비용은 자본비용(할인율)에 반영되어 있으므로 고려하지 않는다.

4. ㈜A의 경영진은 새로운 투자안을 검토 중이며, 경영진이 분석한 이 투자안의 순현재가치(NPV)는 영(0)보다 큰 값이 산출되었다. 그러나 재무담당자인 강경석 팀장이 분석해 보았을 때는, 이 투자안의 순현재가치(NPV)가 영(0)보다 작아 경제성이 없는 것으로 판단하였다. 강경석 팀장의 분석이 옳다고 가정했을 때, 이 기업의 경영진은 순현재가치(NPV)를 산출하는 과정에서 어떤 오류를 범하였을 가능성이 있겠는가?

① 세금을 차감하기 전의 금액을 기준으로 계산하였다.
② 투자종료시점의 투자안의 처분가치를 너무 낮게 추정하였다.
③ 자본비용을 너무 높게 추정하였다.
④ 투자시점의 투자세액공제액을 현금흐름에 포함시키지 않았다.
⑤ 투자금액을 계산시 과대계상하였다.

내비게이션

• ① 세금을 차감하기 전의 금액을 기준으로 계산하면 NPV가 커진다.
② 투자종료시점의 투자안의 처분가치를 너무 낮게 추정하면 NPV가 작아진다.
③ 자본비용을 너무 높게 추정하면 NPV가 작아진다.
④ 투자시점의 투자세액공제액을 현금흐름에 포함시키지 않으면 NPV가 작아진다.
⑤ 투자금액(현금유출)을 계산시 과대계상하면 NPV가 작아진다.

Answer 1. ④ 2. ③ 3. ③ 4. ①

제1편 재무회계 제2편 원가관리회계 합본부록 IFRS심화논제

시험중요도 ★★☆

기본이론 제45강  자본예산모형 : 회수기간법·ARR법

분류

분류			
비할인모형 (화폐의 시간가치 고려X)	• 회계적이익률법(ARR법)	비현금모형 (I/S상 순이익에 기초)
	• 회수기간법	현금모형 (실제현금흐름에 기초)
할인모형 (화폐의 시간가치 고려O)	• 순현재가치법(NPV법)	
	• 내부수익률법(IRR법)	
	• 수익성지수법(PI법)	

보론 ① 상호독립적 투자안 : 투자안 A선택이 투자안 B와 무관한 경우를 말함.
② 상호배타적 투자안 : 투자안 A선택시 투자안 B가 기각되는 경우를 말함.

회수기간법

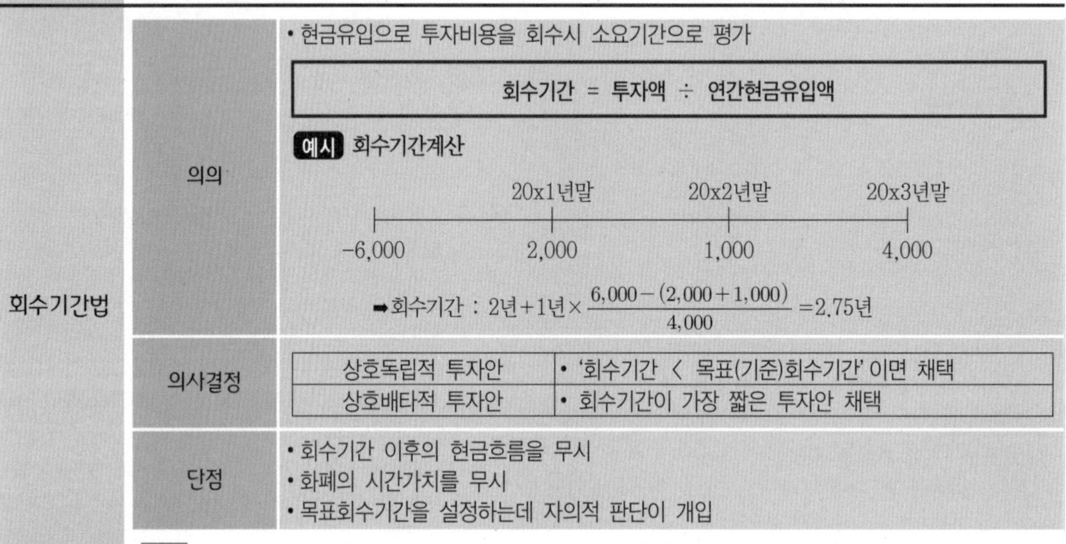

의의

• 현금유입으로 투자비용을 회수시 소요기간으로 평가

회수기간 = 투자액 ÷ 연간현금유입액

예시 회수기간계산

	20x1년말	20x2년말	20x3년말
−6,000	2,000	1,000	4,000

➡회수기간 : $2\text{년}+1\text{년}\times\dfrac{6,000-(2,000+1,000)}{4,000}=2.75\text{년}$

의사결정

상호독립적 투자안	• '회수기간 < 목표(기준)회수기간' 이면 채택
상호배타적 투자안	• 회수기간이 가장 짧은 투자안 채택

단점

• 회수기간 이후의 현금흐름을 무시
• 화폐의 시간가치를 무시
• 목표회수기간을 설정하는데 자의적 판단이 개입

참고 ① 손익분기기간(손익분기법) : '유출액현가=유입액현가'가 되는 기간
② 긴급회수기간(손실회피회수기간법) : '투자액=유입액+처분가'가 되는 기간

ARR법 (회계적이익률법)

회계적이익률

최초투자액기준APR	평균투자액기준 APR
$\dfrac{\text{연평균순이익}}{\text{최초투자액}}$	$\dfrac{\text{연평균순이익}}{\text{연평균투자액}(=\dfrac{\text{최초투자액}+\text{잔존가}}{2})}$

➡연평균순이익은 감가상각후/세후금액임.

·주의 현금흐름표에서 '영업현금흐름＝순이익＋감가상각비'이므로
→∴순이익＝영업현금흐름－감가상각비

의사결정

상호독립적 투자안	• '투자안의 ARR > 목표ARR' 이면 채택
상호배타적 투자안	• ARR이 가장 큰 투자안 채택

단점

• 화폐의 시간가치를 무시
• 현금흐름이 아닌 회계이익에 기초하므로 회계처리방법에 따라 이익이 상이
• 목표수익률을 설정하는데 자의적 판단이 개입

FINAL 객관식뽀개기 실전적중문제

1. 투자대안의 전체 내용년수 동안의 현금흐름을 고려하는 자본예산기법은 무엇인가?

① 내부수익률법, 순현재가치법
② 내부수익률법, 회수기간법
③ 순현재가치법, 회수기간법
④ 회수기간법, 회계적이익률법
④ 내부수익률법, 순현재가치법, 회수기간법

내비게이션
• 회수기간법은 회수기간 이후의 현금흐름을 고려하지 않는다.

2. 장기의사결정을 위한 방법 중 회수기간법은 여러 가지 이론적인 단점에도 불구하고 실무상 많이 사용되고 있다. 다음 중 회수기간법이 실무에서 많이 사용되는 이유로 가장 타당하지 않은 것은?

① 비현금자료도 반영되는 포괄적 분석기법이다.
② 기업의 유동성확보 관련 의사결정에 유용하다.
③ 화폐의 시간적 가치를 고려하지 않으므로 순현재가치법, 내부수익률법에 비해서 적용하기가 쉽다.
④ 투자후반기의 현금흐름이 불확실한 경우에는 유용한 평가방법이 될 수 있다.
⑤ 회수기간은 위험지표로 이용되므로 위험이 높은 투자안을 평가하는데 유용하다.

내비게이션
• 회수기간법은 비현금자료가 반영되지 않는다.

3. 기업실무조사를 한 결과 이론적인 단점에도 불구하고 투자안을 평가할 때 회수기간법이 많이 사용되고 있다. 다음 중 회수기간법의 장점을 올바르게 설명한 것은?

① 기업의 유동성 확보와 관련된 의사결정에 유용하다.
② 회수기간 이후의 현금흐름을 고려하므로 기업의 장기적 성장을 가져오는 투자안을 올바르게 평가할 수 있다.
③ 목표회수기간을 설정하는데 자의적인 판단을 배제한다.
④ 회수기간법은 주로 위험이 적고 안정적인 투자안을 평가하는데 사용되는 것이 바람직하다.
⑤ 비현금자료도 반영되는 포괄적 분석기법이다.

내비게이션
• ② 회수기간 이후의 현금흐름을 고려하지 않는다.
③ 목표회수기간을 설정하는 데 자의적인 판단이 개입된다.
④ 위험이 높은 투자안을 평가하는데 유용하다.
⑤ 비현금자료가 반영되지 않는다.

4. ㈜합격은 ₩20,000에 기계를 구입할 예정이며 기계를 사용할 때 원가절감액은 다음과 같다. 연중 현금흐름이 고르게 발생한다고 가정하고 이 투자안의 회수기간을 계산하면 얼마인가?

	20x1년	20x2년	20x3년	20x4년
원가절감액	₩5,000	₩9,000	₩8,000	₩6,000

① 2.75년 ② 2.95년 ③ 3.05년
④ 3.45년 ⑤ 3.75년

내비게이션
• $2년+\dfrac{20,000-(5,000+9,000)}{8,000}=2.75년$

5. ㈜합격은 ₩52,500을 투자하여 신규설비를 도입하였다. 이 신규설비 투자로 인해 발생할 것으로 예상되는 연간 세후순이익은 ₩5,250이다. 신규설비의 내용연수는 10년이고 잔존가치는 없으며, 정액법에 의하여 상각한다. ㈜합격의 최저요구수익률은 10%이고, 10년후 ₩1의 현재가치는 0.386이며 10년간 기말연금의 현가계수는 6.145이다. 이 경우 회수기간법에 의한 회수기간은?

① 4.5년 ② 5년 ③ 5.5년
④ 7.2년 ⑤ 10년

내비게이션
• 영업현금흐름=세후순이익+감가상각비
→영업현금흐름(유입액) : 5,250+52,500÷10년=10,500
∴회수기간 : 52,500÷10,500=5년

6. ㈜합격의 신규설비 투자액은 ₩5,000,000이고, 해당 설비의 잔존가치는 없으며 정액법으로 감가상각한다. 설비의 내용연수는 5년이고, 법인세차감후 현금유입액은 ₩2,500,000이라고 할 때, 최초 투자액에 의한 회계적이익률은 얼마인가?

① 15% ② 25% ③ 30%
④ 40% ⑤ 50%

내비게이션
• 세후순이익=영업현금흐름(세후현금유입액)−감가상각비
→세후순이익 : 2,500,000−5,000,000÷5년=1,500,000
∴최초투자액기준 회계적이익률 : 1,500,000÷5,000,000=30%

Answer 1. ① 2. ① 3. ① 4. ① 5. ② 6. ③

시험중요도 ★★★

기본이론 제46강  자본예산모형 : NPV법·IRR법·PI법

NPV법 (순현재가치법)

의의

> NPV = 현금유입의 현가 - 현금유출의 현가

보론 할인율 : 자본비용(=최저필수수익률 =최저요구수익률)

의사결정

구분	의사결정
상호독립적 투자안	• 'NPV > 0' 인 투자안 채택
상호배타적 투자안	• NPV가 가장 큰 투자안 채택

장점

- 자본비용으로 재투자된다고 가정하므로 현실적임.
- 현금흐름과 화폐가치 고려
- 가치가산원칙[NPV(A+B) = NPV(A)+NPV(B)]이 성립
- 기업가치극대화 만족
- 계산이 간단하며, 회계적 수치와 무관하므로 자의성 제거가능

단점

- 정확한 자본비용의 추정에 어려움이 있음.
- 확실성하에서만 성립하는 모형

IRR법 (내부수익률법)

의의

> IRR : '현금유입의 현가 = 현금유출의 현가'로 만드는 할인율

·주의 결국, IRR은 'NPV=0'인 할인율임.

보론 IRR은 자본비용의 손익분기점이라는 의미를 갖음.(즉, 자본비용보다 크면 이익)

의사결정

구분	의사결정
상호독립적 투자안	• 'IRR > 자본비용' 이면 채택
상호배타적 투자안	• IRR이 가장 큰 투자안 채택

장점

- 현금흐름과 화폐가치 고려
- 회계적 수치와 무관하므로 자의성 제거가능

단점

- 내부수익률로 재투자된다고 가정하므로 지나치게 낙관적이라는 문제점 있음.
- IRR을 계산하기가 어렵다.
- IRR은 금액이 아닌 비율(투자규모 무시)이므로 가치가산원칙이 성립치 않음.
- 현금흐름에 따라서는 IRR이 복수이거나, IRR이 존재치 않을 수 있는 문제점 있음.

보론 NPV법의 우월성

NPV법	IRR법
• 계산이 간단 • 자본비용으로 재투자된다고 가정하므로 현실적임. • 금액으로 투자결정 • 가치가산원칙이 성립	• 계산이 복잡 • 내부수익률로 재투자된다고 가정하므로 지나치게 낙관적임. • 비율로 투자결정 • 가치가산원칙이 불성립

PI법 (수익성지수법)

의의

> PI(수익성지수) = 현금유입의 현가 ÷ 현금유출의 현가

·주의 PI=1이면, NPV=0

의사결정

구분	의사결정
상호독립적 투자안	• 'PI > 1' 이면 채택
상호배타적 투자안	• PI가 가장 큰 투자안 채택

FINAL 객관식뽀개기 — 실전적중문제

1. 다음 중 자본예산을 위해 사용되는 순현가법(NPV)과 내부수익률법(IRR)에 대한 설명으로 옳은 것은? [세무사기출]

① 내부수익률법은 복리계산을 하지 않으므로 순현가법보다 열등하다.
② 특정 투자안의 수락 타당성에 대해 두 방법은 일반적으로 다른 결론을 제공한다.
③ 내부수익률법은 현금이 할인율이 아닌, 내부수익률에 의해 재투자된다고 가정한다.
④ 내부수익률법은 순현가법과 달리, 여러 가지 수준의 요구수익률을 사용하여 분석할 수 있으므로 더 우수하다.
⑤ 순현가법은 분석 시점에 초기 투자액이 없는 경우에는 사용할 수 없다.

내비게이션

- ① 내부수익률법과 순현재가치법은 복리계산을 적용한다.
  ② 특정 투자안의 수락 타당성에 대해 두 방법은 일반적으로 같은 결론을 제공하며 예외적으로 다른 결론이 나타날 수도 있다.
  ④ 내부수익률법은 여러 가지 수준의 요구수익률을 사용하는 것이 아니라 투자안의 내부수익률을 계산하여 타당성을 결정하는 방법이다. 내부수익률법은 투자안의 내부수익률을 계산하므로 여러 수준의 요구수익률을 사용하여 분석할 수 없다. 순현재가치법은 여러 가지 요구수익률을 사용하여 계산이 가능하다.
  ⑤ 순현가법은 분석 시점에 초기 투자액이 없는 경우에도 사용할 수 있다. 순현가법은 미래현금흐름이 존재하면 대부분 적용되므로 분석시점에 초기 투자액이 없는 경우에도 사용할 수 있다. 즉, 분석시점의 초기 투자액 존재 여부와 관계없이 사용이 가능하다.

2. ㈜합격은 ₩10,000에 기계를 구입할 예정이며, 이 기계를 정액법에 의하여 5년간 감가상각하기로 하고 잔존가치는 없을 것으로 추정하고 있다. 이 기계는 매년 법인세비용 차감전 기준으로 ₩5,000의 현금유입을 발생시킬 수 있다. 이 투자안의 회수기간은 얼마인가?(단, 감가상각비 이외에 추가적인 비용은 발생하지 않으며, 법인세율은 40%이다.)

① 약 3.65년 ② 약 2.63년 ③ 약 4.11년
④ 약 4.25년 ⑤ 약 4.75년

내비게이션

- 매년 현금유입 : ㉠+㉡=3,800
  ㉠ 법인세차감후 현금유입 : 5,000×(1-40%)=3,000
  ㉡ 감가상각비 절세효과 : (10,000÷5년)×40%=800
- 회수기간 : $2년+1년\times\frac{10,000-(3,800+3,800)}{3,800}$=약 2.63년

3. ㈜국세는 올해 초에 신제품 생산을 위한 전용기계 도입 여부를 순현재가치법으로 결정하려고 한다. 신제품의 판매가격은 단위당 ₩500이며, 생산 및 판매와 관련된 단위당 변동비는 ₩300, 그리고 현금유출을 수반하는 고정비를 매년 ₩600,000으로 예상한다. 전용기계의 구입가격은 ₩1,000,000이고, 정액법으로 감가상각한다(내용연수 5년, 잔존가치 없음). 할인율은 10%이며 법인세율이 40%이고, 매출액, 변동비, 현금유출 고정비, 법인세는 전액 해당 년도말에 현금으로 회수 및 지급된다. 전용기계 도입이 유리하기 위해서는 신제품을 매년 최소 몇 단위를 생산 판매해야 하는가?(단, 10%, 5년의 단일금액의 현가계수는 0.621이고, 정상연금의 현가계수는 3.791이다.) [세무사기출]

① 4,198단위 ② 4,532단위 ③ 5,198단위
④ 5,532단위 ⑤ 6,652단위

내비게이션

- 매년 현금흐름

영업현금흐름	: (200Q-600,000)×(1-40%) =	120Q-360,000
감가상각비 절세효과:	200,000×40% =	80,000
		120Q-280,000

∴(120Q-280,000)-1,000,000≧0 →Q≧4,532단위

4. ㈜합격은 컴퓨터지원 설계 및 제조시스템 도입을 검토하고 있다. 동 시스템의 도입시 20,000시간의 직접노동시간을 절감할수 있을 것이며 시간당 임률은 ₩20,000이다. 또한 ₩480,000,000의 원초 투자액이 소요되며, 연간 ₩200,000,000의 추가운용비용이 발생될 것으로 추정되어 있다. 동 시스템의 내용연수는 6년, 잔존가치는 없으며 정액법에 의해 감가상각을 할 예정이다. 세율은 30%이며, 자본비용은 20%이다. 이 경우 연간 세후 순현금유입액은 얼마인가?

① ₩120,000,000 ② ₩136,000,000
③ ₩146,000,000 ④ ₩164,000,000
⑤ ₩172,000,000

내비게이션

- 매년 노무비 절감액 : 20,000시간×@20,000=400,000,000
- 매년 현금흐름

노무비절감액	:	400,000,000
노무비절감 세금효과	: 400,000,000×30%=	(120,000,000)
추가운용비용	:	(200,000,000)
추가운용비용 세금효과	: 200,000,000×30%=	60,000,000
감가상각비 절세효과	: 80,000,000×30% =	24,000,000
		164,000,000

Answer 1. ③ 2. ② 3. ② 4. ④

시험중요도 ★★☆

기본이론 제47강  종합예산 종합예산의 개요

구분	세부	항목	내용
예산의 기능	순기능 (유용성)	계획수립	• 미래에 대한 계획수립을 용이하게 해줌.
		의사소통과 조정	• 예산편성을 위해서는 부문간 상호의견을 조정하여야 하는데, 이 과정에서 의사소통을 조정하고 통합할 수 있게 해줌.
		성과평가와 통제	• 예산을 실적과 비교함으로써 성과평가에 대한 기준을 제공함.
	역기능 (한계점)	심리적 부담	• 예산달성이 강요됨으로써 심리적인 부담을 줄 수 있음.
		장기목표의 희생	• 단기적인 목표달성을 위해 장기적인 이익이 희생될 수 있음.
		성과조작의 유인	• 예산은 성과평가기준이 되므로 성과를 조작할 유인이 생기며, 예산슬랙(자신에게는 예산이 달성되기 쉽게 편성)이 발생가능함.
예산의 유형	조업도수준	고정예산	• 회계연도초에 예산조업도를 기준으로 사전에 편성된 예산 ➡특정 조업도 수준을 기준으로 편성된 정태적 예산 ➡사전적 단일조업도를 기준으로 편성
		변동예산	• 회계연도말에 실제조업도를 기준으로 사후적으로 편성한 예산 ➡조업도 변화에 따라 편성될 수 있는 동태적 예산 ➡사후적 실제조업도를 기준으로 편성
	종업원 참여여부	참여적 예산	• 조직전체 목표달성을 위해 모든 관리자들이 예산편성에 참여하고 조직구성원들과의 의사소통을 통해 예산을 편성 ·주의 예산 조작가능성(예산슬랙)이 높고 많은 시간이 소요됨.
		자문적 예산	• 조직구성원들에게 자문을 구하고 최고경영자가 예산을 편성
		권위적 예산	• 최고경영자가 상의하달식으로 예산을 편성
	예산작성방식	연속갱신예산	• 일부기간 경과시 경과기간만큼 새로운 기간의 예산을 추가 ➡경영환경 변화에 예산을 탄력적으로 조정가능하여 예산기간말에 근시안적으로 판단하는 것을 방지하는 효과가 있음.
		증분예산	• 전년도 예산에 일정한 증감율을 고려하여 작성 ➡작성이 간편하나, 과거 비능률이 예산에 반영될수 있음.
		원점기준예산	• 전년도 예산은 무시하고 원점에서 새로 출발하여 편성 ➡과거 비능률의 배제가 가능하나, 많은 시간·비용이 소요됨.

구분	세부	내용
종합예산	의의	• 종합예산(운영예산과 재무예산)은 특정 조업도 수준을 기준으로 1년 이내의 기업활동에 대하여 기업전체(판매·생산·구매·재무 등)를 대상으로 편성되는 예산을 말함. ·주의 종합예산은 단기예산이며 고정예산임. ➡자본예산은 장기예산
	운영예산	• 다음연도 판매예측에 기초한 생산, 구매, 판매관리활동 등에 대한 예산수립을 통해 예산포괄손익계산서를 작성하는 것을 말함. ·주의 종합예산의 출발점은 판매예산임. **판매예산➡ 생산량예산(제조예산,기말재고예산)➡ 제조원가예산(DM·원재료구입·DL·OH) ➡ 매출원가예산➡ 판매관리비예산➡ 예산포괄손익계산서**
	재무예산	• 매출대금회수와 매입대금지급에 대한 계획으로부터 현금예산(운영예산을 기초로 한 자금지출·재무상태에 관한 예산)을 수립하여 예산재무상태표를 작성하는 것을 말함. ·주의 종합예산은 예산포괄손익계산서, 예산재무상태표 등의 작성으로 종결됨. **현금예산➡ 예산재무상태표**

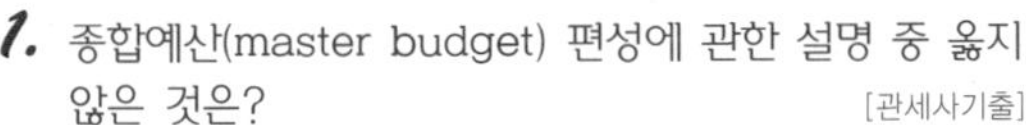

실전적중문제

1. 종합예산(master budget) 편성에 관한 설명 중 옳지 않은 것은? [관세사기출]

① 종합예산은 기업의 판매, 생산, 구매, 재무 등의 모든 측면들을 전체 계획으로 표현한 것이다.
② 자본예산은 비유동자산 취득과 관련되는 설비의 확장 투자 등에 대한 예산으로 예산포괄손익계산서에 반영된다.
③ 판매예산의 편성은 예산계획의 출발점이며 종합예산의 중요한 기초를 이룬다.
④ 예산편성시 종업원의 참가여부에 따라 권위적(authoritative) 예산편성, 참여적(participative) 예산편성 등으로 나눌 수 있다.
⑤ 종합예산 편성 절차의 마지막 단계는 예산포괄손익계산서, 예산 재무상태표 등의 작성이다.

• 종합예산은 일반적으로 1년 단위로 편성되는 단기예산이며, 자본예산과 같은 장기예산과 구별된다.

2. 다음 중 예산과 관련된 설명으로 옳지 않은 것은? [세무사기출]

① 운영예산(Operating Budget)은 다음 예산연도의 운영계획을 나타내며, 예산재무상태표에 총괄된다.
② 종합예산(Master Budget) 편성의 첫 단계는 판매량 예측이다.
③ 연속갱신예산(Rolling Budget)제도는 예산 기간 말에 근시안적으로 판단하는 것을 방지하는 효과가 있다.
④ 참여예산(Participative Budget)제도를 운영하는 경우에는 예산수립 참여자의 악용 가능성에 대비하여야 한다.
⑤ 영기준예산(Zero-based Budget)제도를 운영하는 경우에는 예산편성을 위한 노력이 많이 든다.

내비게이션

• 운영예산은 예산포괄손익계산서에 총괄된다.

3. 종업원이 예산편성 과정에 참여하는 참여예산(participative budget)에 관한 설명으로 옳지 않은 것은? [세무사기출]

① 종업원들의 다양한 관점과 판단을 예산에 반영할 수 있다.
② 종업원은 최고경영층에서 일방적으로 하달하는 예산 목표보다 참여예산의 목표를 더 잘 달성하려는 유인이 있다.
③ 예산여유(budgetary slack)를 발생시킬 위험이 있다.
④ 예산편성을 위한 소요기간이 길어질 수 있다.
⑤ 예산편성시 조직 전체의 목표는 고려할 필요가 없으며 각 부서의 목표와 방침에 따른다.

• 참여예산은 조직구성원이 조직목표를 설정하는데 참여하는 것이다. 따라서 목표는 조직 전체의 목표인 것이다.

4. 예산에 관한 다음 설명 중 옳지 않은 것은?

① 고정예산(정태예산)은 단 하나의 조업도수준에 근거하여 작성되므로 성과평가목적으로 적합한 것이 아니다.
② 변동예산은 일정범위의 조업도수준에 관한 예산이며 성과평가목적을 위해 실제원가를 실제조업도수준에 있어서의 예산원가와 비교한다.
③ 원점기준예산이란 과거의 예산에 일정비율만큼 증가 또는 감소한 예산을 수립하는 것이 아니라 예산을 원점에서 새로이 수립하는 방법이다.
④ 예산과 관련된 종업원들이 예산편성과정에 참여하는 참여예산의 문제점 중 하나는 예산슬랙(budgetary slack)이 발생할 가능성이 높다는 것이다.
⑤ 종합예산은 조직의 각 부문활동에 대한 예산이 종합된 조직전체의 예산이며 변동예산의 일종이다.

• 변동예산의 일종이다.(X) → 고정예산의 일종이다.(O)

Answer 1. ② 2. ① 3. ⑤ 4. ⑤

시험중요도 ★★★

기본이론 제48강  종합예산의 편성

구분	항목	내용
공통사례	기초자료	• 선입선출법을 적용하는 (주)합격은 20x1년 1월의 예산을 편성하고자 한다. [1] 기초재무상태표(20x1년 1월 1일) 상의 관련 자료 금액은 다음과 같다. - 현금 ₩140,000, 매출채권 ₩450,000, 원재료 2,520kg×@10=₩25,200, 제품 800개×@100=₩80,000, 매입채무 ₩35,200 [2] 재료매입액·감가상각비를 제외한 모든 비용은 발생한 달에 전액 지급한다.
판매예산	추가자료	• 단위당판매가격 @200, 예상판매량은 1,2,3월 각각 4,000개, 5,000개, 3,000개
	예산매출액	❒ 예상판매량(4,000개)×@200=800,000
생산량예산	추가자료	• 기말재고량은 다음달 예상판매량의 20% 수준을 유지하도록 한다.
	목표생산량(1월)	❒ 예상판매량(4,000)+기말제품(5,000×20%=1,000)-기초제품(800)=4,200개
	목표생산량(2월)	❒ 예상판매량(5,000)+기말제품(3,000×20%=600)-기초제품(1,000)=4,600개
제조원가 예산	추가자료	• 제품 단위당 변동제조원가는 다음과 같다. DM : 2kg×10=@20, DL : 1시간×30=@30, VOH : 1시간×20=@20 〈合 : @70〉 • 1월에 예상되는 FOH는 감가상각비 ₩20,000을 포함한 ₩42,000이다. • 원재료 기말재고량은 다음달 제품생산에 필요한 수량의 30% 수준을 유지하도록 하며, 기초재공품과 기말재공품은 없는 것으로 가정한다.
	DM예산	❒ 4,200개×@20=84,000
	원재료구입예산	❒ 목표구입량 : 예상투입량(4,200개×2kg=8,400kg)+기말[(4,600개×2kg)×30%=2,760kg] - 기초(2,520kg)=8,640lg ❒ 원재료구입예산 : 8,640kg×10=86,400
	DL예산	❒ 4,200개×@30=126,000
	OH예산	❒ VOH(4,200개×@20=84,000)+FOH(42,000)=126,000
매출원가 예산	단위당제조원가	❒ 단위당변동제조원가(70)+[FOH예산(42,000)÷4,200개]=@80
	당월제품제조원가	❒ DM예산(84,000)+DL예산(126,000)+OH예산(126,000)=336,000 ➡기초·기말재공품이 없으므로 당월제품제조원가=당월총제조원가
	매출원가예산	❒ 기초제품(80,000)+당월제품제조원가(336,000)-기말제품(1,000개×@80)=336,000
판매관리비 예산	추가자료	• 변동판매관리비는 판매단위당 ₩10이며, 1월에 예상되는 고정판매관리비는 감가상각비 ₩10,000을 포함한 ₩50,000이다.
	판매관리비예산	❒ 예상판매량(4,000개)×@10+50,000=90,000
현금예산	추가자료	• 모든 매출·매입은 외상이며, 외상매출금은 판매한 달에 70% 다음달에 30%가 회수되고, 외상매입금은 매입한 달에 60% 다음달에 40%를 지급한다.
	현금유입액	❒ 매출채권회수액 : 전기미회수(450,000)+예상매출액(800,000)×70%=1,010,000
	현금유출액	❒ 매입채무지급액 : 전기미지급(35,200)+원재료구입(86,400)×60%=87,040 ❒ 직접노무비지급 : DL예산(126,000) ❒ 제조간접비지급 : OH예산(126,000)-감가상각비(20,000)=106,000 ❒ 판매관리비지급 : 판매관리비예산(90,000)-감가상각비(10,000)=80,000
	현금예산	❒ 기초현금(140,000)+현금유입액(1,010,000)-현금유출액(399,040)=750,960

FINAL 객관식뽀개기 — 실전적중문제

1. 대한은 단일제품을 생산 · 판매하고 있다. 제품 1단위를 생산하기 위해서는 직접재료 0.5kg이 필요하고, 직접재료의 kg당 구입가격은 ₩10이다. 1분기 말과 2분기 말의 재고자산은 다음과 같이 예상된다.

구분	재고자산	
	1분기말	2분기말
직접재료	100kg	120kg
제품	50단위	80단위

2분기의 제품 판매량이 900단위로 예상될 경우, 2분기의 직접재료 구입예산은?(단, 각 분기말 재공품 재고는 무시한다.) [감평사기출]

① ₩4,510 ② ₩4,600 ③ ₩4,850
④ ₩4,900 ⑤ ₩4,960

내비게이션

- 목표생산량 : 900단위+80단위-50단위=930단위
- 예상투입량 : 930단위×0.5kg=465kg
- 목표구입량 : 465kg+120kg-100kg=485kg

∴원재료구입예산 : 485kg×10=4,850

2. 20x1년 1월 초에 2분기 현금예산을 편성 중인 ㈜관세의 월별 매출예상액은 다음과 같다.

구분	4월	5월	6월
매출예상액	₩600,000	₩450,000	₩900,000
매출총이익률	30%		

매출액 중 40%는 판매한 달에, 55%는 판매한 다음 달에 현금으로 회수되며, 5%는 대손으로 예상된다. 상품매입대금은 매입한 다음 달에 전액 현금으로 지급한다. 매월 말 상품재고액은 다음 달 매출원가의 10%로 유지한다. 5월 한 달간 예상되는 현금유입액과 현금유출액의 차이는? [관세사기출]

① ₩100,100 ② ₩100,500 ③ ₩121,200
④ ₩126,300 ⑤ ₩132,300

내비게이션

- 4월 매출원가 : 600,000×(1-30%)=420,000
  5월 매출원가 : 450,000×(1-30%)=315,000
- 4월 기초재고(=3월 기말재고) : 420,000x10%=42,000
  4월 기말재고 : 315,000×10%=31,500
- 5월 현금유입액 : 600,000×55%+450,000×40%=510,000
  5월 현금유출액(=4월 매입액) : 420,000+31,500-42,000=409,500

∴510,000-409,500=100,500

3. 20x1년초 영업을 개시한 상품매매기업인 ㈜감평의 20x1년 1분기 월별 매출액 예산은 다음과 같다.

	1월	2월	3월
매출액	₩2,220,000	₩2,520,000	₩2,820,000

㈜감평은 매출원가의 20%를 이익으로 가산하여 상품을 판매하고, 월말재고로 그 다음 달 매출원가의 40%를 보유하는 재고정책을 실시하고 있다. ㈜감평의 매월 상품매입 중 50%는 현금매입이고, 50%는 외상매입이다. 외상매입대금 중 80%는 매입한 달의 1개월 후에, 20%는 매입한 달의 2개월 후에 지급된다. 상품매입과 관련하여 ㈜감평의 20x1년 2월 예상되는 현금지출액은?(단, 매입에누리, 매입환출, 매입할인 등은 발생하지 않는다.) [감평사기출]

① ₩1,076,000 ② ₩1,100,000 ③ ₩1,345,000
④ ₩2,176,000 ⑤ ₩2,445,000

내비게이션

- 매출원가, 월말재고(=다음 달 매출원가의 40%), 매입액 계산
  ㉠ 1월 매출원가 : 2,220,000÷1.2=1,850,000
  2월 매출원가 : 2,520,000÷1.2=2,100,000
  3월 매출원가 : 2,820,000÷1.2=2,350,000
  ㉡ 1월 월말재고 : 2,100,000×40%=840,000
  2월 월말재고 : 2,350,000×40%=940,000
  ㉢ 1월 매입액 : 1,850,000+840,000-0=2,690,000
  2월 매입액 : 2,100,000+940,000-840,000=2,200,000
- 2월 예상 현금지출액
  1월 외상매입액 : (2,690,000×50%)×80% = 1,076,000
  2월 현금매입 : 2,200,000×50% = 1,100,000
  2,176,000

4. ㈜감평은 향후 6개월의 월별 매출액을 다음과 같이 추정하였다.

1월	2월	3월	4월	5월	6월
350,000	300,000	320,000	400,000	450,000	470,000

㈜감평의 모든 매출은 외상거래이다. 외상매출 중 70%는 판매한 달에, 25%는 판매한 다음 달에 현금회수될 것으로 예상되고, 나머지 5%는 회수가 불가능할 것으로 예상된다. ㈜감평은 당월 매출액 중 당월에 현금회수된 부분에 대해 2%를 할인해주는 방침을 가지고 있다. ㈜감평이 예상하는 4월의 현금유입액은? [감평사기출]

① ₩294,400 ② ₩300,400 ③ ₩354,400
④ ₩380,400 ⑤ ₩406,400

내비게이션

- 320,000×25%+(400,000×70%)×98%=354,400

Answer 1. ③ 2. ② 3. ④ 4. ③

시험중요도 ★★☆

기본이론 제49강 성과평가 원가중심점 성과평가

직접재료비 차이분해

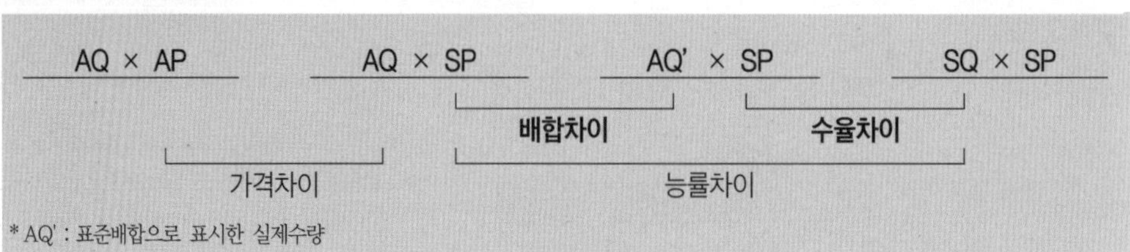

사례 직접재료비차이의 분해

원재료	표준수량	표준가격	표준원가
P	6kg	20	120
Q	4kg	10	40

• 20x1년 중 500개 생산하였으며 실제발생 DM은,
P : 3,700Kg×18 = 66,600
Q : 1,800Kg×15 = 27,000

AQ × AP	AQ × SP	AQ' × SP	SQ × SP
3,700kg×18= 66,600	3,700kg×20= 74,000	5,500kg×60%×20= 66,000	500개×6kg×20= 60,000
1,800kg×15= 27,000	3,700kg×10= 18,000	5,500kg×40%×10= 22,000	500개×4kg×10= 20,000
93,600	92,000	88,000	80,000

배합차이4,000U　수율차이8,000U

가격차이1,600U　능률차이12,000U

직접노무비 차이분해

AQ × AP　AQ × SP　AQ' × SP　SQ × SP

배합차이　수율차이

가격(임률)차이　능률차이

* DL배합차이 : 실제총투입량(시간)은 일정유지가정(배합비율은 다름)
* DL수율차이 : 표준배합비율은 일정유지가정(총투입량은 다름)

사례 직접노무비차이의 분해

종업원	표준시간	표준임률	표준원가
숙련공	2시간	30	60
미숙련공	3시간	10	30

• 20x1년 중 100개 생산하였으며 실제발생 DL은,
숙련공 : 180시간×35 = 6,300
미숙련공 : 240시간×12 = 2,880

풀이

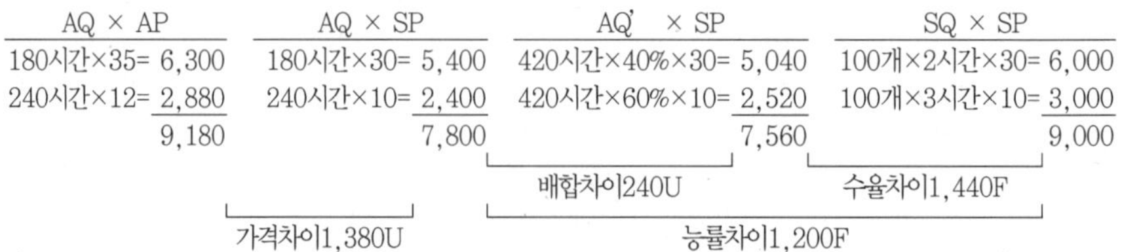

AQ × AP	AQ × SP	AQ' × SP	SQ × SP
180시간×35= 6,300	180시간×30= 5,400	420시간×40%×30= 5,040	100개×2시간×30= 6,000
240시간×12= 2,880	240시간×10= 2,400	420시간×60%×10= 2,520	100개×3시간×10= 3,000
9,180	7,800	7,560	9,000

배합차이240U　수율차이1,440F

가격차이1,380U　능률차이1,200F

보론 배합차이의 발생원인 : 투입요소의 대체성 때문임.
① DM : P를 많이 Q를 적게 투입가능(또는 P를 적게 Q를 많이 투입가능)
② DL : 숙련공, 미숙련공을 서로 대체하여 생산가능

FINAL 객관식뽀개기

실전적중문제

1. ㈜관세는 표준원가계산제도를 채택하고 있으며, 원재료 A와 원재료 B를 투입하여 제품을 생산하고 있다. ㈜관세는 20x1년에 300단위의 제품을 생산하였으며, 직접재료에 대한 원가자료는 다음과 같다. 직접재료원가의 수율차이는? [관세사기출]

구분	표준		
	단위당투입량	kg당 가격	재료원가
원재료 A	0.5kg	₩200	₩100
원재료 B	1.5kg	₩120	₩180
계	2.0kg		₩280

구분	실제		
	투입량	kg당 가격	재료원가
원재료 A	160kg	₩250	₩40,000
원재료 B	464kg	₩170	₩78,880
계	624kg		₩118,880

① ₩320 불리 ② ₩320 유리 ③ ₩3,360 불리
④ ₩3,360 유리 ⑤ ₩3,680 불리

내비게이션

• 수율차이 분석

AQ' × SP	SQ × SP
624kg×25%×200= 31,200	300단위×0.5kg×200= 30,000
624kg×75%×120= 56,160	300단위×1.5kg×120= 54,000
87,360	84,000

∴87,360−84,000=3,360(불리)

2. 다음 자료에 의할 때 재료배합차이는 얼마인가?

(1) 원재료에 관한 단위당 표준원가
- 원재료 A : 2kg(₩20/kg, 원재료 B : 3kg(₩10/kg)

(2) 당기 중 8,000단위의 제품이 완성되었고, 기초재공품과 기말재공품은 없었다.

(3) 원재료의 실제 사용량
- 원재료 A : 14,000kg(₩22/kg)
- 원재료 B : 28,000kg(₩9/kg)

① ₩25,000 불리 ② ₩26,500 유리 ③ ₩28,000 유리
④ ₩36,400 유리 ⑤ ₩36,400 불리

내비게이션

• 배합차이 분석

AQ × SP	AQ' × SP
14,000kg×20= 280,000	42,000kg×40%×20= 336,000
28,000kg×10= 280,000	42,000kg×60%×10= 252,000
560,000	588,000

∴560,000−588,000=−28,000(유리)

3. ㈜한국은 상호대체가 가능한 두 종류의 노무등급인 고급노무인력과 저급노무인력을 제조공정에 투입하여 제품을 생산한다. 이 회사는 표준원가계산제도를 사용하여 직접노무원가에 대해 매월 실제원가와 표준원가의 차이를 분석하고자 한다. 이를 위한 20x1년 2월의 각 노무등급별 표준직접노무원가에 관한 자료는 다음과 같다.

구분	표준임률	실제생산량에 허용된 표준노무시간
고급노무인력	₩20	200시간
저급노무인력	₩12	200시간

20x1년 2월의 각 노무등급별 실제임률과 실제로 사용된 직접노무시간은 다음과 같다.

구분	실제임률	실제 사용된 직접노무시간
고급노무인력	₩21	220시간
저급노무인력	₩13	160시간

㈜한국의 20x1년 2월 직접노무원가의 배합차이와 수율차이는 각각 얼마인가?

	배합차이	수율차이
①	₩280 유리	₩300 유리
②	₩280 유리	₩300 불리
③	₩240 불리	₩300 유리
④	₩240 불리	₩320 유리
⑤	₩240 불리	₩320 불리

내비게이션

• 배합차이 분석

AQ × SP	AQ' × SP
220시간×20= 4,400	380시간×50%×20= 3,800
160시간×12= 1,920	380시간×50%×12= 2,280
6,320	6,080

∴6,320−6,080=240(불리)

• 수율차이 분석

AQ' × SP	SQ × SP
380시간×50%×20= 3,800	200시간×20= 4,000
380시간×50%×12= 2,280	200시간×12= 2,400
6,080	64,000

∴6,080−64,000=−320(유리)

시험중요도 ★★☆

매출조업도 차이분해

AQ × AP　　AQ × SP　　AQ' × SP　　SQ × SP

- 매출가격차이: AQ × AP − AQ × SP
- 매출배합차이: AQ × SP − AQ' × SP
- 매출수량차이: AQ' × SP − SQ × SP
- 매출조업도차이: AQ × SP − SQ × SP

* 매출배합차이 : 실제판매수량 하에서 실제와 예산매출배합의 차이가 공헌이익에 미치는 영향을 나타냄
* 매출수량차이 : 예산매출배합이 그대로 유지 가정시 실제판매량과 예산판매량의 차이가 공헌이익에 미치는 영향을 나타냄

주의 ① 매출가격차이 ➡단위당판매가격으로 측정(판매량×판매가)
② 매출조업도차이 ➡단위당예산공헌이익으로 측정(판매량×공헌이익)

사례 매출조업도차이의 분해

✪A, B 두 품목의 카메라를 제조하고 있음. 예산고정비 ₩30,000, 실제고정비 ₩20,000

예산자료					실제자료				
제품	@판매가	@변동비	@공헌이익	판매량	제품	@판매가	@변동비	@공헌이익	판매량
A	100	30	70	600	A	90	40	50	400
B	40	20	20	400	B	30	20	10	800

AQ × AP	AQ × SP	AQ' × SP	SQ × SP
400×90= 36,000	400×100= 40,000		
800×30= 24,000	800×40= 32,000		

매출가격차이12,000U

	AQ × SP	AQ' × SP	SQ × SP
	400×70= 28,000	1,200×60%×70= 50,400	600×70= 42,000
	800×20= 16,000	1,200×40%×20= 9,600	400×20= 8,000

매출배합차이16,000U　　매출수량차이10,000F

매출조업도차이6,000U

매출수량 차이분해

AQ × AP　　AQ × SP　　SQ × SP

실제규모×실제점유율×단위당가중평균예산공헌이익　　실제규모×예산점유율×단위당가중평균예산공헌이익　　예산규모×예산점유율×단위당가중평균예산공헌이익

- 시장점유율차이 (통제가능한 차이임!)
- 시장규모차이 (통제불가능한 차이임!)
- 매출수량차이

* 시장점유율차이 : 실제시장규모하에서 실제와 예산시장점유율의 차이가 공헌이익에 미치는 영향
* 시장규모차이 : 예산시장점유율이 그대로 유지된다고 가정시 실제의 예산시장규모가 공헌이익에 미치는 영향

사례 매출수량차이의 분해

✪ 위 사례의 자료에서 시장조사기관이 예측한 전체카메라 시장규모 10,000개와 판매부문에서 추정한 10%의 예산시장점유율을 기준으로 예산을 수립한 것인데 실제시장규모가 12,500개로 보고되었다. (단, 10,000개는 A형 6,000, B형 4,000, 12,500개는 A형 6,500, B형 6,000이다.)

- 시장점유율차이 : (12,500[3]×9.6%[2]×50[1])−(12,500×10%×50)=2,500U
- 시장규모차이 : (12,500×10%×50)−(10,000[4]×10%×50)=12,500F

1) $70\times\frac{600}{1,000}+20\times\frac{400}{1,000}=50$　2) $\frac{1,200}{12,500}=9.6\%$　3) 6,500+6,000=12,500　4) 6,000+4,000=10,000

FINAL 객관식뽀개기 — 실전적중문제

1. 대한회사는 A와 B의 두 제품을 생산 · 판매하고 있다. 예산에 의하면 제품 A의 단위당 공헌이익은 ₩20이고, 제품 B의 공헌이익은 ₩4이다. 20x1년의 예산매출수량은 제품 A가 800단위, 제품 B는 1,200단위로 총 2,000단위였다. 그러나 실제매출수량은 제품 A가 500단위, 제품 B가 2,000단위로 총 2,500단위였다. 대한회사의 20x1년 매출배합차이와 매출수량차이를 계산하면 각각 얼마인가? [세무사기출]

	매출배합차이	매출수량차이
①	₩8,000 유리	₩5,200 불리
②	₩8,000 유리	₩5,200 유리
③	₩5,200 불리	₩8,000 불리
④	₩5,200 유리	₩8,000 불리
⑤	₩8,000 불리	₩5,200 유리

내비게이션

• 매출배합차이 분석

AQ × SP	AQ' × SP
500×20= 10,000	2,500×40%×20= 20,000
2,000×4= 8,000	2,500×60%×4= 6,000
18,000	26,000

∴18,000−26,000=−8,000(불리)

• 매출수량차이 분석

AQ' × SP	SQ × SP
2,500×40%×20= 20,000	800×20= 16,000
2,500×60%×4= 6,000	1,200×4= 4,800
26,000	20,800

∴26,000−20,800=5,200(유리)

2. ㈜국세는 사무용과 가정용 복사기를 판매한다. ㈜국세는 20x1년 복사기 시장규모가 800,000대 일 것으로 예측했으나, 실제 시장규모는 700,000대로 집계되었다. 20×1년 예산과 실제 결과에 대한 자료가 다음과 같을 때, ㈜국세의 시장점유율 차이는 얼마인가? [세무사기출]

〈20x1년도 예산〉

제품종류	판매단가	단위당 변동원가	판매수량 및 비율	
			수량	비율
사무용	₩1,200	₩700	20,000대	25%
가정용	₩900	₩500	60,000대	75%
합계			80,000대	100%

〈20x1년도 실제결과〉

제품종류	판매단가	단위당 변동원가	판매수량 및 비율	
			수량	비율
사무용	₩1,100	₩625	25,200대	30%
가정용	₩820	₩400	58,800대	70%
합계			84,000대	100%

① ₩3,840,000 불리
② ₩4,960,000 불리
③ ₩5,270,000 불리
④ ₩4,750,000 유리
⑤ ₩5,950,000 유리

내비게이션

• 예산점유율 : 80,000대÷800,000대=10%
실제점유율 : 84,000대÷700,000대=12%
단위당가중평균예산공헌이익 : 500×25%+400×75%=425

• 시장점유율차이 : ㉠−㉡=5,950,000(유리)
㉠ 700,000대×12%×425=35,700,000
㉡ 700,000대×10%×425=29,750,000

서술형Correction연습

❐ 책임회계제도에서 책임중심점에 배분된 고정제조간접비는 통제가능원가에 포함시켜야한다.

➲ (X) : 고정제조간접원가 통제불가능원가이다.

❐ 책임회계제도가 그 기능을 효율적으로 수행하기 위해서는 각 책임중심점의 경영자가 권한을 위임받은 원가항목들에 대해 통제권을 행사할 수 없어야 한다.

➲ (X) : 통제권을 행사할 수 있어야 한다.

❐ 분권화의 경우 상위경영자가 하위경영자에게 권한을 부여하지만 이에 대한 의무는 부과하지 않는다.

➲ (X) : 권한을 부여함과 동시에 이 권한과 관련된 의무도 부과한다.

❐ 분권화시에는 각 사업부에서 동일한 활동이 개별적으로 중복되어 수행될 가능성이 없다.

➲ (X) : 각 사업부에서 동일한 활동이 개별적으로 중복되어 수행될 가능성이 존재한다.

❐ 책임회계에 근거한 성과보고시 특정 책임중심점의 경영자에 대한 성과평가는 통제불가능원가를 포함하는 것이 바람직하다.

➲ (X) : 책임범위를 벗어나는 통제불가능항목에 대해서는 책임이 없기 때문에 통제불가능항목은 각 책임중심점의 성과평가시 제외한다.

Answer 1. ⑤ 2. ⑤

시험중요도 ★★★

기본이론 제51강 투자중심점 성과평가 : 투자수익률과 잔여이익

<table>
<tr><td rowspan="4">투자수익률
(ROI)</td><td>의의</td><td>□ $ROI=\frac{영업이익}{영업자산(투자액)}=\frac{영업이익}{매출액}\times\frac{매출액}{영업자산}$ =매출액영업이익률×자산회전율</td></tr>
<tr><td>장점</td><td>• 비율로 표시되므로 투자규모가 서로 다른 투자중심점간의 성과평가 및 비교에 유용</td></tr>
<tr><td>단점</td><td>• 준최적화현상이 발생함.
➡회사전체 최저필수수익률을 상회하는 좋은 투자안이 개별투자중심점의 투자수익률보다 낮기 때문에 투자가 포기되어 회사전체이익에 불리한 의사결정이 이루어짐 → '잔여이익'으로 해결가능
• 회계적이익에 기초하므로 성과평가와 의사결정의 일관성이 결여
• 화폐의 시간가치를 고려하지 않음.</td></tr>
<tr><td>ROI
증대방안</td><td>• 매출액증대와 원가의 감소
• 진부화된 투자자산의 처분(감소)</td></tr>
<tr><td rowspan="3">잔여이익
(RI)</td><td>의의</td><td>□ RI=영업이익－영업자산(투자액)×최저필수수익률
·주의 ROI에 의한 의사결정과 RI에 의한 의사결정은 일치하지 않음.
→즉, ROI에서는 채택되어도 RI에서는 기각가능</td></tr>
<tr><td>장점</td><td>• 준최적화현상이 발생하지 않음
➡각 사업부의 경영자는 최저필수수익률을 초과하는 모든 투자안을 수락하게 되므로 투자중심점과 회사전체의 이익을 동시에 극대화 가능</td></tr>
<tr><td>단점</td><td>• 금액으로 표시하므로 각 사업부의 투자규모가 상이할 경우에는 사업부간 성과비교에 한계가 있음.
• ROI와 마찬가지로 회계적이익에 기초하므로 성과평가와 의사결정의 일관성이 결여</td></tr>
</table>

세부고찰

사례 ROI와 RI에 의한 성과평가

◎ ㈜강남스타일에는 A와 B 두 개의 사업부가 있는데, 다음은 성과평가와 관련된 자료이다.

구분	A사업부	B사업부
투자액	2,000억원	4,000억원
영업이익	400억원	720억원

㈜강남스타일의 자본비용은 10%이다. ㈜강남스타일이 사업부를 투자수익률, 잔여이익으로 평가하는 경우 어떠한 평가가 이루어지겠는가?

	A사업부	B사업부	성과평가
투자수익률	400억÷2,000억=20%	720억÷4,000억=18%	A가 우월
잔여이익	400억-2,000억×10%=200억	720억-4,000억×10%=320억	B가 우월

사례 잔여이익 추정

◎ ROI는 15%, 자본비용은 10%, 평균영업용자산은 ₩450,000이라면 잔여이익은?

• 15%=영업이익÷450,000에서, 영업이익=67,500
→∴잔여이익 : 67,500-450,000×10%=22,500

FINAL 객관식뽀개기 　 실전적중문제

1. ㈜관세는 다음과 같은 듀퐁식 수익성분석 방법을 사용하여 성과를 관리하고 있다.

$$\frac{1,200,000(\text{매출액})}{1,000,000(\text{총자산})} \times \frac{240,000(\text{영업이익})}{1,200,000(\text{매출액})} = 24\%(\text{ROI})$$

다른 조건이 일정할 때 ㈜관세가 투자수익률(ROI) 30%를 달성하기 위한 총자산 감소액은 얼마인가? [관세사기출]

① ₩200,000 ② ₩220,000 ③ ₩240,000
④ ₩250,000 ⑤ ₩260,000

내비게이션

- 자산회전율×20%(매출액영업이익률)=30% →자산회전율=1.5
- 총자산 : 1,200,000(매출액) ÷ 1.5=800,000

∴총자산은 1,000,000에서 800,000으로 200,000 감소

2. ㈜감평은 A, B 두 개의 사업부만 두고 있다. 투자수익률과 잔여이익을 이용하여 사업부를 평가할 때 관련 설명으로 옳은 것은?(단, 최저필수수익률은 6%라고 가정한다.) [감평사기출]

구분	사업부A	사업부B
투자금액	₩250,000,000	₩300,000,000
감가상각비	₩25,000,000	₩28,000,000
영업이익	₩20,000,000	₩22,500,000

① A사업부와 B사업부의 성과는 동일하다.
② A사업부가 투자수익률로 평가하든 잔여이익으로 평가하든 더 우수하다.
③ B사업부가 투자수익률로 평가하든 잔여이익으로 평가하든 더 우수하다.
④ 투자수익률로 평가하는 경우 B사업부, 잔여이익으로 평가하는 경우 A사업부가 각각 더 우수하다.
⑤ 투자수익률로 평가하는 경우 A사업부, 잔여이익으로 평가하는 경우 B사업부가 각각 더 우수하다.

내비게이션

- 투자수익률 측면

사업부A	20,000,000÷250,000,000=8%	A가 우월
사업부B	22,500,000÷300,000,000=7.5%	

- 잔여이익 측면

사업부A	20,000,000-250,000,000×6%=5,000,000	A가 우월
사업부B	22,500,000-300,000,000×6%=4,500,000	

3. ㈜관세의 사업부는 부문A와 부문B로 구성되어 있고, 부문별 성과는 투자수익률(ROI, Return On Investment)과 잔여이익(RI, Residual Income)으로 평가한다. ㈜관세가 투자에 대해 적용하는 최소요구수익률은 15%이다. 다음은 ㈜관세의 20x1년 각 부문에 대한 성과자료이다.

구분	부문A	부문B
매출액	?	?
순영업이익	?	₩162,000
평균영업자산	₩600,00?0	?
매출액영업이익률	?	?
영업자산회전율	5	4.5
투자수익률(ROI)	20%	18%
잔여이익(RI)	?	?

위의 자료에 근거한 다음 설명 중 옳지 않은 것은? [관세사기출]

① 부문A와 부문B의 매출액 영업이익률은 4%로 동일하다.
② 부문B의 매출액은 ₩4,500,000이다.
③ 부문B의 잔여이익은 ₩27,000이다.
④ 부문A의 매출액은 ₩3,000,000이다.
⑤ 부문A의 잔여이익은 ₩30,000이다.

내비게이션

- ① 매출액영업이익률(A) : 20%(투자수익률)÷5(자산회전율)=4%
  매출액영업이익률(B) : 18%(투자수익률)÷4.5(자산회전율)=4%
  ② 매출액(B) : 162,000(영업이익)÷4%(매출액영업이익률)=4,050,000
  ③ 영업자산(B) : 4,050,000(매출액)÷4.5(자산회전율)=900,000
  잔여이익(B) : 162,000(영업이익)-900,000(영업자산)×15%=27,000
  ④ 영업이익(A) : 20%(투자수익률)×600,000(영업자산)=120,000
  매출액(A) : 120,000(영업이익)÷4%(매출액영업이익률)=3,000,000
  ⑤ 잔여이익(A) : 120,000(영업이익)-600,000(영업자산)×15%=30,000

서술형Correction연습

❒ 잔여이익이 갖는 준최적화의 문제점을 극복하기 위하여 투자수익률이라는 개념이 출현하였다.

➲ (X) : 투자수익률법이 갖는 준최적화의 문제점을 극복키 위해 잔여이익이 출현하였다.

❒ 잔여이익은 영업이익으로부터 산출되며, 평가대상의 위험을 반영하지 못한다.

➲ (X) : 평가대상의 위험을 최저필수수익률에 반영한다.

❒ 투자이익률에 비해 잔여이익은 투자규모가 서로 다른 사업부의 성과를 비교·평가하기가 용이하다.

➲ (X) : 투자규모가 큰 투자중심점이 상대적으로 유리해 진다.

Answer 1. ① 2. ② 3. ②

시험중요도 ★★☆

기본이론 제52강 투자중심점 성과평가 : 경제적부가가치(EVA)

의의

특징

- EVA는 타인자본비용(이자비용)뿐 아니라 자기자본비용(배당금)도 고려하는 성과지표임.
  - 주의 ∴EVA는 I/S상 순이익보다 낮음.
  - 주의 EVA는 비재무적 측정치는 고려하지 않음.

EVA계산

❒ EVA(경제적부가가치) = 세후영업이익 − 투하자본(투자액) × 가중평균자본비용
= 세후영업이익 − (총자산 − 유동부채) × 가중평균자본비용
= 세후영업이익 − (비유동부채 + 자기자본) × 가중평균자본비용
= 세후영업이익 − (순운전자본 + 비유동자산) × 가중평균자본비용

* 순운전자본 = 유동자산 − 유동부채

보론 가중평균자본비용

$$\frac{\text{부채의시장가치}}{\text{부채의시장가치}+\text{자본의시장가치}}\times\text{부채이자율}(1-t)$$
$$+$$
$$\frac{\text{자본의시장가치}}{\text{부채의시장가치}+\text{자본의시장가치}}\times\text{자기자본비용}(\%)$$
$$\Downarrow$$
$$\frac{\text{부채의시장가치}\times\text{부채이자율}(1-t)+\text{자본의시장가치}\times\text{자기자본비용}(\%)}{\text{부채의시장가치}+\text{자본의시장가치}}$$

참고 재무상태표 도해

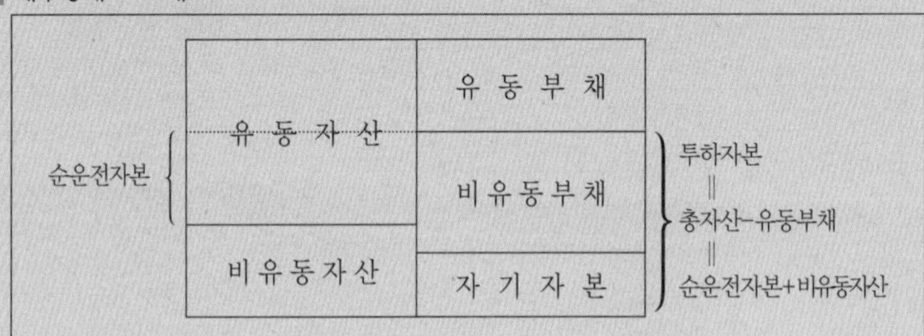

사례 EVA 계산

✪ 다음 자료에 의해 EVA를 계산하면?

세전영업이익	₩200,000	총자산	₩750,000	유동부채	₩30,000
부채의 이자비용	15%	부채의 시장가치	₩60,000	자본의 장부금액	₩690,000
자본의 시장가치	₩90,000	자기자본비용	18%	법인세율	30%

- 가중평균자본비용 : $\frac{60,000\times15\%\times(1-30\%)+90,000\times18\%}{60,000+90,000}=15\%$
- EVA : 200,000×(1−30%)−(750,000−30,000)×15%=32,000

EVA 증대방안

구분	내용
세후영업이익 증대	• 매출증대, 제조원가·판관비 절감
투하자본 감소	• 재고·고정자산 매출채권의 적정유지나 감소, 유휴설비 처분 • 매출채권회전율을 높힘(매출채권 회수기일단축) • 재고자산회전율을 높힘.
가중평균자본비용 개선	• 고율의 차입금 상환

FINAL 객관식뽀개기 실전적중문제

1. 다음은 ㈜관세의 재무상태표와 포괄손익계산서 자료의 일부이다.

항목	금액	항목	금액
유동자산	₩12,000	유동부채	₩6,000
비유동자산	₩8,000	세전영업이익	₩4,000

㈜관세의 가중평균자본비용 계산에 관련된 자료가 다음과 같을 때 경제적 부가가치(EVA)는?(단, 법인세율은 30%이다.) [관세사기출]

장기부채	시장가치 ₩14,000	이자율 10%
자기자본	시장가치 ₩14,000	자본비용 14%

① ₩600 ② ₩840 ③ ₩1,070
④ ₩1,270 ⑤ ₩1,330

내비게이션
- 세후영업이익 : 4,000×(1-30%)=2,800
- 투하자본 : 총자산-유동부채 ⇒ (12,000+8,000)-6,000=14,000
- 가중평균자본비용 :

$$\frac{14,000\times10\%\times(1-30\%)+14,000\times14\%}{14,000+14,000}=10.5\%$$

∴EVA : 2,800-14,000×10.5%=1,330

2. 다음 자료를 이용하여 가중평균자본비용을 구하면?(단, 법인세 무시)

투하자본 20억원(차입금 14억원, 자기자본 6억원)	
차입금이자율	12%
자기자본이자율	18%

① 12.1% ② 12.8% ③ 13.1%
④ 13.8% ⑤ 15.2%

내비게이션
- 가중평균자본비용 : $\frac{14억\times12\%+6억\times18\%}{14억+6억}=13.8\%$

3. 다음 중 경제적부가가치(EVA)에 의한 성과평가의 의의로 가장 옳지 않은 것은?

① 영업활동으로 인한 결과를 평가하는 성과평가기법이다.
② 기업의 내재가치를 측정할 수 있는 지표이다.
③ 기업의 각 사업단위, 부문, 팀과 개인을 성과평가 할 수 있으므로 합리적인 성과 보상이 가능하다.
④ 자기자본비용만을 반영하는 성과평가기법이다.
⑤ 경제적부가가치는 손익계산서상의 당기순이익보다 항상 낮다.

내비게이션
- EVA는 타인자본비용 뿐만 아니라 자기자본비용까지 보전한 후의 유보이익이므로 진정한 기업가치를 측정하는 수익성 지표이다.

4. 다음 중 경제적부가가치(EVA)와 관련된 설명으로 가장 올바르지 않은 것은?

① 매출채권회전율이 감소하면 일반적으로 경제적부가가치(EVA)는 증가한다.
② 재고자산회전율을 높이면 일반적으로 경제적부가가치(EVA)는 증가한다.
③ 투하자본에 대한 자본비용이 높아지고, 세후순영업이익은 변동이 없다면 경제적부가가치(EVA)는 일반적으로 감소한다.
④ 경제적부가가치(EVA)를 증가시키기 위해서는 영업이익률을 높이거나, 투하자본의 회전율을 높이는 것이 바람직하다.
⑤ 투하자본이 증가하면 EVA가 감소하므로 실질 기업가치가 감소한다.

- 매출채권회전율을 높이면(매출채권 회수기일 단축) 투하자본이 감소하여 EVA가 증가한다.

5. 다음 중 경제적부가가치(EVA)에 대한 설명으로 올바르지 않은 것은?

① 외부보고를 위한 목적보다는 사업부의 성과평가를 위한 내부 관리회계 필요성에서 대두된 개념이다.
② 기업이 영업활동상의 모든 비용을 지불할 수만 있다면 최종적으로 자본에 대한 대가를 충분히 지불할 수 없는 경우에도 경제적부가가치는 0보다 크게 계산된다.
③ 경제적부가가치분석은 기업의 사업구조조정과 관련된 의사결정에도 활용될 수 있다.
④ 경제적부가가치는 기업의 비재무적 측면을 고려하지 않았다는 한계를 가지고 있다.
⑤ 경제적부가가치는 타인자본비용뿐 아니라 자기자본비용도 고려하는 성과지표이다.

- EVA가 0보다 크다는 것은 영업활동상의 모든 비용은 물론 자본에 대한 대가(이자 및 배당)까지 지불하고도 유보되는 경제적이익이 있다는 것을 의미한다.(왜냐하면 EVA가 0보다 크다는 것은 세후순영업이익이 투하자본에 대한 자본비용보다 크다는 것이므로)

Answer 1. ⑤ 2. ④ 3. ④ 4. ① 5. ②

시험중요도 ★★☆

기본이론 제53강

불확실성하 의사결정 완전정보의 기대가치(EVPI)

공통사례

- 회사는 강씨의 연간급여 산정에 대하여 두 가지 대안을 제시하였다.
  대안 1 : 강씨의 연간판매량×40+20,000, 대안 2 : 강씨의 연간판매량×60+8,000
- 김씨의 연간판매량과 발생확률은 다음과 같다.

연간판매량	발생확률
400개	40%
800개	60%

기대가치

대안선택

- 확률로 성과를 가중평균하여 기대가치가 최대인 대안을 선택

사례적용

① 상황·대안별 성과 계산

대안 \ 상황	판매량이 400개(40%)	판매량이 800개(60%)
대안1	400개×40+20,000=36,000	800개×40+20,000=52,000
대안2	400개×60+8,000=32,000	800개×60+8,000=56,000

② 대안별 기대가치 계산

	기대가치
대안1	36,000×40%+52,000×60%=45,600
대안2	32,000×40%+56,000×60%=46,400

③ 대안선택(최대기대가치) : 기대가치가 큰 대안2를 선택함.

기회손실(=조건부손실)

대안선택

- 확률로 기회손실을 가중평균하여 기대기회손실이 최소인 대안을 선택

구분	내용
기회손실(=조건부손실)	❐ 기회손실=예측오차의 원가 ❐ 기회손실=상황별최대성과−특정대안의 성과
기대기회손실	❐ 기대기회손실=가중평균예측오차의 원가 ❐ 기대가치기준과 기대기회손실기준에 의해 선택되는 대안은 항상 동일함.
최소기대기회손실	❐ 최소기대기회손실=완전정보의 기대가치(EVPI)

사례적용

① 상황·대안별 기회손실 계산

대안 \ 상황	판매량이 400개(40%)	판매량이 800개(60%)
대안1	36,000−36,000=0	56,000−52,000=4,000
대안2	36,000−32,000=4,000	56,000−56,000=0

② 대안별 기대기회손실 계산

	기대기회손실
대안1	0×40%+4,000×60%=2,400
대안2	4,000×40%+0×60%=1,600

③ 대안선택(최소기대기회손실) : 기대기회손실이 작은 대안2를 선택함.

EVPI

완전정보하의 기대가치

- 완전정보하의 기대가치=상황별최대성과×상황별확률
  [사례적용] 완전정보하의 기대가치 : 36,000×40%+56,000×60%=48,000

기존정보하의 기대가치

- 기존정보하의 기대가치=기대가치기준으로 구한 값
  [사례적용] 기존정보하의 기대가치 : 46,400

완전정보의 기대가치(EVPI)

- EVPI=완전정보하의 기대가치 - 기존정보하의 기대가치
  [사례적용] 48,000−46,400=1,600 ➡EVPI(1,600)=최소기대기회손실(1,600)
- 완전정보를 얻기 위해 지불할 수 있는 최대금액을 의미함.

FINAL 객관식뽀개기 실전적중문제

1. 다음은 ㈜감평의 20x1년도 매출관련 자료이다.

매출액	₩282,000	총변동원가	₩147,000
총고정원가	₩30,000	판매량	3,000단위

20x2년도에 광고비 ₩10,000을 추가로 지출한다면, 판매량이 300단위 증가할 확률이 60%이고, 200단위 증가할 확률이 40%로 될 것으로 예상된다. 이 때 증가될 것으로 기대되는 이익은?(단, 20x2년도 ㉠단위당 판매가격 ㉡단위당 변동원가 ㉢광고비를 제외한 총고정원가는 20x1년도와 동일하다고 가정한다.) [감평사기출]

① ₩700 ② ₩800 ③ ₩1,200
④ ₩1,700 ⑤ ₩2,700

내비게이션

- 20x1년 단위당판매가 : 282,000÷3,000단위=94
  20x1년 단위당변동비 : 147,000÷3,000단위=49
  20x1년 이익 : 3,000단위×(94−49)−30,000=105,000
- 판매량 300단위 증가시 이익 : 3,300단위×(94−49)−40,000=108,500
  판매량 200단위 증가시 이익 : 3,200단위×(94−49)−40,000=104,000
  20x2년 기대이익 : 108,500×60%+104,000×40%=106,700
  ∴106,700−105,000=1,700(증가)

2. ㈜목포는 갑회사로부터 유휴설비를 1년간 임대해 달라는 요청을 받았다. ㈜목포는 설비 임대료와 관련하여 다음과 같이 두 가지 대안을 제시받았다.

- 대안 1 : 갑회사의 연간 제품판매량 × 40 + 50,000
- 대안 2 : 갑회사의 연간 제품판매량 × 70

갑회사의 1년간 판매량이 1,000단위일 확률은 40%이며, 2,000단위일 확률은 60%라고 한다. ㈜목포의 입장에서 기대이익을 극대화하려면 어느 대안을 선택해야 하며, 그 기대임대료는 얼마인가? [세무사기출]

① 대안 2, ₩104,000 ② 대안 2, ₩130,000
③ 대안 2, ₩90,000 ④ 대안 1, ₩112,000
⑤ 대안 1, ₩114,000

내비게이션

- 상황별 성과 계산

대안 \ 상황	판매량 1,000단위(40%)	판매량 2,000단위(60%)
대안1	1,000×40+50,000=90,000	2,000×40+50,000=130,000
대안2	1,000×70=70,000	2,000×70=140,000

- 기대가치 계산

	기대가치
대안1	90,000×40%+130,000×60%=114,000
대안2	70,000×40%+140,000×60%=112,000

→기대가치가 최대인 '대안1'을 선택하며, 기대임대료는 114,000이다.

3. ㈜서울은 기계A나 기계B를 구입하여 신형자전거를 생산하려고 한다. 신형자전거가 생산되면 구매자의 선호에 따라 히트상품이 될 수도 있고 보통상품이 될 수도 있다. 각 상황에 따라 예상되는 이익은 다음과 같다.

구분	미래상황	
	히트상품	보통상품
기계A 구입	₩120,000	₩40,000
기계B 구입	₩150,000	₩10,000

신형자전거가 히트상품이 될 확률이 40%이며 보통상품이 될 확률은 60%라고 한다. 다음 중 옳지 않은 것은? [감평사기출]

① 기계A를 구입하는 대안의 기대이익은 ₩72,000이다.
② 기계B를 구입하고 신형자전거가 보통상품이 될 경우 조건부 손실(conditional loss)은 ₩30,000이다.
③ 각 상황에 대해 80% 정확도를 가진 보고서가 있다면, 이 보고서는 정보로서의 가치가 있다.
④ 각 상황에 대해 100% 정확한 예측을 하는 보고서가 있을 때, 이 보고서의 최대 구입가격은 ₩12,000이다.
⑤ 조건부 손실의 기대값을 최소화하는 대안은 기계B를 구입하는 것이다.

- 기대가치 계산

	기대가치
기계A구입	120,000×40%+40,000×60%=72,000
기계B구입	150,000×40%+10,000×60%=66,000

→기대가치(기대이익)이 72,000으로 최대인 '기계A구입'을 선택한다.

- 기회손실(조건부손실) 계산

대안 \ 상황	히트상품(40%)	보통상품(60%)
기계A구입	150,000−120,000=30,000	40,000−40,000=0
기계B구입	150,000−150,000=0	40,000−10,000=30,000

- 기대기회손실 계산

	기대기회손실
기계A구입	30,000×40%+0×60%=12,000
기계B구입	0×40%+30,000×60%=18,000

→기대기회손실이 12,000으로 최소인 '기계A구입'을 선택한다.

- 완전정보의 기대가치
  완전정보하의 기대가치 : 150,000×40%+40,000×60%= 84,000
  기존정보하의 기대가치 : 기대가치기준으로 구한 값 =(72,000)
  12,000

시험출제도 ★★☆

기본이론 제54강 전략적 원가관리 균형성과표(BSC)

의의	도입배경	• 전통적인 성과평가시스템이 영업실적, 이익 등과 같은 단기적 성과에만 치중함으로써 준최적화를 초래하고 있고 기업에게 정보나 지식, 핵심역량 같은 무형자산의 중요성이 증가하고 있으나 기존의 재무적 성과지표로는 준최적화를 해결할 수 없을 뿐만 아니라 무형자산의 가치를 반영할 수 없어 새로운 성과측정치의 필요성이 대두됨. • 위의 문제점을 해결하고 기업의 전략목표를 효과적으로 달성할 수 있도록 주요 성공요소 및 성과측정치간의 균형있는 관리를 도모하고자 Kaplan과 Norton에 의해 개발된 것이 균형성과표(BSC)임. • 균형성과표는 기업이 전략목표 및 주요 성공요인을 달성하는데 공헌할 수 있도록 전통적인 재무적 지표와 비재무적 지표들을 균형있게 반영하여 하나로 통합한 종합적인 측정, 관리시스템이라고 할 수 있음.
	BSC 균형요소	• 균형성과표는 성과평가를 할 때 다음의 항목들이 균형을 이루도록 함. ① 재무적측정치와 비재무적 측정치 ② 외부적측정치(재무적관점, 고객관점)와 내부적측정치(내부프로세스관점, 학습과 성장관점) ③ 과거의 노력에 의한 측정치와 미래성과를 향상시키는 측정치 ④ 계량화된 객관적측정치와 주관적측정치 ⑤ 단기적성과관점(재무적관점)와 장기적성과관점(고객관점, 내부프로세스관점, 학습과 성장관점)
	참고	전사적인 BSC는 상부조직의 BSC를 먼저 수립한 후 상의하달식으로 구축함.
BSC 구성요소	재무적관점	• 재무적 지표는 모든 이해관계자에 대한 기업의 성과를 나타내는 중요한 지표임. ➡성과측정치 : ROI, RI, EVA, 매출액증가율, 매출액 이익률, 제품별수익성
	고객관점	• 기업의 가치는 궁극적으로 고객으로부터 창출되기 때문에 고객의 관점에서 성과측정치의 설정이 필요함. ➡성과측정치 : 시장점유율, 고객충성도, 고객만족도, 신규고객수, 기존고객유지율
	내부프로세스관점	• 내부프로세스지표는 기업의 프로세스의 효율성과 효과성을 측정할 수 있도록 설정되어야 하며 지속적 개선활동과 연계되어야만 함. • 구성요소 및 성과측정시 ① 혁신프로세스 : 새로운 제품과 서비스를 만들어 내는 과정 ➡성과측정치 : 신제품 개발수, 신제품과 개발기간, 특허취득건수 ② 운영프로세스 : 효율적 생산으로 고객에게 확실·신속하게 인도하는 과정 ➡성과측정치 : 수율, 능률차이, 불량률, 품질원가, 적시배송률 ③ 판매후프로세스 : 고객평가에 주의, A/S등을 통하여 고객을 만족시키는 과정 ➡성과측정치 : 불량건수, 불량품 교체시간, 첫통과율
	학습과 성장관점	• 위의 세 가지 관점에서 설정한 목표를 달성하기 위해서는 조직의 학습과 성장역량이 필수적이며 조직의 학습과 성장은 구성원 역량과 시스템역량, 조직역량으로부터 생성됨. 따라서 학습과 성장관점의 성과측정치는 이들의 역량을 증진시킬 수 있도록 하기 위한 것임. ➡성과측정치 : 종업원만족도, 종업원유지도, 이직률, 종업원생산성, 기술수준

·주의 BSC는 조직의 수익성을 최종목표로 하지 않음.

보론 **BSC의 단점**

❒ 비재무적 측정치에 대해서는 여전히 객관적인 측정이 어렵다는 문제점을 갖고 있으며, 정형화된 측정수단을 제공해 주지 못한다는 단점을 지님.

FINAL 객관식뽀개기 실전적중문제

1. 균형성과표(Balanced Scorecard)에 관한 설명으로 옳지 않은 것은? [관세사기출]

① 영리기업의 경우, 균형성과표에서 내부프로세스 관점의 성과지표는 학습과 성장관점의 성과지표에 대해 후행지표인 것이 일반적이다.
② 균형성과표의 여러 관점은 서로 연계되어 인과관계를 가지고 있으며, 영리기업의 경우에 최종적으로 재무적 관점과 연계되어야 한다.
③ 균형성과표는 일반적으로 재무적 관점, 고객 관점, 내부프로세스 관점, 학습과 성장 관점의 다양한 성과지표에 의하여 조직의 성과를 측정한다.
④ 조직구성원들이 조직의 전략적 목표를 달성할 수 있도록 균형성과표에서 핵심성과지표(KPI)는 조직의 전략과 연계하여 설정된다.
⑤ 균형성과표의 내부프로세스 관점은 기업내부의 업무가 효율적으로 수행되는 정도를 의미하며 종업원 만족도, 이직률, 종업원 생산성 등의 지표를 사용한다.

내비게이션

- 종업원 만족도, 이직률, 종업원 생산성 등의 지표를 사용하는 것은 학습과 성장관점이다.

2. 책임회계와 성과평가에 관한 설명으로 옳지 않은 것은? [관세사기출]

① 책임회계(responsibility accounting)의 평가지표는 각 책임단위가 통제할 수 있는 결과를 이용하며, 이를 통제가능성의 원칙(controllability principle)이라고 한다.
② 투자책임단위(investment center)의 경영자는 얼마의 금액을 투자해서 이익을 얼마나 창출했는지에 의하여 성과평가를 받아야하므로 이익과 투자액을 동시에 고려해야 하며, 바람직한 성과지표는 잔여이익(RI), 경제적부가가치(EVA), 투자수익율(ROI) 등이다.
③ 균형성과표(BSC)는 기업의 가치를 향상시키기 위해 전통적인 재무적 지표 이외에 다양한 관점의 성과지표가 측정되어야 한다는 것을 강조하고 있다.
④ 균형성과표(BSC)의 내부 프로세스 관점은 기존의 프로세스와 제품에 만족하지 않고 기술 및 제품의 혁신적인 발전을 추구하는 정도를 의미하는데, 종업원 만족도, 종업원 이직률 등의 지표가 이용된다.
⑤ 균형성과표(BSC)에서 고객의 관점은 고객만족에 대한 성과를 측정하는데 고객만족도, 고객확보율, 반복구매 정도 등의 지표가 사용된다.

내비게이션

- 종업원 만족도, 종업원 이직률 등의 지표를 이용하는 것은 학습과 성장 관점이다.

3. 균형성과표(BSC)에 대한 설명 중 옳은 것은? [관세사기출]

① 균형성과표는 영리기업을 대상으로 만들어졌기 때문에 비영리기업이나 공기업에서는 사용하기가 부적절하다.
② 영리기업의 경우 균형성과표는 재무관점, 고객관점, 외부프로세스관점, 학습과 성장관점을 사용한다.
③ 균형성과표는 과거 성과에 대한 재무적인 측정치와 현재나 미래지향적인 비재무적인 측정지표를 포함하고 있다.
④ 균형성과표의 여러 관점은 서로 연계되어 인과관계를 가지고 있으며, 영리기업의 경우에 최종적으로 고객관점으로 연계되어야 한다.
⑤ 학습과 성장 관점의 성과지표로서는 신상품판매 비율, 서비스 완료시간, 개인의 역량개발 등이 있다.

내비게이션

- ① 적용대상에 제한이 있는 것은 아니다.
  ② 외부프로세스관점(X) → 내부프로세스관점(O)
  ④ 영리기업의 경우 최종적인 목표는 재무적 관점이다.
  ⑤ 신상품판매 비율은 재무적관점, 서비스 완료시간은 내부프로세스관점이다.

Answer 1. ⑤ 2. ④

시험중요도 ★★★

기본이론 제55강 ABM · LCC · COQ

구분		내용
활동기준 경영관리 (ABM)	의의	• 활동기준경영관리(ABM)는 활동기준원가계산이 제공하는 정보를 활용하여 기업의 경영성과를 개선하도록 설계된 경영관리시스템임. ➡활동기준원가계산정보를 기초로 기업의 가치분석, 예산관리, 전략분석 등을 통하여 여러가지 경영활동을 개선하는데 이용가능함. ➡품질·서비스향상, 납기단축, 저원가, 고객만족 등을 통해 고객가치증진 방법을 모색함. • ABM의 실행수단 : 전략분석, 가치분석, 원가분석, 활동기준예산
	가치분석	• 공정개선과 원가절감의 관점에서 경영과정을 집중적으로 연구하는 것을 말함.
수명주기 원가계산 (LCC)	의의	• 수명주기원가계산(LCC)은 연구개발에서 고객서비스에 이르기까지 제품수명주기의 각 단계별 수익과 비용을 추정함과 동시에 각 단계별로 수익창출 및 원가절감을 위해 취해진 제반 활동의 결과를 평가하기 위한 장기적 관점의 원가계산제도임. 주의 단기적관점의 원가절감을 유도하는 것이 아님.
	특징	• 제조이전단계에서 대부분의 제품원가가 결정된다는 인식을 토대로 연구개발단계와 제품설계단계에서부터 원가절감을 위한 노력을 기울여야 한다는 것을 강조함. • 제품 또는 서비스의 수명주기 매 단계마다 모든 가치사슬단계에서 발생하는 수익과 비용에 대한 집계를 가능하게 하여 프로젝트 전체에 대한 이해가 향상됨.
품질원가 (COQ)	의의	• 품질원가(COQ)란 불량품이 생산되지 않도록 하거나, 불량품이 생산된 결과로써 발생하는 모든 원가를 말함. 참고 품질은 설계품질·적합품질로 구분하며, 품질원가는 설계품질·적합품질 모두와 관련됨.
	품질원가 종류	❖사전품질원가(=통제원가) ➡통제원가가 클수록 불량률은 작다.(∴역관계) ❖사후품질원가(=실패원가)➡불량률이 클수록 실패원가는 크다.(∴정관계) (아래 표 참조)
	품질원가 최소점	• 전통적 관점 : 허용가능품질수준(AQL) • 최근의 관점 : 불량률이 0인 무결함수준

❖사전품질원가(=통제원가) ➡통제원가가 클수록 불량률은 작다.(∴역관계)

예방원가	평가원가(발견원가)
• 불량품 생산을 예방키 위해 발생하는 원가 ➡예방원가가 많이 지출될수록 불량품의 발생 가능성은 낮아짐.	• 불량품을 적발키 위해 발생하는 원가
① 품질관리시스템 기획원가, 예방설비 유지 ② 공급업체 평가원가, 품질교육원가 ③ 설계·공정·품질 엔지니어링원가	① 원재료나 제품의 검사·시험원가 ② 검사설비 유지원가 ③ 현장·라인검사원가

❖사후품질원가(=실패원가)➡불량률이 클수록 실패원가는 크다.(∴정관계)

내부실패원가	외부실패원가
• 불량품이 고객에게 인도되기 전에 발견됨으로써 발생하는 원가	• 불량품이 고객에게 인도된 후에 발견됨으로써 발생하는 원가
① 공손품원가 ② 작업폐물원가 ③ 재작업원가, 재검사원가 ④ 작업중단원가	① 고객지원원가, 보증수리원가, 교환원가 ② 반품원가(반품운송,재작업,재검사 포함) ③ 손해배상원가 ④ 판매기회상실에 따른 기회비용

참고 전략적 원가관리(최신관리회계) 기타사항

구분	내용
목표원가 (=원가기획)	• 판매가격(시장가격)에서 목표이익을 차감하여 목표원가를 설정 • 제조 이전단계인 제품개발 및 설계단계에 중점을 둠.
카이젠원가	• 제조단계에 중점을 둠, 소규모 지속적 개량 강조, 프로세스개선의 핵심은 작업자
제약이론 (TOC)	• 제약자원(병목자원)을 찾아내고 개척하여 조직의 성과를 극대화 • 운영원가를 단기적으로 변화시킬 수 없는 고정비로 봄.

FINAL 객관식뽀개기 실전적중문제

1. 품질원가는 불량품 예방을 위해서나, 제품의 불량으로부터 초래되는 모든 원가를 의미한다. 품질원가와 관련된 다음의 설명 중 옳지 않은 것은? [관세사기출]

① 예방원가(prevention costs)와 평가원가(appraisal costs)는 불량제품이 생산되어 고객에게 인도되는 것을 예방하는 활동에 의해 발생한다.
② 내부실패원가(internal failure costs)와 외부실패원가(external failure costs)는 불량품이 생산됨으로써 발생하는 원가이다.
③ 품질원가는 제조활동 뿐만 아니라, 초기 연구개발부터 고객 서비스까지의 모든 활동과 관련되어 있다.
④ 일반적으로, 품질문제가 발생한 후에 이를 발견하고 해결하는 것보다 문제가 발생하기 전에 이를 예방하는 것이 총품질원가를 감소시킨다.
⑤ 예방 및 평가원가가 증가하면 내부실패원가는 감소하나 외부실패원가는 증가한다.

내비게이션

• 통제원가(예방원가와 평가원가)가 증가하면 불량률이 감소하고, 불량률이 감소하면 실패원가(내부실패원가와 외부실패원가 모두)가 감소한다.

2. ㈜감평은 품질관련 활동원가를 예방원가, 평가원가, 내부실패원가 및 외부실패원가로 구분하고 있다. 다음에 제시한 자료 중 외부실패원가로 집계할 금액은? [감평사기출]

(1) 제품보증수리활동	₩21,000
(2) 원재료 검사활동	₩11,000
(3) 직원 품질교육활동	₩50,000
(4) 고객서비스센터활동	₩6,000
(5) 불량품 재작업활동	₩8,000
(6) 설비보수 및 유지활동	₩5,000
(7) 판매기회 상실로 인한 기회비용	₩18,000
(8) 공정검사활동	₩7,000
(9) 설계개선활동	₩10,000

① ₩35,000 ② ₩43,000 ③ ₩45,000
④ ₩53,000 ⑤ ₩57,000

내비게이션

• 예방원가 : (3), (6), (8), (9)
• 평가원가 : (2)
• 내부실패 : (5)
• 외부실패 : (1), (4), (7)
∴외부실패원가 : 21,000+6,000+18,000=45,000

3. 전략적 원가관리에 관한 설명으로 옳지 않은 것은? [관세사기출]

① 목표원가계산은 제조이전 단계에서의 원가절감에 초점을 두고 있다.
② 가치사슬원가계산에서는 제품생산 이전에 발생한 활동과 관련된 원가는 물론 제품생산 이후에 발생한 활동과 관련된 원가도 분석한다.
③ 품질원가에서 예방원가는 대부분 제품이 내부고객과 외부고객의 요구사항을 충족하고 있는지 확실하게 하기 위해서 제품을 검사하는 것과 관련이 있다.
④ 제품수명주기원가계산에서는 특정 제품의 기획에서부터 폐기까지의 모든 비용을 식별 · 추적한다.
⑤ 카이젠원가계산은 제품의 수명주기상의 제조단계에서 원가를 절감시키려는 데 초점을 맞추고 있다.

내비게이션

• 평가원가에 대한 설명이다.
• [참고] 전략적 원가관리의 관심영역

구분	관심영역
목표원가	제조이전단계(연구개발 및 설계단계)
카이젠	제조단계
제품수명주기, 품질원가	모든 단계(제조이전/제조/제조이후)

4. 전략적 원가관리에 대한 설명 중 옳지 않은 것은? [관세사기출]

① 제품수명주기원가계산은 생산이전단계와 생산이후단계의 원가를 포함한다.
② 제약이론(theory of constraint)은 병목프로세스(제약요소)를 찾아 대책을 마련하여 수익성을 높이는 방법이다.
③ 카이젠원가계산(원가개선)은 제조단계에서 지속적인 원가절감활동을 한다.
④ 품질원가는 예방원가, 평가원가, 내부실패원가, 외부실패원가로 분류하여 측정한다.
⑤ 원가기획은 목표생산원가에 목표이익마진을 더하여 제품의 목표 판매가격을 설정하는 것이다.

내비게이션

• 목표원가계산(원가기획)은 공급자가 가격결정자가 아닌 가격순응자라는 전제하에 판매가격(목표가격)에서 목표이익을 차감함으로써 목표원가를 설정한다.

	고정요소		변동요소
전통적 접근방법	원 가 + 목표이익	=	판매가격
목표원가 접근방법	판매가격 − 목표이익	=	목표원가

Answer 1. ⑤ 2. ③ 3. ③ 4. ⑤

3P

3P

3P

FINAL

POTENTIALITY
PASSION
PROFESSION

3P는 여러분의 무한한 잠재적 능력과 반드시 성취하겠다는 열정을 토대로 전문가의 길로 나아가는 세무라이선스 파이널시리즈의 학습 정신입니다.

수험생 여러분의 합격을 응원합니다.

제2편. 원가관리회계

2021-2022

FINAL

관세사·감정평가사 회계학

Certified Customs Broker & Appraiser

▶ 출제유형별보충문제는 본문의 실전적중 문제와는 별도로 관세사·감정평가사·세무사 시험에 출제된 그 밖의 기출문제를 총정리하여 편제하였습니다.

출제유형별보충문제

SEMOOLICENCE

Supplementary 1 기말제품재고액 추정 감평사기출

● ㈜한국의 20x1년 기초 및 기말 재고자산은 다음과 같다.

	20x1년초	20x1년말
원재료	₩300,000	₩400,000
재공품	₩200,000	₩400,000
제품	₩500,000	?

20x1년 중 ㈜한국의 원재료 매입액은 ₩1,500,000이었으며, 제조간접원가는 가공원가의 50%인 ₩2,500,000이 발생하였다. ㈜한국의 20x1년도 매출액이 ₩7,200,000이고, 이는 매출원가의 120%에 해당한다. 20x1년말 제품재고액은 얼마인가?

① ₩400,000 ② ₩500,000 ③ ₩600,000
④ ₩700,000 ⑤ ₩800,000

해설

- 매출원가 : 7,200,000÷1.2=6,000,000
- DM : (300,000+1,500,000)−400,000=1,400,000
- 'OH(2,500,000)=가공원가×50%'에서, 가공원가=5,000,000
- 당기총제조원가 : 1,400,000(DM)+5,000,000(가공원가)=6,400,000
- 당기제품제조원가 : (200,000+6,400,000)−400,000=6,200,000

∴기말제품 : (500,000+6,200,000)−6,000,000=700,000

정답 ④

Supplementary 2 기본원가 추정 세무사기출

● ㈜세무는 실제원가계산을 사용하고 있으며, 20x1년 원가자료는 다음과 같다. 20x1년 직접재료매입액은 ₩21,000이었고, 매출원가는 ₩90,000이었다. 가공원가의 40%가 직접노무원가라면 기초원가(prime cost)는?

	기초잔액	기말잔액
직접재료	₩3,000	₩4,000
재 공 품	₩50,000	₩45,000
제 품	₩70,000	₩60,000

① ₩42,000 ② ₩44,000 ③ ₩50,000
④ ₩53,000 ⑤ ₩55,000

해설

- DM : (3,000+21,000)−4,000=20,000
- 당기제품제조원가 : (90,000+60,000)−70,000=80,000
- 당기총제조원가 : (80,000+45,000)−50,000=75,000
- 가공원가 : 75,000(당기총제조원가)−20,000(DM)=55,000
- DL : 55,000×40%=22,000

∴기본원가 : 20,000+22,000=42,000

정답 ①

Supplementary 3 직접재료매입액과 영업이익 추정 감평사기출

● 단일제품을 생산하는 ㈜감평은 매출원가의 20%를 이익으로 가산하여 제품을 판매하고 있다. 당기의 생산 및 판매 자료가 다음과 같다면, ㈜감평의 당기 직접재료매입액과 영업이익은?

○ 재고자산

	기초재고	기말재고
직접재료	₩17,000	₩13,000
재 공 품	₩20,000	₩15,000
제 품	₩18,000	₩23,000

○ 기본(기초)원가 ₩85,000
○ 가공(전환)원가 ₩98,000
○ 매출액 ₩180,000
○ 판매관리비 ₩10,000

	직접재료매입액	영업이익
①	₩46,000	₩15,000
②	₩48,000	₩15,000
③	₩48,000	₩20,000
④	₩52,000	₩20,000
⑤	₩52,000	₩26,000

해설

- 매출원가 : 180,000÷(1+20%)=150,000
- 당기제품제조원가 : (150,000+23,000)−18,000=155,000
- 당기총제조원가 : (155,000+15,000)−20,000=150,000
- DM : 150,000(당기총제조원가)−98,000(가공원가)=52,000
- 직접재료매입액 : (52,000+13,000)−17,000=48,000
- 영업이익 : 180,000−150,000−10,000=20,000

정답 ③

Supplementary 4 원가와 판매가 결정 감평사기출

● 원가가산 가격결정방법에 의해서 판매가격을 결정하는 경우 (　)에 들어갈 금액으로 옳은 것은? (단, 영업이익은 총원가의 30%이고, 판매비와관리비는 제조원가의 50%이다.)

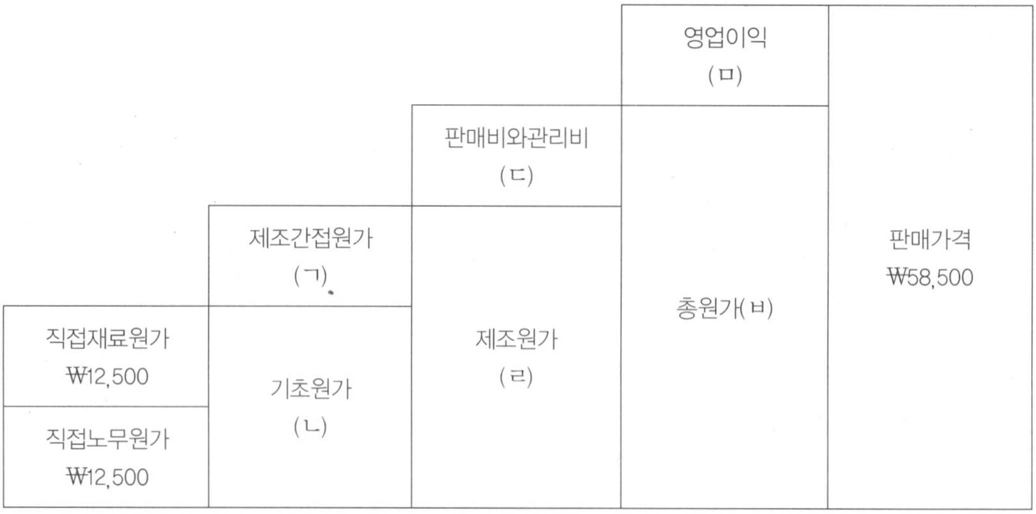

영업이익 (ㅁ)

판매비와관리비 (ㄷ)

제조간접원가 (ㄱ)

직접재료원가 ₩12,500

직접노무원가 ₩12,500

기초원가 (ㄴ)

제조원가 (ㄹ)

총원가(ㅂ)

판매가격 ₩58,500

	(ㄱ)	(ㄴ)	(ㄷ)	(ㄹ)	(ㅁ)	(ㅂ)
①	₩5,000	₩25,000	₩15,000	₩30,000	₩13,500	₩45,000
②	₩5,000	₩25,000	₩17,500	₩35,000	₩10,500	₩48,000
③	₩10,000	₩25,000	₩15,000	₩30,000	₩13,500	₩45,000
④	₩10,000	₩25,000	₩17,500	₩35,000	₩10,500	₩48,000
⑤	₩10,000	₩25,000	₩17,500	₩30,000	₩10,500	₩48,000

해설

- 12,500+12,500=25,000 →(ㄴ)=25,000
- 총원가+총원가×30%=58,500 →(ㅂ)=45,000
- 45,000×30%=13,500 →(ㅁ)=13,500
- 제조원가+제조원가×50%=45,000 →(ㄹ)=30,000
- 30,000×50%=15,000 →(ㄷ)=15,000
- 30,000−25,000=5,000 →(ㄱ)=5,000

정답 ①

Supplementary 5 원가함수 추정방법 세무사기출

● 다음 중 원가추정방법에 관한 설명으로 옳지 않은 것은?

① 회귀분석법은 결정계수(R2)가 1에 가까울수록 만족스러운 추정을 달성한다.
② 고저점법은 원가자료 중 가장 큰 원가수치의 자료와 가장 작은 원가수치의 자료를 사용하여 추정하는 방법으로 두 원가수치의 차이는 고정비라고 가정한다.
③ 계정분석법을 사용하면 각 계정을 변동원가와 고정원가로 구분하는 데 자의성이 개입될 수 있다.
④ 산업공학분석법(또는 공학분석법)은 간접비 추정에 어려움이 있다.
⑤ 산업공학분석법(또는 공학분석법)은 과거자료 없이 미래원가를 추정하는 데 사용된다.

해설

• 고저점법은 최고원가, 최저원가를 기준으로 선택하는 것이 아니라, 조업도를 기준으로 최고조업도, 최저조업도인 점을 선택하여 동 원가자료로 원가함수를 추정한다. 또한 두 원가수치의 차이는 변동원가이고 절편값이 고정원가이다.

참고 원가함수 추정방법

고저점법	•과거의 원가자료를 기초로 조업도를 독립변수로 하고 발생원가를 종속변수로 하는 좌표상에 원가자료를 나타낸 후 최고조업도의 원가자료와 최저조업도의 원가자료를 직선으로 연결하여 원가방정식을 추정하는 방법
산업공학분석법	•과거의 원가자료에 의하지 않고 제품 및 제조공정에 대한 공학적 분석을 통하여 원가를 추정하는 방법 →주로 직접재료원가, 직접노무원가 및 이와 관련된 원가의 추정에 유용하며 정밀한 작업 측정에 의존하므로 정확도는 높으나 시간·비용이 많이 소비되는 단점이 있음.
계정분석법	•최소한 한 회계연도의 원가자료를 바탕으로 원가담당자의 경험적 판단에 의해 변동원가와 고정원가를 분류한 후 이들 관계를 고려하여 원가 방정식을 추정하는 방법 →원가의 대부분이 변동원가이거나 고정원가인 경우에는 상당히 정확한 추정이 가능할 수 있으나 총원가 중 준변동원가나 준고정원가 부분이 많을수록 원가담당자의 주관적 판단에 의존하므로 정확도가 떨어질 수 있음.
회귀분석법	•과거의 원가자료를 기초로 하여 조업도를 독립변수(X축)로 하고, 발생원가를 종속변수(Y축)로 하여 이들간의 관계를 나타내는 수학적 모형인 회귀선(regression line)을 도출하는 한편, 도출된 회귀식이 올바른 것인가를 검정하고 독립변수의 값에 대응하는 종속변수의 값을 예측하고자 하는 방법 →결정계수는 0과 1사이의 값을 가지며, 결정계수가 높을수록 종속변수의 변동을 회귀선이 거의 설명할 수 있음을 의미하며, 이는 독립변수가 종속변수의 변동을 보다 많이 설명해 준다는 것을 의미한다.
산포도법	•과거의 원가자료에서 조업도를 독립변수로 원가발생액을 종속변수로 하여 점으로 표시하고 그 점들 중 분포를 가장 잘 대표하는 추세선을 찾아내어 추정하는 방법
학습곡선	•학습효과(learning effect)가 존재하는 경우 원가와 조업도(생산량)간에 비선형관계가 성립될 수 있으며 이 경우에는 학습곡선을 이용하여 원가방정식을 추정함. → '본문' 참조

정답 ②

Supplementary 6 고저점법 원가함수 추정과 영업이익 감평사기출

● ㈜감평의 최근 6개월간 A제품 생산량 및 총원가 자료이다.

월	생산량(단위)	총원가
1	110,000	₩10,000,000
2	50,000	₩7,000,000
3	150,000	₩11,000,000
4	70,000	₩7,500,000
5	90,000	₩8,500,000
6	80,000	₩8,000,000

원가추정은 고저점법(high-low method)을 이용한다. 7월에 A제품 100,000단위를 생산하여 75,000단위를 단위당 ₩100에 판매할 경우, 7월의 전부원가계산에 의한 추정 영업이익은? (단, 7월에 A제품의 기말제품 이외에는 재고자산이 없다.)

① ₩362,500 ② ₩416,000 ③ ₩560,000
④ ₩652,500 ⑤ ₩750,000

해설

• 단위당변동비 : $\frac{11,000,000-7,000,000}{150,000\text{단위}-50,000\text{단위}}=40$

→추정함수는 $y=a+40x$

→x에 150,000단위, y에 11,000,000을 대입하면 a=5,000,000

→원가함수 : y=5,000,000+40x

• 7월 100,000단위 생산에 대한 총원가 : 5,000,000+40×100,000단위=9,000,000

∴7월 영업이익 : $75,000\text{단위}\times100-9,000,000\times\frac{75,000\text{단위}}{100,000\text{단위}}=750,000$

정답 ⑤

Supplementary 7 누적평균시간학습모형과 학습률 추정 세무사기출

● 다음 자료를 이용하여 최초 16단위를 생산할 때 추정되는 누적 총노무시간은 몇 분인가? 단, 노무시간은 누적평균시간모형을 따른다.

누적생산량	누적 총노무시간(분)
1	10,000분
2	18,000분

① 81,920분 ② 98,260분 ③ 104,976분
④ 112,654분 ⑤ 130,321분

해설

- 누적생산량이 2일 때 단위당누적평균시간 : 18,000÷2=9,000
- 학습률 : 9,000÷10,000=90%
- 16단위 생산시까지 총누적시간 계산

누적생산량	단위당누적평균시간	총누적시간
1	10,000	10,000
2	10,000×90%=9,000	9,000×2=18,000
4	9,000×90%=8,100	8,100×4=32,400
8	8,100×90%=7,290	7,290×8=58,320
16	7,290×90%=6,561	6,561×16=104,976

정답 ③

Supplementary 8 누적평균시간학습모형과 추가제조원가 세무사기출

● 대한회사는 신제품을 개발하여 첫 25단위를 생산하였는데 이와 관련된 원가는 다음과 같이 발생하였다.

직접재료원가	₩1,000,000
직접노무원가(500시간 @₩5,000)	2,500,000
변동제조간접원가(직접노무원가의 20%)	500,000
고정제조간접원가	625,000
	₩4,625,000

대한회사는 직접노무시간이 90% 누적평균시간 학습곡선을 따른다고 가정하고 있다. 추가로 75단위를 생산하는 경우 제조원가는 얼마나 더 발생하겠는가? 단, 고정제조간접원가는 추가로 발생하지 않는 것으로 가정한다.

① ₩9,500,000 ② ₩9,720,000 ③ ₩10,345,000
④ ₩10,800,000 ⑤ ₩11,100,000

해설

• 25단위를 1개의 묶음으로 하여 분석한다.
• 4묶음 생산시까지 총직접노무시간 계산

누적생산량	묶음당누적평균시간	총누적시간
1묶음(25)	500	500
2묶음(50)	500×90%=450	450×2묶음=900
4묶음(100)	450×90%=405	405×4묶음=1,620

• 추가 75단위 제조원가 계산

직접재료원가	: 3묶음×1,000,000	= 3,000,000
직접노무원가	: (1,620시간−500시간)×5,000	= 5,600,000
변동제조간접원가	: 5,600,000×20%	= 1,120,000
		9,720,000

정답 ②

Supplementary 9 누적평균시간학습모형과 단위당제조원가 세무사기출

● ㈜국세는 1로트(lot)의 크기를 10대로 하는 로트생산방식에 의해 요트를 생산 · 판매하고 있다. ㈜국세는 최근 무인잠수함을 개발하고 5대를 생산 · 판매하였으며, 관련 원가자료는 다음과 같다.

직접재료원가(₩2,000,000/대)	₩10,000,000
직접노무원가(₩30,000/시간)	₩30,000,000
변동제조간접원가(₩5,000/직접노무시간)	₩5,000,000

무인잠수함도 로트생산방식으로 생산하되, 1로트의 크기는 5대이다. 무인잠수함의 직접노무시간은 요트 생산과 같이 로트당 누적평균시간 학습곡선모형을 따르며, 학습률도 동일하다. 요트 생산의 누적생산량과 로트당 평균 직접노무시간은 다음과 같다.

누적생산량	누적로트 수	로트당 평균직접노무시간
10	1	1,300
20	2	1,170
40	4	1,053

㈜국세는 무인잠수함 35대에 대한 납품 제의를 받았다. 이 납품과 관련된 무인잠수함 1대의 평균 변동제조원가는?

① ₩5,451,000　② ₩6,080,000　③ ₩6,165,000
④ ₩6,544,000　⑤ ₩6,832,000

해설

• 학습률 : 1,170÷1,300=90%
• 1로트(5대) 생산시 직접노무시간 : 30,000,000÷30,000=1,000시간
• 8로트 생산시까지 총직접노무시간 계산

누적생산량	로트당누적평균시간	총누적시간
1로트(5)	1,000	1,000
2로트(10)	1,000×90%=900	900×2로트=1,800
4로트(20)	900×90%=810	810×4로트=3,240
8로트(40)	810×90%=729	729×8로트=5,832

• 추가 35대 변동제조원가 계산
직접재료원가 : 7로트×10,000,000 = 70,000,000
직접노무원가 : (5,832시간−1,000시간)×30,000 = 144,960,000
변동제조간접원가 : (5,832시간−1,000시간)×5,000 = 24,160,000
239,120,000

• 1대의 평균 변동제조원가 : 239,120,000÷35대=6,832,000

정답 ⑤

Supplementary 10 누적평균시간학습모형과 입찰금액(판매가) 세무사기출

● ㈜부산은 무전기 600단위에 대한 계약의 입찰에 참여할 것을 고려하고 있다. 동일한 회계연도에 속하는 2달 전에 동일한 무전기 200단위를 아래와 같은 금액으로 계약체결 및 생산한 바 있다.

직접재료원가	₩5,000
직접노무원가(3,000시간×₩20)	60,000
고정제조간접원가[1]	3,000
변동제조간접원가[2]	7,500
기타[3]	12,000
	₩87,500

1) 고정제조간접원가는 처음 생산량 200단위에 그 원가를 전부 배분하여 보상받았기 때문에 600 단위 입찰에는 보상청구하지 않는다.

2) 변동제조간접원가는 직접노무원가에 비례하여 발생한다.

3) 기타는 일반관리비 및 이윤보상 목적으로 직접노무원가의 20%를 일정하게 설정한다.

㈜부산이 90%의 학습곡선을 사용하고 있다고 가정할 경우에 600단위의 계약에 입찰하기 위해 제시할 예상금액은 얼마인가?

① ₩371,160
② ₩193,080
③ ₩196,080
④ ₩208,185
⑤ ₩190,000

해설

• 200단위를 1개의 묶음으로 하여 분석한다.
• 시간당 변동제조간접원가 : 7,500÷3,000시간=2.5
• 4묶음 생산시까지 총직접노무시간 계산

누적생산량	묶음당누적평균시간	총누적시간
1묶음(200)	3,000	3,000
2묶음(400)	3,000×90%=2,700	2,700×2묶음=5,400
4묶음(800)	2,700×90%=2,430	2,430×4묶음=9,720

• 추가 600단위 입찰가(판매가) 계산

직접재료원가	: 3묶음×5,000	= 15,000
직접노무원가	: (9,720시간−3,000시간)×20	= 134,400
변동제조간접원가	: (9,720시간−3,000시간)×2.5	= 16,800
기타	: 134,400×20%	= 26,880
		193,080

정답 ②

Supplementary 11 | 보조부문원가 배분방법별 특징 | 세무사기출

● 부문별 원가계산에 관한 설명으로 옳지 않은 것은?

① 단계배부법은 보조부문의 배부순서가 달라져도 배부금액은 차이가 나지 않는다.
② 단계배부법은 보조부문 간의 서비스 제공을 한 방향만 고려하여 그 방향에 따라 보조부문의 원가를 단계적으로 배부한다.
③ 상호배부법은 보조부문 간의 상호배부를 모든 방향으로 반영한다.
④ 단계배부법은 한 번 배부된 보조부문의 원가는 원래 배부한 보조부문에는 다시 배부하지 않고 다른 보조부문과 제조부문에 배부한다.
⑤ 직접배부법은 보조부문 간에 주고받는 서비스 수수관계를 전부 무시한다.

해설

• 단계배분법에서 보조부문의 배부순서가 달라지면 배부금액의 차이가 발생한다.

정답 ①

Supplementary 12 | 보조부문원가배분 : 단계배분법 배분액 | 관세사기출

● ㈜관세는 부문별원가계산제도를 도입하고 있으며, 20x1년 각 부문간의 용역수수 관계는 다음과 같다.

사용 / 제공	보조부문		제조부문	
	A	B	X	Y
A	–	30%	30%	40%
B	20%	–	40%	40%

20x1년 보조부문 A와 B의 부문원가는 각각 ₩200,000과 ₩300,000으로 집계되었다. 단계배부법을 이용하여 보조부문원가를 배부할 때 제조부문 X에 배부되는 보조부문원가는 총 얼마인가?(단, 보조부문 A부터 배부한다.)

① ₩180,000 ② ₩210,000 ③ ₩240,000
④ ₩260,000 ⑤ ₩270,000

해설

• $200,000 \times 30\% + (300,000 + 200,000 \times 30\%) \times \frac{40\%}{40\% + 40\%} = 240,000$

정답 ③

Supplementary 13 보조부문원가배분 : 자가부문소비용역의 처리 세무사기출

● ㈜세무는 제조부문(P1, P2)과 보조부문(S1, S2)을 이용하여 제품을 생산하고 있으며, 단계배부법을 사용하여 보조부문원가를 제조부문에 배부한다. 각 부문 간의 용역수수관계와 부문원가가 다음과 같을 때 P2에 배부될 보조부문원가는? (단, 보조부문원가는 S2, S1의 순으로 배부한다.)

	제조부문		보조부문		합계
	P1	P2	S1	S2	
부문원가	–	–	₩100,000	₩120,000	
S1 S2	24시간 400kwh	40시간 200kwh	20시간 200kwh	16시간 200kwh	100시간 1,000kwh

① ₩92,500 ② ₩95,000 ③ ₩111,250
④ ₩120,500 ⑤ ₩122,250

해설

- 자가부문소비용역(보조부문 자신이 자신의 용역을 소비)은 보조부문원가 배분시 별도로 고려치 않는다.
  →즉, 자신의 사용비율은 제외시키고 나머지 부문 사용비율로 배분한다.
- S2에서 S1으로 배분될 원가 : $120,000\times\frac{200kwh}{400kwh+200kwh+200kwh}=30,000$

$\therefore 120,000\times\frac{200kwh}{400kwh+200kwh+200kwh}+(100,000+30,000)\times\frac{40\text{시간}}{24\text{시간}+40\text{시간}}=111,250$

정답 ③

Supplementary 14 보조부문원가배분 : 단계배분법 배분후 총원가 감평사기출

● ㈜감평은 두 개의 보조부문(X부문, Y부문)과 두 개의 제조부문(A부문, B부문)으로 구성되어 있다. 각각의 부문에서 발생한 부문원가는 A부문 ₩100,000, B부문 ₩200,000, X부문 ₩140,000, Y부문 ₩200,000이다. 각 보조부문이 다른 부문에 제공한 용역은 다음과 같다.

사용부문 / 제공부문	보조부문		제조부문	
	X부문	Y부문	A부문	B부문
X부문(kwh)	-	50,000	30,000	20,000
Y부문(기계시간)	200	-	300	500

㈜감평이 단계배부법을 이용하여 보조부문원가를 제조부문에 배부할 경우, A부문과 B부문 각각의 부문원가 합계는?(단, 배부순서는 Y부문의 원가를 먼저 배부한다.)

	A부문원가 합계	B부문원가 합계
①	₩168,000	₩172,000
②	₩202,000	₩328,000
③	₩214,000	₩336,000
④	₩244,000	₩356,000
⑤	₩268,000	₩372,000

해설

• Y부문의 원가를 먼저 배분하는 경우 배분후 원가 계산

	Y	X	A	B
배분전원가	200,000	140,000	100,000	200,000
Y	(200,000)	200,000×2/10	200,000×3/10	200,000×5/10
X	-	(180,000)	180,000×3/5	180,000×2/5
배분후원가	0	0	268,000	372,000

정답 ⑤

Supplementary 15 보조부문원가배분 : 상호배분법 배분액 감평사기출

● ㈜한국은 아래 표와 같이 제조부문과 보조부문을 각각 두 개씩 운영하고 있다. 동력부와 관리부에 집계된 제조간접원가는 각각 ₩200,000과 ₩370,000이다. 각 부문간의 용역수수비율은 아래 표와 같다. 보조부문의 제조간접원가를 상호배부법으로 배부할 때, 제과부에 배부되는 제조간접원가는 얼마인가?

사용처 / 제공처	제조부문		보조부문	
	제과부	제빵부	동력부	관리부
동력부	0.2	0.4	–	0.4
관리부	0.4	0.35	0.25	–

① ₩265,000 ② ₩285,000 ③ ₩305,000
④ ₩325,000 ⑤ ₩345,000

해설

• 동력부 배분대상액을 A, 관리부 배분대상액을 B라 하면,
㉠ A=200,000+B×25%
㉡ B=370,000+A×40%
→연립하면, A=325,000, B=500,000
∴제과부에 배분되는 제조간접원가 : 325,000×20%+500,000×40%=265,000

정답 ①

Supplementary 16 보조부문원가배분 : 상호배분법 배분후 총원가 감평사기출

● ㈜감평은 두 개의 보조부문(수선부문과 동력부문)과 두 개의 제조부문(조립부문과 포장부문)으로 구성되어 있다. 수선부문에 집계된 부문원가는 노무시간을 기준으로 배부하며, 동력부문에 집계된 부문원가는 기계시간을 기준으로 배부한다. 보조부문원가를 제조부문에 배부하기 이전, 각 부문에 집계된 원가와 배부기준 내역은 다음과 같다.

구분	보조부문		제조부문	
	수선부문	동력부문	조립부문	포장부문
노무시간	2,000시간	2,400시간	3,200시간	2,400시간
기계시간	5,000시간	5,000시간	10,000시간	10,000시간
부문원가	₩40,000	₩35,000	₩150,000	₩100,000

상호배부법을 사용하여 보조부문의 원가를 제조부문에 배부하면, 조립부문에 집계된 부문원가 합계액은?(단, 보조부문 용역의 자가소비분은 무시한다.)

① ₩135,000
② ₩185,000
③ ₩190,000
④ ₩195,000
⑤ ₩200,000

해설

• 용역제공비율 계산

구분	보조부문		제조부문	
	수선부문	동력부문	조립부문	포장부문
수선부문		30%[1]	40%	30%
동력부문	20%[2]		40%	40%

1) $\frac{2,400\text{시간}}{2,400\text{시간}+3,200\text{시간}+2,400\text{시간}}=30\%$

2) $\frac{5,000\text{시간}}{5,000\text{시간}+10,000\text{시간}+10,000\text{시간}}=20\%$

• 수선부문 배분대상액을 A, 동력부문 배분대상액을 B라 하면,
㉠ A=40,000+B×20%
㉡ B=35,000+A×30%
→연립하면, A=50,000, B=50,000

• 조립부문에 배분할 보조부문원가 : 50,000×40%+50,000×40%=40,000

∴조립부문에 집계된 부문원가 합계액(배분후 총원가) : 40,000+150,000=190,000

정답 ③

Supplementary 17 정상개별원가계산 예정조업도 세무사기출

● ㈜세무는 정상개별원가계산을 사용하며, 직접노무시간을 기준으로 제조간접원가를 배부하고 있다. 20x1년 연간 제조간접원가 예산은 ₩5,000,000이다. 20x1년 실제 발생한 제조간접원가는 ₩4,800,000이고, 실제직접노무시간은 22,000시간이다. 20x1년 중 제조간접원가 과소배부액이 ₩400,000이라고 할 때 연간 예산직접노무시간은?

① 22,000시간 ② 23,000시간 ③ 24,000시간
④ 25,000시간 ⑤ 26,000시간

해설

• 예정배부율 계산

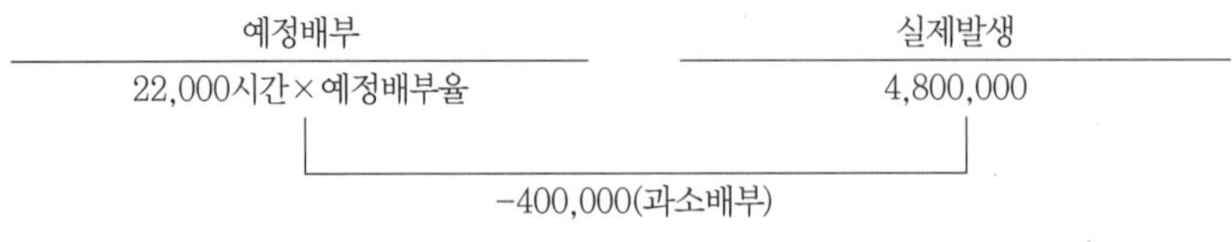

→예정배부율 =200

$\therefore \frac{5,000,000}{X}$ =200에서, X=25,000시간

정답 ④

Supplementary 18 정상개별원가계산 제조간접원가예산 세무사기출

● ㈜세무는 기계시간 기준으로 제조간접원가를 예정배부하는 정상원가계산방법을 적용한다. 20x1년에 실제 제조간접원가는 ₩787,500이 발생되었고, 기계시간당 ₩25로 제조간접원가를 예정배부한 결과 ₩37,500만큼 과대배부 되었다. 20x1년 실제조업도가 예정조업도의 110%인 경우, ㈜세무의 제조간접원가 예산액은?

① ₩715,000 ② ₩725,000 ③ ₩750,000
④ ₩800,000 ⑤ ₩825,000

해설

• 실제기계시간 계산

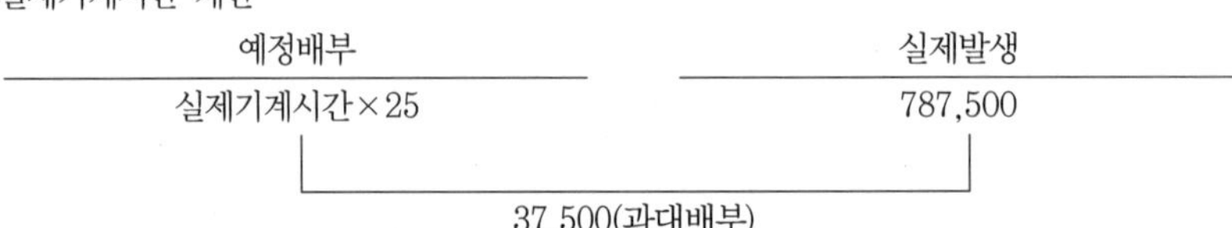

→실제기계시간(실제조업도)=33,000시간

• 33,000시간=예정조업도×110% →예정조업도=30,000시간

$\therefore \frac{X}{30,000\text{시간}}$ =25에서, X=750,000

정답 ③

Supplementary 19 정상개별원가계산 배부차이와 조정방법 관세사기출

● 제조간접원가를 예정배부하는 경우 배부차이 조정에 관한 설명으로 옳지 않은 것은?

① 원칙적으로 배부차액은 재료재고와 재공품재고, 매출원가의 세 계정에서 조정하여야 한다.
② 배부차액이 크지 않고 재고수준이 낮은 기업에서는 매출원가조정법을 적용할 수 있다.
③ 예정배부율은 예상 총제조간접원가를 예상 총배부기준량으로 나누어 계산한다.
④ 과소배부는 실제제조간접원가가 예정배부액보다 클 때 발생한다.
⑤ 제조간접원가의 예정배부액은 실제 배부기준량에 예정배부율을 곱하여 계산한다.

해설

• 재료재고에서는 조정하지 않는다. 재공품, 제품, 매출원가 세 계정에서 조정한다.

정답 ①

Supplementary 20 정상개별원가계산 배부차이조정후 매출원가[1] 관세사기출

● 다음은 정상개별원가계산제도를 채택하고 있는 ㈜관세의 20x1년도 원가계산 자료이다. 제조지시서 #1은 완성되어 판매되었고 제조지시서 #2는 완성되었으나 판매되지 않았으며, 제조지시서 #3은 미완성되었다.

원가항목	제조지시서 #1	제조지시서 #2	제조지시서 #3
기초재공품	₩30,000	₩20,000	–
직접재료원가	₩22,000	₩12,000	₩6,000
직접노무원가	₩30,000	₩25,000	₩15,000

제조간접원가는 직접노무원가의 200%를 예정배부하며, 20x1년도에 발생한 실제 총제조간접원가는 ₩120,000이다. 제조간접원가의 배부차이를 매출원가에서 전액 조정한다고 할 때, 제조간접원가 배부차이를 조정한 후의 매출원가는 얼마인가?

① ₩82,000 ② ₩122,000 ③ ₩132,000
④ ₩142,000 ⑤ ₩202,000

해설

• 배부차이 조정전 매출원가(제조지시서 #1) : 30,000+22,000+30,000+30,000×200%=142,000
• 배부차이

예정배부	실제발생
(30,000+25,000+15,000)×200%=140,000	120,000

20,000(과대배부)

• 배부차이조정(매출원가조정법)
(차) 제조간접비 20,000 (대) 매출원가 20,000
∴배부차이 조정후 매출원가(제조지시서 #1) : 142,000-20,000=122,000

정답 ②

Supplementary 21 정상개별원가계산 배부차이조정후 매출원가 [2] 관세사기출

● 다음은 ㈜대한의 12월 원가자료이다. ㈜대한은 정상원가계산을 사용하며 제조간접원가의 배부차이를 매출원가에서 전액 조정한다.

	12월 1일	12월 31일
직접재료	₩45,000	₩55,000
재 공 품	₩18,000	₩27,000
제　　품	₩80,000	₩105,000
12월 중 직접재료 매입액	₩145,000	
12월 중 직접노무원가	₩90,000	

㈜대한은 12월의 예상 총제조간접원가를 ₩75,000으로 추정하였고, 배부기준인 직접노무시간은 7,500시간으로 예상하였다. 실제 직접노무시간은 8,000시간이었으며, 실제 총제조간접원가는 ₩79,000이다. 제조간접원가 배부차이를 조정한 후의 매출원가는 얼마인가?

① ₩270,000　② ₩272,000　③ ₩296,000
④ ₩305,000　⑤ ₩314,000

해설

- OH예정배부율 : $\frac{75,000}{7,500\text{시간}}=10$
- DM : (45,000+145,000)−55,000=135,000
- 당기총제조원가 : 135,000+90,000+8,000시간×10=305,000
- 당기제품제조원가 : (18,000+305,000)−27,000=296,000
- 배부차이 조정전 매출원가 : (80,000+296,000)−105,000=271,000
- 배부차이

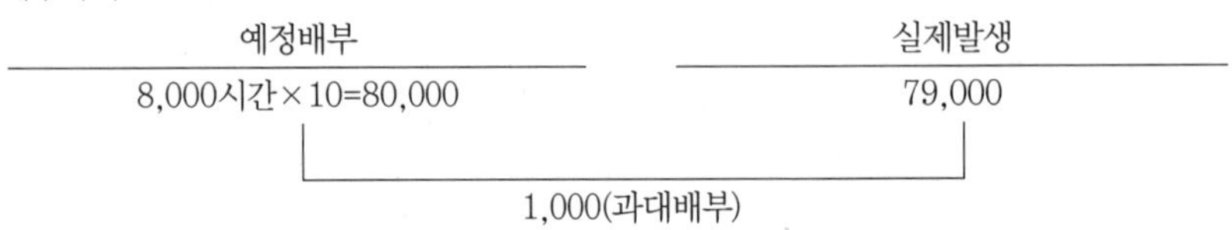

- 배부차이조정(매출원가조정법)
  (차) 제조간접비 1,000　(대) 매출원가 1,000

∴배부차이 조정후 매출원가 : 271,000−1,000=270,000

정답 ①

Supplementary 22 | 정상개별원가계산 배부차이조정후 매출원가 [3] 감평사기출

● ㈜감평은 정상원가계산을 사용하고 있으며, 직접노무시간을 기준으로 제조간접원가를 예정배부하고 있다. ㈜감평의 20x1년도 연간 제조간접원가 예산은 ₩600,000이고, 실제 발생한 제조간접원가는 ₩650,000이다. 20x1년도 연간 예정 조업도는 20,000시간이고, 실제 직접노무시간은 18,000시간이다. ㈜감평은 제조간접원가 배부차이를 전액 매출원가에서 조정하고 있다. 20x1년도 제조간접원가 배부차이 조정 전 매출총이익이 ₩400,000이라면, 포괄손익계산서에 인식할 매출총이익은?

① ₩290,000　② ₩360,000　③ ₩400,000
④ ₩450,000　⑤ ₩510,000

해설

• OH예정배부율 : $\frac{600,000}{20,000\text{시간}}$=30

• 배부차이

• 배부차이조정(매출원가조정법)
(차) 매출원가 110,000　(대) 제조간접비 110,000
∴매출원가 증가액 110,000만큼 매출총이익이 감소한다.
→배부차이 조정후 매출총이익 : 400,000-110,000=290,000

정답 ①

Supplementary 23 정상개별원가계산 배부차이조정후 매출원가 [4] 감평사기출

● ㈜한국은 20x1년에 선박제조업을 개시하였으며, 20x1년 생산 및 원가 자료는 아래와 같다. ㈜한국은 직접작업시간을 기준으로 제조간접원가를 예정배부하고 있다. 20x1년도 발생한 실제 제조간접원가는 총 ₩400,000이고, 예정 제조간접원가는 ₩320,000이며, 예정 직접작업시간은 4,000시간이었다. LNG선은 완성된 즉시 선주에게 인도되었으며, 유람선은 20x1년 말까지 인도되지 않았다. 제조간접원가 배부차이를 총원가기준으로 배분할 때 LNG선의 매출원가는 얼마인가?

	LNG선	유람선	화물선	합계
직접재료원가(원)	340,000	244,000	126,000	710,000
직접노무원가(원)	180,000	220,000	130,000	530,000
실제 직접작업시간(시간)	1,500	1,200	1,800	4,500
완성도(%)	100	100	70	–

① ₩410,000　② ₩480,000　③ ₩532,000
④ ₩574,000　⑤ ₩656,000

해설

• OH예정배부율 : $\frac{320,000}{4,000\text{시간}}=80$

• 총원가 계산

	LNG선(매출원가)	유람선 (제품)	화물선(재공품)	합계
직접재료원가	340,000	244,000	126,000	710,000
직접노무원가	180,000	220,000	130,000	530,000
제조간접원가	1,500시간×80=120,000	1,200시간×80=96,000	1,800시간×80=144,000	360,000
총원가(제조원가)	640,000	560,000	400,000	1,600,000

• 배부차이

예정배부	실제발생
4,500시간×80=360,000	400,000

−40,000(과소배부)

• 총원가비례배분법에 의한 배부차이 처리

(차) 재공품　$40,000\times\frac{400,000}{1,600,000}=10,000$　(대) 제조간접비　40,000

제품　$40,000\times\frac{560,000}{1,600,000}=14,000$

매출원가　$40,000\times\frac{640,000}{1,600,000}=16,000$

∴매출원가 : 640,000+16,000=656,000

정답 ⑤

Supplementary 24 정상개별원가계산 배부차이조정방법과 이익비교 세무사기출

● ㈜세무는 정상원가계산을 사용하고 있으며, 직접노무시간을 기준으로 제조간접원가를 예정배부하고 있다. ㈜세무의 20x1년도 연간 제조간접원가 예산은 ₩144,000이고, 실제 발생한 제조간접원가는 ₩145,000이다. 20x1년도 연간 예정조업도는 16,000직접노무시간이고, 실제 사용한 직접노무시간은 17,000시간이다. 20x1년 말 제조간접원가 배부차이 조정전 재공품, 제품 및 매출원가의 잔액은 다음과 같다.

• 재공품	₩50,000
• 제품	₩150,000
• 매출원가	₩800,000

㈜세무는 제조간접원가 배부차이를 재공품, 제품 및 매출원가의(제조간접원가 배부차이 조정전) 기말잔액 비율에 따라 조정한다. 이 경우 제조간접원가 배부차이를 매출원가에 전액 조정하는 방법에 비해 증가(혹은 감소)되는 영업이익은 얼마인가?(단, 기초재고는 없다.)

① ₩1,200 감소 ② ₩1,200 증가 ③ ₩1,600 감소
④ ₩1,600 증가 ⑤ ₩1,800 증가

해설

• OH예정배부율 : $\frac{144,000}{16,000\text{시간}}=9$

• 배부차이

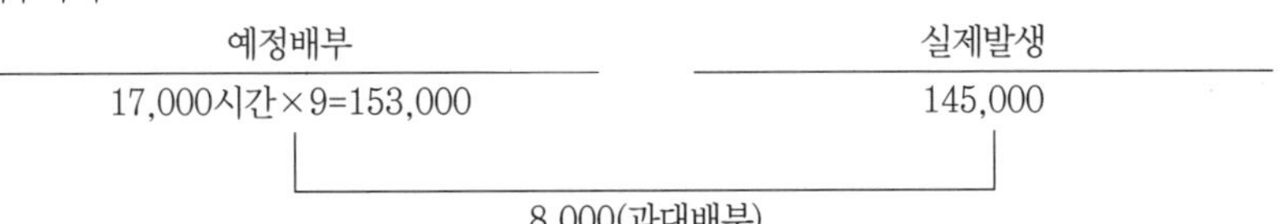

• [매출원가조정법]
(차) 제조간접비 8,000 (대) 매출원가 8,000
[총원가비례배분법]
(차) 제조간접비 8,000 (대) 재공품 $8,000\times\frac{50,000}{1,000,000}=400$
제품 $8,000\times\frac{150,000}{1,000,000}=1,200$
매출원가 $8,000\times\frac{800,000}{1,000,000}=6,400$

∴총원가비례배분법의 매출원가 감소효과(=수익증가효과)가 1,600만큼 작음 → 이익 1,600 감소

정답 ③

Supplementary 25 정상개별원가계산 배부차이조정과 금액 추정 관세사기출

● 정상원가계산제도를 채택하고 있는 ㈜관세는 직접노무원가의 150%를 제조간접원가로 예정배부하고 있으며, 제조간접원가 배부차이는 기말에 매출원가에서 전액 조정한다. 다음 자료를 이용하여 당기에 실제 발생한 제조간접원가를 구하면 얼마인가?

기초재공품	₩30,000	기말재공품	₩45,000
기초제품	₩20,000	기말제품	₩40,000
직접재료원가	₩20,000	직접노무원가	₩36,000
배부차이 조정 후 매출원가	₩70,000		

① ₩45,000 ② ₩49,000 ③ ₩52,000
④ ₩56,000 ⑤ ₩59,000

해설

- 당기총제조원가 : 20,000+36,000+36,000×150%=110,000
- 당기제품제조원가 : (30,000+110,000)−45,000=95,000
- 배부차이 조정전 매출원가 : (20,000+95,000)−40,000=75,000
- 배부차이 조정전 매출원가(75,000)에서 5,000을 차감해야 배부차이 조정후 매출원가(70,000)와 일치하므로, 배부차이조정 회계처리를 추정하면 다음과 같다.
  →(차) 제조간접비 5,000 (대) 매출원가 5,000 : 즉, 과대배부 5,000

∴36,000×150%(배부)−실제=5,000에서, 실제=49,000

정답 ②

Supplementary 26 정상개별원가계산 제조간접원가 배부차이계정 관세사기출

● ㈜관세가 행한 다음 분개와 관련된 설명으로 옳은 것을 모두 고른 것은?

(차) 매출원가 60,000 (대) 제조간접원가 배부차이 60,000
ㄱ. 제조간접원가 실제배부시 발생하는 분개이다. ㄴ. 표준원가계산에서 원가차이를 조정하는 분개이다. ㄷ. 제조간접원가는 ₩60,000만큼 과소배부되었다. ㄹ. 매출원가에 제조간접원가 배부차이 ₩60,000을 가산한다. ㅁ. 매출총이익은 ₩60,000만큼 감소한다.

① ㄱ, ㄴ ② ㄴ, ㅁ ③ ㄷ, ㄹ
④ ㄱ, ㄷ, ㅁ ⑤ ㄷ, ㄹ, ㅁ

해설

- 제조간접비 예정배부시 발생하는 분개이며, 정상원가계산에서 과소배부 차이를 조정하는 분개이다.
- 과소배부 회계처리 추정
  - ㉠ 실제제조간접비 집계 : (차) 1,000,000(가정액) (대) 현금 1,000,000
  - ㉡ 예정배부 : (차) 재공품 940,000(가정액) (대) 제조간접비 940,000
  - ㉢ 제조간접비 배부차이계정 설정 : (차) 제조간접비 배부차이 60,000 (대) 제조간접비 60,000
  - ㉣ 제조간접비 배부차이조정(과소배부 60,000) : (차) 매출원가 60,000 (대) 제조간접비 배부차이 60,000

∴제조간접원가는 60,000만큼 과소배부되어, 매출원가에 배부차이 60,000을 가산하며, 매출원가가 증가하므로 매출총이익은 60,000만큼 감소한다.

정답 ⑤

Supplementary 27 ABC의 활동원가계층구조 세무사기출

● 활동기준원가계산에 관한 설명으로 옳지 않은 것은?

① 활동기준원가계산은 생산환경의 변화에 따라 증가되는 제조간접원가를 좀 더 정확하게 제품에 배부하고 효과적으로 관리하기 위한 새로운 원가계산방법이라 할 수 있다.
② 활동기준원가계산에서는 일반적으로 활동의 유형을 단위수준활동, 묶음수준활동(배치수준활동), 제품유지활동, 설비유지활동의 4가지로 구분한다.
③ 제품유지활동은 주로 제조공정이나 생산설비 등을 유지하고 관리하기 위하여 수행되는 활동으로서 공장시설관리, 환경관리, 안전유지관리, 제품별 생산설비관리 등의 활동이 여기에 속한다.
④ 묶음수준활동은 원재료구매, 작업준비 등과 같이 묶음단위로 수행되는 활동을 의미하는데 품질검사의 경우 표본검사는 묶음수준활동으로 분류될 수 있지만, 전수조사에 의한 품질검사는 단위수준활동으로 분류된다.
⑤ 단위수준활동은 한 단위의 제품을 생산하는데 수반되어 이루어지는 활동으로서 주로 생산량에 비례적으로 발생하며, 주로 직접노무시간, 기계작업시간 등을 원가동인으로 한다.

해설

• 제품유지활동(X) → 설비유지활동(O)

보론 활동원가계층구조

활동원가계층구조	해당원가	원가동인
단위수준활동(unit-level activities) 〈생산량에 비례하여 수행되는 활동〉	기계동력원가 직접노무비 전수검사원가	기계시간 노동시간 완성된 제품수
묶음수준활동(batch-level activities) 〈개별이 아닌 묶음의 제품을 생산하거나 처리시 수행되는 활동〉	작업준비원가 구매주문원가 제조지시원가	준비횟수 주문서발행횟수 지시횟수
제품유지활동(product-level activities) 〈제품라인을 유지하는데 필요한 활동〉	제품설계원가 제품개량원가 재고관리원가	설계시간 개량지시수 보관항목수
설비유지활동(facility-level activities) 〈설비전체나 공정을 관리지원하는 활동〉	건물관리원가 인사관리원가	점유공간 종업원수

정답 ③

Supplementary 28 ABC의 도입배경 관세사기출

● 활동기준원가계산제도에 관한 설명으로 옳지 않은 것은?

① 제품조립활동, 기계작업활동, 전수검사 등은 제품단위수준활동이며 공장관리활동, 냉난방활동, 조경활동 등은 공장설비수준활동이다.
② 원가정보의 수집 및 처리기술이 발전하여 원가측정비용이 크게 감소되었다.
③ 다품종 소량생산의 제조업체가 활동기준원가계산을 적용할 경우 도움이 된다.
④ 활동기준원가계산은 활동을 원가대상의 중심으로 삼아 활동의 원가를 계산하고 이를 토대로 하여 다른 원가를 계산하는 것을 중점적으로 다루는 원가계산시스템이다.
⑤ 제품의 다양성이 증가되면서 개별제품이나 작업에 직접 추적이 어려운 원가의 비중이 감소되었다.

해설

• 직접 추적이 어려운 제조간접원가의 비중이 증가하게 되었으며, 이러한 이유로 ABC가 도입되게 되었다.

정답 ⑤

Supplementary 29 ABC의 특징 관세사기출

● 활동기준원가계산(Activity-Based Costing)에 관한 설명으로 옳지 않은 것은?

① 단위수준활동(unit-level activities)은 제품 한 단위가 생산될 때마다 수행되는 활동을 말하며, 단위수준활동 원가는 조업도기준 원가동인에 의해 배분된다.
② 활동기준원가계산은 보조부문의 제조간접원가를 생산부문으로 배부한 후에, 생산부문에 배부된 원가를 조업도기준 원가동인에 의해 제품에 배부한다.
③ 묶음수준활동(batch-level activities)은 한 묶음에 포함되는 단위 수에 상관없이 묶음 단위로 처리 또는 가공하는 활동을 말한다.
④ 활동기준원가계산에서도 직접노무시간이나 직접노무원가가 원가동인으로 사용될 수 있다.
⑤ 활동기준원가계산은 제조원가뿐만 아니라 비제조원가도 원가동인에 의해 배부할 수 있다.

해설

• 보조부문의 제조간접원가를 생산부문으로 배부한 후에, 생산부문에 배부된 원가를 조업도기준 원가동인에 의해 제품에 배부하는 것은 활동기준원가계산이 아니라 전통적인 부문별원가계산에 대한 설명이다.

정답 ②

Supplementary 30 ABC의 단위당제조간접원가 계산 감평사기출

● ㈜한국은 제품A와 제품B를 거래처에 납품하는 업체이다. 제품은 생산과 동시에 전량 납품된다. ㈜한국은 합리적인 가격설정목적으로 주요활동을 분석하여 다음과 같은 자료를 수집하였다.

활동	활동별 제조간접원가	원가동인	총 원가동인 수
제품설계	₩450,000	설계제품 부품수	100단위
생산준비	₩325,000	준비횟수	650회
생산운영	₩637,500	기계작업시간	12,750시간
선적준비	₩80,000	선적횟수	200회
배　　달	₩300,000	배달제품 중량	60,000kg

제품A의 생산량은 1,000단위이고, 제품A의 원가동인이 설계제품 부품수 70단위, 준비횟수 286회, 기계작업시간 3,060시간, 선적횟수 100회, 배달제품 중량 21,000kg일 경우 활동기준원가계산방법을 적용하여 계산한 제품A의 단위당 제조간접원가는?

① ₩525　② ₩620　③ ₩682
④ ₩756　⑤ ₩810

해설

• 제품A에 배부될 총제조간접원가

제품설계	70단위×(450,000÷100단위)	= 315,000
생산준비	286회×(325,000÷650회)	= 143,000
생산운영	3,060시간×(637,500÷12,750시간)	= 153,000
선적준비	100회×(80,000÷200회)	40,000
배　　달	21,000kg×(300,000÷60,000kg)	= 105,000
		756,000

• 제품A의 단위당 제조간접원가 : 756,000÷1,000단위)=756

정답 ④

Supplementary 31 ABC의 단위당제조원가 계산 [1] 관세사기출

● ㈜관세는 20x1년에 특별모델은 10,000개, 일반모델은 80,000개가 생산판매될 것으로 예상하며, 제조간접비는 ₩1,500,000이 발생될 것으로 추정한다. 각 제품의 단위당 직접재료비와 단위당 직접노무비, 총제조간접비에 대하여 다음과 같이 예상한다.

	특별모델	일반모델
직접재료비	₩50	₩40
직접노무비	₩34	₩35

활동	활동원가	원가동인	활동사용량(원가동인량)		
			특별모델	일반모델	계
구매주문	₩600,000	주문횟수	100	200	300
제품검사	₩900,000	검사시간	800	1,200	2,000
총제조간접비	₩1,500,000				

20x1년 특별모델의 단위당 제조원가는 얼마인가?

① ₩56 ② ₩110 ③ ₩126
④ ₩130 ⑤ ₩140

해설

• 특별모델에 배부될 총제조간접비
구매주문 100회×(600,000÷300회) = 200,000
제품검사 800시간×(900,000÷2,000시간) = 360,000
560,000

• 특별모델의 단위당 제조원가 : 50+34+(560,000÷10,000개)=140

정답 ⑤

Supplementary 32 ABC의 단위당제조원가 계산 [2] 감평사기출

● ㈜서울은 두 종류의 제품(컴퓨터와 프린터)을 생산하고 있다. 회사의 제조활동은 다음 4가지로 구분되며, 활동별 제조간접원가와 관련된 자료는 다음과 같다.

활동	원가동인	연간 원가동인 수	연간 활동별 제조간접원가
생산준비	생산준비시간	600시간	₩900,000
재료이동	재료이동횟수	1,800회	₩1,080,000
기계사용	기계작업시간	400시간	₩1,200,000
수선유지	기계작업시간	400시간	₩800,000

컴퓨터에 대한 생산량 및 원가자료가 다음과 같을 때, 활동기준원가계산(ABC)에 의한 컴퓨터의 단위당 제조원가는?

생산량	2,000단위
생산준비시간	300시간
재료이동 횟수	1,170회
기계작업시간	250시간
단위당 직접재료원가	₩3,000
단위당 직접노무원가	₩4,000

① ₩7,562 ② ₩8,201 ③ ₩8,932
④ ₩9,653 ⑤ ₩10,052

해설

• 컴퓨터에 배부될 총제조간접원가
생산준비 300시간×(900,000÷600시간) = 450,000
재료이동 1,170회×(1,080,000÷1,800회) = 702,000
기계사용 250시간×(1,200,000÷400시간) = 750,000
수선유지 250시간×(800,000÷400시간) = 500,000
2,402,000

• 컴퓨터의 단위당 제조원가 : 3,000+4,000+(2,402,000÷2,000단위)=8,201

정답 ②

Supplementary 33 ABC의 매출총이익 계산 감평사기출

● ㈜감평의 20x1년 생산활동 및 제조간접원가에 관한 정보는 다음과 같다.

활동	원가	원가동인	원가동인 총량
조립	₩450,000	기계시간	37,500시간
구매주문	₩32,000	주문횟수	1,000회
품질검사	₩120,000	검사시간	1,600시간

제품 #23의 생산 및 판매와 관련된 활동 및 원가정보는 다음과 같다.

단위당 판매가격	₩90.7
단위당 직접재료원가	₩15.5
단위당 직접노무원가	₩12.2
연간 생산 및 판매량	300단위
연간 기계시간	850시간
연간 주문횟수	90회
연간 검사시간	30시간

활동기준원가계산을 사용할 경우, 제품 #23의 매출총이익은?

① ₩3,570 ② ₩7,725 ③ ₩11,880
④ ₩15,330 ⑤ ₩18,900

해설

• 제품 #23에 배부될 총제조간접원가

조립	850시간×(450,000÷37,500시간)	=	10,200
구매주문	90회×(32,000÷1,000회)	=	2,880
품질검사	30시간×(120,000÷1,600시간)	=	2,250
			15,330

• 매출총이익

매출액	300단위×90.7	=	27,210
매출원가	300단위×(15.5+12.2)+15,330	=	(23,640)
			3,570

정답 ①

Supplementary 34 ABC의 제조공헌이익 계산 관세사기출

● ㈜관세는 활동기준원가계산을 사용하고 있다. A제품 1단위 생산을 위해서는 원재료가 5kg, 분쇄작업이 10시간 소요된다. A제품의 단위당 판매가격은 ₩9,000, A제품에 투입된 원재료는 kg당 ₩1,200이다. 다음 ㈜관세의 연간 활동원가 자료를 이용하여 계산한 A제품의 단위당 제조공헌이익은 얼마인가?

활동	원가동인	원가동인 수	변동가공원가	고정제조간접원가
세척활동	재료의 양	20,000kg	₩500,000	₩100,000
분쇄활동	기계시간	42,000시간	₩840,000	₩840,000

① ₩1,600 ② ₩2,450 ③ ₩2,600
④ ₩2,675 ⑤ ₩3,000

해설

- 제품A에 배부될 단위당변동가공원가 계산
  세척활동 5kg×(500,000÷20,000kg) = 125
  분쇄활동 10시간×(840,000÷42,000시간) = 200
  325

∴제품B의 단위당제조공헌이익 : 9,000−(5kg×1,200+325)=2,675

정답 ④

Supplementary 35 ABC의 단위당직접재료원가 계산 세무사기출

● ㈜국세는 활동기준원가계산 방법에 의하여 제품의 가공원가를 계산하고 있다. ㈜국세의 각 활동과 활동별 원가배부율은 다음과 같다.

활동	원가동인	단위당 배부율
재료처리	부품수	₩10
기계작업	기계시간	₩120
조립작업	조립시간	₩75
검　사	검사시간	₩100

제품A 1단위를 제조하기 위해서는 부품 200개, 기계작업 10시간, 조립작업 20시간, 검사 5시간이 요구된다. ㈜국세는 50단위의 제품A를 단위당 ₩50,000에 판매하여 ₩1,500,000의 매출총이익을 달성하였다. 이 경우, 제품A의 단위당 직접재료원가는 얼마인가? (단, 기초재고자산과 기말재고자산은 없다고 가정한다.)

① ₩5,200　② ₩14,800　③ ₩15,250
④ ₩20,000　⑤ ₩30,000

해설

• 제품A의 단위당 가공원가 : 200개×10+10시간×120+20시간×75+5시간×100=5,200

• 매출원가(총제조원가) 계산
매출액　50단위×50,000　= 2,500,000
매출원가　50단위×(A+5,200) = (B)
　　　　　　　　　　　　　1,500,000

→B=1,000,000
∴50단위×(A+5,200)=1,000,000에서, A=14,800

정답 ②

제1편 재무회계 제2편 원가관리회계 합본부록 IFRS심화논제

Supplementary 36 ABC와 기존방법의 비교 감평사기출

● 감평회계법인은 컨설팅과 회계감사서비스를 제공하고 있다. 지금까지 감평회계법인은 일반관리비 ₩270,000을 용역제공시간을 기준으로 컨설팅과 회계감사서비스에 각각 45%와 55%씩 배부해 왔다. 앞으로 감평회계법인이 활동기준원가계산을 적용하기 위해, 활동별로 일반관리비와 원가동인을 파악한 결과는 다음과 같다.

활동	일반관리비	원가동인
스텝지원	₩200,000	스텝수
컴퓨터지원	₩50,000	컴퓨터사용시간
고객지원	₩20,000	고객수
합계	₩270,000	

컨설팅은 스탭수 35%, 컴퓨터사용시간 30% 그리고 고객수 20%를 소비하고 있다. 활동기준원가계산을 이용하여 컨설팅에 집계한 일반관리비는 이전 방법을 사용하는 경우보다 얼마만큼 증가 또는 감소하는가?

① ₩32,500 감소 ② ₩32,500 증가 ③ ₩59,500 감소
④ ₩59,500 증가 ⑤ 변화없음

해설

• 기존방법 : 270,000×45%=121,500
• ABC : 200,000×35%+50,000×30%+20,000×20%=89,000
∴121,500−89,000=32,500(감소)

정답 ①

Supplementary 37 ABC와 원가동인의 추정 감평사기출

● 다음은 활동기준원가계산을 사용하는 제조기업인 ㈜감평의 20x1년도 연간 활동원가 예산자료이다. 20x1년에 회사는 제품 A를 1,000단위 생산하였는데 제품 A의 생산을 위한 활동원가는 ₩830,000으로 집계되었다. 제품 A의 생산을 위해서 20x1년에 80회의 재료이동과 300시간의 직접노동시간이 소요되었다. ㈜감평이 제품 A를 생산하는 과정에서 발생한 기계작업시간은?

활동	활동원가	원가동인	원가동인 총수량
재료이동	₩4,000,000	이동횟수	1,000회
성　형	₩3,000,000	제품생산량	15,000단위
도　색	₩1,500,000	직접노동시간	7,500시간
조　립	₩1,000,000	기계작업시간	2,000시간

① 400시간　② 500시간　③ 600시간
④ 700시간　⑤ 800시간

해설

• 제품A에 배부된 활동원가의 내역

재료이동　80회×(4,000,000÷1,000회) = 320,000
성　형　1,000단위×(3,000,000÷15,000단위) = 200,000
도　색　300시간×(1,500,000÷7,500시간) = 60,000
조　립　A시간×(1,000,000÷2,000시간) = B
830,000

→B=250,000

• A시간×(1,000,000÷2,000시간)=250,000에서, A=500

정답 ②

Supplementary 38 ABC의 서비스업 적용 감평사기출

● ㈜감평은 활동기준원가계산에 의하여 간접원가를 배부하고 있다. 20x1년 중 고객 갑은 10회를 주문하였다. 20x1년도 간접원가 관련 자료가 다음과 같을 때, 고객 갑에게 배부될 간접원가 총액은?

(1) 연간 간접원가

구분	금액
급 여	₩500,000
임대료	₩200,000
통신비	₩120,000
계	₩820,000

(2) 활동별 간접원가 배부비율

구분	주문처리	고객대응
급 여	60%	40%
임대료	50%	50%
통신비	70%	30%

(3) 활동별 원가동인과 연간 활동량

활동	원가동인	활동량
주문처리	주문횟수	1,600회
고객대응	고객수	120명

① ₩3,025 ② ₩3,235 ③ ₩5,125
④ ₩5,265 ⑤ ₩5,825

해설

• 활동별 원가집계
주문처리 500,000×60%+200,000×50%+120,000×70% = 484,000
고객대응 820,000−484,000 = 336,000
820,000

∴[10회×(484,000÷1,600회)]+[1명×(336,000÷120명)]=5,825

정답 ⑤

Supplementary 39 종합원가계산 선입선출법 완성품환산량 관세사기출

● ㈜관세는 선입선출법에 의한 종합원가계산방법을 사용하고 있다. 원재료는 공정초기에 모두 투입되고 가공원가(또는 가공비)는 공정 전반에 걸쳐 균등하게 발생한다. 기초재공품의 완성도는 30%이고 기말재공품의 완성도는 40%이다. 다음 자료를 이용하여 재료원가와 가공원가의 완성품환산량을 계산하면 각각 몇 개인가?(단, 공손과 감손은 발생하지 않았다.)

• 기초재공품수량 600개 • 당기착수량 7,000개 • 기말재공품수량 1,000개

① 재료원가 7,000개 가공원가 6,580개
② 재료원가 7,000개 가공원가 6,820개
③ 재료원가 7,600개 가공원가 6,580개
④ 재료원가 7,600개 가공원가 6,820개
⑤ 재료원가 7,600개 가공원가 7,000개

해설

• 선입선출법 완성품환산량 계산

[1단계]물량흐름		[2단계]완성품환산량	
		재료비	가공비
기초완성	600(30%)	0	600x(1−30%)=420
당기완성	6,000	6,000	6,000
기 말	1,000(40%)	1,000	1,000×40%=400
	7,600	7,000	6,820

정답 ②

Supplementary 40 종합원가계산 가공비완성품환산량 차이와 추정[1] 감평사기출

● ㈜감평은 종합원가계산제도를 채택하고 단일제품을 생산하고 있다. 재료는 공정이 시작되는 시점에서 전량 투입되며, 가공(전환)원가는 공정 전체에 걸쳐 균등하게 발생한다. 가중평균법과 선입선출법에 의한 가공(전환)원가의 완성품환산량은 각각 108,000단위와 87,000단위이다. 기초재공품의 수량이 70,000단위라면 기초재공품 가공(전환)원가의 완성도는?

① 10% ② 15% ③ 20%
④ 25% ⑤ 30%

해설

□ WAM, FIFO 차이금액 빨리 구하기
●평균법 가공비완성품환산량 − 선입선출법 가공비완성품환산량=기초수량×완성도

• 108,000단위−87,000단위=70,000×A% →∴A=30

정답 ⑤

Supplementary 41 종합원가계산 가공비완성품환산량 차이와 추정 [2] 세무사기출

● ㈜국세는 단일제품을 생산하고 있으며, 종합원가계산제도를 채택하고 있다. 직접재료는 공정이 시작되는 시점에서 100% 투입되며, 가공원가는 공정 전체에 걸쳐 균등하게 발생한다. 평균법과 선입선출법에 의한 가공원가의 완성품환산량은 각각 85,000단위와 73,000단위이다. 기초재공품의 가공원가 완성도가 30%라면, 기초재공품 수량은 몇 단위인가?

① 12,000단위 ② 21,900단위 ③ 25,500단위
④ 36,000단위 ⑤ 40,000단위

해설

❒ WAM, FIFO 차이금액 빨리 구하기
●평균법 가공비완성품환산량 − 선입선출법 가공비완성품환산량=기초수량×완성도

• 85,000단위−73,000단위=A×30% →∴A=40,000단위

정답 ⑤

Supplementary 42 종합원가계산 선입선출법 기말재공품 가공원가 감평사기출

● ㈜대한은 실제원가에 의한 종합원가계산을 적용하고 있으며, 재공품 평가방법은 선입선출법이다. 다음은 5월의 생산 활동과 가공원가에 관한 자료이다.

	물량(단위)	가공원가
월초재공품	2,500	₩52,500
5월 중 생산투입 및 발생원가	7,500	₩244,000
5월 중 완성품	6,000	?

월초재공품과 월말재공품의 가공원가 완성도는 각각 60%와 40%이고, 공손품이나 감손은 발생하지 않았다. 월말재공품에 포함된 가공원가는?

① ₩56,000 ② ₩60,000 ③ ₩64,000
④ ₩68,000 ⑤ ₩72,000

해설

• 선입선출법 가공비 완성품환산량 : 2,500×(1−60%)+3,500+4,000×40%=6,100

∴기말재공품에 포함된 가공원가 : $(4,000\times40\%)\times@\frac{244,000}{6,100}=64,000$

정답 ③

Supplementary 43 종합원가계산 평균법 · 선입선출법 비교 [1] 관세사기출

● 다음은 종합원가계산을 적용하고 있는 ㈜관세의 가공원가와 관련된 자료이다. 기말재공품에 포함된 가공원가를 평균법과 선입선출법에 의해 각각 계산한 금액은?(단, 가공원가는 공정전체를 통해 균등하게 발생하며 공손 및 감손은 발생하지 않았다.)

	물량	가공원가
기초재공품(완성도 40%)	5,000단위	₩1,050,000
당기투입량 및 발생원가	20,000단위	₩17,000,000
기말재공품(완성도 20%)	7,500단위	?

	평균법	선입선출법
①	₩1,425,000	₩1,500,000
②	₩1,412,500	₩1,425,000
③	₩1,425,000	₩1,593,750
④	₩1,500,000	₩1,425,000
⑤	₩1,500,000	₩1,593,750

해설

• 평균법

[1단계]물량흐름		[2단계]완성품환산량 재료비	가공비
완성	17,500	17,500	17,500
기말	7,500(20%)	7,500	7,500×20%=1,500
	25,000	25,000	19,000

→기말재공품에 포함된 가공원가 : $1,500 \times @\frac{1,050,000+17,000,000}{19,000}=1,425,000$

• 선입선출법

[1단계]물량흐름		[2단계]완성품환산량 재료비	가공비
기초완성	5,000(40%)	0	5,000×(1−40%)=3,000
당기완성	12,500	12,500	12,500
기 말	7,500(20%)	7,500	7,500×20%=1,500
	25,000	20,000	17,000

→기말재공품에 포함된 가공원가 : $1,500 \times @\frac{17,000,000}{17,000}=1,500,000$

정답 ①

Supplementary 44 종합원가계산 평균법 · 선입선출법 비교 [2] 관세사기출

● ㈜관세는 종합원가계산제도를 채택하고 있다. 20x1년도 제품생산 관련 정보는 다음과 같다.

• 기초재공품 수량	200개(가공원가 완성도 50%)
• 당기완성품 수량	800개
• 기말재공품 수량	500개(가공원가 완성도 60%)

직접재료원가는 공정초에 전량 투입되고, 가공원가는 공정전반에 걸쳐 균등하게 발생한다. 평균법과 선입선출법하의 완성품환산량에 관한 다음 설명 중 옳은 것은? (단, 공손과 감손은 발생하지 않았다.)

① 평균법에 의한 직접재료원가의 완성품환산량은 1,500개이다.
② 선입선출법에 의한 직접재료원가의 완성품환산량은 1,300개이다.
③ 평균법에 의한 가공원가의 완성품환산량은 1,000개이다.
④ 선입선출법에 의한 가공원가의 완성품환산량은 1,200개이다.
⑤ 선입선출법과 평균법간에 직접재료원가의 완성품환산량 차이는 200개이다.

해설

• 평균법

[1단계]물량흐름		[2단계]완성품환산량 재료비	가공비
완성	800	800	800
기말	500(60%)	500	500×60%=300
	1,300	1,300	1,100

• 선입선출법

[1단계]물량흐름		[2단계]완성품환산량 재료비	가공비
기초완성	200(50%)	0	200×(1−50%)=100
당기완성	600	600	600
기 말	500(60%)	500	500×60%=300
	1,300	1,100	1,000

• ① 평균법에 의한 직접재료원가의 완성품환산량은 1,300개이다.
② 선입선출법에 의한 직접재료원가의 완성품환산량은 1,100개이다.
③ 평균법에 의한 가공원가의 완성품환산량은 1,100개이다.
④ 선입선출법에 의한 가공원가의 완성품환산량은 1,000개이다.
⑤ 선입선출법과 평균법간에 직접재료원가의 완성품환산량 차이는 200개(=1,300−1,100)이다.

정답 ⑤

Supplementary 45 종합원가계산 복수재료투입 관세사기출

● 종합원가계산제도를 채택하고 있는 ㈜관세는 두 가지 직접재료를 이용해서 단일제품을 생산하고 있다. 직접재료 A는 공정 초기에 전량 투입되고, 직접재료 B는 가공원가 완성도 50% 시점에서 한꺼번에 전량 투입된다. 가공원가는 공정 전반을 통해 균등하게 발생한다. 20x1년 4월의 생산 관련 자료가 다음과 같을 때, 선입선출법 하에서 직접재료원가 A, 직접재료원가 B, 가공원가 각각에 대한 당월 완성품환산량은 얼마인가?

구분	물량단위
월초재공품	1,000단위(가공원가 완성도 80%)
완성품	6,000단위
월말재공품	2,000단위(가공원가 완성도 40%)

	직접재료원가 A	직접재료원가 B	가공원가
①	7,000단위	5,000단위	6,000단위
②	8,000단위	5,200단위	5,800단위
③	7,000단위	6,000단위	5,800단위
④	8,000단위	6,000단위	6,000단위
⑤	8,000단위	7,000단위	5,800단위

해설

• 선입선출법 완성품환산량

[1단계]물량흐름		[2단계]완성품환산량 직접재료A	직접재료B	가공비
기초완성	1,000(80%)	0	0	1,000×(1−80%)=200
당기완성	5,000	5,000	5,000	5,000
기 말	2,000(40%)	2,000	0	2,000×40%=800
	8,000	7,000	5,000	6,000

정답 ①

Supplementary 46 종합원가계산 다수의 완성도 감평사기출

● ㈜한국은 종합원가계산제도를 도입하고 있다. 20x1년 1분기 동안 생산관련 자료는 다음과 같다.

당기투입량	8,000톤
완성품	7,500톤
기말재공품	2,000톤
기초재공품	1,500톤

가공원가는 공정전반에 걸쳐 균등하게 발생한다. 기말재공품은 세 개의 완성도로 구성되어 있는데, 기말재공품의 1/4은 완성도가 80%이며, 1/2은 50%, 나머지 1/4은 20%이다. 선입선출법(FIFO)을 적용할 경우 가공원가의 완성품 환산량이 7,960톤이라면 20x1년 1분기 기초재공품의 완성도는 얼마인가?(단, 1분기 기초재공품은 한 개의 완성도로만 구성됨)

① 32%　② 36%　③ 40%
④ 44%　⑤ 48%

해설

• 선입선출법 완성품환산량

[1단계]물량흐름		[2단계]완성품환산량 재료비	가공비
기초완성	1,500(A%)		1,500×(1−A%)
당기완성	6,000		6,000
기　말	500(80%)		500×80%=400
	1,000(50%)		1,000×50%=500
	500(20%)		500×20%=100
	95,000		8,500−1,500×A%

∴8,500−1,500×A%=7,960 →A=36

정답 ②

Supplementary 47 종합원가계산 정상공손수량 세무사기출

● ㈜세무는 평균법 하의 종합원가계산을 적용하고 있으며, 당기 생산관련 자료는 다음과 같다.

	물량
기초재공품	500(완성도 80%)
당기착수량	2,100
당기완성량	2,100
기말재공품	400(완성도 60%)

품질검사는 완성도 40%시점에서 이루어지며, 당기 검사를 통과한 정상품의 2%를 정상공손으로 간주한다. 당기의 정상공손수량은?

① 32단위　② 34단위　③ 40단위
④ 50단위　⑤ 52단위

해설

• 정상공손수량 : [(2,100−500)+400]×2%=40

정답 ③

Supplementary 48 종합원가계산 비정상공손수량 감평사기출

● ㈜한국은 단일제품을 대량으로 생산하고 있다. 직접재료는 공정 초기에 모두 투입되고 가공원가는 공정 중에 균등하게 발생한다. 생산 중에는 공손이 발생하는 데 품질검사를 통과한 수량의 10%에 해당하는 공손수량은 정상공손으로 간주한다. 공손여부는 공정의 50% 완성시의 검사시점에서 파악된다. 다음 자료를 이용하여 계산한 비정상공손수량은?(단, 물량흐름은 선입선출법을 가정한다.)

• 기초재공품수량	2,000단위(완성도 30%)
• 당기착수량	8,000단위
• 당기완성량	7,200단위
• 기말재공품수량	1,500단위(완성도 60%)

① 380단위 ② 430단위 ③ 450단위
④ 520단위 ⑤ 540단위

해설

- 공손수량 : (2,000단위+8,000단위)-(7,200단위+1,500단위)=1,300단위
- 정상공손수량 : (7,200단위+1,500단위)×10%=870단위
- 비정상공손수량 : 1,300단위-870단위=430단위

정답 ②

Supplementary 49 종합원가계산 공손과 완성품환산량단위당원가 세무사기출

● ㈜세무는 가중평균법에 의한 종합원가계산을 적용하여 제품원가를 계산하고 있다. 직접재료는 공정의 초기에 전량 투입되며, 전환원가(가공원가 : conversion costs)는 공정 전반에 걸쳐 균등하게 발생한다. 이 회사는 공손품 검사를 공정의 100%시점에서 실시한다. 20x1년 4월 중 ㈜세무의 제조공정에 대한 생산 및 원가 자료는 다음과 같다.

	물량단위	직접재료원가	전환원가
기초재공품(전환원가 완성도 : 75%)	500	₩500,000	₩375,000
당기투입	4,500	₩4,500,000	₩3,376,800
완성품	3,700		
정상공손	250		
비정상공손	250		
기말재공품(전환원가 완성도 : 30%)	?		

20x1년 4월 ㈜세무의 원가요소별 완성품환산량 단위당 원가는 얼마인가?(단, 감손은 없다.)

	직접재료원가	전환원가
①	₩1,000	₩845
②	₩1,000	₩900
③	₩1,100	₩900
④	₩1,100	₩845
⑤	₩1,100	₩1,000

해설

• 기말재공품수량 : (500+4,500)−(3,700+250+250)=800
• 완성품환산량단위당원가 계산

	재료비	가공비
완 성 3,700	3,700	3,700
정 상 250(100%)	250	250
비정상 250(100%)	250	250
기 말 800(30%)	800	800×30%=240
	5,000	4,440
Cost/Unit	$\frac{500,000+4,500,000}{5,000}$=1,000	$\frac{375,000+3,376,800}{4,440}$=845

정답 ①

Supplementary 50 결합원가 배분방법의 특징 세무사기출

● 결합원가계산에 관한 설명으로 옳지 않은 것은?

① 물량기준법은 모든 연산품의 물량 단위당 결합원가 배부액이 같아진다.
② 분리점판매가치법(상대적 판매가치법)은 분리점에서 모든 연산품의 매출총이익률을 같게 만든다.
③ 균등이익률법은 추가가공 후 모든 연산품의 매출총이익률을 같게 만든다.
④ 순실현가치법은 추가가공 후 모든 연산품의 매출총이익률을 같게 만든다.
⑤ 균등이익률법과 순실현가치법은 추가가공을 고려한 방법이다.

해설

• 순실현가치법에 의하면 추가가공 후 모든 연산품의 매출총이익률은 같지 않다.

정답 ④

Supplementary 51 순실현가치법 결합원가배분 : 총제조원가 계산 감평사기출

● 20x1년에 설립된 ㈜서울은 제1공정에서 원재료 1,000kg을 가공하여 중간제품A와 제품B를 생산한다. 제품B는 분리점에서 즉시 판매될 수 있으나, 중간제품A는 분리점에서 판매가치가 형성되어 있지 않기 때문에 제2공정에서 추가 가공하여 제품C로 판매한다. 제품별 생산 및 판매량과 kg당 판매가격은 다음과 같다.

제품	생산 및 판매량	kg당 판매가격
중간제품A	600kg	-
제품B	400kg	₩500
제품C	600kg	₩450

제1공정에서 발생한 결합원가는 ₩1,200,000이었고, 중간제품A를 제품C로 가공하는데 추가된 원가는 ₩170,000이었다. 회사가 결합원가를 순실현가치에 비례하여 제품에 배부하는 경우, 제품B와 제품C에 배부되는 총제조원가는?

	제품 B	제품 C
①	₩400,000	₩800,000
②	₩400,000	₩970,000
③	₩570,000	₩800,000
④	₩800,000	₩570,000
⑤	₩800,000	₩400,000

해설

• 결합원가배분과 총제조원가 계산

제품	NRV	비율	결합원가배분액	총제조원가
B	400kg×500=200,000	$\frac{2}{3}$	1,200,000×$\frac{2}{3}$=800,000	800,000
C	600kg×450-170,000=100,000	$\frac{1}{3}$	1,200,000×$\frac{1}{3}$=400,000	400,000+170,000=570,000

정답 ④

Supplementary 52 순실현가치법 결합원가배분 : 개별제품 매출총이익 세무사기출

● ㈜세무는 20x1년 4월에 원재료 X를 가공하여 두 개의 결합제품인 제품 A 1,200단위와 제품 B 800단위를 생산하는데 ₩100,000의 결합원가가 발생하였다. 제품 B는 분리점에서 판매할 수도 있지만, 이 회사는 제품 B 800단위 모두를 추가가공하여 제품 C 800단위 생산한 후 500단위를 판매하였다. 제품 B를 추가가공하는데 ₩20,000의 원가가 발생하였다. 4월초에 각 제품의 예상판매가격은 제품 A는 단위당 ₩50, 제품 B는 단위당 ₩75, 제품 C는 단위당 ₩200이었는데, 20x1년 4월에 판매된 제품들의 가격은 예상판매가격과 동일하였다. ㈜세무는 결합원가 배부에 순실현가치법을 적용하고, 경영목적상 각 제품별 매출총이익을 계산한다. 20x1년 4월 제품 C에 대한 매출총이익은 얼마인가?(단, 월초재고와 월말재공품은 없으며, 공손 및 감손도 없다.)

① ₩30,250 ② ₩35,750 ③ ₩43,750
④ ₩48,250 ⑤ ₩56,250

해설

• 결합원가배분과 단위당제조원가 계산

제품	NRV	비율	결합원가배분액	단위당제조원가
A	1,200단위×50=60,000	30%	100,000×30%=30,000	$\frac{30,000}{1,200단위}$=25
C(B)	800단위×200−20,000=140,000	70%	100,000×70%=70,000	$\frac{70,000+20,000}{800단위}$=112.5

∴C제품의 매출총이익 : 500단위×200−500단위×112.5=43,750

정답 ③

Supplementary 53 순실현가치법 결합원가배분 : 단위당 매출총이익 감평사기출

● (주)한국은 동일한 공정에서 A, B, C라는 3가지 결합제품을 생산하고 있다. 결합원가 ₩1,600은 제품별 순실현가치에 비례하여 배부한다. 제품별 자료가 다음과 같을 때, 제품 단위당 매출총이익이 높은 것부터 낮은 순으로 나열한 것은?

제품명	A	B	C
생산량 및 판매량	100단위	300단위	500단위
단위당 판매가격	₩13	₩10	₩15
단위당 추가가공원가	₩3	₩2	–
단위당 판매비	₩1	₩1	₩5

① A 〉 B 〉 C ② A 〉 C 〉 B ③ C 〉 B 〉 A
④ C 〉 A 〉 B ⑤ B 〉 C 〉 A

해설

• 결합원가배분과 단위당제조원가 및 단위당 매출총이익 계산

제품	NRV	비율	결합원가배분액	단위당제조원가	단위당 매출총이익
A	100단위×(13−3−1)=900	11.25%	1,600×11.25%=180	$\frac{180+100단위\times3}{100단위}=4.8$	13−4.8=8.2
B	300단위×(10−2−1)=2,100	26.25%	1,600×26.25%=420	$\frac{420+300단위\times2}{300단위}=3.4$	10−3.4=6.6
C	500단위×(15−5)=5,000	62.5%	1,600×62.5%=1,000	$\frac{1,000}{500단위}=2$	15−2=13

∴단위당 매출총이익 크기 : C(13) 〉 A(8.2) 〉 B(6.6)

정답 ④

Supplementary 54 균등이익률법 결합원가배분 : 이익률이 주어진 경우 관세사기출

● ㈜관세는 균등이익률법을 적용하여 결합원가계산을 하고 있다. 당기에 결합제품 A와 B를 생산하였고, 균등매출총이익률은 30%이다. 관련 자료가 다음과 같을 때 결합제품 A에 배부되는 결합원가는?(단, 재공품 재고는 없다.)

제품	생산량	판매가격(단위당)	추가가공원가(총액)
A	300단위	₩30	₩2,100
B	320단위	₩25	₩3,200

① ₩2,400　② ₩3,200　③ ₩3,800
④ ₩4,200　⑤ ₩5,100

해설

• 추가가공원가와 최종판매가

제품	개별추가가공원가	개별최종판매가
A	2,100	300단위×30=9,000
B	3,200	320단위×25=8,000

• 개별매출총이익과 결합원가배분

제품	개별매출총이익	결합원가배분액
A	9,000×30%=2,700	9,000−2,700−2,100=4,200
B	8,000×30%=2,400	8,000−2,400−3,200=2,400

정답 ④

Supplementary 55 균등이익률법 결합원가배분 : 일반적인 경우 관세사기출

● ㈜고구려는 결합원가계산을 사용하고 있다. 당기에 결합제품 A, B를 생산하면서 결합원가 ₩103,000이 발생하였다. 각 제품에 대한 자료는 다음과 같다. 균등이익률법을 적용할 때 결합제품 A에 배부될 결합원가는 얼마인가?

제품	생산량	추가가공후 단위당 판매가격	추가가공원가(총액)
A	210	₩300	₩18,000
B	250	₩500	₩20,000

① ₩29,000 ② ₩29,250 ③ ₩29,500
④ ₩29,750 ⑤ ₩30,000

해설

• 추가가공원가와 최종판매가

제품	개별추가가공원가	개별최종판매가
A	18,000	210단위×300=63,000
B	20,000	250단위×500=125,000

• 평균매출총이익률 : $\frac{188,000-(103,000+38,000)}{188,000}$=25%

• 개별매출총이익과 결합원가배분

제품	개별매출총이익	결합원가배분액
A	63,000×25%=15,750	63,000−15,750−18,000=29,250
B	125,000×25%=31,250	125,000−31,250−20,000=73,750

정답 ②

Supplementary 56 균등이익률법 결합원가배분 : 결합원가 추정 세무사기출

● ㈜국세는 동일 공정에서 세 가지 결합제품 A, B, C를 생산하고 있으며, 균등이익률법을 사용하여 결합원가를 배부한다. A와 B는 추가가공을 거치지 않고 판매되며, C는 추가가공원가 ₩200,000을 투입하여 가공한 후 판매된다. 결합제품의 생산량 및 단위당 최종 판매가격에 대한 자료는 다음과 같다.

구분	생산량	단위당 최종 판매가격
A	2,000kg	₩200
B	2,000kg	₩100
C	2,500kg	₩160

C제품에 배부된 결합원가가 ₩120,000인 경우, 총결합원가는 얼마인가?(단, 공손 및 감손은 발생하지 않았고, 기초 및 기말재공품은 없는 것으로 가정한다.)

① ₩600,000　② ₩620,000　③ ₩640,000
④ ₩660,000　⑤ ₩680,000

해설

• 추가가공원가와 최종판매가

제품	개별추가가공원가	개별최종판매가
A	–	2,000kg×200=400,000
B	–	2,000kg×100=200,000
C	200,000	2,500kg×160=400,000

• 120,000(C제품 결합원가배분액)=400,000−개별매출총이익−200,000
→개별매출총이익=80,000
• 80,000(개별매출총이익)=400,000×평균매출총이익률
→평균매출총이익률20%
• $20\%(\text{평균매출총이익률}) = \dfrac{1,000,000-(\text{결합원가}+200,000)}{1,000,000}$
→∴결합원가=600,000

정답 ①

Supplementary 57 부산물과 결합원가배분 : 생산기준법/순실현가치법 세무사기출

● ㈜세무는 단일 재료를 이용하여 세 가지 제품 A· B· C와 부산물 X를 생산하고 있으며, 결합원가계산을 적용하고 있다. 제품 A와 B는 분리점에서 즉시 판매되나, 제품 C는 분리점에서 시장이 존재하지 않아 추가가공을 거친 후 판매된다. ㈜세무의 20x1년 생산 및 판매관련 자료는 다음과 같다.

구분	생산량	판매량	리터당 최종 판매가격
A	100리터	50리터	₩10
B	200리터	100리터	₩10
C	200리터	50리터	₩10
X	50리터	30리터	₩3

20x1년 동안 결합원가는 ₩2,100이고, 제품 C의 추가가공원가는 총 ₩1,000이다. 부산물 X의 단위당 판매비는 ₩1이며, 부산물 평가는 생산기준법(순실현가치법)을 적용한다. 순실현가치법으로 결합원가를 배부할 때 제품 C의 기말재고자산 금액은?(단, 기초재고와 기말재공품은 없다.)

① ₩850 ② ₩1,050 ③ ₩1,125
④ ₩1,250 ⑤ ₩1,325

해설

• 부산물 X는 생산기준법(2법)에 의하므로 순실현가치(50리터×3-50리터×1=100)만큼을 결합원가배분액으로 우선 처리하며, 나머지 결합원가(2,100-100=2,000)를 주산물 A, B, C에 순실현가치법에 의해 배분한다.
• 결합원가배분

제품	NRV	비율	배분액
A	100리터×10=1,000	$\frac{1,000}{4,000}$=25%	2,000×25%=500
B	200리터×10=2,000	$\frac{2,000}{4,000}$=50%	2,000×50%=1,000
C	200리터×10-1,000=1,000	$\frac{1,000}{4,000}$=25%	2,000×25%=500
X	50리터×3-50리터×1=100	-	100

• 주산물 C의 단위당원가 : $\frac{500+1,000}{200\text{리터}}$=7.5

∴주산물 C의 기말재고액 : (200리터-50리터)×7.5=1,125

정답 ③

Supplementary 58 부산물과 결합원가배분 : 생산기준법/균등이익률법 세무사기출

● ㈜국세는 결합공정을 통하여 주산물 X, Y와 부산물 C를 생산하였으며, 결합원가는 ₩50,000이었다. 주산물 X는 추가가공 없이 판매하지만, 주산물 Y와 부산물 C는 추가가공을 거쳐 판매한다. 20x1년의 생산 및 판매 자료는 다음과 같다.

	주산물 X	주산물 Y	부산물 C
추가가공원가	없음	₩13,400	₩600
생산량	900단위	900단위	200단위
단위당 판매가격	₩30	₩70	₩5

부산물은 생산시점에서 순실현가능가치로 인식한다. 균등매출총이익률법에 의해 각 주산물에 배분되는 결합원가는?

	주산물 X	주산물 Y
①	₩17,300	₩32,300
②	₩17,600	₩32,000
③	₩18,100	₩31,500
④	₩18,900	₩30,700
⑤	₩19,600	₩30,000

해설

• 부산물 C는 생산기준법(2법)에 의하므로 순실현가치(200단위×5-600=400)만큼을 결합원가배분액으로 우선 처리하며, 나머지 결합원가(50,000-400=49,600)를 주산물 X와 Y에 균등이익률법에 의해 배분한다.

• 추가가공원가와 최종판매가

주산물	개별추가가공원가	개별최종판매가
X	-	900단위×30=27,000
Y	13,400	900단위×70=63,000

• 평균매출총이익률 : $\frac{90,000-(49,600+13,400)}{90,000}$=30%

• 개별매출총이익과 결합원가배분

주산물	개별매출총이익	결합원가배분액
X	27,000×30%=8,100	27,000-8,100-0=18,900
Y	63,000×30%=18,900	63,000-18,900-13,400=30,700

정답 ④

Supplementary 59 표준원가계산의 적용과 차이분석 개요 감평사기출

● 표준원가계산에 관한 설명으로 옳은 것을 모두 고른 것은?

ㄱ. 표준원가계산제도는 전부원가계산에서 적용할 수 있으나 변동원가계산에서는 적용할 수 없다.
ㄴ. 표준원가계산제도는 종합원가계산제도에 적용이 가능하다.
ㄷ. 직접재료원가 가격차이를 구입시점에서 분리하든 사용시점에서 분리하든 직접재료원가 능률차이는 동일하다.
ㄹ. 고정제조간접원가의 예산차이는 실제투입량 변동예산과 실제산출량 변동예산의 차이를 의미한다.

① ㄱ, ㄴ ② ㄱ, ㄷ ③ ㄴ, ㄷ
④ ㄴ, ㄹ ⑤ ㄷ, ㄹ

해설

• 원가계산방법은 다음과 같이 결합되어 다양한 방법(12가지)이 가능하다.

제품원가의 구성요소	원가요소의 실제성여부	생산형태(제품의 성격)
전부원가계산 변동원가계산	실제원가계산 정상원가계산 표준원가계산	개별원가계산 종합원가계산

• ㄱ. 표준원가계산제도는 변동원가계산에서도 적용할 수 있다.
ㄹ. 고정제조간접원가의 예산차이는 실제발생액과 고정제조간접원가예산의 차이를 의미한다.
→실제투입량 변동예산과 실제산출량 변동예산의 차이를 의미하는 것은 변동제조간접원가 능률차이이다.

정답 ③

Supplementary 60 직접재료비 차이분석과 능률차이(수량차이) 계산 세무사기출

● ㈜국세는 표준원가계산제도를 채택하고 있다. 20x1년 직접재료의 표준원가와 실제원가는 다음과 같을 때, 직접재료원가 수량차이는?

표준원가	제품 단위당 직접재료 표준투입량	20kg
	직접재료 표준가격	₩30/kg
실제원가	실제 생산량	50개
	직접재료원가	₩35,000
	직접재료 구입가격	₩28/kg

① ₩5,500 유리 ② ₩5,500 불리 ③ ₩7,500 유리
④ ₩7,500 불리 ⑤ ₩0 차이 없음

해설

- AQ×28=35,000에서, AQ=1,250kg
- 직접재료비 능률차이(수량차이) 분석

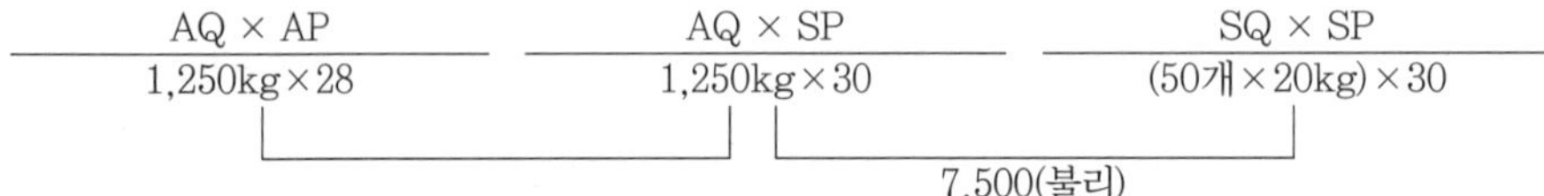

AQ × AP	AQ × SP	SQ × SP
1,250kg×28	1,250kg×30	(50개×20kg)×30

7,500(불리)

정답 ④

Supplementary 61 직접재료비 차이분석과 실제생산량 계산 세무사기출

● ㈜세무는 표준원가제도를 채택하고 있다. 20x1년 직접재료원가와 관련된 표준 및 실제원가 자료가 다음과 같을 때, 20x1년의 실제 제품생산량은 몇 단위인가?

실제 발생 직접재료원가	₩28,000
직접재료단위당 실제구입원가	₩35
제품단위당 표준재료투입량	9개
직접재료원가 가격차이	₩4,000 불리
직접재료원가 수량차이	₩3,000 유리

① 90단위 ② 96단위 ③ 100단위
④ 106단위 ⑤ 110단위

해설

- AQ×35=28,000에서, AQ=800개
- 직접재료비 가격차이 분석

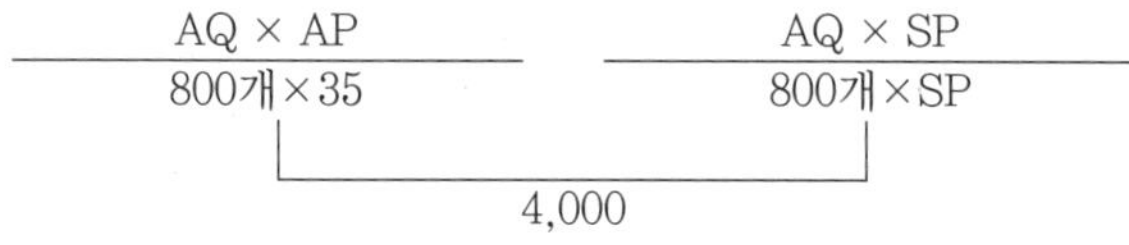

→SP=30

- 직접재료비 능률차이(수량차이) 분석

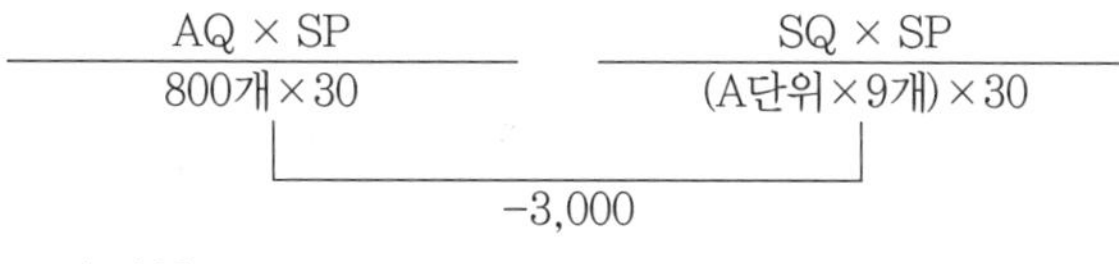

→A=100

정답 ③

Supplementary 62 직접노무비 차이분석과 실제작업시간 계산 감평사기출

● 다음은 20x1년 ㈜한국의 직접노무원가에 대한 표준원가 자료이다. 20x1년 중 생산 활동에 투입된 실제작업시간은 얼마인가?

실제생산량	3,000개
단위당 시간표준	10시간
직접노무원가 실제발생액	₩15,000,000
임률차이(불리)	₩5,000,000
능률차이(유리)	₩2,000,000

① 20,000시간 ② 22,000시간 ③ 25,000시간
④ 30,000시간 ⑤ 32,000시간

해설

• 직접노무비 차이분석

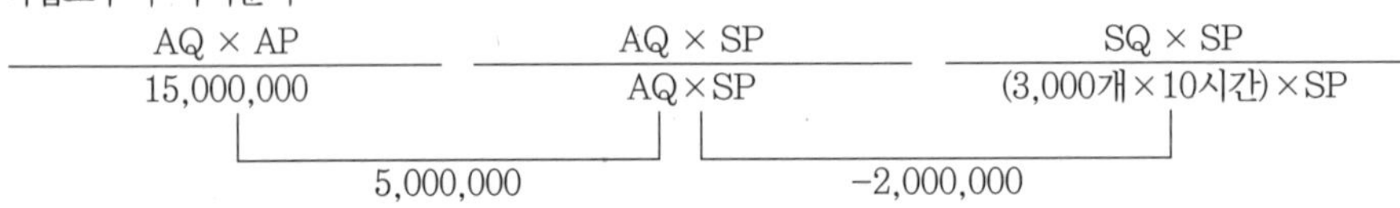

• 15,000,000-(AQ×SP)=5,000,000 →AQ×SP=10,000,000
• 10,000,000-[(3,000개×10시간)×SP]=-2,000,000 →SP=400
∴AQ×SP(400)=10,000,000 →AQ=25,000시간

정답 ③

Supplementary 63 직접노무비 차이분석과 능률차이 계산 감평사기출

● ㈜서울은 단일 제품을 생산하고 있으며 20x1년 재공품에 관한 자료는 다음과 같다.

항목	수량	항목	수량
기초재공품 수량	-	완성량	80개
당기착수량	130개	기말재공품 수량	50개
합계	130개	합계	130개

기말재공품의 가공원가 완성도는 40%이다. ㈜서울은 당기에 직접노무시간 660시간을 투입하였다. 회사의 제품 단위당 표준직접노무시간은 6시간이고, 표준임률은 ₩3,000이다. 당기에 실제로 발생된 직접노무원가가 ₩2,100,000이었다면, 직접노무원가의 능률차이는?

① ₩120,000 불리 ② ₩180,000 불리 ③ ₩120,000 유리
④ ₩180,000 유리 ⑤ ₩540,000 불리

해설

• 가공비완성품환산량(=실제생산량) : 80개+50개×40%=100개

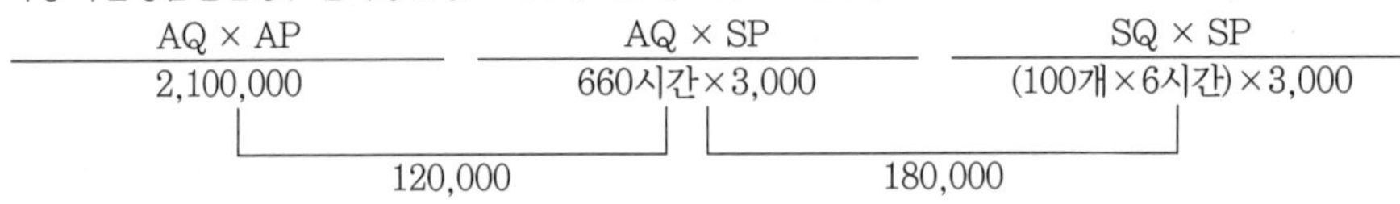

정답 ②

Supplementary 64 변동제조간접비 차이분석과 실제생산량 계산 세무사기출

● ㈜진주는 제조간접원가를 직접노무시간에 따라 배부하며, 기준조업도(직접노무시간)는 30,000시간/월이다. 제품 1단위를 생산하는데 표준직접노무시간은 3시간이다. 20x1년 9월의 발생 자료는 다음과 같다.

실제 직접노무시간	28,000시간
변동제조간접원가 실제 발생액	₩37,800
소비차이	₩4,200(유리)
능률차이	₩3,000(유리)

㈜진주의 20x1년 9월 실제 제품생산량은 몇 단위인가?

① 8,500단위 ② 9,000단위 ③ 9,500단위
④ 10,000단위 ⑤ 10,500단위

해설

- A=28,000시간
- 변동제조간접비 소비차이 분석

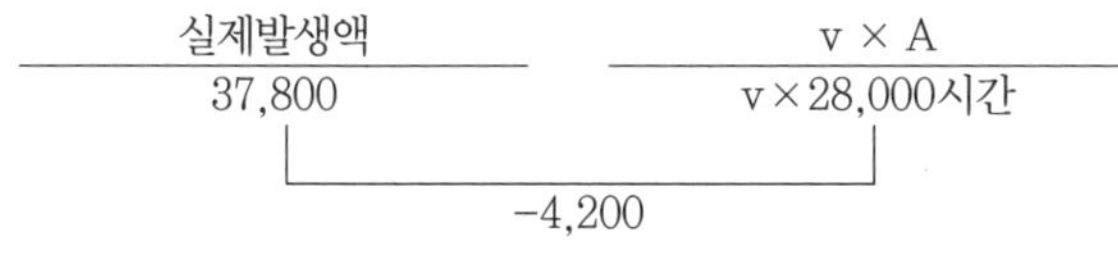

→v=1.5

- 변동제조간접비 능률차이 분석

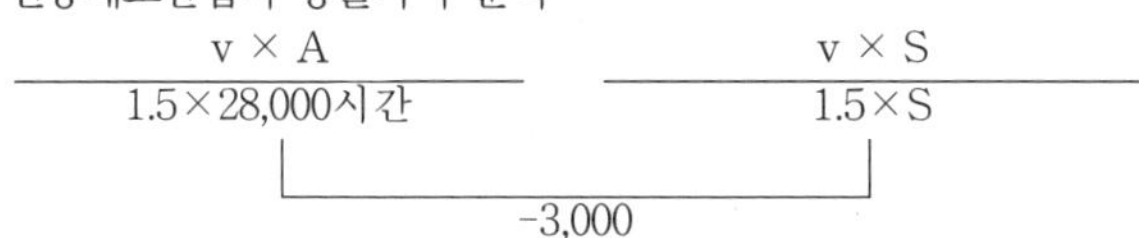

→S=30,000

∴실제제품생산량x3시간=30,000 →실제제품생산량=10,000단위

정답 ④

Supplementary 65 고정제조간접비 조업도차이 감평사기출

● ㈜감평은 표준원가계산을 적용하고 있으며, 직접노무시간을 기준으로 제조간접원가를 배부하고 있다. 고정제조간접원가 조업도차이는?

○ 당기 실제 발생 총제조간접원가	₩700,000
○ 실제 직접노무시간	70,000시간
○ 기준조업도	80,000시간
○ 실제 직접노무시간에서의 제조간접원가 변동예산	₩770,000
○ 기준조업도에서의 제조간접원가 예산	₩820,000
○ 당기 실제 발생 직접노무원가	₩200,000
○ 직접노무원가 임률차이	₩25,000(불리)
○ 직접노무원가 능률차이	₩15,000(유리)
○ 표준 직접노무원가	시간당 ₩2.5

① ₩21,000(유리) ② ₩21,000(불리) ③ ₩31,500(유리)
④ ₩31,500(불리) ⑤ ₩52,500(유리)

해설

• A(AQ)=70,000시간, N=80,000시간, SP=2.5
• ㉠ 70,000v+F=770,000
㉡ 80,000v+F=820,000
→연립하면, v=5, F=420,000
→$f=\frac{420,000}{80,000시간}=5.25$
• 직접노무비 능률차이 분석

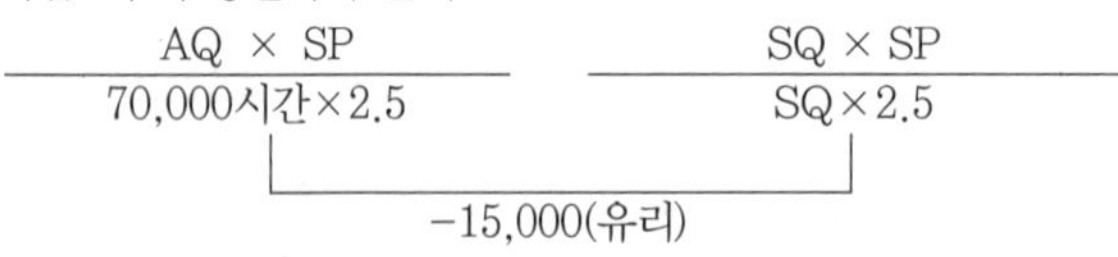

→S(SQ)=76,000시간
• 고정제조간접비 조업도차이 분석

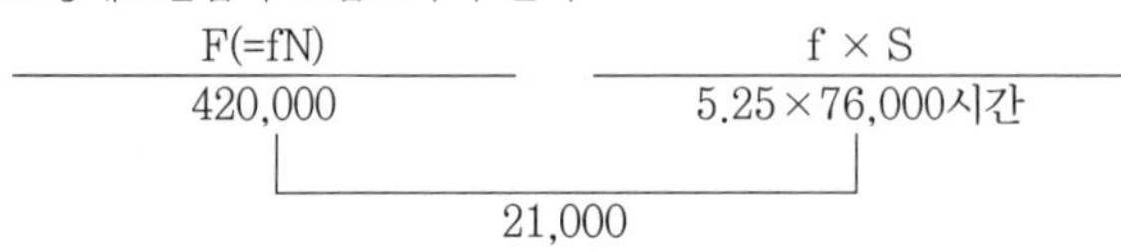

∴.고정제조간접비 조업도차이 : 21,000(불리)

정답 ②

Supplementary 66 변동 · 전부원가계산 일반적인 영업이익 차이조정 감평사기출

● ㈜감평은 선입선출법에 의해 실제원가계산을 사용하고 있다. ㈜감평은 전부원가계산에 의해 20x1년 영업이익을 ₩65,000으로 보고하였다. ㈜감평의 기초제품수량은 1,000단위이며, 20x1년 제품 20,000단위를 생산하고 18,000단위를 단위당 ₩20에 판매하였다. ㈜감평의 20x1년 고정제조간접원가가 ₩100,000이고 기초제품의 단위당 고정제조간접원가가 20x1년과 동일하다고 가정할 때, 변동원가계산에 의한 20x1년 영업이익은?(단, 재공품은 고려하지 않는다.)

① ₩35,000　② ₩40,000　③ ₩55,000
④ ₩65,000　⑤ ₩80,000

해설

• FOH배부율 : $\frac{100,000}{20,000\text{단위}}=5$

• 전부원가계산 영업이익 65,000
(+) 기초에 포함된 FOH 1,000단위×5=5,000
(-) 기말에 포함된 FOH 3,000단위×5=15,000
변동원가계산 영업이익 55,000

정답 ③

Supplementary 67 변동 · 전부원가계산 FOH배부율과 영업이익 차이조정 [1] 관세사기출

● 20x1년 초에 설립된 ㈜관세는 한 종류의 등산화를 제조하여 백화점에 납품하고 있다. 이 제품의 단위당 직접재료원가 ₩5, 단위당 직접노무원가 ₩3, 단위당 변동제조간접원가 ₩2이 발생하고, 연간 총고정제조간접원가는 ₩300,000이다. 연도별 생산량과 판매량 자료는 다음과 같으며 판매가격과 원가구조의 변동은 없다.

	20x1년	20x2년
생산량	50,000단위	60,000단위
판매량	30,000단위	50,000단위

㈜관세의 20x2년 말 변동원가계산하의 영업이익이 ₩100,000일 경우 전부원가계산하의 영업이익은 얼마인가?(단, 재공품은 없으며 원가흐름은 선입선출법을 가정한다.)

① ₩110,000　② ₩120,000　③ ₩130,000
④ ₩140,000　⑤ ₩150,000

해설

• 20x1년 FOH배부율 : $\frac{300,000}{50,000\text{단위}}=6$, 20x2년 FOH배부율 : $\frac{300,000}{60,000\text{단위}}=5$

• 전부원가계산 영업이익 X
(+) 기초에 포함된 FOH 20,000단위×6=120,000
(-) 기말에 포함된 FOH 30,000단위×5=150,000
변동원가계산 영업이익 100,000

→X=130,000

정답 ③

Supplementary 68 변동 · 전부원가계산 FOH배부율과 영업이익 차이조정 [2] 감평사기출

● 20x1년초 영업을 개시한 ㈜감평의 20x1년도와 20x2년도의 생산 및 판매와 관련된 자료는 다음과 같다.

	20x1년	20x2년
생산량	5,000개	10,000개
판매량	4,000개	10,000개
직접재료원가	₩500,000	₩1,000,000
직접노무원가	₩600,000	₩1,200,000
변동제조간접원가	₩400,000	₩800,000
고정제조간접원가	₩200,000	₩250,000
변동판매관리비	₩200,000	₩400,000
고정판매관리비	₩300,000	₩350,000

㈜감평의 20x2년도 전부원가계산에 의한 영업이익이 ₩100,000일 때, 변동원가계산에 의한 영업이익은?(단, 재공품은 없으며 원가흐름은 선입선출법을 가정한다.)

① ₩85,000 ② ₩115,000 ③ ₩120,000
④ ₩135,000 ⑤ ₩140,000

해설

•20x1년 FOH배부율 : 200,000÷5,000개=40
20x2년 FOH배부율 : 250,000÷10,000개=25

•전부원가계산 영업이익	100,000
(+) 기초에 포함된 FOH	1,000개×40=40,000
(−) 기말에 포함된 FOH	1,000개×25=25,000
변동원가계산 영업이익	115,000

정답 ②

Supplementary 69 변동 · 전부원가계산의 영업이익 차이금액 감평사기출

● ㈜감평은 생활용품을 생산 · 판매하고 있다. 20x1년 생산량은 1,200단위이고 판매량은 1,000단위이다. 판매가격 및 원가 자료는 다음과 같다.

○ 단위당 판매가격	₩8,000
○ 단위당 변동제조원가	₩3,000
○ 단위당 변동판매비와관리비	₩1,500
○ 고정제조간접원가	₩2,400,000
○ 고정판매비와관리비	₩1,000,000

전부원가계산방법으로 계산한 영업이익은 변동원가계산방법으로 계산한 영업이익에 비해 얼마만큼 증가 또는 감소하는가?(단, 기초재고자산과 기말재공품은 없다.)

① ₩400,000 증가 ② ₩400,000 감소 ③ ₩600,000 증가
④ ₩600,000 감소 ⑤ ₩500,000 감소

해설

• FOH배부율 : $\frac{2,400,000}{1,200\text{단위}}$=2,000

• 전부원가계산 영업이익 X

전부원가계산 영업이익		X
(+) 기초에 포함된 FOH		0
(−) 기말에 포함된 FOH	200단위×2,000=400,000	
변동원가계산 영업이익		X−400,000

→X−(X−400,000)=400,000

정답 ①

Supplementary 70 변동 · 전부원가계산과 정상원가계산 영업이익 차이조정 감평사기출

● 정상원가계산을 사용하는 ㈜감평은 단일제품을 제조 · 판매하는 기업이다. 20x1년도의 고정제조간접원가 총예산액 및 실제 발생액은 ₩720,000이었다. 20x1년 제품의 생산 및 판매량은 다음과 같고, 기초 및 기말 재공품은 없다.

기초재고	40,000단위
생산량	140,000단위
판매량	160,000단위

고정제조간접원가배부율은 120,000단위를 기준으로 산정하며, 이 배부율은 매년 동일하게 적용된다. 한편, 제조원가의 원가차이는 전액 매출원가에서 조정한다. 변동원가계산에 의한 영업이익이 ₩800,000인 경우, 전부원가계산에 의한 영업이익은?

① ₩680,000　② ₩700,000　③ ₩750,000
④ ₩830,000　⑤ ₩920,000

해설

• FOH배부율 : $\frac{720,000}{120,000단위}=6$

• 전부원가계산 영업이익 X

전부원가계산 영업이익	X
(+) 기초에 포함된 FOH	40,000단위×6=240,000
(−) 기말에 포함된 FOH	20,000단위×6=120,000
변동원가계산 영업이익	800,000

→X=680,000

참고 정상·표준원가계산의 경우 비용이 된 FOH
① 전부=기초FOH+FOH배부액−기말FOH+매출원가에 가산된 과소배부액
② 변동=당기FOH ⇒FOH배부액+매출원가에 가산된 과소배부액
∴실제원가계산하의 차이조정과 동일함!

정답 ①

Supplementary 71 변동 · 전부원가계산의 기말제품재고 계산 세무사기출

● ㈜세무는 전부원가계산방법을 채택하여 단일 제품A를 생산 · 판매하며, 재고자산 계산은 선입선출법을 적용한다. 20x1년 제품A의 생산 · 판매와 관련된 자료는 다음과 같다.

	수량	재고금액
기초제품	1,500단위	₩100,000(고정제조간접원가 ₩45,000 포함)
당기완성품	24,000단위	
당기판매	23,500단위	
기말제품	2,000단위	₩150,000(고정제조간접원가 포함)

20x1년 재공품의 기초와 기말재고는 없으며, 고정제조간접원가는 ₩840,000, 고정판매관리비는 ₩675,000이다. ㈜세무의 20x1년 전부원가계산에 의한 영업이익이 ₩745,000일 경우, 변동원가계산에 의한 영업이익과 기말제품재고액은?

	변동원가계산 영업이익	변동원가계산 기말제품재고액
①	₩710,000	₩80,000
②	₩710,000	₩90,000
③	₩720,000	₩80,000
④	₩720,000	₩90,000
⑤	₩730,000	₩90,000

해설

• FOH배부율 : $\frac{840,000}{24,000\text{단위}}=35$

• 전부원가계산 영업이익 745,000
  (+) 기초에 포함된 FOH 45,000
  (−) 기말에 포함된 FOH 2,000단위×35=70,000
  변동원가계산 영업이익 720,000

• 변동원가계산 기말제품재고액 : 150,000−70,000(기말에 포함된 FOH)=80,000

정답 ③

Supplementary 72 변동 · 전부원가계산의 고정제조간접원가 추정 세무사기출

● ㈜광주는 실제원가로 제품원가를 계산하고 있다. ㈜광주는 20x1년 1월초에 개업하였으며, 20x1년과 20x2년의 제품 생산량과 판매량, 원가자료는 다음과 같다.

구분	20x1년	20x2년
생산량	10,000개	14,000개
판매량	8,000개	15,000개
고정제조간접원가	₩240,000	?
고정판매관리비	₩180,000	₩230,000

20x2년의 전부원가계산에 의한 이익은 ₩500,000이고, 변동원가계산에 의한 이익은 ₩528,000이었다. 20x2년에 발생된 고정제조간접원가는 얼마인가?(단, 20x1년과 20x2년의 기초재공품 및 기말재공품은 없으며, 물량 및 원가흐름은 선입선출법을 가정한다.)

① ₩200,000 ② ₩220,000 ③ ₩240,000
④ ₩260,000 ⑤ ₩280,000

해설

• 20x1년 FOH배부율 : $\frac{240,000}{10,000개}$=24

• 전부원가계산 영업이익 500,000
(+) 기초에 포함된 FOH 2,000개×24=48,000
(−) 기말에 포함된 FOH 1,000개×20x2년 FOH배부율
변동원가계산 영업이익 528,000

→1,000개×20x2년 FOH배부율=20,000에서, 20x2년 FOH배부율=20

∴20x2년 FOH배부율= $\frac{F}{14,000개}$ =20에서, F=280,000

정답 ⑤

Supplementary 73 변동 · 전부원가계산의 기말제품재고수량 추정 세무사기출

● 20x1년 초에 설립된 ㈜국세는 노트북을 제조하여 판매하고 있다. ㈜국세는 재고자산의 원가흐름 가정으로 선입선출법을 적용하며, 실제원가계산으로 제품원가를 산출한다. ㈜국세의 매월 최대 제품생산능력은 1,000대이며, 20x1년 1월과 2월의 원가자료는 다음과 같다.

구분	1월	2월
생산량	900대	800대
판매량	800대	?
고정제조간접원가	₩180,000	₩200,000

2월의 전부원가계산 하의 영업이익이 변동원가계산 하의 영업이익보다 ₩20,000만큼 큰 경우, ㈜국세의 2월 말 제품재고수량은 얼마인가? (단, 매월 말 재공품은 없는 것으로 가정한다.)

① 160대　② 170대　③ 180대
④ 190대　⑤ 200대

해설

• 1월 FOH배부율 : $\frac{180,000}{900\text{대}}=200$

2월 FOH배부율 : $\frac{200,000}{800\text{대}}=250$

• 전부원가계산 영업이익	X
(+) 기초에 포함된 FOH	100대×200=20,000
(−) 기말에 포함된 FOH	기말제품재고수량×250
변동원가계산 영업이익	X−20,000

∴기말제품재고수량×250=40,000에서, 기말제품재고수량=160대

정답 ①

Supplementary 74 손익분기점 매출액 감평사기출

● 다음 자료를 이용하여 계산한 ㈜감평의 20x1년 손익분기점 매출액은?

단위당 판매가격	₩2,000
단위당 변동제조원가	₩700
단위당 변동판매비와관리비	₩300
연간 고정제조간접원가	₩1,350,000
연간 고정판매비와관리비	₩1,250,000

① ₩2,500,000　② ₩2,700,000　③ ₩4,000,000
④ ₩5,200,000　⑤ ₩5,400,000

해설

• 공헌이익률 : [2,000−(700+300)]÷2,000=50%

∴손익분기점 매출액 : $\frac{1,350,000+1,250,000}{50\%}=5,200,000$

정답 ④

Supplementary 75 목표이익을 위한 판매량 세무사기출

● ㈜세무는 단일 제품을 생산·판매하고 있으며, 단위당 변동원가는 ₩400이고, 손익분기매출액은 ₩100,000이고, 공헌이익률은 20%이다. 목표이익 ₩80,000을 달성하기 위한 제품의 생산·판매량은?

① 1,000단위　② 1,100단위　③ 1,200단위
④ 1,300단위　⑤ 1,400단위

해설

- $100{,}000 = \frac{\text{고정비}}{20\%}$ →고정비=20,000
- $\text{변동비율}(80\%) = \frac{400}{\text{단위당판매가}}$ →단위당판매가=500

∴BEP 판매량 : $\frac{20{,}000+80{,}000}{500-400}$=1,000단위

정답 ①

Supplementary 76 손익분기점 분석의 실무적용 세무사기출

● ㈜세무항공은 항공기 1대를 이용하여 김포와 제주간 노선을 주 5회 왕복운항하고 있으며, 이 항공기의 좌석수는 총 110석이다. 이 노선의 항공권은 1매당 편도요금은 ₩30,000이고, 항공권을 대행판매하는 여행사에 판매된 요금의 3%가 수수료로 지급되며, 항공권 1매당 예상되는 기내식사비용은 ₩1,100이다. 편도운항당 연료비는 ₩700,000이 소요되며, 비행설비 임차료와 공항사용료는 매주 ₩4,800,000이며 승무원 급여와 복리후생비는 매주 ₩7,800,000이 발생한다. ㈜세무항공이 손익분기점에 도달하기 위해 매주 최소 판매해야 할 항공권 수량은? (단, 항공권은 편도기준으로 여행사를 통해서만 판매된다.)

① 475매　② 575매　③ 600매
④ 700매　⑤ 775매

해설

- 단위당공헌이익(1매당 공헌이익) 계산

단위당판매가격	:	30,000
단위당변동비	: 900(항공권대행 여행사 수수료)+1,100(기내식사비용)=	2,000
		28,000

- 고정비 계산

연료비	: 5회×2(왕복)×700,000=	7,000,000
비행설비임차료와 공항사용료	:	4,800,000
승무원급여와 복리후생비	:	7,800,000
		19,600,000

∴BEP 판매량 : $\frac{19{,}600{,}000}{28{,}000}$=700매

정답 ④

Supplementary 77 | CVP도표와 안전한계율 판매량 | 세무사기출

● 다음은 ㈜국세의 조업도 변화에 따른 총수익, 총변동비 및 총고정비를 그래프로 나타낸 것이다.

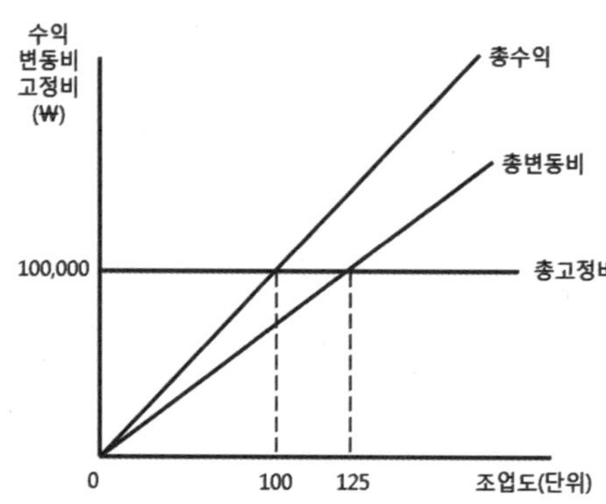

위 그래프를 이용할 경우, ㈜국세가 안전한계율 37.5%를 달성하는데 필요한 목표 판매수량은 몇 단위인가?

① 600단위　② 700단위　③ 800단위
④ 900단위　⑤ 1,000단위

해설

- 고정비(=총고정비선 Y절편) : 100,000
- 단위당판매가(=총수익선 기울기) : $\frac{100,000}{100}$=1,000
- 단위당변동비(=총변동비선 기울기) : $\frac{100,000}{125}$=800
- 단위당공헌이익 : 1,000−800=200
- BEP 판매량 : $\frac{100,000}{200}$=500단위

∴37.5%(안전한계율)=$\frac{판매량-500단위}{판매량}$ →판매량=800단위

정답 ③

Supplementary 78 매출배합비율에 의한 손익분기점 총판매액 관세사기출

● ㈜관세는 동일한 생산설비를 이용하여 제품 A, B, C를 생산·판매하고 있으며 총고정비는 ₩1,000,000이다.

제품	판매단가	단위당 변동비
A	₩900	₩700
B	₩1,000	₩600
C	₩900	₩500

제품 A, B, C의 판매량 구성이 4 : 2 : 1일 때 손익분기점에 이르는 총판매액은?

① ₩1,875,000　② ₩2,500,000　③ ₩3,250,000
④ ₩4,500,000　⑤ ₩5,050,000

해설

• 단위당가중평균공헌이익 계산

	제품A	제품B	제품C
단위당공헌이익	200	400	400
매출배합비율	$\frac{4}{7}$	$\frac{2}{7}$	$\frac{1}{7}$
단위당가중평균공헌이익	$200\times\frac{4}{7}+400\times\frac{2}{7}+400\times\frac{1}{7}$		

• BEP 총판매량 : $\dfrac{1,000,000}{200\times\frac{4}{7}+400\times\frac{2}{7}+400\times\frac{1}{7}}=3,500$개

∴BEP 총판매액 : $(3,500\text{개}\times\frac{4}{7})\times 900+(3,500\text{개}\times\frac{2}{7})\times 1,000+(3,500\text{개}\times\frac{1}{7})\times 900=3,250,000$

정답 ③

Supplementary 79 매출배합비율에 의한 손익분기점 개별판매량 감평사기출

● 다음은 ㈜감평의 20x1년도 예산자료이다. 손익분기점을 달성하기 위한 A제품의 예산판매수량은? (단, 매출배합은 변하지 않는다고 가정한다.)

구분	A제품	B제품
총매출액	₩2,100,000	₩2,900,000
총변동원가	₩1,470,000	₩1,740,000
총고정원가	₩1,074,000	
판매량	600개	400개

① 240개 ② 300개 ③ 360개
④ 420개 ⑤ 480개

해설

• 단위당가중평균공헌이익 계산

	제품A	제품B
단위당판매가격	2,100,000÷600개=3,500	2,900,000÷400개=7,250
단위당변동원가	1,470,000÷600개=2,450	1,740,000÷400개=4,350
단위당공헌이익	3,500−2,450=1,050	7,250−4,350=2,900
매출배합비율	60%	40%
단위당가중평균공헌이익	1,050×60%+2,900×40%=1,790	

• BEP 총판매량 : $\frac{1,074,000}{1,790}$=600개

∴손익분기점을 달성하기 위한 A제품의 예산판매수량 : 600개×60%=360개

정답 ③

Supplementary 80 복수제품의 손익분기점 개별매출액 [1] 감평사기출

● ㈜대한은 A, B 두 제품을 생산 · 판매하고 있다. 두 제품에 대한 20x1년도 예산자료는 다음과 같다.

구분	A제품	B제품	합계
매출액	₩300,000	₩900,000	₩1,200,000
변동원가	₩120,000	₩450,000	₩570,000
공헌이익	₩180,000	₩450,000	₩630,000

회사 전체의 연간 고정원가 총액은 ₩262,500이다. A제품의 연간 손익분기점 매출액은?(단, 예산매출배합이 일정하게 유지된다고 가정한다.)

① ₩105,000 ② ₩110,000 ③ ₩115,000
④ ₩120,000 ⑤ ₩125,000

해설

• 가중평균공헌이익률 계산

	제품A	제품B
공헌이익률	180,000÷300,000=60%	450,000÷900,000=50%
매출액구성비율	300,000÷1,200,000=25%	900,000÷1,200,000=75%
가중평균공헌이익률	60%×25%+50%×75%=52.5%	

• BEP 총매출액 : $\frac{262,500}{52.5\%}=500,000$

∴A제품의 연간 손익분기점 매출액 : 500,000×25%=125,000

정답 ⑤

Supplementary 81 복수제품의 손익분기점 개별매출액 [2] 세무사기출

● ㈜국세는 다음과 같이 3가지 제품을 생산·판매할 계획이다.

구분	제품A	제품B	제품C
단위당 판매가격	₩10	₩12	₩14
단위당 변동비	₩6	₩4	₩8
예상판매량	100개	150개	250개

고정비는 총 ₩2,480으로 전망된다. 예상판매량 배합비율이 유지된다면, 제품C의 손익분기점 매출액은?

① ₩800　② ₩1,200　③ ₩1,440
④ ₩2,000　⑤ ₩2,800

해설

• 단위당가중평균공헌이익 계산

	제품A	제품B	제품C
단위당공헌이익	10-6=4	12-4=8	14-8=6
매출배합비율	100개÷500개=20%	150개÷500개=30%	250개÷500개=50%
단위당가중평균공헌이익		4×20%+8×30%+6×50%=6.2	

• BEP 총판매량 : $\frac{2,480}{6.2}$ =400개
　→제품C의 판매량 : 400개×50%=200개
∴제품C의 손익분기점 매출액 : 200개×14=2,800

저자주 자료가 단위당 금액으로 주어진 경우에는 가중평균공헌이익률의 계산 보다는 단위당가중평균공헌이익의 계산을 통한 손익분기점 판매수량을 계산하여 매출액으로 전환하는 방법을 사용하기 바랍니다.

정답 ⑤

Supplementary 82 현금흐름분기점 감평사기출

● ㈜한국은 제품 K만을 생산·판매하고 있다. 20x1년 제품 K의 단위당 판매가격은 ₩5,000이고, 판매액은 ₩100,000,000이었다. 동 연도 총변동원가는 ₩20,000,000이며, 설비에 대한 감가상각비 ₩1,200,000을 포함하여 총고정원가가 ₩10,000,000 발생하였다. 법인세율이 40%라고 가정할 때 ㈜한국의 현금흐름분기점 수량은 몇 단위인가?(단, 감가상각비를 제외한 모든 수익과 비용은 현금거래로 이루어진 것이며, 손실이 발생할 경우 법인세가 환급된다고 가정함)

① ₩1,500단위　② ₩1,750단위　③ ₩1,800단위
④ ₩2,000단위　⑤ ₩2,200단위

해설

• 판매량 : 100,000,000÷5,000=20,000단위
　단위당변동원가 : 20,000,000÷20,000단위=1,000
• 5,000Q=1,000Q+8,800,000+(5,000Q−1,000Q−10,000,000)×40% →Q=2,000

정답 ④

Supplementary 83 CVP종합분석 세무사기출

● ㈜세무의 20x1년 연간 실제 매출액은 ₩100,000이고 연간 실제 고정원가는 ₩30,000이며, 변동원가율은 60%, 법인세율은 20%이다. 다음 설명 중 옳은 것은?

① 영업레버리지도는 4이다.
② 당기순이익은 ₩10,000이다.
③ 판매량이 5% 증가하면 영업이익은 ₩1,600 증가한다.
④ 안전한계율(M/S비율)은 33.3%이다.
⑤ 손익분기매출액은 ₩70,000이다.

해설

- 공헌이익률 : 1−60%(변동비율)=40%
  공헌이익 : 100,000×40%=40,000
  영업이익(세전이익) : 40,000−30,000=10,000
- ① 영업레버리지도 : $\frac{40,000}{10,000}$=4
  ② 당기순이익(세후이익) : 10,000−10,000×20%=8,000
  ③ 매출액=P(판매가)×Q(판매량)
  판매량 5% 증가시 매출액=P×Q×1.05 → 매출액 5% 증가와 동일
  DOL=4이므로 매출액이 5% 증가하면 영업이익은 20% 증가함.
  ∴영업이익은 2,000(=10,000×20%) 증가함.
  ④ 안전한계율 : $\frac{10,000(영업이익)}{40,000(공헌이익)}$ = 25% 또는 $\frac{1}{4(영업레버리지도)}$ = 25%
  ⑤ BEP 매출액 : $\frac{30,000}{40\%}$ =75,000

정답 ①

Supplementary 84 특별주문 수락시 변동비 금액 감평사기출

● ㈜감평은 제품A를 단위당 ₩100에 판매하고 있는데, ㈜한국으로부터 제품A 2,000단위를 단위당 ₩70에 구입하겠다는 제안을 받았다. 제품A의 단위당 원가는 다음과 같다.

직접재료원가	₩20	직접노무원가	₩15
변동제조간접원가	₩10	고정제조간접원가	₩5

판매비와관리비는 모두 변동비로 매출액의 20%이다. ㈜감평은 ㈜한국의 제안을 수락할 수 있는 충분한 유휴생산능력을 보유하고 있다. ㈜감평이 ㈜한국의 제안을 수락하는 경우 영업이익 증가액은?

① ₩2,000　② ₩12,000　③ ₩22,000
④ ₩40,000　⑤ ₩50,000

해설

• 증분수익	− 증가 :	2,000단위×70=	140,000
증분비용	− 증가 :	2,000단위×(20+15+10)+(2,000단위×70)×20%=	(118,000)
증분손익			22,000

정답 ③

Supplementary 85 특별주문 의사결정시 회피가능원가의 구분 관세사기출

● 다음은 ㈜관세의 손익계산서에서 발췌한 정보이다. ㈜관세가 판매하는 제품의 단위당 판매가격은 ₩200이다. 매출원가와 판매비와관리비 각각에 대해서 30%는 변동원가이며, 70%는 회피불능고정원가이다. ㈜관세는 ㈜한국으로부터 단위당 ₩150에 500단위의 제품을 사겠다고 제의를 받았다. 이에 대한 추가 주문을 받아들인다면 ㈜관세의 영업이익에 미치는 영향은 얼마인가?(단, ㈜관세는 유휴생산능력이 충분하다.)

매출액	₩3,000,000
매출원가	(₩2,000,000)
매출총이익	₩1,000,000
판매비와관리비	(₩500,000)
영업이익	₩500,000

① ₩51,000 감소 ② ₩50,000 감소 ③ ₩50,000 증가
④ ₩51,000 증가 ⑤ ₩75,000 증가

해설

• 판매량 : 3,000,000÷200=15,000단위
• 단위당변동비 : [(2,000,000+500,000)×30%]÷15,000단위=50

• 증분수익 – 증가 : 500단위×150= 75,000
  증분비용 – 증가 : 500단위×50=(25,000)
  증분손익 50,000

정답 ③

Supplementary 86 특별주문 의사결정시 절감원가 및 추가비용 감평사기출

● ㈜대한은 단일 종류의 제품을 생산·판매하고 있다. 20x1년도 단위당 판매가격은 ₩4,000, 단위당 변동원가는 ₩3,500, 연간 총고정원가는 ₩500,000으로 예상된다. 20x1년 중에 특정 고객으로부터 제품 100단위를 구입하겠다는 주문(이하, 특별주문)을 받았다. 특별주문을 수락할 경우 단위당 변동원가 중 ₩500을 절감할 수 있으며, 배송비용은 총 ₩10,000이 추가로 발생한다. 특별주문을 수락하더라도 여유설비가 충분하기 때문에 정상적인 영업활동이 가능하다. ㈜대한이 특별주문을 수락하여 ₩30,000의 이익을 얻고자 한다면, 단위당 판매가격을 얼마로 책정해야 하는가?

① ₩3,100 ② ₩3,300 ③ ₩3,400
④ ₩3,500 ⑤ ₩3,600

해설

• 증분수익 – 증가 : 100단위×X
  증분비용 – 증가 : 100단위×(3,500−500)+10,000= (310,000)
  증분손익 100단위×X−310,000

∴100단위×X−310,000=30,000 →X=3,400

정답 ③

Supplementary 87 특별주문 의사결정시 정규매출감소 : 일반적인 경우 세무사기출

● ㈜세무의 정상판매량에 기초한 20x1년 예산손익계산서는 다음과 같다.

매출액(5,000단위 ₩60)	₩300,000
변동매출원가	₩150,000
변동판매비	₩60,000
공헌이익	₩90,000
고정제조간접원가	₩50,000
고정판매비	₩20,000
영업이익	₩20,000

㈜세무의 연간 최대생산능력은 6,000단위이다. 새로운 고객이 20x1년초 1,500단위를 단위당 ₩50에 구입하겠다고 제의하였으며, 이 제의는 부분 수락할 수 없다. 이 제의를 수락하고, 정상가격에 의한 기존의 거래를 감소시켜 영업이익을 극대화한다면, 20x1년에 증가되는 영업이익은?

① ₩1,000 ② ₩3,000 ③ ₩9,000
④ ₩14,000 ⑤ ₩17,000

해설

• 단위당변동비 : (150,000+60,000)÷5,000단위=42

• 증분수익	- 증가 :	1,500단위×50=	75,000
	- 감소 : 정규매출감소분 공헌이익	500단위×(60−42)=	(9,000)
증분비용	- 증가 :	1,500단위×42=	(63,000)
증분손익			3,000

정답 ②

Supplementary 88 특별주문 의사결정시 정규매출감소 : 판관비 변동 [1] 감평사기출

● ㈜서울은 20x1년에 제품A를 연간 1,500단위 생산하여 단위당 ₩400에 판매하였다. 제품A의 최대생산량은 2,000단위이며 단위당 원가는 다음과 같다.

• 직접재료원가	₩120
• 직접노무원가	₩80
• 변동제조간접원가	₩20
• 변동판매관리비	₩30
• 고정판매관리비	₩20
• 고정제조간접원가	₩30

20x2년초에 회사는 ㈜한국으로부터 제품A 800단위를 단위당 ₩300에 구입하겠다는 특별주문을 받았다. ㈜서울이 동 주문을 수락하면 단위당 변동판매관리비 중 ₩20이 발생하지 않는다. ㈜서울이 특별주문 수량을 모두 수락할 경우 이익은 얼마나 증가하는가?(단, 재고는 없으며, 20x2년 원가구조는 20x1년과 동일함)

① ₩10,200 ② ₩10,400 ③ ₩10,600
④ ₩10,800 ⑤ ₩11,000

해설

• 증분수익 – 증가 : 800단위×300= 240,000
– 감소 : 정규매출감소분 공헌이익 300단위×(400−250)= (45,000)
증분비용 – 증가 : 800단위×230= (184,000)
증분손익 11,000

정답 ⑤

Supplementary 89 특별주문 의사결정시 정규매출감소 : 판관비 변동 [2] 감평사기출

● 프린터를 생산 · 판매하는 ㈜한국의 최대생산능력은 연 12,000대이고, 정규시장에서 연간 판매량은 10,000대이다. 단위당 판매가격은 ₩100,000이고, 단위당 변동제조원가는 ₩60,000이며, 단위당 변동판매비와 관리비는 ₩10,000이다. ㈜한국은 ㈜서울로부터 프린터 4,000대를 단위당 ₩70,000의 가격으로 구입하겠다는 1회성 특별주문을 받았다. ㈜한국은 올해 생산능력을 변경할 계획이 없다. ㈜한국의 판매비와 관리비는 모두 변동비인데, ㈜서울의 주문을 받아들이는 경우 이 주문과 관련된 ㈜한국의 판매비와 관리비는 75%가 감소할 것으로 추정된다. ㈜한국이 동 주문을 수락하기 위하여 기존시장의 판매를 일부 포기하기로 한다면 증분손익은 얼마인가?(단, 기초 · 기말재고는 없음)

① ₩7,500,000 감소 ② ₩30,000,000 감소 ③ ₩7,500,000 증가
④ ₩30,000,000 증가 ⑤ ₩0

해설

• 증분수익 – 증가 : 4,000대×70,000= 280,000,000
– 감소 : 정규매출감소분 공헌이익 2,000대×(100,000−70,000)= (60,000,000)
증분비용 – 증가 : 4,000대×(60,000+10,000×25%)= (250,000,000)
증분손익 (30,000,000)

정답 ②

Supplementary 90 특별주문 의사결정시 정규매출감소 : 판관비 변동 [3] 감평사기출

● ㈜한국은 제품 20,000단위를 판매하고 있다. 제품 단위당 판매가격은 ₩600, 단위당 변동제조원가는 ₩280, 단위당 변동판매비와관리비는 ₩170이다. ㈜한국은 ㈜구포로부터 단위당 ₩500에 7,000단위의 특별주문을 받았다. 이때 소요되는 추가 판매비와관리비는 총 ₩1,200,000이다. 회사의 최대생산능력은 25,000단위이므로 이 특별주문을 받아들일 경우 기존 판매제품의 수량이 2,000단위 감소할 것이다. 이 특별주문을 수락하는 경우 이익에 미치는 영향은?

① ₩40,000 증가 ② ₩206,000 증가 ③ ₩240,000 감소
④ ₩340,000 증가 ⑤ ₩340,000 감소

해설

• 증분수익	- 증가 :	7,000단위×500=	3,500,000
	- 감소 :	정규매출감소분 공헌이익 2,000단위×(600−450)=	(300,000)
증분비용	- 증가 :	7,000단위×280+1,200,000=	(3,160,000)
증분손익			40,000

정답 ①

Supplementary 91 특별주문 의사결정시 정규매출감소 : 변동비 변동 감평사기출

● ㈜감평은 단일제품 8,000단위를 생산 및 판매하고 있다. 제품의 단위당 판매가격은 ₩500, 단위당 변동원가는 ₩300이다. ㈜감평은 ㈜한국으로부터 단위당 ₩450에 1,500단위의 특별주문을 받았다. 이 특별주문을 수락하는 경우, 별도의 포장작업이 추가로 필요하며 단위당 변동원가가 ₩20 증가하게 된다. ㈜감평의 연간 최대생산능력이 9,000단위라면, 이 특별주문을 수락하는 경우, 증분손익은?

① 손실 ₩105,000 ② 손실 ₩75,000 ③ 손실 ₩55,000
④ 이익 ₩95,000 ⑤ 이익 ₩195,000

해설

• 증분수익	- 증가 :	1,500단위×450=	675,000
	- 감소 :	정규매출감소분 공헌이익 500단위×(500−300)=	(100,000)
증분비용	- 증가 :	1,500단위×(300+20)=	(480,000)
증분손익			95,000

정답 ④

Supplementary 92 특별주문 의사결정시 정규매출감소 : 최소판매가격 세무사기출

● ㈜국세는 야구공을 생산 · 판매하고 있으며, 월간 최대생산능력은 30,000단위이다. ㈜국세가 생산하는 야구공의 단위당 원가자료는 다음과 같다.

• 직접재료원가	₩200
• 직접노무원가	₩100
• 변동제조간접원가	₩50
• 고정제조간접원가	₩100
• 변동판매비와관리비	₩25
• 고정판매비와관리비	₩30

㈜국세는 현재 정상주문에 대해 단위당 ₩500의 가격으로 판매를 하고 있는데, 최근 해외사업자로부터 할인된 가격으로 3,000단위를 구입하겠다는 특별주문을 받았다. ㈜국세가 이 주문을 수락할 경우에는 생산능력의 제한으로 인하여 기존 정상주문 중 1,200단위의 판매를 포기해야 한다. 그러나 특별주문 수량에 대한 단위당 변동판매비와관리비는 ₩5만큼 감소할 것으로 예상하고 있다. ㈜국세가 해외사업자의 특별주문에 대하여 제시할 수 있는 단위당 최저 판매가격은 얼마인가?

① ₩370　② ₩375　③ ₩420

④ ₩425　⑤ ₩500

해설

• 증분수익 - 증가 : 3,000단위 × X
- 감소 : 정규매출감소분 공헌이익 1,200단위 × (500−375) = (150,000)
증분비용 - 증가 : 3,000단위 × 370 = (1,110,000)
증분손익 3,000단위 × X − 1,260,000

∴ 3,000단위 × X − 1,260,000 ≧ 0 → X ≧ 420

정답 ③

Supplementary 93 특별주문 의사결정시 배치원가와 할인 감평사기출

● ㈜감평은 A제품을 주문생산하고 있다. 월간 최대 생산가능수량은 10,000개이며, 현재 7,500개를 생산·판매하고 있다. A제품의 개당 판매가격은 ₩150이며, 현재 조업도 수준하의 원가정보는 다음과 같다.

구분	금액
직접재료원가	₩262,500
직접노무원가	₩300,000
배치(batch) 수준의 변동원가	₩75,000
고정제조간접원가	₩275,000
고정광고비	₩175,000
계	₩1,087,500

배치 수준의 변동원가는 공정초기화비용(set-up cost), 품질검사비 등을 포함하고 있으며, 1배치에 50개의 A제품을 생산할 수 있다. 최근 ㈜감평은 ㈜대한으로부터 A제품 2,500개를 개당 ₩120에 구매하겠다는 특별주문을 제안받았다. 이 특별주문을 수락하게 되면 배치를 조정하여 배치당 100개의 A제품을 생산하는 형식으로 변경해야 하고(배치변경에 따른 추가비용은 없음), 기존 고객들에게 개당 ₩10의 할인혜택을 부여해야 한다. 특별주문을 수락한다면 이익에 미치는 영향은?

① ₩25,000 이익　② ₩50,000 이익　③ ₩25,000 손실
④ ₩50,000 손실　⑤ ₩75,000 손실

해설

• 기존 7,500개 생산의 단위당원가 계산
㉠ 단위당 직접재료원가 : 262,500÷7,500개=35
㉡ 단위당 직접노무원가 : 300,000÷7,500개=40
㉢ 배치당 변동원가 : 75,000÷150배치$(=\frac{7,500개}{50개})$=500

• 증분수익 – 증가 : 2,500개×120= 300,000
– 감소 : 7,500개×10= (75,000)
증분비용 – 증가 : 2,500개×35+2,500개×40+25배치$(=\frac{2,500개}{100개})$×500=(200,000)
증분손익 25,000

정답 ①

Supplementary 94 자가제조 · 외부구입 의사결정시 기회원가 [1] 감평사기출

● ㈜서울은 완제품 생산에 필요한 부품을 자가제조하고 있다. 부품 10,000단위를 제조하는데 소요되는 연간제조원가는 다음과 같다.

• 직접재료원가	₩600,000
• 직접노무원가	₩150,000
• 변동제조간접원가	₩50,000
• 부품생산용설비 감가상각비	₩120,000
• 고정제조간접원가배부액	₩70,000
총계	₩990,000

㈜서울은 ㈜공덕으로부터 단위당 ₩85에 10,000단위의 부품을 공급하겠다는 제의를 받았다. 이 제의를 수락하더라도 부품생산용설비 감가상각비와 고정제조간접원가는 계속 발생한다. ㈜서울이 이 제의를 수락할 경우에는 연간 ₩70,000에 설비를 임대할 수 있다. ㈜서울이 이 제의를 수락하는 경우 ㈜서울의 이익에 미치는 영향은?

① ₩10,000 증가　② ₩20,000 증가　③ ₩20,000 감소
④ ₩50,000 감소　⑤ ₩50,000 증가

해설

• 증분수익	– 증가 :	임대수익=	70,000
증분비용	– 증가 :	10,000단위×85=	(850,000)
	– 감소 :	600,000+150,000+50,000=	800,000
증분손익			20,000

정답 ②

Supplementary 95 자가제조 · 외부구입 의사결정시 기회원가 [2] 세무사기출

● ㈜국세는 부품A를 자가제조하며, 관련된 연간 생산 및 원가자료는 다음과 같다.

• 직접재료원가	₩10,000
• 직접노무원가	₩20,000
• 변동제조간접원가	₩10,000
• 고정제조간접원가	₩20,000
• 생산량	250단위

최근에 외부업체로부터 부품A 250단위를 단위당 ₩200에 공급하겠다는 제안을 받았다. 부품A를 전량 외부에서 구입하면 고정제조간접원가 중 ₩10,000이 절감되며, 기존 설비를 임대하여 연간 ₩15,000의 수익을 창출할 수 있다. 외부업체의 제안을 수용하면, 자가제조보다 연간 얼마나 유리(또는 불리)한가?

① ₩15,000 유리　② ₩15,000 불리　③ ₩25,000 유리
④ ₩25,000 불리　⑤ ₩35,000 유리

해설

• 증분수익	- 증가 :	임대수익=	15,000
증분비용	- 증가 :	250단위×200=	(50,000)
	- 감소 :	10,000+20,000+10,000+10,000=	50,000
증분손익			15,000

정답 ①

Supplementary 96 추가가공여부 의사결정과 이익극대화 세무사기출

● ㈜국세는 동일한 원재료를 투입해서 하나의 공정을 거쳐 제품A, 제품B, 제품C를 생산하며, 분리점까지 총 ₩40,000의 원가가 발생한다. ㈜국세는 분리점까지 발생한 원가를 분리점에서의 상대적 판매가치를 기준으로 결합제품에 배분한다. 결합제품의 생산량, 분리점에서의 단위당 판매가격, 추가가공원가 및 추가가공 후 단위당 판매가격은 다음과 같다.

제품	생산량	분리점에서의 단위당판매가격	추가가공원가	추가가공후 단위당판매가격
A	1,500단위	₩16	₩6,300	₩20
B	2,000단위	₩8	₩8,000	₩13
C	400단위	₩25	₩3,600	₩32

㈜국세가 위 결합제품을 전부 판매할 경우에 예상되는 최대 매출총이익은 얼마인가?(단, 결합공정 및 추가가공과정에서 재공품 및 공손은 없는 것으로 가정한다.)

① ₩10,900 ② ₩12,000 ③ ₩20,000
④ ₩50,900 ⑤ ₩60,000

해설

• 추가가공하는 경우 제품별 증분손익
㉠ 제품A : (1,500단위×20−1,500단위×16)−6,300=−300
㉡ 제품B : (2,000단위×13−2,000단위×8)−8,000=2,000
㉢ 제품C : (400단위×32−400단위×25)−3,600=−800
→∴최대 매출총이익을 위해서는 증분이익이 발생하는 제품B만 추가가공한다.
• 매출액 : 1,500단위×16+2,000단위×13+400단위×25=60,000
• 매출총이익 : 60,000−[40,000(결합원가)+8,000(추가가공원가)]=12,000

정답 ②

Supplementary 97 제한된 자원과 이익극대화 제품배합 세무사기출

● ㈜세무는 제품A와 제품B를 생산·판매하고 있으며, 두 제품의 단위당 연간 자료는 다음과 같다. 변동제조간접원가는 제품생산에 소요되는 기계시간을 기준으로 계산한다.

구분	제품A	제품B
판매가격	₩200,000	₩240,000

구분	제품A	제품B
직접재료원가	₩85,000	₩95,000
직접노무원가	₩10,000	₩10,000
변동제조간접원가(기계시간당 ₩5,000)	₩20,000	₩30,000
변동판매관리비	₩5,000	₩15,000
고정제조간접원가	₩15,000	₩25,000
고정판매관리비	₩30,000	₩20,000
단위당 원가 계	₩165,000	₩195,000

㈜세무가 제품A와 제품B의 생산에 사용할 수 있는 최대 기계시간은 연간 3,700시간이다. ㈜세무가 제품을 외부로 판매할 경우 시장의 제한은 없으나, 연간 외부 최대 수요량은 제품A 700개, 제품B 400개이다. ㈜세무가 영업이익을 최대화할 수 있는 제품배합은?

	제품A	제품B
①	700개	100개
②	700개	150개
③	700개	400개
④	250개	400개
⑤	325개	400개

해설

• 단위당기계시간과 단위당공헌이익

구분	A	B
단위당기계시간	20,000÷5,000=4시간	30,000÷5,000=6시간
단위당공헌이익	200,000−120,000=80,000	240,000−150,000=90,000

• 시간당공헌이익과 생산의 우선순위

구분	A	B
시간당공헌이익	80,000÷4시간=20,000	90,000÷6시간=15,000
생산순서	[1순위]	[2순위]

• 이익극대화 최적생산계획(제품별 생산량)

제품	생산량	소요시간	공헌이익
A	700개	700개×4시간=2,800시간	700개×80,000=56,000,000
B	150개	150개×6시간=900시간	150개×90,000=13,500,000
합계	850개	3,700시간	69,500,000

정답 ②

Supplementary 98 제한된 자원과 최대 공헌이익 세무사기출

● ㈜국세의 제품 생산과 관련된 자료는 다음과 같다.

구분	제품A	제품B
연간 최대 판매가능 수량	3,000단위	4,500단위
단위당 공헌이익	₩25	₩30
단위당 소요노무시간	1시간	1.5시간

연간 최대노무시간이 6,000시간일 때, 달성할 수 있는 최대공헌이익은?

① ₩75,000 ② ₩95,000 ③ ₩105,000
④ ₩120,000 ⑤ ₩135,000

해설

• 시간당공헌이익과 생산의 우선순위

구분	A	B
시간당공헌이익	25÷1시간=25	30÷1.5시간=20
생산순서	[1순위]	[2순위]

• 이익극대화 최적생산계획(제품별 생산량)

제품	생산량	소요시간	공헌이익
A	3,000단위	3,000단위×1시간=3,000시간	3,000단위×25=75,000
B	2,000단위	2,000단위×1.5시간=3,000시간	2,000단위×30=60,000
합계	5,000단위	6,000시간	135,000

∴최대공헌이익 : 135,000

정답 ⑤

Supplementary 99 제한된 자원과 최대 영업이익 관세사기출

● ㈜관세는 제품 X와 제품 Y를 생산하여 판매할 계획이다. 제품 X와 제품 Y에 대한 단위당 판매가격과 단위당 변동원가에 대한 정보는 다음과 같다.

구분	X	Y
단위당 판매가격	₩1,500	₩1,000
단위당 변동원가	₩900	₩600

㈜관세의 연간 총고정원가는 ₩50,000이고, 회사가 이용가능한 연간 기계시간은 400시간이다. 제품 한 단위 생산하는 데 소요되는 기계시간은 제품 X의 경우 6시간, 제품 Y의 경우 2시간이다. 이익을 극대화하기 위한 각 제품의 생산량을 결정하여 생산·판매할 경우 ㈜관세가 달성할 수 있는 최대 영업이익은 얼마인가?(단, 제품 X와 제품 Y의 수요는 무한하다고 가정한다.)

① ₩10,000 ② ₩20,000 ③ ₩30,000
④ ₩50,000 ⑤ ₩80,000

해설

• 시간당공헌이익과 생산의 우선순위

구분	X	Y
시간당공헌이익	600÷5시간=120	400÷2시간=200
생산순서	[2순위]	[1순위]

• 수요가 무한하므로 시간당공헌이익이 큰 제품 Y만을 생산하는 것이 이익극대화 생산계획이다.

제품	생산량	소요시간	공헌이익
Y	200단위	200단위×2시간=400시간	200단위×400=80,000

∴최대영업이익 : 80,000(공헌이익)−50,000(고정원가)=30,000

정답 ③

Supplementary 100 유휴시설이 있는 경우 최소대체가격 감평사기출

● ㈜감평은 이익중심점인 A사업부와 B사업부를 운영하고 있다. A사업부가 생산하는 열연강판의 변동제조원가와 고정제조원가는 각각 톤당 ₩2,000과 톤당 ₩200이며, 외부 판매가격과 판매비는 각각 톤당 ₩3,000과 톤당 ₩100이다. 현재 B사업부가 열연강판을 외부에서 톤당 ₩2,600에 구입하여 사용하고 있는데, 이를 A사업부로부터 대체받을 것을 고려하고 있다. A사업부는 B사업부가 필요로 하는 열연강판 수요를 충족시킬 수 있는 유휴생산능력을 보유하고 있으며, 사내대체하는 경우 판매비가 발생하지 않을 것이다. A사업부가 사내대체를 수락할 수 있는 최소사내대체가격은?

① ₩2,000 ② ₩2,100 ③ ₩2,200
④ ₩2,600 ⑤ ₩3,000

해설

• 대체시 판매비가 발생하지 않으며, 타용도 사용 포기이익과 대체시 절감원가가 없으므로 대체시 단위당 지출원가가(변동제조원가) 최소TP가 된다. →∴최소TP=2,000

정답 ①

Supplementary 101 정규 매출 상실의 경우 최소대체가격 세무사기출

● ㈜세무는 분권화된 A사업부와 B사업부가 있다. A사업부는 반제품M을 최대 3,000단위 생산할 수 있으며, 현재 단위당 판매가격 ₩600으로 2,850단위를 외부에 판매하고 있다. B사업부는 A사업부에 반제품M 300단위를 요청하였다. A사업부 반제품M의 단위당 변동원가는 ₩300(변동판매관리비는 ₩0)이며, 사내대체를 하여도 외부판매가격과 단위당 변동원가는 변하지 않는다. A사업부는 사내대체를 전량 수락하든지 기각하여야 하며, 사내대체 수락시 외부시장 판매를 일부 포기하여야 한다. A사업부가 사내대체 전 이익을 감소시키지 않기 위해 제시할 수 있는 최소 사내대체가격은?

① ₩350 ② ₩400 ③ ₩450
④ ₩500 ⑤ ₩550

해설

• 최소TP : $300+\frac{150\text{단위}\times(600-300)}{300\text{단위}}=450$

정답 ③

Supplementary 102 생산량예산과 목표생산수량 [1] 관세사기출

● ㈜대한의 20x1년 1분기 매출계획에 관한 자료는 다음과 같다.

	1월	2월	3월
예상판매량	450,000단위	380,000단위	420,000단위
예상 월말 제품재고량	27,000단위	25,000단위	34,000단위

이 매출계획이 달성되려면 ㈜대한은 2월에 몇 단위를 생산하여야 하는가?

① 360,000단위 ② 368,000단위 ③ 370,000단위
④ 378,000단위 ⑤ 382,000단위

해설

• 2월 월초재고(=1월 월말재고) : 27,000단위
∴380,000단위+25,000단위-27,000단위=378,000단위

정답 ④

제1편 재무회계
제2편 원가관리회계
합본부록 IFRS심화논제

Supplementary 103 생산량예산과 목표생산수량 [2] 관세사기출

● ㈜관세는 20x1년 3분기에 30,000단위의 제품을 판매하였으며, 4분기에는 판매량이 3분기보다 10% 증가할 것으로 예측하고 있다. 20x1년 9월 및 12월말 제품재고량이 각각 3,300단위, 2,850단위라면, 4분기의 목표생산량은 얼마인가?

① 29,250단위 ② 30,900단위 ③ 32,550단위
④ 34,200단위 ⑤ 35,850단위

해설

• 4분기 판매량 : 30,000단위×110%=33,000단위
• 4분기 기초재고(=3분기 기말재고) : 3,300단위
∴4분기 목표생산량 : 33,000단위+2,850단위-3,300단위=32,550단위

정답 ③

Supplementary 104 생산량예산과 예상생산수량 관세사기출

● 다음은 제품A를 생산 · 판매하는 ㈜관세의 20x1년 분기별 판매계획이다.

	1분기	2분기	3분기	4분기
예상판매수량	1,000단위	1,000단위	1,200단위	1,300단위
분기말 예상재고수량	400단위	480단위	520단위	450단위

㈜관세의 20x1년 제품A의 기초재고수량이 300단위라면, 20x1년 제품A의 연간 예상생산수량은?

① 4,350단위 ② 4,550단위 ③ 4,650단위
④ 4,700단위 ⑤ 4,750단위

해설

• 연간 예상판매수량 : 1,000단위+1,000단위+1,200단위+1,300단위=4,500단위
∴4,500단위(예상판매수량)+450단위(기말재고수량)-300단위(기초재고수량)=4,650단위

저자주 분기별로 각각 생산수량을 파악하여 분기별 생산수량의 합계로 계산해도 됩니다.

정답 ③

Supplementary 105 원재료구입수량예산 세무사기출

● ㈜세무는 단일 제품A를 생산하는데 연간 최대생산능력은 70,000단위이며, 20x1년에 제품A를 45,000단위 판매할 계획이다. 원재료는 공정 초에 전량 투입(제품A 1단위 생산에 4kg 투입)되며, 제조과정에서 공손과 감손 등으로 인한 물량 손실은 발생하지 않는다. 20x1년초 실제재고와 20x1년말 목표재고는 다음과 같다.

	20x1년초	20x1년말
원재료	4,000kg	5,000kg
재공품	1,500단위(완성도 60%)	1,800단위(완성도 30%)
제 품	1,200단위	1,400단위

재공품 계산에 선입선출법을 적용할 경우, ㈜세무가 20x1년에 구입해야 하는 원재료(kg)는?

① 180,000kg ② 182,000kg ③ 183,000kg
④ 184,000kg ⑤ 185,600kg

해설

- 당기완성수량 : 45,000단위+1,400단위−1,200단위=45,200단위
- 당기제조수량 : 45,200단위+1,800단위−1,500단위=45,500단위
- 원재료 구입량 : 45,500단위×4kg+5,000kg−4,000kg=183,000kg

정답 ③

Supplementary 106 원재료예산과 재고유지비율 추정 세무사기출

● 다음은 ㈜세무의 20x1년 분기별 생산량예산의 일부 자료이다. 제품생산을 위하여 단위당 2g의 재료가 균일하게 사용되며, 2분기의 재료구입량은 820g으로 추정된다.

	2분기	3분기
생산량예산	400단위	500단위

㈜세무가 다음 분기 예산 재료사용량의 일정 비율만큼을 분기 말 재고로 유지하는 정책을 사용하고 있다면 그 비율은?

① 9% ② 10% ③ 11%
④ 12% ⑤ 13%

해설

- 2분기 원재료 예상투입량 : 400단위×2g=800g
- 2분기 기초원재료량(=1분기 기말원재료량) : (400단위×2g)×A%
- 2분기 기말원재료량 : (500단위×2g)×A%
- (400단위×2g)×A%+820g=800g+(500단위×2g)×A%

∴A=10

정답 ②

Supplementary 107 상품구입액예산 감평사기출

● ㈜감평은 단일 종류의 상품을 구입하여 판매하고 있다. 20x1년 4월과 5월의 매출액은 각각 ₩6,000과 ₩8,000으로 예상된다. 20x1년 중 매출원가는 매출액의 70%이다. 매월 말의 적정 재고금액은 다음 달 매출원가의 10%이다. 4월 중 예상되는 상품구입액은?

① ₩4,340 ② ₩4,760 ③ ₩4,920
④ ₩5,240 ⑤ ₩5,600

해설

• 매출원가 계산
 ㉠ 4월 매출원가 : 6,000×70%=4,200
 ㉡ 5월 매출원가 : 8,000×70%=5,600
• 4월 기초재고(=3월말 기말재고) : 4,200×10%=420
• 4월 기말재고 : 5,600×10%=560
∴4월 예상상품구입액 : 4,200+560−420=4,340

정답 ①

Supplementary 108 원재료구입액예산 감평사기출

● 화장품을 제조하는 ㈜한국의 20x1년 직접재료예산과 관련된 자료를 이용하여 계산한 3분기의 재료구입 예산액은?

• 매출계획 및 재고계획에 따른 각 분기별 화장품 추정생산량

20x1년			
1분기	2분기	3분기	4분기
1,400단위	3,200단위	3,600단위	1,900단위

• 화장품 1단위를 생산하는데 필요한 재료는 15kg이다.
• 분기말 목표재료재고량은 다음 분기 생산량에 필요한 재료의 10%로 한다.
• 재료구입단가는 kg당 ₩20이다.

① ₩102,900 ② ₩103,200 ③ ₩104,100
④ ₩105,300 ⑤ ₩106,400

해설

• 3분기 기초원재료량(=2분기 기말원재료량) : (3,600단위×15kg)×10%=5,400kg
• 3분기 투입원재료량 : 3,600단위×15kg=54,000kg
• 3분기 기말원재료량 : (1,900단위×15kg)×10%=2,850kg
• 3분기 구입량 : 54,000kg+2,850kg−5,400kg=51,450kg
∴원재료구입예산액 : 51,450kg×2=102,900

정답 ①

Supplementary 109 현금예산과 현금유입액 관세사기출

● ㈜관세는 20x1년의 분기별 현금예산을 편성 중이며, 관련 매출 자료는 다음과 같다.

	1분기	2분기	3분기	4분기
예상매출액	₩250,000	₩300,000	₩200,000	₩275,000

분기별 예상 매출액 중 현금매출은 40%이며, 외상매출은 60%이다. 외상매출은 판매된 분기(첫 번째 분기)에 60%, 두 번째 분기에 30%, 세 번째 분기에 10%가 현금으로 회수된다. 20x1년 매출과 관련하여 3분기에 예상되는 현금유입액은?

① ₩152,000 ② ₩206,000 ③ ₩218,000
④ ₩221,000 ⑤ ₩267,000

해설

- 3분기 예상 현금유입액
  1분기 외상매출액 : (250,000×60%)×10% = 15,000
  2분기 외상매출액 : (300,000×60%)×30% = 54,000
  3분기 현금매출액 : 200,000×40% = 80,000
  3분기 외상매출액 : (200,000×60%)×60% = 72,000
  221,000

정답 ④

Supplementary 110 현금예산과 현금유출액 [1] 세무사기출

● 상품매매기업인 ㈜세무의 20x1년 2분기 월별 매출액 예산은 다음과 같다.

	4월	5월	6월
매출액	₩480,000	₩560,000	₩600,000

㈜세무의 월별 예상 매출총이익률은 45%이다. ㈜세무는 월말재고로 그 다음 달 매출원가의 30%를 보유하는 정책을 실시하고 있다. ㈜세무의 매월 상품매입 중 30%는 현금매입이며, 70%는 외상매입이다. 외상매입대금은 매입한 달의 다음 달에 전액 지급된다. 매입에누리, 매입환출, 매입할인 등은 발생하지 않는다. 상품매입과 관련하여 ㈜세무의 20x1년 5월 예상되는 현금지출액은 얼마인가?

① ₩231,420　② ₩243,060　③ ₩264,060
④ ₩277,060　⑤ ₩288,420

해설

- 매출원가 계산
  - ㉠ 4월 : 480,000×(1−45%)=264,000
  - ㉡ 5월 : 560,000×(1−45%)=308,000
  - ㉢ 6월 : 600,000×(1−45%)=330,000
- 기말재고 계산
  - ㉠ 3월 기말재고(=4월 기초재고) : 264,000×30%=79,200
  - ㉡ 4월 기말재고(=5월 기초재고) : 308,000×30%=92,400
  - ㉢ 5월 기말재고 : 330,000×30%=99,000
- 매입액 계산
  - ㉠ 4월 매입액 : 264,000+92,400−79,200=277,200
  - ㉡ 5월 매입액 : 308,000+99,000−92,400=314,600
- 5월 예상 현금지출액

  4월 매입액 : 277,200×70% = 194,040
  5월 매입액 : 314,600×30% = 94,380
  288,420

정답 ⑤

Supplementary 111 현금예산과 현금유출액 [2] 감평사기출

● ㈜감평은 판패분 매입원가의 130%로 매출액을 책정한다. 모든 매입은 외상거래이다. 외상매입액 중 30%는 구매한 달에, 70%는 구매한 달의 다음 달에 현금으로 지급된다. ㈜감평은 매월 말에 다음 달 예상 판매량의 25%를 안전재고로 보유한다. 20x1년도 예산자료 중 4월, 5월, 6월의 예상 매출액은 다음과 같다.

	4월	5월	6월
매출액	₩1,300,000	₩3,900,000	₩2,600,000

20x1년 5월에 매입대금 지급으로 인한 예상 현금지출액은?(단, 4월, 5월, 6월의 판매단가 및 매입단가는 불변)

① ₩1,750,000 ② ₩1,875,000 ③ ₩2,050,000
④ ₩2,255,000 ⑤ ₩2,500,000

해설

• 매출원가 계산
 ㉠ 4월 : 1,300,000÷1.3=1,000,000
 ㉡ 5월 : 3,900,000÷1.3=3,000,000
 ㉢ 6월 : 2,600,000÷1.3=2,000,000

• 기말재고 계산
 ㉠ 3월 기말재고(=4월 기초재고) : 1,000,000×25%=250,000
 ㉡ 4월 기말재고(=5월 기초재고) : 3,000,000×25%=750,000
 ㉢ 5월 기말재고 : 2,000,000×25%=500,000

• 매입액 계산
 ㉠ 4월 매입액 : 1,000,000+750,000−250,000=1,500,000
 ㉡ 5월 매입액 : 3,000,000+500,000−750,000=2,750,000

• 5월 예상 현금지출액
 4월 매입액 : 1,500,000×70% =1,050,000
 5월 매입액 : 2,750,000×30% = 825,000
 1,875,000

정답 ②

Supplementary 112 현금예산과 현금유출액 [3] 세무사기출

● 단일상품을 구입하여 판매하고 있는 ㈜국세는 20x1년 초에 당해 연도 2분기 예산을 편성 중에 있다. 20x1년 4월의 외상매출액은 ₩3,000,000, 5월의 외상매출액은 ₩3,200,000 그리고 6월의 외상매출액은 ₩3,600,000으로 예상된다. ㈜국세의 매출은 60%가 현금매출이며, 40%가 외상매출이다. 외상매출액은 판매일로부터 1달 뒤에 모두 현금으로 회수된다. ㈜국세는 상품을 모두 외상으로 매입하며, 외상매입액은 매입일로부터 1달 뒤에 모두 현금으로 지급한다. ㈜국세는 다음 달 총판매량의 20%를 월말재고로 보유하며, 매출총이익률은 20%이다. ㈜국세가 20x1년 5월 중 상품 매입대금으로 지급할 현금은 얼마인가? (단, 월별 판매 및 구입단가는 변동이 없다고 가정한다.)

① ₩6,000,000 ② ₩6,080,000 ③ ₩6,400,000
④ ₩6,560,000 ⑤ ₩6,600,000

해설

• 매출액 계산

	4월	5월	6월
외상매출	3,000,000	3,200,000	3,600,000
총매출액	3,000,000÷40%=7,500,000	3,200,000÷40%=8,000,000	3,600,000÷40%=9,000,000

• 매출원가 계산
㉠ 4월 : 7,500,000×(1−20%)=6,000,000
㉡ 5월 : 8,000,000×(1−20%)=6,400,000
㉢ 6월 : 9,000,000×(1−20%)=7,200,000

• 기말재고 계산
㉠ 3월 기말재고(=4월 기초재고) : 6,000,000×20%=1,200,000
㉡ 4월 기말재고 : 6,400,000×20%=1,280,000

∴5월 예상 현금지출액(=4월 매입액) : 6,000,000+1,280,000−1,200,000=6,080,000

정답 ②

Supplementary 113 종합예산과 현금조달액 추정 감평사기출

● 다음은 상품매매업을 영위하는 ㈜서울의 20x1년 예산자료 중, 1분기의 매입 및 매출 추정액에 관한 자료이다.

월	매입추정액	매출추정액
1	₩400,000	₩620,000
2	₩900,000	₩748,800
3	₩500,000	₩780,000

㈜서울의 20x1년 3월초 예상되는 현금보유액은 ₩50,000이다. 매출채권은 당월에 70%, 다음 달에 25%를 회수하고, 나머지는 회수하지 못할 것으로 예상된다. 매입채무는 매입한 달에 60%를 지급하는데 그 지급액의 2%는 현금할인 혜택을 받으며, 나머지는 다음 달에 모두 지급한다. 3월 중에 일반경비로 ₩200,000을 현금지출 할 예정이다. ㈜서울이 매월 말 현금 ₩50,000을 보유하고 있어야 한다면, 3월에 추가로 조달해야 할 현금은 얼마로 추정되는가?

① ₩70,800　② ₩80,800　③ ₩90,800
④ ₩110,800　⑤ ₩120,800

해설

• 현금유입액 계산
　㉠ 1월 : 620,000×70%=434,000
　㉡ 2월 : 620,000×25%+748,800×70%=679,160
　㉢ 3월 : 748,800×25%+780,000×70%=733,200
• 현금유출액 계산
　㉠ 1월 : (400,000×60%)×98%=235,200
　㉡ 2월 : 400,000×40%+(900,000×60%)×98%=689,200
　㉢ 3월 : 900,000×40%+(500,000×60%)×98%+200,000=854,000
• 현금예산 : 기초현금(50,000)+현금유입액(733,200)−현금유출액(854,000)=−70,800
∴−70,800+추가조달액=50,000 →추가조달액=120,800

정답 ⑤

Supplementary 114 수익중심점 매출배합차이 세무사기출

● ㈜세무는 제품A와 B를 생산 · 판매하고 있다. 20x1년 1월 관련 자료가 다음과 같을 때 매출배합차이는?

	제품A	제품B
실제 단위당 판매가격	₩7	₩12
예산 단위당 판매가격	₩6	₩10
예산 단위당 변동원가	₩4	₩6
예산판매량	144단위	36단위
실제판매량	126단위	84단위

① ₩80 유리 ② ₩82 유리 ③ ₩84 유리
④ ₩86 유리 ⑤ ₩88 유리

해설

• 단위당예상공헌이익
 ㉠ 제품A : 6−4=2
 ㉡ 제품B : 10−6=4

• 예산배합비율
 ㉠ 제품A : $\frac{144\text{단위}}{144\text{단위}+36\text{단위}}$=80%
 ㉡ 제품B : $\frac{36\text{단위}}{144\text{단위}+36\text{단위}}$=20%

• 매출배합차이 계산

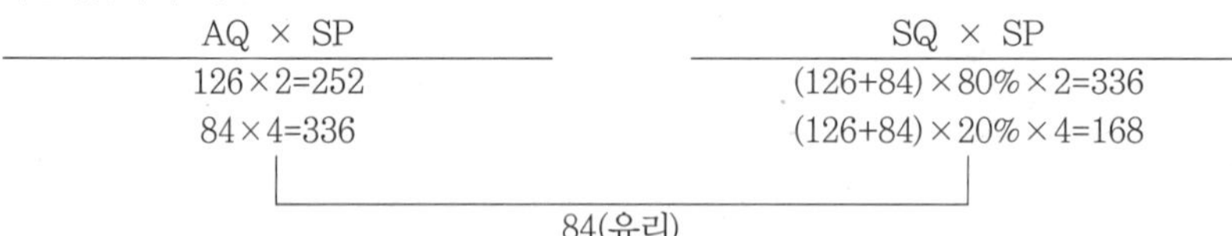

정답 ③

Supplementary 115 투자수익률(ROI)의 크기 비교 세무사기출

● ㈜국세는 분권화된 세 개의 사업부(X, Y, Z)를 운영하고 있다. 이들은 모두 투자중심점으로 설계되어 있으며, ㈜국세의 최저필수수익률은 20%이다. 각 사업부와 관련된 정보는 다음과 같다.

	X	Y	Z
자산회전율	4회	6회	5회
영업이익	₩400,000	₩200,000	₩210,000
매출액	₩4,000,000	₩2,000,000	₩3,000,000

투자수익률(ROI)이 높은 사업부 순서대로 옳게 배열한 것은?

① X 〉 Y 〉 Z　② X 〉 Z 〉 Y　③ Y 〉 X 〉 Z
④ Y 〉 Z 〉 X　⑤ Z 〉 Y 〉 X

해설

• 자산회전율=매출액÷영업자산 →영업자산=매출액÷자산회전율
• 투자수익률 계산

X사업부	Y사업부	Z사업부
$\frac{400,000}{4,000,000 \div 4회}=40\%$	$\frac{200,000}{2,000,000 \div 6회}=60\%$	$\frac{210,000}{3,000,000 \div 5회}=35\%$

∴Y사업부 투자수익률 〉 X사업부 투자수익률 〉 Z사업부 투자수익률

정답 ③

Supplementary 116 잔여이익(RI)의 크기 비교 세무사기출

● ㈜강릉은 다음과 같은 3개의 사업부(A, B, C)를 갖고 있다. 다음 자료를 이용하여 각 사업부를 잔여이익으로 평가했을 때 성과가 높은 사업부 순서대로 옳게 배열한 것은?

	A	B	C
투자액	₩1,300,000	₩1,200,000	₩1,500,000
영업이익	₩300,000	₩330,000	₩350,000
최저필수수익률	15%	19%	16%

① C 〉 A 〉 B　② C 〉 B 〉 A　③ B 〉 A 〉 C
④ A 〉 C 〉 B　⑤ A 〉 B 〉 C

해설

• 잔여이익 계산
　㉠ A사업부 : 300,000−1,300,000×15%=105,000
　㉡ B사업부 : 330,000−1,200,000×19%=102,000
　㉢ C사업부 : 350,000−1,500,000×16%=110,000
∴C사업부 잔여이익 〉 A사업부 잔여이익 〉 B사업부 잔여이익

정답 ①

Supplementary 117 투자수익률 · 잔여이익에 의한 투자안 채택 세무사기출

● ㈜세무는 전자제품을 생산 · 판매하는 회사로서, 세 개의 사업부 A, B, C는 모두 투자중심점으로 설계 · 운영되고 있다. 회사 및 각 사업부의 최저필수수익률은 20%이며, 각 사업부의 20x1년도 매출액, 영업이익 및 영업자산에 관한 자료는 다음과 같다.

	사업부 A	사업부 B	사업부 C
매출액	₩400,000	₩500,000	₩300,000
영업이익	₩32,000	₩30,000	₩21,000
평균영업자산	₩100,000	₩50,000	₩50,000

현재 사업부 A는 ₩40,000을 투자하면 연간 ₩10,000의 영업이익을 추가로 얻을 수 있는 새로운 투자안을 고려하고 있다. 이 새로운 투자에 소요되는 예산은 현재의 자본비용 수준으로 조달할 수 있다. ㈜세무가 투자수익률 혹은 잔여이익으로 사업부를 평가하는 경우, 다음 설명 중 옳지 않은 것은?

① 투자수익률로 사업부를 평가하는 경우, 20x1년에는 사업부 B가 가장 우수하다.
② 잔여이익으로 사업부를 평가하는 경우, 20x1년에는 사업부 B가 가장 우수하다.
③ 잔여이익으로 사업부를 평가하는 경우, 사업부 A의 경영자는 동 사업부가 현재 고려 중인 투자안을 채택할 것이다.
④ 투자수익률로 사업부를 평가하는 경우, 사업부 A의 경영자는 동 사업부가 현재 고려 중인 투자안을 채택할 것이다.
⑤ 투자수익률 혹은 잔여이익 중 어느 것으로 사업부를 평가하는 경우라도, 회사전체 관점에서는 사업부 A가 고려 중인 투자안을 채택하는 것이 유리하다.

해설

• 사업부와 신규투자안의 투자수익률·잔여이익 계산

	투자수익률	잔여이익
사업부A	32,000÷100,000=32%	32,000−100,000×20%=12,000
사업부B	30,000÷50,000=60%	30,000−50,000×20%=20,000
사업부C	21,000÷50,000=42%	21,000−50,000×20%=11,000
신규투자안	10,000÷40,000=25%	10,000−40,000×20%=2,000

• ① 사업부 B의 투자수익률은 60%로서, 사업부 A,B,C 중 가장 우수하다.
② 사업부 B의 잔여이익은 20,000으로서, 사업부 A,B,C 중 가장 우수하다.
③ 잔여이익이 2,000 증가하므로 투자안을 채택한다.
④ 신규투자안의 투자이익률은 25%로서 사업부 A의 투자수익률 32%보다 작으므로 채택하지 않는다
⑤ 신규투자안으로 인해 잔여이익이 증가하고, 신규투자안의 투자이익률(25%)이 자본비용(20%)보다 크므로 투자수익률 혹은 잔여이익 중 어느 것으로 평가하는 경우라도 회사전체 관점에서는 신규투자안을 채택하는 것이 유리하다.

정답 ④

Supplementary 118 책임회계제도 관세사기출

● 책임회계제도에 대한 설명 중 옳지 않은 것은?

① 투자책임단위(investment center)의 바람직한 성과지표는 매출수익률이나 잔여이익 등이다.
② 책임회계의 평가지표는 각 책임단위가 통제할 수 있는 결과를 이용하며, 이를 통제가능성의 원칙이라고 한다.
③ 투자책임단위는 다른 유형의 책임단위보다 가장 분권화된 단위이다.
④ 원가책임단위의 예로 생산부문, 구매부문, 인력관리부문, 재무부문 등이 있다.
⑤ 자산을 기준으로 한 투자수익률, 즉 자산수익률(ROA)은 듀퐁분석이 가능하다.

해설

• 매출수익률(수익중심점과 이익중심점 성과평가)이 아니라 투자수익률(투자중심점 성과평가)이다.

정답 ①

Supplementary 119 불확실성하의 관련원가 분석 세무사기출

● 다음은 ㈜대한의 매출관련 예상 자료이다.

매출액	₩240,000
총변동비	₩135,000
총고정비	₩40,000
판매량	3,000단위

추가판촉행사에 ₩10,000을 투입한다면, 예상 판매량이 400단위 증가할 확률이 60%, 200단위 증가할 확률이 40%이다. 이 판촉행사를 실시하면 영업이익의 기대치가 어떻게 변하는가?

① ₩1,000 감소 ② ₩1,200 감소 ③ ₩1,500 감소
④ ₩1,200 증가 ⑤ ₩1,500 증가

해설

• 단위당판매가 : 240,000÷3,000단위=80
단위당변동비 : 135,000÷3,000단위=45
이익 : 3,000단위×(80−45)−40,000=65,000
• 판매량 400단위 증가시 이익 : 3,400단위×(80−45)−50,000=69,000
판매량 200단위 증가시 이익 : 3,200단위×(80−45)−50,000=62,000
기대이익 : 69,000×60%+62,000×40%=66,200
∴66,200−65,000=1,200(증가)

정답 ④

Supplementary 120 균형성과표(BSC) 세무사기출

● 균형성과표(Balanced Scorecard: BSC)에 대한 내용 중 옳지 않은 것은?

① 전사적인 BSC는 하부조직의 BSC를 먼저 수립한 후 하의상달식으로 구축한다.
② BSC에서 관점의 수와 명칭은 조직별로 다를 수 있다.
③ BSC는 대학교나 정부기관과 같은 비영리조직에도 적용된다.
④ 성과지표는 조직의 비전과 전략에 연계되어 선정되어야 한다.
⑤ 전략체계도는 관점 간의 인과관계를 보여준다.

해설

• 전사적인 BSC는 상부조직의 BSC를 먼저 수립한 후 상의하달식으로 구축한다.

정답 ①

Supplementary 121 품질원가의 분류 관세사기출

● 다음 품질원가 항목 중 예방원가에 해당하는 것을 모두 고른 것은?

ㄱ. 설계엔지니어링	ㄴ. 품질교육훈련	ㄷ. 재작업
ㄹ. 고객지원	ㅁ. 부품공급업체 평가	ㅂ. 작업폐물

① ㄱ, ㄴ, ㄷ ② ㄱ, ㄴ, ㅁ ③ ㄱ, ㅁ, ㅂ
④ ㄴ, ㄷ, ㄹ ⑤ ㄹ, ㅁ, ㅂ

해설

• 품질원가 분류

예방원가	• 설계엔지니어링, 품질교육훈련, 부품공급업체 평가
평가원가	–
내부실패원가	• 재작업, 작업폐물
외부실패원가	• 고객지원

정답 ②

Supplementary 122 품질원가의 특징 [1] 세무사기출

● 품질원가에 관한 설명으로 옳지 않은 것은?

① 제품의 품질은 설계품질(quality of design)과 적합품질(quality of conformance)로 구분할 수 있는데, 품질원가는 생산자 품질이라 할 수 있는 설계품질과 관련된 것이다.
② 품질원가는 예방원가 및 평가원가로 구성되는 통제원가와 내부실패원가 및 외부실패원가로 구성되는 실패원가로 분류할 수 있다.
③ 품질원가에 대한 전통적인 관점에서는 통제원가와 실패원가 사이에 상충관계(trade-off)가 존재한다고 보고 있다.
④ 예방원가는 제품의 생산과정에서 불량품이 발생하지 않도록 예방하기 위하여 발생하는 원가로서 품질관리를 위한 종업원들에 대한 교육훈련비, 생산설비의 유지보수비 등이 여기에 속한다.
⑤ 품질원가는 제품에 불량이 발생하지 않도록 예방하거나 불량이 발생하는지를 검사하고, 불량이 발생한 경우 초래되는 모든 원가를 의미한다.

해설

• 설계품질 : 제품의 특성이 소비자의 욕구를 얼마나 충족시키는지를 평가하는 것
적합품질(=제조품질) : 생산된 제품이나 서비스가 설계된 제품의 사양과 얼마나 일치하는지를 평가하는 것
• 품질원가는 설계품질, 적합품질 모두에 관련된 것이다.

정답 ①

Supplementary 123 품질원가의 특징 [2] 세무사기출

● 품질원가에 관한 설명으로 옳지 않은 것은?

① 일반적으로 원재료 검사비용은 예방원가로 분류한다.
② 일반적으로 보증기간 내 수리와 교환은 외부실패원가로 분류한다.
③ 품질원가는 제품의 품질에 문제가 발생한 경우 이를 해결하기 위하여 발생하는 원가를 포함한다.
④ 허용품질수준관점(acceptable quality level view)에서는 통제원가와 실패원가 사이에 부(−)의 관계가 있는 것으로 본다.
⑤ 무결점수준관점(zero defects view)에서는 불량률이 0(zero)이 될 때 품질원가가 최소가 되므로, 불량률이 0이 되도록 품질원가를 관리해야 한다고 본다.

해설

• 원재료 검사비용은 평가원가로 분류한다.

정답 ①

Supplementary 124 전략적 원가관리 종합[1] 세무사기출

● 전략적 원가관리에 관한 설명으로 옳지 않은 것은?

① 목표원가계산(target costing)은 제품개발 및 설계단계부터 원가절감을 위한 노력을 기울여 목표원가를 달성하고자 한다.
② 카이젠원가계산(kaizen costing)은 제조이전단계에서의 원가절감에 초점을 맞추고 있다.
③ 품질원가계산(quality costing)은 예방원가, 평가원가, 실패원가 간의 상충관계에 주목한다.
④ 제품수명주기원가(product life-cycle cost)는 제품의 기획 및 개발·설계에서 고객서비스와 제품폐기까지의 모든 단계에서 발생하는 원가를 의미한다.
⑤ 제약이론(theory of constraints)은 기업의 목표를 달성하는 과정에서 병목공정을 파악하여 이를 집중적으로 관리하고 개선해서 기업의 성과를 높이는 방법이다.

해설

• 카이젠원가계산은 제조이전단계가 아니라 제조단계에서의 원가절감에 초점을 맞추고 있다.

정답 ②

Supplementary 125 전략적 원가관리 종합[2] 세무사기출

● 전략적 원가관리(Strategic Cost Management) 기법에 관한 설명으로 옳은 것을 모두 고른 것은?

ㄱ. 제약이론(Theory of Constraints)에 의하면 병목공정의 처리능력을 확장시키기 위해서는, 재료처리량 공헌이익(throughput contribution)이 병목공정 처리능력 확장에 소요되는 원가보다 커야 한다.
ㄴ. 목표원가계산(Target Costing)을 생산단계에 적용하는 경우 효과가 가장 크게 나타난다.
ㄷ. 카이젠원가계산(Kaizen Costing)에서는 프로세스를 개선시키는데 가장 크게 공헌할 수 있는 조직구성원은 경영자와 공학자라고 가정한다.
ㄹ. 품질원가계산(Quality Costing)은 통제원가(예방 및 평가원가)와 실패원가를 포함한 품질관련원가를 최소화시키면서 품질수준을 최대화시키는데 목적이 있다.
ㅁ. 수명주기원가계산(Life Cycle Costing)과 품질원가계산을 환경문제에 적용하면, 탄소배출량을 줄이면서 환경관련원가도 절감할 수 있다.

① ㄱ, ㄴ, ㄹ ② ㄱ, ㄷ, ㅁ ③ ㄱ, ㄹ, ㅁ
④ ㄴ, ㄷ, ㄹ ⑤ ㄴ, ㄷ, ㅁ

해설

• ㄴ: 목표원가계산은 생산이전단계(제품개발 및 설계단계)에서의 원가절감에 초점을 맞춘다.
• ㄷ: 경영자와 공학자(X) → 작업자(O)

정답 ③

▶ 저자주

합본부록으로 제시된 "IFRS심화논제"는 실제 시험에서 출제되지 않거나 간헐적으로 1~2문제가 출제되는 부분으로서, 지엽적인 논제 또는 심화논제에 해당합니다. 따라서, 반드시 회계학 백점만점을 획득해야 하는 불가피한 상황에 있는 수험생이 아니라면, 수험 목적상 스킵[SKIP]하는 것이 투입 대비 산출의 극대화와 현행 시험의 시간 제약 요인을 감안할 때 가장 효율적인 합격 전략이 되겠습니다. 다만, '재무비율'은 반드시 숙지하시기 바랍니다.

IFRS심화논제

- 사업결합
- 관계기업
- 환율변동효과
- 기타논제
    - 농림어업
    - 매각예정비유동자산
    - 중간재무보고
    - 재무비율
- IFRS심화논제 기출문제총정리

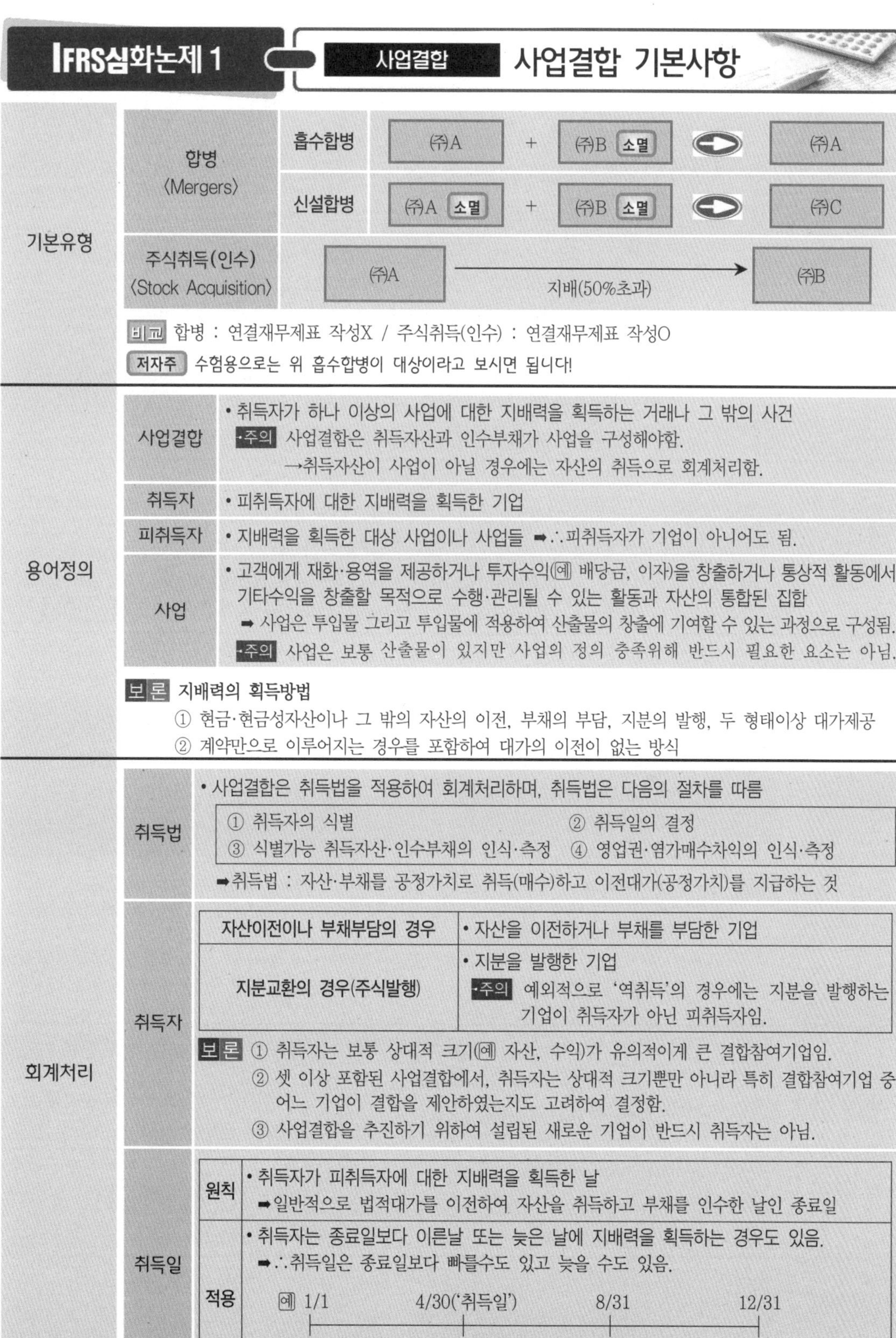

IFRS심화논제 1 — 사업결합 — 사업결합 기본사항

기본유형

구분		내용
합병 (Mergers)	흡수합병	㈜A + ㈜B 소멸 ➡ ㈜A
	신설합병	㈜A 소멸 + ㈜B 소멸 ➡ ㈜C
주식취득(인수) (Stock Acquisition)		㈜A → 지배(50%초과) → ㈜B

비교 합병 : 연결재무제표 작성X / 주식취득(인수) : 연결재무제표 작성O

저자주 수험용으로는 위 흡수합병이 대상이라고 보시면 됩니다!

용어정의

사업결합	• 취득자가 하나 이상의 사업에 대한 지배력을 획득하는 거래나 그 밖의 사건 주의 사업결합은 취득자산과 인수부채가 사업을 구성해야함. →취득자산이 사업이 아닐 경우에는 자산의 취득으로 회계처리함.
취득자	• 피취득자에 대한 지배력을 획득한 기업
피취득자	• 지배력을 획득한 대상 사업이나 사업들 ➡ ∴피취득자가 기업이 아니어도 됨.
사업	• 고객에게 재화·용역을 제공하거나 투자수익(예 배당금, 이자)을 창출하거나 통상적 활동에서 기타수익을 창출할 목적으로 수행·관리될 수 있는 활동과 자산의 통합된 집합 ➡ 사업은 투입물 그리고 투입물에 적용하여 산출물의 창출에 기여할 수 있는 과정으로 구성됨. 주의 사업은 보통 산출물이 있지만 사업의 정의 충족위해 반드시 필요한 요소는 아님.

보론 지배력의 획득방법

① 현금·현금성자산이나 그 밖의 자산의 이전, 부채의 부담, 지분의 발행, 두 형태이상 대가제공

② 계약만으로 이루어지는 경우를 포함하여 대가의 이전이 없는 방식

회계처리

취득법

• 사업결합은 취득법을 적용하여 회계처리하며, 취득법은 다음의 절차를 따름

① 취득자의 식별	② 취득일의 결정
③ 식별가능 취득자산·인수부채의 인식·측정	④ 영업권·염가매수차익의 인식·측정

➡취득법 : 자산·부채를 공정가치로 취득(매수)하고 이전대가(공정가치)를 지급하는 것

취득자

경우	취득자
자산이전이나 부채부담의 경우	• 자산을 이전하거나 부채를 부담한 기업
지분교환의 경우(주식발행)	• 지분을 발행한 기업 주의 예외적으로 '역취득'의 경우에는 지분을 발행하는 기업이 취득자가 아닌 피취득자임.

보론 ① 취득자는 보통 상대적 크기(예 자산, 수익)가 유의적이게 큰 결합참여기업임.

② 셋 이상 포함된 사업결합에서, 취득자는 상대적 크기뿐만 아니라 특히 결합참여기업 중 어느 기업이 결합을 제안하였는지도 고려하여 결정함.

③ 사업결합을 추진하기 위하여 설립된 새로운 기업이 반드시 취득자는 아님.

취득일

구분	내용
원칙	• 취득자가 피취득자에 대한 지배력을 획득한 날 ➡일반적으로 법적대가를 이전하여 자산을 취득하고 부채를 인수한 날인 종료일
적용	• 취득자는 종료일보다 이른날 또는 늦은 날에 지배력을 획득하는 경우도 있음. ➡∴취득일은 종료일보다 빠를수도 있고 늦을 수도 있음. 예 1/1 — 4/30('취득일') 지배력획득일 — 8/31 종료일 — 12/31

IFRS심화논제 2  취득자산·인수부채의 인식

구분	항목	내용
인식기준	인식개요	❖영업권과 분리하여 식별가능 자산·부채를 인식하며 인식기준은 다음과 같음. 정의충족: • 취득일에 '개념체계'에 따른 자산·부채의 정의를 충족해야함. 교환: • 별도 거래의 결과가 아니라 사업결합거래에서 취득자와 피취득자(또는 피취득자의 이전 소유주) 사이에서 교환한 항목의 일부이어야 함.
	인식사례	① 피취득자의 영업활동종료, 고용관계종료, 종업원 재배치와 같은 계획실행에 따라 미래에 생길 것으로 예상하지만 의무가 아닌 원가는 취득일의 부채가 아님. ➡∴취득자는 그러한 원가는 인식하지 않으며, 다른 K-IFRS에 따라 사업결합 후의 재무제표에 인식함. ② 취득자가 인식의 원칙과 조건을 적용하면 피취득자의 이전 재무제표에서 자산·부채로 인식되지 않았던 자산·부채를 일부 인식할 수 있음. ➡예 피취득자가 내부개발하고 관련원가를 비용처리했기 때문에 F/S에 자산인식하지 않았던 브랜드명, 특허권 또는 고객관계와 같은 식별가능한 무형자산을 인식함.
리스		❖피취득자가 리스이용자인 경우 취득자는 다음과 같이 처리함.
	리스의 처리	• 취득한 리스가 취득일에 새로운 리스인 것처럼 처리함.
	리스부채 측정	• 나머지 리스료의 현재가치로 리스부채를 측정함.
	사용권자산 측정	원칙: • 리스부채와 같은 금액으로 사용권자산을 측정함. 예외: • 시장조건과 비교하여 유리·불리한 리스조건이 있다면 이를 가감 조정함.
무형자산	인식	• 사업결합에서 취득한 식별가능한 무형자산을 영업권과 분리하여 인식함. 식별가능: • 식별가능 충족시 영업권과 분리하여 무형자산 인식 식별불가능: • 식별가능하지 않은 취득한 무형자산의 가치는 영업권에 포함함.
	식별가능	• 무형자산은 분리가능성기준이나 계약적·법적기준을 충족하는 경우에 식별가능함. ➡계약적·법적기준을 충족하는 무형자산(예 등록상표)은 분리할수 없더라도 식별가능함.
	분리가능	• 취득한 무형자산이 피취득자에게서 분리·분할될수 있고, 개별적으로 또는 관련된 계약·식별가능한 자산이나 부채와 함께, 매각·이전·라이선스·임대·교환할 수 있음을 의미함.
	보론	① 분리가능성기준은 취득자가 매각·라이선스·교환을 할 의도가 없는 경우에도 충족함. ② 개별적으로 분리할 수 없는 무형자산이 관련 계약, 식별가능한 자산·부채와 결합하여 분리할 수 있다면 분리가능성기준을 충족함. ③ 무형자산기준서에서는 사업결합으로 취득하는 무형자산의 경우 항상 인식기준을 충족하는 것으로 간주하므로, 피취득자가 진행하고 있는 연구·개발프로젝트가 식별가능한 경우에는 영업권과 분리하여 무형자산으로 인식함.
다시 취득한 권리	인식	• 취득자가 피취득자에게 부여했던 권리(예 상표명 사용권)를 사업결합의 일부로 다시 취득한 경우, 다시 취득한 권리는 영업권과 분리하여 무형자산으로 인식함.
	측정	• 공정가치를 측정할때 시장참여자가 계약에 대한 잠재적 갱신을 고려하는지와 무관하게 관련 계약의 남은 계약기간에 기초하여 측정하며, 남은 계약기간에 걸쳐 상각함.
집합적 노동력	상황	• 종업원집단의 존재에 가치를 귀속시킬수 있는 상황 ➡집합적 노동력은 숙련된 종업원의 지적 자본 즉, 전문화된 지식·경험을 나타내지는 않음.
	처리	• 영업권과 분리인식되는 식별가능자산이 아니므로 그 가치를 영업권에 포함함.
잠재적 계약	상황	• 미래의 새로운 고객과 협상중인 잠재적 계약에 가치를 귀속시킬수 있는 상황
	처리	• 그 자체로 자산이 아니므로 영업권과 분리하여 인식하지 않으며, 그러한 계약의 가치는 취득일 후에 발생하는 사건에 따라 후속적으로도 영업권에서 재분류하지 않음. ➡즉, 영업권에 포함하여 인식하며, 후속적으로도 계속 영업권으로 인식함.

IFRS심화논제 3 취득자산·인수부채의 측정

측정원칙

측정개요
- 취득자는 식별가능한 취득자산과 인수부채를 취득일의 공정가치로 측정함.

측정사례

㈜A + ㈜B 소멸 ➡ ㈜A

- 취득자(A)의 회계처리

영업권 발생시	염가매수차익 발생시
(차) 자산(B공정가치) (대) 부채(B공정가치) 영업권 현금(이전대가)	(차) 자산(B공정가치) (대) 부채(B공정가치) 현금(이전대가) 염가매수차익

평가충당금

❖불확실한 현금흐름을 가지는 자산 (평가충당금)

내용
- 취득일 현재 사업결합에서 취득일의 공정가치로 측정된 취득자산에 대하여 별도의 평가충당금(또는 기대신용손실에 대한 손실충당금)은 인식하지 않음.
  ➡ ∵공정가치를 측정할때 미래현금흐름의 불확실성을 이미 고려하였기 때문임.

말장난 취득일의 공정가치로 측정된 취득자산에 대하여 별도의 평가충당금을 인식할수 있다(X)

사례

예시 회수가능성을 고려치 않은 수취채권이 ₩200,000, 이중 회수불가능액이 ₩40,000
→공정가치(회수불가능액 ₩40,000 제외금액)=₩160,000
→∴공정가치 ₩160,000에 평가충당금 ₩40,000을 설정한다면 이중으로 고려되는 결과가 초래되므로 별도의 평가충당금은 인식하지 않음.

운용리스

❖피취득자가 리스제공자인 경우 운용리스 대상 자산

내용
- 피취득자가 리스제공자인 경우에 취득자는 운용리스자산을 취득일의 공정가치로 측정함.
  ➡공정가치 : 당해 운용리스의 미래현금흐름의 현재가치

·주의 취득자는 시장조건과 비교할때 운용리스의 조건이 유리하든 불리하든 피취득자가 리스이용자인 리스에 요구하는 것과 달리 별도의 자산·부채를 인식하지 않음.

사례

예시 잔여리스기간이 3년인 운용리스자산이라고 가정할 경우 운용리스자산의 공정가치(=미래현금흐름의 현재가치)는 이미 위 유리/불리를 반영하고 있는 것임.
→∴시장가치(리스계약을 체결치 않았을 경우 시장에 매각시의 금액)가 얼마이든지에 관계없이 공정가치로 측정함.

사용의도

❖사용치 않을 의도 또는 시장참여자의 사용방법과 다른 방법으로 사용할 의도가 있는 자산

내용
- 경쟁력 있는 지위를 보호하기 위하여 또는 그 밖의 이유로 취득자가 취득한 비금융자산을 활발히 이용하지는 않으려고 하거나, 최고·최선으로 자산을 사용하지는 않으려고 할 수 있음.
- 취득자는 최초에 그리고 후속 손상검사를 위하여 처분부대원가를 차감한 공정가치를 측정할 때에도 비금융자산의 공정가치를 적절한 평가 전제를 따라 시장참여자의 최고·최선의 사용을 가정하여 측정함.

사례

예시 기업은 취득한 무형자산을 다른 기업이 이용하는 것을 막음으로써 그 무형자산을 방어적으로 이용하고자 계획하는 경우가 이에 해당될수 있음.

보론 정리사항

구분	정리사항
불확실한 현금흐름을 가지는 자산	❒ 평가충당금을 인식치 않음.
피취득자가 리스제공자인 운용리스자산	❒ 리스조건을 고려하지 않음.
취득자가 사용치 않거나 다른 방법으로 사용할 의도가 있는 자산	❒ 최고·최선의 사용을 가정하여 공정가치를 측정함.

IFRS심화논제 4 인식·측정원칙의 예외사항

<table>
<tr><td rowspan="2">우발부채</td><td colspan="2">충당부채 인식조건
【기준서 제1037호】</td><td>• 과거사건의 결과로 발생한 현재의무로 자원의 유출가능성이 높고 신뢰성있는 측정이 가능한 경우에만 충당부채로 하여 부채를 인식함.</td></tr>
<tr><td colspan="2">사업결합의 경우</td><td>• 과거사건에서 생긴 현재의무이고 그 공정가치를 신뢰성있게 측정할수 있다면, 취득자는 취득일 현재 사업결합에서 인수한 우발부채를 부채로 인식함.
➡ ∴기준서 제1037호에서의 규정과는 달리 경제적효익을 갖는 자원이 유출될 가능성이 높지 않더라도 취득자는 취득일에 사업결합으로 인수한 우발부채를 '우발부채'의 과목으로 하여 F/S에 부채로 인식함.</td></tr>
<tr><td rowspan="2">매각
예정자산</td><td colspan="2">상황</td><td>• 취득자는 기준서 제1105호 '매각예정비유동자산과 중단영업'에 따라 취득일에 매각예정자산으로 분류된 비유동자산을 취득할수 있음.</td></tr>
<tr><td colspan="2">측정</td><td>• 순공정가치(공정가치-매각부대원가)로 측정함.
주의 유일하게 매각예정자산만 공정가치가 아닌 순공정가치로 측정함.
비교 기준서 제1105호 : 순공정가치와 장부금액 중 작은 금액으로 측정</td></tr>
<tr><td rowspan="3">보상자산</td><td colspan="2">상황</td><td>• 매도자는 취득자에게 우발상황이나 불확실성의 결과에 대하여 계약상 보상을 할수 있음.
➡ 예 매도자가 특정한 우발상황에서 생기는 부채에 대해 일정 금액을 초과하는 손실을 취득자에게 보상할수 있는 경우</td></tr>
<tr><td colspan="2">처리</td><td>• 취득자는 보상자산을 인식함.</td></tr>
<tr><td colspan="2">측정</td><td>• 보상자산은 취득일의 공정가치로 측정함.
주의 공정가치로 측정한 보상자산의 경우 회수가능성으로 인한 미래현금흐름의 불확실성의 효과를 공정가치 측정에 포함하였으므로 별도의 평가충당금은 필요하지 않음.</td></tr>
</table>

사례 순자산공정가치 계산

✪피취득자의 다음 사항 반영 전의 피취득자의 자산 공정가치는 ₩225,000, 부채 공정가치는 ₩75,000이다. 취득자가 취득일에 인식할 피취득자의 식별가능한 순자산 공정가치는 얼마인가?

(1) 피취득자는 리스계약의 리스이용자로 잔여 리스료의 현재가치로 측정한 사용권자산과 리스부채는 순자산 공정가치에 포함되어 있다. 리스조건은 시장조건에 비하여 유리하며, 유리한 리스조건의 공정가치는 ₩17,500으로 추정된다.
(2) 미래 고객과 협상중인 잠재적 계약이 있으며 그 가치는 ₩7,500으로 추정된다.
(3) 피취득자는 운용리스의 리스제공자이며, 리스조건은 시장조건에 비하여 유리하다. 유리한 리스조건의 공정가치는 ₩22,500으로 추정된다.
(4) 충당부채 인식기준 중 다른 기준은 충족하였으나 자원의 유출가능성이 높지 않아 충당부채로 인식하지 아니한 금액이 ₩25,000이다.
(5) 사업에서 발생하는 불확실성과 관련하여 취득자에게 보상하기로 하였으며 보상자산의 공정가치는 ₩20,000으로 추정된다.

풀이

• (1) 유리한 리스조건은 자산(사용권자산)에 가산함.
(2) 잠재적 계약의 가치는 영업권에 포함하며 분리인식하지 않음.
(3) 조건이 유리하든 불리하든 별도의 자산 · 부채를 인식하지 않음.
(4) 우발부채를 부채에 가산함.
(5) 보상자산 공정가치를 가산함.

• 자산 공정가치 : 225,000+17,500+20,000 = 262,500
부채 공정가치 : 75,000+25,000 = (100,000)
162,500

IFRS심화논제 5 이전대가의 측정

<table>
<tr><td rowspan="2">일반적인 경우</td><td>원칙
[공정가치]</td><td>이전대가 | □ (이전하는 자산+부담하는 부채+발행하는 지분)의 공정가치
➡이전하는 자산의 공정가치와 장부금액이 다른 경우에는 공정가치로 재측정하고 장부금액과의 차액은 당기손익으로 인식하며, 부담부채는 현재가치로 계산함.
'이전대가 − 피취득자의 순자산 공정가치' ➡ (+) : 영업권(무형자산) / (−) : 염가매수차익(당기손익)</td></tr>
<tr><td>예외
[장부금액]</td><td>• 이전된 자산·부채가 사업결합후 결합기업에 여전히 남아있어 취득자가 당해 자산·부채에 대한 통제를 계속 보유하는 경우에는 장부금액으로 측정함.
➡예 취득자가 이전하려는 자산인 토지를 피취득자의 이전소유주(피취득자의 주주)가 아니라 피취득자(기업)에게 이전하는 경우에 발생함. 결국, 이전대가로 피취득자에게 이전된 토지는 합병으로 취득자에게로 원상복귀되는 결과가 됨.</td></tr>
<tr><td rowspan="4">조건부대가</td><td>의의</td><td>① 특정 조건이 충족되는 경우 피취득자의 이전소유주에게 추가로 자산이나 지분을 이전하여야 하는 취득자의 의무가 있을 수 있음.
② 반대로 취득자가 특정조건을 충족하여 과거의 이전대가를 회수할수 있는 권리가 있을 수 있음.</td></tr>
<tr><td>측정</td><td>• 조건부대가는 취득일의 공정가치로 측정함.</td></tr>
<tr><td rowspan="2">회계처리</td><td>①의 경우 | • 지급의무를 부채(금융부채)나 자본으로 분류함.</td></tr>
<tr><td>②의 경우 | • 이전대가를 회수할수 있는 권리를 자산으로 분류함.</td></tr>
</table>

사례 이전대가의 측정

✪다음 자료에 의해 사업결합으로 인식할 영업권을 계산하면 얼마인가?

(1) ㈜오야붕은 20x1년 1월 1일을 취득일로 하여 ㈜꼬봉을 합병하였다.
(2) 취득일 현재 피취득자인 ㈜꼬봉의 순자산 장부금액은 ₩62,500, 공정가치는 ₩87,500이다.
(3) ㈜오야붕은 이전대가로 피취득자인 ㈜꼬봉의 기존 주주들에게 ㈜오야붕의 보통주식 375주(주당액면 @100, 주당 공정가치 @300)를 발행교부하였다.
(4) ㈜오야붕은 사업결합과 관련하여 피취득자인 ㈜꼬봉의 경영성과가 일정한 금액을 초과하는 경우 ㈜꼬봉의 기존주주들에게 추가적인 대가(현금)를 지급하기로 하였으며 취득일 현재 이러한 조건부대가의 공정가치는 ₩15,000으로 추정된다.
(5) ㈜오야붕은 사업결합과 관련하여 피취득자인 ㈜꼬봉에 보유중인 토지를 이전하기로 하였다. 취득일 현재 토지의 장부금액은 ₩10,000이며, 공정가치는 15,000이다.

풀이

【순자산공정가치】		【이전대가】	
피취득자의 순자산공정가치	87,500	발행지분(공정가치)	375주×300=112,500
토지(장부금액)	10,000	조건부대가(공정가치)	15,000
	97,500	토지(장부금액)	10,000
영업권=137,500−97,500=40,000			137,500

• (주)오야붕의 사업결합 회계처리

(차) 순자산(공정가치)	87,500	(대) 자본금	375주×100=37,500
토지(장부금액)	10,000	주식발행초과금	375주×300−37,500=75,000
영업권	40,000	조건부대가(부채)	15,000
		토지(장부금액)	10,000

→결국, 이전한 토지는 고려하지 않아도 동일한 결과가 됨.

IFRS심화논제 6 이전대가의 측정과 부채부담

세부고찰 I

사례 부채(미지급금)의 부담

◎ ㈜미공은 20x1년 1월 1일을 취득일로 하여 ㈜즐공을 흡수합병하였으며, 취득일에 ㈜즐공의 자산과 부채의 구성내역은 다음과 같다.

구분	장부금액	공정가치
화폐성자산	₩6,000,000	₩6,000,000
비화폐성자산	₩750,000	₩3,250,000
화폐성부채	₩1,250,000	₩1,250,000

㈜미공은 이전대가로 현금 ₩2,500,000을 지급하였으며 또한 자사주식 1,250주(주당 액면금액 ₩5,000, 주당 공정가치 ₩7,000)를 발행·교부하였고 미지급금 ₩1,250,000을 발생시켰다. 이전대가를 계산하면 얼마인가?(단, 미지급금의 만기는 1년이며 액면이자는 없고 시장이자율은 연 5%라고 가정한다)

• 이전대가 계산

현금	:	2,500,000
주식(공정가치)	: 1,250주×7,000 =	8,750,000
미지급금(공정가치=현재가치)	: 1,250,000/1.05 =	1,190,476
이전대가		12,440,476

세부고찰 II

사례 분할상환과 조건부대가

◎ ㈜사기충천은 20x1년 1월 1일을 취득일로 하여 ㈜의욕저하를 흡수합병하였으며, ㈜의욕저하의 기존주주들에게 지급하기로 한 이전대가와 기타자료가 다음과 같을 때 당해 사업결합과 관련한 정확한 이전대가를 계산하면 얼마인가? 단, 현재가치평가에 사용할 할인율은 6%이며 6%,2기간 연금현재가치계수는 1.8이라고 가정한다.

(1) ㈜사기충천의 보통주 발행 · 교부내역
㈜사기충천의 보통주 250주
- 주당 액면금액 : ₩100
- 주당 공정가치 : ₩200

(2) 토지 이전내역
- 토지의 장부금액 : ₩20,000
- 토지의 공정가치 : ₩25,000

(3) 분할상환금액의 지급내역
- 20x1년 12월 31일 : ₩12,500
- 20x2년 12월 31일 : ₩12,500

(4) 조건부대가 관련사항
㈜사기충천은 경영성과가 일정한 금액을 초과하는 경우 ㈜의욕저하의 기존주주들에게 추가적인 대가를 지급하기로 하였으며, 취득일 현재 조건부대가의 공정가치는 ₩10,000으로 추정된다.

• 이전대가 계산

주식	: 250주×200 =	50,000
토지(공정가치)	:	25,000
분할상환금액(공정가치=현재가치)	: 12,500×1.8 =	22,500
조건부대가(공정가치)	:	10,000
		107,500

IFRS심화논제 7 영업권과 염가매수차익

<table>
<tr><td rowspan="4">영업권</td><td rowspan="2">인식여부</td><td>내부창출영업권</td><td>• 무형자산으로 인식X
이유 원가를 신뢰성있게 측정할수 없고 기업이 통제하고 있는 식별 가능한 자원이 아니기 때문임.</td></tr>
<tr><td>외부구입영업권
(유상취득영업권)</td><td>• 무형자산으로 인식O</td></tr>
<tr><td>영업권계산</td><td colspan="2">• 영업권 = 이전대가 - 피취득자의 순자산 공정가치</td></tr>
<tr><td>기타사항</td><td colspan="2">• 취득자와 피취득자가 지분만을 교환하여 사업결합을 하는 경우로서 피취득자 지분의 공정가치가 취득자 지분의 공정가치보다 더 신뢰성있게 측정되는 경우, 취득자는 이전한 지분의 공정가치 대신에 피취득자의 지분의 공정가치를 이용하여 영업권을 결정함.
➡ ∴이전대가(취득자의 발행금액)=피취득자의 지분 공정가치</td></tr>
<tr><td rowspan="2">염가매수차익</td><td>염가매수차익계산</td><td colspan="2">• 염가매수차익 = 피취득자의 순자산 공정가치 - 이전대가</td></tr>
<tr><td>회계처리</td><td colspan="2">• 당기손익으로 인식함.</td></tr>
</table>

사례 염가매수차익 계산

✪ 다음 자료에 의해 사업결합으로 인식할 영업권 또는 염가매수차익을 계산하면 얼마인가?

(1) ㈜오야붕은 20x1년 1월 1일을 취득일로 하여 ㈜꼬봉을 흡수합병하였다.
(2) 취득일 현재 피취득자인 ㈜꼬봉의 순자산 장부금액은 ₩62,500, 공정가치는 ₩87,500이다.
(3) ㈜오야붕은 이전대가로 피취득자인 ㈜꼬봉의 기존 주주들에게 ㈜오야붕의 보통주식 250주(주당 액면 @100, 주당 공정가치 @300)를 발행교부하였으며, 기존 주주들의 은행차입금 ₩10,000을 대신 부담하기로 하였다.
(4) ㈜오야붕은 사업결합과 관련하여 피취득자인 ㈜꼬봉의 경영성과가 일정 금액에 미달하는 경우 이전대가 중 일부를 반환 받을수 있는 권리가 있으며, 그러한 권리의 공정가치는 ₩7,500으로 추정된다.

【순자산공정가치】		【이전대가】	
피취득자의 순자산공정가치	87,500	발행지분(공정가치)	250주×300=75,000
		부채부담	10,000
		조건부대가(공정가치)	(7,500)
			77,500
		염가매수차익=87,500-77,500=10,000	

•(주)오야붕의 사업결합 회계처리

(차) 순자산(공정가치)	87,500	(대) 자본금	250주×100=25,000
조건부대가(자산)	7,500	주식발행초과금	250주×300-25,000=50,000
		차입금	10,000
		염가매수차익(당기손익)	10,000

<table>
<tr><td rowspan="4">취득관련 원가</td><td>사업결합비용</td><td>• 당기비용 처리</td><td>예 중개·자문·법률·전문가·컨설팅수수료</td></tr>
<tr><td>일반관리비용</td><td>• 당기비용 처리</td><td>예 기업내부 취득전담부서 유지원가</td></tr>
<tr><td>지분상품 발행비용</td><td>• 발행금액에서 차감
(주식발행초과금 감액)</td><td>예 신주발행비</td></tr>
<tr><td>자산취득부대비용</td><td>• 취득원가 처리</td><td>예 자산취득관련 취득세</td></tr>
</table>

IFRS심화논제 8 취득관련원가와 영업권계산

세부고찰 I

사례 영업권 계산

◎ 20x3년초 ㈜왕초는 ㈜똘마니의 보통주식 100%를 취득하여 흡수합병하면서 이전대가로 ₩200,000을 지급하였으며, 합병관련 자문수수료로 ₩20,000이 지출되었다. 합병시 ㈜똘마니의 재무상태표는 다음과 같다.

매출채권	₩46,000	매입채무	₩92,000
상품	50,000	납입자본	60,000
토지	78,000	이익잉여금	22,000
자산총계	₩174,000	부채와자본총계	₩174,000

20x3년초 ㈜왕초가 ㈜똘마니의 자산·부채에 대하여 공정가치로 평가한 결과, 매출채권과 매입채무는 장부금액과 동일하고, 상품은 장부금액 대비 20% 더 높고, 토지는 장부금액 대비 40% 더 높았다. ㈜왕초가 흡수합병과 관련하여 인식할 영업권은 얼마인가?

- 합병관련 자문수수료는 이전대가가 아니므로 당기비용으로 인식함.
- 자산공정가치 : 46,000+50,000×120%+78,000×140%=215,200
  부채공정가치 : 92,000
  →순자산공정가치 : 215,200-92,000=123,200

∴영업권 : 200,000(이전대가)-123,200(순자산공정가치)=76,800

세부고찰 II

사례 취득관련원가의 처리

◎다음 자료에 의해 사업결합과 관련한 회계처리를 할 때 주식발행초과금은?

(1) ㈜오야붕은 20x1년 1월 1일을 취득일로 하여 ㈜꼬봉을 합병하였다.
(2) ㈜오야붕은 취득과 관련한 자문수수료로 ₩7,500을 지출하였다.
(3) 취득일 현재 피취득자인 ㈜꼬봉의 자산과 부채의 공정가치는 각각 ₩200,000, ₩112,500이다.
(4) ㈜오야붕은 이전대가로 피취득자인 ㈜꼬봉의 기존 주주들에게 ㈜오야붕의 보통주식 375주(주당 액면 @100, 주당 공정가치 @300)를 발행교부하였으며, 신주발행비로 ₩2,500을 지출하였다.
(5) ㈜오야붕은 사업결합 전담팀을 구성하였으며 전담팀의 유지를 위하여 ₩5,000을 지출하였다.
(6) ㈜오야붕은 ㈜꼬봉의 자산에 대한 소유권 이전등기를 하면서 취득세로 ₩10,000을 지출하였다.

풀이

- 자문수수료 : 당기비용(수수료비용) 처리
  신주발행비 : 발행금액에서 차감(=주식발행초과금에서 차감)
  전담팀 유지비용 : 당기비용(판매관리비) 처리
  취득세등 : 자산 취득원가 처리

- 회계처리

(차)	자산(공정가치)	200,000	(대)	부채(공정가치)	112,500
	영업권	25,000		자본금	375주×100=37,500
				주식발행초과금	375주×300-37,500=75,000
(차)	수수료비용	7,500	(대)	현금	25,000
	주식발행초과금	2,500			
	판매관리비	5,000			
	자산	10,000			

∴주식발행초과금 : 75,000-2,500=72,500

저자주 즉, 취득관련원가는 영업권계산에 영향을 미치지 않습니다!(실제시험에서는 전부 무시해 버릴 것)

IFRS심화논제 9 영업권의 후속측정 : 현금창출단위

구분	항목	내용
영업권 의의	식별가능성	• 영업권은 개별적으로 식별하여 인식하는 것이 불가한 자산임.
	상각	• 내용연수가 비한정인 것으로 보므로 상각대상자산이 아님.
	손상검사	• 손상평가대상으로서 매년 그리고 손상징후가 있을 때마다 손상검사를 함.

➡개별적으로 식별불가하므로 영업권만 별도로 회수가능액 추정이 불가능함.
따라서, 현금창출단위를 지정해 놓고 현금창출단위 전체에 대하여 손상차손을 인식하게됨.

구분	항목	내용
현금창출단위(CGU)	현금창출단위	• 다른 자산(자산집단)에서의 현금유입과는 거의 독립적인 현금유입을 창출하는 식별가능한 최소자산집단을 말함. ➡ 말장난 최대자산집단(X)
	현금창출단위집단	• 여러개의 현금창출단위로 구성된 것을 말함.

구분	항목	내용
영업권 배분	개요	• 사업결합으로 취득한 영업권은 손상검사 목적상 각 현금창출단위나 현금창출단위집단에 취득일로부터 배분됨. ➡이는 배분대상 현금창출단위나 현금창출단위집단에 피취득자의 다른 자산이나 부채가 할당되어 있는지와 관계없이 이루어짐.
	완료시점	• 취득일후 최초로 개시하는 회계연도말까지 그 영업권의 최초배분을 완료해야함.

예시 ㈜피취득은 현금창출단위 A,B,C로 구성됨. 순자산공정가치 40억원, 이전대가는 100억원인 경우
→영업권은 60억원(100억원-40억원)이며, 취득자의 영업권배분이 완료되었다고 가정시

	현금창출단위A	현금창출단위B	현금창출단위C
순자산(공정가치)	15억원	15억원	10억원
영업권배분액	20억원	0억원	40억원

영업의 처분

항목	내용
거래형태	• 영업권이 배분된 현금창출단위내의 일부 영업을 처분하는 경우임.
회계처리	① 처분손익을 결정할때 그 영업의 장부금액을 포함함. ② 현금창출단위내에 존속하는 부분과 처분되는 부분의 상대적가치로 영업권을 측정함.

예시 위 예시에서 현금창출단위C에 포함되는 일부영업(해당 순자산 2억원)을 10억원에 매각하였으며, 존속하는 나머지 현금창출단위의 회수가능액이 90억원이라고 가정시

→ (차) 현금 10억원 (대) 순자산(일부영업) 2억원

$$영업권\ 40억원 \times \frac{10억원}{90억원+10억원} = 4억원$$

처분이익 4억원

손상검사

구분	내용
영업권이 배분되지 않은 현금창출단위	• 손상징후가 있을 때마다 손상검사함(위 '현금창출단위B')
영업권이 배분된 현금창출단위	• 매년 그리고 손상징후가 있을 때마다 손상검사함. ① 매년 같은 시기에 실시함. ② 서로 다른 현금창출단위에 대해서는 각기 다른 시점에손상검사를 할수 있음. ③ 현금창출단위에 배분된 영업권을 당해 사업결합에서 취득한 경우 현금창출단위는 당해 회계연도말 전에 손상검사를 함. ④ 영업권이 배분된 현금창출단위에 속하는 자산에 대해서는 영업권을 포함하는 당해 현금창출단위보다 그 자산에 대한 손상검사를 먼저 실시함. ⑤ 영업권이 배분된 현금창출단위집단에 속하는 현금창출단위에 대해서는 영업권을 포함하는 현금창출단위집단 보다 현금창출단위에 대한 손상검사를 먼저 실시함.

IFRS심화논제 10 영업권의 후속측정 : 현금창출단위의 손상차손

현금창출단위 손상차손

현금창출단위 회수가능액	• Max[① 순공정가치 ② 사용가치] ➡일반 개별자산과 동일함!
현금창출단위 손상차손	• 손상차손(당기손익)=장부금액-회수가능액

손상차손 배분

❖다음 순서로 배분하여 현금창출단위에 속하는 개별자산의 장부금액을 감소시킴.

<1순위>	• 현금창출단위에 배분된 영업권의 장부금액을 감소시킴.
<2순위>	• 현금창출단위에 속하는 다른 자산에 장부금액에 비례하여 배분함. 보론 ① 배분후 개별자산의 장부금액은 다음 금액 이하로 감소시킬수 없음. Max[① 순공정가치(결정가능한 경우) ② 사용가치(결정가능한 경우) ③ 0] →즉, 배분후 개별자산의 장부금액은 개별자산의 회수가능액에 미달할수 없음. ② 이러한 제약으로 인해 위와 같이 특정자산에 배분되지 않은 손상차손은 다른 자산에 장부금액에 비례하여 재배분함.

사례 현금창출단위 손상차손의 배분

✪다음 자료에 의해 손상후 각 자산별 장부금액을 계산하면?

(1) ㈜오야붕은 20x1년 1월 1일을 취득일로 하여 ㈜꼬봉을 흡수합병하였다.
(2) ㈜오야붕은 ㈜꼬봉이 영위하고 있는 현금창출단위인 A사업부에 다음의 금액을 배분하였다.

토지	건물	기계장치	영업권
₩50,000	₩200,000	₩75,000	₩100,000

- 각 자산의 잔존가치는 없고 정액법으로 감가상각한다.
- 건물과 기계장치의 잔존내용연수는 각각 4년과 3년이다.

(3) 20x1년말 순공정가치와 사용가치 추정액은 다음과 같다.

	순공정가치	사용가치
현금창출단위인 A사업부	₩125,000	₩100,000
현금창출단위에 포함된 개별자산	결정불가	결정불가

풀이

• 현금창출단위 손상차손 : 350,000−Max[125,000, 100,000]=225,000

구분	20x1년말 장부금액	손상차손액(배분액)		손상후 장부금액
영업권	100,000	〈1순위〉	100,000	0
토지	50,000	〈2순위〉	125,000×20%=25,000	**25,000**
건물	200,000−200,000÷4년=150,000		125,000×60%=75,000	**75,000**
기계장치	75,000−75,000÷3년=50,000		125,000×20%=25,000	**25,000**
계	350,000	225,000		125,000

보론 if, 20x1년말 토지의 순공정가치(=₩35,000)만 결정가능한 경우

*토지를 ₩10,000(35,000−25,000)만큼 증가시키고, 동액 만큼을 건물과 기계장치의 손상후 장부금액에 비례하여 감소시킴.

구분	손상후 장부금액	재배분액	재배분후 장부금액
영업권	0	0	0
토지	25,000	35,000−25,000=10,000	**35,000**
건물	75,000	(10,000×75%=7,500)	75,000−7,500=**67,500**
기계장치	25,000	(10,000×25%=2,500)	25,000−2,500=**22,500**
계	125,000		125,000

IFRS심화논제 11 관계기업 관계기업 일반사항(1)

구분	항목	내용
용어정의	관계기업	• 투자자가 유의적인 영향력을 보유하는 기업을 말함. ➡관계기업은 종속기업이 아니며, 공동기업도 아님. 참고 투자자(지배기업)가 지배력(지분율 50%초과 : 연결재무제표 작성)을 갖는 기업은 종속기업, 투자자(참여자)가 공동지배력(지분율 무관 : 지분법평가)을 갖는 기업을 공동기업이라고 함.
	유의적인 영향력	• 피투자자의 재무·영업정책에 관한 의사결정에 참여할 수 있는 능력을 말함.
	저자주	공동기업은 관계기업과 회계처리가 동일하여 구분실익이 없으므로 시험은 모두 관계기업에서 출제됩니다!
유의적인 영향력	원칙	• 직접 또는 간접으로 피투자자에 대한 의결권의 20%이상 소유시 유의적인 영향력이 없다는 사실을 명백하게 제시할수 있는 경우를 제외하고는 유의적인 영향력이 있는 것으로 봄.
	예외	• 직접 또는 간접으로 피투자자에 대한 의결권의 20%미만 소유시는 유의적인 영향력이 없는 것으로 봄. 다만, 다음 중 하나 이상에 해당하는 경우에는 일반적으로 유의적인 영향력을 보유한다는 것이 입증됨. ① 피투자자의 이사회나 이에 준하는 의사결정기구에 참여 ② 배당이나 다른 분배에 관한 의사결정에 참여하는 것을 포함하여 정책결정과정에 참여 ③ 기업과 피투자자 사이의 중요한 거래 ④ 경영진의 상호 교류 ⑤ 필수적 기술정보의 제공 ➡주의 일반적 기술정보제공이 아님.

보론 '간접'의 의미

항목	내용
개요	• 종속기업을 통하여 피투자자에 대한 의결권을 소유하는 것을 말함. 주의 즉, 아래에서 B는 반드시 A의 종속기업이어야 함. A →(60%)→ B →(10%(간접))→ C A →(10%(직접))→ C
지분율 계산	• 단순하게 합산하여 판단함. →위에서 10%(직접)+10%(간접)=20% 이므로 유의적인 영향력 있음.
판단 특수사례	• 다른 투자자가 해당 피투자자의 주식을 상당한 부분 또는 과반수 이상을 소유하고 있다고 하여도 기업이 피투자자에 대하여 유의적인 영향력을 보유하고 있다는 것을 반드시 배제하는 것은 아님. • 즉, 아래에서 B가 C에 의해 지배된다고 해서 A가 B에 대하여 유의적인 영향력을 행사할수 없다는 것은 아님. A →(20%)→ B ←(60%)← C

구분	항목	내용
잠재적 의결권등	잠재적 의결권	• 잠재적 의결권(보통주식으로 전환할수 있는 채무상품, 지분상품등)이 있는 경우 유의적인 영향력을 갖는지를 평가할 때 잠재적 의결권의 존재와 영향을 고려함. 예시 A의 B(총주식수 100주)에 대한 보유주식수가 20주이고 B가 발행한 신주인수권이 100주일 때 신주인수권의 행사를 합리적으로 기대할수 있는 경우 A의 실질적인 지분율은 10%이므로 지분법을 적용하지 않음.
	영향력 상실	• 피투자자의 재무·영업정책의 의사결정에 참여할 수 있는 능력을 상실하면 유의적인 영향력을 상실함. 유의적인 영향력은 절대적·상대적 지분율의 변동에 따라 또는 소유지분율이 변동하지 않더라도 상실할 수 있음. 예시 관계기업이 정부 등의 통제를 받게 되는 경우 유의적인 영향력 상실가능

IFRS심화논제 12  관계기업 일반사항(2)

지분법평가

지분법

- 지분법은 관계기업에 대한 투자를 최초 인식시 원가로 인식하고, 취득일 이후에 발생한 피투자자의 당기순손익 중 투자자의 몫에 해당하는 금액을 인식하기 위하여 장부금액을 가감하여 보고하는 회계처리방법을 말함.

지분산정

- 잠재적 의결권이 있는 경우 관계기업에 대한 기업의 지분은 현재 소유하고 있는 소유지분에만 기초하여 산정하며, 잠재적 의결권의 행사·전환가능성은 반영하지 않음.

주의 ∴유의적인 영향력 판단시는 고려하나, 지분법 실제 회계처리시는 고려하지 않음.

예시 현재 지분율 10%, 잠재적 의결권 고려시 30%, 관계기업 당기순이익 ₩100인 경우
→유의적인 영향력이 있으므로 지분법을 적용하되, 지분법이익은 100×10%=10

재무제표

의의

- 투자자(기업)는 지분법을 적용시 가장 최근의 이용가능한 관계기업의 F/S를 사용함.

적용

- 투자자의 보고기간종료일과 관계기업의 보고기간종료일이 다른 경우, 관계기업은 투자자의 사용을 위하여 투자자의 F/S와 동일한 보고기간종료일의 F/S를 작성함.
- 투자자 F/S의 보고기간종료일과 관계기업 F/S의 보고기간종료일 사이에 발생한 유의적인 거래·사건의 영향을 반영하며 어떠한 경우라도 투자자 보고기간종료일과 관계기업 보고기간종료일 간의 차이는 3개월 이내이어야 함.

정리 [지분법평가에 사용할 관계기업의 F/S]

보고기간종료일이 동일한 경우	투자자의 보고기간종료일에 작성된 관계기업의 F/S	
보고기간종료일이 상이한 경우	원칙	투자자의 보고기간종료일에 작성된 관계기업의 F/S
	3개월이내	관계기업의 보고기간종료일에 작성된 관계기업의 F/S(단, 유의적인 거래·사건의 영향을 반영함)

회계정책

의의

- 유사한 상황에서 발생한 동일한 거래와 사건에 대하여 동일한 회계정책을 적용하여 투자자(기업)의 재무제표를 작성함.

적용

- 관계기업이 유사한 상황에서 발생한 동일한 거래와 사건에 대하여 투자자(기업)의 회계정책과 다른 회계정책을 사용한 경우, 투자자가 지분법을 적용하기 위하여 관계기업의 재무제표를 사용할 때 관계기업의 회계정책을 투자자의 회계정책과 일관되도록 수정해야 함.

지분법적용 중지·재개

지분법중지

- 피투자자의 손실 등을 반영하여 관계기업투자주식의 장부금액이 영(0) 이하가 될 경우에는 지분법적용을 중지하고 관계기업투자주식을 영(0)으로 처리함.
  →이유 : 유한책임. 즉, 피투자회사 자본잠식에 대해 추가적 손실을 부담할 필요없음.

참고 관계기업의 실질적 장기투자지분[우선주지분, 장기수취채권(담보분 제외) 등]에 해당하여 지분법손실을 반영하는 경우에는 공정가치 측정이나 기대신용손실을 먼저 인식하고, 그 이후에 지분법손실을 인식함.

지분법재개

- 지분법적용을 중지한후 피투자자의 당기순이익으로 인하여 지분변동액이 발생하여 관계기업투자주식의 장부금액이 영(0)보다 커지는 경우에는 지분법을 재개하며, 지분법적용 중지기간 동안 인식하지 못한 손실누적액을 초과한 금액만을 이익으로 인식함.

지분법재개 이후 지분법이익 = 지분법이익 - 미인식한 손실누적액

손상

회수가능액

- 관계기업투자주식의 회수가능액
  ➲ Max[① 순공정가치 ② 사용가치]

손상차손

- 관계기업투자주식손상차손
  ➲ 관계기업투자주식 장부금액 - 관계기업투자주식의 회수가능액

환입

- 손상차손환입은 관계기업투자주식의 회수가능액이 후속적으로 증가하는 만큼 인식함.

저자주 K-IFRS에서는 손상차손환입으로 인식할 금액의 한도에 대해서는 규정하고 있지 않습니다!

IFRS심화논제 13 지분법 기본회계처리

<table>
<tr><td rowspan="2">개요</td><td>의의</td><td>• 지분법은 관계기업투자주식을 최초에 원가로 인식하고 취득시점 이후 피투자자의 순자산 증감에 따라 투자주식의 장부금액을 증감시켜 보고하는 회계처리방법임.
• '관계기업투자주식(원가)=피투자회사 순자산장부금액×투자자 지분율'이 되어야 함.
➡∴양자가 불일치하는 경우 이를 조정하게 됨.</td></tr>
<tr><td>차이시점</td><td>① 취득시점(고가취득 또는 염가취득) ② 피투자회사의 순자산변동시점</td></tr>
<tr><td rowspan="3">취득시점</td><td colspan="2">[취득원가 - 순자산장부가×지분율] = [(순자산공정가 - 순자산장부가)×지분율] + [영업권]
'더 지불한 금액' / '내가 과대평가한 금액' ⇓ 평가차액 / '추가 지불액' ⇓ 투자차액
▪주의 순자산공정가와 순자산장부가가 일치하는 경우는 차이 전액이 영업권이됨.</td></tr>
<tr><td>평가차액
(순자산 과소평가액)</td><td>• 순자산이 실현될 때 지분법이익에서 차감함.
저자주 평가차액의 조정은 설명을 생략합니다!(지분법 차액조정을 통해 후술함)</td></tr>
<tr><td>투자차액
(영업권)</td><td>• 위 산식에서 영업권을 도출하면 다음과 같음.
❒ 영업권 = 취득원가 - 순자산공정가 × 지분율
• 취득원가 - 순자산공정가×지분율⇒ (+) : 영업권 ~ 상각X/손상대상O / (−) : 염가매수차익 ~ 당기수익(지분법이익)</td></tr>
<tr><td rowspan="4">취득일이후</td><td>당기순이익
보고시</td><td>• '피투자회사의 순이익×지분율' 만큼 지분법이익(당기손익)을 인식함.
➡(차) 관계기업투자주식 xxx (대) 지분법이익 xxx</td></tr>
<tr><td>배당</td><td>배당결의시: • (차) 미수배당금 xxx (대) 관계기업투자주식 xxx
배당수령시: • (차) 현금 xxx (대) 미수배당금 xxx
▪주의 지분법에서는 피투자회사가 배당을 하면 순자산이 감소하므로 투자주식을 감소시키는 처리를 하며, 배당금수익을 인식하는 것이 아님.</td></tr>
<tr><td>기타포괄손익
증감시</td><td>• '피투자회사의 기타포괄손익×지분율' 만큼 지분법자본변동(기타포괄손익)을 인식함.
➡(차) 관계기업투자주식 xxx (대) 지분법자본변동(관계기업기타포괄손익) xxx</td></tr>
<tr><td colspan="2">보론 순자산의 변동이 없는 경우(예 주식배당, 무상증자)에는 별도 회계처리는 할 필요가 없음.</td></tr>
</table>

사례 관계기업투자주식의 장부금액 계산

✪ ㈜투자는 20x1년초에 ㈜피투자의 발행주식의 30%를 ₩1,600,000에 취득하여 지분법으로 평가하고 있다. 취득 당시 ㈜피투자의 순자산가액은 ₩4,000,000이었는데 이는 공정가치와 일치한다. ㈜피투자의 취득일 이후 증감한 순자산가액의 내역은 다음과 같다. 취득시 영업권과 ㈜투자가 20x2년말 현재 보유하고 있는 ㈜피투자의 관계기업투자주식 장부금액은 얼마인가?(단, 20x1년도의 현금배당은 중간배당에 해당한다.)

항 목	20x1년	20x2년
당기순이익 / 현금배당금	₩200,000 / ₩40,000	₩180,000 / ₩60,000

• 영업권 : 1,600,000−4,000,000×30%=400,000
• 장부금액 : 1,600,000+(200,000−40,000)×30%+(180,000−60,000)×30%=1,684,000

IFRS심화논제 14 지분법손익과 투자주식장부금액

세부고찰 I

사례 지분법손익 계산

◎ ㈜취향저격은 20x1년초에 ㈜상큼의 보통주 40%를 ₩7,000,000에 취득하였고, 그 결과 유의적인 영향력을 행사할수 있게 되었다. ㈜상큼에 대한 자료가 다음과 같을 때 20x1년도 ㈜취향저격이 지분법이익으로 인식할 금액은 얼마인가?

(1) 20x1년초 현재 순자산장부금액 : ₩15,000,000
(2) ㈜상큼의 순자산장부금액과 순자산공정가치는 일치함.
(3) 20x1년 당기순이익 : ₩5,000,000
(4) ㈜상큼이 20x1년 실시한 중간배당금 : ₩1,000,000
(5) 상기 이외의 양 회사간 내부거래는 없었음.

•5,000,000(당기순이익)×40%=2,000,000

세부고찰 II

사례 관계기업투자주식 장부금액 계산

◎다음 자료에 의해 ㈜고급지네의 20x2년말 투자주식 장부금액을 계산하면 얼마인가?

(1) 20x1년초 ㈜고급지네는 ㈜후지네의 발행주식의 30%를 ₩4,000,000에 취득하고 지분법으로 평가하고 있다.
(2) 주식취득일 현재 ㈜후지네의 순자산은 ₩10,000,000이며 공정가치와 장부금액은 동일하다.
(3) ㈜후지네의 최근 2년간 당기순이익과 현금배당금은 다음과 같다.

구분	20x1년	20x2년
당기순이익	₩500,000	₩450,000
현금배당금	₩100,000	₩150,000

•20x2년말 관계기업투자주식 장부금액
4,000,000+(500,000+450,000)×30%-(100,000+150,000)×30%=4,210,000

세부고찰 III

사례 관계기업기타포괄손익금액 계산

◎ 20x1년 1월 1일 ㈜여심저격자는 ㈜노처녀의 발행주식총수의 40%를 ₩5,000에 취득하였다. 주식 취득일 현재 ㈜노처녀의 순자산 장부금액은 ₩10,000이고 자산·부채의 장부금액은 공정가치와 동일하였다. 20x1년초와 20x1년말 ㈜노처녀의 순자산은 아래와 같으며 20x1년 중 이익잉여금의 처분은 없었다. ㈜여심저격자의 20x1년말 재무상태표에 계상될 관계기업투자주식금액과 관계기업기타포괄손익(지분법자본변동)은 각각 얼마인가?

	20x1년 1월 1일	20x1년 12월 31일
자본금	₩2,000	₩2,000
기타포괄손익	₩3,000	₩5,000
이익잉여금	₩5,000	₩13,000
합계	₩10,000	₩20,000

•관계기업기타포괄손익(지분법자본변동) : (5,000-3,000)×40%=800
•관계기업투자주식 : 5,000+(13,000-5,000)×40%+800=9,000

IFRS심화논제 15

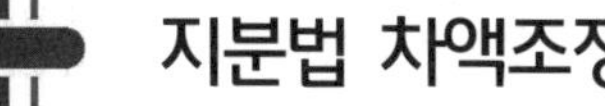
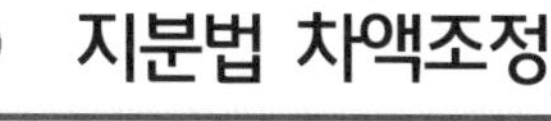

지분법 차액조정

차액조정

개요

• 순자산 과소평가액(평가차액)은 실현(비용화)되는 방법에 따라 상각하여 투자주식에 차감하며, 영업권(투자차액)은 손상되는 경우에만 회수가능액과의 차액을 투자주식에 차감함.

➡회계처리 : (차) 지분법이익 xxx (대) 관계기업투자주식 xxx

조정

과소평가대상	조정시점	조정액
재고자산	매출시 (∵재고과소→매출원가과소→이익과대→투자주식과대)	과소차액×지분율
건물	감가상각시(or 처분시) (∵건물과소→감가상각비과소→이익과대→투자주식과대)	과소차액×지분율÷내용연수
토지	처분시 (∵토지과소→처분이익과대→이익과대→투자주식과대)	과소차액×지분율

종합사례

사례 지분법 심화회계처리

✪다음 자료에 의해 20x1년과 20x2년 ㈜투자가 인식할 지분법이익을 계산하면?

(1) 20x1년초 ㈜투자는 ㈜피투자의 발행주식 중 40%를 ₩100,000에 취득하였다.

(2) 주식 취득일 현재 ㈜피투자의 순자산 장부금액은 ₩200,000이며, 공정가치와 차이가 나는 자산의 내역은 다음과 같다.

과소평가대상	장부금액	공정가치
재고자산(20x1년중 전액 판매됨)	₩10,000	₩20,000
기계장치(정액법/잔존내용연수 5년)	₩20,000	₩30,000

(3) ㈜피투자는 20x1년과 20x2년의 당기순이익으로 각각 ₩30,000, ₩40,000을 보고하였다.

(4) ㈜피투자는 20x2년 4월에 현금배당으로 ₩10,000을 지급하였다.

(5) ㈜피투자의 20x1년 순자산가액의 변동액으로 재평가잉여금 증가액은 ₩20,000이다.

(6) 20x2년말 현재 영업권의 회수가능액은 ₩7,000이다.

•과소평가액의 구성

① 재고자산 : 20,000-10,000=10,000

② 기계장치 : 30,000-20,000=10,000

20,000

•영업권 계산

100,000-200,000×40%=20,000(과소평가액)×40%+영업권 →영업권=12,000

•회계처리

구분	회계처리	비고
20x1년초	(차) 투자주식 100,000 (대) 현금 100,000	–
20x1년말	(차) 투자주식 12,000 (대) 지분법이익 12,000[1] (차) 지분법이익 4,000 (대) 투자주식 4,000[2] (차) 지분법이익 800 (대) 투자주식 800[3] (차) 투자주식 8,000 (대) 기타포괄손익 8,000[4]	[1]30,000(순이익)×40%=12,000 [2]10,000(재고차액)×40%=4,000 [3]10,000(기계차액)×40%÷5년=800 [4]20,000(재평가잉여금)×40%=8,000
배당시	(차) 현금 4,000 (대) 투자주식 4,000[5]	[5]10,000(현금배당)×40%=4,000
20x2년말	(차) 투자주식 16,000 (대) 지분법이익 16,000[6] (차) 지분법이익 800 (대) 투자주식 800[7] (차) 지분법이익 5,000 (대) 투자주식 5,000[8]	[6]40,000(순이익)×40%=16,000 [7]10,000(기계차액)×40%÷5년=800 [8]12,000(영업권)-7,000(회수가능액)=5,000

∴20x1년 지분법이익 : 12,000-4,000-800=7,200

20x2년 지분법이익 : 16,000-800-5,000=10,200

IFRS심화논제 16 지분법 평가차액 조정 등

세부고찰 I

사례 평가차액 조정

㈜열정은 20x1년 1월 1일에 ㈜순정의 발행주식 총수의 40%에 해당하는 100주를 총 ₩5,000에 취득하여, 유의적인 영향력을 행사하게 되어 지분법을 적용하기로 하였다. 취득일 현재 ㈜순정의 장부상 순자산가액은 ₩10,000이었고, ㈜순정의 장부상 순자산가액과 공정가치가 일치하지 않는 이유는 재고자산과 건물의 공정가치가 장부금액보다 각각 ₩2,000과 ₩400이 많았기 때문이다. 그런데 재고자산은 모두 20x1년 중에 외부에 판매되었으며, 20x1년 1월 1일 기준 건물의 잔존내용연수는 4년이고 잔존가치는 ₩0이며, 정액법으로 상각한다. ㈜순정은 20x1년도 당기순이익 ₩30,000과 기타포괄이익 ₩10,000을 보고하였으며, 주식 50주(주당 액면 ₩50)를 교부하는 주식배당과 ₩5,000의 현금배당을 결의하고 즉시 지급하였다. ㈜열정이 20x1년도 재무제표에 보고해야 할 관계기업투자주식은?

풀이

- 5,000+30,000×40%-5,000×40%+10,000×40%-2,000×40%-(400×40%)÷4년=18,160

참고 지분법이익 : 30,000×40%-2,000×40%-(400×40%)÷4년=11,600

세부고찰 II

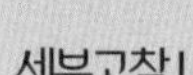

사례 과소평가액 추정

다음 자료에 의해 ㈜절실한자의 20x1년말 투자주식 계정에 계상될 금액을 계산하면 얼마인가?

(1) 20x1년 1월 1일 ㈜절실한자는 ㈜즐기는자의 발행주식의 25%를 ₩2,700,000에 취득하고 유의적인 영향력을 행사할수 있게 되어 지분법을 적용하였다.
(2) 주식취득일 현재 ㈜즐기는자의 순자산 장부금액은 ₩10,000,000이며 이때 취득원가와의 차이는 유형자산(잔존내용연수는 4년, 정액법)을 과소평가하여 발생한 것이다.
(3) ㈜즐기는자의 20x1년 당기순이익은 ₩1,000,000이며, 배당금은 ₩600,000이 지급되었다.

풀이

- 2,700,000-10,000,000×25%=과소평가액×25% →과소평가액=800,000

∴2,700,000+1,000,000×25%-600,000×25%-(800,000×25%)÷4년=2,750,000

세부고찰 III

사례 염가매수차익

㈜쏘맥은 20x1년초에 ㈜치맥의 의결권 있는 보통주 30주(지분율 30%)를 ₩120,000에 취득하였다. 이로서 ㈜쏘맥은 ㈜치맥에 대해 유의적인 영향력을 행사할 수 있게 되어 지분법을 적용하였다. 20x1년말 ㈜쏘맥의 재무제표에 계상되는 관계기업투자주식의 장부금액은 얼마인가?

(1) 취득일 현재 ㈜치맥의 순자산장부금액은 ₩350,000이며, 자산 · 부채의 장부금액과 공정가치가 차이나는 내역은 다음과 같다.

계정과목	장부금액	공정가치
재고자산	₩50,000	₩60,000
기계장치	₩100,000	₩150,000

(2) 위의 자산 중 재고자산은 20x1년 중에 전액 외부에 판매되었으며, 기계장치는 20x1년초 현재 잔존내용연수 5년에 잔존가치 없이 정액법으로 감가상각한다.
(3) 20x1년에 ㈜치맥의 당기순이익은 ₩50,000이며, 동 기간 중에 결의 · 지급된 배당금은 없다.

풀이

- 120,000-350,000×30%=(10,000+50,000)×30%-3,000(염가매수차익)

∴120,000+3,000+50,000×30%-10,000×30%-(50,000×30%)÷5년=132,000

IFRS심화논제 17 환율변동효과 환율변동효과 개괄

<table>
<tr><td rowspan="3">기능통화
표시통화</td><td>기능통화</td><td>• 영업활동이 이루어지는 주된 경제환경의 통화로, 장부에 기록(거래인식)하는 통화임.
➡기능통화 이외의 통화는 모두 외화에 해당함.
• 기능통화는 일단 결정된 이후에는 원칙적으로 변경불가함.
➡기능통화가 변경되는 경우에는 기능통화가 변경된 날의 환율을 사용하여 모든 항목을 새로운 기능통화로 환산하여 전진적용함.</td></tr>
<tr><td>표시통화</td><td>• 재무제표를 표시할 때 사용하는 통화를 말함.
➡국내영업기업의 기능통화는 원화로서 이는 표시통화와 동일함.
• 기업은 어떤 통화든지 표시통화로 사용할 수 있으나, 기능통화와 표시통화가 다른 경우에는 기능통화를 표시통화로 환산하여 재무제표에 보고해야함.
• 기능통화를 표시통화로 환산시 환산차이는 기타포괄손익으로 인식함.('후술')</td></tr>
<tr><td colspan="2">예시 ① 국내영업기업
달러화는 외화 → 이를 환산한 원화는 기능통화 → 원화는 표시통화와 동일
② 미국현지법인
엔화는 외화 → 이를 환산한 달러화는 기능통화(장부기록) → 이를 환산한 원화는 표시통화</td></tr>
<tr><td rowspan="2">화폐성
비화폐성</td><td>화폐성항목</td><td>• 현금, 매출채권, 미수금, 대여금, 매입채무, 미지급금, 차입금, 미지급비용, 미수수익등</td></tr>
<tr><td>비화폐성항목</td><td>• 재고자산, 유형자산, 무형자산, 지분상품, 선수금, 선급비용, 선수수익등</td></tr>
<tr><td rowspan="3">기말환산</td><td>화폐성항목</td><td>• 마감환율(보고기간말환율)로 환산하고 외환차이는 당기손익 처리</td></tr>
<tr><td>비화폐성항목</td><td>
<table>
<tr><td></td><td>적용환율</td><td colspan="2">외환차이 처리</td></tr>
<tr><td>역사적원가측정항목
(예)유형자산 원가모형)</td><td>거래일환율*)</td><td colspan="2">외환차이 없음</td></tr>
<tr><td rowspan="2">공정가치측정항목
(예)유형자산 재평가모형)</td><td rowspan="2">공정가치결정일환율</td><td>당기손익인 경우</td><td>당기손익</td></tr>
<tr><td>기타포괄손익인 경우</td><td>기타포괄손익</td></tr>
</table>
</td></tr>
<tr><td colspan="2">*) 재고자산 : 장부금액은 거래일환율, 순실현가능가치는 마감환율로 환산하여 평가손실 검토함.</td></tr>
<tr><td rowspan="3">결제일환산</td><td>발생기간에 결제시</td><td>• 외환차이 : 외화금액×(결제일환율 - 거래일환율)</td></tr>
<tr><td>다음기간에 결제시</td><td>• 외환차이 : 외화금액×(결제일환율 - 직전보고기간말 적용한 환율)</td></tr>
<tr><td colspan="2">사례 외화매출채권 환산</td></tr>
</table>

사례 외화매출채권 환산

✪12월말 결산법인인 ㈜국세는 20x1년 11월 1일에 일본의 고객에게 ¥5,000,000의 상품을 판매하고 대금은 3개월 후인 20x2년 1월 31일에 회수하였다. 환율자료는 다음과 같다.

일자	환율
20x1년 11월 1일(거래발생일)	¥100 = 830
20x1년 12월 31일(보고기간말)	¥100 = 840
20x2년 1월 31일(대금결제일)	¥100 = 790

•환율자료를 ¥1 단위로 고칠것! : ¥1 = ₩8.3, ¥1 = ₩8.4, ¥1 = ₩7.9

20x1.11.1	(차) 매출채권 ¥5,000,000×8.3=41,500,000	(대) 매출 41,500,000
20x1.12.31	(차) 매출채권 500,000	(대) 외환이익 ¥5,000,000×0.1=500,000
20x2.1.31	(차) 현금 ¥5,000,000×7.9=39,500,000 외환손실 2,500,000	(대) 매출채권 42,000,000

IFRS심화논제 18

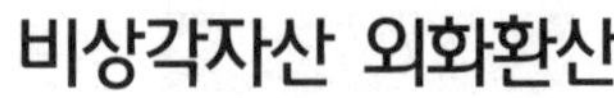

환산방법

원가모형	거래일환율	• 환율변동효과(외환차이) 없음
재평가모형	공정가치결정일환율	• 손익을 당기손익(재평가손실)으로 인식하는 경우 ➡ 그 손익에 포함된 환율변동효과(외환차이)도 당기손익
		• 손익을 기타포괄손익(재평가잉여금)으로 인식하는 경우 ➡ 그 손익에 포함된 환율변동효과(외환차이)도 기타포괄손익

예시 공정가치결정일환율을 적용한다함은 장부금액이 언제의 금액인지를 검토하여 그때의 환율을 적용함을 의미함.(무조건 기말환율을 적용하는 화폐성항목과 다름.)

	20x1년초(거래일)	20x1년말(재평가O)	20x2년말(재평가X)
장부금액	$100	$130	$130
환율적용	20x1년초 환율	20x1년말 환율	20x1년말 환율 (∴회계처리 없음)

참고 '그 손익에 포함된 환율변동효과도 기타포괄손익'의 의미

1,100/1$	A (=환율변동효과)	C (=A,B혼합)
1,000/1$	원래 장부금액	B (=기타포괄손익)
	$100	$130

→ B 를 기타포괄손익으로 인식하는 경우 A , B , C 전체를 기타포괄손익 처리함.

회계처리

사례 비상각자산 외화환산 회계처리

✪다음 자료에 의한 토지를 원가모형과 재평가모형 처리시 각각의 회계처리를 제시하라.

(1) ㈜글로벌은 20x1년 4월 1일 미국 뉴욕에 지사설치를 위해 토지를 $100에 매입하였다.
(2) 20x1년말 토지의 공정가치는 $120이며, 20x2년 7월 1일 동 토지를 $140에 처분하였다.
(3) ㈜글로벌의 기능통화는 원화이며 환율은 다음과 같다.

20x1.4.1 현재 환율	20x1.12.31 현재 환율	20x2.7.1 현재 환율
₩1,500/$	₩1,600/$	₩1,400/$

1. 원가모형의 경우

20x1.4.1	(차) 외화토지 $100×1,500=150,000	(대) 현금	150,000
20x1.12.31	- 회계처리 없음 -		
20x2.7.1	(차) 현금 $140×1,400=196,000	(대) 외화토지 처분이익	150,000 46,000

2. 재평가모형의 경우

20x1.4.1	(차) 외화토지 $100×1,500=150,000	(대) 현금	150,000
20x1.12.31	(차) 외화토지 42,0001	(대) 재평가잉여금 $120×1,600-150,000=42,000	
20x2.7.1	(차) 현금 $140×1,400=196,000	(대) 외화토지 처분이익	192,000 4,000

IFRS심화논제 19 상각자산 외화환산

환산방법		
환산방법	원가모형	• 비상각자산 외화환산과 동일
	재평가모형	
	감가상각	• 직전 기말장부금액을 기준으로 그대로 감가상각함.

회계처리

사례 상각자산 외화환산 회계처리

✪다음 자료에 의한 건물을 재평가모형으로 처리시 회계처리를 제시하라.

(1) ㈜가진건돈뿐은 20x1년 1월 1일 미국 워싱턴에 지사를 설치하고 건물(내용연수 5년, 잔존가치는 없으며 정액법으로 감가상각)을 $100에 매입하였다.
(2) 20x1년말 건물의 공정가치는 $90이다.
(3) 20x2년말에는 공정가치가 장부금액과 중요하게 차이나지 않아 공정가치로 평가하지 않기로 하였다.
(4) 재평가모형의 회계처리는 감가상각누계액을 우선 상계하는 방법을 사용한다.
(5) 재평가잉여금은 사용하면서 이익잉여금으로 대체하는 정책을 채택하고 있다.
(6) ㈜가진건돈뿐의 기능통화는 원화이며 환율은 다음과 같다.

20x1.1.1 현재 환율	20x1.12.31 현재 환율	20x2.12.31 현재 환율
₩1,500/$	₩1,600/$	₩1,400/$

풀이

•재평가모형 회계처리

20x1.1.1	(차) 외화건물	$100×1,500=150,000	(대) 현금	150,000
20x1.12.31	(차) Dep	150,000÷5년=30,000	(대) Dep누계액	30,000
	(차) Dep누계액	30,000	(대) 재평가잉여금	$90×1,600−120,000=24,000
			외화건물	6,000
20x2.12.31	(차) Dep	$90×1,600÷4년=36,000	(대) Dep누계액	36,000
	(차) 재평가잉여금	6,000	(대) 이익잉여금	36,000−30,000=6,000

보론 원가모형의 경우

20x1.1.1	(차) 외화건물	$100×1,500=150,000	(대) 현금	150,000
20x1.12.31	(차) Dep	150,000÷5년=30,000	(대) Dep누계액	30,000
20x2.12.31	(차) Dep	150,000÷5년=30,000	(대) Dep누계액	30,000

사례 원가모형과 재평가모형 비교

✪ ㈜나좀멋짐(기능통화는 원화임)은 20x1년 11월 1일 미국의 기업으로부터 기계장치를 $10,000에 구입하였다.(20x1.11.1 환율 : ₩1,000/1$, 20x1년말 환율 : ₩900/1$) 20x1년말 기계장치의 공정가치가 $9,000라고 할 때, 20x1년말 현재 기계장치의 장부금액을 역사적원가로 평가하는 경우와 공정가치로 평가하는 경우 각각 손익에 미치는 영향은 얼마인가? 단, 감가상각은 고려하지 않는다고 가정한다.

풀이

•원가모형(역사적원가로 평가하는 경우)
– (차) 기계장치 $10,000×1,000=10,000,000 (대) 현금 10,000,000

•재평가모형(공정가치로 평가하는 경우)
– (차) 기계장치 $10,000×1,000=10,000,000 (대) 현금 10,000,000
(차) 재평가손실 10,000,000−$9,000×900=1,900,000 (대) 기계장치 1,900,000

∴원가모형 : 0, 재평가모형 : 당기손실 1,900,000

IFRS심화논제 20 재고자산 외화환산

<table>
<tr><td rowspan="3">환산방법</td><td>장부금액</td><td>• 그 금액이 결정된 날의 환율=거래일환율</td></tr>
<tr><td>순실현가능가치</td><td>• 그 가치가 결정된 날의 환율=마감환율</td></tr>
<tr><td>평가손실</td><td>• 장부금액 - Min[① 장부금액 ② 순실현가능가치]</td></tr>
</table>

회계처리

사례 재고자산 외화환산 회계처리

✪다음 자료에 의해 ㈜하얗게불태웠어가 20x1년에 수행할 회계처리를 제시하라.

(1) ㈜하얗게불태웠어는 20x1년 9월 1일 중국 현지 공장에서 재고자산을 CNY100에 매입하고 보고기간말 현재 보유하고 있다.
(2) ㈜하얗게불태웠어는 재고자산에 대해 취득원가와 순실현가능가치 중 작은 금액으로 측정하고 있다.
(3) ㈜하얗게불태웠어의 기능통화는 원화이며 환율은 다음과 같다.

20x1.9.1 현재 환율	CNY1=₩1,400
20x1.12.31 현재 환율	CNY1=₩1,600

풀이

1. 20x1년말 순실현가능가치가 CNY90인 경우

<table>
<tr><td>20x1.9.1</td><td>(차) 외화재고자산 CNY100×1,400=140,000 (대) 현금 140,000</td></tr>
<tr><td>20x1.12.31</td><td>- 회계처리 없음 -
(∵평가손실 : 140,000-Min[①140,000 ②CNY90×1,600=144,000]=0)</td></tr>
</table>

2. 20x1년말 순실현가능가치가 CNY80인 경우

20x1.9.1	(차) 외화재고자산 CNY100×1,400=140,000	(대) 현금	140,000
20x1.12.31	(차) 재고자산평가손실 12,000*)	(대) 외화재고자산(평가충당금)	12,000

*) 140,000-Min[①140,000 ②CNY80×1,600=128,000]=12,000

사례 이익에 미치는 영향

✪ ㈜무혈입성(기능통화는 원화임)은 20x1년 3월 1일 중국에서 생산시설을 확장하기 위해 토지(재평가모형 적용)를 CNY10,000에 취득하였으며, 동 토지의 20x1년말 공정가치는 CNY9,500이다. 또한 20x1년 10월 1일에 중국 현지공장에서 재고자산을 CNY2,000에 매입하여 기말까지 보유중이며 이 재고자산의 20x1년말 순실현가능가치는 CNY1,800이다. 환율이 다음과 같을 때 20x1년도 당기순이익에 미치는 영향은 얼마인가?

20x1.3.1 현재 환율	CNY1=₩100
20x1.10.1 현재 환율	CNY1=₩110
20x1.12.31 현재 환율	CNY1=₩115

풀이

<table>
<tr><td>20x1.3.1</td><td>(차) 외화토지 CNY10,000×100=1,000,000</td><td>(대) 현금</td><td>1,000,000</td></tr>
<tr><td>20x1.10.1</td><td>(차) 외화재고자산 CNY2,000×110=220,000</td><td>(대) 현금</td><td>220,000</td></tr>
<tr><td>20x1.12.31</td><td>(차) 외화토지 92,500
(차) 재고자산평가손실 13,000[2]</td><td>(대) 재평가잉여금
(대) 외화재고자산</td><td>92,500[1]
13,000</td></tr>
</table>

[1] CNY9,500×115-1,000,000=92,500
[2] 220,000-Min[①220,000 ②CNY1,800×115=207,000]=13,000
∴20x1년도 당기순이익에 미치는 영향 : 13,000(평가손실)

IFRS심화논제 21 기타논제 농림어업

<table>
<tr><td rowspan="8">용어정의</td><td rowspan="4">자산구분</td><td>생물자산</td><td>• 살아있는 동물·식물(예 젖소) ➡ 농림어업 적용</td></tr>
<tr><td>수확물</td><td>• 생물자산에서 수확한 생산물(예 젖소의 우유) ➡ 농림어업 적용</td></tr>
<tr><td>수확후 가공품</td><td>• 수확시점 이후 수확물의 가공품(예 치즈) ➡ 재고자산 적용</td></tr>
<tr><td>생산용식물</td><td>• 다음 모두에 해당하는 살아있는 식물 ➡ 유형자산 적용
① 수확물을 생산하거나 공급하는 데 사용한다.
② 한 회계기간을 초과하여 생산물을 생산할 것으로 예상한다.
③ 수확물로 판매될 가능성이 희박하다.
보론 다음은 생산용식물이 아님.
㉠ 목재로 사용하기 위해 재배하는 나무
㉡ 과일과 목재 모두를 얻기 위해 재배하는 나무
㉢ 한해살이 작물(옥수수와 밀)
참고 생산용식물에서 자라는 생산물은 생물자산에 포함함.</td></tr>
<tr><td>농림어업활동</td><td colspan="2">• 판매목적 또는 수확물·추가적인 생물자산으로의 전환목적으로 생물자산의 생물적 변환과 수확을 관리하는 활동(예 목축, 조림, 곡물·과수, 농원경작, 화훼원예, 양식·양어)
➡주의 관리하지 않은 자원을 수확하는 것(예 원양어업, 천연림 벌채)은 농림어업활동에 해당하지 않음.</td></tr>
<tr><td>매각부대원가</td><td colspan="2">• 자산의 처분에 직접 귀속되는 증분원가(금융원가와 법인세비용 제외)</td></tr>
<tr><td>순공정가치</td><td colspan="2">• 순공정가치 = 공정가치 - 추정매각부대원가</td></tr>
</table>

<table>
<tr><td rowspan="8">인식 · 측정</td><td>인식요건</td><td colspan="3">• 다음의 조건이 모두 충족되는 경우에 한하여 생물자산이나 수확물을 인식함.
① 자산을 통제함 ② 효익 유입가능성이 높음 ③ 신뢰성있게 측정할 수 있음</td></tr>
<tr><td rowspan="3">생물자산</td><td rowspan="2">측정</td><td>원칙</td><td>• 최초인식시점에 순공정가치로 측정함.
젖소구입: (차) 생물자산(순공정가치) 100 (대) 현금 120 / 평가손실 20
송아지출산: (차) 생물자산(순공정가치) 30 (대) 평가이익 30
• 매 보고기간말에 순공정가치로 측정함.</td></tr>
<tr><td>예외</td><td>• 최초인식시점에 공정가치를 신뢰성있게 측정할 수 없는 경우에는 원가에서 감가상각누계액과 손상차손누계액을 차감한 금액으로 측정함.
➡ 즉, 원가로 측정하고 감가상각함.
➡이후 신뢰성있게 측정할 수 있게 되면 순공정가치로 측정함.
➡공정가치를 신뢰성있게 측정할 수 없다는 가정은 최초인식시점에만 적용하므로, 생물자산을 이전에 순공정가치로 측정하였던 경우에는 처분시점까지 계속하여 당해 생물자산을 순공정가치로 측정함.</td></tr>
<tr><td>평가손익</td><td colspan="2">• 최초인식시점과 보고기간말 평가손익을 당기손익 처리함.</td></tr>
<tr><td rowspan="2">수확물</td><td>측정</td><td colspan="2">• 수확시점에 순공정가치로 측정함.
➡수확시점에서 수확물의 공정가치를 항상 신뢰성있게 측정할 수 있음.
주의 어떠한 경우에도 수확시점의 수확물은 순공정가치로 측정함.</td></tr>
<tr><td>평가손익</td><td colspan="2">• 최초 인식시점(수확시점)에 발생하는 평가손익은 당기손익 처리함.</td></tr>
<tr><td colspan="4">보론 당해 자산에 대한 자금 조달, 세금 또는 수확 후 생물자산의 복구 관련 현금흐름(예를 들어, 수확 후 조림지에 나무를 다시 심는 원가)은 포함하지 아니함.</td></tr>
</table>

생물자산 정부보조금			
	순공정가치측정시	부수조건이 없는 경우	• 수취할수 있게 되는 시점에만 당기손익으로 인식
		부수조건이 있는 경우	• 그 조건을 충족하는 시점에만 당기손익으로 인식
	원가측정시 (원가-감가상각·손상차손누계)		• 유형자산 정부보조금과 동일하게 처리

IFRS심화논제 22 매각예정비유동자산

구분	항목	내용
개요	측정	• 매각예정분류기준을 충족하는 자산은 'Min[①순공정가치 ②장부금액]'으로 측정함. ➡순공정가치=공정가치-매각부대원가
	상각	• 비유동자산이 매각예정으로 분류되거나 매각예정으로 분류된 처분자산집단의 일부이면 그 자산은 감가상각(또는 상각)하지 아니함. •주의 매각예정으로 분류된 처분자산집단의 부채관련 이자·기타비용은 계속 인식함.
	손상	• 순공정가치가 하락(증가)시 손상차손(손상차손환입)을 인식함.
	표시	• 매각예정으로 분류된 비유동자산은 다른 자산과 별도로 재무상태표에 표시함.

참고 처분자산집단

❐ 단일거래를 통해 매각이나 다른 방법으로 함께 처분될 예정인 자산의 집합과 당해 자산에 직접 관련되어 이전될 부채를 말함. 만약 처분자산집단이 영업권이 배분된 현금창출단위인 경우, 당해 처분자산집단은 사업결합에서 취득한 영업권을 포함함.

구분	항목	내용
매각예정 분류기준	매각예정 비유동자산	• 비유동자산(처분자산집단)의 장부금액이 계속사용이 아닌 매각거래를 통하여 주로 회수되는 경우의 비유동자산을 말함.
	매각가능성	• 비유동자산(처분자산집단)이 매각예정으로 분류되기 위해서는 현재 상태에서 통상적·관습적인 거래조건만으로 즉시 매각가능하여야 하며 매각될 가능성이 매우 높아야함. ➡'매각될 가능성이 매우 높다'는 것은 발생하지 않을 가능성보다 발생할 가능성이 유의적으로 더 높은 경우를 말하며, 매각될 가능성이 매우 높으려면 다음의 조건을 모두 충족해야 함. [매각계획] ❐ 적절한 지위의 경영진이 매각계획을 확약, 매수자를 물색, 매각계획을 이행하기 위한 적극적인 업무진행을 이미 시작하였어야 함. [매각추진] ❐ 당해 자산(처분자산집단)의 현행 공정가치에 비추어 볼 때 합리적 가격수준으로 적극적으로 매각을 추진하여야 함. [매각완료] ❐ 분류시점에서 1년 이내에 매각완료요건이 충족될 것으로 예상되며, 계획을 이행하기 위하여 필요한 조치로 보아 그 계획이 유의적으로 변경되거나 철회될 가능성이 낮아야 함. ➡사건·상황에 따라서는 매각완료 소요기간이 연장되어 1년을 초과할수도 있음. 만약 통제할 수 없는 사건·상황때문에 매각기간이 연장되었지만 여전히 매각계획을 확약한다는 충분한 증거가 있다면 매각완료시까지의 기간이 연장된다고 하더라도 매각예정으로 분류할수 없는 것은 아님.
	보고기간후 충족시	• 위 요건이 보고기간후에 충족된 경우에는 당해 비유동자산(처분자산집단)은 보고기간후 발행되는 당해 재무제표에서 매각예정으로 분류할수 없음. ➡그러나 이들 요건이 보고기간후 공표될 재무제표의 승인 이전에 충족된다면 그 내용을 주석으로 공시함.

보론 처분만을 목적으로 취득한 비유동자산

❐ 처분만을 목적으로 취득한 비유동자산(처분자산집단)이 취득일에 위의 1년 요건을 충족하고 다른 요건을 충족하지 못하였으나 취득 후 빠른 기간(통상 3개월 이내) 내에 충족할 가능성이 매우 높은 경우에는 그 비유동자산(처분자산집단)을 취득일에 매각예정으로 분류함.

보론 폐기될 비유동자산

❐ 폐기될 비유동자산(처분자산집단)은 매각예정으로 분류할수 없음.

➡∵장부금액이 매각거래를 통해 회수되는 경우는 매각예정으로 분류되나, 해당 장부금액은 원칙적으로 계속 사용함으로써 회수되기 때문임.

❐ 폐기될 비유동자산은 매각예정으로 분류할수 없으므로 감가상각을 함.

IFRS심화논제 23 중간재무보고

구분	항목	내용
용어정의	중간기간	• 1회계연도보다 짧은 회계기간을 말함.
	누적기간	• 회계연도개시일부터 당해 중간기간종료일까지의 기간을 말함. ➡예 중간기간이 2분기(4.1~6.30)일 경우 누적중간기간은 1.1~6.30임.
	중간재무보고서	• K-IFRS에 따른 전체 재무제표 또는 요약재무제표를 포함한 보고서 주의 이익잉여금처분계산서는 포함되지 않음.
작성	전체재무제표를 포함하는 경우	• K-IFRS에서 정한 전체재무제표의 형식과 내용에 부합해야함.
	요약재무제표를 포함하는 경우	• 최소한 직전연차재무제표에 포함되었던 제목, 소계, 선별적 주석을 포함해야함.
	기본주당이익 희석주당이익	• K-IFRS '주당이익'의 적용범위에 해당하는 경우에 중간기간의 당기순손익의 구성요소를 표시하는 재무제표에 표시함.
	연차재무제표공시	• 특정 중간기간에 보고된 추정금액이 최종 중간기간에 중요하게 변동하였지만 최종 중간기간에 대하여 별도의 재무보고를 하지 않는 경우, 추정의 변동 내용과 금액을 해당 회계연도의 연차재무제표에 주석으로 공시
대상기간·비교형식	재무상태표	• 중간보고기간말과 직전 연차보고기간말을 비교하는 형식으로 작성 주의 직전 중간보고기간말을 비교하는 형식으로 작성하는게 아님.
	포괄손익계산서	• 중간기간과 누적기간을 직전회계연도의 동일기간과 비교하는 형식으로 작성
	현금흐름표 자본변동표	• 누적기간을 직전회계연도의 동일기간과 비교하는 형식으로 작성 주의 중간기간을 직전회계연도 동일기간과 비교형식으로 작성하는게 아님.

사례 기간과 비교형식

✪20x2년 3분기(7.1부터 9.30까지) 중간재무제표를 작성한다고 가정함.

	중간재무제표	비교표시
재무상태표	중간기간말(20x2.9.30) 표시	직전 연차보고기간말(20x1.12.31) 표시
포괄손익계산서	① 중간기간(20x2.7.1~9.30) 표시 ② 누적기간(20x2.1.1~9.30) 표시	① 직전 동일기간(20x1.7.1~9.30) 표시 ② 직전 동일기간(20x1.1.1~9.30) 표시
현금흐름표 자본변동표	누적기간(20x2.1.1~9.30) 표시	직전 동일기간(20x1.1.1~9.30) 표시

구분	항목	내용
인식·측정	원칙	• 연차재무제표에 적용하는 것과 동일회계정책을 적용하여 작성함. • 중간재무제표의 작성을 위한 측정은 누적기간을 기준으로함.
	계절적 수익 등	• 계절적, 주기적, 일시적으로 발생하는 수익은 연차보고기간말에 미리 예측하여 인식, 이연하는 것이 적절치 않은 경우 중간보고기간말에도 미리 예측하여 인식, 이연해서는. ➡즉, 계절적등으로 발생하는 수익이라도 전액 발생한 중간기간에 인식함. • 연중 고르지 않게 발생하는 원가는 연차보고기간말에 미리 비용으로 예측하여 인식, 이연하는 것이 타당한 방법으로 인정되는 경우에 한하여 중간재무보고서에서도 동일하게 처리함.

IFRS심화논제 24 재무비율

구분	비율	산식	비고
안전성비율	유동비율	$\frac{\text{유동자산}}{\text{유동부채}}$	• 비율이 높을수록 유동성이 높음. (실무적으로 200%이상이면 양호)
	당좌비율	$\frac{\text{당좌자산(= 유동자산 − 재고자산)}}{\text{유동부채}}$	• 비율이 높을수록 유동성이 높음. (실무적으로 100%이상이면 양호)
	부채비율	$\frac{\text{부채}}{\text{자본}}$	• 비율이 낮을수록 안전성이 높음. (채권자 위험평가에 가장 유용함)
	자기자본비율	$\frac{\text{자본}}{\text{총자산(= 총자본 = 부채 + 자본)}}$	• 비율이 높을수록 안전성이 높음.
	이자보상비율	$\frac{\text{이자비용차감전세전순이익 (= 법인세비용차감전순이익 + 이자비용) (= 당기순이익 + 법인세비용 + 이자비용)}}{\text{이자비용}}$	• 비율이 높을수록 안전성이 높음. (실무적으로 500%이상이면 양호)
	고정장기적합률	$\frac{\text{비유동자산}}{\text{자본 + 비유동부채}}$	• 비율이 낮을수록 안전성이 높음.
	참고 총자본은 자금조달원천인 '부채+자본'을 말하며, 결국 총자본은 총자산과 동일함. 참고 고정장기적합률은 비유동자산 취득에 어느 정도의 비유동자금으로 조달했는지를 나타냄.		
수익성비율	매출액이익률 (ROS)	$\frac{\text{매출총이익 or 영업이익 or 당기순이익}}{\text{매출액}}$	• 비율이 높을수록 수익성이 높음.
	총자산이익률 (ROI)	$\frac{\text{영업이익 or 당기순이익}}{\text{총자산[= (기초 + 기말) ÷ 2]}}$	
	자기자본이익률 (ROE)	$\frac{\text{당기순이익}}{\text{자본[= (기초 + 기말) ÷ 2]}}$	
	주가수익률 (PER)	$\frac{\text{주가(주당시가)}}{EPS\text{(주당순이익)}}$	
활동성비율	총자산회전율	$\frac{\text{매출액}}{\text{평균총자산[= (기초 + 기말) ÷ 2]}}$	• 비율이 높을수록 효율성이 높음.
	매출채권회전율	$\frac{\text{매출액}}{\text{평균매출채권[= (기초 + 기말) ÷ 2]}}$	보론 매출채권평균회수기간 =365일 ÷ 매출채권회전율
	재고자산회전율	$\frac{\text{매출원가}}{\text{평균재고자산[= (기초 + 기말) ÷ 2]}}$	보론 재고자산평균회전(회수)기간 =365일 ÷ 재고자산회전율
	참고 정상영업주기 = 매출채권평균회수기간 + 재고자산평균회전기간		
성장성비율	매출액증가율	$\frac{\text{당기매출액 − 전기매출액}}{\text{전기매출액}}$	-
	총자산증가율	$\frac{\text{당기총자산 − 전기총자산}}{\text{전기총자산}}$	• 전기총자산 = 기초총자산 당기총자산 = 기말총자산
배당관련 지표	배당률	$\frac{\text{주당배당금}}{\text{주당액면금액}}$	-
	배당수익률	$\frac{\text{주당배당금}}{\text{주가(주당시가)}}$	-
	배당성향	$\frac{\text{총배당금}}{\text{당기순이익}} = \frac{\text{주당배당금}}{\text{주당순이익}}$	-

IFRS심화논제 기출문제 총정리

사업결합 | 기본적 영업권 계산 | 감평사기출

● ㈜서울은 20x1년초에 ㈜한국을 흡수합병하기로 하고 ㈜한국의 주주들에게 ₩55,000,000을 지급하였다. 합병시점에서 ㈜한국의 식별가능한 자산과 부채의 장부금액 및 공정가치는 다음과 같다.

	장부금액	공정가치
비유동자산	₩27,000,000	₩31,000,000
유동자산	₩8,000,000	₩9,000,000
비유동부채	₩5,000,000	₩6,000,000
유동부채	₩6,000,000	₩6,000,000

이 합병을 통해 ㈜서울이 인식할 영업권은?

① ₩0 ② ₩3,000,000 ③ ₩4,000,000
④ ₩27,000,000 ⑤ ₩31,000,000

해설

•순자산공정가치 : (31,000,000+9,000,000)−(6,000,000+6,000,000)=28,000,000
∴55,000,000−28,000,000=27,000,000(영업권)

정답 ④

사업결합 | 순자산공정가치 집계와 영업권[1] | 감평사기출

● ㈜감평은 ㈜대한을 합병하고 합병대가로 ₩30,000,000의 현금을 지급하였다. 합병시점 ㈜대한의 재무상태표상 자산총액은 ₩20,000,000이고, 부채총액은 ₩11,000,000이다. ㈜대한의 재무상태표상 장부금액은 토지를 제외하고는 공정가치와 같다. 토지는 장부상 ₩10,000,000으로 기록되어 있으나 합병시점에 공정가치는 ₩18,000,000인 것으로 평가되었다. 이 합병으로 ㈜감평이 인식할 영업권은?

① ₩9,000,000 ② ₩10,000,000 ③ ₩13,000,000
④ ₩21,000,000 ⑤ ₩23,000,000

해설

• 30,000,000−[(20,000,000+8,000,000)−11,000,000]=13,000,000(영업권)

 ③

사업결합 | 순자산공정가치 집계와 영업권[2] | 감평사기출

● ㈜감평은 20x4년 1월 1일 ㈜대한을 흡수합병하였다. 합병관련 자료가 다음과 같을 때 합병시 영업권의 금액은?

(1) 합병일 현재 ㈜대한의 재무상태표는 다음과 같다.

• 현금	₩2,000,000
• 매출채권	₩4,000,000
• 토지	₩4,000,000
• 건물	₩14,000,000
• 매입채무	₩2,000,000
• 장기차입금	₩4,000,000
• 자본금	₩12,000,000
• 이익잉여금	₩6,000,000

(2) 합병일 현재 토지와 건물의 공정가치는 각각 ₩10,000,000과 ₩20,000,000이며, 그 외 자산과 부채의 공정가치는 장부금액과 동일하다.
(3) ㈜감평은 합병대가로 현금 ₩3,500,000과 보통주 100,000주(주당액면가 ₩100, 주당발행가 ₩150, 주당시가 ₩300)를 발행하여 교부하였다.

① ₩1,550,000 ② ₩2,500,000 ③ ₩3,500,000
④ ₩4,500,000 ⑤ ₩15,500,000

해설

• 순자산공정가치 : (2,000,000+4,000,000+10,000,000+20,000,000)−(2,000,000+4,000,000)=30,000,000
∴(3,500,000+100,000주×300)−30,000,000=3,500,000(영업권)

정답 ③

사업결합 | 연구개발프로젝트의 인식 | 관세사기출

● ㈜관세가 20x1년초에 이전대가로 주식(액면금액 ₩100,000, 공정가치 ₩400,000)을 발행·교부하여 ㈜한국을 합병하였다. 합병 직전 ㈜한국의 순자산 장부금액은 ₩200,000이었고 유형자산의 공정가치가 장부금액보다 ₩70,000 더 높았다. 그 외 자산과 부채의 장부금액과 공정가치는 일치하였다. 합병 당시 ㈜한국이 수행 중인 연구개발프로젝트와 관련하여 신뢰성있게 측정된 공정가치 ₩50,000의 무형자산이 추가로 식별되었다. 합병일에 ㈜관세가 인식할 영업권은?

① ₩50,000 ② ₩70,000 ③ ₩80,000
④ ₩100,000 ⑤ ₩200,000

해설

• 식별가능한 연구개발프로젝트(무형자산)은 영업권과 분리하여 공정가치를 무형자산으로 인식한다.

(차) 자산	270,000	(대)	자본금	100,000
무형자산	50,000		주식발행초과금	300,000
영업권	80,000			

정답 ③

사업결합 | **무형자산(특허권)의 인식** | **감평사기출**

● ㈜감평은 20x1년 1월 1일에 ㈜민국을 흡수합병하였다. 합병시점에 ㈜감평과 ㈜민국의 식별가능한 자산과 부채의 장부금액 및 공정가치는 다음과 같다. ㈜감평이 합병대가로 보통주(액면금액 ₩3,000, 공정가치 ₩3,500)를 ㈜민국에 발행교부하였을 경우, 영업권으로 인식할 금액은?

구분	㈜감평		㈜민국	
	장부금액	공정가치	장부금액	공정가치
유동자산	₩2,000	₩1,900	₩1,800	₩1,300
유형자산	₩3,000	₩2,700	₩2,100	₩1,600
특허권	₩300	₩0	₩100	₩200
유동부채	₩400	₩400	₩200	₩200
장기차입금	₩600	₩600	₩600	₩660

① ₩760　② ₩960　③ ₩1,260
④ ₩1,360　⑤ ₩1,4600

해설

- 식별가능한 특허권(무형자산)은 영업권과 분리하여 공정가치를 무형자산으로 인식한다.
- 3,500−[(1,300+1,600+200)−(200+660)]=1,260(영업권)

정답 ③

사업결합 | **염가매수차익 계산** | **관세사기출**

● ㈜관세는 20x1년초 ㈜대한을 흡수합병하였으며, 합병일 현재 ㈜대한의 식별가능한 순자산 장부금액과 공정가치는 아래와 같다. 합병시 ㈜관세가 흡수합병의 이전대가로 ㈜관세의 보통주 10,000주(주당 액면금액 ₩500, 주당 공정가치 ₩3,000)를 발행하여 지급하였다면, 합병으로 인해 ㈜관세가 인식할 영업권 혹은 염가매수차익은?

재무상태표

㈜대한　20x1년 합병일 현재　(단위 : 원)

	장부금액	공정가치		장부금액	공정가치
현금	7,000,000	7,000,000	부채	5,000,000	7,000,000
재고자산	6,000,000	9,000,000	자본금	10,000,000	
유형자산	15,000,000	18,000,000	자본잉여금	20,000,000	
무형자산	8,500,000	6,500,000	이익잉여금	1,500,000	
자산합계	36,500,000		부채 · 자본합계	36,500,000	

① 염가매수차익 ₩3,500,000　② 염가매수차익 ₩1,500,000　③ 영업권 ₩3,500,000
④ 영업권 ₩10,500,000　⑤ 영업권 ₩28,500,000

해설

- 식별가능한 무형자산은 영업권과 분리하여 무형자산으로 인식한다.
- (10,000주×3,000)−[(7,000,000+9,000,000+18,000,000+6,500,000)−7,000,000]=△3,500,000(염가매수차익)

정답 ①

사업결합 | **이전대가에 따른 영업권과 염가매수차익** | 관세사기출

● ㈜관세는 ㈜대한의 지분 100%를 현금으로 인수(사업결합)하였는데, 인수일 현재 ㈜대한의 식별가능한 자산과 부채의 장부금액과 공정가치는 다음과 같다. 다음 설명 중 옳지 않은 것은?

구분	장부금액	공정가치
현금	₩200,000	₩200,000
재고자산	₩500,000	₩200,000
유형자산	₩600,000	₩1,000,000
특허권	–	₩100,000
유동부채	₩100,000	₩100,000
순자산	₩1,200,000	₩1,400,000

① ₩3,000,000에 인수하였다면 인식하는 자산총액은 ₩3,100,000이다.
② ₩400,000에 인수하였다면 인식하는 염가매수차익은 당기이익으로 인식한다.
③ ₩400,000에 인수하였다면 인식하는 자산총액은 ₩1,500,000이다.
④ ₩400,000에 인수하면서 인식하는 무형자산의 금액은 ₩3,000,000에 인수하면서 인식하는 무형자산의 금해과 달라지게 된다.
⑤ ₩3,000,000에 인수하였다면 인식하는 영업권은 ₩1,700,000이다.

해설

- 식별가능한 특허권(무형자산)은 영업권과 분리하여 공정가치를 무형자산으로 인식한다.
- 회계처리(이전대가 ₩3,000,000인 경우)

(차) 자산	1,400,000	(대) 부채	100,000
특허권	100,000	현금	3,000,000
영업권	1,600,000		

→인식하는 무형자산 : 100,000(특허권)+1,600,000(영업권)=1,700,000

- 회계처리(이전대가 ₩400,000인 경우)

(차) 자산	1,400,000	(대) 부채	100,000
특허권	100,000	현금	400,000
		염가매수차익(당기손익)	1,000,000

→인식하는 무형자산 : 100,000(특허권)

정답 ⑤

사업결합 | 우발부채의 인식 [1] 감평사기출

● ㈜감평은 20x1년초 ㈜대한을 합병하면서 이전대가로 현금 ₩1,500,000과 ㈜감평이 보유한 토지(장부금액 ₩200,000, 공정가치 ₩150,000)를 ㈜대한의 주주에게 지급하였다. 합병일 현재 ㈜대한의 식별가능한 자산의 공정가치는 ₩3,000,000, 부채의 공정가치는 ₩1,500,000이며, 주석으로 공시한 우발부채는 현재의무이며 신뢰성 있는 공정가치는 ₩100,000이다. 합병시 ㈜감평이 인식할 영업권은?

① ₩150,000 ② ₩200,000 ③ ₩250,000
④ ₩350,000 ⑤ ₩400,000

해설

- 자원이 유출될 가능성이 높지 않더라도 과거사건에서 생긴 현재의무이고 그 공정가치를 신뢰성있게 측정할수 있다면, 취득자는 취득일 현재 사업결합에서 인수한 우발부채를 부채로 인식한다.
- 이전대가 : 1,500,000+150,000=1,650,000
- 순자산 공정가치 : 3,000,000-[1,500,000+100,000(우발부채)]=1,400,000

∴1,650,000-1,400,000=250,000(영업권)

정답 ③

사업결합 | 우발부채의 인식[2] 감평사기출

● ㈜대한은 20x1년 12월 31일에 현금 ₩120,000을 지불하고 ㈜민국을 합병하였다. 취득일 현재 ㈜민국의 식별가능한 순자산 장부금액과 공정가치는 다음과 같다.

구분	장부금액	공정가치
기타자산	₩20,000	₩24,000
유형자산	₩60,000	₩108,000
부채	₩40,000	₩40,000
자본	₩40,000	

〈추가사항〉
㈜민국은 자원유출가능성은 높지 않아 장부에 반영하지 않았던 우발부채가 있으며, 우발부채의 취득일 현재 신뢰성있는 공정가치 측정치는 ₩8,000이었다.

취득일에 합병과 관련하여 ㈜대한이 인식할 영업권은?

① ₩28,000 ② ₩36,000 ③ ₩40,000
④ ₩72,000 ⑤ ₩80,000

해설

- 순자산 공정가치 : (24,000+108,000)-[40,000+8,000(우발부채)]=84,000

∴120,000-84,000=36,000(영업권)

정답 ②

사업결합	취득관련원가의 처리	감평사기출

● 20x1년초 ㈜한국은 ㈜서울의 지분 100%를 취득하여 흡수합병하였고, 그 이전대가로 ₩100,000의 현금을 지급하였다. 또한, 합병관련 컨설팅 수수료로 ₩10,000을 현금으로 지급하였다. 합병 당시 ㈜서울의 재무상태표는 다음과 같다.

재무상태표

㈜서울 20x1년 1월 1일 현재 (단위 : 원)

매출채권	24,000	매입채무	48,000
상품	30,000	납입자본	40,000
토지	54,000	이익잉여금	20,000
자산합계	108,000	부채 · 자본합계	108,000

20x1년초 ㈜한국이 ㈜서울의 자산에 대해 공정가치를 측정한 결과, 매출채권은 장부금액과 동일하며 상품은 장부금액 대비 10% 높고 토지는 장부금액 대비 50% 높은 것으로 평가되었다. 한편, 부채의 공정가치는 장부금액과 동일하다. 20x1년초 ㈜한국이 영업권으로 계상할 금액은 얼마인가?

① ₩5,000 ② ₩10,000 ③ ₩15,000
④ ₩20,000 ⑤ ₩23,000

해설

- 합병관련 컨설팅수수료는 이전대가가 아니므로 당기비용으로 인식한다.
- 자산공정가치 : 24,000+30,000×110%+54,000×150%=138,000
  →순자산공정가치 : 138,000−48,000=90,000

∴200,000(이전대가)−90,000(순자산공정가치)=10,000

- 취득일 회계처리

(차) 자산	138,000	(대) 부채		48,000
영업권	10,000	현금		100,000
(차) 수수료비용	10,000	(대) 현금		10,000

정답 ②

관계기업	지분법 영업권 계산	관세사기출

● ㈜관세는 ㈜세관을 인수하면서 ㈜세관의 발행주식 중 50%를 ₩3,000에 매입하였다. ㈜세관에 관한 재무정보와 실사결과가 다음과 같다면 ㈜관세가 인식할 영업권은 얼마인가?

자산의 장부금액	₩7,000(공정가치 ₩6,000)
부채의 장부금액	₩3,000(공정가치 ₩4,000)
자본금	₩1,000
자본잉여금	₩1,000
이익잉여금	₩2,000

① (−)₩1,000 ② ₩0 ③ ₩1,000
④ ₩1,500 ⑤ ₩2,000

해설

• 영업권＝취득원가－순자산공정가치×지분율
∴3,000−(6,000−4,000)×50%=2,000

정답 ⑤

관계기업	지분법 중지와 재개	감평사기출

● ㈜서울은 20x1년 1월 1일 ㈜한국의 보통주 30%를 ₩3,000,000에 취득한 후 지분법을 적용하여 회계처리하고 있다. 취득시점에서 ㈜한국의 순자산 장부금액과 공정가치는 ₩10,000,000으로 동일하다. ㈜한국의 연도별 당기순손익과 현금배당 지급액은 다음과 같다.

연도	당기순손익	현금배당 지급액
20x1	₩3,000,000 손실	₩1,500,000
20x2	₩8,000,000 손실	−
20x3	₩3,000,000 이익	−

㈜서울이 20x3년에 인식할 지분법이익은?

① ₩100,000 ② ₩150,000 ③ ₩300,000
④ ₩750,000 ⑤ ₩900,000

해설

• 20x1년
장부금액 : 3,000,000−3,000,000×30%−1,500,000×30%=1,650,000
• 20x2년
지분법손실 : 8,000,000×30%=2,400,000
장부금액 : 1,650,000−1,650,000=0 〈지분법중지〉
→미인식손실 : 2,400,000−1,650,000=750,000
• 20x3년
지분법이익 : 3,000,000×30%−750,000(미인식손실)=150,000

정답 ②

관계기업	재고자산 평가차액 조정	관세사기출

● ㈜관세는 20x1년 1월 1일에 ㈜대한의 지분 30%를 ₩6,000,000에 취득하여 유의적인 영향력을 행사하게 되었다. 취득일 현재 ㈜대한의 장부상 순자산금액은 ₩15,000,000이었고, ㈜대한의 장부상 순자산금액과 공정가치가 일치하지 않는 항목은 재고자산(장부금액 ₩600,000, 공정가치 ₩1,000,000)만 있었으며, ㈜대한은 동 재고자산을 모두 20x1년 중 외부에 판매하였다. ㈜대한의 연도별 자본변동은 다음과 같다.

보고기간	현금배당(중간배당)	당기순이익
20x1년도	–	₩3,000,000
20x2년도	₩800,000	₩4,000,000

동 관계기업투자주식으로 인해 ㈜관세가 20x1년도 포괄손익계산서에 표시할 지분법손익(A)과 20x2년말 재무상태표에 표시할 관계기업투자주식의 장부금액(B)은?

	(A)	(B)		(A)	(B)
①	(₩120,000)	₩6,780,000	②	₩780,000	₩7,740,000
③	₩780,000	₩7,980,000	④	₩1,200,000	₩7,740,000
⑤	₩1,200,000	₩7,980,000			

해설

• 과소평가액의 구성 : 재고자산 1,000,000−600,000=400,000
• 16,000,000−15,000,000×30%=400,000(과소평가액)×30%+영업권(1,380,000)
• 회계처리

20x1년초	(차) 관계기업투자주식	6,000,000	(대) 현금	6,000,000
20x1년말	(차) 관계기업투자주식	900,000	(대) 지분법이익	900,000[1]
	(차) 지분법이익	120,000	(대) 관계기업투자주식	120,000[2]
20x2년 배당시	(차) 현금	240,000	(대) 관계기업투자주식	240,000[3]
20x2년말	(차) 관계기업투자주식	1,200,000	(대) 지분법이익	1,200,000[4]

[1] 3,000,000×30%=900,000
[2] 400,000(과소평가액)×30%=120,000
[3] 800,000×30%=240,000
[4] 4,000,000×30%=1,200,000
∴(A) : 900,000−120,000=780,000(지분법이익)
(B) : 6,000,000+900,000−120,000−240,000+1,200,000=7,740,000

정답 ②

관계기업 | 유형자산 평가차액 조정 | 관세사기출

● ㈜관세는 20x1년 1월 1일 ㈜무역의 의결권 주식 중 30%를 ₩1,000,000에 취득하여 지분법으로 평가하고 있다. 취득 당시 ㈜무역의 순자산 장부금액은 ₩3,000,000이며, 유형자산(잔존내용연수 5년, 정액법 상각)의 공정가치가 장부금액에 비해 ₩210,000 높았고, 나머지 자산과 부채의 장부금액은 공정가치와 일치하였다. ㈜무역의 최근 2년간 당기순이익과 현금배당은 다음과 같다. ㈜관세가 20x2년말 보유하고 있는 관계기업투자주식 장부금액은 얼마인가?(단, 손상차손은 고려하지 않는다.)

항목		20x2년
당기순이익	₩200,000	₩100,000
현금배당	₩40,000	₩20,000

① ₩1,014,000 ② ₩1,024,000 ③ ₩1,034,000
④ ₩1,046,800 ⑤ ₩1,072,000

해설

- 과소평가액의 구성 : 유형자산 210,000
- 1,000,000−3,000,000×30%=210,000(과소평가액)×30%+영업권(37,000)
- 20x2년말 장부금액

취득원가	:	=	1,000,000
당기순이익	: (200,000+100,000)×30%	=	90,000
평가차액	: (210,000×30%÷5년)×2	=	(25,200)
현금배당	: (40,000+20,000)×30%	=	(18,000)
			1,046,800

정답 ④

관계기업 | 평가차액 조정후 장부금액 | 감평사기출

● ㈜대한은 20x1년 1월 1일 ㈜서울의 의결권주식 30%(300주)를 주당 ₩1,500에 취득함으로써 유의적인 영향력을 행사할 수 있게 되어 관계기업투자주식으로 분류하였다. 취득 당시 ㈜서울의 순자산 장부금액은 ₩900,000이었다. 취득 당시 ㈜서울의 재고자산과 토지의 공정가치가 장부금액에 비해 각각 ₩100,000과 ₩200,000 더 높고 나머지 자산과 부채는 장부금액과 공정가치가 일치하였다. ㈜서울의 재고자산은 20x1년에 모두 판매되었으며, 토지는 20x1년말 현재까지 보유 중이다. 20x1년도 ㈜서울이 보고한 당기순이익은 ₩200,000이며 기타포괄이익은 ₩40,000이었다. ㈜서울은 20x1년 12월 31일에 ₩30,000의 현금배당을 실시하였다. ㈜대한이 지분법을 적용할 경우 20x1년도 말 관계기업투자주식은?

① ₩423,000 ② ₩461,000 ③ ₩483,000
④ ₩513,000 ⑤ ₩522,000

해설

- 과소평가액의 구성 : 100,000(재고자산)+200,000(토지)=300,000
- 450,000−900,000×30%=300,000(과소평가액)×30%+영업권(90,000)

∴450,000+당기순이익(200,000×30%)−평가차액(100,000×30%)+기타포괄이익(40,000×30%)−현금배당(30,000×30%)=483,000

정답 ③

환율변동효과 | **외화차입금의 외환손익 처리** | 감평사기출

● ㈜한국은 20x1년 중 외국에 있는 금융기관으로부터 만기 3년의 외화표시 부채 $1,000을 차입하여 상각후원가로 평가하였다. 차입 일자에 달러 현물의 마감환율은 $1당 ₩1,000이었다. 20x1년 말 현재 달러의 외화현물에 대한 마감환율이 $1당 ₩1,100으로 상승하였다면, 장기외화차입금에 대한 환율의 상승분 ₩100,000은 포괄손익계산서에 어떻게 보고되는가?

① 당기이익으로 보고된다.
② 기타포괄이익으로 보고된다.
③ 공정가치평가손실로 보고된다.
④ 당기손실로 보고된다.
⑤ 기타포괄손실로 보고된다.

해설

• 화폐성항목의 외환손실은 당기손실로 처리한다.

정답 ④

환율변동효과 | **화폐성 · 비화폐성항목의 환율 적용** | 감평사기출

● 기능통화에 의한 외화거래의 인식 및 측정으로 옳지 않은 것은?

① 기능통화로 외화거래를 최초로 인식하는 경우에 거래일의 외화와 기능통화 사이의 현물환율을 외화금액에 적용하여 기록한다.
② 거래일은 거래의 인식조건을 최초로 충족하는 날이다. 실무적으로는 거래일의 실제 환율에 근접한 환율을 자주 사용한다.
③ 공정가치로 측정하는 비화폐성 외화항목은 평균환율로 환산한다.
④ 역사적원가로 측정하는 비화폐성 외화항목은 거래일의 환율로 환산한다.
⑤ 비화폐성항목에서 생긴 손익을 기타포괄손익으로 인식하는 경우에 그 손익에 포함된 환율변동효과도 기타포괄손익으로 인식한다.

해설

• 공정가치로 측정하는 비화폐성 외화항목은 공정가치결정일의 환율로 환산한다.

정답 ③

환율변동효과 | **외화매출채권 환산** 감평사기출

● 20x1년 12월 1일 원화가 기능통화인 ㈜서울은 해외 거래처에 US $5,000의 상품을 판매하고 판매대금은 2개월 후인 20x2년 1월 31일에 회수하였다. 이 기간 중 US $ 대비 원화의 환율은 아래와 같으며, 회사는 회계기준에 준거하여 외화거래 관련 회계처리를 적절하게 수행하였다.

20x1년 12월 01일 : US $1 = ₩1,030
20x1년 12월 31일 : US $1 = ₩1,060
20x2년 01월 31일 : US $1 = ₩1,050

대금결제일인 20x2년 1월 31일에 ㈜서울이 인식할 외환손익은?

① 외환손실 ₩50,000 ② 외환손실 ₩100,000 ③ 외환이익 ₩100,000
④ 외환이익 ₩150,000 ⑤ 외환손실 ₩150,000

해설

• 20x1년말 장부금액 : $5,000×1,060=5,300,000
∴결제일에 환율하락으로 인한 외환손실 : $5,000×(1,060−1,050)=50,000

정답 ①

환율변동효과 | **비상각자산 외화환산** 감평사기출

● ㈜감평은 20x1년 10월 1일 미국에 소재한 토지를 영업에 사용할 목적으로 $10,000에 취득하였고, 20x1년 12월 31일 현재 토지의 공정가치는 $12,000이다. ㈜감평의 재무제표는 원화로 환산표시하며, 이 기간 중 $ 대비 원화의 환율은 다음과 같다.

20x1년 10월 01일 : $1=₩1,000
20x1년 12월 31일 : $1=₩1,030
20x2년 03월 01일 : $1=₩1,050

㈜감평이 20x2년 3월 1일에 위 토지의 50%를 $6,000에 매각하였을 때, 원가모형에 의한 유형자산처분이익은?

① ₩18,000 ② ₩300,000 ③ ₩1,000,000
④ ₩1,180,000 ⑤ ₩1,300,000

해설

• 토지(비상각자산)를 원가모형에 의하는 경우 환율변동효과(외환차이)는 회계처리하지 않는다.

일자	차변	금액	대변	금액
20x1년 10월 01일	(차) 외화토지	10,000,000[1]	(대) 현금	10,000,000
20x1년 12월 31일	- 회계처리 없음 -			
20x2년 03월 01일	(차) 현금	6,300,000[2]	(대) 외화토지 유형자산처분이익	5,000,000[3] 1,300,000

[1] $10,000×1,000=10,000,000
[2] $6,000×1,050=6,300,000
[3] 10,000,000×50%=5,000,000

정답 ⑤

농림어업 | **생물자산 · 수확물의 인식과 측정[1]** | **감평사기출**

● 농림어업에 관한 회계처리로 옳지 않은 것은?

① 생물자산은 최초 인식시점과 매 보고기간말에 공정가치에서 추정 매각부대원가를 차감한 금액(순공정가치)으로 측정하여야 한다. 다만, 공정가치를 신뢰성 있게 측정할 수 없는 경우는 제외한다.
② 생물자산에서 수확된 수확물은 수확시점에 순공정가치로 측정하여야 한다.
③ 생물자산을 최초 인식시점에 순공정가치로 인식하여 발생하는 평가손익과 생물자산의 순공정가치 변동으로 발생하는 평가손익은 발생한 기간의 당기손익에 반영한다.
④ 수확물을 최초 인식시점에 순공정가치로 인식하여 발생하는 평가손익은 발생한 기간의 기타포괄손익에 반영한다.
⑤ 순공정가치로 측정하는 생물자산과 관련된 정부보조금에 다른 조건이 없는 경우에는 이를 수취할 수 있게 되는 시점에만 당기손익으로 인식한다.

해설

• 기타포괄손익(X) → 당기손익(O)

정답 ④

농림어업 | **생물자산 · 수확물의 인식과 측정[2]** | **관세사기출**

● 생물자산, 수확물 및 가공품 등 농림어업에 관한 설명으로 옳지 않은 것은?

① 생물자산, 수확물 및 수확 후 가공품의 예시로 포도나무 - 포도 - 포도주를 들수 있다.
② 수확물은 생물자산에서 수확한 생산물로 과거사건의 결과로 통제되며, 관련된 미래경제적효익의 유입가능성이 높고 공정가치나 원가를 신뢰성있게 측정 할 수 있는 경우에 한하여 자산으로 인식된다.
③ 생물자산을 최초로 인식하는 시점에 시장공시가격을 구할 수 없고, 대체적인 공정가치측정치가 명백히 신뢰성 없게 결정되는 경우, 생물자산은 원가에서 감가상각누계액과 손상차손누계액을 차감한 금액으로 측정한다.
④ 수확물을 최초인식시점에 순공정가치로 인식하여 발생하는 평가손익은 발생한 기간의 기타포괄손익에 반영한다.
⑤ 순공정가치로 측정하는 생물자산과 관련된 정부보조금에 다른 조건이 없는 경우에는 이를 수취할 수 있게 되는 시점에만 당기손익으로 인식한다.

해설

• 기타포괄손익(X) → 당기손익(O)

정답 ④

농림어업 | **원가 포함여부** | 관세사기출

● 생물자산 및 수확물 등 농림어업의 회계기준 적용에 관한 설명으로 옳지 않은 것은?

① 당해 자산에 대한 자금 조달, 세금 또는 수확 후 생물자산의 복구 관련 현금흐름(예를 들어, 수확 후 조림지에 나무를 다시 심는 원가)을 포함해야 한다.
② 수확물로 수확하기 위해 재배하는 식물(예 : 목재로 사용하기 위해 재배하는 나무)은 생산용 식물이 아니다.
③ 생물자산에서 수확된 수확물은 수확시점에 순공정가치로 측정하여야 한다.
④ 생물자산을 최초 인식시점에 순공정가치로 인식하여 발생하는 평가손익과 생물자산의 순공정가치 변동으로 발생하는 평가손익은 발생한 기간의 당기손익에 반영한다.
⑤ 순공정가치로 측정하는 생물자산과 관련된 정부보조금에 부수되는 조건이 있는 경우에는 그 조건을 충족하는 시점에만 당기손익으로 인식한다.

해설

• 당해 자산에 대한 자금 조달, 세금 또는 수확 후 생물자산의 복구 관련 현금흐름(예를 들어, 수확 후 조림지에 나무를 다시 심는 원가)은 포함하지 아니한다.[K-IFRS 제1041호 문단 22]

정답 ①

농림어업 | **생물자산과 관련된 정부보조금** | 감평사기출

● 생물자산에 관한 설명으로 옳지 않은 것은?

① 생물자산의 순공정가치를 산정할 때에 추정 매각부대원가를 차감하기 때문에 생물자산의 최초 인식시점에 손실이 발생할 수 있다.
② 수확시점의 수확물은 어떠한 경우에도 순공정가치로 측정한다.
③ 최초 인식후 생물자산의 순공정가치 변동으로 발생하는 평가손익은 발생한 기간의 당기손익에 반영한다.
④ 순공정가치로 측정하는 생물자산과 관련된 정부보조금에 다른 조건이 없는 경우에는 이를 수취할 수 있게 되는 시점에 기타포괄손익으로 인식한다.
⑤ 생물자산을 최초로 인식하는 시점에 시장 공시가격을 구할 수 없고, 대체적인 공정가치측정치가 명백히 신뢰성 없게 결정되는 경우에는 원가에서 감가상각누계액과 손상차손누계액을 차감한 금액으로 측정한다.

해설

• 기타포괄손익(X) → 당기손익(O)

정답 ④

농림어업 | 생물자산 · 수확물 평가손익 계산 | 감평사기출

● ㈜서울농장은 20x1년 1월 1일에 1년된 돼지 10마리를 보유하고 있다. ㈜서울농장은 20x1년 7월 1일에 1.5년된 돼지 5마리를 한 마리당 ₩100,000에 매입하였고, 20x1년 7월 1일에 돼지 6마리가 태어났다. 돼지의 일자별 한 마리당 순공정가치가 다음과 같을 때 ㈜서울농장이 동 생물자산과 관련하여 20x1년도 포괄손익계산서의 당기손익에 반영할 평가이익은?(단, 20x1년 중 매각되거나 폐사된 돼지는 없다고 가정함)

일자	내용	한 마리당 순공정가치
20x1. 01. 01	1년된 돼지	₩80,000
20x1. 07. 01	1.5년된 돼지	₩100,000
20x1. 07. 01	새로 태어난 돼지	₩50,000
20x1. 12. 31	0.5년된 돼지	₩70,000
20x1. 12. 31	2년된 돼지	₩130,000

① ₩300,000 ② ₩650,000 ③ ₩1,070,000
④ ₩1,430,000 ⑤ ₩1,950,000

해설

• 기중금액 분석
  20x1.1.1 보유분 : 10마리×80,000=800,000(1년)
  20x1.7.1 매입분 : 5마리×100,000=500,000(1.5년)
  20x1.7.1 출산분 : 6마리×50,000=300,000(0년) →평가이익 300,000
• 기말금액 분석
  20x1.1.1 보유분 : 10마리×1300,000=1,300,000(2년) →평가이익 1,300,000−800,000=500,000
  20x1.7.1 매입분 : 5마리×130,000=650,000(2년) →평가이익 650,000−500,000=150,000
  20x1.7.1 출산분 : 6마리×70,000=420,000(0.5년) →평가이익 420,000−300,000=120,000
∴300,000+500,000+150,000+120,000=1,070,000

정답 ③

재무비율 | 유동비율을 감소시키는 거래 관세사기출

● 현재 ㈜관세의 유동자산이 유동부채보다 크다고 할 때, 다음 거래로 인하여 유동비율을 감소시키는 경우를 모두 고른 것은?

> ㄱ. 상품을 실사한 결과 감모손실이 발생하였다.
> ㄴ. 장기차입금의 상환기일이 결산일 현재 1년 이내로 도래하였다.
> ㄷ. 매입채무를 현금으로 지급하였으나, 착오로 회계처리를 누락하였다.
> ㄹ. 매출채권을 담보로 은행에서 단기로 차입하였다.
> ㅁ. 장기성 지급어음을 발행하여 기계장치를 취득하였다.

① ㄱ, ㄷ　② ㄷ, ㄹ　③ ㄱ, ㄴ, ㄹ
④ ㄴ, ㄷ, ㅁ　⑤ ㄴ, ㄷ, ㄹ, ㅁ

해설

- 유동비율(=$\frac{\text{유동자산}}{\text{유동부채}}$)이 감소하는 경우
  ㉠ 유동자산이 감소 ㉡ 유동부채가 증가 ㉢ 유동자산·유동부채가 동일금액으로 증가
- ㄱ : (차) 감모손실 xxx (대) 재고자산 xxx
  →유동자산 감소, 유동비율 감소
  ㄴ : (차) 장기차입금 xxx (대) 유동성장기부채 xxx
  →유동부채 증가, 유동비율 감소
  ㄷ : 〈오류수정분개〉 (차) 매입채무 xxx (대) 현금 xxx
  →오류수정후 유동자산·유동부채가 동일금액으로 감소, 유동비율 증가
  ㄹ : (차) 현금 xxx (대) 단기차입금 xxx
  →유동자산·유동부채가 동일금액으로 증가, 유동비율 감소
  ㅁ : (차) 기계장치 xxx (대) 장기미지급금 xxx
  →유동자산·유동부채 불변, 유동비율 불변

정답 ③

재무비율 | **재고자산판매와 당좌비율 · 유동비율에의 영향** | 관세사기출

● 유동비율이 0.8인 상태에서 재고자산(원가 ₩100,000)을 ₩150,000에 현금판매하였다면 이 거래가 당좌비율과 유동비율에 미치는 영향은?

	당좌비율	유동비율		당좌비율	유동비율
①	증가	증가	②	감소	증가
③	불변	불변	④	증가	감소
⑤	감소	감소			

해설

- 재고자산 감소 : 100,000, 유동자산 증가 : 150,000(현금)−100,000(재고자산)=50,000

∴유동비율(유동자산÷유동부채) : 분자(유동자산)의 증가로 유동비율은 증가한다.
당좌비율(당좌자산÷유동부채) : 분자(당좌자산=유동자산−재고자산)의 증가로 당좌비율은 증가한다.

정답 ①

재무비율 | **단기차입과 당좌비율 · 유동비율에의 영향** | 감평사기출

● ㈜감평의 20x1년 12월 31일 현재 재무상태는 다음과 같다.

자산총계	₩880,000	비유동부채	₩540,000
매출채권	₩120,000	자본총계	₩100,000
재고자산	₩240,000		
비유동자산	₩520,000		

만약 ㈜감평이 현금 ₩50,000을 단기차입한다고 가정하면 이러한 거래가 당좌비율(A)과 유동비율(B)에 미치는 영향은?

	A	B		A	B
①	영향없음	영향없음	②	감소	증가
③	감소	감소	④	증가	증가
⑤	증가	감소			

해설

- 거래전 비율
  - 거래전 유동부채 : 880,000(자산총계)−[540,000(비유동부채)+100,000(자본총계)]=240,000
  - A(당좌비율) : $\frac{120,000(\text{당좌자산}=\text{매출채권})}{240,000(\text{유동부채})}$ =50%
  - B(유동비율) : $\frac{360,000(\text{유동자산}=\text{매출채권}+\text{재고자산})}{240,000(\text{유동부채})}$=150%
- 거래후 비율
  - 유동자산(당좌자산)과 유동부채가 각각 50,000 증가
  - A(당좌비율) : $\frac{120,000+50,000}{240,000+50,000}$ =59%
  - B(유동비율) : $\frac{360,000+50,000}{240,000+50,000}$=141%

∴당좌비율은 50%에서 59%로 증가, 유동비율은 150%에서 141%로 감소

정답 ⑤

재무비율 | **매입채무상환과 유동비율 · 부채비율에의 영향** | 관세사기출

● A회사는 유동부채의 2배에 해당하는 유동자산을 보유하고 있다. 이러한 상황에서 매입채무를 현금으로 상환하였다면, 상환 후 유동비율과 부채비율은 매입채무를 상환하기 전에 비해 어떻게 변동하겠는가?(단, 상환 전 · 후 자산총액은 부채총액보다 더 크다고 가정한다.)

① 유동비율과 부채비율 모두 불변이다.
② 유동비율과 부채비율 모두 증가한다.
③ 유동비율과 부채비율 모두 감소한다.
④ 유동비율은 증가하고, 부채비율은 감소한다.
⑤ 유동비율은 감소하고, 부채비율은 증가한다.

해설

• (차) 매입채무 xxx (대) 현금 xxx →유동부채(매입채무)감소, 유동자산(현금)감소
→∴부채비율(=$\frac{부채}{자본}$)의 분자금액이 감소하므로, 부채비율은 감소한다.

• 유동자산이 유동부채보다 큰 경우 유동비율(=$\frac{유동자산}{유동부채}$)이 증가하는 경우
㉠ 유동자산이 증가 ㉡ 유동부채가 감소 ㉢ 유동자산·유동부채가 동일금액으로 감소
→∴유동자산·유동부채가 동일금액으로 감소하므로, 유동비율은 증가한다.

정답 ④

재무비율 | **유동비율 · 부채비율 동시 감소 거래** | 감평사기출

● ㈜대한의 현재 유동비율은 200%, 부채비율(=부채/자본×100)은 100%이다. 다음 거래 중 ㈜대한의 유동비율과 부채비율을 동시에 감소시키는 경우는?

① 매출채권의 현금회수
② 선급보험료의 1년분 납부
③ 매입채무의 현금지급
④ 장기차입금의 현금상환
⑤ 상품의 외상매입

해설

• ① (차) 현금 xxx (대) 매출채권 xxx →유동자산 증가, 유동자산 감소 →유동비율 불변, 부채비율 불변
② (차) 선급보험료 xxx (대) 현금 xxx →유동자산 증가, 유동자산 감소 →유동비율 불변, 부채비율 불변
③ (차) 매입채무 xxx (대) 현금 xxx →유동부채 감소, 유동자산 감소 →유동비율 증가, 부채비율 감소
④ (차) 장기차입금 xxx (대) 현금 xxx →비유동부채 감소, 유동자산 감소 →유동비율 감소, 부채비율 감소
⑤ (차) 상품 xxx (대) 매입채무 xxx →유동자산 증가, 유동부채 증가 →유동비율 감소, 부채비율 증가

정답 ④

재무비율	이자보상비율	관세사기출

● ㈜관세의 20x1년도 포괄손익계산서의 일부이다. 아래 자료를 이용하여 이자보상비율을 구하면?

영업이익	₩22,000
이자비용	(₩4,000)
법인세비용차감전순이익	₩18,000
법인세비용	(₩5,000)
당기순이익	₩13,000

① 2.75배 ② 3.25배 ③ 4.50배
④ 5.50배 ⑤ 6.50배

해설

• 이자보상비율 : $\frac{\text{이자비용차감전세전순이익}}{\text{이자비용}}=\frac{\text{법인세비용차감전순이익}+\text{이자비용}}{\text{이자비용}}=\frac{18,000+4,000}{4,000}=5.5$

정답 ④

재무비율	자기자본이익률(ROE)과 유동비율	관세사기출

● 다음은 ㈜관세의 20x1년과 20x2년의 요약 재무상태표 정보이다.

	20x1년말	20x2년말
유동자산	₩100,000	₩300,000
비유동자산	₩400,000	₩500,000
자산총계	₩500,000	₩800,000
유동부채	₩80,000	₩120,000
비유동부채	₩45,000	₩305,000
부채총계	₩125,000	₩425,000
자본총계	₩375,000	₩375,000
부채와 자본 총계	₩500,000	₩800,000

㈜관세의 20x2년도 당기순이익이 ₩168,750이라면, 20x2년도 자기자본이익률과 20x2년말의 유동비율은?

	자기자본이익률	유동비율
①	26%	40%
②	26%	250%
③	45%	40%
④	45%	250%
⑤	50%	150%

해설

• 자기자본이익률 : $\frac{\text{당기순이익}}{(\text{기초자본}+\text{기말자본})\div 2}=\frac{168,750}{(375,000+375,000)\div 2}=0.45(45\%)$

• 유동비율 : $\frac{\text{유동자산}}{\text{유동부채}}=\frac{300,000}{120,000}=2.5(250\%)$

정답 ④

재무비율 | **매출액순이익률 추정** 감평사기출

● 다음 자료를 이용하여 계산한 ㈜한국의 20x1년 매출액순이익률은?

• 자산총액	₩900억
• 자기자본순이익률(당기순이익/자본)	15%
• 총자산회전율	0.5회
• 부채비율(부채/자본)	200%
• 기초자산과 기말자산 금액은 동일	
• 기초자본과 기말자본 금액은 동일	

① 2%　② 4%　③ 6%
④ 8%　⑤ 10%

해설

• 매출액 계산 : 총자산회전율(0.5)=$\frac{\text{매출액}}{\text{자산(900억)}}$에서, 매출액=450억

• 자본 계산 : ㉠ 부채+자본=900억 ㉡ $\frac{\text{부채}}{\text{자본}}$=2(200%)에서, 연립하면 부채=600억, 자본=300억

• 순이익 계산 : 자기자본순이익률(15%)=$\frac{\text{순이익}}{\text{자본(300억)}}$에서, 순이익=45억

∴매출액순이익률 : $\frac{\text{순이익}}{\text{매출액}}=\frac{\text{45억}}{\text{450억}}$=10%

❐ **총자산순이익률, 자기자본순이익률**(기초자산=기말자산, 기초자본=기말자본 가정시)
●총자산순이익률＝매출액순이익률×총자산회전율
●자기자본순이익률＝매출액순이익률×총자산회전율×(1＋부채비율)
→[문제적용] 15%=A×0.5×(1+2), A=10%

정답 ⑤

재무비율 | **자기자본이익률 · 자기자본회전율을 통한 순이익 계산** 관세사기출

● ㈜관세의 20x1년도 자기자본이익률(ROE)이 2%, 자기자본회전율이 1.6회, 매출액이 ₩500,000일 경우 ㈜관세의 20x1년도 당기순이익은?

① ₩3,125　② ₩6,250　③ ₩10,000
④ ₩16,000　⑤ ₩31,250

해설

• 자기자본회전율(1.6)=$\frac{\text{매출액(500,000)}}{\text{자본}}$에서, 자본=312,500

∴자기자본이익률(2%)=$\frac{\text{순이익}}{\text{자본(312,500)}}$에서, 순이익=6,250

정답 ②

재무비율 | **총자산회전율과 자기자본이익률 계산** 관세사기출

● 다음은 ㈜한국의 20x0년과 20x1년의 요약된 비교재무상태표이다.

	20x1년	20x0년
〈자산〉		
유동자산	₩22,500	₩30,000
비유동자산	₩52,500	₩45,000
자산총계	₩75,000	₩75,000
〈부채〉		
유동부채	₩8,250	₩15,000
비유동부채	₩21,750	₩15,000
부채총계	₩30,000	₩30,000
〈자본〉		
자본금(보통주)	₩30,000	₩30,000
이익잉여금	₩15,000	₩15,000
자본총계	₩45,000	₩45,000
부채와 자본 총계	₩75,000	₩75,000

㈜한국의 20x1년도 매출액이 ₩135,000이고, 당기순이익이 ₩14,850일 때 20x1년의 총자산회전율과 자기자본이익률은 각각 얼마인가?(단, 중간배당으로 인해 기초와 기말의 이익잉여금은 동일하다.)

① 총자산회전율: 1.5, 자기자본이익률: 0.33
② 총자산회전율: 1.5, 자기자본이익률: 0.42
③ 총자산회전율: 1.8, 자기자본이익률: 0.33
④ 총자산회전율: 1.8, 자기자본이익률: 0.42
⑤ 총자산회전율: 2.25, 자기자본이익률: 0.42

해설

• 총자산회전율 : $\frac{135,000}{(75,000+75,000)\div 2}$=1.8회

• 자기자본이익률 : $\frac{14,850}{(45,000+45,000)\div 2}$=0.33(33%)

정답 ③

재무비율 | **사채상환과 총자산회전율 · 당좌비율에의 영향** 관세사기출

● ㈜관세는 20x1년 중 만기가 20x3년 6월 30일인 사채를 현금으로 상환하였다. 이 거래가 20x1년 말 총자산회전율과 당좌비율에 미치는 영향은?

	총자산회전율	당좌비율		총자산회전율	당좌비율
①	감소	감소	②	감소	증가
③	증가	감소	④	증가	증가
⑤	불변	불변			

해설

• (차) 사채(부채감소) xxx (대) 현금(자산감소) xxx

∴총자산회전율= $\frac{\text{매출액}}{\text{자산}}$ 에서, 분모의 감소로 총자산회전율은 증가한다.

당좌비율= $\frac{\text{당좌자산}}{\text{유동부채}}$ 에서, 분자의 감소로 당좌비율은 감소한다.

정답 ③

재무비율 | **재고자산회전율 계산** 감평사기출

● ㈜감평의 20x1년초 상품재고는 ₩30,000이며, 당기매출액과 당기상품매입액은 각각 ₩100,000과 ₩84,000이다. ㈜감평의 원가에 대한 이익률이 25%인 경우, 20x1년 재고자산회전율은?(단, 재고자산회전율 계산시 평균상품재고와 매출원가를 사용한다.)

① 0.4회 ② 1.5회 ③ 2.0회
④ 2.5회 ⑤ 3.0회

해설

• 매출원가 : $100,000 \times \frac{1}{1+25\%}$ =80,000

• 기말재고 : 30,000+84,000−80,000=34,000

∴재고자산회전율 : $\frac{80,000}{(30,000+34,000) \div 2}$ =2.5회

정답 ④

재무비율 | **재고자산회전율과 안전성비율의 기초 · 기말 변동** **관세사기출**

● ㈜관세의 20x1년 재무자료는 다음과 같다.

매출액	₩10,000	기초유동자산	₩3,500
기초재고자산	₩1,000	기말유동자산	₩3,000
기말재고자산	₩2,000	기초유동부채	₩1,000
당기재고자산매입액	₩8,500	기말유동부채	₩1,500

유동자산은 재고자산과 당좌자산으로만 구성된다. 다음 중 옳은 것은?

① 20x1년 재고자산회전율은 8회보다 높다.
② 20x1년말 유동비율은 20x1년초보다 높다.
③ 20x1년초 당좌비율은 20x1년말보다 높다.
④ 20x1년 매출총이익률은 15%이다.
⑤ 20x1년말 유동비율은 20x1년말 당좌비율보다 낮다.

해설

• 매출원가 : 1,000+8,500−2,000=7,500

• ① 재고자산회전율 : $\frac{7,500}{(1,000+2,000)\div 2}$=5

→8회보다 낮다.

② 20x1년초 유동비율 : $\frac{3,500}{1,000}$=3.5(350%), 20x1년말 유동비율 : $\frac{3,000}{1,500}$=2(200%)

→20x1년말 유동비율은 20x1년초보다 낮다.

③ 20x1년초 당좌비율 : $\frac{3,500-1,000}{1,000}$=2.5(250%), 20x1년말 당좌비율 : $\frac{3,000-2,000}{1,500}$=0.667(66.7%)

→20x1년초 당좌비율은 20x1년말보다 높다.

④ 매출총이익률 : $\frac{10,000-7,500}{10,000}$=25%

⑤ 20x1년말 유동비율 : $\frac{3,000}{1,500}$=2(200%), 20x1년말 당좌비율 : $\frac{3,000-2,000}{1,500}$=0.667(66.7%)

→20x1년말 유동비율은 20x1년말 당좌비율보다 높다.

정답 ③

재무비율 | **재고자산회전율과 안전성비율 분석** | **감평사기출**

● 다음은 ㈜강남의 20x1년도 재무비율과 관련된 정보이다.

유동비율	250%	당좌비율	100%
자본대비 부채비율	200%	재고자산회전율	5회
유동부채	₩2,000	비유동부채	₩3,000

위 자료를 이용할 때 20x1년도 ㈜강남의 매출원가와 자본은?(단, 유동자산은 당좌자산과 재고자산만으로 구성되며, 재고자산의 기초와 기말 금액은 동일하다.)

	매출원가	자본		매출원가	자본
①	₩15,000	₩2,500	②	₩15,000	₩10,000
③	₩25,000	₩2,500	④	₩25,000	₩10,000
⑤	₩10,000	₩2,500			

해설

- 유동비율(250%)=유동자산÷유동부채(2,000) →유동자산=5,000
- 당좌비율(100%)=[유동자산(5,000)−재고자산]÷유동부채(2,000) →재고자산=3,000
- 재고자산회전율(5회)=매출원가÷재고자산(3,000) →매출원가=15,000
- 부채비율(200%)=부채(2,000+3,000)÷자본 →자본=2,500

정답 ①

재무비율 | **매출채권 · 재고자산회전율을 통한 매출총이익 계산** | **관세사기출**

● 다음은 ㈜한국의 부분 재무상태표이며, 제시된 금액은 장부금액을 의미한다.

구분	20x0년 12월 31일	20x1년 12월 31일
매출채권	₩120,000	₩130,000
재고자산	₩140,000	₩160,000

20x1년도 ㈜한국의 매출채권회전율이 6회, 재고자산회전율이 4회일 때, ㈜한국의 20x1년도 매출총이익은 얼마인가?(단, 매출채권회전율과 재고자산회전율 계산시 재무상태표 계정은 기초와 기말의 평균값을 이용한다.)

① ₩50,000 ② ₩75,000 ③ ₩100,000
④ ₩125,000 ⑤ ₩150,000

해설

- 매출채권회전율(6회)= $\frac{\text{매출액}}{(120,000+130,000)\div 2}$ 에서, 매출액=750,000
- 재고자산회전율(4회)== $\frac{\text{매출원가}}{(140,000+160,000)\div 2}$ 에서, 매출원가=600,000

∴매출총이익 : 750,000−600,000=150,000

정답 ⑤

재무비율 | **매출채권회수기간 등을 통한 매출총이익 계산** | 감평사기출

● 다음은 ㈜감평의 20x2년도 비교재무상태표의 일부분이다. ㈜감평의 20x2년도 매출채권평균회수기간이 73일이고 재고자산회전율이 3회일 때 20x2년도 매출총이익은?(단, 재고자산회전율 계산시 매출원가를 사용하고, 평균재고자산과 평균매출채권은 기초와 기말의 평균값을 이용하며, 1년은 365일로 계산한다.)

계정과목	20x2년 12월 31일	20x1년 12월 31일
매출채권	₩240,000	₩200,000
재고자산	₩180,000	₩140,000

① ₩460,000 ② ₩580,000 ③ ₩620,000
④ ₩660,000 ⑤ ₩780,000

해설

• 매출채권회수기간(73일)= $\frac{365일}{매출채권회전율}$ 에서, 매출채권회전율=5회
• 매출채권회전율(5회)= $\frac{매출액}{(200,000+240,000)\div 2}$ 에서, 매출액=1,100,000
• 재고자산회전율(3회)= $\frac{매출원가}{(140,000+180,000)\div 2}$ 에서, 매출원가=480,000
∴매출총이익 : 1,100,000−480,000=620,000

정답 ③

재무비율 | **정상영업주기를 통한 매출원가 계산** | 감평사기출

● 상품매매기업인 ㈜감평의 정상영업주기는 상품 매입시점부터 판매대금 회수시점까지 기간으로 정의된다. 20x1년 정상영업주기는 42일이며, 매출이 ₩1,000,000, 평균매출채권이 ₩50,000, 평균재고자산이 ₩40,000이라면 ㈜감평의 20x1년 매출원가는?(단, 매출은 전액 외상매출이고, 1년은 360일로 가정한다.)

① ₩520,000 ② ₩540,000 ③ ₩560,000
④ ₩580,000 ⑤ ₩600,000

해설

• 정상영업주기=매출채권회수기간($\frac{360일}{매출채권회전율}$)+재고자산회수기간($\frac{360일}{재고자산회전율}$)
∴정상영업주기(42일)= $\frac{360일}{1,000,000\div 50,000}+\frac{360일}{매출원가\div 40,000}$ 에서, 매출원가=600,000

정답 ⑤

Customer Center

T.031.973.5660
F.031.973.5637

[토/일/공휴일:휴무]
경기도 고양시 일산서구 킨텍스로 240, GIFC오피스타워동 12층 1201호
TEL. 031.973.5660 FAX. 031.973.5637
Email. semoolicence@hanmail.net

Profession

Passion

SEMOOLICENCE

SINCE 2010

Potentiality